安徽省财政厅 编

An Hui Cai Zheng Nian Jian 2004

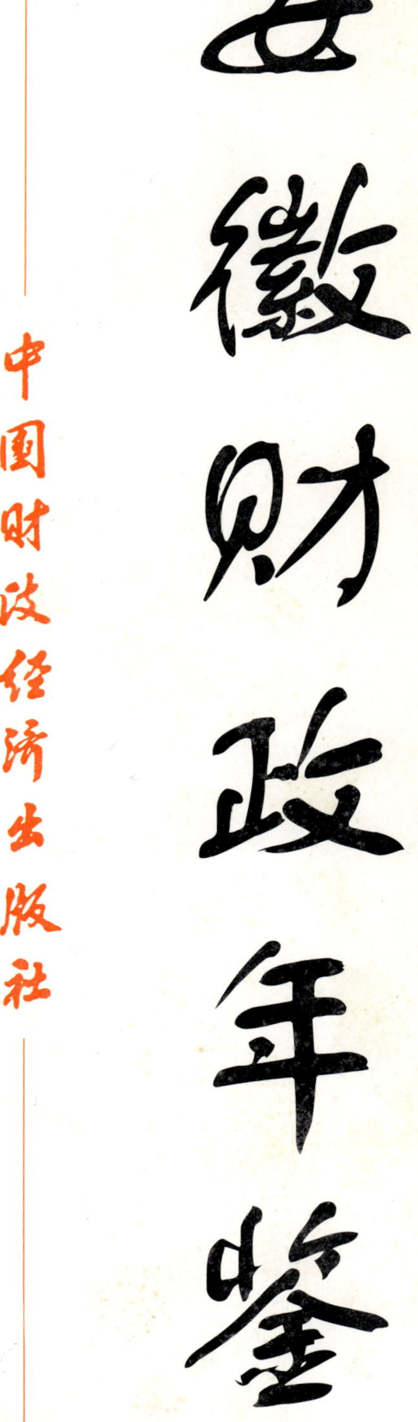

底图为黄山风光：旭日照刚松

中央领导

2003年11月17日，中共中央政治局常委、全国人大常委会委员长吴邦国视察安徽。图为吴邦国在淮南张集矿630米井下和采煤工人亲切交谈。

2003年7月
局常委、国务院
图为温家宝在阜
看望受灾群众。

视察安徽

中共中央政治
…家宝视察安徽。
…洼洪区大坝上

2003年8月17日，中共中央政治局常委、国家副主席曾庆红视察安徽。图为曾庆红在金寨县光荣院慰问老人。

图片选自《安徽画报》

编 辑 说 明

2003年，是安徽财政发展史上极不平凡的一年。面对突如其来的“非典”疫情和淮河流域的特大洪灾，全省各级财政部门沉着应对，奋发进取，迎难而上。一手抓建立财政应急保障机制，一手抓财政改革和发展，取得了丰硕成果：全省财政收支再创新高，财政支持经济和社会事业发展职能进一步发挥，实现了新一届省政府财政工作的良好开局。

《安徽财政年鉴》2004年卷（总第11卷）主要反映2003年全省各级财政改革和发展概况及其成就。2004年初，厅领导对年鉴工作做了重要批示：“在具体编辑过程中，既要全面反映，又要突出重点；既要继承传统，又要注重创新；既要坚持写实，又要活跃版面，精心组织，谨慎操作，确保年鉴真正发挥‘存史、资政、育人’作用。”本卷年鉴认真贯彻厅领导重要批示，坚持与时俱进，在保留传统篇目、栏目的前提下，开辟新篇目、新栏目，辑录新资料，宣传新政策，总结新经验，反映新成果，具有较高的参考价值和使用价值。

一、卷首篇。主要收录：《中共中央关于完善社会主义市场经济体制若干问题的决定》和《全国财政工作会议精神传达提纲》。《决定》是进一步深化经济体制改革，促进经济和社会全面发展的纲领性文件。《提纲》内容极为重要，传达了胡锦涛总书记和温家宝总理等中央领导对财政工作的重要指示和新一任财政部部长金人庆的理财思路。

二、重要财经文献篇。主要收录：省委七届五次会议文件、省十届人大二次会议文件、省委省政府省人大重要财经文件、全省财政工作会议文件和省人大常委会第十一次会议文件。

三、财政改革纪实篇。主要收录：农村税费改革、粮食补贴方式改革和公共财政支出改革文件及工作纪实。

四、全省财政工作篇。主要收录：全省财政工作概况、全省财政专项工作概况（财政支持防治“非典”、抗洪救灾和实施沿淮行蓄洪区财政补偿工作纪实）、财政分项工作概况和财政事业工作概况。

五、市县区财政工作篇。主要收录：17个市财政工作概况（含县市区工作概述）、市县财政工作经验交流和经济十强县市系列报道。

六、乡镇财政建设篇。主要收录：乡镇财政管理方式改革试点情况、乡镇财政建设指导文件、乡镇财经发展经验介绍和乡镇财政统计资料。

七、财经统计资料篇。主要收录：全省财经统计资料和市县区财经统计资料。

八、重要财经规章篇。主要收录：“三农”政策和农业财政管理规章、企业改革和企业财务管理规章、预算和专项资金管理规章、税费征管和外贷管理规章、再就业和社会保障规章、会计教育和财政政务建设规章。

九、财政工作大事记篇。主要收录：省财政工作大事记和各市财政工作大事记。

十、财政机构人员篇。主要收录：省财政厅机构人员、各市财政系统机构人员和全省财政系统职工统计表。

十一、财政调研报告篇。主要收录：安徽财政发展研究、农业财政课题调研报告、经济发展课题调研报告、教科文财政系列研究报告。

十二、安徽财政宣传图片专版。主要收录：省财政和市县区财政工作宣传图片，展示省及市县区财政工作风采。

安徽财政年鉴编辑部

2004年9月

安徽财政年鉴编辑委员会

（2004 年 5 月）

主　　任：朱玉明

副 主 任：项仕安　汪建国　周春雨　迟本能　毕小彬　张广寿　刘　钢　汪晓琴

委　　员：

邓寿安（厅办公室）
陈永年（厅办公室）
江永泓（厅办公室）
周名桨（厅综合处）
毛立明（厅税政条法处）
曹哨兵（厅预算处）
李友兰（厅省直预算编制办）
王　玲（厅国库处）
陈传文（厅行政处）
张永祥（厅政法处）
罗建国（厅教科文处）
吴天宏（厅经济建设处）
汪学越（厅农业处）
王建培（厅社会保障处）
盛普田（厅企业处）
范成法（厅金融处）
陈江叽（厅国际债务处）
黄诗柱（厅农业税务局）
汪代启（厅会计处）
杨宏春（厅统计评价处）
黄克来（厅监督检查局）
孙学鹏（厅政府采购处）
解立卫（厅人事教育处）
宋宝泉（厅机关党委）
虞明哲（厅纪检监察室）
张维东（厅离退休工作处）
朱维新（厅农村税费改革处）
孔少林（省农业综合开发局）
董照军（省财政科学研究所）
李森林（省财税信息计算中心）
姜　毅（省政府采购中心）
朱旭初（省财政投资评审中心）
姚本虎（厅国库支付中心）
杨　春（省注册会计师协会）
钱　正（省中小企业信用担保中心）
忻信华（省财政经济开发处）
李朝友（厅机关服务中心）
陈言邦（年鉴编辑部）

安徽财政年鉴编辑部

主　　编：周春雨

副 主 编：邓寿安　陈永年　江永泓（常务）　陈言邦（专职）

工作人员：仇恒刚　陈皓华　宋红梅

安徽财政年鉴联络员

（2004 年 5 月）

尹祥领（厅办公室）
徐光耀（厅办公室）
李　燕（厅综合处）
杨玉林（厅税政条法处）
杜志明（厅预算处）
虞建斌（厅省直预算编制办）
田　丰（厅国库处）
洪　军（厅行政处）
汪小俊（厅政法处）
刘明刚（厅教科文处）
周　远（厅经济建设处）
汪公发（厅农业处）
徐玉明（厅社会保障处）
李志斌（厅企业处）
左自智（厅金融处）
余　禹（厅国际债务处）
姚　瑶（厅农业税务局）
戴儒鸣（厅会计处）
程荣明（厅统计评价处）
曾昭霞（厅监督检查局）
胥慰庆（厅政府采购处）
方习利（厅人事教育处）
陈　欢（厅机关党委）
陈　敏（厅纪检监察室）
李　云（厅离退休工作处）
耿　鹏（厅农村税费改革处）
王定友（省农业综合开发局）
金　沙（省财政科学研究所）
李　翼（省财税信息计算中心）
姚先飞（省政府采购中心）
周　涛（省财政投资评审中心）
陈　军（厅国库支付中心）
张行宇（省注册会计师协会）
沈成建（省中小企业信用担保中心）
彭元录（厅经济开发处）
韩宪平（厅机关服务中心）
韩永强（合肥市财政局）
王春强（淮北市财政局）
邓　昊（亳州市财政局）
寇　智（宿州市财政局）
汤春义（蚌埠市财政局）
刘春林（阜阳市财政局）
吴　波（淮南市财政局）
宋洪波（滁州市财政局）
何　斌（六安市财政局）
齐道友（马鞍山市财政局）
朱文台（巢湖市财政局）
刘宗悦（芜湖市财政局）
郑少华（宣城市财政局）
丁松林（铜陵市财政局）
盛文台（池州市财政局）
叶武乐（安庆市财政局）
汪文豪（黄山市财政局）

目　录

卷首篇

中共中央关于完善社会主义市场经济体制若干问题的决定 …… 1
全国财政工作会议精神传达提纲 …… 9

重要财经文献篇

省委七届五次全会文件

中共安徽省委关于贯彻《中共中央关于完善社会主义市场经济体制若干问题的决定》的实施意见 …… 13

省十届人大二次会议文件

政府工作报告/安徽省省长王金山 …… 18
关于安徽省2003年国民经济和社会发展计划执行情况与2004年计划草案的报告(摘要)/安徽省发展和改革委员会主任朱先发 …… 26
关于安徽省2003年预算执行情况和2004年预算草案的报告(摘要)/安徽省财政厅厅长朱玉明 …… 28

省委省政府省人大重要财经文件

中共安徽省委 安徽省人民政府关于印发《安徽省全面建设小康社会的战略目标、战略步骤及起步阶段的重点建设任务》的通知 …… 31
中共安徽省委 安徽省人民政府关于加快民营经济发展的决定 …… 36
中共安徽省委办公厅 安徽省人民政府办公厅关于进一步加快民营科技企业发展的意见 …… 39
安徽省促进科技成果转化条例 …… 41

全省财政工作会议文件

坚持以科学的发展观为指导 推动全省财政工作再上新水平/省委常委、常务副省长任海深 …… 44
抓住机遇 创新机制 不断开创财政改革与发展的新局面/省财政厅厅长朱玉明 …… 48

省十届人大常委会第十一次会议文件

关于安徽省2003年财政决算及2004年上半年预算执行情况的报告(摘要)/省财政厅厅长朱玉明 …… 53

财政改革纪实篇

农村税费改革纪实

温家宝同志在全国农村税费改革试点工作电视电话会议上的讲话 …… 55
回良玉同志在全国农村税费改革试点工作电视电话会议上的讲话 …… 58
国务院关于全面推进农村税费改革试点工作的意见 …… 59
国务院办公厅关于进一步加强农村税费改革试点工作的通知 …… 62
中共安徽省委 安徽省人民政府关于做好2003年全省农村税费改革工作的意见 …… 63
中共安徽省委 安徽省人民政府关于表彰全省农村税费改革试点工作先进单位和先进个人的决定 …… 66
中共安徽省委办公厅 安徽省人民政府办公厅关于转发《省税改办关于开展“农村税费改革规范年”活动的意见》的通知 …… 71
安徽省人民政府关于开展农业特产税改征农业税试点工作的通知 …… 73
安徽省财政厅关于农业特产税改征农业税有关问题的通知 …… 74
关于霍邱县高塘镇付井村违反农村税费改革政策加重农民负担等问题的情况通报 …… 76
全省农业特产税改征农业税工作会议综述 …… 77
全省农村税费改革电视电话会议综述 …… 79
2003年全省农村税费改革大事记 …… 80

粮食补贴方式改革纪实

中共安徽省委 安徽省人民政府关于扩大粮食补贴方式改革试点的通知 …… 82
安徽省人民政府关于印发《安徽省扩大粮食补

贴方式改革试点方案》的通知 …… 84
中共安徽省委办公厅 安徽省人民政府办公厅关于严肃粮食补贴方式改革试点工作纪律的通知 …… 86
致全省广大农民朋友的一封信 …… 87
安徽省对农民粮食直接补贴资金管理暂行办法 …… 87
安徽省财政厅关于对农民粮食直接补贴资金有关会计核算问题的通知 …… 88
全省粮食补贴方式改革试点工作电视电话会议综述 …… 89
2003 年粮食补贴方式改革大事记 …… 91

公共财政支出改革纪实

关于政府采购中违法行为的行政处分规定 …… 93
安徽省人民政府办公厅关于以县为单位统一农村中小学教师津补贴发放标准的通知 …… 94
安徽省人民政府办公厅转发省财政厅等部门关于清理整顿省直行政事业单位银行账户意见的通知 …… 95
安徽省省级政府采购 2004 年集中采购目录及标准 …… 96
安徽省省级预算单位银行账户管理暂行办法 … 97
安徽省工程项目试行政府采购制度暂行规定 …… 100
安徽省财政厅关于进一步加强财政国库管理制度改革工作的意见 …… 101
关于 2001—2003 年全省公共财政支出改革考核情况的通报 …… 102
全省公共财政支出改革 3 年综述 …… 102

全省财政工作篇

全省财政工作概况

全省财政工作综述 …… 107

全省财政专项工作概况

财政支持抗击“非典”工作概述 …… 110
财政支持抗洪救灾工作概述 …… 111
行蓄洪区运用补偿工作概述 …… 112

财政分项工作概况

财政政务工作概述 …… 114
财政综合工作概述 …… 115
税政条法工作概述 …… 117
预算管理工作概述 …… 118
省级预算编制工作概述 …… 120
财政国库工作概述 …… 121
行政财务管理工作概述 …… 122
政法财务管理工作概述 …… 123
教科文财务管理工作概述 …… 124
经济建设财务管理工作概述 …… 126
农业财务管理工作概述 …… 128
社会保障财务管理工作概述 …… 129
企业资产与财务管理工作概述 …… 131
金融财务监管和外国政府贷款管理工作概述 …… 133
国际金融组织贷款管理工作概述 …… 134
农业税收征管工作概述 …… 135
农村税费改革工作概述 …… 137
会计管理工作概述 …… 138
财政统计评价工作概述 …… 139
财政监督检查工作概述 …… 140
政府采购管理工作概述 …… 141
人事教育管理工作概述 …… 142
机关党建工作概述 …… 144
财政纪检监察工作概述 …… 145
离退休干部管理工作概述 …… 146

财政事业工作概况

农业综合开发工作概述 …… 147
财政科研工作概述 …… 149
财政信息系统建设工作概述 …… 149
政府采购工作概述 …… 151
财政投资评审工作概述 …… 152
国库支付工作概述 …… 153
注册会计师管理工作概述 …… 153
中小企业信用担保工作概述 …… 154
经济开发管理工作概述 …… 155
厅机关服务工作概述 …… 156
省财政会计学术活动概述 …… 157

市县区财政工作篇

合肥市财政工作概况

合肥市财政工作综述 …… 159
庐阳区财政工作概述 …… 162
蜀山区财政工作概述 …… 162

瑶海区财政工作概述…………………………… 163
包河区财政工作概述…………………………… 164
合肥经济技术开发区财政工作概述………… 165
合肥新站综合开发试验区财政工作概述……… 166
合肥高新技术产业开发区财政工作概述……… 166
肥东县财政工作概述…………………………… 167
肥西县财政工作概述…………………………… 168
长丰县财政工作概述…………………………… 168

淮北市财政工作概况

淮北市财政工作综述…………………………… 170
杜集区财政工作概述…………………………… 171
相山区财政工作概述…………………………… 172
烈山区财政工作概述…………………………… 173
濉溪县财政工作概述…………………………… 174

亳州市财政工作概况

亳州市财政工作综述…………………………… 175
谯城区财政工作概述…………………………… 176
涡阳县财政工作概述…………………………… 177
蒙城县财政工作概述…………………………… 178
利辛县财政工作概述…………………………… 180

宿州市财政工作概况

宿州市财政工作综述…………………………… 181
埇桥区财政工作概述…………………………… 183
萧县财政工作概述……………………………… 184
砀山县财政工作概述…………………………… 185
灵璧县财政工作概述…………………………… 186
泗县财政工作概述……………………………… 187

蚌埠市财政工作概况

蚌埠市财政工作综述…………………………… 189
东市区财政工作概述…………………………… 190
中市区财政工作概述…………………………… 191
西市区财政工作概述…………………………… 191
郊区财政工作概述……………………………… 192
蚌埠高新开发区财政工作概述………………… 192
怀远县财政工作概述…………………………… 193
五河县财政工作概述…………………………… 193
固镇县财政工作概述…………………………… 194

阜阳市财政工作概况

阜阳市财政工作综述…………………………… 195
颍泉区财政工作概述…………………………… 196
颍州区财政工作概述…………………………… 197
颍东区财政工作概述…………………………… 198
界首市财政工作概述…………………………… 198
颍上县财政工作概述…………………………… 199
太和县财政工作概述…………………………… 200
阜南县财政工作概述…………………………… 201
临泉县财政工作概述…………………………… 201

淮南市财政工作概况

淮南市财政工作综述…………………………… 203
田家庵区财政工作概述………………………… 204
潘集区财政工作概述…………………………… 205
八公山区财政工作概述………………………… 205
谢家集区财政工作概述………………………… 206
大通区财政工作概述…………………………… 206
毛集实验区财政工作概述……………………… 207
淮南经济开发区财政工作概述………………… 207
凤台县财政工作概述…………………………… 208

滁州市财政工作概况

滁州市财政工作综述…………………………… 209
南谯区财政工作概述…………………………… 210
琅琊区财政工作概述…………………………… 211
天长市财政工作概述…………………………… 212
来安县财政工作概述…………………………… 213
全椒县财政工作概述…………………………… 214
定远县财政工作概述…………………………… 215
明光市财政工作概述…………………………… 216
凤阳县财政工作概述…………………………… 217

六安市财政工作概况

六安市财政工作综述…………………………… 218
金安区财政工作概述…………………………… 219
裕安区财政工作概述…………………………… 220
寿县财政工作概述……………………………… 221
霍邱县财政工作概述…………………………… 222
舒城县财政工作概述…………………………… 223
金寨县财政工作概述…………………………… 224
霍山县财政工作概述…………………………… 225

马鞍山市财政工作概况

马鞍山市财政工作综述………………………… 226
金家庄区财政工作概述………………………… 227

花山区财政工作概述…… 227
雨山区财政工作概述…… 228
当涂县财政工作概述…… 228

巢湖市财政工作概况

巢湖市财政工作综述…… 229
居巢区财政工作概述…… 230
含山县财政工作概述…… 231
和县财政工作概述…… 232
无为县财政工作概述…… 233
庐江县财政工作概述…… 234

芜湖市财政工作概况

芜湖市财政工作综述…… 236
镜湖区财政工作概述…… 237
马塘区财政工作概述…… 238
新芜区财政工作概述…… 239
鸠江区财政工作概述…… 239
芜湖县财政工作概述…… 240
繁昌县财政工作概述…… 240
南陵县财政工作概述…… 241

宣城市财政工作概况

宣城市财政工作综述…… 242
宣州区财政工作概述…… 243
郎溪县财政工作概述…… 244
广德县财政工作概述…… 245
宁国市财政工作概述…… 246
泾县财政工作概述…… 247
旌德县财政工作概述…… 248
绩溪县财政工作概述…… 249

铜陵市财政工作概况

铜陵市财政工作综述…… 250
铜官山区财政工作概述…… 251
狮子山区财政工作概述…… 251
郊区财政工作概述…… 252
铜陵经济开发区财政工作概述…… 253
铜陵县财政工作概述…… 253

池州市财政工作概况

池州市财政工作综述…… 254
贵池区财政工作概述…… 255
青阳县财政工作概述…… 256
石台县财政工作概述…… 257
东至县财政工作概述…… 258
九华山管理处财政工作概述…… 259

安庆市财政工作概况

安庆市财政工作综述…… 260
郊区财政工作概述…… 261
大观区财政工作概述…… 262
迎江区财政工作概述…… 263
开发区财政工作概述…… 263
桐城市财政工作概述…… 264
怀宁县财政工作概述…… 265
太湖县财政工作概述…… 266
宿松县财政工作概述…… 266
潜山县财政工作概述…… 267
望江县财政工作概述…… 268
岳西县财政工作概述…… 269
枞阳县财政工作概述…… 270

黄山市财政工作概况

黄山市财政工作综述…… 271
屯溪区财政工作概述…… 272
黄山区财政工作概述…… 273
徽州区财政工作概述…… 274
休宁县财政工作概述…… 274
祁门县财政工作概述…… 276
黟县财政工作概述…… 277
歙县财政工作概述…… 278

市县财政工作经验交流

推动农民“双向创业” 促进城乡协调发展/六安市人民政府…… 280
创新思路 完善体系 不断深化公共财政支出改革/巢湖市财政局 …… 281
强化管理 创新机制 努力实现农业综合开发工作新突破/蚌埠市财政局 …… 284
与时俱进 开拓创新 积极推进财政国库制度改革/铜陵市财政局 …… 286
扎实推进粮补改革 促进农民收入增长/利辛县财政局…… 289
狠抓整改 力促规范 不断巩固农村税费改革成果/中共霍邱县委 霍邱县人民政府…… 291
加强资金管理 确保危改任务完成/无为县财政局…… 292

强化监督 推进改革 努力开创财政监督工作新局面/枞阳县财政局 …… 293

经济十强县市系列报道

风景这边更好——县域经济排头兵宁国发展探秘 …… 294
长风破浪正当时——当涂县快速发展探秘 …… 297
特色板块托起"百强梦"——繁昌县加快县域经济发展纪实 …… 298
"新三段论"筑就强县之道——芜湖县经济综合实力跃居全省第4位 …… 299
满园春色关不住——从桃花工业园看肥西的工业强县之路 …… 300
"煤山"里飞出金凤凰——凤台强县之路探访 …… 301
"二次创业"激活民营资本——天长市快速发展探秘 …… 302
"土企业"长成"小巨人"——无为县民营经济快速发展纪实 …… 303
"哑铃"何以变"橄榄"——肥东县实施工业富县战略调查 …… 304
"草根经济"春色满园——记桐城市民营经济发展之路 …… 305

乡镇财政建设篇

乡镇财政管理方式改革试点情况

安徽省人民政府办公厅转发省财政厅关于开展乡镇财政管理方式改革试点意见的通知 …… 307
安徽省财政厅关于乡镇财政管理方式改革试点的实施意见 …… 309
全省乡镇财政管理方式改革试点工作会议综述 …… 310
实施乡财县管乡用改革 积极探索乡镇财政管理新模式/和县财政局 …… 312
积极探索 稳步实施 全面推进乡镇财政管理方式改革/安徽省财政厅 …… 314

乡镇财政建设指导文件

中共安徽省委办公厅 安徽省人民政府办公厅关于做好全省乡镇区划调整工作的通知 …… 319
中共安徽省委办公厅 安徽省人民政府办公厅关于进一步做好乡镇事业单位机构改革分流人员安置工作的意见 …… 320
安徽省人民政府办公厅关于确定肥西县三河镇等63个镇为全省重点中心建制镇的通知 …… 321
2003年全省财政系统创建"人民满意的财政所"活动方案 …… 322

乡镇财经发展经验介绍

电缆织就新天地——无为"高沟现象"透视 …… 324
史河桥头好风光——六安市叶集改革发展试验区采访纪实 …… 325
东风催开花千树——秦栏镇个私经济发展纪实 …… 326

乡镇财政统计资料

2003年全省63个重点中心建制镇财经综合统计表(一)~(二) …… 328
2003年安徽省乡镇财政基本情况表 …… 330

财经统计资料篇

全省财经统计资料

2003年安徽省国民经济和社会发展统计公报/安徽省统计局 …… 331
2003年安徽省财政一般预算收支决算总表 …… 336
2003年安徽省省级财政一般预算收支决算总表 …… 337
全省财经主要指标5年滚动统计表 …… 338
全省财政地方收入5年滚动统计表 …… 339
全省财政总支出5年滚动统计表 …… 340

各市县区财经统计资料

2003年各市财经综合统计表 …… 341
2003年各市财政总收入、地方收入、总支出及位次表 …… 342
2003年各市财政收支平衡明细表(一)~(三) …… 343
2003年合肥市财政一般预算收支决算总表 …… 346
2003年淮北市财政一般预算收支决算总表 …… 347
2003年亳州市财政一般预算收支决算总表 …… 348
2003年宿州市财政一般预算收支决算总表 …… 349
2003年蚌埠市财政一般预算收支决算总表 …… 350
2003年阜阳市财政一般预算收支决算总表 …… 351
2003年淮南市财政一般预算收支决算总表 …… 352
2003年滁州市财政一般预算收支决算总表 …… 353
2003年六安市财政一般预算收支决算总表 …… 354

2003年马鞍山市财政一般预算收支决算总表…… 355
2003年巢湖市财政一般预算收支决算总表 … 356
2003年芜湖市财政一般预算收支决算总表 … 357
2003年宣城市财政一般预算收支决算总表 … 358
2003年铜陵市财政一般预算收支决算总表 … 359
2003年池州市财政一般预算收支决算总表 … 360
2003年安庆市财政一般预算收支决算总表 … 361
2003年黄山市财政一般预算收支决算总表 … 362
2003年各县市财经综合统计表(一)~(三) … 363
2003年各县市财政总收入排序表 …… 366
2003年各县市区财政一般预算收支及收入位次表(一)~(十五)…… 367
2003年各县市区财政收支平衡明细表(一)~(十五)…… 382

重要财经规章篇

“三农”政策和农业财政管理规章
中共中央 国务院关于促进农民增加收入若干政策的意见…… 397
财政部关于印发《关于改革和完善农业综合开发若干政策措施的意见》的通知 …… 401
中共安徽省委 安徽省人民政府关于做好农业和农村工作的实施意见…… 405
安徽省人民政府关于进一步加快发展农业产业化经营的实施意见…… 407
安徽省人民政府办公厅关于切实保护粮食生产能力加快农业结构调整的意见…… 410
安徽省财政厅转发《财政部关于切实加强农业财政资金管理监督的意见》的通知 …… 411

企业改革和企业财务管理规章
企业国有资产监督管理暂行条例…… 413
2003—2007年安徽省国有企业改革规划纲要…… 416
安徽省股份制企业财务审计暂行规定…… 422
安徽省人民政府关于进一步做好我省上市公司国有股权转让管理工作的通知…… 423
安徽省企业负担监督管理条例…… 424
企业资产损失财务处理暂行办法…… 426
安徽省企业财务会计信用等级管理办法(试行)…… 428
安徽省出口信用险保费补助实施办法…… 430

预算和专项资金管理规章
安徽省省级预算管理办法…… 431
关于环保部门实行“收支两条线”管理后经费安排的实施办法…… 432
安徽省质量技术监督部门经费保障实施办法…… 433
安徽省财政厅关于对省直行政单位租赁费实行定额供给的通知…… 434
安徽省省直部门预算编制工作考核评比办法(试行)…… 435
省直机关事业单位招待费管理暂行办法…… 436
关于调整粮食风险基金补贴政策的通知…… 437
安徽省旅游发展专项资金管理暂行办法…… 438
安徽省财政发展资金管理办法…… 439
安徽省义务教育工程专项资金使用管理办法…… 440
安徽省县域重点工业园区财政贴息资金管理办法…… 440
安徽省小城镇建设专项资金管理办法…… 441
安徽省行蓄洪区移民建房补助资金管理办法…… 442
安徽省财政国库存款利息使用管理暂行办法…… 443

税费征管和外贷管理规章
安徽省社会抚养费征收管理实施办法…… 444
安徽省散装水泥专项资金征收和使用管理实施办法…… 445
关于营业税若干政策问题的通知…… 447
安徽省人民政府办公厅关于加强企业所得税征收管理工作的通知…… 450
安徽省地方教育附加征收和使用管理暂行办法…… 451
地方财政部门参与国际金融组织贷款项目前期准备工作的实施办法…… 452
安徽省财政厅关于进一步加强国际金融组织贷款管理工作的通知…… 452

再就业和社会保障规章
安徽省人民政府关于进一步落实下岗失业人员再就业政策的通知…… 454
安徽省就业再就业工作目标责任制及责任追究暂行规定…… 455
关于全面推进企业退休人员社会化管理服务工

作的通知…………………………………………… 456
关于建立新型农村合作医疗制度的意见……… 458
安徽省人民政府办公厅关于切实做好农村特困群众救济工作的通知………………………… 459
安徽省下岗失业人员再就业资金使用管理办法…………………………………………… 461
安徽省下岗失业人员社会保险补贴管理暂行办法…………………………………………… 463
省级下岗失业人员再就业小额贷款担保基金管理办法………………………………………… 464

会计教育和财政政务建设规章

安徽省财政厅转发财政部《关于开展会计职业道德宣传教育工作》的通知 …………………… 466
安徽省会计人员继续教育实施办法(试行)…… 467
安徽省财政厅关于加强全省财政信息化工作的意见…………………………………………… 469
财政电视会议系统应用管理暂行办法………… 471

财政部门大事记篇

省财政工作大事记

2003 年全省财政工作 10 件大事 ……………… 473
厅长办公会议纪要(一)～(十二)……………… 474

省财政分项工作大事记

2003 年省财政机构变革大事记 ………………… 480
2003 年省财政政务工作大事记 ………………… 480
2003 年省财政综合工作大事记 ………………… 481
2003 年省财政税政条法工作大事记 …………… 481
2003 年省财政预算管理工作大事记 …………… 481
2003 年省直预算编制工作大事记 ……………… 482
2003 年省财政国库工作大事记 ………………… 482
2003 年省财政行政工作大事记 ………………… 483
2003 年省财政政法工作大事记 ………………… 483
2003 年省财政教科文工作大事记 ……………… 484
2003 年省财政经济建设工作大事记 …………… 485
2003 年省财政农业工作大事记 ………………… 485
2003 年省财政社保工作大事记 ………………… 486
2003 年省财政企业工作大事记 ………………… 486
2003 年省财政金融财务监管和外国政府贷款管理工作大事记………………………………… 487
2003 年省财政国际债务管理工作大事记 …… 488
2003 年省财政农税工作大事记 ………………… 488
2003 年省财政会计管理工作大事记 …………… 489
2003 年省财政统计评价工作大事记 …………… 489
2003 年省财政监督检查工作大事记 …………… 490
2003 年省财政政府采购工作大事记 …………… 490
2003 年省财政厅机关党建工作大事记 ……… 491
2003 年省财政厅直属机关受上级部门表彰工作大事记………………………………………… 492
2003 年省财政纪检监察工作大事记 …………… 492
2003 年省财政厅机关老干部工作大事记 …… 492

省财政事业工作大事记

2003 年省农业综合开发局工作大事记 ……… 493
2003 年省财政科学研究所工作大事记 ……… 493
2003 年省财税信息计算中心工作大事记 …… 493
2003 年省政府采购中心工作大事记 ………… 494
2003 年省财政投资评审中心工作大事记 …… 494
2003 年省财政厅国库支付中心工作大事记 … 494
2003 年省注册会计师协会工作大事记 ……… 494
2003 年省财政经济开发处工作大事记 ……… 495
2003 年省财政厅机关服务中心工作大事记 … 495

各市财政工作大事记

2003 年合肥市财政工作大事记 ………………… 496
2003 年淮北市财政工作大事记 ………………… 496
2003 年亳州市财政工作大事记 ………………… 497
2003 年宿州市财政工作大事记 ………………… 498
2003 年蚌埠市财政工作大事记 ………………… 498
2003 年阜阳市财政工作大事记 ………………… 499
2003 年淮南市财政工作大事记 ………………… 499
2003 年滁州市财政工作大事记 ………………… 500
2003 年六安市财政工作大事记 ………………… 501
2003 年马鞍山市财政工作大事记 ……………… 502
2003 年巢湖市财政工作大事记 ………………… 502
2003 年芜湖市财政工作大事记 ………………… 503
2003 年宣城市财政工作大事记 ………………… 503
2003 年铜陵市财政工作大事记 ………………… 504
2003 年池州市财政工作大事记 ………………… 504
2003 年安庆市财政工作大事记 ………………… 505
2003 年黄山市财政工作大事记 ………………… 505

财政机构人员篇

省财政厅机构人员

省财政厅及各处室(局)单位领导名单………… 507

各市财政系统机构人员
合肥市财政系统领导名单…… 509
淮北市财政系统领导名单…… 511
亳州市财政系统领导名单…… 511
宿州市财政系统领导名单…… 513
蚌埠市财政系统领导名单…… 515
阜阳市财政系统领导名单…… 516
淮南市财政系统领导名单…… 519
滁州市财政系统领导名单…… 520
六安市财政系统领导名单…… 522
马鞍山市财政系统领导名单…… 525
巢湖市财政系统领导名单…… 526
芜湖市财政系统领导名单…… 527
宣城市财政系统领导名单…… 528
铜陵市财政系统领导名单…… 530
池州市财政系统领导名单…… 531
安庆市财政系统领导名单…… 532
黄山市财政系统领导名单…… 535
2003年全省财政系统职工统计表 …… 538

财政调研报告篇

安徽财政发展研究
突出发展主题 创造新的业绩/安徽省财政厅厅长朱玉明…… 539
用六个协调落实“五个统筹”/安徽省财政厅厅长朱玉明…… 540
安徽财政发展三年滚动计划研究/省财政厅课题组…… 541

农业财政课题调研报告
让公共财政的阳光普照“三农”/朱玉明 项仕安…… 551
完善农业综合开发财政资金引导机制问题研究/省财政厅课题组 …… 554
积极支持农民实行新的联合与合作——安徽农民专业合作组织调研报告/省财政厅课题组…… 561

经济发展课题调研报告
安徽省行政区划与区域经济发展研究/省财政厅课题组…… 567
安徽开发区经济发展战略研究/省财政厅课题组…… 575

教科文财政系列研究报告
安徽省农村义务教育投入现状及对策建议/省财政厅课题组…… 581
安徽省高等教育投入与发展的思考/省财政厅课题组…… 585
发挥财政职能 促进省科技事业健康发展/省财政厅课题组…… 588
安徽省文化财政投入现状及对策建议/省财政厅课题组…… 593
大力支持人口和计划生育事业 促进安徽省可持续发展/省财政厅课题组 …… 598

安徽财政宣传图片专版

封面·快速发展中的丰原
扉页·中央领导视察安徽
省财政政务工作风采
1～3.2003年全省财政工作十件大事
4～5.坚持科学发展观 推动财政再上新水平——省政府召开全省财政工作会议
省农村税费改革工作风采
6～7.规范税改 惠及农民——省委、省政府召开两次全省农村税费改革工作电视电话会议
8.全省农业特产税改征农业税工作会议
9.开展农村税费改革规范年活动
10.中央电视台记者来皖采访农村税费改革
11.甘肃省全国政协委员视察团来皖考察农村税费改革
12.安庆市郊:农村税费改革宣传效果好
省财政综合工作风采
13.开拓财政综合工作新局面
14.深化住房制度改革——省直机关房改机构调整
15.省直住房公积金管理分中心成立
16.取之于民 用之于民——发行彩票支持社会事业发展
省财政预算工作风采
17.精心组织乡财县管改革试点
18～19.加强分析调控 确保预算执行——省财政厅召开两次全省预算执行情况分析会
省直预算编制工作风采
20.省级预算编制改革再上新台阶
21.省级财政统一发放工资工作全面推进
22.省财政厅召开专项支出预算评审论证会
省财政政法工作风采

23.深入调研 推动财政政法工作
24.政法补助专款装备器材采购项目开标会
25.加强管理 规范运作
努力做好中央政法补助专款项目管理工作
省财政国库工作风采
26.深化省级财政国库集中支付改革
27.财政国库管理制度改革座谈会
省财政教科文工作风采
28.省财政大力支持农村中小学危房改造
29.省财政努力推进科技事业健康发展
30.省财政致力扶持文化艺术事业发展
31.省财政着力推动教科文财务工作再上新台阶
32.省财政积极支持共建高校建设和发展
省财政经济建设工作风采
33.国务院粮改小组赴滁调研汇报会
34～35.全省扩大粮食补贴方式改革试点工作
36～37.省财政投巨资支持安徽水利建设
省财政农业工作风采
38～39.全省上下奋力抗洪 各级财政鼎力支持
省财政社会保障工作风采
40.省财政积极支持"防非"抗洪
41.就业和再就业工作取得明显成效
42.城乡特困群体救助取得突破性进展
省财政企业工作风采
43.全省外贸财政工作座谈会及业务培训会
44.优化外商投资环境 促进安徽经济发展
45.省财政推介企业:
宁国市中化司尔特化肥有限公司
46.省财政推介企业:安徽方兴科技股份公司
省财政采购管理工作风采
47.首届安徽省政府采购产品展示交易会
省财政金融工作风采
48.优化能源结构 提高生活质理——安徽省城市天然气管网项目利用日元贷款正式启动
49.争取日元贷款 支持安徽建设——安徽省财政厅参加2002年度部分省市日元贷款转贷协议签字仪式
省财政国际债务工作风采
50.省财政审计监督考察团赴欧洲考察学习
51.种子商业化——世行贷款项目全面完工
省财政农税工作风采
52.规范农业税收管理
53.农民争交光荣税
54.财政部农业司及国家税总农税局领导来皖了解灾情
55.全省农业税收工作会议
56.农业税灾减资金兑现到位
省财政会计工作风采
57.安徽省会计管理工作会议
58.全国注册会计师行业行政管理工作调研座谈会
59.大力提高会计人员素质
省财政统计评价工作风采
60.全省会计决算报表布置暨培训会
61.省直单位会计决算报表布置暨培训会
省财政监督检查工作风采
62.全省财政监督理论研讨会
63.深入开展财政监督检查
省财政纪检监察工作风采
64.提高纪检水平 抓好廉政建设——全省财政系统纪检监察干部培训班在肥举行
厅机关党建工作风采
65.省财政厅机关:党的基层组织建设日益夯实
66.省财政厅机关:文化生活丰富多彩
67.省财政厅机关:精神文明建设成果丰硕
68.省财政厅机关:干部联系困难户工作制度顺利实施
69.省财政厅机关:对口支持长丰县孔店乡工作扎实
厅老干部工作风采
70～71.省财政厅机关:老干部工作扎实推进
省农业综合开发局工作风采
72～81.2003年安徽省农业综合开发纪实:
与时俱进再创辉煌、管理篇(一)～(二)
展示篇(一)～(七)
省财政科研所工作风采
82.财政科研工作出硕果
厅机关服务中心工作风采
83.服务财政 服务经济 服务社会——团结务实拼搏进取的省财政厅印刷厂
省政府采购中心工作风采
84～85.拓展政府采购规模 促进安徽经济发展
省财政投资评审中心工作风采
86～87.评审工作"三优"年 工作稳步上台阶
省注册会计师协会工作风采
88.面向新世纪的安徽省注册会计师行业
89.省注册会计师协会精神文明建设谱新篇
厅国库支付中心工作风采
90.省财政厅国库支付中心
省财政经济开发处工作风采

91.省财政经济开发处:探索国债管理新路子

合肥市财政工作风采

92.大力开展政风评议 努力加强政风建设

93.着力建设学习型机关 努力开创财政工作新局面

94.全面推进财政各项改革

95.深入开展 ISO9001 质量管理体系建设

淮北市财政工作风采

96～97.淮北:积极推进财政改革
支持经济协调发展

亳州市财政工作风采

98.改革和发展中的蒙城财政

99.谯城区财政:积极支持企业发展

宿州市财政工作风采

100.泗县财政绘新图

101.灵璧财政:强化项目资金管理
促进全县经济发展

102.砀山财政展新姿

蚌埠市财政工作风采

103.各级财政部门领导情系蚌埠灾民

104～105.蚌埠市财政局:精神文明建设结硕果

阜阳市财政工作风采

106.阜阳市政府采购中心:全力服务市政府

滁州市财政工作风采

107.定远县财政:扎实推进粮补方式改革

108.来安县财政:农业开发项目管理上台阶

109.凤阳县财政:改革发展双推进

淮南市财政工作风采

110～111.淮南市财政:拼搏进取
财政收入跨入 20 亿元新台阶

112～113.淮南经济技术开发区:财政经济快速发展

六安市财政工作风采

114.六安市财政局:机关党建工作结硕果

115.霍山县财政:积极支持企业发展

116.寿县财政:着力推进乡财县管改革

芜湖市财政工作风采

117.芜湖市财政推介企业:
芜湖中燃城市燃气发展有限公司

118.马塘区财政:鼎力支持城南新区建设

119.南陵县财政:积极培植财源 支持县城建设

巢湖市财政工作风采

120.巢湖市:着力打造“阳光财政”

121.居巢区:深化财政改革 加快经济发展

宣城市财政工作风采

122.宣州区财政:推进农业综合开发

123.宣城市财政推介企业:安徽太阳禽业有限公司

铜陵市财政工作风采

124.铜陵市资本市场研究会成立

125.铜陵市财政推介企业:
安徽六国化工股份有限公司

池州市财政工作风采

126.池州:加快发展 富民强市

127.青阳县:财政工作再上新台阶

安庆市财政工作风采

128.省市财政:大力支持太湖县域经济发展

129.省财政厅机关干部帮扶岳西县困难户

130.宿松县财政:积极支持县域经济发展

经济十强县财政财政工作风采

131.风景这边更好——宁国市财政推介企业:
宁国市恩龙生态发展有限公司

132.长风破浪正当时——当涂县财政

133.特色板块托起“百强梦”——繁昌县财政

134.“新三段论”筑就强县之道——芜湖县财政

135.满园春色关不住——肥西县财政

136.“煤山”里飞出金凤凰——凤台县财政

137.“二次创业”激活民营资本——天长市
财政推介企业:天长市天森木业有限公司

138.“土企业”长成“小巨人”——无为县财政

139.“哑铃”何以变“橄榄”——肥东县财政

140.“草根经济”春色满园——桐城市财政

2003年全省财政工作十件大事

一、全省财政总收入突破400亿元

2003年，全省各级财政部门坚持以改革创新统揽工作全局，依法强化收入征管，努力化解各种减收增支不利因素影响，全省财政收入保持良好增长势头，全年财政总收入突破400亿元，完成412亿元，增长18.9%，继2001年跨上300亿元台阶之后，迈上400亿元的新台阶。

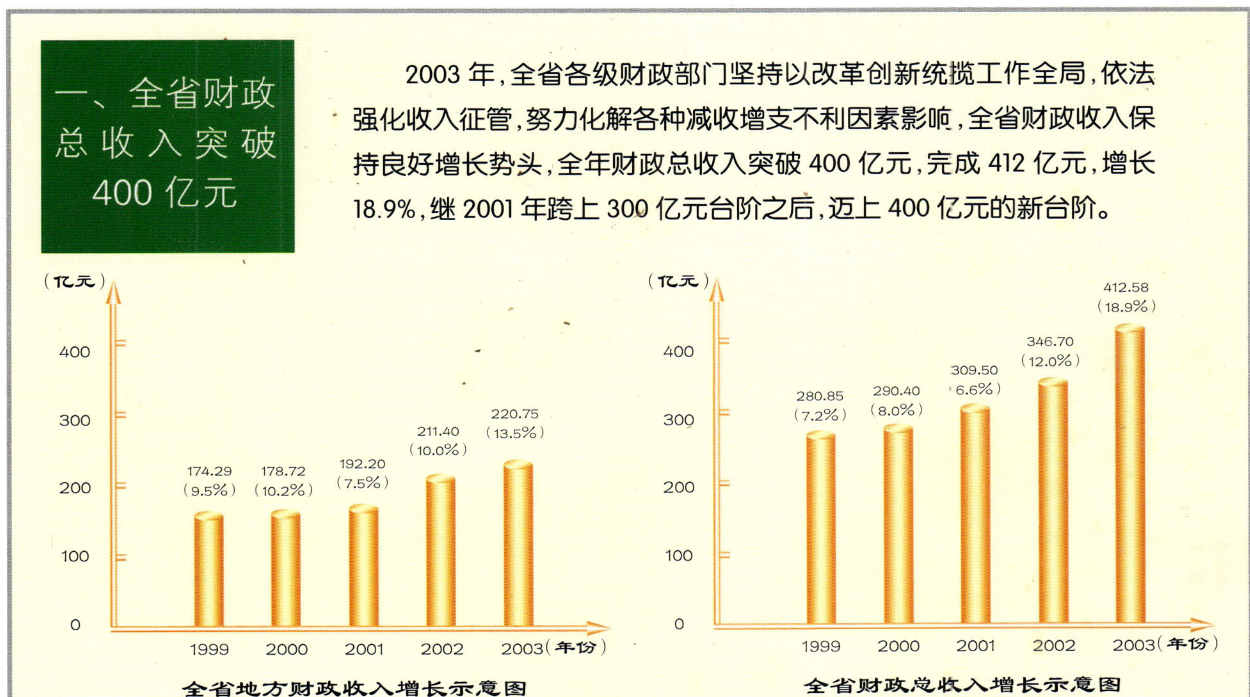

二、稳步推进粮食补贴方式改革

2003年，在总结来安县、天长市粮改试点经验基础上，从6月1日起在全省扩大粮食补贴方式改革试点，将原来通过流通环节对农民的间接补贴改为对农民的直接补贴。省财政会同有关部门精心制订并实施改革方案，向农民发放粮食补贴款6.27亿元，惠及4600多万农民，受到了广大农民的普遍欢迎。

全省扩大粮食补贴方式改革试点和化解村级债务电视电话会议

朱玉明厅长深入亳州市部分乡镇进行粮改工作调研

厅办公室供稿

三、全力支持“非典”防治

2003年，面对突如其来的“非典”疫情，省财政迅速建立了全天候值班、经费统计日报、情况反映快报等制度，大力争取中央财政支持，确保“非典”防治资金及时到位，全省财政共安排“非典”防治支出4.75亿元，为全省取得“非典”防治阶段性重大胜利作出了重要贡献。省财政厅被省委、省政府授予“全省抗击‘非典’先进集体”光荣称号。

防治“非典”咨询热线

四、大力支持抗洪救灾和灾后恢复重建

2003年，淮河流域发生了1954年以来的最大洪涝灾害，省财政全力争取中央支持，积极调整支出结构，迅速调度资金，大力支持抗洪救灾和灾后恢复重建，扎实做好农业税灾歉减免和行蓄洪区运用补偿工作，全省财政相继安排专项资金近30亿元，为夺取抗洪救灾重大胜利作出了重要贡献。省财政厅被省委、省政府授予“全省抗洪抢险先进集体”光荣称号。

赵树丛副省长、项仕安副厅长在裕安行蓄洪区现场指导补偿资金发放工作

五、圆满完成公共财政支出改革3年目标任务

2001年以来，全省县级公共财政支出改革稳步推进，完成了省政府确定的“一年到位、二年完善、三年规范”的3年改革目标任务，省市两级公共财政支出改革不断深化，省级建立了规范化、程序化的预算编制模式，省直所有部门及所属预算单位全部实行了国库集中支付制度，呈现省市县联动、整体推进的良好态势。

全省公共财政支出改革现场会

六、积极推进新型农村合作医疗制度建设

2003年，省财政厅在铜陵、宁国等10县(市)进行首批新型农村合作医疗试点，参保农民达365万人，全省财政共补助参保农民合作医疗资金3650万元。截至12月底，10县(市)共有3486名农民领取了合作医疗补助金，补助总额为199万元，深受农民群众的欢迎。

广德县新型农村合作医疗动员大会

七、扎实开展“乡财县管”改革

全省乡镇财政管理方式改革试点工作座谈会

2003年，省财政厅在和县、五河等9个县推行了乡财县管乡用改革试点，较好地理顺了县乡财政体制，规范了乡镇财政收支行为，确保了乡镇工资正常发放，堵塞了乡镇乱收费、乱支出和乱进人、乱举债的漏洞，严格控制了乡镇债务，为从根本上解决乡镇财政困难创造了条件。

八、全面开展农业特产税改征农业税试点

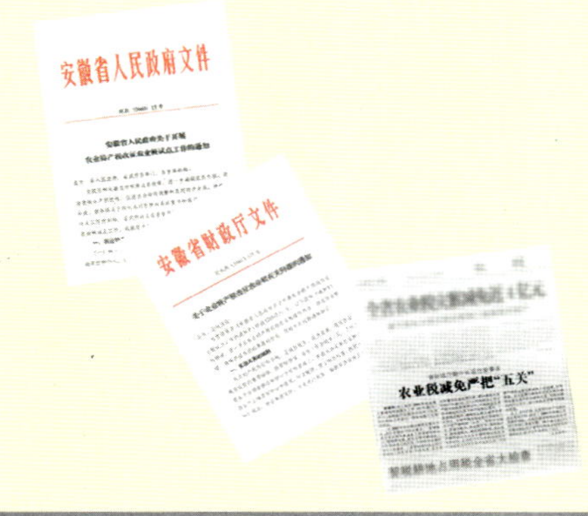
安徽省人民政府文件

安徽省财政厅文件

农业税减免产把“五关”

2003年，省委、省政府决定，从4月1日起，在全省开展农业特产税改征农业税试点工作，全面取消征收农业特产税，对部分农业特产品改征农业税。各级财政部门精心操作，确保改征政策落实到位，直接减轻农民负担1.7亿元。改征规范了农业税制，促进了农村经济发展。

九、完成农村中小学危房改造3年目标任务

和县功桥乡新塘小学新建的教学楼

2003年，全省安排农村中小学危房改造资金6亿多元，近3年共投入专项资金20亿元，其中省财政厅下拨13亿元，累计改造农村中小学危房560万平方米（其中D级危房458万平方米），完成了省政府确定的3年改造完2001年前的438万平方米D级危房目标任务。

十、认真组织开展“农村税费改革规范年”活动

安徽省农村税费改革规范年活动座谈会

2003年，组织开展了“农村税费改革规范年”活动，取得了显著成效：农村税费改革各项政策进一步落实，涉农税费征收行为进一步规范，农民负担保持稳定并继续有所减轻，农村税费改革成果继续得到巩固。全省农民人均负担64.4元，比改革前下降41.1%。

厅办公室供稿

省委常委、常务副省长任海深到会作重要讲话

省财政厅厅长朱玉明作工作报告

坚持科学发展观

——省政府召开

2004年2月25日，省政府在肥召开全省财政工作会议，省委常委、常务副省长任海深到会作了题为《坚持以科学的发展观为指导，推动全省财政工作再上新水平》的重要讲话，省财政厅厅长朱玉明作工作报告。各市分管市长和各市县财政局长出席了会议。会议总结了2003年财政工作基本经验，表彰了先进，研究部署了2004年财政工作。

省政府副秘书长张良庆主持会议

省财政厅副厅长项仕安出席会议

推动财政再上新水平

全省财政工作会议

省财政厅副厅长
汪建国出席会议

省财政厅副厅长
周春雨出席会议

省财政厅纪检组长
迟本能出席会议

分组讨论

先进单位领奖

分组讨论

厅办公室供稿　李虹摄

规范税改　惠及农民

——省委、省政府召开两次全省农村税费改革工作电视电话会议

2003年3月21日，省委、省政府召开全省农村税费改革电视电话会议，与会代表有省税改领导小组全体成员单位负责同志，省、市、县、乡党政部门主要负责同志，省直部分先进单位和先进个人代表等。会议总结了2000年以来全省农村税费改革试点工作，表彰了全省农村税费改革试点工作先进单位和先进个人，部署了今年和今后一段时期农村税费改革工作。省长王金山主持会议，省委副书记王昭耀、省委常委常务副省长张平、副省长赵树丛等出席了会议。

先进单位领奖

先进个人代表领奖

与会代表认真地听讲

各市领导在仔细听、认真记

全省农村税费改革工作电视电话会议

省委书记王太华作重要讲话

省长王金山主持会议

常务副省长任海深出席会议

2003年9月29日，省委、省政府召开第二次全省农村税费改革电视电话会议。会议总结了前段时间的税改工作，分析了当前工作中存在的问题，部署了下一阶段的工作任务。

参会代表认真听报告

省直有关部门负责人参加会议

省农村税费改革办供稿

中央电视台记者 来皖采访农村税费改革

2003年6月25日至7月3日，中央电视台新闻联播栏目组记者来皖采访农村税费改革情况。并在新闻联播节目播放了安徽省农业特产税改征农业税新闻和安徽省3年的税费改革情况。

省税改办朱维新处长解答农业特产税改征政策

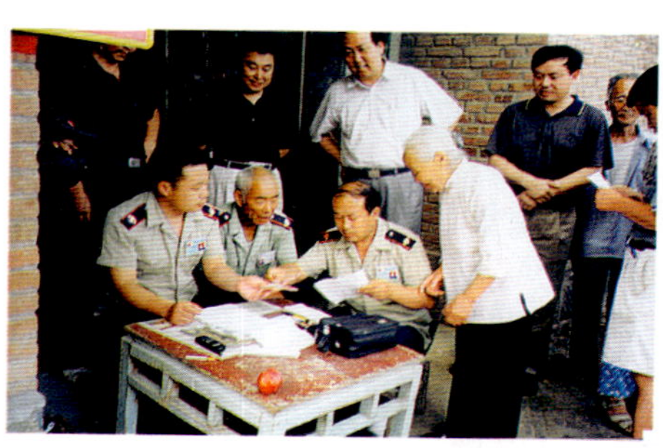

改征后，广大农民朋友积极主动地到纳税点交税

记者深入果区采集新闻资料

农民群众谈改征后的感想

省农村税费改革办供稿

甘肃省全国政协委员视察团
来皖考察农村税费改革

视察团与市县同志共话税改

巢湖市副市长薛少云介绍该市的税改情况

2003年9月15日至23日，驻甘肃省全国政协委员视察团一行27人来皖考察农村税费改革工作，重点考察了巢湖、黄山两市的税改工作。

视察团走村串户了解安徽省税改情况

视察团深入乡镇召开座谈会

视察团向农民了解税费改革情况

省农村税费改革办供稿

安庆市郊：
农村税费改革宣传效果好

2003年，安庆市郊区举办了农村税费改革宣传汇报演出。演出队走村串户，深入农村，自编自导的歌舞展示了税费改革的成果，取得了良好的社会效果，获得了广大农民群众的一致好评。

演出在安庆市郊区十里铺乡进行

省税改办、省农税局及有关领导与演出人员合影

农民群众观看节目

省农村税费改革办供稿

2003 年 12 月 24 日至 25 日，全省财政综合工作座谈会在淮南市召开

开拓财政综合工作新局面

2003 年，省财政厅综合处紧紧围绕全省财政中心工作，以加强财政经济形势分析和重大财政专题研究为依托，以发挥财政政策，规范职工收入分配关系，加强政府非税收入管理，支持经济和社会事业发展为中心，解放思想，开拓创新，圆满地完成各项工作任务。

栏目主持：郎 勋

安徽省行政区划与区域经济发展研究

安徽省财政厅课题组

《安徽省行政区划与区域经济发展研究》在《江淮论坛》、《安徽财会》、《经济研究参考》等杂志上发表，并被国务院发展研究中心信息网转载，引起社会各界广泛关注

积极运用财政收费政策，支持经济和社会事业发展

厅综合处供稿

房改办一班人认真研究省直单位货币化补贴中出现的问题

深化住房制度改革

——省直机关房改机构调整

房改办负责同志在和平花园二期工地检查工作

省直房改办成立于1992年，主要负责省直机关企事业单位、中央驻肥单位的公有住房出售、售房资金管理、住房货币化补贴、公有住房维修资金使用审批、集资建房、房改政策宣传解释以及在建中的省厅级干部住宅小区的施工和管理等工作。

工作人员在办理房改业务

和平花园小区一角

厅综合处供稿

省直住房公积金管理分中心成立

安徽省省直住房公积金管理分中心是经省政府批准成立的非盈利性独立法人、处级建制的事业单位，隶属于省直机关事务管理局。分中心负责省直机关、群众团体、事业单位、非生产性企业、中央驻肥单位和大专院校等的住房公积金的归集、支付、使用及管理工作。截至 2004 年 7 月，共有 1280 多个单位近 10 万人建立了公积金账户，累计归集公积金 12.3 亿元，因购房等提取公积金 2.1 亿，归集余额 10.2 亿元；办理公积金贷款 3500 多户，发放贷款 4.5 亿元。分中心下设办公室、归集科、信贷科和财务科。

归集科

省直住房公积金管理分中心

信贷科

业务柜台

厅综合处供稿

阜南县曹集镇体彩希望小学

福利彩票资助项目——六安市霍山县老年活动中心

希望小学向省体育局赠送锦旗

取之于民 用之于民

——发行彩票支持社会事业发展

彩票公益金资助建设项目——岳西县青少年校外活动中心

彩票公益金资助建设项目——蜀山区素质教育实践基地新建成沙雕场

厅综合处供稿

全省乡镇财政管理方式改革试点工作会议会场

精心组织乡财县管改革试点

2003年，省财政厅多次召开有关市、县财政部门负责人会议，充分听取基层意见，研究制定试点方案，确定在和县、五河、太和、全椒、潜山、宿松、祁门、霍山、利辛等9个县开展试点，明确了"预算共编、账户统设、集中收付、采购统办、票据统管"等改革内容。

2003年6月下旬，省财政厅在和县召开现场会，推广和县改革试点的先进经验，加快推进其他县的试点进度。改革试点进一步理顺了县乡财政管理体制，深化了公共财政支出改革，巩固了农村税费改革的成果，加强和规范了乡镇财政收支管理，强化了财政监督，遏制了乡镇财政供给人员和债务膨胀的势头，在一定程度上缓解了乡镇财政困难，提高了财政资金使用效益。财政部预算司司长张弘力指出：安徽乡财县管改革效果很好，经验值得推广。财政部预算司赵永旺处长专门来皖调研指导。

周春雨副厅长在调研

赵永旺处长在发言

赵永旺处长在调研

厅预算处供稿

加强分析调控 确保预算执行

——省财政厅召开两次全省预算执行情况分析会

2003 年 6 月 24 日至 25 日，为分析"非典"疫情和政策性减收因素对安徽财政的影响，预测上半年及全年财政收支形势，省财政厅在安庆市召开了全省上半年预算执行情况分析会。省国税局、省地税局有关处负责同志以及 17 个市和桐城、宁国、无为、繁昌、临泉、潜山、利辛、天长、舒城 9 个县(市)参加了会议。周春雨副厅长到会讲话。会议通报了上半年全省预算执行情况，指出了当前财政运行中需要重视的几个问题，并对下半年几项重点工作进行了布置。

会议代表认真听会

省财政厅副厅长
周春雨到会讲话

财政部预算司副处长
李文平到会指导

预算处处长曹哨兵主持会议

2003年12月12日至14日，全省预算执行情况分析会在淮南市召开。省国税局、省地税局有关处负责同志应邀到会并通报了全省税收收入的有关情况，17个市财政局预算科长及实行“乡财县管”改革试点的和县、五河、太和、全椒、潜山、宿松、祁门、霍山、利辛和蒙城县的财政局长参加了会议。会议分析了2003年全省预算执行情况，预测了财政收支形势，交流了“乡财县管”改革的试点经验，研究了2004年预算管理改革的思路和重点。财政部预算司地方处副处长李文平到会指导，周春雨副厅长自始至终参加会议，并就2003年预算执行情况、2004年财政收支形势及预算管理工作重点等方面作了总结讲话。

获奖的市财政局预算科在领奖

会议代表分组讨论

厅预算处供稿

省财政厅厅长朱玉明到会讲话

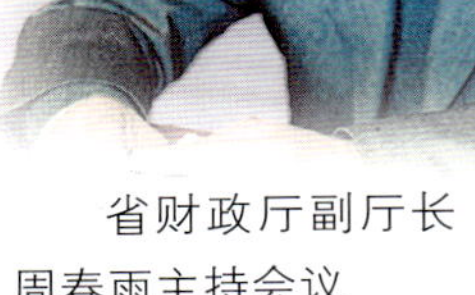

省财政厅副厅长
周春雨主持会议

省财政厅预算处处长、省直预算
编制办公室主任王玲出席会议

省财政厅省直预算编制办公
室副主任曹啃兵就 2004 年省级
预算编制工作作具体说明

省级预算编制改革再上新台阶

为逐步建立标准周期预算制度，进一步深化省级预算编制改革，切实做好年度省级预算编制工作，2004 年 3 月 20 日，省财政厅召开省直部门预算编制工作布置会议，统一部署 2004 年省直部门预算编制工作。省财政厅厅长朱玉明到会并讲话，省财政厅副厅长周春雨主持会议。会议充分肯定了 2003 年省级预算编制改革及取得的成效，确定了 2004 年度省级预算编制的指导思想和原则，并对做好 2004 年预算编制工作提出了具体要求。

省直部门财务负责人和从事预算编制工作的同志以及省财政厅有关处室的同志共 200 多人参加了会议

厅预算编制办供稿 汪克让摄

省财政厅副厅长
周春雨到会讲话

省人事厅工资福利处处长
葛余清主持会议

省财政厅省直预算编制办公室副主任
段焕松就有关具体问题作说明

省级财政统一发放工资工作全面推进

2003年3月14日，省财政厅、省人事厅、省编办联合召开省直单位财政统发工资布置会，就下一步财政统一发放工资工作进行部署。省级行政单位及在肥部分监狱劳教单位的财务、人事部门负责人和经办同志参加会议。省财政厅副厅长周春雨到会讲话。

省财政厅省直预算编制办公室和国库支付中心、省人事厅工资福利处、省编办综合处的负责同志分别就有关具体问题进行了讲解和说明。

与会代表

厅预算编制办供稿　吴海燕摄

项目评审组组长、省财政厅副厅长毕小彬出席项目评审论证会并讲话

省财政厅省直预算编制办公室主任李友兰主持会议

项目评审组副组长、省财政厅助理巡视员刘钢出席项目评审论证会

省财政厅预算处处长曹哨兵就项目的有关问题向项目申报部门提出询问

省财政厅召开专项支出预算评审论证会

2003 年 11 月 5 日，省财政厅在合肥召开“优质油菜种子青海繁殖和鉴定”项目支出预算评审论证会。实施项目支出预算评审论证是省财政厅为进一步深化预算改革、加强省级部门预算编制管理而实施的一项重要举措。目的是邀请与项目有关的专家对部门预算支出项目进行科学规范的评估、审议，合理地安排项目支出预算，更好地发挥财政资金的使用效益。这次项目评审论证达到了预期的目的，为全面加强项目支出预算的审核，规范实施项目评审论证制度奠定了基础。

会场

评审组成员按规定填写《项目支出预算评审论证意见书》

项目申报部门对评审组的询问进行解答

厅预算编制办供稿 李虹摄

省财政厅政法处张永祥处长、孙荣春副处长与省公安厅王静副厅长等一起，赴芜湖市公安部门开展调研

2003年，省财政厅政法财务管理部门以改善政法部门工作条件、促进社会稳定和维护市场经济秩序为目标，依法严格预算执行管理，继续深化收支两条线管理，改革支出管理方式，提高了资源配置效益和财政资金使用效益。同时，根据政法及有关部门工作任务和客观需要，切实履行财政部门的监管职责，努力做好服务和保障工作，取得了新的成绩。

深入调研 推动财政政法工作

2003年9月，张永祥处长(右二)与省监狱局局长倪修明等在白湖监狱调研

张永祥处长(右二)与省监狱局局长倪修明等在基层政法部门调研

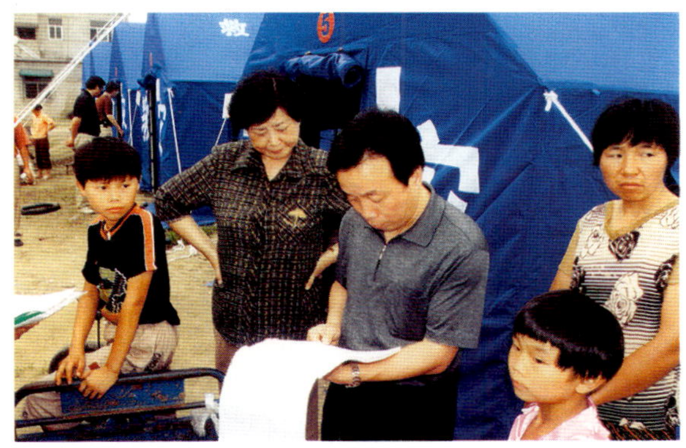

张永祥处长(右三)在淮南市谢家集区检查救灾资金和物资发放情况

2003年11月24日，张永祥处长(右三)在合肥市消防支队调研

厅政法处供稿

2003 年中央政法补助专款装备器材采购开标会现场

政法补助专款装备器材采购项目开标会

省财政厅副厅长楚建平参加了签字仪式

省政法委副书记周溯参加了签字仪式

省政法部门设备共建小组召开会议，研究政法信息通信专网建设工作。原省共建领导小组组长、省政法委副书记周溯、省财政厅副厅长楚建平同志参加会议

2003 年中央政法补助专款采购项目合同签字仪式

厅政法处供稿

朱玉明厅长到会讲话，对财政政法财务管理和政法补助专款项目管理工作提出要求

厅政法处处长张永祥主持会议并作会议总结

楚建平副厅长到会讲话

加强管理 规范运作
努力做好中央政法补助专款项目管理工作

2003年9月2日至3日，全省中央政法补助专款项目管理工作会在巢湖召开，省财政厅厅长朱玉明、副厅长楚建平分别到会讲话，并为获奖单位颁奖。会上朱玉明厅长充分肯定了近年来全省政法财务工作所取得的成绩，赞扬政法财务工作为全省法制建设、社会稳定和公共财政支出改革做出了贡献，并就财政政法管理工作提出了具体意见。楚建平副厅长对2001-2003年安徽省中央政法补助专款项目管理工作作了总结，对下一个阶段的工作和2004-2006年全省中央政法补助专款项目规划编制提出了要求。省财政厅政法处处长张永祥主持会议并对会议作了总结，副处长孙荣春传达了全国中央政法补助专款项目管理会议精神。

全省各市财政局分管领导和有关同志及省公、检、法、司财装部门负责同志等参加会议

楚建平副厅长在分组与到会代表一起进行分组讨论

对取得优异成绩的巢湖、黄山、宿州、淮南、铜陵、滁州、安庆等7个市进行表彰奖励

有关人员在进行中央政法补助专款项目系统软件培训

厅政法处供稿

深化省级财政国库集中支付改革

厅助理巡视员汪晓琴在省直单位网上支付培训班上讲话

2003年10月，在省级所有预算部门和单位全部纳入财政国库集中支付范围后，为深化和完善财政国库管理制度改革，进一步提高财政资金支付效率，方便预算单位用款，决定实行财政资金网上审批、代理银行就地支付集中清算的网上支付模式，并选择了省政府办公厅、省财政厅等7个省直部门开展网上审批、支付财政资金试点。

省直单位有关人员认真听讲

国库支付中心主任姚本虎、副主任许先才在培训班上

厅国库处供稿

财政国库管理制度改革座谈会

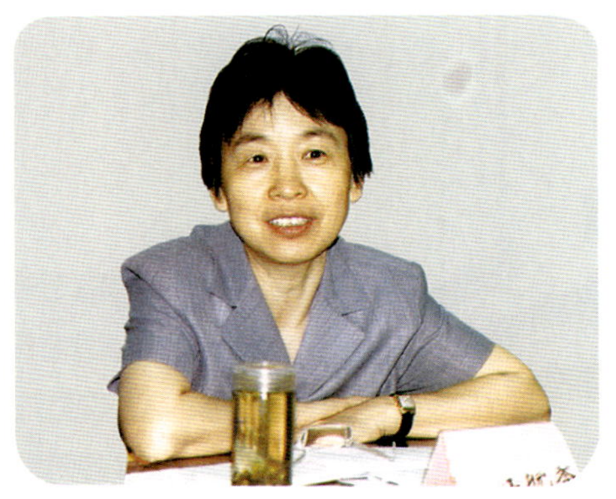
厅助理巡视员汪晓琴到会讲话

厅国库处处长王玲讲话

为全面总结近3年来全省财政国库管理制度改革工作，研究进一步深化改革的措施和办法，安排部署下一阶段的重点工作，不断推动全省财政国库管理制度改革向纵深发展，2003年11月13—14日，全省财政国库管理制度改革座谈会在合肥召开。全省各市国库科长及相关人员共50多人参加了会议，厅助理巡视员汪晓琴出席会议并讲话。

与会代表充分交流、认真讨论

厅国库处供稿

省财政大力支持
农村中小学危房改造

2001年以来，省财政3年拨付12亿元，市、县多渠道配套8亿多元，累计共改造D级危房438万平方米，基本消除了2000年以前危险校舍。特别是2003年，省财政又调整支出，增加沿淮地区灾后水毁校舍资金8000万元，加上市级配套3400万元专项用于灾区学校建设。各级财政部门在农村中小学危房改造工作中全面推行政府采购制、资金报账制等现代管理方式，所有项目资金都在县级专户管理，封闭运行，直接支付到建筑单位，确保了农村中小学危房改造工作的顺利实施。

造型美观的和县沈巷中学学生公寓楼，建筑面积2190平方米

造型独特的和县香泉中学教学楼，建筑面积1391平方米

新竣工交付使用的和县沈巷中学实验楼，建筑面积1950平方米

原简陋的和县沈巷中学实验室

厅教科文处供稿

省社科院召开“21世纪初期安徽经济发展思路研讨会”

安徽省社科院与罕布尔学院学术合作项目签订仪式

省财政努力推进科技事业健康发展

2003年，省财政充分发挥财政职能，促进安徽省科技事业健康发展。积极支持壮大科研力量，推进省属科研院所管理体制改革，优化科技三项费用的投向，推进科技创新与可持续发展；加大财税政策的扶持力度，支持高新技术产业发展；大力加强科研平台建设，为科技发展奠定坚实基础；认真贯彻《科普法》，积极支持科普事业发展。

第六届水文试验与水文规划国际学术研讨会在合肥召开

省水利科学院五道沟水文试验站试验室

寿县刘岗镇秀丽小西瓜大棚示范区

厅教科文处供稿

省图书馆新馆外景

省财政致力扶持文化艺术事业发展

2003年10月18日，蒋作君副省长在省图书馆新馆开馆仪式上讲话

2003年，省财政积极落实省委、省政府关于“打好徽字牌，唱响黄梅戏，建设文化强省”的战略决策，坚持将文化事业的发展作为财政支出保障的重要方面，克服收支矛盾突出的困难，多方筹措资金，不断加大投入，强化对图书馆、博物馆、艺术馆等重点文化基础项目的扶持，积极扶持文化艺术多出精品力作，有力地促进了安徽省文化文博事业的繁荣与发展。

汪建国副厅长与《孔雀东南飞》演职人员亲切交谈

安徽省精品文物库房外景

安徽省精品文物库房内部陈设

厅教科文处供稿

省财政厅副厅长汪建国到会作工作报告

省财政厅教科文处处长罗建国作会议总结

省财政着力推动教科文财务工作再上新台阶

为了总结交流2002年全省教科文财政财务管理与改革的经验，分析探讨当前面临的形势，研究部署下一阶段教科文财政财务管理工作的主要任务，全面贯彻财政部关于做好2003年教科文财政财务管理工作的有关要求，2003年3月29日，在安庆召开了安徽省教科文财政工作会议，省财政厅厅长朱玉明在会上作了书面讲话，副厅长汪建国到会作了工作报告。厅领导在讲话中深入分析了当前形势，全面部署了今年的工作任务，充分肯定了近年来特别是2002年的全省教科文财政财务管理工作。省财政厅教科文处处长罗建国对会议进行了总结，会议由省财政厅教科文处副处长李良主持。

省财政厅教科文处副处长李良主持会议

与会代表

分组讨论

厅教科文处供稿

省财政积极支持共建高校建设和发展

省财政积极为中央与地方共建高校争取专项建设资金，支持安徽理工大学、安徽财贸学院、安徽工业大学以及淮北煤炭师范学院等中央下划院校的建设与发展。2003 年省财政为上述 4 所共建高校争取中央财政拨款 2300 万元，主要用于基础设施改造、购置教学仪器设备及其维护等。中央与地方共建高校的基本教学条件，如学科建设、实验室建设等都得到有效地改善，增强了共建高校的发展活力。

改造后的安徽理工大学 2 号教学楼

安徽省冶金工程与资源综合利用重点实验室基础建设

冶金过程理论研究室高温感应炉

改造后的安徽理工大学体育运动场

新建的语言教学实验室

维修后的淮北煤炭师范学院图书馆

厅教科文处供稿

2003年5月19日，省委常委、省政府常务副省长张平召开省政府专题会议，研究部署全省扩大粮食补贴方式改革试点工作

省财政厅厅长朱玉明在省政府专题会议上作汇报

国务院粮改小组赴滁调研汇报会

根据国务院领导的指示精神，为抓紧研究和拟定进一步深化粮食流通体制改革的整体方案，2003年3月11日至14日，由财政部经济建设司虞列贵司长带队，国家计委、粮食局、农发总行、劳动和社会保障部参加的国务院粮改调研组在皖期间，分别在合肥市和滁州市召开座谈会，听取了省财政、计委、粮食、社保和农发行等部门，以及来安县、天长市、全椒县和滁州市南谯区关于粮食流通体制改革、粮食补贴方式改革、国有粮食企业改革和粮食企业职工减员分流及其安置等工作进展情况、存在问题的汇报和有关建议。

汇报会正在进行

2003年3月13日，国务院调研组专程前往天长市，深入到农户了解对农民补贴资金兑付情况

国务院调研组深入到国有粮食购销企业，了解国有粮食购销企业在实行粮食补贴方式改革后经营情况

厅经济建设处供稿

省委常委、常务副省长张平在全省扩大粮食补贴方式改革试点工作会议上作重要讲话

省财政厅朱玉明厅长在全省扩大粮食补贴方式改革试点工作会议上就《安徽省扩大粮食补贴方式改革试点方案》和各市提出的有关问题作了发言

全省扩大粮食补贴

2003年5月22日上午，省政府召开全省扩大粮食补贴方式改革试点工作会议，下午召开全省扩大粮食补贴方式改革试点电视电话会议，省委常委、省政府常务副省长张平在会议上作重要讲话。各市、县(区)、乡(镇)政府和行政村负责人，省直有关部门以及各市、县有关部门负责人参加了会议。

滁州市副市长何希勇在全省扩大粮食补贴方式改革试点工作会议上汇报

方式改革试点工作

2003年8月14日，赵树丛副省长率领省财政厅、省粮食局和省农发行负责同志，亲临蚌埠市固镇县连站镇财政(农税)所办税大厅农民粮食直接补贴资金发放现场，指导粮补资金发放工作

2003年6月4日至5日，省粮补改革办公室分别在淮南市和芜湖市举办全省粮食补贴改革试点业务培训班

厅经济建设处供稿

财政投巨资支持安徽水利建设

2003年在长江、淮河流域治理中全省实际完成水利基本建设投资20.38亿元，其中中央投资11.5亿元，省配套资金2.88亿元，市县投资6亿元。累计完成土方10282万立方米，石方690万立方米。具体完成项目为：淮河治理9.67亿元，长江流域治理2.28亿元，沿江泵站1.6亿元，城市防洪0.96亿元，灌区配套0.93亿元，水库涵闸3.56亿元，其他1.38亿元，极大地支持了安徽水利建设。

蚌埠闸鸟瞰

磨子潭水库大坝

切滩

东淝闸

荆山湖进洪闸

荆山湖退洪闸

曹台孜闸

节制闸

蒙洼堤防

王家坝闸

厅经济建设处供稿

2003年11月8日，中央政治局常委、全国人大常委会委员长吴邦国亲临淮河抢险一线视察

全省上下奋力抗洪
各级财政鼎力支持

2003年7月4日，王金山省长宣布进入紧急防汛期

赵树丛副省长给行蓄洪区灾民发放补偿款

唐垛湖爆破行洪

2003年7月22日，省行蓄洪区运用补偿工作领导小组举行第一次全体成员会议研究部署补偿工作

水文测报

7月3日王家坝闸分洪

严防死守江家湖

2003年，安徽省淮河流域发生了1954年以来的特大洪水，长江流域的滁河、西河发生自1991年以来的最大洪水。在党中央、国务院的亲切关怀下，安徽省委、省政府以“三个代表”重要思想统领防汛抗洪工作，省防指果断决策、科学调度，受灾地区的人民全力抗洪、抢险救灾，水利工程发挥了巨大的防洪减灾效益，整个防汛抗洪工作做到了“科学防控，紧张有序”，实现了“五个确保”的防汛目标，即“确保人民群众生命安全、确保重要堤防安全、确保重要城市及工矿企业和重要堤圈安全、确保重要水利工程运用安全、确保洪峰顺利安全过境”。汛后，全省迅速开展大规模灾后重建，恢复灾区群众正常生活生产，稳定社会秩序。

荆山湖移民转移

五保户喜迁新居

移民建房

颍上县发放补偿资金

厅农业处供稿

省财政厅副厅长汪建国深入抗洪救灾一线指导工作

省财政厅副厅长汪建国、社保处处长王建培赴阜阳检查救灾物资发放情况

省财政积极支持防“非”抗洪

2003年，面对“非典”和特大洪涝灾害的双重考验，全省财政系统在各级党委、政府的坚强领导下，按照“特事特办、及时高效”的要求，不畏艰难、顽强拼搏、甘于奉献，切实做到了“工作到位、责任到位、资金落实到位、督促检查到位”。在夺取抗洪救灾胜利的战斗中，全省财政部门想灾区群众之所想、急灾区群众之所急，全力投入到查灾核灾、防疫防病、灾后重建、保障受灾群众生活等各项救灾工作中，保证了受灾群众“有吃、有住、有序、有医、无大疫”目标的实现。全省财政社保系统在应对这两个重大突发性事件过程中，建立了非常状态下的应急保障机制，全省财政社保队伍得到了新的全面锻炼，经受住了从未经历过的严峻考验。

王建培处长在蚌埠市淮河大坝了解灾情

救灾物资发放现场

社保处同志深入发热门诊现场了解“非典”防治情况

林晓明副处长到“非典”防治专科医院检查专项资金使用情况

厅社保处供稿

王建培处长在马鞍山市调研就业和社保资金管理情况

就业和再就业工作取得明显成效

就业是民生之本，安国之策。安徽省各级财政部门坚持以人为本，从实践"三个代表"高度，充分认识就业和再就业工作。按照公共财政的要求，通过大力调整支出结构，全面实行专户管理和目标管理，为各项再就业政策的落实提供了资金保障。在各级财政大力支持下，全省完成新增就业岗位35万个，下岗失业人员再就业15万人的目标任务。

省委、省政府领导出席首期创业培训结业典礼

王建培处长赴芜湖市社区指导社区就业工作

扶持下岗失业人员再就业的徽风书报亭

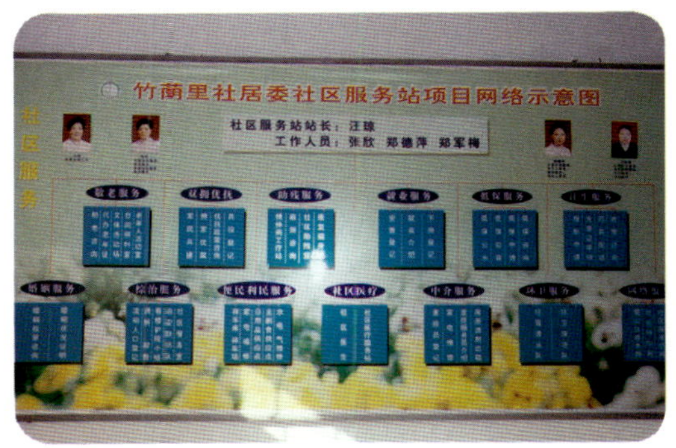

社区服务项目

厅社保处供稿

省财政厅副厅长汪建国到基层调研农村新型合作医疗开展情况

城乡特困群体救助取得突破性进展

2003年，省财政投入近3.3亿元，建立了以“五保供养”、“农村医疗救助”、“农村特困群众生活救助”和“农村特困家庭子女上学救助”为主的农村特困群体救助体系。

省财政厅副厅长汪建国深入农户了解特困家庭生活状况

省财政厅在肥西县召开新型农村合作医疗试点工作座谈会

广德县农村合作医疗动员大会

社保处干部深入农村特困户了解情况

厅社保处供稿

全省外贸财政工作座谈会及业务培训会

省财政厅副厅长毕小彬在全省外贸财政工作座谈会及业务培训会上讲话

厅企业处处长盛普田在全省外贸财政工作座谈会及业务培训会上作总结讲话

为进一步做好安徽省外贸财政工作，发挥财政部门在外贸工作中的作用，促进全省外向型经济的发展，2003 年 11 月 6–8 日，全省外贸财政工作座谈会及业务培训会在巢湖召开，各市企财科长及相关人员共 70 多人参加了会议，毕小彬副厅长出席会议并作了重要讲话。

全省外贸财政工作座谈会及业务培训会在巢湖市召开

各市代表在全省外贸财政工作座谈会及业务培训会上认真讨论

厅企业处供稿

省财政推介企业：

安徽方兴科技股份公司

董事长孙东兴

公司全貌

安徽方兴科技股份公司是由中国512家重点企业之一的安徽华光玻璃集团作为主发起人，与浙江大学、国家建材局蚌埠玻璃工业设计研究院、蚌埠建设投资公司、蚌埠珠兴复合材料有限公司联合发起，经安徽省人民政府批准设立的股份有限公司。公司注册资本5000万元，是国家火炬计划重点高新技术企业和安徽省高新技术企业。

安徽方兴科技股份公司将充分发挥上市公司融资优势，稳健开展产品经营和资本运作。充分依托博士后工作站和科研院所的科技开发优势，进入有市场前景的透明导电材料领域，积极开拓国际市场，努力把股份公司建成技术密集型、外向型、市场竞争力强、高速发展的具有国际影响力的大型跨国公司。

全方位计算机网络

为用户提供“零距离”服务

现代化生产调度中心

厅企业处供稿

首届安徽省政府采购产品展示交易会

为宣传政府采购工作，扩大政府采购影响，展示政府采购成果和风采，“首届安徽省政府采购产品展示交易会”于2003年9月25日至27日在安徽国际会展中心隆重举行。省政府副省长田维谦、省委、省政协、财政部国库司政府采购处以及省直有关部门负责人，兄弟省、市以及供应商代表参加了展示交易会并出席开幕式。本次展交会共吸引国内外知名企业150余家参展，设国际标准展位400余个，展品涉及政府采购各个项目及所需产品。举办此次展交会旨在提升政府采购影响力，提高透明度，构建政府采购与供应商之间的交流平台，为企业参与政府采购公平竞争提供良好的商机。

图为田维谦副省长在省财政厅、省司法厅等有关负责人陪同下参观展交会

展交会上，田维谦副省长欣然为参展供应商题词

厅政府采购处供稿

省财政厅副厅长汪建国就日元贷款管理工作提出明确要求

省计委副主任李朝东到会讲话

省财政厅金融处处长范成法主持会议

优化能源结构 提高生活质量

——安徽省城市天然气管网项目利用日元贷款正式启动

为进一步加快日元贷款项目实施进度，总结前期工作经验，部署下一阶段工作，2003年8月22日，省财政厅与省计委在合肥召开安徽省城市天然气管网项目利用日元贷款启动工作会，来自8个市的政府分管市长以及财政、计委和项目单位的主要负责人参加了会议。

会议期间，省财政厅副厅长汪建国与各项目市财政局长在再转贷协议上签字。该项目贷款金额为1.5亿美元，主要用于合肥、芜湖、马鞍山、淮南、巢湖、滁州、铜陵和阜阳等8城市天然气门站、管网、调压设备和监控系统的建设，建成后总供气规模达204379万立方米。项目建设主要是借国家“西气东输”主干线途经安徽的机遇，向上述8项目市供应天然气，以期优化能源结构，养活城市工业生产和居民生活对大气的污染，改善8市居民生活质量，美化生存环境，造福后代，实现社会经济的可持续发展。

会议代表在认真听报告

厅金融处供稿 李虹摄

汪建国副厅长在协议上签字

争取日元贷款 支持安徽建设

——安徽省财政厅参加2002年度部分省市日元贷款转贷协议签字仪式

7月21日，中国进出口银行在人民大会堂浙江厅举行了2002年度部分省市日元贷款转贷协议签字仪式。省财政厅汪建国副厅长受朱玉明厅长委托，在《安徽城市天然气管网工程利用日本政府贷款转贷协议》和《安徽省人才培训项目利用日本政府贷款转贷协议》上签字。这标志着安徽省正式获得日方1.87亿美元的低息长期贷款。这两个项目的建成将有利于改善人民生活，美化生存环境；改善教研装备、提高教师素质、提升办学层次。

全体代表合影

安徽代表团成员合影

规范农业税收管理

2003 年省财政厅农税局大力推行以“厅点征收、微机管理”为主要内容的农税征管新模式，继续引导各地建设好乡镇农税纳税服务厅和村组征收网点。截至年底，全省已有 98.89%的乡镇(含街道办事处)建成了规范化的农税纳税服务厅，乡镇农税纳税服务厅达到了 1867 个，大厅内共配备微机 2807 台，共有 1947 个省市县乡四级农税征收机关安装应用了“金穗 2000”农税征管软件。农民主动到厅点缴税率和电脑开票率大幅度提高，农民高兴地说：“三定征收方式好，这税我们缴得明白，缴得放心。”同时，在推进财政各项改革过程中，乡镇农税纳税服务厅充分发挥了综合功能和基层财政服务社会、服务“三农”的整体效应，粮食补贴资金兑现、农业税灾减资金兑现等均在乡镇农税纳税服务厅办理。省政府领导、国家税务总局农税局领导和外省市同行多次到安徽省乡镇农税纳税服务厅考察。

安徽省副省长赵树丛在省财政厅厅长朱玉明的陪同下考察乡镇农税纳税服务厅和征收点

副省长赵树丛考察农业税和粮补政策宣传站

国家税务总局农税局局长徐嘉彤考察乡镇农税纳税服务厅和农税征管软件运行

省财政厅副厅长戴克柱在乡镇农税纳税服务厅了解农民缴纳农业税和领取粮补资金情况

厅农税局供稿

农民争交光荣税

在今年农业税征收中，各地严格执行农业税及农村税费改革政策，全面推行“定点、定时、定额”的“三定”征收方式，并在各个乡镇建立了农税纳税服务厅。一次性缴完全年农业税，拿到奖励的印有“纳税光荣”草帽和电脑打印的农业税税票的农民高兴地说：“‘三定’征收方式好，这税我们缴得明白，缴得放心。”

厅农税局供稿

财政部农业司及国家税总农税局领导来皖了解灾情

财政部农业司魏维和凡可军副处长、国家税务总局农税局徐嘉彤局长在省财政厅领导和厅农税局负责人的陪同下，先后到滁州、蚌埠和阜阳等沿淮受灾较重的县视察灾情，了解农业受灾和农业税减收情况。图为领导深入基层了解灾情。

厅农税局供稿

全省农业税收工作会议

11月26日至27日，全省农业税收工作会议在亳州市召开，研究全省2003年农业税灾歉减免资金分配方案，布置灾减资金落实工作。根据全省农业受灾及农业税减收情况，中央核减安徽省农业税任务69600万元，其中中央财政补助资金31000万元，占全国农业税灾减补助资金总额的15.5%，是历史上比例最高的一年。省财政共核减全省2003年农业税任务69600万元，相应下达补助资金39462万元，会议要求各地必须在2004年春节前将农业税灾减资金落实到户。

省财政厅副厅长
项仕安到会讲话

省财政厅农税局
局长黄诗柱主持会议

亳州市政府副市长兼财政局局长
凌云介绍亳州市财政及农税工作

亳州市政府常务副市长
许家贵致欢迎辞

厅农税局供稿

全国注册会计师行业行政管理工作调研座谈会

财政部会计司副司长
高一斌到会讲话

楚建平副厅长到会讲话

2003年7月11日至13日，全国注册会计师行业行政管理工作调研座谈会在安徽省芜湖市召开，来自华东、中南地区13个省(市、自治区)及4个计划单列市的80名代表参加了会议。财政部会计司副司长高一斌、省财政厅副厅长楚建平出席会议并讲话。

与会人员在会谈

厅会计处供稿

2003 年度高级会计师评审会会场

大力提高会计人员素质

2003 年 12 月 29 日至 30 日，2003 年度全省高级会计师任职资格评审会在合肥召开。经评审会严格评审和投票表决，65 人获得了高级会计师任职资格。至 2003 年底，全省累计已有 1244 人取得了高级会计师任职资格。

刘钢助理巡视员在 2003 年度高级会计师评审会上讲话

财政部会计司人员管理处处长冯卫东在全省高级会计人才继续教育培训班上讲课

全省高级会计人才继续教育培训班

厅会计处供稿

全省会计决算报表布置暨培训会

2003年12月1日至3日，全省2003年度会计决算报表布置暨培训会在巢湖市召开，各市财政局分管统计评价工作的局长、统评科长和参会代表约120人参加会议。会上，对2002年度会计决算报表工作中先进个人、先进单位进行了通报表彰和奖励，并对2003年度会计决算报表工作作了布置和报表软件的培训。毕小彬副厅长到会讲话。

2003年12月1日在巢湖市召开各市财政系统会计决算报表布置暨培训会

参会代表认真听讲报表的填报和应用软件的操作

表彰会计决算报表工作先进单位

厅统计评价处供稿

省财政厅副厅长毕小彬在全省会计决算报表布置暨培训工作会议上讲话

省直单位会计决算报表布置暨培训会

2003年11月25日至26日，在潜山县召开了省直单位财务负责人和财务人员参加的2003年度省直单位会计决算报表布置暨培训会。会上，对省直部门和单位在2002年度会计决算报表工作中荣获先进单位、先进个人进行了表彰和奖励。毕小彬副厅长参加了会议，并对做好会计决算报表工作的重要性和切实加强会计队伍建设作了重要讲话。会议取得预期效果。

省直单位财务负责人和财务人员参加会计决算报表培训会

培训会议会场

厅统计评价处供稿

全省财政监督理论研讨会

全省财政监督理论研讨会在淮北召开

省财政厅纪检组长迟本能到会讲话

省财政厅助理巡视员刘钢出席会议

厅监督检查局局长黄克来作会议总结

2003 年 5 月，厅监督检查局在全省范围内开展首次财政监督理论调研活动。活动期间，共收到调研论文 43 篇。年底省厅召开了财政监督理论研讨会，对优秀论文进行了交流评比，较好地发挥了理论研究对监督实践的指导作用。

厅监督检查局领导听取会议发言

与会代表进行论文交流

厅监督检查局供稿

厅监督检查局黄克来局长调阅检查工作底稿

市财政局领导部署监督检查工作

深入开展财政监督检查

各市间相互交流监督检查工作经验

2003年，省财政厅监督检查局紧紧围绕服务经济发展、服务财政改革、服务财政管理的工作原则，认真贯彻执行《安徽省财政监督暂行办法》，深入开展各项财政监督检查工作，较好地发挥了财政监督在财政管理工作中的职能作用。

厅监督检查局深入市县调研财政监督规章制度执行情况

监督检查人员开展内审工作

厅监督检查局供稿

省纪委常委、省监察厅副厅长仲兆宁在培训班讲课

提高纪检水平 抓好廉政建设

——全省财政系统纪检监察干部培训班在肥举行

为了提高全省财政系统纪检监察干部队伍素质，把财政系统党风廉政建设和反腐败工作进一步推向深入，2003年11月3日至5日省财政厅在合肥举办了全省财政系统纪检监察干部培训班。全省各市财政局纪检组长、监察室主任和部分县财政局的纪检监察干部参加了培训。培训期间，省纪委有关领导同志讲授了纪检监察方面的知识；各市财政局纪检组汇报、交流了2003年党风廉政建设和反腐败工作情况。厅党组成员、纪检组长迟本能在培训结束时作了小结。通过培训，大家进一步提高纪检监察业务水平，增强了抓好党风廉政建设和反腐败工作信心。培训取得了良好的效果，达到了预期的目的。

交流、汇报纪检监察工作情况

厅纪检监察室供稿

深入贯彻十届全国人大一次会议精神报告会

厅直机关纪念建党82周年
庆祝大会暨"创先争优"表彰大会

省财政厅机关：
党的基层组织建设日益夯实

先进党支部获奖

党的基层组织建设是党的工作的基础，直接担负着把党的各项方针政策落实到基层的重要任务。一年来，财政厅直属机关党委狠抓党的工作责任制度建设，严格党支部目标管理，认真做好发展党员工作，积极开展党内争先创优活动，充分发挥了基层党支部的战斗堡垒作用和共产党员的先锋模范作用，为财政工作任务的完成提供了有力的组织保证。

优秀共产党员获奖

新党员入党宣誓

厅机关党委供稿

省财政厅与省公安厅成功举办第二届“财政—前卫”杯棋牌球邀请赛

省财政厅团委荣获省级“五四红旗团委”

省财政厅机关：文化生活丰富多彩

省财政厅直属机关工、青、妇组织围绕省财政工作中心任务，结合财政厅机关实际，组织开展了内容丰富、形式多样的文化体育活动，极大地丰富了干部职工的精神文化生活。

省财政厅赴金寨县洪冲乡中心小学献爱心

省财政厅志愿者开展财政业务咨询服务

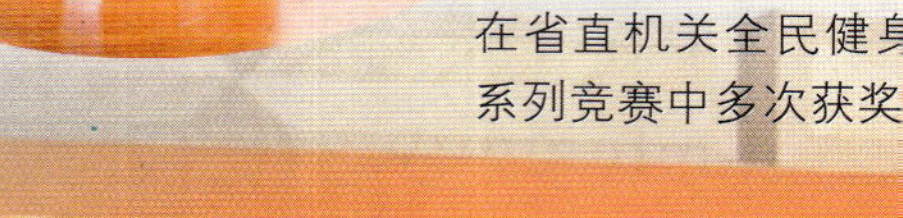

省财政厅代表队在省直机关全民健身系列竞赛中多次获奖

厅机关举行迎春联欢会

厅机关党委供稿

省财政厅领导赴金寨县邮政局调研政风建设工作

省政府采购中心被省直工委授予"青年文明号"

省财政厅机关：精神文明建设成果丰硕

加强社会主义精神文明建设是财政厅机关党的建设的一项重要任务，2003年财政厅直属机关精神文明建设在厅党组和厅精神文明建设领导小组领导下，以"创三优"活动为载体，结合全省财政改革与发展的实际，结合厅直机关干部职工的思想、工作实际，深入开展精神文明创建活动，增强了党组织的凝聚和战斗力，极大地调动了广大党员干部工作的积极性和创造性。

财政部国库司政府采购处负责人到中心检查指导工作

底图为安徽省政府采购中心新的办公场景

省财政厅"文明创建窗口示范单位"实行规范化管理

省直机关文明委复查考评省财政厅"创三优"工作

厅机关党委供稿

两节期间，厅领导赴岳西、潜山、太湖3县开展送温暖活动

厅领导走访慰问困难户

省财政厅机关：
干部联系困难户工作制度顺利实施

开展走访检查帮扶困难户工作

为落实好“财政厅机关干部联系困难户工作制度”，确保困难户实现稳定脱贫目标，2003年，在财政厅党组的领导下，帮扶坚持以增加困难户收入为中心，以困难户脱贫致富为目标，加强与岳西、潜山、太湖3县有关部门的配合，加大帮扶力度，选好帮扶项目，加强督查调研，克服了非典疫情和淮河流域特大洪灾带来的困难，帮扶困难户工作切实做到了“四到户”基本实现年初既定的工作目标。

召开3县帮扶困难户工作座谈会

厅机关帮扶的岳西县头陀镇灵芝种植大户

厅机关扶持的潜山县安全网厂

厅机关党委供稿

朱玉明厅长检查长丰县灾后重建工作

省财政厅机关：对口支援长丰县孔店乡工作扎实

2003年9月，按照省委、省政府要求和省直工委部署，财政厅机关负责对长丰县孔店乡开展对口支援工作。经过几个月的调研、制定方案和精心组织实施，对口支援取得了比较明显的成效，有力地支持了孔店乡的生产救灾和灾后重建工作。

厅机关捐赠救灾物资

厅机关党委副书记宋宝泉赴长丰县孔店乡慰问、捐赠

孔店乡中学

厅机关党委供稿

老干部在春节联欢会上表演大合唱

老干部在春节联欢会上表演太极拳

省财政厅机关：
老干部工作扎实推进

毕小彬副厅长看望打桥牌的运动员

2003年，省财政厅离退休干部管理部门不断改进工作作风，用一片真情为老干部服务，通过组织外出参观考察，开展形式多样的文体活动，丰富了老干部晚年生活，受到好评。

退休干部在“太湖县第一小学”参观

退休干部在枞阳县“海螺水泥有限公司”参观

"体育彩票杯"安徽省第一届老年人运动会省财政厅运动员入场

省财政厅运动员在省第一届老年人运动会上获"太极拳(剑)团体第二名"

省财政厅离退休厅级二部在马鞍山参观"经济技术开发区"

省财政厅离退休厅级干部在芜湖 "上汽集团奇瑞汽车有限公司"参观汽车生产流水线

省财政厅离退休厅级干部在铜陵"铜峰电子集团"车间参观

厅离退休工作处供稿

赵树丛副省长专门听取省农发局工作汇报

省财政厅厅长朱玉明考察项目区

2003 年安徽省农业综合开发纪实：

与时俱进　再创辉煌

沐浴着改革的春风，伴随着时代的浪潮，安徽省农业综合开发局送走了任务艰巨、压力沉重、变动频繁、困难众多的极不平凡的 2003 年。回眸过去的一年，农发局干部职工在厅党组的正确领导下，深入贯彻党的十六大精神，以“三个代表”重要思想总揽工作全局，坚持两个文明一起抓，心系农民，情牵乡村，很好地完成了农业综合开发国内项目 3 年总验收、世行加灌二期项目 5 年总验收、全面启动世行加灌三期和农业科技项目、深入开展项目资金大检查、建设 2003 年度国内项目的五大任务，再次展现了安徽省农业综合开发战线干部群众崭新的精神风貌！

省财政厅副厅长项仕安深入基层调研

省财政厅副厅长周春雨与农发局同志亲切座谈

省财政厅农业开发局局长张广寿实地考察项目建设情况

省农业综合开发局供稿

省财政厅领导高度重视农业综合开发工作

2003年安徽省农业综合开发纪实：

管理篇（一）

强化资金管理，狠抓项目建设

安徽省农业综合开发国内项目顺利通过国家级验收

目标明确 奖惩分明

省农业综合开发局供稿

转变观念，理清思路

2003 年安徽省农业综合开发纪实：

管理篇（二）

安徽省世行加灌二期项目通过国家总验收

世行科技项目即将启动

国家农发办就世行项目财务及项目管理在和县调研

进一步做好全省农业综合开发资金决算工作

省农业综合开发局供稿

铜陵市认真准备检查验收工作

2003 年安徽省农业综合开发纪实：

展示篇（一）

国家农发办国内项目验收组在马鞍山市检查验收

和县积极迎接国家世行加灌二期项目总验收

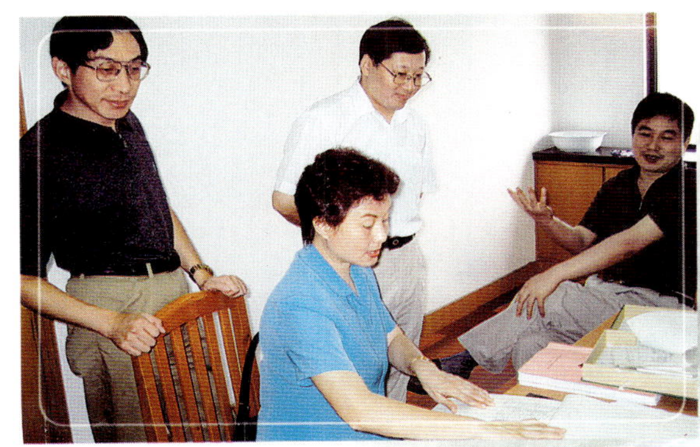

国家农发办对安徽省农业开发项目进行总验收

省农发局项目验收组在休宁县检查验收

省农业综合开发局供稿

利辛县刘家集乡陈郢大沟桥

2003年安徽省农业综合开发纪实：

展示篇（二）

和县项目区排涝站

贵池项目区修建的渠道

濉溪县五铺乡项目区

五河县农业综合开发项目区一角

省农业综合开发局供稿

怀远县项目区一角

2003 年安徽省农业综合开发纪实：

展示篇（三）

青阳县杨田项目区

涡阳县项目区新貌

固镇县项目区农田林网

泗县项目区沟渠路林工程

省农业综合开发局供稿

淮北杜集区种鸭养殖场

2003年安徽省农业综合开发纪实：

展示篇（六）

当涂县黄池食品公司制酱过程中的“天然晾晒”工艺

屯溪区黄山植物大观园名贵苗木区

固镇县科技推广项目——波尔山羊种羊群

利辛县科技示范园内番茄丰收在望

省农业综合开发局供稿

项目区优质麦喜获丰收

2003年安徽省农业综合开发纪实：

展示篇（七）

收获的硕果装车待发

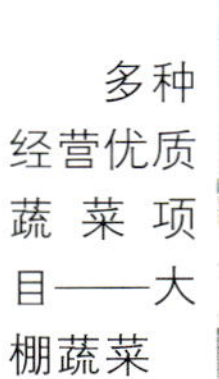

多种经营优质蔬菜项目——大棚蔬菜

摇曳枝头 果实累累

项目区梨农给梨花授粉

省农业综合开发局供稿

财政科研工作出硕果

2003 年，省财政科研所在领导关怀和各方支持下，坚定信心、克服困难、扎实工作，取得了财政科研和培训工作双推进，成功地实现了《安徽财会》改版扩版，较好地完成了各项调研课题任务。在 2003 年首次全国财政科研工作先进单位评比中荣获优秀奖。

著名经济学家、财政学家和历史学家许毅教授在皖调研期间，给省财政科研所全体同志作学术报告，省财政厅副厅长毕小彬主持学术报告会

由省财政科学研究所牵头组织的全国"省以下财政体制改革研究"协作课题研讨会在歙县召开，与会专家学者认真讨论课题研究思路，深入探讨新形势下财政体制改革的政策措施

面对百年不遇的洪水，《安徽财会》记者深入滁州、蚌埠等抗洪第一线采访抗洪先进事迹，采访期间，省财政科研所还向灾区人民捐款

省财政科学研究所荣获全国财政系统优秀科研所、全国先进财政学会

省财政科研所供稿

服务财政 服务经济 服务社会

——团结务实拼搏进取的省财政厅印刷厂

财政厅纪检组长迟本能在厅印刷厂检查指导工作

省财政厅机关服务中心主任李朝有在厅印刷厂大会上讲话

省财政厅机关服务中心副主任陈东川兼厅印刷厂厂长

自建厂以来，省财政厅印刷厂以“团结求实、开拓创新、拼搏奉献”作为企业精神，本着“质量第一、信誉第一、服务第一”的原则，坚守“客户就是上帝”的承诺，以事实说话，以实力服人，取得了突飞猛进的发展。1999—2004 年，连续 5 年被国家劳动和社会保障部、省劳动和社会保障厅评为“质量管理小组活动优秀企业”。法人代表陈东川厂长也连续 3 年被国家劳动和社会保障部、省劳动和社会保障厅评为“质量管理推进者”光荣称号。先后有省内外数十家知名企业来厂考察，学习交流先进管理生产经验，并将该厂管理模式称为“财印模式”予以借鉴和推广。该厂被北京印刷学院、中德印刷学校定为学生实习基地。2002 年，该厂被安徽省政府采购中心指定为政府采购定点单位。2003 年被评为合肥市年度“文明单位”光荣称号。

近年来，省财政厅印刷厂在上级主管部门的大力支持下，进行了大规模的资金投入、技术改造和基础建设，投资兴建了 8000 平方米的生产大楼，先后成立了“财会用品商店”和“财印食府”两个品牌产业，逐步形成了以印刷为龙头，以商业为辅助的企业集团。

“不求最好，但求更好。”省财政厅印刷厂正是本着这一发展理念，将一如继往地坚守最诚信、最低价、最优质的原则，为广大客户提供一流服务，在不懈地追求完美中取得创新和发展，为安徽经济腾飞做出应有贡献。

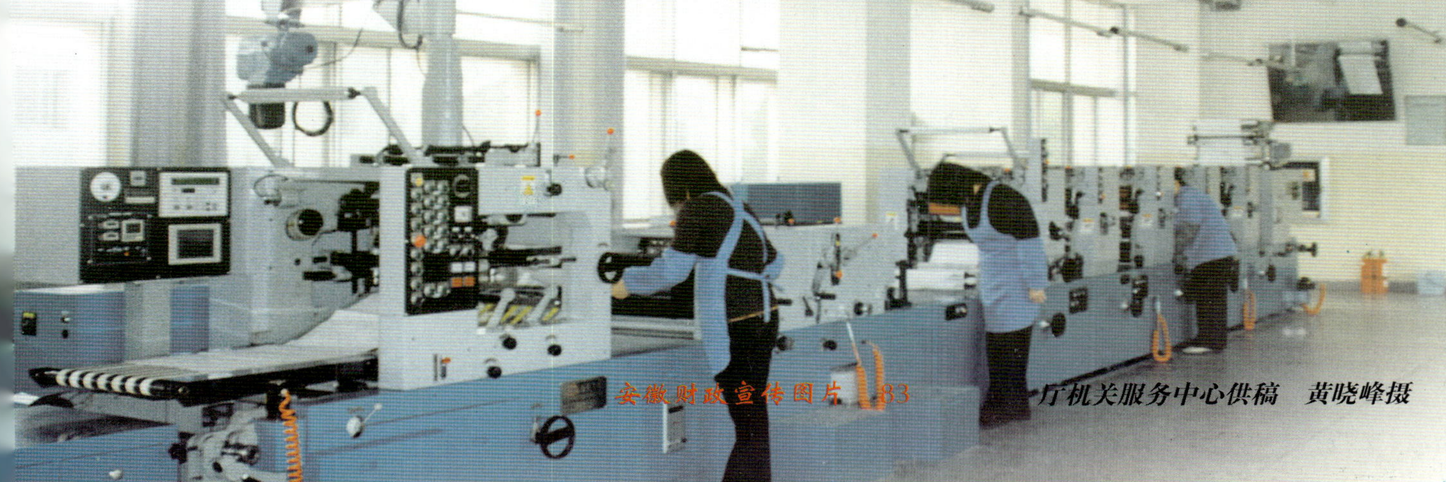

厅机关服务中心供稿 黄晓峰摄

省财政厅朱玉明厅长亲临评标现场看望评委

省政府采购中心被授予安徽省"青年文明号"荣誉称号

拓展政府采购规模

省财政厅楚建平副厅长在开标会上讲话

2003年，省政府采购中心坚持以"规范运作、廉洁高效、开拓创新"为重点，认真贯彻实施《政府采购法》，在采购范围、采购规模及内部管理等方面都取得了可喜的成绩。全年共完成采购项目298个，项目预算资金达40168万元，同比增长为28.5%，合同资金为35389万元，比预算资金节约4779万元，平均资金节约11.9%。

省政府采购中心主任姜毅主持安徽省地税系统服装采购开标会议

省级政府采购特邀监察员徐堂连在开标会上发言

2003年中央政法专款装备器材采购项目开标会在省国际会展中心举行

财政部政府采购处处长杨晋明等一行来中心检查指导工作

促进安徽经济发展

省政府采购中心副主任张文超主持安徽公安厅技术楼装饰、消防项目开标会议

省政府采购中心组织采购的省审计厅会议室家具

省政府采购中心为省药品监督管理局采购的监督执法车辆

省政府采购中心供稿

财政部经建司李洪辉处长主持研讨会

省财政厅副厅长毕小彬在研讨会上讲话

评审工作“三优”年

财政部经建司组织的“全国财政投资项目后评价课题研讨会”在肥召开

2003年，省财政厅投资评审中心以创建评审方案、评审作风、评审报告“三个优良”为工作目标，努力为公共财政支出改革、财政投资管理和财政投资决策服务。全年共评审各类财政投资项目89个，其中省财政投资项目23个，财政部直接安排的项目66个；全年审查项目投资累计为230.55

评审中心2003年创“三优文明单位”，图为接受省文明委审查

评审中心领导布置评审工作

评审中心举办核查人员培训班

评审中心领导参加现场核查工作

工作稳步上台阶

亿元，其中专向资金（项目投资)209.66 亿元、基本建设预决算评审项目 20.89 亿元，基本建设项目净审减资金为 2.66 亿元。在抓质量、促评审工作上台阶的同时，积极参与财政部组织的各次专题研讨，2003 年组织完成了财政部安排的“财政投资项目后评价”课题研究，并顺利通过财政部审查。

走访农户核实中央储备粮收购情况

评审的污水处理泵房

评审的新建粮仓

省财政投资评审中心供稿

大力开展政风评议 努力加强政风建设

合肥市财政部门深入贯彻落实党的十六大和十六届三中全会精神，按照服务于GDP千亿元规划目标、服务于改革发展稳定大局的要求，紧紧围绕发展、增收节支、改革三条主线，一手抓发展经济不放松，确保财政收入稳定增长，一手抓保障支出，确保"非典"防治和重大自然灾害等重点支出需要，全面推进财政改革，大力开展学习型机关建设，创新机关内部管理，顺利通过ISO9001质量管理体系认证，财政预算执行情况良好，财政经济保持了持续快速发展势头。全市财政总收入完成73.08亿元，占预算的108.43%，比上年增长19.95%，实现了跨越式发展。全市财政支出完成46.74亿元，占预算的93.83%，增长28.21%，财政收支平衡，略有结余。

2003年11月12日，市财政局邀请市纪委副书记庞莉（右）来局作党风廉政建设形势和任务专题报告会

2003年5月27日，市财政局召开2003年度政风建设和政风评议动员大会

2003年8月20日，市财政局召开与人大代表、政协委员座谈会

市财政召开2003年全市会计工作暨会计诚信体系建设工作会议

合肥市财政局供稿

着力建设学习型机关
努力开创财政工作新局面

合肥市财政局以全面提高干部职工的学习能力为根本，以培养塑造复合型人才为核心，把强化学习，建设学习型机关作为提高财政干部素质、发展财政大业的一项重要工作来抓。进一步加强了春训学习、中心组学习、财政调研、英语计算机培训等培训和测试，通过以考促学、以评促学、以奖促学等形式，丰富了学习载体和学习内容，进一步提高了干部职工的学习积极性，达到了学以致用、学用相长的目的，取得了较好效果。

2003 年 3 月 26 日，市政府召开全市财政工作会议

2003 年 2 月 10 日至 14 日，市财政局举办全市财政系统 2003 年度春训工作动员大会暨十六大报告宣讲会

市财政局举办学习贯彻“三个代表”重要思想报告会

2003 年 10 月 23 日至 25 日，市财政局举办全市财政系统第二届职工运动会

合肥市财政局供稿

2003年6月11日，市政府召开全市粮食补贴方式改革试点工作会议，常务副市长王林建（中）、副市长安列（右二）出席会议

2003年2月10日至14日，市财政局举办全市财政系统2003年度春训工作动员大会暨十六大报告宣讲会，春训期间，邀请省委党校王正国教授（右）来局作中国财政金融改革专题报告

全面推进财政各项改革

2003年，合肥市财政部门全面推进各项财政改革，完善各项改革措施。扎实推进部门预算，完善了预算编审、论证体系；全面实行国库集中支付制度，先后分三批将全市85个部门及所属246个预算单位全部纳入国库集中支付；创新政府采购制度管理，编制全年政府采购预算，提高政府采购执行率；加大"收支两条线"管理力度，认真开展行政事业性收费项目、银行账户、财政票据"三项清理"工作。

2003年11月26日，市财政局邀请上海财经大学公共经济学院博士生导师杨君昌来局作财税改革形势报告

市财政局举办合肥市2003年财政预算论证会

市财政局举办市直行政事业单位国库集中支付业务培训

合肥市财政局供稿

支持经济协调发展

深化农村税费改革，大力推进粮补资金发放改革，调动了农民纳税积极性

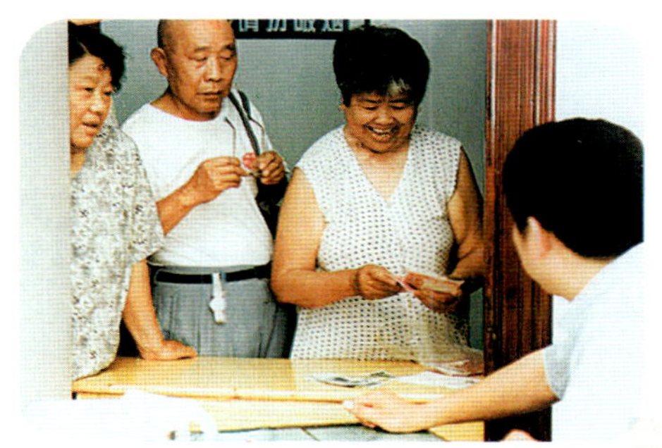

为参保的慢性病人发放救助金

国库支付中心工作人员热情为单位办理业务

全市财政系统文明创建动员大会

政府采购现场

淮北市财政局供稿

改革和发展中的蒙城财政

亳州市委书记邵国荷、市财政局长凌云来蒙城指导工作

县财政局长丁琪祥向县人大作财政报告

2003年,蒙城县财政局坚持以“三个代表”重要思想为指导,积极探索适应于县情、符合建设有中国特色的社会主义市场经济体制的财政管理模式、实施了以构建公共财政为龙头,以政府采购、农村税费改革为配套的财政综合管理改革新机制,解决了改革与发展过程中产生的一系列困难和问题,较好地处理了需求与可能的关系,确保全县经济和各项事业协调发展,维护了社会政治的稳定。

坚持公开公正,自觉接受社会监督

把握县情,支持农业经济发展

普及财政法规,赢得工作主动

亳州市财政局供稿

投资444万元的天达集团绿色生猪养殖项目已初具规模

谯城区财政：
积极支持企业发展

2003年，亳州市谯城区财政局在区委、区政府的正确领导下，发挥财政职能，在财力紧张的情况下，千方百计筹集资金，积极争取上级支持，大力支持农业及企业发展。投入1089.2万元，发展农业综合开发项目5个；投入304万元，扶持农业项目9个；利用基建、国债、技改贴息等办法，投入2275万元，支持项目21个。促进了区域经济发展，为财政增收注入了新的活力。

投入202.8万元的个私企业——济人药业

投资17.2万元的灾毁项目——谯城区龙扬镇扬店闸

谯城区大杨镇民营企业——良夫面粉公司

良夫面粉产品

在纳税大厅发放农业税灾减资金

泗县财政绘新图

2003年，泗县财政部门始终坚持以改革创新统揽财政工作，围绕中心，服务大局，扎实工作，依法理财治税，狠抓财源建设，大力组织收入，硬化预算约束，合理安排各项支出，稳步推进财政制度改革，着力提高财政运行质量，有力地支持了全县经济建设和社会事业的健康发展，维护了社会的稳定。

县委党校电脑采购项目开标会

向农民群众兑付粮食补贴资金

财政支持优质农作物良种繁殖基地建设

宿州市财政局供稿

灵璧财政：

强化项目资金管理 促进全县经济发展

2003年，灵璧县财政共投入各类项目资金6500多万元。其中：投入农业综合开发资金650万元，改造中低产田1.6万亩，建设优势农产品基地2.5万亩；投放财政扶贫资金490万元，建设四级沙石路640000米，打机井330眼；投入危房改造专项资金1042万元，改造中小学D类危房40599平方米；投入国债项目资金4003万元，建设县污水处理厂等；投放世行小规模养牛贷款410万元，大力发展养殖业。

县财政局领导深入农业综合开发项目区检查工作

灵璧中学正学书院。该项目国债资金投入210万元

教学大楼

宿州市财政局供稿

砀山财政展新姿

财政局党组开会研究部署 2003 年党建工作和创建人民满意基层站所活动实施方案

财政局局长董传武陪同县长张存秀、副县长段梅英察看砀山梨新品种改造

财政局农业税征收管理局人员深入宣传农业税收征收政策（左二为砀山县财政局副局长赵传锐）

2003 年，砀山县财税系统广大干部职工努力克服非典和内涝灾害及政策性减收等巨大困难，千方百计组织收入。强化收入目标责任制，加强收入目标考核，采取以月保季、以季保年的措施；机关干部分片包干，实行同奖同罚。依法加强税收征管，严格执行税收法规，确保财政收入及时足额入库，有力的支持了全省经济稳定发展。

财政局局长董传武、副局长黄瑞奎察看农业开发项目区示范园

财政局关帝庙财政所农业税征收流动网点征收现场

宿州市财政局供稿

各级财政部门领导情系蚌埠灾民

2003 年，淮河流域发生特大洪水，蚌埠市成为重灾区之一，引起各级财政部门领导高度关注。

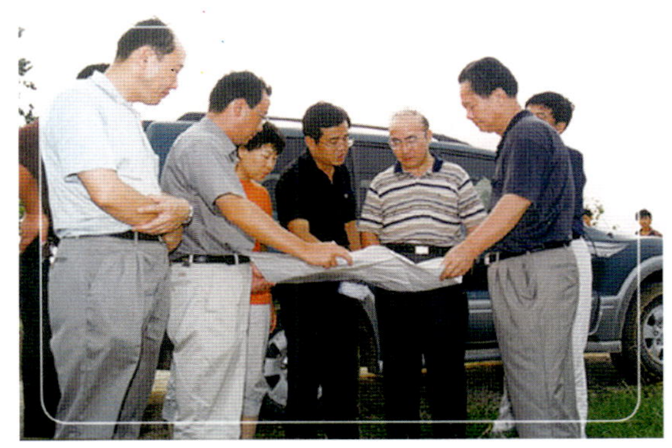

国家税务总局农税局局长徐嘉彤，省财政厅农税局局长黄诗柱，率有关部门负责同志到蚌埠市查看灾情

汪建国副厅长来蚌考察灾情，代表省财政厅党组慰问灾区群众

省财政厅防汛救灾检查组来到蚌埠市，受厅党组委托，看望慰问守卫在抗洪第一线的广大财政干部和受灾地区的群众

市财政局向郊区秦集乡捐赠救灾面粉

市财政局领导深入受灾乡镇了解灾情

蚌埠市财政局供稿

蚌埠市财政局：
精神文明建设

蚌埠市财政局党组坚持以邓小平理论和“三个代表”重要思想为指导，以促进财政改革和发展为中心，加强职业道德建设，规范行政行为，提高服务质量，广泛开展群众性的精神文明创建活动，努力塑造财政人新形象，精神文明建设取得丰硕成果。分别被市直机关工委评为“当好人民公仆先进单位”、“职业道德建设先进单位”；被市文明活动指导委员会评为“为人民服务、树行业新风”先进单位；被市委、市政府授予“市级文明单位”、“市级文明单位标兵”；被省委、省政府授予“省级文明单位”和“全省农村税费改革试点工作先进单位”；被国家人事部、财政部授予“全国财政系统先进集体”荣誉称号。

虚心听取各方意见

文明诚信演讲比赛

积极参加“春蕾”救助活动

结硕果

支付中心被授予“市直机关青年文明号”

深入开展政风建设活动

财政系统职工“乒乓球比赛”颁奖仪式

举办“三个代表”辅导讲座

举办职工迎国庆演唱会

阜阳市政府会议楼

阜阳市政协办公新大楼

阜阳市人大办公新大楼

阜阳市政府采购中心：

全力服务市政府

2003年，阜阳市政府采购中心接到市政府的委托，对“四大重点工程”项目实施政府采购。中心全体工作人员齐动员、共协作，圆满地完成了任务，得到了市领导的称赞。四大项目包括：市人大办公楼及其内部装饰工程、电子表决系统、办公家具等；市政府会议楼改造及内部装饰、会议桌椅等；市政协办公新大楼及其内部装饰工程、多功能会议设备、办公桌椅等；大戏院改造工程、内部装饰、剧院装饰等项目。总预算资金1860万元，经政府采购合同总金额1540万元，节约财政资金320万元，节约率为17.2%。

阜阳市广电中心大厦

阜阳市大戏院

阜阳市财政局供稿

定远县财政：

扎实推进粮补方式改革

2003 年，定远县财政部门扎实推进粮食补贴方式改革：一是大力宣传，提高政策透明度，分发 20 万份《致全省广大农民朋友的一封信》；二是实施粮补资金专户存储，确保粮补资金运行安全；三是通过公示，定点兑付规范兑付程序，确保手续完备。全县 2730.6 万元粮补资金全部落实到位，减轻了农民负担，维护了基层稳定。粮补工作得到了省粮补办检查组的充分肯定。

沈维骥副市长来定远县农村调研粮补工作

定远县加大粮补宣传力度

定远县规范操作，实行粮补定点兑付，街南村发放粮补现景之一

定远县青山乡粮补公示栏

滁州市财政局供稿

招标会现场

验收汇报现场

来安县财政：
农业开发项目管理上台阶

来安县2000-2002年农业综合开发项目，总任务是改造中低产田5万亩，其中：2000年广大乡项目2万亩，2001年三城乡项目是1.6万亩，2002年舜山乡项目是1.4万亩。项目建设从2000年10月开始到2003年8月完成。项目建设的主导思想是以改造中低产田为中心，以发展优质高效农业，增加农民收入为目的，突出“综合”二字，通过对沟、渠、田、林、路的综合治理，因地制宜，充分利用当地的农业资源，营造良性农业生态环境。在项目建设过程中，严格按照省、市批复设计方案执行，坚持资金与项目对号，确保资金全部用在项目上，使项目建设顺利完成。

开会
布置工作

项目区

凤阳县财政：改革发展双推进

凤阳县会计核算中心党支部组织学习

按照省政府要求，凤阳县及时召开粮补资金兑付工作会议

繁忙有序的会计核算中心服务大厅

图为危改资金投入建成的门台镇九华小学

县政府采购招标项目，省内一流的凤阳中学标本实验室

政府采购招标工程，凤阳中学多媒体教室

滁州市财政局供稿

积极开展政风评议工作

市委书记陈世礼（前排左一）、市政协主席姜典法（前排右一）在市国库支付中心检查工作

淮南市财政：拼搏进取

2003年，淮南市财政工作战胜了“非典”和特大洪涝灾害，积极推进改革，坚持依法治税、精心理财、规范管理，取得了丰硕的成果。财政收入保持快速增长势头，跨上了20亿元新台阶；公共财政改革效果明显，国库制度改革、政府采购制度改革等各项改革继续深化；财政社保资金投入力度加大，维护了社会的稳定和进步；财政支持经济发展的能力明显提升，获得了国家开发银行30亿元授信额度，城市基础实施得到改善，优化了全市的投资环境。淮南财政正在向着更加美好的明天阔步迈进！

淮南市市长朱季历等市领导出席签字仪式

魏耀民副市长（右四）和粮补办负责同志在凤台县粮补款发放点与农民亲切交谈

底图为县生态工业园区一期控制规划鸟瞰图

县政府党组成员、财政局党组书记、局长周基潮

霍山县财政：积极支持企业发展

霍山县改革开放以来，县委、县政府紧紧围绕第一要务，突出工业发展，坚持“工业富县、开放兴县、生态立县、文明育县”四大战略，与时俱进，开拓创新，走出了一条具有霍山特色的经济发展之路。霍山经济和社会各项事业呈现出良好的发展势头，城乡面貌焕然一新，人民生活水平明显改善，各项事业全面进步。

财政局党组在研究财政工作会议

霍山世林电光源集团车间一角

全省百强企业——霍山迎驾集团罐装车间

全县财政系统干部职工会议场景

六安市财政局供稿

芜湖市财政局供稿

2004安徽财政年鉴

总建筑面积达140万平方米，全省规模最大，设施一流的住宅区——南瑞新城一角

马塘区财政：
鼎力支持城南新区建设

2001年上半年芜湖市马塘区启动了3.24平方公里老城区改造。南瑞新城、长江长现代城、高新水木年华、森海都市花园、新时代商业街、月河新城等一批高档商住小区已拔地而起。

在建的新时代商业街一角

高新区主入口处

高新区提供配套设施的综合服务区一角

省、市领导参加安师大新校区奠基

芜湖市财政局供稿

春谷公园

南陵县财政：
积极培植财源　支持县城建设

南陵财政大楼

南陵县财政局紧紧围绕“加快发展，富民强县”的发展目标，创新机制，坚持改革，从变革中求发展；完善机制，强化管理，从管理中提高财政支出效能；更新观念，服务大局，从服务中体现职能转变。近年来，在培植财源、城市建设方面取得了卓著成效。

南陵县工业园一景

南陵广场

南陵县工业园

芜湖市财政局供稿

巢湖市：着力打造"阳光财政"

2003年，巢湖市财政局以党的十六大精神和"三个代表"重要思想为指导，围绕财政改革和其他中心工作，坚持"内强素质，外树形象"，通过学政治、学业务、学法律、学科技，着力建设学习型机关；建立了预算论证制度、支出追加听证制度、政务公开制度和与人大代表、政协委员联系制度，在主动接受人大代表依法监督和政协委员民主监督基础上，广泛接受社会方方面面的监督。与此同时，财政局内部民主议事、定期评议、政务督查等办法也相应出台，努力塑造巢湖市财政公开、公平、公正、透明的"阳光财政"形象。

市财政局聘请了12名人大代表、政协委员为财政联系人，负责对财政工作实行常年监督

市人大常委会、财政、税务、计划、审计等部门人员组成的预算论证委员会正对2003年度部门综合预算进行论证

财政局党总支带领全体干部职工认真学习贯彻"三个代表"重要思想

年终市财政局组织政风评议，接受社会监督

市财政农税部门积极宣传契税征管法与规章

巢湖市财政局供稿

财政局党组一班人正在研究工作

全区财政干部正在接受业务培训

居巢区：

深化财政改革 加快经济发展

2003年，巢湖市居巢区财政工作坚持依法理财治税，深化财政改革，优化支出结构，全区财政运行态势良好，预算执行基本正常，较好地完成各项任务。全区实现财政总收入17117万元，完成预算的102.3%。全区财政总支出30530万元，完成预算的105%，同比增长11%。保障了人员工资、公务经费、社会保障、非典防治、抗洪救灾等支出需要，维护了大灾之年的社会稳定。

按标准建设的规范化乡镇农业税纳税服务厅

财政宣传月期间，区财政局在街头设立咨询台、宣传台，为群众提供服务。

农业综合开发建成的项目区道路、沟渠等

巢湖市财政局供稿

农业综合开发土地治理项目——灌溉渠道

农业综合开发出口创汇项目——宣城市城东蜂业有限公司的冻干粉车间

宣州区财政：推进农业综合开发

自1996年以来，宣州区财政在上级财政的大力支持下，通过农业综合开发项目的实施，共开发治理低产田28万亩，建成了一批标准化的高产示范田。治理过程中，新建机耕路210公里，新建排灌站18座，打机电井45眼，衬砌渠道149公里，植树造林4900亩，培训农民21万人次。项目区田成方、树成林、渠相连、路相通，呈现出勃勃生机。

农业综合开发项目新建农路

农业综合开发项目——使《本草纲目》赞誉的“宣木瓜”焕发生机，图为宣州区新田镇“宣木瓜”基地

农业综合开发土地治理项目——排灌电站

宣城市财政局供稿

宣城市财政推介企业：

安徽太阳禽业有限公司

安徽太阳禽业有限公司位于全国生态示范县(市)之一的宁国市，自然环境优越，无污染。公司现有总资产1.9亿元，总占地面积45万平方米，直接从英国空运引进祖代种鸭苗、饲料配方、和养殖技术，采取标准化管理，建立了集"祖代－父母代－商品代"樱桃谷鸭繁育、饲料加工、社会养殖和食品安控等于一体的无公害生产体系，形成了年产40万只父母代种鸭苗、2000万只商品鸭苗、1200多万只商品鸭10万吨畜、禽饲料和10万吨大米的规模。产品以其超群的品质获得广大市场的认可。是安徽省最大的肉鸭生产企业,国家级农业产业化重点龙头企业。

省委书记王太华在安徽太阳禽业有限公司考察

副省长赵树丛在安徽太阳禽业有限公司考察

安徽太阳禽业有限公司董事长吴启有

宣城市财政局供稿

铜陵市资本市场研究会成立

2003年1月18日，铜陵市成立全国首家资本市场研究会，团体会员由已上市公司和拟上市公司组成，主要由大型企业集团和上市公司的母公司组成；个人会员主要是客户集团公司和证券公司的高层管理人员。

自成立以来，研究会已为上市公司和拟上市公司搭建了一个"学习、研究、交流"的平台。研究会每月一次通过远程互动式卫星对讲系统参加新加坡华点通集团及美国管理业协会等国际知名培训基地，对会员进行授课；邀请省内投资机构和市内企业举办了一个投资项目对接会，在省内尚属首次；邀请国内专家开展专题讲座，并和会员们进行双向交流；不定期组织会员对铜陵市内的资本市场发展状况进行研究，对资本市场的最新发展动态、证券市场的发展形势进行分析和预测。

市财政局局长陈锦满到会讲话

资本研究会秘书长戴恒泽到会讲话

铜陵市资本市场研究会成立大会

铜陵市财政局供稿

公司全貌

铜陵市财政推介企业：
安徽六国化工股份有限公司

安徽六国化工股份有限公司是国家重点发展的大型磷复肥生产骨干企业，是我国目前最大磷铵生产企业之一，也是我国磷酸二铵生产企业中首家上市公司。公司于 2000 年 12 月 28 日正式注册设立，具有年产 20 万吨磷酸、40 万吨磷铵的生产能力，现有固定资产 5.2 亿元，2003 年销售收入 5.78 亿元。

公司出口磷酸二铵

公司国产化磷酸装置

公司热电装置一瞥

铜陵市财政局供稿

池州市财政局汪方应局长(左二)陪同国外官员考察池州发展状况

池州：加快发展 富民强市

2003年，池州市财政局围绕"加快发展、富民强市"调整财政工作思路，积极支持经济和社会事业发展。全市完成财政收入66735万元，同比增长23%，增长16.8%。全市累计完成财政支出108889万元，同比增长16.4%。

池州市市直财务统管工作会议现场

底图为石台县土地治理项目

池州市石台县生态茶园

池州市青阳县农业综合开发农村个体经营养殖厂

池州市财政局供稿

青阳县：
财政工作再上新台阶

2003年，青阳县以做大财政"蛋糕"为中心，以财政改革和体制创新为动力，促进财政工作再上新台阶。财政总收入完成10057万元，同比增长24.8%。其中，地方一般预算收入(不含社保基金)完成1455万元，增长121.3%；上划中央收入完成2965万元，增长37%。财政总支出18300万元，同比增长30.8%。

青阳县财政局局务会议研究有关工作

青阳县财政会计核算中心大厅

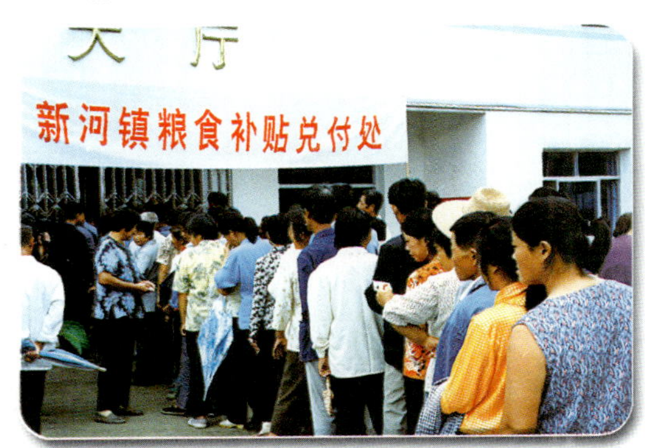

农民在财政所领取粮补资金

新建的青阳县财政局办公楼

池州市财政局供稿

财政投资兴建的南阳大桥雄姿

省财政厅帮扶困难户工作深受当地政府和老百姓的好评

财政局王旺来局长（前排中）到皖西南食用菌公司调研，探索"公司加农户"的扶贫发展模式，并向该公司赠送锦旗。

省市财政：
大力支持太湖县域经济发展

周春雨副厅长来到帮扶结对的困难户家中，搂着结对儿童的头，鼓励他好好学习

财政扶持的城西科技示范园塑料大棚

世行二期加灌项目——桃孟支渠

安庆市财政局供稿

底图为省财政厅机关干部在岳西扶持困难户开发茶叶基地

省财政厅厅长朱玉明带领厅机关干部深入岳西县青天乡开展结对帮扶工作调研

省财政厅机关干部春节前夕向110户困难户捐款捐物

省财政厅副厅长周春雨慰问结对户

省财政厅机关干部帮扶岳西县困难户

2003年是省财政厅机关干部帮扶岳西县的青天、头陀、毛尖山3个乡镇的第二年。省财政厅通过访贫问苦，寻找贫困根源，制定脱贫规划，实施帮扶项目等工作，使110户困难户贫困面貌发生了根本性的变化，截止2003年底，110户困难户人均收入由原来的698元增加到1975元，增长183%。80%户实现了脱贫目标。

大力发展养猪项目，力争早日脱贫

安庆市财政局供稿

河塌项目区花卉种植项目风景如画。

宿松县财政：

积极支持县域经济发展

2003年，宿松县农业综合开发项目总投资475万元，改造中低产田7000亩，建设优质粮食基地1万亩，湖桑养蚕基地1千亩，共完成新修农村道路25公里，渠道衬砌6.5km，桥16座，涵74座，闸87座，蓄水坝6座，提水站3座，放水口180座。项目区新增粮食1230吨，油料182.3吨，农民人均纯收入增加138.6元。

项目区初具规模

复兴镇棉花丰收

项目区渠相通路相连

佐坝项目区优质水稻长势良好

底图为河西的综合养殖项目

安庆市财政局供稿

恩龙山庄主楼

风景这边更好——宁国市财政推介企业：

宁国市恩龙生态发展有限公司

宁国市恩龙生态发展有限公司是一个集林木种苗、特色林景和生态旅游三大产业于一体的非公有制企业。公司2001年和2002年连续两年被评为安徽省生态农业科技示范园，2003年被评为省级农业产业化龙头企业，恩龙生态旅游度假区的恩龙山庄被省旅游局评为三星级涉外饭店，恩龙世界木屋村正在申报国家旅游局“AAAA”风景区。

民俗风情园景院一角

优势农产品项目——紫薇苗木

木屋别墅群

民俗风情园景院一角

世界木屋村

大地的龙施人恩

宁国市财政局供稿

长风破浪正当时——当涂县财政

省财政厅副厅长毕小彬在当涂县会计核算中心指导

2003年，当涂县实现生产总值35.42亿元，财政收入2.93亿元，以综合指数第二、动态指数第一迎来了近10年经济发展最好成绩。是什么力量让这艘曾经迟缓的“帆船”奇迹般地破浪快行？主要是积极采取结构大调整、对外大开放和环境大改造三大举措，推动当涂县财政经济强劲发展。

省人大副主任周本立在当涂县调研

县财政局局长蒋星昇作财政工作报告

当涂县财政局引进项目—安徽金科集团微粉项目开工投产仪式(右三为县委书记陈鹏)

当涂县财政大楼

当涂县财政局供稿

繁昌县新建的沿河路商业街

特色板块托起“百强梦”——

繁昌县财政

"省内创一流,全国争百强"这是繁昌人民把这个乌托邦式的梦想口号变成了现实。特色板块经济的崛起,大大提升了繁昌的发展速度,2003年完成GDP总值29.02亿元,财政收入 3.31亿元,同比分别增长14.1%和23.6%,名列全省十强县第三,吹响了进军百强的号角。

繁昌县三山绿色食品工业园的新欣食品有限公司生产线

繁昌县孙村镇红花山服装公司生产车间

大棚蔬菜基地

三山绿色工业园的厂区一角

繁昌县财政局供稿

为位于芜杭高速公路芜湖县出口处的芜湖机械工业园远景

“新三段论”筑就强县之道——芜湖县财政

2003年，芜湖县稳健科学地实施发展“新三段论”——“酵母”工程、构筑载体、提升速度。县财政部门不断提升财政管理水平，拓宽理财空间，着力为实施为发展“新三段论”提供支撑。通过整合政府现有资源，打造政府融资平台，着力创新筹资方式，初步建立起了财政、金融和社会资金良性互动机制，鼓励金融和社会资金积极融入县域经济发展。多元化筹集各类建设资金8170万元，有力地保障了芜湖机械工业园、市政道路、旧城改造等基础设施建设和经济发展的资金需要。

理财扶持的芜湖十景之一——陶辛水韵风景区香湖岛荷花景点

农村中小学危房改造项目——新建的埭南中学教学楼

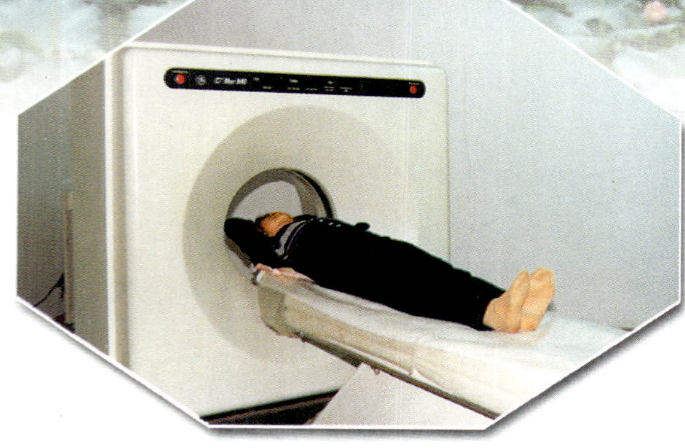

财政补助购置的全身CT机

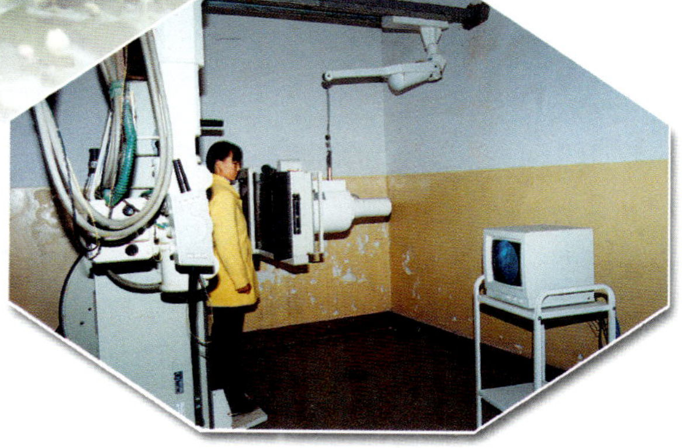

财政补助购置的X机

芜湖县财政局供稿

安徽外国语学院

省委书记王太华在三河镇考察

县财政局党组在学习

满园春色关不住——肥西县财政

改造后的巢湖路晚景

自上世纪90年代初以来，肥西县大力实施工业强县战略，发展园区经济，拉动了县域经济的跨越式发展。2003年，全县实现财政总收入4亿元，同时增长51.1%；以综合指数第五、动态指数第二提前3年实现挤身全省经济十强县目标。

桃花工业园引进的江汽集团

美丽如画的三河镇

肥西县财政局供稿

“煤山”里飞出金凤凰——凤台县财政

“连续两年，在全省县域财政中独占鳌头”。相传凤凰于此登台的凤台县，一度守着金饭碗，过着穷日子。而今，凤台人借助天地造化之功，让千百年来深藏脚下的“煤山”重放异彩。“煤炭产业链越拉越长”。全县已形成围绕矿业的橡胶制品、轴承、探钻、掘井，综采设备，电缆电线等10个行业，30多家企业。年产值超过4万元的有12家，实现工业增加值2.3亿元，完成利税3000多万元。

2003年，全县财政总收入4.53亿元，同比增长27.5%；综合指数挤身十强。淮水之畔，一只火红的金凤凰振翅欲飞。

李冲回族乡财政所

农业综合开发项目区

县会计核算中心

财政局积极支持农民发展养(种)植业场

凤台县财政局供稿

天长市天森木业有限公司正门

公司法人代表陈业桃

“二次创业”激活民营资本——天长市财政推介企业：

天长市天森木业有限公司

天长市天森木业有限公司座落在天长市南郊关塘镇，205省道旁。东邻扬州、仪征，南与江苏省会南京临近，交通十分便捷。公司始建于2000年初，是皖东地区较大的一家木材加工企业，现有基地林万亩。公司占地面积5万平方米，其中建筑面积9600平方米。现有职工580人，管理人员30人，其中高级技术人员10人。总投资2500万元。

天森木业公司万亩基地林一隅

高档装饰板成品正在装箱

生产工人正在冲压半成品板材

生产车间一角

天长市财政局供稿

“土企业”长成“小巨人”——无为县财政

无为县财政局办公楼

无为县财政局以改革促管理，全面推进乡镇管理方式等8项改革，初步建成财政管理新模式框。2003年，全县实现生产总值52.59亿元，财政收入3.36亿元。在全省县域经济综合考评中列第8位。

无为县召开乡镇财政管理方式改革动员大会

扩面后的县会计核算中心负责全县148个单位的资金管理

县委常委、常务副县长宇正义和县财政局长程松在向群众宣传粮补改革政策

无为县财政局供稿

“哑铃”何以变“橄榄”——肥东县财政

肥东县财政局局长干文宏在研究财政改革方案

2003 年，农业大县肥东的第二产业占 GDP 的比重首次超过一产和三产，从“哑铃”型经济向“橄榄型”经济的转变，意味着肥东县工业经济取得历史性的突破。4 年前，肥东人提出的工业富县战略，如今已开花结果。2003 年全县财政总收入突破 3 亿元大关，达 3.42 亿元，同比增长 17.5%。

肥东县杨塘乡群众喜领粮食补贴资金

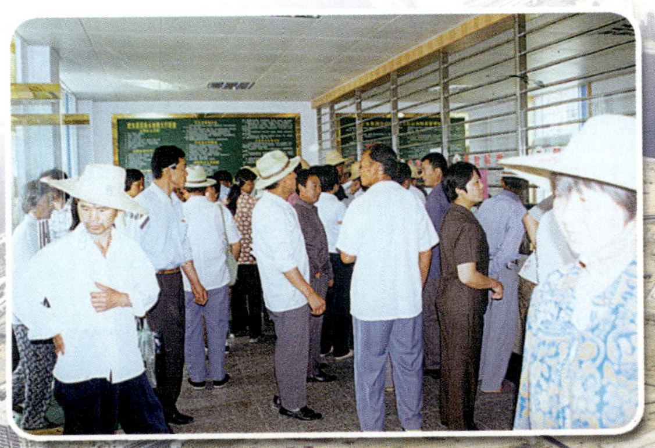

肥东县富旺乡农民踊跃缴纳农业税

肥东县草庙乡大力发展养牛业

肥东县财政局供稿

2001 年 9 月，经省委、省政府批准，安徽省首家省级民营经济开发区在桐城成立。目前，民营经济开发区一期工程 1.72 平方公里已完工，入园企业达 39 家。图为省级桐城民营经济开发区一角

“草根经济”春色满园——

桐城市财政

“一有土壤就发芽，给点阳光就灿烂”，把极具生命力的民营经济称为“草根经济”，早已得到人们的认同。善于攻书的桐城人却挥舞着经济魔棒，一步步将“草根”变为“草原”直至“森林”。“日益壮大的民营经济扛起全县经济的大旗。”个私企业工商税收占全市总量的 75%。2003 年全市以 GDP47.1 亿元、财政收入 2.9 亿元的好成绩，第五次跨入全省十强县之列。

2003 年 6 月 23 日，省委书记王太华在桐城市调研时，考察桐城民营经济开发区入园企业——恒昌实业公司

近年来，桐城规模以上企业发展加快，仅鸿润集团、霞珍集团 2003 年出口创汇分别达 2893 万美元和 501 万美元，在 2003 年全省民企出口创汇排序中分别列第三和第二十二位。图为鸿润集团羽绒被生产车间

图为安徽丹凤集团玻纤生产车间

桐城市财政局供稿

卷首篇

底图为黄山风光：猴子观海

中共中央关于完善社会主义市场经济体制若干问题的决定

(2003年10月14日中国共产党第十六届中央委员会第三次全体会议通过)

为贯彻落实党的十六大提出的建成完善的社会主义市场经济体制和更具活力、更加开放的经济体系的战略部署,深化经济体制改革,促进经济社会全面发展,十六届中央委员会第三次全体会议讨论了关于完善社会主义市场经济体制的若干重大问题,并作出如下决定。

一、我国经济体制改革面临的形势和任务

(1)深化经济体制改革的重要性和紧迫性。十一届三中全会开始改革开放、十四大确定社会主义市场经济体制改革目标以及十四届三中全会作出相关决定以来,我国经济体制改革在理论和实践上取得重大进展。社会主义市场经济体制初步建立,公有制为主体、多种所有制经济共同发展的基本经济制度已经确立,全方位、宽领域、多层次的对外开放格局基本形成。改革的不断深化,极大地促进了社会生产力、综合国力和人民生活水平的提高,使我国经受住了国际经济金融动荡和国内严重自然灾害、重大疫情等严峻考验。同时也存在经济结构不合理、分配关系尚未理顺、农民收入增长缓慢、就业矛盾突出、资源环境压力加大、经济整体竞争力不强等问题,其重要原因是我国处于社会主义初级阶段,经济体制还不完善,生产力发展仍面临诸多体制性障碍。为适应经济全球化和科技进步加快的国际环境,适应全面建设小康社会的新形势,必须加快推进改革,进一步解放和发展生产力,为经济发展和社会全面进步注入强大动力。

(2)完善社会主义市场经济体制的目标和任务。按照统筹城乡发展、统筹区域发展、统筹经济社会发展、统筹人与自然和谐发展、统筹国内发展和对外开放的要求,更大程度地发挥市场在资源配置中的基础性作用,增强企业活力和竞争力,健全国家宏观调控,完善政府社会管理和公共服务职能,为全面建设小康社会提供强有力的体制保障。主要任务是:完善公有制为主体、多种所有制经济共同发展的基本经济制度;建立有利于逐步改变城乡二元经济结构的体制;形成促进区域经济协调发展的机制;建设统一开放竞争有序的现代市场体系;完善宏观调控体系、行政管理体制和经济法律制度;健全就业、收入分配和社会保障制度;建立促进经济社会可持续发展的机制。

(3)深化经济体制改革的指导思想和原则。以邓小平理论和"三个代表"重要思想为指导,贯彻党的基本路线、基本纲领、基本经验,全面落实十六大精神,解放思想、实事求是、与时俱进。坚持社会主义市场经济的改革方向,注重制度建设和体制创新。坚持尊重群众的首创精神,充分发挥中央和地方两个积极性。坚持正确处理改革发展稳定的关系,有重点、有步骤地推进改革。坚持统筹兼顾,协调好改革进程中的各种利益关系。坚持以人为本,树立全面、协调、可持续的发展观,促进经济社会和人的全面发展。

二、进一步巩固和发展公有制经济,鼓励、支持和引导非公有制经济发展

(4)推行公有制的多种有效实现形式。坚持公有制的主体地位,发挥国有经济的主导作用。

积极推行公有制的多种有效实现形式,加快调整国有经济布局和结构。要适应经济市场化不断发展的趋势,进一步增强公有制经济的活力,大力发展国有资本、集体资本和非公有资本等参股的混合所有制经济,实现投资主体多元化,使股份制成为公有制的主要实现形式。需要由国有资本控股的企业,应区别不同情况实行绝对控股或相对控股。完善国有资本有进有退、合理流动的机制,进一步推动国有资本更多地投向关系国家安全和国民经济命脉的重要行业和关键领域,增强国有经济的控制力。其他行业和领域的国有企业,通过资产重组和结构调整,在市场公平竞争中优胜劣汰。发展具有国际竞争力的大公司大企业集团。继续放开搞活国有中小企业。以明晰产权为重点深化集体企业改革,发展多种形式的集体经济。

(5)大力发展和积极引导非公有制经济。个体、私营等非公有制经济是促进我国社会生产力发展的重要力量。清理和修订限制非公有制经济发展的法律法规和政策,消除体制性障碍。放宽市场准入,允许非公有资本进入法律法规未禁入的基础设施、公用事业及其他行业和领域。非公有制企业在投融资、税收、土地使用和对外贸易等方面,与其他企业享受同等待遇。支持非公有制中小企业的发展,鼓励有条件的企业做强做大。非公有制企业要依法经营,照章纳税,保障职工合法权益。改进对非公有制企业的服务和监管。

(6)建立健全现代产权制度。产权是所有制的核心和主要内容,包括物权、债权、股权和知识产权等各类财产权。建立归属清晰、权责明确、保护严格、流转顺畅的现代产权制度,有利于维护公有财产权,巩固公有制经济的主体地位;有利于保护私有财产权,促进非公有制经济发展;有利于各类资本的流动和重组,推动混合所有制经济发展;有利于增强企业和公众创业创新的动力,形成良好的信用基础和市场秩序。这是完善基本经济制度的内在要求,是构建现代企业制度的重要基础。要依法保护各类产权,健全产权交易规则和监管制度,推动产权有序流转,保障所有市场主体的平等法律地位和发展权利。

三、完善国有资产管理体制,深化国有企业改革

(7)建立健全国有资产管理和监督体制。坚持政府公共管理职能和国有资产出资人职能分开。国有资产管理机构对授权监管的国有资本依法履行出资人职责,维护所有者权益,维护企业作为市场主体依法享有的各项权利,督促企业实现国有资本保值增值,防止国有资产流失。建立国有资本经营预算制度和企业经营业绩考核体系。积极探索国有资产监管和经营的有效形式,完善授权经营制度。建立健全国有金融资产、非经营性资产和自然资源资产等的监管制度。

(8)完善公司法人治理结构。按照现代企业制度要求,规范公司股东会、董事会、监事会和经营管理者的权责,完善企业领导人员的聘任制度。股东会决定董事会和监事会成员,董事会选择经营管理者,经营管理者行使用人权,并形成权力机构、决策机构、监督机构和经营管理者之间的制衡机制。企业党组织要发挥政治核心作用,并适应公司法人治理结构的要求,改进发挥作用的方式,支持股东会、董事会、监事会和经营管理者依法行使职权,参与企业重大问题的决策。要坚持党管干部原则,并同市场化选聘企业经营管理者的机制相结合。中央和地方党委要加强和改进对国有重要骨干企业领导班子的管理。要全心全意依靠职工群众,探索现代企业制度下职工民主管理的有效途径,维护职工合法权益。继续推进企业转换经营机制,深化劳动用工、人事和收入分配制度改革,分流安置富余人员,分离企业办社会职能,创造企业改革发展的良好环境。

(9)加快推进和完善垄断行业改革。对垄断行业要放宽市场准入,引入竞争机制。有条件的企业要积极推行投资主体多元化。继续推进和完善电信、电力、民航等行业的改革重组。加快推进铁道、邮政和城市公用事业等改革，实行政企分开、政资分开、政事分开。对自然垄断业务要进行有效监管。

四、深化农村改革，完善农村经济体制

(10)完善农村土地制度。土地家庭承包经营是农村基本经营制度的核心，要长期稳定并不断完善以家庭承包经营为基础、统分结合的双层经营体制，依法保障农民对土地承包经营的各项权利。农户在承包期内可依法、自愿、有偿流转土地承包经营权，完善流转办法，逐步发展适度规模经营。实行最严格的耕地保护制度，保证国家粮食安全。按照保障农民权益、控制征地规模的原则，改革征地制度，完善征地程序。严格界定公益性和经营性建设用地，征地时必须符合土地利用总体规划和用途管制，及时给予农民合理补偿。

(11)健全农业社会化服务、农产品市场和对农业的支持保护体系。农村集体经济组织要推进制度创新，增强服务功能。支持农民按照自愿、民主的原则，发展多种形式的农村专业合作组织。鼓励工商企业投资发展农产品加工和营销，积极推进农业产业化经营，形成科研、生产、加工、销售一体化的产业链。深化农业科技推广体制和供销社改革，形成社会力量广泛参与的农业社会化服务体系。完善农产品市场体系，放开粮食收购市场，把通过流通环节的间接补贴改为对农民的直接补贴，切实保护种粮农民的利益。加大国家对农业的支持保护，增加各级财政对农业和农村的投入。加强粮食综合生产能力建设。完善扶贫开发机制。国家新增教育、卫生、文化等公共事业支出主要用于农村。探索建立政策性农业保险制度。

(12)深化农村税费改革。农村税费改革是减轻农民负担和深化农村改革的重大举措。完善农村税费改革试点的各项政策，取消农业特产税，加快推进县乡机构和农村义务教育体制等综合配套改革。在完成试点工作的基础上，逐步降低农业税率，切实减轻农民负担。

(13)改善农村富余劳动力转移就业的环境。农村富余劳动力在城乡之间双向流动就业，是增加农民收入和推进城镇化的重要途径。建立健全农村劳动力的培训机制，推进乡镇企业改革和调整，大力发展县域经济，积极拓展农村就业空间，取消对农民进城就业的限制性规定，为农民创造更多就业机会。逐步统一城乡劳动力市场，加强引导和管理，形成城乡劳动者平等就业的制度。深化户籍制度改革，完善流动人口管理，引导农村富余劳动力平稳有序转移。加快城镇化进程，在城市有稳定职业和住所的农业人口，可按当地规定在就业地或居住地登记户籍，并依法享有当地居民应有的权利，承担应尽的义务。

五、完善市场体系，规范市场秩序

(14)加快建设全国统一市场。强化市场的统一性，是建设现代市场体系的重要任务。大力推进市场对内对外开放，加快要素价格市场化，发展电子商务、连锁经营、物流配送等现代流通方式，促进商品和各种要素在全国范围自由流动和充分竞争。废止妨碍公平竞争、设置行政壁垒、排斥外地产品和服务的各种分割市场的规定，打破行业垄断和地区封锁。积极发展独立公正、规范运作的专业化市场中介服务机构，按市场化原则规范和发展各类行业协会、商会等自律性组织。完善行政执法、行业自律、舆论监督、群众参与相结合的市场监管体系，健全产品质量监管机制，严厉打击制假售假、商业欺诈等违法行为，维护和健全市场秩序。

(15)大力发展资本和其他要素市场。积极推进资本市场的改革开放和稳定发展，扩大直接融资。建立多层次资本市场体系，完善资本市场结构，丰富资本市场产品。规范和发展主板市场，推进风险投资和创业板市场建设。积极拓展债券市场，完善和规范发行程序，扩大公司债券发行规模。大力发展机构投资者，拓宽合规资金入市渠道。建立统一互联的证券市场，完善交易、登记和结算体系。加快发展土地、技术、劳动力等要素市场。规范发展产权交易。积极发展财产、人身保险和再保险市场。稳步发展期货市场。

(16)建立健全社会信用体系。形成以道德为支撑、产权为基础、法律为保障的社会信用制度,是建设现代市场体系的必要条件,也是规范市场经济秩序的治本之策。增强全社会的信用意识,政府、企事业单位和个人都要把诚实守信作为基本行为准则。按照完善法规、特许经营、商业运作、专业服务的方向,加快建设企业和个人信用服务体系。建立信用监督和失信惩戒制度。逐步开放信用服务市场。

六、继续改善宏观调控,加快转变政府职能

(17)完善国家宏观调控体系。进一步健全国家计划和财政政策、货币政策等相互配合的宏观调控体系。国家计划明确的宏观调控目标和总体要求,是制定财政政策和货币政策的主要依据。财政政策要在促进经济增长、优化结构和调节收入方面发挥重要功能,完善财政政策的有效实施方式。货币政策要在保持币值稳定和总量平衡方面发挥重要作用,健全货币政策的传导机制。重视人口老龄化趋势等因素对社会供求的影响。完善统计体制,健全经济运行监测体系,加强各宏观经济调控部门的功能互补和信息共享,提高宏观调控水平。

(18)转变政府经济管理职能。深化行政审批制度改革,切实把政府经济管理职能转到主要为市场主体服务和创造良好发展环境上来。加强国民经济和社会发展中长期规划的研究和制定,提出发展的重大战略、基本任务和产业政策,促进国民经济和社会全面发展,实现经济增长与人口资源环境相协调。加强对区域发展的协调和指导,积极推进西部大开发,有效发挥中部地区综合优势,支持中西部地区加快改革发展,振兴东北地区等老工业基地,鼓励东部有条件地区率先基本实现现代化。完善政府重大经济社会问题的科学化、民主化、规范化决策程序,充分利用社会智力资源和现代信息技术,增强透明度和公众参与度。

(19)深化投资体制改革。进一步确立企业的投资主体地位,实行谁投资、谁决策、谁收益、谁承担风险。国家只审批关系经济安全、影响环境资源、涉及整体布局的重大项目和政府投资项目及限制类项目,其他项目由审批制改为备案制,由投资主体自行决策,依法办理用地、资源、环保、安全等许可手续。对必须审批的项目,要合理划分中央和地方权限,扩大大型企业集团投资决策权,完善咨询论证制度,减少环节,提高效率。健全政府投资决策和项目法人约束机制。国家主要通过规划和政策指导、信息发布以及规范市场准入,引导社会投资方向,抑制无序竞争和盲目重复建设。

七、完善财税体制,深化金融改革

(20)分步实施税收制度改革。按照简税制、宽税基、低税率、严征管的原则,稳步推进税收改革。改革出口退税制度。统一各类企业税收制度。增值税由生产型改为消费型,将设备投资纳入增值税抵扣范围。完善消费税,适当扩大税基。改进个人所得税,实行综合和分类相结合的个人所得税制。实施城镇建设税费改革,条件具备时对不动产开征统一规范的物业税,相应取消有关收费。在统一税政前提下,赋予地方适当的税政管理权。创造条件逐步实现城乡税制统一。

(21)推进财政管理体制改革。健全公共财政体制,明确各级政府的财政支出责任。进一步完善转移支付制度,加大对中西部地区和民族地区的财政支持。深化部门预算、国库集中收付、政府采购和"收支两条线"管理改革。清理和规范行政事业性收费,凡能纳入预算的都要纳入预算管理。改革预算编制制度,完善预算编制、执行的制衡机制,加强审计监督。建立预算绩效评价体系。实行全口径预算管理和对或有负债的有效监控。加强各级人民代表大会对本级政府预算的审查和监督。

(22)深化金融企业改革。商业银行和证券公司、保险公司、信托投资公司等要成为资本充足、内控严密、运营安全、服务和效益良好的现代金融企业。选择有条件的国有商业银行实行股份制改造,加快处置不良资产,充实资本金,创造条件上市。深化政策性银行改革。完善金融资产管理公司运行机制。鼓励社会资金参与中小金融机构的重组改造。在加强监管和保持资本金充足的前提下,稳步发展各种所有制金融企业。完善农村金融服务体系,国家给予适当政策支持。通过试点取得经验,逐步把农村信用社改造成为农村社区服务的地方性金融企业。

(23)健全金融调控机制。稳步推进利率市场化,建立健全由市场供求决定的利率形成机制,中央银行通过运用货币政策工具引导市场利率。完善人民币汇率形成机制,保持人民币汇率在合理、均衡水平上的基本稳定。在有效防范风险前提下,有选择、分步骤放宽对跨境资本交易活动的限制,逐步实现资本项目可兑换。建立和完善统一、高效、安全的支付清算系统。改进中央银行的金融调控,建立健全货币市场、资本市场、保险市场有机结合、协调发展的机制,维护金融运行和金融市场的整体稳定,防范系统性风险。

(24)完善金融监管体制。依法维护金融市场公开、公平、有序竞争,有效防范和化解金融风险,保护存款人、投资者和被保险人的合法权益。健全金融风险监控、预警和处置机制,依法严格实行市场退出制度。强化金融监管手段,防范和打击金融犯罪。增强监管信息透明度并接受社会监督。处理好监管和支持金融创新的关系,鼓励金融企业探索金融经营的有效方式。建立健全银行、证券、保险监管机构之间以及同中央银行、财政部门的协调机制,提高金融监管水平。

八、深化涉外经济体制改革,全面提高对外开放水平

(25)完善对外开放的制度保障。按照市场经济和世贸组织规则的要求,加快内外贸一体化进程。形成稳定、透明的涉外经济管理体制,创造公平和可预见的法制环境,确保各类企业在对外经济贸易活动中的自主权和平等地位。依法管理涉外经济活动,强化服务和监管职能,进一步提高贸易和投资的自由、便利程度。建立健全外贸运行监控体系和国际收支预警机制,维护国家经济安全。

(26)更好地发挥外资的作用。抓住新一轮全球生产要素优化重组和产业转移的重大机遇,扩大利用外资规模,提高利用外资水平。结合国内产业结构调整升级,更多地引进先进技术、管理经验和高素质人才,注重引进技术的消化吸收和创新提高。继续发展加工贸易,着力吸引跨国公司把更高技术水平、更大增值含量的加工制造环节和研发机构转移到我国,引导加工贸易转型升级。进一步改善投资环境,拓宽投资领域,吸引外资加快向有条件的地区和符合国家产业政策的领域扩展,力争再形成若干外资密集、内外结合、带动力强的经济增长带。

(27)增强参与国际合作和竞争的能力。鼓励国内企业充分利用扩大开放的有利时机,增强开拓市场、技术创新和培育自主品牌的能力。提高出口商品质量、档次和附加值,扩大高新技术产品出口,发展服务贸易,全面提高出口竞争力。继续实施"走出去"战略,完善对外投资服务体系,赋予企业更大的境外经营管理自主权,健全对境外投资企业的监管机制,促进我国跨国公司的发展。积极参与和推动区域经济合作。

九、推进就业和分配体制改革,完善社会保障体系

(28)深化劳动就业体制改革。把扩大就业放在经济社会发展更加突出的位置,实施积极的就业政策,努力改善创业和就业环境。坚持劳动者自主择业、市场调节就业和政府促进就业的方针。鼓励企业创造更多的就业岗位。改革发展和结构调整都要与扩大就业紧密结合。从扩大就业再就业的要求出发,在产业类型上,注重发展劳动密集型产业;在企业规模上,注重扶持中

小企业;在经济类型上,注重发展非公有制经济;在就业方式上,注重采用灵活多样的形式。完善就业服务体系,加强职业教育和技能培训,帮助特殊困难群体就业。规范企业用工行为,保障劳动者合法权益。

(29)推进收入分配制度改革。完善按劳分配为主体、多种分配方式并存的分配制度,坚持效率优先、兼顾公平,各种生产要素按贡献参与分配。整顿和规范分配秩序,加大收入分配调节力度,重视解决部分社会成员收入差距过分扩大问题。以共同富裕为目标,扩大中等收入者比重,提高低收入者收入水平,调节过高收入,取缔非法收入。加强对垄断行业收入分配的监管。健全个人收入监测办法,强化个人所得税征管。完善和规范国家公务员工资制度,推进事业单位分配制度改革。规范职务消费,加快福利待遇货币化。

(30)加快建设与经济发展水平相适应的社会保障体系。完善企业职工基本养老保险制度,坚持社会统筹与个人账户相结合,逐步做实个人账户。将城镇从业人员纳入基本养老保险。建立健全省级养老保险调剂基金,在完善市级统筹基础上,逐步实行省级统筹,条件具备时实行基本养老金的基础部分全国统筹。健全失业保险制度,实现国有企业下岗职工基本生活保障向失业保险并轨。继续完善城镇职工基本医疗保险制度、医疗卫生和药品生产流通体制的同步改革,扩大基本医疗保险覆盖面,健全社会医疗救助和多层次的医疗保障体系。继续推行职工工伤和生育保险。积极探索机关和事业单位社会保障制度改革。完善城市居民最低生活保障制度,合理确定保障标准和方式。采取多种方式包括依法划转部分国有资产充实社会保障基金。强化社会保险基金征缴,扩大征缴覆盖面,规范基金监管,确保基金安全。鼓励有条件的企业建立补充保险,积极发展商业养老、医疗保险。农村养老保障以家庭为主,同社区保障、国家救济相结合。有条件的地方探索建立农村最低生活保障制度。

十、深化科技教育文化卫生体制改革,提高国家创新能力和国民整体素质

(31)营造实施人才强国战略的体制环境。创新人才工作机制,培养、吸引和用好各类人才。以党政人才、企业经营管理人才和专业技术人才为主体,建设规模宏大、结构合理、素质较高的人才队伍。多层次、多渠道、大规模地开展人才培训,重点培养一批高层次和高技能人才。加强西部和民族地区人才开发,建立促进优秀人才到西部、基层和艰苦地方工作的机制。尊重知识,鼓励创新,实行公平竞争,完善激励制度,形成优秀人才脱颖而出和人尽其才的良好环境。建立和完善人才市场体系,进一步促进人才流动。积极引进现代化建设急需的各类人才。

(32)深化科技体制改革。改革科技管理体制,加快国家创新体系建设,促进全社会科技资源高效配置和综合集成,提高科技创新能力,实现科技和经济社会发展紧密结合。确立企业技术创新和科技投入的主体地位,为各类企业创新活动提供平等竞争条件。必须由国家支持的从事基础研究、战略高技术、重要公益研究领域创新活动的研究机构,要按照职责明确、评价科学、开放有序、管理规范的原则建立现代科研院所制度。面向市场的应用技术研究开发机构,要坚持向企业化转制,加快建立现代企业制度。积极推动高等教育和科技创新紧密结合。建立军民结合、寓军于民的创新机制,实现国防科技和民用科技相互促进和协调发展。建设哲学社会科学理论创新体系,促进社会科学和自然科学协调发展。

(33)深化教育体制改革。构建现代国民教育体系和终身教育体系,建设学习型社会,全面推进素质教育,增强国民的就业能力、创新能力、创业能力,努力把人口压力转变为人力资源优势。推进教育创新,优化教育结构,改革培养模式,提高教育质量,形成同经济社会发展要求相适应的教育体制。巩固和完善以县级政府管理为主的农村义务教育管理体制。实施全员聘用和教师资格准入制度。完善和规范以政府投入为主、多渠道筹措经费的教育投入体制,形成公办学校和民办学校共同发展的格局。完善国家和社会资助家庭经济困难学生的制度。

(34)深化文化体制改革。按照社会主义精神文明建设的特点和规律,适应社会主义市场经济发展的要求,逐步建立党委领导、政府管理、行业自律、企事业单位依法运营的文化管理体制。转变文化行政管理部门的职能,促进文化事业和文化产业协调发展。坚持把社会效益放在首位,努力实现社会效益和经济效益的统一。公益性文化事业单位要深化劳动人事、收入分配和社会保障制度改革,加大国家投入,增强活力,改善服务。经营性文化产业单位要创新体制,转换机制,面向市场,壮大实力。健全文化市场体系,建立富有活力的文化产品生产经营体制。完善文化产业政策,鼓励多渠道资金投入,促进各类文化产业共同发展,形成一批大型文化企业集团,增强文化产业的整体实力和国际竞争力。依法规范文化市场秩序。深化体育改革,构建群众体育服务体系,健全竞技体育体制,促进体育产业健康发展,增强全民体质。

(35)深化公共卫生体制改革。强化政府公共卫生管理职能,建立与社会主义市场经济体制相适应的卫生医疗体系。加强公共卫生设施建设,充分利用、整合现有资源,建立健全疾病信息网络体系、疾病预防控制体系和医疗救治体系,提高公共卫生服务水平和突发性公共卫生事件应急能力。加快城镇医疗卫生体制改革。改善乡村卫生医疗条件,积极建立新型农村合作医疗制度,实行对贫困农民的医疗救助。发挥中西医结合的优势。搞好环境卫生建设,树立全民卫生意识。健全卫生监管体系,保证群众的食品、药品和医疗安全。

十一、深化行政管理体制改革,完善经济法律制度

(36)继续改革行政管理体制。加快形成行为规范、运转协调、公正透明、廉洁高效的行政管理体制。进一步调整各级政府机构设置,理顺职能分工,实现政府职责、机构和编制的法定化。完善国家公务员制度。推进依法行政,严格按照法定权限和程序行使权力、履行职责。发展电子政务,提高服务和管理水平。建立健全各种预警和应急机制,提高政府应对突发事件和风险的能力。完善安全生产监管体系。深化地方行政管理体制改革,大力精简机构和人员。继续推进事业单位改革。完善基层群众性自治组织,发挥城乡社区自我管理、自我服务的功能。

(37)合理划分中央和地方经济社会事务的管理责权。按照中央统一领导、充分发挥地方主动性积极性的原则,明确中央和地方对经济调节、市场监管、社会管理、公共服务方面的管理责权。属于全国性和跨省(自治区、直辖市)的事务,由中央管理,以保证国家法制统一、政令统一和市场统一。属于面向本行政区域的地方性事务,由地方管理,以提高工作效率、降低管理成本、增强行政活力。属于中央和地方共同管理的事务,要区别不同情况,明确各自的管理范围,分清主次责任。根据经济社会事务管理责权的划分,逐步理顺中央和地方在财税、金融、投资和社会保障等领域的分工和职责。

(38)全面推进经济法制建设。按照依法治国的基本方略,着眼于确立制度、规范权责、保障权益,加强经济立法。完善市场主体和中介组织法律制度,使各类市场主体真正具有完全的行为能力和责任能力。完善产权法律制度,规范和理顺产权关系,保护各类产权权益。完善市场交易法律制度,保障合同自由和交易安全,维护公平竞争。完善预算、税收、金融和投资等法律法规,规范经济调节和市场监管。完善劳动、就业和社会保障等方面的法律法规,切实保护劳动者和公民的合法权益。完善社会领域和可持续发展等方面的法律法规,促进经济发展和社会全面进步。

(39)加强执法和监督。加强对法律法规的解释工作,加大执法力度,提高行政执法、司法审判和检察的能力和水平,确保法律法规的有效实施,维护法制的统一和尊严。按照权力与责任挂钩、权力与利益脱钩的要求,建立权责明确、行为规范、监督有效、保障有力的执法体制,防止和纠正地方保护主义和部门本位主义。改革行政执法体制,相对集中行政处罚权,推进综合执法试点。推进司法体制改革,维护司法公正。实行执法责任制和执法过错追究制,做到严格执法、公正执法、文明执法。

十二、加强和改善党的领导,为完善社会主义市场经济体制而奋斗

(40)党的领导是顺利推进改革的根本保证。建成完善的社会主义市场经济体制,是我们党在新世纪新阶段作出的具有重大现实意义和深远历史意义的决策,是对全党新的重大考验。全党同志要充分认识肩负的历史责任,不断学习新知识、研究新情况、解决新问题,继续探索社会主义制度和市场经济有机结合的途径和方式。要自觉适应社会主义市场经济发展的新形势,改革和完善党的领导方式和执政方式,坚持谋全局、把方向、管大事,进一步提高科学判断形势的能力、驾驭市场经济的能力、应对复杂局面的能力、依法执政的能力和总揽全局的能力。要坚持党管人才原则,培养和造就大批适应现代化建设需要的各类人才,加强各级领导班子和基层党组织建设,为改革和发展提供强有力的组织保证。要着眼于我国基本国情,坚持一切从实际出发,因地制宜,把改革的力度、发展的速度和社会可承受的程度统一起来,及时化解各种矛盾,确保社会稳定和工作有序进行。要统筹推进各项改革,努力实现宏观经济改革和微观经济改革相协调,经济领域改革和社会领域改革相协调,城市改革和农村改革相协调,经济体制改革和政治体制改革相协调。

(41)加强和改进党风廉政建设。加强党风廉政建设、反对和防止腐败,是建立和完善社会主义市场经济体制的重要保证,必须贯穿于改革开放和现代化建设的全过程。要进一步抓好党和国家机关工作人员特别是领导干部的廉洁自律,坚决查处各种违纪违法案件,切实纠正损害群众利益的不正之风。要坚持标本兼治、综合治理,注重思想道德教育,加强廉政法制建设,完善监督制约机制,建立健全与社会主义市场经济体制相适应的教育、制度、监督并重的惩治和预防腐败体系。坚持立党为公、执政为民,务必继续保持谦虚谨慎、不骄不躁的作风,务必继续保持艰苦奋斗的作风,坚决抵制各种不良风气的侵蚀,为完善社会主义市场经济体制营造良好的社会氛围。

(42)坚持社会主义物质文明、政治文明和精神文明协调发展。中国特色社会主义是社会主义市场经济、社会主义民主政治和社会主义先进文化协调发展的伟大事业。要积极稳妥地推进政治体制改革,扩大社会主义民主,健全社会主义法制,巩固和壮大爱国统一战线,加强思想政治工作,为发展社会主义市场经济提供强有力的政治保证。要大力加强社会主义文化建设,着力建立与社会主义市场经济相适应、与社会主义法律规范相协调、与中华民族传统美德相承接的社会主义思想道德体系,弘扬和培育民族精神,不断提高全民族的思想道德素质和科学文化素质,为改革和发展提供强大的精神动力和智力支持。

全党同志和全国各族人民,在马克思列宁主义、毛泽东思想、邓小平理论和"三个代表"重要思想指引下,全面贯彻十六大精神,紧密团结在以胡锦涛同志为总书记的党中央周围,开拓进取,扎实工作,为建成完善的社会主义市场经济体制、实现全面建设小康社会的宏伟目标而努力奋斗!

(选自2003年10月22日《安徽日报》)

全国财政工作会议精神传达提纲

2003 年 12 月 24 日至 25 日,全国财政工作会议在北京召开。会议的主要任务是总结 2003 年的财政工作,研究今后一个时期的理财思路,安排 2004 年的财政收支计划和财政工作。参加会议的代表有各省、自治区、直辖市、计划单列市的财政厅局长,财政部驻各地财政监察专员办事处专员,中央各单位财务部门负责同志等。会前,温家宝总理对财政工作作了重要批示。24 日上午,财政部部长金人庆作了工作报告,并对安徽省继农村税费改革之后,又在全国率先推进粮补改革给予了充分肯定。25 日下午,金人庆部长作了总结讲话,同时传达了中央政治局常委关于 2004 年财政工作的重要指示。

一、中央政治局常委对 2004 年财政工作的重要指示

12 月 25 日上午,金人庆部长向政治局常委汇报了 2004 年中央预算安排和财政重点工作,中央领导作了重要讲话,对财政工作提出了新要求。主要精神有五个方面:一要保持国民经济持续协调发展,千方百计完成全年预算目标任务。2004 年政策性减收因素较多,同时经济生活中许多困难和矛盾也要反映到财政上来,再加上 2003 年基数较大,在高基数上再增长不容易,完成全年预算任务难度较大。必须高度重视,采取措施,确保完成预算目标任务。二要按照中央要求,加大对粮食主产区农业支持力度,对粮食主产区倾斜。胡锦涛总书记很关心粮食直补,他指出,100 亿元直补资金要真正落实到农民头上,有一部分地方能否配套到位,有些钱还在用于粮食部门,补贴方式怎么确定等等,要认真研究,真正让种粮农民得到实惠。粮价上去了,还要研究防止农业生产资料价格上涨。温家宝总理强调,粮食安全和农民增收是 2004 年经济工作的重大问题。三要安排好社会保障资金,切实帮助困难群众解决好生产生活问题,稳定社会方面的开支也要安排好,让困难群众真正享受到改革开放的成果。四要防范财政风险,警惕新的债务窟窿。当前隐性债务很多,隐性方面的窟窿最终也要财政买单的。五要增收节支。财政形势好的时候,也要精打细算,不能乱花钱,否则容易引起群众反感,引起社会不稳定。

二、温家宝总理对财政工作的重要批示

12 月 22 日深夜,温家宝总理对财政工作作了重要批示:财政是国家宏观调控的重要手段,是政府工作的重要物质基础。过去的一年,财政部门认真贯彻执行中央的方针政策,在加强宏观调控,推进各项改革,厉行增收节支等方面都取得了新的成绩。新的一年,财政工作任务艰巨,责任重大。财政系统全体干部职工要振奋精神,再接再厉,扎实工作。第一,完善积极的财政政策,调整结构,确保重点;第二,坚持科学的发展观,统筹兼顾,重视解决城乡之间、地区之间、经济与社会发展之间的不平衡问题,支持困难地区和困难群众改善生产条件、生态环境和生活水平;第三,依法理财,依法征税,不断壮大国家财政实力,建立稳固、强大的国家财政;第四,推进财税改革,加快完善公共财政体制建设,确保财政资金使用的规范、安全和有效,防范和化解财政风险;第五,各级财政部门要改进作风,搞好服务,精打细算,量入为出,努力增收节支,为国分忧。

三、金人庆部长讲话要点

12 月 24 日上午和 25 日下午,财政部部长金人庆在会上分别作了工作报告和总结讲话,主要讲了三个方面:

(一)2003年财政工作的简要回顾

2003年,面对复杂多变的国际形势、突如其来的"非典"疫情和频繁发生的自然灾害,财政工作经受住了考验并取得了新的成绩。一是财政宏观调控和保障作用进一步加强。发行了1400亿元长期建设国债,并大力调整和优化国债投资的使用方向和结构,支持经济和社会的协调发展。认真落实了机关事业单位调资政策。各级财政共安排"非典"防治资金133亿元,积极支持抗击"非典"和克服"非典"对经济的负面影响。二是增收节支工作成效明显。预计全年全国财政收入比2002年增收2600亿元左右。其中,中央财政收入增收1050亿元左右(已扣除新增出口退税指标750亿元);地方财政收入增收1550亿元左右。三是财政支持解决"三农"问题迈出新步伐。农村税费改革试点全面推进,北京、安徽等十几个省市基本取消了农业特产税。安徽等8个省区推进了粮食补贴方式改革试点。四是解决困难群众生产生活问题力度加大。加大了对就业和再就业工作的支持力度,加大了解决困难群众生产生活问题的力度。积极支持国有企业依法实施关闭破产。切实帮助灾区群众解决基本生活困难问题。五是出口退税机制改革顺利出台。中央财政加大了出口退税力度,当年追加出口退税资金750亿元。六是预算管理制度改革继续深化。"收支两条线"管理改革、部门预算改革不断深化。国库集中收付制度改革试点省份由2002年的9个扩大到26个。全国政府采购规模将超过1500亿元。七是财政法制建设和财政监督工作进一步加强,提高了财政资金使用的安全性、规范性和有效性。

(二)今后一个时期财政工作的基本思路

概括起来,就是要做大一个"蛋糕",用活两大存量,推进三项改革,完善四项制度。

做大一个"蛋糕",即千方百计促进经济发展,做大财政收入"蛋糕"。争取在本届政府任期内财政收入平均每年增长10%以上,年均增加2000亿元以上。一是转变财政支持经济发展的方式,综合运用国债、税收、财政贴息等各种政策手段,发挥财政政策"四两拨千斤"的作用,促进经济持续较快协调健康发展。二是进一步规范和完善财政管理体制,调动各级政府做大财政收入"蛋糕"的积极性。完善转移支付制度,调整和优化转移支付结构,增加一般性转移支付。在统一税政前提下,研究落实赋予地方适当的税政管理权问题。完善省级以下财政体制,加大对基层财政的转移支付力度。

用活两大存量,即用活国债投资存量和粮食风险基金存量。在注重用好当年增量资金的同时,积极挖掘财政资金存量的潜力。一是调整长期建设国债使用方向和结构。在维持赤字现有规模的情况下,经过几年努力,使中央预算内基本建设投资由目前的304亿元,逐步增加到1000亿元,相应逐步减少直至不发用于上项目的长期建设国债。同时,整合国债投资和预算内基本建设资金,并按照"五个统筹"要求,逐步减少对一般竞争性和经营性领域的直接投资,增加用于公共服务和公共产品方面的投入。二是调整粮食风险基金的使用方式。从2004年开始,粮食主产区全面推行对种粮农民的直接补贴,补贴资金来源是粮食风险基金,力争在两年时间内,使用于农民的直接补贴占到粮食风险基金总规模的一半。粮食产销平衡地区和销区,对重点产粮县也要比照主产省的办法对种粮农民进行直补。如果按全国总规模的一半计算,改革后,每年用于对农民的直补资金将达到150亿元。

推进三项改革,即推进税制改革、农村税费改革和预算管理制度改革。一是加快推进税制改革,为各类市场主体公平竞争创造一个比较宽松的财税环境。主要是将生产型增值税调整为消费型增值税,统一内外资企业所得税,改革出口退税机制。此外,还要适时完善消费税,适当扩大税基;改革个人所得税,实行综合与分类相结合的个人所得税制;实施城镇建设税费改革,条件具备时对不动产开征统一规范的物业税,相应清理取消有关收费。二是加快推进农村税费改革。全面取消农业特产税,逐步降低农业税税率。力争用3年左右时间,结合粮食流通体制改革对农民的直接补贴,把农业税税率从目前全国最高不超过7%(加上附加总体为8.4%),逐步降低到全国统一税率2%左右(加上附加总体为2.4%左右),并逐步过渡到城乡统一税制。三是加快推进预算管理制度改革。部门预算制度要逐步实现科学化、规范化;国库集中收付制度要分步全面推开;"收支两条线"管理改革要实现全口径的预算管理;政府采购制度改革要进一步扩大范围、规范操作。要注重研究绩效预算评价体系,提高财政支出效益。争取通过几年的努力,建立起一个比较完善的公共财政预算编制和执行管理体系。

完善四项制度,即重点支持完善社会保障、教育、公共卫生和收入分配4个方面的制度,逐步消除经济社会发展的体制性障碍。在社会保障方面,要在继续做好"两个确保"和"低保"工作的同时,进一步完善基本养老保险、基本医疗保险和失业保险制度,逐步将覆盖范围扩大到所有城镇从业人员。在教育方面,要加大投入,继续巩固和完善以县为主的义务教育管理体制,建立义务教育经费投入保障机制,加大对高等、中等教育困难学生的资助和救济力度;同时,运用财税政策引导和拉动社会力量投资办学,刺激教育消费。在医疗卫生方面,要进一步支持加强公共卫生体系建设,推进农村合作医疗改革试点,加快建立和完善城乡医疗救助制度。在收入分配方面,要研究将调整工资等收入分配政策与推进上述改革结合起来,通过调整收入分配政策促进这些改革的完善。

(三)2004年财政预算安排和主要工作

2004年财政工作的指导思想和总体思路是:以邓小平理论和"三个代表"重要思想为指导,认真贯彻党的十六大、十六届三中全会和中央经济工作会议精神,切实把思想统一到中央的决策和部署上来;牢固树立全面、协调、可持续的发展观,正确处理改革、发展、稳定的关系,充分发挥财政职能作用,全面落实"五个统筹";不断深化财税改革,进一步完善公共财政体制和积极财政政策;大力组织收入,提高依法理财的自觉性和主动性,确保预算圆满完成;积极调整财政支出结构,强化财政监督,确保"三农"、公共卫生体系建设、就业和再就业、社会保障等重点支出需要,保障和服务各项改革与经济结构调整;促进国民经济持续快速健康协调发展和社会全面进步,为全面建设小康社会服务。

2004年全国财政收支计划初步安排为:中央财政总收入13342亿元,比2003年预计执行数(下同)增长7.7%。中央财政总支出16540亿元,增长6.1%。中央财政收支相抵,赤字3198亿元,与2003年持平。地方财政总收入19616亿元,增长8.6%。地方财政总支出19616亿元,增长8.6%。汇总中央和地方财政收支安排,2004年全国财政收入23368亿元,增加1864亿元,增长8.7%。全国财政支出26566亿元,增加1864亿元,增长7.5%。

2004年财政重点工作主要有八项:

一是丰富和完善积极财政政策。2004年拟发行长期建设国债1100亿元,比2003年减少300亿元,其中950亿元纳入中央预算,150亿元转借地方。同时增加中央预算内基本建设投资50亿元。进一步优化国债投资的使用方向和结构,加大对"六小"工程、公共卫生体系建设、西部开发和东北地区等老工业基地调整改造、生态环境建设、淮河治理水利工程等方面的投入,保证青藏铁路、南水北调、西电东送等重大在建项目建设。长期建设国债调减后,腾出的资金将结合财政支出结构的调整,重点用于支持社会发展及体制改革和创新。

二是大力支持解决"三农"问题。2004年将全面取消除烟叶外的农业特产税,将少数集中连片品目改为征收农业税。同时将农业税税率整体降低1个百分点。取消农业特产税和降低农业税税率后,中央财政对中西部10个粮食主产区给予全额补助,对中西部非粮食主产区补助

80%,辽宁、山东、江苏、福建4省补助50%,其余地区自行消化。在13个粮食主产省区全面推行粮食补贴方式改革,直补资金总额为100亿元,约占13个粮食主产省区粮食风险基金的40%。教育、文化、卫生等方面的新增支出要确保主要用于农村。进一步增加农业农村基础设施建设、生态建设、粮食综合生产能力建设及扶贫等方面的财政投入。2004年中央财政用于"三农"各方面的投入将增加300亿元左右,增长20%以上。

三是大力支持就业和社会保障工作。加大再就业资金投入,完善社会保障筹资机制,切实解决困难群众生活问题。继续稳妥推进税务机关征收社会保险费工作。处理好就业和再就业政策与"三条保障线"等社会保障制度的衔接。认真做好国有企业下岗职工基本生活保障向失业保险并轨工作,进一步调整各级财政安排的下岗职工基本生活保障资金使用办法,积极促进就业和再就业工作的开展。完善社会保障预算和财务制度,建立追踪问效制度,逐步探索"以奖代补"新机制,提高社会保障资金的使用效益。增加卫生投入,落实卫生事业补助政策,加强公共卫生体系建设和推进农村合作医疗改革试点。

四是积极支持经济结构调整和区域经济协调发展。积极支持人才、专利、标准战略的实施。抓紧研究国有大中型企业主辅分离,辅业改制,分流安置富余人员的财政、税收政策,推动国有经济结构调整。积极支持电力、电信、民航等行业体制改革。继续支持做好政策性关闭破产企业的职工安置工作。结合生产型增值税转为消费型增值税改革试点,积极支持东北老工业基地改造。认真落实西部开发的各项财税优惠政策。

五是进一步推进财税改革。要大力推进税制改革。确保出口退税改革顺利进行,努力支持和扩大出口。积极稳妥地推进生产型增值税改为消费型增值税在东北地区部分行业的试点。加快研究合并内外资企业所得税及其他税种改革的具体方案。认真履行中国加入世贸组织的承诺,2004年再降低关税税率0.6个百分点。要继续深化预算管理制度改革。进一步完善部门预算制度,深化"收支两条线"管理改革,扩大中央部门国库集中收付制度改革试点范围,扩大政府采购范围和规模。要进一步完善财政体制,努力增加对基层的财政转移支付,缓解县乡财政困难。要组织力量编制好"十一五"财政发展规划。

六是狠抓增收节支工作。坚决制止各地擅自出台税收优惠和变相优惠政策的行为,税收优惠政策到期的要及时恢复征税。严厉打击走私、偷逃骗税等各种涉税违法犯罪活动,做到依法征税、应收尽收。挖掘非税收入潜力,规范非税收入管理。所有土地资金都要纳入预算或实行财政专户管理,促进耕地保护,减少财政资金流失。认真落实中央关于2004年一般性支出继续实行零增长的要求,继续从严控制党政机关办公楼和培训中心项目建设,狠刹"形象工程"、"政绩工程"。推进机关后勤服务社会化改革。

七是积极防范财政风险。完善债务预警监测制度,实行政府债务全口径风险管理和报告制度。推进金融体制改革,以适当方式支持有条件的国有独资商业银行进行股份制改造,完善政策性金融机构的职能定位及亏损补贴机制,建立资产管理公司处理不良资产的目标责任制,减少国家最终所要承担的损失。进一步完善各项社会保障制度,为建立社会保障预算积极创造条件,健全社保基金财政专户管理制度,加强社保资金监管。积极研究有计划、有步骤地消化基层政府债务的有效办法。

八是坚持依法行政,依法理财。加强财政立法。认真贯彻落实《行政许可法》,减少行政审批事项。研究修改《注册会计师法》,继续整顿和规范会计秩序,规范和发展经济鉴证类社会中介行业组织。加强财政干部队伍建设,重点抓好人才、领导班子、作风和廉政四大建设,努力塑造财政部门新形象。

重要财经文献篇

底图为黄山风光：猴子观海

省委七届五次全会文件

中共安徽省委关于贯彻《中共中央关于完善社会主义市场经济体制若干问题的决定》的实施意见

(2003年12月10日省委七届五次全会通过 皖发〔2003〕18号)

省委七届五次全会认真学习了《中共中央关于完善社会主义市场经济体制若干问题的决定》(中发〔2003〕12号,以下简称《决定》),研究了我省深化经济体制改革的若干重要问题,提出如下实施意见。

一、深刻领会《决定》精神,切实把握改革重点

1.《决定》是进一步深化经济体制改革、促进经济社会全面发展的纲领性文件。各级党委要深入学习领会《决定》精神,结合实际全面贯彻落实。要深刻认识深化经济体制改革的极端重要性和紧迫性,注重制度建设和体制、机制创新,用改革的办法解决前进中的问题、化解发展中的矛盾,为经济发展和社会全面进步注入强大动力。按照"五个统筹"的要求和"五个坚持"的原则,坚持以人为本,树立全面、协调、可持续的发展观,协调好改革进程中各项工作和各方面利益,促进经济社会和人的全面发展。要充分尊重群众首创精神,调动广大干部群众的积极性、主动性和创造性,大胆突破各种思想阻力和体制障碍,坚定不移地推进各项改革,为全面建设小康社会提供体制保障。

2.贯彻落实《决定》精神,必须紧密结合安徽实际,按照统筹兼顾、协调推进、突出重点、务求实效的原则,从那些根据经济社会发展要求必须立即进行、又具备一定条件的改革抓起,有步骤、分阶段地推进。当前和今后一个时期的主要任务是:建立归属清晰、权责明确、保护严格、流转顺畅的现代产权制度,完善公有制为主体、多种所有制经济共同发展的基本经济制度;建立有利于逐步改革城乡二元经济结构的体制,统筹城乡发展和区域经济发展;建设统一开放竞争有序的现代市场体系,更大程度地发挥市场在资源配置中的基础性作用;深化行政管理体制改革,切实将政府经济管理职能转到主要为市场主体服务和创造良好发展环境上来;健全就业、收入分配和社会保障制度,深化社会事业改革,实现国民经济持续快速协调健康发展和社会全面进步。

二、完善国有资产管理体制,深化国有企业改革

3.省及企业国有资产较多的省辖市建立健全国有资产监督管理机构,依法对授权监管的国有资本履行出资人职责,维护所有者权益,维护企业作为市场主体依法享有的各项权利,督促企业实现国有资本保值增值,防止国有资产流失。积极探索国有资产监管和经营的有效形式,完善授权经营制度。建立国有资本经营预算制度和企业经营业绩考核体系。坚持党管干部的原则,并同市场化选聘企业经营管理者的机制相结合。加强和改进对国有重要骨干企业领导班子的管理。发挥企业党组织的政治核心作用,积极探索职工民主管理的有效途径,维护职工合法权益。探索多种分配方式,建立健全企业经营管理者激励约束机制,积极推行并不断完善年薪制。加快政企分开步伐,在2004年底前完成党政机关与直接管理的企业及经济实体的脱钩工作。企业国有资产较少的省辖市,经省政府批准,可以不单独设立国有资产监督管理机构。

4.深化国有大企业改革。以省属企业和上市公司为重点,制定利用外资和民间投资办法,编制利用外资和民间投资项目,积极引进产业关联度高、技术管理先进的国内外大企业,大力发展混合所有制经济,加快实现投资主体多元化,使股份制成为公有制的主要实现形式。加快国有企业的战略性重组,支持在优势产业组建若干具有较强竞争力的大公司、大集团。继续完善公司法人治理结构,深化劳动用工、人事和收入分配制度改革,全面推行劳动合同制。充分运用国家的扶持政策,在2005年底前基本完成国有大中型企业主辅分离、辅业改制和分离企业办社会职能等项改革。积极稳妥地推进长期亏损、严重资不抵债的企业和资源枯竭矿山,通过政策性关闭破产和依法破产等途径退出市场。

5.加快国有中小企业改革步伐。工业、商业、物资、建设等行业的国有中小企业,要在2004年底前完成改制工作。改革要坚持公开、公平、公正的原则,妥善安置职工。通过股权转让、国有资产经营收益、资产变现和财政补助等多条渠道,解决职工安置经费缺口问题。完善和落实促进中小企业发展的具体政策措施。加大对产品有市场的困难企业改革和扶持力度。以明晰产权为重点深化集体企业改革,发展多种形式的集体经济。

三、提高招商引资水平,加快对外开放步伐

6.加快优势产业和优势资源的对外开放步伐。开放交通、水利、城市公用事业等基础设施以及商贸、旅游、非义务教育、城市医疗等服务领域,采用多种形式吸引外资参与投资建设。已建成的经营性项目要积极对外转让。在卫生、扶贫、环保和农业综合开发等领域更多地利用国外优惠贷款。保持我省出口促进政策的连续性和稳定性,增强企业开拓市场、技术创新和培育自主品牌的能力,积极扩大出口,优化出口产品结构,全面提高出口竞争力。

7.完善招商引资工作机制。研究制定鼓励企业招商引资的政策。明确招商工作机构的权责,理顺职能分工。建立省市领导和有关部门共同参加的重大利用外资项目协调会议制度,建立省市政府与国际知名企业定期沟通机制。创新招商方式,促进以商招商。发展会展经济,办好合肥高新技术项目与资本对接会,培育在国内外有较大影响的博览会、招商会。继续办好开发区和重点工业园区。加快融入长三角经济圈,加强与珠三角等沿海地区的经济合作。落实招商引资目标管理责任制,健全招商引资的激励机制。

四、加快民营经济发展,壮大民营经济实力

8.继续清理和修订限制民营经济发展的地方性法规和政策,确保民营企业在投融资、税收、土地使用、对外贸易、人才引进、权益保护等方面与其他企业享受同等待遇。放宽市场准入,制定投资指导目录,允许和引导民间资本进入法律法规未禁入的基础设施、公用事业及其他行业和领域,参与国有和集体企业的改组改造。加快发展为中小企业服务的地方金融机构,健全中小企业信用担保体系,完善授信制度,切实解决民营企业贷款难等问题。建立健全民营经济统计制度和统计信息网络,从2004年起将民营经济发展情况纳入各级政府的工作考核指标体系。开展民营企业对政府相关职能部门的评议活动。切实加强和改进对民营企业的服务和监管。

9.积极引导民营企业加速制度创新、管理创新和技术创新,支持有条件的企业做大做强。鼓励民营企业实施低成本扩张,组建大型企业集团。政府扶优扶强资金要加大对重点民营企业集团的扶持。加强对民营企业上市的指导,建立上市企业备选库。建立扶持民营科技企业的创业发展风险资金。加强对民营企业经营管理者的培训。加大对优秀民营企业的宣传力度。

五、深化农村改革,完善农村经济体制

10.完善农村土地制度。长期稳定并不断完善以家庭承包经营为基础、统分结合的双层经营体制,依法保障农民对土地承包经营的各项权利。农民在承包期内可依法、自愿、有偿流转土地承包经营权。完善和规范流转办法,认真做好已取得稳定非农就业农民承包经营的土地及农村抛荒地的承包经营权流转,支持农户以土地承包经营权入股开展多种形式的联合,鼓励社会力量承包开发农村“四荒”,发展适度规模经营。改善生产条件,推广良种良法,充分发挥土地效益,保护粮食生产能力。严格执行耕地保护和土地用途管制制度。加强征地管理,完善征地程序,征地时及时给予农民合理补偿,妥善解决征地以后农民的就业和生活保障问题。继续推进集体建设用地使用权流转试点工作。

11.完善社会化服务体系,推进农业产业化经营。继续落实各项政策,进一步发挥龙头企业和农村致富带头人的带动、辐射作用。按照政府支持、农民自愿、市场运作、多元发展、逐步推进的要求,积极发展农村专业合作组织。支持各地围绕优势农产品组建行业协会,逐步赋予其现由政府承担的部分职能。增加各级财政对农业的支持,整合财政支农资金,优化支农资金投向,扩大对龙头企业、农村专业合作组织、农产品行业协会、农村致富带头人的支持,加大对农业科技的投入。进一步深化农业科技推广体制和供销社改革,加快小型水利设施的产权制度改革。积极推进林业经营制度改革。吸引工商资本、民间资本和外资投资发展农产品加工业和农业社会化服务。完善扶贫开发机制,加大扶贫开发力度。

12.巩固农村税费改革成果,逐步降低农业税税率,创造条件逐步实现城乡税制统一。加快综合配套改革步伐,继续推进乡镇机构改革,稳妥做好并乡并村工作,确保人员分流的政策尽快落实到位。继续清理收费项目,完善涉农收费公示制度。深化粮食流通体制和粮食补贴方式改革,逐步将粮食补贴向粮食主产区倾斜、向种粮大户倾斜,切实保护农民种粮积极性。

13. 加快县域经济发展,充分发挥县域经济在推动工业化、城镇化和提升劳务经济等方面的积极作用。从2004年起,分期分批赋予县(市)以省辖市的经济管理权限。扶持一批经济强县,带动全省县域经济发展。推进乡镇企业的改革和调整,抓好县城和中心镇建设。继续做好帮扶贫困县工作。积极引导农村富余劳动力向非农产业转移,扩大劳务输出。制定全省农村劳动力培训规划,建立政府资助、社会培训的机制,重点扶持一批成效突出的培训机构。完善职业技能鉴定工作体系,积极做好职业资格证书核发等方面的服务工作。妥善解决外出务工人员子女入学问题。

六、推进管理体制创新,提高城市化水平

14. 进一步消除制约城市发展的体制性障碍。深化户籍制度改革。逐步建立全省统一的户籍登记制度。以稳定职业和住所为基本落户条件,放宽城市特别是大中城市的户口迁移限制。逐步统一城乡劳动力市场,形成城乡劳动者平等就业的制度。取消对农民进城就业的限制性规定和各种不合理收费。积极改革城市建设投资管理体制,在供水、公交、污水治理、垃圾处理、绿化等领域全面引入外资和民间资本,促进公用事业建设投入多元化。加强城乡规划、建设和管理。建立健全"两级政府、三级管理"的城市管理体制,强化社区建设和管理,逐步实现城市管理重心下移。

15. 壮大区街经济,加快城市化进程。以强化功能、服务市民、扩大就业、维护稳定、促进发展为目标,加快区街经济发展。扩大市辖区管理权限,调整市、区财税分配体制,鼓励、支持有条件的城区建设工业园区。继续支持合肥加快现代化大城市建设步伐。加快以芜湖为龙头的皖江经济带和皖东、皖东南地区的开发开放,构筑沿江现代化城市群。加快"两山一湖"地区旅游开发。加快皖北地区经济发展,支持两淮地区的煤电基地建设。加快皖西、皖西南地区资源开发。适应加快城市化进程的要求,适时依法进行区划调整。

七、完善市场体系,建设"信用安徽"

16. 加快市场体系建设,整顿和规范市场经济秩序。积极发展区域性生活消费品和生产资料专业市场,大力发展现代化的农产品批发交易市场,拓展农产品流通绿色通道,发展大规模的粮油产业化经营集团。积极发展电子商务、连锁经营、物流配送等现代流通方式,培育各类中介服务机构。充分利用资本市场,加快发展土地、技术、劳动力等要素市场。规范发展产权交易。以关系人民群众生命财产安全的突出问题为重点,深入开展专项整治,严厉打击制假售假、欺行霸市、商业欺诈、商标侵权等违法行为。健全卫生和食品药品监管体系,保证群众的食品、药品和医疗安全。健全产品质量监管机制。实施品牌战略,建立名牌评价体系。

17. 认真推进《建设"信用安徽"实施方案》的实施,形成以道德为支撑、产权为基础、法律为保障的社会信用制度。认真做好各项基础工作,抓紧研究制定强化信用管理的地方性法规和行政规章,加快建设面向社会的联合征信体系,增强全社会的信用意识。力争到2007年初步建立起政务信息公开披露体系、自律维权同业信用体系、企业自我内控信用体系、社会信用服务体系。建立信用监督和失信惩戒制度。积极推进合肥、芜湖等市的信用试点建设。

八、改革地方金融体制,健全地方金融体系

18. 积极开展农村信用社改革试点。2005年底前完成县(市、区)农村信用社统一法人组建工作。支持符合条件的农村信用社县(市、区)级联社,组建农村合作银行或农村商业银行。全面推广农户小额信用贷款,切实缓解农业发展资金短缺和农户贷款难问题。加大农村信用社劳动用工和收入分配制度改革,进一步完善内控制度。支持和帮助农村信用社化解历史包袱,加快改革步伐。研究建立突发性支付风险的应急处理机制。

19. 加大城市商业银行和城市信用社重组力度。允许城市商业银行之间相互参股,在经济较为发达的县(市)设置支行。积极争取全国性的股份制商业银行在安徽设立分支机构。支持民间资本和国外大银行参股我省城市商业银行,适时引入中外合资金融机构、外资银行设立的主营性机构或分支机构。支持大型企业集团建立财务公司。进一步规范和整合省级投资机构。

九、加快转变政府职能,建设服务型政府

20. 深化行政审批制度改革。认真学习和贯彻实施《中华人民共和国行政许可法》。抓紧做好有关行政许可规定和行政许可实施机关的清理工作。保留的行政许可事项,除法律法规另有规定外,其内容、条件、程序、收费标准全部公开,2004年底前一律进入政务服务中心。完善并联审批,积极推进网上审批。清理和规范行政事业性收费,完善收费许可证、收费公示和收费年审制度。

21. 深化投资体制改革。按照谁投资、谁决策、谁收益、谁承担风险的原则，进一步确立企业的投资主体地位。从2004年起，除关系战略资源开发、影响环境资源的重大项目和政府投资项目及限制类项目外，其他项目由审批制改为备案制，由投资主体自行决策。对需要审批的项目，要减少环节，提高效率。对属于国家审批的项目，要及时办理转报手续。政府投资项目必须实行法人责任制、招标投标制、合同管理制和工程监理制。对预算外投资实行规范化管理。完善治淮等综合性重大项目的实施管理办法，建立起相互配合又相互制约的决策指挥、规划监管、建设实施体系。

22.深化行政管理体制改革。加快形成行为规范、运转协调、公正透明、廉洁高效的行政管理体制。调整政府机构设置，理顺职能分工。继续推进事业单位体制改革和用人、分配制度改革，积极推进经营性事业单位转企改制。增强国民经济和社会发展中长期规划的战略性、宏观性、政策性和科学性，改进专项规划的编制，重大专项规划实行公开招标。建立对重大灾害和突发事件的应急机制。完善统计制度和方法，健全经济运行监测体系，全面准确反映省情省力。全面推进经济法制建设，加强经济立法，加强执法监督，促进依法行政。发展电子政务，提高政府管理的透明度。

23.健全公共财政体制，明确各级政府的财政支出责任，集中财力改善公共服务，加强公共管理。完善省以下所得税收入分享办法，理顺财政分配关系。完善转移支付制度，扩大转移支付范围，加大对贫困县、乡的财政支持。从2004年起，在全省实行省管县的财政体制，推行乡镇财政管理方式改革，实行乡财县管乡用。继续推进部门预算、国库集中支付、政府采购和“收支两条线”等改革措施。完善预算编制、执行的制衡机制，加强预算执行审计，加强对转移支付资金的审计。加强人大对政府预算的审查与监督。

十、推进就业和分配体制改革，完善社会保障体系

24.把扩大就业放在经济社会发展更加突出的位置。大力发展劳动密集型产业和服务业，积极开发就业岗位。坚持以市场为导向的就业机制，发挥政府的引导和促进作用，鼓励、支持自主创业和自谋职业。加快劳动力市场信息网络建设，完善就业服务体系，强化职业技能培训，帮助特殊困难群体就业。积极推广统一培训、集中申报优惠政策、组织起来就业等有效形式，确保税收优惠、费用减免和小额贷款等促进再就业的各项政策落实到位。完善就业再就业统计信息系统，建立失业预警机制。完善按劳分配为主体、多种分配方式并存的分配制度，坚持效率优先、兼顾公平，各种生产要素按贡献参与分配。

25.完善有利于城镇各类从业人员参加基本养老保险、医疗保险、失业保险的政策和机制。继续完善基本养老保险省级调剂基金，加快基本养老保险金市场统筹，2005年基本实现全省企业退休人员的社会化管理服务。结合体制改革和人事制度改革，制定改制事业单位职工参加基本养老保险的具体政策。健全失业保险制度，2004年实现国有企业下岗职工基本生活保障向失业保险并轨，逐步提高失业保险统筹层次。采取建立统筹基金和社会医疗救助等多种办法，妥善解决城镇困难企业职工医疗保障问题。继续推进职工工伤和生育保险。积极探索机关事业单位社会保障制度改革。强化社会保险基金征缴，建立多渠道、稳定可靠的社会保障基金筹措机制。建立社区社会保障工作平台，构建全省社会保障网络。鼓励有条件的地方探索建立农村最低生活保障制度。

十一、完善人才工作机制，深化社会事业改革

26.建立和完善党委统一领导、组织部门牵头抓总、有关部门各司其职的人才工作格局，营造实施人才强省战略的体制环境。创新人才工作机制，抓住培养、吸引、使用3个环节，加快以党政人才、企业经营管理人才和专业技术人才为主体的各类人才队伍建设，完善能力为本的人才评价标准。以实施攻关项目、重大科研课题和博士后科研流动站、工作站为载体，采取“柔性”流动等灵活多样的有效方式，引进我省急需的高层次人才和适用人才。健全人才市场体系，进一步促进人才流动。

27.深化社会事业改革。改革科技管理体制，发挥企业科技开发的主体作用，建立促进科技和经济社会发展紧密结合的机制。抓紧完成省属社会公益类科研机构建立现代科研院所制度和应用技术研究开发机构的转企改制，加快科技成果转化步伐。支持中央在皖科研单位、高等院校的改革和发展。支持合肥科学城建设。构建现代国民教育体系和终身教育体系，建设学习型社会。推进教育创新，优化教育结构。完善以县级政府管理为主的农村义务教育管理体制，完善各级财政合理分担的义务教育投入体制。扩大高中阶段教育，积极发展高等教育。整合现有教育资源，大力发展职业技术教育。支持和鼓励社会力量办学。完善政府和社会资助家庭经济困难学生的制度。制定和实施全省文化体制改革和文化产业发展总体方案,完善文化产业政策,健全文化市场体系,发展大型文化企业集团。推进全民健身体系建设,健全竞技体育机制,大力发展体育产业。强化政府公共卫生管理职能,建立健全疾病信息网络体系、疾病预防控制体系、医疗救治体系。加快发展社区卫生服务,加强以乡镇卫生院为重点的农村卫生服务网络建设。积极推进以大病统筹为重点的新型农村合作医疗制度改革试点,逐步扩大覆盖面。继续抓好人口与计划生育工作,控制人口数量,提高人口质量。加强环境保护工作,全面启动"生态安徽"建设,组织实施一批重大建设项目。加快推进"数字安徽"规划的实施,着力在信息化基础设施建设方面取得新进展。

十二、加强和改善党的领导,扎实推进各项改革

28.党的领导是顺利推进改革的根本保证。各级党委要自觉适应完善社会主义市场经济体制的要求,改革和完善党的领导方式,提高领导能力和领导水平。要善于谋全局、把方向、管大事,总揽全局、协调各方,形成推进改革的合力。加强各级领导班子和干部队伍建设,把思想解放、勇于创新、实绩突出的同志选拔到各级领导岗位上来。加强基层党组织建设,抓好选派优秀年轻干部到贫困村、后进村任职工作。加强和改进国有企业党建工作,探索做好非公有制经济组织和社区党建工作的有效途径。妥善处理改革发展稳定的关系,正确把握各项改革的出台时机和推行力度,切实维护和发展人民群众的根本利益。统筹推进各项改革,促进社会主义物质文明、政治文明、精神文明协调发展。

29.坚持把党风廉政建设、反对和防止腐败贯穿于改革开放和现代化建设的全过程。按照从严治党、从严治政的要求,进一步抓好党和国家机关工作人员特别是领导干部的廉洁自律,坚决查处各种违法违纪案件,切实纠正损害群众利益的不正之风。认真落实党风廉政建设责任制,注重思想道德教育,完善监督制约机制,建立健全与社会主义市场经济体制相适应的教育、制度、监督并重的惩治和预防腐败体系。教育党员干部按照"为民、务实、清廉"的要求,坚持立党为公、执政为民,务必继续保持谦虚谨慎、不骄不躁的作风,务必继续保持艰苦奋斗的作风,牢固树立正确的政绩观,坚决抵制各种不良风气的侵蚀。

30.各地、各部门要根据《决定》精神和本《实施意见》的要求,深入调查研究,精心组织,扎实推进,努力开创改革开放和经济发展的新局面。各市、县委要进一步加强领导,找准本地的突出问题,制定切实可行的改革方案,保证各项改革措施落到实处。省直各部门要切实增强改革意识,进一步转变职能,简政放权,搞好服务,有关职能部门要认真研究制定贯彻落实本《实施意见》的实施细则,于 2004 年 3 月底前下发施行。省委、省政府将加强检查督促,及时通报各地、各部门贯彻落实情况。

全省广大党员和干部群众,要坚持以邓小平理论和"三个代表"重要思想为指导,全面贯彻十六大和十六届三中全会精神,紧密团结在以胡锦涛同志为总书记的党中央周围,开拓进取,扎实工作,为完善社会主义市场经济体制,实现加快发展、富民强省,全面建设小康社会的宏伟目标而努力奋斗!

省十届人大二次会议文件

政府工作报告

——2004年1月12日在安徽省
第十届人民代表大会第二次会议上

安徽省省长　王金山

各位代表：

现在，我代表省人民政府，向大会作政府工作报告，请予审议，并请省政协委员和其他列席人员提出意见。

一、2003年工作回顾

2003年，是我省全面建设小康社会的起步年，也是本届政府的开局年。一年来，全省各族人民在党中央、国务院和中共安徽省委的领导下，以邓小平理论和"三个代表"重要思想为指导，认真贯彻党的十六大和十六届三中全会精神，团结拼搏，开拓奋进，经受了"非典"疫情和洪涝灾害的严峻考验，较好地完成了省十届人大一次会议确定的主要目标任务，全面建设小康社会迈出了坚实的一步。

国民经济保持较快增长。预计全年实现GDP 3970亿元，比上年增长9.2%；财政收入跨上400亿元台阶，达412亿元，增长18.9%。农村经济结构进一步优化，农业产业化经营扎实推进。工业对经济增长的主导作用更加突出，规模以上工业增加值增长19.8%，实现利润增长65%，运行质量和效益明显提高。第三产业在"非典"消退后迅速恢复，房地产业快速增长，商贸、旅游、通信、交通运输、社区服务等行业稳步发展。全社会固定资产投资完成1420亿元，增长25%；银行新增贷款488.1亿元，比上年多增148.6亿元；社会消费品零售总额1331亿元，增长9.8%；进出口总额59.4亿美元，增长42.1%，其中出口30.6亿美元，增长24.9%。多年期盼的三大需求同步拉动经济增长的格局开始显现，经济自主增长能力和微观经济主体活力进一步增强。

改革开放迈出新的步伐。国有企业改革取得积极进展，企业上市融资又有新成绩，共募集资金30.9亿元。城市公用事业改革进一步深入，土地市场治理整顿工作成效明显。农村税费改革规范年活动扎实开展，农业特产税改征农业税，直接减轻农民负担1.7亿元；粮食补贴方式改革试点在全省推开，向农民直接发放补贴款6.27亿元；新型农村合作医疗制度试点启动实施。户籍制度改革继续深化，全省城镇化水平提高1.3个百分点。招商引资取得明显成效，全年实际利用外资10.9亿美元，增长47.9%；引进省外资金实际到位330亿元，增长85.6%。开发区、工业园区建设步伐加快，辐射带动能力进一步增强。

重大项目建设取得突破。加工制造业投资快速增长，马钢薄板、奇瑞二期、江淮安凯商务车、合肥昌河爱迪尔轿车、丰原80万吨玉米深加工、池州海螺水泥日产8000吨生产线等建成投产，铜陵金隆扩建二期、联合利华日用化工等一批重大项目开工建设。交通、能源建设力度加大，芜宣高速、合徐高速北段建成通车，沿江高速芜大段、阜六高速、合铜黄高速等开工建设，全省高速公路通车和在建里程双双突破1000公里，农村公路开工建设7000多公里。池州、阜阳电厂和顾桥煤矿等项目相继开工。防洪保安工程加快推进，临淮岗洪水控制工程提前一年实现截流，蒙洼蓄洪大堤、磨子潭水库、王家坝闸、蚌埠闸等加固工程开工建设，一批治淮骨干工程前期工作进展顺利，新一轮治淮工程建设全面展开。退耕还林工程稳步推进，全年共完成造林547万亩。高强度的重大项目建设，有力地拉动了经济增长，也将为我省长远发展夯实基础、积蓄后劲。

人民生活水平继续提高。城镇居民人均可支配收入6700元，增长11.1%；农民人均纯收入2140元，增长1%；城乡居民储蓄存款较年初增加428亿元。居民消费结构进一步提升，住房、教育、通信、旅游休闲、健身保健等消费比重增加。城镇人均住房建筑面积和人均公共绿地分别达到21平方米、4.65平方米，空气质量有所改善，污水和生活垃圾无害化处理率进一步提高。农村改水改厕和沼气应用步伐加快。城乡电网建设与改造取得积极进展。

各项社会事业全面发展。科技创新能力不断增强，全年获得省级以上科技成果429项、科技奖励166项，科技产业化步伐加快，国民经济和社会信息化水平明显提高。教育“两基”成果得到巩固，高中阶段升学率和高等教育毛入学率继续上升，农村中小学危房改造3年目标任务基本完成，实际改造D级危房458万平方米。卫生事业得到高度重视，投入明显增加。人口、资源、环保工作继续加强，人口自然增长率控制在6.5‰以内。精神文明建设取得新成果，文化、新闻出版、广播影视和社会科学事业进一步发展，竞技体育项目在国内外比赛中取得较好成绩。认真实施妇女、儿童发展纲要，老年人、残疾人权益得到较好保障。民族、宗教、外事、侨务、对台工作得到加强。民主法制建设稳步推进，全民法律意识进一步增强。国防动员和双拥工作深入开展，军政、军民关系更加密切。

过去的一年极不平凡，突发事件多，自然灾害重，改革发展稳定任务艰巨。我们按照“开好局、起好步”的总体要求，统筹兼顾，突出重点，趋利避害，积极应对，坚持两手抓，力夺双胜利，着力做好6个方面的工作。

第一，精心部署，大力推进全面小康建设起步阶段重点工作。为认真落实省十届人大一次会议精神，在深入调研、反复论证的基础上，我们进一步提出把8大产业基地和6大基础工程建设，作为全面建设小康社会起步阶段的重点任务，明确了当年和5年工作重点，分解落实到相关部门和责任人，并采取专题研究的办法逐步展开。编制实施“生态安徽”、“信用安徽”、“数字安徽”等一批重点工作规划和方案，使我省成为全国7个生态省建设试点和5个信用建设示范省市之一。规划和启动了一批重大基础设施和产业基地建设项目，特别是抓住国家加大治淮力度的机遇，乘势而上，全力推进，原定2010年完成的治淮任务，有望在本届政府任期内完成。

第二，众志成城，全力打好“非典”防控人民战争。面对突如其来的“非典”疫情，各级政府坚持把人民群众的身体健康和生命安全放在第一位，依靠群众、依靠科学、依靠法制，及时提出“防范得严、发现得早、控制得住、处置得好”的总体要求，确立“狠抓城市防治，高度关注农村”的工作方针，迅速建立起统一高效的组织指挥体系、覆盖城乡的疫情监测报告体系、反应快速的疫病救治处理体系，确保了“患者不漏治，疑者不漏查”。经过艰苦努力，全省10例输入性临床确诊病例全部治愈出院，23例疑似病例先后被排除，实现无二代感染、无死亡病例、无医护人员感染的目标，取得了“非典”防治阶段性重大胜利，保护了人民群众的身体健康，得到了国务院督察组和世界卫生组织专家组的充分肯定。为严防疫情反弹，我们及时把防治工作从应急状态转入常态管理，制定“非典”应急处理预案，进一步加强公共卫生体系建设，同时抓紧建立健全各种预警和应急机制，努力提高政府应对突发事件和战胜各种风险的能力。

第三，团结拼搏，奋力夺取抗洪救灾重大胜利。2003年淮河流域发生了1954年以来的最大洪水，滁河、西河也出现了超过1991年的大洪水。我们坚持生命至上、人民至上、安全至上，采取综合措施，适时启用12个行蓄洪区，广大军民齐心协力，连续战胜3次洪峰，安全转移116万受灾群众，做到了科学防控、紧张有序，实现了“五个确保”。我们立足自力更生，充分调动各方面力量，全力抓好防疫防病、排涝抢种、灾区建房、校舍修复、水毁设施建设、受灾群众救济、行蓄洪区补偿等生产救灾各项工作。省政府加强调度和督察，制定工作方案，明确进度要求，组织对口支援，严明救灾纪律，确保了各项工作扎实开展。在党中央、国务院的亲切关怀和社会各界的大力支持下，通过全省上下的顽强拼搏，9月初受灾地区中小学全部按时开学；10至11月陆续完成堵口复堤和排涝抢种任务，全部撤出在帐篷、庵棚中临时安置的受灾群众和中小学生，使倒房“五保户”有了新住所，向需要借粮的群众发放了借粮证；元旦前17.1万户住房全倒户建成新房，实现了有吃、有住、有医、有序、无大疫的目标，打了一场生产救灾的志气仗。

第四，强化措施，努力保持经济发展良好势头。2003年我省经济工作开局良好，一季度GDP实现两位数增长，但接踵而至的“非典”疫情和洪涝灾害，对经济发展造成严重冲击。面对严峻形势，我们紧紧抓住发展这个第一要务，调整部署，以变应变，全力保持经济快速发展势头。适时研究出台了“非典”期间抓好经济工作的具体意见，支持企业扩大适销对路产品的生产，采取减免税费等措施扶持受冲击较大的行业和企业，有效减轻了“非典”对经济增长的负面影响。针对农业因灾减产的不利局面，及时组织以养补种、以秋补夏、以工补农、以城补乡，积极扩大劳务输出，努力把灾害损失降到最低程度。与此同时，毫不放松地抓改革、抓开放、抓投入、抓优化环境，充分发挥优势行业和骨干企业的带动作用，大力促进民营经济发展，成功组织了沪苏招商、日韩招商、第三届高新技术项目——资本对接会、徽商大会、第四届上海农展会等重大招商活动,着力培育新的经济增长点。由于采取了一系列积极措施,大灾之年全省经济仍然保持了较快增长。

第五,关注民生,着力解决关系群众利益的实际问题。各级政府坚持把就业再就业摆在突出位置,落实再就业政策,强化就业服务,加大资金投入,改善就业和创业环境,实现全年新增就业岗位35万个、下岗失业人员再就业25万人的目标,城镇登记失业率控制在4.5%以内。继续扩大社会保险覆盖面,努力做到"两个确保",积极做好"三条保障线"的衔接,使城镇困难群体基本生活得到了保障。加大省对市、县财政转移支付力度,安排资金近100亿元,保证了机关事业单位人员和中小学教师工资正常发放。继续实施沿淮行蓄洪区、深山区、库区和老区扶贫攻坚,江淮分水岭地区综合治理取得新进展,农村饮水解困工程基本完成,176万农村人口饮水困难得到解决。认真吸取"5·13"矿难和假劣中药材案件的深刻教训,强化安全生产责任制,积极实施食品药品放心工程,扎实开展煤矿、交通、毒鼠强等专项整治,安全生产形势趋于稳定,市场经济秩序进一步好转。认真做好信访和人民调解工作,妥善处理人民内部矛盾。坚持打防结合、预防为主,加强社会治安综合治理,为期两年的"严打"整治斗争达到了预期效果,维护了社会稳定。

第六,从严治政,致力抓好政府自身建设。按照"廉洁、勤政、务实、高效"的要求,着力建设服务政府、效率政府、法治政府和信用政府。深化行政管理体制改革,又取消了一批省级行政审批事项,向市、县下放了一批管理权限。推广服务承诺制和限时办结制,省、市、县三级行政服务中心网络基本形成。坚持依法行政,制定省政府工作规则,实施规范性文件前置审查制度,推进相对集中行政处罚权工作。加强政务督察,强化目标管理,建立重点工作责任制和责任追究制,有效推动了工作落实。自觉接受人大依法监督、政协民主监督,办理人大代表议案4件、建议335件和政协委员提案553件。继续开展政风评议,扩大政务公开,完善政府新闻发布制度,广泛接受社会监督。村民自治组织和城市社区建设得到加强。注重从源头上预防和治理腐败,切实纠正部门和行业不正之风,严厉查处了一批大案要案。按照新形势、新任务的要求,进一步加强了公务员队伍建设。

2003年,在出现诸多不利因素的情况下,我们战胜了各种艰难险阻,保持了经济的较快增长,各项工作取得了新的进展,特别是在抗击"非典"和抗洪救灾战斗中,我们经受了洗礼,积累了经验,锻炼了干部,凝聚了人心,进一步增强了加快发展的信心和力量。回顾一年来的工作,倍感成绩来之不易。这是党中央、国务院和中共安徽省委正确领导的结果,是全省干部群众齐心协力、迎难而上、奋力拼搏的结果。在此,我谨代表省人民政府,向全省各族人民,向广大工人、农民、知识分子、干部、驻皖解放军指战员、武警官兵和政法干警,向各民主党派、各人民团体和其他各界人士,特别是向曾经英勇奋战在抗击"非典"和抗洪抢险第一线的同志们,致以崇高的敬意!向支持安徽建设与发展的中央各部门和兄弟省市区,向关心与支持我省现代化建设的香港和澳门特别行政区同胞、台湾同胞、广大侨胞以及海内外友好人士,表示衷心的感谢!

在肯定成绩的同时,我们也清醒地看到,我省经济社会生活中还存在不少矛盾和问题,主要是:经济持续快速增长的基础不够稳固,发展速度还不够快;城乡居民收入水平较低,特别是农民收入增幅因灾减缓,个别地方农民负担还有反弹现象,就业和再就业形势依然严峻;制约经济发展的体制性障碍比较突出,国有企业改革任务仍然很重,非公有制经济比重偏低,相当多的中小企业生产经营困难;对外开放水平不高,经济发展环境有待进一步改善;县域经济活力不足,县乡财政普遍困难;公共事业欠账较多,经济社会协调发展任务繁重;政府职能转变滞后,作风建设有待进一步加强,一些地方和单位官僚主义、形式主义严重存在。对此,我们必须采取有效措施,切实加以解决。

二、2004年主要任务

2004年是我省全面建设小康社会起步阶段至关重要的一年,也是经历"非典"疫情和特大洪涝灾害之后必须更快发展的一年。当前,我国经济已进入新一轮周期的上升阶段,国际国内产业结构调整步伐加快,社会主义市场经济体制加速完善,我省区位、资源、产业等比较优势进一步显现,加快发展面临难得的机遇。抓住机遇,我省经济就能跃上一个新的台阶;错失良机,在日趋激烈的区域竞争中,与全国发展水平的差距就会进一步拉大。我们必须牢牢把握战略机遇期,切实增强发展紧迫感,振奋精神,坚定信心,奋发图强,扎实工作,努力实现经济和社会更快更好的发展。

2004年我省经济社会发展的总体要求是:以邓小平理论和"三个代表"重要思想为指导,全面贯彻十六大、十六届三中全会、中央经济工作会议和省委七届五次全会精神,坚持以人为本,树立全面、协调、可持续的发展观,围绕全面建设小康社会起步阶段的重点任务,进一步解放思想,求真务实,增强发展意识,抢抓发展机遇,加大改革力度,加快开放步伐,以工业化为核心,以结构调整为主线,巩固农业基础地位,强化产业基地建设,大力发展社会事业,努力改善人民生活,促进社会主义物质文明、政治文明和精神文明的协调发展。在2003年已经起步的基础上,全面实施“861”行动计划,即推进8大产业基地和6大基础工程建设,实现2007年人均GDP达到1000美元以上的目标。全年的主要预期目标是:GDP增长9.5%以上,财政收入同步增长,新增城镇就业岗位40万个,城镇登记失业率控制在4.5%以内,城镇居民人均可支配收入增长8%,农民人均纯收入增长5%,人口自然增长率控制在7‰以内。

为此,2004年重点抓好以下几个方面的工作:

(一)围绕农民增收,做好新形势下的“三农”工作

统筹城乡经济社会发展,把解决好“三农”问题摆到重中之重的位置,加快农村经济结构调整,拓展农民增收空间,确保我省农业和农村经济在灾后恢复中实现新的发展。

1.以农产品加工业为重点,加快优质安全农产品生产、加工、供应基地建设。组织实施优势农产品区域布局规划,重点建设21个优势区域。适应当前农产品市场出现的新变化,优化品种结构,提高粮食单产,推进大型商品粮基地建设,实施优质专用粮食产业化工程,保护粮食综合生产能力。加强农业综合开发,发展高效经济作物、园艺作物和地方特色作物。加快发展养殖业,抓好动物疫病防治工作。围绕10大主导产业,按照“一个主导产业、一个行业协会、一批龙头企业、一批生产基地”的发展思路,大力推进农业产业化经营。抓住品种、品质、品牌等关键环节,加快农产品质量标准体系、检验检测体系建设,加强农产品质量安全认证,大力推行农业标准化。积极拓展农产品市场,主攻以上海为重点的长三角市场,开拓珠三角和北京等市场,扩大优势农产品出口。继续办好各类农产品展示展销和推介活动,实施皖优农产品进超市工程,搞活农产品流通。

2.把劳务输出作为一个大产业来抓,加速农业富余劳动力有序转移。采取“政府资助、社会培训”的办法,开展农村务工人员的职业技能培训。建立和完善农村劳务信息网络,大力发展劳务中介组织。逐步统一城乡劳动力市场,改善农村劳动力进城就业环境,维护他们的合法权益,妥善解决其子女教育、社会保障等问题。大力发展农村二、三产业,继续推进乡镇企业改革和调整,促进农民就地转移、增加收入。鼓励外出务工人员返乡创业。通过采取多种措施,力争全年新增劳务输出40万人。

3.落实党在农村的各项政策,进一步深化农村改革。完善农村土地经营制度,健全土地承包权流转机制。实行最严格的耕地保护制度,切实保护基本农田,完善土地征用补偿办法,建立失地农民保障制度。深化农村税费改革,取消农业税附加,进一步减轻农民负担。

4.继续推进粮食流通体制改革,完善粮食补贴方式改革政策。加快农业社会化服务体系建设,推动农业科技和推广体系创新,积极发展农村专业合作组织和农产品行业协会。整合政府支农资金,多渠道增加对农业和农村的投入。加强农村水、电、路、通信等基础设施建设,推进城乡居民用电同网同价。2004年新增教育、卫生、文化等公共事业支出主要用于农村。

(二)打造产业基地,加速产业结构优化升级

坚持走新型工业化道路,牢牢把握经济结构战略性调整这条主线,以大企业、大项目建设为核心,促进产业集聚,提升产业层次,加快形成以基础产业和制造业为支撑、高新技术产业和服务业加速发展的格局。

1.全力推进产业基地建设。把握我国消费结构加速升级、重化工业加速发展、产业梯度转移加速推进的新形势,加强重点产业发展的战略研究,深化产业基地建设的规划和实施方案。制造业要重点推进汽车、工程机械、家电3大优势产业的发展,把装备制造业摆在突出位置,抓住技术引进和开发、产业延伸和配套等关键环节,提高产业集中度和竞争力。能源产业要抓住国家加大电源和电网建设的机遇,加快实施“皖电东送”工程,建设大型现代化煤矿,发展坑口和负荷中心电厂,推进煤电一体化。原材料产业重点发展板带钢材、铜材深加工、新型干法水泥、化学建材等优质金属和非金属材料,加快淘汰落后生产工艺,解决好资源接续问题,实现规模化、集约化发展。化工产业突出发展石油化工、煤化工、精细化工和橡塑加工业,加大技术改造和污染治理力度,走符合环保要求的可持续发展道路。高新技术产业重点发展电子信息、生物医药、新材料等产业,加强企业孵化器、风险投资体系和其他服务平台建设,抓好

重点高新技术开发区的“二次创业”。围绕重点产业基地建设,2004年要力促奇瑞新型轿车及发动机、江汽重卡、铜陵海螺水泥三期等项目建成投产,开工建设合肥叉车工业园、安庆石化化肥原料“油改煤”、淮化集团老系统改造、宿州丰原60万吨小麦综合加工、丁集煤矿等一批重点项目,推进马钢新建500万吨钢、安庆50万吨林纸一体化等项目前期工作。围绕做强做大主导产业和骨干企业,大力发展配套经济,推动大企业实行产品和技术扩散,加快延伸产业链条。实施“小巨人”战略,培育形成一批“专、精、特、新”的中小企业。着力建设一批特色工业园区,推动相关产业和企业的集群化发展。

2.加快发展现代化服务业。认真组织实施全省旅游总体规划,按照抓“两山一湖”、带全省旅游的思路,进一步加强旅游目的地建设和旅游产品开发,注重挖掘文化旅游资源,推进旅游资源经营权转让,努力提高营销水平,加快与长三角旅游网络对接,促进我省旅游业更快发展。整合现有文化资源,鼓励社会力量参与,尽快做强做大文化产业。全面放开住房二级市场,规范发展物业管理。继续抓好商贸流通、交通运输等传统服务业,大力发展电子商务、连锁经营、物流配送等新型流通方式,建设区域性现代物流中心。积极发展会计、律师、咨询、经纪等各类中介服务组织。

(三)扩大对外开放,提高招商引资水平

继续坚持大开放主战略,充分利用国际国内两个市场、两种资源,把我省对外开放提升到新的层次。

1.坚定不移地把招商引资作为经济工作的重中之重。重点抓好面向国内外大企业特别是跨国公司的招商引资,力争2004年实际利用外资和省外资金分别增长15%和30%以上。发挥企业主体作用,加快推进大企业、大项目利用外资步伐,抓紧出台省属国有大企业利用外资暂行办法,促进国有企业全面开展对外合资合作。把握国家实施内地与香港建立更紧密经贸关系的机遇,进一步拓展皖港经贸合作渠道。加强与长三角的融合,重点在基础设施、产业发展、市场体系、城市合作等方面主动实施对接,建立长期稳定的对话合作机制。

2.加强与珠三角等重点地区的经济技术合作,集中力量组织好皖粤经济技术合作等一批重大招商活动。进一步优化招商引资结构,提高招商引资质量,引进一批有利于推进产业结构升级的加工制造业项目,扩大服务业、基础设施、现代农业等领域的对外开放。创新招商引资方式,大力推进以外引外、以侨引外、产业链招商、代理招商、网上招商和小分队驻地招商,鼓励引导民营企业利用外资,继续做好利用国外优惠贷款工作。强化招商引资工作推进机制,建立重大引资项目工作协调机制,完善招商引资目标考核、奖励、跟踪落实办法,制定鼓励企业招商引资的政策,建设一支精干高效的招商队伍。

3.继续加强开发区和工业园区建设,使之成为招商引资最有效的载体。抓住投资者反映强烈的突出问题,标本兼治,重点突破,进一步营造有利于投资创业的良好环境。针对入世过渡期即将结束的新形势,抓紧做好各项应对工作。

4.努力扩大对外贸易和经济技术合作。深度开发传统市场,积极拓展新市场,力争进出口总额增长10%以上。进一步优化出口商品结构,增加机电产品和高新技术产品出口份额。完善出口促进政策,深化外贸企业改革,加快进出口经营权扩散,促进外贸出口从收购制向代理制转变,抓好骨干企业和生产型企业出口,加快芜湖出口加工区建设。积极引导企业开展急需的重要技术、重大装备和关键部件的进口工作。继续抓好对外经济技术交流和劳务合作,推动有条件的企业“走出去”,参与国际市场竞争。

(四)加快体制创新,增强经济发展内在活力

认真落实省委《贯彻〈中共中央关于完善社会主义市场经济体制若干问题的决定〉的实施意见》,按照统筹兼顾、协调推进、突出重点、务求实效的原则,进一步加大改革力度,为经济社会发展提供强有力的体制保证。

1.加快产权制度改革,逐步建立归属清晰、权责明确、保护严格、流转顺畅的现代产权制度。通过增资扩股、股权转让等多种形式,大力推进国有企业产权多元化,发展混合所有制经济,省属大企业要率先突破。加快推进国有大中型企业主辅分离、辅业改制和分离企业办社会职能工作。继续完善法人治理结构,深化劳动用工、人事和收入分配制度改革。以国有产权和职工身份“双置换”为主要内容,年内基本完成工业、商业、物资、建设等行业的国有中小企业改制。以明晰产权为重点,深化集体企业改革。完成国有资产管理机构改革,初步建立全省国有资产管理新体制。研究制定国有资产收益分配政策,建立健全国有资产经营考核体系,全面推行经营者年薪制。年底前基本完成省级党政机关与直接管理企业及经济实体的脱钩工作。坚持一切从实际出发,因地制宜,把改革的力度、发展的速度和社会可承受的程度

统一起来,及时化解各种矛盾,确保改革有序进行。改革要坚持公开、公平、公正的原则,规范操作,保护职工合法权益,防止国有资产流失。

2.创造平等竞争环境,促进非公有制经济大发展、大提高。进一步清理和修订限制性的法规、政策,确保非公有制企业在投融资、税收、土地使用、人才招聘和对外贸易等方面,与其他企业享受同等待遇。放宽市场准入,制定投资指导目录,允许非公有资本进入法律法规未禁入的基础设施、公用事业和其他行业与领域。改进对非公有制企业的服务和监管,建立健全面向中小企业的服务体系,为非公有制企业及时提供资金、技术、信息和法律等方面的服务,积极扶持科技型、外向型、吸纳下岗人员就业型、农产品加工型企业的发展。鼓励有实力的非公有制企业参与国有集体企业改组改制,努力形成一批成长性好、带动力强的大企业,造就一支高素质的民营企业家队伍。从2004年开始,把发展民营经济纳入政府考核指标体系,推进工作落实。

3.完善市场体系,推进"信用安徽"建设。大力发展区域性消费品和生产资料市场,抓好一批大中型农副产品批发交易市场建设。着力建设和规范土地、技术、劳动力、产权等要素市场。大力发展各类市场中介组织。深入开展整顿和规范市场经济秩序工作,进一步净化市场环境。在抓好政府信用建设的同时,大力实施"十万企业信用工程",加快同业征信体系和联合征信制度建设,加大信用监督和失信惩戒力度,积极推进合肥、芜湖两市信用建设试点。

4.深化公共财政改革,加快发展地方金融。健全公共财政体制,完善预算决策制度和国库管理制度。完善所得税收入分享改革,理顺省以下财政分配关系,加大对县乡财政的转移支付,实行省直管县的财政体制,全面推行乡财县管。坚持依法治税,强化税收征管。优化财政支出结构,加大对公益性、基础性领域的投入。改革财政扶持资金的使用方式,推进部分财政资金使用招标和绩效评价工作,提高资金使用效率。重视金融在经济发展中的重要作用,进一步改善银企关系,加快中小企业信用担保体系建设。争取更多的全国性股份制商业银行在皖设立分支机构,加快引进外资金融机构步伐。推进地方金融体系建设,引进社会资本改造地方金融机构的股权结构,做好农村信用社改革试点工作,鼓励有条件的地方组建农村合作银行。

(五)继续扩大投资,强化经济增长基础

加大投资力度,调整投资结构,提高投资效益,力争全年全社会固定资产投资增长20%以上,充分发挥投资对经济增长的拉动作用。

1.进一步拓宽投资渠道。根据国债资金投向的变化,研究提出一批针对性强的项目,早作规划,多拿项目,确保我省在国债资金中的份额。抓住当前民间投资、企业投资高涨的势头,因势利导,进一步改革投资审批制度,放宽投资领域,促进各类社会投资更快增长。鼓励企业多渠道融资,支持企业发行债券、在境内外上市,继续保持新股发行数量位居全国前列的水平。

2.加快重点项目和重大工程建设步伐。在抓好一批重点产业项目的同时,积极推进基础设施建设。加大以治淮为重点的防洪保安工程建设力度,加快临淮岗洪水控制工程和淮河干流整治工程进度,全面完成汾泉河治理,开工建设白莲崖水库、涡河和沙颍河治理等工程。继续实施水库除险加固工程,全力做好行蓄洪区移民迁建工作,积极开展"引江济淮"工程前期工作。加速推进快速交通网建设,重点打通面向长三角的快速通道,建成蚌埠－蒙城、黄山－杭州等高速公路和安庆长江大桥,完成合宁高速公路改造,实施合巢芜高速公路改造工程,开工建设合肥－六安－叶集、合肥－淮南－阜阳等一批高速公路和合宁铁路、铜九铁路,基本完成沿淮灾区公路修复和5000公里农村公路改建任务。推进"数字安徽"规划的实施,在电子政务、电子商务、企业信息化、农村信息化等领域实现新突破。同时在信息交换平台、宽带接入网络、数字电视开播等信息化基础设施建设方面取得新进展。

3.切实加强项目库建设和项目管理。围绕全面建设小康社会起步阶段的任务,结合制定"十一五"规划,研究提出一批事关全局和长远发展的重大项目,不断推进前期工作进度,形成动态管理、梯次推进的项目库。强化重大项目审计,全面实行项目法人责任制、招标投标制、工程监理制和合同管理制。建立工程质量终身负责制和责任追究制,确保工程质量。

(六)加强分类指导,推动区域经济协调发展

着眼于发挥比较优势,加强区域发展研究和城乡规划管理,调动各地加快发展的积极性,鼓励有条件的地区率先突破,促进省内区域性经济合作,努力在全省形成一个各具特色、优势互补、各展其长、竞相发展的生动格局。

1.增强城市集聚和带动功能,培育区域增长极。加快合肥现代化大城市建设,着力提高省会城市首

位度,2004年重点规划建设科学城,打造科教特色品牌。加快皖江开发开放,推动芜湖、马鞍山、铜陵现代化城市群和沿江产业密集带建设,促进沿江城市率先融入长三角经济圈。加快皖北地区经济发展,支持两淮煤电基地建设,推进中药产业现代化。加快皖西等地区资源开发,提升工业化水平。加快"两山一湖"开发开放步伐,推动皖南地区旅游经济加速发展。加快发展区域性中心城市,进一步增强城市辐射带动作用。

2.大力发展县域经济,建设一批经济强县。推进县域经济综合改革,分期分批赋予县(市)以省辖市的的经济管理权限。继续运用贷款贴息方式,支持县区工业园区建设。开展建设经济强县试点,加大对扶贫开发重点县的扶持力度。继续抓好县城和中心镇建设,坚持走以产业兴城镇、以城镇促产业发展的路子。改革户籍管理制度,在有条件的市、县统一城乡户籍。与此同时,加快区街经济发展,适度扩大城区管理权限,充分发挥城区发展经济的积极性。

(七)坚持以人为本,改善人民群众生活

坚持立党为公、执政为民,从群众最关心、最现实的问题入手,努力实现好、维护好、发展好人民群众的根本利益。

1.千方百计促进就业再就业。认真落实促进就业再就业的各项政策,进一步解决手续繁杂、操作性不强的问题,保证税费减免、小额担保贷款等扶持政策落实到位。统筹经济发展和增加就业,促进个体私营经济、劳动密集型产业和中小企业吸纳就业,发展社区服务业,不断增加就业容量。完善就业服务体系,加强技能培训、职业介绍、就业指导等相结合的综合服务,提高择业者就业和创业能力。加大再就业援助力度,大力开发公益性岗位,帮助困难群体实现再就业。统筹做好大中专毕业生、复转军人和城市新增劳动力就业工作。规范企业用工行为,保障劳动者合法权益。

2.进一步完善社会保障体系。继续扩大企业职工基本养老保险制度覆盖面,加大省级调剂金的调剂力度,加快推进企业基本养老保险市级统筹。健全失业保险制度,实现国有企业下岗职工基本生活保障向失业保险并轨,着力抓好事业单位和个体私营企业参保工作。继续完善城镇职工基本医疗保险制度改革,建立健全社会医疗救助和多层次的医疗保障体系。完善城市居民最低生活保障制度,努力做到动态管理下的应保尽保。强化社会保险基金征缴和管理,确保基金安全。逐步实现全省企业退休人员社会化管理。积极发展企业补充养老和医疗保险。建立和完善城乡特困群体救助制度。

3.努力提高城乡居民生活水平和质量。通过发展经济和政策调控,千方百计增加居民收入。调整企业劳动者最低工资标准,依法查处拖欠农民工工资行为。继续实施食品药品放心工程,严厉打击各种危害人民群众身体健康和生命安全的不法行为。各级政府都要多办实事,着力解决好群众衣、食、住、行、医等方面的突出问题,使广大人民群众从改革发展中获得更多的实惠。

4.继续扎实抓好生产救灾和扶贫开发工作。妥善安排好春荒期间灾区群众生产生活,按期完成灾区移民迁建和校舍恢复重建任务,汛前完成水毁基础设施修复,确保灾区在恢复中有新的发展。加大深山区、库区和老区扶贫开发力度,完善工作机制,做好因灾、因病、因残致贫人口的扶贫工作。继续实施综合治理,尽快改变江淮分水岭地区落后面貌。

(八)强化统筹意识,促进社会全面进步

统筹经济社会协调发展,大力发展各项社会事业,不断满足人民群众日益增长的物质、文化和健康需求。

1.实施人才强省战略。牢固树立"人才资源是第一资源"的观念,以品德、知识、能力、业绩作为衡量人才的主要标准,不唯学历、不唯职称、不唯资历、不唯身份,不拘一格选人才,不断改善和优化人才环境。加强人才资源能力建设,造就规模宏大、结构合理、素质较高的人才队伍,尤其是要加快企业家队伍建设和熟练技术工人的培养。面向海内外大力引进急需的高层次经营管理和专业技术人才,通过培训、交流、挂职锻炼等多种方式,加大现有人才培养力度。对各类人才一视同仁地提供政策、公共资源运用、权益保护、表彰奖励等服务,使他们创业有机会、干事有舞台、发展有空间,最大限度地发挥作用。

2.继续推进科教兴皖。深化科技体制改革,加快区域创新体系建设。健全风险投资机制和科技创新激励机制,促进产学研结合,加速科技成果转化。搞好服务,优化环境,进一步发挥中央驻皖科研院所和高校在地方经济发展中的作用。强化素质教育,完善农村义务教育以县为主的管理体制,继续实施中小学危房改造工程。大力发展高中阶段教育和幼儿教育。继续推进省部院共建中国科学技术大学、省部共建合肥工业大学,实施安徽大学"211"二期工程,在继续扩大高校招生规模的同时,注重提高教育质量。积极发展职业教育,重点建设一批示范性中高等职业学校。积极支持民办教育加快发展,扩大教育对外合作与交流。严禁教育乱收费,健全资助贫困学生的制度。

3.全面发展各项社会事业。强化政府公共卫生管理职能,年内基本完成省、市、县三级疫病信息网络体系和疾病预防控制体系建设任务。同时加快建立突发公共卫生事件医疗救治体系,健全卫生执法监督体系。加强重大疾病预防控制,继续全面落实"非典"防治各项措施。推进医疗卫生体制改革,大力发展社区卫生服务,抓紧开展以大病统筹为重点的新型农村合作医疗制度试点工作。深入开展精神文明创建活动,加强公民道德建设和诚信教育,倡导健康文明的生活方式。深化文化体制改革,办好第七届省艺术节,加强农村文化工作。进一步繁荣新闻出版、广播影视等事业,积极推进省博物馆等重点文化设施建设,组建出版和广电两大集团。广泛开展全民健身运动,实施"全运争金、奥运争光"竞技体育发展战略。积极支持工会、共青团、妇联等群众团体依照法律和各自章程开展工作。关心老年人、残疾人等事业。继续做好邮政、气象、地震、档案、文物、地方志等工作。推进民族、宗教、外事、侨务和对台工作。重视哲学社会科学发展。注重发挥参事室、咨询委的作用。认真开展第一次全国经济普查工作。增强全民国防观念,加强国防动员、民兵预备役和人防建设,进一步做好双拥工作。

4.坚持走可持续发展之路。认真实施生态省建设总体规划纲要,扎实推进森林生态网络和生态环境重大项目建设,强化环境保护和污染防治尤其是重点流域和区域的治理工作,促进经济增长方式转变和环境质量改善。依法保护与合理开发水、土地、森林、矿产等自然资源,发展循环经济,促进资源节约和综合利用。稳定低生育水平,提高出生人口素质,加强依法管理和综合治理,重点抓好农村和流动人口的计划生育工作,降低出生人口性别比。

5.努力维护社会稳定。加强社会治安防控体系建设,继续抓好基层安全创建工作,依法严厉打击各种犯罪活动,不断扫除各种丑恶现象,创造更加稳定和谐的社会环境。强化安全生产监管机制,深入开展交通、煤矿安全等专项整治,切实防止重特大事故发生。正确处理人民内部矛盾,拓宽解决各种矛盾纠纷的渠道,更好地发挥信访工作的作用,加强人民调解工作,妥善处置群体性事件,维护好人民群众的合法权益。

三、加强政府自身建设

加快完善社会主义市场经济体制,对政府自身建设提出了新的要求。我们要致力加快政府职能转变,大力推进管理创新,降低行政成本,提高行政效能,努力形成行为规范、运转协调、公正透明、廉洁高效的行政管理体制。

(一)进一步推进政府职能转变

按照建设服务型政府的要求,继续推进政企分开、政事分开,切实把政府经济管理职能转到主要为市场主体服务和创造良好发展环境上来。在履行好政府宏观经济调节和市场监管职能的同时,强化社会管理和公共服务职能,推进公共服务体系建设,扩大公共产品供给,提高应对突发性事件的能力,着力解决政府职能"缺位"问题。更大程度地发挥市场在资源配置中的基础性作用,改变政府在微观经济活动中干预过多的现象,着力解决政府职能"越位"问题。积极推进事业单位机构和人事制度改革,大力发展规范性的行业协会和社会中介组织,努力克服政府部门既当运动员又当裁判员的现象,着力解决政府职能"错位"问题。认真抓好省政府职能机构调整,理顺部门分工,防止和纠正部门本位主义和地方保护主义。

(二)进一步提升依法行政水平

认真贯彻实施《行政许可法》,抓好学习、宣传和培训工作,对行政审批项目、行政许可规定和实施机关进行全面清理。切实加强政府法制工作,依法规范政府行为。改革行政执法体制,提高行政执法人员素质,进一步推进相对集中行政处罚权工作,开展综合执法试点。继续推行行政执法责任制和执法过错责任追究制,加强行政执法监督和行政复议工作。各级政府要自觉接受人大监督,积极支持人民政协履行政治协商、民主监督、参政议政的职能,认真办理人大代表议案、建议和政协委员提案,主动听取各民主党派、工商联、无党派人士及各人民团体的意见和建议,欢迎和支持人民群众、新闻媒体对政府工作进行监督。继续加强政风建设,深入开展政风评议活动。建立和完善重大问题集体决策制度、专家咨询制度、社会公示和社会听证制度,以及决策责任制度,促进决策科学化、民主化、规范化。扩大和规范政务公开,完善政府新闻发布制度,增强政府工作透明度和社会公众参与度。

(三)进一步提高机关工作效率

加快电子政务建设步伐,实现省市政府系统互联互通,积极推行网上办公。加强各级政务服务中心建设,除法律法规有明确规定外,所有行政审批事项一律进入中心办理,做到一门受理、一口收费、并联审批、限时办结。进一步改进政府工作流程,坚持办文办事限时制,简化办事程序,切实减少会议、文件和不必要的检查、评比活动。建立健全工作责任制和责任追究制,强化目标管理考核,加大行政督查力度,形成用制度规范行政行为、推进工作落实的长效机制。政府各部门要加强协作,密切配合,杜绝推诿扯皮、敷衍塞责现象,确保政令畅通。

(四)进一步加强勤政廉政建设

按照为民、务实、清廉的要求,强化宗旨意识和服务观念,坚持真抓实干、求真务实、深入基层、深入群众,真心实意为群众办实事、做好事、解难事,坚持维护群众的利益高于一切,关心群众的疾苦重于一切,解决群众的困难先于一切。树立正确的政绩观,切实转变工作作风,提倡办事严谨、雷厉风行,力戒空谈,力戒浮躁,坚决克服官僚主义和形式主义,重实际、鼓实劲、求实效,不提脱离实际的高指标,不喊哗众取宠的空口号,不搞劳民伤财的假政绩。牢记"两个务必",弘扬艰苦奋斗精神,大兴勤俭节约之风。全面落实党风廉政建设责任制,突出抓好各级干部特别是领导干部的廉洁自律,坚决查处违纪违法案件,重点纠正部门和行业不正之风。完善规章制度,加强行政监察和审计监督,建立健全教育、制度、监督并重的惩治和预防腐败工作体系。

(五)进一步保持良好精神状态

各级政府及其工作人员要大力弘扬在抗击"非典"和抗洪救灾中凝聚起来的精神,增强加快发展的紧迫感,保持干事创业的精气神。坚持解放思想、实事求是、与时俱进,注意把握新趋势,善于总结新经验,学在新处,谋在深处,干在实处,以创新的思维谋划工作,用发展的办法解决问题。既要正视我们的困难,立足实际找差距,更要认清我们的优势,敢与强者争高低;多一点朝气、志气,少一点暮气、怨气,心往一处想、劲朝一处使,在全省上下努力形成争先进位、奋发向上的生动局面,营造聚精会神搞建设、一心一意谋发展的良好氛围。

各位代表!全面建设小康社会需要我们奋力开拓,完成2004年目标任务需要我们共同拼搏。让我们紧密团结在以胡锦涛同志为总书记的党中央周围,以邓小平理论和"三个代表"重要思想为指导,深入贯彻党的十六大、十六届三中全会和中央经济工作会议精神,在中共安徽省委的领导下,依靠和带领全省广大人民,同心同德,脚踏实地,锐意进取,为加快发展、富民强省、全面建设小康社会作出新的更大的贡献!

(选自2004年1月20日《安徽日报》)

关于安徽省2003年国民经济和社会发展计划执行情况与2004年计划草案的报告(摘要)

——2004年1月12日在安徽省第十届人民代表大会第二次会议上

安徽省发展和改革委员会主任 朱先发

过去的一年,我省先后遭受了突如其来的"非典"疫情和特大洪涝灾害,经济和社会发展遇到了超乎预料的困难。面对严峻形势,在省委、省政府的坚强领导下,全省人民众志成城,团结拼搏,把灾害损失降到最低程度,保持了国民经济和社会发展的良好势头。预计全年GDP增长9.2%,是1998年以来的最高增幅;完成财政收入412亿元,增长18.9%。省十届人大一次会议确定的主要预期目标基本实现。

2004年国民经济和社会发展的主要预期目标是:GDP增长9.5%以上,财政收入增长10%,居民消费价格总水平上涨2%左右,新增城镇就业岗位40万个,城镇登记失业率控制在4.5%以内,城镇居民人均可支配收入增长8%,农民人均纯收入增长5%,人口自然增长率控制在7‰以内。实现上述目标,十分重要的是组织实施"861"行动计划。作为全面建设小康社会起步阶段的一项重要战略举措,"861"行动计划的实质是,以工业化为核心,以经济结构调整为主线,围绕八大产业基地和六大基础工程建设,加快实施具有较强牵动力、总规模上万亿元的数百个重大项目,为经济和社会发展提供强有力的支撑,确保2007年人均GDP达到1000美元。

(一)以农民增收为核心,促进农业和农村经济全面发展

加大治淮力度,在尽快完成灾后重建任务的同时,加快临淮岗洪水控制工程、淮干整治等续建项目建设进度,开工建设白莲崖水库,涡河、沙颍河治理等重大项目。继续加强农村水利、道路、卫生、教育、电网、人畜饮水和通信等基础设施建设,改善农村基本生产生活条件。切实保护粮食综合生产能力。坚

持以高效经济作物、蔬菜园艺和畜牧业为重点，推进农产品区域布局的优化。坚持以工业化为核心，以招商引资和发展民营经济为动力，着手建设一批经济强县，促进县域经济加快发展。加快农村富余劳动力跨地区就业服务体系建设，力争全年新增劳务输出40万人。

(二)加快重点产业基地建设，推进新型工业化进程

抓住消费结构升级和重化工业加快发展的机遇，着力将加工制造业提升到一个新水平。积极推动汽车产业提高研发能力和技术创新能力，发展零部件产业；在完善配套能力的同时，引导家电企业向数字化方向发展；壮大机械装备和精细化工产业；大力发展农产品深加工。进一步壮大能源原材料产业。把实施皖电东送工程放到突出位置，加快电源点项目建设进度，推进皖电东送西通道前期工作。抓好马钢薄板、海螺日产万吨水泥熟料等项目建设。加快高新技术产业化步伐，用高新技术和先进适用技术改造传统产业。推进"数字安徽"建设。加强电力、运输的协调调度。

(三)大力发展服务业，增强消费对经济增长的拉动作用

认真落实全省旅游规划和"两山一湖"旅游规划。大力发展现代流通业。积极发展会展经济。放开搞活住房二级市场，加大经济适用房建设。加速发展物业管理、家政服务、休闲康乐等新兴服务业，引导社区服务业向市场化、产业化和社会化方向发展。努力增加城镇居民收入和农民现金收入，增强消费能力；大力整顿市场经济秩序；培育汽车、住房、电信等新的消费热点；改善农村消费环境，拓展农村市场。力争社会消费品零售总额增长10%以上。

(四)全面实施大开放战略，努力提高对外开放水平

坚持将招商引资作为经济工作的重中之重，认真组织好皖粤经济技术合作、第四届中国·合肥高新技术项目——资本对接会、香港经贸合作等重点招商活动。继续抓好小分队招商、园区招商、专业招商，面向重点地区派驻招商代表长期招商。推动国有大中型企业与国内外大企业、大集团的战略合作和并购重组。切实办好现有开发区和工业园区，强化服务与管理。力争全年实际利用外资增长15%以上，实际到位省外资金增长30%以上。适应国家出口退税政策的调整，进一步扩大生产企业特别是民营企业的外贸经营权，推动外贸企业从收购制向代理制转变，支持中小企业开拓国际市场，促进地产品出口，力争外贸出口增长8%以上。巩固和扩大近两年与沪苏浙等地的经济技术交流成果，加强政策、产业、信息等方面的合作，建设合肥—南京铁路和铜陵—九江铁路，加快融入长江三角洲经济圈。

(五)加大投入力度，增强发展后劲

加强重大项目建设。围绕"861"行动计划，进一步充实完善项目库，按照动态管理、分步实施的原则，一手抓在建项目建设，一手抓项目前期工作，形成梯次推进的格局。2004年要确保佳通全钢子午胎扩建、皖维集团高强高膜纤维、许疃煤矿等重点项目按期建成；继续推进安庆电厂、琅琊山抽水蓄能电站等续建项目；开工兴建奇瑞轿车扩建、马钢镀锌板等重点项目，力争全社会固定资产投资增长20%以上。积极争取新增国债资金，力争继续占国家分配到各省市5%的份额。进一步完善国债项目管理办法，加大稽察力度。多渠道筹集建设资金。在财政增收的基础上，增加建设性投资；进一步加强银企合作，争取更多的信贷资金；扩大直接融资规模；加强地方金融机构建设。

(六)大力发展各项社会事业，促进经济社会协调发展

把社会事业发展放到更加突出的位置，加大投入力度，深化体制改革，努力开创社会事业发展的新局面。大力实施科教兴皖和人才强省战略。加快公益类科研机构建立现代科研院所制度，推进应用技术研究开发机构转企改制，加大各级各类科技资源的整合力度。坚持将农村教育作为教育工作的重之中重，扩大优质高中规模，大力发展职业技术教育。继续推进省院、省部共建中国科技大学和合肥工业大学，实施安徽大学"211"二期工程，建设合肥大学城和芜湖、蚌埠大学园区。紧紧抓住培养、吸引、用好人才3个环节，加强人才资源能力建设。加快公共卫生体系建设步伐，年内全面完成省、市、县三级疾控网络建设任务。全面实施文化产业发展规划纲要，积极推进省博物馆等重点文化项目建设，改善基层文化馆(站)、图书馆等设施。推进"生态安徽"建设，建设池州生态经济示范区和若干省生态建设示范基地，继续开展淮河、巢湖、长江流域的环境综合治理。

(七)做好就业再就业工作，完善社会保障体系

进一步加强就业再就业工作。实行积极的就业政策，强化就业再就业的双重责任管理。大力发展劳动密集型产业、中小企业和民营经济，充分发挥第三产业吸纳劳动力的潜力。认真落实小额贷款和主辅

分离、辅业改制等优惠政策,增加再就业资金投入。开展多种形式的职业培训,完善就业服务体系。认真做好大中专毕业生的就业指导和服务工作。健全社会保障体制。完善企业职工基本养老保险制度,建立健全省级养老保险调剂基金,逐步实现省级统筹。健全失业保险制度,继续做好"两个确保"和"三条保障线"的衔接工作。完善城市居民最低生活保障制度。继续改革城镇职工基本医疗保险制度。继续以深山区、库区、沿淮行蓄洪区为重点,做好农村扶贫开发工作,力争全年减少贫困人口30万人。对城镇中生活困难较大的家庭,在就医、子女入学和住房等方面给予必要的照顾,解决他们的实际困难。

(八)加大各项改革,完善社会主义市场经济体制

继续推进规范的公司制改革,完善法人治理结构,年内全面完成国有大中型企业的公司制改革任务。以国有资产和职工身份"双置换"为主要内容,年内基本完成国有中小企业改革任务。进一步放宽市场准入,扩大企业注册审批制改为登记制试点,完善服务体系,加快非公有制经济发展步伐。大力发展产权、资本、技术等各类要素市场,组建若干区域性产权交易市场。继续开展粮食补贴方式改革,提高直补的政策效果。深化棉花流通体制改革,组建若干棉花企业集团。推进"信用安徽"建设,实施"十万企业信用工程",健全省联合征信体系,建立银行、税务、质检等部门的同业征信体系,基本构建企业及个人信用信息的征集系统、评价体系和公示平台。深化投资体制改革,对于企业不使用政府性资金的建设项目,一律不再实行审批制,区别不同情况实行核准制和备案制。

(选自2004年1月26日《安徽日报》)

关于安徽省2003年预算执行情况和2004年预算草案的报告(摘要)

——2004年1月12日在安徽省第十届人民代表大会第二次会议上

安徽省财政厅厅长　朱玉明

一、2003年预算执行情况

2003年,在国民经济较快增长、经济运行质量和效益显著提高的基础上,全省财政预算执行平稳,较好地完成了省十届人大一次会议批准的年度预算,继续保持了财政改革与发展的良好势头。

(一)财政收支预算完成情况较好

2003年,全省财政总收入完成412亿元,为年收入目标的108.9%,比上年增长18.9%。其中地方财政收入220.5亿元,按可比口径增长13.5%。全省财政支出完成506亿元,为预算的96.2%,增长10.8%。预计全省年终滚存结余58.6亿元,其中结转下年支出53.7亿元,净结余4.9亿元。

省级财政收入完成36亿元,增长10.8%,其中地方财政收入完成30.8亿元,为预算的94.8%。省级财政支出完成158.3亿元,为预算的106.6%,比上年下降2.1%。预计年终滚存结余19.2亿元,其中结转下年支出19亿元,净结余2079万元。

(二)收入结构进一步优化

2003年,全省财政总收入占GDP的比重突破10%,达到10.4%,比上年提高0.7个百分点。税收收入368.3亿元,占财政总收入的比重为89.3%,比上年提高0.4个百分点。与经济增长密切相关的主体税种增收较多,增值税、企业所得税、营业税三税共增收30.4亿元,占财政总收入增收额的46.3%,成为拉动财政收入增长的主导力量。税源结构多元化,企业所得税中,来自股份制企业、私营企业和涉外企业的收入比重为77%,比上年提高10个百分点。

(三)各项重点支出增长较快

2003年,全省机关和事业单位工资及管理费支出272.1亿元,增长12.4%,保证了机关事业单位人员和中小学教师工资发放;农林水支出32.3亿元,增长14.1%;科学支出1.8亿元,增长5%;教育支出84.4亿元,增长9.7%;社会保障支出102.7亿元,增长14.6%;医疗卫生支出17亿元,增长19.1%;公检法司支出30.4亿元,增长19%。

(四)财政支持经济发展的力度加大

2003年,省财政投入各类支农专项资金达20亿元,其中农业综合开发投入5亿元,有力促进了农村经济结构调整和增加农民收入。拨付18.3亿元专项资金,重点支持国有企业关闭破产和扭亏脱困。安排专项贴息资金5000万元,大力支持皖北地区和工业园区经济发展。及时拨付国债专项资金21亿元,支持水利、交通等一批重大项目建设。省中小企业信用担保中心为979户企业提供担保和再担保贷款5亿元。

(五)财政资金使用效益不断提高

2003年,全省政府采购项目预算30.1亿元,实际执行采购金额26亿元,节约资金4.1亿元,资金节约率13.6%。其中,省级政府采购项目预算5.2亿元,实际执行采购金额4.5亿元,节约资金0.7亿元,资金节约率为12.1%。省级国库支付中心对省本级预算单位实际支付资金32.3亿元,与批复各单位的用款计划相比减少支出2.5亿元,计划结余率7.2%,增强了政府资金调控能力,提高了财政资金的安全性、规范性和有效性。

二、2003年着力抓了7个方面的工作

(一)积极依法组织财政收入

及时分解落实省人代会批准的财政收入的目标任务。切实加强所得税收入征管,着力解决所得税收入混库问题,保持了所得税收入稳定增长。全面推行农业税"三定征收、计算机管理"新方式,规范省本级耕地占用税征收程序。加强对各地财政运行情况的分析监测,及时出台有关税费减免政策,有效缓解了"非典"疫情对餐饮、旅店、旅游、娱乐、交通等行业和企业的负面影响。加大督查力度,认真清理漏户漏税和欠税,依法加强收入征管,努力做到应收尽收。

(二)全力保证"非典"防治和抗洪救灾支出需要

面对突发的"非典"疫情和严重的洪涝灾害,各级财政部门及时调整支出结构,积极争取中央财政支持,迅速调度资金,确保"非典"防治及抗洪救灾资金的需要,充分发挥了财政对公共需要的应急保障作用。在"非典"防治方面,全省财政支出4.75亿元,同时,为加强公共卫生体系建设,省财政共下拨公共卫生建设资金8760万元,比上年增长3.5倍。在防汛救灾方面,省财政相继下拨抗洪救灾资金32.5亿元。

(三)继续调整和完善省以下财政体制

认真落实支持县域经济发展8条措施,全省县级得到政策性支持8亿多元。省对下转移支付近100亿元。全省一般性转移支付体系初步建立。为缓解市县财政资金周转困难,省对下调度资金168亿元,比上年增加23亿元,增长15.9%。积极改革乡镇财政管理方式,在和县、五河等9个县推行乡财县管乡用改革试点,较好地理顺了县乡财政体制,规范了乡镇财政收支行为,有利于促进县域经济和社会事业健康发展。

(四)着力解决关系群众切身利益的实际问题

进一步巩固工资正常发放工作成果,全省近60个县区统一了城乡中小学教师与县直公务员地方津补贴发放标准。全省社会保障方面支出102.7亿元,其中省财政补助各地社保资金30.7亿元,比上年增长62.4%,基本做到"两个确保"和城市居民最低生活保障应保尽保。认真落实各项财税优惠政策,多渠道筹集再就业资金10.2亿元,全力促进就业和再就业工作。在10个县开展了新型农村合作医疗制度改革试点。安排扶贫专项资金4.76亿元,着力改善贫困地区农民生产生活条件。

(五)稳步推进粮食补贴方式改革试点

在总结来安、天长粮改试点经验基础上,从2003年6月1日起,在全省扩大粮食补贴方式改革试点,将原来通过流通环节对农民的间接补贴改为对农民的直接补贴。在省委、省政府的领导下,省财政会同计委、粮食、农发行等部门精心制定并实施改革方案,向农民直接发放补贴资金6.27亿元。我省粮食补贴方式改革经受了市场的考验,取得了积极成效,有力促进了国有粮食企业改革,进一步增加了农民收入,受到了广大农民的普遍欢迎。

(六)扎实做好农村税费改革工作

在全省组织开展"农村税费改革规范年"活动,全面取消了农业特产税,直接减轻农民负担1.7亿元。至2003年底,全省农民人均负担64.4元,比改革前下降41.1%。近3年共投入农村中小学危房改造专项资金20亿元,累计改造农村中小学危房560万平方米,其中D级危房458万平方米,完成了省政府确定的3年D级危房改造目标任务。2002年以来,全省共化解村级不良债务19亿元,占村级债务总额的25%。

(七)进一步深化公共财政改革

省级部门预算编制工作时间比上一年度提前了3个月,省级预算编制程序进一步规范,初步建立了标准预算周期制度。财政国库管理制度改革进一步深化,省直117个部门及所属1000多个预算单位全部进入了国库支付中心集中支付。成功举办首届"安徽省政府采购产品展示交易会"。深化"收支两条线"改革,按规定比例对行政性收费、预算外收入进行调剂,调剂资金用于解决农村中小学危房改造等公益事业支出。

三、2004年财政预算安排

2004年,将坚持以邓小平理论和"三个代表"重要思想为指导,全面贯彻党的十六大精神,围绕全面建设小康社会起步阶段的重点任务,坚持发展第一要务,积极支持经济发展,努力做大财政"蛋糕";继续推进财政改革和体制创新,健全公共财政体制,严格财政监督管理,加大重点支出保障力度,促进全省物质文明、政治文明、精神文明协调发展。

2004 年全省及省级预算草案如下:

全省预算:全省财政总收入计划 453 亿元,增长 10%。

省级预算:省级一般预算收入 323940 万元,增长 5.1%,加中央税收返还及补助收入 1595136 万元,调入资金 5000 万元,省级总收入 1924076 万元。省级预算总支出 1924076 万元,扣除上解中央 105292 万元、省补助地市支出 905684 万元,省本级财政预算内资金安排支出 913100 万元,比上年增加 194826万元,增长27.1%,按可比口径计算增长 4.7%。

2004 年预算安排考虑的主要因素是:1.改进预算编制,增强预算编制的完整性和透明度。2.贯彻“一要吃饭,二要建设”的方针,确保国家公务员工资的正常发放和机关的正常运转。3.促进经济的稳定增长。4.确保农业、科技、教育、卫生支出达到法定增长。5.保证社会稳定支出需要。6.加大综合预算管理力度。

四、2004 年财政主要工作

2004 年,将重点抓好以下 6 个方面工作:

(一)依法加强收入征管,确保财政收入稳定增长

稳步推进税制改革,严格执行政策,严格依法征税。在重点抓好主体税种征收的同时,采取有力措施,强化车船使用税、房产税、契税、个人所得税等小税征管,严厉打击各种偷税、抗税、骗税行为。继续清理各种不规范的税收优惠政策,严禁违规擅自出台或变相出台税收优惠政策。大力挖掘非税收入潜力,改革非税收入收缴管理制度。研究改进对市县财政收入目标考核的激励和约束措施,努力做大财政收入“蛋糕”。

(二)财力向“三农”倾斜,加快推进农村小康进程

继续深化农村税费改革,取消农业税附加,增加对乡村财力补助。进一步完善粮食补贴方式改革政策,探索建立粮食管理新体制。多渠道增加对农业和农村的投入,2004 年新增教育、卫生、文化等公共事业经费支出,主要用于农村。强化对治淮资金、移民建镇资金、蓄滞洪区补偿资金、乡镇分流人员补助资金的分配和管理,提高财政资金使用效益。调整农业综合开发投入政策,对土地治理项目实行全部无偿投入。

(三)优化财政支出结构,促进全省经济社会协调发展

继续增加对科教文卫等社会事业支出的投入。促进建立健全科技创新激励机制,加速科技成果转化。完善农村义务教育以县为主的管理体制,继续实施中小学危房改造工程。鼓励和引导多渠道资金投入,支持各类文化产业共同发展。认真落实国家财税优惠政策,千方百计扩大就业。积极稳妥开展新型农村合作医疗制度试点,大力支持公共卫生设施建设。完善社会保障机制,增加社保资金投入,强化社保资金管理。

(四)调整和完善财政体制,进一步理顺省以下财政分配关系

改革现行按企业隶属关系划分所得税收入的办法,对企业所得税和个人所得税收入实行中央、省、市县按比例分享。省级因改革而增加的财力,全部用于增加对县乡的转移支付。在全省实行省管县的财政体制。全面推行乡镇财政管理方式改革,实行乡财县管办法。完善转移支付制度,扩大转移支付规模,加大对县乡的财政支持,均衡各地财力差距。

(五)贯彻落实国家出口退税政策,大力促进省内产品出口

国务院决定从 2004 年起改革出口退税机制,对历史欠退税款由中央财政负责偿还。同时,建立中央、地方共同负担的出口退税新机制。在新的出口退税政策下,要重新审视和调整外贸发展思路,优化出口产品结构,降低外购产品出口比重,促进地产品出口。深化外贸企业改革,加快生产企业自营出口,积极引导外贸出口从收购制向代理制转变。认真研究出口退税机制改革对财政的影响,调整和完善出口促进的财政政策。

(六)深化公共财政改革,加强财政收支监督

深化部门预算改革,加大综合预算管理力度,建立健全科学的支出定额体系,科学合理地安排财政支出。深化财政国库管理制度改革,加快网上审核、支付财政资金改革步伐。扩大政府采购范围和规模。稳步推进财政资金使用绩效评价工作。继续整顿和规范会计秩序。加强财政法制建设,自觉接受人民代表和社会各界监督,全面提高依法理财水平。

(选自 2004 年 1 月 26 日《安徽日报》)

省委省政府省人大重要财经文件

中共安徽省委 安徽省人民政府关于印发《安徽省全面建设小康社会的战略目标、战略步骤及起步阶段的重点建设任务》的通知

(2003年6月29日 皖发〔2003〕12号)

各市、县委,各市、县人民政府,省直各单位,各大学:

现将《安徽省全面建设小康社会的战略目标、战略步骤及起步阶段的重点建设任务》印发给你们,请结合实际,认真贯彻实施。

党的十六大提出了在本世纪头20年全面建设小康社会的奋斗目标。为把这一目标真正落到实处,化为全省广大干部群众的自觉行动,省委、省政府在调查研究的基础上,结合实际,就我省全面建设小康社会的战略目标、战略步骤,特别是未来5年的重点建设任务,作出了具体部署。这是我省贯彻落实“三个代表”重要思想和党的十六大精神,抢抓重要战略机遇期,坚持把发展作为党执政兴国第一要务的具体体现和重要举措。认真实施好、落实好这一战略部署,对于开创我省改革开放和社会主义现代化建设新局面,实现加快发展、富民强省,全面建设小康社会的奋斗目标,具有十分重要的意义。

全省广大党员和干部群众要紧密团结在以胡锦涛同志为总书记的党中央周围,全面贯彻“三个代表”重要思想,进一步增强加快发展的责任感、使命感和紧迫感,把思想和行动统一到省委、省政府的战略部署上来,把智慧和力量凝聚到全面建设小康社会 的奋斗目标上来,聚精会神搞建设,一心一意谋发展。各地、各部门要进一步增强创新意识,善于把省委、省政府的战略部署和本地、本部门的具体实际创造性地结合起来,创新思路举措,创新体制机制,坚决冲破一切妨碍发展的思想观念,坚决改变一切束缚发展的做法和规定,坚决革除一切影响发展的体制弊端,努力开创各项工作新局面。

各级领导干部特别是党政主要负责同志,要树立长期艰苦奋斗的思想,弘扬求真务实的作风,以身作则,鼓实劲,干实事,求实效,团结带领广大人民群众,埋头苦干抓落实,励精图治求发展,把全面建设小康社会的各项措施真正落到实处。各级党委、政府要加强领导,认真研究制定切实可行的实施方案,层层分解目标任务,明确责任,科学组织,精心实施,实行重点工作目标管理责任制和跟踪问效制度。要最广泛最充分地调动一切积极因素,努力形成全社会共同关心、积极参与的良好局面,确保起步阶段各项重点建设任务的如期完成,确保加快发展、富民强省,全面建设小康社会目标的顺利实现。

安徽省全面建设小康社会的战略目标、战略步骤及起步阶段的重点建设任务

一、我省全面建设小康社会的战略目标和实施步骤

经过改革开放以来20多年的快速发展,我省顺利实现了现代化建设的第一步、第二步战略目标,人民生活总体上达到了小康水平。从现在起,必须集中力量,全面建设更高水平的小康社会,使我省经济更加发展、民主更加健全、科教更加进步、文化更加繁荣、社会更加和谐、人民生活更加殷实,为实现第三步战略目标奠定坚实的基础。

我省全面建设小康社会的预期指标是:到2020年,GDP比2000年翻两番半。2003—2020年GDP年均增长9.2%,2020年达到17500亿元,人均3000美元以上。人民生活更加富足,到2020年,城镇居民人均可支配收入1.8万元,农民人均纯收入7300元;城镇和农村居民的恩格尔系数分别为25%和35%;城镇人均住房面积30平方米,人均预期寿命75岁。社会就业比较充分,城镇社会保障体系较为完善,农村社会保障体系基本建立。可持续发展能力明显增强,到2020年末,全省总人口控制在7100万人以内,城镇化率50%以上;基层民主更加健全,

社会秩序良好;基本普及高中阶段教育,高等教育毛入学率达30%;人人享有卫生保健服务;森林覆盖率30%以上。

我省全面建设小康社会分三步走。2003—2007年为起步阶段,GDP年均增长9.5%左右,到2007年人均达到1000美元以上。2008—2015年为第二步,GDP年均增长9.3%左右,到2015年人均GDP超过2000美元。2016—2020年为第三步,GDP年均增长9%左右,到2020年人均GDP达到或超过3000美元,全面建成小康社会,基本实现工业化。合肥、芜马铜地区人均GDP达到8000美元左右,率先基本实现现代化。

二、起步阶段的发展目标和重点建设任务

根据省十届人大一次会议审议通过的《政府工作报告》和我省全面建设小康社会的战略步骤,2003—2007年全省GDP年均增长9.5%左右,到2007年全省GDP达到5620亿元,人均达到1000美元以上;工业化率达到40%左右,城镇化率达到37%左右,城镇居民人均可支配收入和农民人均纯收入分别达到8800元和2700元左右,为全面建设小康社会奠定坚实的基础。

实现上述目标,必须以经济建设为中心,抢抓机遇,加快建设八大重点产业基地和六大基础工程,构筑我省经济持续快速健康发展的新平台。

(一)建设八大重点产业基地

以工业化为核心,加快产业结构升级步伐,力争到2007年或稍长一点时间,形成以高新技术产业为先导,以加工制造业和基础产业为支撑,现代农业和现代服务业全面发展的产业格局。

1.加工制造业基地。

(1)汽车产业。适应我国消费结构升级的趋势,把汽车作为着力抓好的第一大产业。以奇瑞、江汽、星马和昌河等四大企业为重点,加强与国际大公司的合资合作,增强研发能力,扩大生产规模,形成产品系列。着力抓好奇瑞二期、三期工程,江汽商务车、重型车,星马改装车等一批重大项目建设。加快江汽与安凯等省内企业的重组。依托整车企业,以安庆ATG、芜湖仪表、宁国中鼎等零部件企业为基础,积极发展配套产业。力争到2007年或稍长一点时间,使全省汽车年产量达到120万辆(其中奇瑞70万辆,江汽、安凯商用车30万辆,合昌微型车20万辆),改装车10万辆,形成以轿车、商用车、改装车和微型车为主体,零部件配套产业较为发达,在全国市场具有较强竞争力的汽车产业体系。

(2)机械装备产业。按照"重点突破、壮大特色、形成优势"的思路,依托日立挖掘机、合力叉车、长江拖拉机、飞彩集团和国祯环保等企业,重点发展工程机械、农用机械、电工电器、环保设备和其他机械装备特色产品。力争到2007年形成3万台叉车、1万台装载机、8000台挖掘机、500台大型液压机、1000台大型潜水泵、500万千瓦电机、2000万千伏安变压器、600万千瓦农用柴油机、50万吨环保设备的年生产能力。

(3)家电产业。吸引国内外大型家电企业来我省建立生产基地,争取海尔、美的、日立、西门子、康佳等外来企业进一步扩大生产规模,推动美菱、荣事达等企业优化整合和扩大对外合作,加快产品升级换代。力争到2007年全省家电年产量达到2000万台(其中电冰箱550万台、洗衣机400万台、空调器500万台、彩电450万台、计算机100万台),比2002年扩大一倍以上。

2.原材料产业基地。

(1)金属材料。积极推进马钢、铜陵有色等企业产权改革和对外合作,加快发展后续深加工产品,增强企业竞争力。稳步实施"走出去"战略,落实原料资源。着力抓好马钢热轧、冷轧薄板,2500立方米高炉工程,小H型钢;铜陵有色新增15万吨电解铜,10万吨铜板带,冬瓜山铜矿;芜湖鑫科15万吨光亮铜杆等项目。力争到2007年或稍长一点时间,马钢钢材产量进入全国前列,铜陵有色电解铜产量保持全国第一,形成1300万吨钢、60万吨电解铜、40万吨铜材加工的年生产能力。

(2)非金属材料。充分利用我省资源优势,加快省内外建材行业间重组、兼并进程,落实优质矿山资源,实现低成本扩张。积极推进海螺集团水泥熟料扩建项目。加大非金属矿的开发利用和应用研究步伐,积极推进国风100万吨碳酸钙超细粉,巢东30万吨凹凸棒粘土、60万吨重质碳酸钙,芜湖15万吨有机硅等重大项目的实施。力争经过5年左右的培育,使我省非金属矿深加工产业达到国内领先水平,到2007年形成1亿吨新型干法水泥、500万吨非金属深加工、10万吨有机硅的年生产能力,其中海螺水泥达8000万吨(到2010年达到1亿吨),保持全国第一。

3.化工产业基地。

(1)石油化工和煤化工。抓紧兴建仪征至安庆和安庆至合肥输油管道,降低安庆石化运输成本。积极开发石化下游系列产品。加快淮南化工老系统改造和安庆石化原料油改煤步伐，推进100万吨甲醇、50万吨二甲醚等项目建设，进一步壮大煤化工产业。力争到2007年，形成500万吨原油和1500万吨原煤的年加工能力，其中，汽柴油350万吨、腈纶9万吨、合成氨300万吨、甲醇100万吨、二甲醚50万吨、焦炭400万吨、煤化工衍生产品100万吨。

(2)橡塑制品。推进海螺型材扩建项目，国风大口径波纹管、薄膜项目，佳通全钢子午胎扩建等项目建设；强化基础技术研究，形成拥有自主知识产权的塑料制品原料配方；加大市场拓展力度，抓住行业快速成长的机遇，实现超常规发展。力争到2007年，形成150万吨塑料制品，1200万条轮胎，30亿件橡塑密封件的年生产能力。

4.能源产业基地。

(1)煤炭。规划建设顾桥、张北、丁集、望峰岗、潘四、许疃、涡北、孙疃、刘庄、展沟、卧龙湖等一批大型矿井，扩建谢桥、潘一、潘三、祁南等矿井，进一步扩大生产规模和洗煤能力。力争到2007年使全省煤炭年产量提高到1亿吨；到2020年力争达到1.7亿吨，其中，淮南矿业集团1亿吨、新集国投3000万吨、淮北矿业集团3000万吨、皖北煤电1000万吨。

(2)电力。在满足本省电力需求的同时，面向华东电力市场，实施“皖电东送”工程。建设安庆电厂、池州电厂、阜阳电厂、淮南煤矿坑口电厂一期、琅琊山抽水蓄能电站和500千伏电网等工程，扩建铜陵电厂五期、平圩电厂二期、马鞍山二电厂二期等工程。力争在2007年前开工建设1000万千瓦发电机组，全省形成2000万千瓦生产能力；到2020年力争再建设包括核电在内的2000万—3000万千瓦机组，使我省成为华东乃至全国重要的电力生产基地。为确保这一目标的实现，必须加快项目前期工作，抓紧落实电力市场，争取将“皖电东送”工程纳入国家能源发展整体规划和华东电网规划。

(3)煤炭液化。煤炭液化制造石油产品，是能源替代战略发展的一个重要方向。争取国家煤炭液化万吨级工试装置在我省建设。力争到2007年或稍长一点时间，使淮南形成100万吨煤炭液化的年生产能力。

(4)煤层气。加快两淮煤层气开发力度，积极推进淮南煤层气综合利用项目建设，提高利用能力。力争到2007年，两淮地区煤层气年抽排量达到4.5亿立方米，其中淮南矿区2.5亿立方米，淮北矿区2亿立方米。

5.高新技术产业基地。今后5年或稍长一点时间，集中力量，培育和建设合肥科学城及合肥软件、合肥生物医药、淮南生物医药、芜湖新材料、铜陵电子材料、亳州现代中药等具有我省特色和优势的六大高新技术产业基地；积极发展纳米技术，推进纳米材料的应用和产业化。围绕基地建设，继续实施国家重大高技术产业化专项，滚动实施省50项高新技术产业化重大项目。积极推动国家(省)工程研究中心建设，提高技术创新和产业化能力。力争到2007年全省高新技术产业技工贸年总收入达到1000亿元，高新技术产业增加值占全部工业增加值的比重达到20%以上。

6.优质安全农产品生产、加工和供应基地。

(1)农产品生产。进一步调整农业结构，突出发展养殖业和高效经济作物，建设专用小麦、水稻、棉花、“双低”油菜、茶叶、花生、蔬菜、猪牛羊禽肉、蜂产品、水产品等十大优质农产品生产和供应基地。加快构建农产品质量安全标准体系、监测体系、认证体系和监督体系，实施食品放心工程。力争到2007年粮食年综合生产能力稳定在2600万吨，肉类总产达到400万吨，水产品总产达到200万吨，农产品优质品率达到60%，把我省建设成为全国重要的优质安全农产品生产、供应基地。

(2)粮油、水果加工。以农业产业化骨干企业为主导，以一大批龙头企业为支撑，推动农副产品深度转化。加大丰原集团等对外合作，全面建设丰原集团700万吨农产品加工等项目。努力争取国债资金，支持华康粮油、砀山梨汁等一批项目建设。积极稳妥推进白酒行业重组。到2007年形成1500万吨粮油加工、100万吨水果加工、200万箱卷烟、50万吨优质白酒的年生产能力。

(3)畜牧深加工。大力发展冷却肉、分割肉、直接食用熟肉和乳制品。推进淮南益益乳业、农垦正达肉鸡集团、六安天业集团、桐城鸿润集团等项目建设，支持与雨润、金牛实业等省内外优势企业重组，鼓励大型肉类加工企业产销一体化，健全市场网络体系。到2007年形成700万头猪、200万头羊、100万头牛、1亿只家禽、500万件羽绒制品、20万吨乳制品的年加工能力。

(4)纺织。围绕安庆华茂、淮北飞亚、芜湖裕中、阜阳华源等重点企业，改造落后纺锭，大力提高清梳联、高档精梳机、喷气纺等新型技术装备水平，加强后整理加工，加快产品的升级换代，力争到2007年形成300万锭的年棉纺能力。

(5)造纸。积极发展木材加工业，推进林纸一体化步伐,促进皖西南30万吨木浆及300万亩造纸林、马鞍山山鹰公司30万吨牛皮箱纸板及15万吨新闻纸等重大项目建设,启动皖北地区草浆项目。力争到2007年,形成40万吨草浆、30万吨木浆和280万吨机制纸及纸板的年生产能力。

7.全国著名的旅游目的地。以“两山一湖”旅游开发为龙头,加快重点旅游景区、旅游城市开发和配套建设,改善旅游基础设施,加大市场开拓和旅游经营机制创新力度,提升旅游城市整体形象。积极开发“两山一湖”地区旅游度假产品,力争将太平湖建成国家级旅游度假区。加强与沿海发达地区特别是长江三角洲的市场对接,共建统一的旅游网络,把旅游业培育成我省重要的支柱产业。力争到2007年全省旅游年总收入达到400亿元以上,其中“两山一湖”地区尽早成为世界级旅游胜地,旅游年总收入达到120亿元以上。

8.重要的文化产业大省。以满足人民群众日益增长的文化需求为出发点,以改革为动力,加快文化产业的社会化、市场化和现代化步伐,使文化产业成为我省新的支柱产业。抓紧制定文化产业总体发展规划和实施方案。重点发展新闻报刊、文艺演出、电影电视、图书音像、文化娱乐、文化旅游、艺术教育、文物拍卖等八大产业。通过整合、兼并、重组、联合等方式,做大做强一批文化产业集团,增强竞争力。动员和吸引社会力量兴办文化产业,形成多元化投入体系。力争到2007年全省文化产业年增加值达到250亿元,占三产的比重提高到15%左右。

(二)构筑六大基础工程

加速工业化进程,建设重点产业,必须着力改善基础设施,加强人才队伍建设,创造良好的经济发展环境。

1.防洪保安工程。在继续完善长江治理的同时,重点加强淮河治理,建成临淮岗洪水控制工程,完成汾泉河、奎濉河治理工程,继续进行淮河干流整治、淮北大堤除险加固,开工建设白莲崖水库及涡河、颍河治理等骨干工程,基本完成淮河干流蚌埠闸及沿淮重点湖泊水资源配置工程;完成大中型水库的除险加固,加强沿江、沿淮排涝能力建设,完善江淮丘陵地区及淮北地区抗旱工程设施;抓好省辖市城市及重点县城防洪工程,基本消除安徽的“心腹之患”。积极推进引江济淮前期工作。为保证防洪保安工程的实施,省政府将保留防洪保安专项资金。

2.通达工程。加大交通建设力度,完善高速公路网,改善农村交通条件,密切与经济发达地区的联系,构筑内通外畅的快速交通网络。公路方面:建成蚌徐、芜宣、广祠、合铜黄、亳阜六、沿江、界阜蚌、蚌宁、合六、徽杭等高速公路,基本形成联结周边主要城市和全省各市相互联结的高速公路骨架,力争到2007年高速公路达到2500公里;改造和新建农村公路20000公里左右,使全省所有乡镇通等级油路、所有行政村通公路。铁路方面:新建铁路600公里以上,建成宁西铁路六安—合肥—南京段、铜陵—九江铁路和合肥铁路枢纽,建设宣杭铁路和宁芜铁路复线,形成东西铁路通道和沿江铁路通道,提高我省在全国铁路运输网中承东启西的地位。空运方面:完成黄山机场扩建,实施合肥机场改造工程,增强我省航空运输能力。水运方面:建设马鞍山、芜湖、池州、安庆等港的集装箱码头,建成蚌埠新港,沟通芜太运河,充分发挥长江黄金水道和内河水运优势。管道运输:建成西气东输安徽主干线和支干线,建设仪征至安庆和安庆至合肥输油管道。

3.信息工程。围绕信息技术开发和应用,加快重点工程建设,形成“数字安徽”的基本框架。一是进一步改善网络基础设施。建成较为先进的主干通信网和新一代网络数字处理中心,以及与城市化相配套的城域网和局域网。二是加强信息资源开发。基本建成法人单位数据库、人口数据库、宏观经济数据库和空间地理数据库等四大数据库,以及社会保障、医疗、就业等信息资源数据库,继续推进金关、金卡、金税、金财等工程在我省的试点和应用。三是加强信息运用。大力推进电子政务,建成电子政务基本框架和党政部门业务处理系统;发展电子商务,基本建成覆盖80%以上企业和50%以上消费者的信用数据库及服务系统。四是大力推进制造业信息化。充分运用信息技术改造生产工艺,实现产品设计数据化、生产过程自动化、营销商务电子化,力争到2007年制造类企业中,计算机辅助设计及其他各类应用比例达到90%。

4.生态工程。全面启动“生态安徽”建设。一是以防治生态环境恶化为重点,加强对重要生态功能区、重点资源开发区和生态良好区的保护和整治。继续加大对淮河、巢湖、长江流域的环境综合治理力度。二是着力培育生态经济增长点,构建生态经济支撑产业,推进生态农业(绿色和安全农业)基地建设。三是调整产业结构,建设生态循环经济框架。培育和壮大以清洁生产和循环经济为模式的生态效益型工业,建立协调发展的生态效益型经济体系。四是初步形成生态经济的服务网络。建立生态省建设科技支持体系,建立健全生态产业认证体系、监测体系、预警体系、技术推广服务体系。五是重点扶持现有绿色产业、生态示范区,扩大示范效应。力争到2007年,基本控制淮河、巢湖、江淮分水岭等生态脆弱地区的环境污染和生态恶化问题,初步建立生态环保效益型经济基本框架和生态省建设科技支撑体系框架。

5.信用工程。围绕政府、企业和个人三大信用主体的建设,健全信用法制,培育信用需求,加强诚信教育,建立联合征信体系。一是以政府信用为先导,完善行政决策制度,深化行政审批制度改革,建立行政过错责任追究制,开展创建人民满意的基层站所活动及创建信用市、县、乡活动,树立信用政府形象。二是以企业信用为重点,在引导企业加强内部信用建设、建立基本信用制度的同时,组建联合征信机构,建立联合征信制度,促进企业诚信经营。三是以个人信用为基础,加强公民诚信教育,培育建立个人征信制度的外部环境,建立消费者个人资信征集、查询制度。力争到2007年,初步建立起以各级政府为主体和电子政务为基础的政务信息公开披露体系、以行业协会为主体和会员单位为基础的自律维权同业信用体系、以企业自身为主体和风险管理为基础的自我内控信用体系、以信用中介为主体和市场运行为基础的社会商务服务信用体系等四大体系,基本建成"信用安徽"的框架,促进诚信为本、操守为重的社会风尚的形成。

6.人才工程。抓住培养、吸引、使用三个环节,着力建设党政人才、企业经营管理人才和专业技术人才三支队伍。抓好高级管理人员出国培养工程、企业家培养工程,每年选派100名左右有培养前途的中青年公务员和科技骨干参加国内外有关培训和继续教育活动。对有突出贡献的专家、学者、技术人员继续实行省政府特殊津贴制度。采取特殊优惠政策,加大对留学人员和国内外高层次人才的引进力度。积极探索适应现代企业制度要求的用人新机制,建设一支高素质的职业化管理者队伍。加强职业技术教育,培养一大批高级技工人才,为产业基地建设服务。加快建立有利于留住人才和人尽其才的收入分配制度,保证各类人才得到与他们的劳动和贡献相适应的报酬。

三、完成起步阶段重点任务的保障措施

全面建设小康社会是一项十分艰巨的历史任务,也是一项宏伟的系统工程。全省上下必须将思想认识统一到"三个代表"重要思想和十六大精神上来,统一到省委、省政府的战略部署上来,发扬敢闯、敢试、敢为人先的精神,创新发展思路,以优良环境、优惠政策和优质服务,营造鼓励人们干事业、支持人们干成事业的浓厚氛围,确保实现起步阶段的各项任务。

(一)着力强化加工制造能力,不断提高工业化水平

实现工业化是全面建设小康社会不可逾越的历史阶段。必须遵循产业结构演进的基本规律,在充分发挥能源、原材料优势的基础上,着力提高加工制造能力,形成若干个在国内外有较强竞争力的加工制造业基地,实现从原材料大省向加工制造业大省的历史性转变。要坚定不移地实行扶优扶强政策,培育大企业、大集团,带动配套产业和中小企业发展。

(二)坚持大开放为主战略,全面提高对外开放水平

全方位推进开放型经济发展,充分利用国内外两个市场、两种资源,是推进产业结构升级和拓展我省发展空间的必由之路。要紧紧抓住世界加工制造业基地向我国转移的有利时机,千方百计招商引资,吸引外商到我省建厂兴业。把大企业的招商引资、对跨国公司和沿海地区的招商引资作为重点,在2007年前,省属重点企业都要通过不同形式与国内外大企业合资合作。加快融入长江三角洲经济圈,在思想观念、市场机制、基础设施、产业体系、生产要素和商品流通等方面主动接轨,提升区位优势,增强综合竞争力,扩大发展空间。

(三)加大改革力度,建立比较完善的社会主义市场经济体制

以产权制度改革为核心,积极推进国有企业改革和国有经济的战略性调整,大力发展混合所有制经济,争取在2007年前,国有大中型企业基本形成多元化的股权结构。大力发展商品市场特别是生产要素市场和各类中介组织,完善市场竞争机制,整顿和规范市场经济秩序。推进分配制度改革,根据劳动、资本、技术和管理等生产要素按贡献参与分配的原则,完善按劳分配为主体、多种分配方式并存的分配制度。加快信用担保体系建设,加强银企合作,积极发展地方金融。按照"谁投资、谁决策、谁受益、谁承担风险"的原则,加大投资体制改革力度。

(四)实施科教兴皖战略,促进科教与经济的紧密结合

大力发展教育事业,加强公民思想道德建设。以促进人的全面发展为宗旨,努力建设学习型社会。进一步深化科技体制改革,建立科技创新体系。加快国

民经济和社会信息化进程,以信息化带动工业化,以工业化推动信息化。大力发展高新技术产业,用高新技术和先进适用技术改造传统产业。

(五)加快城镇化进程,统筹城乡经济发展

加快合肥现代化大城市建设,积极推进"芜马铜产业带"发展,促进形成全省重要的两大经济增长极。加快其他市以及县城和中心建制镇建设步伐,形成较为合理的城镇化体系,促进形成若干层级的区域增长极。加快城镇经济发展和基础设施建设,增强对周边经济的带动能力和对农村剩余劳动力的吸纳能力。加快农村金融体制改革,加强对农业和农村经济的信贷支持。加快劳务输出步伐,扩大劳动力向二、三产业转移和劳务输出规模。按照依法、自愿、有偿的原则,适度推动土地承包经营权流转,逐步发展规模经营。大力推进优势农产品生产区域化,构建具有较强市场竞争力的产业带。

(六)千方百计扩大就业,加速完善社会保障体系

实行促进就业的政策,广开就业门路。积极发展具有比较优势的劳动密集型产业。完善创业环境,鼓励自主创业、自谋职业。引导全社会转变就业观念,推行多样的就业形式。完善就业培训和服务体系,提高劳动者就业技能。坚持社会统筹和个人账户相结合,完善城镇职工基本养老保险制度和基本医疗保险制度。健全失业保险制度和城市居民最低生活保障制度。多渠道筹集和积累社会保障基金。改善城乡医疗条件,建立比较完善的城乡医疗服务体系。发展城乡社会救济和社会福利事业。

(七)大力发展民营经济,加快发展县域经济

毫不动摇地发展非公有制经济,聚集民资、依靠民力、发挥民智、实现民富,开创民营经济大发展、大提高的新局面,使民营经济成为县域经济的主体和支柱。按照管理上放权、改革上放手、政策上放活、发展上扶持的要求,5 年内扶持 20 个左右总量较大、发展较快的经济强县,带动全省县域经济发展。

(八)落实责任,进一步加强对经济工作的领导

实现起步阶段的目标,意义重大,任务繁重,必须有强有力的领导和部门、区域间的有效协调、配合。省委、省政府将确定负责同志分别牵头,有关部门具体负责,制定相应政策,采取有力措施,并定期检查和考核各项任务完成的进展情况,确保起步阶段目标的顺利实现。

中共安徽省委 安徽省人民政府关于加快民营经济发展的决定

(2003 年 8 月 6 日 皖发〔2003〕13 号)

为深入贯彻"三个代表"重要思想和党的十六大精神,抢抓新的发展机遇,促进民营经济大发展、大提高,加快富民强省和全面建设小康社会的步伐,特作出如下决定。

一、进一步解放思想,促进民营经济大发展、大提高

1.从战略高度重视发展民营经济。当前,经济自主增长的动力显著增强,民营经济面临前所未有的发展机遇,正成为我省经济重要增长点。要牢牢把握新形势下的发展主动权,就必须以"三个代表"重要思想和党的十六大精神为指导,推进新的思想解放,营造鼓励创业的社会氛围,营造平等竞争的经济环境,全方位发展民营经济,聚集民资,依靠民力,发挥民智,实现民富。

2.开创民营经济大发展、大提高的新局面。总体要求是:把发展民营经济作为富民强省的关键来抓,在放手发展中实现提高,在促进提高中加快发展。以鼓励创业为突破口,放宽创业领域,完善创业机制,营造民间创业与外来投资、国有集体企业改革相互交融、相互促进的发展新格局;以促进提高为着力点,推动民营企业产业结构合理化、组织制度现代化、生产布局集群化,增强民营企业竞争力;以优化环境为保障,推进政府管理创新、政策创新和制度创新,使民营企业权益保护状况、生产要素供给条件、公共服务质量有显著的改善。经过 5 年左右的努力,在全省形成一批大型民营企业(集团)和一批对民间资本具有较强吸引力的重点工业园区,使民营经济在我省支柱产业、高新技术产业和现代服务业中的比重显著上升,在县区经济中占主体地位,成为加快富民强省和全面建设小康社会进程的重要力量。

二、放宽政策,全方位鼓励创业

3.放宽市场准入领域。按照凡对外资开放的领域都对民间资本开放的原则,根据我国加入世贸组织所承诺的开放进程,制定民间投资指导目录,加快放开民间资本准入领域。重点引导民间资本进入我省支柱产业、高新技术产业、现代农业和现代服务业,参与国有、集体企业改革,参与基础设施和公用

事业建设。进一步明确并简化民间投资申报程序。凡不属于国家产业政策禁止和限制的建设项目,一律实行项目登记备案制。

4.拓宽快速创业通道。清理并减少前置审批项目。不直接涉及人身财产安全和国家经济安全的行业,相关审批或改为登记备案,或改为企业注册后审批。编制前置审批项目目录,凡未列入目录的,一律不实行前置审批。从2004年起,将企业注册审批制改登记制试点扩大到合肥市和所有省级以上开发区。各级政务服务中心实行企业登记并联审批的办法。在国家级和省级开发区以及省级重点工业园区,设立工贸型公司制企业,实行不再核定企业具体经营范围的制度。除建筑业等特殊行业外,对注册资本在50万元以下的小企业允许注册资本在3年内分期到位,首期注入资本最低可降至3万元。自然人创办个体工商户、独资企业、合伙制企业,不受注册资本限制。创办科技型、生产型、农产品加工型公司制企业,下岗失业人员创办非公司制企业,非关键条件尚有欠缺的,可由工商部门核发为期1年的临时营业执照,并按正规企业实施预备期管理。

5.全方位鼓励创业。加大动员和鼓励的力度,调动新的创业资源,启动新的创业高潮。

(1)鼓励外来投资创业。在省级经济管理权限内,对外来投资者来皖创办民营企业,由各市、县按照"突出发展重点,加大鼓励力度,优先促进引进,兼顾内外公平"的原则,制定具体的优惠政策。

(2)鼓励国有、集体企业转制创业。全面推行企业产权转让公开招标制,把扩大招商引资与深化企业改革更好地结合起来,优化资源配置。坚决落实并不断完善促进企业转制的各项优惠政策。国有、集体企业转制为民营企业后,原定的经营许可不变、财税扶持不变、信贷融资待遇不变。民营企业收购、兼并停产、半停产国有、集体企业,并安置30%以上原企业职工,享受国家促进再就业的有关税费优惠政策;民营企业参与国有大中型企业主辅分离和辅业改制分流安置原企业富余人员兴办的经济实体,按国家有关政策规定,符合相关条件的,给予免征企业所得税3年的优惠。采取从企业国有资产中扣除、财政补贴等途径,妥善解决国有企业改制中的职工身份置换问题。改制企业所借用的各项财政资金经批准,可实行债转股或给予一定比例的冲销。改制企业在改制过程中涉及的各项收费,在国家规定的三改企业收费减免基础上减半征收。

(3)鼓励离岗创业。在《中共安徽省委、安徽省人民政府关于进一步加快发展个体私营经济的若干意见》(皖发〔2000〕20号)的基础上,进一步放宽离岗创业政策。党政机关、全额拨款事业单位工作人员在省内领办民营企业,在3年离岗期间,保留原身份不变,并参加正常的工资晋级,基本工资和工资性补贴仍由原单位发放。党政机关接近退休年龄愿意从事民营经济的,可参照机构改革分流人员的有关政策办理提前退休手续。省属高等院校在校本科生、研究生,离校创业可保留学籍3年。鼓励大中专毕业生自主创业。

(4)鼓励下岗创业。下岗失业人员从事个体经营或创办私营企业,其税费减免、小额贷款担保、社会保险关系接续、职业介绍和培训补贴等,按照《中共中央、国务院关于进一步做好下岗失业人员再就业工作的通知》(中发〔2002〕12号)和省委、省政府《关于大力做好下岗失业人员再就业工作的通知》(皖发〔2002〕18号)的规定执行。

(5)鼓励外出务工经商农民回乡创业。

三、强化引导和扶持,促进民营企业上规模、上水平

6.促进民营企业产业结构优化升级。重点扶持4类民营企业:

(1)科技型企业。鼓励创办民营科技企业,科技成果经专门机构评估和省级科技行政主管部门认定后,占企业注册资本比例可不受限制,由投资各方协商约定。采用股份制形式转化职务成果的,可将不低于科技成果入股时作价金额20%比例的股份奖励给成果完成者;转制为企业的科研院所,可将一定比例的企业净资产作为创业股和管理股奖励给企业创办人和主要经营管理人员,最高比例可达15%。科研机构、高等院校兴办的企业和国有企业转制为民营科技企业,在转制过渡期继续享受国家有关优惠政策。民营科技企业在申报科技计划项目、使用科技三项经费、认定高新技术企业和高新技术产品、鉴定科技成果等方面,与国有企业享受同等待遇。

(2)外向型企业。支持和协助民营企业取得进出口资格,参与国际工程承包和劳务合作,开展国际化经营。增加省财政设立的出口退税账户托管贷款贴息资金,鼓励银行扩大出口退税账户托管贷款规模,缓解民营企业出口退税难问题。加大对中小企业开拓国际市场的扶持。对民营企业境外投资,实行与国有企业同等政策。确定一批出口创汇重点民营企业,由省外经贸厅、财政厅、海关、外汇管理局等给予积极扶持。支持中小企业面向沿海特别是长江三角洲

地区开拓市场,招商引资,发展多种形式的配套经济。

(3)农业产业化企业。各级政府要整合并集中使用涉农扶持资金,以贷款贴息为主要形式,实行省、市、县按比例分摊的办法,支持农业产业化重点龙头企业的技术改造和技术创新,支持无公害食品、绿色食品、有机食品生产加工基地的质量控制和标准化建设,支持大宗农产品产地批发市场建设。民营企业营造公益林的,符合国家有关规定,可享受生态补偿政策;营造商品林的,可按规定享受造林补助费,可获得林业贴息贷款等扶持。森林、林木、林地使用权可依法转让、作价入股、租赁、继承。

(4)现代服务业企业。推行特许经营权招标制,制定统一、规范的公共产品定价政策及其财政补贴政策,进一步清除民间资本进入的体制性、政策性障碍。加大改革力度,以盘活存量吸引增量,加速吸引民间资本参与公办学校、医院、外贸公司、旅行社、城市公用事业、城市商业银行、信用社等的改制、改组和改造。全面落实国家有关优惠政策,积极引导民间资本发展现代物流业、软件业、信息咨询业、科技服务业、文化产业、教育产业等新兴行业。

7.促进民营企业制度创新、管理创新和技术创新。强化对民营企业的创业指导和上市指导,推进现代企业制度建设。支持和鼓励优势民营企业实行低成本扩张,就地发展配套,发展和壮大企业集团。充分利用政府各类扶优扶强资金,加强对重点民营企业(集团)的扶持。引导民营企业引进先进的管理理念和方法,提升管理水平,推行劳动合同制,参加社会保障。鼓励和支持民营企业实施品牌战略。对获得中国驰名商标、产品被评为中国名牌产品、出口商品被列为国家商务部重点支持的名牌出口商品的企业,专利技术被授予"中国专利金奖"和"中国专利优秀奖"的企业,由省政府给予奖励。在企业新产品开发和技术改造税费优惠、企业技术开发中心建设、企业技改项目申报及资金扶持等方面,民营企业与国有企业享受同等待遇。

8.促进民营企业形成产业集群。各市、县(市、区)要因地制宜发展各具特色的工业园区,以园区为载体,促进民间投资,推动民营企业的产业集聚。省里将按照"扶优扶强、动态管理、公开透明"的原则,每年安排一定资金采取财政贴息的办法,支持省级重点工业园区基础设施建设。

9.抓好对民营企业家的教育培训。加强政治思想工作,开展"致富思源、富而思进"教育活动,引导民营企业家走爱国、敬业、诚信、守法的道路。选择若干高校作为民营企业家培训基地,开办适应民营企业家特点的各类进修班和学历教育班。各有关部门要积极为民营企业家参加各类专业会议、出国考察和交流创造更好的条件。

四、贯彻公平竞争原则,全面优化民营经济发展环境

10.依法保护民营经济合法权益。认真贯彻《安徽省个体工商户和私营企业权益保护条例》。依法保障民营企业及企业主的人身财产安全。未经法定程序,任何单位不得查封、冻结民营企业的财产、资金。依法保护民营企业知识产权、非专利技术和商业秘密。加大纠风治乱力度,切实落实"收费卡"和收费许可证制度,严禁乱罚款、乱收费、乱摊派、乱检查、乱评比、乱拉赞助。杜绝搭车收费,禁止经营服务性收费进入行政服务中心。对严重损害民营企业权益的案件,要从严查处,公开曝光。在省工商联设立全省民营企业权益维护中心,援助民营企业维权投诉,开展维权调研,向党委和政府提出维权方面的意见和建议。

11.拓宽民营经济融资渠道。建立民营企业征信体系。开发适应民营经济特点的金融产品。推进银企合作,扩大对民营企业授信。壮大和完善中小企业信用担保体系。各级财政都要加大投入,充分发挥财政资金在担保体系建设中的引导作用;广泛吸纳民间资本和外来投资,组建民间担保机构,开展担保业务;鼓励企业开展互助担保,开展商业担保业务;支持省、市两级担保机构等扩大再担保业务。简化抵押、担保手续,降低评估费用。积极利用民间资本,加速城市商业银行、信用社和信托投资公司等股份制改造,壮大地方金融实力。支持在合肥、芜湖等地发展风险投资机构。支持有条件的民营企业通过股份制改造、上市融资、债券发行等方式筹集发展资金。

12.促进高素质人才进入民营企业。建立健全民营企业经营管理者业绩评定制度,逐步发展民营企业职业经理市场。各级人才服务机构要加强对民营企业的人事代理服务,健全社会化管理新机制,切实做好民营企业经营管理者和高中级技术人员人事档案管理、职称评定、职业推介、社会保险接续等工作。开展人才租赁试验,及时满足民营企业多样化的人才需求。对科技型民营企业租赁高层次人才,由省、市政府人才开发专项资金给予一定的资助。

13.改进对民营企业的土地供应。民营企业申请使用国有、集体土地,与国有集体企业同等对待。民营企业参与国有企业改革,原国有土地为行政划拨的,可继续保留划拨使用方式。民间投资基础设施和工业项目可直接租赁集体土地。民营企业重大项目建设用地可由省、市统一调剂安排用地指标。社会公益事业项目可依法实行划拨供地。支持各市、县加强土地经营,增加收入,补贴工业用地征用费用、降低工业用地价格。

14. 改善对民营经济的服务。推进政府各部门转变职能,强化公务员为纳税人服务的教育,切实改进工作作风。办好各级行政服务中心,简化办事程序,提高行政效率。每年组织一次民营企业对政府职能部门的民主评议,评议结果要向社会公布,并与部门目标管理责任制考核挂钩。建立公共经济信息发布制度,及时向社会公布重要的行业发展规划、重大项目规划、政府采购和建设招标、各项优惠政策等信息。放手发展各类市场中介组织,为民营企业提供社会化、专业化和规范化服务。

五、加强领导,把发展民营经济的各项措施落到实处

15. 加大协调扶持力度。各级党委和政府要把民营经济发展工作真正摆上重要位置,深入调查,经常研究,加强协调,及时解决民营经济发展面临的突出问题。强化各级个体私营经济(民营经济)领导小组职能,充实领导小组办公室力量,建立定期研究工作制度,切实搞好对民营经济发展的指导、协调和服务。把民营经济发展纳入国民经济和社会发展计划,统筹安排。积极宣传民营经济的先进人物及其优秀事迹,每两年评选和表彰一批优秀个体工商户、优秀民营企业和优秀民营企业家。积极推进民营企业家参政议政。深入贯彻《中小企业促进法》。各级财政要加强对民营企业创业、技术创新、市场开拓、担保体系建设等的扶持。

16. 加大党建工作力度。扩大党组织在民营企业的覆盖面,做好民营企业发展党员工作,创新党的工作内容和工作方式,保证党的路线、方针和政策落实到民营企业。加快建立工会组织,强化对工人合法权益的保护。

17. 加大民间自律组织建设力度。改进管理方式,在加强政府监管的同时,充分发挥民间自律组织自我教育、自我管理、自我约束的作用。按照“自发组建、自愿入会、自主办会”的原则,加快培育和发展各类民间商会、行业协会,突出其民办性质和独立地位,赋予行业协会(商会)制定行业规范和标准,参与行业规划和资质审查,维护行业公平竞争和行业利益,沟通政府与企业关系等职能。

18. 加大工作落实力度。建立全面、规范的民营经济发展统计制度。从2004年开始,把发展民营经济纳入政府工作考核指标体系。省直有关部门要根据本决定,尽快制定实施细则及其配套政策,由省政府办公厅汇集下发。省委、省政府将就本决定落实情况组织专项督查。

中共安徽省委办公厅
安徽省人民政府办公厅
关于进一步加快民营科技企业发展的意见

(2003年10月21日 皖办发〔2003〕22号)

为深入贯彻《中共安徽省委、安徽省人民政府关于加快民营经济发展的决定》(皖发〔2003〕13号),进一步加快我省民营科技企业发展,经省委、省政府同意,现提出以下实施意见。

一、放手发展各类民营科技企业

1. 民营科技企业是指以科技人员为主体,按照自筹资金、自愿组合、自主经营、自负盈亏、自我约束、自我发展原则创办,主要从事科学研究、技术开发、技术转让、技术咨询、技术服务、技术培训以及科技成果产业化和科技产品生产经营业务的经济实体。

2. 各级人民政府科技行政主管部门负责民营科技企业的指导、管理和服务工作。其他有关行政部门,按职责分工,做好对民营科技企业的扶持、服务和管理工作。

3. 凡在我省行政区域内登记注册并同时符合有关条件的企业,可以向所在地市以上科技行政主管部门申请认定为民营科技企业。科技行政主管部门办理民营科技企业认定手续时,应征求有关行政部门的意见。

4. 鼓励社会各界人士积极投身民营科技企业。党政机关和全额拨款事业单位工作人员离岗到民营科技企业工作的,3年内保留身份,基本工资和工资性补贴仍由原单位发放,工龄连续计算,并参加正常的工资晋级。辞职到民营科技企业工作的,原工作单位可视具体条件,给予一次性补偿。辞职前在党政机关和全额拨款事业单位工作期间的养老保险、失业保险、医疗保险等社会保险事宜,按省有关政策规定执行。鼓励企事业单位在职科技人员在不影响本职工作的前提下,到民营科技企业兼职并获取报酬。外省投资者和到我省民营科技企业工作的科技人员本人、配偶及未成年子女的户口可迁入企业所在地,各地、各单位不得收取任何费用;户口未迁入的,由公安、教育等行政部门帮助解决暂住户口、未成年子女入学等问题。

5.放宽民营科技企业注册条件和经营范围。民营科技企业注册资本在50万元以上的,可以冠省名。允许注册资本在50万元以下的企业资本在3年内分期到位,首期注入资本可降至3万元;企业可以公司、研究所(院)或中心等命名。核定经营范围时,在列明主要经营项目后,可附加其他经营项目。

二、努力提升民营科技企业的整体水平

6.提高民营科技企业技术创新能力。对单位和个人从事技术转让、技术开发业务和与之相关的技术咨询、技术服务业务取得的收入,免征营业税。科研单位、高等学校服务于各业的技术成果转让、技术培训、技术咨询、技术承包所取得的技术性服务收入暂免征企业所得税。支持有条件的民营科技企业建立省级工程技术研究中心、企业技术中心、工业性试验基地、省级重点实验室、博士后工作站。各级政府设立的人才开发专项资金,可将民营科技企业中符合条件的高层次人才列入资助范围。积极选送民营科技企业经营管理者赴国外学习培训。

7.鼓励民营科技企业向规模化、集团化方向发展。鼓励民营科技企业采取收购、兼并、租赁、承包等形式,参与国有、集体企业改制,进行资产重组。有条件的地方,可对民营科技企业投资者用税后利润转增本企业资本金,或在省内再投资经认定的省高新技术成果、高新技术产品或高新技术产业化项目所缴个人所得税地方分享部分给予专项补贴。积极支持符合条件的民营科技企业申请发行股票、企业债券,通过资产重组进入证券市场。

8.鼓励民营科技企业面向国际市场扩大产品出口。民营科技企业工作人员因公出国进行科技考察、学术交流、科技合作、科技展览和与本企业有关的经济技术贸易活动,可由企业所在地市级科技行政部门负责申报和政审。民营科技企业出口列入科技部、外经贸部《中国高新技术产品出口目录》的产品,凡出口退税率未达到征税率的,经国家税务总局核准,产品出口后,可按征税率及现行出口退税管理规定办理退税。民营科技企业为生产《国家高新技术产品目录》的产品而进口所需的自用设备及按照合同随设备进口的技术及配套件、备件,除《国内投资项目不予免税的进口商品目录》所列商品外,免征关税和进口环节增值税。民营科技企业引进属于《国家高新技术产品目录》所列的先进技术,按合同规定向境外支付的软件费,免征关税和进口环节增值税。

9.加强民营科技园区建设。鼓励有条件的高新技术产业开发区、经济技术开发区设立民营科技企业园区,引导民营科技企业向民营科技企业园区集聚,加强民营科技企业之间的配套协作,形成产业集群,增强整体竞争力。对于符合条件的民营科技企业孵化器,经省科技行政主管部门会同有关部门认定,可以享受高新技术企业孵化基地的优惠政策。

10.鼓励民营科技企业建立现代企业制度。支持民营科技企业进行规范的股份制改造,明晰产权关系,建立和完善内部激励机制,组织开展发展战略研究和管理咨询、企业诊断、培训等活动,推动民营科技企业管理创新。

三、加大对民营科技企业的扶持力度

11.鼓励各类金融机构增加对民营科技企业的信贷投入。金融机构要积极支持民营科技企业发展,促进民营科技企业技术进步。扩大信贷范围,增加无形资产抵押、质押贷款品种。放宽贷款期限,努力满足民营科技企业合理的资金需求。

12.大力发展风险投资业。风险投资公司可以运用全额资本金进行投资。风险投资机构对我省高新技术项目和产品的投资比重达到其投资总额70%的,可认定为高新技术企业,并可按当年净利润的3%—5%提取风险补偿金,用于补偿以前年度和当年在我省的投资性亏损。风险补偿金余额可按年度结转,但其总额不得超过该企业当年年末净资产的10%。

13.积极培育和发展多种形式的担保机构。以政府为主出资组建的担保机构要加强对民营科技企业的服务,完善担保形式,扩大担保覆盖面,简化手续,降低费率。鼓励民间资本建立担保机构,为民营科技企业提供融资担保服务。民营科技企业可以专利、非专利技术、商标等作为反担保。担保机构对我省高新技术项目和产品的担保额达到其担保总额70%的,经省科技行政部门会同有关部门认定后,可比照享受高新技术企业优惠政策,并可按当年净利润的3%—5%提取风险补偿金,用于补偿以前年度和当年在我省的经营性亏损。风险补偿金余额可按年度结转,但其总额不得超过该企业当年年末净资产的10%。

14.加大对民营科技企业的财政扶持力度。省、市财政在年初预算安排科技专项经费时,要注意调整结构,统筹考虑对民营科技企业的财政扶持。

15.加快科技中介服务机构的发展。对科技中介机构从事技术转让、技术开发业务和与之相关的技术咨询、技术服务业务取得的收入,免征营业税。科技中介机构进行技术转让、技术开发业务和与之相关的技术咨询、技术服务和技术培训的所得,年净收入在30万元以下的部分,暂免征企业所得税。

四、进一步优化民营科技企业发展环境

16.各级党委、政府要加强对发展民营科技企业工作的领导,把发展民营科技企业摆上重要议事日程,纳入国民经济和社会发展规划。建立促进民营科技企业发展的政府部门联席会议制度,引导和扶持民营科技企业健康发展。建立健全各级党委、政府负责同志定点联系民营科技企业中优秀专家制度。

17.进一步强化为民营科技企业服务的意识。政府各有关部门要加强协调,密切配合,进一步转变职能、改进作风、提高服务水平和办事效率,认真贯彻落实促进民营科技企业发展的各项政策措施。

18.切实保护民营科技企业的合法权益。加强知识产权、商业秘密的管理和保护,鼓励和支持民营科技企业通过法律手段维护自身的合法权益。进一步加大治理"三乱"的力度,依法查处恶意举报等违法行为,切实减轻民营科技企业负担。对连续2年以上无违法违规行为记录的民营科技企业,除法定的检查外,未接署名举报,工商、税务、技术监督等各部门应免于日常检查。

19.积极营造有利于民营科技企业发展的社会氛围。积极宣传民营科技企业和民营科技企业家。对在经济建设和社会发展中做出突出贡献的民营科技企业及其有关人员给予表彰和奖励。

20.各级党委要重视和加强民营科技企业的党建工作。具备条件的民营科技企业要建立健全党组织,吸收符合党员条件的优秀分子入党,增强和扩大党组织在民营科技企业中的影响力和覆盖面。

安徽省促进科技成果转化条例

(2003年10月24日安徽省第十届
人民代表大会常务委员会第五次会议通过)

第一章 总 则

第一条 为促进科技成果转化,根据《中华人民共和国促进科技成果转化法》和有关法律、行政法规,结合本省实际,制定本条例。

第二条 在本省行政区域内实施科技成果转化,适用本条例。

第三条 本条例所称科技成果转化,是指为提高生产力水平,对科学研究与技术开发所产生的具有实用价值的科技成果所进行的后续试验、开发、应用、推广直至形成新产品、新技术、新工艺、新材料,发展新产业的活动。

第四条 实施科技成果转化应当有利于提高经济效益和社会效益,有利于保护环境与资源,有利于可持续发展。

第五条 实施科技成果转化应当维护国家利益和社会公共利益,遵循自愿、互利、公平、诚实信用的原则。科技成果转化中的知识产权和相关的合法权益受法律保护。

第六条 各级人民政府负责管理、指导和协调本行政区域内的促进科技成果转化工作,并将科技成果的转化纳入国民经济和社会发展计划。县级以上地方各级人民政府科学技术行政部门和其他有关部门在各自职责范围内负责促进科技成果转化的具体工作。

第二章 促进措施

第七条 促进科技成果转化工作,应当建立政府扶持和市场引导相结合,有偿与无偿服务相结合,国家促进科技成果转化机构和社会力量相结合的促进科技成果转化机制,促使科技成果尽快用于生产。

第八条 省人民政府应当根据经济和社会发展的需要,定期发布科技成果目录和重点科技成果转化项目指南,优先扶持下列科技成果转化项目的实施:(一)明显提高产业技术水平和经济效益、社会效益的;(二)形成产业规模或者高新技术产品、产业,并具有市场竞争能力的;(三)合理开发和利用资源、节约能源、降低消耗、保护环境、清洁生产、改善劳动条件的;(四)有利于保障公民生命安全和身体健康的;(五)促进安全、优质、高产、高效农业和农村经济发展的;(六)加速山区、库区和贫困地区社会经济发展的。

第九条 地方各级人民政府应当采取措施促进科技成果转化。县级以上地方各级人民政府应当制定适合本地实际的促进科技成果转化优惠政策,将国家和地方促进科技成果转化的优惠政策向社会公布,并对所属部门和下级人民政府落实优惠政策情况进行监督。

第十条 省和设区的市人民政府科学技术行政部门组织建立科技成果转化服务中心,建设科技成果信息库、科技信息网络,为社会提供服务。各有关部门应当按照各自职责为科技成果转化提供支持。

第十一条 各级财政用于科学技术、固定资产投资和农业发展的经费,应当有一定比例用于促进科技成果转化。科技成果转化的财政经费,主要用于科技成果转化的引导资金、贷款贴息、补助资金以及其他促进科技成果转化的资金用途。

第十二条 省、设区的市和有条件的县(市、区)人民政府应当设立并逐年增加促进科技成果转化专项资金,用于扶持重点科技成果转化项目,支持为科技成果转化提供服务的中间试验基地、工业性试验基地、农业试验示范基地等技术基础设施建设。专项资金设立和使用管理办法,由科学技术行政部门会同财政部门拟定,报本级人民政府批准后实施。

第十三条 企业、高等学校、科研机构独立或者联合建立的技术基础设施经有关行政部门认定符合政府支持条件的,由认定部门给予经费支持。

第十四条 各级人民政府应当支持企业从事科研、开发和技术改造,引导企业成为科技成果转化的主体。鼓励企业与高等学校、科研机构开展产学研合作,实施科技成果转化。企业实施省重点科技成果转化项目,自投产之日起2年内,上缴的增值税和企业所得税的地方收入部分,由财政安排列为该项目的扶持资金。

第十五条 农业科研机构和高等学校为推进科技成果转化,可以依法经营其独立研究开发或者合作研究开发的农作物、水产、畜禽、林木等新品种和良种。

第十六条 各类投资、担保机构在本省投资、担保科技成果转化项目,投资、担保额累计超过该机构投资、担保总额70%的,比照享受高新技术企业优惠政策,并可以按当年总收益的一定比例提取风险补偿金。风险补偿金余额可以按年度结转,但其金额不得超过该企业当年年末净资产的10%。

第十七条 鼓励科技中介机构、高等学校和科研机构进行科技成果转化活动。科技中介机构、高等学校和科研机构开展科技成果转让、技术培训、技术咨询、技术服务、技术承包等技术性服务,享受国家和省的有关优惠政策。

第十八条 技术交易中从事代理或者居间服务的中介机构和从事经纪业务的人员,应当依法开展经营活动,不得欺骗委托人或者与当事人一方串通欺骗另一方当事人;对有关当事人的技术秘密,负有保密义务。科技成果检测和评估机构对科技成果检测和评估必须遵循公正、客观的原则,如实提供检测报告和评估证明。

第十九条 转化的科技成果取得国内外发明专利的,省或设区的市人民政府专利管理部门对专利申请费应当给予补助。

第二十条 以高新技术成果出资入股的,高新技术成果的作价金额可以达到企业注册资本的35%。国家另有规定的,从其规定。

第二十一条 科技人员在完成本职工作和不损害本单位权益的前提下,可以兼职从事科技成果转化活动。

第二十二条 国家设立的高等学校、科研机构和其他事业单位的科技人员、管理人员经单位批准可以离岗从事科技成果转化活动。自离岗之日起3年内,所在单位应当保留其人事关系;所在单位实行人员竞争上岗的,应当允许其回单位竞争上岗。重新上岗者享受与连续工作人员的同等待遇。高等学校科研机构的学生可以休学从事科技成果转化活动。休学期限由本人与就学单位约定。

第二十三条 科技人员在科技成果转化中取得的实绩,可以作为科技人员评定职称和晋级考核的重要依据。成绩突出的,可以破格申报相应的专业技术职务任职资格和申报享受政府特殊津贴。

第三章 技术权益

第二十四条 科技成果转化中有关权益的归属,依法由各方约定;未作约定的,依照有关法律规定办理。任何单位和个人不得侵占他人科技成果,侵犯他人合法权益。

第二十五条 企业、事业单位应当建立健全技术秘密保护制度,保护本单位的技术秘密。职工应当遵守本单位的技术秘密保护制度。企业、事业单位可以与参加科技成果转化的有关人员签订在职期间或者离职、离休、退休后一定期限内保守本单位技术秘密的协议;有关人员不得违反协议规定,泄露本单位的技术秘密和从事与原单位相同的科技成果转化活动。职工不得将职务科技成果擅自转让或者变相转让。

第二十六条　国家设立的高等学校、科研机构持有的非专利科技成果和主要由政府资助完成的非专利科技成果,完成后1年未实施转化的,成果完成人、参加人在不变更成果权属的前提下,可以与成果持有单位签订合同,实施该项成果的转化,并享有合同约定的权益。成果持有单位在成果完成人、参加人提出签订实施转化的合同之日起3个月内,无正当理由不与其签订合同的,成果完成人、参加人可以直接实施转化,成果持有单位按照不高于35%的比例享受转化后的收益。

第二十七条　科技成果完成单位转化职务科技成果后,应当按照下例规定奖励成果完成人和为成果转化做出重要贡献的人员:(一)以技术转让或者许可使用方式提供给他人实施转化的,从转让或者许可使用所得净收入中提取不低于20%的比例用于一次性奖励,并在转让或者许可使用所得收入到账之日起30日内兑现;(二)自行或者与他人合作实施转化的,项目投产后,连续5年从年净收入中,提取不低于5%的比例用于奖励,每年支付一次,或者参照此比例,给予一次性奖励;以作价入股方式实施转化的,也可以从作价金额中提取不低于20%的比例以股权形式给予奖励。在研究开发和成果转化中作出主要贡献的人员,所得奖励份额不低于奖励总额的50%。

第二十八条　职务科技成果转让的,成果完成人在同等条件下享有优先受让权。

第四章　法律责任

第二十九条　各级人民政府及其所属部门不履行本条例规定的职责,或者不按照规定落实国家和地方制定的促进科技成果转化优惠政策的,有关国家机关应责令其改正;情节严重的,对直接负责的主管人员和其他直接责任人员依法给予行政处分。

第三十条　有下列情形之一的,由县级以上人民政府科学技术行政部门或者其他有关部门在其职权范围内依法予以警告,有违法所得的,没收违法所得;违法所得2000元以上的,处违法所得2倍以上5倍以下罚款;没有违法所得或者违法所得不足2000元的,处2000元以上10000元以下罚款。给他人造成经济损失的,依法承担民事责任;构成犯罪的,依法追究刑事责任。(一)在科技成果转化活动中弄虚作假、骗取奖励和荣誉称号、诈骗钱财、非法牟利的;(二)对科技成果进行检测或者价值评估,故意提供虚假检测结果或者评估证明的;(三)以唆使窃取、利诱胁迫等手段侵占他人科技成果,侵犯他人合法权益的;(四)技术交易中从事代理或者居间服务的中介机构和从事经纪业务的人员,欺骗委托人的,或者与当事人一方串通欺骗另一方当事人的。有前款第(一)项情形,骗取奖励和荣誉称号的,除依照前款规定处罚外,取消该奖励和荣誉称号;有前款第(二)项、第(四)项情形的,除依照前款规定处罚外,情节严重的,依法吊销营业执照和资格证书。

第三十一条　违反本条例规定,未经单位允许,泄露本单位技术秘密的,或者擅自转让、变相转让职务科技成果的,或者违反与本单位的协议,在离职、离休、退休后约定的期限内从事与原单位相同的科技成果转化活动的,依照有关规定承担法律责任。

第五章　附　则

第三十二条　本条例自2004年1月1日起施行。

(选自2003年11月10日《安徽日报》)

全省财政工作会议文件

坚持以科学的发展观为指导 推动全省财政工作再上新水平

——2004年2月25日在全省财政工作会议上的讲话(摘要)

省委常委、常务副省长 任海深

一、回顾2003年,全省财政工作取得了显著的成绩,值得充分肯定

过去的一年,是我省发展历史上极不平凡的一年。面对突如其来的"非典"疫情和特大洪涝灾害,在省委、省政府的坚强领导下,全省上下团结一致,顽强拼搏,夺取了防治"非典"和抗洪救灾的重大胜利,保持了国民经济持续快速健康发展。虽然遇到的困难比预料的大,但取得的成绩比预料的好,除了农业发展和农民人均纯收入指标因灾害影响而没有完成年初预期目标外,其他主要经济指标完成情况都是近年来的最好水平。在国民经济较快增长的基础上,全省财政继续保持了良好的发展势头。主要表现在:

(一)依法加强收入征管,财政收入总量有了新突破

各级财税部门努力克服"非典"疫情和洪涝灾害的影响,依法治税,强化征管,努力挖掘增收潜力,千方百计组织收入,超额完成了全年收入任务。全省财政总收入突破400亿元,完成412亿元,比上年增长18.9%,创近年来最高增幅。财政总收入占GDP的比重突破10%,比上年提高了0.7个百分点,说明我省的经济运行质量有了很大的提高。在收入总量实现新突破的同时,与经济增长密切相关的主体税种增收较多,收入结构进一步优化,财政收入质量稳步提高。

(二)科学合理安排支出,公共财政保障作用得到新体现

2003年,全省财政支出突破500亿元,完成506亿元,增长10.8%,较好地保障了工资、社保、教育、卫生、农业、科技等各项重点支出的需要。特别是面对突发的"非典"疫情和淮河流域严重的洪涝灾害,全省各级政府和财政部门积极压减一般性支出,及时调度资金,全力争取中央财政支持,确保"非典"防治及抗洪救灾资金的需要,充分发挥了财政对公共需要的应急保障作用。财政更加注重向支持各项社会事业转变,努力保障"两个确保"和"三条保障线"资金需要,加强就业和再就业工作。同时,完成了省政府确定的农村中小学D级危房3年改造目标任务,并在10个县开展了新型农村合作医疗制度改革试点,受到广大群众欢迎。

(三)全力促进经济社会发展,财政调控方式实现新转变

各级政府和财政部门适应社会主义市场经济发展的要求,积极探索财政支持经济发展的新方式、新措施,灵活运用贴息、担保等多种手段,充分发挥财政资金和政策的引导带动作用,特别是在"非典"期间,省财政积极主动,研究提出了一系列税费减免优惠政策,有效缓解了"非典"疫情对财政经济的负面影响。2003年,全省财政支农投入达32.3亿元,支持区域、县域经济发展的各项政策措施得到较好落实。财政在推进产业结构优化升级、招商引资力度也进一步加大。

(四)加快推进体制创新,各项财政改革取得新成效

我省在全国率先全面实行粮食补贴方式改革,共向农民发放直接补贴资金6.27亿元,增加了农民收入,促进了国有粮食企业改革,在解决国有粮食购销企业的"老粮、老人"问题方面取得了可喜的成效。农村税费改革规范年活动稳步推进,全面取消了农业特产税,直接减轻农民负担1.7亿元。部门预算、国库集中支付、政府采购、"收支两条线"等改革进一步深化和完善,乡镇财政管理方式改革试点进展顺利,全省公共财政支出改革呈现省市县联动、整体推进的良好态势。

(五)不断加强干部队伍建设,展现了务实高效的新政风

全省财政系统积极改进工作方式,加强调查研究,努力提高依法理财治税水平,高度重视和推进政

风建设,财政干部队伍服务水平明显提高,工作作风明显转变,廉政意识明显强化,工作落实力度明显加大。

以上成绩,是全省财政系统改革创新、扎实苦干的结果。在此,我代表省委、省政府,向全省财政系统广大干部职工表示衷心的感谢!

二、坚持以科学的发展观为指导,推动全省财政工作再上新水平

树立科学的发展观,是实践"三个代表"重要思想的本质要求,也是做好新时期各项工作必须遵循的基本原则。我们必须坚持以邓小平理论和"三个代表"重要思想为指导,认真贯彻党的十六大和十六届三中全会精神,准确理解和把握科学发展观的深刻内涵,紧紧抓住发展这个第一要务,努力提高贯彻落实科学发展观的自觉性,更加注重搞好宏观调控,更加注重统筹兼顾,更加注重以人为本,更加注重改革创新,着力解决关系人民群众切身利益的突出问题,推动经济社会全面、协调、可持续发展,实现社会主义物质文明、政治文明和精神文明的共同进步。

从财政工作来看,同样需要坚持科学的发展观。在财政工作中贯彻落实好科学的发展观,我认为重点要处理好以下5个方面的关系:

(一)处理好财政与经济的关系,努力做大"蛋糕"

做大经济和财政收入的"蛋糕",是财政工作的重要主题。从根本上讲,财政发展必须以经济发展为基础。经济实力发展壮大了,财政才能实现自身的可持续发展。但财政也可以通过发挥分配调节等职能作用,支持经济加快发展。当前,财政支持经济发展应做到"四个体现"。一是体现公共性。在公共财政体制下,政府运转支出和公共服务支出要体现公共性,支持经济发展也要体现出公共性。政府通过对道路交通、市政设施、环境保护等基础设施的投入,为经济发展创造良好的硬件基础;通过支持强化社会治安、规范市场秩序、提高劳动者素质等,优化经济发展的软环境。二要体现政策性。社会保障、分离国有企业办社会职能、下岗再就业等一些长期积累下来的矛盾和问题,单靠企业自身无法解决,单靠市场机制也难以解决。在经济转轨时期这些都是一种公共需求,必须按照政策要求调整财政支出结构,确保各项稳定和社会保障方面的支出需要,以保证经济稳定持续健康发展。三要体现市场性。在社会主义市场经济条件下,财政支持经济发展要更注重按市场规律办事,尽量减少直接投资,更多地采用贴息、以奖代补、担保等市场化运作手段,吸引和引导社会资金投入,发挥财政资金的乘数效应。四要体现主动性。财政部门的一项重要职责就是为政府把好关,凡不合理的开支,搞形象工程的支出,浪费财政资源的项目,要坚决顶住,不该支的钱一分也不能支。但财政部门不要简单地变成摇头部门,凡是有利于发展的事,就要深入研究,主动想办法把它办好。主动用财往往比被动买单要好,而且能少花钱、多办事、办好事。在支持经济建设的同时,各级财政都必须正确认识和处理生财、聚财和用财三者之间的关系,通过依法加强收入征管,建立稳定的财政收入增长机制,做大财政收入"蛋糕",将经济发展的成果体现到财政上来,增强财政实力。省十届人大二次会议批准的预算,确定2004年全省财政收入的任务是453亿元,增长10%。应该说,这是一个留有余地的目标,是完全能够实现的,而且要努力超额完成。各级政府和财税部门要坚定信心,继续采取有效措施,确保完成全年预算收入目标任务。这里我想强调的是,对各地财政收入的增长,省里不提硬性指标,特别是反对收过头税,搞竭泽而渔。但对少数地方有税不收,满足于戴贫困的帽子,依赖省里的补助过日子,也是要反对的,不能姑息迁就。在省直管县以后,省财政要加强对各县财政收入的督查,研究制订对各地财政收入目标考核的激励和约束措施,必须要有明确的、严格的、而且可以考核、可以把握的防止弄虚作假的奖惩激励机制,以充分体现科学的发展观和正确的政绩观,充分调动各地依法理财和自我发展的积极性。凡有税不收的,必须采取相应的制裁措施,决不能在财政体制上养"懒汉"。要建立健全非税收入征管机制,增强财政统筹社会财力的功能。目前全省有100多亿的土地出让金、100多亿的预算外资金、政府性基金和其他收入,其中还有很多游离于财政预算之外,财政还没有真正管起来。各地必须按照十六届三中全会关于"实行全口径预算管理"的要求,努力做到财政预算广覆盖、细分项、硬约束,增强财政预算的权威性。要认真清理和规范行政事业性收费,凡能纳入预算的都要纳入预算管理,强化综合财政的统筹功能,积极挖掘这方面的收入潜力,努力把财政的"蛋糕"做大,增强政府的调控能力。

(二)处理好城乡之间的分配关系,推进城乡协调发展

解决好"三农"问题是全党工作的重中之重,也是全面建设小康社会的重点和难点。必须牢固树立城乡统筹发展的理财思想,正确处理城乡财政分配

关系,从重点支持城市向支持城乡并举转变,从主要支持农业向全面支持“三农”转变,着力解决城乡公共产品供给结构失衡问题,使农村公共产品的供给尽快由依靠农民自身,向以国家为主过渡,让公共财政的阳光普照城市和乡村,促进农民增收,逐步缩小城乡差距。解决好“三农”问题的关键不单单是能使农民增收的问题,而且会带动整个国民经济增长。为解决农民人均纯收入增长缓慢,城乡居民收入差距不断扩大问题,2004年党中央、国务院文件1号提出了9个方面22条政策意见,要求在发展战略、经济体制、政策措施和工作机制上有一个大的转变,省委、省政府也正在制定具体实施意见,探索用工业化、城镇化的办法解决“三农”问题。各级政府和财政部门要认真贯彻落实,把促进农民增收放在特别重要的位置,在统筹城乡发展方面探索新的路子。2004年,除了在国债资金项目的安排、农村道路的建设、农村医疗卫生条件的改善、农村中小学教育经费的投入等方面向农村倾斜外,省里还将采取以下重要措施:一是继续开展农村税费改革规范年活动,进一步清理涉农收费政策,全面落实农村电价和水费等政策,规范“一事一议”筹资筹劳,严格实行农民负担监管责任制等,切实防止农民负担反弹。二是全面取消农业税附加,下调农业税税赋1.4个百分点,下调幅度高于全国平均水平0.2个百分点,相应增加农民可支配收入近6亿元,平均每个村补助约3万元,用于村组干部补贴、五保户供养和村办公经费全部由省财政补助,这将大大增强村级运转的保障能力。各地要切实加强补助资金管理,严禁截留、挤占、挪用或抵税、抵债,确保村级组织的正常运转。三是抓紧做好乡镇机构改革分流人员安置工作,确保一季度全面完成分流安置任务,从根本上防止农民负担反弹。四是继续开展调整乡镇区划工作,财政、人事、民政等部门要加快推进,争取在上半年完成乡村区划调整工作。五是化解乡村债务,省里考虑明确由专门的机构来负责这项工作,加强工作力量,分类制定政策和化解措施,争取有一个较大的进展。这些工作都关系到整个农村稳定和发展的大局,各级政府和省财政、农业、编制、人事、民政等部门要高度重视,采取行政、经济、市场等多种手段,全面向前推进,深化各项配套改革,对进展缓慢的地方加强督查,确保取得明显成效,为解决城乡协调发展问题,为解决“三农”问题探索新路、积累经验。

(三)处理好各级政府之间的财政分配关系,促进区域经济协调发展

目前,我省财政发展中的一个突出问题,就是相当一部分县、乡财政收支矛盾突出,债务沉重,运转困难。县、乡财政困难是多种因素影响的集中反映,关键是经济发展水平太低,但体制不顺、层层集中财力、对基层财政缺乏有效监管也是重要的原因。虽然近年来采取了一系列措施,县、乡财政情况有所好转,消化了历年欠发工资。但县、乡财政困难局面还没有根本改变。必须进一步加大工作力度,从体制创新入手,调整省、市、县、乡政府之间的财政分配关系,力争在本届政府任期或稍长一些时间,使县乡财政逐步走出困境,步入良性循环轨道,进而推动县域经济发展,推动全省经济发展。为实现这一目标,省委、省政府已经决定采取几项重要的改革措施:一是实施省直管县的财政体制。对全省57个县(不包括市辖区和马鞍山、铜陵、淮南、淮北的市辖县)实行省直管县财政体制,在体制、资金、项目、结算等方面由省直接管到县。出台这项改革措施,主要目的是理顺省以下分配关系,更好地发挥省级财政的调控职能,减少管理层次,节约管理成本,加强省对县级财政管理的指导和监管,提高财政管理效率,以加快县域经济发展。浙江、福建、吉林、海南等省的实践经验表明,省直管县好处很多,可以变一个积极性为两个积极性,由省、市共同努力,促进县级财政经济加快发展。必须强调指出,实行省直管县财政体制后,各市仍有责任和义务继续帮助县级财政解决困难,指导县财政加强管理,专项资金该配套的要按规定配套到位;对县级转移支付制度,没有建立的要尽快建立,已经建立的要进一步健全与完善,决不能因为省直管县就甩包袱,不履行自己应尽的职责。县级更要转变理财思路,克服等靠要的依赖思想,牢固树立自力更生、自我发展、自求平衡的意识,进一步强化改革创新和加强管理的观念,努力提高财政管理水平。省直有关部门也要改变观念,积极配合,特别是在专项资金的分配上,也要直接下达到县,确保省直管县体制的完整性。二是推进所得税收入分享改革。2004年,省政府调整和完善了所得税收入分享改革方案,打破了企业隶属关系,除有特殊规定外,按中央60%、省级15%、市县25%的比例统一分享所得税。这项改革有利于规范政府与企业、省与市县之间的分配关系,有利于调动各级增收节支和支持企业发展的积极性,有利于促进经济结构调整和地区之间协调发展。各市县政府和财税部门要按照规定的分享范围和比例,切实抓好所得税的征管工作。在这项改革中,省财政从方案设计上就让了2个亿资金给

市县。从长远看,今后省财政因改革增加的财力,还将主要用于增加对县乡的转移支付,解决县乡财政困难。各市县完不成核定基数的,要相应扣减返还基数或调增上解基数。三是全面推行乡镇财政管理方式改革。2003 年我省在 9 个县进行了试点,收到了"挖潜、节支、堵漏、控债"的良好效果。从 2004 年起,要在全省范围推开这项改革,各地要认真学习试点县的经验,结合当地实际,按照省里确定的主要原则和要求,积极探索,大胆创新,力求规范,注重完善,确保取得预期成效。

(四)处理好不同社会群体之间的利益关系,努力实现公平分配的原则

市场经济体制下,公平是政府为市场、为整个社会提供的一项重要的公共服务。社会分配公平问题是市场无法自动解决的,但公平对于市场经济的平稳运行又极为重要,必须由政府采取有力手段加以保障。公共财政作为国家分配社会资源的关键环节,必须以人为本,更加关注民生,充分发挥收入分配的调节职能,通过对社会资源的直接分配和再分配,着力解决好关系群众利益的实际问题,合理平衡不同群体间的收入差距,尤其是保障弱势群体的利益,维护社会稳定,促进经济社会健康有序协调发展。当前,要高度重视社会保障工作。虽然近些年我省社会保障体系建设取得了明显成效,但与改革的进程和社会的需要相比,我们的社会保障体系还不够健全,覆盖面还不宽,特别是就业再就业的压力仍然很大,迫切需要各级政府和财政部门加大这方面的工作力度。各级财政要继续挤出财力,增加社会保障支出,确保国有企业下岗职工基本生活费、企业离退休人员基本养老金、城市居民最低生活保障金按时足额发放,实现"两个确保",衔接好"三条保障线"。各级地税部门要继续加大社会保险费的征收力度,做好扩面征缴工作,增加政府社会保障资金的来源。各级政府要进一步加强就业和再就业工作,充分运用财政手段,认真执行支持就业和再就业的各项优惠政策,引导社会各方面拓展就业岗位,引导下岗失业人员通过多种渠道实现再就业。

(五)处理好总量与结构的关系,提高财政资金使用效益

目前,全省的财力加上中央的转移支付等总量已超过 500 亿元,今后还将不断扩大,这是我省经济社会发展的重要物质基础。但由于多种原因,财政资源在使用中还存在支出分散、损失浪费、缺位越位、结构失调等现象,使用效益有待进一步提高。各级财政必须在努力增加财力总量的同时,按照社会主义市场经济发展和政府职能转变的要求,在注重用好当年增量资金的同时,积极调整财政资金的使用结构,挖掘存量资金的潜力,使有限的财政资金在促进经济社会全面、协调、可持续发展中发挥更大的效益和作用。从某种意义上讲,优化和用活财政资金存量,是建立公共财政体制的客观要求,也更能体现财政部门的理财水平。处理好总量与结构的关系,调整和创新财政资金使用结构和使用方式,当前要注重做好以下几方面工作:一是要加强预算内外资金的统筹。目前我省预算外资金的数量较大,但预算内外资金仍然难以做到统筹使用,一些预算外资金仍然在体外循环,造成了部门和单位支出的不公,也浪费了财政资源。因此,要严格实行"收支两条线"管理,进一步加大预算内外统筹力度,形成政府性资金使用的合力。二是必须整合各类专项资金。现在,财政的专项资金很多,而且分散在很多部门,多头管理,使用上撒胡椒面,导致浪费严重,不能有效地发挥作用。例如,目前财政用于农业方面的资金数量不少,但分散在多个部门,各管一块,各自为政、遍地开花,没有做到统筹安排和集中使用,造成了资金重复配置和分散使用,难以形成投入合力。因此,2004 年省委常委会确定的工作要点之一,就是由省财政厅牵头,研究提出意见,争取在整合财政支农资金方面取得突破。今后一个时期,各级财政必须进一步统一预算管理,建立部门管事,财政管钱,管事与管钱相互制约、相互协调的运行机制,归并整合现有各类专项资金,集中财力办大事,以较少的财政资金引导更多的社会资金,更好地体现政府宏观调控的意图。整合财政专项资金需要政府来强力推进,也需要省直各有关部门共同配合,绝不能因部门权力之争而影响这项工作。三是要进一步深化财政支出改革,努力提高财政资金使用的有效性。在继续推进部门预算、国库集中支付、政府采购和"收支两条线"等改革的同时,要尽快探索建立财政支出绩效评价体系,对重要的支出项目,要进行效益评价,实行事前、事中、事后全过程监控,提高资金使用效益。四是要按照市场经济和公共财政的要求,加大清理财政供给范围的力度,加大支出结构调整力度,支持各项社会公共事业的协调发展,着力解决好社会保障、工资保障、农村义务教育以及突发公共卫生事件处置等问题。

处理好上述 5 个关系,是贯彻科学的发展观,实现经济社会全面、协调、可持续发展的需要。各级政府、财政部门要始终牢记财政工作的根本宗旨,坚持

科学的发展观,统筹兼顾,为全面建设小康社会搞好服务。

三、加强领导,为财政改革和发展创造良好的环境

当前,财政改革和发展日新月异,财税理论、政策以及理财环境不断发生变化,财政工作面临着许多新的矛盾和压力。各级政府必须进一步加强和改进对财政工作的领导,为全省财政改革和发展提供坚强的组织保障。第一,要高度重视财政工作。财政既是经济问题,更是政治问题,关系到经济社会发展的大局。各级政府必须从政治的、全局的高度,充分认识财政工作的重要性,从改革、发展和稳定的大局出发,真正做到思想认识到位、领导到位、工作支持到位。第二,要进一步了解和熟悉财政工作。各级政府特别是领导同志要认真学习研究财税政策,全面掌握新形势下理财之方、聚财之法、生财之道,心中要有一本明白账,做财政管理的行家里手,牢牢把握财政工作的主动权,不断提高领导财政和驾驭经济工作全局的能力和水平。第三,要努力创造良好的财政工作环境。各级政府要增强抓好财政工作的责任感,带头严格执行财税法规,大力支持财税部门依法理财治税,形成全社会关心和支持财政工作的良好氛围。省直各有关部门都是预算管理的实体,必须从大局出发,充分理解、配合和支持财政工作,克服部门利益的局限,保证政府的财政决策落到实处。各级财政部门要继续加强干部队伍的建设,进一步改进作风,优化服务,提高素质,建设一支政治过硬、业务精通、作风优良的财政干部队伍,以更好地适应经济社会发展对财政部门的要求,为加快发展、富民强省、全面建设小康社会作出新的贡献。

抓住机遇　创新机制
不断开创财政改革与发展的新局面

——2004年2月25日在全省财政工作会议上的讲话(摘要)

省财政厅厅长　朱玉明

一、2003年全省财政工作回顾

2003年,是我省加快发展、富民强省,全面建设小康社会进程中极不平凡的一年,也是我省经济社会和财政事业取得显著成绩的一年。各级财政部门围绕中心,服务大局,开拓进取,扎实工作,战胜"非典"和洪涝灾害带来的不利影响,继续保持了财政发展的良好势头。全省财政总收入完成412亿元,为年初收入目标的108.9%,比上年增长18.9%,创近7年来最高增幅。全省财政支出实现506亿元,增长10.8%,有力保障了防治"非典"、抗洪救灾等各项重点支出的需要,在大灾之年,保证了全省财政收支平衡,没有发生赤字。2003年,全省各级财政部门重点抓了8个方面的工作:

(一)依法组织财政收入

省财政、税务、国库等部门加强协调,密切配合,及时分解落实收入目标任务,强化目标管理。切实加强所得税收入征管,着力解决收入混库问题。全面推行农业税"三定征收、计算机管理"新方式,大力加强耕地占用税、契税征管,全省耕地占用税收入创历史最好水平,契税收入比上年增长近1倍。各地积极把握新一轮经济增长机遇,不断克服各种政策性减收因素,大力依法组织财政收入。全年各市收入均保持两位数增长,尤其是马鞍山、合肥、池州、芜湖、铜陵、黄山6市财政总收入增长均达到25%以上;省工商、交警总队等部门坚持依法收费,确保应收尽收,为超额完成全省预算收入任务作出了重要贡献。

(二)全力保证"非典"防治和抗洪救灾支出需要

面对突发的"非典"疫情和严重的洪涝灾害,省财政迅速建立应急机制,紧急动用预备费,及时调整支出结构,积极争取中央财政补助资金28.4亿元,主动制定了一系列"非典"防治、抗洪救灾的财政政策和管理办法。全省财政"非典"防治支出4.75亿元,省财政下拨抗洪救灾资金32.5亿元,确保了"非典"防治及抗洪救灾资金的需要。各级财政部门应对果断,坚持特事特办,确保资金及时落实到位。利辛、灵璧、固镇等县深入灾区救灾查灾核灾,及时将救灾款物发放到受灾群众手中。颍上、怀远等县全力以赴,确保行蓄洪区补偿工作顺利进行。在这两场特殊的战斗中,财政部门的工作得到了省委、省政府高度评价。

(三)继续调整和完善省以下财政体制

继续贯彻执行支持县域经济发展的8条政策措施,县级从中获得政策性支持8.5亿元左右。进一步规范省对下转移支付制度,全年省对下转移支付近100亿元,比上年增长11.1%。省对下调度资金168亿元,比上年增加23亿元,增长15.9%,有效缓解了市县财政资金周转困难。各市按照省里的统一要求,着力规范市以下财政体制,建立和完善市对县一般性转移支付制度,将财力向县乡倾斜。如合肥市一年支持3县资金达3000多万元。在和县、五河等9个县推行"乡财县管"改革试点,较好地规范了乡镇财政收支行为,促进了县域经济和社会事业健康发展。

(四)着力解决关系群众切身利益的实际问题

2003年,全省机关和事业单位工资及管理费支出272.1亿元,增长12.4%,较好地保证了工资正常发放。全省有近60个县区实现了城乡中小学教师与县直公务员地方津补贴发放标准的统一。全省社会保障方面支出102.7亿元,增长14.6%,基本做到"两个确保"和城市居民最低生活保障应保尽保。各级财政认真落实财税优惠政策,多渠道筹集再就业资金10.2亿元,全力促进就业和再就业工作。省财政在铜陵、宁国等10县(市)积极组织开展首批农村新型合作医疗试点,为解决农民因病致贫、因病返贫探索了一条新路。安排扶贫专项资金4.76亿元,着力改善贫困地区农民生产生活条件。

(五)稳步推进粮食补贴方式改革试点

从2003年6月1日起,在全省实施"两放开、一调整"粮食补贴方式改革试点。在各级党委、政府的领导下,财政部门会同有关部门精心制订并实施改革方案,稳步推进各项配套改革,向农民直接发放补贴资金6.27亿元;全省国有粮食企业提前1年完成减员分流任务,有70个市、县(市、区)粮食企业实现扭亏为盈,盈利总额达2亿多元;累计销售处理"老粮"92.5万吨,比计划提前1年完成老粮销售任务。我省粮补改革取得了积极成效,受到了广大农民的普遍欢迎,得到了中央领导和财政部领导的充分肯定。

(六)扎实开展农村税费改革规范年活动

各地按照省里的统一部署,精心组织实施规范年活动,全面取消了农业特产税,直接减轻农民负担1.7亿元。稳步实施农村中小学危房改造,近3年来累计投入20多亿元,改造农村中小学危房560万平方米,其中D级危房458万平方米,全面完成了省政府确定的3年D级危房改造目标任务。2003年,通过全面取消农业特产税、"两工"以及实行粮补改革、行蓄洪区补偿,全省农民人均减支增收60元,在大灾之年,保证了农民收入没有减少。经过4年来的努力,我省农民从农村税费改革中得到了80亿元的好处,农民负担保持稳定并持续减轻。截至2003年底,全省农民人均负担64.4元,比农村税费改革前下降41.1%。

(七)进一步深化公共财政支出改革

按照省政府提出的"一年到位、二年完善、三年规范"的总体要求,省财政进一步加强对市县公共财政支出改革工作的指导和督查。同时稳步推进省直部门预算管理制度改革,省直117个部门及所属1000多个预算单位全部进入了国库支付中心。各级党委、政府高度重视,有关部门密切配合,各级财政部门精心组织,规范操作。特别是这次会上表彰的巢湖市以及和县、五河等县,不断深化公共财政支出改革,在全省起到了较好的示范和带动作用。经过3年来的努力,全省公共财政支出改革呈现上下联动、全面推开的良好态势,省市县三级分别成立了国库支付中心和会计核算中心,部门预算、政府采购制度改革全面推进并不断深化,省政府确定的3年改革阶段性目标任务圆满完成。

(八)积极支持全省经济改革和发展

2003年,省财政投入各类支农专项资金达20亿元,有力促进了农村经济结构调整和增加农民收入;拨付18.3亿元专项资金,重点支持国有企业关闭破产和扭亏脱困;安排专项贴息资金5000万元,大力支持皖北地区和工业园区经济发展;及时拨付国债专项资金21亿元,支持水利、交通等一批重大项目建设;为979户企业提供担保和再担保贷款5亿元;及时出台减免15项政府性基金、免收32项行政事业性收费项目政策,有效减轻"非典"疫情对经济的冲击。各级财政部门积极筹措资金,切实转变方式,大力支持经济发展。蚌埠市探索农业综合开发新路,取得了农业增效、农民增收、企业发展的多重效果。芜湖市建立产业发展基金,重点扶持优势和支柱产业发展。

在充分肯定成绩的同时,我们也清醒地看到,当前我省财政发展中仍然面临着不少困难和问题。主要是:人均财政收支水平偏低,各级财政收支矛盾突出;区域之间财力不平衡,一些县乡财政十分困难;受财力影响,部分重点支出保障不够有力;部门预算执行中仍存在一些问题,财政改革需要进一步深化。这些问题,我们要坚持用改革和发展的办法,在今后的工作中努力加以解决。

二、扎实做好2004年财政工作

2004年全省财政工作的指导思想和总体要求是:坚持以邓小平理论和"三个代表"重要思想为指导,全面贯彻党的十六大、十六届三中全会精神,围绕全面建设小康社会起步阶段的重点任务,坚持发展第一要务,积极支持经济发展,努力做大财政“蛋糕”;继续推进财政改革和体制创新,健全公共财政体制,加大重点支出保障力度,严格财政监督管理,促进全省物质文明、政治文明、精神文明协调发展。重点抓好以下8个方面的具体工作:

(一)依法加强收入征管,确保完成全年预算任务

省十届人大二次会议批准了2004年财政预算,2004年全省财政总收入预算为453亿元,增长10%左右。各级财政部门要明确目标,抓住机遇,坚定不移地完成2004年任务,有能力的地方要力争超收,充分把经济发展的成果体现在财政收入的快速稳定增长上来。要加强与税务部门的协调配合,加强预算执行情况分析和税源调查,在重点抓好增值税、消费税、营业税、企业所得税等主体税种征收的同时,采取有力措施,强化车船使用税、房产税、契税、个人所得税等税种的征管,严厉打击各种偷税、抗税、骗税行为。稳步推进农业税征管改革,完善农业税征管机制。各级财政部门要强化非税收入观念,使非税收入尽快取代预算外资金概念,同时积极探索非税收入管理新模式。要继续推进行政性收费和罚没收入收(罚)缴分离、票款分离工作,继续扩大行政事业性收费纳入预算管理的范围,切实加强对彩票收入、土地出让金收入、国有资产经营性收益等非税收入的管理。2004年,省财政将结合省直管县财政体制,制定对市、县和税务部门财政收入目标考核激励办法,促进各地应收尽收,努力做大财政收入“蛋糕”。

(二)稳步实施省直管县财政体制,加快县域经济发展

省委、省政府决定,从2004年起,实行省直管县财政体制,这是省委、省政府为加快县域经济发展作出的重大决策,也是2004年一项重大的财政体制改革。改革的主要内容是将收入目标、转移支付、财政结算、资金调度、项目申报、债务偿还、工作部署等直接到县。改革的基本目标是确保县乡工资正常发放,有效控制县乡债务,促进县域经济发展,争取通过2—3年的努力,实现县乡财政状况的根本好转。这次会上印发了《安徽省省直管县财政体制的实施意见》(讨论稿),会后,我们将根据各地的意见和建议,作进一步完善并尽快印发下去。同时,尽快调整、核实并下达市县的体制上解(补助)、定额补助基数和“两税”返还基数。各级财政部门要按照《实施意见》的要求,统一思想,扎实抓好各项工作的衔接和落实,密切关注改革的进展情况,及时解决改革过程中出现的新情况、新问题,不断完善各项改革措施。为保证改革的顺利实施,省财政将进一步加强对县级财政工作的指导、管理和监督,提高县级财政管理水平。从2004年起,省财政每年将选择部分县(市),对其预算进行审查,促进县级财政科学、合理地安排预算,优先保障工资的正常发放。对擅自变更预算,导致国家规定的工资和津补贴不能按时发放的,省财政将扣减有关县(市)转移支付资金,并通报批评。同时,建立奖励机制,对通过自身努力保证了工资正常发放的县(市区),予以奖励。这里要特别说明的是,对未实行省直管的少数县(区),省财政将一如既往给予支持和帮助,确保过去已明确的扶持政策、资金不因改革而受到影响。市级财政要抓住机遇,加快自身发展;要继续支持和帮助县级财政发展,继续履行对县级财政的业务指导、督促检查、报表汇总等职能。

(三)统筹城乡经济社会发展,继续加大对“三农”的支持力度

“三农”是全党工作的重中之重,也是全面建设小康社会的重点和难点。省委、省政府决定2004年全面取消农业税附加,下调农业税税赋1.4个百分点。这是我省农村税费改革中一项重大的政策调整。各级财政部门要尽快制定具体实施办法,确保改革政策落实到位。在农业税午征前,要将取消农业税附加政策落实到乡、村、组、户,切实做到“两到位、两到户”,即政策落实到位、宣传工作到位,征收清册编制到户、纳税通知发放到户。要严格按照附加比例进行调减,不得增加正税数额,更不得借机增加农民负担。取消农业税附加后,省财政将对村级三项费用安排专项补助,各地对村级的补助不得减少,有条件的地方要适当增加对村级补助数。在全面取消农业税附加的同时,各级财政部门要扎实做好支持“三农”的各项工作。一要继续深化农村税费改革。全面落实取消农业特产税政策,继续清理不合理的涉农收费,继续实施中小学危房改造工程。配合有关部门积极调整乡镇区划和村级规模,确保一季度完成乡镇事业单位分流人员的安置工作,确保6月底以前完成撤村并村工作。二要完善粮食补贴方式改革政策。尽快将粮食直接补贴发放给农民,探索建立粮食管理新体制。三要努力增加对农业和农村的投入,着力改善农业基础设施和农村公共服务条件。

(四)全面推行“乡财县管”改革,规范乡镇财政收支行为

省财政将借鉴2003年和县等地改革的成功经

验,进一步加强对各地改革的分类指导,年终将对各县改革情况进行检查和考核,并对先进单位予以表彰和奖励。市财政要加强对所属县改革工作的指导,负责组织实施本市改革工作,开展对县乡改革的督促检查,并帮助解决改革过程中遇到的困难和问题,确保"乡财县管"改革顺利进行。县级财政要切实负起牵头责任,借鉴试点县的改革经验,抓紧制定改革方案,认真做好乡镇账户、票据、财政供给人员和债权债务的清理工作。在改革过程中,要尽可能从体制上保证乡镇工资发放和正常运转等基本支出需要,把困难留在县级,正确处理好加强乡镇财政管理与调动乡镇发展经济积极性的关系。不得借改革之机截留、挪用或平调乡镇财政资金。要加强财政支出管理,严格控制财政供给人员和债务的不合理增长,坚决扎住县乡"人" 和"债"的口子。要进一步理顺乡镇财政所管理体制,乡镇财政所与农税所实行一个机构、两块牌子,加强农业税征管力量,并实行县财政局(农税局)对乡镇农税所的垂直管理。要积极推广应用计算机网络技术,实现县财政会计核算中心与乡镇联网。2003 年已先行改革试点的县,2004 年要重点抓配套、完善和提高,巩固改革成果。

(五)稳步推进出口退税改革,促进全省外贸出口发展

国务院决定 2004 年起改革出口退税机制,对历史欠退税款由中央财政负责偿还,同时建立中央地方共同负担的出口退税新机制。结合我省外贸出口实际,省政府制定了我省改革实施方案。从 2004 年起,各市、县出口货物退税超基数地方应负担 25%部分,由出口货物的市、县承担。省直外贸企业出口退税超基数地方应负担的 25%部分,属省内产品出口的,从明年起,由供货市、县承担;属购进省外产品出口的,按照核定的出口退税基数,由省外经贸厅包干使用。在新的出口退税政策下,要重新审视和调整外贸发展思路,优化出口产品结构,降低外购产品出口比重,促进地产品出口。要深化外贸企业改革,加快生产企业自营出口,积极引导外贸出口从收购制向代理制转变。要认真研究出口退税机制改革对财政的影响,调整和完善出口促进的财政政策。

(六)完善所得税收入分享改革,推进全省经济结构调整

省委、省政府决定,从 2004 年起按照让利于市县、促进区域经济协调发展的原则,改革现行按企业隶属关系划分所得税收入的办法,对企业所得税和个人所得税收入实行中央、省、市县按比例分享。这项改革有利于创造公平、开放、宽松的财税环境,推动企业资产的合理流动和重组,促进经济结构调整,增强经济发展的内在动力。这次改革对于中央跨地区经营集中纳税企业、高速公路、烟草企业、安徽移动通信等企业所得税以及彩票个人收入所得税实行中央与省按比例分享。对于其他企业实行中央、省、市县按照 60%、15%、25%比例分享。为支持县域经济发展,本届政府任期内,省财政因调整和完善所得税收入分享改革体制而增加的财力,全部用于增加对县乡的转移支付。同时,对今后年度因客观因素,导致中央、省属企业所得税收入大幅下滑影响市县财力的,省财政将给予适当补助。各地要统一思想,顾全大局,加强所得税收入征管,确保改革顺利实施。对所得税收入完成数达不到核定基数的,省财政将按照中央和省的分享比例,相应扣减有关市的返还基数,既要扣减所得税收入返还额,还要扣减收入基数。

(七)继续调整和优化财政支出结构,努力保证各项重点支出的需要

一是确保工资正常发放。各级财政新增财力主要用于保工资,基本支出核实打足。要建立县乡机构、编制、人员基础信息库,严格控制县乡机构编制和人员。从 2004 年起,县乡新增财政供给人员一律报经省人事厅、省编办和省财政厅审批,否则财政不予供给。二是认真落实中央关于 2004 年一般性支出继续实行零增长的要求,从严控制会议费、招待费、出国考察培训费等一般性支出,努力增加对科技、教育、文化、公共卫生、公检法司等社会事业的投入,促进经济社会事业协调发展。三是进一步增加社保资金投入,认真落实国家促进就业的各项财税优惠政策,进一步完善新型农村合作医疗试点工作,大力支持公共卫生设施建设,提高公共卫生服务水平和突发性公共卫生事件应急能力。四是采取有效措施,加快支出进度,提高预算执行率。

(八)继续推进预算管理制度改革,严格财政收支监督

一是继续深化部门预算改革,依法加强全口径预算管理,进一步提高预算编制的完整性和透明度。明年省级所有部门预算要报省人大审查,省直各部门要高度重视,提前谋划,早编细编部门预算。二是继续深化财政国库管理制度改革,加快"金财工程"建设,加快网上审核、支付财政资金改革步伐。三是继续深化政府采购制度改革,不断扩大政府采购范围和规模。2004 年将举办第二届政府采购产品展示

交易会。四是继续深化“收支两条线”管理改革。从2004年起,对省级各项行政事业性收费(除院校收费和广电广告收入外)一律纳入预算管理,并按规定对行政性收费继续实行调控,罚没收入由省财政统筹安排。五是强化财政监督,稳步推进财政支出绩效评价工作。2004年要选择一些专项,对资金项目合理性、项目质量、目标完成程度、资金使用效益等进行分析评价,将评价结果与改进日常财政管理相结合。六是继续整顿和规范会计秩序,努力提高注册会计师、注册资产评估师、财会人员的社会公信力。

三、坚持求真务实,不断提高财政工作水平

(一)进一步强化创新意识,继续保持昂扬向上的精神状态

各级财政部门要进一步强化创新意识,继续加大思想解放力度,不断加强观念创新、制度创新、体制创新和方法创新,在创新中抓机遇,在创新中谋优势,在创新中求发展。要学会运用市场经济的办法,解决财政改革发展中遇到的新情况、新问题,自觉地把思想观念、思维方式和工作方法纳入市场经济的轨道。比如,在很多财政投资项目上,要学会用经营的理念和市场化的手段去运作;对一些事业单位,要学会将事业变为产业;对各种财政补贴,要继续探索市场化运作方式等等。要善于总结新经验,正确把握新趋势,积极谋划长远发展战略。2004年要组织力量,认真抓好“十一五”财政规划的前期研究工作。

(二)进一步强化责任意识,确保各项工作任务落到实处

要建立完善的抓落实工作责任制,通过建立自上而下、自下而上的目标责任体系,形成“一级抓一级,层层抓落实”的工作制度,及时把各项工作目标任务细化,分解落实到具体领导和每个承办人员,并制定出具体工作方案和相应工作措施,明确工作进度要求和责任。要加强督促检查,对发现的问题要及时解决,保证抓一件落实一件,干一件成功一件。要健全和完善工作激励和约束机制,充分调动和发挥广大干部职工的积极性、主动性和创造性。2004年省财政厅将与省人事厅在全省财政系统开展一次综合性的评比表彰活动,对近几年全省财政系统的先进集体和先进工作者(劳动模范)进行表彰。

(三)进一步强化服务意识,扎实推进全省财政系统政风建设

财政工作与广大人民群众的切身利益息息相关。群众的理解和部门的支持,是顺利推进各项财政改革的重要条件。各级财政部门必须通过自身扎实的工作、优良的政风,来争取方方面面的理解和支持,为财政改革与发展营造良好环境。要坚持群众观念,努力做到感情上贴近群众,思想上尊重群众,行动上深入群众,深怀爱民之心,恪守为民之责,善谋富民之策,多办利民之事。要坚持讲大局、讲团结、讲协作,坚决摒弃部门优越感,做到热情服务。别的单位到财政部门来要钱、要政策,不一定都能满足,但一定要热情诚心服务。对不该办的事要耐心解释,讲清楚为什么办不了。对该办的事,要学会主动沟通去办,不要什么事情都要人家找上门再办,更不能拖着不办。

(四)进一步强化法制意识,努力提高依法行政、依法理财水平

一是抓好《行政许可法》的学习、宣传和培训工作。各级财政部门都要制定计划,精心组织学习。从2004年开始,省财政厅所有的业务培训都要加上《行政许可法》的知识内容,把依法行政和财政工作紧密结合起来。二是抓紧做好行政许可事项的清理工作,最大限度地减少行政审批事项。同时,进一步转变职能,按照公共财政的要求,努力为市场主体创造良好环境,为企业发展搞好服务,并在实践中注意做好市场管理与公共服务工作。三是继续加强财政法制建设,进一步完善各项财政规章制度,全面推行行政执法责任制,严格执法程序。加强财政监督,严肃查处各种违反财经纪律的行为。

(五)进一步强化人才意识,建设一支高素质财政干部队伍

一是完善干部教育培训制度,进一步加强干部职工政治理论学习和业务知识培训。财政部门的领导干部要以身作则,带头参加各类培训学习。2004年省厅将继续举办两期以厅机关处级领导干部和财政局长为主的更新知识培训班。二是完善财政部门内部监督约束机制,健全各项廉政制度规定,严肃查处违纪问题。要正确运用手中的权力,始终保持清正廉洁,严格要求自己,做到自律、自警、自省、自重。三是完善人事管理制度,努力营造用事业造就人才、用环境凝聚人才、用机制激励人才的氛围。

省十届人大常委会第十一次会议文件

关于安徽省2003年财政决算及2004年上半年预算执行情况的报告(摘要)

——2004年8月18日在省十届人大常委会第十一次会议上

省财政厅厅长　朱玉明

一、2003年财政决算

2004年1月12日,在省十届人大二次会议上,我受省政府委托,报告了2003年全省财政预算执行情况。现在全省和省级财政决算已经编成,与预算执行相比,决算收支主要项目变化不大,因与中央及各市结算,财政平衡情况有所变化。

(一)全省财政决算

财政收支情况:全省地方财政收入完成220.7亿元,为年初预算的106.1%,比上年增长10.3%;全省财政总收入完成412亿元,为年初目标任务的108.9%,增长18.9%。全省财政支出完成507亿元,为预算的96.3%,增长11.1%。

财政平衡情况:全省地方预算收入2207487万元,加中央税收返还及补助收入2934491万元,上年滚存结余582023万元,调入资金81641万元,财政总收入为5805642万元。全省财政支出5074398万元,加上解中央支出118671万元,增设预算周转金等14460万元,财政总支出5207529万元。收支相抵,滚存结余598113万元,比1月份向省人代会报告的预计数增加12538万元,其中:结转下年支出547383万元,比预计数增加10581万元,净结余50730万元,比预计数增加1957万元。

(二)省级财政决算

财政收支情况:省级地方财政收入完成31.1亿元,为预算的95.7%,主要是因"非典"省政府出台有关收费减免政策以及所得税分享口径变化等,没能完成省级收入预算任务。剔除这些因素,按可比口径增长5.1%。省级财政支出157亿元,为预算的104.9%。

财政平衡情况:省级地方预算收入311008万元,加中央税收返还及补助收入2934491万元,上年滚存结余239143万元,调入资金18306万元,市上解省收入420406万元,财政总收入为3923354万元。省级财政支出1571028万元,加上解中央支出118761万元,补助市支出2005760万元,财政总支出3695459万元。收支相抵,滚存结余227895万元,比1月份向省人代会报告的预计数增加35744万元,其中:结转下年支出225080万元,比预计数增加35008万元,净结余2815万元,比预计数增加736万元。

总的来说,2003年全省财政预算执行平稳,较好地完成了年度预算确定的收支任务,继续保持了财政发展的良好势头。

一是财政收入总量取得新突破。全省各级财政克服"非典"疫情和洪涝灾害的不利影响,全年财政收入增幅创近年来新高,完成412亿元,迈上新台阶。

二是重点支出得到较好保障。特别是面对突发的"非典"疫情和严重的洪涝灾害,积极调整支出结构,及时调度资金,全力争取中央财政支持,相继下拨专项资金33.6亿元,确保了"非典"防治及抗洪救灾资金的需要,充分发挥了财政对公共需要的应急保障作用。

三是财政改革取得新进展。继农村税费改革之后,在全国率先推进粮食直补改革,并取得了显著成效;农村税费改革不断深化,全面取消了农业特产税,农民负担进一步减轻;国库集中支付、乡财县管、新型农村合作医疗制度等各项改革稳步推进;省政府确定的全省公共财政支出改革目标基本完成,我省公共财政支出改革呈现省市县联动、整体推进的良好态势。

2004年上半年,省审计厅对2003年省级预算执行情况及其他财政收支进行了同级审计。审计认为,2003年,省级预算执行情况总体上是好的,各部门预算执行情况基本正常,省级财政收入稳定增长,"非典"防治和抗洪救灾等重点支出得到全力保障,省以下财政体制进一步完善，公共支出改革稳步推进，部门财务管理逐步规范，审计意见和决定跟踪落实机制正在建立，上年审计反映的问题基本得到了纠正。同时，审计也指出了省级预算管理和财政财务收支中存在的一些问题。省十届人大常委会第十次会议审议审计工作报告时，常委们对省级预算管理和财政财务收支提出了许多很好的意见和建议。针对这些问题和建议，省政府高度重视，要求财政等部门认真对照检查，逐项落实整改意见。省财政厅对此进行了认真自查，及时进行了纠正和整改，并按省政府要求，将有关整改情况，向省人大财政经济委员会作了专门报告。

1.关于预算编制不够完整问题。2003年，在年度预算执行中，发生了海螺集团国有股减持收入1亿元、安徽大厦国有资产经营收益200万元等，这些收入项目年初无法作出预计，因此未能列入年初预算。另外，耕地占用税入库数与年初预算数相差较大，主要是2003年省级大型工程用地、开发区用地大量增加以及房地产热等不确定因素，与正常年景相比，耕地占用税增收较多。2004年，省财政厅已开始编制全口径预算。凡能够作出准确预计的各项收入，全部在年初预算中反映；凡当年明确必须安排的支出，在财力允许的前提下，全部列入年初预算安排。今后，将进一步完善预算编制方法，提高预算编制的完整性、准确性，尽量缩小收入决算数与预算数差距。

2.关于部分项目支出执行率不高或指标连年结转问题。省级结转形成的原因：一是中央追加专项资金指标下达较晚，2003年11—12月份，财政部通知下达我省资金近24亿元，其中部分资金年底未能及时拨付；二是有些项目跨年度实施，需按工程进度拨付资金；三是有些项目政府采购当年未实施完毕，2003年因此结转金额达2.2亿元；四是有些项目相关部门具体资金分配方案不能及时落实。2003年，按照同级审计要求，省财政厅研究制定了相关的管理办法，加大了对省级预算支出指标结转的清理和管理力度，收回并重新安排历年结转1.7亿元。同时加快资金拨付，省级预算支出执行率比上年提高了6个百分点。2004年，省财政厅将进一步加强结转管理，加快预算执行进度，完善相应管理制度和措施，尽可能把省级结转降低到一个合理的水平。

3.关于预算执行中存在科目调剂问题。2003年，省级科目调剂主要有以下几类：一是年度预算执行中国家制定的政府收支科目发生变化。二是由于工资统发、政府采购实际执行结果与年初预算不同，导致科目调剂。三是财政部与我省办理结算时，增加补助了我省部分资金，对这部分资金，在办理结算时无法准确安排到相应支出科目，事后省政府确定用于解决一些重点支出项目，由此产生科目变动。四是因淮河流域洪灾，省政府决定对省直各部门公用经费统一压减5%，用于支持救灾，产生科目调剂。五是按照审计要求，对历年结转指标进行了全面清理，对一些结转指标进行了科目归并和用途调整，由此产生了相应的科目调剂。六是预算执行中正常的科目划转。这也反映了年初省级部门预算编制不够准确、项目审查不够细致、科目调剂程序不够严密等问题。为依法严格对科目调剂的管理，省财政厅已经制定预算指标管理办法，努力控制和减少预算执行中的科目调剂。

4.关于行政性收费收入的调控政策执行不严问题。2000年以来，安徽省陆续出台3次增加职务补贴政策，由于省级财力有限，除正常供给单位外，对上划下划单位的增资均由单位自行消化解决。考虑地税、工商、技术监督等部门实行行业管理，人员较多，增资经费有缺口，对其行政性收费未实行集中调控。对此，《安徽省省级行政性收费、罚没收入和预算外资金集中调剂使用实施办法（暂行）》第十一条作了具体规定。

5.对其他有关审计问题，如部分专项资金使用不合规、拨付不及时，国有资产管理制度不够健全等，均已及时作了纠正和规范处理。还有一些属于账务技术处理上的问题，已向审计部门作了详细说明。当然，我们在工作中也还存在制度不够健全、监督检查不够严格、程序不够完备等问题，需要进一步深化改革，从制度机制和体制上加以规范。

对省人大常委的审议意见以及审计报告中提出的部门预算执行和专项资金管理存在的问题，省政府已督促各相关部门进行整改。省财政厅进一步落实责任，强化财务监管措施，严格对财政资金使用的跟踪问效，确保专款专用，提高资金使用效益。

今后，我们将严格按照《预算法》和《安徽省预算审查监督条例》的有关规定，依法理财治税，继续深化公共财政改革，不断提高财政管理的科学性、规范性和有效性。

二、2004年上半年预算执行情况（略）

三、年内财政工作安排（略）

财政改革纪实篇

底图为黄山风光：猴子观海

农村税费改革纪实

温家宝同志在全国农村税费改革试点工作电视电话会议上的讲话

(2003年4月3日)

农村税费改革是涉及全局的一项重大改革,也是今后各级政府工作的一个重点。这次电视电话会议的主要任务是:以邓小平理论和"三个代表"重要思想为指导,全面贯彻党的十六大精神,总结3年来农村税费改革试点的成效和经验,提高认识,统一思想,部署全面推进农村税费改革试点工作。刚才,安徽、江西两省的负责同志分别介绍了经验,讲得很好。下面,我讲几点意见。

一、农村税费改革试点工作的成效和经验

农村税费改革是党中央、国务院作出的重大决策。2000年在安徽全省和其他省区的部分县市进行试点。2002年在总结安徽等地经验的基础上,按照"积极稳妥、量力而行、分步实施"的原则,试点省份扩大到20个。试点地区的乡村人口约6.2亿,占全国乡村人口的3/4以上。在各级党委、政府的高度重视和广大干部群众的共同努力下,试点工作进展顺利,取得明显成效。

*一是农民负担大幅减轻,初步遏制了农村乱收费、乱罚款和各种摊派。*试点地区农民减负率一般都在30%左右。农民从改革中得到的好处一年在300亿元以上,考虑到治理乱收费等因素,实际减负效果更加明显。

*二是农村税费制度得到规范,初步理顺了农村分配关系。*试点地区实行了以农业税及附加为主要内容的农村税费制度,初步理顺了国家、集体和农民三者之间的分配关系,逐步将农民负担管理纳入规范化、法制化轨道。

*三是密切了干群关系,维护了农村社会稳定。*通过规范税费制度,改进征管办法,不仅把基层干部从过去繁重的催粮收款中解脱出来,而且从制度上促进了基层党风廉政建设,有效地缓解了干群矛盾,减少了农村不稳定因素。

*四是促进了农村上层建筑的变革,加强了农村基层政权建设。*税费改革推动了乡镇机构精简和职能转变,推动了农村教育体制改革和县乡财政体制改革,村级组织也发生了积极变化,有利于建立与社会主义市场经济相适应的农业行政管理体制。

农村税费改革是新中国成立50多年来,继土地改革、家庭承包经营之后的又一次重大变革。实践证明,中央关于农村税费改革的决策是完全正确的,得到了亿万农民的衷心拥护。农村税费改革的深入,对全面繁荣农村经济,加快农村小康建设,必将发挥重要的作用。

在3年来的农村税费改革试点中,各地按照中央要求,从本地实际出发,大胆探索,勇于实践,积累了丰富的经验。

*第一,周密制定改革方案,精心组织实施,是搞好农村税费改革的基本前提。*税费改革直接关系千家万户的切身利益,政策性强,工作量大,是一项十分复杂的系统工程。必须根据中央的政策和部署,做好深入细致的调查研究工作,制定符合实际的改革方案,并认真组织实施。只有把各项基础性工作做实做细,改革试点工作才能顺利进行。

*第二,妥善处理各方面利益关系,是顺利推进农村税费改革的重要条件。*税费改革的过程是各方面利益调整的过程,必须正确处理国家、集体和农民之间的利益关系,确保农民负担明显减轻、不反弹,确保乡镇机构和村级组织正常运转,确保农村义务教育经费正常需要。这不仅是搞好农村税费改革的重要条件,也是改革顺利进行的基本要求。

*第三,推进配套改革,是农村税费改革取得成功的重要保障。*税费改革必须与其他各项改革配套进行。只有大力精简机构和人员,切实转变政府职能,完善县乡财政管理体制,深化农村教育改革,改变"食之者众,生之者寡"的局面,才能巩固税费改革成果,确保农民负担不反弹。

*第四,积极探索,完善政策,是顺利推进农村税费改革的必然要求。*税费改革是一项新的事业,我国农村情况千差万别,改革试点的时间还比较短,许多问题还在研究和探索之中。把税费改革引向深入,必

须在认真执行中央政策的前提下,因地制宜,大胆探索,依靠群众,尊重农民意愿,不断完善政策措施。

二、认真研究解决农村税费改革试点中的突出问题

在3年的农村税费改革试点实践中,一些地方的农民负担得到了切实的减轻,但农村一些长期积累的矛盾和问题也暴露出来。认真研究和解决好这些突出矛盾和问题,是进一步推进农村税费改革的重要任务。

第一,关于粮食主产区和种地多的农民负担重的问题。减轻农民负担,重点是要减轻粮食主产区和种地农民的负担。由于近几年粮食持续供大于求、价格低迷,主产区农业效益下降,农民增收困难,负担水平相对较高。这次税费改革实行税随地走,原先按人头分摊的收费改为按田亩分摊,加上有些地方计税面积、计税产量和计税价格偏高,一部分种地较多的农户负担相对加重。这个问题能否妥善解决,直接关系农村税费改革的成败。因此,必须采取有效措施,解决粮食主产区和种地多的农户负担重的问题。一是继续加大对粮食主产区的支持力度。进一步减轻粮食主产区和种地农民的负担,是农村税费改革的一个基本政策取向。中央和省两级财政的转移支付,要重点向农业主产区特别是粮食主产区倾斜。二是严格按照中央的规定,合理确定计税面积、计税产量和计税价格。计税面积要以第二轮土地承包确定的承包面积为依据。计税产量和计税价格过高的,要实事求是地予以调整。三是确保改革后每个农户的负担水平都有所减轻。这要作为一条硬杠杆。对种地较多的农户可以考虑实行减免税等办法,把他们的负担控制在合理的水平。如果改革后负担出现加重的,一定要调下来。四是国家对农业和农民的各种补贴,要重点照顾主产区和种地多的农户。

第二,关于农业特产税问题。农业特产税是在粮食短缺的特定历史条件下出台的,目的是为了调节粮食生产与经济作物的关系,促进粮食生产。目前我国农产品供求关系已经发生了历史性的变化,粮食等主要农产品由长期短缺变为总量基本平衡、丰年有余,现在的主要矛盾是农民增收困难,需要对农业和农村经济结构进行战略性调整。加入世界贸易组织后,如何应对国外农产品的进口压力,并把我国有优势的农产品打入国际市场,也是一个非常紧迫的任务。在这种形势下,继续征收农业特产税,不利于农业结构调整,也不利于提高我国农业的国际竞争力。农业特产税税源分散,情况复杂,计算和征收十分困难,很容易造成平均摊派,激化干群矛盾。因此,取消农业特产税,应当成为推进农村税费改革的又一项重要措施。现在大部分地区已经具备取消农业特产税的条件,这些地区可以取消农业特产税。但少数地区现在要一下子全部取消还有难度,因为一些特殊农产品(如烟草、原木等)的特产税已经成为这些地区财政收入的主要来源,取消特产税后如何弥补这部分财政缺口,还有待进一步研究。在这个问题上不强求一律,由各省根据本地情况自主决定。一些目前尚不能全部取消农业特产税的省区,要逐步缩小征收范围,降低税率,创造条件,最终取消农业特产税。

第三,关于乡村债务问题。乡村债务是长期以来形成的问题,也是影响农村经济发展、社会稳定的突出问题。在这次税费改革中,由于精简机构,调整职能,堵住了向农民乱收费的"口子",乡村债务的问题集中地暴露了出来。据粗略统计,目前全国乡村两级债务已达到3600多亿元。如不采取有效措施加以解决,不仅影响农村税费改革的顺利进行,而且也直接影响农村基层政权建设。由于负债数额大,负债面广,情况复杂,化解难度很大。对这个问题我们既要认真对待,积极稳妥地解决,但也不能草率行事。总的要求是:防止新债,摸清底数,明确责任,分类处理,逐年化解。一是要坚决防止发生新的债务。乡村办任何事情都要量力而行,量入为出,不搞劳民伤财的政绩工程、形象工程,取消不切实际的达标升级活动,纠正脱离实际向基层下达税费任务的错误做法。二是要真正摸清债务底数。分清债务形成的原因,明确债务人和债权人,在此基础上区别情况,根据债务不同性质和还债能力,分期逐步归还。三是不准突击清收税费尾欠。对改革试点前的税费尾欠不能搞突击清收,以防止激化干群矛盾,干扰税费改革试点正常进行。四是不能把乡村债务分摊到农民身上。化解乡村债务的根本途径,在于发展农村经济,健全农村财务制度。近年来,一些地区在化解乡村债务方面取得了较好的经验,要认真总结和推广。农业部、财政部和人民银行等部门要深入调查研究,抓紧制定指导性意见,切实解决好乡村债务问题。

第四,关于对农民的直接补贴问题。为适应社会主义市场经济发展和我国加入世贸组织的新形势,必须改革国家对农业的支持和保护方式,更多地对农民实行直接补贴。过去我们通过建立粮食风险基金等方式,对粮食生产进行补贴,但主要是补在流通环节,农民直接得到的好处并不多。这几年,我们在退耕还林、农村中小型基础设施建设、振兴大豆产业等方面,探索了一些对农民直接补贴的办法。对农业和农民直接补贴,与税费改革和粮食流通体制改革密切相关,必须统筹考虑。今后,我们一方面要坚持市场化取向,深化粮食流通体制改革,另一方面要把对流通环节的补贴逐步转变为对农民的直接补贴。补贴的方式要尽可能简便易行,最大限度地方便农民,让农民得到实惠。补贴的资金要多渠道筹集,逐步扩大资金来源。安徽等一些地方已经进行了这方面的试点。要继续探索,及时总结,逐步扩大对农民直接补贴的范围。

三、加强领导,全面推进农村税费改革试点工作

中央决定,2004年农村税费改革试点工作在全国范围推开,这是深化农村改革、促进农村发展的一项重大决策。全面推进农村税费改革试点工作,要以"三个代表"重要思想为指导,全面贯彻党的十六大精神,以彻底减轻农民负担、促进农民增收为目标,理顺国家、集体和农民的分配关系,推动农村上层建筑的变革,建立与社会主义市场经济要求相适应的农业管理体制和运行机制,进一步解放和发展农村生产力。为此,必须做好以下工作:

第一,提高认识,统一思想,以改革的精神做好试点工作。全面推开农村税费改革试点,任务更加艰巨繁重。各地情况不同,经济社会发展的差别很大,目前改革还属于试点阶段,改革方案需要在实践中不断完善。由于改革涉及面宽、政策性强,与农村各项事业的发展紧密相关,牵一发而动全身,工作难度相当大,需要各地从实际出发,通盘考虑,精心设计,周密部署。改革还将触及农村许多长期积累的深层次矛盾,稍有不慎,会引发出新的矛盾和问题,需要我们未雨绸缪,积极、稳妥地做好工作。全面推进农村税费改革试点,不只是试点范围的简单扩大,而且要完善相关政策,解决好改革中的突出问题。有些问题,2004年开始试点的地区会碰到,先行试点的地区也没有完全解决,还需要深入探索和实践。农村税费改革虽然在全国推开,但仍然属于试验阶段。这主要考虑到:一是现在的农村税费改革还不彻底。这项改革的最终目标是,按照建立公共财政和现代税制的要求,逐步取消一切不应该由农民负担的税费,彻底减轻农民负担,现在的方案还不能达到这个目的。二是目前的改革政策还有待完善。有些政策还需要深入研究,一些突出的问题还没有完全解决。三是如何从根本上制止农村各种乱收费,防止农民负担反弹,现在还缺乏有力的措施。另外,国有农场、林场等特定地区和对象的税费改革怎样进行,也还没有拿出具体的办法。同时,从长远看对农业和农民的税收体制如何设置,更需要进一步研究探索。各级党委和政府都要加深对农村税费改革复杂性、艰巨性和长期性的认识,注意研究新情况,解决新问题,在实践中不断完善政策,把这项工作搞好。

第二,落实政策,精心部署,扎扎实实做好试点工作。各级党委和政府都要深入学习领会中央关于农村税费改革和减轻农民负担的各项政策,并在实际工作中认真贯彻落实。要按照中央的政策,并结合当地实际,实事求是地制定改革方案。新试点的地方更要认真做好改革的数据测算、方案制定等基础工作。要严格把握政策界限,农业税及其附加不准超过国家规定的税率上限,不准超范围、超标准进行"一事一议"筹资筹劳,不准在农业税及附加和"一事一议"之外对农民进行任何形式的摊派和收费。国家规定的税率上限不是要求各地都要达到的,我们鼓励有条件的省份尽量降低农业税的税率,进一步减轻农民负担。加大政策宣传力度,把税费改革的政策原原本本地交给农民,真正做到家喻户晓。加强对从事改革试点工作的干部特别是农村基层干部的培训,提高他们的政策水平和业务素质。衡量农村税费改革是否成功的重要标志,是能否做到"三个确保"。无论是新试点的地区还是先行试点的地区,都必须把确保农民负担明显减轻、不反弹,确保乡镇机构和村级组织正常运转,确保农村义务教育经费正常需要作为基本要求,把减轻农民负担真正放在首位。

第三,加大力度,整体推进,搞好配套改革。农村税费改革最终能否成功,能否确保农民负担不反弹,关键取决于配套改革。近3年,试点地区虽然在配套改革方面做了大量工作,取得一些成效,但总的看,力度还不够,机构膨胀、人员过多的问题在不少地方还很突出,农民负担反弹的压力和隐患仍然存在。因此,在全面推开农村税费改革试点工作的过程中,必须大力推进乡镇机构、农村教育体制和政府财政体制等相关配套改革。按照"精简、统一、效能"的原则,加快乡镇机构改革,切实转变政府职能。按照"财力向下倾斜、经费缺口上移"的要求,深化县乡财政体制改革,完善村级收入管理。改革教育管理体制,精简教师队伍,调整教育支出结构。国家财政今后每年新增加的教育、卫生和文化等事业经费,主要用于农村。有关部门要尽快研究制定具体办法,把中央的这一决定落到实处。有条件的地方,要逐步扩大农村义务教育收费"一费制"实施范围,让更多的农民受益。

第四,明确责任,严格监督,加强对试点工作的领导。农村税费改革试点,是当前农村工作的一项重要任务。各地党委、政府都要把它作为一件大事,摆上突出位置。主要领导要亲自抓,负总责。对改革方案和重要政策要认真研究,精心组织实施;对涉及面广的各项配套改革,要加强协调,周密安排;对群众反映强烈的热点问题,要深入调查研究,及时妥善解决。各有关部门要从全局出发,齐心协力,主动配合,积极做好工作。要抽调精干力量,充实税费改革的工作机构和队伍。要建立健全农民负担监督管理机制。加强涉农收费管理,全面实行收费项目、标准公示制,完善群众信访查处反馈制度,自觉接受社会监督。认真落实减轻农民负担工作地方党政主要领导负总责和部门分工负责制度。建立和严格执行税费改革工作责任追究制度。对侵犯农民利益、加重农民负担的行为,必须依法严肃处理。先行实施改革试点的省份,要对照中央的有关政策开展一次“回头看”,全面检查各项政策的落实情况,使农村税费改革真正见到成效,让农民群众满意。

全面推进农村税费改革试点,任务艰巨,意义重大。让我们高举邓小平理论伟大旗帜,以“三个代表”重要思想为指导,在以胡锦涛同志为总书记的党中央领导下,全面贯彻党的十六大精神,与时俱进,开拓创新,扎实工作,为完成农村税费改革任务、促进农村经济社会全面发展而努力奋斗。

回良玉同志在全国农村税费改革试点工作电视电话会议上的讲话

(2003 年 4 月 3 日)

农村税费改革,是党中央、国务院作出的重大决策,是我国农村继土地改革、家庭承包经营之后的又一次重大变革,是得民心、顺民意的“德政之举”。全面推进农村税费改革试点,是继续深化农村改革的重要任务,是进一步解放和发展农村生产力的重大举措。开好这次会议,对全面推进农村税费改革试点工作,对促进农村经济和社会发展具有重要的指导意义。

刚才,温家宝总理作了重要讲话,系统地总结了3 年来农村税费改革试点的成效和经验,深刻分析了当前农村税费改革试点中面临的突出问题,全面部署了进一步推进农村税费改革试点工作,明确提出了做好农村税费改革试点工作的要求。温家宝总理的重要讲话,既有很强的针对性和指导性,又有很强的政策性和可操作性,我们一定要认真学习、深刻领会、全面贯彻落实。

经过几年的实践,农村税费改革的方向更清楚了,政策取向越来越明确了,对试点工作的要求也更加具体了。同时,暴露出的问题也越来越清楚了。温家宝总理提出,农村税费改革要解决好四个突出问题。这也是当前农村工作面临的迫切需要解决的问题。第一个问题是粮食主产区和种地多的农民负担重的问题。讲得非常清楚、非常明确。指出减轻农民负担,重点是减轻粮食主产区和种地农民的负担,并明确提出了四条政策意见。这对我们研究解决农村问题具有重要的指导意义。第二个问题是乡村负债问题。这是长期以来形成的,也是老大难问题。有的地方不敢碰,有的地方碰了一下以后又绕回来了,但总归是要解决的。这次也提出了明确要求。第三个问题是农业特产税问题。这次讲得非常好,对农业特产税的要求十分明确。指出大部分地区具备了取消农业特产税的条件,这些地区可以取消农业特产税;但少数地区现在要一下子全部取消还有难度,要逐步缩小征收范围,降低税率,创造条件,最终取消特产税。第四个问题是关于农民的直接补贴问题。我们必须改革国家对农业的支持和保护方式,更多地对农民进行直接补贴。

2004 年 3 月 27 日,下发了《国务院关于全面推进农村税费改革试点工作的意见》(国发〔2003〕12号),今天国务院又专门召开会议,温家宝总理亲自到会作重要讲话,这充分说明了党中央和国务院把农业和农村工作放在更加突出的位置,也充分反映了农村税费改革试点工作的极端重要性。温家宝总理的重要讲话,我们要认真学习、理解和消化,一定要结合各地的实际情况认真贯彻落实。我就贯彻落实这次会议精神讲几点意见。

第一,认真学习会议精神。各级领导干部特别是党政主要负责同志和分管农村税费改革试点工作的负责同志,要认真学习温家宝总理的重要讲话,全面深刻地领会讲话的精神,把思想和认识统一到讲话精神上来;承担农村税费改革试点工作的地区和部门,要在认真学习的基础上,加深对政策的理解,积极稳妥地做好试点工作。

第二,抓紧制定改革方案。2004 年开始全面启动试点的省、自治区、直辖市,要根据温家宝总理重要讲话精神和《国务院关于全面推进农村税费改革试点工作的意见》,紧密联系本地实际,抓紧制定省级和所属各地、县的试点实施方案;省级改革的试点方案要报国务院审批。已先行试点的地方,也要进一步完善有关政策和措施,切实解决好存在的突出问题。

第三,严格执行政策。各地区、各部门要认真执行中央确定的各项政策规定,严格把握政策界限,务必做到"三个确保"。要把中央关于农村税费改革的政策原原本本地交给农民,自觉地接受农民群众的监督,加强对政策执行情况的监督检查。

第四,切实加强领导。各级党委和政府要把农村税费改革试点作为当前深化农村改革的重要任务,摆上突出位置,明确责任,加强领导,主要领导同志要亲自抓、负总责;各级领导干部要改进作风,深入基层,及时解决新问题,扎扎实实地做好农村税费改革试点工作。

全面推进农村税费改革试点工作,对各地区、各有关部门提出了新的任务和要求,我们务必贯彻落实好这次会议精神,确保农村税费改革试点的顺利进行。同时,也请各地区按照中央的部署,紧密结合自身实际,切实安排好2004年农业和农村的各项工作,振奋精神,积极进取,努力开创农业和农村工作的新局面。

国务院关于全面推进农村税费改革试点工作的意见

(2003年3月27日　国发〔2003〕12号)

各省、自治区、直辖市人民政府,国务院各部委、各直属机构:

按照国务院统一部署,2002年全国有20个省(自治区、直辖市,下同)以省为单位进行了农村税费改革试点,其他省继续在部分县(市)进行试点。地方各级党委、政府高度重视并精心组织试点工作,中央各有关部门注意加强配合和指导,及时处理改革中遇到的矛盾和问题,试点工作进展顺利,取得了明显成效,为全面推进改革积累了经验。实践证明,农村税费改革是现阶段减轻农民负担的治本之策,不仅有力地促进了农民收入恢复性增长,得到了广大农民群众的衷心拥护,而且带动了农村各项改革,推进了农村经济的持续发展和农村社会的全面进步,是农村工作实践"三个代表"重要思想的具体体现。但也要看到,各地区还不同程度地存在基础工作不扎实,政策宣传不深入,执行政策不到位,配套改革力度不平衡等问题,切实做到"三个确保"和巩固改革成果的任务仍相当艰巨。按照党的十六大以及中央经济工作会议和中央农村工作会议精神,国务院决定,2003年在进一步总结经验、完善政策的基础上,全面推进农村税费改革试点工作。现就有关问题提出以下意见:

一、全面推进农村税费改革试点工作

2003年农村税费改革试点工作的总体要求是:总结经验,完善政策;全面推进,分类指导;巩固改革成果,防止负担反弹。已先行试点的地方,要进一步落实好各项改革政策,加快推进各项配套改革,建立健全确保农村基层组织正常运转和农村义务教育必要经费投入的保障制度,完善改革后农民负担监督管理约束机制,防止农民负担反弹。目前尚未以省为单位实施改革试点的省,2004年是否进行全省范围的改革试点,由各省根据本地实际情况自主决定;准备进行试点的省,要按照中央有关文件要求,抓紧做好试点的各项基础工作,认真制定本省试点方案,并于2003年4月15日前报国务院审批。中央财政继续安排一定资金支持地方试点工作,试点地区省级财政和有条件的市、县财政,都要加大对改革试点的支持力度,千方百计安排足够资金支持农村税费改革,实行专款专用,确保顺利推进试点工作。

二、切实做到"三个确保"

确保改革后农民负担明显减轻、不反弹,确保乡镇机构和村级组织正常运转,确保农村义务教育经费正常需要,是衡量农村税费改革是否成功的重要标志,也是顺利推进试点工作,巩固改革成果的必然要求。

在试点地区,无论是一个省、一个县,还是一个乡、一个村,从总体上计算,改革后的农民负担要比改革前有较大幅度的减轻,做到村村减负,户户受益。对承包土地较多、改革后负担有所增加的农户,要通过减免等办法,把负担减下来。要建立有效的农民负担监督管理约束机制,确保农民负担减轻后保持长期稳定、不反弹。

乡镇机构和村级组织要通过精简机构,转变职能,减少财政供养人员,大力压缩开支,确保正常运转。应调整和完善县乡财政体制,乡镇财政首先要保运转;本级财力不足的,上级财政要加大转移支付力度。对财政收入规模较小的乡,可由上一级财政统筹安排其必要的开支。应加强村级组织建设,完善村民自治制度,大力压缩村级开支。在此基础上,村级三项费用不足部分,财政要给予适当补助。不得把经费缺口留在基层。

改革后农村义务教育的投入,要确保不低于改革前乡统筹费中的农村教育附加、经国家批准的农村教育集资以及正常财政投入的总体水平,并逐步有所增长,实现"保工资、保运转、保安全"的基本目标。

要将农村中小学教师工资发放工作上收到县,设立教师工资专户,按国家规定标准及时足额发放,不准发生新的拖欠;学校收取的杂费要全部用作学校正常的办公经费,不得用于发放工资或福利。农村中小学正常运转所需公用经费的不足部分,由县级财政给予补助;建立健全农村中小学正常的危房改造资金保障渠道,省级财政应根据本地实际情况,从农村税费改革专项转移支付资金中,每年安排一定资金用于学校危房改造,确保师生安全。要加快推进农村义务教育管理体制改革,精简教师队伍,调整教育布局,提高教学质量。

三、进一步调整完善有关农业税收政策

试点地区应进一步完善和落实二轮土地承包制度,稳定党在农村的基本政策。农业税征收机关在核定农业税计税面积时,对因自然灾害、合法征占减少的耕地,应据实核减。对未经合法审批,因长期建设占地、农村兴办公益事业占地等因素减少的计税土地,应先据实核减,并由占地单位按规定补办审批手续和补缴税款;确有困难的,应先登记造册,暂不纳入计税面积,另行处理,不得将这部分面积计算的农业税负担平摊到农民头上。新增试点地区核定常年产量,可依据改革前连续5年实际平均产量,并充分考虑当地实际情况,征求农民意见,得到农民认可。村与村之间自然条件有明显差异的,核定的常年产量应有所区别,防止搞"一刀切"。农业税计税价格由各省级人民政府综合考虑本地区粮食市场价、保护价和农民承受能力等因素合理确定,并注意与毗邻地区衔接。计税价格明显偏高的地方,应实事求是地进行调减。除国家政策调整外,一经正式确定的农业税负担要保持长期稳定。

各地区应结合实际,逐步缩小农业特产税征收范围,降低税率,为最终取消这一税种创造条件。

四、加强和规范农业税及其附加征收工作

试点地区要实行农业税征收机关负责征税、聘请协税员协税的农业税收征管制度。乡镇政府和村级组织应积极协助征收机关做好农业税及其附加征管工作,但不得代行执法权。非农业税征收人员不得直接收取税款。农业税征收机关要坚持依法征收,规范农业税收征管程序,建立健全纳税登记、纳税申报、纳税通知制度,逐步实现农业税收征收方式由上门征收向定点常年征收转变。要加强税收宣传工作,引导农民积极依法纳税,履行应尽义务。农业税附加、农业特产税附加由农业税征收机关与正税同步征收,实行乡管村用,由乡镇经营管理部门监督管理,只能用于村级组织正常运转需要,任何单位和个人不得截留、平调。要加强农业税征管机构队伍建设,配备必要的征管人员。

必需聘请的协税员,应通过岗前培训,持证上岗。加快农业税收征管计算机信息系统建设,努力提高工作质量和服务水平。

五、健全和完善农业税减免制度

农业税(包括农业税附加)灾歉减免应坚持"轻灾少减,重灾多减,特重全免"的原则。认真落实农村各项社会减免政策,加大对革命老区、贫困地区、少数民族地区,以及革命烈士家属、在乡革命残废军人的农业税减免力度。改进农业税减免方式。灾歉减免应尽量做到先减免后征收,社会减免必须实行先减免后征收,确保减免政策及时兑现到户。要适应农村税费改革后的新情况,建立稳定的农业税减免资金渠道。中央和省级财政每年应在预算中安排一定资金用于农业税减免,省级以下各级财政应从农业税征收总额中预留一定的减免机动资金,或在预算中安排相当数量的资金用于农业税减免,实行滚动使用。

六、妥善处理农民公平负担问题

农村税费改革后,由于农业税及其附加按照土地面积和粮食产量计税,客观上会造成一部分种地多的农民负担增加。因此,各地区在试点过程中,要结合本地实际,制定减免税等优惠政策,把因种地多出现农业税收负担高于改革前的负担部分切实减下来,以调动粮食主产区种粮农民的积极性。应注意解决好毗邻地区同等耕种条件土地的农业税负担相差过于悬殊的问题,促进农业税负担公平合理。中央和省两级财政安排的农村税费改革专项转移支付资金,要重点向农业主产区特别是粮食主产区倾斜。结合深化粮食流通体制改革和农村税费改革试点工作,借鉴国际通行做法,进行调整政府对农业和农民的补贴方式试点,逐步建立和完善直接补贴农民的办法。

七、严格执行村内“一事一议”筹资投劳政策

村内“一事一议”筹资投劳制度是农村基层民主政治建设的重要内容,必须长期坚持。各地区要适应新形势,转变观念,统筹安排农村集体公益事业发展;坚持走群众路线,及时制定和完善“一事一议”的议事程序、议事范围和上限标准。村内事业发展要坚持量力而行的原则,充分考虑农民的经济承受能力,有多少钱办多少事;充分尊重农民的民主权利,多数农民同意的事就办,不同意的就不办;决不能把“一事一议”筹资投劳变成农民负担的固定项目。

农业综合开发中农民筹资投劳,应纳入村内“一事一议”范畴,实行专项管理。其范围只限于受益村改善农业生产条件的建设项目,并与农民商议,由农民签字认可,实行民主决策、数量控制、以村为单位统一组织,不准搞强迫命令。确需农民投劳进行农业综合开发的项目,农民只出工,不得要求农民以资代劳,不得跨村筹劳;确需跨村使用劳动力的,应采取借工、换工或有偿用工等形式,不能平调使用农村劳动力。要逐步降低农民筹资投劳在农业综合开发中的比例。

暂停执行对不承包土地并从事工商业活动的农村居民收取资金用于村内公益事业的政策。已经收取的地方,要做好善后工作。

八、切实加强涉农收费管理

这是深化农村税费改革、从根本上减轻农民负担的一项重要内容。各地区和有关部门要进一步清理整顿涉农收费项目,加强对农村中小学生就学、计划生育指标审批、农村结婚登记、农民建房、农民外出务工等方面乱收费的专项治理。按照国家规定权限批准保留的行政事业性收费项目,必须在规定环节、范围和标准内收费,不得超范围、超标准收费或搭车收费。农村经营服务性收费,应按照自愿、有偿原则向农民收取,并实行公示制度;不准强制服务、强行收费,或只收费不服务。其中,向农民收取水费、电费等跨区域共同生产费用,要严格执行“受益缴费,计量收费”的原则。因大面积抗旱、排涝难以做到计量收费的,应按直接受益原则据实分摊,不得提前预收。今后,任何地方和部门一律不得出台涉及农民负担的行政事业性收费和政府性基金、集资项目。有关部门要切实加强农村税费改革后对农民负担的监督管理工作。

九、积极探索化解乡村债务的措施和办法

各地区要通过加快发展农村经济、深化农村改革,积极探索通过债权债务抵冲、依法削减高利贷、加强内部控制、节约开支、盘活集体存量资产等有效办法逐步化解乡村债务。乡镇机构的债务,要靠发展经济,完善财政体制等办法妥善解决;村级组织的债务,要在防止发生新债的基础上,摸清底数,分清责任,结合实际制订办法,逐步化解。

各地区要暂停向农民收缴农村税费改革前的税费尾欠。对改革前农民的税费尾欠,要进行核实、登记、归类;对不符合有关政策规定的,要予以核销,不得再向农民追缴;对符合减免规定的税费尾欠,要给予减免;对农民历年形成的农业税收及符合政策规定的乡统筹和村提留费尾欠,采取先挂账的办法,待农村经济进一步发展、农民承受能力明显增强后再作处理。

十、加强督促检查,严肃改革纪律

各地区要建立健全督查制度,改进督查方式,采取日常检查与重点督查、定期检查与随机抽查、明查与暗访相结合的方式,加大督促检查力度。对执行政策中出现的偏差,应及时纠正;对农民反映的问题,要认真对待,及时处理。地方各级人民政府都要建立健全税费改革群众信访查处反馈制度,向社会公开政策咨询和群众举报电话,定期通报有关情况,自觉接受社会监督。要建立健全税费改革工作责任追究制度,对违反农村税费改革政策特别是顶风违纪行为,必须依法严肃处理,重大案(事)件要公开曝光。要认真落实涉及农民负担案(事)件责任追究制。今后,凡是发现违反有关规定乱收费,或者歪曲中央改革政策加重农民负担的,不仅要追究县、乡党政主要领导的责任,而且中央财政要相应扣减给该地区的转移支付资金。

各地区和有关部门要注意研究农村税费改革试点中出现的新矛盾和新问题,加强专题调查,及时提出切实可行的解决办法。通过不断调整和完善收入分配政策,逐步实行城乡统一的税费制度,进一步解放和发展农村生产力;同时,加大对农村社会事业发展的财政支持力度,促进城乡经济和社会协调发展,加快全面建设小康社会的步伐。

以前农村税费改革有关政策规定与本意见不一致的,以本意见为准。

(选自2003年5月18日《安徽日报》)

国务院办公厅关于进一步加强农村税费改革试点工作的通知

(2003年9月30日　国办发〔2003〕85号)

各省、自治区、直辖市人民政府,国务院各部委、各直属机构:

按照国务院统一部署,2004年新增全面推进农村税费改革试点的省(自治区、直辖市)做了大量工作,试点工作陆续展开,总体进展较为顺利,并取得了阶段性成效。但是,目前各地区农村税费改革进程还不平衡,存在一些亟待解决的问题,主要是:部分省份试点工作进展缓慢,基础工作还不够扎实细致;执行政策不到位,顶风违纪收费现象时有发生;基层领导力量薄弱,工作机构不健全;宣传工作不深入,基层干部和群众对改革政策缺乏必要的了解。上述问题,如果不及时解决,就会妨碍改革政策的落实,影响改革的预期效果,甚至可能造成农民负担反弹,损害农民切身利益,引发农村矛盾,影响农村社会稳定。各地区、各部门要认真贯彻《国务院关于全面推进农村税费改革试点工作的意见》(国发〔2003〕12号)等文件精神,切实采取有效措施,妥善处理各种矛盾,高质量、高标准地推进改革试点工作,确保试点工作健康有序进行。经国务院同意,现将有关问题通知如下:

一、坚持条件,实事求是,积极稳妥地全面推进农村税费改革试点工作

为了确保改革的顺利推进,现在重申并强调,对目前基础工作还不够扎实,全面试点的条件还不成熟,完成2004年改革各项任务确有难度的省份,不强求一律在年内全面推进,可以继续进行局部试点,绝不能不顾条件仓促地全面实施。开展全面试点的省份,必须充分考虑以下几个条件:一是计税数据测算、试点方案制订、改革政策宣传、各级干部培训、配套改革文件制定等基础工作扎实;二是经过局部地区试点,已经取得一定经验;三是对改革过程中可能出现的一些难点和重点问题,有行之有效的对策措施和解决办法;四是有支持改革试点的必要财力;五是领导得力,部门分工明确,有专门的工作机构,能够做到"三个确保"。

具备以上试点条件,并已经决定全面推开的省份,要适当加快工作进度,突出抓紧做好以下工作:一是扎实做好各项基础工作,据实核定农业税计税土地面积和常年产量等计税要素。切实履行充分征求农民意见、农民签字认可、张榜公布的程序。不准虚增计税土地面积和常年产量,严禁"暗箱操作",防止搞"一刀切"。二是抓紧审批省级以下试点方案,及时指导县(市)制订和完善试点方案,尽快将改革后的农业税核定到村、落实到户。不得在改革政策落实到户之前向农民收取屠宰税、村提留和乡统筹费等税费;已预收的地方,要无条件地如数退还给农民。三是进一步加大宣传培训力度,真正把改革政策交给基层干部和农民。要采取多种形式,抓紧培训各级干部,特别是让基层干部全面了解情况,注意工作方法,改进工作作风,严格执行改革政策。应采取群众喜闻乐见的各种形式,广泛、深入地宣传改革政策,重点加强"进村到户"的政策宣传工作,使每个农户有政策"明白人"、有负担"监督卡"、有税费"明白账",让广大干部和群众正确理解改革,真心拥护改革,积极参与改革。

二、对照检查,纠正偏差,不折不扣地把中央政策落到实处

先行全面试点的地区,要对照中央有关政策加强对基层改革试点工作的监督检查。坚决落实"三个不准",即农业税及其附加不准超过国家规定的税率上限,不准超范围、超标准进行"一事一议"筹资筹劳,不准在农业税及其附加和"一事一议"之外进行任何形式的摊派和收费。要重点督促村内"一事一议"筹资筹劳严格按规定程序和要求进行,不准将村内"一事一议"筹资筹劳变成农民的固定负担项目,不准强行以资代劳。

各地区要坚决落实减轻农民负担的"四项制度",即涉农税收价格收费"公示制"、贫困地区农村义务教育收费"一费制"、农村订阅报刊费用"限额制"、违反减轻农民负担政策"责任追究制"。突出加强农村税费改革后经营服务性收费的监督管理。农村灌溉用水、用电收费,应充分考虑当地农业生产实际情况和农民承受能力,严格按照自愿和受益原则,合理定价,据实计量收费,不准按田亩或人口摊派,不准与农业税等税费混收。

各地区应在不增加农民负担的前提下开展乡村道路、农田水利等农村基础设施和农村社会事业建设。要按照量力而行的原则,将有关投资项目列入各级人民政府年度投资计划;在安排资金时打足预算,不留缺口,不得另搞配套要求农民出资投劳。要坚决制止不顾实际盲目上项目、铺摊子的错误做法,严防形成新的不良乡村债务。

三、加大力度,整体推进,积极搞好各项配套改革

要大力推进乡镇机构改革,保证乡村组织的正常运转。继续转变基层政府职能,按要求精简乡镇机构,采取有效措施压缩财政供养人员、清退各类临时人员。要继续调整和完善县、乡财政体制,在合理划分事权的基础上,按照"财力下移、缺口上移"的要求,加大对基层改革转移支付力度,建立健全乡镇机构和村级组织正常运转经费的保障机制。

加快推进农村义务教育体制改革,保证农村义务教育经费的正常需要。要认真实行"在国务院领导下,由地方政府负责、分级管理、以县为主"的农村义务教育管理体制,贯彻落实《国务院关于进一步加强农村教育工作的决定》(国发〔2003〕19号),明确各级人民政府保障农村义务教育投入的责任。建立和完善农村中小学教职工工资保障机制,保证农村中小学校公用经费。

要规范农村税费改革后的农业税征收管理。认真落实农业税征收机关征税、协税员协税的农业税征收管理制度,推行以定时、定点征收为主的农业税征管方式。规范完税凭证的使用管理,做到一户一票,不准"打白条"或使用其他非法票据。不准非专职征收人员直接收取农业税税款,严禁动用警力或组织"小分队"强制收取农业税费。

四、规范分配,严格监督,确保农村税费改革专项转移支付资金专款专用

中央财政对地方农村税费改革专项转移支付资金已下达到各省(自治区、直辖市),省级财政和有条件的市、县都要安排一定资金支持改革试点。2004年如不具备条件、没有进行全面试点的地区,按规定不能享受上级转移支付资金补助;已下拨补助的,上级财政在年终结算时要相应扣回。地方各级人民政府要制订农村税费改革转移支付资金使用管理办法,规范分配,严格监督,专项使用,严禁截留挪用。财政、审计部门要安排专门力量对中央财政转移支付资金使用情况进行专项检查。

五、加强领导,严明纪律,确保改革试点工作顺利推进

全面推进农村税费改革是当前和今后一个时期农村工作的一项重要任务。地方各级主要领导要亲自抓、负总责,切实做到靠前指挥,加强领导和协调。要坚持一级抓一级,一级对一级负责。省、市两级要重点做好改革方案的完善,解决本地区试点中带有根本性、全局性的重大问题。县、乡两级要切实做好改革的具体组织和执行工作,保证改革政策的落实。

建立健全农村税费改革信访制度,向社会公开政策咨询和举报电话,保证信访渠道畅通。对群众反映的问题,符合政策并具备条件的,要及时解决;一时解决不了的,要诚恳客观地向农民作出解释,做到事事有着落、件件有回音。对上级批转的信访案(事)件,要认真查处并按期反馈结果,不得敷衍搪塞。

在明确责任和部门分工的前提下,要完善工作机制,充分发挥农村税费改革办事机构的指导和督促作用。国务院农村税费改革工作小组要加强对全国试点工作的指导和检查。对群众信访比较集中、反映问题比较突出的地方,要随时派出工作组进行抽查;对违反改革政策的典型案件,要进行通报。地方各级农村税费改革办事机构要落实工作责任,密切跟踪改革动态;加强对基层落实改革政策的明查暗访,及时查错纠偏。

在全面推进农村税费改革试点过程中,对歪曲中央改革政策,加重农民负担的,有关部门和地方要对相关责任人进行严肃处理。对违反改革政策,领导和协调不力,造成严重后果的案(事)件,不但要追究县、乡主要领导的责任,还要视情况追究上一级政府主要领导的责任。对情节严重、影响恶劣的案(事)件,要公开曝光;触犯法律的,要依法追究相关责任人员的法律责任。

中共安徽省委　安徽省人民政府关于做好2003年全省农村税费改革工作的意见

(2003年5月8日　皖发〔2003〕7号)

根据《国务院关于全面推进农村税费改革试点工作的意见》(国发〔2003〕12号),现就做好2003年农村税费改革工作提出如下意见。

一、进一步深化农村税费改革

在党中央、国务院领导下,经过全省上下的共同努力,我省农村税费改革试点工作已取得较为显著的阶段性成效,基本实现了3年改革试点的预期目标。2004年,农村税费改革试点工作将在全国范围内全面推进。安徽作为率先以省为单位进行改革试点的省份,要继续巩固和扩大改革试点的成果,探索深化改革的思路和途径,探索解决深层次矛盾和问题的办法和措施。各地、各部门要进一步提高对农村税费改革试点工作重要性、复杂性、艰巨性和长期性的认识,认真总结试点经验,着力推进制度创新和机制创新,坚定不移地把农村税费改革引向深入。

二、继续调整和完善有关政策

从2004年起,在全省范围实施农业特产税改征农业税试点。各级党委、政府要把这项工作作为2004年深化农村税费改革的一项重点工作,结合实际认真组织实施,及时发现和解决实施过程中出现的新情况和新问题,确保试点工作顺利进行。

从2004年起,全面取消农村义务工和劳动积累工。今后,除遇到特大防洪、抢险、抗旱等紧急任务,经县级以上人民政府批准可临时动用农村劳动力外,跨乡、跨村的各项事业建设不得再无偿动用农村劳动力,不得再向农民摊派劳务。村内兴办公益事业确需农民出工的,应严格按照"一事一议"筹劳的有关规定执行。同时,各地要注意按照中央要求,结合各自实际,按照需要可能,民主决定,公开自愿的要求,发挥农村劳动力资源优势,鼓励和引导农民增加劳务投入,进行劳动积累,改善生产生活条件,促进农村经济和各项事业发展。

暂停向农民收缴农村税费改革前的历年税费尾欠。对于农民2000年以前历年形成的农业税收及符合政策规定的村提留、乡统筹尾欠,按照"继续清理、暂停收取"的原则处理;对符合减免政策规定的尾欠,要予以减免;对不符合政策规定的,要一律予以核销,不得再向农民追缴。

暂停执行对主要劳动力长期居住在农村、不承包耕地且有稳定收入的务工经商农户和从事养殖业的农户,每人每年收取不超过50元资金用于村内集体公益事业的政策。

严格执行以农村二轮土地承包面积为基础确定农业税计税面积的政策,严禁擅自增加或减少计税土地面积。对因自然灾害、合法征占而减少的耕地,应据实核减。对未经合法审批,因长期建设占地、农村兴办公益事业占地等因素减少的计税土地,应先据实核减,并由占地单位按规定补办审批手续和补缴税款;确有困难的,应先登记造册,暂不纳入计税面积,另行处理,不得将这部分面积计算的农业税负担平摊到农民头上。

三、加大配套改革力度

继续深化乡镇机构改革,重点解决乡镇分流人员安置问题。各地要高度重视,积极探索多渠道安置分流人员的办法。特别是人员分流任务重的地方,要加大工作力度,抓紧制定方案,做深入细致的思想政治工作,开辟多种就业和安置渠道,同时要妥善解决分流人员的社会保障等问题,确保年内基本完成3年过渡期满的分流人员的安置工作。坚持依法行政,转变职能,改进作风,推进政务公开,简化行政审批手续和办事程序,增强为民服务功能。实行限时服务制度和责任追究制度,对于无正当理由在规定的时限内拒不履行为民服务职责的,要追究有关责任人员的责任。

从实际出发,在尊重大多数干部群众意愿的基础上,积极稳妥地开展调整乡、村区划,扩大乡、村规模的工作。根据我省实际,确定乡、村规模的一般原则是:平原地区乡镇在50000人左右,行政村在4000人左右;丘陵地区乡镇在30000人左右,行政村在3000人左右;山区乡镇在15000人左右,行政村在1500人左右。现有乡、村规模超过上述标准的不得划小规模。此项工作由县级人民政府负责组织实施。

继续推进农村教育管理体制改革。逐步增加农村义务教育经费投入,保证农村中小学教师国家规定工资的正常发放,保证农村中小学正常运转经费。继续组织实施农村中小学危房改造工程,确保资金落实到位。在保证质量的前提下,加快危房改造进度,确保2004年基本完成2001年6月底前的农村中小学D类危房改造任务。要从实际出发,把危房改造与农村中小学布局调整结合起来,合理配置和优化农村教育资源。

开展乡镇财政和财务管理改革试点工作。根据农村税费改革后乡镇财政管理条件和环境变化的实际情况,按照事权与财权相统一的要求,进一步明确乡镇的事权和财权。选择部分县进行乡镇财政管理方式改革试点,强化县对乡镇财政收支的全过程监管,提高乡镇财政资金使用效益;同时,将乡镇农业税征收机构和人员上收到县财政(农税)局,实行垂直管理,以进一步规范农业税收征管。非试点地区也要从本地实际出发,选择部分县和乡镇进行试点,积极探索加强乡镇财政管理的有效途径。

继续化解乡村不良债务。抓紧清理村级债权债务,核实债务数额,逐村制定化解计划,区别不同情况,采取有效措施,力争2004年取得明显成效。对乡镇债务也要认真制定化解方案,落实化解措施。省农委、省财政厅等有关部门和各市县要切实负起责任，加强对这项工作的督促检查；同时，要采取严格的措施，坚决杜绝发生新的债务。

四、全面开展“农村税费改革规范年”活动

省委、省政府决定，2003年在全省开展“农村税费改革规范年”活动。各地、各有关部门要以规范涉农税费征管为重点，全面抓规范，系统防反弹，确保“农村税费改革规范年”活动取得明显成效。重点要抓好以下规范：

规范农业税征收管理。一要完善程序，重点是确保纳税通知书发放到户，并张榜公布。二要改进方式，重点是继续推广农业税“三定”征收办法，加快农业税办税服务大厅和办税服务点建设步伐，进一步改进和完善服务程序及方式，逐步实现农民主动缴纳税款。三要完备手续，重点是征收农业税及其附加必须开具规定的税收票据。四要规范征收，重点是严禁税费不分、税费混征、搭车收费。除农业税征收机关外，其他任何单位和个人都不得直接征收农业税。乡镇不得要求行政村承担农业税征收任务，不得将农业税尾欠转嫁给行政村，严禁户交村结、乡村统算。同时，要注意调动和发挥村级组织的积极性，促使其履行好协税护税的义务。五要规范农业税减免政策，对农村特困户、烈军属、残废军人、残疾人要按规定实行社会减免，对受灾农户在核实灾情的基础上，依法按规定给予减免，并确保各项减免资金落实到位。

规范涉农收费管理。所有涉农收费部门和单位都要全面实行涉农收费许可证制度、公示制度和农民负担监督卡制度，规范涉农收费行为。尤其要加强对农村中小学收费、农民建房收费、农村婚育收费以及农机监理收费和水费、电费的监管，严格执行国家和省制定的政策，绝不允许擅自设立收费项目、扩大收费范围、提高收费标准和收费不开具合法票据。任何涉农收费部门都不得以手中掌握的审批权和许可权乱收费、乱摊派。各级政府和有关部门要认真履行职责，切实加强监管，落实监管责任制，坚决制止乱收费。

规范村级资金使用和管理。严格执行农村税费改革转移支付政策，各级财政安排的村级补助资金、农村五保户补助资金等要确保及时、足额落实到位。农业税附加要按规定足额提取并及时划入专户，确保村级组织正常运转和农村五保户供养的经费需要，严禁截留、挪用、平调村级资金。规范和加强村级财务管理，按照“村民自治、村务公开、民主管理”的原则，建立健全村级财务管理体制，做到单独建账，独立核算，民主理财。严格控制村级开支范围和标准，加强对村级财务的审计和监督检查。

规范“一事一议”筹资筹劳管理。认真执行《安徽省村内兴办集体公益事业筹资筹劳条例》。对于村内兴办集体公益事业需要农民筹资筹劳的，要严格按规定的程序实行“一事一议”，不得强制农民筹资筹劳，不得将“一事一议”变成固定收费项目，不得只收钱不办事。对村内“一事一议”筹资筹劳实行上限控制，村民每人每年出资不超过15元，农村劳动力每人每年出工不超过10个标准工日。村内筹劳以出工为主，不准强行以资代劳。对于确实无法出工、自愿以资代劳的，日工价标准要实行上限控制，具体标准由县级人民政府农业行政主管部门根据当地经济发展水平制定，并在年初公布，报省、市农民负担监管部门备案。农业综合开发中农民筹资筹劳，应纳入村内“一事一议”范畴，实行专项管理，其范围只限于受益村改善农业生产条件的建设项目，并与农民商量，由农民签字认可，实行民主决策、数量控制、以村为单位统一组织，不准搞强迫命令。“一事一议”确定的农业综合开发项目，只能安排农民出工，不得要求农民以资代劳，不得跨村筹劳；确需跨村使用劳动力的，应采取借工、换工或有偿用工等形式，不得平调使用农村劳动力。要逐步降低农民筹资筹劳在农业综合开发投资中的比例。

五、大力发展农业和农村经济

要以市场为导向，积极调整农村产业结构，大力发展效益农业，积极推进农业产业化经营，组织实施好农产品流通工程、品牌工程和农业产业化工程，加强面向农民的信息、销售、技术、金融、培训和法律服务，引导农民按照市场需求调整结构，帮助农民解决农产品卖难问题，促进农民增收。加快农村劳动力转移步伐，努力扩大农村劳务输出；同时，鼓励和引导农村外出务工经商人员回乡创办经济实体。大力发展村级集体经济，增强集体经济实力。

六、加强组织领导和监督检查

各级党委、政府要切实加强领导，结合实际制定具体的工作计划，认真落实目标责任制和责任追究制。各地、各部门要认真执行农村税费改革政策，不断改进督查方法，加大查处力度，充分发挥有关执法部门和主管部门的作用，加强对重点地区、重点部门的专项检查。省农村税费改革领导小组办公室、省涉农案件查处办公室、省农民负担监督管理办公室、省物价局等要进一步发挥作用，对存在问题较多、农民群众反映强烈的重点地区和重点部门强化督查,发现问题及时查处并督促整改。省直有关部门要各司其职,各负其责,按照《2003年全省农村税费改革工作目标任务分解表》(见附表)的要求,制定具体实施办法和措施,并认真抓好贯彻落实。

附表:2003年全省农村税费改革工作目标任务分解表(略)

中共安徽省委 安徽省人民政府关于表彰全省农村税费改革试点工作先进单位和先进个人的决定

(2003年3月19日 皖〔2003〕38号)

经中央批准,我省在全国率先全面开展了农村税费改革试点工作。在党中央、国务院的正确领导下,全省各级党委、政府坚持以"三个代表"重要思想为指导,认真落实农村税费改革的各项政策,坚持制度创新和体制创新,努力做到"三个确保",保证了农村税费改革的顺利实施。3年来,经过全省上下共同努力,初步建立了新的农村税费制度框架,较大幅度减轻了农民负担并保持稳定,党群干群关系明显改善,调动了广大农民生产积极性,促进了农村经济的发展和农村基层政权建设、民主法制建设及社会政治稳定,改革试点工作取得了显著成效,基本实现了改革试点预期目标。

为总结经验,表彰先进,树立典型,进一步深化全省农村税费改革,省委、省政府决定,授予长丰县杨庙镇人民政府等178个单位"全省农村税费改革试点工作先进单位"称号,授予朱宁等274名同志"全省农村税费改革试点工作先进个人"称号。

希望受表彰的先进单位和先进个人谦虚谨慎,再接再厉,奋发努力,扎实苦干,为农村税费改革工作做出新的更大的贡献。全省各级党政机关和广大干部群众,要以先进单位和先进个人为榜样,积极进取,奋力赶超,开拓创新,不断深化农村税费改革,认真落实各项政策和措施,积极推进各项配套改革,加大制度创新力度,巩固和扩大农村税费改革成果,为加快发展、富民强省,全面建设小康社会而努力奋斗。

附件:

全省农村税费改革试点工作先进单位和先进个人名单

一、先进单位(178个)

长丰县杨庙镇人民政府
长丰县朱巷镇七里村委会
肥东县农村税费改革办公室
肥东县石塘镇人民政府
肥西县孙集乡人民政府
肥西县花岗镇七十铺村委会
瑶海区磨店乡人民政府
包河区义兴镇义兴村委会
淮北市财政局
濉溪县白沙镇国政村委会
濉溪县百善镇人民政府
杜集区高岳镇人民政府
蒙城县小涧镇人民政府
蒙城县篱笆镇宋元村委会
涡阳县马店集镇人民政府
利辛县孙庙乡焦寨村委会
谯城区五马镇人民政府
谯城区古井镇老庄村委会
宿州市农村税费改革办公室
埇桥区芦岭镇大展村委会
砀山县良梨镇党委
砀山县葛集镇财政所
萧县农村税费改革办公室
萧县张庄寨镇欧庙村委会
灵璧县虞姬乡人民政府
灵璧县朱集乡人民政府
泗县财政局
泗县长沟镇姚王村委会
蚌埠市财政局
五河县人民政府
五河县农业税收征收管理局
五河县东刘集镇西杨村委会
固镇县刘集镇人民政府
固镇县九湾乡人民政府
怀远县古城乡人民政府
怀远县唐集镇汪东村委会
蚌埠市郊区秦集镇人民政府
蚌埠市郊区李楼乡太平村委会

阜阳市农村税费改革办公室
颍上县谢桥镇人民政府
颍上县王岗镇人民政府
界首市陶庙镇陶楼村委会
临泉县财政局
临泉县杨小街乡人民政府
阜南县城关镇人民政府
阜南县张寨镇老庄村委会
太和县财政局
太和县马集乡郑庄村委会
颍州区程集镇东刘村委会
颍泉区委
颍泉区闻集镇大钱营村委会
颍东区杨楼孜镇党委
颍东区口孜镇老庄村委会
淮南市财政局
凤台县新集镇人民政府
八公山区财政局
潘集区芦集镇戴庙村委会
毛集实验区夏集乡刘圩村委会
天长市人民政府
天长市城南街道办事处
明光市涝口乡人民政府
明光市桥头镇新建村委会
全椒县财政局
全椒县马厂镇人民政府
来安县邵集乡人民政府
来安县龙山乡桃庄村委会
凤阳县殷涧镇人民政府
凤阳县总铺镇鹿塘村委会
定远县张桥镇街南村委会
琅琊区扬子办事处官山村委会
琅琊区清流办事处
南谯区农村税费改革办公室
南谯区花山乡花山村委会
六安市财政局
寿县财政局
寿县安丰镇党委
霍山县与儿街乡与儿街村委会
金寨县江店镇人民政府
舒城县龙河口镇羊山村委会
金安区东河口镇人民政府
金安区马头镇桃园村委会
裕安区财政局
裕安区西河口乡人民政府
叶集试验区三元乡人民政府
叶集试验区孙岗乡石河村委会
马鞍山市农村税费改革办公室
当涂县黄池镇人民政府
当涂县龙山桥镇人民政府
当涂县石桥镇团林村委会
花山区霍里镇霍里村委会
巢湖市财政局
居巢区黄麓镇长源村委会
居巢区西峰乡人民政府
含山县财政局
含山县铜闸镇五联村委会
和县人民政府
和县财政局
和县城南乡人民政府
无为县雍南镇水楼村委会
无为县陡沟镇人民政府
庐江县财政局
庐江县新渡乡人民政府
芜湖市农村税费改革办公室
芜湖县六郎镇人民政府
芜湖县横岗镇隆兴村委会
繁昌县财政局
繁昌县高安乡人民政府
繁昌县横山镇横东村委会
南陵县财政局
南陵县三里镇人民政府
南陵县葛林乡龙湖村委会
宣城市财政局
宣州区委
宣州区狸桥镇人民政府
郎溪县梅渚镇人民政府
郎溪县建平镇东郊村委会
广德县人民政府
广德县花鼓乡花鼓村委会
宁国市甲路镇人民政府
宁国市汪溪镇殷白村委会
泾县茂林镇唐里村委会
绩溪县荆州乡人民政府
绩溪县临溪镇瀍川村委会
旌德县华坦乡党委
旌德县蔡家桥镇高溪村委会
铜陵市财政局

铜陵县人民政府
铜陵县朱村镇南洪村委会
铜陵市郊区安庆矿区办事处
铜陵市郊区桥南办事处周冲村委会
池州市农村税费改革办公室
贵池区殷汇镇人民政府
贵池区马牙镇保丰村委会
青阳县财政局
青阳县五溪镇河西村委会
石台县农村税费改革办公室
石台县小河镇红石村委会
东至县农业税务局
东至县东流镇人民政府
东至县泥溪乡隐东村委会
九华山风景区九华乡人民政府
怀宁县财政局
怀宁县山口乡人民政府
桐城市财政局
桐城市范岗镇农村税费改革办公室
枞阳县麒麟镇人民政府
枞阳县官埠桥镇岱冲村委会
潜山县水贵乡人民政府
潜山县䅟楼乡云峰村委会
太湖县财政局
太湖县弥陀镇人民政府
宿松县长铺镇人民政府
宿松县柳坪乡郭河村委会
望江县杨林乡人民政府
岳西县财政局
岳西县姚河乡姚河村委会
安庆市郊区杨桥镇余湾村委会
安庆市郊区白泽湖乡光明村委会
黄山市农村税费改革办公室
屯溪区奕棋镇财政所
屯溪区黎阳镇黎山村委会
徽州区富溪乡呈阳村委会
徽州区岩寺镇人民政府
黄山区贤村乡人民政府
黄山区甘棠镇兴村村委会
歙县许村镇人民政府
休宁县农村税费改革办公室
休宁县兰田镇儒村村委会
黟县碧阳镇党委
黟县龙江乡金家岭村委会
祁门县委宣传部
祁门县塔坊乡塔坊村委会
省财政厅
省农村税费改革领导小组办公室
省农民负担监督管理领导小组办公室
省涉农案件查处办公室
省物价局
安徽日报社

二、先进个人(274 **名**)

朱　宁　合肥市财政局
李广敏　长丰县罗集乡党委
荣　之　长丰县农业税收征收管理局
沈　良　长丰县双墩镇财政所
陆维鹏　肥东县农业委员会
干文宏　肥东县财政局
袁经林　肥东县广兴乡党委
郭泽闹　肥西县监察局
李绍敏　肥西县清平乡党委
窦　昕　肥西县农业委员会
张伦武　瑶海区财政局
袁捍东　庐阳区三十岗乡财政所
高光胜　包河区财政局
盛　林　淮北市农业委员会
黄　欣　濉溪县财政局
杨恒仁　濉溪县人民政府
白运让　濉溪县农业委员会
任士新　相山区财政局
孙明芬　杜集区财政局
陈言超　烈山区财政局
张传宾　亳州市财政局
张　军　蒙城县财政局
陈保英　蒙城县农业委员会
王　瑞　涡阳县财政局
李玉勤　利辛县农业委员会
储　彪　利辛县财政局
高东峰　利辛县丹凤乡党委
刘　伟　谯城区人民政府
王　伟　谯城区财政局
陈胜志　谯城区财政局
武正宜　宿州市人民政府
潘家旺　埇桥区财政局
王宗杰　埇桥区朱仙庄镇党委
董传武　砀山县财政局
邵献华　砀山县财政局

汪　鹏	砀山县唐寨镇财政所
王　奎	萧县财政局
郑玉春	萧县财政局
王信权	萧县杜楼镇财政所
陈存胜	灵璧县财政局
张　曦	灵璧县灵西乡财政所
刘中平	泗县财政局
周刚民	蚌埠市财政局
张桂义	五河县委
孙立平	五河县财政局
陈耀章	五河县财政局
戴怀业	固镇县财政局
周安民	固镇县磨盘张乡党委
强恒银	固镇县连城镇农业税务所
年　杰	怀远县纪律检查委员会
王守本	怀远县财政局
常　飞	怀远县常坟镇财政所
赵同永	蚌埠市郊区长青乡党委
沈明德	蚌埠市郊区秦集镇财政所
徐　杰	蚌埠市郊区燕山乡财政所
张守俊	阜阳市财政局
汤　飞	颍上县夏桥镇财政所
周鑫仁	颍上县财政局
张　艳	颍上县刘集乡经济与统计站
马建华	界首市财政局
李　超	界首市农业委员会
牛玉堂	临泉县农村经济委员会
赵　勇	临泉县韦寨镇党委
吴永军	阜南县黄岗镇党委
吕　玲	阜南县财政局
罗惠新	太和县倪邱镇党委
王　进	太和县财政局
李国臣	颍州区颍西办事处党委
刘西才	颍州区财政局
张治安	颍泉区委
王大善	颍泉区农村经济委员会
季文奎	颍泉区财政局
宫传玺	颍东区人民政府
王兰珍	颍东区农村税费改革办公室
李新中	凤台县李冲乡党委
孙　旭	凤台县财政局
徐　进	田家庵区财政局
徐友宏	大通区财政局
应　娟	谢家集区望峰岗镇农税所

周　华	潘集区财政局
张传祥	毛集实验区焦岗乡农税所
陈泽全	滁州市财政局
李六桃	天长市财政局
董学赋	天长市铜城镇人民政府
陈继权	天长市平安镇平安村
王根友	明光市财政局
杨兆元	明光市古沛镇人民政府
王胜昌	明光市张八岭镇岭北村
郑其武	全椒县财政局
黄宗枝	全椒县六镇镇党委
李明晓	全椒县陈浅乡汊河村
张传权	来安县人民政府
李文龙	来安县雷官镇党委
周维成	来安县三城乡伏安村
宫恒光	凤阳县农税局
朱学忠	凤阳县府城镇财政所
石长高	凤阳县二铺乡石家村
李文俊	定远县吴圩镇北集村
陈明华	定远县拂晓乡党委
姚志江	琅琊区扬子办事处
周广山	琅琊区清流街道办事处
陈富健	琅琊区财政局
谢秀生	南谯区财政局
何胜武	南谯区乌衣镇财政所
杜兆宝	南谯区三官乡关帝村
沈式龙	六安市财政局
马祥林	寿县大顺镇党委
刘　威	寿县安丰镇党委
杨克俊	霍山县农业委员会
葛荣清	霍山县财政局
李卫东	霍山县大化坪镇党委
彭　钧	霍山县道士冲乡财政所
薛　诚	霍邱县财政局
唐兰英	霍邱县马店镇财政所
廖家钟	金寨县财政局
唐玉龙	金寨县油坊店乡党委
汪承平	金寨县斑竹园镇党委
宇业怀	舒城县财政局
夏玉中	舒城县农业委员会
汪国庆	金安区财政局
甄元刚	金安区农业委员会
张涛元	金安区中店乡财政所
王户来	金安区望城岗乡大岗头村

朱庆国　裕安区农税局
张　涧　裕安区石板冲乡党委
魏启风　裕安区固镇财政所
张　斌　叶集试验区农税局
周光金　当涂县财政局
孙维城　当涂县农业委员会
刘水金　当涂县塘南镇党委
鲁业荣　当涂县围屏乡关马村
葛善清　花山区财政局
李晓斌　雨山区向山镇财政所
王立香　金家庄区慈湖乡财政所
章淮龙　巢湖市财政局
徐保华　居巢区沐集镇人民政府
倪　青　居巢区财政局
胡学忠　居巢区赵柳镇财政所
阮建民　含山县财政局
赵广安　含山县东关镇党委
唐绍平　含山县环峰镇一统碑村
杨建国　和县县委
周维汉　和县财政局
杨会山　和县香泉镇党委
丁　军　无为县无城镇财政所
季求真　无为县姚沟镇党委
周甄铭　庐江县陈埠乡罗店村
陶学顺　庐江县财政局
季业稳　庐江县城关镇人民政府
王德园　芜湖市财政局
王沧江　芜湖县委
张建国　芜湖县财政局
滕永富　芜湖县湾沚镇党委
李会民　繁昌县财政局
叶四清　繁昌县财政局
韩家晶　繁昌县农业委员会
赵仕敏　繁昌县芦南乡人民政府
程晋华　南陵县财政局
孙朝功　南陵县太丰乡党委
叶源梅　南陵县三里镇孔村
杨　凛　马塘区财政局
宋其毅　鸠江区财政局
张纯贵　宣城市农业委员会
吴小明　宣州区财政局
汪晓明　宣州区文昌镇党委
李学文　宣州区周王镇青峰村
朱义伟　郎溪县财政局
李晓翔　郎溪县农业委员会
岑传明　郎溪县凌笪乡钱桥村
田宝奎　广德县财政局
王永富　广德县农业委员会
李　军　广德县赵村乡人民政府
吴光明　宁国市财政局
唐翠华　宁国市宁墩镇人民政府
章礼超　宁国市方塘乡上坦村
赵家田　泾县财政局
唐旺生　泾县孤峰乡人民政府
汤正虎　泾县章渡镇财政所
陈社辉　绩溪县财政局
叶正光　绩溪县板桥头乡农税所
章大岩　绩溪县家朋乡家朋村
宋敬根　旌德县财政局
戴维友　旌德县版书乡人民政府
汪晓海　旌德县俞村乡凫阳村
周德让　铜陵市农业经济委员会
查煦生　铜陵县安平乡农税所
戴金荣　铜陵县大通镇财政经济管理所
章能亮　铜陵县财政局
陈先华　铜陵县农业经济委员会
王立群　铜陵市郊区财政局
徐建新　铜陵市郊区东郊办事处财政所
章国良　池州市财政局
李　猛　池州市农业委员会
傅庭进　贵池区农业委员会
方　涛　贵池区解放乡财政所
张　明　贵池区财政局
纪　宏　贵池区乌沙镇党委
王　郁　青阳县发展计划委员会
尹宗保　青阳县监察局
孙为民　青阳县竹阳乡党委
江　洪　石台县占大镇党委
查志标　石台县财政局
饶凤洲　东至县财政局
徐　恺　东至县农业税务局
刘国清　东至县张溪镇财政所
鲍玉生　九华山风景区财政局
丁一轩　安庆市财政局
姜精华　怀宁县财政局
何　侃　怀宁县三桥镇财政所
方茂盛　怀宁县雷埠乡党委
陈玉和　桐城市民政局

高胜骏　桐城市碧峰街道办事处财政所
李忆萍　枞阳县人民政府
胡德福　枞阳县横埠镇人民政府
郭　峰　枞阳县财政局
汪光列　潜山县财政局
吕宣友　潜山县黄铺镇党委
李飞跃　潜山县青楼乡财政所
程林森　太湖县财政局
赵和保　太湖县小池镇人民政府
陈　平　宿松县财政局
陶正明　宿松县农业委员会
熊兆平　宿松县五里乡财政所
王　进　望江县农税局
杨勇卫　望江县凉泉乡党委
汪龙生　望江县泊湖乡党委
杨　晨　岳西县财政局
徐新民　岳西县白帽镇人民政府
施立权　安庆市郊区龙狮桥乡人民政府
朱友松　安庆市郊区新洲乡人民政府
裴明政　安庆市郊区财政局
何申明　黄山市财政局
吴新民　屯溪区财政局
孙义贵　屯溪区阳湖镇人民政府
汪志安　屯溪区农业委员会
李四喜　徽州区财政局
宣四平　徽州区潜口镇人民政府
叶伟华　徽州区农业委员会
方星海　黄山区人民政府
王慧萍　黄山区财政局
曹昌满　黄山区农业委员会
张四新　歙县农业委员会
黄利华　歙县财政局
吴秋惠　歙县昌溪乡人民政府
黄永才　休宁县西田乡党委
郑排囡　休宁县农业委员会
胡启华　黟县人民政府
程志祥　黟县财政局
程永庆　黟县粮食局
程烈光　祁门县金字牌镇人民政府
方汉斌　祁门县财政局
沈长进　祁门县安凌镇农经站
刘卫平　省纪委
张志宏　省纪委
宰学明　省委办公厅
余春树　省委督查室
聂　苏　省委政研室
蒋克斌　省检察院
戴利强　省政府办公厅
陈长彬　省政府督办室
杨玉林　省财政厅
胡德林　省财政厅
朱维新　省税改办
张逸华　省税改办
高宏林　省国土资源厅
毛礼和　省农委
陈晓辉　省农委
马永春　省林业厅
张　旭　省地税局
胡贤海　省物价局
燕　永　省乡镇企业局
陈　烈　省政协办公厅
张　捷　团省委
柳爱兰　省妇联

中共安徽省委办公厅
安徽省人民政府办公厅关于转发《省税改办关于开展“农村税费改革规范年”活动的意见》的通知

(2003年5月13日　厅〔2003〕16号)

各市、县委，各市、县人民政府，省直各单位，各大学：

《省税改办关于开展“农村税费改革规范年”活动的意见》已经省委、省政府负责同志同意，现转发给你们，请结合实际认真组织实施。

省税改办关于开展“农村税费改革规范年”活动的意见

根据《中共安徽省委、安徽省人民政府关于做好2003年全省农村税费改革工作的意见》(皖发〔2003〕7号)，2003年在全省开展“农村税费改革规范年”活动，现就组织实施工作提出如下意见。

一、活动内容

认真贯彻执行中央和省农村税费改革政策,通过规范程序、规范征收、规范管理、加强监督检查,保持政策的连续性和严肃性,保证各项政策不折不扣地落实到位。

(一)规范农业税征收管理

1.完善农业税征管程序。要严格按照有关政策规定,进一步核实农业税应税产量、计税收入和应纳税额等计税要素,完善农业税纳税登记、编制到户征收清册等程序,认真实行纳税通知制度,确保纳税通知书发放到户,并张榜公布。

2.改进农业税征收方式。要严格按照"八到户、十不准"的要求组织征收农业税及附加,大力推广农业税"三定"征收办法,扩大"三定"征收范围,落实"三定"征收措施。实行集中征收、分户开票的管理模式,严禁按村组开具集体税票。加快农业税办税服务大厅和办税服务点建设步伐,进一步改进和完善服务程序及方式,逐步实现农民主动缴纳税款。

3.完备农业税征收手续。农业税及附加必须同时征收,并开具由省财政厅统一印制的完税凭证,农业税及附加必须分项填写,严禁收税不开票或以白条代替税收票据。

4.规范农业税征收。重点解决部分地方存在的税费不分、税费混征、搭车收费等问题。除农业税征收机关外,其他任何单位和个人都不得直接征收农业税。乡镇不得要求行政村承担农业税征收任务,不得将农业税尾欠转嫁给行政村,严禁户交村结、乡村统算。正税和附加要按比例同步征收,不得以附加抵正税或只收正税不收附加。对少数纳税人有能力纳税、无正当理由不缴或少缴应纳税款的,农业税征收机关要严格依法办事,既要维护税法的严肃性,又要注意保护纳税人的合法权益。建立健全农业税委托代征制度和协税、护税制度,并调动和发挥村级组织的积极性,促进其履行好协税护税的义务。

5.严格执行农业税减免政策。对农村特困户、烈军属、残废军人、残疾人要按规定实行社会减免。受灾地区要认真核实灾情,及时将减免指标落实到受灾农户,编造清册,由农业税征收机关张榜公布,接受群众监督,并及时将减免税款发放到户,严禁挪用各项减免资金。进一步规范农业税减免程序,做到公开、公正、公平。

(二)规范涉农收费管理

各地、各有关部门要围绕建立防止农民负担反弹长效机制和收费监管机制的目标,规范所有涉农收费部门的收费行为,规范收费资金的财政财务管理。

1.坚持农民负担监督管理党政主要领导负责制,严格实行农民负担"一票否决"制。各地、各有关部门要把农民负担监督管理放在重要位置,强化农民负担监督管理机制建设。

2.全面实行涉农收费许可证制度、公示制度和农民负担监督卡制度。各地、各涉农收费部门和单位都必须严格按照政策规定,向农民发放负担监督卡,列举所有的收费项目和数额,严禁卡外收费。

3.切实加强涉农收费监督检查。各级政府和有关部门要切实加强涉农收费监管,落实监管责任制,及时查处各种乱收费行为。重点加强对基层站所涉农收费行为的监督检查,坚决杜绝擅自设立收费项目、随意扩大收费范围、提高收费标准和收费不开具合法票据等行为。对群众举报的乱收费问题,做到有报必查、查实必纠、严肃处理。各项收费资金必须严格按照政策规定加强管理,不得收费养人或乱支乱用。

(三)规范村级资金使用和管理

1.严格执行农村税费改革转移支付政策。各级财政安排的村级补助资金、农村五保户补助资金等要确保及时足额落实到位。农业税附加要按规定足额征收并及时划入专户,确保村级组织正常运转和农村五保户供养的经费需要,严禁截留、挪用、平调村级资金。

2.规范和加强村级财务管理。按照"村民自治、村务公开、民主管理"的原则,建立健全村级财务管理体制,做到单独建账,独立核算,民主理财。合理调整和优化村集体资金的支出结构,勤俭节约,力求少花钱、多办事,并做到统筹兼顾,合理安排,突出重点,保障运转。严格控制村级开支范围和标准,重点控制村组干部补助、报刊征订、招待费等开支,加强对村级财务的审计和监督检查。积极清理、消化村级债务,严禁发生新的债务。

(四)规范"一事一议"筹资筹劳管理

认真执行《安徽省村内兴办集体公益事业筹资筹劳条例》,对于村内兴办集体公益事业需要农民筹资筹劳的,要严格按规定程序实行"一事一议"和上限控制。村内兴办集体公益事业所需资金和劳务,由村委会提出预案,经村民会议或村民代表会议按规定程序讨论通过、乡镇农村经营管理机构审核、乡镇人民政府批准,并报县级人民政府农业行政主管部门备案。村内筹劳以出工为主,不准强行以资代劳。

对于确实无法出工、自愿以资代劳的,日工价标准要实行上限控制,具体的日工价标准由县级人民政府农业行政主管部门根据当地经济发展水平制定,并在年初公布,报省、市农民负担监管部门备案。严禁违规强制农民筹资筹劳,严禁把“一事一议”变成固定的收费项目,严禁只收钱不办事。

二、具体安排

(一)涉农收费治理

省教育厅、省建设厅、省国土资源厅、省民政厅、省计生委、省水利厅、省物价局、省农机局等涉农收费主管部门要制定涉农收费专项治理措施,对农村中小学、农民建房、婚姻登记、计划生育、农机监理等项收费和农业生产性水电费等,在前3年已清理检查的基础上,再进行一次全面清理检查。对违反规定设立收费项目和提高收费标准的,要认真督促整改,并对有关责任人严肃处理。具体检查时间由各部门自行确定,确保年内完成。

(二)涉农税收整治

由省税改办牵头,省财政厅、省地税局参加,对农业税、车船使用税、建筑安装营业税、营业税、个人所得税等各项涉农税收进行一次专项检查,重点检查税收政策落实情况。具体时间由省税改办商省财政厅、省地税局确定。

(三)村级财务检查

由省农委、省财政厅负责。重点检查农业税附加的征收和拨付到位情况、上级对村级补助资金到位情况、“一事一议”资金筹集使用和管理情况、村级财务管理和债务化解情况等。检查方式和具体时间由省农委、省财政厅确定。

(四)农村税费改革转移支付资金审计

由省审计厅负责组织实施,主要检查2000年开展农村税费改革试点以来各级财政安排的转移支付资金的拨付和使用情况。

(五)政策执行情况检查

由各市负责组织,采取自查、互查、重点抽查等多种形式在辖区内开展检查,同时组织有关部门开展一次“回头看”活动,全面系统地总结农村税费改革试点工作3年来取得的经验,分析存在的矛盾和问题,制定有针对性的措施,补缺补差。具体活动时间由各市安排,10月底前结束。由省农村税费改革领导小组组织有关部门重点抽查。

(六)政策业务培训

由各县负责组织实施,重点是对乡镇和村组干部进行多种形式的政策和业务知识培训,切实提高广大乡镇及村组干部政策水平和依法办事的自觉性。培训工作在2003年年底前完成。

(七)开展农村税费改革宣传月活动

由各级宣传部门负责,在6月份集中开展一次宣传活动。通过多种方式,集中宣传农村税费改革取得的成效和典型经验,宣传全省农村税费改革试点工作先进单位和先进个人的典型事迹。

三、有关要求

“农村税费改革规范年”活动由省农村税费改革领导小组统一领导,省税改办负责协调。各级、各有关部门要加强领导,制定切实可行的实施方案,将目标任务分解到单位和责任人,并认真组织实施。对薄弱环节要加大工作力度,对政策不落实的地方要重点督促整改。各市和省直有关部门开展活动的方案,于6月中旬前报送省税改办。10月份左右,省将组织有关部门进行督查,并对督查结果进行通报。年底对各地、各有关部门全年活动的组织实施情况进行总结和考核。

安徽省人民政府关于开展农业特产税改征农业税试点工作的通知

(2003年3月21日 皖政〔2003〕13号)

各市、县人民政府,省政府各部门、各直属机构:

为规范和完善农村税费改革政策,进一步减轻农民负担,调动农民生产积极性,促进农业结构调整和农村经济发展,根据党中央、国务院关于深化农村税费改革的要求和我省农村税费改革试点工作的实际,省政府决定在全省范围内开展农业特产税改征农业税试点工作。现就有关事项通知如下:

一、农业特产税改征农业税试点的基本原则

1.统一税制。对在本省行政区域内从事农业特产品生产的单位和个人,由征收农业特产税统一改为征收农业税,不再对农业特产品单独征收农业特产税。

2.减轻税负。农业特产税改征农业税后的税额,按照农业税政策、纳税人承包经营的土地资源、生产经营和收入情况,剔除过去平均摊派税额等不合理因素,公开、公平、公正地核定,并广泛听取村组干部和广大农民群众的意见,张榜公布,落实到户,接受群众监督。农业特产税改征农业税后,其税负最高不得超过2002年农业特产税的应征额。

3.规范征管。农业特产税改征农业税后，实行纳税通知制度，并采取“定时间、定地点、定税额”的方式征收。

4.促进发展。农业特产税改征农业税后，应在一定时期内保持稳定，对于因生产经营者勤劳耕作、运用科技手段以及加大投入提高农业特产品产量、质量而增加的收益，不得增加其税负，以进一步调动广大农民群众生产积极性，促进农业结构调整，促进农业和农村经济发展。

二、农业特产税改征农业税试点的内容及计征办法

1.对牲畜产品收购环节取消征收农业特产税，也不征收农业税；对在非耕地上生产食用菌产品取消征收农业特产税，也不征农业税。

2.凡在耕地(园地)上生产的农业特产品，一律按照农业税计征办法，参照当地同类土地种植粮食作物的计税常产，依率计征农业税。

3.对利用坡地、山场生产茶桑果等农业特产品的，利用滩涂、湖汊、塘坝、水库等可养水面养殖和捕捞水产品的，以2002年度原农业特产税计税收入为上限，核定农业税计税收入，依率计征农业税。

4.原木、原竹按其生产形式不同，采取不同征收办法。即对采伐原木、原竹的企业、单位采取查账方式，按产品的实际收入依率计征农业税；对集体林区林农采伐的原木、原竹，以当年批准的采伐许可证，由林业部门按照收购金额依率代扣代缴农业税。

5.将原对烟叶产品在收购环节征收农业特产税改为征收农业税，由农业税征收机关按收购单位收购金额的20%税率计征，不征收农业税附加。

三、农业特产税改征农业税后税率的确定

农业特产品改征农业税后，除烟叶产品外，其他应税产品按照省政府确定的当地农业税税率及附加比例执行，农业税税率最高不超过7%，农业税附加比例最高不超过正税的20%。原农业特产品不征收农业特产税附加的，改征农业税后仍不征收农业税附加。

四、加强领导，积极、稳妥地推进试点工作

1.调整农业特产税政策，关系到广大农民群众的切身利益，关系到农村税费改革的大局。各级政府要高度重视，切实加强领导，精心组织实施，确保农民负担在稳定的基础上进一步减轻，确保农业特产税改征农业税的各项政策落到实处。

2.各级农业税征收机关要提高对调整农业特产税政策重要性的认识，在当地政府领导下，抓紧测算，结合本地实际，制定具体实施方案，确保在农业税午征前将改后的农业税征收任务落实到农户和单位。各县(含县级市、区，下同)要将测算情况和实施方案报省财政厅备案。各地要加强调查研究，及时发现实施过程中出现的新情况和新问题，研究制定解决的措施，确保试点工作的顺利进行。

3.农业特产税改征农业税后，各地应积极调整财政支出结构，消化因政策调整而造成的财力缺口，确保基层组织的正常运转。对政策调整影响财力较大、财政确有困难的县，省财政将根据情况给予适当补助。

本通知自2003年4月1日起施行。通知中尚未明确的事项，按《安徽省农业税征收实施办法(试行)》执行。以前有关政策和办法与本通知不一致的，以本通知和现行农业税政策为准。今后如国家出台有关新政策，按国家的政策执行。

安徽省财政厅关于农业特产税改征农业税有关问题的通知

(2003年4月7日　财农税〔2003〕191号)

各市、县财政局：

为贯彻落实《安徽省人民政府关于开展农业特产税改征农业税试点工作的通知》(皖政〔2003〕13号，以下简称《通知》)的精神，统一全省农业特产税改征农业税操作程序，规范征收管理，确保改征各项政策落到实处，现将有关问题通知如下：

一、实施方案的编制

农业特产税改征农业税，是减轻税负、促进发展、规范农业税收征管的重要措施，政策性很强。各县(含县级市、区，下同)要在充分调查摸底和统计分析的基础上，掌握当地主要农业特产品生产土地类别和分布情况，归类整理，建立税源档案。按照《通知》规定，结合本地实际，分类进行测算，编制具体实施方案，经县人民政府主要负责人签字盖章和市人民政府审核后，于4月20日前报省财政厅、省税改办备案。各县在进行农业特产税改征农业税测算时，要以2002年度农业特产税应征额为依据，认真贯彻落实《通知》要求，实事求是，准确反映因政策性调整而形成的财力缺口，填报《安徽省农业特产税改征农业税收入情况测算表》(表式一),随实施方案一并上报。各县要相应做好所属乡镇农业特产税改征农业税测算审核和实施方案审批工作。

二、征收管理工作

(一)计税常产和计税收入的确定及计征办法

1.在耕地(园地)上生产的农业特产品,参照当地同类土地种植粮食作物的计税常产,按《安徽省农业税和农业特产税征收管理程序(试行)》(财农税〔2001〕943号,以下简称《征收管理程序》)中"农业税征收管理程序"进行定产,依率计征农业税。

2.对利用坡地、山场生产茶、桑、果等农业特产品以及利用滩涂、湖汊、塘坝、水库等可养水面养殖和捕捞水产品的,以2002年度原农业特产税计税收入为上限,在剔除平均摊派等不合理因素后,核定农业税计税收入,依率计征农业税。应纳农业税税款计算方法如下:

应纳税款(金额)=

核定的农业税计税收入×农业税税率

应纳附加(金额)=应纳税款×农业税附加率

对于因自然灾害等因素无法确定2002年原农业特产税计税收入的,可参照农村税费改革后当地正常年景的同类产品收益,核定计税收入。

3.原木、原竹和烟叶产品收购环节改征农业税的计税收入或计税金额,按省政府《通知》计征的办法和税率计征农业税。计征方法如下:

(1)原木、原竹:

单位应纳税款(金额)=

产品实际收入×农业税税率

林农应纳税款(金额)=

产品收购金额×农业税税率

应纳附加(金额)=应纳税款×农业税附加率

(2)烟叶产品:

应纳税款(金额)=产品收购金额×20%税率

4.凡原农业特产品不征收农业特产税附加的,改征农业税后仍不征收农业税附加。原农业特产品征收农业特产税附加率小于改征农业税后的农业税附加率的,可通过调整计税收入或计税税额,确保2003年改征后的农业税及其附加小于2002年农业特产税及其附加之和。

(二)征收清册的编制和征收任务的落实

县乡征收机关要根据核定的各类产品计税常产或计税收入,将农业特产税改征农业税的任务具体落实到纳税人。

1.征收清册的编制。乡镇农税征收机关要根据县人民政府确定的改征并入定产征收的计税常产或按核定征收的计税收入,按省政府《通知》规定的改征内容,编制到户的《农业特产税改征农业税征收清册》(表式二),以村或村民组为单位张榜公布,接受群众的监督。如纳税人提出异议,经征收机关调查核实后,应对不合理的农业税税负进行相应的调整,并将调整落实后的《农业特产税改征农业税征收清册》上报县级征收机关审批。

2.纳税通知书的填写与发放。乡镇农税征收机关根据县级征收机关批复的《农业特产税改征农业税征收清册》,填发《安徽省农业特产税改征农业税纳税通知书》(表式三),纳税通知书送达后,由纳税人(或代理人)在《农业特产税改征农业税纳税通知书签收回执》(表式四)上签字盖章。农业特产税改征农业税纳税通知书和签收回执,由县按省制定的统一格式组织印发。

3.税款征收和税票填开。按照省政府《通知》规定,农业特产税改征农业税后,征收机关要采取"定时间、定地点、定税额"的方式征收农业税。税票统一使用《中华人民共和国农业税完税证》,并在"备注"栏中填写纳税人纳税品目(品目按"烟叶、茶、桑、果、水产品、原木、原竹、其他"填写),其他事项参照《征收管理程序》执行。

4.改征后的农业税减免。农业特产税改征农业税后,其减免办法按现行农业税政策实施。各县按《安徽省农业税征收实施办法(试行)》,足额提取和上缴农业特产税改征农业税的减免资金,以落实改征后的农业税减免政策。

5.会计核算及报表。

(1)账务处理方面:在"农业税收入"一级科目下增设一个"改征收入"二级科目,用于核算农业特产税改征农业税的收入情况。在"解库农业税"一级科目下增设"定产收入"、"改征收入"、"其他收入"三个二级科目。"定产收入"核算征收定产计征的农业税税款;"改征收入"核算农业特产税改征农业税的税款;"其他收入"核算在无固定收益的土地上取得的农业收入征收的农业税税款,以及其他单位缴纳的农业税税款和上年退款结余等。科目核算级次仍按《安徽省农业税收会计制度》(财农税字〔1999〕218号)规定执行。

(2)报表方面:在月报表中增加"农业特产税改征农业税"一栏(表式五);季报表各栏目不动,在表中加以说明(表式六);年度决算报表格式待布置决算时再另行下达。

(3)征收经费方面:农业特产税改征农业税后,征收经费提取比例改按农业税的提取比例执行。

三、农业特产税改征农业税政策的检查落实

农业特产税改征农业税,是统一税制的需要,关系到广大农民群众的切身利益,关系到农村税费改革的大局。各级财政部门和农税征收机关要提高认识,在当地政府领导下,实事求是搞好农业特产税改征农业税的测算工作,制定具体实施方案,并精心组织实施,确保在农业税午征前将改后的农业税征收任务落实到农户和单位。各县要对农业特产税改征农业税政策的落实进行定期或不定期检查,及时发现实施过程中出现的新情况和新问题,研究制定解决办法,确保试点工作顺利进行。各市要组织互查,并于农业税午征前将落实情况报省财政厅。省在农业税午季征收后将组织一次重点检查。

附表(略)

关于霍邱县高塘镇付井村违反农村税费改革政策加重农民负担等问题的情况通报

(中共安徽省委办公厅　安徽省人民政府办公厅
2003 年 5 月 18 日印发　皖办发〔2003〕8 号)

各市、县委,各市、县人民政府,省直各单位,各大学:

2003 年 1 月 13 日,霍邱县高塘镇付井村村干部清收农户税费欠款,致使村民王银兰心脏病发作死亡。事件发生后,省委、省政府高度重视,立即责成省直有关部门与六安市、霍邱县组成联合调查组,对王银兰的死亡原因、付井村农民负担、村级财务以及霍邱县落实农村税费改革政策情况等进行调查。目前,情况已查明,对有关人员已作出严肃处理。现通报如下:

一、高塘镇及付井村违反农村税费改革政策主要事实

1.村干部作风粗暴,导致王银兰心脏病发作死亡。付井村按照高塘镇关于清财消债的要求,由村委会主任冀明国、村党支部副书记雷永忠等 8 名村组干部和 3 名群众计 11 人,于 2003 年 1 月 13 日下午到村民王银兰(男,71 岁)家清欠,与王银兰发生争吵,王银兰心脏病发作导致心力衰竭死亡。

2.农村税费改革政策未落实,工作不规范。镇、村两级层层加码。2000 年至 2002 年,高塘镇通过将付井村预留地计入纳税土地面积、分解无固定收益土地农业税、平摊农业特产税等途径,3 年共向付井村违规分解、加码税费 107145 元;付井村在此基础上,3 年再次加码 472346 元,实收 248129 元。没有按照规定征收、管理农业税及其附加。2000 年至 2002 年,付井村将加码后的税费混征,分别按每亩 146 元、129 元、110 元标准分摊给农户;没有实行“三定”征收办法,仍是村组干部上门收取,户交村结;农户农业税尾欠部分全由农业税附加充抵或村干部借款垫付,村农业税附加空转,只履行“村支镇返”手续。此外,2000 年至 2002 年,付井村每年按照每人 15 元的标准固定收取“一事一议”筹资,所收钱款也未用于公益事业。

3.村级财务管理混乱,乱支乱用现象严重。2000 年后,付井村就未到镇农经管理部门报账。村发生的所有经济事项没有账目记录,财务公开流于形式。每个村干部都能自行支出,且多为白条。联合调查组调查期间,5 名村干交来各自手中未入账的白条 510 多张,其中收入 118634 元,支出 291667 元。报销没有会计核算制度,有的甚至自批自领。财务不及时交接,原会计冀明华 1998 年离职,直到 2000 年才交给接任文书冀明国;冀明国接任后没有继续做账。2002 年 3 月,冀明国任村委会主任后,由于没有账,与新任文书范寿成也未交接。该村村干部工资、村聘用工工资等非生产性开支过大。村干部随意租车,公私不分,近年来共发生租车费用 41127 元,仅凭车主记录结账。该村 3 年来吃喝招待费达 48081 元,一些村干部从饭店定菜回家,也由村付账。

4.随意借贷,村级债务恶性循环。近年来,付井村不断产生新的债务。对借款的审批、用途、利率标准没有管理规定,每个村干部都可以经手从外面借款,月利率 6.8‰至 3%不等,借款、还本付息都不记账,债务滚存不清。现据初步核实,2000 年至 2002 年,共向金融单位和个人借款 786280 元,还本金 654720 元,支付利息 232734 元。

5.部分村干部经济问题严重。村党支部书记高文富侵占和挥霍村集体资金 17905 元,工作失职造成集体损失 9000 元;村委会主任冀明国侵占村集体资金 55230 元,工作失职造成集体损失 2900 元;原主持工作的村委会副主任周如东侵占和挥霍集体资金 11966 元,工作失职造成集体损失 36833 元;村委会副主任任培富、民兵营长谷士明、计生专干任培丽

3 人多领工资计 2360 元。

二、对违反农村税费改革政策有关人员的处理情况

霍邱县农村税费改革工作存在很大差距,有相当一部分乡镇政策不落实,甚至走过场,巧立名目加重农民负担的现象时有发生,农民群众反映强烈。县、乡、村部分干部没有充分认识农村税费改革的重要意义,没有按照“三个代表”重要思想要求,把农民利益真正摆到首要位置,过多强调改革带来的困难,不认真落实农村税费改革政策,工作敷衍塞责,少数干部欺上瞒下。省、市、县联合调查组所查的 18 个乡镇、27 个村中,除 2 个村未发现问题外,其他村均存在不同程度的问题:使用“两工”以资代劳比较普遍;水费偏高,不按规定结算;“一事一议”筹资不规范,且筹集资金半数以上没有用于兴办集体公益事业;多数村组的计税面积大于二轮承包面积;一些地方平摊无固定收益土地农业税;农业税社会减免和灾歉减免不到位,有的抵扣了农户的尾欠;部分乡镇农电网改造后电价未按规定执行;税费票据使用混乱。在农村户籍管理、计划生育、农民建房、中小学教育、征兵、殡葬改革等方面,也程度不同地存在乱收费、乱罚款现象。霍邱县农村税费改革中存在的问题,2002 年 9 月中央财经工作领导小组办公室暗访组在暗访中已经发现。随后,省、市检查组进行全面核查,将发现的问题及时向县里反馈,并提出整改要求,霍邱县虽有触动,但整改工作不认真、不彻底。对此,霍邱县委、县政府负有不可推卸的领导责任。

为严肃党纪、政纪,根据《中国共产党纪律处分条例(试行)》、《中共中央办公厅、国务院办公厅关于印发〈关于对涉及农民负担案(事)件实行责任追究的暂行办法〉的通知》(中办发〔2002〕19 号)、《中共安徽省委办公厅、安徽省人民政府办公厅关于印发〈关于违反农村税费改革政策行为的处分规定〉等农村税费改革配套文件的通知》(皖办发〔2002〕25 号)等规定,对有关责任人作如下处理:

1. 经六安市委研究并报省纪委批准,给予霍邱县原县委书记曹光俊党内严重警告处分;给予霍邱县委副书记、县长刘连生党内警告处分。

2. 经霍邱县纪委、县监察局研究并报县委、县政府批准,给予高塘镇党委书记涂磊撤销党内职务处分;给予镇党委副书记、镇长刘健撤销党内职务、行政撤职处分;给予镇党委副书记洪宝安撤销党内职务处分;给予副镇长常道禹党内警告处分;给予镇财政所所长、驻村干部曾凡诚行政撤职处分;给予镇农经站站长陈明忠党内警告处分;对县国土资源局局长、县赴高塘镇税改督查组组长卢荣华通报批评。

3. 经霍邱县纪委、县监察局研究并报县委、县政府批准,给予付井村党支部书记高文富开除党籍处分;给予付井村原主持工作的村委会副主任周如东开除党籍处分;给予付井村村委会主任冀明国开除党籍处分,建议依法罢免其村委会主任职务;分别给予付井村党支部副书记雷永忠、村委会副主任任培富、村文书范寿成、村民兵营长谷士明、村计生专干任培丽等 5 人党内严重警告处分。全额收缴高文富等 8 名村干部违纪违规款 132163 元,退还村集体。村多收加码款退还农户。冀明国涉嫌经济犯罪,已移送司法机关处理。

我省农村税费改革已开展 3 年,霍邱县高塘镇及付井村仍发生上述问题,性质是十分严重的。应当指出,类似霍邱县部分乡镇农村税费改革政策不落实等问题,在我省其他一些地方也不同程度地存在,必须予以高度警觉和重视。各地、各有关部门要从实践“三个代表”重要思想的高度,认真贯彻落实中央和省农村税费改革的政策和措施,深入开展“农村税费改革规范年”活动。要切实加强农村基层组织建设,以服务农民、促进农村经济发展、农民增收致富和全面建设小康社会作为检验工作成绩的标准。广大干部尤其是党员领导干部要进一步改进工作作风,增强党性观念、群众观念,为农民群众多办实事、多办好事,让农民群众满意。要严肃纪律,坚决执行中央和省关于违反农村税费改革政策行为的处分规定,凡发生涉农负担案(事)件的,除严肃处理直接责任人外,还必须追究有关党政领导的责任。

(选自《安徽省农村税费改革政策汇编》)

全省农业特产税改征农业税工作会议综述

2003 年 6 月 20 日,全省农业特产税改征农业税工作会议在肥召开。省税改办、省财政厅、省农委、省林业厅,各市税改办和财政局,24 个重点县市政府和财政局负责同志参加了会议。

会上,省税改办主任、财政厅厅长朱玉明就进一步提高对改征试点工作的认识,全面、正确地理解和把握改征试点工作的重要意义,扎扎实实地推进改征试点工作作了讲话。省税改办常务副主任、财政厅副厅长汪建国就改征工作的必要性、重要性、改征中应注意把握的政策问题和下一步工作作了部署。省财政厅农税局局长黄诗柱和税改处处长朱维新分别就有关政策和检查情况等作了说明和通报。六安、黄山、宣城、安庆、池州市税改办交流和汇报了前一阶段改征试点工作情况。

会议指出,2003年,省委、省政府部署开展农业特产税改征农业税试点工作以来,各地对改征试点工作都较为重视,并做了大量工作。从最近省税改办组织开展的检查情况来看,改征工作总体进展比较顺利,但少数地方在改征试点工作中对农业特产税改征农业税的理解不够准确,只是简单地将税率作些调整,农民负担,尤其是茶农的负担没有得到切实减轻。这次农业特产税改征农业税试点工作,从某种意义上说,就是取消农业特产税。其根本宗旨,就是在农民负担进一步明显减轻的基础上,实现税制统一、操作简便、征管规范、促进发展。

会议要求,各级税改办和财政部门要进一步统一思想,明确政策,规范操作,增强对农业特产税改征农业税试点工作重要性和紧迫性的认识,全面落实政策,把这项涉及农民利益的好事办好。农村税费改革试点工作,在全国20个省市扩大试点后,2004年又全面推开。安徽省的农村税费改革试点工作要始终走在全国前列,必须不断推出新举措,创造新经验。农业特产税改征农业税试点工作,受到了中央领导和有关部门的高度关注,要求安徽省在这方面继续创造经验。温家宝同志在2001年来皖考察农村税费改革时,就对安徽的农业特产税改革提出了明确要求,即缩小征收范围,降低税率,创造条件,逐步取消。这项改革如果落实得不好,不仅有悖省里的改革初衷,也会辜负中央领导的期望。因此,安徽省的这项改革一定要更加完善、彻底、坚决,把农业特产税改征农业税作为深化农村税费改革、减轻农民负担的一个重要环节,认真负责地抓紧抓好。

会议强调,要加强领导,落实政策,进一步核实改征方案,全面做好农业特产税改征农业税试点工作。2003年是安徽省推进农村税费改革试点工作的第四年,为深入推进农村税费改革,省委、省政府于年初专门召开领导小组会议,确定了深化改革试点的几项重要工作,其中最具典型和积极意义的就是农业特产税改征农业税试点工作。省委、省政府领导对这项工作也十分关注,要求有关部门尽快了解这项政策落实到户情况,确保农民负担得到进一步减轻,确保改征试点工作取得明显成效。各级税改领导小组及其办公室,各级财政部门及其农税征收机关,要切实负起责任,努力完成省委、省政府交给的改革任务,让百姓满意,让上级放心。

第一,要继续完善改征方案。对前一阶段改征试点工作中的政策执行情况要进一步检查、核实,改征实施方案要依据政策进一步完善。要从最基础的工作做起,尤其要做好核实到户工作,该取消的要取消,该核减的要核减。2002年农业特产税收入在100万元以下的县,且税源零星分散,甚至通过摊派形成的农业特产税,这次取消农业特产税后,可以不再改征农业税,摊派的部分一律予以取消。

第二,要全面落实政策。各地要进一步认真对照省政府《关于开展农业特产税改征农业税试点工作的通知》规定的各项政策,确保准确无误地全面落实,绝不允许"报大核小"、"税种翻版",搞简单化,即对上上报的减负数字很大,而实际核减到户很小,简单地把农业特产税换个名称。因政策调整减少的收入,省里将以各地实际落实到户后的减收数为依据,给予补助。对于2004年已向农民征收的,对照政策如属多征的要如数退给农民。今后如发现政策落实不到位,群众反映较大的地方,省里不仅不予以补助,还要通报批评。

第三,要规范征管。改征后对农民只收农业税,农业特产税及其原先的应税品目不应再存在,绝不允许出现"两张皮"的情况。

会议还进一步明确了有关具体政策。

1.关于改征的范围问题。这次改征的范围必须严格限制在农村税费改革后应税农业特产品以内。对于在农业税计税土地上的应税特产品,一律参照同类土地农业税负担水平确定改征后的农业税,同一农户既有农业税又有农业特产税的,改征后的农业税亩均负担不得超过其原已征收农业税的土地亩均水平,不得出现一户两种税率;其他方面的应税特产品,原则上只对成片的、有一定规模的应税特产品进行改征。对一些房前屋后、零星分散、收入较少、资源状况不稳定的,不再改征农业税。

2.关于改征的负担口径问题。总体上要减轻农民负担,不得超过2002年农民的农业特产税实际负担水平。同时要注意处理好几个重要环节。第一,政策性调减。改征农业税后,原应税特产品税率高于7%的一律要调下来,这是硬性规定,必须严格执行。第二,过去重复征收、高估计税收入,多征、平均摊派税款,以及以其他各种形式向农民多征的税款等,都必须在2003年实际负担额中扣除。第三,在扣除上述两项后，再实地核实农户的实际应税税源，并与农户见面，张榜公布，由征收机关和税改办共同审核后报县政府批准后执行，要自下而上、自上而下，反复核实，务求真实可靠。

3.关于竹木农业特产税改征农业税问题。竹木是安徽省改征农业税的主要品种之一，不应排除在改征范围之外。其改征后的征收方法，是在收购环节由林业竹木检查站代扣代缴或查账征收，不得直接向生产者收取，也不允许对农户下达改征后的农业税任务。

（省税改办供稿）

全省农村税费改革电视电话会议综述

（一）

2003年3月21日，省委、省政府召开全省农村税费改革工作电视电话会议。省税改领导小组全体成员单位、省市有关部门负责人、省派驻各市督查在肥联络员、省直部分先进单位和先进个人、市县乡党政部门主要负责同志参会。会议总结了2000年以来全省农村税费改革试点工作，表彰了全省农村税费改革试点工作先进单位和先进个人，部署了2003年和今后一段时期农村税费改革工作任务。省委书记王太华在会上作重要讲话。会议由省委副书记、省长王金山主持，省委副书记王昭耀，省委常委、常务副省长张平，副省长赵树丛等出席了会议。

王太华指出，农村税费改革试点3年来，在党中央、国务院的正确领导下，全省各级党委和政府以“三个代表”重要思想为指导，以减轻农民负担为首要目标，把农村税费改革作为农村工作的重中之重，精心组织实施，坚持制度创新和体制创新，认真解决改革中出现的各种矛盾和问题，不断加大政策落实力度和工作推进力度，保证了试点工作的顺利进行，基本实现了3年试点的预期目标。通过改革，农民负担大幅度减轻并保持稳定，新的农村税费制度框架基本形成，“减轻、规范、稳定”的工作机制基本确立，农民群众普遍感到满意。农村各项配套改革稳步推进，促进了农村上层建筑的调整和完善，各级领导机关和涉农部门也在改革中强化了服务意识，党群干群关系明显改善，促进了农村经济发展和社会稳定。在充分肯定改革试点取得明显的阶段性成果的同时，也要正确分析当前工作中存在的问题。主要是少数地方改革政策落实不到位，农村税费征管不够规范，乡镇机构改革等配套改革滞后等。农村税费改革是一场深刻而复杂的社会变革，不仅涉及生产关系，而且涉及上层建筑，涉及多方面利益关系的重大调整。各级党委、政府一定要充分认识农村税费改革的长期性、艰巨性和复杂性，从全面建设小康社会的战略高度，进一步明确肩负的历史重任，发扬成绩，巩固成果，抓住机遇，深化改革。

王太华要求，农村税费改革工作要突出重点，狠抓规范，扎扎实实地在制度化、规范化上下功夫。重点抓好三个方面：一是认真抓好改革试点各项政策的贯彻落实，促进农村税费征收和管理的规范化。要继续加大基本政策的落实力度，切实做到规范征收、规范管理。二是加大工作力度，确保乡镇机构改革措施落实到位。坚持积极稳妥的原则，妥善做好分流人员的安置工作。三是进一步规范涉农收费，坚决制止各种乱收费行为。各级党委和政府必须切实加强对农村税费改革工作的领导，用严格的政治纪律、组织纪律和工作纪律来保障改革试点的深入进行。要加大责任追究力度，对存在问题较多、农民群众反映强烈、严重违法乱纪的地区和部门要严肃查处，限期整改，确保政令畅通。

王太华强调，各地、各部门要始终把农村税费改革与加快发展、农民增收结合起来，与富民强省、全面建设小康社会的目标结合起来，把广大农民通过税费改革激发出来的积极性引导好、保护好、发挥好，以经济发展、农民增收、农村繁荣，来巩固和检验农村税费改革的成果。

省委常委、常务副省长张平在部署工作时要求，2003年农村税费改革要重点抓好以下工作：(1)继续完善农村税费政策，确保政策落实到位。(2)进一步推进各项配套改革，确保取得新的进展。(3)开展“农村税费改革规范年”活动，规范税费征管。(4)严肃农村税费改革工作纪律，坚决杜绝违反政策行为。(5)大力发展农业和农村经济。(6)继续加强对农村税费改革的组织和领导。

（二）

2003年9月29日，省委、省政府召开全省农村税费改革电视电话会议，总结2003年以来全省农村税费改革进展情况，分析当前工作中存在的问题，部署下一阶段的工作任务，进一步推进全省农村税费改革的各项工作。

省委书记王太华，省委副书记、省长王金山，省委常委、常务副省长任海深,省委常委、省委秘书长张学平,省政府秘书长张俊等出席会议。省农村税费改革领导小组成员单位和省直有关部门主要负责同志在主会场参加了会议。各市县党委、政府主要负责同志和分管负责同志,各市县有关部门主要负责同志以及各乡镇党委、政府主要负责同志分别在市县分会场参加会议。

王太华书记主持会议并作重要讲话。王金山省长在会上作了重要讲话,全面总结了2003年以来的农村税费改革工作,分析了当前存在的主要问题,对年内工作进行部署,并提出了明确要求。

王太华指出,全省农村税费改革各项政策的落实从总体上讲是好的,但向农民乱收费的现象还时有发生,各级党委和政府要加大政策落实的力度,把狠抓落实作为搞好农村税费改革的重要工作、关键工作,制定出切实可行的办法,努力形成狠抓落实的导向和氛围。要紧紧围绕开展农村税费改革规范年活动,重点抓好制止向农民乱收费的各项政策的落实及规范农村税费收取办法的落实,扎扎实实地把各项改革政策措施落到实处。

王太华强调,要加大配套改革的力度,关键要搞好以机构改革为重点的各项配套改革,搞好乡镇机构精简和人员分流安置工作。要加大督查和涉农案件查处力度,涉农案件一经发现,就要核查;一经查实,就要查处,绝不手软。要切实加强对农村税费改革工作的领导,各级党委、政府要把农村税费改革作为农村以经济建设为中心的各项工作的重要抓手,与深化农村改革、促进农民增收、维护农村稳定、加强基层组织建设有机结合起来,统筹安排,相互带动,使农村各项工作再上新的台阶。

王金山在讲话中充分肯定了全省农村税费改革取得的成效。他说,2003年以来,全省农业特产税改征农业税工作已全面推开,直接减轻了涉及此项改革的农业特产主产区农民负担。同时,乡镇财政管理方式改革试点初显成效,农村税费改革规范年活动深入开展,乡镇区划调整和分流人员安置工作稳步推进,农村中小学危房改造工程进展顺利,村级不良债务继续化解。但是,也必须正视目前农村税费改革中存在的突出问题,如依然存在农民负担反弹的隐患、涉农税费征管行为不够规范等。

为此,王金山强调,要坚定不移地按照既定部署,继续抓好农村税费改革规范年活动,确保取得实际成效;要进一步加强农民负担监管,坚决防止农民负担反弹;要加大工作力度,努力做好乡镇区划调整和分流人员安置工作;要认真兑现对农民的各项优惠政策,促进农村经济发展。各地、各部门一定要以"三个代表"重要思想为指导,全面贯彻党的十六大精神,按照省委、省政府的统一部署,进一步统一思想,增强信心,精心组织,狠抓落实,全面完成年初确定的农村税费改革的各项工作任务。

(省税改办供稿)

2003年全省农村税费改革大事记

△1月14日,省委书记王太华主持召开省农村税费改革领导小组第九次会议。省领导王金山、王昭耀、张平和税改领导小组成员单位负责人及省税改办全体同志参加了会议。会议总结了2002年税改工作经验,研究布置了2003年税改工作任务。

△2月20日,省委常委、常务副省长张平主持召开政府工作会议,研究分解落实省直部门2003年农村税费改革试点工作任务。省税改办、省财政厅、省农委、省教育厅、省物价局的负责同志参加了会议。

△3月5日至12日,全省税改先进单位和先进个人候选名单在《安徽日报》公示。

△3月19日,中共安徽省委、安徽省人民政府作出《关于表彰全省农村税费改革试点工作先进单位和先进个人的决定》(皖〔2003〕38号)。

△3月21日,省政府召开全省农村税费改革试点工作电视电话会议。会议表彰了先进,总结了2002年工作,布置了2003年工作任务。

△3月27日,国务院发出《关于全面推进农村税费改革试点工作的意见》(国发〔2003〕12号)。

△4月3日,国务院召开全国农村税费改革试点工作电视电话会议。温家宝总理作重要讲话,回良玉副总理主持会议。王太华书记代表安徽省在会上作了重点发言。

△4月,省税改办编印出版《2002年安徽省农村税费改革政策汇编》一书,发至村级。

△4月14日至20日,全国农村税费改革工作座谈会在江西南昌举行,省税改办派员参加了会议。

△5月8日,中共安徽省委、安徽省人民政府发出《关于做好2003年全省农村税费改革工作的意见》(皖发〔2003〕7号)。

△5月18日,省委办公厅下发关于《霍邱县高

塘镇付井村违反农村税费改革政策加重农民负担等问题的情况通报》(皖办发〔2003〕8号)。

△5月29日,国务院办公厅转发农业部等部门《关于2003年减轻农民负担工作意见》(国办发〔2003〕50号)。

△6月3日,财政部、国家税务总局下发《关于2003年农村税费改革试点地区农业特产税有关问题的通知》(财税〔2003〕136号)。

△6月5日,省税改办组织召开了农村税费改革情况通报及工作协调会。省税改办副主任汪建国主持会议,省直13个部门负责人参加会议。

△6月20日,省税改办召开全省农业特产税改征农业税工作会议。朱玉明厅长到会讲话,汪建国副厅长主持会议。17个市、24个重点县及省直有关部门负责人参加了会议。

△6月23日,经省政府同意,省物价局、省财政厅、省农委联合下发《关于进一步做好涉农价格和收费公示工作的通知》(皖价费〔2003〕169号)。

△6月25日至7月3日,中央电视台新闻联播栏目组来皖采访农村税费改革情况。在新闻联播时段播放了安徽省农业特产税改征农业税新闻和3年的税改情况。

△8月,省税改办编印的《安徽省农村税费改革》一书出版。

△8月15日至18日,全国部分省份取消农业特产税座谈会在山东省威海市召开,省税改办派员参加了会议。

△8月至9月,省税改办和省委宣传部共同组织了税费改革宣传月活动。

△9月9日至11日,《中国财经报》社长兼主编秦晓鹰来皖对涡阳、五河、和县进行农村税费改革考察,并于10月份在《中国财经报》"农村税费改革试点一线追踪"专栏上连续5篇报道。

△9月15日至23日,全国政协驻甘肃省常委视察团一行27人来皖考察农村税费改革工作。

△9月17日,省委书记王太华主持召开省农村税费改革领导小组第十次会议,并作了重要讲话。王金山省长和省农村税费改革领导小组成员单位负责同志参加了会议。

△9月30日,国务院办公厅发出《关于进一步加强农村税费改革试点工作的通知》(国办发〔2003〕85号)。

△10月16日至19日,全国农村税费改革部分省市座谈会在北京召开,省税改办派员参加会议。

△10月18日至21日,四川省泸州市政府考察团19人来皖考察农村税费改革工作。

△12月8日至10日,全国农村税费改革座谈会在河南省洛阳市召开,省税改办派员参加会议。

△12月1日至30日,省税改办、《安徽日报》联合开展了全省农村税费改革有奖征文活动。各市县税改人员、新闻记者和有关人员踊跃参加投稿。共征稿30多篇,评出一等奖2篇、二等奖4篇、三等奖6篇。

(省税改办供稿 耿 鹏执笔)

粮食补贴方式改革纪实

中共安徽省委 安徽省人民政府关于扩大粮食补贴方式改革试点的通知

(2003年5月28日 皖发〔2003〕9号)

各市、县委,各市、县人民政府,省直各单位,各大学:

根据《国务院关于进一步深化粮食流通体制改革的意见》(国发〔2001〕28号)和我省粮食补贴方式改革试点情况,省委、省政府决定,在全省范围内扩大粮食补贴方式改革试点。现通知如下。

一、充分认识粮食补贴方式改革的重要性和紧迫性,增强做好试点工作的自觉性和责任感

1998年以来,根据党中央、国务院部署,我省实施了以"三项政策、一项改革"为主要内容的粮食流通体制改革,取得了明显成效,对防止粮价过度下跌、解决农民"卖粮难"和"打白条"问题、稳定农民收入、保护和调动农民种粮积极性起到了重要作用。但是,随着我国社会主义市场经济的发展,特别是我国加入世贸组织后粮食产销形势的变化,粮食流通领域遇到一系列新的问题。农业结构调整不快,农民收入增长缓慢,粮食库存大量增加,财政负担日益加重,国有粮食购销企业改革和经营机制转换进展不快。因此,进一步完善有关政策措施,扩大粮食补贴方式改革,已经成为深化粮食流通体制改革的当务之急。

省委、省政府在综合分析当前全国粮食生产和流通领域发展形势的基础上,从安徽省情出发,决定在全省范围内扩大粮食补贴方式改革试点。这是继我省农村税费改革之后的又一项重大改革,也是适应我国加入世贸组织后农业发展形势需要,进一步深化粮食流通体制改革的重大举措,对于稳定农民收入,保护农民利益,促进农业结构调整,应对国际粮食市场对农业的冲击,推动国有粮食购销企业改革,提高政府资金使用效益,逐步化解粮食亏损挂账给财政带来的沉重负担,都具有十分重要的意义。为此,各级党委、政府一定要从实践"三个代表"重要思想的高度,以对党对人民高度负责的态度,积极稳妥、扎扎实实地做好粮食补贴方式改革试点工作。

二、全面准确地把握扩大粮食补贴方式改革试点的指导思想、基本原则和主要内容

扩大粮食补贴方式改革试点的指导思想是:以"三个代表"重要思想和党的十六大精神为指导,认真贯彻中央农村工作会议精神,切实保护粮食生产能力和种粮农民利益,促进农民收入增长;坚持以市场为取向,放开搞活粮食流通,继续发挥国有粮食购销企业的主渠道作用,深化国有粮食购销企业改革;搞好粮食储备,加强粮食宏观调控能力,促进农业结构调整和农村经济发展,切实维护好、实现好、发展好广大农民群众的根本利益。

扩大粮食补贴方式改革试点的基本原则是:有利于保护农民利益,促进农民增收;有利于加强农业的基础地位,保证粮食安全;有利于深化国有粮食购销企业改革,提高政府资金使用效率;便于公开公正规范操作,保持农村稳定。

扩大粮食补贴方式改革试点的主要内容是:"两放开、一调整"。即放开粮食收购价格,不再按保护价收购农民余粮,实行随行就市收购农民余粮;放开粮食购销市场,支持和鼓励各类经营者参与粮食收购和经营,国有粮食购销企业要继续发挥主渠道作用并与其他粮食经营者公平竞争,自负盈亏;将原来通过国有粮食购销企业按保护价敞开收购余粮间接给农民的补贴,调整为对农民进行直接补贴。

扩大粮食补贴方式改革试点的操作办法是:以县(含市、区,下同)为单位,根据1998年至2002年5年间国有粮食购销企业按保护价收购农民余粮的平均数为基础,确定享受补贴的商品粮常量。以农业税计税土地面积或者农业税计税常产,或农业税计税土地面积和计税常产各占一定比例等方式,确定每户农民享受补贴的商品粮常量。省按市场价低于保护价的差价,核定差价补贴标准。每户农民补贴数额按每户农民享受的商品粮常量以及核定的差价补贴标准计算确定。对农民实行补贴和向农民征收农业税,原则上实行"征补两条线"的办法。

现阶段采取以计税田亩或计税常产为依据确定

每户农民补贴的办法,主要是为引导农民走向市场,支持和鼓励农民积极调整种植结构,推广优良品种,实现由追求粮食种植数量向追求品种质量和效益转变,促进粮食供求关系趋向平衡,增加农民收入。今后,如果粮食市场出现供应紧张状况,将适时调整补贴的依据,改按粮食播种面积或农民向国家出售余粮数量对农民进行补贴,以鼓励农民多种粮食,多向国家出售粮食。

各地、各有关部门一定要全面准确地理解和把握这次粮食补贴方式改革的指导思想、基本原则、主要内容、操作办法和各项政策措施,确保各项改革措施落到实处。同时,采取得力措施,切实保护好粮食生产能力,绝不允许违反政策擅自将基本农田改为非农用地。进一步完善地方粮食储备体系,增强粮食宏观调控能力,确保粮食生产和供应的稳定。

三、认真制定改革方案,精心组织实施

扩大粮食补贴方式改革试点是一项复杂的系统工程,直接关系到广大农民群众的切身利益。各县要根据全省扩大粮食补贴方式改革试点方案的要求,紧密结合本地的实际情况,深入到乡镇、村和农户,开展广泛、细致的调查和测算工作,认真听取基层干部和广大农民的意见,充分估计各种可能发生的问题和困难,研究制定全面、细致的实施方案。乡镇要认真做好测算工作,及时将补贴分解落实到每一个农户并张榜公布。

各地、各有关部门在改革方案实施过程中,要始终坚持公平、公正和透明的原则,切实做到"五个到户":政策宣传到户、清册编制到户、张榜公布到户、通知发放到户、资金兑付到户;严格做到"六个不准":不准擅自改动补贴通知书的数额,不准擅自以补贴抵扣当年农业税及附加以外的任何款项,不准截留、挤占和挪用补贴资金,不准由村集体代领补贴,不准拖延补贴兑付时间,不准以任何理由借机增加农民负担。

在扩大粮食补贴方式改革试点工作中,各有关职能部门要密切配合,通力协作,及时研究解决改革中出现的问题,积极推进各项配套改革。扩大粮食补贴方式改革的具体工作由财政部门牵头。各级财政部门要切实承担起组织协调的职责,加强对改革工作的指导,并强化服务意识,确保补贴资金及时、足额兑付。粮食部门要加快国有粮食企业改革步伐,搞活经营机制,积极推进粮食产业化经营。同时要会同有关部门妥善处理国有粮食购销企业的老职工、老库存、老挂账等"三老"问题,摆脱束缚,走向市场,扭亏脱困。农业部门要积极引导农民调整种植结构,大力发展优质粮食品种和经济作物的生产。工商、物价等部门要积极鼓励放开搞活粮食市场,并维护好粮食购销市场秩序。各级农业发展银行对国有粮食购销企业要继续给予大力支持,安排好粮食收购资金并加强监管,切实防止出现农民卖粮难问题。审计部门对国有粮食购销企业 1998 年 6 月以来的经营和财务状况要进行全面认真的审计,防止出现借改革之机虚报亏损挂账、逃废银行债务等问题。纪检、监察等部门要强化监督检查工作,各级扩大粮食补贴改革试点的领导和协调机构、纪检监察部门都要设立投诉举报电话,妥善解决改革中的矛盾和问题,及时查处违法违纪案件。各级、各有关部门要结合农村税费改革督查,对各县粮食补贴方式改革试点工作进行监督检查,对领导不力、组织不严、工作不到位、政策不落实而影响改革的,要严肃追究责任。

四、切实加强领导,确保改革顺利推进

各级党委、政府要将扩大粮食补贴方式改革试点作为 2004 年农村工作的一项重点工作,加强领导,精心组织,周密部署。要建立党政主要领导负责制、部门和岗位责任制及责任追究制。领导同志要深入农村、企业,加强调查研究,狠抓各项政策措施的贯彻落实,防止工作出现偏差。各级都要成立粮食补贴方式改革工作领导或协调小组及其办事机构,认真研究处理改革过程中出现的问题,重大事项要及时向省报告。

各地、各有关部门要进一步加强扩大粮食补贴方式改革试点的宣传工作。借鉴农村税费改革的经验和做法,制定切实可行的宣传计划和宣传提纲,把握舆论导向,突出宣传重点,注重宣传效果。充分利用多种宣传媒体,采用农民群众喜闻乐见的形式,把宣传工作做深、做细,使改革政策进村入户、家喻户晓,让广大农民群众和国有粮食购销企业职工充分理解改革,积极拥护和支持改革,创造一个有利于改革顺利推进的社会环境。

扩大粮食补贴方式改革试点方案由省政府另行下发。

安徽省人民政府关于印发《安徽省扩大粮食补贴方式改革试点方案》的通知

(2003 年 5 月 28 日　皖政〔2003〕28 号)

各市、县人民政府,省政府各部门、各直属机构:

省委、省政府决定,自 2003 年 6 月 1 日开始,在全省范围开展扩大粮食补贴方式改革试点。现将《安徽省扩大粮食补贴方式改革试点方案》印发给你们,请结合《中共安徽省委、安徽省人民政府关于扩大粮食补贴方式改革试点的通知》(皖发〔2003〕9 号)精神一并贯彻执行。

扩大粮食补贴方式改革试点,是适应我国粮食市场供求关系变化和我国加入世贸组织新形势,进一步深化粮食流通体制改革的重大举措,也是我省全面进行农村税费改革后,又一项维护农民利益,促进农业结构调整和农村经济发展的重大改革。各地、各有关部门要从贯彻党的十六大精神和实践"三个代表"重要思想的高度,认真领会改革的精神实质,准确把握改革的基本要点,精心组织实施,确保改革顺利推进并取得圆满成功。

安徽省扩大粮食补贴方式改革试点方案

根据《国务院关于进一步深化粮食流通体制改革的意见》(国发〔2001〕28 号)以及省委、省政府扩大粮食补贴方式改革试点的决定,制定本方案。

一、粮食补贴方式改革试点的指导思想和基本原则

扩大粮食补贴方式改革试点的指导思想是:以"三个代表"重要思想和党的十六大精神为指导,认真贯彻中央农村工作会议精神,切实保护粮食生产能力和种粮农民利益,促进农民收入增长;坚持以市场为取向,放开搞活粮食流通,继续发挥国有粮食购销企业的主渠道作用,深化国有粮食购销企业改革;搞好粮食储备,加强粮食宏观调控能力,促进农业结构调整和农村经济发展,切实维护好、实现好、发展好广大农民群众的根本利益。

扩大粮食补贴方式改革试点的基本原则是:有利于保护农民利益,促进农民增收;有利于加强农业的基础地位,保证粮食安全;有利于深化国有粮食购销企业改革,提高政府资金使用效率;便于公开公正规范操作,保持农村稳定。

二、粮食补贴方式改革试点的主要内容

扩大粮食补贴方式改革试点的主要内容是"两放开、一调整"。

放开粮食收购价格。从 2003 年 6 月 1 日起,全面放开粮食收购价格,不再按保护价收购农民余粮,粮食实行随行就市收购。

放开粮食购销市场。支持和鼓励各类经营者公平参与粮食收购和经营,实现经营主体的多元化。国有粮食购销企业实行自主经营,自负盈亏,参与市场竞争,继续发挥在粮食流通中的主渠道作用。

调整粮食补贴方式。将原按保护价敞开收购农民余粮间接给农民的补贴,改为按国际通行的做法,直接补贴给农民,补贴标准为粮食市场价低于政府保护价的差价。与此同时,妥善解决国有粮食购销企业老库存、老挂账等历史遗留问题。

三、粮食补贴方式改革试点的实施办法

1. 确定各地享受补贴的商品粮常量。以 1998 年至 2002 年各县(含县级市、区,下同)5 年间国有粮食购销企业按保护价收购农民余粮的平均数为基础,确定各地享受补贴的商品粮常量。

2. 确定每户农民享受补贴的商品粮常量。各县可根据实际情况,以农业税计税土地面积,或农业税计税常产,或两者各占一定比例等方式为依据,确定每个农户享受补贴的商品粮常量。具体的确定依据和落实方式,由各县自行决定。不论采取何种方式确定农户享受补贴的商品粮常量,各县、乡必须将上级审定的商品粮常量全数分配到农户,不准截留、克扣或留有机动。农户享受补贴的商品粮常量确定后,由乡镇政府发给享受补贴通知书,并保持相对稳定。

3. 核定差价补贴标准。由省级价格和统计部门对全省粮食市场进行统计调查得出市场价,其低于省政府确定的保护价的差价部分,作为对农民补贴的标准。当市场价高于保护价时,取消差价补贴。2003 年,全省混合小麦的差价补贴标准为每 50 公斤 5.5 元,中晚稻为 4.5 元。为保持政策的相对稳定,差价补贴标准原则上一定两年不变。

4. 确定每户农民补贴数额。将确定的每户农民享受补贴的商品粮常量,乘以政府公布的差价补贴标准,即为每户农民每年应得的补贴数额。

5.对农民补贴兑付办法。对农民补贴资金兑付工作由乡镇财政(农税)所承担,直接兑付给农民,不得由乡镇其他部门或村集体集中代领转付。对农民补贴的兑付和农业税的征收原则上实行“征补两条线”,即农户凭本人身份证和粮食补贴通知书,到当地乡镇财政(农税)所领取粮食补贴。各市、县要采取切实有效的措施,确保补贴资金如数兑付到每户农民手中。亩均补贴额较少的地方,在充分征求农民意见的基础上,也可采取将农民补贴资金直接抵交农业税及附加的办法。除当年农业税及附加外,任何人不得以任何名义从补贴资金中抵扣以前年度的税费尾欠和其他任何款项。

6.补贴资金的管理。对农民补贴的资金,由省财政一次或分批拨付给市、县财政。各市、县财政部门要在当地农业发展银行(或代理行)设立对农民补贴资金专户,实行专户管理,专款专用,任何人不得截留、挤占和挪用。

四、粮食补贴方式改革试点的配套政策

1.放开粮食购销市场,拓宽流通渠道。国有粮食购销企业要在粮食购销和保证粮食市场稳定中继续发挥主渠道作用。同时,为有利于农民出售余粮,各地要放开、搞活粮食市场,积极支持和鼓励其他经营者参与粮食收购和经营。

2.调整粮食风险基金补贴政策。从2003年6月1日起,停止实行省对市的粮食风险基金包干办法。粮食风险基金由省财政统一掌握,按规定使用。

3.加大处理老库存粮食的力度。至2003年5月31日,国有粮食购销企业按定购价和保护价收购的老粮食库存,经审计确认后,锁定库存数量和成本,并按计划销售和处理,力争在2—3年内将老库存粮食基本销售和处理完。对销售或处理老库存粮食发生价差亏损占用的农发行贷款,先实行挂账,挂账利息用粮食风险基金支付。差价亏损挂账本金按国家有关政策处理。

4.加快国有粮食购销企业改革。各级政府和有关部门要认真贯彻落实省政府《关于加快国有粮食企业改革的意见》(皖政〔2002〕8号),积极支持国有粮食购销企业改革,力争尽快完成企业减员分流任务。国有粮食购销企业要积极进行企业体制和经营机制的创新,发挥优势,增强活力,强化管理,提高市场竞争能力。在改革过程中,要严防国有资产流失,保护仓储设施。

5.妥善处理国有粮食购销企业亏损挂账问题。从2003年起,1991粮食年度末政策性粮食财务挂账、中央和地方共同贴息的1998年5月底以前新增粮食财务挂账的利息,由省财政用粮食风险基金支付。对1999年以来已处理陈化粮发生的差价亏损、1998年6月1日以后新发生的经营亏损,经审计认定后,实行挂账,挂账利息用粮食风险基金支付。各项挂账的消化工作由各地按国家有关政策进行。严禁弄虚作假,严禁挤占、挪用和逃废银行贷款。

6.做好粮食收购资金供应工作。放开粮食购销市场和粮食价格后,各级农发行要继续发挥粮食收购资金供应主渠道作用,切实加强资金监管,积极支持国有粮食购销企业随行就市收购农民余粮,确保不出现因收购资金不足造成农民卖粮难问题。同时,支持和鼓励其他商业银行向粮食购销企业提供收购资金贷款。

7.切实保护粮食生产能力。现阶段采取以计税田亩或计税常产为依据确定对农民补贴的办法,是根据当前粮食市场总体上供大于求的状况确定的,目的是支持和鼓励农民积极调整种植结构,促进增加农民收入。如粮食市场出现供应紧张状况,将改按粮食播种面积或农民向国家出售余粮数量对农民进行补贴,鼓励农民多种粮,向国家多出售粮食。各地要采取切实有效的措施保护好粮食生产能力,绝不允许违反政策将基本农田改为非农用地。

8.积极调整农业种植结构。各地和有关部门要积极引导农民调整种植结构,通过信息、技术服务,推行订单农业等多种有效方式,大力推进粮食产业化,发展优质粮食品种或经济作物的生产,增加农民收入。

9.增强粮食宏观调控能力。进一步完善地方粮食储备体系,逐步增加省级粮食储备规模,市、县特别是销区也要建立一定的地方储备。

10.切实转变粮食行政管理职能。粮食行政管理部门要适应粮食市场化改革的新形势,积极转变工作职能,努力发挥“指导、协调、监督、服务”功能。

五、粮食补贴方式改革试点的实施步骤

扩大粮食补贴方式改革试点工作分3个阶段进行。

第一阶段:宣传发动。各地特别是麦产区要立即行动起来,充分利用各种宣传媒体和多种形式,广泛宣传扩大粮食补贴方式改革的重要意义、目的、内容和各项政策,基层宣传要做到进村入户,张贴上墙,使之家喻户晓,深入人心。

第二阶段:认真制定方案。各地要按照本方案的要求,在广泛调研和认真测算的基础上,结合本地实际制定具体实施方案,于6月底报省扩大粮食补贴方式改革试点工作协调小组审批。7月底以前省完成对各市、县具体实施方案的批复工作。

第三阶段:组织实施。各县要按照省批复的方案,严格操作程序,规范操作办法,制定详细的分阶段计划,精心组织,配套推进,积极稳妥地组织实施。要严格按照省批复的方案,及时做好所属乡镇方案的审批工作。各乡镇要认真做好测算工作,及时将补贴分解落实到每一个农户并张榜公布,接受群众监督,确保公开、公平、公正,确保补贴资金及时、足额补助到农户手中。要切实做到"五个到户":政策宣传到户、清册编制到户、张榜公布到户、通知发放到户、资金兑付到户。严格做到"六个不准":不准擅自改动补贴通知书的数额;不准擅自以补贴抵扣当年农业税及附加以外的任何款项;不准截留、挤占和挪用补贴资金;不准村、组集体代领补贴;不准拖延补贴兑付时间;不准以任何理由借机增加农民负担。9月20日以前,各市、县要根据省批复的具体实施方案,做好对农民兑付补贴资金的动员和准备工作,并将粮食补贴通知书发放到每个农户。9月20日以后,开始兑付补贴资金。同时,继续做好各项宣传工作。

扩大粮食补贴方式改革试点工作关系广大农民的切身利益,关系党的农村政策的贯彻落实,各地要切实加强对这项工作的领导。在实施改革的过程中,省将组织有关部门对各地执行政策情况进行督查,随时掌握改革动态,对改革不到位和政策执行有偏差的及时进行纠正,对严重违反政策的将进行严肃查处和通报。各地对在改革过程中出现的新情况、新问题,要积极研究探索解决的办法和途径,重大问题及时报告省扩大粮食补贴方式改革试点工作协调小组办公室。

中共安徽省委办公厅 安徽省人民政府办公厅 关于严肃粮食补贴方式改革试点工作纪律的通知

(2003年6月4日　皖办发〔2003〕9号)

各市、县委,各市、县人民政府,省直各单位,各大学:

为确保全省扩大粮食补贴方式改革试点工作顺利推进并取得圆满成功,经省委、省政府同意,现就严肃粮食补贴方式改革工作纪律通知如下。

一、准确把握政策界限,确保各项改革措施执行到位

各地、各有关部门要把思想统一到省委、省政府的决策上来,严格按照省委、省政府《关于扩大粮食补贴方式改革试点的通知》(皖发〔2003〕9号)和《安徽省人民政府关于印发〈安徽省扩大粮食补贴方式改革试点方案〉的通知》(皖政〔2003〕28号)精神,精心组织实施粮食补贴方式改革试点,保证省委、省政府的各项政策不折不扣地贯彻落实到基层。要深入细致地做好宣传和解释工作,把政策交给广大农民群众。要严格按"五个到户"、"六个不准"的工作要求,规范程序,透明操作,确保粮食补贴资金落实到每个农户。要严格国有粮食购销"老粮"、"老账"的管理,认真执行政策,严密手续,严肃纪律,防止国有资产流失。要及时研究改革中出现的新情况、新问题,主动化解工作中的矛盾,自觉维护改革大局。任何单位都不得借改革之机套取国家补贴资金、侵占农民补贴、逃废银行债务,影响改革进程。

二、严禁弄虚作假,确保各项基础资料真实准确

粮食补贴方式改革试点工作,涉及以前年度国家按保护价收购农民余粮的数量、农民二轮土地承包面积以及国有粮食购销企业"老库存、老挂账"等相关数据。这些数据是制定改革实施方案的依据。数据准确与否,直接影响到方案的严肃性和公正性,关系到农民的切身利益和试点工作的顺利进行。各地、各有关部门要以高度负责的态度,如实提供有关数据。基础性数据要从基层单位开始逐级统计汇总,层层建立责任制,层层签字把关。单位主要负责人是保证数据准确可靠的主要责任人,要切实把数据核准、情况核实。决不允许借改革之机弄虚作假,虚报、谎报数据。

三、建立严格的责任制和责任追究制,严肃查处违法违纪行为

各地要建立粮食补贴方式改革试点工作党政主要领导负责制、部门和岗位责任制及责任追究制。对改革中出现以下问题的,追究有关领导和责任人的责任,触犯刑律的移送司法机关依法处理:(1)分解落实农户补贴资金不公开、不公平,群众反映强烈的;(2)克扣、截留、挤占农民补贴资金的;(3)弄虚作假,虚报数据,套取国家补贴资金的;(4)设置市场壁垒,影响粮食收购企业正常经营,造成农民卖粮难等严重后果的;(5)有关职能部门在出现农民卖粮难时,未采取有效措施,引发恶性事件的;(6)不按政策规定和财经纪律处理“老粮”、“老账”,造成国有资产流失的;(7)擅自出售国有粮食仓储设施影响粮食安全的;(8)借改革之机,侵占国有资产、损害职工利益的;(9)挪用和逃废银行贷款,损害国家利益的;(10)其他违法违纪行为。

各级粮食补贴方式改革工作领导或协调机构和纪检、监察部门要设立举报电话,加强对粮食补贴方式改革试点工作的监督检查。对领导不力、组织不严、政策不落实、损害农民利益和弄虚作假等现象严重的地区,将追究当地党政主要领导的责任。

致全省广大农民朋友的一封信

农民朋友们:

你们好!长期以来,你们辛勤耕耘在农业生产第一线,为提高城乡人民生活水平和全省经济社会发展作出了积极贡献。在此,特向你们表示亲切的慰问,并致以崇高的敬意!

2003年,省委、省政府决定在全省扩大粮食补贴方式改革试点。改革的主要目的是:保护农民利益,促进农业结构调整,增加农民收入;同时促进国有粮食购销企业深化内部改革,加快机制转换,提高经济效益。改革的主要内容是:“两放开、一调整”。“两放开”就是放开粮食收购价格,从2003年6月1日起,不再按保护价收购农民余粮;放开粮食购销市场,各类粮食购销企业按市场随行就市收购农民余粮。“一调整”就是将原来按保护价收购农民余粮给农民的间接补贴,改为直接补贴给农民。

改革后的粮食补贴具体办法,一是以各市、县1998年至2002年5年间国有粮食购销企业按保护价收购农民余粮的平均数为基础,确定各市、享受补贴的商品粮数量。二是各市、县结合实际情况,以计税土地面积、或以计税常产、或以两者各占一定比例等方式,确定每户农民享受补贴的商品粮数量。三是根据省有关部门调查得出的粮食市场价,以及省政府确定的统一保护价,核定差价补贴标准。2003年,全省混合小麦的差价补贴标准为每50公斤5.5元,中晚稻为每50公斤4.5元。此补贴标准原则上一定两年不变。四是根据农户享受补贴的商品粮数量和差价补贴标准,计算应获得的粮食补贴金额,由乡镇政府统一发放粮食补贴通知书,并张榜公布。五是农户凭粮食补贴通知书及本人身份证明,在规定时间直接到乡镇财政(农税)所领取补贴资金。这一补贴办法计算简便,政策透明,便于操作,有利监督。任何单位和个人不得截留、克扣应发放给农户的粮食补助资金。

实行粮食补贴方式改革后,粮食市场全面放开,农民群众卖粮的渠道会进一步增多。农民朋友可根据市场需求,调整种植结构,生产适销对路的优质农产品,进一步增加收入。为防止出现卖粮难,国有粮食企业将继续发挥购销主渠道作用,确保广大农民朋友售粮渠道畅通。

农民朋友们,扩大粮食补贴方式改革试点是继我省农村税费改革之后,又一项维护农民利益和农村稳定发展的重大改革,是适应我国加入世贸组织后农业发展形势需要、进一步深化粮食流通体制改革的重大举措,对于保护农民利益、提高农民收入、促进农业结构调整都具有十分重要的意义。由于这项改革涉及面广,影响面大,离不开广大农民朋友的大力支持。省委、省政府殷切期望广大农民朋友积极参与,主动配合,共同推进扩大粮食补贴方式改革试点工作。

祝广大农民朋友健康快乐,阖家幸福、生活美满!

省扩大粮食补贴方式改革试点工作协调小组
2003年5月31日

安徽省对农民粮食直接补贴资金管理暂行办法

(安徽省财政厅、中国农业发展银行安徽省分行
2003年6月16日印发　财建〔2003〕411号)

为加强对农民粮食直接补贴资金(简称“粮食直补资金”,下同)的管理,确保全省扩大粮食补贴方式改革试点工作顺利进行,根据《安徽省人民政府关于印发〈安徽省扩大粮食补贴方式改革试点方案〉的通知》(皖政〔2003〕23号)精神和省财政厅、省粮食局和省农发行《关于调整粮食风险基金补贴政策的通知》(财建〔2003〕363号)有关规定,特制定本办法。

一、筹集和使用范围

1.粮食直补资金由省财政从中央补助和我省筹集配套的粮食风险基金中统一安排列支。

2.为解决特殊问题,省对各市、县按当年粮食直补资金总额的3%安排机动资金,用于对农民的补贴。机动资金只能由市、县财政集中掌握使用,乡(镇)、村不得留有机动资金。上年结余的机动资金和利息收入,要顶抵下一年度的机动资金或粮食直补资金。

3.粮食直补资金省拨补的直补改革机动资金,及其利息收入,只能补贴给依法交纳农业税和附加以及符合享受补贴条件的农民,不得用于其他任何开支。

二、专户管理

1.省市县(含县级市、区,下同)财政部门在同级农发行"412"粮食风险基金科目下,开设"粮食直补资金"专户。

2.经县政府领导和同级人民银行批准,县财政和农发行可在乡镇指定委托一个信用资质最好的金融机构,以当地财政所名义开设"粮食直补资金"专户,代理资金的收支业务。

3.市县农业发展银行和指定代理金融机构,对专户中的资金应按规定计息。乡镇财政所专户中发生的利息收入,必须在每季末后15个工作日内,如数上缴到上级财政部门专户。

4.各县和乡镇财政所必须按照规定向上级财政和农发行上报有关报表,专门反映粮食直补资金收支情况。有关报送办法另行通知。

三、资金的拨付

1.粮食直补资金通过各级专户拨付。省财政根据有关规定和各市实际工作需要,每年一次或分批次将资金拨付给各市财政。

2.各市财政在收到省拨资金后,按照所辖县粮食直补资金数额,在5个工作日内拨付到各县。

3.各县财政在接到乡镇财政要求拨付资金申请时,应及时将资金拨付到乡镇财政所专户。

4.市、县农业发展银行收到同级财政部门拨款通知书后,应在3个工作日内办妥资金拨付手续。

四、资金的兑付

1.粮食直补资金兑付工作,由乡镇财政(农税)所承担。

2.兑付资金时,原则上采取"征补两条线"办法,少数县有特殊情况的乡镇,也可采取直接抵交农业税及附加等办法。(1)"征补两条线"办法。各乡镇财政(农税)所可在纳税大厅开设交税和补贴两个窗口,农民在缴纳当年应交的农业税及附加后,凭本人身份证、粮食补贴通知书和农业税完税凭证等有效证件到补贴窗口领取粮食直补资金。(2)直接抵交农业税及附加办法。各乡镇财政(农税)所根据发放给农民的粮食补贴和农业税两个通知书及身份证明,对交税农户和补贴农户身份审核一致后,就地在纳税大厅办理粮食直补资金兑付手续;如果当年应缴的农业税及附加大于补贴数,可在缴税时直接用直补资金抵缴等额农业税及附加;如果当年应缴的农业税及附加小于补贴数,对直接抵税后的余额,用现金兑付给农民。(3)其他办法。在确保补贴资金能够准确、及时、足额发放给农民的前提下,也可采取其他有效办法。

五、监督检查

1.粮食直补资金的拨付和兑付,必须按上述规定执行,不得违规操作。

2.粮食直补资金必须实行专户管理、专款专用,严禁挤占、克扣、挪用。

3.粮食直补资金必须及时足额发放到每户农民手中,不得由乡镇其他部门或村集中代领转付,不得以任何名义从补贴资金中抵扣以前年度欠税及其他任何款项。

4.要采取定期或不定期的方式进行检查,确保资金安全运行。

5.对违反规定将粮食直补资金挪作他用、以及其他违规违纪行为,一经发现,将严肃查处,并追究当事人和主要领导的责任。触犯刑律的移送司法机关依法处理。

本办法自2003年6月1日起施行,由省财政厅负责解释。

安徽省财政厅关于对农民粮食直接补贴资金有关会计核算问题的通知

(2003年11月3日　财建〔2003〕924号)

各市、县(市、区)财政局:

为了贯彻落实《安徽省人民政府关于印发〈安徽省扩大粮食补贴方式改革试点方案〉的通知》(皖政〔2003〕28号)精神,及时、完整、准确地反映对农民粮食直接补贴资金(以下简称"粮食直补资金",下同)收支情况,现将粮食直补资金有关会计核算问题通知如下：

一、各市、县(市、区)、乡(镇)财政部门应按规定分别设置和使用会计科目，对粮食直补资金进行会计核算。各级财政部门适用的会计科目见附表。

二、资产类。资产类的核算应设置“银行存款”、“现金”科目。(1)银行存款。本科目核算各级财政部门粮食直补资金专户存款的收支情况，收到时记借方，支付时记贷方。(2)现金。本科目核算乡(镇)财政(农税)所兑付粮食直补资金时现金收付情况，提取时记借方，兑付时记贷方。

三、负债类。采用抵交农业税及附加办法兑付粮食直补资金的乡(镇)财政(农税)所应设置“待解扣缴税款”科目。“待解扣缴税款”科目核算从粮食直补资金中抵扣的农民当年应缴农业税及附加。抵扣时借记“粮食直补资金兑付支出”科目，贷记本科目。转付扣缴的税款，借记本科目，贷记“银行存款”科目。

四、净资产类。净资产类的核算应设置“粮食直补资金”科目，核算各级财政部门粮食直补资金收入补贴、粮食直补机动资金收入补贴、利息收入与粮食直补资金拨出补贴、粮食直补机动资金拨出补贴或粮食直补资金兑付支出相抵后的累计余额。本科目应按核算内容下设“直补资金”和“机动资金”等明细科目。年终，将“粮食直补资金收入补贴”、“粮食直补机动资金收入补贴”、“利息收入”科目的余额转入本科目的贷方，借记“粮食直补资金收入补贴”、“粮食直补机动资金收入补贴”、“利息收入”科目，贷记本科目；将“粮食直补资金拨出补贴”、“粮食直补机动资金拨出补贴”、“粮食直补资金兑付支出”科目的余额转入本科目的借方，借记本科目，贷记“粮食直补资金拨出补贴”、“粮食直补机动资金拨出补贴”、“粮食直补资金兑付支出”。年终结账后本科目贷方余额为市、县(市、区)粮食直补资金的滚存结余。乡(镇)财政(农税)所年末结余的粮食直补资金应全额交回县级粮食直补资金专户，借记本科目，贷记“银行存款”科目，年终结账后本科目无余额。

五、收入类。资金收入类的核算应设置“粮食直补资金收入补贴”、“粮食直补机动资金收入补贴”、“利息收入”科目。(1)粮食直补资金收入补贴。本科目核算各级财政部门的粮食直补资金收入(包括上级财政部门拨入和本级自筹资金)。收到时，借记“银行存款”科目，贷记本科目。平时贷方余额反映粮食直补资金收入补贴的累计数。年终结账时，将本科目贷方余额转入“粮食直补资金”科目，借记本科目，贷记“粮食直补资金”科目。年终结账后，本科目无余额。(2)粮食直补机动资金收入补贴。本科目核算市、县(市、区)财政部门收到的上级拨入粮食直补机动资金。收到时借记“银行存款”科目，贷记本科目。年终将本科目贷方余额转入“粮食直补资金”科目，借记本科目，贷记“粮食直补资金”科目。年终结账后，本科目无余额。(3)利息收入。本科目核算各级财政部门粮食直补资金专户的利息收入。收到时借记“银行存款”科目，贷记本科目。年终市、县(市、区)财政部门将利息收入余额转入“粮食直补资金”科目时，借记本科目，贷记“粮食直补资金”。年终结账后，本科目无余额。乡(镇)财政(农税)所按季上缴利息收入，借记本科目，贷记“银行存款”。

六、支出类。支出类的核算应设置“粮食直补资金拨出补贴”、“粮食直补机动资金拨出补贴”、“粮食直补资金兑付支出”科目。(1)粮食直补资金拨出补贴。本科目核算市、县(市、区)财政部门拨付的粮食直补资金。拨付时借记本科目，贷记“银行存款”科目，平时借方余额反映补贴的实际支出累计数。年终本科目借方余额应转入“粮食直补资金”科目，借记“粮食直补资金”科目，贷记本科目。年终结账后，本科目无余额。(2)粮食直补机动资金拨出补贴。本科目核算市、县(市、区)财政部门拨付的粮食直补机动资金。拨付时借记本科目，贷记“银行存款”科目。年终本科目借方余额应转入“粮食直补资金”科目，借记“粮食直补资金”科目，贷记本科目。年终结账后，本科目无余额。(3)粮食直补资金兑付支出。本科目核算乡(镇)财政(农税)所兑付的粮食直补资金。兑付时，借记本科目，贷记“现金”。平时借方余额反映实际兑付给农民的粮食直补资金的累计数。年终本科目借方余额应转入“粮食直补资金”科目，借记“粮食直补资金”科目，贷记本科目。年终结账后，本科目无余额。

七、各地可根据需要，相应设置必要的会计明细科目。

附件：粮食直补资金核算会计科目表(略)

全省粮食补贴方式改革试点工作电视电话会议综述

2003年5月22日，省政府召开全省扩大粮食补贴方式改革工作电视电话会议，省市县有关部门领导参加了会议。张平副省长和朱玉明厅长到会讲

话,综述如下:

张平副省长讲话要点

(一)充分认识扩大粮食补贴方式改革试点的必要性,增强搞好试点工作的自觉性和责任感

第一,扩大粮食补贴方式改革试点,是促进农业结构调整和增加农民收入的重要举措。扩大粮食补贴方式改革试点,对农民实行直接补贴,可以有效保护广大农民群众的根本利益,引导农民以效益为中心、以市场需求为导向,加快农业经济结构调整,推进农业市场化进程,有效解决农业和农村经济结构不优、农业生产效益较低、农民收入增长乏力的问题。

第二,扩大粮食补贴方式改革试点,是适应加入世贸组织的需要。按照世贸组织规则,对粮食流通环节补贴则不被WTO规则所允许。因此,必须完善适合我国国情的对农业和粮食生产的支持与保护体系,更有效地保护农民利益。

第三,扩大粮食补贴方式改革试点,是推进国有粮食购销企业改革的有效措施。第四,扩大粮食补贴方式改革试点,是减轻各级财政负担的重要途径。

(二)准确把握扩大粮食补贴方式改革的主要精神,积极稳妥地推进试点工作

第一,要准确把握改革的指导思想。省委、省政府确定,这次改革总的指导思想是:以党的十六大精神和"三个代表"重要思想为指导,认真贯彻中央农村工作会议精神,坚持市场化改革取向,着眼于保护粮食生产和种粮农民的利益,扩大粮食补贴方式改革试点范围,促进增加农民收入。放开搞活粮食流通,深化国有粮食购销企业改革,继续发挥国有粮食企业的主渠道作用;加强粮食宏观调控,促进农业结构调整和农村经济发展,切实维护好、实现好、发展好广大农民群众的根本利益。

第二,要明确改革的主要内容。这次改革的主要内容概括起来就是:"两放开,一调整"。两放开,就是放开粮食收购价格,放开粮食购销市场。一调整,就是调整粮食补贴方式。

第三,要扎实推进各项配套改革。一是调整粮食风险基金补贴政策。停止实行省对市实行的粮食风险基金包干办法,粮食风险基金由省政府统一掌握和使用。对农民补贴资金,由省财政直接拨付给各市县。二是放开搞活粮食购销市场。在继续发挥国有粮食购销企业主渠道作用的同时,各地要积极支持和鼓励多种所有制经济主体参与粮食收购和经营。三是加快国有粮食购销企业改革步伐。为缓解粮食补贴方式改革对国有粮食购销企业的冲击,对国有粮食购销企业的"老粮、老账"问题要予以划断并妥善处理,同时要按照皖政2002年8号文件精神,尽快完成国有粮食企业减员分流任务。四是继续做好粮食收购资金供应工作。农发行要继续对国有粮食购销企业给予支持,参照政策性贷款规定,积极向国有粮食购销企业提供收购贷款,支持其随行就市收购农民余粮。同时,支持和鼓励其他商业银行向粮食购销企业提供收购资金贷款。五是切实保护粮食生产能力,保证粮食安全。要处理好改革中可能出现的新情况、新问题。

(三)切实加强对试点工作的组织领导,全面落实扩大粮食补贴方式改革试点的工作责任

第一,建立市、县、乡政府一把手负责制。各市、县、乡政府也要建立相应的领导、协调和办事机构,实行一把手负责制,抽调得力人员,专门负责这项改革工作,并落实部门和岗位的工作责任制。

第二,切实做好宣传工作。要充分利用多种宣传媒介,采用灵活有效的形式,宣传为什么要改革,怎样改革,以及改革的各项政策措施,等等,把政策交给群众,做到家喻户晓,让广大农民群众和国有粮食企业职工理解和支持改革,保证改革顺利进行。

第三,严肃改革纪律,加强监督检查。省里将结合农村税费改革督查工作,对各县(市、区)粮食补贴方式改革工作进行督查,对领导不力,组织不严,工作不到位,政策不落实,影响改革的,要追究领导责任。

第四,加强协调配合,形成改革的合力。各有关部门要站在全局的高度,提高对扩大粮食补贴方式改革试点工作的认识,密切配合,通力协作,共同做好改革工作。根据工作职能,粮食补贴方式改革的具体工作由财政部门牵头。各级财政部门要切实承担起组织协调职能,强化服务意识,主动与各部门联系和沟通,保证对农民的直接补贴资金及时、足额兑付。粮食部门要加快国有粮食企业改革步伐,搞活经营机制,妥善处理国有粮食购销企业的老职工、老库存、老挂账和企业稳定等问题。审计部门要加大工作力度,做好老粮、老账的锁定和审计工作。工商、物价等部门要加强粮食购销市场管理,维护粮食购销市场秩序。农发行对国有粮食购销企业要继续给予大力支持,防止出现农民卖粮难问题。纪检监察部门要强化监督检查工作,严肃改革纪律。

朱玉明厅长讲话要点

(一)关于享受补贴商品粮总量确定问题

全省1998至2002年平均按保护价收购粮食的数量约124亿斤，而2004年淮河以北的水稻和淮河以南的小麦退出了保护价收购范围，按保护价收购粮食的数量只有113亿斤。为了最大限度地保护农民利益，使全省农民得到的补贴更多，增强广大农民群众对取消保护价的理解，这次粮食补贴方式改革以县(市、区)为单位，根据1998至2002年各县(市、区)国有粮食购销企业按保护价收购的数量为基础，全省享受补贴的商品粮总量仍以124亿斤计算。

(二)关于对农民补贴计算依据问题

现阶段采取以计税田亩或计税常产为依据确定每户农民补贴的办法，主要基于以下3点考虑：一是由于目前我国粮食市场总体上处于供大于求的阶段，按计税田亩和计税常产对农民补贴，不论农民种粮不种粮都能得到补贴，可以引导农民走向市场，支持和鼓励农民积极调整种植结构，实现由追求粮食种植数量向追求质量和效益转变，或者改进粮食品种，增加种粮农民收入，也可以缓解当前粮食结构性过剩的压力。当粮食市场出现供应紧张状况时，可以迅速改按粮食播种面积或农民向国家出售余粮数量对农民补贴的办法，鼓励农民多种粮，多向国家出售粮食，保证粮食供应市场的稳定。二是因为我省实行农村税费改革后，计税田亩和计税常产已经相对固定，广大农民易于接受，而按粮食播种面积补贴的方案难以规范公平操作。三是农民的计税田亩大或计税常产高，向国家交纳的农业税就多，国家以计税田亩或者计税常产为依据对农民进行补贴，计税田亩越多，计税常产越大，国家对其补贴额也越多。

(三)关于差价补贴标准核定问题

保护价减去市场价，即为补贴差价。这次扩大粮食补贴方式改革试点确定的补贴标准，是按照2002年省物价部门和农调队对全省混合小麦和中晚稻市场统计调查出的市场价低于省政府公布的全省统一保护价的差价为基础的补贴标准。《实施方案》决定，2003年全省粮食补贴标准确定为混合小麦每百斤5.5元，中晚稻为4.5元，高于保护价与市场价的实际差价1－2分钱，不但确保了农民的利益，而且也让千家万户在改革中得到实惠，分享改革成果。差价补贴标准今明两年不作调整。今后，当市场价高于保护价时，将取消差价补贴。考虑到小麦产量与稻谷产量差距较大，而且小麦农业税计税价格比稻谷高，因此混合小麦的补贴标准定为每百斤5.5元，比稻谷高1元，也就更好地保护了小麦产区农民的利益。

(四)关于对农民粮食补贴资金兑付问题

对农民补贴资金兑付工作原则上实行“征补两条线”办法，由乡镇财政所或农税所承担，不得由乡镇其他部门或村集中代领转付，确保补贴资金及时、足额兑付到每个农户手中。要正确处理好兑付补贴资金与征收农业税之间的关系，一方面，要实实在在地让农民切身感受到粮食直接补贴的好处，另一方面，要大力增强农民依法缴纳农业税的意识，坚持依法征收，确保农业税收入任务的完成。

(五)关于粮食补贴资金管理问题

对农民补贴资金，由省财政拨付给各市、县。各市、县财政部门要在当地农业发展银行(或代理银行)设立对农民补贴资金专户，实行专户管理，专款专用。任何人不得以任何名义截留、挤占和挪用对农民补贴资金。为解决对农民补贴中不可预见的问题，省财政按各地当年对农民直补资金总额3%的比列安排机动资金。机动资金只能由市、县财政集中掌握，专项用于对农民的补贴，不得用于补充财力或其他开支。上年未动用的机动资金应顶抵下年对农民补贴资金，乡镇和村不得留有机动资金。

(六)关于调整粮食风险基金补贴政策问题

安徽省现有粮食风险基金的规模，目前只够支付国有粮食购销企业各项利息、补贴、费用，无力支付对农民的补贴。因此省政府决定从2003年6月1日起，暂时停止实行省对市粮食风险基金包干办法，粮食风险基金由省统一掌握，按规定使用。对2003年1—5月份应拨补各市的粮食风险基金包干资金，省财政厅将进行清算。对2003年6月1日以后粮食风险基金除用于对农民补贴以外，主要用于对粮食库存利息、费用补贴，销售和处理老库存粮食和差价亏损挂账利息开支和补贴，新、老粮食亏损和挂账的利息开支，地方储备粮油补贴等方面。这种调整是权宜之计，等3—5年粮食风险基金周转过来后，可将风险基金继续包干下去。

(厅经济建设处供稿　年鉴编辑部整理)

2003年粮食补贴方式改革大事记

△5月14日，省委召开常委会，研究决定在全省范围开展扩大粮食直接补贴试点工作。同日，常务副省长张平主持召开会议，成立扩大粮食补贴方式改革试点工作协调小组。协调小组由张平同志担任组长、赵树丛同志任副组长，省财政厅及有关部门为

成员,并召开协调小组第一次会议,部署工作。

△5月22日,省政府召开全省扩大粮食补贴方式改革试点工作电视电话会议。会议由副省长赵树丛主持,常务副省长张平在会上作了重要讲话,省财政厅厅长、协调小组办公室主任朱玉明在会上介绍了粮补改革实施方案。

△5月28日,省委、省政府印发《关于扩大粮食补贴方式改革试点的通知》(皖发〔2003〕9号)。同日,省政府印发了《安徽省扩大粮食补贴方式改革试点方案》(皖政〔2003〕28号)。

△5月31日,省粮补办印发《致全省广大农民朋友的一封信》。

△6月4日,省政府办公厅印发《关于严肃粮食补贴方式改革试点工作纪律的通知》(皖办发〔2003〕9号。

△6月4日,省委书记王太华就扩大粮食补贴方式改革试点工作提出要求:切实把思想和行动统一到省委、省政府的这项重大决策上来,增强搞好改革的自觉性。同日,省委副书记王昭耀作出批示:目前粮食流通体制改革已进入关键时期,要放开手脚,精心动作,积极稳妥,扎扎实实,乘势而上,粮食工作必将“柳暗花明”,步入新天地。

△6月4日,省粮补办在淮南市举办粮补工作培训班。对淮北、淮南、阜阳、亳州、宿州、蚌埠、六安、滁州、合肥9市及所属县(区)粮补办200多人进行了粮食补贴方式改革业务培训。

△6月6日,省粮补办在芜湖市举办粮补工作培训班。对巢湖、安庆、马鞍山、芜湖、铜陵、池州、宣城、黄山8市及所属县(区)粮补办200多人进行了粮食补贴方式改革业务培训。

△6月11日,赵树丛副省长听取省粮补办负责人工作汇报后,提出3点要求:一是进一步解放思想;二是抓住当前工作重点;三是加快改革进程。

△6月16日,省财政厅印发《安徽省对农民粮食直接补贴资金管理暂行办法的通知》(财建〔2003〕411号)。

△6月19日,省委书记王太华对深入推进粮补改革工作提出新要求:各级党委、政府要切实增强推进粮补改革的责任感和自觉性;国有粮食购销企业要积极地支持和参与粮补改革。

△6月23日,夏粮主产区粮食补贴方式改革工作现场汇报会在亳州市召开。赵树丛副省长强调:一要用省委省政府《关于扩大粮食补贴方式改革试点的通知》精神统一思想、统一行动;二要确保当前夏粮收购工作中不出现农民卖粮难;三要扎扎实实积极推进粮食补贴方式改革试点工作。

△6月24日,省委副书记王昭耀再次作出批示:请朱玉明、桂梅生同志注意,粮改一定能得到农民群众的衷心拥护,但应谨防“卖粮难”、压级压价,损害农民利益的现象发生。

△6月24日,任海深副省长担任省扩大粮食补贴方式改革试点工作协调小组组长。

△6月26日,任海深副省长要求对粮补改革中可能出现的问题做好充分准备:一是农民卖粮难问题;二是谷贱伤农问题;三是粮食部门收不到粮的问题(价格问题或收购资金供应问题);四是粮食市场秩序问题。

△8月14日,赵树丛副省长在固镇县对农民粮食直接补贴发放现场指导工作,并要求各地继续认真学习贯彻省委9号文件精神,把握改革走势;要大力培育市场主体,规范市场秩序,实现公平竞争;国有粮食企业要主动求变,争当粮食市场主渠道;要加强市场引导,促进种植业结构调整,努力增加农民收入。

△9月2日,省补办改革协调小组召开第二次工作会议,省委常委、常务副省长任海深主持了会议,赵树丛副省长,省政府副秘书长王首萌、张良庆,以及粮食改革协调小组成员单位负责同志参加了会议。会议总结了前一阶段全省扩大粮食补贴方式改革试点工作情况,研究部署了下一阶段粮补改革工作。

△9月11日,省粮补改革协调小组在芜湖市召开全省水稻主产区粮食补贴方式改革工作汇报会,赵树丛副省长要求稳步推进全省粮食补贴方式改革工作:一要准确理解、全面贯彻粮补改革政策和要求;二要确保当前秋粮收购工作中不出现农民卖粮难;三要进一步放开粮食市场和培育市场主体;四要进一步深化粮食企业改革;五要切实做好粮食收购资金供应和管理工作;六要及时研究和解决改革中出现的问题。

△截至2003年末,全省国有粮食购销企业减员分流在职职工80148人,提前一年完成改革任务。

(省粮补办供稿　周　远执笔)

公共财政支出改革纪实

关于政府采购中违法行为的行政处分规定

(安徽省人民政府 2003 年 11 月 23 日印发 皖政〔2003〕91 号)

第一条 为了健全政府采购中违法行为责任追究制度,保障政府采购的公开、公平、公正,根据《中华人民共和国政府采购法》及其他有关法律、法规的规定,制定本规定。

第二条 进行政府采购的国家机关、事业单位和团体组织(以下简称采购人)、采购代理机构、政府采购监督管理部门,违反政府采购法律、法规的,依照本规定给予有关责任人员行政处分。

第三条 采购人有下列情形之一,经政府采购监督管理部门责令改正而拒不改正的,给予直接负责的主管人员和其他直接责任人员警告至记大过处分:(一)应当编制政府采购预算而未编制的;(二)无政府采购预算擅自采购的;(三)不按照政府采购预算采购的;(四)委托不具备政府采购业务代理资格的机构办理采购事务的;(五)应当实行集中采购的政府采购项目,不委托集中采购机构而自行采购的。

第四条 采购人、采购代理机构有下列情形之一的,给予直接负责的主管人员和其他直接责任人员警告至记大过处分;情节严重的,给予降级或者撤职处分:(一)应当采用公开招标方式而擅自采用其他方式采购的;(二)擅自提高采购标准的;(三)以不合理的条件对供应商实行差别待遇或者歧视待遇的;(四)在招标采购过程中与投标人进行协商谈判的;(五)中标、成交通知书发出后无法定理由不与中标、成交供应商签订采购合同的;(六)拒绝有关部门依法实施监督检查的。

第五条 采购人、采购代理机构及其工作人员有下列情形之一的,给予直接负责的主管人员和其他直接责任人员记大过至撤职处分;情节严重的,给予开除处分:(一)与供应商恶意串通的;(二)在采购过程中接受贿赂或者获取其他不正当利益的;(三)在有关部门依法实施的监督检查中提供虚假情况的;(四)开标前泄露标底的。

第六条 采购人、采购代理机构隐匿、销毁应当保存的采购文件或者伪造、变造采购文件的,给予直接负责的主管人员和其他直接责任人员记大过至撤职处分;情节严重的,给予开除处分。

第七条 采购人未依法公布政府采购项目的采购标准和采购结果,给予直接负责的主管人员警告至记过处分;情节严重的,给予记大过或者降级处分。

第八条 采购人将应当采用公开招标方式采购的项目化整为零或者以其他方式规避公开招标采购的,给予直接负责的主管人员和其他直接责任人员警告至记大过处分;情节严重的,给予降级或者撤职处分。

第九条 采购人在采购项目完成后,未按采购合同约定验收采购项目,或者无故拒绝、拖延验收采购项目,造成损失的,给予直接负责的主管人员和其他直接责任人员警告至记大过处分;情节严重的,给予降级或者撤职处分。

第十条 政府采购监督管理部门工作人员在对政府采购实施监督检查中滥用职权、玩忽职守、徇私舞弊的,给予记大过至撤职处分;情节严重的,给予开除处分。

第十一条 政府采购监督管理部门对供应商的投诉逾期未作处理,给予直接负责的主管人员和其他直接责任人员警告至记大过处分。

第十二条 政府采购监督管理部门对集中采购机构业绩的考核,有虚假陈述、隐瞒真实情况的,或者不作定期考核和公布考核结果且拒不纠正的,给予直接负责的主管人员和其他直接责任人员警告至记大过处分;情节严重的,给予降级或者撤职处分。

第十三条 国家机关及其工作人员利用职权阻挠或者限制供应商进入本地区或者本行业政府采购市场的,给予直接负责的主管人员和其他直接责任人员警告至记大过处分;情节严重的,给予降级或者撤职处分。

第十四条 国家机关及其工作人员利用职权对

政府采购活动进行非法干预的,给予警告至记大过处分;情节严重的,给予降级或者撤职处分。

第十五条 依照本规定给予有关责任人员行政处分,由监察机关或者任免机关按照管理权限和规定程序办理。

第十六条 本规定自2004年1月1日起施行。

安徽省人民政府办公厅关于以县为单位统一农村中小学教师津补贴发放标准的通知

(2003年4月23日 皖政办〔2003〕22号)

各市、县人民政府,省政府各部门、各直属机构:

我省全面实施农村初中、小学教师(以下简称农村中小学教师)工资上收到县管理后,各地高度重视,积极采取措施,加强资金调度,基本保障了农村中小学教师国家规定标准工资的按时足额发放。但由于多种原因,部分县农村中小学教师津补贴的发放标准与当地公务员津补贴的发放标准还有一定的差距。为建立稳定、规范的教师工资和津补贴保障机制,省政府要求,以县为单位,统一农村中小学教师津补贴的发放标准。现将有关事项通知如下:

一、进一步提高对统一农村中小学教师津补贴发放标准重要性的认识

保证农村中小学教师工资和津补贴的正常发放,是贯彻落实“三个代表”重要思想、实施科教兴皖战略的要求,是社会收入公平分配原则的体现,有利于调动广大农村中小学教师的积极性,有利于进一步提高农村义务教育质量。各级政府要进一步统一思想,提高认识,增强政治责任感,加强组织领导,在确保农村中小学教师国家规定工资按时足额发放的基础上,认真做好统一地方津补贴发放标准工作。

二、认真制定方案,精心组织实施,确保统一农村中小学教师津补贴发放标准工作顺利进行

各地要按照本通知的要求,全面调查摸底,研究制定统一农村中小学教师地方津补贴发放标准具体实施方案,并精心组织实施。从2003年7月起,各地要以县为单位,统一农村中小学教师和县直单位公务员津补贴的发放标准,凡发放给县直单位公务员的津补贴,必须同时发放给农村中小学教师(包括由县级财政供给的农村初中、小学编制内在册、在岗的国家正式教职工和离退休人员,下同),实行同等待遇,并通过银行将工资和津补贴资金直接拨入教职工在银行开设的个人工资账户,实行统一发放。各地要高度重视,安排好统一农村中小学教师地方津补贴发放标准所需资金,在保证及时足额发放国家规定工资的基础上,首先保证省定津补贴的发放,在财力许可的情况下,再解决当地定津补贴发放问题,不得先发当地津补贴,而在省定津补贴的发放上留下缺口。要牢固树立自力更生、艰苦奋斗的思想,积极组织收入,合理调整支出结构,精打细算、勤俭节约,压缩一切不必要的开支,通过自身挖潜,解决统一农村中小学教师津补贴发放标准后可能出现的财力缺口。各县统一农村中小学教师津补贴发放的工作方案,于6月底前抄报省财政厅、省人事厅、省编办、省教育厅和市人民政府及有关部门。

三、明确责任,严明纪律,加强督促检查

按照农村义务教育“实行在国务院领导下,由地方政府负责、分级管理、以县为主的体制”要求,统一农村中小学教师地方津补贴发放标准工作由县人民政府负责,县财政部门牵头,人事、编制、教育等部门配合。各县人民政府要切实加强对统一农村中小学教师津补贴发放标准工作的领导,落实专人负责,并做好指导和协调工作。各市人民政府及有关部门要加强对这项工作的领导,认真做好督查和跟踪调研,确保统一农村中小学教师津补贴发放标准工作的落实。省财政、人事、编制、教育部门要认真履行职责,加强指导和督促检查,发现问题及时解决。各地、各有关部门要加强中小学校资金和收费管理。严禁学校擅自设立收费项目、提高收费标准、扩大收费范围。学校按规定向学生收取的杂费,不实行“零户”管理,但必须专款专用,严禁将学校的杂费收入挪作发放教师工资、津补贴和其他福利性开支。对发生乱收费、乱开支等违纪行为的单位和个人,要严肃查处。实行统一农村中小学教师地方津补贴发放标准后,继续实行举报和按月通报以及公示制度。对2003年7月以后不能做到农村中小学教师与县直单位公务员津补贴统一发放标准的地方,严格实行“五不准”:不准再审批新的追加支出项目,党政机关、事业单位不准购置、更新小汽车,不准组织一般性考察、培训出国(出境)团组,不准动用财政资金新开工建设项目,不准兴建机关办公楼、培训中心等;同时,按照省政府关于实行工资发放责任制和责任追究制的有关规定,严肃追究有关人员的责任,并在全省进行通

报。

安徽省人民政府办公厅转发省财政厅等部门关于清理整顿省直行政事业单位银行账户意见的通知

(2003 年 6 月 13 日　皖政办〔2003〕38 号)

省政府各部门、各直属机构：

省财政厅、人民银行合肥中心支行、省监察厅、省审计厅《关于清理整顿省直行政事业单位银行账户的意见》,已经省政府同意,现转发给你们,请遵照执行。

严格控制并规范管理行政事业单位的银行账户,是国家财经纪律的要求,是加强预算管理、推进国库管理制度改革的基础性工作,也是强化资金监管、从源头防治腐败的重要措施。各部门、各单位尤其是主要负责同志要进一步提高认识,加强领导,精心组织,严格按《意见》的要求,对本部门、本单位的银行账户进行一次全面清理,切实解决多头开户、设置账外账和"小金库"等问题。省财政厅、人民银行合肥中心支行、省监察厅、省审计厅等要明确职责,加强协调配合和监督检查,严格执行财经纪律。各商业银行及其他金融机构要积极配合和支持,确保清理整顿银行账户工作顺利进行并取得实效。清理整顿过程中遇到重大问题要及时向省政府报告。

省财政厅　省监察厅　中国人民银行合肥中心支行　省审计厅关于清理整顿省直行政事业单位银行账户的意见

2001 年,按照《国务院办公厅转发监察部、财政部、人民银行、审计署关于清理整顿行政事业单位银行账户的意见的通知》(国办发〔2001〕41 号)要求,省直各部门和单位对银行账户进行了清理并取得一定成效。但银行账户开设、变更、终止等行为不规范、银行账户过多过滥和账外设账、私设"小金库"等问题在一部分单位仍未得到根本解决。为进一步规范财经秩序,严肃财经纪律,切实加强对银行账户的监管,保障财政资金的安全和有效使用,从源头上防治腐败,省政府决定对省级行政事业单位的银行账户再进行一次全面清理整顿。现就有关工作提出以下意见：

一、清理整顿银行账户的目的和范围

通过清理整顿,进一步摸清省直各行政事业单位银行账户的基本情况,撤并违规开设的银行账户;结合"收支两条线"管理规定,强化各单位银行账户财务统管制度,提高财政资金使用效率;清理游离于单位法定账簿之外的资金,清查账外设账和私设"小金库"的行为;规范开户行为,建立省直行政事业单位银行账户开立、变更、撤户的财政审批制度,从制度上防止多头开户;建立省直行政事业单位银行账户管理信息系统,加强省直行政事业单位银行账户的日常管理和监控工作。

本次清理整顿银行账户的范围是省直行政事业单位(包括本级及所属行政事业单位)在各商业银行及其他金融机构开设的所有银行账户。

二、清理整顿银行账户的组织领导

清理整顿银行账户工作政策性强,涉及面广,情况复杂。为保证清理工作取得实效,省直各部门、各单位必须切实加强领导,搞好组织和协调。本次清理整顿银行账户工作由省财政厅牵头,人民银行合肥中心支行、省监察厅、省审计厅配合。省财政厅负责清理整顿银行账户的政策指导和具体工作,整理汇总清理情况,并依据有关规定对核查中发现的问题作出处理。人民银行合肥中心支行负责协调各商业银行及其他金融机构支持、配合清理整顿工作,对工作中涉及的需要核实账户、划转资金等事宜,督促各商业银行依法及时办理。各商业银行及其他金融机构负责对省直各部门、单位账户开设情况进行全面清理登记,并将详细情况报送人民银行合肥中心支行,同时抄送省财政厅。对瞒报、漏报单位开设银行账户情况的金融机构,人民银行合肥中心支行将依据有关规定追究该机构及当事人的责任。对清理整顿中发现的违纪问题,省监察厅将按有关规定予以严肃处理。省审计厅结合日常审计情况,配合有关部门开展工作,并提供相关信息资料。

三、清理整顿银行账户的步骤和要求

清理整顿银行账户工作分自查自纠、核查和规范账户设置 3 个阶段进行。

第一阶段:自查自纠阶段。2003 年 7—8 月,省直各行政事业单位要按照《安徽省省级预算单位银行账户管理暂行办法》(财库〔2003〕31 号)的规定,对本单位及所属单位的银行账户作全面彻底的清查;对现有银行账户逐一作出保留、撤销、归并、移交财务统管、限期整改等处理决定。要建立省直行政事业单位银行账户自查自纠工作责任制,各单位的主要领导和财务负责人要对本单位及所属单位银行账户的自查自纠情况负责,认真审查本单位及所属单位的自查自纠情况,对不符合规定的行为责令其改正。各主管部门要于2003年8月底以前将本单位及所属单位在自查中发现的问题、自查自纠处理决定和拟采取的整改措施等情况形成书面报告,并连同《安徽省省直行政事业单位银行账户自查自纠情况汇总表》(包括软盘),一并报送省财政厅;各商业银行及其他金融机构要将对各部门、单位在其开设账户的清理情况,连同《安徽省省直行政事业单位银行账户清理登记表》(包括软盘),一并报送人民银行合肥中心支行,并抄送省财政厅。

实行垂直管理的部门在做好省本级银行账户清理工作的同时,要按照本通知要求对本系统省以下所属机构的银行账户进行清理,并将清理情况报省财政厅。

第二阶段:核查阶段。2003年9—10月,由省财政厅组织力量对第一阶段各单位自查自纠情况进行重点核查,并对被核查单位的银行账户清理整顿情况,依照有关规定作出检查结论和处理决定。

第三阶段:规范账户设置阶段。11月底以前,省直行政事业单位按《安徽省省级预算单位银行账户管理暂行办法》(财库〔2003〕31号)有关规定,结合自查和核查的情况,到省财政厅领取《预算单位开立银行账户申请表》和《预算单位银行账户备案表》。申请保留原账户或新开账户的单位,填写《预算单位开立银行账户申请表》;申请账户变更等有关情况的单位,填写《预算单位银行账户备案表》。省财政厅于12月底以前,以书面形式将审核意见答复有关部门和单位。

在清理银行账户过程中,省直各主管部门要严格执行国家有关银行账户管理的法律、法规和政策,加强对本级及所属单位银行账户的监督和管理。所有单位开设的银行账户,必须由单位财务部门统一管理,严禁违反规定多头开户;要按照设立银行账户的条件及有关规定,从严控制单位银行账户的数量;严格履行开立、变更、撤销银行账户的财政审批和备案手续,严禁金融机构为公款私存开设账户。有关部门将根据《金融违法行为处罚办法》(国务院令第260号)、《违反行政事业性收费和罚没收入收支两条线管理规定行政处分暂行规定》(国务院令281号)等法规,对违反银行账户管理规定的行为作出处罚。对各单位自查出来的问题并能认真纠正的,可酌情从轻处理或免予处理;对不认真自查自纠,敷衍了事甚至顶风违纪的,要严肃查处,不仅要追究直接责任人员的责任,还将按照党风廉政建设责任制的规定严肃追究有关领导的责任。

附表1.2(略)

安徽省省级政府采购2004年集中采购目录及标准

(安徽省人民政府办公厅
2003年8月1日转发　皖政办〔2003〕65号)

一、集中采购目录及限额标准

(一)货物类。1.建筑物:办公、宿舍用房和其他建筑物。2.一般设备:(1)电器设备:摄影、摄像器材、空气调节设备以及年采购批量在2万元以上(含2万元,下同)的电视机、电冰箱、洗衣机、吸尘器等其他电器设备。(2)办公自动化设备:计算机、打印机、复印机、传真机、速印机、投影仪、扫描仪以及年采购批量在2万元以上的电话机、碎纸机等其他办公自动化设备。(3)家具:年批量采购金额在5万元以上的办公家具。3.办公消耗用品:复印纸。4.物资:年批量采购金额在10万元以上的救灾物资、防汛物资、抗旱物资、农用物资、储备物资、燃料等。5.专用材料:年批量采购金额在10万元以上的药品及医疗耗材、图书资料、实验室用品及小型设备、胶片胶卷、录音录像带、工具和仪器、专业制服及劳保用品、应用软件等。6.专用设备:通讯设备、印刷设备、照排设备、网络设备、发电设备、医疗设备、器械、计划生育设备、交通管理设备、消防设备、道路清扫设备、档案、保密设备、教学设备、实验室设备、广播电视、影像设备、灯光、音响设备、文艺设备、体育设备、电梯、炊事设备、锅炉等。7.交通工具:(1)汽车:轿车、越野汽车(吉普车)、卡车、载客汽车、专用汽车(含工程汽车、工具汽车、消防车、警车、救护车、通讯和广播用车及其他专用汽车);(2)船只及其他交通工具。

(二)工程类。1.单项在20万元以上、使用财政性资金或需财政配套资金新建、改建、扩建、装修、拆除、修缮等各类建筑物和构筑物的工程。2.单项在

10万元以上的系统集成、网络工程。

(三)服务类。1.印刷、工程监理、工程设计、信息技术、信息管理软件开发、租赁、培训等。2.会议、车辆保险及维修。

二、公开招标数额标准

(一)货物类。采购金额在30万元以上的项目(汽车采购根据实际情况确定)。

(二)工程类。单项在50万元以上的工程项目,单项在30万元以上的系统集成、网络工程项目。

(三)服务类。采购金额在30万元以上的项目(通过公开招标方式确定一定期限内供应商的项目除外)。

三、有关说明及要求

(一)根据《中华人民共和国政府采购法》,省级国家机关、事业单位和社会团体使用财政性资金(包括预算内和预算外资金),以购买、租赁、雇用等行为进行货物、工程、服务的采购,达到限额和规定标准的,必须实行政府采购制度。

(二)凡列入上述集中采购目录或达到限额标准的货物、工程和服务项目,均应实行集中采购。省级预算单位应根据集中采购目录规定,在编制2004年度部门预算时,单独编制政府采购预算,并经财政部门批复后按月报送政府采购清单,经政府采购监管部门审核后,由集中采购机构实行集中采购。工程项目的采购,按照《中华人民共和国招标投标法》的规定进行。未列入集中采购目录或未达到限额标准的项目,可由单位按规定的程序自行组织采购,也可以自行委托集中采购机构或已获财政部登记备案的政府采购业务代理机构采购。

(三)凡是达到公开招标数额标准的项目,一律实行公开招标方式。因特殊情况需要采用公开招标以外采购方式的,应在政府采购活动开始前报财政部门批准。

(四)市、县级人民政府可根据以上集中采购目录及限额标准以及公开招标数额标准,制定本级政府集中采购目录及限额标准以及公开招标的数额标准。

(五)财政部门是政府采购的监督管理部门,按照规定程序实施对政府采购活动进行全过程的监管。政府采购活动同时接受纪检、监察、审计等部门和社会各界的监督。各级政府采购监督管理部门受理有关政府采购的举报与投诉。

(六)本目录公布后,因特殊情况需要修改、补充的,按照规定的程序另行公布。

安徽省省级预算单位银行账户管理暂行办法

(安徽省财政厅　安徽省监察厅
中国人民银行合肥中心支行　安徽省审计厅
2003年1月28日印发　财库〔2003〕31号)

第一章　总　则

第一条　为了规范省级预算单位银行账户管理,促进财政国库管理制度改革的顺利实施,从源头上预防和治理腐败,根据《财政部、中国人民银行、监察部、审计署关于印发〈中央预算单位银行账户管理暂行办法〉的通知》(财库〔2002〕48号),结合我省实际情况,制定本办法。

第二条　本办法适用于省级各部门及所属行政事业单位(以下简称预算单位)银行账户(包括人民币和外汇存款账户)的管理。预算单位分为一级预算单位、二级预算单位(特殊情况可分为三级、四级等预算单位,下同)和基层预算单位。

第三条　预算单位开立、变更、撤销银行账户,实行财政审批、备案制度。

第四条　预算单位应由财务机构统一办理本单位银行账户的开立、变更、撤销手续,并负责本单位银行账户的使用和管理。

第五条　预算单位的行政负责人对本单位银行账户的合规性、合法性、安全性负责。

第六条　预算单位应在国有、国家控股或经批准允许为其开户的商业银行(以下简称银行)开立银行账户。

第二章　银行账户的设置

第七条　预算单位只能开设一个基本存款账户。该账户用于办理本单位预算内、外资金、自筹资金及往来等资金的日常转账结算和现金收付等业务。

第八条　预算单位有基本建设项目的只能开设一个基本建设资金专用存款账户,用于核算本单位使用的各种基建资金。

第九条　预算单位按有关规定收取的预算内、外资金,因特殊需要,经省财政厅批准,可开设一个收入汇缴专户,用于预算内、外资金的收缴。该账户的资金只能按规定及时上缴国库或财政专户,不得用于本单位的支出。

第十条　预算单位根据住房管理制度改革的有关规定，可开设一个购房补贴专用存款账户，用于核算职工按住房制度改革政策规定交纳的购房款、住房维修基金及其利息、个人公积金等资金。

第十一条　预算单位涉及外币收支活动的，根据省外汇管理局和财政厅的有关规定，按程序开设一个外汇账户、外汇人民币限额账户。

第十二条　预算单位根据相关规定可开设党费、工会经费专用存款账户。

第十三条　预算单位因特殊原因，经批准还可开设如下账户：(一）垂直管理独立核算的非法人机构，确需开设的基本存款等账户；(二）一级预算单位独立核算的离退休机构，确需开设的离退休经费专户；(三）系统财务与本机关财务机构分设并对所属单位有转拨经费的一级预算单位，确需开设的经费转拨账户。

第三章　银行账户的开立

第十四条　预算单位按本办法规定报经财政厅批准后，方可开立银行账户。二级预算单位按照基层预算单位管理。

第十五条　基层预算单位需开立银行账户时，应报送“开立银行账户申请报告”，填写财政厅统一印制的《预算单位银行账户申请表》(附件一)，并提供相关证明材料。“开立银行账户申请报告”应详细说明本单位的基本情况和申请开户的理由，包括新开账户的名称、用途、使用范围，开户依据或开户理由，相关证明材料清单及其他需要说明的情况等。预算单位提供的相关证明材料清单包括：(一)开立基本存款账户的，应提供机构编制、人事、民政等部门批准本单位成立的文件。(二)开立其他账户的，应提供下列证明材料之一：1.基本建设项目的立项批准文件；2.按规定程序批准收取的政府性基金、行政事业性收费、罚没收入及其他预算内、外资金的文件；3.实行住房制度改革的批复文件；4.拥有、使用外汇的相关证明材料；5.其他相应证明材料。

第十六条　基层预算单位的开户申请应经主管单位逐级审核签署意见，由一级预算单位连同本级的开户申请一并报省财政厅。

第十七条　财政厅应对一级预算单位报送的《预算单位银行账户申请表》(附软盘)及相关证明材料及时进行审批；一级预算单位根据财政厅的审批情况，再逐级批复到基层单位。

第十八条　财政厅对同意开设的有明确政策执行期限的账户，应在审批中注明账户的使用期。

第十九条　预算单位持经财政部门批准的申请表，按照中国人民银行账户管理的有关规定，到相关银行具体办理开户手续。

第二十条　开户银行依据本办法和有关法律、法规的规定，审核预算单位的开户资格，具体办理开户业务。开户银行不得办理未经财政厅审批的省级预算单位银行账户开设业务。商业银行在给预算单位办理开户手续后的3个工作日内将预算单位的开户情况函告省财政厅。

第二十一条　预算单位必须在开立银行账户后5个工作日内，填写省财政厅统一印制的《省级预算单位银行账户备案表》(附件二)，并逐级汇总，由一级预算单位报财政厅备案。

第四章　银行账户变更和撤销

第二十二条　预算单位发生下列变更事项，按本办法第二十一条的规定进行备案：(一)预算单位变更名称，但不改变开户银行及账号的；(二)预算单位主要负责人或法定代表、地址及其他开户资料变更的；(三)因银行原因变更银行账号但不改变开户银行的；(四)其他按规定不需报经财政厅审批的变更事项。

第二十三条　预算单位需变更开户银行的，应由一级预算单位审核后向省财政厅提出申请，经财政厅审核同意后到相关银行办理。

第二十四条　基层预算单位的上级主管单位发生变更的，按照第二十二条的规定，应在变更后5个工作日内报财政厅备案。

第二十五条　预算单位确需延长账户使用期的，应提前提出申请并按本办法第三章规定的程序报财政厅审批。审批期间，按原账户使用期执行。

第二十六条　预算单位开立的银行账户应保持稳定。确因特殊需要变更开户银行的，应按规定将原账户撤销，按本办法规定重新办理开户手续、销户与开户的备案手续，并将原账户的资金余额(包括利息)如数转入新开账户。

第二十七条　预算单位被合并的，其账户应予撤销，资金余额转入合并单位的同类账户。合并单位应监督被合并单位撤销账户，并负责在销户后5个工作日内按照本办法第二十一条规定将销户情况报财政厅备案。不同预算单位合并组建一个新的预算单位的，原账户按规定撤销，按本办法第二章、第三章规定重新设置、开立银行账户。

第二十八条　预算单位银行账户使用期满时必须撤户。撤户时收入汇缴专户的资金余额按规定缴入国库或财政专户,其他账户资金余额转入本单位基本存款账户,销户后的未了事项纳入基本存款账户核算。同时,预算单位应按本办法第二十一条规定办理备案手续。

第二十九条　预算单位按规定开设的银行账户,在开立后一年内没有发生资金往来业务的,该账户应作撤销处理并按本办法第二十一条规定办理备案手续。

第三十条　预算单位因各种原因被撤销的,必须在规定时间内撤销所开立的银行账户,并按相应的政策处理资金余额。其销户情况由其一级预算单位按本办法第二十一条规定办理备案手续。

第五章　管理与监督

第三十一条　省财政厅将建立省级预算单位银行账户信息管理系统,对预算单位开立的银行账户实施动态监控,跟踪监督账户的开立、变更、撤销等情况,建立预算单位账户管理档案。

第三十二条　预算单位必须按财政部和中国人民银行规定的用途使用银行账户,不得将财政拨款转为定期存款,不得以个人名义存放单位资金,不得出租、转让银行账户,不得为个人或其他单位提供信用。

第三十三条　省财政厅、中国人民银行合肥中心支行、省外汇管理局、省监察厅、省审计厅(以下统称监督检查机构)在各自职责范围内对预算单位银行账户实施监督管理。

第三十四条　省财政厅对预算单位开立的银行账户实施监控,跟踪监督账户的使用、变更、撤销等情况。在日常管理和监督检查中,发现商业银行有违反本办法规定行为的,应移交有管辖权的属地中国人民银行分支机构或省外汇管理局进行处理;发现预算单位有违反本办法规定行为的,应按规定进行处理。

第三十五条　中国人民银行各市中心支行应监督商业银行按本办法规定为预算单位开立银行账户,协助查处商业银行违反本办法规定的行为。

第三十六条　省外汇管理局应按本办法和国家外汇管理规定,监督预算单位开立和使用外汇账户,查处开户银行违反本办法规定的行为。

第三十七条　省审计厅应按本办法规定对预算单位的银行账户实施监督检查,查处违反本办法规定的行为,涉及商业银行违反本办法规定的,移交有管辖权的属地中国人民银行分支机构或省外汇管理局进行处理。

第三十八条　监督检查机构在对预算单位银行账户实施监督检查时,受查单位和开户银行应如实提供有关银行账户的开立和管理情况,不得以任何理由或借口拖延、拒绝、阻挠;有关银行应如实提供受查单位银行账户的收付等情况,不得隐瞒。

第三十九条　监督检查机构在对预算单位银行账户实施监督管理中,认为应追究预算单位有关责任人员责任时,应按财政部、审计署、监察部、最高人民检察院《关于严肃追究扰乱财经秩序违法违纪人员责任的通知》(财监字〔1998〕4号文),移交有管辖权的监察部门进行处理;涉及追究商业银行有关人员责任的,移交监察部门进行处理。

第四十条　预算单位有下列情形之一的,监督检查机构除责令违规单位立即纠正外,应函告省财政厅,由财政厅决定暂停或停止对违规单位拨付预算资金,同时提交监察厅对违规单位的责任人员给予相应的行政处分;构成犯罪的,依照《行政执法机关移送涉嫌犯罪案件的规定》(国务院令第310号)移交司法机关追究刑事责任。(一)违反本办法规定开立银行账户的;(二)违反本办法第二章规定,改变账户用途,使用相应银行账户的;(三)违反本办法第三十二条规定的;(四)不按本办法规定变更、撤销银行账户的,或变更、撤销银行账户不按规定报送财政厅审核、备案的;(五)其他违反账户管理规定的。

第四十一条　监督检查机构发现开户银行违反本办法规定,为预算单位开立银行账户、将预算单位的资金以个人名义开户存放、将预算单位资金转为定期存款、允许预算单位超额或超出账户功能提取现金的,应提交相关机关按照《金融违法行为处罚办法》(国务院令第260号)、《中华人民共和国商业银行法》、《违反行政事业性收费和罚没收入收支两条线管理规定行政处分暂行规定》(国务院令第281号)等法律法规进行经济处罚或行政处罚,并函告财政厅,由财政厅决定取消该金融机构办理预算单位的开户资格;构成犯罪的,依法移交司法机关追究刑事责任。

第四十二条　预算单位应加强对所属预算单位银行账户的监督管理,定期进行监督检查。发现所属单位不按规定开立、使用、撤销以及变更银行账户的,应及时督促纠正;纠正无效的,应提请财政厅等职能部门按有关规定进行处罚。

第六章　附　则

第四十三条　预算单位确因业务需要开设贷款转存款账户、保证金存款账户的,可按中国人民银行有关账户管理的规定到开户银行开户,并按本办法第二十一条规定办理备案手续。

第四十四条　实行财政国库管理制度改革试点的预算单位,按《安徽省财政国库管理制度改革试点资金支付管理暂行办法》的规定,由财政厅为其开设零余额账户。其原有账户确需保留的,暂按本办法规定程序审批后保留,并根据财政国库管理制度改革的推进情况按财政厅的有关规定进行清理、归并、撤销。

第四十五条　本办法由省财政厅、中国人民银行合肥中心支行、省监察厅、省审计厅负责解释。

第四十六条　本办法自发布之日起执行。本办法发布前发布的有关规定与本办法不一致的,按本办法执行。

附表1.2(略)

安徽省工程项目试行政府采购制度暂行规定

(安徽省财政厅2003年7月8日印发　财购〔2003〕475号)

第一条　为加强工程项目财政性资金管理,规范工程项目招投标行为,根据《中华人民共和国政府采购法》和《中华人民共和国招标投标法》,制定本暂行规定。

第二条　工程项目试行政府采购制度的范围:在基本建设投资项目中挑选若干个工程项目,对其使用财政性资金进行的勘察、设计、施工、监理以及与建设工程有关的重要设备、材料等的采购。工程项目包括建筑物和构筑物的新建、改建、扩建、装修、拆除、修缮等。

第三条　试行政府采购制度的工程项目(以下简移工程项目),编入年度政府采购预算和政府采购计划。

第四条　工程项目的具体招投标工作,按照《中华人民共和国招标投标法》、国务院办公厅《关于印发国务院有关部门实施招标投标活动行政监督的职责分工意见的通知》执行。

第五条　建设单位不具备招标能力,需委托招标代理机构组织招标工作的,必须在已经财政部门登记备案的招标代理机构中进行选择。

第六条　工程项目的招标、中标等有关信息公告,除了在有关部门指定的媒体上发布外,还必须在财政部指定的“中国政府采购网”(网址:www.ccgp.gov.cn)、“中国财经报”和“中国政府采购”杂志上免费发布。

第七条　工程项目通过招投标活动确定中标人后,应在规定的时间内签订采购合同。采购合同自签订之日起7个工作日内,招标人应当将合同副本报同级财政部门备案。

第八条　工程项目资金实行财政国库直接支付。按照采购合同的约定拨款时,由建设单位向财政部门报送用款计划,由财政部门通过财政国库支付中心或“政府采购资金专户”将资金直接支付给中标人。建设单位在申请用款时,要提供监理单位的工程进度证明、材料设备的验收证明、中标人的发票复印件,以及财政部门要求提供的其他资料。(一)财政预算内资金。凡纳入财政国库支付中心管理的部门、单位,通过财政国库支付中心直接支付给中标人;未纳入财政国库支付中心管理的部门、单位,由财政部门按照采购合同金额先拨入“政府采购资金专户”,再从“政府采购资金专户”拨给中标人。(二)财政预算外资金。由财政部门按照采购合同金额先拨入“政府采购资金专户”,再从“政府采购资金专户”支付给中标人。(三)单位自有资金。由建设单位按照采购合同的约定直接支付给中标人。

第九条　对“拼盘”资金的工程项目,财政性资金和单位自有资金,按各占总投资的比例支付。建设单位要求支付财政性资金时,应当提供已支付单位自有资金的证明。

第十条　工程项目政府采购应当严格按照批准的采购预算执行,因特殊情况确实要突破原批准预算的,必须由建设单位按规定程序报批并落实资金来源后再执行。

第十一条　工程项目执行完毕后,必须由招标人的主管部门按规定向财政部门定期报送政府采购信息统计报表,具体按我厅《关于做好政府采购信息统计报表编报工作的通知》(财购〔2000〕53号)执行。

第十二条　本暂行规定由省财政厅负责解释。

第十三条　本暂行规定自2003年7月1日起施行。

安徽省财政厅关于进一步加强财政国库管理制度改革工作的意见

(2003年8月20日 财库〔2003〕636号)

各市、县财政局:

按照《财政部关于深化地方财政国库管理制度改革有关问题的意见》(财库〔2003〕68号)和财政部办公厅《关于贯彻落实全国财政国库工作会议精神的通知》(财办库〔2003〕61号)要求,为确保全省财政国库管理制度改革朝着规范化的方向扎实向前推进,结合我省公共财政支出改革的总体目标任务,现就进一步加强财政国库管理制度改革工作提出以下意见:

一、深入推进财政国库管理制度改革。一是进一步扩大国库集中支付改革范围。省级在前两年改革试点的基础上,2004年对省直所有预算部门和单位全面实行财政国库集中支付改革,并于8月和10月分两批推行到位。市级要按照《关于市级财政国库管理制度改革情况的通报》(财库函〔2003〕406号)中的要求,继续扩大试点范围。2003年纳入财政国库集中支付的预算单位占全部预算单位的比例不得低于70%;2004年,市级所有预算单位必须全部纳入财政国库集中支付范围。为保证改革工作的顺利进行,省、市两级国库部门要认真总结改革试点经验,与有关部门广泛沟通、密切协作,扎实做好改革前期各项准备工作,保证改革任务圆满完成。二是做好会计集中核算向国库集中支付制度转轨工作。财政国库管理制度改革方案出台以前,部分市实行会计集中核算探索,对于加强财政资金管理、强化会计监督以及从源头上防范和治理腐败起到了积极作用。按照财政部的统一要求,为保证财政预算执行制度的规范性和统一性,巢湖、池州、亳州3市要采取有效措施,妥善做好会计集中核算向国库集中支付制度的转轨工作,争取在2004年完成转轨任务。转轨的具体方式,3市可结合本地实际情况,因地制宜。此外,一些财政收支规模较大的县也可根据当地实际,实行会计集中核算向国库集中支付制度转轨。

二、继续深化和完善国库集中支付改革。一是加快省级国库集中支付改革网上支付工作步伐,积极与国库支付中心、计算中心相互配合,与人民银行协商解决网上支付试点工作中的有关问题,尽早实现预算单位网上申请、财政资金网上审批、代理银行就地支付集中清算的网上支付模式,为国库集中支付改革深入进行提供良好的工作手段和有力的技术支撑。市级财政部门要积极创造条件,结合当地的实际情况,开展网上支付试点工作。二是认真研究国库集中支付改革过程中出现的新情况、新问题。如年度预算未批复之前,预算部门和单位工资和正常运转经费拨付程序和时效问题;国库集中支付代理银行较少,网点集中,不能满足预算单位就近办理支付业务的需要,同时也缺乏竞争问题;基建预、决算需单独进行会计核算和审计问题;资金支付的流程和信息反馈如何做到既满足业务需要又满足财政国库管理的需要问题等等。对这些问题,随着省、市预算单位纳入国库集中支付的范围不断扩大,要一一进行梳理,研究提出改进措施。三是研究并配合做好政府采购、部门预算编制、政府收支科目等方面的配套改革,建立健全国库集中收付制度改革监督制约机制,以利于保证预算执行的科学化、规范化、透明化。

三、加强对改革工作的考核和监督。省财政厅将继续加强对各地财政国库管理制度改革工作的指导和督促,将国库集中支付改革作为公共财政支出改革考核的重要内容,有效推进各市财政国库管理制度改革工作。同时,研究制定适合我省财政国库管理制度工作进展的考核与督查办法。国库存款计付利息以后,各级财政部门要根据《财政部中国人民银行关于印发〈国库存款计付利息管理暂行办法〉的通知》(财库〔2002〕62号)的有关规定,按照节俭高效的原则,安排好财政国库管理制度改革所需的经费开支。

四、不断提高国库管理工作水平。一是进一步加强规范总预算会计的管理工作和基础工作。强化责任意识和服务意识,确保国库资金的安全,确保数据资料的完整,确保预算收支工作正常有序进行;加强对预算单位预算会计和下级财政总会计工作的组织和指导。二是从经济和社会发展的角度,密切关注预算执行情况。关注经济运行中参数的变化对财政收支的影响;认真做好预算收支数据的统计工作,及时、准确编制预算执行收支旬、月报和年终决算,并加强对财政决算数据的分析,为领导决策提供可靠的信息资料,不断提高政府财政收支效率。三是做好国库资金调度工作,提高国库资金的使用效益。根据各地收入形势和库款情况,主动全面分析各市用款的实际需要,合理安排资金调度,及时办理各项转移支付资金、地方专款和国债资金的拨付。继续采取分类调度资金的做法,如工资专户资金调度、社保专户资金调度、救灾专项资金调度、农村中小学危房改造专项资金调度等,保障工资的正常发放,保证各级政府的正常运转,维护社会的稳定。四是加强国债转贷资金管理,做好国债转贷资金本息的催收和偿还工作。

*五、加强对预算单位银行账户的管理。*一是按照《安徽省人民政府办公厅转发省财政厅等部门关于清理整顿省直行政事业单位银行账户意见的通知精神》(皖政办〔2003〕38号)要求,清理整顿省直预算单位银行账户,撤并违规开设和多头开设的银行账户。二是按照财政厅、人民银行、监察厅、审计厅联合下发的《安徽省省级预算单位银行账户管理暂行办法》(财库〔2003〕31号),年底前完成规范省直预算单位的账户设置工作,逐步建立省直预算单位银行账户设立、变更、撤户的财政审批和登记备案制度,从源头上控制预算单位乱开账户的行为。三是进一步规范厅内银行账户的管理,按照《厅机关各处室(局)银行账户管理办法》(财库〔2002〕284号)的有关规定,真正做到厅内资金专户统一开户、统一调度、统一收付、统一核算。各市可参照省级的做法,做好预算单位银行账户的管理工作。

*六、努力提高国库管理人员的素质。*财政国库管理工作是一项政策性和技术性都很强的工作,对干部的思想政治素质和业务素质要求很高。各级财政国库干部要深入学习领会"三个代表"的重要思想和党的十六大精神,不断提高思想和理论水平,锐意改革,勇于创新;在业务素质上,深刻理解各项政策,广泛学习新知识,研究解决新问题;继续发扬良好的工作作风,强化服务意识,提高工作质量,积极为推进财政改革和发展作出新贡献。

关于2001—2003年全省公共财政支出改革考核情况的通报

(省公共财政支出改革联席会议办公室
2004年2月6日印发 支出改办〔2004〕3号)

各市、县(市、区)公共财政支出改革领导小组:

2001年以来,在各级党委、政府的高度重视和正确领导下,在各部门的积极配合和大力支持下,各级财政部门围绕"一年到位、二年完善、三年规范"的总体目标,按照全省公共财政支出改革工作的统一部署,精心组织,狠抓落实,县级改革不断深化并继续向乡镇延伸,市级改革全面推开,省级改革进展加快,各项改革措施深入推进,财政支出范围逐步清晰,预算管理改革不断深化,国库集中收付制度稳步实施,支出管理方式进一步创新,财政监督管理明显加强,逐步建立了透明、高效、公正的公共财政支出运行机制,较好地完成了省政府确定的公共财政支出改革阶段性目标任务,为加快构建我省公共财政体制奠定了坚实的基础。为了鼓励和表彰各市、县公共财政支出改革工作,省公共财政支出改革联席会议办公室对各市县2001—2003年的公共财政支出改革工作进行了总体考评,现将有关考评情况通报如下:

1.市级:一等奖(1个):巢湖市;二等奖(4个):合肥市、芜湖市、蚌埠市、黄山市;三等奖(5个):铜陵市、安庆市、淮南市、六安市、宣城市。

2.县级:一等奖(5个):和县、南陵县、五河县、广德县、颍泉区;二等奖(10个):含山县、金寨县、潜山县、东至县、祁门县、凤阳县、蒙城县、萧县、肥西县、濉溪县。三等奖(11个):舒城县、居巢区、固镇县、宁国市、休宁县、怀宁县、庐江县、黄山区、涡阳县、寿县、当涂县。

建立和完善适应社会主义市场经济要求的公共财政框架,是财政改革的长远目标,需要长期不懈努力。公共财政支出改革方兴未艾,任重道远,各地要进一步统一思想,提高认识,扎实工作,继续推进和深化公共财政支出改革,加快构建公共财政体制。

全省公共财政支出改革3年综述

根据省政府的统一部署,2001—2003年,全省公共财政支出改革工作有计划、按步骤地稳步推进。以2001年县级改革全面推开、2002年省市国库集中支付改革顺利推进、2003年乡财县管改革试点为主要标志,全省公共财政支出改革逐步深化。按照省政府《关于全面推进县级公共财政支出改革的意见》(皖政〔2001〕23号)要求,经过3年的扎实工作,较好地完成了省政府确定的公共财政支出改革阶段性目标任务。

一、基本情况

3年来，各级财政部门围绕“一年到位、二年完善、三年规范”的总体目标，按照全省公共财政支出改革工作的统一部署，精心组织，狠抓落实，县级改革不断深化并继续向乡镇延伸，市级改革全面推开，省级改革进展加快，各项改革措施深入推进，初步建立了透明、高效、公正的公共财政支出运行机制。

1.财政支出范围逐步清晰。科学界定公共财政支出范围，是公共财政支出改革的首要任务，也是解决财政职能定位不清、“缺位”与“越位”并存问题的关键。在政府职能转变相对滞后的情况下，各地立足实际，克服困难，排除阻力，做了大量探索性工作。按照公共财政支出改革的要求和“一要吃饭，二要建设”的原则，确立预算安排的顺序，大力调整财政支出结构，确保了工资性支出和国家政权建设的需要。在事业单位分类界定方面，也取得了较好成效。各地按照“政事、事企分开，精简、统一和效能，逐步过渡，名称规范”的原则，3年来，县级已完成分类界定的财政供给事业单位20651个，占县级全部事业单位的97.3%，并按要求明确划分了一、二、三类供给单位。芜湖县通过分类界定工作，将12个全额单位改为差补单位，1个全额单位、4个差补单位改为自收自支单位。休宁县将7个全额单位过渡为自收自支，4个全额单位过渡为差额单位，3个差额单位过渡为自收自支单位，21个自收自支单位转为企业管理。市级已完成分类界定的财政供给事业单位2052个，占市级全部事业单位的88.8%。安庆市从2002年7月起对市直事业单位分类界定并改革财政供给方式，按照事业单位宗旨、主要任务和服务功能，划分为管理型、公益型、社会服务型、生产经营型4种类型，对管理型和部分公益型事业单位，每年安排补助经费；对部分公益型、社会服务型、生产经营型事业单位，以2001年预算为基数安排定额或者定项补助经费，从2002年起，实行补助经费包干，今后不再增加；根据事业单位社会化发展方向，对部分公益型、社会服务型、生产经营型事业单位，逐步核减财政补助经费，直至为零。省级以建立部门预算基础信息库为契机，全面分类清理了所有事业单位，严格按供给政策供给。

2.预算管理改革不断深化。预算管理在财政支出管理中居于核心和关键地位，预算管理改革是公共财政支出改革的重要内容。各地在界定支出范围、调整支出结构的同时，不失时机地深化预算管理改革，逐步建立了预算编制、执行和监督相互分离、相互制约的预算管理体制。一是部门预算改革稳步推进。省市两级全面推行了部门预算改革，省级成立了省直预算编制办公室，加强预算编制力量，建立了省级部门预算基础信息库，2003年报送人大常委会审查的部门预算范围已扩大到62个，占省级部门数的一半；市级报送人大常委会审查的部门迅速增加，2003年达到494个。实施部门预算后，预算更加完整和统一，部门的各种资金基本做到在一本预算中编制，部门各项支出的来龙去脉都在预算中得到反映；基本支出预算按定员定额标准编制，项目支出预算在充分论证的基础上按照轻重缓急排序，预算编制更加科学、详细、规范和透明。二是综合预算进一步完善。各地在实施“收支两条线”的基础上，打破预算内外资金界限，统一预算支出标准，统筹安排预算内外财力，实行综合财政预算管理，理顺了财政与部门之间的分配关系，增强了政府宏观调控能力。对行政执收执罚单位，绝大多数市县都实现了“收支脱钩”。巢湖市所有市直行政事业单位财务全部纳入会计核算中心统一管理，不但实施了综合预算管理，还统一了市直行政事业单位津补贴政策和标准。三是预算编制程序逐步规范。全省各级都改变了过2003年底突击编预算的传统习惯，预算编制时间有计划、有目标地逐步提前，特别是省市两级已提前半年以上编制预算。同时，各级都严格实行了“两上两下”预算编制程序，既提高了预算编制的公开性，也增强了部门编制预算的责任感。总的看，全省预算编制正逐步朝着建立标准周期预算制度的方向迈进。四是预算约束力明显增强。各地积极推进依法理财和民主理财，大部分市、县(区)都成立了预算编制委员会、预算论证委员会，普遍建立了预算论证制度、预算项目备选制度，有的还建立了预算追加听证委员会、实施预算项目追加听证制度等，硬化了预算约束。合肥市在对预算追加项目实施听证的基础上，2002年12月又成立预算论证委员会，对2003年度市级财政预算进行论证。省本级对项目支出预算多次组织评审论证，不仅节约了财政资金，而且在预算决策的科学化和民主化方面迈出了重要的一步。

3.国库集中收付制度稳步实施。在公共财政支出改革中，各地都把推行国库集中收付制度摆在突出位置，集中力量，稳步实施。总体看，全省已初步建立以国库单一账户体系为基础、以国库集中收付为主要形式的财政国库管理制度的框架。一是全省纳入县级公共财政支出改革范围的76个县(市、区)，2001年全部成立了会计核算中心，共核定事业编制

1449人，人员已基本到位；2002年重点完善、规范了中心的建设和管理，包括业务流程的规范，内部管理制度建设，网络设施安全管理，人员的业务培训，服务承诺体系建设等，2003年进中心的单位进一步增加。截至2003年底，县级所有行政单位和全额事业单位全部纳入中心统一核算，大大地规范了预算供给单位的收支行为。2003年，为了适应农村税费改革后乡镇政府职能转变以及加强乡镇财政管理的需要，省财政在和县、祁门、潜山等9个县进行了以“乡财县管”为核心内容的乡镇财政管理方式改革试点。通过实行“乡财县管”，使公共财政管理进一步延伸到乡镇，将乡镇收支纳入县会计核算中心统一管理，县财政对乡镇财政收支实行直接管理。二是国库集中收付工作运行平稳。全省17个省辖市，2001年铜陵、滁州、黄山、巢湖、亳州5市的“中心”投入运作，2002年其他12个市的国库“中心”挂牌运行，市级国库集中支付改革工作全面展开；截至2003年底，已纳入中心管理的一级预算单位1268个，基层预算单位1941个，分别占应纳入中心管理的预算单位的96.6%和94.6%。芜湖、蚌埠、六安、铜陵4市还对预算外资金实行国库集中支付。2002年取消和停发单位不合理的津补贴138项，退回违规票据130张，拒付资金61万元。三是省级国库集中收付试点工作进展加快，试点范围已从首批16个部门236户，2002年扩大到省政府所属47个部门353个基层预算单位全部纳入了国库集中支付改革范围，2003年，又将其余71个部门及所属基层预算单位全部纳入了国库集中支付改革范围。至此，省直所有预算部门和单位全部实行了国库集中支付制度，是全国仅有的两个在省直全面推开改革的省份之一。

4.支出管理方式进一步创新。一是政府采购工作继续深入。省市县三级政府采购管理工作得到加强，并全部成立了政府采购中心，在狠抓制度体系建设、规范采购行为的同时，积极拓宽采购领域，不断扩大采购范围。2003年全省采购项目预算金额达到300795万元，实现采购合同金额259997万元，节约资金40798万元，平均资金节约率为14%。全省政府采购规模按实际支付合同金额259997万元计算，约占到全省财政总支出的5.2%，按可比口径计算，比2003年同期增加88582万元，增长52%，超过了财政部规定的增长50%的目标。全省超亿元的分别是芜湖市、省本级、合肥市、巢湖市、六安市、蚌埠市和淮南市，省本级和这6个市的采购规模合计占到全省总采购规模的72.8%。芜湖市建立严密的政府采购运行体系，将政府投资、融资的工程项目统一纳入政府采购范围，2001年、2002年和2003年全市政府采购规模分别达到5.7亿元、4.6亿元和7.5亿元，占全省总规模的36.2%、23.6%和25%。二是财政统发工资全面实行。省级74个行政单位本级已全部纳入工资统发，统发总人数为13855人，其中在职8420人，离退休5435人；市级纳入工资统发的全额事业单位人数(含离退休)139075人，占全额行政事业单位财政供给人数的85%；县级纳入工资统发人数1026861(含离退休和乡镇人数)，占县级全额行政事业单位财政供给人数的98.6%。为确保工资正常发放，各地都设置了工资专户，实行封闭运行，专门存储工资资金，专项用于工资发放；同时将行政事业单位全部纳入工资统发范围，随着农村教师工资的上划管理，县级工资统发已经延伸到乡镇。全省上下形成了健全的财政统一发放工资体系。三是通信费用货币化改革取得实质进展。2001年7月，省委办公厅、省政府办公厅下发了《安徽省党政机关工作人员通信补贴管理暂行规定》，从9月份起在全省实施通信费用货币化改革。省纪委、监察厅还专门出台了违反规定的处理办法。2002年，省财政厅会同监察厅、审计厅等部门对贯彻实施情况进行了全面检查。全省绝大部分市县都制定了具体实施意见，通信费用货币化改革全面实施。在此基础上，公车、会议货币化改革也相继启动。此外，安庆、巢湖等地还清理了各单位的工资和津补贴，建立了统一的工资福利待遇制度，初步消除了部门和单位之间个人收入差距过大、分配不公的现象；芜湖市还积极探索完善社会保障体系新途径，创新支出模式，以国有土地资源为依托，发挥财政金融联手融资优势，利用土地拍卖融资授信平台，低成本筹措资金1.2亿元，帮助企业筹集职工安置资金，补交社保欠费，加快了下岗职工出中心的步伐。

5.财政监督管理明显加强。全省各级普遍实行了行政事业单位财务“两公开一监督”制度，各单位都设置了财务公开栏，按期上墙公布财务结果，并开设投诉举报电话，广泛接受群众监督。多数市县对未纳入国库支付中心或会计核算中心的单位，实行了会计委派制。一些地方财政部门为适应公共财政支出改革的要求，建立了预算编制、执行、监督相分离的运行机制，强化了财政内部监督管理。通过实施3年公共财政支出改革，基本构建了事前、事中、事后相结合的财政监管体系。国库集中收付制度和会计统一核算将财政监督前移，强化了财政监督管理。萧县会计核算中心本着宽严适度、逐步规范的原则，稳步推进对支出的全过程监督，尤其抓好日常公用经费支出监督。从2001年10月成立至今，该中心共审退各类不合格票据897笔，为单位节约资金200多万元。

二、主要措施

1.加强组织领导。为切实加强对改革工作的领导和协调，2000年12月，省政府建立了由省委常委、常务副省长张平为召集人，财政、宣传、人事、编制、监察、审计、编办、人行等部门负责同志为成员的全省公共财政支出改革联席会议制度。联席会议下设办公室，具体负责改革的组织实施工作。各级党委、政府也相应成立了公共财政支出改革领导机构，不少县市区党政主要负责同志任组长，五大班子领导都参加了领导小组，为改革工作提供了坚强有力的组织保障。

2.广泛宣传发动。省联席会议办公室始终把宣传工作贯穿于改革的全过程。3年来，共编发全省公共财政支出改革简报200多期，刊载信息近千条，在《经济日报》、《中国财经报》、《安徽日报》等省以上新闻媒体发表宣传文章上百篇，广泛宣传改革政策，及时报道改革动态。2001年5月，省财政厅组织召开了全省县级公共财政支出改革理论研讨会，邀请省内外许多知名专家和学者参加，既扩大了安徽省财政改革在全国的影响，也对全省改革起到了积极的指导作用。会后，《中国经济时报》在头版连续10次对安徽省公共财政支出改革进行报道。在改革实施过程中，各地积极主动开展宣传工作，召开了多种形式的动员会，主要领导亲自到会讲话动员，传达改革要求，宣传改革政策，严明工作纪律。五河县与厦门大学建立联系制度，成为厦门大学的公共财政改革研究基地，使理论和实践产生了良好的互动关系；广德县还制作了电视宣传片，宣传效果很好。

3.精心制定方案。各地组织专门力量，研究吃透改革精神，深入开展调查研究，认真分析当地实际，精心拟定改革方案。不少市县政府、财政部门领导亲自带队，赴五河、南陵、霍山3个试点县及省外考察学习，充分借鉴外地改革经验。各地改革方案都经过多次会议讨论，广泛征求各方面的意见。为指导各地编制改革方案，规范方案审批工作，省联席会议办公室制定了《安徽省县级公共财政支出改革方案审批办法》，议定了市级改革方案审批操作规程，并组织专门力量审查批复市县改革方案。2001年7月前，全部审批了73个县市区(不含3个试点县)改革方案；2002年9月前，全部审批了17个市的市级改革方案，其中铜陵、滁州、黄山、巢湖、亳州、池州6个市的改革方案，于2001年审批完毕。

4.完善配套措施。县级改革进入实施阶段以后，省联席会议办公室及时下发了《安徽省县级财政会计核算中心财政资金管理操作规程》、《安徽省会计集中核算暂行办法》、《安徽省县级政府采购操作规程》等配套文件；根据改革需要，2001年8月省联席会议办公室专门研究，陆续出台了《关于全面推行部门预算改革的指导意见》、《安徽省政府采购行为规范》、《安徽省行政事业单位财务“两公开一监督”暂行办法》等多项配套办法；针对改革中出现的新情况、新问题，2002年又下发了《关于会计集中核算有关问题的通知》。为指导省市国库管理制度改革试点工作，省政府办公厅印发了《安徽省财政国库管理制度改革试行方案》，省财政厅会同人民银行合肥中心支行下发了《国库管理制度改革试点资金支付管理暂行办法》，省财政厅还分别就国库支付执行机构职能、业务流程、会计核算等制定了5项配套文件。各地在预算管理、国库集中收付、政府采购等方面，都制定了相应配套措施和办法，建立了比较完善的制度体系。

5.强化业务培训。2001年5月，在全省公共财政支出改革动员会上，省联席会议办公室就公共财政的基本理论和公共财政改革的主要内容等，对各市县政府、财政部门的负责同志进行了培训；7月份，县级改革方案审批后，省联席会议办公室专门开展了一次业务培训，培训对象是各市县改革办公室负责同志和会计核算中心、政府采购中心的业务骨干，培训内容涵盖部门预算改革、政府采购制度、财政国库管理制度改革、会计集中核算等诸多方面；7—8月份，又分期分批对县级会计核算中心、政府采购中心的有关人员进行了计算机软件应用培训。2002年，省对各市国库集中支付中心和各县会计核算中心的业务人员又进行了轮训。各地也采取各种培训方式，对财政部门、中心工作人员以及单位财务经办员进行了多层次的业务培训。2003年，省对17个市预算系统业务人员进行了部门预算软件应用培训。

6.开发应用软件。省财政厅积极推进全省财政广域网建设；组织开发了县级会计核算中心系统应用软件、市级国库集中支付业务软件；推广应用了部门预算编制和工资统发应用软件，建立了省级部门预算基础信息库；进行乡财县管改革试点的和县、潜山和祁门县开发应用了乡财县管会计核算软件，并实现了乡镇与县会计核算中心的联网；各级财政部门都建立了国库支付中心和会计核算中心局域网，集中支付和会计核算业务全部实现了电算化，为全省公共财政支出改革顺利实施提供了支撑条件。

7.全面开展督查。省联席会议办公室制定了市县公共财政支出改革联系点制度。3年来，省财政厅领导及各处室负责同志经常深入联系点，检查指导工作，及时反馈情况，分析研究问题。省联席会议办公室每年都制定督查工作方案，对市县改革情况进行一次全面督查。省财政厅领导及有关处室都按照联系点制度和督查方案的要求，深入每个市县，查阅资料，察看现场，召开座谈会，督促改革工作。每次督查工作结束后，省联席会议办公室还专门听取各督查组的汇报。不少地方也比照省里做法，建立了联系点制度，局领导和有关科室分别对各县市区的改革工作开展督查。

8.建立激励机制。按照省政府有关文件精神，省联席会议办公室连续3年制订《安徽省市县公共财政支出改革考核奖励办法》，建立改革激励机制。根据全省工作的统一部署，2001年重点考核两个“中心”建设及运行情况；2002年全面考核省政府皖政〔2001〕23号文件规定的五方面改革，对市级改革重点考核预算管理改革、国库集中收付改革、实施政府采购三方面内容；2003年重点考核改革的规范，对市级要求深化部门预算改革，扩大纳入集中支付的范围，对县级要求进行乡财县管改革试点，完善相关制度和办法。省财政连续3年对市县公共财政支出改革进行考核评比，对荣获3年综合考核评比先进单位的，在全省财政工作会议上进行表彰。为了更好地推进改革，省市都实施了以奖代补办法，促进改革持续、深入、健康开展。

三、初步成效

1.树立了公共财政理念。公共财政支出改革，强化了财政基本职能，优先保证了工资发放和社会公共需要。通过界定财政支出范围，划分财政供给单位类型，确保了向社会提供公共产品和公共服务单位的支出，把提供非公共产品和非公共服务的单位，推向了市场，财政逐步退出了竞争性领域，基本建立了适应市场经济体制要求，有安徽特色的公共财政框架。更为重要的是，随着3年公共财政支出改革的不断深入，公共财政的理念深入人心。

2.建立了公共财政管理框架和制度体系。实行集中收付、统一核算和政府采购，是公共财政支出改革的重要内容。全省17个市、76个县(市、区)全部建立了国库支付中心(会计核算中心)和政府采购中心，开发了会计核算和集中支付软件，建立了覆盖全省的财政管理信息网络系统，制定了适应公共财政管理要求的制度体系，为全面建立公共财政框架打下了物质基础。

3.理顺了财政分配关系。实施公共财政支出改革，从支出运行的体制、机制的源头抓起。在财政供给范围、预算编制、资金分配、支出方式等方面不断创新，理顺了财政与单位的分配关系，加强了单位的收支管理，使单位的所有收支都置于财政和社会的监督之下，统一按照规定的程序和办法办理各项开支。解决了过去预算监督困难，截留、挪用、浪费现象难以控制，单位账户多，财务管理不规范等财经秩序混乱问题。

4.促进了政府职能的转变。改革推动了县乡财政体制调整和完善，带动了村级行政区划调整、事业单位改革、中小学教育布局调整等多项改革，各部门、各单位自觉遵守财政财务制度，形成了“减人、减事、减支”的共识，有效降低了政府的行政成本，规范了政府行为，加快了政府职能转变进程。

5.缓解了县乡财政困难。县乡财政是全省财政体系的重要基础，也是当前财政运行中质量最薄弱、困难最突出、矛盾最尖锐的环节。公共财政支出改革，有效缓解了县乡财政困难。特别是实行“乡财县管”后，公共财政管理进一步延伸到乡镇，规范了乡镇财政收支行为，确保乡镇按照“保工资、保运转、保重点”的顺序合理安排支出；规范了农村税费改革后的农业税收征管，有效遏制乡镇财政支出需求的膨胀，明显减少了乡镇不合理、不合规的支出，从根本上治理了乱收费，减轻了农民负担；扎住了乡镇进人和举债的口子，为从根本上解决乡镇财政困难创造了条件。实施公共财政支出改革几年来，全省县乡消化了历年欠发工资，基本保证了国家规定的工资和津补贴的正常发放。

6.促进了党风廉政建设。通过实施会计统一核算、政府集中采购等改革，进一步建立和完善了财政财务管理制度，强化了财政监督，从制度上、源头上杜绝了铺张浪费、乱花滥支现象，有效防止了以权谋私、以钱谋利行为。过去群众反映强烈的公款吃喝招待等问题，得到了有效的遏制，促进了政务公开和基层民主建设，促进了党风、政风和廉政建设，进一步密切了党群干群关系。

(省支改办供稿)

全省财政工作篇

底图为黄山风光：猴子观海

全省财政工作概况

全省财政工作综述

2003年,面对突如其来的"非典"疫情和淮河流域的特大洪灾,全省各级财政部门沉着应对,奋发进取,迎难而上,坚持以改革创新统揽全局,不断克服各种减收增支因素的影响,继续保持了财政发展的良好势头。全省财政总收入突破400亿元大关,完成412.58亿元,同比增长18.9%,是1998年以来增幅最高的一年。其中,上划中央财政收入191.83亿元,同比增长41.8%(75%增值税收入110.85亿元,消费税收入40.36亿元,按可比口径计算两税增长11.8%;企业和个人所得税分享60%收入40.62亿元);地方财政收入220.75亿元,同比增长4.3%(按可比口径计算增长13.5%)。全省财政总支出突破500亿元大关,完成507.44亿元,增长11%。按现行财政体制结算,全省财政收支平衡,净结余4.8亿元。实现了新一届省政府财政工作的良好开局。

【依法强化收入征管,完成国税收入和地方预算】省财政部门及时分解落实省人代会批准的财政收入目标任务,在与省国税、地税部门反复协商的基础上,报省政府以正式文件下达财税部门和各市。全省各级财税部门同心协力,依法强化收入征管,较好地完成上划国税收入任务和全省地方预算。

(一)强化国税收入征管。全省国税部门共组织收入215.83亿元,同比增长12.3%。其中,增值税149.07亿元,增长13.7%;消费税40.36亿元,增长7%;企业所得税13.58亿元,增长7.7%;涉外企业所得税6.28亿元,增长131%;中央保险企业营业税0.29亿元,下降81.7%;个人所得税6.23亿元,下降2.3%。主要措施有:一是加大税收执法力度,共稽查各类纳税人2.4万户,查补收入6亿元,向公安机关移送案件144件,涉及税款9000多万元。二是落实税收优惠政策,调高了增值税起征点,全省约16万个体工商户受益,占总户数的55%;依法办理出口退(免)税34.8亿元,减免企业所得税8.5亿元,办理各项涉外税收减免税款9.4亿元。

(二)强化地税收入征管。全省地税部门共组织各项收入207.6亿元,同比增长19.9%。其中,组织地方税收入120.8亿元,增长13%;组织养老、失业、医疗3项社会保险费收入84.2亿元,增长31.6%,组织其他基金(费)收入2.6亿元。主要措施有:一是坚持"依法治税,应收尽收,坚决不收过头税"的原则,进一步加强税收征管,优化税收服务,深化征管改革。二是强化以票管税力度,将推行有奖发票工作列为征管工作的重要内容,取得了良好的社会效果。三是开展集贸市场税收专项整治活动,对房地产业、交通运输业、金融保险业等7个行业开展税收专项检查,加大了打击偷逃税行为的力度。

(三)强化农税收入征管。全省农业税收部门共组织农业税收入37.8亿元,同比增长8.6%。主要措施有:一是坚持依法征税,做到应征则征、该减则减。二是组织全省契税政策执行情况检查,促进了契税收入快速增长,全年实现收入7.1亿元,增长91%。三是组织对各类经济开发区、工业园区、政务新区、高速公路和水电工程等项目的耕地占用税征收,全年实现收入4亿元,增长128%。

(四)强化非税收入征管。全省执法部门加大征管力度,做到应收尽收,共组织罚没收入10.37亿元,同比增长24%。全省经济部门组织的排污费收入、国土资源费收入、养路费收入等行政性收费收入共22.97亿元,增长14.6%。

【建立财政应急机制,支持"非典"防治和抗洪救灾】2003年,全省各级财政部门坚持以人为本,积极建立财政应急机制,及时调整支出结构,全力争取中央财政支持,迅速调度资金,做到资金拨付特事特办、限时办理,有力地支持"非典"防治和抗洪救灾。

(一)全力支持"非典"防治。一是省财政部门把"非典"防治作为事关人民生命安全和社会稳定的大事来办,全力保障"非典"防治经费需要。及时发出积极做好"非典"防治经费保障工作的通知,调整支出结构,迅速安排和落实专项资金,全省各级财政共安排"非典"防治经费4.75亿元。二是各级财政部门在机关内均实行严格的防范措施,严格控制出差、开会、接待和来访,确保了财政部门及其家属无一人感染"非典"。在各级财政的全力支持下,全省确诊13

名“非典”病例和疑似病例全部治愈,实现无二代病例、无医务人员感染、无患者死亡的“三无”目标。

(二)大力支持抗洪救灾。一是在抗洪抢险最紧急关头,省财政厅领导和相关处室负责人多次深入抗洪抢险第一线,检查指导抗洪救灾工作。二是全力以赴保障抗洪救灾资金需要。省财政相继下拨抗洪救灾和灾后重建资金32.5亿元。三是切实做好查灾核灾工作。省财政厅先后派出66个小组共170人次到9个市、30个县(区)实地查看灾情,了解资金安排拨付情况,并慰问灾民。四是省财政厅领导率业务处室负责人多次赴京向财政部汇报安徽灾情,争取到中央财政的大力支持,有力地支持了灾后重建。五是积极做好行蓄洪区运用居民财产损失补偿工作。安徽顾全大局,启用了12个行蓄洪区,淹没面积73.4万亩。经过积极汇报,争取中央财政补偿资金4.1亿元,为灾后重建作出了积极贡献。

【贯彻中央“三农”政策,深化农村税费和粮补改革】全省各级财政部门认真贯彻中央“三农”政策,坚持理财为民的新理念,深化农村税费和粮补改革,有效地促进农业发展和农民增收。

(一)全面开展“农村税费改革规范年”活动。全省各级政府和财政部门重点围绕规范农业税收征管、规范涉农收费管理、规范村级资金使用和管理、规范“一事一议”筹资筹劳管理等内容,认真组织,狠抓落实。通过规范年活动:一是进一步加大了对违反农村税费改革政策和农民负担政策行为的处罚力度,全省共查处涉农案件822件,处理违法人员224人。有效地遏制了乱收费和农民负担反弹。二是全面推行涉农收费公示制,普遍执行“定税额、定时间、定地点”的征收方式,通过“三定”方式征收的农业税达80%以上,农村税费征管进一步规范。

(二)全面取消农业特产税改征农业税。按照“统一税制、减轻负担、规范管理、促进发展”的原则,对在农业税计税土地上生产的应税农业特产税品,取消农业特产税改征农业税;对牲畜产品和在非耕地上生产的其他应税农业特产品,取消农业特产税后不再征收农业税,当年直接减轻农民负担1.7亿元。此项改革不仅有利于农业结构调整、促进农业发展,而且有利于农民增收。

(三)在全国率先推行粮食补贴方式改革。在2002年粮食补贴方式改革试点取得经验的基础上,从2003年6月起,在全省范围内全面推开“两放开、一调整”改革,即放开粮食收购价格,放开粮食购销市场;将国家实行按保护价敞开收购农民余粮政策间接给农民的补贴转为直接补贴给农民。主要措施有:一是成立组织,加大宣传。省成立了粮补改革办公室,先后印发了粮补改革方案和宣传提纲,印制了1400万份《致全省广大农民朋友一封信》,发到每个农民手中。二是组织实施,及时发放。向农民直接发放粮食直接补贴资金6.27亿元,极大地调动农民种粮积极性。三是监督检查,确保落实。各地切实做到改革宣传到户、清册编制到户、张榜公布到户、通知单到户、资金兑付到户,受到广大农民的欢迎。

【深化公共财政改革,完善预算管理和财政体制】全省各级财政部门进一步加大公共财政支出改革力度,实现了“一年到位、二年完善、三年规范”的总体目标。县级改革不断深化并继续向乡镇延伸,市级改革全面推开,省级改革进展加快,初步建立起透明、高效、公正的公共财政支出运行机制。

(一)预算管理改革不断深化。一是部门预算改革稳步推进。报送省人大常委会审查的部门预算范围扩大到62个,占省级部门数的50%。二是综合预算进一步完善。各地在实施“收支两条线”的基础上,打破预算内外资金界限,统一预算支出标准,统筹安排预算内外财力,理顺了财政与部门之间的分配关系,增强了政府宏观调控能力。

(二)国库集中收付制度稳步实施。一是县级所有行政单位和全额事业单位全部纳入会计核算中心统一核算,规范了预算供给单位的收支行为。二是市级纳入国库支付中心管理的一级预算单位1268个、二级预算单位1941个,分别占一、二级单位总数96.6%、94.6%。三是省级所有部门全部纳入了国库集中支付改革范围,是全国两个在省直全面推开改革的省份之一。

(三)支出管理方式进一步创新。一是政府采购工作继续深入。省市县全部成立了政府采购中心。全省采购项目预算金额30.08亿元,实现合同金额26亿元,节约资金4.08亿元,平均资金节约率14%。二是统发工资全面实行。为确保工资的正常发放,各地都设立了工资专户,实行封闭运行。同时,随着农村教师工资的上划管理,县级工资统发已延伸到乡镇。形成了健全的财政统一发放工资体系,维护了社会稳定。

(四)“乡财县管”改革试点取得成效。为了适应农村税费改革后乡镇政府职能转变以及加强乡镇财政管理的需要,省财政厅在和县、祁门等9个县进行了以“乡财县管”为核心内容的乡镇财政管理方式改革试点。即将乡镇财政收支纳入县会计核算中心统收统付，县财政对乡镇财政收支实行直接管理。通过“乡财县管”改革，规范了乡镇财政收支行为，确保乡镇按照“保工资、保运转、保重点”的顺序合理安排支付，从根本上治理乱收费、乱进人、乱举债行为。同时，完善了县乡财政体制，为摆脱乡镇财政困境创造了条件。

【统筹安排财政资金，支持经济和社会事业发展】全省各级财政部门牢固树立全面、协调、可持续的发展观，统筹安排各项财政资金，大力支持经济建设和社会事业发展，为“加快发展、富民强省”作出积极贡献。

(一)争取中央财政资金，支持重点项目建设。经过省财政积极争取，中央财政下达安徽国债资金25.8亿元、预算内基本建设资金6.2亿元，支持了农业、水利、交通、环保等一批重点项目建设。

(二)增加农业财政投入，加强农业基础建设。一是大力支持实施农业产业化、农产品品牌和农产品流通3项工程建设。择优重点扶持32户龙头企业、建立10个农业产业化示范项目县；建立农业标准化生产核心示范基地17个；全省相继建成300个具有全国影响的农产品专业批发市场。二是全力抓好2000—2002年农业开发竣工项目验收和世行加灌二期项目验收工作。由于领导重视、准备充分、措施有力、整改及时，项目均圆满通过国家总验收，并获得较好评价。同时，争取世行加灌三期项目和世行农业科技项目的立项取得成效，2003年度全省农业开发国内项目建设已完成投资60%以上。

(三)发挥财政调控职能，推动企业改革发展。一是落实矿山破产补助资金。铜官山铜矿等4个项目和中国有色金属安徽分公司项目列入国家政策允许关闭破产的范围，共争取中央财政企业关闭破产补助资金12.06亿元，核销银行呆坏账2.42亿元；安置企业职工21765名。二是积极争取企业退税资金。经过努力，为12个外汇借款以税还贷项目争取到享受退税优惠政策，退税金额5500万元。三是调动企业出口创汇积极性。省财政实施出口创汇奖励、贴息、补助等5项政策，共安排资金7000万元。全年出口突破30亿美元，达30.6亿美元，增长24.9%。四是支持国有企业改制上市。对27户公司的配股方案、股权转让、股权质押等进行批复(审核或备案)；参与论证3户拟上市企业。全年共发A股3只、可转换债券3只、增发H股1只，共筹集资金30.83亿元。五是为979户企业，提供担保再担保贷5亿元。

(四)调整完善财政体制，支持县域经济发展。一是继续贯彻执行省财政支持县域经济发展的8条政策措施，县级财政从中获得政策性支持8.5亿元。二是进一步规范省对下转移支付制度，全年省财政对下转移支付近100亿元，同比增长11.1%。三是省对下调度资金168亿元，同比增长15.9%，有效缓解了县级财政资金周转困难。四是各市着力规范市以下财政体制，将财力向县倾斜。如合肥市支持3县资金达3000多万元。

(五)积极引进国外资金，支持安徽经济建设。一是积极引进国际金融组织贷款。世行贷款2.5亿美元的铜陵—汤口高速公路项目，由于“非典”影响未能赴美谈判，在财政部支持下，按期通过因特网与世行进行了网上谈判，取得成功。此外，向财政部申报了城市基础设施建设项目、实施奶牛饲养项目，争取利用亚行贷款2亿美元和世行贷款3000万美元。二是积极申报和实施外国政府贷款项目。全年向财政部申报获得批准外国政府贷款小型项目26个，贷款6222万美元；申报的天然气管道网工程和人才培养项目贷款1.87亿美元；申报的公共卫生项目、省广电基础设施改造项目和淮南城市大气改善项目贷款1.49亿美元。

(六)加大财政资金投入，支持社会事业发展。一是支持教育事业发展。全省农村中小学教师工资全部上收由县统发，有60个县市实现了城乡中小学教师地方津贴与县市直公务员统一标准，极大地调动了教师的积极性。近3年累计投入20多亿元，共改造校舍560万平方米，消除D级危房458万平方米；通过省财政贴息5000万元，省属28所高校共实现建设性贷款17.4亿元，有力地促进了安徽高校快速发展。二是支持社保事业发展。全省社会保障方面支出102.7亿元，增长14.6%，基本做到“两个确保”和城市居民最低生活保障应保尽保；各级财政多渠道筹集再就业资金10.2亿元，全力促进就业和再就业；省财政在铜陵、宁国等10个县市组织开展农村新型合作医疗试点，参保农民达365万人，已有3486名农民共领取合作医疗补助金199万元，深受农民欢迎；安排扶贫专项资金4.76亿元，着力改善贫困地区农民生产生活条件。

2003年，省财政部门在加强财政管理、监督检查、政风建设和文明创建等方面做了大量工作，并卓有成效。尤其是深入开展了一系列专题调查研究，提出了多项财政改革建议和发展思路，提高了科学理财水平。

(厅办公室供稿　陈言邦执笔)

全省财政专项工作概况

财政支持抗击“非典”工作概述

2003年,面对突如其来的“非典”疫情,省财政厅坚决贯彻中央和省关于“非典”防治工作的统一部署,沉着应对,领导有力,措施得当,工作到位,全力保障全省“非典”防治经费需要,积极促进经济发展,为夺取防治“非典”和财政经济工作双胜利作出了应有的贡献。全省确诊的13名“非典”病例和疑似病例全部治愈,实现无二代病例、无医务人员感染、无患者死亡“三无”目标。省财政厅被省委、省政府授予抗击“非典”先进集体。

【全力保障“非典”防治经费需要】 4月13日,省财政厅专门召开党组会议研究通报“非典”疫情;4月17日,向各市财政部门发出了《关于贯彻落实全国和省“非典”型肺炎防治工作会议精神,积极做好“非典”防治经费保障工作有关问题的通知》。根据省政府《关于确保“非典”型肺炎防治经费需要的紧急通知》,省财政厅要求各级财政部门从“讲政治、讲大局、讲稳定”的高度,积极调整支出结构,及时安排和落实专项资金,确保防治经费的需要,并决定对农村居民、个人无力负担的“非典”患者以及经省卫生厅审定的县级“非典”防治医疗单位必需购置的“非典”防护、诊断、治疗等设备所需经费由省财政补助50%。会同省卫生、民政等部门迅速转发了《关于“非典”型肺炎患者和疑似病人缴纳救治费用有关问题的紧急通知》、《关于农民和城镇困难群众“非典”型肺炎患者救治有关问题的紧急通知》和《关于对防治“非典”型肺炎卫生医务工作者给予工作补助的通知》,出台了《关于省级“非典”防治卫生医务工作者补助标准的通知》,根据财政部、国家税务总局的通知精神,全面落实了“非典”捐赠和医务工作者特殊临时性工作补助的所得税优惠政策。

【切实加强“非典”防治资金调度】 为进一步加强“非典”防治经费的调度管理,省财政厅成立保障防治“非典”资金落实应急小组,实行24小时值班,建立特事特办、限时办理的工作机制。根据阜阳、蚌埠等市“非典”防治工作的实际需要,迅速及时地调度资金,确保其“非典”防治工作的资金需要。本着急事急办、特事特办的原则,从4月21日开始,根据省政府决定,省财政先后紧急从预备费及其他财政资金中安排并拨付“非典”防治专项经费6112万元。当年,全省各级财政共安排防治“非典”专项资金47495万元,用于购置应急处理所需的人员防护、消毒药品、器械设备、检疫检查、医护人员津贴等必须开支,有效地发挥了财政对公共需要的应急保障作用。为保证资金安全,省财政厅发出《关于认真做好“非典”防治经费管理工作的紧急通知》。要求各级财政部门从大局出发,管好、用好“非典”防治经费,充分发挥资金的使用效益。

【努力促进全省经济加快发展】 在全力保障“非典”防治经费需要的同时,省财政厅正确处理防治“非典”与促进经济发展的关系,认真落实国家有关税费减免政策,及时研究出台了《关于对受“非典”疫情影响比较严重的行业减免部分政府性基金的通知》、《关于努力降低“非典”型肺炎对部分行业影响的若干政策措施的通知》,支持受“非典”影响较大的相关行业和企业发展,努力将“非典”疫情对经济发展的影响降到最低程度。继续加大投资力度,充分发挥政府财政资金的引导作用,对已经确定的重点工程项目,加快资金拨付进度,尽快形成投资效益。积极争取外国政府和世界银行贷款,加大对招商引资的支持力度,努力促进扩大外贸出口。积极推进农村税费改革,落实农业特产税改征农业税工作,切实减轻农民负担。积极实行“两放开一调整”粮食补贴方式改革试点,把按保护价进行粮食收购的间接补贴改为对农民的直接补贴。通过以上种种努力,在“非典”影响严重、农民务工收入有一定减少的情况下,全省国民经济仍然保持了较快增长。

【积极做好机关内部“非典”防范工作】 4月13日,财政厅党组会议决定成立“非典”防治工作领导小组,全面负责厅机关“非典”防范工作和全省财政“非典”防治经费保障工作。在省直单位较早采取积极的预防措施,确保了全厅干部职工(包括家属)无一感染。实行特殊时期特殊的工作方式和方法,严格控制出差、开会、接待和来访,延期举行2003年会计资格考试和注册会计师考试，暂停举行各类会计人员培训。简化办事程序，改进工作流程，增强工作主动性、创造性，充分发挥现代化办公条件特别是广域网的优势。通过网络、电话、公文联系等形式，加快资金项目、紧要工作的传送汇报，提高办事效率。采取网上谈判的方式，完成了世界银行贷款项目的最后谈判，确保2.5亿美元的铜陵—黄山高速公路项目不受"非典"影响，按期开工。

（厅办公室供稿　宋先贵执笔）

财政支持抗洪救灾工作概述

2003年，安徽省淮河流域和长江流域的滁河、西河相继发生了1954年以来的最大洪灾。在省委、省政府和省防指的坚强领导下，省财政厅积极发挥职能作用，全力以赴保障防汛抗洪和救灾经费，强化抗洪救灾资金监管，积极争取中央财政支持，迅速开展行蓄洪区补偿和灾后重建工作，为全省夺取抗洪斗争重大胜利做出了重要贡献，获得全省抗洪救灾先进集体。

【保障抗洪抢险资金需要】2003年5月底，根据全省汛情的发展，省财政厅先后多次召开防汛工作布置会，要求厅机关各处室（局）把抗洪抢险和防汛救灾作为压倒一切的中心任务，积极主动、程序规范、特事特办、急事急办，加强资金调度，管好用好中央和省特大防汛资金，积极察灾、救灾、核灾，做到情况掌握快、请示报告快、任务办理快、落实行动快。仅7月7日至11日，就分7批紧急拨付阜阳、滁州、蚌埠等13个重灾市救灾防疫应急经费6820万元。为加强防汛救灾和灾后重建资金的使用管理，省财政厅先后下发《关于做好财政增收节支工作加大防汛抗洪救灾经费投入的紧急通知》、《关于及时发放救灾款物等有关问题的紧急通知》、《关于下拨防汛救灾和灾后重建资金的通知》等文件，要求全省各级财政部门不等不靠、特事特办，大力调整支出结构，积极筹措防汛救灾经费，突出重点、用在急处，用出效益，及时高效拨付突发险情和重点工程水毁修复等抗洪抢险资金。当年省财政相继下拨抗洪救灾资金32.5亿元。其中：特大防汛经费1.2亿元，移民迁建资金5.4亿元，农村中小学水毁校舍修复资金1.4亿元，行蓄洪区补偿资金5.2亿元，农业税灾减补助资金3.9亿元，救灾资金5.2亿元，治淮资金5.4亿元。同时，着力加强抗洪救灾资金监管，确保专款专用和资金安全，坚决防止和杜绝资金安排不及时、落实不到位，或拖延、截留、挤占、挪用防汛抗洪救灾资金等问题的发生。

【切实做好查灾核灾工作】为及时准确地掌握汛情、灾情，7月初，省财政厅发出《关于报送自然灾害情况统计快报等有关问题的紧急通知》，在财政系统建立了洪涝灾害损失及防汛救灾资金投入情况每周一报制度，为领导决策、救灾资金分配以及争取中央支持提供了全面翔实的依据。在抗洪抢险的最紧急关头，省财政厅领导朱玉明、项仕安、汪建国、周春雨等多次深入抗洪抢险第一线，检查指导防汛救灾工作。省财政厅农业、社保、教科文等处室多次派员参加抗洪抢险，对抗洪抢险资金使用管理进行暗访督察。全厅共派出66个小组共170人次到灾区一线参加了抗洪抢险、查灾核灾和慰问工作。7月14日至20日，省财政厅派出18个调查组分赴六安、淮南、阜阳、蚌埠、滁州等9个市30个县（区），实地查看灾情，了解防汛抗洪救灾资金安排拨付情况。之后，省财政厅又派出10个调查组，对各地灾情、水毁校舍和灾后倒房重建工作进行暗访核实。

【努力争取中央财政支持】8月25日，省委省政府赴京向国务院汇报抗洪救灾和灾后重建工作后，任海深副省长带领朱玉明厅长、张良庆副秘书长等拜访了财政部领导，汇报安徽的灾情，请求中央财政对安徽的救灾和灾后重建工作给予进一步支持。财政部专门召开座谈会，对安徽省请示的关于减免体制上解、救灾补助、行蓄洪区补偿、农业税灾歉减免和农村中小学危房改造等问题进行了研究，明确表示将进一步加大对安徽的倾斜支持力度。之后，厅领导又多次率有关处室（局）赴京向财政部、国家税务总局汇报。财政部明确，将增加对安徽的一般转移支付，年终结算时加大财力补助，在救灾补助、行蓄洪区补偿、农业税灾歉减免和农村中小学危房改造等方面，继续对安徽给予重点支持。

【分解落实各项救灾任务】为加快灾后重建步伐，省财政厅立即召开厅长办公会，确定了争取灾区群众建房资金、水毁校舍恢复重建补助、恢复农业生产补助、行蓄洪区补偿、一般转移支付和财政结算支持等8项具体任务和目标，下发了《关于争取财政部支持我省灾后重建资金任务分解的通知》，建立目标责任制，要求厅各处室（局）加强汇报和联系工作，尽可能争取更多的资金支持。按照省政府97号专题会议纪要要求，省财政厅迅速下发了《关于分解灾后重建和淮河治理工作任务的通知》,确定了分管厅领导和责任处室,分配了查灾核灾、农业税灾歉减免、行蓄洪区居民损失补偿、治淮资金管理等6项灾后重建具体工作任务。按照《省政府办公厅关于切实做好灾区建房工作的通知》要求,积极研究支持灾区建房的政策措施,明确目标任务和责任处室,加强行蓄洪区、淮河河滩地和其他灾区建房的资金筹措和管理。2003年,省财政厅承担的争取国家支持项目、灾后重建和淮河治理以及灾区建房等工作进展顺利,中央财政支持安徽省的各项救灾和灾后重建资金迅速到位。

【开展行洪补偿和灾歉减免】7月3日,省政府启用第一个行蓄洪区后,省财政厅就前往河南学习考察行蓄洪区运用补偿工作。经过争取,财政部表示将按上限70%的比例,对安徽省国家级行蓄洪区的居民损失进行补偿。按照省行蓄洪区运用补偿工作领导小组的要求,组织召开了全省补偿工作动员大会,规范操作程序,严格责任追究。多次派出督查组深入行蓄洪区对居民财产登记、核实、上报工作进行督查和指导,蓄滞洪区运用补偿工作受到广大受灾群众的衷心拥护。从5月中旬开始,省财政就开始对农业午季灾情进行核查,在淮河流域水灾发生后,又进一步开展了查灾核灾工作,如实地向财政部、国家税务总局汇报了安徽省灾情,请求增加安徽省农业税灾歉减免指标。根据灾情核查和中央对安徽省分配的减免资金情况,省财政共分配下达农业税灾歉减免指标3.9亿元。

【支持灾后重建和卫生防疫】为确保灾区学校正常开课,省财政厅组织人员深入沿淮受灾重点县,到乡到校,彻底摸清受灾学校校舍倒塌、新增危房情况,先后两次下拨中小学水毁重建资金1.4亿元,保证了水毁校舍的恢复建设。积极配合交通、卫生、广电部门,争取中央补助资金,支持灾区开展生产自救、公路交通、基层卫生、广播电视等设施的恢复重建工作。为确保大灾之后无大疫,省财政在年初预算安排100万元购置“消、杀、灭”及灾区常见病治疗药品经费的基础上,追加安排卫生防疫经费700万元,争取中央财政补助300万元,共计1100万元用于灾区卫生防疫工作。省财政要求县级从中央和省安排的救灾应急款中按照5%的比例安排卫生防疫支出,并追加安排卫生经费240万元,专项用于对60个因洪灾导致严重困难的乡镇卫生院的紧急补助。

(厅办公室供稿 宋先贵执笔)

行蓄洪区运用补偿工作概述

2003年汛期,安徽省淮河流域发生了1954年以来的特大洪水;长江流域的滁河、西河也发生了超过1991年的大洪水。在党中央、国务院的亲切关怀、国家防总的直接指挥下,在财政部和水利部的大力支持下,省委省政府精心组织、科学调度,抗洪抢险斗争取得了重大胜利。

【行蓄洪区运用情况】根据防汛调度方案和国家防总的命令,省防指及时启用了沿淮9个国家级行蓄洪区(蒙洼、城东湖、唐垛湖、上六坊堤、下六坊堤、石姚段、洛河洼、荆山湖、邱家湖)和3个省级行蓄洪区(荒草二圩、荒草三圩、东大圩)。根据汛情和调度方案,省对南润段、姜家湖、东风湖、汤渔湖、方邱湖、临北段、花园湖、城西湖共8个国家级行蓄洪区下达了人口转移准备行洪命令。已运用行蓄洪区涉及到阜阳、六安、淮南、蚌埠、滁州五个市和阜南、颍上、霍邱、裕安、怀远、五河、蚌埠市郊区、凤台、潘集、八公山、谢家集、田家庵、大通、毛集、明光、凤阳、全椒等17个县区以及省农垦局和淮南矿业集团。已运用行蓄洪区总蓄滞洪量近30亿方米,总面积828.8平方公里,耕地面积约73.4万亩。受灾人口61.1万人,其中转移人口22.23万人,下达人口转移准备行洪命令共转移人口21.94万人。行蓄洪区的运用,有效地减轻了淮北大堤和沿淮重要城市、铁路交通干线的防洪压力,为夺取淮河抗洪抢险斗争的胜利发挥了重要作用。

【行蓄洪区补偿情况】一是准备阶段(7月中旬至8月中旬)。7月17日,省政府成立了安徽省行蓄洪区运用补偿工作领导小组及办公室,由省政府副秘书长、省防指副总指挥王首萌任组长,省财政厅项仕安副厅长、省水利厅江兆航副厅长任副组长,省直有关部门负责同志为组成人员,领导小组下设办公室(设在省防指)。各有关市县区也相应成立了行蓄洪区运用补偿工作领导机构。7月25日,省领导小组召开了全省行蓄洪区运用补偿工作会议。7月底,省财政厅组织省、市两级补偿办人员到河南省西平县蓄滞洪区实地考察;8月11日至12日,举办了全省行蓄洪区运用补偿工作培训班。有关县区政府分管县区长、财政局长、水利(水务)局长及有关人员共230多人参加培训。同时邀请淮委领导到会指导。各市县区也分别不同层次、不同范围地组织了培训。

同时,通过电视、广播、报纸、杂志、简报等多种新闻媒体公开宣传,增强政策的透明度,把政策交给群众,接受各方面的监督。二是居民财产损失的统计、核查、上报阶段(8月下旬至9月底)。对照国家和省有关政策规定,由省里统一印发有关表格,开展行蓄洪区内居民财产损失的清理、统计、汇总、核查、签字、上报、张榜公布工作,以及省市政府、淮河水利委员会组织的核查工作。省领导小组成员单位对各地补偿工作实行分阶段督查。7月16日至20日,与淮委专家一道,调研行蓄洪区淹没范围。8月18日至22日,对各地补偿工作进行实地督查,对前一段时间宣传、培训、损失登记等工作进度和政策理解情况进行督查,对发现的问题及时纠正,不能明确的立即向领导小组专题汇报,集体研究后对下解答。9月3日至6日,省领导小组有关成员单位再次对各地工作开展情况和存在问题进行督查。9月21日至24日,财政部和水利部派员对安徽省行蓄洪区运用补偿工作进行了检查、调研。9月20日至25日,省补偿办会同淮委对补偿工作进行实地选点核查。9月底全省行蓄洪区运用补偿方案上报国务院。三是中央核查和争取补偿资金阶段(10月至11月下旬)。11月24日,财政部对安徽省上报的补偿方案进行了批复,下达补偿资金5.57亿元,其中,中央财政负担3.90亿元,省财政负担1.67亿元。已运用的9个行蓄洪区3.53亿元,已下达转移命令但未运用的8个行蓄洪区0.92亿元,午季损失补偿1.12亿元,同时安排7个行洪区砂压耕地恢复补助经费2000万元。四是补偿资金发放阶段(12月下旬)。主要工作是落实省级配套资金,制定补偿资金发放工作方案,加强补偿资金发放工作的监督。12月2日,省政府及时召开了全省行蓄洪区补偿资金发放工作会议,传达、学习了温家宝总理对行蓄洪区补偿资金发放工作的重要批示,动员、部署了行蓄洪区运用补偿资金发放工作,副省长赵树丛到会讲话。为了规范补偿资金的发放,确保补偿资金准确、及时、足额发放到位,省财政厅制定了《安徽省行蓄洪区补偿资金发放方案》,在资金管理和监督方面明确了6条规定:补偿资金实行专户管理、封闭运行;任何单位、部门不得以任何理由截留、挪用、抵扣居民补偿资金,不得把补偿资金划拨到乡镇、村;一切工作经费、管理费用不得在补偿资金开支;也不得收取各种手续费和代收代扣其他费用;各级政府应加强补偿资金发放的监督和稽查。截至2004年2月底,已运用的9个行蓄洪区共计3.5亿元补偿资金,除了霍邱县由于情况特殊,尚有0.5亿元未发放,其余均已完成;已转移未运用的8个行蓄洪区补偿资金0.92亿元除明光市外全部完成;午季损失补偿资金正在核实上报。

【补偿工作主要方法】一是以“三榜公示”为核心,认真开展登记核查工作。全省培训工作会后,各地登记核查工作全面展开。各地都能结合本地实际情况,实行县区、乡镇干部包点到村,责任到单位、到人,严格按政策办事,不乱许愿、乱表态。登记核查工作以“三榜公示”为核心,通过张榜公布,让群众相互监督,使损失登记情况真实,群众无异议。同时说明,损失补偿多少最终的审核权和决定权在中央,不在当地,也不在省里,最终必须以中央认定的为准。“三榜公示”具体内容为:第一榜:居民个人填报的财产损失数量(没有损失金额)张榜公布;第二榜:中央财政补偿金额以及省里配套资金落实到位后,层层分配到县区、乡,并落实到户,在由县财政统一发放前将补偿金额和补偿标准由村张榜公布。第三榜:资金发放时,由村张榜公布各户补偿资金。“三榜公示”必须在规定的时间内进行,地点必须选择在村民小组的醒目位置,每个村民小组选出3名村民代表自始至终参加居民财产损失登记、核查,直至补偿资金发放完毕。二是设立举报电话,对存在的问题及时纠正。省及市县区、乡镇补偿办都设立了举报电话、人民来信举报箱,接待人民来访,对每一条举报线索、每一件群众来信都认真查核,严肃对待,做到事事有着落,件件有回音。三是加强指导和督查。为了促进全省补偿资金发放工作,省行蓄洪区补偿办公室加大了对各地的指导,对发放中存在的难点主动帮助,提出指导性意见;对各地工作中出现的一些偏差,及时予以纠正,先后12次下派12批次检查组到有关市、县进行督查。各市、县也派出了检查组,以加强指导和督查。四是加强监督,坚决查处弄虚作假行为。各地都成立了监督检查组,纪检、监察、审计部门参与全过程监督,对违反规定的责任单位和责任人,依法严肃处理,特别是对弄虚作假、以权谋私、侵犯群众利益的案件,发现一个,查处一个,绝不姑息迁就。

(厅农业处供稿　汪公发执笔)

财政分项工作概况

财政政务工作概述

省财政厅政务部门紧紧贴近中心、服务大局、突出重点、扎实工作,圆满完成了各项政务工作任务。

【贴近中心,努力当好参谋助手】全省各项财政改革深入推进,由于受"非典"疫情和特大洪灾的影响,财政工作任务十分繁重。反映在财政政务工作上,是综合文稿起草工作难度大、时间紧、要求高、任务重。厅政务工作部门贴进中心,努力当好参谋助手,先后完成各类大型综合文稿约80多篇、90多万字;参与修改的各类大型综合文稿40余篇、30多万字,内容涉及人代会预(决)算报告、财政工作会议材料、民主集中制研讨班学习材料、全省财政工作总结、工作计划、汇报材料、会议交流材料、形势分析材料和一些专题材料等。其中,不少综合材料多次受到财政部和省政府领导的好评。

【突出重点,扎实开展财政宣传】省财政宣传工作坚持突出重点,把握节奏,全面推进。重点宣传农业特产税改革、粮食直接补贴方式改革、公共财政支出改革和支持淮河流域抗洪救灾及灾后重建。采取报纸、电视、电台、宣传栏等多种形式并重,在《中国财经报》、《安徽日报》、《安徽内参》、《新华社内参》等新闻媒体上刊登了《公共财政显威力》、《积极扩大粮食直补试点》、《钱袋破洞须补好》、《安徽国库改革》等20多篇宣传文章,编发《公共财政支出简报》63期、《粮食补贴方式改革试点简报》59期,努力营造良好的改革舆论环境。同时,积极组织稿件10多篇,及时报道开展乡财县管改革试点、省级全面实行财政国库集中支付、全力保障防治"非典"和抗洪救灾支出需要以及增收节支等工作情况。在厅机关组织"信用安徽"征文活动,共收到27篇文章,有7篇获奖,其中1篇荣获一等奖。组织橱窗宣传专栏11期。通过广泛宣传,有效推动了有关改革以及各项财政政策措施的贯彻落实。财政宣传工作在全国财政系统评比中名列第二,财政部授予安徽省财政厅办公室"全国财政新闻宣传工作先进集体"称号。

【高度负责,认真办理提案议案】省财政厅承办的人大代表的议案、建议数和政协委员提案数位居省直单位前三名。厅政务部门高度重视,实行严格的登记制度、分办制度、限时催办制度等,认真办理每一件议案、建议和提案,全年共按时办理人大议案、政协提案和人民代表建议55件次,办结率达100%,做到件件有着落,事事有回音。代表、委员对省财政厅建议、提案答复的满意率逐年提高。厅提案议案办理工作多次受到省人大、省政府和省政协的表彰;督查工作受到省委办公厅表彰,被评为全省党委系统督查工作先进单位,名列省直第一。同时,热情接待来访群众,严格按规定程序办理人民来信,积极协调解决重大信访问题,对每一封人民来信都按规定程序及时办理,对来访群众做到热情接待,受到财政部办公厅和省信访局的好评。全年共办理上访信件348件,接待来访294人次。

【规范公文,强化政务协调督查】省财政厅进一步规范公文质量管理。全年共审核各类文稿2300多件,每一份文稿都做到认真审核,严格把关,精益求精,确保质量。厅文件质量受到省委、省政府办公厅的一致好评,应邀在全省党委系统办文办会工作研讨会上作经验交流。同时,不断强化政务协调督查,机关公文运转速度进一步提高;不断改进和完善厅机关目标管理。年初将全省财政工作要点、政府工作报告中涉及到的财政工作进行细化分解,并落实到牵头处室和协办单位,明确完成的时间要求,年中和年末跟踪督查,并及时反馈信息。为此,省财政厅荣获省政府2002年目标管理先进单位。

【讲究时效,认真编发财政信息】省财政厅不断加强和改善财政信息工作,继续完善计算机网络信息报送系统,健全了信息报送激励机制;《安徽财政信息》在2002年全面改版的基础上继续创新,信息的时效性、针对性和适用性都明显增强,信息采用率也不断提高。全年编发财政信息102期,编报财政信息专报360期,共编发信息1000多条。其中,被省委采用120多条、省政府采用100多条、财政部采用20多条、国办和中办采用10多条。2003年,省财政厅在全国财政信息评比中继续被评为先进单位,名列全国财政系统第四;在全省党政系统信息工作评比中继续被评为省直先进单位。

【共同努力,继续办好财政年鉴】《安徽财政年鉴》自1994年卷问世以来,已连续出版了10卷,总体质量上一卷比一卷好,较为全面翔实地记载了安徽财政改革和发展的历程及其辉煌业绩,为推动全省财政工作发挥了积极的作用。2003年财政年鉴工作又有新进展:一是克服"非典"疫情的影响,省财政厅及时制发了《关于加强安徽财政年鉴工作的通知》,确保了年鉴工作的正常进行,经过全省各级财政部门的共同努力,实现了当年10月按时出书的计划目标。二是积极适应厅机关经费包干管理工作的需要,强化市场手段,及时调低了宣传图片工本费标准和调高了奖励标准。同时扩大年鉴宣传,组织宣传图片工作开始向企业延伸。基本实现了宣传专版和征订量不滑坡的目标。三是紧贴财政工作实际,及时充实资料,调整栏目,实现了内容创新,翔实地反映了2002年和九届省政府(1998—2002年)全省财政工作成果。

【与时俱进,做好档案保密工作】省财政厅档案工作坚持与时俱进,紧紧围绕财政改革与发展中心,强化基础建设,健全各项规章制度,大力推行档案管理的标准化和规范化,积极开发利用档案资源,服务财政经济工作,取得显著成效。全年共立文书档案5504卷、会计档案347卷、项目档案1032卷、年鉴照片档案780张,归档文件目录5本,编制专题目录7本,文件字号检索2本,先后为厅机关及有关单位提供利用档案501次、2065卷(件)。2003年,国家档案局、中央档案馆组织了1998—2002年度全国档案工作评比,省财政厅被评为"全国档案工作先进集体",实现了省内创一流,全国争上游的目标。同时,加强保密工作。先后修订印发了《省财政厅保密管理若干规定》、《厅机关重要岗位保密规定》、《厅机关机要网工作站及核心密码设备管理使用实施细则》、《厅机关废旧保密载体回收管理规定》等一系列保密规章制度,明确了职责,并组织开展了涉密计算机上互连网检查。按时开通厅机要通信网并投入正常运行。在2003年抗击"非典"和抗洪救灾工作中承担了大量的明密电收发工作,保证了各类财政资金指标及时拨付各地,为提高工作效率发挥了重要作用。2003年,中央保密办、国家保密局对全国1998—2002年度保密工作进行了5年一度的评比,省财政厅被授予"全国保密工作先进集体"荣誉称号。

【建章立制,规范机关财务管理】省财政厅先后出台了机关财务包干、公务接待、办公设备配置、固定资产管理、编印业务书籍、图书资料购置及宣传经费管理、报刊杂志订阅等11个管理办法,强化财务管理。推行经费包干,进一步规范了机关财务支出行为,有效节约了经费开支,全年节支经费12.8%。同时,清理整顿厅属单位银行账户,堵塞了多头开户的现象;建立了经费支出网上查询系统;认真做好工会和代管处室业务费账务管理工作。

【精心准备,开通财政政务网络】省财政厅经过精心准备,安徽财政政务网于12月18日正式开通,实现了与安徽党政网和各市财政部门的互联互通。信息实行网上报送、采编,公文、档案实现网上查询,为提高财政工作信息化水平,提高工作效率发挥了重要作用,增进了与省政府政务中心的协调联络,进一步发挥了省财政厅窗口作用。厅省政务服务中心窗口在2003年度窗口工作考核中,获得年度"红旗窗口"称号,在29个参评单位中名列第七,为全厅目标管理考核和政风评议工作作出了重要贡献。

(厅办公室供稿 江永泓执笔)

财政综合工作概述

2003年,省财政厅综合部门紧紧围绕全省财政中心工作,加强财政经济形势分析和重大财政专题研究,认真贯彻发挥财政政策,规范职工收入分配关系,加强政府非税收入管理,支持经济和社会事业发展为中心,解放思想,开拓创新,圆满完成了各项工作任务。

【编制财政发展3年滚动计划】省财政厅首次编制财政发展3年滚动计划。厅里专门成立了由朱玉明厅长任组长,汪建国、周春雨副厅长任副组长,厅综合处、办公室、预算处、国库处、行政处、编制办和厅科研所等处室负责人为成员的3年滚动计划领导小组,加强对编制工作的领导。这项工作历时10个月、5易其稿,胜利完成编制任务,并在财政部组织的评比中荣获二等奖。

【加强财经研究和形势分析】一是坚持定期报送季度财政经济形势分析报告。"非典"期间上报的《安徽省财政经济运行形势分析》得到财政部充分肯定,刊登在财政部《财政综合信息》上。二是加强对重点财经专题的研究。相继完成了《安徽省行政区划与区域经济研究》、《安徽省城镇职工收入水平差距、成因及对策研究》和《大力推进经济结构调整优化,努力做大做强经济发展和财政收入“蛋糕”》3篇专题研究报告。其中,《我省城镇职工收入水平差距、成因及对策研究》发表在省政府办公厅主办《呈阅件》上,《安徽省行政区划与区域经济研究》引起了社会各界的广泛关注。三是积极开展财政综合业务调研工作。围绕研究建立政府非税收入管理机制和制度体系这一主题,广泛开展调查研究,形成《关于加强我省政府非税收入管理的意见》,在财政部召开的全国部分省非税收入管理座谈会上进行了交流。

【加大收入分配管理力度】一是调查了解省级和市级机关行政编制的在职工作人员工资水平,为改革工资分配政策提供基础数据。二是了解省直行政单位及比照行政管理事业单位在职人员和离退休人员津贴补贴发放水平,学习借鉴外省先进经验,起草了《关于规范省直机关工作人员津贴补贴管理暂行规定》,报经省政府常务会议和省委常委会议审议原则通过。四是会同有关部门制定《关于解决我省事业单位离休人员两年一次增加离休费时相应增加津贴(活工资)和机关离休人员5年增加级别工资问题的通知》,提高机关事业单位离休干部工资福利待遇。五是会同有关部门下发《关于建立信访工作人员岗位津贴的意见》和《关于调整司法助理员岗位津贴标准的函》,建立信访人员津贴,提高司法助理员岗位津贴标准。六是会同有关部门制定贯彻落实国务院调整机关事业单位工作人员工资标准和增加离退休费实施方案的政策意见。

【支持经济和相关事业发展】一是减免部分基金和行政事业性收费项目,奋力抗击“非典”。下发了《关于对受“非典”疫情影响比较严重的行业减免部分政府性基金的通知》、《关于对受“非典”疫情影响比较严重的行业减免部分政府性基金的补充通知》,会同有关部门代省政府起草了《努力降低“非典”型肺炎对部分行业影响和若干政策措施》,减轻“非典”对经济运行的影响,支持受“非典”影响较重的行业尽快恢复正常的生产秩序。据估计,将减轻企业负担8.3亿元。二是实施优惠政策,支持再就业工作。鼓励高校毕业生自主创业和灵活就业,对下岗职工从事个体经营免收登记、证照和管理类的各项行政事业性收费。三是争取财政部批准调整地方教育附加征收管理政策,每年可新增财力约8000万元,用于改善义务教育阶段中小学办学条件和弥补剥离企业自办中小学经费不足。四是会同有关部门制定安徽省还贷性公路收费站统贷统还政策,筹集农村公路建设资金,加快农村公路建设。五是积极开展专项治理,对涉及木材生产、建筑企业和农民负担的收费项目进行清理检查,进一步改善经济发展环境。此外,代省政府起草了《安徽省散装水泥专项资金征收和使用管理实施办法》,会同有关部门制定了《安徽省墙体材料革新与建筑节能管理规定》等规定,进一步规范基金征收管理。同时,随着国家取消两批行政审批项目,相应取消18项行政事业性收费项目。

【积极参与住房制度改革】一是会同建设等部门进一步加大全省住房公积金管理机构调整的指导、督促工作。全省17个市住房公积金管理委员会均已按规定组建,12个市住房公积金管理中心已挂牌。二是会同省直机关事务管理局着手做好省直住房公积金管理分中心机构调整的前期准备工作。三是编制货币化补贴预算、落实省直房改政策。分期分批发放省直驻肥财政供给单位住房货币化补贴,启动省直财政供给单位住房货币化改革。审核、汇总、批复了62个省直财政供给单位住房货币化补贴预算,并按预算拨付资金。四是积极参与房改政策制定。对财政供给单位公有住房出售净收入管理、集资合作建房范围、房地产财税政策等提出了原则意见和建议,进一步深化和规范了住房制度改革。

【推进彩票市场健康发展】一是组织开展全省打击非法彩票等赌博活动专项治理活动。会同省公安厅制定专项治理方案,及时成立专项治理行动领导小组,认真开展专项治理工作。此次专项治理行动取得了明显成效,有力地维护了安徽彩票市场的良好秩序,维护了社会稳定。二是加强彩票资金和彩票发行机构的财务监管。调整彩票公益金财务管理关系,调动了市县财政部门监管的积极性。加大对发行机构的发行费用和彩票公益金的监管力度,督促发行费和彩票公益金及时纳入财政专户,严格执行“收支两条线”的规定。三是积极支持彩票发行机构扩大彩票销售规模,丰富彩票玩法种类,扩大销售规模。通过各方共同努力,截至12月底,全省共发行彩票72672万元,筹集彩票公益金25435万元,有力地支持了社会事业的发展。四是加强对青少年校外活动场所建设维护资金和项目的监督管理工作。争取中央资金1363万元,安排16个青少年校外活动场所建设项目。会同有关部门完成2002年安排的18个建设项目的评估工作。审核项目核拨建设资金,保障项目建设的资金需要。

(厅综合处供稿　李　燕执笔)

税政条法工作概述

2003年,省财政厅税政条法部门围绕加强财税法制建设、改善财政工作环境、支持安徽经济建设,开展了一系列工作,取得了一定的成绩。

【加强财政立法工作】 一是继续加强了财政行政许可和财政规范性文件的清理。在2002年清理的基础上,继续加大了对现有的财政行政审批事项的清理力度,取消了14项财政行政审批,下放行政审批权限1项。二是加强规范性文件前置审查,维护财政法制的严肃性和统一性。对面向社会的《安徽省旅游发展专项资金管理暂行办法》等7份规范性文件报送省政府法制办进行前置审查,约占省政府法制办前置审查文件的1/7。此外,还对面向厅机关、财政系统内部的规范性文件进行了审核、把关,提高了财政规范性文件的质量。三是严格履行审核职责,维护地方性法规规章的统一性与合法性。共牵头审核了70多件次财政部、省人大、省政府和有关厅局转来的地方性法规规章草案。四是认真做好省财政厅规范性文件的备案工作。将各处室局报送的规范性文件8件及时报送省政府法制办备案,保证了规范性文件的统一性和合法性。

【改善财政工作环境】 一是认真开展"12.4法制宣传日"活动,发放《财政普法读本》240本、《预算审查监督》260本、《致农民朋友的一封信》500多份,接待了许多群众关于财政政策、税收问题、社会保障问题、粮食改革问题、税费改革等问题的咨询。二是设置税政条法举报电话5100269,2003年接到大量的财政法律法规和财政政策的咨询,对财政普法宣传起到了很好的作用。三是规范税政管理,维护税收秩序,加强以法治税。2003年共办理省政府交办或有关厅局报送的涉及企业所得税、个人所得税、增值税、农用车辆地方税、营业税等税收政策方面的征求意见函30多件,保证了税收政策的合法性、统一性和严肃性。

【办理行政诉讼案件】 2002年11月,省高级人民法院向省财政厅送达《应诉通知书》,告知中国建设银行安徽省分行就泾县园艺厂(后更名为安徽泾县凤凰总公司)借用荷兰提供的政府贷款引起借款担保合同纠纷一案,向省高院提起诉讼,省财政厅及时向省高院提交了《答辩书》。省高院于2003年3月28日裁决中止诉讼。11月份,经省建行申请,省高院再次开庭审理此案,省财政厅再次提交《答辩书》,并出席开庭。2003年2月28日,浙江省杭州市江干区法院向省财政厅送达传票,通知就浙江冶金物资有限公司诉安徽省冶金供销总公司供销合同纠纷案进行应诉,并要求冻结省财政厅银行存款85000元。省财政厅及时提交《答辩书》,并在"非典"期间两次赴杭州出席开庭。在庭上依法答辩,据理力争,并拒绝了原告提出的调解要求。最终,杭州市江干区法院一审认为安徽省财政厅与此合同纠纷没有任何关系,不承担任何法律责任。原告不服一审判决,上诉至杭州中级人民法院。省财政厅再次提交《答辩书》,并于7月17日出席杭州中级人民法院开庭。经过努力,杭州中级人民法院二审终审裁定安徽省财政厅不承担任何法律责任,取得了最终胜诉,确保了财政资金安全。2003年,阜南县人民法院向省财政厅送达《申报债权通知书》,通知就阜南染织厂破产一案申报债权。为保证财政资金的不流失,省财政厅派人到阜南染织厂核实:该厂使用的财政资金早已还清,没有该厂债权。

【办好行政复议案件】 2003年8月15日,山东滕州市天成运动设施有限责任公司就淮南市财政局处理淮南市体育局运动场馆改建工程政府采购招标一事不服,向省财政厅提出行政复议申请。经查,处理淮南市体育局运动场馆改建工程政府采购招标一事是由淮南市建委和淮南市财政局依据淮南市纪委文件,共同作出的行政行为。根据《中华人民共和国行政复议法》第十五条第四项规定,该行政复议案件不属省财政厅受理范围,省财政厅立即与申请人取得联系,告知其应向淮南市人民政府提出复议申请,并将申请材料转交淮南市人民政府。2003年11月8日,芜湖市居民闵亚洲就芜湖市财政局在其参加会计职称考试过程中的具体行政行为不服向省财政厅提出行政复议申请,要求对其未合格的会计考试成绩采取救济措施。收到复议申请书后,立即对有关事实进行了调查。经查,闵亚洲提出行政复议申请已超过了行政复议法规定的申请期限,省财政厅据此作出了不予受理通知书。同时,根据调查,在作出不予受理通知书前,电话告知申请人芜湖市财政局的行政行为是由申请人的错误所引起,其处置手段并无不妥当,申请人所要求的救济措施也是不成立的,并向其解释了有关的政策。2003年先后办理了3起诉讼案件(包括1起破产案件)、2起行政复议案件,并指导了市县办理行政复议、国家赔偿案件,有效地维护了财政资金安全和当事各方利益,维护了财政形象。

【积极开展调查研究】一是扎实做好2003年企业所得税税源调查工作。全省共调查样本企业1488户,超额完成户数288户,占规定有效户数的20.4%。全省2002年企业所得税税源调查工作被财政部评为"2002年企业所得税税源调查工作优秀单位";省财政厅李斌同志、滁州市财政局黄群同志还荣获财政部颁发的"2002年企业所得税税源调查工作先进个人"荣誉称号。二是对部分省属企业所得税缴库情况进行了调查。为深入了解所得税收入分享改革运行情况,防止和纠正所得税缴库混库,确保所得税改革顺利实施,省财政厅从6月12日至8月中旬,先后对安徽省烟草公司、安徽省烟草工业公司下属的合肥卷烟厂、蚌埠卷烟厂及部分县市烟草公司、安徽电力股份有限公司、安徽铁路集团运输公司、安徽省新华书店及部分市县新华书店、华安证券有限责任公司、皖通高速公路股份有限公司、安徽电力供电有限责任公司等企业的所得税缴库情况进行了检查,对已将省级收入混入市县金库的300多万元进行了调账。三是认真组织一年一度的财税政策调研工作。各级财政部门税政法制机构积极围绕财政中心工作,开展财税政策调研活动,17个市共提交调研报告29篇,对财源建设、政府采购、乡镇财政困难、公共财政支出改革、预算外资金管理、粮食补贴改革、税收政策成效分析等问题进行了深入细致的调研与剖析,并提出了相应的解决建议,对改善财政管理工作起到一定的参考作用。各市财政部门在做好本级调研工作的同时,积极引导县、乡财政部门开展各项调研活动,较好地发挥了基层财政部门及财政干部的调研积极性,对转变财政干部的工作作风和工作方法起到了很好的促进作用。四是认真完成财政部交办的各项调研工作。2003年,财政部针对低污染排放小汽车减征消费税和调整进出口税则税目与暂定税率以及其他涉税行业和企业税收政策等问题,分别下发文件要求安徽省进行调研。省财政厅税政条法部门及时派人到相关市,深入到企业进行调查摸底,按照财政部的要求写出了调研报告上报财政部。

【积极争取优惠政策】一是为芜湖、合肥争取设立出口贸易加工区做好服务工作。积极配合两市争取设立出口贸易加工区的申报工作,多次向财政部税政司报告有关情况,派专人陪同市里的同志到财政部专题汇报。在省财政厅与两市共同努力下,2003年3月芜湖出口贸易加工区正式封关挂牌运行,已吸引了十几家国内外企业进入区内;合肥出口贸易加工区目前已通过财政部等部委审查,等待国务院批准。二是做好铸锻件企业增值税先征后返的审批工作。到2002年底,安徽省仅有3家企业享受铸锻件产品增值税先征后返政策。2003年,省财政厅抓住了财政部调整这项优惠政策的契机,及时报告,经过积极争取,使安徽省8户有影响的铸锻件企业列入享受这项优惠政策的名单。三是做好低污染排放小汽车减免消费税工作。根据财政部税政司的要求,经过调查了解,及时上报了安徽省低污染排放小汽车的有关资料,部里已发文明确安徽省奇瑞汽车公司和合肥昌河汽车公司享受减征消费税的优惠政策。四是积极为全省企业争取关税优惠政策。马钢股份有限公司是国内出口H型钢的主要企业,由于税则号分类不尽合理,关税减免优惠有较大差别,省财政厅会同马钢公司积极向财政部税政司反映。之后,财政部税政司会同海关总署派人专程赴马钢进行实地调研,重新确定了税则号,使马钢公司H型钢享受了合理的关税减免优惠。通过上述工作,为安徽经济发展作出了积极贡献。

(厅税政条法处供稿 杨玉林执笔)

预算管理工作概述

2003年,省财政厅预算管理部门紧紧围绕财政中心任务,积极服务财政工作大局,财政预算管理工作取得了新进展。

【切实加强财政收支管理】一是及时分解落实收入目标。在与省国税局、地税局反复协商的基础上,报经省领导同意,3月份分解国税、地税及财政部门收入目标,并以正式文件下达。同时,综合考虑各市财政经济发展状况,按照所得税分享改革后新的财政收入口径,分解各市财政总收入目标,由省政府办公厅作为考核目标下达各市。通过横向和纵向收入目标的分解落实,为确保完成年度收入任务奠定了基础。二是加强财税部门之间协调。加强与国税、地税部门的联系与协调,定期召开财税部门协调会或座谈会,做到遇到情况多通报、遇到问题多沟通,先后10多次上门向国税、地税部门协调落实收入任务,通报收入目标完成情况,共同研究收入征管中的问题与对策。三是加强预算执行分析。"非典"过后,于6月25日在安庆市召开全省上半年预算执行分析会，及时客观地分析“非典”对全省财政收支的影响，预测全年财政收支趋势，研究提出完成财政收入任务的具体措施；12月份，针对预算执行中存在的支出执行率低等新情况，又在淮南市召开预算执行分析会，对加强收支管理和财政预算执行工作作了进一步部署。四是狠抓支出预算执行。11月份，针对全省预算支出进度偏慢情况，及时下发关于加快支出进度的明传电报，要求各地采取有效措施，加快支出预算执行，提高财政资金使用效益。在12月中旬和下旬，分别召开预算分析会和预算科长会，对加快各市支出预算执行问题又作了进一步强调，确保完成全省财政支出目标。

【继续推进部门预算改革】一是部门预算编制改革继续深化。按照“管盘子、管政策、管重点”的要求，努力做好预算编制相关工作。于3月中旬印发了《关于编制2004年省级部门预算的通知》，明确了预算编制的思路、原则、重点、内容、政策、程序等。进一步加大了综合预算管理力度，将省级行政事业性收费全部纳入预算管理，对执收执罚单位实行收支脱钩；对省垂直管理的技术监督系统统一经费供给政策，实行综合预算管理。加强对市县部门预算改革的指导，9月份举办了全省市级部门预算编制改革培训班；通过调研，在8个市推广应用了部门预算编制软件，以软件的推广运用，促进市级部门预算编制的统一和规范。二是硬化预算约束。一方面，坚持原则、注重事实、严格把关，对各项支出按照规定标准和轻重缓急审核，按程序报批。另一方面，加强制度建设，着力从根本上规范预算追加。代省政府起草了《安徽省省级预算管理办法》，对省级预算编制、执行、追加、监督等方面作了明确的规定。特别是提高了申请追加的“门槛”，规定了预算追加的程序，明确了预算追加的审批权限，对减少一般性的预算追加，规范省级预算管理起了积极的作用。三是全面清理历年结转经费并规范了管理。制定了清理结转经费的方案，经过反复对账，逐笔明确了结转项目。经过努力，省级2002年度结转经费已基本使用完毕，既提高了财政资金使用效益，又规范了管理。

【推进公共财政支出改革】2003年，按照全省公共财政支出改革“一年到位、二年完善、三年规范”的要求扎实推进。一是认真总结前两年的工作，形成专门文字材料，在全省财政工作会议上印发交流。二是明确年度改革重点和基本目标。年初制发了《2003年全省公共财政支出改革工作目标任务》，对全年的工作目标、任务、重点工作提出了要求。三是修订下发了《安徽省2003年市县公共财政支出改革考核奖励办法》，进一步明确了考核重点和评分办法。四是搞好督促检查。组织力量对合肥、淮南、阜阳3市的公共支出改革工作进行了督查。五是认真做好总结考评工作。对3年来公共财政支出改革进行了总结，同时对各市县3年来的公共财政支出改革进行了考评，以鼓励先进，推动面上工作。

【开展乡财县管改革试点】3月下旬，省财政厅召开有关市县财政部门负责人会议，研究制定试点方案，确定试点单位，做好试点的各项前期准备工作。5月中旬，省政府办公厅转发了省财政厅《关于开展乡镇财政管理方式改革试点意见》，决定在和县、五河、太和、全椒、潜山、宿松、祁门、霍山、利辛等9个县全面开展试点，明确了“预算共编、账户统设、集中收付、采购统办、票据统管”等改革内容。为更好地贯彻执行省政府文件精神，省财政厅印发了《关于乡镇财政管理方式改革试点实施意见》，对试点各项工作作了更具体的要求。6月下旬，在和县召开现场会，推广和县改革试点的先进经验，加快推进其他县的试点进度。之后，又分别组织对和县、祁门、潜山等县的试点情况进行了调研和督查，并两次对各试点县工作进展情况进行通报。12月份召开专门会议对各试点县情况进行了总结。这项改革进一步理顺了县乡财政管理体制，规范了乡镇财政收支管理，强化了财政监督，遏制了乡镇财政供给人员和债务膨胀的势头，提高了财政资金使用效益。在12月份召开的全国财政工作会议上，安徽省专门作了经验交流，受到财政部的好评。

【完善所得税分享改革方案】一是加强协调和督查，确保现行体制平稳运行。通过召集国税、地税、人行国库等部门协调会，组织力量对体制运行情况进行调研，对所得税收入混库情况进行检查等方式，确保现行体制的平稳运行。二是重点监控税源大户，维护省财政利益。在协调组织好本级所得税入库的同时，对中央下划税源大户所得税进行重点监控，主动深入基层税务部门和企业了解情况，陆续明确和重申了安徽移动、合肥市商业银行、省信托合肥分公司、合肥昌河汽车、铜陵海螺等企业所得税的省市分享政策，重新界定了县级供电企业的征管部门，避免了国税、地税部门相互扯皮现象，有效避免了省市混库现象。三是制定新的所得税分享改革方案，理顺分配关系。本着“基本保证既得利益，力求统一规范、便于征管，建立科学合理的收入分配机制”的原则，通过深入调查、周密测算和认真分析，及时代省政府草拟了所得税收入分享改革新方案,省政府以皖政〔2003〕105号印发了该方案,对所得税分享范围、分享比例、收入征管以及收入基数等作了明确规定。

【支持抗击"非典"和抗洪救灾】面对突如其来的"非典"疫情和特大洪涝灾害,省财政厅采取了一系列措施:一是积极争取中央支持。疫情和灾情发生后,及时向财政部反映疫情灾情,数次为省政府及有关部门提供素材,着重要求中央财政在财政体制、灾情补助、灾后重建、行蓄洪区配套资金等方面予以支持,多次赴财政部汇报灾情,争取专项补助、转移支付和财力支持。二是统筹安排救灾资金。灾害发生后,及时准确地测算省级财力,合理调整支出结构,通过动支预备费及财政超收安排等渠道筹集抗灾、救灾资金。据统计,2002年省财政追加安排抗灾救灾资金2亿元、防治"非典"经费3000多万元、行蓄洪区运用补偿配套资金1.4亿元。三是认真做好灾情及抗灾救灾资金统计工作。7月份是灾情突发期,做到日报和隔日报;在抗灾工作取得阶段性胜利后,仍坚持周报和半月报制度。四是参与研究制定财政支持抗灾救灾的有关政策。研究制定安徽省部分受"非典"影响较大行业的税收优惠政策。为多渠道筹集救灾资金,体现"一方有难、八方支援"的精神,在对全省规费收入及预算外收入测算分析的基础上,为省政府草拟了有关文件,明确通过压减公用经费5%和省级行政性收费、预算外收入增加调剂5%等方式筹集资金,用于支持灾后重建。

(厅预算处供稿 杜志明执笔)

省级预算编制工作概述

2003年,省财政厅预算编制部门群策群力、锐意创新,将省级预算编制改革向纵深推进,省级预算编制质量有了进一步提高,财政统发工资项目和范围进一步扩大。

【省级预算编制模式基本建立】2003年省级预算编制逐步深入:一是继续提前预算编制时间。2004年省级预算编制的时间提前至3月份,同比提前了3个月,接近省级部门预算编制固定在省人代会闭幕一个月后开始进行的目标。二是进一步规范预算编制程序。明确"三上三下"的预算编制程序,并将其具体分解为5个阶段,每一阶段都明确了具体时点。三是试编全口径省级预算。2004年省级预算按全口径编制,各项收入和支出均纳入预算。凡当年已明确必须安排的支出,在财力可能的前提下,全部列入预算。四是完善定额支出标准。进一步扩大了基本支出预算定额管理的范围,对部门租赁费、网络运行费和物业管理费实行定额管理,进行公用经费综合定额试点,规范公检法部门的车辆燃修费定额标准等。五是强化项目支出预算管理。进一步完善项目支出滚动计划编制办法,对8个综合部门试编了3年项目滚动计划;正式启动项目支出预算评审论证工作。六是优化财政预算支出结构。清理压缩部门不合理的专项公用支出项目,基本取消对部门的各类培训补助、各类刊物补贴和干校的专项支出,提高行政单位相关综合定额;严格单位新增人员入库政策。七是进一步细化预算。通过改进和完善软件功能,更加准确地计算和编制人员支出和定额公用支出,对专项公用支出和项目支出细化到具体的支出项目和实施单位,属于补助市县的细化到市、县;基金预算收入和支出都编报到具体的收入和支出项目;基本建设支出、企业挖改资金和科技三项费用项目预算细化工作明显加强,其中科技三项费用已细化到具体使用单位和项目;省级预算草案编制到项。八是完善政府采购预算。按照《政府采购法》和安徽省省级集中采购目录的有关规定,对应纳入政府采购预算的,均要求编制和完善政府采购预算。2004年省级政府采购预算2.75亿元,比2003年增加0.8亿元。九是加强预算收入的审核。对部门编报预算收入增减情况进行对比分析,尽量使部门编报的预算收入科学、准确。

【预算编制基础工作扎实细化】一是更新和完善省级部门预算基础信息库。改进了《省级部门预算基础信息库管理系统(财政版)》的相应功能模块,开发了《省级部门预算基础信息库管理系统(单位版)》,实现部门预算基础信息库数据与财部门预算管理系统数据的对接;补充、完善基础信息统计报表的相关内容;组织了100多个部门、200多名财会人员的技术培训。通过努力,2004年省级部门预算基础信息填报范围扩大到省级供给的124个一级预算单位、1280个基本预算单位、近18万人(包括所有垂直系统、上划下划单位、农垦水利和"两劳"包干单位)。二是建立预算编制政策库。研究制定了《关于加强和改进省级预算工作有关问题的通知》等一系列预算编审制度和《省直部门试行物业管理费定额管理》等内部审核办法。整理、编印了《预算编审法规政策选编》。三是制定了《安徽省省直部门预算编制工作考核评比办法(试行)》,开展部门预算编制工作考核评比活动。四是加强对内对外的沟通和协调。加强与部门的联系,深入部门调查研究,熟悉情况,及时向部门反馈预算编制和审核中发现的问题和解决办法;走出去向兄弟省市学习、考察先进的预算编制和工资统发经验;深入市县调研,学习先进的工作经验,推进预算编制工作。

【财政统发工资工作全面推进】一是积极扩大财政统发工资范围和内容。已将工资统发范围进一步延伸到省直二级行政单位、比照公务员管理的事业单位和监狱劳教单位。同时,还增加了财政统发工资内容,通信补贴已纳入统发范围。到2003年底,纳入省级财政统发工资的行政事业单位116个,参加统发工资人数13855人,月统发工资额2226.6万元。二是摸索监狱、劳教单位开展财政统发工资试点方法。通过调研和协商,采取双轨运行的办法,从操作上解决了监狱、劳教单位财政统发工资问题,并完成了监狱、劳教在肥试点单位的工资统发工作。三是积极寻找省以下垂直管理单位和高校财政统发工资路子。一方面,赴外省考察学习兄弟省市成功的经验和运作方法,另一方面,到省以下垂直管理单位和部分高校进行调研,摸清情况,协调解决方案。四是实现财政部门统发工资数据与人事部门的人事工资数据库的对接,保证了数据传输的安全。

(厅预算编制办公室供稿　虞建斌执笔)

财政国库工作概述

2003年,省财政厅国库部门紧紧围绕全省财政中心工作,以继续深化和推进财政国库管理制度改革为重点,以进一步提高预算执行水平和效率为目标,锐意进取,扎实工作,圆满地完成了各项工作任务。

【推动国库管理制度改革深化】一是在国库管理制度改革试点的基础上,认真总结经验,努力改进方法,精心做好准备工作,加快财政国库管理制度改革的步伐。截至2003年10月,将省直所有预算部门和单位全面纳入财政国库集中支付范围,是目前全国仅有的两个省份之一。二是通过建立各市改革进展情况定期上报制度,采取出通报、发信息、制定相关制度和办法等有效措施,多管齐下,指导和督促各市加快改革步伐。2003年,市级纳入财政国库集中支付的预算单位占全部预算单位的比例达到91%,远远超过70%比例的目标要求。其中,蚌埠、宿州、淮南、合肥、铜陵、黄山、淮北、六安等8个市所有预算部门和单位全部纳入财政国库集中支付范围。三是与国库支付中心共同配合厅计算中心,研究开发应用了网上审批、支付系统软件,首批选择了7个部门及所属55个预算单位实行网上审批、支付的试点,降低了运行成本,提高了资金支付效率。四是为保证改革按照既定的规范化目标向前推进,深入研究解决国库集中支付改革过程中出现的新情况、新问题,通过制定、修改、完善相关制度和办法,理顺了关系,规范了程序,提高了效率,加强了管理,为改革的进一步深化和顺利推进提供了制度保障。

【不断提高财政国库管理水平】一是合理安排资金调度。对工资、救灾、防治"非典"、社保、中小学危房改造等资金采取分类专项调度的做法,确保专款专用。在资金调度过程中打破常规,本着急事急办、特事特办的原则,特别是在防治"非典"和防汛救灾期间,迅速调度资金,做到随到随拨,保证资金及时到位。二是规范强化基础工作。建立健全制度,规范业务操作。随着财政国库管理制度改革的实施,预算收支执行过程的各个环节以及总会计账务核算程序等都发生了较大变化,适应改革需要,建立了财政国库内部、财政与国库、财政与预算单位、国库与代理银行间资金结算和定期对账制度。加强预算指标、用款计划申请、实际拨付资金之间的数字衔接,进一步理顺和规范了资金运行程序和业务工作流程,保证了总预算会计核算的科学、严谨、及时、准确。三是进一步改进和完善决算编审的程序和方法,认真做好财政收支旬、月报表数据汇总统计和财政决算、结算工作,为领导决策提供可靠的信息资料。2003年向财政部报送了《与时俱进 开拓创新》的材料专辑,并在全国财政决算工作会议上作典型经验发言,受到财政部通报表彰。在全国财政总决算工作评比中,连续18年荣获财政部表彰奖励。四是继续加强省级预算外资金管理,强化收缴分离,规范收支行为,督促有关部门将纳入预算内管理的行政事业性收费收入及时由预算外转入预算内管理;做好省级预算外资金财政专户的收入、拨付、对账及账务处理工作。五是认真做好国债转贷资金工作。在保障资金的安全方面,认真履行与相关市政府签定协议,对省属企业则要求必须有其主管部门或信誉好的企业作为担保,以最大限度地减少国债转贷资金风险;在保障数字准确方面,认真与中央财政、与市财政核对每一笔进出项目资金，逐项核对了1998年以来的所有国债转贷项目和资金数额，与财政部签定了《1998－2002年国债转贷协议》，并及时计算每一笔到时点的利息，确保数字的准确无误。在保障还本付息方面，加大对各市和有关部门转贷利息的催收力度，通过有关会议、发通知以及电话等多种形式督促按时还本付息，保障了应付财政部全部转贷利息的及时支付，维护了省财政的信誉。六是积极清理债权债务。及早做好挂账到期财政周转金的回收工作，加大对借出款项的到期回收力度，在综合分析考虑各县财力、借款数额、还款能力等因素基础上，合理确定各县分年还款数额，将省级历年投放到市县的周转金回收工作落实到实处，保证了财政资金的安全。对历年投放到省直单位的周转金，按照厅党组的意见，将债权进行认真清理造册后，移交给省财政厅经济开发处。积极协助清理回收、代扣各专项借款和各暂付款项，并通过法律诉讼收回财政资金1000多万元。七是积极协助配合厅监督检查局从2003年7月至11月中旬，共同组织开展了对省直行政事业单位银行账户清理整顿工作。制定了《安徽省省级预算单位银行账户管理暂行办法》。

【加强财政国库队伍自身建设】一是强化服务意识，注意工作方法，做到树立良好形象从每件小事做起。二是增强责任意识，明确工作规程。建立了内部审核监督制度，牢固树立了“国库工作无小事”的观念。三是加强理论学习，提高自身素质。严格自律，廉洁奉公，防微杜渐，警钟长鸣。

（厅国库处供稿　田　丰执笔）

行政财务管理工作概述

2003年，省财政厅行政财务管理部门按照公共财政和效益财政建设的要求，加大支出管理力度，积极稳妥、扎扎实实地开展各项工作，并取得了一定成效。

【强化省直行政财务管理】一是认真清理用公款为个人购买商业保险。根据省纪委三次全会统一部署，为进一步促进党风廉政建设，规范领导干部和工作人员廉洁从政行为，严肃财经纪律，强化财政资金管理，省财政厅会同省监察厅联合下发了《关于开展清理党政机关、事业单位用公款为个人购买商业保险工作的通知》和《关于禁止行政事业单位用公款为个人购买商业保险的通知》。同时，会同省纪委、省监察厅分别对全省清理工作和贯彻情况进行了督促检查。通过检查，共清理全省用公款为个人购买商业保险8259万元，涉及58142人，通过采取个人买断和单位退保等形式，收回资金6911万元。二是及时出台招待费管理办法。为从源头上解决公款大吃大喝问题，进一步完善招待费支出管理制度。在广泛征求意见的基础上，省财政厅印发了《省直机关事业单位招待费管理暂行办法》。办法明确了审批程序和开支标准，规定了公务接待实行实名登记和“三单合一”(呈批单、菜单、发票)。这项改革既是加强财政管理的有效措施，更是党风廉政建设的治本之策。财政部、国务院机关事务管理局充分肯定了安徽省的做法。据不完全统计，《办法》下发后，全省各地各部门招待费较2002年同期下降了10%左右。

【完善省直机关车辆统保】2003年是省直机关新一轮公务车辆保险的起始年，也是车险有关政策实行重大调整和改革的第一年。为进一步规范车辆保险工作，堵塞漏洞，厉行节约，减少浪费，省财政厅深入保险监管部门、保险公司以及省直有关单位，认真研究新的车险政策，了解各家公司资本情况、企业信誉、偿付能力以及后续服务等；经过认真的调查研究和详细测算，并通过招标确定了新一轮省直单位车辆保险承保单位，以较低的保费投入取得了较高的保险效益。

【支持招商会展经济活动】为了充分展示全省经济和社会事业的发展成果，2003年，省政府先后组团参加了沈阳制博会、成都西博会、厦门交易会以及赴日、韩招商等活动。为保障这些活动的顺利进行，省财政厅在强化服务意识的同时，把工作重点放在对参展、招商活动经费的审核上，实行了事前、事中、事后的全方位跟踪问效。对省政府确定的各项活动，省财政厅主动会同有关单位，与组委会、会展中心以及宾馆饭店进行沟通、商谈，并精心筹划安排代表团各项活动。同时，对于各类招商、会展活动所需的场馆装修、装饰凡能纳入政府采购的，一律纳入政府采购范围，既充分展现安徽省经济发展水平，又节约了财政资金。

【管好用好出国经费及外汇】省财政厅按照“明确范围、分类供给、保证重点”的原则，严格出国经费和外汇的管理，对超范围、超标准的费用一律不予核拨；对出国团组的国际机票礼品继续实行了定点采购、择优选择、直接结算的办法。针对省少数出国(境)团组经费管理混乱，特别是组团收费不规范的行为,经过充分的调查研究,5月,省财政厅制发了《关于因公临时出国(境)团组收费实行预算审核制度的通知》,明确要求出国团组的城市间交通费、境外活动经费、培训费等费用的收费,必须进行事先审核,对未经财政审核的团组,省外事部门不予办理出国批件等手续,做到了经费管理与外事审批的有机结合和双向控制。

【加强旅游财政资金管理】一是调整旅游资金投入结构。2003年,省财政安排各类旅游发展专项资金2560万元,重点扶持了全省旅游规划、宣传促销、景区景点建设以及旅游商品开发等。二是规范旅游专项资金管理。根据形势变化的需要,会同有关部门修订了《安徽省旅游发展专项资金管理暂行办法》,在资金使用范围和投向、项目的审批程序以及对资金的监督检查等方面做了重大修改,为规范资金管理奠定了基础。同时,先后多次对省财政扶持的旅游项目进行重点检查和验收,提高了资金使用效益。三是加强旅游调研,积极为旅游经济服务。为了解和掌握省旅游业遭受"非典"影响情况,省财政厅会同有关部门,深入到省直旅游企业开展专项调研,详细了解这些企业遭受"非典"的影响程度,并就如何把"非典"对旅游业影响降到最小程度、尽快恢复正常经营与各企业进行了全面分析,并研究提出了有关政策、建议和意见。

【支持选派干部到村任职】2003年,根据省选派办的统一部署,省财政厅先后两次派人赴宣城、安庆两市开展专题调研活动,既了解了选派干部在带好班子、发展经济、办好实事等方面开展的工作,也掌握了选派工作有关经费的使用情况。并针对选派工作存在的问题,结合实际,提出了许多好的建议和意见,不仅受到省选派工作联席会议办公室的好评,而且有些建议和意见还被省委办公厅下发的《关于做好选派第二批年轻党员干部到村任职工作的通知》所采纳。

(厅行政处供稿　洪　军执笔)

政法财务管理工作概述

2003年,省财政厅政法财务管理部门紧紧围绕全省财政工作的目标任务,加强协作与配合,切实履行职责,加强监管,努力做好服务和保障工作,各方面都取得了一定的成绩。2003年度,荣获全国"严打"整治斗争先进集体称号。

【严格执行政法财政预算】按照省人代会批准的预算,认真履行职责,在实际工作中严格把关,强化预算执行的管理。按照批复的预算,及时拨付资金、安排项目实施,以保证部门和单位的需要;对执行中出现的问题,及时与有关部门协商,进行调整和改进。对交警系统预算编制等问题,在2004年预算编制中提出了改进建议。

【强化"收支两条线"管理】一是抓住征管工作的重点。2003年省级政法(执法)部门非税收入预算10.2亿元。全国范围内突如其来的"非典"疫情和淮河流域的特大洪涝灾害,对组织收入造成了不利影响。厅政法处多次赴基层执收、执罚单位进行调研,要求有关部门严格按照国家规定,加大市场整顿和道路专项整治的力度,依法组织收入;要求基层单位规范资金缴库渠道,防止和纠正票据混用、收入混库的现象;坚持收入月报制度,搞好动态分析。二是加大征管力度,做到应收尽收。要求工商、交警等部门对管理对象实行定期排查,及时建档和跟踪管理,有效提高收入的征缴率。三是改革征管方式,提高工作效率。首先是变静态管理为动态管理,及时掌握管理对象变化情况,增强工作的针对性和有效性。其次,变单一分工为综合治理,提高工作效率。通过努力,有关单位全年共组织非税收入10.7亿元,超过年初收入计划5300多万元,为全省财政增收做出了积极的贡献。

【加强政法专项资金管理】一是继续加强中央政法补助专款的管理。与政法部门协商,根据省政法部门事业发展规划,本着解决基层单位最急需的办案设备及技术场所的原则,共同搞好项目调整。抓好地方配套资金的落实,确保项目如期实施。进一步规范采购行为和售后服务工作,确保各项装备器材能够较好地发挥效益。在抓好一期项目实施同时,积极做好2004—2006年中央政法补助专款项目规划的编报工作。在全国政法专款管理工作会议以后,按照财政部的要求落实了二期项目地方配套资金;召开了全省中央政法补助专款项目管理工作会议;对省一期项目管理工作进行了总结表彰,对二期项目规划的编制工作做了布置。按时间和编报要求将2004—2006年二期专款项目规划上报到财政部。二是做好全省消防特勤装备专款建设工作。2003年,省政府研究决定,省财政连续4年每年安排1500万元,省、市按1∶2比例筹资,全省共投入2.1亿元用于公安消防特勤装备建设。根据各地上报的建设方案,会同省公安厅消防总队按照省政府确定的"以市为主、适当补助,普遍建设,有先有后,突出重点、合理布局、逐年落实、分步实施"的原则,确定了全省消防特勤装备建设资金安排方案和项目实施计划。精心组织实施、确保装备质量,大部分装备和器材已于2003年底前完成采购工作。

【实施政法部门设备共建】按照资源共享、设备共建和公共财政的要求,实施全省政法信息通信专网一期工程建设。积极筹集建设资金,并与省政法部门多次协商,共同解决专网建设中的一系列困难和矛盾。截至2003年底,全省政法信息通信专网电路租赁和试点单位网络建设工程全部完工。省级中心站与省政法委和检察院、法院、司法厅、安全厅之间的线路已全部连接开通,数据、语音、图像的功能可以实现。省中心站与芜湖市、芜湖县中心站,省主管部门与芜湖市、芜湖县对口单位之间的线路连接畅通,为提高全省政法系统协同作战能力和现代侦破水平,奠定了坚实的基础。

【发挥财政调控职能作用】一是省财政从交警系统适当集中调控部分资金,规定从2003年起,省财政对全省交警系统上缴省级管理的行政性收费,以2002年收入为基数,基数内部分按实际入库数集中调剂8%,超基数部分集中调控25%,由省财政用于对政法系统的专项补助。二是改革收支预算的编制及申报办法,让市县财政参与交警经费的管理。从2004年起,县级交警部门的预算由公安、财政部门联合上报上一级主管部门。市公安、财政部门联合上报的预算,由省交警总队进行审核汇总后报送省财政厅。省财政厅在向省交警总队批复预算时,分别抄送市级财政部门。同时,市级财政部门汇总市县两级财政安排的交警部门预算报省财政厅,以便于各级财政部门合理编制预算,加强对交警部门财务收支的监管。三是改革资金拨付方式。从2003年起,全省交警系统纳入省国库支付中心实行集中支付。年终,省财政厅将实际执行情况通知市级财政部门,以便加强监督。通过上述改革,进一步理顺了全省交警系统的财务管理体制,规范了全省交警系统的财务行为,增强了省财政的调控能力。

【解决政法部门突出问题】省财政厅政法财务管理部门根据政法部门存在的突出困难和问题,在进行调研的基础上,多次与有关部门进行协商,提出了解决问题的方案。如公安厅办公楼的维修,安全厅直属局的基建缺口、干警特贴、三大工程的地方配套资金问题,省法院综合楼的配套设施,省检察院机关的生活设施建设,全省基层检察院政法专款配套资金问题,全省基层司法所建设补助,以及省军区有关军事项目的维修费用等,都得到妥善解决,满足了政法部门的工作和任务要求。

【做好基层单位财务管理】一是深入基层调研,了解监管和监狱企业发展中的困难与问题,帮助监狱、劳教单位寻找改革和发展的出路。二是积极争取资金,支持监狱、劳教事业发展。加强与财政部的联系,主动汇报开展监狱、劳教单位财务管理工作的思路和措施,以及监狱、劳教单位存在的困难和问题,争取上级的理解和支持;积极争取安徽省作为全国监狱布局调整重点省份。淮河流域发生特大洪涝灾害、白湖监狱东大圩蓄洪后,帮助省监狱管理局筹集、调度资金,同时主动了解蓄洪区受灾情况,积极向有关部门争取灾后重建资金。三是加强对专项资金的管理和监督。与省监狱管理局共同制定了项目实施方案,动态了解项目实施情况,严格按项目进度拨付资金,提高了财政资金的使用效益。四是开展省直劳教系统的资产划分工作。根据《劳动教养试行办法》以及国家对国有资产管理的有关规定,对省直劳教所资产进行了科学、准确的划分。

(厅政法处供稿　汪小俊供稿)

教科文财务管理工作概述

2003年,省财政厅教科文财务管理部门按照全省财政工作和财政部教科文财务工作的总体部署,调整工作思路,强化服务意识,提高管理水平,着力推进教科文事业发展。

【全力支持农村义务教育】一是继续抓好农村中小学危改。2003年投入危改和灾后重建资金6亿元。近3年来,全省各级财政投入危改专项资金20多亿元,其中,省财政下拨13亿元,共改造校舍面积560万平方米,消除D级危房458万平方米。2003年,沿淮9市中小学校舍受灾后,会同省教育厅立即组织22个核灾工作组,对重点受灾县区进行抽查,确定了全面恢复建设倒塌校舍的目标。为抓好项目进度和质量管理,会同省教育厅联合召开校舍水毁恢复建设项目资金管理工作会议,分别与24个重点受灾县市区及所在市政府签订责任状,落实市县在中小学水毁恢复建设项目上的管理任务。严格核实中小学水毁校舍面积,对危房鉴定工作,采取校长、乡镇长、县长和市危改办主任层层签字。建立资金项目安排公示制度。对各地危改资金拨付和工程实施进度进行跟踪。二是努力改善中小学办学条件。积极争取中央财政改善中小学办学条件专项资金3400万元。支持全省改善办学条件的中小学共196所,项目学校中的学生数达26.4万人,其中县以下学校158所,占项目学校总数的81%。会同省教育厅确定农村初中年生均公用经费基本标准为205元,农村小学年生均公用经费基本标准为150元。专门安排重点山区县公用经费,以确保农村中小学基本运转。三是积极推动寄宿制学校的建设。争取中央寄宿制学校改造专项资金2600万元。共支持寄宿制改造专项资金项目学校34所,项目学校中学生数达68305人。四是积极做好贫困地区学生助学工作。对到2000年底尚未实现"普九"县中的家庭经济困难的部分农村中小学生,以及特殊教育学校的全部中小学生,免费提供教科书。五是采取措施,推进农村中小学教师与县直公务员地方津补贴发放标准的统一。确定以县为单位统一中小学教师的工资和地方津补贴发放标准的具体方案,明确确保中小学教师工资发放的范围为中小学编制内在册在岗的国家正式教职工、离退休人员国家统一规定的工资和津补贴(包括国家增资部分,以下同)。明确中小学教师工资地方津补贴发放的范围,由县级人民政府根据地方财力确定,以县为单位进行统一。2003年,全省近60个县做到了统一,将农村中小学教师工资的保障水平又推进一步。六是推动教育支出改革,加强中小学教职工编制管理。按照省政府的要求,积极配合有关部门,推动以撤销乡镇教办室为核心的完善农村义务教育体制工作。全面开展中小学教职工编制核定工作,严格按照省政府提出精减教职工3.6%的原则,会同省编制办对51个县教职工编制方案进行审核。

【大力做好高教投入管理】一是积极做好高校建设性贷款的财政贴息工作。2003年省属28所高校共发生建设性贷款17.4亿元,省财政贴付利息资金5000万元。从2001年起实施建设性贷款工程以来,省财政已投入贴息资金12272万元,为高校提供了20多亿元的建设资金,有力地促进了安徽高校的快速发展。二是切实做好国家助学贷款财政贴息工作。2003年全省高校国家助学贷款学生人数21094人,贷款金额8714万元,省财政共贴付助学贷款利息218万元,财政贴息助学贷款的实施为高校贫困学生顺利完成学业创造了良好的条件。争取中央财政支持国家奖学金343万元。三是积极推动中央与地方共建高校的建设。争取中央财政2300万元的专项资金支持。自中央与地方实施高校共建以来,省4所共建高校计投资项目支出7210万元,其中中央财政安排共建高校专项资金5000万元。四是全面启动安大"211"二期工程。五是完善公共支出改革下的省属高校预算管理制度。探索省属高校的国库集中支付办法、按学生综合定额编制预算的办法、实行工资统发。积极推进省属高校政府采购预算。六是积极倡导举办二级学院,首批确定在10所重点院校举办二级学院。七是调整高校师范专业奖学金发放办法,改逐年发放为毕业后一次性发放。八是重视对职业教育的研究和投入。2003年职业教育的经费预算增长得到落实,由2002年800万元增加到1100万元。争取中央职业教育专款330万元,重点支持国家级示范职业学校的建设。

【努力做好科技财务管理】一是继续推进省属开发类科研院所改革。在前期完善宏观改革政策的基础上,对科研院所的资产进行确认、评估和处置。截至2003年底,19家转制科研单位中,省财政已批复14家的资产处置方案,其中有1家已完成工商企业登记注册,13家已进行到股权设置阶段。二是强化科技三项费用的管理。加强创新与产业化建设,培育一批重大科技产业化项目。2003年,集中了过半数的投入1669万元(占55%)。以科技三项费用为引导,促进创新基地与环境建设,2003年投入经费660万元,使科技三项费用由传统的单纯投向项目,逐步开始投向科技创新环境与能力建设上。三是支持高新技术产业发展。推动科技企业孵化器建设,扶持高新技术企业发展。加大重大高新技术产业化项目、重点科技专项和攻关项目的支持与实施力度。四是加强科研条件平台建设。加强省级重点实验室建设,为创新研究和人才培养提供平台,2003年安排经费220万元,专项用于重点实验室建设。2003年,全省共有重点实验室23个,其中国家实验室1个,国家重点实验室1个,国家重点实验室专业点1个;部属重点实验室16个(其中省部共建实验室4个),省级重点实验室4个。重点实验室依托单位14个,其中高校4个、科研院所10个。依法管理实验动物,促进实验动物科学水平提高。推动科学仪器协作共用,促进资源共享。主要通过开展大型精密仪器调研,对高等院校、科研机构、大型厂矿企业、检测机构拥有的大型科学仪器进行普查,修订《大型精密仪器协作共用手册》,同时建立大型精密仪器的维修队伍。

【着力做好文体财务管理】一是继续加大对文化事业的投入。2003年省级财政文化事业经费年初预算5800万元,比2002年增加500多万元,增长9.8%。集中财力,继续强化对重点项目的扶持。财政多方筹措2000万元专项用于省图书新馆内部设施和设备购置。支持省杂技团参加意大利拉帝那国际马戏节杂技比赛,《空中秋千》和《抖杠》两个节目分获金奖和银奖。大力支持《孔雀东南飞》剧目,该剧在"中国第八届戏剧节"上获得优秀导演奖等六项大奖。支持省电视台和中央电视台投资拍摄大型电视连续剧《新四军》,2003年该剧已在中央台一套播出,取得了良好的社会效益和经济效益。继续支持基层文化建设,以"杜鹃花工程"专项资金为调控手段,将县市、乡镇的基层文化工作扎实向前推进。2003年,全省已建成"杜鹃花工程"省级示范点140个,市、县级360个。对农村16毫米电影拷贝实施专项补贴,推动全省"2131"工程建设取得了初步的成效。推进剧团改革,对离退休人员工资,财政将全额解决,对在职人员以现有编制内实有在职人数扣除符合条件即将退休人员为基数,将供给标准由60%提高到80%。为进一步支持宣传文化事业的发展,结合2002年所得税收入分享改革办法实施后的新情况,2003年宣传文化发展专项资金的安排实行在上年的基础上增加6%,并列入财政预算,此举受到了省委宣传部的肯定。二是支持文物事业发展。配合省文物局,积极争取国家补助安徽省重点文物保护经费1060万元,同比增长9%。同时,省财政还专门安排文物救灾经费200万元,用于水毁文物的修复。三是支持文联事业发展。省财政安排专项资金100万元,支持文联顺利召开第四届代表大会,支持文联专业协会成功地进行了换届工作,调动了各专业协会的积极性。支持省文联成功举办了"第三届中国油画展"及中国著名书法家"咏黄山"书法精品邀请展。四是支持体育事业发展。进一步调整体育经费的支出结构,增加体育基础设施和训练比赛两方面的经费近200万元。安排800万元用于省备战全国十运会。追加体育事业费80万元支持水上运动基地的搬迁。

【鼎力支持计生广播事业】一是支持计生事业发展。2003年省财政在年初预算增加1000万元计生事业费的基础上,又于年底追加计生事业费500万元。会同省计生委争取中央计划生育事业费专项补助资金2830万元。六是支持广电事业发展。二是积极推进广播局直属事业单位人事制度改革。针对省广播局直属事业单位的用人特点,与省人事厅、广电局反复研究,决定在省直属单位全面实行人事制度改革,并实行以工资总额包干为主的预算改革,进而促使电视台、广播电台等单位全面实行人员聘用制,做到以岗定薪,促进事业发展。

(厅教科文处供稿　刘明刚执笔)

经济建设财务管理工作概述

2003年,省财政厅经济建设财务管理部门狠抓粮补改革,狠抓制度建设,圆满地完成了各项工作。

【实施粮补改革,促进农业发展】从2003年6月起,在全省范围内全面进行了粮食补贴方式改革试点。一是精心设计,制定方案。经过仔细测算,反复论证,在广泛征求意见的基础上,制定了《安徽省扩大粮食补贴方式改革试点方案》。主要内容是"两放开、一调整"。二是宣传发动,分步实施。省粮补改革办公室制定了《全省扩大粮食补贴方式改革试点宣传提纲》,印制了1400万份《致全省广大农民朋友的一封信》,并发放到每个农户手中。编发了59期《粮补改革工作简报》,及时通报各地改革工作进展情况。2003年全省6.14亿元补贴资金已全部发放完毕。三是监督检查,确保发放。为确保粮补改革政策得到全面贯彻落实,代拟了《关于严肃粮食补贴方式改革试点工作纪律的通知》报省委办公厅印发,严格要求各地切实做到"五个到户"(即政策宣传到户、清册编制到户、张榜公布到户、通知发放到户、资金兑付到户);严格做到"六个不准"即不准擅自改动补贴标准和补贴通知书的数额、不准擅自以补贴抵扣当年农业税及附加以外的任何款项、不准截留挤占和挪用补贴资金、不准由村集体代领补贴、不准拖延补贴兑付时间、不准以任何理由借机增加农民负担)。同时,还在准确把握政策界限,确保各项改革措施执行到位,严禁弄虚作假等方面提出了明确的纪律要求,建立了严格的责任追究制。四是结合实际,抓好配套。采取措施防止出现"卖粮难",保证收购资金供应。全面推动企业改革,妥善处理"老粮、老账",增强调控能力。通过粮补改革取得初步成效:增加了农民收入,调动了农民种粮积极性,推动了粮食产业化,激活了粮食购销市场,促进了国有粮食企业改革,提高了财政资金使用效率。

【建立规章制度,强化资金管理】随着公共支出改革的全面推进,一些原有规章制度急需修订完善,新设立资金的管理规章需要及时建立。为此,建立和完善了一系列规章制度。通过调查研究、充分酝酿、主动协商,先后制发了《安徽省县域重点工业园区财政贴息资金管理办法》、《安徽省企业挖潜改造资金管理暂行办法》、《对农民粮食直补资金管理暂行办法》、《小城镇建设专项资金管理办法》、《安徽省排污费资金收缴使用管理若干意见的通知》、《安徽省行蓄洪区移民迁建资金管理办法》、《安徽省矿产资源补偿费使用规定》、《中央补助地方地质勘查项目申报管理暂行规定》、《矿产资源补偿费项目补助经费申报管理暂行规定》、《关于加强新型墙体材料专项基金管理的通知》、《关于环保部门实行"收支两条线"管理后经费安排的实施意见》等。同时,先后开展了以对制度执行情况为主的督查活动。如对农民粮食直补资金发放执行情况监督检查;排污费征收使用管理情况监督检查;皖北发展专项资金使用管理情况督查等。

【加强基建管理,提高使用效益】2003年,基建支出预算40亿元,其中中央财政补助32亿元(含国债资金25.8亿元),全年共拨付(含下预算指标)基建资金约32亿元。为切实加强基建资金管理,坚持做到:及时拨付资金;加强检查监督,及时了解资金使用情况,以确保资金专款专用;开展竣工决算审查,全年审核资金56544万元,核减资金5165万元,提高了资金使用效益。

【加大投入力度,促进经济发展】2003年共拨付建设性专项资金总计66.09亿元(不含部门人员经费和部门公用性专项支出),有力地支持了全省经济建设和社会事业的发展。一是支持企业技术改造和技术创新。2003年,争取国家国债技改专项资金23746万元,共有18个项目列入国债技改计划,其中国债补助资金和转贷资金各占50%。争取财政部技术成果产业化专项资金950万元。同时,利用省财政安排的7500万元企业挖改资金,支持了87户企业的技术改造和结构调整项目。二是支持县域经济发展。为加快县域经济发展,支持县域重点工业园区建设,省财政从2003年起每年拿出2000万元,专项用于支持工业园区基础设施贴息。为切实搞好此专项资金管理,制发了工业园区贴息资金管理办法,会同省计委联合下达贴息资金,加快开发区和工业园区基础设施建设,促进了县域经济发展。三是支持皖北经济发展。皖北发展专项资金是专项用于支持皖北地区经济发展和财源建设的资金,与省计委联合组织项目评审、论证,联合下达了贴息计划,及时下拨贴息资金。据统计,2003年安排的69个项目中,带动银行贷款12.2亿元,从而加快了项目进程。一些项目的竣工投产,培植了财源,直接增强了皖北地区的经济实力。四是支持小城镇建设。2003年,省财政安排2000万元,扶持63个中心建制镇的城镇建设,并安排670万元用于小城镇的水厂、环卫设施建设补助。同时,争取中央专项资金800万元投入小城镇建设。财政资金的投入,带动社会各方面对小城镇建设投入资金92亿元,大大推动了全省城镇化战略的实施,带动了乡镇企业发展。五是支持环保事业。2003年,审批了76个环保项目,下拨省级环保资金2000万元、排污费支出1200万元,引导环保项目社会投资1.4亿元。财政资金的支持,有力地支持了环境在线监测系统、巢湖和淮河水源保护等项目的实施,改善了经济发展和人民生活环境,促进经济社会协调发展。六是支持资源开发利用。2003年,共争取项目24个,中央补助资金6034万元。其中,地质勘查项目870万元、矿产资源保护项目640万元、土地开发整理项目4524万元。另外,省级安排土地复垦项目4个,资金260万元;地质灾害治理项目3个,资金150万元;配套安排国土资源大调查项目资金300万元。为进一步探明国家紧缺矿种的储量,实现安徽省土地资源的总量平衡,提供了资金来源,同时支持了地方经济的发展。七是支持第三产业发展。2003年,省财政安排2000万元,扶持175个三产项目,培育了一批有影响的专业市场和服务企业(品牌),有力地推动了全省第三产业的发展。八是支持交通基础设施建设。2003年,拨付交通建设资金17.6亿元。其中拨付省公路局公路养路费12.7亿元,完成年度计划约94%;拨付省交通厅客货运附加费4.9亿元,完成年度计划约83%。交通基础设施建设已完成投资126亿元,占年度计划的96%,投资比上年增长16%。其中7500公里国债项目,8000公里省级县乡通达项目已经规划实施动工。九是支持"生态安徽"、"信用安徽"和"数字安徽"建设。"信用安徽"被国家列为全国5个示范省之一,"生态安徽"被国家列为全国7个试点省之一。

【争取中央支持,筹集建设资金】经过积极争取,2003年中央下达安徽省的各类建设性专项资金总额达49.53亿元。其中,国债资金25.8亿元、预算内基建资金6.2亿元,投资涉及农业、林业、环保、水利、交通、城市基础设施、技改、公检法司、教育、公共卫生、文化、口岸、边检等12个方面;粮食资金15.33亿元(包括粮食直补资金借款5亿元);国家级开发区基础设施建设贷款贴息资金1880万元;国土资源资金9457万元;矿产资源资金2333万元;产业技术成果转化项目资金950万元;科技三项费用600万元。另外,中央还下达安徽省三产补助资金3100万元、公路水毁修复补助资金400万元、环保专项资金256万元、老旧汽车报废补贴1692万元、质量技术监督专项补助资金1159万元、其他各项资金178万元。国家资金的倾斜支持,有效地缓解了安徽省经济建设资金紧张的状况。

【做好收入征缴,完成预算任务】2003年,省财政经济建设财务管理部门实现财政收入20.87亿元,超收1165万元,完成年度预算的100.6%。其中,排污费收入完成1200万元,超收450万元,完成年度预算的160%;国土资源部门收费收入完成13250万元,超收6650万元,完成年度预算的199.3%;质量技术监督部门罚没收入完成5900万元,超收600万元,完成年度预算的121%;物价部门完成2100万元,超收1100万元,完成年度预算的210%;养路费收入完成14.3亿元,完成年度预算的95%,客货运附加费收入完成4.85亿元,完成年度预算的97%(交通规费收入比预算少收8500万元,是受"非典"时期国家对三产等行业出台了一些减收政策的影响)。

(厅经济建设处供稿 周 远执笔)

农业财务管理工作概述

2003年,省财政厅农业财政管理部门围绕全省农业、农村发展目标,积极实践财政支农新思路,大力推进农业财政改革,积极完善财政支农措施,积极服务事关农业、农村、财政改革和发展大局的各项中心工作,推进农业财政工作再上新台阶。

【全力以赴服务抗洪抢险救灾】2003年,安徽省淮河、滁河、西河流域发生了1954年以来的最大洪水。面对罕见的灾情,农业处从抗洪抢险大局出发,以服务防汛抢险为工作重心,服从全厅工作安排,统一思想,协调行动,全力以赴服务、支持抗洪救灾。紧急防汛期间,根据省防汛指挥部的统一部署,由项仕安副厅长带队,赴财政厅防汛责任段同马大堤,实地察看防汛工程建设、险工险段和防汛责任制落实情况,督促当地做好防大汛、抗大洪准备工作。在淮河流域抗洪抢险紧急关头,按照省政府领导的要求和省防汛指挥部的统一部署,参加暗访组,赴淮河流域险工险段暗访督察抗洪抢险工作。日常工作中,对涉及抗洪抢险的文书处理,打破常规,特事特办、急事急办,努力加快文书传阅和办理速度。为了管好用好中央和省特大防汛资金,使其发挥更大的经济效益和社会效益,下发了紧急通知,要求各级财政部门和水利部门加强资金管理;坚持"突出重点,用在急处,用出效益"的原则;严格按照规定程序分配资金;及时拨付资金;组织抗洪救灾和水毁水利工程项目的实施;确保资金落实到具体项目,确保使用特大防汛经费的单位专款专用,不得以任何理由截留、挤占、挪用,确保资金安全有效运行,为全省抗洪抢险救灾工作提供有力的资金保障。同时,积极做好行蓄洪区运用居民财产损失补偿工作(此项工作另有专项概述)。

【实施农民专业合作组织试点】为了推动农村基层组织制度创新,提高农民组织化程度,中央财政从2003年开始,选择部分省开展财政支持农民专业合作组织试点。省财政及时按照财政部的工作部署,优选申报全省农民专业合作组织试点项目,选报的农民专业合作组织试点项目受到财政部农业司和项目专家的一致好评。阜南等6个县被确定为中央财政支持农民专业合作组织试点单位,争取中央财政扶持资金130万元。

【积极开展油菜良种直补试点】为了探索财政支农新途径,提高油菜产业竞争力,增加对农民的直接补贴,从2003年开始,在全省油菜主产区霍邱、望江、郎溪、含山、居巢、全椒6个县(区)开展"双低"油菜良种补贴试点。省财政调剂安排405万元,对90万亩"双低"油菜实施良种补贴,其中良种补贴360万元,每亩补助4元;项目管理45万元,每县5—10万元。试点开展以来,不仅使农民从财政补贴中直接受益,还在科技服务、优质优价、增产增收中得到好处,受到农民群众的欢迎。

【大力支持实施农业三项工程】一是大力支持农业产业化工程。配合省农委组织有关部门、科研院所、专家学者,对2003年申请扶持项目进行评审论证,择优重点扶持龙头企业32户,建立农业产业化示范项目县10个,带动建立基地近2000万亩,较好地推动了农业产业化经营。二是大力支持农产品品牌工程。把种植、畜牧和渔业良种摆在突出位置,加快名优新品种引繁推广;围绕国内外市场对绿色食品、名优特新产品的需求，支持建立优质农产品基地，创知名品牌。三是大力支持实施农产品流通工程。支持农村市场和信息服务体系建设。全省相继建成了一批具有全国影响、对区域乃至全省农村经济具有显著牵动作用的农产品批发市场。全省农产品专业批发市场已达300个，"信息入乡工程"基本覆盖省、市、县、乡四级。建立农业标准化生产核心示范基地17个，300多项地方标准得到推广应用，农民标准化生产意识明显增强。

【继续实施农业三增示范工程】为了促进贫困地区农民增收、农业增产、农产品竞争力增强，根据全省总体工作部署，2003年省财政安排资金970万元，扶持25个贫困乡镇实施"农业三增示范工程"。

【支持农业社会化服务体系建设】为了支持全省农业、农村经济发展，促进农业科技成果转化，为农民提供产前、产中、产后服务，提高农民组织化程度，带动农民增收，2003年省财政择优选择了16个项目，安排资金400万元，有力促进了全省各地农业社会化服务体系建设工作的深入开展。

【支持农业科技示范基地建设】为了实现小康建设目标，促进农业结构调整，增加农民收入，引导和推动农业科技成果尽快转化为现实生产力，2003年争取中央财政立项支持农业科技示范基地建设项目5个，补助资金500万元；农业科技成果转化项目16个，投入880万元。

【积极参与"毒鼠强"专项整治】根据全国统一部署，自2003年7月中旬以来，省财政与省直11个部门密切配合，在全省范围内开展毒鼠强专项治理。为支持做好这项工作，在派专人直接参与组织指挥协调检查督促等工作的同时，多渠道筹措140万元专项资金，保障了专项整治工作在经费方面的基本需求。经过全省上下共同努力，截至2003年11月底，收缴处置销毁毒鼠强2289公斤，捣毁生产窝点11处，查获对外销售线索18710条，清理整顿各类市场7922处，在4县农村、3个城市开展统一灭鼠示范活动，为确保人民生命财产安全，优化投资环境发挥了重要作用，初步实现年内消除毒鼠强危害的目标。

【积极参与选派干部到村任职】选派干部到村任职，是省委、省政府做出的一项重大决策。为了巩固完善第一批支持选派干部到村任职工作，启动第二批支持选派干部到村任职工作。根据省选派办的统一部署，先后三次对第一批选派干部到村任职工作和发展集体经济专项资金使用情况进行督查，对第二批选派干部到村任职工作的开展进行调研。通过两年的努力，选派村面貌发生明显变化，集体经济效益取得了较好成效。截至2003年5月底，选派村以4万元专项资金为"酵母"，共引资、融资2.48亿元，实施发展项目4216个，实现新增税收1674万元，化解村级债务1.44亿元，村集体平均增加经营性收入1.9万元。

【加大财政支农政策研究力度】组织开展财政支持农民专业合作组织的政策研究。撰写的研究报告《积极支持农民实行新的联合与合作》，上报财政部与省委、省人大、省政府，受到广泛好评。研究报告先后在《财政研究》、《经济研究参考》、《农民日报》、省政府《决策咨询》杂志、《安徽财会》等多家刊物刊发。依托该研究报告，出版了《农民合作组织理论与实务》一书，在全国发行，王金山省长为此书作序。此外，撰写了《适应税费改革新形势加强农技推广的调研报告》、《安徽省水果产业发展规划》、《安徽省重点林业生态建设中期评价和后续政策调研报告》、《积极推进扶贫管理体制改革提高扶贫开发成效》、《参与式扶贫——新时期扶贫方式的根本转变》等上报财政部和省政府，受到好评，一些观点和建议被财政部农业司采纳。

（厅农业处供稿　汪公发执笔）

社会保障财务管理工作概述

2003年，省财政厅社会保障财务管理部门坚持以民为本，努力做好社会保障财务工作，出色地完成了各项任务。

【全力以赴应对突发事件】2003年，抗击"非典"和淮河洪灾是对财政社保工作的新考验，任务来的急，上面要的数字情况多、筹款任务重、资金拨付要迅速、核查工作艰巨、资金管理难度大。在这种非常情况下，省财政厅打破工作常规，服从应急，特事特办，建立了一整套应对突发事件的机制；打破作息常规，急事急办，保证了在应对突发事件过程中的快速、高效运转；打破分工常规，齐心协力，共渡难关。通过努力，基本做到了五个及时，即"及时深入灾区核灾、及时向灾区下拨救灾款、及时与有关部门协作共同做好救灾工作、及时做好汛情灾情信息收集处理工作"。据统计，各级财政部门共下拨救灾资金6.28亿元，同时向灾区发放大米、面粉7000多吨，方便食品20多万箱,饮用水14万箱,衣被3万多床件,使4414万受灾人口得到了生活救助,到年底全省灾区已有29.7万户建房65.2万间。

【加强社会保障资金管理】一是合理规划,增强社保资金安排的科学性。在深入到17个市的23家企业和50多个社区进行座谈和实地调查的基础上,与有关部门充分协商,提出了3年财政支持再就业工作发展规划,明确在安排好各项再就业服务补贴资金的同时,集中财力,重点解决大龄下岗失业人员安排公益性岗位补贴、免费职业技能培训和创业培训项目等。二是用刚性办法约束资金分配的随意性。在分配专项资金时,实行支出效果部门负责制,将绩效考核与社保补助资金直接挂钩,通过建立资金分配的责任体系来规避随意性,同时用规范的分配政策约束资金分配的随意性。如财政对养老保险基金缺口补助的分配问题,就明确以全面推进市级统筹为目标,将市、县(市、区)统一为一个考核单位,以扩面任务、征缴率的完成绩效为依据,再辅以考虑地方基金结余及财力状况、瞻养率、替代率等因素,通过权数公式分配缺口补助资金。三是用强硬的监督制约机制约束资金管理使用的弱效性。2003年,先后制发了6项专项资金管理办法。如在社区社会保障平台建设资金管理方面,实行了省财政分配数额告知社区制、具体使用劳动保障部门审批制、经费支出国库集中支付制和办公用品配置政府采购制等措施。四是用资金整合促进职能整合。2003年初,省财政共安排了7300万元社区建设资金,比2002年净增6800万元。同时将这项涉及劳动保障、民政、卫生3个部门的资金进行整合,根据各部门工作职责,集中资金解决重点问题。五是用"设施共建、资源共享"方式避免浪费。在对现有社保网络资源进行摸底排查,搞清楚资源的存量状况的基础上,协调相关部门统一制定网络建设总体方案和实施规划,把有关部门安排的网络建设经费集中整合,统一安排和使用,按照"金保工程"的总体要求,在全省建立统一基础平台、统一软件、统一专用网线的社会保障网络系统,实现从省级到市、县区、街(乡镇)、社区(村)的网络联接。截至2003年底,全省社会保险、城镇低保、就业和劳动力市场、救灾救济、公共卫生等项目的网络建设规划已经基本完成。

【参与农村合作医疗试点】先后对10个试点县的百乡千户农民进行了调查,召开各种类型的座谈会近50个,向各方面人士咨询问计,在农家户院、田间地头与农民群众促膝谈心,既做宣传工作,又搞调查研究。还和当地干部一起商量开展新型农村合作医疗试点工作的办法,解决新型农村合作医疗试点过程中的矛盾和问题。对10县百乡千户农民农村合作医疗的调查报告得到了财政部领导的充分肯定。同时,积极协调财政部驻安徽省财政监察办事处开展资金审核工作,一次次到财政部汇报工作情况,争取中央补助资金。经过努力,据统计,第一批5个试点县已经顺利通过了财政部的审核验收,1400万元的补助资金已经到位。其他5个试点县的申报工作进展顺利。据统计,10个新型农村合作医疗试点县(市)参加合作医疗的农民共有370万人,参保率达到77%。自9月份以来,参保农民开始享受合作医疗资金的补助。截至12月初,10县共有参保农民3486人领取了合作医疗补助金,补助总额为199万元,人均享受医疗补助571元。推行新型农村合作医疗制度,深受农民群众的欢迎和拥护。

【尽责做好社会保障工作】2003年,除了"非典"防治、新型农村合作医疗试点等新工作外,财政社会保障工作还涉及到了许多新领域,如:农村信用社和农垦企业职工养老保险、企业军转干部生活困难问题、精简武警老战士待遇问题,以及城市流浪乞讨的无着地人员社会救助等。省财政厅坚持社会保障无小事的工作理念,牢固树立政治意识、大局意识和责任意识,尽职尽责,认真做好每项社会保障新工作,并且事事有着落,件件见成效。截至年底,农村信用社职工养老保险参保方式、养老金项目组成核定及整体移交工作已基本完成,职工队伍稳定;体现农垦企业特点的缴费与土地挂钩和低进低出的职工养老保险参保政策已经出台,长期生活无来源的退休农垦职工拿到了养老金;企业军转干部生活困难补助政策及资金得到了落实,诉求的"两个待遇"问题初步得到解决,绝大部分企业军转干部基本满意,情绪趋于稳定;20世纪60年代响应党和政府号召的精简武警老战士待遇水平得到了提高,生活状况得到了改善;城市中流浪乞讨的生活无着人员的人性化关爱式的社会救助制度,取代了强制性的收容遣送制度,维护了社会稳定。

【坚持做到实现"两个确保"】2003年,财政部门通过调整支出结构,加强基金征管,多方筹集资金,坚持做到了"两个确保"。全年共筹集国有企业下岗职工基本生活保障资金2.87亿元,确保了7万多名国有企业下岗职工基本生活费按时足额发放,稳步推进了国企下岗职工出中心工作。全省在中心的国企下岗职工由年初的7万多人减少到3万多人;

至年底,全省参加养老保险的职工人数达342万人,当年征收基金收入61亿多元,全年共发放企业离退休人员基本养老金近73亿元,其中财政补贴23亿多,确保了全省企业近110万名参保离退休人员按时足额地领到了基本养老金。

【落实"三条保障线"政策】除国企下岗职工基本生活保障政策得到全面落实外,全省失业保险和城市居民最低生活保障制度也取得了新的进展。截至2003年底,全省参加失业保险的人数达到381万人,当年征收失业保险基金6亿多元,发放失业人员失业救济金近5亿元,使符合条件的23万多名失业人员能够按规定领到了失业金;城市居民最低生活保障实现了应保尽保,低保达106万人,同比增加8万人,全年财政用于低保支出6.3亿元,同比增加近5000万元。此外,医药卫生3项制度改革进一步推进。

(厅社会保障处供稿　徐玉明执笔)

企业资产与财务管理工作概述

2003年,省财政厅企业资产与财务管理部门积极支持和推进企业改革,为安徽经济发展做出了应有贡献。

【认真落实矿山破产补助资金】2003年,铜陵有色金属集团公司的铜官山铜矿等4个项目和中国有色金属安徽分公司项目,列入了国家政策允许关闭破产的范围之中。省财政厅经过坚持不懈的努力,共争取中央财政企业关闭破产补助资金12.06亿元,核销银行呆坏账2.42亿元,安置了21765名企业职工,较好地解决了铜陵有色金属集团公司和中国有色金属安徽分公司关闭破产资金不足的难题。既维护了社会安定,又促进了国有企业扭亏脱困。同时,按照财政部有关规定,审查拟关闭破产企业的财务报告,为审查合格企业向财政部出具承诺函,争取列入国家政策性关闭破产的范围;按照破产进度及时拨付淮北的张庄、沈庄、淮南的潘二、谢集和李一矿等项目的关闭破产补助资金,保证国有企业关闭破产和扭亏脱困顺利进行。

【积极争取企业退税优惠政策】为调动国有企业归还外汇借款的积极性,国家决定"十五"期间对1994年12月31日前外汇借款项目继续实行部分以税还贷政策,归还贷款的税收为中央财政收入。为最大限度地争取这项资金,省财政厅和省国税局、省专员办共同进行审核,发现错误及时通知企业进行修改,几经反复,将安徽省12个外汇借款以税还贷项目及时上报财政部和国家税务总局。由于工作扎实,上报数据准确,并且在2002年度外汇借款以税还贷工作总结中,针对此项工作存在的一些问题提出了具体建议。在2003年9月国家召开的外汇借款以税还贷基础数据审核会议上,得到了财政部、国家税务总局领导的表扬。上报的12个外汇借款以税还贷项目一次性通过了审核,批准12个外汇借款以税还贷项目在2003年享受退税优惠政策,退税金额为5503万元,减轻了企业负担,加快了企业归还外汇借款的步伐。

【切实调动企业出口积极性】一是以2002年度外汇管理部门核销的出口收汇额为基数,各市人民政府和省直各进出口企业每超基数出口收汇1美元,奖励人民币6分钱,2003年计奖3000万元。二是对本省产品的一般贸易出口收汇每美元给予出口企业1分钱人民币的贴息奖励,2003年贴息1200万元。三是对当年出口净增额列全省前50名企业领导班子、列全省前8位的省辖市政府,当年出口额列全省前15名企业领导班子,对出口增长做出较大贡献的30名优秀业务员分别奖励5－20万元,2003年奖励340万元。四是对全省各类出口企业申报当年一般产品出口应退未退税款,按1年期贷款利率计算的利息贴息15%、地产品贴息21%、机电产品和高新技术产品贴息24%,2003年奖励资金2200万元。五是省对出口企业投保出口信用险按其实际缴纳保费金额予以30%的补助,2003年补助260万元。5项合计安排资金7000万元。预拨企业出口贴息资金660万元、出口贴息清算资金1500万元、国际市场开拓资金632万元、出口信用保险资金84万元、外贸公司奖励资金1543万元,对出口做出贡献的单位和个人奖励资金340万元,向国家争取茧丝绸项目资金200万元。通过财政资金支持,有力地促进了全省外贸出口总额的增长。2003年全省外贸进出口总额达58亿美元,其中出口30亿美元,分别同比增长39%和22%,跃上了一个新的台阶。

【严格规范外商企业财务行为】省财政厅会同省外经贸厅、省工商局等8个厅局对外商投资企业实施为期1个月的联合年检,了解掌握全省外商投资企业的基本情况。针对企业在年检中提出的要求和经营中存在的困难,及时上报省政府联合年检办公室,由省政府协调有关部门帮助企业解决问题。按照财政部的统一部署，全省各级财政部门共抽调130人，组成43个检查组对96户外商投资企业进行了核查(其中：合资企业75户，合作企业4户，外商独资企业17户)，核查面为14.4%(2002年度报送报表企业665户)。从被查的96户企业中财务总体情况来看好于往年，违纪面比上年下降了15个百分点。为保证财政执法的严肃性，省财政厅对抽查的24户企业下发了检查结论和处理决定，督促企业按照相关法规进行整改，并将整改材料报省财政厅备案。此外，要求各市企财部门和监督检查局积极配合，对进行核查的企业下发检查结论和处理决定，督促企业对存在的问题进行整改。为掌握外商投资企业整体情况，及时布置和汇编外商投资企业财务报表，全省已有1126户外商投资企业办理了财产登记，为做好外商投资企业财政服务工作打下了坚实的基础。

【大力支持国有企业改制上市】对15户股份有限公司涉及的国有股权问题、2户上市公司的国有股配股方案和10户股份有限公司的国有股转让行为以及1户上市公司国有股质押进行了批复、审核或备案。参与论证了3户拟上市企业的核准材料，为其提供了有益的意见和建议。全年共首发A股3只、发行可转换债券3只，增发H股1只，共募集资金30.83亿元人民币。截至2003年底，全省共有上市公司36家，发行股票41只，其中A股36只，B股3只，H股2只。此外，还有4家企业已经通过中国证监会股票发行审核委员会审核通过，等待发行。

【做好大中型企业分离办社会】全省国有工业企业自办中小学校主要集中在合肥、淮北、淮南和铜陵4市。其中，合肥市已接收其市属企业所办的全部25所中小学校，接收省属企业所办的中小学校14所；淮北市已接收其市属企业所办的全部4所中小学校，对省属企业所办的中小学校分离移交工作未启动；淮南市已接收其市属部分困难企业所办的中小学校，对省属企业所办的中小学校分离移交工作未启动；铜陵市已接收其市属企业所办的全部9所中小学校，对省属企业所办的中小学校暂未接收。为加快分离办学的步伐，经领导批准，从以前年度结余资金中调整400万元，用于补助分离办学任务较重的几个市。

【加快骨干企业兼并重组步伐】会同省经贸委和省委企业工委等部门认真做好安徽江淮汽车集团有限公司和安徽安凯汽车集团有限公司、安徽安兴联合总公司和省旅游集团公司的联合重组工作，进一步优化国有资产存量；积极参与军工企业改革脱困、省化肥公司组建石化集团、十多家小水电上划组建省水电集团公司及合肥等4市及所辖县盐业公司的人财物上划省盐业公司管理等工作，及时办理有关手续，推进企业兼并重组的顺利实施。

【做好国有股转让收益收缴工作】根据省政府《关于安徽海螺集团有限责任公司改制方案有关问题的批复》的要求，安徽海螺集团有限公司国有股转让收益上缴省财政专户，作为省属企业改革和社会保障专项资金。为了使资金及时、足额入库，及时向省领导就有关事项专题报告，并几次赶赴芜湖与海螺集团就交款方式、数额等问题进行磋商。经过与安徽海螺集团公司、省投资集团公司多次协商，采取变通办法，即安徽海螺集团每次缴款通过省投资集团背书转让上缴省财政。2003年共催收安徽海螺集团公司国有股转让收益资金3亿元，缓解了省属企业改革和社保资金不足的困难。

【完成全省产权登记年检工作】为强化国有产权变动监管，防范国有资产流失，按照财政部统一部署，完成了2002年度产权登记年检工作。通过汇总，4405户企业办理了年检，共占有、使用资产总额3508.85亿元、负债总额2251.42亿元、所有者权益1257.43亿元，其中国有资产1062亿元。通过产权登记年检工作，进一步掌握了全省占有国有资产的企业基本情况，为进一步做好资产与财务管理工作打下了坚实的基础。

【做好资产评估核准备案工作】全年共完成安能热电、合肥四方化工、安徽军工等为组建股份有限公司，省外贸13户企业为组建企业集团、黄山金马、国风塑业等上市公司为进行资产置换涉及的资产评估项目核准工作共26项，核准评估项目净资产账面值合计283020万元，调整后账面值合计294270万元，评估值合计323742万元，增值额29471万元，增值率10%。另完成省爱普公司、省新华书店下属合肥、亳州、蚌埠、淮南书店、省外贸国际旅行社为企业改制而涉及的评估备案21项，备案评估项目净资产账面值合计23033万元，调整后账面值合计24427万元，评估值32093万元，增值额7666万元，增值率31.4%。为加大全省企业改革力度和建立现代企业制度创造了条件。

【调研产权交易市场建设情况】根据监察部《关于协助“加快产权交易建设，全面实行产权交易进入市场制度”调研工作的通知》的要求，组织对全省的产权交易情况进行了调研。经调研得知：从

1992 年开始探索建设产权交易市场以来,全省共建有产权交易市场 18 个,均属市县管理。其中,政府直接管理 2 个、政府部门管理 16 个;企业性质的 3 个、事业性质的 15 个。由于国资机构的撤并、产权交易量等因素的影响,整个市场运作不尽人意,仅合肥等少数几家产权交易机构运作正常。

【强化国有企业经济运行分析】推进企业资产与财务快报信息系统建设,建立和完善资产财务信息的预警监督机制。省财政厅按月编制全省国有及国有控股企业快报和省属重点企业财务快报,并逐步扩大信息覆盖面,提高财务快报编报质量,为领导决策提供信息资料;把快报分析与结构调整、加强管理结合起来,加大财务快报的分析力度,发挥资产财务信息的预警监督机制作用。

(厅企业处供稿 李志斌执笔)

金融财务监管和外国政府贷款管理工作概述

2003 年,省财政厅金融管理部门按照年初提出的"围绕中心、强化管理、防范风险"的工作思路,进一步加强地方金融机构财务监管和外国政府贷款管理,各项工作取得了新的进展。

【防范地方金融和外债风险】一是开展了地方金融企业的产权登记工作。对产权关系比较明晰的省级地方金融机构、担保机构和地方商业银行进行了产权登记。同时,对城市、农村信用社以及其他地方金融机构的产权登记工作作了具体部署,并督促各地财政部门抓紧开展此项工作。二是举办了全省地方金融企业国有资产产权登记和会计报表编报培训班,指导各地加强地方金融财务监管的基础工作。三是加强中央专项再贷款的使用监督和偿还管理。对部分地方反映的专项再贷款发放过程中存在的一些情况,及时进行了解核实,并督促有关市、县加强监督检查,发现问题,及时纠正。按照借款协议,归还 2002 年度以前的中央专项再贷款本金 2800 万元,利息 442 万元。四是按照厅里的统一部署,根据《会计法》和《安徽省财政监督暂行办法》等有关法律法规的规定,对国元证券有限责任公司进行了财务检查。五是组织开展了部分外国政府贷款项目专项检查,并向被查单位下达了检查结论和处理决定,对存在问题的项目单位要求其限期整改。同时,加大了外国政府贷款偿债准备金的管理力度。各项目单位全年缴纳的省级偿债准备金已达 1842 万元,基本具备了垫付部分项目到期债务的能力。

【加强外国政府贷款项目申报】2003 年是安徽省利用外国政府贷款规模最大的一年。全年向财政部申报限下(500 万美元以下)外国政府贷款项目(不含日本政府贷款)21 个,累计金额 6000 多万美元;获得财政部新批项目 26 个,累计金额近 7000 万美元,占当年全国外国政府贷款总额度的 20%以上,同比增长 127.3%;签约生效项目 14 个,累计金额 3000 多万美元,同比增长 40%。同时,获得的外国政府贷款赠款达 350 万美元。这些项目涉及医疗卫生、消防装备、广播电视、基础教育、供水和污水处理等领域。另外,全省利用日本政府贷款工作也取得了长足进展。一是 2002 年度申报的天然气管网工程和人才培养两个项目累计贷款金额 1.87 亿美元,正式进入实施阶段;二是申报了公共卫生项目、省广播电视基础设施改造项目和淮南城市大气改善(淮化集团项目)三个项目,累计申请贷款金额近 1.5 亿美元。这些项目的建成,将对发展全省教育事业、提高公共卫生预防水平、保护自然环境以及改善城市基础设施等都会起到积极作用。

【清理外国政府贷款历史债务】一是解决宿州洗涤剂利用外国政府贷款项目历史拖欠问题迈开了第一步。按照 2002 年底财政部镇江会议精神,省财政厅会同相关市财政部门和有关方面,想办法、找对策,并积极协调中国进出口银行,商讨债务化解方案。2003 年 10 月,省政府召开了有中国进出口银行参加的各方会议,专题研究了该项目拖欠贷款问题,并形成了变更债务人、减免有关费用、签订延期还款协议的会议纪要。会后,中国进出口银行按照纪要精神起草的专题报告已经财政部批准,重签协议草本已寄达省财政厅和项目单位。新协议延长还款期限到 2010 年,并减免了近 1400 万美元的各种费用。二是 7 个日本"黑字还流"贷款拖欠项目,在各有关市财政部门和项目单位的努力下,已有 4 个项目按财政部的优惠政策与中国进出口银行重新签订了还款协议,在一定程度上缓解了年年被动扣款的局面。

【支持担保业和民营经济发展】一是促进全省中小企业信用担保机构规范、有序发展。对安徽省担保中心的工作指导进一步加强,提出了调整担保业务构成、完善风险控制机制、构建全省担保体系、加大工作宣传力度、多方筹集担保基金、科学规范分配制度等六个方面的要求。再担保体系建设步伐进一步加快。同时,引进德国复兴银行资金支持安徽省担保中心项目取得积极进展。德方专家已对该项目进行了考察评估。二是开展工作调查和政策研究,为省委、省政府出台有关文件提供决策依据。联合安徽省中小企业担保中心,赴上海、浙江以及省内部分市开展调研。并结合实际,研究相关政策措施,形成了以积极扶持发展信用担保业、促进民营企业繁荣发展的调研报告上报给省委、省政府。同时,对省财政厅现有支持乡镇企业、中小企业、民营企业的财政政策和资金政策进行了梳理,为研究制定新的、规范的支持民营经济发展的财政政策和资金政策打下了基础。三是规范运作下岗失业人员小额担保贷款,鼓励下岗失业人员创业。省财政安排了1000万元的省级下岗失业人员再就业贷款担保基金,委托省中小企业信用担保中心运作,为下岗失业人员创业和组织下岗失业人员就业的小企业提供担保,并对其从事微利项目的小额担保贷款实行财政贴息。为规范运作下岗失业人员小额担保贷款,会同有关部门,研究制定了《安徽省下岗失业人员小额贷款实施细则》、《省级下岗失业人员再就业小额贷款担保基金管理办法》、《下岗失业人员再就业小额担保贷款微利项目贴息资金操作规程》等,做到了管理工作严格规范,业务操作有章可循。

(厅金融处供稿　左自智执笔)

国际金融组织贷款管理工作概述

2003年,省财政厅国际债务管理部门紧紧围绕全省财政工作目标,认真总结以往经验,不断开拓进取,真抓实干,较好地完成了全年各项工作任务,取得了新的成绩。

【采取多种措施,加强贷款项目管理】2003年,省财政厅管理的在建世行、亚行贷款项目共有12个,涉及农业、林业、卫生、交通、工业、城建及环保等诸多行业。省财政厅采取多种措施,加强项目日常管理工作:一是配合有关项目主管部门积极参与项目的实施管理;二是按照有关国际金融组织的规定和要求,认真审查各项目单位上报的提款申请,保证每笔贷款支出的合理合规;三是根据财政部下发的债务分割单,认真审核和分摊债务,按期及时结息计费,保证各项目单位承担的债务的准确性;四是认真编制所有在建项目的年度财务决算报告,并经审计部门审计后上报财政部和有关国际金融组织;五是认真加强对项目资金使用情况的监督。由于成绩显著,省财政厅的国际金融组织贷款管理工作在连年获奖的基础上,2003年又获得了财政部颁发的一等奖。

【积极引进外资,支持安徽经济发展】2003年,安徽省向世行申请贷款2.5亿美元的铜陵—汤口高速公路项目,经过近两年的前期准备,开始进入最后的项目谈判阶段。但由于受突如其来的"非典"疫情影响,原定于2003年4月中旬在华盛顿世行总部进行的项目谈判无法如期举行。为了不误工程按时开工,省财政厅在财政部的指导下,会同省交通厅,通过因特网与世行进行了网上谈判,开创了安徽省财政工作对外交往的新模式。为实施好省委、省政府作出的尽快把合肥市建成现代化大城市的战略决策,2003年省财政厅向财政部申报了合肥等城市基础设施建设项目,争取利用亚行贷款2亿美元。此外,省财政厅还配合省农委开始向国家争取世行贷款3000万美元实施奶牛饲养项目,以增加农民收入,促进安徽农村产业结构调整。2003年,在已实施项目的资金供应方面,省财政厅一共从世行、亚行提回贷款资金4500万美元(约合人民币3.7亿元),有力地保证了在建项目的顺利实施。与此同时,省财政厅继续积极与财政部国际司联系,配合做好国际金融公司私人资本发展国际研讨会在黄山市召开的前期准备工作,力争为安徽的招商引资工作搭建一个好的平台。

【积极采取措施,推动项目实施进度】2003年,针对部分国际金融组织贷款项目实施进度缓慢,有些地方甚至中途退贷等突出问题,省财政厅高度重视、积极行动,在调查研究的基础上,先后专门发出了一系列文件,督促各地和有关项目主管部门讲求诚信,严格按协议办事,加快项目的调整和实施进度。对项目实施中存在的问题,省财政厅还积极向省政府有关领导和财政部反映,提出合理化建议。对少数确实难以完成项目建设任务的项目县,省财政厅及时采取调整贷款额度的办法,把退出的贷款调增给项目实施得好、积极性高的地方,取得了较好的效果。针对目前国际金融组织贷款利率较低的有利时机,省财政厅积极鼓励各地抢抓机遇,加快用款,减轻项目利息负担。在采取多种措施推动项目用款进度的同时,省财政厅还加强了对项目单位的检查指导。对在检查中发现的部分地方肉牛项目对农户的转贷利率过高这一情况,及时要求这些地方降低利差,把好处让给农民,保护了农民的利益和参与项目的积极性。

【认真总结经验,宣传引进外资成果】截至2002年,国际金融组织贷款在安徽已经走过了20年的历程。20年来,安徽已累计签约并实施世行贷款项目30个,贷款金额约8亿美元(不含即将签约的铜—汤高速公路项目2.5亿美元);亚行贷款项目6个,贷款金额5.5亿美元,项目涉及全省所有市县。作为全国最早开始利用国际金融组织贷款的省份之一,2003年初,省财政厅专门召开了一次全省国际金融组织贷款工作会议,对20年的工作历程、成果和经验教训进行了一次全面的回顾和总结,并探讨了新时期进一步做好外资贷款管理工作的方向和思路。在总结经验教训的基础上,会议提出今后在利用国际金融组织贷款方面要进一步扬长避短,趋利避害,为我所用。为更好地总结回顾安徽省20年来利用国际金融组织贷款所取得的成就和经验,进一步扩大影响,宣传国际规范的操作规程和准则,省财政厅还组织力量编纂了《开放谱新篇,引资结硕果》大型画册。该画册图文并茂,内容丰富,在2003年正式印发后,起到了很好的宣传效果。

【开展综合调研,客观评价项目绩效】为做好财政部布置的利用国际金融组织贷款综合调查研究工作,省财政厅国际债务管理部门克服时间紧、任务重、项目资料不全等诸多困难,认真组织开展了对全省29个项目的普查工作。在普查中,省财政厅国际债务管理部门严格按照财政部的要求,多方查阅收集项目资料,认真填写每一项指标,高质量地完成了普查资料的汇总和调研报告的撰写工作,较好地完成了财政部布置的任务,并因此获得了部里的奖励。此次普查是在全省范围内首次进行的国际金融组织贷款项目综合调研工作,从多方面对项目对本地区的影响进行了一次全面总结评价,为全面分析国际金融组织贷款使用中的成功经验和存在的主要问题、探讨管理新思路、提出我国与国际金融组织进一步开展合作的设想与建议、提供了丰富翔实的第一手资料。

【加强债务管理,及时偿还到期债务】安徽目前处于还贷高峰期,每年约有五六千万美元的到期债务需要偿还,同时还有大量的逾期债务需要催收。为维护安徽省的信誉和投资环境,减少财政部因拖欠债务而可能采取的预算扣款等处罚措施,防范政府债务风险,2003年省财政厅国际债务管理部门迎难而上,主动出击,继续加大贷款回收力度,积极争取项目单位的理解和合作,千方百计筹措资金归还财政部。在财政部的优惠政策支持下,省财政厅于2003年一次性向财政部提前清偿了世行贷款淠史杭—巢湖项目的全部贷款本息,使这个10多年来一直困扰安徽省贷款回收工作的难题得到了彻底解决。为帮助企业降低利息成本,防范债务风险,省财政厅国际债务管理部门在2003年继续做好财政部和项目单位的协调工作,帮助企业和项目单位测算利息成本,及时进行债务置换。亚行贷款城市污水治理合肥子项目,通过协调已提前清偿全部贷款本息1958万美元。在此基础上,省财政厅国际债务管理部门合理调度资金,在城市污水治理巢湖子项目未提前偿还的情况下,一举向财政部提前清偿了该项目的全部贷款余额2662万美元,为财政减轻当年利息负担146万美元,同时也有效地减轻了今后的利息负担和债务风险。在多年的争取下,2003年,财政部对安徽省世行贷款加强灌溉农业一期项目的转贷利率从原来的5%调整为2%,并核减安徽省已上缴的利息726万美元。此举将有效减轻安徽省债务负担约1000万美元。2003年,通过多方努力,省财政厅共计归还财政部世行、亚行贷款本息约7500万美元,是安徽省历年来归还贷款最多的一年,有效地避免了财政部可能对安徽省采取的预算扣款措施。

(厅国际债务处供稿　余　禹执笔)

农业税收征管工作概述

2003年,省财政厅农税征管部门围绕财政工作目标,坚持依法治税,积极推行各项改革试点,扎实做好农税基础工作。全省农业税收政策得到贯彻落实,农民负担进一步减轻,农业税收征管质量和效率进一步提高,其他各项工作取得明显成效。

【推进农业税收收入创新高】一是坚持"大税抓政策、小税抓增收"。加强对组织收入工作的分类指导,在农业税和农业特产税征收上抓政策落实,把增收的潜力放在契税和耕地占用税上。二是坚持依法征税,严格把握政策。根据受灾情况,实事求是贯彻农业税减免政策,切实做到应征尽征,该减则减,确保大灾之年既落实了农业税政策,又较好地完成了收入任务。全年农业税征收入库266801万元。三是组织全省契税政策执行情况检查和清理,及时纠正各地违反国家税法和契税政策的违规行为,推动了契税征管工作的依法开展,促进了契税收入的快速增长。2003年,全年完成契税收入71028万元,为预算任务的206%,同比增长91%。四是抓住国家治理整顿土地市场秩序的契机,重点组织对各类经济开发区、工业园区、政务新区、高速公路和水电工程等项目的耕地占用税征收。省财政厅坚持原则,纠正省直有关部门出台的与耕地占用税政策法规相抵触文件,维护税法的严肃性。全年耕地占用税征收入库39973万元,为年初预算任务的5.2倍,同比增长128%。其中,省本级入库19550万元,比预算任务超收1.65亿元,同比增收8465万元。全省农业税收收入累计完成377956万元,为年度预算任务的117%,同比增收29924万元。收入总额、增收总额、契税收入及耕地占用税收入四项指标(剔除2000年税改不可比因素)均创历史最高水平。

【实施农业特产税改征试点】一是制定改征政策,下发了《安徽省人民政府关于开展农业特产税改征农业税试点工作的通知》、《关于农业特产税改征农业税有关问题的通知》和《农业特产税改征农业税问答》。决定从2003年4月1日起全面取消农业特产税,统一征收农产品农业税。二是省财政厅认真审核各县市区上报的改征实施方案,并以《关于对农业特产税改征农业税实施方案审核意见的函》予以批复。三是省财政厅对各地执行政策情况进行检查督促。6月20日,召开了全省农业特产税改征农业税工作会议,指出各地在改征工作中存在的问题,要求各地确保改征政策执行到位,规范农业税征管。2003年全省农业特产税改征农业税后应征正税5042万元,附加484万元,比2002年农业特产税分别减少16034万元和1401万元,平均减幅为75.9%,比税费改革前的1999年减少近7亿元,农业特产品集中产区的农民减负幅度更大。对各地因农业特产税改征农业税的减收部分,省财政共安排转移支付补助资金13409万元。

【落实农业税灾歉减免政策】一是认真核实农业灾情。参加省财政厅组织的18个检查组对沿淮和滁河地区受灾重点县区实地核查灾情,又根据灾情的发展和影响程度,先后多次对上述地区进行核查,并了解全省受灾情况。二是积极争取中央减免补助资金。省政府和省财政厅先后6次分别向国务院、财政部和国家税务总局专题汇报,请求帮助解决农业税灾歉减免补助资金。经过积极争取,中央核减安徽省农业税任务69600万元,其中中央财政补助资金31000万元,占全国农业税灾减补助资金总额的15.5%,是历史上比例最高的一年。三是及时下达灾减补助资金。根据农业税"轻灾少减、重灾多减、特重全免"的灾歉减免政策,按照"体现行蓄洪区政策、保证重灾地区、兼顾次重灾地区"的原则,经省政府领导批准,省财政厅下发了《关于下达2003年农业税灾歉减免指标及省财政补助资金的通知》,核减全省农业税任务69600万元,其中中央及省财政补助资金39462万元。四是切实加强灾减资金的落实管理。11月下旬召开了全省农业税收工作会议,具体布置2003年农业税灾歉减免资金落实工作。各地按照省财政厅的要求,规范减免程序,张榜公布,下发农业税减免分户通知书,通过农税纳税大厅(或纳税点),运用"金穗2000"农税征管软件,在2004年春节前将上级财政分配和本级配套的灾减资金直接兑现到户。

【实行农业税征管垂直管理】省政府办公厅转发了省财政厅《关于开展乡镇财政管理方式改革试点意见的通知》,并选择和县、五河等9个县作为试点县,全面开展乡财县管乡用改革,将实行县财政(农税)局对乡镇农税所的垂直管理作为改革的一项主要内容。为积极稳妥地做好此项工作,在与省编办、省人事厅充分交换意见的基础上,省财政厅确定在和县、五河等9个乡财县管乡用改革试点县开展农业税收征管垂直管理试点,并向各市县人民政府下发了《转发中共和县县委办公室关于乡镇财政所(农税所)上划管理工作的通知》,供各试点县在制订实施方案时参考。至2003年底,各试点县按照省政府和省财政厅的要求,已全面完成了调查摸底、方案制订,大部分县完成了人员、财产和经费"三权"上划等工作。巢湖市除试点的和县外,其他4县区也已顺利完成了乡镇农税所上划管理工作。实行农业税收征管垂直管理试点,充分发挥农税征收机关的执法主体作用,为农税征管提供了强有力的组织保证和独立执法保障。

【健全完善农税征管新机制】一是大力推行以"厅点征收、计算机管理"为主要内容的农税征管新模式,继续引导各地建设好乡镇农业税收纳税服务厅和村组征收网点,促进乡镇农税纳税服务厅整体功能的充分发挥。截至2003年底,全省已有98.9%的乡镇(含街道办事处)建成了规范化的农税纳税服务厅,乡镇农税纳税服务厅达到了1867个,大厅内共配备计算机2807台,共有1947个省市县乡四级农税征收机关安装应用了农税征管软件。农民主动到厅点缴税率和计算机开票率大幅度提高,实现了年初制定的“三定”征收面达到80%以上、计算机征税率达到70%以上的目标。二是补充修改“金穗2000”农税征管软件。根据农业特产税改征试点的政策要求，对“金穗2000”农税征管软件进行了修改完善，及时满足了基层农税征收机关的征管需要；设计和补充了“金穗2000”农税征管软件的决算报表模块，并对全省各市县区的决算编报人员进行了软件操作培训。三是支持农税征管信息网络化建设试点。积极支持巢湖市因地制宜选择电话拨号、互联网等形式，开通乡与县网络数据的传输，依托省财政广域网技术平台支撑，实现市县乡农税征管数据联网和传输，这标志着在农税征管信息化、现代化建设上取得了重大突破。

【调研农村税费改革新课题】按照省农村税费改革领导小组调研大纲，省财政厅农业税收征管部门分别选择了平原、山区、圩区等农业生产和税源不同的9个市县区，组织调查了实行农村税费改革3年来农业税制运行状况和存在的问题，形成了《完善农业税制进一步减轻农民税收负担》的调研报告。报告从系统分析税费改革后农业税制的特点和作用入手，指出现行农业税制存在的问题及原因，提出了近期完善农业税制、减轻农民负担的对策建议，设计了推进农业税收制度创新，建立城乡一体的新型涉农税收体系。调查报告得到了厅领导的肯定，为领导决策提供了参考。

（厅农业税务局供稿　姚　瑶执笔）

农村税费改革工作概述

2003年，是全省农村税费改革规范年。省税改工作继续按照“巩固、完善、规范、配套”的总体要求，坚持“目标不变、任务不减、工作不松”，突出重点，狠抓落实，稳步推进配套改革，各项工作取得了新的进展，农民负担进一步减轻。与2002年相比，全省农民人均政策性负担由68.4元减少到64.4元，人均减负4元，减幅5.8%；与改革前相比，农民人均政策性负担由109.4元减少到64.4元，人均减负45元，减幅达41.1%。

【加大改革力度，全面取消农业特产税】2003年，省继续调整和完善农村税费改革政策。省政府决定从4月1日起，全面取消农业特产税。按照“统一税制、减轻税负、规范征管、促进发展”的原则，对在农业税计税土地上生产的应税农业特产税品，改征农业税；对牲畜产品和在非耕地上生产的其他应税农业特产品取消农业特产税后，不再征收农业税。此项措施当年直接减轻农民负担1.7亿元。取消农业特产税，简化和规范了农业税税制，有利于农业结构调整，为实现统一城乡税制的目标创造了条件。

【认真落实政策，深入开展规范年活动】2003年，省委省政府为全面抓规范、系统防反弹，深入开展“农村税费改革规范年”活动。各地、各有关部门重点围绕规范农业税征收管理、规范涉农收费管理、规范村级资金使用和管理、规范“一事一议”筹资筹劳管理等内容，认真组织，狠抓落实。通过开展“农村税费改革规范年”活动，进一步加大了对违反农村税费改革政策和农民负担政策行为的处罚力度，全省共查处涉农案件822件、处理违纪违法人员224人，有效地遏制了乱收费，防止农民负担反弹。农村税费征管进一步规范。各地全面推进涉农收费公示制和农业税“三定”征收方式，通过“三定”方式征收的农业税款达80%以上。

【深化配套改革，进一步巩固改革成果】一是组织开展乡镇财政管理方式改革试点，进一步规范乡镇财政管理。2003年，省财政按照“预算管理权不变、资金所有权和使用权不变、财务审批权不变”的原则，采取“预算共编、账户统设、集中收付、采购统办、票据统管”的办法，对乡镇财政实行“乡财县管”，省选择具有代表性的9个县开展乡镇财政管理方式改革试点。同时开展乡镇农业税征管机构改革，将乡镇农税征收机构上收到县，由县财政（农税局）直接管理。通过开展乡镇财政管理方式改革试点，初步理顺了县乡财政管理体制，深化了公共财政改革，强化了财政监督，乡镇财政收支管理进一步规范，财政资金使用效益进一步提高。二是积极开展乡镇区划调整工作。2003年，省委省政府决定进一步加大乡镇区划调整工作力度，并根据地理环境、人口密度和乡村现状，分别规定了乡镇、行政村的具体人口规模，要求各地结合实际全面开展调整工作。农村义务教育投入进一步得到保障。2003年，全省农村义务教育经费投入71.9亿元。农村中小学的办学条件得到进一步改善。截至2003年底，全省撤并乡镇132个，乡镇总数由1848个减少到1716个，减少7.1%；撤并行政村1648个，行政村总数由30342个减少为28694个，减少5.4%。三是大力实施农村中小学危房改造工程。截至2003年底，省、市、县三级共筹措农村中小学危房改造资金22亿元，已改造校舍面积

560万平方米,其中D类危房458万平方米,基本完成省政府确定的3年改造2001年前438万平方米D类危房的目标任务。四是积极稳妥地化解村级债务。2003年,全省各地在进一步清理核实村级债权债务的同时,采取挤出水份、降息免息、债权债务对冲等多种方式化解村级债务,取得了初步的成效。截至2003年底,全省已化解村级债务近9亿元,占村级债务总额的25%左右。

(厅税政处供稿　耿　鹏执笔)

会计管理工作概述

2003年,省财政厅会计管理部门以贯彻落实《会计法》为中心,以规范中介机构管理、会计法规制度管理、开展会计诚信建设、提高会计队伍素质为重点,较好地完成了各项工作任务。

【履行注册会计师行政管理职能】一是按照厅党组关于终止委托注册会计师协会行使的行政管理职能的决定,及时与省注册会计师协会办理注册会计师行政管理职能交接,从3月1日起正式履行注册会计师行政管理职能。二是以规范管理为重点,将与批准成立会计师事务所(含资产评估机构)有关的13项行政审批事项制成规范的管理文本,统一在网上进行公布,方便有关单位查询信息、加强监督。三是在审批中实行"公开申报条件和程序、公开材料目录和要求、公开材料内容和格式,受理事项实行网上公示"的"三公开一公示制度",认真履行注册会计师行政管理职能。四是积极开展注册会计师行政管理课题研究,对财政部布置的"《注册会计师法》修改意见和建议"等3个研究课题进行认真研究,按时将研究报告上报了财政部。

【贯彻实施国家统一的会计制度】一是指导各地积极开展形式多样的《会计法》宣传贯彻活动,进一步加大会计法律、法规的宣传培训力度,全省共培训《会计法》1.5万人次。二是以资产损失情况、新老会计制度双轨运行差异、实施《企业会计制度》的可行性3个方面为重点,在全省范围内选择了100家国有企业,进行模拟执行《企业会计制度》的调查测算分析工作,为研究推动安徽省国有企业全面执行《企业会计制度》提供了决策依据。三是组织省内从事外商投资企业审计业务的会计师事务所,对265户外商投资企业执行《企业会计制度》情况进行了专题调查。四是完成了财政部会计司布置的《小企业会计制度》、《企业会计准则——每股收益》等5项征求意见稿的意见征求工作。

【积极推动会计诚信建设的开展】一是为贯彻落实省政府关于建设"信用安徽"的决定,结合会计管理工作实际,提出了以单位和会计人员为评价对象,积极探索建立会计信用评价体系的目标。对单位试行企业财务会计信用等级评定,制定了《安徽省企业财务会计信用等级管理办法》,全省近300家单位参加了首次评定试点;对会计人员试行建立个人诚信档案,全省已为约2万名会计人员建立了个人诚信档案。二在全省范围内举行了"会计诚信建设有奖征文"活动,并成立了专门的征文活动评委会。征文活动共收到应征稿件466篇,经过初评和复评,有16篇论文获奖。获奖及入围的论文,《安徽财会》以专辑形式予以了公布,进一步扩大了会计诚信建设的宣传效果。

【完善会计人员选拔和评价机制】一是组织2003年度全省会计从业资格统一考试,全省共有12596人报名参加考试,合格人数为3213人。严格实施会计从业资格管理制度,全省新发会计从业资格证书5.36万本。二是组织2003年度全国会计专业技术资格统一考试,全省共有22131人报名参加初级资格考试,3874人获得初级资格;14049人报名参加中级资格全科考试,2899人获得中级资格。三是组织2003年度申报高级会计师任职资格专业知识测试和论文论著答辩活动,93名申报人员中有78人取得测试和答辩双合格。经过省高级会计师任职资格评审会严格评审和投票表决,65名申报人员取得高级会计师任职资格。至2003年底,全省累计已有1244人通过评审取得了高级会计师职资格。四是重新修订《安徽省会计人员继续教育实施办法》,进一步规范全省会计人员继续教育工作,全省共培训各类会计人员18万次。

【开展会计基础工作规范化考核】一是按照全省公共财政支出改革目标任务安排,制定了《安徽省会计核算中心会计基础工作规范化考核标准和评分原则》,对全省各县(市、区)会计核算中心的会计基础工作进行规范化考核验收。考核内容包括会计工作岗位设置、会计人员配备等14个方面共计100个考核指标。经考核确认达到规范化标准的会计核算中心,颁发财政部统一制定的《会计基础工作规范化证书》。二是按照"数量与质量并重"的指导原则,继续抓好对其他单位的会计基础工作规范化考核验收,全省新考核确认会计基础工作规范单位近200户。三是通过完善会计基础工作联系点制度,把对单位会计基础工作的一次性考核验收改为日常紧密联系,提高了单位重视、强化会计基础工作的连续性。

【继续开展会计电算化知识培训】一是重新调整了全省会计电算化培训规划,提出力争到2010年使全省会计人员全部接受会计电算化初级知识培训,有65%至75%的会计人员接受会计电算化中级知识培训。二是重新修订了会计电算化初级、中级知识培训大纲,重新编写了《会计电算化教程》并作为全省会计电算化综合基础知识培训用书,重新开发了会计电算化初级、中级考试软件,实现了初级、中级考试的全部无纸化。三是指导各地继续大力开展会计电算化初级知识培训,全省共培训初级合格人员11627名。积极扩大会计电算化中级知识培训试点面,分别在合肥、芜湖、滁州举办了8期会计电算化中级知识培训试点班,全省共培训中级合格人员600名。

(厅会计处供稿 戴儒鸣执笔)

财政统计评价工作概述

2003年,省财政厅统计评价部门紧紧围绕财政中心工作,在会计决算报表编制、会计信息分析、会计报表稽核、清产核资等方面取得了成效,圆满完成了各项工作任务。

【会计报表工作成绩显著】一是深化会计报表改革。2003年度会计决算报表实现统一口径、统一布置、统一汇编、统一考评,提高了工作效率。二是加强了会计报表的组织工作。及时下发了《关于做好2003年度会计决算报表工作的通知》,制定报表审核、汇总工作方案,明确责任,严格标准,狠抓落实。先后组织3次报表汇审,组织专人审核。在决算报表的编审工作中,着重落实"早、细、严、实",即工作安排及早布置,组织协调周密细致,审核汇总严格要求,各项工作狠抓落实。确保了2002年度全省会计决算报表编报工作保质、保量、按时完成,在全国评比中名列第五,受到财政部的通报表彰。

【加强会计信息分析调研】2002年度会计决算报表共汇编全省各类企业、单位22133户,其中:行政事业单位12391户,国有非金融企业4202户,城镇集体企业2252户,地方国有金融企业10户,集体金融企业1878户,国有建设单位1396户,国有境外企业4户。依据汇编资料,全省财政统评系统共完成分析、调查研究专题报告62篇;完成了《安徽省2002年度会计年报分析报告》上报财政部;整理并印发了《安徽省2002年会计年报数据资料汇编》,为各部门、单位实现会计信息资源共享和为领导决策提供了便利条件。

【开展对会计报表的稽核】为提高会计报表质量,推动全省统计评价工作,根据财政部文件要求,省财政厅于2003年8至9月组织开展了部分企业、行政事业单位会计决算报表的稽核工作。依据2002年度全省会计决算报表编制情况,从省直单位及合肥、芜湖、淮南、宣城4市随机抽取20户基层企业、行政事业单位作为稽核样本,组成5个稽核小组,赴各地开展稽核工作。从报表稽核情况看,各单位上报财政部门的报表总体情况是好的,报表编制方法正确,报表封面信息准确,主要指标真实完整。稽核中也发现部分单位财务处理存在的问题,共查出企业、单位资产不实6701万元,净资产不实5705万元,利润不实462万元。存在问题主要表现为少数单位会计基础工作不够规范,会计要素的确定标准和计量方法存在随意性,长期投资管理还有漏洞等等。依据相关会计法规和实事求是的原则,对被稽核单位下发了检查结论,并要求被稽核单位针对存在的差错和问题及时进行整改。

【考核国有资本保值增值】2003年,为贯彻落实财政部《关于做好国有资本保值增值结果计算与确认工作的通知》和《关于国有资本保值增值考核确认工作有关问题的补充通知》精神,省财政厅组织完成部分国有及国有控股企业保值增值考核确认工作。2002年度企业类会计决算报表共汇总国有企业4202户。其中列入国有资本保值增值考核的企业为453户,占汇编总户数的10.8%。同比,考核户数净减少60户,其中本年新增考核单位60户,因改制、合并、划转等原因减少120户。从隶属关系看,考核省属企业(集团)60户,市县级企业(集团)393户。从考核结果看,有52.3%的企业实现了国有资本保值增值。在453户被考核企业中,增值企业194户,保值企业43户,减值企业216户,分别占被考核企业的42.8%、9.5%、47.7%。其中,61户企业的国有资本保值增值率达到行业优秀水平,39户企业达到行业良好水平,121户企业为行业平均水平。2002年度国有资产保值增值率排在前三位的分别是安徽省达丰国际贸易公司、马鞍山市华联商厦和安徽星马汽车股份有限公司,其中,安徽星马汽车股份有限公司连续2年在全省名列前三位。

【实现会计数据资源共享】按照财政部的统一部署,省财政厅加强了会计报表数据网络查询系统的建库与管理工作,配备了网络服务器,安装了运行软件,整个系统调试完毕,并已正式开通。还利用掌握历年财务数据的优势,积极进行整理、挖掘,将1995年以来所有财务报表数据全部上厅内网,各处室局、单位通过授权可以查询所需的历年财务数据。通过网络查询系统建设,在厅内以及财政系统内部将真正实现"数据公开、数据共享",为加强财务管理,提高财务数据使用效率进行了有益的尝试。

【组织开展清产核资工作】一是对部分省直行政事业单位清产核资结果进行确认批复,指导省、市、县开展行政事业单位清产核资工作。二是应省国际经济技术合作公司等省属企业的要求,组织开展专项清产核资。

【制定支出效益评价方案】2003年,省财政厅制发了《安徽省财政支出效益评价工作方案》,对财政支出效益评价的工作目标、原则、范围、基本内容、组织方式等进行了积极探索。并结合财政支出改革的特点,探索建立以项目投资评价、单位效果评价、部门效绩评价为核心的财政支出效益评价方法和标准体系。该方案作为全省财政工作会议文件,在会上进行了讨论,受到代表们的好评,在中国财政学会、财政部科研所举办的2003年全国财政科研优秀论文评选中被评为一等奖。

(厅统计评价处供稿　程荣明执笔)

财政监督检查工作概述

2003年,省财政厅监督检查部门从全省共抽调2407人次,组织646个检查组,对6541户行政企事业单位进行了专项监督检查,发现有问题金额63478万元,其中已纠正财政违规资金42449万元,追缴(或扣拨)财政资金7105万元,罚款258万元,向纪检监察等有关部门提出处理责任人建议8件,给予党纪、政纪处分2人。

【规范财政监督执法行为】一是开展有关财政监督规章制度执法检查。3月初,监督检查局分赴全省17个地级市和14个县区,就《安徽省财政监督暂行办法》和财政部《财政部门内部监督检查暂行办法》在各地的贯彻落实情况进行了调研检查。调研工作结束后,监督检查局就市、县监督检查工作中存在的领导重视不够、机构设置不规范、人员安排不足、经费保障不得力、内部检查不到位等问题向厅领导提交了专题调研报告,并提出了具体的工作建议。朱玉明厅长在审阅调研报告时对财政监督工作成绩给予了充分肯定。二是制定下发《关于进一步加强财政监督检查工作的通知》,对市县监督检查工作提出了五点具体要求,进一步规范财政监督执法行为。各市县按照通知要求,加大对财经违法违纪行为的处理力度,维护财政监督的权威。基本做到把处理人与处理事结合起来,把行政处罚与刑事处罚结合起来,把内部通报与舆论曝光结合起来,充分发挥财政监督对各种违法违纪行为的威慑和遏制作用。

【加强财政专项监督检查】一是制定了《2003年度财政监督检查项目计划》,确定了所得税分享方案执行情况、外国政府贷款执行情况等10个方面的重点监督检查项目。为推动监督检查工作顺利开展,厅助理巡视员刘钢受朱玉明厅长委托,主持召开了由19个业务处室负责人参加的2003年对外监督检查工作布置会,对监督检查的组织协调、文书格式、审理方式、审计人员聘用等作了具体要求。二是开展省直行政事业单位银行账户清理整顿工作。会同有关部门对省直1404个基本预算单位的近6000个银行账户进行了清理登记,撤销了541个不符合规定的银行账户。针对清理登记过程中发现的账户开设随意性大、数量过多、类别过杂、违规现象时有发生等问题,又对30个省直部门共计491个基本预算单位及相关金融机构银行账户自查阶段的清理整顿情况开展了重点核查。三是开展会计信息质量工作。全省共组织66个检查组对127户企事业单位进行了检查,其中厅监督检查局检查了17户企事业单位,发现企业在会计信息质量方面仍存在会计基础工作薄弱、会计核算不规范、乱列成本费用、会计监督体系不健全等问题。为了解不同所有制企业在会计信息质量方面存在的问题,监督检查局在检查对象的户型确定上,首次选择了民营企业,并首次对违规违纪企事业单位实施了罚款的行政处罚。四是对26所省属高校建设性贷款财政贴息及12所省属高校扩容建设资金进行了专项检查,针对检查中发现的擅自改变资金用途、高校实际付息与财政贴息数额不一致等问题,监督检查局及时与厅有关主管处室进行了沟通,并就保证高校财政性资金的安全性及绩效性问题提出了建设性意见。

【开展机关内部监督检查】一是组织开展对厅机关及厅属单位13位处级以上领导干部离任审计。针对审计工作中发现的部分单位和处室规章制度执行不严格、会计账务处理不规范、会计基础工作不扎实等问题,厅党组要求厅机关各处室、单位要从加强制度建设、改进管理方式、健全责任追究、完善监管体系等方面,进一步加强财务和财政资金管理,提高办事效率,维护良好的财政形象。二是开展部分厅属单位财务情况审计。对财政广域网二期工程建设,以及省中小企业担保中心成立以来的财务管理、财务收支和资金使用等情况进行了专项检查,并就检查中发现的问题提出了相应的整改意见。

【加强注师行业行政监管】一是开展注册会计师行业行政监管工作调研。先后在合肥、安庆、六安三地召开部分会计师事务所主任会计师座谈会,同时选择5家中小型会计师事务所开展财政监管问卷调查,认真收集整理注册会计师行业对财政监管部门的要求与建议。二是及时解决和纠正个别会计师事务所的违规违纪行为。先后对砀山梨都、合肥新元等会计师事务所存在的问题进行了核查。对执业质量问题比较严重的合肥新元会计师事务所,作出了停业整顿、没收非法所得的行政处罚,并对有关当事人给予行政警告处分。三是对35家会计师事务所的执业质量进行了监督检查。为保证调研检查工作收到实效,监督检查局设计了事务所验资业务检查表和审计业务检查表,确定了200多个调查指标,对会计师行业执业质量进行了详细检查,对存在的问题进行了相应处理。

【探索公共财政监督机制】一是在蚌埠市和安庆市枞阳县开展了适应国库集中支付改革需要的监督机制试点工作。二是举办首次财政监督理论研讨活动,100多名财政干部参加了该项活动,共提交调研论文43篇。召开了财政监督理论研讨会,对优秀调研论文进行了交流。会议期间还从北京邀请了财政金融学专家就公共财政框架中的财政监督问题作了专题讲座。

(厅监督检查局供稿 曾昭霞执笔)

政府采购管理工作概述

2003年,省财政厅政府采购管理部门认真贯彻落实《政府采购法》,按照政府采购改革发展总体思路和工作重点,积极进取、开拓创新,不断扩大政府采购的规模和范围,加大管理力度,政府采购工作迈上了新的台阶。

【进一步扩大政府采购规模】2003年,全省采购项目预算金额329802万元,实现采购合同金额283222万元,节约资金46580万元,平均资金节约率为14.1%。全省政府采购规模按实际支付合同金额283222万元计算,占全省财政总支出5.6%,按可比口径计算,比2002年增加111807万元,增长65.2%。超过了财政部规定的增长50%的目标。同时,省级政府采购规模进一步扩大。将财政部认定的政府采购代理机构的政府采购项目纳入省级政府采购统计范围。省级共完成采购预算金额45442万元,实际执行合同金额40280万元,节约资金5162万元,资金节约率11.4%。其中,省政府采购中心共完成采购预算金额40168万元,实际执行合同金额35389万元,节约资金4779万元,资金节约率达到11.9%。

【进一步宣传《政府采购法》】2003年,是《政府采购法》颁布实施的第一年。全省各级财政部门以《政府采购法》的颁布施行为契机,认真组织学习、广泛宣传,利用电视、电台、报刊等各种宣传媒体,采取咨询、知识竞赛、讲座、图片展览等多种形式,向政府采购当事人以及社会各界大力宣传《政府采购法》。省财政厅制作了宣传《政府采购法》的标语专题片在安徽卫视连续播出,扩大宣传政府采购的影响。同时,把《政府采购法》和有关制度和办法汇编成册,及时发到省直各部门、单位和全省财政系统。合肥市财政局利用《政府采购法》颁布实施之日,在市区主要地段向社会各界广泛宣传《政府采购法》;蚌埠市财政局组织全体干部认真学习《政府采购法》,通过答题的方式,使大家了解法律规定的具体内容;六安、铜陵、马鞍山等市积极采取实施,利用讲座、宣传车等多种方式,宣传《政府采购法》和政府采购相关知识,使《政府采购法》深入人心。

【进一步规范政府采购行为】2003年,全省继续抓好规范和完善政府采购制度建设,进一步规范政府采购行为。省财政厅经过深入调查研究,广泛征求意见,适时制定和出台了《安徽省省直行政事业单位复印纸定点采购管理暂行办法》、《安徽省部分通用货物政府采购大市场管理暂行办法》,并按照《政府采购法》要求,在全国率先出台《安徽省工程项目试行政府采购制度暂行规定》,正式启动基本建设工程项目纳入政府采购管理的工作。省财政厅还与省监察厅联合拟定了《政府采购中违法行为的行政处分规定》,由省人民政府印发全省执行。2003年省级确定4个基本建设投资项目,对其使用财政性资金进行的勘察、设计、施工、监理以及与建设工程有关的重要设备、材料等,从其编制政府采购预算和计划、发布政府采购信息、进行招标活动、合同备案、资金支付和验收等环节,按政府采购法规定的程序进行采购。同时,建立复印纸定点采购制度。2003年,省财政厅根据省直行政事业单位复印纸用量大和分散采购的特点,对省级复印纸定点采购进行公开招标,选择了5家定点供应商13种复印纸品牌。省直行政事业单位凭省财政厅制发的《安徽省省直行政事业单位政府采购复印纸记录卡》,在定点供应商范围内采购复印纸,并享受优惠的价格和服务,受到一致好评。

【进一步展示政府采购交易】 2003年9月,经安徽省人民政府批准,省财政厅成功举办了首届政府采购产品展示交易会。本届展示交易会共设400个国际标准展位,吸引了国内外150家知名企业参展。安徽省人民政府副省长田维谦、省委、省人大、财政部国库司政府采购处以及省直有关部门的负责人出席了展交会开幕式,并兴致勃勃地参观了展交会。展交会期间,来自社会各界和全省各级财政部门以及省直有关部门的有关人员共4万多人前往参观。江苏、浙江、福建、山东、大连等省市的政府采购负责人20多人也参观了展示交易会,并与安徽省进行了工作交流。展示交易会上还举办了政府采购说明会、政府采购现场开标会、重点供应商推介会等10场报告会,使社会各界和广大供应商直观感受政府采购工作流程,引导优秀企业积极介入政府采购市场。展示交易会盛况空前,影响深远,达到了宣传政府采购、交流采购信息、展示采购风采、扩大采购规模的良好效果,受到社会各界的普遍好评。

【进一步开展政府采购检查】 2003年11月,省财政厅会同省监察厅、省审计厅联合对省直部分部门、单位2003年政府采购执行情况进行专项检查。分别抽取了省药监局、省卫生厅等9个部门及其所属二级单位进行了检查。从检查结果看,各部门、单位执行政府采购制度的总体情况良好。检查中绝大多数部门、单位能够按照省财政厅的文件要求,认真做好自查工作,积极配合检查组工作。但也发现一些问题,主要是个别部门、单位认识不足,还存在着不按政府采购规定进行采购的现象,对此检查组给予批评指正,并提出了整改意见。对今后年度再出现类似情况的,将按照《安徽省人民政府印发关于政府采购中违法行为的行政处分规定的通知》进行严肃处理。

【进一步加强政府采购基础】 一是切实抓好政府采购信息统计工作。为保证信息统计工作的连续性和及时、准确上报,省财政厅积极采取措施对相关人员进行培训,使他们及时掌握信息统计软件报表的使用,并准确及时报送信息统计报表。全省政府采购信息统计报表继2002年之后,再次被财政部通报表彰,并授予全国政府采购信息统计工作先进单位称号。二是认真办理省政协提案工作。2003年省政协九届一次会议第085号和第567号提案交财政厅办理。省财政厅进行了认真准备,并就提案人关心的问题与提案当事人进行了沟通,并在此基础上进行了认真答复。三是妥善处理采购招标工作中出现的问题。2003年1月,省财政厅认真处理了省计生委2001年采购一批计算机中,有20%出现不同程度质量问题。通过召集有关各方进行座谈,并对出现的问题提出解决方案,最终使问题得到圆满解决。四是认真做好供应商投诉工作。2003年7月,省政府采购中心在省体育局服装及体育器材采购项目(AH—H200376号)采购招标后,有供应商反映,称参与评标的评委中有与投标供应商有利害关系的人员。针对反映问题,省财政厅进行了认真查处,按照《政府采购法》规定,作出了对该评委处罚决定。同时,取消此次评标委员会及其评标结果,重新组织评委重新进行评标,维护了投标供应商的合法权益。五是积极向财政部争取,开通全省市级"中国政府采购"网站。为解决省市级政府采购信息发布难的问题,省财政厅多次向财政部汇报,并与财政部信息中心联系。财政部信息中心已将安徽省市级政府采购网站正式开通。这不仅使全省市级政府采购信息能够及时发布,同时也提高了政府采购的透明度,为供应商及时、公平获得政府采购信息提供了方便。

(厅政府采购处供稿 胥慰庆执笔)

人事教育管理工作概述

2003年,省财政厅人事教育管理部门紧紧围绕财政中心工作,以宣传贯彻落实《党政领导干部选拔任用工作条例》为契机,规范日常管理,强化服务意识,人事教育管理的各项工作都取得了较大进展。

【干部管理】一是认真学习、广泛宣传《党政领导干部选拔任用工作条例》。二是细化程序,扩大群众在干部选拔任用工作中的"四权"。研究制定了《安徽省财政厅机关处级干部选拔任用工作程序暂行办法》。三是归集制度,认真做好《国家公务员暂行条例》宣传工作。四是抓规范、用干部,认真做好干部选拔任用等日常工作:1.积极动员,认真做好全省厅级、县(处)领导干部公开选拔工作。2.认真谋划,积极做好公务员招考录用工作。通过公开招考,为厅机关部分处室和省农发局补充了7名工作人员。3.积极做好干部选派挂职工作。选派厅企业处杨前炉同志到合肥铝厂担任党建工作联络员,抽调厅机关沈浩、国库支付中心胡正中分别到凤阳县和太湖县担任村支部书记。同时,协助有关市县争取财政部工作人员到安徽省有关县(市)挂职。4.及时办理人员任免、调动、聘用、退休手续。全年共任免干部41人次,其中:处级领导干部轮岗7人,提拔处级领导干部12人,虚职转实职5人,科级干部任职16人,按期转正5人。办理人员调动聘用手续6人,妥善协调解决了因机构改革分流的两位同志安置问题。5.进一步规范了出国人员的政审工作。全年共办理因公出国(境)63人次,其中省财政厅自己组团5个共有22人参团,参加中央部委团组的有7人次,参加省政府团组的有5人次,参加省直单位团组的有24人次。6.做好年度考核工作。按照新的考核办法对厅机关188名工作人员和厅属单位26名处级领导干部2002年度工作情况进行了考核。7.认真审核办理各类专业技术职称资格考试、评审申报工作。全年共上报审核高级职称评审、聘任10人次,中级职称12人次,申报经济类、会计类、外语、计算机等职称资格考试86人次,为机关及厅属单位工人审核办理了中高级技术等级资格19人次。同时,为厅属单位3位已聘正高职称人员办理了干部保健证。

【工资福利】一是进一步规范工资管理。全年共申报、审批厅机关离休人员从2003年1月起政策性调整级别工资22人次,离休人员高龄补贴、生活补贴、生活补助变动66人次,全厅机关工作人员通讯补贴进入工资统发187人次,正常晋升职务工资23人次,晋升级别工资37人次,职务变动引起的职务工资、级别工资、职务补贴等变动20人次,连续3年年度考核优秀晋升一级级别工资4人次,办理调进调出人员工资变动7人次,审核厅属单位工作人员工资变动108人次。为省农业综合开发局比照国家公务员管理工资进入统发,建立了工资数据库14人次。统计上报给省委组织部、省人事厅、合肥市劳动局、统计局涉及劳资部分各类报表85份。二是在福利管理上,进一步规范了厅属事业单位福利奖金发放。年初,对厅属10个单位2002年度福利发放情况进行了审计,同时对2003年度的福利发放进行了批复。针对厅属企业单位(百花宾馆、印刷厂、金润置业公司)的经营状况,制定下发了《省财政厅直属企业经营目标管理考核实施意见》和《关于省中小企业担保中心福利奖金发放问题的通知》。

【机构编制】一是撤销了两个机构:(1)鉴于安徽省职工大学财会分校职能取消、编制已划转的实际,为其办理了机构撤销手续;(2)协助省财政科研所将《安徽财会》转为每月定期出版的内部资料性刊物。二是成立了农村税费改革处,为进一步保障农村税费改革政策落实到位,提供了组织保障。三是界定了两个机构:(1)省农业综合开发局界定为比照国家公务员管理的事业单位,并办理了人员过渡;(2)重新界定了省财政经济开发处的职责范围。四是完成了对省注协部分职能的调整:根据要求,将省注协批准成立会计师事务所的职能收归厅会计处、对会计师事务所注册会计师监督检查和行政处罚职能收归监督检查局。五是指导并协助计算中心完成了对爱普公司的清理和改制工作。六是督促厅属事业单位及时办理了机构年检和法人更换。

【干部培训】一是积极选调干部职工参加各类培训学习。全年选调20名处级以上干部、5名科级干部参加省委党校和行政学院的各类培训,选调了23名干部参加财政部干部教育中心组织的各类业务培训。派出1名同志赴德国参加了省委组织部组织的境外培训。二是精心组织,周密安排,举办了两期财政干部更新知识培训班。在上海财大成教院,先后举办了首期全省财政系统处级领导干部和第四期县财政局长更新知识培训班,共有91名省厅和市县财政领导干部参加了培训。

【文明创建】一是狠抓处室内部管理。以贯彻执行《干部任用条例》为契机,开展了以公道正派为主要内容的"树组工干部形象"集中学习教育活动,真正把公道正派的理念牢固树立在处内每位组工干部的心中。增强了为财政中心工作服务、为机关广大干部职工服务的意识。二是积极指导全省财政系统行业创建工作。年初,下发了《2003年全省财政系统创建"人民满意的财政所"活动方案》,要求基层财政以"创建诚信财政所、做诚信财政干部"为主题,以诚实守信为重点,大力加强基层财政所思想建设、作风建设、制度建设，增强服务意识，提高服务效率，有效解决群众反映的实际问题，把财政所建成廉洁、勤政、务实、高效的政府窗口。全省财政系统涌现了一批先进集体和个人：省财政厅先后被授予全省抗击"非典"先进集体、全省抗洪抢险先进集体；东至县东流镇财政分局被评为全省文明窗口(行业)，怀远县姚山乡财政所所长常先周被团中央评为百佳"中国优秀青年卫士"，经本良同志记二等功；全省抗击"非典"先进个人3人，全省抗洪抢险先进个人2人，全省严打综治工作先进个人1人等等。

(厅人事教育处供稿　方习利执笔)

机关党建工作概述

2003年，省财政厅直属机关党建工作紧密联系财政改革与发展实际，坚持与时俱进，虚实结合，创造性地开展工作，机关党建取得新进展。

【兴起学习贯彻"三个代表"重要思想新高潮】 2003年7月至12月，厅直机关集中开展了兴起"学习贯彻'三个代表'重要思想新高潮"活动。厅党组确立了由厅主要领导负责，分管厅长亲自抓，机关党委具体落实，各处室局和各单位积极参与的责任制。机关党委印发了《关于在厅直机关兴起学习贯彻"三个代表"重要思想新高潮的通知》，采取专题学习会、座谈会、辅导讲座等方式，分层次组织机关党员干部专题学习十六大报告和党章，认真研读毛泽东、邓小平、江泽民等领导人的重要著作和十三届四中全会以来的中央重要文献。党组中心组成员和处级理论骨干参加了省委举办的"三个代表"重要思想专题培训班。在学习教育的基础上，各处室局、各单位还联系财政业务工作开展了调研，联系厅直机关政风建设和评议工作、机关党的建设以及干部思想、学习、工作和机关建设的实际，认真查找了思想认识和学习工作中的差距，剖析原因，制定措施，落实整改，取得了比较好的成效。省委副书记王明方对省财政厅学习"三个代表"重要思想的情况汇报作了批示："省财政厅'三个代表'重要思想学习活动开展的认真扎实，希望明年在组织干部学习'三个代表'重要思想，开展培训上取得更大的成效。"

【政治理论教育】 一是厅党组中心理论学习组制定了《厅党组理论学习中心组学习制度》和《中心组学习秘书职责》，认真做好中心组的学习宣传、经验总结及服务工作。两名中心组成员在省直机关学习贯彻"三个代表"重要思想征文评比中获得优秀奖。二是组织厅机关干部职工深入学习邓小平理论和"三个代表"重要思想、党的十六大和十六届三中全会精神、胡锦涛总书记"七一"重要讲话等。集中开展了"艰苦奋斗、廉洁从政"、"创诚信机关、做诚信干部"、"弘扬和培育民族精神、全面建设小康社会"等专题教育活动。三是创新政治理论教育的方式，坚持做到学习前有计划、学习中有要求、学习后有检查，督促检查不放松，结合不同学习专题，综合运用多种学习方式。如请厅领导作学习动员、组织专题研讨和交流、播放学习辅导光盘、编印发放学习辅导材料等。全厅300多名党员干部参加了全省学习十六大精神知识竞赛，106名处级干部参加省直机关学习十六大精神的知识测试，机关干部撰写的12篇优秀理论文章入选省直机关学习"三个代表"重要思想理论研讨会。四是厅图书阅览室新购各类图书资料400余册(套)。在厅局域网建立了"图书资料目录查询系统"，为厅机关1200多人次提供了图书借阅服务。

【基层组织建设】 一是深入贯彻《中国共产党党和国家机关基层组织工作条例》和省委组织部、省直工委《关于实行省直机关党的工作责任制的规定(试行)》，建立健全厅直机关党的各级组织，增补了3名机关党委委员，完成了28个支部换届改选，部分党务专兼职干部参加了省直工委的业务培训。二是加强党的制度建设，严格党支部目标管理，狠抓党内民主集中制、"三会一课"、党内民主生活会等制度的贯彻落实，开展党员民主评议，认真发展党员工作，严格按照"坚持标准、保证质量、改善结构、慎重发展"的方针，把好党员的入口关，全年发展新党员9名，预备党员转正9名，7名入党积极分子参加了入党积极分子培训班。三是积极开展党内争先创优活动，机关党委对厅直机关5个党支部、33名共产党员，以及在抗击"非典"工作中表现突出的1个党支部和5名共产党员予以表彰。

【精神文明建设】 一是厅直机关"创三优"活动取得新成果：厅机关连续第六年被省直文明委表彰为"省直三优文明机关"；厅属单位的"创三优"活动深入扎实，获得"省直文明单位"称号的增至5家，机关2名同志当选省直机关"优秀公仆"；顺利通过了省直文明委对财政厅1997年以来开展"创三优"工作的复查考评，并被再次评为"三优文明机关"。二是厅属窗口示范单位创建工作取得新成效。省政府采购中心和省国库支付中心相继建立并完善了“服务承诺制度”,得到了省直文明委、团省委的充分肯定;省政府采购中心被团省委表彰为“省级青年文明号”,国库支付中心被省直工委、省直团工委表彰为“省直文明单位”和“青年文明号”,国库支付中心还被省妇联推荐为全国“三八”红旗集体。三是工青妇工作取得新突破。厅直机关工会实施工会工作目标管理,与7个直属基层工会签定了工会目标责任书,为全厅500多名职工办理了工会会员证,部分工会建立了职工之家;各级工会动员干部职工踊跃捐款捐物奉献爱心,共计捐款34万元,衣被1100余件,支援抗洪救灾和慰问困难职工;厅直工会组队参加省直机关全民健身系列活动,获得男、女射击项目冠军,男、女登山项目团体冠、亚军,女子保龄球队团体第7名。厅直机关团委结合财政工作实际,积极开展适合机关团员青年特点的各类志愿者服务活动和摄影、保龄球比赛等文体活动;认真做好推优工作,经团委推荐的厅预算处杨学国当选“省直机关优秀青年”,刘小兵、金嘉岳分别当选省直机关青年联合会副主席和副秘书长;2003年,厅团委被团省委表彰为全省“五四红旗团委”。厅直妇委会结合机关女同志特点组织开展了慰问省女教所干警活动和“三八”节女职工考察活动,积极实施“春蕾计划”,组织动员单位、个人捐款5200元和价值500元的文具用品,资助了13名家庭贫困的辍学女童。

【机关扶贫取得新进展】2003年初,厅领导赴3县(太湖、岳西、潜山)开展送温暖活动,捐赠资金6万元。6月下旬,组织召开了帮扶工作座谈会,总结交流了3县的帮扶工作经验。8月至12月,抽调厅机关13个处室局和单位的20人组成检查组,先后11次深入3县11个乡镇的267户困难户走访,详细了解帮扶项目进展和收益情况、帮扶资金到户及使用情况、助学金发放和部分困难户危改工作等情况。同时,认真落实对长丰县孔店乡的对口支援工作。自2003年9月开始,机关党委牵头,与厅有关处室局先后8次深入灾区,走访80余户灾民,了解掌握当地灾情,制定了具体支援的措施和方案,帮助落实支援项目和资金。积极支持了孔店乡的生产救灾和灾后重建工作,全厅向孔店乡捐赠了5.2万元购粮款、1715件(套)过冬衣被和价值50万元的救灾物资,落实了孔店中学、洪圩和王祠小学危改资金、乡敬老院建设资金、大棚蔬菜项目和节水灌溉项目资金共计140万元。

(厅直机关党委供稿 陈 欢执笔)

财政纪检监察工作概述

2003年,省财政厅纪检监察部门认真贯彻落实党风廉政建设责任制,进一步加大从源头预防和治理腐败工作的力度,积极开展反腐倡廉工作。

【加强机关党风廉政教育】一是加强对领导干部的党性党风党纪教育。认真组织学习温家宝总理在国务院廉政工作会议上的重要讲话、省纪委三次全会、省政府廉政工作会议和全国财政系统纪检监察工作会议精神,深入开展“三个代表”重要思想的学习活动。二是开展“艰苦奋斗、廉洁从政”的主题教育活动。同时,多次组织全厅处以上党员领导干部参加了廉洁从政知识测试。三是深化警示教育。在厅内播放了李真等腐败案例的录像片,给全厅职工发放了财政部编印的《财苑警示录》一书,传达了安徽省原副省长王怀忠受贿案、池州市原市委常委兼贵池区委书记钱学明严重违纪案的通报,使广大干部职工时刻保持清醒的头脑。四是实行廉政谈话制度。为进一步加强对领导干部的监督,规范领导干部廉洁从政的行为,2003年受省纪委委托对3名副厅级干部进行了廉政谈话。同时,对4名正处级、7名副处级干部进行了廉政谈话。五是加强机关政风建设,树立良好形象。组织协调有关处室在全厅范围内开展了政风建设活动,将全厅政风建设工作扎实向前推进,在省直机关政风评议中取得了较好的成绩。

【履行党风廉政建设责任】一是切实加强党风廉政建设责任制的组织领导,全厅上下形成一级抓一级,一级对一级负责的组织体系,确保了党风廉政建设责任制得到全面贯彻。二是明确目标任务和责任分工。按照省委、省政府的要求,研究编制了《安徽省财政厅2003年党风廉政建设和反腐败主要工作任务分解表》,逐一分解落实到有关的业务处室、单位,与本单位的其他工作紧密结合,一起部署,一起落实,一起检查,一起考核。三是制定廉政建设规定,严格规范从政行为。为切实抓好党风廉政建设,制定了《安徽省财政厅廉政建设规定》,强化了监督约束机制。四是认真落实厉行节约、制止奢侈浪费行为的规定。转发了省纪委、监察厅《关于元旦、春节期间大力弘扬艰苦奋斗精神,狠刹铺张浪费歪风的通知》,要求全厅广大党员干部尤其是处级以上领导干部自觉用廉洁自律各项规定规范自己的行为。五是认真开展清理拖欠公款和用公款为个人购买商业保险工作。根据省纪委《关于清理纠正国家工作人员拖欠公款行为的通知》和《关于开展清理党政机关、事业单位用公款为个人购买商业保险工作的通知》要求,进行了认真地清理,圆满完成了任务。

【严肃查处违法违纪案件】立足查处一个、教育一片、爱护一批干部的宗旨,加强人民来信来访查办和对违法违纪查处工作。全年共收到举报来信19件,其中反映厅机关处室、单位来信12件,反映财政系统3件,外单位4件,全部办结。

【加强财政系统纪检指导】一是举办了一期全省财政系统纪检监察干部培训班。省纪委有关领导同志讲授了纪检监察方面的知识,各市财政局纪检组汇报、交流了2003年党风廉政建设和反腐败工作情况。通过培训和交流,进一步提高了全省财政系统纪检监察业务干部的水平。二是大力开展调研,加强工作联系。通过调查了解黄山、安庆、滁州等市县局纪检监察工作开展情况,加强工作联系,将各地财政纪检监察工作的好做法、好经验向全省推广。

(厅纪检监察室供稿 陈 敏执笔)

离退休干部管理工作概述

2003年,省财政厅离退休干部管理部门不断改进工作作风,用一片真情为老干部服务,受到好评。

【确立老干部管理目标】一是组织离退休工作处干部职工继续深入学习邓小平理论及“三个代表”重要思想,紧密结合老干部工作实际,边学边议,把学习与讨论相结合,把学与用结合起来,提高学习效果。二是强化职业道德教育,要求人人敬业爱岗、勤政廉政。工作上保持忠于职守、任劳任怨。三是在抓政治学习的同时,强化业务知识、业务技能学习,提高工作人员的政策理论水平。

【加强老干部组织建设】一是加强和改进离退休干部党员的管理。对离退休3个党支部都进行了改选,增强了离退休干部党支部的凝聚力和战斗力。二是每月组织一次老干部政治学习,使他们及时了解党和国家的大政方针,及时了解改革开放和现代化建设的新进展,保持思想与时俱进,不断适应发展变化的新形势,始终在思想上、政治上、行动上同党中央保持高度一致。三是发动离退休老党员、老干部支持抗洪救灾。在“向灾区捐款、捐物”的活动中,老干部积极响应,踊跃捐款捐物,共捐款10650元,衣被149件。

【帮助老干部预防“非典”】一是采取了多种多样的形式向老干部及时宣传“非典”预防知识,提高老干部的防病意识和自我防护能力。二是及时向老干部发放防护用品,积极引导他们信科学、用科学,平时养成勤洗手、讲究个人卫生的好习惯,让老干部们远离“非典”、健康快乐。三是购买消毒液,在消毒液紧缺的情况下,想方设法购买消毒液为两个活动室每天消毒。另外还每天对娱乐器材进行消毒,保证了老同志的正常娱乐活动和身体健康。四是采取了灵活的方式,加强与老同志的沟通。当得知某位老同志“非典”期间没有请假去了“非典”疫情区之后,在他返回合肥时积极做宣传工作搞好隔离和预防。

【服务老干部全心全意】一是积极协调办公室为老干部们报销医药费。二是为老干部看病住院与医院协调解决问题,定期到医院探望,对患病行动不便的离退休干部实行定期走访。三是对厅机关工会所发的副食品等实物,及时送到老干部活动室,分发给每一位老同志。每季度向老干部们通报一次福利费的发放情况。四是做好老干部服务用车工作。克服一切困难,确保老干部用车随叫随到,并做到安全行车,双休日、节假日经常加班加点。五是为离退休老干部80高龄的老人做祝寿会活动。

【丰富老干部文体生活】一是在杏花小区宿舍、淮河路宿舍、省政府宿舍安装了一批室外健身器材。二是组织老干部参加省内外各类比赛9次,并多次获奖。组织厅老干部参加了由省体育局、省体育总会、省老龄委共同举办的“体育彩票杯安徽省第一届老年人运动会”,共参加太极拳、太极剑、桥牌、象棋、围棋、乒乓球、健身走7个项目的比赛。经过激烈的角逐,厅代表团获优秀组织奖,省直组桥牌团体冠军,太极拳(剑)团体第二名和个人第一名、第三名、第五名,健身走个人第六名的好成绩。通过运动,消除了老年人的孤独感,增强了体质,达到了健康长寿的目的。三是组织厅机关80岁以上的离休老干部到长丰县参观考察。有的老干部说,出来转一转少说又多活了两岁。四是组织退休干部一行50多人到枞阳、太湖参观考察;“三八”妇女节还组织离退休女干部一行20多人到太湖、庐山进行了参观考察活动。组织离休干部到黄山、太平湖参观考察。组织离退休厅级干部到铜陵、芜湖、马鞍山进行了参观考察,老干部们称赞党的改革开放政策好。

(厅离退休工作处供稿 李 云执笔)

财政事业工作概况

农业综合开发工作概述

2003年,省农业综合开发局立足全面建设小康社会的目标,一手抓农业综合开发思路的调整,一手抓工作任务的完成,较好地完成了各项工作任务。

【全力做好3年竣工项目验收】2000—2003年,全省国内项目总投资17亿元,改造中低产田400万亩,项目区涉及全省16个市及省直农垦、劳改、劳教局所属农场。经过3年多的建设,2003年已进入项目建设扫尾阶段,要接受国家的总验收。因此,省局高度重视,把项目验收作为重中之重,全力以赴抓好。一是加强领导,全面动员。省政府和省财政厅领导就验收工作专门作了批示,7月4日,省农业综合开发领导小组召开全省农业综合开发竣工项目验收动员电视电话会,各市县分管领导及有关部门的负责人参加了会议。会上,朱玉明厅长和项仕安副厅长分别讲话,有力推动了各地项目建设和验收工作。二是狠抓扫尾,确保完工。从年初开始,省局狠抓项目建设进度不放松,要求各地必须确保在5月底前完成项目建设任务。虽然“非典”疫情造成了一些影响,但各地仍然基本上按时完成了任务。三是三级验收,狠抓整改。县级对3年项目进行全面自验;市级对所有县3年项目进行全面验收;省级进行重点抽验,先后抽调了30多人,组成6个验收组,对全省24个项目县进行了重点抽验。省级验收后,又及时进行总结,对抽验中发现的一些共性问题,立即下文要求各地进行针对性的整改,尽最大努力把项目建设好。四是精心组织,支持国验。在国家验收过程中,副省长、省农业综合开发领导小组组长赵树丛听取了国家验收组的反馈意见,朱玉明厅长出面接待,项仕安副厅长亲自汇报工作。省农发局全力以赴,安排了先遣组、驻点组和陪同组,被抽验的项目市县高度重视,主要领导参与。由于对验收工作组织周密,作风扎实,国家验收组工作十分顺利,对安徽省的组织工作也非常满意,对项目建设给予了高度评价。五是考核评比,表彰先进。通过三级验收,省对所有项目县进行了认真考核评比,全省有17个市、县(区、场)被评为优良项目,给予表彰,并分别奖励5—10万元。颍州、界首、临泉3个县(区)的项目被列为不合格项目,暂停2004年立项资格。其余项目县被评为合格和基本合格。

【开展世行加灌二期项目验收】安徽省世行加灌二期项目于1996开始启动,1998年正式实施。项目区涉及安庆、合肥、巢湖、六安等4市20县181个项目乡镇,计划改造中低产田400万亩,总投资12.6亿元。经过项目区广大干群8年的努力,2003年已全面完成项目建设任务。为了迎接国家的总验收,省局着重做了以下工作。一是完善验收制度。针对世行项目建设周期长的特点,采取分期、分批的验收办法;对于单项工程,完工1个,验收1个,移交1个;对先开工乡镇实行阶段性验收,做到竣工1批,验收1批。全省181个项目乡镇,按开工时间,分期、分批逐个进行验收。在阶段性验收的基础上,省、市、县、乡对5年的项目建设,采取随机抽验和重点查验相结合的方法,进行总验收。制发了《关于开展全省世行加灌二期项目总验收的通知》。二是早动员、早部署。2003年4月,正是“非典”肆虐时期,省局及时调整验收计划,“非典”过后,立即开展验收培训,对全省项目验收工作做进一步部署。三是迅速行动,开展项目总验。从9月份开始,全面开展总验收工作,分省、市、县、乡四级进行。省级验收于11月6日开始,共验收了长丰县、金安区、居巢区等11个县(区),抽验县数占全省总项目县的55%。11月20日全部完成总验任务,11个县(市、区)全部通过验收。四是针对存在问题,及时整改。省局下发了《关于做好迎接世行加灌二期项目国家总验收准备工作的紧急通知》,要求及时整改,进一步规范财务管理,完善内业资料,确保全省世行加灌二期项目圆满通过国家总验收。五是高度重视,迎接验收。12月11日开始,国家验收组一行5人,对安徽省世行加灌二期项目开展总验收。省领导高度重视,省、厅领导亲自出面接待,局负责人全程陪同,并安排人员组成驻点组、先遣组和陪同组。在验收结束时,项仕安副厅长专程赶到和县,听取了国家验收组反馈意见。通过对巢湖市、舒城、潜山、和县项目建设情况及省本级的项目、资金管理进行检查验收,验收组认为:安徽省世行加灌二期项目工程质量较好,资金管理严格规范,经济和社会效益明显。建议国家办批准安徽省世行加灌二期项目通过国家验收。

【开展农业开发项目资金检查】按照国家办统一布置,从7月5日起,省局组织力量,对近3年实施的各类农业综合开发项目和资金管理进行了为期1个月的全面检查,并针对检查中发现的问题,狠抓整改,提高农业综合项目建设成效。由于检查工作扎实,取得了实效,得到了国家办的认可。突出表现在以下方面。一是高度重视,认识到位。7月2日,省局就召开了职工大会,传达全国农发办主任紧急会议和省领导指示精神,研究检查工作意见。7月5日,召开全省农业综合开发大检查工作培训会议,对大检查工作的方式方法、组织提出了具体而明确的要求。并及时制定下发了项目和资金大检查文件。二是工作到位,检查深入。在各县认真开展自查基础上,省、市开展了督查,省、市两级组织40多个督查组,重点督查了6个市级、70多个县区场。同时,还请社会中介机构,对市县近3年的项目资金管理情况进行全面审查。三是措施有力,整改到位。针对检查中发现的问题,省局及时下发整改通知,要求各地件件落实,事事兑现。对一些严重的问题,如颍州、颍上还进行了通报处理,整改取得了实效。四是工作扎实,国家满意。由于大检查工作扎实,国家办对安徽省的大检查报告满意、工作做法满意。在全国项目资金大检查通报会议上,介绍了安徽大检查工作经验。

【推进世行加灌三期项目准备】世行加灌三期项目总投资为55278万元。其中世行贷款为24900万元(折美元3000万元),地方财政配套为17928万元,农民自筹为12450万元。2003年世行加灌三期项目着力做了三个方面工作。一是抓好项目区范围选定。按照省委省政府集中资金加大江淮分水岭地区治理力度的总体要求,三期项目区以江淮分水岭地区为主,经过比较,同时考虑世行三期项目与二期项目县不重复和集中连片治理的要求,选定在合肥、蚌埠、淮南、滁州4市16个县为世行加灌三期项目区。二是初步确定了项目主要建设内容。世行三期项目仍以改造中低产田为主,根据江淮分水岭地区特点,项目主要建设内容为小型水利基础设施、节水灌溉、农田林网、优势农产品基地建设及量力而行发展经济自立灌排区。三是抓好项目启动工作。8月中旬在合肥召开了项目前期准备工作启动会,布置项目区市县开展项目建议书、可研报告的编制工作。10月底,世行三期鉴定团一行11人对安徽省项目前期准备工作进行了论证,初步同意了项目安排。

【推进世行农业科技项目准备】世行农业科技项目总投资规模为3.6亿元。其中世行贷款16500万元。世行农业科技项目主要抓了以下工作:一是根据国办和世行第一次鉴定团要求,对世行农业科技项目准备阶段工作做了全面布置。年初专门召开了由15个子项目有关的市县农发办主任和龙头公司负责人、项目经理共同参加的“项目可研报告暨成本核算和财务分析”培训会。项仕安副厅长到会讲话。会议对项目准备阶段工作做了全面布置。二是接待了世行第二次考察和审查。3月底至4月初,世行科技项目鉴定团对安徽省进行了第二次考察和审查,初步定了11个项目。三是接受社会影响评价。世行委托中国学者于7月份对安徽省进行了为期2周的项目社会影响评价,对各个子项目逐一进行了现场调研和社会评估。四是完善项目可研报告,接受项目预评估。11月下旬,世行预评估团对选定的11个项目进行了预评估,通过了10个。

【加快2003年度国内项目建设】一是整合项目,择优选项,及时下达项目计划。2003年度国内项目共选定项目268个。在选好项目基础上,省局下达了《关于编报2003年农业综合开发项目计划的通知》,各地认真编制项目建设计划,经汇总后上报国家批准。2003年度所有项目均获得国办通过。同时通过简化审批手续,强化建设内容的管理,使2003年项目建设计划及时下达各市县,保证了项目及时开工建设。二是筹足配齐项目资金,及时拨付。2003年度项目省级配套资全部配足,并在10月份一次性全部下到市,并要求市加快项目资金拨付,保证项目建设用款。三是狠抓项目建设招标采购管理。印发了《安徽省国家农业综合开发项目采购管理暂行办法若干条文解释》的管理文件,出台了竞争性招标采购标书商务格式和评标格式等招标采购规范性文件,进一步规范了招标采购的程序、标准、职责。据统计2003年度项目,80%以上的县市都进行了工程招标。四是加快项目建设。据统计,截至12月底,全省2003年项目已全面开工,土方工程已完成近60%,其中淮北市已全面完工,滁州市完成80%以上;配套工程正全面加紧施工,部分市已完成50%,预计在2004年春耕生产开始之前土方工程基本完工,配套工程可完成50%以上。

(省农业综合开发局供稿　王定友执笔)

财政科研工作概述

2003年,省财政科研所紧紧围绕全省财政改革与发展中心,明确工作思路,努力打造“三个基地、两个平台”(即使科研所成为全省财政政策研究基地、宣传基地和会计教育培训基地;使《安徽财会》及其下半月刊成为广大财政财务会计工作者交流经验、探讨业务的两个平台),各项工作成效显著:先后荣获全国财政系统优秀科研所、全国先进财政学会、《安徽财会》被评为全国省市经济类优秀期刊、财政部“五刊两鉴”发行工作三等奖。

【紧密结合实际,开展财政科研】2003年,省财政科研工作紧紧围绕财政改革与发展的主题,突出服务“中心”意识。按照年初制定的课题研究计划,积极组织参加财政部、中国财政学会、财政部科研所、省财政厅、省财政学会以及本所的各项课题研究,先后完成了《安徽省行政区划与区域经济发展研究》、《安徽省城镇职工收入水平差距成因及对策研究》、《大力调整经济结构做大做强安徽经济发展与财政收入“蛋糕”》、《省以下财政体制问题研究》、《安徽省财政支出效益评价设计方案》、《2004—2006年安徽财政发展3年滚动计划》、《安徽财政运行特点与理财方略简论》以及《让公共财政的阳光普照“三农”》部分章节撰稿等11项重点课题,其中配合厅综合处完成的《安徽省行政区划与区域经济发展研究》课题,受到了国务院发展研究中心的高度关注,连续3期在国务院发展研究中心网上转载。

【转变办刊理念 提升杂志质量】2003年是《安徽财会》从形式到内容全面革新的一年。改版后的《安徽财会》杂志,在内容上更加贴近财政财务工作,更加贴近广大读者和作者;在形式上更富有现代刊物的气息,更符合当今办刊的潮流和理念;在管理上进一步引入和实施企业化管理机制,加强了内部控制,质量管理得到全面加强。主要措施为:一是大力宣传财政改革和发展中的热点问题。通过“本刊特稿”、“本期聚焦”等栏目,宣传报道财政支持全省经济发展和社会事业发展所做出的积极贡献。开设“粮补改革”专栏,实施滚动报道,进行政策宣传,受到基层群众的普遍欢迎。二是突出市场取向。“会考辅导”、“CPA资讯”、“政策传递”等栏目成为广大财政、财会人员学习政策、交流经验、探讨业务的园地,深受广大读者的喜爱。三是积极宣传全省财政改革新成果。全年共编辑《安徽财会》及《安徽财会》下半月刊24期,共264万字。先后编辑出版了厅综合处“课题研究成果”专辑、财税信息计算中心“金财工程”专辑、会计处“会计诚信征文”专辑、监督检查局“财政监督检查理论调研”专辑,共4个专辑。全年共组织广告宣传77个版。四是扩大宣传范围。在《安徽财会》征订发行工作中,突出一个“早”字,讲究一个“稳”子,落实一个“实”字,2003年《安徽财会》发行60900份,首次突破6万份大关。

【拓宽培训渠道,造就财会人才】培训工作始终坚持面向市场,立足“服务会计管理,服务财会人员”,努力提高培训质量。组织了注册会计师、会计专业技术资格考试、会计电算化、会计从业资格考试等五类培训工作。为克服“非典”对培训班次的影响,在“非典”后期的培训高峰期间,及时调整培训计划,拓展会计人员继续教育业务,增设培训班次,努力挽回“非典”对培训工作所造成的损失。在厅会计处、省注册会计师协会的大力支持和热情帮助下,全年共举办各种层次各类培训班89个,比2002年增加18个班级,培训各类学员7899人,同比增长19.8%,夺取了抗击“非典”和开拓培训的双胜利。

【完善规章制度,规范内部管理】一是确立2003年为“管理年”,把思想政治建设作为根本,把提高干部职工素质作为基础,把健全规章制度作为保障,切实采取有效措施,为完成全年各项工作任务打下坚实基础。二是成立制度建设领导小组,建立健全和规范各项管理制度。2003年,全所共制定和出台了30余项内部管理制度,内容涵盖了领导班子建设、岗位责任制、财务管理、科研管理、杂志质量管理、广告发行、人员培训、所风建设等,初步形成了一个较为健全的制度体系,使所内各项工作有章可循、有规可依。三是按照“公开、公正、公平”的原则,制定相关规定和办法,对剩余公房进行清理。

(省财政科研所供稿 金 沙执笔)

财政信息系统建设工作概述

2003年,省财税信息计算中心坚持服务财政、服务机关工作思路,积极推进财政信息系统建设,为财政改革和发展提供技术支撑。

【财政广域网建设工程通过财政部验收】联接省、市、县(区)三级财政部门,由125个财政办公局域网组成的安徽财政广域网,历经两年多的施工建设和应用培训,全面建成并投入应用。该工程于2003年1月16日在合肥通过了财政部"金财工程"建设领导小组办公室组织的专家验收。广域网的开通,不仅为全省公共财政支出改革和国库集中支付提供了有力的技术支撑,也为全省"金财工程"全面启动奠定了硬件基础。

【省"金财工程"建设全面启动】2003年1月16日,省召开了安徽财政广域网工程验收暨"金财工程"建设座谈会。会上,朱玉明厅长作了《与时俱进、开拓创新、加快"金财工程"建设步伐》的重要讲话,财政部信息化专家杨方伟顾问就"金财工程"建设总体思路与实施要点作了报告。会议明确了安徽省"十五"期间"金财工程"建设目标。会后,各市财政局都陆续成立了"金财工程"建设领导小组、明确了办事机构,从组织上保证了"金财工程"建设的全面启动和顺利实施。

【为国库集中支付改革提供技术支撑】2003年,全省市级国库支付中心全面完成了国库支付信息系统的应用实施和人员培训工作,使安徽省在国库支付信息系统向市级财政部门全面推广应用方面,走在了全国前列。同时,与省人民银行国库和有关商业银行联网交换信息的"国库集中支付网上查询、申报、审核系统"开发成功并投入应用,从而使预算单位通过网络即可查询核对账户开支情况,申报月度用款计划,提交授权支付和直接支付申请等。通过对首批纳入网上支付试点的55家预算单位、主管部门和财政归口管理处室财务人员开展培训,成功实现了网上支付与用款计划审批的无纸化作业,受到预算单位和主管部门财务人员的好评。省本级应用的"国库集中支付信息系统",2003年累计处理了5万多笔支付业务,支付资金32亿多元无差错,在全省乃至全国财政国库管理制度改革过程中都发挥了示范带头作用。

【全面推广应用农税征管信息系统】2003年,省全面推行以"厅点征收、计算机管理"为主要内容的农税征管新模式,在已建成的1000多个农税纳税服务厅和各级农税征收机关全面安装应用了《"金穗2000"—农税征收管理系统》软件,实现了厅点征收、计算机开票同步进行,保证了票款账目准确、稽核统计快捷,使基层农税征管人员能腾出更多精力开展纳税宣传和便民服务。同时,也大大改善了乡镇农税窗口单位的形象,促使全省农税征管队伍和征管工作向"队伍专业化、征管法制化、管理计算机化、操作规范化"的目标迈进了一大步。

【开发和推广粮补软件】从2003年6月起,全省开展了粮食补贴方式改革。为解决粮补资金直接发放到农户过程中大量的人工难以完成的计算、打印、汇总和统计上报问题,避免手工作业差错和重复劳动。省粮补办组织了粮补软件的开发和推广,软件直接利用了《"金穗2000"—农税征收管理系统》收集的农户资料,用技术手段来规范粮补操作、提高工作效率,从而确保了当年8月全省1800多个乡镇财政部门都及时采用计算机开展粮补资金发放和数据统计汇总工作,使6亿多元的粮食补贴款通过乡镇办税大厅及时准确地发放到千家万户,有效地促进了粮补改革任务的提前完成。

【安徽财政政务网站建成开通】12月18日,安徽财政政务网站正式开通,该网站作为安徽财政在省党政内网上的门户网站,不仅直接承担着为预算单位和党政部门提供国库集中支付的网上受理服务,而且与安徽党政网与各市财政部门二级子网站实现了互联互通。从而在安徽党政网上开辟了一块全新的财政宣传阵地,为宣传财政工作、全面推进"金财工程"建设,服务全省财政的改革与发展,提高工作效率发挥重要作用。

【财政电视会议系统建成开通】财政电视会议系统是依托省到市党政信息网传输主干,通过架设从各市政府信息中心延伸到当地财政局的光纤线路,而建成的联接省市两级财政部门的电视会议系统,能够在满足一般性全省工作会议和省与市、市与市财政部门之间工作交流的同时,压缩会议开支、提高工作效率。

【落实和强化财政信息化工作责任制】为了加强对财政信息化建设和信息系统应用工作的管理,2003年,省财政厅印发了《关于加强全省财政信息化工作的意见》和《财政电视会议系统应用管理暂行办法》,明确和强化了财政信息化工作责任制,从制度上保证财政信息系统建设和管理工作的进一步落实。

【做好县级会计核算信息系统技术服务】为了保证会计核算信息系统的安全正常运行,计算中心安排专人按照规范服务的要求,分片包干地为使用厅里推荐的会计核算信息系统的51家会计核算中心提供技术支持和巡回服务,较好地满足了县级公共财政支出改革对技术支持与服务的需求。

【做好厅机关的技术支持与维护服务工作】随着财政广域网的开通和厅机关办公网资源的开发利

用，机关各处室的网络应用水平和技术服务需求也在不断提高，特别是2003年“非典”疫情传播期间，由于不许出差，网络应用格外繁忙。2003年，为厅机关提供技术服务和维修、维护达1800件次，办理电话移机配线100余次，网络跳线50余次，基本做到了及时响应和优良服务，未发生过人为责任事故。

【**做好信息技术应用培训工作**】2003年，主办协办各类信息技术和业务软件培训班110期，培训人数累计达4500多人次。其中，举办农税征管软件培训班80期，培训市县和乡镇农税干部2000多人次；举办全省乡镇粮食补贴金发放管理软件培训班39期，培训市县、乡镇粮补人员1600多人次；对各市办公室主任和网络管理员进行了电视会议系统应用管理培训；还配合多个业务处室举办了针对省市两级财政干部和预算单位财务人员的业务软件应用培训。此外，计算中心技术人员有6人次接受了财政部组织的专业技术培训。

（省财税信息计算中心供稿　李森林执笔）

政府采购工作概述

2003年，省政府采购中心坚持以“规范运作、廉洁高效、开拓创新”为重点，认真贯彻实施《政府采购法》，在采购范围、采购规模及内部管理等方面都取得了可喜的成绩。全年共完成采购项目298个，项目预算资金达40168万元，同比增长为28.5%；合同资金为35389万元，比预算资金节约4779万元，平均资金节约率11.9%。

【**抓规范运作，提高服务质量**】一是采购方式上坚持以公开招标为主，其他采购方式为辅，在全年完成的采购项目中，公开招标项目的预算资金占项目总预算资金的70%，其他采购方式只占30%（即邀请招标占5%，询价采购项目占17%，竞争性谈判项目占7%，单一来源项目占1%）。二是坚持采购信息在指定媒体上发布，不仅将公开招标项目公告在媒体公开发布，而且将其他采购方式的信息也在媒体上发布，增加了采购信息的公开性与及时性，有助于供应商及时获取信息，得到了供应商的好评。据统计，全年发布公告信息近300条，这在全国其他省市比较少见的。三是及时清退供应商的投标保证金及履约保证金。对于按规定收取的投标保证金，项目合同签订后，立即清退。履约保证金待中标供应商合同全部履约完成，并征求用户单位同意后，在2个工作日内清退，减轻了供应商的资金周转压力。四是改进聘请技术专家抽取工作，保证程序公正。除极少数采购内容比较偏僻少见或专业性极强的采购项目外，对于一般项目实现了在专家信息库中随机抽选产生的方式，这在全国目前也是比较领先的。五是维护招标项目的严肃性。凡是超过投标截止时间的投标，全部作为无效投标处理，保护了按时投标供应商的合理权益和招标工作的严肃性，受到了用户单位及供应商的理解和支持。

【**抓采购效率，扩大采购规模**】一是在接到采购任务后，立即明确项目负责人，要求2个工作日内须与用户单位进行联系，确认采购设备情况，对采购需求进一步细化。二是对采购金额较大且货物种类复杂的项目按规定采用公开招标方式，对部分简单的标准化产品或不太复杂的项目、考虑用户所需尽量缩短等待时间，特事特办、急事急办、采用询价方式立即办理，为用户尽快使用货物节省了大量时间。三是对因“非典”影响使采购项目比较集中在11、12月份，中心精诚团结、共同协作，仅两个月完成了近百个项目。2003年共完成项目298个，比2002年增加64个，增幅27.3%。这是采购中心成立以来完成项目最多的一年，也是采购规模最大的一年。

【**抓合同履约，确保采购质量**】一是加强对招标、评标过程的质量、服务把关。强调价格最低不一定中标，同等质量、服务比价格，同等价格比质量、服务，将质量、服务放在重要位置，减少供应商片面拼价格、中标后给用户单位带来质量和服务问题。二是进一步加强履约过程的检查。在项目的实施过程中，始终保持同用户联系，遇到问题及时协调处理，及时进行项目验收审核，确认合格后才算项目最后完成。三是加大对违约供应商的处罚力度。2003年，有两家供应商以次充好，弄虚作假。中心给予了严厉处罚，除没收供应商的履约保证金给用户进行补偿外，还限制他们在一定时期内不能参加省级政府采购活动，并进行了通报。通过这件事，其他供应商也得到了深刻的教育。

【**抓廉政建设，提高人员素质**】一是定期组织政治学习和有关政策、法律等方面学习，提高政治修养，以此加强廉政教育。二是在具体采购活动中，加大项目监督力度，对于金额比较大或有影响的采购项目，邀请公证人员对项目开标会进行现场公证20多次。三是对于社会关注的很多项目，中心还邀请特邀监察员出席开标、项目评审等采购工作全过程，全年累计达到50多人次。特别重要或复杂的采购项目,我们还直接邀请省纪检委(监察厅)的同志全过程参与,保证开标、评标工作顺利进行。四是加强对职工业务知识的培训,多次派人参加政府采购方面的知识培训班等学习,既丰富了知识,又开拓了眼界,提高了业务能力。

(省政府采购中心供稿　姚先飞执笔)

财政投资评审工作概述

2003年,省财政投资评审中心(以下简称评审中心)共评审各类财政投资项目89个,其中省财政投资项目23个,财政部直接安排的项目66个;全年审查项目投资(含专项资金核查)累计为230.55亿元,其中基本建设预决算评审项目39个,送审投资20.89亿元,审定投资18.23亿元,审减资金2.66亿元;参与专项检查5批次60个,涉及专项资金(项目投资)209.66亿元。

【积极评审省财政投资项目】2003年,评审中心完成的评审项目有:省审计厅办公楼、省国土资源厅办公楼、稻香楼宾馆南苑、省体育场加固和“迎九运”工程、省政协培训中心、安徽剧院、省9811人防工程、省经管学院教学楼、省黄梅戏剧院、省人大变电所等工程项目概算或决算评审。省财政投资的16个基本建设项目送审投资3.94亿元,审定投资3.41亿元,审减0.53亿元,审减率达到13.5%。其中,省某厅办公楼净审减591万元,安徽剧院净审减261万元,省体育场净审减277万元,为省财政投资项目把好了关。

【认真完成财政部交办任务】2003年,评审中心受财政部经建司委托,先后对浙江省21个污水处理项目进行了追踪问效核查,对河北省和上海市的13个污水项目进行了追踪问效核查。3省的污水处理国债项目累计投资140亿元,其中上海市合流污水处理二期项目投资42亿元,创近年来中心评审项目单个项目投资额的新高;对黑龙江省第三、四批中央储备粮入库成本的专项核查工作,审减收购成本514万元;湖北省2001年200亿斤22个中央储备粮库竣工决算评审和山东省京沪路齐河至开山段竣工决算评审,项目报审总投资16.94亿元,审定投资14.81亿元,审减2.13亿元,审减率达到12.6%。评审工作受到财政部经济建设司的充分肯定,同时也得到被评审单位的一致认可。

【狠抓评审质量,开展创优活动】一是抓评审方案优良,实现评审开局良好。在制定评审方案中,坚持以财政经济效益评价为中心,以财政资金运动和项目基建及成效为主线,形成的追踪问效报告有数据、有深度、有分析、有评价、有政策建议。中心上报财政部的浙江污水处理国债项目一个总报告21个分报告得到了财政部经建司的高度评价,随后财政部在布置全国污水国债项目追踪问效会上,除经建司布置工作外,专门安排安徽财政投资评审中心在会上作了如何做好污水处理国债项目评审的经验介绍,会后几乎全国所有的评审中心都向安徽索取评审方案和评审表格。二是抓评审作风优良,以提高全体评审人员的整体素质。中心抓的评审作风包括思想作风、工作作风和生活作风。中心绝大多数同志都努力进取,以实际行动维护安徽财政的良好形象。三是抓评审报告优良,使评审结论成为财政部门节省支出的可靠技术支撑。中心的评审报告已稳步提高,不仅对委托文件的要求反映全面,对项目的基本情况、资金来源渠道、项目建成后的效益情况表述详实,对审增审减的原因表述清楚,对指出的问题依据充分,而且数据准确、条理清晰、重点突出,便于领导部门在审阅报告时能看得快、看得懂。并在每份评审报告中,都能向上级财政部门提出相应的政策建议。

【做好课题研究,探索评价方法】2003年,财政部经建司主持开展了财政投资项目后评价课题研究工作,该课题作为财政部2003年立项的重点课题,由财政部经建司负责,安徽省财政投资评审中心主持,江苏、浙江、山东、福建、四川、云南、河北七个省参加。研究工作持续近一年,在镇江、北京等会议上对研究的阶段性成果进行了认真讨论。整个课题三易大纲,研究报告十易其稿,最终形成了2万余字的总报告和6个分行业的指标体系。12月18日,财政部经建司在安徽主持召开了《财政投资项目后评价课题研讨座谈会》,参与课题研究的8个省评审中心近40名代表参加了会议,毕小彬副厅长到会作了讲话,会议对财政投资项目后评价课题研究总报告及有关分行业指标体系进行了最后定稿。对省评审中心承担的总报告撰写、污水处理和公路两个分行业指标体系的工作给予了高度评价,并在会上明确指定省评审中心承担的污水处理国债项目后评价指标体系,作为其他行业后评价指标体系设定的样板。

(省财政投资评审中心供稿　周　涛执笔)

国库支付工作概述

2003年,省财政厅国库支付中心紧紧围绕财政国库管理制度改革总体要求,精心安排、狠抓落实,相继开展了网上支付试点等多项工作,提前实现了省级预算单位全部纳入国库集中支付的目标。同时,获省直"青年文明号"、省直"三优文明单位"、省直"巾帼文明示范岗"等称号。取得了国库集中支付工作和精神文明创建双丰收。

【改革进一步向纵深推进】一是国库集中支付范围进一步扩大。2003年8月和10月,省直剩余的71个部门及所属单位分两批纳入国库集中支付,标志着从10月起,省直117个部门及所属1000多个单位全部实行了国库集中支付,提前完成省政府提出的到2003年底省直部门全面实行国库集中支付的目标,在全国名列前茅。二是开展了网上支付试点工作。10月,选择省水利厅等7个部门55个基层预算单位开展了网上支付试点。试点工作运行平稳、成效明显:网上支付系统投入使用后进一步提高了财政资金支付效率,方便了预算单位用款。

【全力以赴抓好集中支付】2003年,国库支付中心共集中支付财政资金32.3亿元,比2002年增加18.8亿元,增长1.39倍,结余资金2.5亿元,结余率为7.2%;录入预算指标13800多条,用款计划19900多条,审核和受理拨付资金的笔数为58200多笔,录入指标、计划量比上年增长1倍多。在支付过程中,中心严把支付审核关,全年共拒付不合规的业务980多笔,金额860多万元。

【加强与相关单位的协调】一是邀请了省直29个部门召开座谈会,当面探讨工作中存在的问题,共商解决问题的办法。二是主动上门对省委统战部及9个民主党派、省委办公厅等多家预算单位进行了走访、了解情况、听取意见、帮助解决业务难题,并对其会计人员进行了国库集中支付业务知识的培训。三是牢固树立全局观念,主动加强与人民银行、厅有关处室、代理银行的协调和配合。

【完善国库集中支付软件】一是积极配合有关部门相继开发了统发工资数据、年初预算指标数据接口软件,实现了统发工资数据和年初预算指标数据对国库集中支付软件的自动导入。二是积极配合有关部门开发了网上申报与查询系统,实现预算单位就近取款和办理转账业务。三是对现行的国库集中支付软件功能进行了进一步的改进和完善。

【加强文明创建工作】一是制定服务承诺制度,就办事程序等向社会公开8项承诺。发放了《征求意见卡》,虚心听取预算单位意见,接受其监督。二是注重政治理论学习,坚持定期学习制度。三是开展业务技能的培训,鼓励工作人员自觉学习和钻研专业知识,使业务素质不断提高。四是开展了争创省直"巾帼文明示范岗"和省级"青年文明号"等创建活动,并获得了省直相应的光荣称号。

(厅国库支付中心供稿　陈　军执笔)

注册会计师管理工作概述

2003年,安徽省注册会计师协会以诚信建设为主线,以服务会员为宗旨,以促进行业自律发展为动力,内抓管理、外树形象,行业发展和协会建设迈上新台阶。

【积极认真筹备,召开换届大会】安徽省注册会计师协会第四次会员代表大会暨第四届理事会经过精心组织和认真筹备,于2003年6月26日在合肥隆重召开。省政府副秘书长马元飞到会祝贺,省财政厅厅长朱玉明在会上发表《更新观念,强化服务,开创我省注册会计师事业新局面》的讲话。全省注册会计师和资产评估行业、省直有关单位、部门、省内有关高等院校的代表等199人参加会议;会议审议通过了《安徽省注册会计师协会章程》;选举产生了104人组成的新一届理事会、32人组成的常务理事会和省注协会长、副会长、秘书长、副秘书长。

【加强内部建设,提高工作水平】为适应行业新的发展要求,省注协秘书处内设机构调整为办公室、注册部、综合部、培训部、考试部和信息部等6个部室。先后制订和修订了《安徽省注册会计师协会考勤制度》、《安徽省注册会计师协会请销假制度》、《安徽省注册会计师协会会议制度》及《安徽省注册会计师协会财务管理制度》等十余项管理制度。在工作中狠抓内部管理,切实改进工作作风,提高工作水平。

【增强服务意识,做好会员管理】一是积极做好会员注册工作,寓管理于服务之中,增加申报注册次数,全年新批注册会计师注册117人,新批注册资产评估师注册57人。二是支持人才合理流动,办理注册会计师、注册评估师转所57人次。三是探索和尝试非执业会员管理的新路子,在全国率先与中注协数据库并网。截至2003年底,全省有会计师事务所154家,执业注册会计师1432人;资产评估机构85家(其中专营3家、兼营82家),执业注册资产评估师453人;注册会计师非执业会员3398人、注册资产评估师非执业会员134人。

【抓好后续教育,提高会员素质】调整培训思路、改进培训方式、修订培训内容,加强后续教育的基础性管理工作,建立培训管理档案;充实师资队伍、建立优胜劣汰的师资竞争机制;打破单一的后续教育培训模式,尝试多形式、多渠道、分层次、分类别的培训方式;采取授课与研讨相互补、理论与实务相结合、基础知识与专题讲座相联系的教学模式,扎实做好后续教育工作。全年共举办各类培训班15期(其中资产评估师培训班2期),选派部门经理以上人员参加中注协在北京国家会计学院、上海国家会计学院举办的各类培训班32期,共培训各类人员2100人次。

【加强组织领导,完成考试工作】克服"非典"疫情的影响,省财政厅第十二届注册会计师考试委员会及时召开全省注册会计师考试组织管理工作布置会,组织厅机关有关处室的同志和省注协部分工作人员赴全省各市考区巡视考试组织工作和考风考纪情况,确保考试工作万无一失。全省2003年注册会计师考试报名人数为20420人,报考47280科次,创开考12年来新高;全省会计、审计、财务管理、经济法、税法考试通过人数和合格率分别为585人(9.4%)、170人(7.1%)、328人(9.5%)、525人(13.5%)、594人(12.9%),单科通过总计1703人次,5科一次性通过的2人。与此同时,积极配合省考试中心圆满完成了2003年度注册资产评估师的考试工作。

【提供相关咨询,做好会员维权】省注协聘请省内审计、会计、评估、基建和法律等有关方面的专家,组成专家咨询小组,在陆续接到会员的业务咨询后,经与专家讨论、研究后,及时慎重的给予会员具体业务指导,提供专业建议和技术服务,降低了执业风险,提升了行业执业质量。结合行业发展中遇到的新情况、新问题,积极与有关部门沟通,做好协调与解释,争取各部门支持,为切实保障广大注册会计师、注册资产评估师的根本利益营造一个良好的外部发展空间。

【组织业内交流,践行行业自律】省注协为加强同业间的联系和沟通,解决行业发展中的突出问题,促进事务所的内部管理,先后两次召开合肥地区所长联谊会,为执业机构提供一个交流业务、加强沟通、增进了解的平台。同时,为探索和实践行业自律管理的实现形式和途径,组织合肥地区执业机构于2002年底正式签定《合肥地区会计师事务所和资产评估机构公平竞争自律公约》,共同维护行业秩序和行业信誉,保障执业机构之间公平竞争,提高会员自律意识。

【建立诚信档案,促进诚信建设】省注协先后为全省各执业机构及所有执业会员建立诚信档案,以事务所为单位,记录近年来事务所和注册会计师(评估师)受到处理、处罚以及受到表彰奖励等情况的诚信信息,并对受到处罚的单位和个人在省注协互联网站上予以公布。通过网络查询,为有关部门提供诚信信息证明,在行业内起到了很好的诚信警示作用。2003年11月,成功举办了安徽省注册会计师行业(合肥地区)诚信演讲比赛。全省行业诚信建设不断深入,行业公信力不断提升。

【推进信息建设,构建管理模式】省注协先后对行业广域网和内部局域网进行改造,进一步加强内、外网开发,改变传统的办公与管理模式。2002年5月份,成功接入10M城域宽带网,为考试、注册、培训、监管等行业管理工作信息化提供网络化平台。协会现已建立以OA平台和互联网站为依托的全行业数据库;一切管理文件和相关政策均通过互联网站向外发布;一切审批事项均实行网上公示;仅2002年非执业会员的年检就有近一半的工作是通过网络完成的。截至2003年底,省注协内部办公自动化系统共发布各类信息210余条,系统容量从468M扩增到622M,省注协国际互联网站共发布各类信息458条,收到网上留言180余条,网站的库容总量突破100M,网站访问量已近51万人次。

(省注协供稿　张行宇执笔)

中小企业信用担保工作概述

2003年,省中小企业信用担保中心坚持以促进中小企业发展、繁荣地方经济为己任,共为979户企业提供了直接和间接担保,实现担保与再担保额50280万元(其中担保额26620万元,再担保额23660万元),没有发生代偿与代偿损失。

【主动拓展担保业务】一是中心本部全年共接待300多户企业担保业务咨询,受理153户企业担保申请,评审通过61户,承办担保企业57户,担保金额26620万元;同期解除担保责任金额18430万元,取得保费收入430万元,没有发生代偿和代偿损失。通过对担保的35户企业进行抽样统计,受保企业新增销售收入68953万元,新增税收4089万元,新增就业人员2651人,为扩大就业、增加税收、繁荣经济和促进社会稳定做出了积极贡献。二是中心与各家合作银行达成协议,对担保企业的贷款执行基准利率或下浮利率。这样既为中小企业贷款提供了便捷的贷款途径,又降低了融资成本。此外,中心已与中国银行安徽分行达成协议,为中小企业融资开辟"快速通道",即在一定的总额度内,中心担保的企业,该行由公司业务处直接进行审核,不需经"贷审会"审批,大大缩短了贷款审批时间。三是中心受财政厅委托管理"省级单位下岗再就业担保基金"。为此,中心专门设立了省级单位下岗再就业基金管理办公室,委派专人负责这项工作。办公室于8月22日正式挂牌成立,对外开办下岗职工小额贷款担保业务,2003年年底已办理了35笔、70万元的小额担保贷款,帮助97名下岗失业人员实现了再就业。

【推动担保体系建设】对市级担保机构的再担保是构建省信用担保体系的主要形式。为加快发展再担保成员单位,2003年省担保中心派出3个考察组,分赴各地了解市级担保机构组建情况和担保工作开展情况,引导督促他们拓展业务,规范操作,完善风险防范机制。对于基本符合再担保条件的市级担保机构则及时纳入再担保成员体系,本着成熟一个发展一个的原则,循序渐进,逐步扩大信用担保体系覆盖面。2003年,又有池州银通担保公司、蚌埠中小企业信用担保公司成为省担保中心再担保成员单位。对于先期加入的再担保成员单位,认真做好规范管理工作,并根据各成员单位的特点和不同阶段需要,分别从扩大资本金、创新担保品种、建立补偿机制、做大担保额等方面提出建议,并协助做好有关方面工作。2003年,担保体系内的成员单位达到了6家,全年累计共为922户企业提供担保,实现担保总额23660万元。

【扶持科技民企发展】近年来,科技型中小企业悄然兴起并迅速发展,成为全省经济发展中最活跃的创新主体。省担保中心坚持把科技型中小企业作为扶持重点,根据省高新技术产业化工作领导小组办公室下发的《关于分解2003年高新技术产业化工作任务的通知》精神,加大对高新技术企业的支持力度,加大对高新技术企业的担保额度,引导信贷资金向高新技术企业流动。2003年共为15户高新技术企业提供9010万元的担保贷款,占直接担保额的34%,超额完成了省高新技术产业化工作领导小组下达的扶持5户高新技术企业的任务。民营企业是推动全省经济发展的重要生力军,但由于民营中小企业自身固有的缺陷,加上市场经济条件下各金融机构加强了风险控制,民营企业贷款难、融资难的问题十分突出。因此省担保中心始终把民营企业作为主要扶持对象。2003年共为622户民营企业提供了担保与再担保,占总户数的63%,担保额为39127万元,占担保总额的78%。

【着力提高投资收益】一是搞好资本运作。2003年虽然资本市场出现较大动荡,但由于对市场进行了充分调研,对投资方向和品种作了认真研究设计,资本运作仍取得了较理想的回报,全年实现到账收益1900万元。二是加强对参股、控股企业的联系管理。2003年省担保中心先后与上汽奇瑞、九华旅游、振兴科技、江南机械等投资企业负责人进行沟通,围绕产权关系、上市融资、股份制改造等方面问题进行协商,提供大量服务工作,提出一些合理化建议。这些工作对于促进企业的发展和保证国有资产保值增值都起到了很好的作用。三是谋求新的利润增长点。(1)稳步安全地做大担保业务,以获取相对长远、稳定的保费收入;(2)谨慎涉足风险投资和实业投资,重点是科技含量高、行业垄断较高、投资回报高的"三高"项目。这两项业务已开始实施并有较好的预期收益和市场前景。

(省中小企业信用担保中心供稿　沈成建执笔)

经济开发管理工作概述

省财政经济开发工作自2002年1月从原省信托公司收回省财政厅以来,着力清理回收部分财政周转金和全部财政专项资金债权及管理财政发展资金,积极开展资金盘活业务,2003年各项工作取得了长足进展。

【清欠工作取得成效】省财政经济开发处自接受清欠任务以来,共清理出财政周转金和财政专项资金借款634笔、2000余份原始资料,合计债权金额8.9亿元。2003年成功回收欠款资金3268万元(不包括省财政厅国库处扣款)。其中欠款单位直接归还到账1143万元,超额完成年初确定的800万元清欠任务。

【有效使用发展资金】2003年2月27日，省财政厅确定将已回收的资金作为财政发展资金，继续用于支持经济和社会事业发展。省财政经济开发处在调查研究的基础上，制定了以规避风险、确保偿还、兼顾效益为主要内容的《借款合同》以及与之配套的还款《承诺书》、《催缴占用费通知单》等。全年投放财政发展资金5500万元。其范围涉及省高校教育事业、县级工业园基础项目和发展潜力大、经济效益好的民营企业，初步收到了一定的经济效益和社会效益，实现了财政发展资金的保值增值。

【认真管理国债资金】2003年，国家发展和改革委员会和财政部下达给安徽省国债专项资金1945万元，重点支持涡阳牛羊肉加工厂、无为华康食品有限公司、江坝油脂工业有限公司。省财政厅决定由省财政经济开发处作为国有出资人代表对此项资金进行管理。根据“保证资金安全，使其保值增值”的要求，经济开发部门在深入考查的基础上，确定以参股等方式对国债资金进行管理，并与企业签订了《出资协议书》。国债资金注入3家企业后，将严格按照《公司法》操作，做好企业的审计、资产评估，重新确定股份比例等各项工作。

【加强内部制度建设】2003年，省财政经济开发处相继制定并出台了《经济开发处职责范围》、《财政发展资金管理办法》、《财政发展资金对外借款程序》以及考勤、请销假制度，车辆使用、档案管理等内部管理制度和规定，使经济开发工作向着制度化、规范化日臻完善。

(省财政经济开发处供稿　彭元录执笔)

厅机关服务工作概述

2003年，省财政厅机关服务中心牢固树立服务意识，狠抓内部管理，圆满完成了各项任务。百花宾馆因“非典”停业3个多月，仍实现营业额1505万元，提取折旧407万元；厅印刷厂实现产值1005万元、利润220万元；金润置业有限责任公司实现营业额216万元、利润110万元。中心被省财政厅评为2003年度文明创建先进单位；省财政厅被省行管局授予“花园式单位”、“十佳食堂”、“十佳车队”称号。

【采取应急措施，预防“非典”疫情】2003年春夏之交，面对突如其来的“非典”疫情，厅机关服务中心采取积极措施，沉着应对：印发了《传染性“非典”型肺炎预防知识》小册子1000多份；制作防“非典”宣传栏2个；与省、市防疫站联系并实施对办公场所和宿舍区进行消毒；购置并发放口罩6000多只、一次性手套5000多双、“安达芬”干扰素滴眼药5000支；两下南京购买防“非典”中药12000袋；设立来访人员临时接待室；做好出差归业人员的登记和上报工作，节假日也不例外。在防“非典”工作中做到了早宣传、早预防、早行动。由于措施得力，实现了厅党组提出的“全厅干部职工无一例疑似病人，无一家属子女受感染”的要求。中心党支部被厅机关党委授予“防治“非典”先进基层党支部”称号。

【加大巡检力度，做好后勤保障】厅机关办公楼于1997年建成，在交付使用6年后，相继出现部分设备老化、外墙渗水、内墙陈旧、管道锈蚀等问题。为此，中心加大保障力度：一是加强办公楼管理，坚持巡检制度，认真填写周巡检表和月巡检表，明确巡检内容，增加巡检项目。二是改造办公楼饮用水净化系统，清洗2台空调主机高发炉膛传热管，对2台冷却塔进行防腐处理。三是更换空调和各种灯具配件1200多件，确保办公楼照明和空调正常运行。四是更换厅机关电动伸缩门，为食堂安装风幕机和排油烟调节阀。维修了新风机5台、电动机9台和一楼车库卷闸门，改造和清洗开水器30台，自制再生节能灯泡近百只。

【搞好物业管理，服务全厅职工】一是做好旧楼顶层防水工程和楼道粉刷工作，新做楼顶防水工程1840m^2，粉刷办公楼道10240m^2，粉刷宿舍区楼道11330m^2。二是在日常水、电及木工维修中，做到24小时服务，随叫随到。三是及时清理建筑垃圾、生活垃圾和化粪池，清理宿舍区下水管道和窨井等。四是在夏季用电高峰时，针对厅3个宿舍区的用电严重超负荷现象，采取了调整用电线路、及时增容、现场维护、限时拉闸等措施，保证了宿舍区的正常用电。五是为厅机关宿舍区安装二次回访单元可视防盗门，同时与热力公司签订协议解决淮河路宿舍区的供热问题。

【实现安全行驶，保障公务用车】一是狠抓安全行车，每次例会都要求驾驶人员严格遵守交通规则，不开“英雄”车，不开带病车。二是要求驾驶员对自己开的车要了如指掌，发现问题及时处理，及时排除隐患。三是不断提高驾驶人员的服务意识，发扬吃苦耐劳的精神。每接受一次长途出车的任务时，都要提前检查车辆，搞好车内卫生。四是在加油、维修方面严格把关,厉行节约。车队与修理厂签定合同,定点维修,完善车辆修理手续,费用由队长定期统一结算。一年来,安全行车34万多公里。

【调整营销战略,实现预期目标】 2003年,百花宾馆利用因"非典"停业的时机,在硬件设施改造上下功夫。针对客房入住率低、餐饮包厢少的状况,着手对宾馆客房进行了改造,增加餐饮包厢9个,使二、三楼整体形成餐饮服务,扩大了规模,上了档次。宾馆于7月28日重新开业,仅餐饮每月营业额由原来的60万元增长到100万元,增长率达67%,客房改造后的入住率增长了5%。特别是2003年11月份接待省委中心组学习会议,由于会议规格高、要求严,宾馆上下一条心,全力以赴,圆满完成接待任务,受到省委书记王太华的表扬。2003年,百花宾馆实现营业收入1505万元,提取折旧407万元,上缴税收106万元,夺回了因"非典"停业造成的损失,取得了较好的成绩。厅印刷厂紧紧抓住厅内印刷业务统管的契机,加快企业发展,壮大企业实力,改善企业环境,提高企业的社会知名度。2003年在增加一条计算机票据生产线和一台威海47S—NPD平张胶印机后,生产能力倍增,印刷质量有较大的改观。同时,立足本厅,面向社会开拓业务,扩大生产规模,扩大业务范围,扩大行业影响,提高质量,稳定发展。2003年完成产值1005万元,产品销售收入780万元,实现利润220万元,上缴中心150万元,上缴税金46万元,职工收入也有了新的提高,取得了建厂以来的最好成绩。

(厅机关服务中心供稿 韩宪平执笔)

省财政会计学术活动概述

【安徽省财政学会】 2003年,安徽省财政学会紧紧围绕财政中心工作开展课题调研、组织学术活动,荣获全国先进财政学会。一是转变课题研究思路。确立了"围绕一个中心,推进两个转变,实现三个贴近"的课题研究思路。即紧紧围绕全省财政改革与发展这个中心,积极开展课题调研,根据全省财政改革与发展的现实需要,推进课题研究由理论研究向政策研究转变,推进课题研究由被动研究向主动介入转变,按照贴近财政改革与发展、贴近厅党组中心工作、贴近机关各处室工作职能的要求,拟定选题,拓展研究广度,挖掘研究深度,提高了研究课题的质量和实用性。按照新的课题研究思路,先后完成财政部协作课题、中国财政学会、省财政厅下达合作课题和自定课题共计7个。其中,《安徽省财政支出效益评价设计方案》、《财政支持中部地区经济发展战略研究》课题获省社科优秀成果奖。二是积极开展学术活动。2003年学会先后根据基层财政困难和省以下财政体制中存在的问题,召开了"完善省以下财政体制问题理论研讨会";根据我省开发区经济发展的现状和问题,召开了"安徽开发区经济发展战略理论研讨会";并先后参加了4个全国性和区域性理论研讨会议,在广泛交流和深入探讨的基础上,提高了课题研究的深度,增加了课题成果的理论和应用价值。三是积极进行政策宣传。全年共编辑出版12期《安徽财会》(理论版),近120万字。其中:"领导论坛"、"工作探讨"、"业务交流"等栏目已成为广大读者和财会人员喜爱的栏目,成为广大财政、财会人员学习财政政策、宣传改革思想、交流工作经验、探讨业务知识的重要阵地。此外,还与厅有关处室合作,编辑出版了综合处课题研究成果、"金财工程"、"会计诚信征文"、"财政监督检查理论调研"等4个专辑。系统地反映了财政改革与发展实践中所取得的成果。四是积极组织全省财政系统参加全国第四次优秀财政理论研究成果评选和省社科联第六届社科优秀论文评选奖活动。

(省财政科研所供稿 金 沙执笔)

【安徽省会计学会】 2003年,安徽省会计学会积极开展学术研讨和科研活动,为全省会计改革和发展服务。一是开展学术交流活动。5月,省会计学会组织安徽大学、安徽财贸学院的专家、学者以及部分企业集团的财务总监,参加了东南地区会计学会第十八次学术交流会。安徽省代表就"预算管理与内部控制制度"、"企业集团管理型财务的构建与运行"、"对会计诚信建设的思考"等课题,结合工作实际,进行了积极探讨,为会计改革提出了建设性意见。二是组织有奖征文活动。7月,省会计学会在全省范围内举行了"会计诚信建设有奖征文"活动,共收到应征稿件466篇,经过初审和复审,有16篇论文获奖。对获奖及入围的论文通过《安徽财会》杂志专辑的形式予以了公布。为全面加强会计职业道德建设和会计诚信建设起到宣传和推动作用。三是配合财政部门开展专题调查研究。5—12月,在全省选择了100家国有企业,进行模拟执行《企业会计制度》的调查测算工作,并侧重从企业资产损失情况、企业新老会计制度双轨进行差异、企业实施《企业会计制度》可行性3个方面进行了分析，为推动国有企业全面执行《企业会计制度》提供决策依据。

（省会计学会供稿　吴祎明执笔）

【安徽省预算会计研究会】2003年，安徽省预算会计研究会广泛开展学术研究，为促进财政预算会计改革献计献策。一是根据中心任务制定工作计划。年初，在总结2002年工作的同时，研究制定了2003年工作计划，就解决县乡财政困难、建立规范财政转移支付制度、公共财政体制及细化预算编制方法等课题进行研究。二是根据计划安排开展学术活动。根据华东地区预算管理与会计座谈会第十七次会议研讨的内容，组织撰写了《在改革中发展，在发展中解困—关于县乡财政解困问题研究》、《建立横向财政转移制度研究》2份研究文章。前文提出了许多改革建议，后文在国家《改革》杂志上发表。据统计，在省级以上学术性刊物发表论文10多篇，并为预算会计研究会刊组稿10多篇，为推进安徽财政改革与发展发挥了积极的作用。

（省预算会计研究会供稿　廖晓虹执笔）

【安徽省农村财政研究会】2003年，安徽省农财研究会围绕财政支农工作，积极开展调研活动。一是会同中国农财研究会、吉林省农财研究会在吉林省东丰县、安徽省来安县、黄山区进行调研。撰写了题为《粮食直补效应分析与农民利益评估及对策建议》的调研报告，为领导决策提供咨询。二是积极征集论文参加“全国农村财政第四次优秀论文评选”活动。省农财研究会推荐的3篇论文都获得了奖励。其中：项仕安、汪学越等同志撰写的《积极支持农民实行新的联合与合作》获一等奖，钟效保等十一位同志撰写的《县乡财政困难问题研究》获三等奖，朱湖根同志撰写的《中国农业技术扩散的制约因素及农业综合开发对策探讨》获鼓励奖。省农财研究会获组织工作奖。三是协助省农业综合开发局编辑《安徽农业综合开发》工作简报，推进好新时期的农业综合开发工作起到了一定作用。

（省农财研究会供稿　张稚春执笔）

【安徽省珠算协会】2003年，安徽省珠算协会以大力发展珠心算教育为重点，实践、探索，出现了可喜局面。一是与时俱进，转变思路，把握了新的工作目标。2003年春，召开了省珠协五届三次常务理事（扩大）会，确定把发展珠心算教育作为珠协工作重点。据此，安排了一个切实可行的工作计划，并一件件地落实。2003年12月，世珠联、中珠协会长迟海滨一行4人来皖考察了合肥、马鞍山珠心算教育工作后，高兴地说“安徽珠协工作很扎实、有特色、也很有深度”。二是围绕重点，以点带面，使珠心算教育上了一个新台阶。2003年初，省珠协决定“再从点抓起”，明确提出“把珠心算教育作为珠协工作重点，大力开展少儿幼儿珠心算教学示范”，获得各地积极响应。全省珠心算教育发展速度很快，一大批示范点办起来了，已有2.6多名幼儿、儿童参加珠心算学习，大大超出预期。1.老典型又有了新发展。黄山市25个乡镇中心小学开起了珠心算课，还进行集中教学研讨和评奖，共有47所幼儿园、小学开课，3300多人学习。合肥市有80多所幼儿园、10个社会办学点和18所小学开设珠心算课，有8000多幼儿、少儿参加学习，点、人数均较上年增长30%。2.示范点已有261个，布及40个县（市、区），大大超额实现了预定规划。3.整体教学水平明显提高。8月，国家珠协学术研究专业委员会在河北秦皇岛市办了一期珠心算理论高级培训班，全省有11个市派出23名学员，省珠协也派员随班学习。马鞍山市也在2003年8月初自聘黄山市老师、自办一期45人的师资培训班。黄山市本年培训师资80多人次、组织校际交流40多人次。三是比赛、演示扩大了社会影响。据统计，全省市办比赛3场、县办比赛4场、校（园）办比赛34场、各种演示11场。马鞍山市在8月初举办了一次面向社会的少儿珠心算比赛，有92名选手参赛，并公开颁奖；同时又举办了9场校内选拔赛，有3700名小朋友参加。合肥市及一县两校分别举办了三场比赛，有3000多名小朋友参赛。六安、池州市也在校内分别举办了多次小型比赛。各地小型演示则是择机随时举行。四是有人管事，量力务实，沟通渐畅，系统运转更有效。2003年初，全省珠协工作计划确定以后，各市都相应安排了本地工作。首先是根据机构改革进展再次确定了珠协归属，或筹备换届，或增补缺位，或确定专人负责；工作任务安排则因地制宜、实事求是、量力而行，确定要做的事就尽力去做。全省各市都有专人管理此事，相互交流沟通也多了，系统网络日渐顺畅起来，甚至达到“听声识人”的熟悉程度。

（省珠算协会供稿）

市县区财政工作篇

底图为黄山风光：猴子观海

合肥市财政工作概况

合肥市财政工作综述

2003年,合肥市财政总收入完成79.38亿元,同比增长22.9%。其中:上划中央收入完成37.21亿元,同比增长3.9%;地方财政收入完成35.87亿元,增长23.2%。财政收入总量居全省第一位。全市财政支出完成46.42亿元,增长27.3%。实现了财政收支平衡,略有结余。

【积极组织财政收入】一是组织有关部门和专家对年度收入形势进行分析,确定年度收入目标,及时将收入任务分解下达到各征收管理部门,建立责任制,为保持财政收入均衡入库和稳定增长奠定了基础。二是加强与国税、地税和国库的沟通与协调,对每月收入变动情况进行分析监测,特别是"非典"疫情发生后,积极研究并采取应对措施。三是开展了税收入库级次等检查,严格税收政策。坚持从严治税,严厉打击各种偷、逃、骗及抗税行为,认真清理现行各种税收优惠政策,对税收优惠政策到期的及时恢复征收。四是以建立契税征收中心为契机,加强对房地产业契税的征管。同时,将经贸、外贸、人事等部门和单位的部分行政事业性收费纳入财政预算管理。五是出台了《进一步完善区街财政管理体制的指导意见》,充分调动街道增收节支的积极性。

【推进财政支出改革】一是扎实推进部门预算改革。配合党政机关机构改革和事业单位用人制度改革,制定了《市级行政单位人员节编奖励暂行办法》、《市级事业单位编内聘用人员经费管理暂行办法》,切实缓解部门单位经费供求矛盾。在全省率先推广应用"e"财软件编制部门预算,提高预算编制效率。实行市级部门预算全部报送人大审议制度,实现预算审查由过去程序性审查监督向实质性审查监督转变。二是全面实行国库集中支付制度。先后分3批将85个部门及所属246个预算单位全部纳入国库集中支付。精心组织业务培训,加强对改革的宣传和协调。实行国库集中支付后,增强了政府宏观调控能力,财政共调度近5亿元资金支持城市建设和国企改革,也从源头上预防了腐败的发生。三是创新政府采购制度管理。编制全年政府采购预算,合理确定政府采购模式,加强采购预算执行情况通报,提高当年采购项目的申报率。建立政府采购联席会议制度,实现政府采购管理工作从数量型向管理型突破。全年实现政府采购金额3.1亿元,节约资金2200万元。四是加大"收支两条线"管理力度。认真开展行政事业性收费项目、银行账户、财政票据"三项清理"工作。对280个行政事业性收费项目、1015个银行账户和42127本行政事业性收费收据进行了全面清理,共查出未经批准擅自收费6项,未经财政批准开设账户407个。对问题比较突出的单位下达了"整改意见书",增强了单位执行"收支两条线"政策的自觉性,确保预算外资金及时足额入库。五是加强土地出让金管理,市政府出台了《合肥市土地出让金收益分配使用办法》,规范了土地出让金收益分配使用,对提高土地资产效益、多渠道筹集城市建设资金、加快经济建设步伐起到了积极的推动作用。

【强化财政保障职能】一是全力保障防治"非典"和抗洪救灾资金需要。本着特事特办、急事急办的原则,开辟了抗击"非典"资金拨付的"绿色通道",建立防治"非典"专项资金,制定对防治"非典"型肺炎卫生医务工作者补助政策,全力保障了抗击"非典"资金需求。二是积极做好抗洪救灾资金落实和灾减上报工作,及时拨付各项救灾资金,支持农民灾后重建,并争取省里补助支持。三是支持社会保障和再就业,维护好人民的切身利益。结合合肥实际,制定了《合肥市再就业资金管理办法》、《合肥市下岗失业人员小额贷款担保基金管理办法》和《合肥市下岗失业人员小额担保贷款实施细则》等有关再就业优惠政策,为下岗失业人员实现再就业提供了强大的政策和资金支持。积极调整支出结构,合理调度资金,实现了"两个确保"。编制单独的社会保障预算,完善社保预算内容,变"输血型"预算为"造血型"预算,增强社会保障收支的稳定性、计划性和科学性。对下岗失业人员自谋职业、服务型企业批量招收下岗失业人员、国有企业通过主辅分离安置富余职工等,通过实行税费减免、社会保险补贴、小额贷款抵押等在税费政策上给予支持。从资金上积极支持职业培训和就业服务,促进劳动力市场建设。四是推进城镇医疗卫生3项体制改革,探索农村新型合作医疗工作。积极推进医疗卫生体制、药品流通体制、基本医疗保险制度3项改革。配合有关部门制定《关于关闭、破产国有企业退休人员纳入基本医疗保险范围有关问题的意见》、《关于我市城镇劳动者个人参加基本医疗保险有关问题的通知》,有力地推进了国企改革“双退”工作。积极探索农村合作医疗资金管理的具体办法,规范农村合作医疗补助资金和贫困农民医疗救助资金管理。配合有关部门推进农村卫生管理体制改革,完善农村卫生服务体系。

【支持经济持续发展】一是构建服务体系,支持中小企业改革发展。制定颁发了《合肥市中小企业融资担保机构损账补偿暂行办法》。财政对市创新担保公司和市中小企业担保中心担保贷款所发生的代偿损账分别给予不同比例的补偿,对全市融资担保业健康发展起到积极的促进作用。2003年共担保贷款达4.64亿元。不断推出新的金融产品,成立华盛典当行,积极筹建金融租赁公司,完善对地方经济的金融服务功能,为中小企业的融资提供了强有力的支撑。进一步加大对市创新科技风险投资公司的扶持,完善高科技风险投资基金管理办法,通过直接投资、委托投资、间接投资等多种形式,有力地支持了中小科技企业发展。二是支持个体私营经济和第三产业发展。落实2002年私营企业贷款贴息290万元,兑现2002年度三产发展引导资金393万元。加大对个体私营企业贷款贴息力度,把资金投放与再就业工作和社会稳定紧密结合。选择连锁、大中型批发市场及专业市场、旅游业作为贴息扶持对象。选择公益性质的社区服务项目作为以奖代补项目的扶持对象,把安置下岗失业人员和提供就业岗位两项指标作为必备条件,促进再就业工作。三是运用财政杠杆和财政政策,支持国企改革与发展,促进经济结构调整。通过贴息、税收返还、返还土地出让金等方式为企业提供15361万元资金支持,并加大促进企业上市力度。

【促进城乡协调发展】一是开展农村税费改革规范年活动,巩固扩大农村税费改革成果。扎实推进农业特产税改征农业税工作,召开农业税大厅征收现场会,推广农业税大厅征收办法。全面落实各项改革政策,深入推进配套改革,确保农民负担明显减轻、不反弹,确保乡镇机构和村级组织正常运转,确保农村义务教育经费正常需要。二是扎实推进粮食补贴方式改革试点工作,确保补贴发放到农民手中。市委下发《关于做好粮食补贴方式改革试点工作的实施意见》,指导全市改革试点工作顺利开展。市、县区全部成立粮补改革协调小组和办公室,负责对全市粮补改革的领导和协调。经过努力,全市3882万元资金全部兑付到农民手中。三是建立稳定增长的农业投入机制,加大对“三农”支持力度。2003年市财政支农支出14724万元,同比增长177%。市财政继续安排2000万元资金,对县区开发区(工业园区)内基础设施项目贷款进行贴息。市财政通过以奖代补对全市3县村村通砂石路按4万元/每公里标准进行补助,2003年共补助450万元,加快乡村公路建设步伐,改善农村投资和生活环境。市财政安排1500万元专项资金,用于农村中小学危房改造配套,并实行专户管理,封闭运行,确保农村中小学危房改造工作顺利进行。同时,抓好农业综合开发和基础设施建设,提高农业综合开发的综合效益。市财政建立农业产业化资金170万元,通过公开招标,择优扶持农业产业化项目发展,14家企业中标,带动了农民增收。首次对畜牧水产产业化项目实行招标办法,有30家企业中标,共拨付资金437万元。

【完善国有资本运营】一是组建商业投资控股公司。将原合肥百货大楼集团控股公司和其他商业企业的国有资产授权商业投资控股公司经营,授权经营的国有净资产5.14亿元。该公司形成“城内大商场、城郊大市场、城外大流通”的新格局。二是组建交通投资控股公司。将合肥市交通建设公司、合肥市汽车客运总公司、合肥市汽运总公司等国有企业的国有产权;合肥市公路局的国有经营性资产(合肥—安庆合肥段、合肥—水家湖朱双段等交通基础设施资产)授权其经营,授权经营国有净资产10.21亿元。该公司多渠道筹措资金,加快城际间高速公路、外环线和县乡公路建设,逐步形成纵横交错、通畅快捷的交通网络。三是扩大市工业、城建控股公司授权经营范围。为拓展已有控股公司的资本营运空间、增强投融资能力,将经贸委口实施转企改制试点的12户生产经营型事业单位资产、各行办管理的14户预算外企业国有净资产等授权工业控股公司经营。控股公司扩大授权范围后的授权经营企业为61户,授权经营国有净资产达19.78亿元;将建委口实施转企改制试点的10户生产经营型事业单位资产、建委所属市热力公司国有净资产以及一环路、二环路、长江路、黄山路和合作化南路的国有资产15.62亿元纳入城建控股公司授权经营范围,授权经营的国有净资产增至36.03亿元。截至2003年底,全市授权经营的企业涉及工业、商业、金融、城建、交通、高新技术等产业,授权经营的国有净资产近95亿元,基本形成了分工协作、覆盖全社会各行业的国有资本营运体系。

【推动国有企业改革】一是引进战略投资,加快国有资产重组步伐。积极推动美菱控股公司与顺德格林柯尔强强联合,多次协助美菱控股公司进行方案论证,推动转让重组工作。2003年6月1日,顺德格林柯尔与美菱控股公司达成了战略合作协议,受让美菱股份公司20.03%的国有股权,成为美菱股份公司的第一大股东,美菱控股公司保留9.8%的股份,为第二大股东。美菱与格林柯尔的强强联合,实现了股权结构的优化,引入先进的管理机制和灵活的运营机制,保持和发展了“美菱”品牌。积极推动合钢公司重组,上海复星高科技集团公司重组合钢公司已签订框架协议,各项工作稳步推进。香港曼图已收购合肥锻压全部股权,投资约为10亿元人民币,在投资约3亿元人民币整合合肥锻压现有产品资源之后,将分期投资7亿元人民币发展汽车车轮、高档汽车模具等汽车配套项目。同时,对万方矿机股份公司等18户资不抵债、严重亏损的国有企业依法破产。对长源液压等4户规模小、效益好的国有企业实行经营者或经营层收购。对安能等5户发展潜力大、资产质量高的企业实行股份制改造。二是大力开展国有股权挂牌招商。积极推动存量国有资产挂牌招商工作,有效引导国有、集体产权及资产进场交易。截至2003年底,在市产权交易中心挂牌企业的户数达84户,其中市属企业79户,区属5户。完成了北亚食品公司、西城轧钢厂、绿宝电缆公司等12家单位的国有产(股)权交易,盘活存量、变现资金达27642万元;引荐了柏庄控股公司重组安能热电公司;玻璃总厂、水产公司、芳草日化、峰光焊材等10个项目均进入实质性洽谈阶段;三益电机、搪瓷厂、仪表厂、建材一厂等4户破产企业也进场挂牌交易,一旦破产终结即可进入正式洽谈阶段。三是以产权制度改革为核心,推进市国有企事业单位“双退”改革。在推进产权制度改革过程中,注重国有资本退出与招商引资有机结合,以授权经营主体为抓手筹措企业改革资金,既有力地推动了企业的改革进程,又防止了改制过程中的国有资产流失。截至2003年12月31日,共有71户市属企业完成改革,资产总额100亿元,净资产27亿元;职工总数为71416人,共发放安置费用9.17亿元。四是打破行业垄断,全力推进公用事业的改革。会同市城投控股公司和市建委,制定王小郢污水处理厂资产权益转让方案,成功地采取国际公开招标方式进行招商。按现代企业制度的要求,市污水管理处整合王小郢和琥珀山庄污水处理厂现有人员,成立WATER星污水处理运营公司,进入市场化运作。香港白马公司与市公交公司各出资2500万元,合资成立了“合肥白马巴士公司”,对市19条公交线路经营30年,首次打破了市公交行业垄断。“合肥星晨巴士公司”投入运营,外资、社会资本、民营资本正式参与到城市公用事业中来。

【加强财政监督管理】一是发挥财政监督职能,建立财政对外、对内检查相统一的监督体系。对18个行政机关和企事业单位财务管理、清产核资、省属单位宾馆饭店等进行专项检查。充分发挥财务总监的综合优势,加强对大中型企业、政府大型基建项目和国有控股公司的国有资产监管。同时加强对财政局机关的内部监督检查,防患于未然。二是积极推进财务会计信用体系建设,树立会计诚信理念。出台了《合肥市单位财务会计信用等级管理试行办法》和《合肥市财务人员诚信档案试行办法》,积极推进会计诚信体系建设,提高会计工作质量。加强单位会计基础工作,做好15户单位会计基础规范化考核,督促单位建立内部控制制度。开展会计人员后续教育,重点抓好高级层次的继续教育改革,组办5场面对全市中高级会计人员专题报告、学术讨论会,反响很好。三是加快“金财工程”建设步伐,切实提高财政管理的科学化水平。推进“金财工程”建设,逐步建成以部门预算网络化管理和国库单一账户集中支付为管理运行模式的政府财政管理信息系统,全面提升财政信息化水平,服务于财政改革与发展。四是适应预算体制改革与财政管理的需要,全面开展行政事业单位清产核资工作。先后经历户数清理、业务培训、全面实施和检查验收几个环节,历时9个月,顺利完成了清产核资的各项任务。全市共清查1254户行政事业单位,清查出账外资产11.39亿元,各项资产损失2亿元。五是积极推进乡财县管乡用改革试点,加强和规范乡镇财政管理。市政府颁发了《关于开展乡镇财政管理方式改革试点意见的通知》,选择9个乡镇推行乡财县管乡用改革试点,切实加强乡镇财政财务管理,促进乡镇财政走上良性发展道路。六是积极探索国有资本监管有效形式。出台了相关办法,防范国有资产的经营风险,确保国有资产的安全与增值,进一步加强国有控股(集团)公司国有资本管理和监督,促进上市公司健康发展。

(合肥市财政局供稿)

庐阳区财政工作概述

2003年,合肥市庐阳区完成财政收入36247万元,占预算的101.7%,同比增长13.3%。其中:中央收入完成11843万元,同比增长20.7%;地方收入完成24404万元,同比增长10%。全区财政支出27377万元 同比增长12.5%。

【依法组织收入】为确保完成全年预算收入任务,本着"抓早、抓紧、抓实"的原则,区政府多次召开财税部门工作会议,分析形势,落实任务,明确责任。区财政与税务部门紧密配合,及时分解落实收入任务,加强组织协调工作。税务部门进一步加大税收征管和稽查力度,依法组织收入。各街道、乡镇积极做好协税、护税工作。财政部门加大对非税收入的管理力度,严格实行"收支两条线",规范罚没收入和行政性收费收入管理。增值税、营业税、房产税、个人所得税四大主体税种均保持稳定增长势头。

【保障重点支出】坚持"保运转、保改革、保稳定、促发展"。预算支出安排充分体现"确保重点、兼顾一般"的原则,加大支出结构调整力度,合理分配资金,确保了重点支出项目的资金需求。一是确保区政务中心大楼等重点建设项目资金需要。2003年,区本级基本建设和城市维护方面支出4600万元,占本级财政支出的22%。二是进一步加大对教育的投入。2003年,区财政用于教育方面的投入5700万元,同比增长11.5%。三是增加社会保障支出,完善社会保障体系。全年用于社会保障、城市居民最低生活保障等方面资金达1100万元,对维护社会稳定起到了积极作用。四是加大全区企业改制投入。区财政投入700万元改制资金(含下岗职工再就业担保资金100万元),促进企业改革改制工作开展。五是合理调配资金,确保党政机关和事业单位正常运转的经费需求。

【建立公共财政】财政支出改革的目标是建立一个"严格预算、合理收支、规范操作、严密监督"的公共财政体制。围绕这一总体目标,在全区推行了部门预算,将部门预算内外资金统筹安排,硬化了预算约束,增强了预算管理水平,提高了财政资金使用效益。会计核算中心的核算范围不断扩大,操作程序进一步完善,会计核算管理水平、服务质量明显提高。政府采购管理进一步加强,采购规模不断扩大。区采购中心对机关汽车购置、检察院和法院网络建设等项目实行公开采购,累计采购金额480万元,节约资金约40万元。

【完善财经制度】一是区政府分别出台了《关于调整和完善街道财政体制的通知》和《关于调整和完善乡镇财政体制的通知》,充分调动了街道、乡镇当家理财的积极性。二是区政府先后制发了《关于进一步加强财政资金管理的意见》、《关于国有资产管理实施办法》。为加强财政资金和国资管理起到制度保障作用。三是为加强庐阳产业园和区政务中心专项资金管理,做到专款专用,使建设资金与行政管理经费分离,严格基建成本核算,区政府出台了《庐阳产业园资金管理试行办法》和《庐阳区政务中心资金管理办法》。

【支持农业发展】一是按照全省农村税费改革有关文件精神,继续做好农村税费改革的督查落实工作,规范农业税收征管,确保农民负担不反弹。二是认真做好全区农业项目资金管理工作。三是认真开展粮食补贴方式改革工作,制定并出台了《庐阳区粮食补贴方式改革实施方案》。全区粮食补贴方式改革工作已顺利完成,发到农民手里的粮补资金近30万元。

(合肥市财政局供稿)

蜀山区财政工作概述

2003年,合肥市蜀山区财政收入完成20298万元,占预算收入任务的111%,同比增长25.5%。其中:上划中央收入完成9923万元,地方收入完成10375万元。全区财政支出完成20295万元。

【培植区域税源】一是加强财源基础建设。为加快私营经济发展,印发了《2003年蜀山区私营企业贷款贴息的通知》,大力支持,鼓励和引导私营企业收购、兼并、租赁、参股国有和集体企业的改制改组,引导个体私营经济进入农业、旅游、基础设施建设和城市公用事业等领域。同时,把私营企业贷款贴息与安置下岗职工相结合,既促发展又促稳定。二是进一步抓好对重点税源单位的服务,巩固、稳定税源。按招商引资奖励办法对税收贡献突出的企业予以奖励和表彰,建立区级领导联系重点企业制度,帮助解决问题。三是围绕产业园区建设,支持产业园多方筹集资金,帮助争取扶持、奖励和贴息等政策,共贴息446万元。四是切实做好再就业保障工作,制定了《蜀山区下岗失业人员小额贷款担保基金管理办法》、《蜀山区下岗失业人员小额贷款实施细则》,成立了蜀山区中小企业信用担保有限公司,市区两级政府共同投入200万元作为小额贷款担保资金,在全市率先为下岗失业人员小额贷款提供担保。

【强化税收征管】一是财税部门认真贯彻区委和政府的工作部署。年初将财政收入任务分解落实到各征收部门,各相关税务局建立组织收入责任制和考核办法,责任到人,依法对重点税源、主体税种加强监管力度,以票管税,确保全年财政收入完成。二是进一步理顺税收征管体制。与街道签订个体零散税收委托代征协议,充分调动了街道积极性,主动配合税务部门做好协税护税工作,杜绝跑冒滴漏,共清理出漏征漏管户2505户,清理欠税273万元。同时,加强非税收入监管力度,促进收入稳定增长。

【完善财政体制】制订了《蜀山区街道财政体制实施办法》,按照"财随事走"的原则,划定收支范围,核定收支基数,超收返还。实行属地管理,将国税五分局和蜀山地税分局管理的企业形成的税收、私人出租房屋房产税收入、行政性收费、罚没收入、其他收入划定为街道财政收入范围。实现财力适度向街道倾斜,对原由区财政承担的街道人员经费和事业发展经费下划街道进行管理。

【构建公共财政】一是进一步完善部门预算编制制度,加大部门预算改革力度,细化部门预算,建立专项资金备选项目库。二是扩大会计集中核算范围,实现全区所有行政单位财务纳入中心管理,协助井岗镇建立镇会计核算分中心。三是开展行政性收费项目清理工作,共清理出停止收费项目33个,进入预算管理7个,财政专户管理21个。各执收单位"亮证收费",使用省级财政部门印制的收费票据,收费收入实行"收支两条线"管理,制止了"三乱"行为。四是加强政府采购管理工作,制定《蜀山区政府采购暂行办法》,提高政府采购质量和财政资金使用效益。全区行政事业单位全年通过政府采购节约资金15万元,资金节约率5%。五是开展清产核资工作,摸清行政事业单位"家底",有效推进预算管理制度改革,82家行政事业单位清理出总资产5.52亿元。六是建立和完善国有资产管理体制。做好区国有企业资产核销工作,防止国有资产流失,保证企业改制周转金调度,促进区企业改制工作顺利完成。健全国有集体资产管理运营监督体系,企业国有资产产权登记管理得到加强。

【深化税费改革】一是进一步深化粮食流通体制改革。制定了《合肥市蜀山区扩大粮食补贴方式改革试点方案》,大力宣传粮改政策,发放"致农民朋友的一封信"。设立粮补资金专户,实行专户管理,专款专用,专人负责,按时兑付粮补资金。二是广泛宣传农业特产税改征农业税的征收政策,以镇、街道、产业园区为主体,宣传到户,确保试点顺利实施。三是做好农业税的征收及农业税的灾减核销工作。四是积极开展镇、村清财工作。抽调专人对一镇四街道进行检查,严肃处理了违反财经纪律的单位,没收违纪金额77万元,并制定一系列管理办法,规范镇、街、村财务管理。

【加强会计管理】一是全面深入地贯彻落实《会计法》,加大"收支两条线"管理力度,开展了预算外资金专项检查,针对违规问题提出具体整改意见。二是出台了《合肥市蜀山区会计信用体系建设实施方案》,建立财务会计信用等级管理办法以及会计人员诚信档案。三是加强党风廉政建设,分解落实了区党风廉政责任制任务,加强督查和考核。四是开展财会业务培训,努力提高财会人员业务素质,共培训390人。

(合肥市财政局供稿)

瑶海区财政工作概述

2003年,合肥市瑶海区财政收入完成22788万元,占预算21700万元的105%,同比增长15.5%。其中:地方收入完成11237万元,完成预算109.4%,同比增长20.4%;中央收入完成11551万元,完成预算101%,同比增长11.2%。全区财政实现支出15642万元,完成调整预算93%,同比增长19%。

【组织财政收入】一是通过健全和完善税收目标责任制,定期或不定期召开税收形势分析会、税收工作协调会、按月编发财政简报等形式,加强财税部门与乡镇、街道的联系和协调,通报各乡镇、街道税收进度和重点纳税大户税收入库情况,充分调动了乡镇、街道招商引资,抓财政收入的积极性。二是及时召开专题会议进行研究,并针对"非典"对不同产业、行业的影响提出了相应的对策,使"非典"对全区财政收入的冲击得到了缓和。三是在全区开展了"税法宣传及税源调查"活动,抽调工商、税务、财政、乡镇、街道工作人员,历时50多天,通过挨门逐户地毯式的宣传和调查,共登记各类工商企业和个体经营户11800户,查补税款300多万元。

【保证重点支出】一是把保障全区工资正常足额发放作为财政支出工作的首要任务,区财政多方筹集、合理调度资金,保证了区、乡财政供给人员工资和低保金的正常足额发放。二是保证教育、社会保障投入的稳定持续增长。区本级教育总投入为2300万元,比上年增长17%;用于社会保障方面的支出约460万元,同比增长8%。三是保证重点建设支出。通过统一调度全区预算内、外资金和协调市财政资金,基本保证了安纺生活区、政府办公楼等全区重点工程建设支出。四是农业投入进一步加大。区本级农业投入93万元,同比增长77.5%。

【推进支出改革】一是财政预算编制改革得到进一步深化。建立和完善综合财政预算和部门预算编制制度,努力提高预算编制水平,对区直部门全面实行"一个部门一本预算",统筹安排预算内、外资金,细化预算编制内容,增强了财政预算的可操作性和透明度。二是预算外资金的管理得到全面加强。根据预算外资金"收支两条线"管理规定,将全区所有行政事业单位的预算外资金收入全部纳入预算管理或财政专户管理。通过对全区54个部门及5个专项资金的管理,全年财政专户累计托收各单位预算外资金收入约1950万元,全年财政专户解缴入库各类行政性收费及罚没款达384万元,完成年初预算任务的217%。三是财务统管工作向深度扩展。撤消教育、经贸、商务、建设、市容、卫生等部门会计核算分中心,将区直财政拨款的所有部门及其所属二级机构全部纳入区会计核算中心进行财务统管。四是政府采购工作更趋规范。全年采购项目44宗,实现政府采购支出136万元,同比增长56.7%,资金节约率达8.5%。

【加强国资管理】一是在全区行政事业单位开展清产核资工作,累计进行清产核资单位达104个,清理登记资产3.52亿元。通过此项工作,建立健全了各项资产管理规章制度,有效地防止了国有资产流失。二是区国有资产经营公司实现社会效益、经济效益双丰收。区国有资产经营公司通过加大催收力度、债权划转等手段,全年累计清收贷款1650万元,盘活市划转债权1500多万元、盘活原公有资产公司债权100多万元。同时,积极为银企合作牵线搭桥,为区重点工程建设注入大量资金,全年共为瑶海工业园区争取银行资金达9000多万元,争取上级财政贷款贴息补助资金300多万元。

【加强财政监督】一是认真加强对预算内、外资金使用的监督,形成区乡两级财政部门、主管部门、资金使用单位、审计部门在内的相互制约和相互补充的财政资金使用监督体系。二是先后对教育、卫生、劳动和社会保障、法院、检察院等部门的财务收支及管理情况进行专题调研;对安纺生活区综合改造项目、工业园区运行一年来收支及盈亏状况进行审核,调整了安纺改造项目单位申报的盈亏预测,对工业园区财务管理提出了改进意见。三是配合纪委监察部门对乡镇财务进行了全面清理,掌握了乡镇的资产、债权债务和财务管理状况。

【完善税费改革】一是开展了以"规范农业税征收管理,规范涉农收费管理,规范村级资金使用和管理,规范'一事一议'筹资筹劳管理"为主要内容的"农村税费改革规范年"活动。严格执行减轻农民负担的有关政策。通过实行涉农收费公示制度、农业税纳税通知书、农民负担监督卡制度和税改督查制度,进一步加强农民负担监督管理。二是积极稳妥推进粮食补贴方式改革试点工作,精心制定试点方案,稳步组织实施,10月底全区44万多元粮补资金全部兑现到广大农民手中,农民负担进一步减轻。

【支持下岗再就业】省出台有关促进下岗失业人员再就业政策并启动小额贷款担保工作后,区财政及时组织配套资金,并以区国有资产经营公司为依托,注册资金200万元,成立了全资子公司,为全区下岗人员提供1000万元额度的再就业担保贷款。在全市率先启动了下岗失业人员专项小额贷款发放工作,已经有80名符合条件的下岗失业人员办理了贷款手续,累计发放贷款160万元。

(合肥市财政局供稿)

包河区财政工作概述

2003年,合肥市包河区财政收入完成30317万元,占年初预算的107.7%,同比增长23.7%。其中:地方级收入完成17577万元,占年初预算的116%,同比增长25.2%。财政支出完成22608万元,占调整预算的95.6%,同比增长43%。

【组织财政收入】一是及时将收入任务分解落实到位,建立收入完成目标责任制,实行目标管理,奖惩挂钩。二是加强区域内税源管理,加大对区域内税源企业的护税力度,安排专人负责税源信息管理,建立区、乡镇(街道)和村(居)三级护税网络,定期召开财税例会,分析收入完成情况,促进收入及时入库。三是积极协调、解决税收隶属关系,根据税收属地原则调整纳税户型,净调入60户,调增税收近1000万元,税源结构得到极大改变,属地企业已成为区级财政收入的主要贡献者。

【保障支出需要】一是切实把工资发放放在首位予以保障,保证了区与乡镇、街道两级工资的及时足额发放。二是重点支持基础设施建设和社区建设。投入1220万元用于区行政办公中心建设,投入700多万元建设了全长12.3公里的义民路,投入800多万元用于社区配套建设。三是积极支持农业和农业综合开发项目建设。争取上级农业专项资金补助328万元用于支农项目。投入800多万元,高标准启动建设了面积300亩的包河农业科技示范园。四是积极支持下岗失业人员再就业,筹资200万元成立区中小企业信用担保有限公司,专门为下岗失业人员创办经济实体从银行贷款进行担保。

【深化财政改革】一是理顺财政分配关系,完善财政体制。本着"重心下移,财权下沉"的原则,对乡镇、街道重新确定了财政体制,对工业区从2003年起也确定了财政体制。二是加快公共财政支出改革,扩大会计集中核算范围。区直99个部门、单位全部纳入了会计核算中心,实行财务集中核算。三是积极开展政府采购工作。共完成采购398万元,节约财政资金37万多元,资金节约率达8.5%。四是认真开展农村税费改革规范年活动。狠抓征管行为规范、涉农收费规范、落实政策规范。五是积极推行粮食补贴方式改革试点。切实落实"五个到户",严格执行"六个不准",采取"征补两条线"的办法将53万元的粮食直补资金全部兑付到农户手中。

【规范财政管理】一是加强预算外资金管理。认真贯彻落实"收支两条线"规定,重点对票据加强管理,制定了《包河区行政事业单位票据管理办法》,实行票款同步,以旧换新,共核销票据2465本。2003年纳入财政专户管理58户,完成财政专户收入3245.6万元,支出2673万元,从预算外收入中调控41万元,增强政府宏观调控能力,提高了财政资金使用效益。二是强化国有资产管理,加大回收资金和清理债务的力度。全面开展行政事业单位清产核资工作,参与企事业单位改制,防止国有资产流失。三是规范乡镇财政财务管理。积极参与乡镇财政财务清理,较好地完成了清理任务。

(合肥市财政局供稿)

合肥经济技术开发区财政工作概述

2003年,合肥经济技术开发区完成财政收入11.44亿元,占预算的105%,同比增长22%;实现财政支出11.55亿元,同比增长70%。

【组织财政收入】一是及时采取措施建立健全财政收入稳定增长机制,强化对税务部门的责任制和激励措施,提出了对税收征管过程和征管结果实行双监控、双考核的办法,并建立税控体系。二是进一步规范了土地出让转让行为,积极选择部分地段进行拍卖或招投标试点,采取激励或制约措施加大土地款的清收力度,清欠金额超过历年水平。三是研究政策,争取支持,申请延长"两税"增量返还年限,调整市区分税税种基数及比例,争取省市财政加大对开发区的转移支付力度。

【推进支出改革】一是在充分分析区内现有企业生产经营状况、招商引资环境和总体经济发展势头的基础上,编报了年度综合财政收支预算,进一步强化预算管理,将预算编制、执行及监督同部门工作任务、事业发展计划更好地结合起来。二是为切实硬化预算执行刚性,制定了专项资金审批制度,规范和集中了财政资金支出审批,在支出安排上基本实现了正常经费及时足额拨付,专项经费按照实事求是、厉行节约的原则逐一核定,建设性资金及其他支出按轻重缓急、建设发展需要合理调度。三是大力推行和完善部门预算、国库集中支付、政府采购、"收支两条线"管理等,结合机构改革,对各预算拨款单位的公共资源进行清理核查,对9家体改撤并单位进行资产登记调配和财务移交,对区属34个行政事业单位实行财务集中收支,对征转办、重点办等临时机构也实行了财务监管;实施政府采购项目34个,采购金额508万元,节约资金48万元,节约率达9%。四是严格按照全市扩大粮食补贴方式改革试点实施方案的规定,于9月底将7万多元粮补资金全部发放到区内的5894户农民手中,进一步指明了粮食体制改革方向。五是深化"收支两条线"管理改革。对建管、公安、人事、计生等行政性收费全部纳入"收支两条线"管理,并进一步清理和规范了"财政专户"的收支代理、核算、监管等工作。

【加强财政监督】一是健全财政监督管理体系。重点加强对预算拨款单位、专项资金使用单位、重大项目建设单位等锁定监控,并定期或不定期深入大额使用财政资金单位,如海恒股份、城投公司、财务管理中心等进行调研检查,确保了财政资金使用的规范性、有效性。从规范建管及资金申报程序、明确建设管理和资金管理部门职责、加强跟踪监督和绩效考核等方面加强了财政投资管理。二是自8月中旬以来,先后接受了国家及省市审计部门、财政部门等审计与检查10多项,更好地促进了区财政财务行为规范与政策执行工作。三是严格纪律,强化廉洁自律意识,从抓源头、抓根本入手,全面贯彻落实财政资金管理和干部管理的各项规章制度,公开、公正、透明地分配使用资金,强化财政内部监督制约机制,做到预防为主,使每一位财政干部对廉政纪律入脑入心。

(合肥市财政局供稿)

合肥新站综合开发试验区财政工作概述

2003年,合肥新站综合开发试验区完成财政收入44623万元,同比增长66%。财政支出完成43999万元,占预算的162%,同比增长69%。

【组织财政收入】继续实施小额税收代征,实行税务部门业务费按比例计税和奖励办法。进行国税税源普查。与市财政、地税部门以及瑶海区进行磋商,确保按属地原则调整预算级次。对企业实行纳税排名公示,对重点纳税企业实行财政奖励政策。继续加大土地出让金清欠力度。坚持区属部门与各市场对口服务。建立了财经分析会制度。

【深化支出改革】一是全面实行部门预算,各项收支纳入综合预算管理。区、镇(街道)全面实行集中核算。管委会3办6局全部实行统收统支,有力促进了街道社区建设和社会稳定。二是出台一系列政府采购规章制度,专门成立了政府采购中心。2003年纳入政府采购的资金达400余万元,平均资金节约率达18%。三是在保证机关、事业单位正常运转的同时,进一步压缩一般性支出,增加社会公益事业的投入。社区建设资金投入200余万元,社会保障支出468万元,文化教育投入1256万元。四是坚持以减轻农民负担为原则,推进农村税费改革,全区新增支农支出115万元。

【支持经济发展】一是实行财政贴息、转移支付、信用担保、设立各种专项发展资金以及搞活国有资本运营等多种手段,实行间接调控,有力地促进了全区经济结构调整,加快了区内企业、市场的稳定发展。2003年,全区共向企业财政贴息、财政奖励、转移支付464万元。二是为企业提供信用担保360万元;提供流动资金周转借款3200万元;设立三产担保资金300万元;安排下岗失业信用担保300万元,受理街道社保专项资金250万元。

(合肥市财政局供稿)

合肥高新技术产业开发区财政工作概述

2003年,合肥高新技术产业开发区实现财政总收入4.32亿元,完成全年预算的135.6%,同比增长42.7%。全区财政支出完成1.56亿元。

【组织财政收入】一是进一步密切与国税、地税等收入征管部门的配合,及时通报解决税收征管中存在的问题,加强对组织收入工作的协调和沟通。二是建立了重点税源企业联系制度,与区内20家重点税源企业加强联系,加强对重点税源企业的监控。三是协调税务部门完善建安企业税收代扣代缴办法,防止了税收流失。四是与管委会有关部门相配合,加强对土地出让金、契税以及有关行政性收费的征管。

【推进财政改革】一是进一步深化部门预算改革。规范和细化预算编制,完善预算编制方法,强化综合预算管理和"收支两条线"管理,加强了对项目资金的管理。二是积极推进财政支出改革。对中小学校财政供给模式由全额改为差额供给,对质检站实行"收支两条线"管理和会计集中核算,对社居委按编制内正式在岗人员实行财政供给定额包干机制。三是加强财政预算资金管理的制度建设。从重大财政项目支出论证评审、财政资金支出审批、预算追加、预决算审查、健全监督机制等多个方面,加强对财政预算资金的管理。进一步规范政府采购的程序、扩大政府采购的规模。四是加强财政监督和"收支两条线"管理。开展对行政事业单位年度财务决算审查和基本建设项目工程决算审查试点工作。

【支持经济发展】一是减免全区农业税,进一步减轻农民负担,巩固了农村稳定的形势。二是在全市率先完成粮食补贴方式改革试点工作,及时足额地将粮食补贴资金发放到农民手中,落实了粮补政策。三是为促进高新区技术成果转化和产业化建设,引进合肥技术产权交易所,进一步完善了高新区的服务功能。四是为解决高新区中小企业融资难特别是贷款难问题,组建合肥高新信用担保有限公司,推进了高新区中小企业信用体系建设。五是为加快高新区创业体系建设,促进中小企业发展,组建了合肥高新风险投资有限公司。

(合肥市财政局供稿)

肥东县财政工作概述

2003年,肥东县完成财政预算收入33027万元,同比增长17%。其中:上划中央"四税"收入12250万元,增长15.7%;地方收入完成20777万元,增长17.9%。全县完成预算支出37030万元,占调整预算的94%。

【加强收入征管】一是财政、地税、国税部门协同作战,定期分析财税形势,按序时进度狠抓工商税收入。二是以开展"农村税费改革规范年"活动为契机,加大农业税征管力度。三是协助地税、劳动部门抓好社会保障基金的征收工作。四是加大"收支两条线"管理力度,进一步扩大纳入财政专户单位的范围,加强预算外资金的源头控管,特别是土地出让金管理。五是积极争取上级转移支付、各种补助资金以及国债项目资金。

【确保重点支出】一是在支出安排顺序上,首先确保发放社会保障资金和教师、离退休人员工资,其次是发放在职人员工资,再次是保证机关运转等其他资金。二是在支出结构上,按照"先重点、后一般"的原则,加大对农、科、教、卫的投入,严格控制一般性财政支出。通过合理安排、精打细算,2003年全县社会保障资金和县乡财政供给人员工资实现正常发放,落实了"两个确保",维护了社会稳定。

【推进制度建设】一是先后出台了《肥东县专项资金管理办法》等一系列规范财政管理的文件,并加大了文件执行和检查力度。二是进一步理顺县与乡镇的财政分配关系,出台了《肥东县2003年至2005年新一轮分税制乡镇财政管理体制的规定》,实现了财力向乡镇倾斜,一定程度上缓解了乡镇财政的困难。三是结合机构改革开展行政事业单位清产核资工作。在对全县行政事业单位的户数、编制、人员进行核实的基础上,完成了对130余个单位的清产核资工作。四是加强支农资金的管理。积极申报省市财政支农项目,共申报105个项目,已批准80个项目,争取省市各项支农资金2700余万元,并推行支农资金的报账制管理。五是加大农业综合开发力度。争获省里批准的世行三期加灌项目资金3478万元,可治理农田面积达7.5万亩。

【深化支出改革】一是进一步扩大编制综合财政预算单位的范围,深化"收支两条线"改革。按照"核实编制、核实人员、核定标准、综合预算"和"两上两下"的方法和程序,制定2004年部门预算改革的实施步骤,确保2004年县级部门预算编制工作顺利开展。二是继续加强"两个中心"建设。会计核算中心对支出的所有凭证严格审核把关。在服务上做到了"零距离",在执行财经制度上做到了"零违纪"。政府采购中心致力于扩大政府采购范围,在规范政府采购行为上下功夫。2003年共实行采购项目26次,采购预算总金额238万元,合同实际支付216万元,节约资金22万元,节约率达9.1%。三是开展"乡财县管乡用"改革试点,选择广兴乡、牌坊乡、六家畈镇作为乡财县管乡用改革试点乡镇,从7月1日起,3个乡镇的财务已正式纳入会计核算中心集中核算,改革试点乡镇的财务运行平稳。

【完善税费改革】一是规范农业税征收管理。严格执行"八到户"、"十不准",扩大"三定"征收范围,实行"集中征收,分户开票"的管理模式。在征收期间,县财政局实行科室联系乡镇财政所制度,深入征收第一线,重点督查部分地方存在的税费不分、税费混征、搭车收费等问题。2003年农业税大厅征收率达80%,计算机开票率达100%。二是规范涉农收费管理,不准强行以资代劳。三是出台农业特产税改征农业税方案。农村税费改革工作由于措施得力、政策落实到位,没有出现一例农民来信上访事件。

【实施粮补改革】在成立组织和制定方案的基础上,召开了全县粮食补贴方式改革动员大会和多次协调小组会议,广泛宣传,组织培训。财政部门为了将粮食补贴的日常工作做早、做细、做实,切实将粮食补贴资金安全、完整、及时地发放到广大农民手中:一是积极协助指导36个乡镇完成了方案和清册的编制工作;二是深入各乡镇进行检查,督促各乡镇把握好粮改政策的执行;三是按照"五到户、六不准"要求,加强对粮补资金的专项管理,全县1122万元粮补资金及时、足额发放到全县农民手中。

(肥东县财政局供稿)

肥西县财政工作概述

2003年,肥西县实现财政总收入40000万元,同比增长51.1%。其中:上划中央收入完成21000万元,同比增长93.7%;地方收入完成19600万元,同比增长23.2%。全县财政支出完成40000万元,占调整预算的85%,同比增长33.3%。

【组织财政收入】国、地税部门根据全县经济发展和财源状况,及时分解落实收入任务,狠抓重点税源监控,强化目标考核和稽查,完善主辅查和告知辅查制度,加强零商活税和小规模纳税人的管理。财政部门严格按照“二书一卡”、“一证一据”、“税费分征”的要求,加强农村税费征收管理;加大财政专户管理力度,对“收支两条线”管理情况进行专项检查。全年财政收入在一年内连跨3亿元、4亿元两个台阶,特别是桃花工业园的税收成高速增长态势。

【发挥保障职能】一是保证工资按时发放。在支出安排上,优先保证行政事业单位和机关离退休人员工资的正常发放,不留硬缺口。同时,积极筹措资金,先后向市财政争取调度资金13800万元,不仅确保了县本级工资按时发放,兑现了普调增资和省新调整的职务补贴以及中小学教师新老职务补贴等,还分批对乡镇调度资金4800万元,有效缓解了乡镇工资发放的压力。二是大幅度增加对社会保障的投入。在预算执行中,从财政增收部分、预算外资金等多渠道筹集扩充社保资金,增加了对社会保险补贴、小额贷款担保和贴息、再就业等方面的投入,建立起城镇职工基本医疗保险制度和农村合作医疗制度,较好地保障了下岗职工和低收入群体的基本生活。

【深化支出改革】一是进一步完善部门预算。在总结前两年试行编制部门预算的基础上,进一步明确部门预算的主体,加强预算的论证工作,初步建立起县级部门预算基本信息数据库和专项资金备选项目库,逐步实现项目预算的流动管理。二是强化政府采购管理。认真执行《政府采购法》,围绕“理顺关系、加强监督、规范运作、提高效率”的思路,坚持公开透明性、公平竞争性和诚实信用原则,扩大政府采购的范围和规模,全年节约资金近60万元。三是推行“乡财县管乡用”改革试点工作。制定出台了《肥西县关于开展乡镇财政管理方式改革试点实施方案》,并选择高刘、严店、柿树岗3个乡镇作为试点,抽调人员开展四项清理,以改革预算编制为突破口,试编乡镇部门预算,开展财务互审。

【推进财政改革】一是加强对涉农收费的监督管理。清理整顿收费基金项目,推行涉农收费公示制度,妥善解决村级三项费用,采取有效措施均衡农村不同从业人员的税费负担。二是认真落实农业税灾社减工作。在兑现上年度农业税灾社减资金时,采取民主评议、张榜公示的办法,及时向减免对象户发放通知书,统一在乡镇纳税大厅办理兑付手续。三是做好农业特产税改征农业税工作。各乡镇在调查摸底、核定税源的基础上,制定改征试点实施方案,农业特产税改征农业税后,收入任务由480万元调减为60万元,进一步减轻了农业特产品主产区的农民负担。四是推行粮食补贴方式改革试点。加大政策宣传力度,妥善处理国有粮食购销企业“三老”问题,按照“先税后补,定点发放”的原则,从9月20日起,全面启动粮补资金兑现工作,1306万元粮补资金全部落实兑现到户。

【支持经济发展】一是继续加大对农业的投入。除省、市专项追加小农水等农业基础设施资金653万元外,还积极向上申报支农项目13个,争取资金292万元,重点用于农业产业化经营、科技推广和科技成果转化。二是继续进行农业结构调整和做好农业综合开发工作。全县共实施“五旱”农业28.2万亩,全面完成了世行加灌农业二期项目工程建设扫尾工作,8个乡镇的项目已顺利通过省、市验收,农村基础设施建设进一步提高。三是进一步加大招商引资力度。招商引资成效显著,共引进投资项目174个,到位资金14.1亿元。特别是桃花工业园招商势头强劲,共引进各类项目52个,到位资金10.5亿元,分别占全县招商引资总量的29.9%、74.5%。

(肥西县财政局供稿)

长丰县财政工作概述

2003年,长丰县财政收入完成17639万元,占年初预算16535万元的106.7%,同比增长15.2%。全县财政一般预算支出完成37415万元,占年度执行预算44029万元的85%,同比增长39.5%。实现了收支平衡、略有结余的目标。

【组织财政收入】一是强化税源意识。在全县范围内开展税源情况全面普查,摸清了税源“家底”。

全面建立税源信息库,健全财、税、工商等部门之间资源共享、齐抓共管的机制,加强了对税源的动态管理和"税源信息中心"的制度化建设。二是调整完善了《长丰县纳税先进企业奖励办法》。每月对企业纳税实绩进行排行,对纳税大户通过财政信息和电视、报纸加以宣传,在全县范围内营造依法纳税光荣、为财政多作贡献光荣的氛围。三是对各项税收优惠政策进行了全面清理,努力挖掘税源潜力,开拓新的收入增长点。四是为了增强各收入征管部门、经济主管部门和乡镇组织收入的责任,促进其加大收入征管力度,县政府对其实行目标管理责任制,并严格考核和奖惩兑现。五是财政和国、地税等收入征管部门,严格实行"以票管税、以票管费"和"收支两条线"管理,有效地堵塞了跑、冒、滴、漏等收入流失现象。

【实施乡财县管】制定了"属地征收,分灶吃饭,核定收支,分类管理,定额上缴,分成递增,补贴递减,逐步平衡"的乡镇财政管理体制。并选择三和、沛河和罗集3个乡进行"乡财县管乡用"财政管理方式改革试点,制定了《乡财县管乡用(试点)有关业务处理办法》,为在全县范围内推行奠定了基础。积极稳步地推进乡镇清财工作,有效地防范了乡镇财政债务风险。

【完善税费改革】扎实开展"农村税费改革规范年"活动,规范农村税费征管,确保农民负担不反弹和农村基层政权正常运转。落实退耕还林和2003年农业税减免政策,完成农业特产税改征农业税工作,全面推行粮食补贴方式改革,开展了欠税的清理清收。加大对农村教育危房改造和水毁校舍重建的投入,改善农村办学条件。在保证农村中小学教师国家规定工资按时、足额发放的基础上,积极筹措资金将省定津补贴纳入正常发放的范围。

【推进支出改革】一是结合"三清"工作,全面审核各部门、各单位的人员、资产等基本情况,建立基础信息管理档案,为编制部门预算提供了依据。二是加大综合预算管理力度,打破"谁收费谁支配、谁有钱谁消费"的分配格局,在县直机关全面推行了部门预算。三是扎实地开展政府采购工作,拓展政府采购范围,提高了采购资金效益。四是在加强会计核算中心内部制度建设的基础上,不断完善对各部门和各单位的财务管理,提高单位财务管理水平及其资金使用效益。五是深化教育体制改革,实行教育经费归口管理,合理配置教育资源,并在庄墓职业中学进行改制试点。六是进一步完善农村社会养老保险管理体制,积极推行医疗保险制度改革,确保养老金和失业救济金的正常发放,进一步强化了社会保障工作。

【支持经济发展】2003年,全县共整合财政支农、扶贫和江淮分水岭综合治理等项目资金4254万元,继续加大财政支农力度。一是加强农业基础设施建设,不断改善农业生产条件。修建了砂石路185.6公里;支持了庄墓、造甲等乡镇3500户草危房改革工程;兴修了当家塘坝247处,打深井95眼;实施了电灌站技改12座,疏浚渠道15公里,共计开挖土方3.63万立方米;新建渠系建筑物639座,U型渠道2.7公里。二是积极推动农业产业结构调整,新建大棚4.6公顷,调整种植业结构3500公顷;推进农业产业化经营,实施了种子工程、无公害蔬菜瓜果工程、白色工程、养殖业富民工程、市场建设和农业科技培训等。三是不断深化水利、林木产权制度改革,拓宽支农投入渠道。四是支持生态林工程16.9万亩,营造农田防护林112.5公顷,建设"绿色长丰"。筹措国债转贷、贷款贴息和财政预算内、外等项资金2692万元,动工建设了水九路、水大路、造埠路和二水厂等工程,支持工业园区基础设施建设,兴建了长新广场,拓宽了环城路,改造了水湖公园,美化了市容市貌。

【加强财政监督】开展乡镇财务互审、送(抽)审工作。组织会计核算中心人员,对17个单位的财务进行了互审。对县自来水厂、县盐业公司和埠里乡政府等单位的2002年度会计决算报表进行了稽核。不断提高会计队伍素质,全年开展了6期计800多人次的在岗会计人员素质培训;开展《会计法》执行情况检查,建设诚信会计体系。对部分中小学危改资金管理和项目实施情况进行了专项检查。对2001—2002年土地出让金收入情况进行了清理。做好国家审计署对长丰县财政支农资金、教育资金投入以及省对长丰县粮食企业库存的审计工作。认真开展行政、事业单位清产核资工作,基本摸清了全县行政、事业单位的家底。

(长丰县财政局供稿)

淮北市财政工作概况

淮北市财政工作综述

2003年，淮北市各级财政部门大力依法组织收入，严格财政支出管理，积极推进财政改革，强化财政监督检查，狠抓干部队伍建设，努力克服"非典"疫情、5.13矿难和自然灾害等各类减收增支因素的影响，千方百计保持了财政改革和发展的良好势头。全市财政总收入完成166991万元，为年初收入预算的103.6%，同比增长19.6%，为1998年以来最高增幅。全市财政支出完成114254万元，增长13.3%。当年财政收支平衡，有力保障了防治"非典"、抗洪救灾等重点支出需要，为全市经济社会稳定协调发展做出了积极贡献。

【依法组织收入】坚持"以旬保月、以月保季、以季保年"工作方针，加强财税库工作调度，建立了比较完善的工作机制，及时把收入目标分解落实到基层以及征收机关。同时，加强督促检查，强化收入目标管理。市财政大力支持税务部门宣传税收征管法和实行有奖发票制度，增强了社会各界依法纳税意识，纳税申报率、入库准确率明显提高。各级财政和有关部门严格执行"收支两条线"规定，坚持依法收费，确保应收尽收。农税部门积极探索粮食补贴方式改革后的农业税收征管方式，扩大农业税"三定"、"三点"征收面，推广应用"金穗2000"征管软件，提高了农税征管效率。

【保证重点支出】各级财政部门牢固树立过紧日子的思想，按照"一要吃饭、二要建设"的原则，严格财政支出管理，大力调整支出结构，在优先保证工资、机关运转的基础上，千方百计地保证了各项重点支出的需要。一是强化预算编制管理，全面实行综合财政预算，进一步完善零基预算和绩效预算办法，严格专项资金审核把关，努力净化支出范围，提高了预算编制的科学性、准确性和完整性，从而为确保重点支出奠定了基础。二是坚持急事急办、特事特办的原则，保证了防治"非典"、抗洪救灾经费的及时拨付。其中拨付"非典"防治经费603万元，救助"5.13矿难"(2003年5月13日皖北矿务局芦岭煤矿发生瓦斯爆炸事故)支出400万元，拨付春荒、夏季防汛、冬令灾害以及灾后重建等救灾款660万元。三是督促县区财政建立工资保障机制，严格工资专户管理，巩固乡镇教师工资上收成果，确保了县乡公职人员工资按时发放。四是多渠道筹集资金，增加社会保障投入。全年抚恤和社救、行政事业离退休、社会保障补助等支出累计达26129万元，增长20.2%，保证了离退休人员工资以及国有企业下岗职工基本生活费和城市居民最低生活保障金按时发放。采取对下岗失业人员再就业社会保险补贴、岗位培训补贴、小额贷款担保、购买公益性岗位等方式，支持社区劳动保障工作和劳动力市场建设；认真落实企业军转干部政策，有力促进了再就业工作，维护了社会稳定。五是继续增加教育科学文化事业的投入，有力支持了市十二中、一实小、西园中学、职业技术学院、工业学校等教学楼改扩建和现代教育技术设备更新，基本完成了3年改造农村中小学危房107374平方米的任务，为部分偏远农村小学集中采购近2000套标准桌椅；支持建立科普实验基地、科技成果奖励、科普宣传，保证文艺团体正常活动经费，支持淮北日报社、广播电视、地震测报设备更新改造以及体育馆开办、承办全国青少年舞蹈大赛等。由于财政重点支出得到保证，有力维护了社会稳定，促进了各项事业协调健康发展。

【促进经济发展】一是全市筹集国债资金、银行贷款等各类资金1.3亿元，重点支持城市广场、路网扩建、农村公路、体育场馆等基础设施建设，刺激了投资需求，有力拉动了经济增长。二是落实招商引资政策，全年共减免各项收费30多项，拨付招商引资奖励资金和启动资金410万元，保证了全市招商引资工作的顺利开展。做好外商投资企业财政登记工作，为外商投资企业服务。开展企业出口创汇核查，对达到奖励标准的市印染有限责任公司等14家企业奖励49万元，调动了企业加强管理、出口创汇的积极性。三是积极参与国有企业改革，顺利完成了150户企业登记年检。拨付旅游发展专项资金175万元，支持龙脊山风景区和烈山水上公园基础设施建设，促进了旅游业的发展。积极争取省皖北地区发展贴息、企业技改项目贴息、国有企业分离自办学校补助以及政策性退税等2200多万元,扶持中小企业开拓国际市场,发展支柱产业,培育新的经济增长点。四是争取省粮食风险金、促销压库补贴等2084万元,保障了全市粮食安全和粮食企业改革。五是利用财政贴息、奖励、配套等形式,增加农业投入,支持农业和农村经济的发展。除了预算内外安排的支农支出、农业综合开发支出5495万元外,还争取上级支农资金、农发资金2904万元,吸引银行贷款6000多万元,并用好发展村级集体经济专项资金,支持强筋小麦、棉花育种、标准粉棉和皖18号棉、软籽石榴、菊花、杭淮肉鸭等基地以及重点农田水利工程建设。圆满完成了2000—2002年农业综合开发竣工项目验收任务,获全省惟一一家免检单位。此外,加大招商引资工作力度,全年实际到位资金2876万元,为市政府下达计划的1倍,超额完成了招商引资任务。

【推进财政改革】一是全面实施部门预算改革,进一步细化预算和提前编制预算。2004年部门预算编制工作比上年提前了3个月,并按时向市人大报送20个部门的预算草案。二是认真组织实施市区财政体制改革,严格按照税种划分各级收入,进一步理顺了市、区间财政分配关系。同时根据县级财政状况,加大了对县级转移支付力度。三是积极推进国库集中支付制度改革,实现了市级全额拨款单位工资统一发放,全面建立了国库单一账户体系,形成了财政直接支付和授权支付相结合、监督与服务并重的财政国库管理新模式。2003年底,市直86个部门213家预算单位全部纳入了国库支付中心管理,录入预算指标3840万元,录入用款计划3835万元,拨付财政资金3761万元,并代缴、代发了“三金一税”和代征税款手续费。四是认真贯彻《政府采购法》,规范政府采购行为,实行区级联络员制度,建立政府采购网站;加强供应商库和专家库建设,规范采购信息发布系统,初步形成了“市级搭台、多家共享”的模式。在组织货物、工程类集中采购的同时,积极探索服务类采购,先后对13家市直行政事业单位公务用车定点维修和39家公务接待定点饭店进行了公开招标采购。2003年实施集中采购100多次,完成采购预算4423万元,节约资金517万元,资金节约率11.6%。五是积极开展粮食补贴方式改革,在认真调查摸底的基础上,科学制定实施方案,创新工作思路,在全省率先实行了一户一储制度,保证了1476万元粮补资金安全到户,促进了国有粮食部门改革进程。六是深入开展农村税费改革,大力开展“规范年”活动。加强农村税费改革督查和涉农收费整治工作,全面落实农业特产税改征农业税政策以及农业税灾歉减免政策,积极推进农村教育管理体制、乡镇财政和财务管理等配套改革,切实减轻了农民负担。

【强化财政监督】制定财政对内、对外监督办法,规范财政监督行为,初步建立了财政监督检查新机制。一是实行基建项目资金跟踪问效制度,加强概算、预算、决算的审查,严格按工程进度和计划拨款,开展项目资金直拨施工单位试点,保证了项目资金安全使用。二是加强地方金融机构财务监管,建立财务报表报送制度,对13家地方金融企业开展《会计法》和财务制度执法检查,摸清地方金融企业财务管理状况,促进了地方金融企业安全运行。三是认真开展市直单位清产核资工作,掌握行政事业单位资产变动情况,为财政监督管理提供了基础资料。四是组织教育费附加、城市建设维护费、价调基金等专项资金使用情况检查,针对存在的问题,提出了整改意见。五是开展企业财务会计信用等级评价,指导帮助企业加强会计基础管理,提高了企业会计信息质量。六是认真履行国债发行市场监管职责,保证了到期国债及时兑付,维护了国债的信誉。七是大力开展经济鉴证类中介机构专项整治,严厉打击造假账、假审计等违法行为,规范了财经秩序。认真督促农业税灾歉减免政策的落实,真正把党和政府的温暖送到农民手中。

2003年,淮北市各级财政部门以开展学教活动为契机,采取有力措施,整体提高干部职工素质,为保持财政良好发展势头,推进财政改革奠定了坚实基础。各项财政工作在全省、全市处于前列,全年共获得包括全省农税改革先进集体、全省农业综合开发先进单位、全市岗位目标考核先进单位在内的各类奖项35个,树立了财政部门的良好形象。

(淮北市财政局供稿　王春强执笔)

杜集区财政工作概述

2003年,淮北市杜集区财政总收入完成8517万元,为预算的170.3%,增长93.8%。其中地方财政收入2631万元,为预算的109.2%,增长15.5%。财政支出完成8238万元,为预算的93.2%,增长28.6%。

【财政收入征管】一是坚持依法治税，强化收入征管。进一步整顿和规范税收秩序，在抓好主体税源和重点税源征收的同时，加大对集贸税收、个体私营企业以及零散税收的征管。实行严格的目标责任制和奖惩考核，分解落实任务。做好协税护税工作，进一步明确税收责任制，按月考核税收完成情况。二是定期召开收入形势分析会，研究解决财税征管工作中出现的新问题。制定有效措施，为收入任务的完成奠定坚实基础。三是做好农业税征收管理工作，进一步规范农业税征收管理，严格依率计征，依法减免，确保了农业税全年征收任务的完成。

【农村税费改革】一是积极开展"农村税费改革规范年"活动，大力推行"三定"征收方式。全区5镇农业税征收全部实行了计算机管理，确保了农业税收及时足额入库。二是积极开展粮食补贴方式改革试点工作，严格执行粮食补贴政策。加强粮食补贴方式改革试点的宣传，在调查研究的基础上，制定粮补实施方案，按照"一户一储"的办法由乡镇财政所直接发放到户，全区共落实兑现粮补资金83万元。

【财政预算管理】一是积极组织资金调度，严格控制非生产性支出，按照支出顺序，大力调整支出结构，强化预算约束，集中资金确保了工资的发放、重点支出和"非典"防治经费的需要。加强财政监督，提高资金使用效益。二是制定了《关于加强财政资金审批管理意见》、《关于加强财务管理的意见》，并和区人事、监察、审计等部门联合下发了《关于严格发放各类津补贴和奖金的通知》，进一步加强了财政监管力度。三是认真落实"收支两条线"办法，规范收支行为，有效控制了不合理的支出。

【会计核算监督】一是建立健全了会计核算中心各项管理制度，规范了会计管理行为，使会计核算中心工作有章可循，依法办事。二是进一步加强监督工作，规范支出审批程序，杜绝了一些不合理的支出，提高了会计管理水平、核算质量和服务意识，使国家的财经方针政策得到了正确执行。

【乡镇财政管理】为适应经济发展和财政管理需要，年初结合实际对乡镇财政管理体制进行了调整，规范了财政收入的范围和入库级次，保证了乡镇财政既得利益，确保了人员工资支出的需要，最大限度的调动乡镇增收节支的积极性，增强乡镇财政的宏观调控能力。

(杜集区财政局供稿　王春强整理)

相山区财政工作概述

2003年，淮北市相山区财政总收入完成12203万元，占调整预算的116.6%，增长14%。其中：上划中央收入5805万元，占年度预算的125.6%；市级收入完成2959万元，占年度预算的111.7%；区级收入完成3439万元，占调整预算的107.5%，下降25.1%。财政支出7374万元，占调整支出预算的98.3%，增长23%。实现当年收支平衡。

【财政收入征管】一是按照"早抓早主动"的要求，召开全区财政工作会议，坚持一手抓"非典"防治，一手抓财政收入不动摇，坚定完成收入任务的信心。二是按照"以旬保月，以月保季，以季保年"的工作要求，加强税收工作调度，对税源分布情况进行重新核定，对区属企业以及私营企业重新普查建档，继续与税务分局、办事处签订目标责任书，将年度税收任务逐一下达、层层分解。三是积极协调人员配合税务机关，大力宣传《税收征管》，增强了社会各界依法纳税的意识，纳税申报率、税款入库率明显提高。经过全区财税干部的努力拼搏，全面完成了区人大常委会通过调整后的预算。

【财政支出管理】一是按照"一要吃饭，二要建设"的原则，立足本区实际，合理安排支出顺序，切实调整支出结构，加强资金调度，采取有效措施，坚持急事急办、特事特办的原则，保证"非典"防治资金需要，做到统筹兼顾、有保有压，基本实现了工资发放、保机关正常运转的目标。二是牢记"两个务必"，严格控制和压缩一般性支出，除法定支出增长外，其他一般性支出能压则压、能缓则缓，实现零增长。三是完善会计核算中心管理制度，提高会计核算中心管理的规范化、科学化水平。四是进一步完善两镇零户统管、工资专户管理办法，充分发挥财政资金的使用效益。

【粮补方式改革】一是加大粮食补贴试点方式改革的宣传力度。充分利用宣传车、广播、电视、板报等舆论工具，出动宣传车10余次，进村入户发放宣传资料1万多份。二是在认真调查摸底的基础上，科学制定粮食补贴实施方案，粮补资金发放实行一户一储制度，严格做到"五到户"、"六不准"，加大政策落实督查力度，确保了18万元粮补资金安全到户。

【"收支两条线"管理】继续贯彻执行"收支两条线"，严格实行"罚缴分离"制度，加大专户管理和提高资金解缴力度，有效减轻了预算内支出压力，规范了行政事业收费的监督管理工作。定期检查预算外资金的收支执行情况，确保专项资金规范使用。强化收费源头管理，规范票据使用，合理调度资金，支持各项事业发展，促进预算资金规范化管理。

【财政监督检查】加强《会计法》学习宣传的力度，努力提高会计人员业务水平，为推进依法理财创设良好环境。加强区级和乡级财政收入执行情况以及计划生育、社会保障、中小学危房改造等资金的监督检查，保证了财政收入质量和各类重点资金的专款专用。继续推进和完善财政法制建设，健全财政部门监督机制，改进和加强财政系统政风建设，规范执法行为，提高依法行政水平，保证了财政资金安全有效使用。

【农业综合开发】一是认真做好开发项目的立项申报工作，及时组织力量进行项目设计的编制和审核，并抓好项目实施前的准备工作。二是加强农业综合开发资金的筹集、使用、管理与回收工作，积极向上级争取各项资金，确保配套资金及时足额到位，做到开发资金专款专用。三是统一单项工程核算，严格实行县级财务报账制度，财务监督从严着手，实行分级监督、层层落实责任制，减少支出中的损失和浪费，使项目资金得到充分利用。

（相山区财政局供稿　王春强整理）

烈山区财政工作概述

2003年，淮北市烈山区财政总收入完成7117万元，同比增长6.6%。其中区级地方收入2219万元，完成年预算的111%，增长3.8%。财政支出完成3796万元，完成年预算的128.8%，同比增长3.5%。加税收返还，转移支付，专项补助收入，当年实现收支平衡。

【加大财源建设力度】一是加大招商引资力度，培植新兴财源。认真落实土地无偿划拨、优惠电价以及承诺围墙以外的事由政府代办等一系列优惠政策，吸引了颐丰纺织公司、北京天贝食品公司、龙旺实业公司、矿山机械厂等十几家大型企业进驻工业园，吸引资金达2.56亿元。二是积极跑省跑市争项目、争政策、争资金，大力帮助扶持个私企业、广大农户，发展效益农业、增收农业，争取各类资金达1023万元，积极推进财政富民工程，实现农民人均纯收入3450元，增长2%。三是加大南湖公园建设力度，初步形成了集投资、观光旅游、饮食服务于一体的经济发展模式，既为外来投资者提供了良好的外部环境，又为广大市民增添了休闲娱乐的新空间。

【强化税收征管措施】一是始终坚持"盯住不放、一盯到底、盯出成效"的扎实作风，无论大税小税，力争做到天天抓、常年抓，全力实施"以日保旬、以旬保月，以月保季，以季保年"的收入征管战略，克服了"非典"疫情和"5·13矿难"的不利影响，取得了显著成效。二是充分发挥基层个体零散税收征管组织的积极作用，弥补了国税、地税人员征管力量的不足，增强了征管力量，共组织征收个体零散税收160多万元。三是依法用足用活税法，加强税收稽查，由财政、地税、交警联手稽查车辆税收，大力配合地税部门依法对区内所有企业全面开征土地使用税和房产税，年新增税收近100多万元。

【推进财政支出管理】一是合理安排各项财政支出的先后顺序，优先保证工资性支出，确保全区工资及时足额发放。在预算执行过程中，严格实行"零基预算"管理，确保全年预算有序执行。二是大力推进财政支出方式改革，先后设立了"教育专户"、"农业专户"、"社保专户"等，做到专项资金封闭运行、专款专用，确保各类专项资金直达教师个人存折、施工单位、受益农户、城市低保户等，减少了中间环节，提高了财政资金的使用效益。三是建立和完善各种规章制度，抓好会计业务知识和财经法规的培训，强化会计核算中心管理，提高业务水平和服务水平。

【规范农村税费改革】一是开展"农村税费改革规范年"活动，强化农村税费改革督查，严防农民负担反弹，规范征管秩序，依法组织农业税及附加的征收，确保基层政权和村级组织的运转。二是理顺区镇财政体制，加大对乡镇转移支付和补助的力度，规范乡镇财政预算，调动乡镇培植财源，强化征管的积极性。三是抓好粮食补贴方式改革和农业特产税改征改革。通过扎实有效的工作，一方面让老百姓实实在在地感受到粮改、税改带来的好处；另一方面切实增强老百姓的依法纳税意识，做到足额纳税。

（烈山区财政局供稿　王春强整理）

濉溪县财政工作概述

2003年,濉溪县财政总收入完成25516万元,完成预算的101.3%,同比增长8.3%。其中:地方级收入16538万元,完成预算的92.3%,增长4.1%;上划中央级收入8978万元,完成预算的118.1%,增长14.3%。全县当年财政总支出完成35485万元,下降0.9%。与可用财力相比,当年财政赤字1496万元。主要原因是由于地方财源匮乏,财政增收乏力,支出刚性增长,为确保工资发放和弥补2000年以前欠发国家规定的基本工资而形成的赤字。

【依法组织收入】一是及时分解落实县人大批准的财政收入任务,不断完善收入增长激励机制。二是切实加强对重点税源,特别是对煤炭行业的监控,仅煤炭行业就比2002年增收435万元。三是严厉打击"偷、逃、骗、抗"税行为,保证了税收及时入库。四是不断拓宽税收渠道,完善"收支两条线"管理,强化非税收入征管,有力拉动了财政收入的增长。

【严格支出管理】一是在上级财政部门大力支持下,集中财力确保了防治"非典"及防汛救灾等各项资金的及时到位,为战胜灾害、恢复发展提供了有力保障。二是严格工资专户管理,对乡镇继续实行"乡财县管乡用"资金管理办法,确保了行政事业单位基本工资的发放。三是加大社会保障投入,确保国有企业下岗职工基本生活费和城市居民最低生活保障金的发放。四是继续增加对农业、科技、教育法定支出的投入。

【深化财政改革】一是深化公共财政支出改革。继续完善和实施综合预算,加强会计集中核算,进一步推进政府采购制度改革,不断拓宽采购范围,取得了较好的经济效益和社会效益。经过努力,全县公共财政支出改革基本完成了省政府确定的"一年到位、两年完善、三年规范"的目标任务,并获得2003年度全省公共财政支出改革一等奖。二是稳步推进粮食补贴方式改革,保证了1342万元粮补资金安全到户,进一步增加了农民的收入,受到广大农民的普遍欢迎。三是扎实做好农村税费改革工作。大力开展"规范年"活动,全面落实农业特产税改征农业税政策,乡镇财政和财务管理等配套改革,取得了明显成效。

【加强财源建设】一是县财政部门按照县委县政府的统一部署,不断加大招商引资力度。二是全年共筹集国债资金、银行贷款、中小企业破产补助、粮食风险金和促销压库补贴、教育危房改造、支农和农发资金等各类资金8416万元,重点支持了城市公共设施和农村公路等基础设施建设,扶持中小企业开拓市场,发展支柱产业,保障粮食安全和粮食企业改革,改善农村办学条件,增加对农业的投入,促进了全县经济的发展。

【强化财政监督】一是强化源头控制,切实落实"收支两条线"管理。按照公共财政支出改革的要求,从源头抓起,规范票据管理,有效促进"收支两条线"管理工作的全面落实。二是加强财政监督,规范收费行为。与物价等部门密切配合,对全县行政事业收费单位收费项目、范围、标准进行了清理检查。三是加大对乡镇财政预算执行情况的专项检查,进一步净化了理财环境。

(濉溪县财政局供稿　乔　林执笔)

亳州市财政工作概况

亳州市财政工作综述

2003年,亳州市地方财政收入完成71864万元,为预算的107.3%,同比增长6%;加上划中央收入,全市财政总收入104566万元,按可比口径计算,为年度预算的101.3%,同比增长3.9%。全市财政支出完成162039万元,同比增长14%,工资、社保、农业、科教、卫生等重点支出得到保障。

【强化财政收入征管】2003年,受经济结构制约及"非典"疫情和洪涝灾害的影响,组织收入工作遇到较大困难。面对不利因素,全市财税部门坚持以组织收入为中心,咬定年初目标不动摇,千方百计抓收入。一是强化目标管理,加强收入征管。密切配合税务部门,及时把收入任务分解落实到征收机关,精心制定收入计划,认真排查税源,加强税源分析和源头监控,采取有力措施依法征管,细化征收,堵塞漏洞,应收尽收。二是建立激励机制,实行目标考核。严格落实组织收入责任制,制定《亳州市财政收入目标考核办法》和《亳州市财政资金调度管理办法》,将资金调度与组织收入努力程度挂钩,调动各级组织收入的积极性,促进了县区收入增长。三是加强预算分析,加强收入指导。为全面掌握预算执行中的问题,坚持每月对全市财政收支情况进行认真分析,每季召开全市预算执行情况分析会,研究存在问题及对策。10月份市局组织5个调研组分赴县区、市直进行财政工作调研,了解实际情况,加强收入指导。四是狠抓非税收入征管。积极推行收(罚)缴分离和票款分离办法,强化对罚没票据的领、销管理,完善非税收入征管机制。全年共清理、核销25个单位的5795本罚没票据,涉及金额1895万元,有效防止了非税收入流失,全市地方财政收入在大灾之年依然保持了稳定增长。

【深化财政支出改革】一是不断完善部门预算。7月份即着手编制市级部门预算,对预算项目进行认真筛选、审核和论证,规范预算编审程序。将单位所有预算内外收入全面、完整地纳入部门预算,并在调研测算的基础上,将有收入的事业单位实行由预算全额供给向定额补助过渡。二是积极推进国库管理制度改革。市本级在完善会计集中核算的基础上,实施财政国库集中支付制度,初步实现了市级会计集中核算向国库集中支付转轨。三是抓规范化建设。市局统一组织,对县级会计集中核算的会计基础规范化工作进行检查验收,完善管理制度和操作程序,规范财务收支和会计核算。认真执行财经纪律,严把支出关,市国库支付中心全年拒付不合规票据372张,涉及金额235万元。创新政府采购运行机制,实行监管、执行相分离和采购资金直接支付制度,采购范围不断扩大,全市政府采购金额达1.1亿元,节约资金2511万元,节约率18.3%。四是加强"收支两条线"管理。认真清理收费项目,扩大征收范围,把应纳入专户管理的部门和收费项目全部纳入财政专户管理,市级实现预算外收入10649万元,同比增长40%,建市以来首次突破亿元大关。五是积极推进乡镇财政管理方式改革。将县级公共财政支出改革向乡镇延伸,在全市推行蒙城县乡财县管乡用的做法和经验,蒙城、利辛两县的乡镇财政管理改革取得初步成效。市公共财政改革工作受到省验收组的好评。

【支持经济事业发展】一是加强支出管理,大力压缩一般性支出。严格支出预算,完善财务制度,从严控制人、车、会、话支出,全市行政管理费同比下降14.5%;加强招待费管理,从8月份开始,在全市实行"接待呈批、定点接待、统一标准、费用单列"制度,采取呈批单、原始菜单和餐饮发票"三单制"实名报销办法,市直单位招待费下降77.8%,遏制了公款大吃大喝。二是积极筹措资金,确保"非典"防治和抗洪资金。"非典"疫情和严重洪涝灾害发生后,全市各级财政部门及时调整支出结构,努力提高财政应急保障能力。在省财政的大力支持下,全市各级财政投入"非典"防治资金556万元,抗洪、救灾资金6700万元,为战胜疫情、洪灾,保护人民生命财产安全,恢复经济发展提供了有力保障。三是加大公共投入,努力保证重点支出。保证了机关事业单位人员和农村中小学教师工资正常发放,全面兑现了2002年省出台的职务补贴,工资支出增长17.1%;社会保障支出44307万元,增长41%,较好地保障了救灾支出及下岗职工、困难群体的基本生活需要和离退体人员的工资,维护了群众的切身利益;全市教育、医疗卫生支出分别增长15.4%和30%,农业、科技支出也得到较好保障。四是落实财政政策,促进协调发展。全年争取并拨付国债资金5160万元用于县乡公路、垃圾处理厂、疾病预防、农民工输出基地等9大项目建设;积极参与古井集团股权改制和亳州宾馆的产权转让工作,配合有关部门清查国有粮食企业的"老粮老账",支持企业改革;争取支农项目56个,资金1580万元。完成2000—2002年农业综合开发投入6137万元,实施项目35个,通过了国家和省组织的验收,支持了农业发展,促进了农民增收;加快中小学危房改造步伐,累计投入中小学危房改造资金8616万元,改造中小学危房27万平方米,其中D级危房15万平方米;落实再就业财税政策,启动了市级失业下岗人员再就业小额贷款担保工作,支持再就业,推动了全市"两优一快"建设进程。

【规范农村税费改革】认真开展"农村税费改革规范年"活动。各县区统一制作税改政策资料袋发放到每一农户,让农民明白权力和义务,接受群众监督;加强对涉农收费的监管,全面实行涉农收费许可证制度、公示制度和农民负担监督卡制度,严格执行农村中小学收费和农民建房收费政策。规范村内兴办集体公益事业筹资筹劳行为,与市农委联合发文,明确规定在村级筹资筹劳活动中,严禁违规强制筹资筹劳,严禁把"一事一议"变成固定收费项目,维护农民的合法权益。规范农业税征管,完善征收程序和手续,积极改进征管方式,强化征税服务大厅作用,全面推行"三定"征收、计算机管理办法;认真执行"八到户、十不准"规定,明确提出农业税征收中的"五条禁令",从源头上防止农民负担反弹,巩固了税改成果,提高了农民缴税积极性,农业税收任务提前完成。

【实施粮食补贴改革】5月份全省扩大粮食补贴方式改革试点工作开始以来,在市委、市政府的正确领导下,按照省、市布置,认真宣传政策,严密组织实施,不折不扣地贯彻落实粮补改革政策。一是精心制定粮补方案。严格按照政策,认真调查测算,合理确定贴补标准。二是对粮补资金实行专户管理。市、县区、乡镇三级财政全部设立资金专户,确保资金封闭运行,专款专用。三是规范发放程序。由财政所统一编制农户发放清册,补贴通知书,以乡镇农业税纳税大厅为依托,集中办理兑付手续,直接兑付给农民。四是坚持"阳光"操作。将粮补资金的计算依据、补贴标准和到户粮补清册层层张榜公布,接受群众监督,切实做到公开、公平、透明。五是加强督查。配合有关部门,成立督查组赴三县一区对粮补进行全过程督查,及时处理有关问题。截至2003年11月17日,全市4402万元的粮补资金全部兑现到户。

【加强财政监督检查】认真贯彻《安徽省财政监督暂行办法》和《财政部门内部监督检查暂行办法》,在加强内部管理的同时,加强外部监督,积极开展专项检查。4月,对各县区春荒救灾资金使用情况进行重点检查,纠正了管理不规范问题。7月至9月,在全市开展了会计信息质量检查工作,组成5个检查组依法对建筑、建材、房地产、交通及文化行业等10个单位的会计信息真实性、完整性进行检查,对存在的问题进行了整改。8月至9月,配合纪监、审计部门对招待费管理情况进行专项检查,建立健全招待费管理制度,严格报账手续,有效控制了招待费支出。10月至11月,开展"收支两条线"检查,检查市直、县区的57个单位,查出违纪资金2376万元,补交财政专户765万元,撤销银行账户18个。另外,还对"非典"防治、抗洪救灾、社保资金、农业项目、国债项目资金使用和企业减负情况进行专项检查,强化资金监管,提高了财政资金的安全性、规范性和有效性。

(亳州市财政局供稿　邓　昊执笔)

谯城区财政工作概述

2003年,谯城区财政收入完成20038万元,同比增长13.8%。其中,地方财政收入完成13661万元,同比增长12.4%,增收1507万元;上划中央收入完成6377万元,同比增长16.9%。财政支出完成36765万元,同比增长6.6%。其中,区级支出(包括上划教师)26330万元,乡镇支出10435万元。加税收返还、转移支付及专项补助收入,当年实现了收支平衡,略有结余。

【财政收入征管】2003年,区财政经受多重自然灾害的严峻考验,团结拼搏,扎实工作,财政收入首次突破2亿元,增加可用财力1437万元,超额完成全年财政预算收入任务。根据区人大批准的财政预算任务,由区政府及时分解各职能征收部门,并制定措施,明确责任。重点抓好增值税、营业税、企业所得税、农业税等主体税种征收,继续对餐饮、娱乐服务业实行有奖发票销售。强化税收执法检查,积极挖掘收入潜力。农业各税提前3个月完成全年财政收入任务。

【公共支出改革】2003年是公共支出改革的第三年,按照"一年到位,两年完善,三年规范"的要求,狠抓基础工作,建立了一系列制度。做到规范程序,严密操作,确保财政资金安全完整、确保工资按时发放、确保政府基本运转。会计中心、采购中心树立窗口意识,树立文明服务意识,树立爱岗敬业意识,努力提高服务水平,提高服务质量。努力把好财政经费支出审核关和政府采购公平关,让服务对象满意。2003年会计结算中心被授予市级"青年文明号",并顺利通过会计基础工作规范化验收。

【社会保障管理】完善筹措机制,做好两个确保和低保工作,努力解决困难群众的基本困难。全年共发放下岗职工基本生活费112万元,拨付低保资金170多万元,实现应保尽保3200多户,保障人员6000多人。2003年,区遭受了自1953年以来最为严重的洪涝灾害,被省民政厅列入重灾县(区)。由于汛期全力做好救灾资金的保障工作,资金拨付及时,共拨付自然灾害救助资金1110万元,没有出现因灾而人员外流现象。还为下岗职工提供再就业小额贷款信用担保,已提出申请75人,办理担保手续14人。

【乡镇财政管理】由于各乡镇经济资源的差距越来越明显,一部分乡镇工资发放出现困难。为调动乡镇理财的积极性,按照"财权和事权相统一,分级管理,综合平衡,让利乡镇"的原则,区财政局制定了《乡镇财政体制管理办法》。重新确定各乡镇收入基数和支出基数,农村中小学教师工资全部上划区财政负担。采取超收部分80%留给乡镇,调动乡镇抓经济工作、抓财政收入的积极性。进一步理顺了区乡财政分配关系,乡镇财政管理工作得到了加强。

(谯城区财政局供稿　李　建执笔)

涡阳县财政工作概述

2003年,涡阳县地方收入完成17385万元,占调整预算的115.9%,同比增长8.3%;加上划中央收入6240万元,财政总收入完成23625万元,占调整收入目标的109.1%,同比增长5.4%。全县财政支出完成35181万元,占调整预算的85%,增长13.9%。加税收返还、转移支付及专项补助收入,当年实现了收支平衡,略有结余。

【预算管理】一是对财政差补单位经费按要求进行核减,净化财政支出范围。二是改革预算编制工作,在县直部门推行部门预算编制。三是改革预算管理方式,完善"零基预算"。四是进行日常消费性支出的货币化改革。五是进一步明确预算安排顺序,坚持有所保、有所不保,突出工资保重点。

【政府采购】积极探索政府采购运行新机制,坚持"公开、公平、公正、诚实信用"的原则,紧紧围绕"通力宣传、完善制度、规范运作、强化监督、扩大范围、提高素质"开展工作,全年实施集中采购74项(次),采购预算2783万元,采购资金2338万元,节约资金445万元,节资率达16%,完成了年初预定2000万元的采购计划。

【会计核算】会计核算工作以加强内部管理为突破口,规范运行程序。完善了《中心人员岗位职责》、《会计凭证审核制度》、《财务经办员考核办法》、《档案管理制度》等制度,加强内部管理,会计核算中心被评为市级"青年文明号"窗口单位。加强财务审核,对不规范的凭证予以退回,对不合理、不合法的凭证不予支付。全年共拒付退回不合理拨(转)款520笔256万元,退回不合法票据460份计92万元,纠正不完整、不规范票据596份计380万元,规范政府采购资金42万元。

【乡镇财政】强化乡镇财政预算管理,在保证财政质量的前提下,确定收入总量,把县政府下达乡镇财政收入任务11751万元分解到乡镇。坚持量入为出,合理安排支出。全年乡镇共组织财政收入1.13亿元,占全县总收入的48.9%。同时,做好"乡财县管乡用"前期准备工作,制定了《涡阳县关于改革乡镇财政管理方式,推进"乡财县管乡用实施方案》(讨论稿)。

【支出管理】一是改革预算管理,规范财政支出行为;二是加强支出管理,提高财政资金使用效益,重点加强对农村中小学危房改造拨付资金的管理;三是积极推行文教行政财务管理体制改革,完善财务管理,努力构造财政监督新体系。9月份作为县级管理先进单位,在全省中央政法专款项目管理工作会议上作了经验介绍。

【财政监督】在预算资金管理、国有资产管理、预算外资金管理、财政投资工程预决算审查等方面,实行监督关口前移,重视抓好事前事中的监督,把问题处理在萌芽状态。经常性地开展财政监督检查,在资金分配、财务管理、工作落实,目标考核等各环节,有计划、有组织、分步骤地实施定期监督,切实强化监督机制。

【税费改革】深入开展“农村税费改革规范年”活动。按照“稳定、规范、完善、配套”的要求,加强税改宣传,统一制作了“明白袋”,实行“一袋多卡”制度,把“涉及农民行政事业性收费公示卡”、“农民负担监督卡”、“致农民的一封信”、“完税证”等放进“明白袋”,接受农民的监督。在征收工作中做到大厅征收与集中征收相结合,常年征收与季度集中征收相结合,执法主体征收与协税护税网络征收相结合。完成农业税收 9782 万元,占应征收任务的 99%。

【资金管理】以“收支两条线”管理为主线,以积极推行“票款分离”、创新管理手段为动力,牢固树立大财政分配观、大预算管理观,规范管理措施,创新征收机制,强化监督手段,增强统筹力度,推动了全县预算外资金管理工作。全年共实现财政专户存款 6164 万元。其中:专项预算外资金收入 3269 万元(包含义务教育收费收入 3073 万元);一般预算外资金收入 2895 万元;代收代缴纳入预算管理的资金 1723 万元,政府调控资金 159 万元。

【社会保障】一是制定低保审批方案,起草了《涡阳县城市居民最低生活保障工作实施细则》,全年低保资金支出 345 万元,同比增长 114%,保障对象 81336 人次。二是保障阻击“非典”资金渠道畅通,“非典”防范经费 34 万元全部落实到位。三是加强社保基金征收。全年养老保险基金收入 2856 万元,同比增长 43.3%;支出 2330 万元,同比增长 8.3%。全年失业保险金收入 296 万元,同比增长 605%;支出 5 万元,用于再就业培训及职业介绍。四是加强城镇职工基本养老保险工作。全年医疗保险基金收入 728 万元,增长 160%;支出 249 万元,增长 322%。五是严把生产救灾资金使用关,548 万元生产救灾资金全部落实到位。

【农业财务】集中财力支持农业基础设施建设、农业生态环境和农村公益事业发展。建立备选财政支农项目库,推行财政支农项目标准体系,完善财政支农综合信息管理方式。配合农经局对村级会计人员分批进行全面培训,提高村级会计人员的业务素质。加强支农周转金的清理、整顿工作,强化回收力度,最大限度地防止财政资金流失。

【企业财务】在企业财务管理上,打破传统管理方式,从单纯的财务管理向经济分析转变,通过对企业经济指标完成情况和运营情况进行分析,帮助企业理清发展思路,为县域经济发展服务。积极参与企业改制工作,完成了玉美集团改制资产评估和资产处置工作,完成了国有独资、国有控股及占有国有资金企业和企业化管理的事业单位的国有资产产权登记工作。规范了三星化工财务管理。加强农村基金会兑付专项贷款资金的管理,积极支持粮食企业财务挂账审计。

【经营开发】继续做好清理回收财政借款工作。代县政府起草了《关于做好清理回收财政借款工作的通知》,并利用各种会议进行宣传。对 190 多户贷款单位进行清理,实际回收 65 万元。偿还省财政厅历年借款 60 万元,维护了县财政信誉,得到省财政厅好评。

【会计管理】一是加强民营企业会计管理,向民营企业推荐会计人员,协助建立健全会计制度,进行业务培训,为民营企业提供会计服务。二是开拓培训思路。财政局计算机培训中心被市人事局定为定点培训单位。三是做好会计人员从业资格管理工作。

【粮补改革】把握政策,吃透精神,积极稳妥地推进粮食补贴方式改革。加强政策宣传,利用各种媒体宣传“两放开、一调整”政策,及时把《致全省广大农民朋友的一封信》发放到 27 万农民手中。加强调查研究,制定切实可行的实施方案。加强督查,全县成立 27 个督查组,保证粮改资金及时、足额、直接兑付到农民手中。兑付中采取厅点结合,以大厅兑付为主,设点集体兑付为辅的办法。严格粮补资金管理,县在农发行开设粮补资金专户,乡镇财政所在当地金融部门开设粮补资金专户,专款专用,专户管理,全县 1416 万元的粮补资金全部按时兑付到户。

(涡阳县财政局供稿　陈　平执笔)

蒙城县财政工作概述

2003 年,蒙城县完成全年财政总计收入 35195 万元,预算总支出 34935 万元,净结余 260 万元。

【加强财政收入征管】坚持把依法组织财政收入作为各项工作的重中之重。根据年初县人代会批准的预算,及时将收入目标分解落实到各乡镇政府和有关征收部门,按月提供准确的预算执行情况,建议政府加大收入考核奖惩的力度。积极协调、配合其他有关征收部门,认真排查税源,大力清缴欠税,依法加强征管。在财政部门内部,进一步量化、细化收入目标,层层落实收入责任制,实行机关各股室、二级机构包乡镇的做法,并实行奖惩制度,按月考核,按季兑现;对于乡镇财政所,将农税津贴的发放与其组织的收入挂钩,并严格执行。特别是加大了契税征收力度,同比增长1倍以上,完成了县收入预算目标。

【强化财政支出管理】把确保全县2.4万(其中全额供给人员2.15万)财政供给人员的工资正常发放作为财政支出的首要任务,千方百计确保完成。通过实行综合财政预算、调整支出结构、实施乡财县管乡用、深化支出改革等措施,确保了财政供给人员工资按国家规定的标准足额发放。结合实际,加大了社会保障资金的投入,全年预算安排落实社保资金1374万元。在巩固原有参保企业的基础上,又进一步扩大了参保面。全县基本养老参保单位142个,参保职工12738人,确保了企业离退休人员的生活。医疗保险参保单位168个,参保人员19599人;享受城市居民最低生活保障8636人,基本实现应保尽保和满足农科教卫、办案、机关运转等重点支出。

【开展粮补方式改革】坚决贯彻改革意图,深入细致地做好政策宣传和解释工作,把政策交给广大农民群众。制定了“以税定补”、“先税后补”的实施方案,把促进农业税收征缴与粮食补贴发放紧密结合。同时,完善了各类配套制度,建立了主要领导负责制、岗位责任制和责任追究制度,加强了对改革的督察指导,严格落实“五到户”、“六不准”的改革纪律和工作要求,规范程序,透明操作,力争把各个环节的工作做细做好,1300余万元粮食补贴资金全部按时发放到农民手中,未发现一例违反改革政策、侵害农民利益的案例。

【巩固税费改革成果】进一步规范财政统发工资工作,促进乡镇机构和中小学布局调整。加大对纳入财政统发工资人员,特别是农村中小学校教职工清理核查力度,对死亡、调动、在岗不在编、在编不在岗等情况的251人停止工资发放,核销工资卡152份,调动了统发人员的工作积极性,财政统发工资工作步入正常、规范的轨道。全年落实农村中小学危房改造及水毁复校资金1200余万元。为了确保这些资金安全、有效使用,财政部门按照轻重缓急将资金明确到具体的项目,在资金拨付中严格按照工程进度,对工程的管理实行招投标制、合同制、质量监察制、法人负责制,确保了资金的安全、规范,有力地推进了农村中小学危房改造工作。认真做好农业税收各项基础性工作的同时,依法调整全县计税土地面积,据实核减全县计税土地面积6.4万亩,进一步减轻了农民负担。推广典型经验,全面推行“定时定点定额,集中缴纳,分户开票”的征收方式,25个乡镇全部建立纳税大厅,健全征收网络,建立健全涉农税费征收监控机制,对全县农民负担实行重点监控和一票否决制,防止了农村“三乱”现象发生。

【优化经济发展环境】坚持以经济建设为中心,充分发挥财政职能作用,优化财政资源配置,综合运用政策扶持和资金支持相结合的办法,积极培育财源,促进经济社会全面发展。在支持工业产业结构调整和农业“三增”示范工程建设中,充分发挥了财政“四两拨千斤”的杠杆作用,全年引导社会投资3600余万元;积极参与和支持县国有企业改制工作,对改制企业资产清算进行严格审核把关,有效防止了国有资产流失;继续加大治乱减负力度,加强对收费项目的监督管理,规范收费行为,认真落实有关精神和要求,该取消的收费项目一律按规定取消,该降低的收费标准一律按新标准执行,进一步减轻了企事业、群众负担,促进社会稳定和经济发展。县30户重点纳税单位全年入库税收同比增长37.2%,其中有66%的纳税单位纳税额出现增长,同比增幅均超过100%,最大增幅达497.3%。一些民营企业进入了全县税收30强,许町煤矿、高速公路成为税收新的增长点。

【实施乡财县管乡用】实施“乡财县管乡用”取得了初步的成效:一是保证了工资按时发放。按照支出的重点顺序,基本保证离退休、民政优抚、在职人员工资发放,全面实行了银行代发制度。二是规范支出行为。通过乡镇会计结算统一管理,增加了乡镇支出的透明度,杜绝不合理的支出,全县乡镇工资外支出大幅下降,财政资金使用效益明显提高。三是控制了乡镇财政负担人员的大幅度增长。对新增人员必须符合规范程序,方可拨付工资。乡镇取消账户后,所有支出由核算中心根据支出性质按规定办理资金拨付,乡镇财政已不存在举债的条件,避免了新的债务产生。四是提高了乡镇组织收入的积极性。乡镇政府已充分认识到,实施乡镇财政管理方式改革不是吃“大锅饭”,仍是谁的钱谁花、谁的财力谁支配。作为乡镇只有完成预算收入任务,才能保证工资发放、保证正常运转支出。收入超基数部分,全额作为乡镇的可用财力。

(蒙城县财政局供稿　卢红生执笔)

利辛县财政工作概述

2003年,利辛县努力克服“非典”疫情、特大洪涝灾害和各项税收减免政策带来的负面影响,全县财政收入完成13521万元,为年度预算的98%,同比增长1.4%;全县财政支出35398万元,为年度预算的144.5%,同比增长25.6%。加税收返还、转移支付及专项补助收入,实现了收支平衡,略有结余。

【支持抗非抗灾】一是千方百计筹措资金,简化拨付程序,加快资金调度,及时安排应急专项资金885万元、赈灾资金1800万元,保障了抗洪物资、医疗救助、生产自救等工作开展;二是加强对资金的监管,建立专项经费跟踪问效制度,确保有效的财政资金用在刀刃上;三是落实包干责任,财政人员奔赴抗灾一线,用敢于拼博、勇于奉献的精神和召之即来、来之能战、战之能胜的顽强作风,舍生忘死、英勇奋战,夺取了“两抗”工作的全面胜利。

【加强收入征管】一是加强运行监测,坚决贯彻执行上级税费优惠政策,有效缓解了“非典”和洪灾对财政经济的负面影响。二是推广以票管税的成功经验,加强重点监控,确保了非固定税源对财政增收的作用。三是加强对行政性收费、罚没收入及预算外资金的调控力度,规范“票款分离”和“罚缴分离”,政府宏观调控能力得到进一步加强。四是规范税费改革,完善征管方式,有效调动了广大农民纳税积极性,农业税征收成效良好。同时,财税各征收部门积极协调配合,加大督查力度,认真清理漏税和欠税,努力做到应收尽收。

【调整财政支出】大力压减一般性支出,确保了工资、运转和社会保障等重点支出的基本需要。同时,科学安排财政资金,支持了全县经济和社会事业的发展。财政投入资金553万元,用于城市基础设施的维护和建设,城区硬化、亮化、绿化成效显著,城市面貌焕然一新;安排专项资金261万元,支持农林水建设,促进了农业综合开发;安排专项资金228万元,支持卫生防疫事业,改善了医疗设施;拨付专项资金1218万元,用于义教工程、水毁校舍等,促进了教育事业的发展;拨付专项资金536万元,用于保障再就业和补贴养老保险;安排1443万元专项资金用于低保等,完善了保障体制,促进了灾后经济的恢复和发展。

【落实亲民政策】首先进一步完善了工资发放责任制,县乡两级财政供给人员工资全部按月发放,人均月工资增幅连创近年新高,有效巩固了工资正常发放成果。其次,认真落实“两个确保”,努力实现城镇居民最低生活保障应保尽保。一年来,社保基金累计收入1819万元,支出1995万元。纳入社会保障渠道供给的人数已达26719人。维护了社会稳定,促进了协调发展。第三,坚持以民为本、立诚于民、取信于民,简化发放手续,全额兑付粮补资金,不抵扣任何税费,不与农业税缴纳情况挂钩,向农民直接发放补贴资金832万元。该县做法得到了赵树丛副省长的充分肯定。加之取消“两工”,全年农民人均增收减负近60元,受到了广大农民的普遍欢迎。

【规范乡财县管】组织对镇、村的债权债务进行清核登记,重新核实乡镇收支基数,健全和完善了乡镇农税所管理体制,为乡财县管改革提供了准确的依据和保障。在此基础上制发了切实可行的实施方案,并按照转换会计职能、账户统设、集中收付、采购统办、票据统管的要求,完善了10项配套措施。会计集中核算和政府采购顺利向乡镇延伸,为从根本上解决乡镇财政困难、规范乡镇收支行为、化解乡镇债务风险、促进城乡协调发展奠定了基础。

【完善支出改革】立足实际,合理确定了预算安排顺序,实现了政事、事企的分类界定。进一步完善综合预算,稳步推进了部门预算,预算编制程序逐步规范。完善了会计集中核算内部管理制度,服务承诺体系规范,服务意识和工作效能进一步提高,监督职能进一步强化。全年剔除各类不合规票据1437张、票面金额80多万元。政府采购范围已由物品类延伸到工程类、服务类,采购质量和规模大为提高。全年采购预算资金总计891万元,实际支付843万元,节约资金48万元,资金节约率为5.3%。出台并实施了《利辛县公务接待管理暂行办法》和《利辛县通信补贴管理暂行办法》,进行公务接待和通信货币化改革,收到了较好的效果。将财政监督前移,积极探索对财政支出全过程监督的新模式。公共支出各项改革统筹兼顾,收效明显。

【加强财政监督】对全县扶贫资金使用与管理、第三轮粮食挂账、农村合作基金会、国有资产、第二期农网改造资金、农业税灾歉减免资金等进行了监督检查。按照以查促收、整顿提高的要求,对整顿全县财经秩序、规范财政收支、提高会计信息质量等发挥了应有的积极作用。

(利辛县财政局供稿　方　帅执笔)

宿州市财政工作概况

宿州市财政工作综述

2003年，宿州市财政总收入(向市人代会报送口径，下同)完成117153万元，增长4.9%。剔除农业税灾减等政策性减收因素，同比增长8.9%。其中，上划中央收入36099万元，增长5.9%；地方财政收入完成81054万元，增长5.6%。全市财政支出完成194985万元，增长14.6%。实现收支平衡并略有结余。

【组织财政收入】一是加强收入征管工作，迅速将人代会批准的预算，层层分解落实到各县区和各征收部门，建立严格的收入考核责任制，逐月考核收入进度，以月保季、以季保年，切实做到抓早、抓实、抓细。二是积极协调税务部门强化工商税收管理，在重点抓好增值税、营业税、企业及个人所得税等主体税种的同时，进一步加强对零散税收的征管，坚决做到应收尽收。三是进一步完善农业税收“三定”征收办法，强化契税和耕地占用税征管工作。结合城市房地产开发和土地转让，把该收的契税征收入库，使契税成为财政增收的亮点。四是切实加强非税收入征管，继续推进行政性收费和罚没收入票款分离、罚缴分离工作，严格按规定将非税收入缴入国库或财政专户。

【推进支出改革】一是深化市级国库管理制度改革。自2003年1月起，市直各单位均纳入支付中心，全年实现集中支付19124万元，其中直接支付9405万元。县级进一步完善和规范了会计核算中心管理制度，加强了会计核算工作。二是深化部门预算编制改革，按照规范、完善、深化、配套的总体要求，全面推进部门预算改革，把预算编制时间提前到5月份，预算编制内容具体到支出项目；市直200家单位实现了预算编制的计算机化管理，做到了早编预算、细编预算，提高了预算编制的完整性、准确性。三是深化政府采购工作，在强化政府采购内部管理、规范运行、加强监督的基础上，将政府采购的范围扩大到物品、工程、服务三大类，实现了采购额的突破，全年政府采购项目预算9173万元，实际采购金额7926万元，节约资金1247万元，资金节约率13.5%。其中，市直组织采购活动175次，采购预算3545万元，实际采购金额达3109万元，节约资金436万元。四是深化财政支出范围的界定工作，对市直财政供给的113个事业单位，按照其职能划分为财政全额供给、财政定额和定项补助、停止供给推向市场三大类，进一步优化了支出结构。五是积极推进“金财工程”建设，市县两级分别建立了局域网，实现了省、市、县的互联互通和资源共享；建成了电视电话会议系统，实现了省与市、市与市的视频交流，为依法理财、科学理财、提高财政现代化管理水平提供了技术保障。在全省的公共财政改革验收评比中被评为二等奖。

【强化财政管理】一是继续推进罚缴分离、收缴分离工作，确保行政事业性收费和罚没收入及时足额缴入国库。对市直23个执收执罚单位执行罚(收)缴分离情况全面检查，对应缴未缴的16万元资金，全部追缴入库。二是严格预算单位账户的开设、管理，对各单位银行账户开展了进一步清理登记，只允许其保留一个基本支出账户。为减少非税收入在途时间，归并了财政专户，简化了有关手续，使资金使用更加方便、快捷。三是开展了对法院诉讼费票据、民间组织专用收据等专项检查，进一步规范了专用票据的领购、保管、发放、登记、缴销工作。由于管理力度不断加大，全年市纳入专户管理的非税收入52260万元，调控资金3760万元，其中市直纳入专户管理29604万元，调控资金1124万元。

【支持经济发展】一是充分利用部门优势，积极筹措资金，加强基础设施建设。当年共争取基本建设资金13589万元，其中中央国债资金9696万元，涉及污水管网工程、运粮河治理、疾病预防控制中心、垃圾处理厂、自来水厂扩建等33个项目。二是抓住省政府加快皖北地区经济发展的机遇，申报重点项目12个，其中10个项目顺利通过省专家审查，争取项目贷款贴息500万元。三是拨付农业综合开发资金5274万元(其中财政资金3702万元)，支持优势农产品生产基地7万亩，节水农业示范基地2万亩。顺利通过省和国家对宿州市2000—2002年项目的验收。市农业综合开发办被评为全省农业综合开发先进单位,各县区也获得了相应奖励。四是申报的市农机局50万美元农业机械项目和市立医院400万欧元医疗设备项目获得批准,进入设备选型采购阶段。在建的世行灌溉农业项目、小规模肉牛养殖项目、人力卫生项目、种子商业化项目、污水处理厂和污水收集等项目,共利用外资850万美元、2716万挪威克郎、人民币1455万元,当年实现报账提款659万元。五是争取农业扶持资金4582万元支持农业项目建设、农村经济发展和灾后重建。六是为招商引资提供资金支持,采取积极措施落实市政府招商引资的有关优惠政策。全年退税及返还土地出让金2500多万元,有力地支持了地方企业的发展和城市建设。七是按照市政府的要求,积极编制有关财政资料,全程参与国家开发银行对城区的考察评审,促进了开行2亿元路网工程建设贷款的较快落实。

【确保重点支出】一是在预算安排上把保障工资发放放在第一位,工资支出不留缺口,并完善工资专户制度和银行统一发放工资制度,认真执行工资发放责任制和责任追究制,对工资发放实行动态督查、跟踪反馈,基本保证了工资发放。二是加大投入力度,筹集各类社保资金30964万元。其中:国有企业下岗职工基本生活保障及再就业资金2985万元,支出2850万元;失业金2133万元,发放1141万元,领取失业保险金人数达30126人;国有企业下岗职工基本生活费和离退休人员基本养老金1000多万元;征收养老保险基金13966万元;城镇居民最低生活保障3641万元,支出3364万元,全市共有89万人次享受了低保;企业军转干部生活费、养老金等800多万元;医疗保险基金6439万元,支出4006万元。三是争取省危改专项资金4556万元,灾后危改专项资金1440万元,落实配套资金6000万元,基本完成了省政府要求的2001年6月前上报的应改造D类危房改造任务。四是安排"非典"防治专项经费2363万元(其中财政资金973万元),保证了"非典"指挥机构的正常运转,基本满足了隔离区建设、防疫设施改造等方面的资金需要。五是及时上报灾情,争取省救灾经费4375万元(其中:救灾款1310万元、灾民建房款3020万元、救灾防疫款45万元),解决了灾区群众的生产、生活问题。

【规范税费改革】一是牵头从市直有关部门抽调20余人,分5个检查组深入各县区开展农村税费改革专题调研活动,针对税改中的薄弱环节提出了切实可行的改进意见。二是在认真总结砀山县、萧县农业特产税改征农业税试点经验的基础上,在全市范围内顺利、平稳地开展了改征工作。三是妥善处理兑付粮食补贴资金与征收农业税之间的关系,积极探索"先税后补、以补促征"的有效办法,全面实行"定点征收、计算机管理",实现了农业税征收从定时征收向常年征收的转变、从代扣代缴向直接征收的转变。四是积极争取中央和省灾减补助资金4535万元,并及时按程序直接发放到农民手中。

【实施粮补改革】一是按照"加强领导、精心组织、稳妥推进、确保成功"的要求,认真贯彻粮补改革的各项政策,迅速进行工作部署。成立了市、县粮食补贴方式改革试点工作协调小组,设立专职办公室,抽调人员集中办公,多次召开粮补工作会议,层层传达落实改革精神、部署任务。二是认真编制方案,精心组织实施。深入到乡镇村组开展调研和测算工作,迅速准确地编制粮补改革方案,将省财政安排的资金合理分配到县。出台了粮补资金管理办法,对粮补资金开设专户,实行封闭运行,专款专用,并按照"四个统一"的办法:即统一操作程序、统一管理软件、统一银行开户、统一兑付办法,进一步规范操作程序,将到户资金张榜公示后及时迅速地兑付到农民手中。三是扎实推进各项配套改革,及时调整粮食风险基金补贴政策,认真配合审计部门做好粮食清查审计工作,为妥善处理国有粮食企业的"老粮老账"问题提供可靠依据。经过积极努力,全市粮补改革工作进展顺利,运行平稳,取得了阶段性成效,直接向农民发放粮补资金5505万元,基本实现了改革的预期目标,有效地保护了农民的利益,增加了农民的收入,提高了农民种粮积极性。

【加强财政监督】一是在全市范围内开展了收费专项检查,共审查收费单位862个,审查收费项目1569项,收费金额53915万元,责令整改单位74个,查处违纪金额1610万元,收缴违纪金额92.8万元,退还被收费单位和个人642万元。二是对全市在建和新上的国债项目进行了检查,促进了国债资金的规范使用和建设项目的顺利实施。三是开展涉农收费检查,推进涉农收费公示制。据统计,全市共设置公示牌3495个,发放涉农收费公示手册27498份,公示面基本达到100%。四是对全市9家企业2002年度会计信息的真实性、完整性、合规性进行了检查,查出违纪资金195万元,已责令其调整账务,补缴税款。

(宿州市财政局供稿　寇　智执笔)

埇桥区财政工作概述

2003年,埇桥区财政收入(向区人代会报送口径)完成45773万元,占预算106%,同比增长8%。其中:国税收入20077万元,占预算98.7%,同比增长5.6%;地税收入12298万元,占预算101.1%,同比增长8.2%;农税等收入13397万元,占预算112.1%,同比增长11.5%。财政支出完成49524万元,同比增长14.2%。保证了全区改革和发展必需的资金,维护了稳定,为全区经济和社会事业的发展做出了积极的贡献。

【收入征管】一是牢固树立以抓好收入当作财政工作第一要务的指导思想。始终把组织收入摆在各项财政工作的重中之重,紧紧抓住不放。在遭受“非典”疫情和严重自然灾害的不利影响下,立足于抓早、抓主动:4月底,全面完成耕地占用税和契税任务;7月底,基本完成全年农业税任务;到9月底,财政局提前3个月完成了区政府下达的年度收入任务。二是从实际出发,发挥各自优势,实现财政收入新的突破,有计划、有重点地征收,既抓大宗税源不放,又抓零散税收,点面结合,应收尽收。耕地占用税和契税收入分别比任务超收一倍多,实现了新的突破。农业税是财政收入的重点,占全区可用财力的三分之一。早谋划、早宣传、早安排、早动手,加强领导,周密布置,典型引路,在汛期来临之前,已基本完成了征收任务,打了一场农业税征收的漂亮仗。三是加大征管力度,规范税收行为。积极推行“定点、定时、定额”的征收方式,立足服务,规范征收。同时,对无正当理由拒不纳税的“钉子户”,采取法律手段,强制执行。一年来,区法院受理涉税案件140起,结案130起,维护了税法的严肃性。

【支出管理】2003年年初预算未安排的防治“非典”支出,各类救灾、扶贫支出,离休老干部待遇标准提高,教育和劳动部门新增人员费用支出等大量增加。加之省财政扣还往年所借周转金、项目资金达2500多万元,给财政支出的安排带来巨大的压力。坚持量入为出、量财办事、勤俭节约的原则,认真做好支出安排工作。一是调整乡镇财政管理体制,确保工资发放。对乡镇财政体制进行了调整,实行“划分税种,核定收支,超支不补,减收扣支,结余留用”的新体制。实践证明,这是保工资的有效办法。在资金安排上把工资发放摆在财政支出的第一位。每月工资未拨付之前,暂停其他支出安排,集中财力保工资,未发生新的拖欠。二是确保重点支出的需要。保证了社保和防治“非典”专项支出、老干部经费、救灾款、抗洪经费、教育危房改造、灾后重建和企业军转干部等重点支出的需要。在立足自身的同时,积极向省、市财政争取资金,累计达9000多万元,有力地促进了灾后重建工作,维护了全区的稳定。三是基本保证了机关正常运转的需要。加强资金管理,严格控制一般性支出。区政府专门下发了《关于加强招待费支出管理的规定》,并对各单位的支出严格审核,不该花的钱一分也不拨付,把有限的资金用在刀刃上。

【税费改革】一是规范农业税征收程序,推行农业税征收方式改革。改变以往交粮纳税的传统征收模式,逐步完善以“农业税纳税服务大厅”征收为主,村、组办税服务网点为辅的“三定”征收方式,全部使用电子税票,以现金方式征收农业税,及时与纳税户结算,杜绝截留、挪用农业税,使农民交上“放心税”、“明白税”。二是重新核定土地面积和常年产量,避免有地无税现象的发生。在此基础上编制农业税征收清册,张榜公布,增强透明度,接受群众监督。三是规范涉农收费。从宣传入手,采取多种形式,全方位地宣传党的涉农政策和各项收费政策,动员农民参与监督,抵制各种不合理收费。对违反涉农收费政策案件进行严肃查处,确保农民负担不反弹。四是认真做好农业税灾减资金发放工作。依据“轻灾少减、重灾多减、特重全免”的原则,及时将省政府补助的1225万元灾减资金合理确定减免比例,下拨、发放到灾民手中,真正把党和政府的温暖送到千家万户。

【粮补改革】一是区和各乡镇都建立组织机构,加强领导和具体指导,完善工作责任制。二是积极做好宣传工作,把政策原原本本交给农民,做到家喻户晓,深入人心。三是认真测算、科学编制方案,并做好对乡镇方案的审定工作。全区各乡镇、街道据实分解落实批复的粮补资金,编制粮补清册,坚持“五到户、八不准”要求,并以村为单位张榜公示。四是积极做好粮补资金兑付工作。以点带面,全面启动,紧张有序地开展粮补资金兑付工作,到9月底,全区兑付工作基本结束。

【支出改革】一是完善了集中核算的涵盖面。全区累计管理单位达150个,按规定应纳入集中核算单位已基本纳入管理。国务院、省政府和财政部、省财政厅明确规定实行专户管理的政府性基金、专项资金也纳入统一管理。二是规范工资管理,确保了工资统一发放。全区累计取消单位擅自增加补贴项目、扩大补贴范围、提高补贴标准等49项,拒付款项278万元,统一了区直工资执行标准,确保工资及时发放。三是规范会计核算,强化财政监督。严格执行财政部《政府预算收支科目》,规范会计核算。据统计,审核出不符合报销条件的违规违纪的发票金额共2013万元,占累计支出额的4.3%。四是加强政府采购工作。累计签订采购合同153份,采购项目资金1124万元,实际支付合同资金984万元,节约资金140万元,节约率达12.4%。

【资金管理】全年共纳入财政专户预算外资金4300万元,同比增长15%;完成政府调控资金1458万元,同比增加了478万元;纳入管理的单位和部门120个。在预算外资金管理上,努力做到五化:即资金征收化、专户金库化、支出预算化、监督经常化、票管规范化。从而增强了政府的调控能力,壮大区级可支配财力。

【农业开发】一是全区2000—2002年农业综合开发项目顺利通过国家和省级验收。全区3年农业综合开发项目共完成项目投资3014万元,占计划的99.8%。项目全部按计划实施,取得了良好的经济和社会效益。2003年底,顺利通过国家、省3年项目总验收。二是建立2004年区级项目库。编制2003年大营镇土地治理项目设计,择优选择苗安乡为2004年土地治理项目区,选择三八乡波尔山羊养殖、西二铺乡沟西村无公害蔬菜栽培,为2004年多种经营项目。同时组织有关部门业务人员,编制完成了2003年土地治理项目设计,为下一步项目实施打下了良好基础。

(埇桥区财政局供稿 黄昌平 夏玉柏执笔)

萧县财政工作概述

2003年,萧县财政收入(向人代会报送口径)完成17434万元,占预算的102%,同比增长2.6%。其中,地方一般预算收入完成13023万元,占预算的114.6%,增长1.7%;上划中央收入完成4411万元,占预算的104.6%,增长5.3%。基本保证了工资发放和各项重点支出的需要。

【强化税收征管】财政、国税、地税部门努力消除"非典"和洪涝灾害对组织收入造成的不利影响,各自按照年初分配的收入任务,按月分解,按季考评,责任到人。国税、地税部门按照"加强征管,堵塞漏洞,惩治腐败,清缴欠税"的工作方针,大力整顿和规范税收秩序,强化税收征管,实行专项整治,集中精力抓好重点行业税收稽查,坚决制止和纠正征管中的不规范做法,严厉打击"偷、逃、骗"税行为,努力做到应收尽收。财政部门以粮补改革为契机,加大农业税清欠力度,进一步优化农业税收征管环境,在全市率先完成了农业税征收任务。依法清查清收契税、耕地占用税,取得了较好成绩。

【优化支出结构】一是严格按照"保工资、保运转、保稳定"的支出顺序,千方百计保证财政供给人员工资正常发放;分清轻重缓急,努力保证重点支出需要,加大社保投入,巩固"两个确保"成果,维护社会稳定。二是各项支出严格按预算执行,严格控制追加专项经费,每笔专项资金都由集体研究决定,全年专项经费追加同比降低了30%。三是面对灾情严重,县政府坚决压缩一般性开支,非工资性支出压减30%,用于生产救灾。

【推进支出改革】会计核算中心不断简化业务操作程序,提高会计核算水平。全年共审退各类不合规票据1390张,金额达435万元。年底,通过了市财政局会计基础工作规范化验收并受到了表彰。政府采购中心加大工作力度,不断拓展政府采购新领域。公务用车统一保险、定点加油,定点文印等业务进一步规范;货物类采购规模不断扩大,工程项目类采购强力推进。全年实现采购资金1318万元,综合节约率达15.3%。2003年,公共财政支出改革工作考评再次荣获省一等奖。

【规范税费改革】按照省、市开展"农村税费改革规范年"活动的要求,在规范税改措施上下功夫,进一步减轻农民负担,优化农业税征收环境,保证了农业税及附加及时足额入库。财政部门规范操作,严格做到"八到户"、"十不准",推行"三定"征收,实行计算机化管理,切实推动了"农村税费改革规范年"活动深入开展。

【推行粮补改革】按照省委省政府《关于扩大粮食补贴方式改革试点的通知》精神和《安徽省扩大粮食补贴方式改革试点方案》的要求,全县粮食补贴方式改革严格按照"五个到户"、"六个不准"的要求,精心组织、周密部署、规范操作,取得了显著成绩。全县应兑付粮补资金899万元,全部及时足额发放到每个农户手中,让广大农民切实得到了由暗补变明补带来的实惠。

【实施乡财县管】农村税费改革给乡镇财力带来了很大的缺口,为了缓解乡镇财政困难,启动乡镇财政解困工程,年初县政府下发了《关于进一步完善乡镇财政管理体制的通知》,召开乡镇及有关部门会议,统一思想,推动县乡财政体制改革,使乡镇在财力所有权、使用权、审批权不变的前提下,进一步规范了收支行为,使非工资性支出下降了41.9%,基本保证了乡镇财政工资发放、社会保障支出、村级转移支付支出和乡镇正常运转。

【加强收费管理】2003年,收费管理局进一步完善"收缴分离"、"罚缴分离"管理办法,严格"收支两条线"管理,预算外资金纳入县财政专户管理的单位82个,纳入财政专户管理资金8795万元,占任务的199%,增长31%;政府调控资金完成844万元,增长27%,增强了政府宏观调控能力,缓解了财政困难。进一步加大对预算外资金管理使用情况的监督检查,各单位财务管理水平明显提高。

【支持经济发展】一是申报农业建设项目17个,到位资金182万元。二是争取扶贫资金305万元,灾后重建资金375万元,全部用于生产救灾项目。三是管好用活村级集体经济扶持资金256万元,支持了全县164个选派村集体经济的发展。四是申报基本建设项目13个,争取基本建设项目资金2441万元,其中一部分项目已建成并发挥了作用。五是积极争取农业综合开发资金1524万元,支持了农业基础设施建设,推动了特色农业的发展。六是争取省危房改造补助资金2214万元,改善了农村中小学办学条件。

(萧县财政局供稿 朱宜勇执笔)

砀山县财政工作概述

2003年,砀山县财政收入(向人代会报送口径)完成10596万元,完成预算的96%,同比减收1023万元,下降9%。其中,地方财政收入7998万元,完成全年预算的93%,扣除因自然灾害影响省给予调减农业税任务1254万元后,完成调整任务后的109%,同比减收556万元,下降6%。财政总支出为28209万元。占年度指标的88%,同比增支3462万元,增长13%。其中,县级财政总支出为23675万元,占年度指标26711万元的89%,同比增支3158万元,增长15%。加上省、市各种转移支付及补助和省、市追加各项经费21553万元及历年结余,收支相抵后,净结余269万元。财政预算执行结果收支平衡,略有结余。

【组织财政收入】财税系统广大干部职工努力克服"非典"和内涝灾害及政策性减收等巨大压力,千方百计组织收入。强化收入目标责任制,加强收入目标考核,采取以月保季、以季保年的措施,局机关干部分片包干,实行同奖同罚。依法加强税收征管,严格执行税收法规,确保财政收入及时足额入库。

【规范税费改革】为减轻农民负担,规范农村分配关系,加强基层政权建设,促进农村经济健康发展,按照"巩固、完善、规范、配套"的要求,加大改革力度,以"规范政策,规范管理"为主要内容,狠抓各项改革政策的落实,防止农民负担反弹。一是规范了农业税征管秩序。二是规范了涉农收费。三是规范村级财务管理。四是规范"一事一议"行为。

【推进支出改革】按照"管理资金源头,注重资金效益,规范资金运行"的思路,重点做了以下四个方面的工作:一是完善政府采购制度。制定了《2003年度砀山县政府采购目录》,出台了《砀山县政府采购管理制度》、《砀山县政府采购管理暂行办法》等法规性文件,全年政府采购资金额为916万元,使政府采购工作跃上了一个新台阶。二是完善财政供给人员工资统一发放工作。按照"编制部门核准编制和实有人数,人事部门核定人员和工资,财政部门核发经费,银行代发到人"的分工,经过通力协作,实现了全县中小学教师和县直机关人员工资由银行统一代发。三是完善接待管理办法。按照公共财政支出改革方案和党风廉政制度的有关规定,制定业务接待标准,完善接待办法,加大落实一把手负责制和责任追究的力度,并取得了明显的节支效果。四是强化预算约束,严格执行《预算法》和《安徽省预算审查监督条例》,规范了预算追加的程序和权限。公共财政支出改革达到了预期的目标,顺利通过了省、市对公共财政支出改革的验收,受到了省、市财政部门领导的一致好评。

【确保重点支出】一是县委、县政府带领财政部门多次向省市反映财政困难状况,及时上报内涝灾害情况,取得了省市对砀山县财政状况的理解和支持,在已确定财政转移支付及补助的基础上,又争取税改转移支付、财政困难县补助1173万元,农业税灾减补助760万元,灾民建房补助770万元,从而保证了县直机关和教师工资的正常发放和灾后重建工作的顺利进行。二是面对突发的"非典"疫情和洪涝灾害,及时调整支出结构,大力压缩一般性支出,共投入防治"非典"专项资金98万元和灾后重建资金770万元。三是正确处理改革、发展、稳定的关系,把支持社会保障制度建设、做好社会保障工作与保持社会稳定紧密结合起来,加大财政投入力度,共拨付各种社保资金5411万元,并采取了一系列卓有成效的措施,努力构建社会保障基金的自求平衡机制。四是加强农村中小学危房改造专项资金的管理,做到投一所建一所,建一所成一所。全年共投入危改资金950万元,改造农村中小学100余所,消灭D类危房1.87万平方米,确保了农村中小学教学秩序的正常进行,为农村教育事业的发展打下了良好基础。

【支持农业开发】在完成2001—2002年各项目实施的基础上,又争取开发项目5个:曹庄镇土地治理项目,批准投资420万元;朱楼镇节水农业项目,批准投资230万元;浓缩果汁加工项目,批准投资444万元;隆兴食品公司速冻果蔬加工项目,批准投资133万元;葛集镇银杏加工项目,批准投资123万元。5个项目计划总投资2351万元,各项工程将进入实施阶段。为确保《砀山梨绿色食品标准化生产及气调保鲜技术示范项目》的顺利实施,编制了世行科技项目建议书和可行性研究报告,通过世行准备团、社会评估团和世行专家组的评估,同意立项,批准项目投资3774万元(其中世行贷款700万元,省财政配套857万元,企业自筹850万元)。为农业的可持续发展奠定良好的基础。

【实施粮补改革】按照粮补有关政策,县乡联动,周密地制定出切合实际的粮补方案,并报省粮补办批准。以2002年度农业税计税土地面积为计算依据,粮食补贴标准按每亩5元执行,全县共支出粮食补贴资金为433万元,争取省市拨付粮补资金291万元,财政自行负担142万元。为加强资金管理,县乡粮补办均在银行设立了专户,保证资金的专款专用。在粮补资金兑付期间,严格规范操作规程,严禁借发放粮补款之机搭车收费,确保农民利益不受侵犯。除个别农户因外出打工无法领取粮补资金外,共发放粮补资金431万元,兑现率达到99.4%,使广大农民切实体会到粮食补贴方式改革带来的实惠。

【完善财政体制】为适应农村税费改革后乡镇收支结构变化的新形势,进一步理顺县乡财政分配关系,在1995年确定的乡镇分税制财政管理体制的基础上,调整了乡镇分税制财政管理体制,实行"划分税种、核定收支、收支包干、定额上交或定额补贴、超收全留、减收自负"的管理体制。撤销了乡镇金库,重新划分乡镇财政收支范围、核定收支基数,建立健全了各项配套制度,完善转移支付制度,扩大转移支付规模,加大了对乡镇财政的支持,扭转了乡镇部分财政资金管理混乱的状况,保证了乡镇工资正常发放和基本正常运转,预防了乡镇新债务的发生。

【加强法制建设】一是加强财政法规制度建设。先后制定下发了一系列财政财务管理制度和办法。二是积极利用财政法律、法规的宣传,通过印发材料、举办普法讲座、开展财政法规知识竞赛等多种形式,进一步增强财政干部的法制观念,争取社会各界对财政工作的理解和支持。三是全面推行行政执法责任制。在全县推行财政干部执法资格认证制度,实行持证上岗。四是积极参与政风建设,创建人民满意的基层财政所,以县人大对县政府部门的评议活动为契机,努力提高财政干部的政治业务素质,不断提高理财水平。县财政局被县人大评议为2003年度合格单位。

(砀山县财政局供稿　丁培华　张新民执笔)

灵璧县财政工作概述

2003年,灵璧县财政收入(向人代会报送口径)完成16022万元,占预算指标96.5%,同比下降8.7%。其中:一般预算收入13523万元,占预算89.3%,下降9.4%(地方一般预算收入完成11313万元,占预算指标92.8%,下降8.9%)。财政部门直接组织收入8690万元,占预算93.4%,下降6.6%。全年财政累计支出30564万元,同比增长6.3%。其中,一般预算支出28636万元,同比增长6.3%;基金支出1928万元,同比增长6%。

【组织财政收入】一是抓基础。开展农村税费改革、农业税征收政策、粮补改革以及财税法律法规的宣传,做好税源摸排、建立台账、编制清册、公示等基础工作。二是抓机制。建立严格责任机制,签订目标管理责任书。建立严格的督查机制,实行局领导联系乡镇制度,划片督查。实行严格的奖惩机制,通过年度考核,对收入任务完成较好的渔沟、下楼、冯庙、尤集、浍沟6个乡镇财政所给予表彰奖励;对涌现出的先进个人给予通报表彰;对任务完成较差的向阳、灵城、大路3乡镇财政所给予通报批评,对其负责人给予诫勉。三是抓法制。加强对全县广大财政干部法制教育、纪律教育,严守"八到户"、"十不准"的工作规定。进一步加大执法力度,严厉打击偷逃抗税行为,堵塞税收跑冒滴漏。当年,全县给予行政处罚的纳税户有400余户,申请法院强制执行的有90多户,行政拘留8人。

【深化支出改革】一是推进公共财政管理改革。2003年选取部分单位进行部门预算编制试点,健全财政国库支付制度,完善和规范会计集中核算制度。截至2003年底,纳入集中核算单位为81个。2003年,县结算中心通过了上级的考核验收。政府采购工作重点开展了定点保险、定点招待、货物采购等业务,全年累计市场采购金额370多万元,同比增长近4倍。二是实行乡镇财政管理方式改革。制定乡财县管乡用资金管理办法,尽最大可能让利于乡镇。三是推进"收支两条线"管理改革。全年预算外收入实现3102万元,实现政府调控资金280万元。四是推进粮食补贴方式改革。坚持兑付资金与依法征收农业税相结合,兑付补贴资金1269万元。五是开展农村税费改革规范年活动。5月底和11月底,开展了两次涉农收费大检查,加强对基层站所涉农收费行为的监督。

【支持经济发展】2003年,经上级补助和地方筹措,共投入"非典"防治经费58万元,投入防汛抗洪救灾经费230多万元。同时,为促进灾后经济发展,加强财政各项资金管理,全县共投入各类财政专项资金6500多万元。其中,投入农业综合开发资金650万元,投放财政扶贫资金490万元,危房改造专项资金1042万元,小规模养殖贷款410万元,国债项目资金4003万元。

【开展创建活动】2003年3月县财政局与各乡镇财政所签定"人民满意财政所"创建活动责任书,建制度、抓管理、强素质,不断提升依法行政、依法治税水平,不断提高文明服务质量。全县21个乡镇财政所、分局均被所在乡镇评定为人民满意单位,给予推荐表彰。渔沟、朝阳、大庙、长集、韦集5个乡镇财政所被县政府授予2003年度"人民满意财政所"荣誉称号。

【强化财政监督】结合工作实际制定了《灵璧县财政局对内监督检查暂行办法》和《灵璧县财政局对外监督检查规定》,印发了2003年财政监督工作要点。开展了2002年度"收支两条线"执行情况检查,共检查50多个行政事业单位,查出违规资金200余万元。开展内部离任审计工作,对7位调整的基层财政所所长进行离任审计,查出违纪资金30余万元,追缴违纪资金9000元。按上级主管部门安排,依法委托灵璧县灵光会计师事务所对灵璧县建筑公司和灵璧县中运公司会计信息质量进行专项检查。

【加强会计管理】2003年,对结算中心进行了会计基础规范化考核验收,对卫生系统等验收合格单位进行了复核,共复核6个单位。2003年参加会计专业技术资格考试共282人,其中,22人取得初级会计任职资格,19人取得中级会计任职资格。另有211人参加全省会计从业资格考试,73人合格;90人参加注册会计师报名考试,单科合格7人,四科合格1人。

(灵璧县财政局供稿)

泗县财政工作概述

2003年,泗县财政总收入(向人代会报送口径)完成11064万元,增长1.8%。其中,地方收入完成9321万元,上划中央两税收入1336万元,上划中央所得税收入407万元。全县财政支出完成24838万元,增长19.7%。

【加强财政收入征管】一是层层分解落实收入目标任务,实行目标责任制考核,健全并完善了工作联系点和包片制度,明确奖惩措施,强化征管手段,有力促进了收入征管。二是针对组织收入工作受到"非典"、严重洪涝灾害等不利因素影响,及时调整工作思路,积极探索新形势下农税征管方法,全面建立了"三定征收、计算机管理"的新型农业税收征管模式,激发农户主动纳税的积极性。三是进一步完善"收缴分离"、"罚缴分离"制度,确保行政性收费和罚没收入及时、足额征收入库。四是健全和完善县乡财政体制,对各乡镇财政收入实行目标责任管理,建立了例会和调度会制度,有效地提高了乡镇组织财政收入的积极性。

【规范农村税费改革】一是组织开展"农村税费改革规范年"活动,扎实做好农业特产税改征农业税工作,全面取消农业特产税,切实减轻了农民负担。二是深入调研、认真核实,对政策性占用土地的农业税计税面积、计税税额等严格按政策进行了调整,进一步公平了税收负担。三是认真落实农业税减免政策,对减免资金实行"三定"退税办法,规范操作程序,确保减免资金落实到位。四是贯彻执行《安徽省村内兴办集体公益事业筹资筹劳条例》,规范"一事一议"筹资筹劳管理,全面取消农村"两工"。五是强化涉农收费监督检查,不断推进涉农收费许可证制度、公示制度和农民负担监督卡制度,规范涉农收费管理,并暂停向农民收缴农村税费改革前的历年税费尾欠。六是完善“村财乡管村用”制度,进一步规范村级资金的使用和管理,保障了村级组织的正常运转。2003年,县财政局被省委、省政府评为“全省农村税费改革先进单位”。

【推进粮补方式改革】一是县、乡两级及时成立了组织机构,切实加强对粮食补贴方式改革工作的领导。二是大力宣传粮食补贴方式改革政策,及时将省粮补办印制的《致全省广大农民朋友的一封信》分发到每个农户,营造了良好的改革氛围。三是广泛深入开展调查和测算工作,研究制定了全面、细致的粮食补贴方式改革实施方案,报经省、市批复后组织实施。四是对农民补贴的资金实行专户管理,规范程序,透明操作,并妥善处理兑付粮食补贴资金与征收农业税之间的关系,根据不同情况,积极探索先征后补、征补同步、直接补贴等有效办法,采取大厅发放和上门直接发放相结合的形式,保证了补贴资金及时、足额兑付到每个农户,受到了广大农民群众的普遍欢迎。

【深化财政支出改革】一是积极推进部门预算管理改革,全面实施综合预算管理,不断深化“收支两条线”管理改革,做到了预算内外资金统筹安排,增强了政府调控能力。二是完善和规范会计集中核算制度,提高会计核算中心管理的规范化水平,增强财务收支的透明度,保证财政资金的安全性、规范性和有效性。三是深入贯彻《政府采购法》,积极扩大政府采购范围和规模,不断强化政府采购内部管理,切实加强监督,进一步规范了政府采购行为,在纪检监察、审计等部门及特邀监察员的全程监督下,全年共实施政府采购活动118批次,项目涉及货物、服务、工程3大类上百个品种,实际支付采购金额1244万元,比预算采购资金节约187万元,资金节约率达13%。

【完善财政保障机制】一是严格执行工资发放政策,相应调整支出结构,大力压缩非工资性开支,进一步完善工资专户管理制度和财政统一发放工资制度,保证了财政供给人员工资和国家统一规定津补贴的正常发放,没有出现新的工资拖欠。二是不断完善社会保障制度,积极扩大社会保障面,筹集2414万元资金用于养老、失业、医疗保险等方面支出,拨付城镇居民最低生活保障金357万元,对符合条件的6948人实行动态管理下的应保尽保,较好地保障了困难职工、下岗职工以及城镇困难居民的生活。及时拨付离休老干部医疗费429万元,保证了离休干部的生活和医疗待遇。三是贯彻落实下岗失业人员再就业各项财税优惠政策,强化就业服务,建立了小额贷款担保基金,推进就业和再就业工作。

【积极支持经济发展】一是积极筹措资金,不断加大投入力度,有力促进了农村经济结构的调整。投入557万元农业综合开发资金支持项目区农业基本生产条件改善;安排财政扶贫资金644万元,扶持贫困村发展经济。二是及时拨付国债专项资金1829万元,支持污水处理厂等一批重点项目建设;多方筹措资金1075万元对城区道路、桥梁等基础设施进行了改造。三是认真落实招商引资各项优惠政策,治理和改善经济发展环境,为外商兴办企业创造条件,大力营造亲商、安商、富商的良好氛围,有力支持了地方经济的发展和城市建设。

【开展招商引资活动】一是多次召开招商引资工作专题会议,及时传达县委、县政府有关文件精神,广泛宣传发动,组织干部职工学习、讨论,献计献策。二是认真分解落实招商引资任务,实行量化考核,将招商引资任务完成情况纳入年终考核范围,健全并完善了奖惩制约机制。三是为招商引资想办法、找门路,介绍县情,大力宣传招商引资优惠政策,与客商洽谈以情感召,为招商引资工作打下了良好基础。通过多方努力,全年引进项目3个,引进外资650万元。四是对落户本地的客商不断增强服务意识,提高服务质量和效率,帮助他们解决实际困难,以真诚留住客商。

【加强财政监督检查】一是认真贯彻执行《预算法》、《安徽省预算审查监督条例》和《安徽省财政监督暂行办法》,不断加强对预算执行情况的监督,进一步规范财政支出行为,逐步提高法定支出和重点支出的资金使用效益。二是严格执行《会计法》,强化财政部门对会计工作的监督管理,对部分单位会计基础工作和会计信息质量实施专项检查,进一步整顿和规范了会计工作秩序。三是建立健全财政监督管理机制,完善了对外监督检查规定和对内监督检查暂行办法。四是切实加强对国债资金的管理,严格按照审批程序规范操作,做到专户存储、专款专用,并对项目资金的使用情况和建设单位工程进度实施全程监督。五是认真开展行政事业性收费年审工作,对全县行政事业性收费进行年审,降低收费标准66项,取消不合理收费项目54项,对部分单位的乱收费行为进行了整改。

(泗县财政局供稿 满 盈执笔)

蚌埠市财政工作概况

蚌埠市财政工作综述

2003年，蚌埠市地方财政收入完成104809万元，同比增长3.2%，加上划中央两税收入155771万元，全市财政总收入完成260580万元，同比增长5.9%。全市财政支出186832万元，同比增长13%。

【支持经济和事业发展】一是积极争取上级财政支持。全年共争取专项资金65644万元。其中：争取基本建设和皖北地区经济发展贴息资金3961万元，支持高新区工业园、方兴科技汽车安全玻璃、环球药业塑料瓶输液等项目建设；争取国债项目资金22806万元，支持丰原年产32万吨燃料乙醇、县城污水处理等项目建设；争取支农和农业综合开发资金3834万元，支持中低产田改造、优势农产品等项目建设；争取粮食补贴和粮食风险资金8210万元，支持粮食流通体制改革；争取农业税灾歉减免和农村中小学危房改造等资金9745万元，支持农村税费改革；争取社会保障资金13866万元，确保企业退休人员养老金、城镇居民最低生活保障金及时发放，促进就业困难群体再就业。二是努力增加市财政投入。全年市财政共安排扶持企业发展资金18290万元。其中：安排中小企业贷款担保基金3000万元，支持天润化工、高新投资发展有限公司等企业发展；安排再就业资金和下岗失业人员小额贷款担保基金2000万元，支持下岗失业人员自谋职业和自主创业；安排土地出让金支出11000万元，支持灯芯绒集团、金光钢厂等企业改革；兑现财政税收优惠政策2290万元，支持烟厂、方兴科技等企业技术改造，支持安徽水利上市发行股票。三是不断扩大利用外资规模。市第三人民医院、消防支队等5个外国政府贷款项目正在招投标，项目计划利用外资911万美元。全年实际利用世界银行贷款165万美元。四是大力支持灾后重建。全年共争取并及时拨付各项生产救灾资金28191万元，为支持农业恢复生产、加快灾后重建和维护社会稳定提供了有力保障。

【加快财政支出改革步伐】一是不断深化部门预算改革。按照早编预算的要求，2003年5月份开始布置2004年部门预算编制工作，同比提前3个月。同时，根据市人大要求，将市农委、教育局、科技局、文化局、劳动和社会保障局5个部门的预算提交市人大常委会审查。二是全面推行国库集中支付改革。对市直80个部门224个预算单位的预算内资金全部实行国库集中支付，全年各部门结余在国库资金1500万元，有效地增强了政府宏观调控能力，规范了资金使用，受到了省财政厅通报表彰。三是继续完善政府采购制度。全年对市公安局110指挥调度系统等157个项目进行了政府采购，采购项目预算6104万元，节约资金709万元，资金节约率11.6%。四是不断强化专项资金管理。对市直党政机关公务车辆推行定编制、定维修厂、定维修费，实行“经费包干、超支不补、结余留用”管理办法；对教育费附加、科技三项费用、企业挖潜改造等资金安排的项目实行论证和招投标制度；对农业专项资金实行报账制，根据项目实施进度和项目实施单位提供的有效凭据，实行分批审核拨款，提高资金使用效率。

【推进粮食补贴方式改革】市委市政府及时成立粮食补贴方式改革工作协调小组。各级财政认真测算应享受补贴的商品粮常量和补贴金额，在全省率先上报粮改实施方案。省粮改办肯定并首家批复了蚌埠市的方案，将蚌埠市的做法通报给其他各市党政主要负责人。方案批复后，各县区克服洪涝灾害的影响，精心编制兑付清册，及时张榜公示，在全省第一家开始兑付粮食补贴资金。截至10月底，全市粮食补贴资金3961万元全部兑付到农户手中，受到农民的欢迎。

【开展“农村税费改革规范年”活动】一是按照省要求加快农业税纳税服务厅建设。全年新建农业税纳税服务厅30个，各农税所全部实行计算机打印纳税通知书、计算机开据税票，使农民对纳税情况一目了然，受到群众好评。二是进一步规范和加强涉农收费管理。全面清理涉农收费项目和标准，推行涉农收费许可证制度、公示制度和农民负担监督卡制度，严禁扩大收费范围、增加收费项目、提高收费标准，保障农民负担不反弹。三是支持农村中小学危房改造。及时拨付农村中小学危房改造资金4340万元，改善农村中小学办学条件,促进农村教育事业发展。四是认真落实国家各项扶持政策。开展行蓄洪区补助、农业税灾减补助等资金落实情况检查,确保国家政策落到实处。由于成效显著,蚌埠市农村税费改革工作被评为全省先进,受到了省委、省政府表彰。

【依法加强财政收入征管】一是强化收入目标考核。市政府出台《蚌埠市财政综合考核奖励办法》,加强对各县区收入完成情况考核。市财政按照"抓紧、抓早、抓实"的要求,及时分解落实市本级收入任务,严格奖惩兑现。二是依法加强税收征管。完善以票管税办法,对餐饮、旅馆等行业推行"即开即兑"型有奖发票;改进税收征管手段,在进一步推广银行代收税款的同时,积极推行纳税人网上申报;开展金融保险、建筑安装、房地产等行业税收专项检查,加大涉税案件查处力度,查补各项税收753万元。烟厂、丰原生化在经济效益稳定增长的基础上,入库税收出现较大幅度增长,对全年完成收入预算任务起到了积极作用。三是深入研究财税改革政策。认真分析国家出口退税等税制改革政策,及时提出应对措施,并协调有关部门,积极争取出口退税基数和指标,全年共办理免抵调库6520万元、直接退税16870万元,增加了地方收入。

【开展文明诚信建设活动】一是开展财务会计信用等级管理试点。组成15个初评小组,对全市54家机关和企事业单位的内部会计控制制度、财务会计信息质量、会计基础规范化、遵守财经纪律情况等进行评定。二是继续开展财务专项检查活动。对25家市直行政事业单位财务收支情况进行检查,对违反财经纪律的单位进行了严肃查处,依法收缴各种违规违纪资金121万元。三是继续清理行政事业性收费。制定了2003年度行政事业性收费目录,取消行政事业性收费19项,进一步优化经济发展环境。

(蚌埠市财政局供稿)

东市区财政工作概述

2003年,蚌埠市东市区实现财政总收入10120万元,同比增长10.6%。其中:地方收入5961万元,增长10.5%;上划中央收入4159万元,增长10.7%。实现收支平衡,略有结余。

【强化征收管理】一是不断改进征管手段,提高征收质量;二是进一步完善税收目标责任制,细化目标分解落实,深入开展税收专项检查,严防税源流失;三是积极清理欠税,抓好一次性税源征收,努力做到应收尽收。全区财政收入突破亿元大关,保证了大灾之年超额完成目标任务。

【推进支出改革】一是积极推进部门综合预算改革进程,严格按照零基预算的编制原则,合理核定部门支出预算,逐户确定预算外收入目标任务。二是健全财政内部管理工作制度,完善预算编制、审核、执行和日常资金拨付的运行机制,既加强相互协调,又体现分离制约。三是认真贯彻落实市政府《关于全面推进公共财政支出改革的意见》,积极主动,开拓创新。四是按照早编预算、细编预算的要求。2003年是东市区实施部门综合预算改革的第一年,从2002年9月份开始就着手编制2003年部门预算。五是积极推进国库集中支付制度改革。全区行政事业单位和部门的财政预算内拨款全部纳入国库支付中心实行集中支付。

【完善政府采购】一是政府采购工作进一步规范,严格落实品牌看样、信息发布、招投标以及售后服务等一整套的采购程序。全年实施采购业务24宗,采购商品预算90万元,实际支付采购资金77万元,节约采购资金12万元,资金节约率达13.7%。二是基本建设资金管理范围进一步扩大,对工程项目的资金安排、工程招标、施工监督、竣工验收、审计审核等环节严格把关,有力地促进了东市区基建项目的健康发展。全年实施招投标管理项目21个,审计核减工程价款13万元,资金节约率达17.9%。

【加强财政宣传】一是加强与人大代表、政协委员的沟通,主动接受人大代表、政协委员和社会各界对财政工作的监督。同时,也较好地宣传了财政改革,为财政工作的开展创造良好的社会环境。二是通过做好人大代表建议、政协委员提案的答复办理工作来加强财政宣传。全年共办理了4件人大代表建议和政协委员提案,在办理过程中通过主动上门与人大代表沟通、座谈,取得了他们对财政工作的理解和支持。办理的人大代表建议、政协委员提案"满意率"和"基本满意率"均达到100%。三是通过加强财政信息和调研工作进行财政宣传。围绕财政工作的重点、难点、热点问题,深入调查研究。通过加强财政宣传,引起了市局领导对区财政工作的关注和支持,较好地促进了区财政改革的深入开展。

(东市区财政局供稿 祖家国整理)

中市区财政工作概述

2003年,蚌埠市中市区财政总收入完成8208万元,同比增加1199万元。其中地方收入完成5095万元,同比增加666万元;上划收入完成3113万元,同比增加533万元。实现收支平衡,略有结余。

【强化收支管理】一是努力克服各种不利因素,以组织收入为中心,大力开展增收节支。二是在面对政策性减收的情况下,全局上下齐心协力,细致分析,主动加强与国税、地税和企业的联系与衔接,层层分解落实任务,做到应收尽收,千方百计确保完成全年财政收入目标。三是坚持"一要吃饭、二要建设"的原则,确保机关事业单位工资的正常发放和社会保障方面的支出需要。

【硬化预算约束】一是按照区人大《关于开展部门预算审查试点的通知》要求,精心组织、认真部署,早编预算、细编预算,严格遵守预算编制程序。二是在预算编制的过程中,通过完善基础信息库,并派专人深入到各单位各部门了解收支情况,实现了部门预算编制的规范化、制度化,推进和完善了部门预算,提高了预算分配的透明度。四是强化财政监督手段,做到事前审核、事中监督、事后检查。

【加强资金管理】一是加强对财政资金的监督和管理,保证财政资金的安全有效运行。在办理资金支付过程中,严格执行部门预算,逐项审核资金用途,把好支付关口,增强了财政支出透明度。二是规范预算执行程序,提高财政资金使用效益,改变了财政资金大量沉淀在部门和单位的状况,最大限度地节约财政资金,有利于降低财政筹资成本,增强了政府的宏观调控能力。

【扩大采购规模】一是按照公共财政支出改革的整体思路和要求,创新预算管理机制。完善政府采购制度,扩大政府采购规模和范围,开设政府采购专户,进一步完善了政府采购的业务流程和操作方法。二是在实行政府采购的全过程中,无论是开展招标工作还是采购资金的拨付程序,都严格按照《政府采购法》的相关规定,公开操作程序。2003年,全区实施政府采购项目涉及4大类、7个目录,政府采购资金达167万元,节约资金37万元,资金节约率达22%。

(东市区财政局供稿 祖家国整理)

西市区财政工作概述

2003年,蚌埠市西市区实现财政总收入8687万元,同比增长12%。其中:完成区级地方收入4601万元,增长15%;完成中央收入3426万元,同比增长11%。完成财政支出5289万元,同比增长5%。实现了收支平衡,略有结余。

【积极组织收入】一是及时分解落实收入目标任务,按完成税收进度对税务部门进行考核奖励,充分调动税务部门抓收入的积极性。二是加强对组织收入工作的协调,并对税源情况进行了认真分析,积极研究制定政策,为政府当好参谋。三是新制定街道协税护税政策,调动各方面的积极性。四是加大督查力度,认真清理漏户漏税和欠税,依法加强收入征管,做到应收尽收,确保收入稳定增长。

【深化支出改革】一是强化支出管理,按照公共财政的要求,将支出改革与管理结合起来,调整和优化财政支出结构。二是努力保证重点支出的需要,大力压缩一般性支出,禁止各种不必要的开支。三是进一步规范预算编制程序,财政管理得到进一步改进。三是对行政事业单位财务收支情况实行"两公开,一监督"。五是政府采购大胆创新,不断探索新的采购招标方式。

【强化社会保障】一是认真做好工资发放、社会保障及预防"非典"等经费保障工作。保证工资及时足额发放,保持社会稳定。二是及时为企业拨付解困资金和企业离休干部工资、医药费等经费。三是加强城市居民最低生活保障制度建设,把收入低于当地最低生活保障标准的城镇居民纳入保障范围,做到"应保尽保"。2003年92654户、282004人(次)享受城镇最低生活保障,低保资金支出1413万元,营造了一个安定团结的社会环境。

【支持企业发展】一是做好全区国有企业的产权审核、登记、汇总工作,深化国企改革。二是在财政资金一分紧张的情况下,积极筹措资金,支持企业。三是加大招商引资力度,对有市场、有效益的4户(汽车油箱厂、金泰化工厂、华皖织染有限公司和锻压机床有限公司)企业,先后支持企业发展资金160万元,提高了企业经济效益,并跟踪考察,确保技改资金到位。

(西市区财政局供稿 王 雁整理)

郊区财政工作概述

2003年,蚌埠市郊区财政总收入9158万元,同比增长10.7%。其中:地方财政收入5961万元,同比增长5.8%;上划收入3197万元,同比增长21.3%。全区财政支出8280万元,同比增长7.6%。较好地保证了全区工资发放及机关的正常运转。

【加强收入征管】一是及时分解收入计划。对全区财政收入进行分级、分部门及时分解。二是加强与税务等等部门的协调。定期召开财税协调例会,实行旬调度、月考核制度,及时研究解决收入征管中出现的问题,确保收入及时、足额入库。三是加强重点工程项目税收的跟踪分析、监控和征管。密切与中化三建公司、蚌宁高速公路、蚌西路等重点工程和重点企业的联系,做好税收征管工作。四是完善各项奖惩办法,充分调动各方面的积极性。

【落实税改政策】一是认真贯彻实施省政府《关于开展"农村税费改革规范年"活动的意见》,指导乡镇进一步落实农村税费改革的各项政策。二是努力克服"非典"等因素的影响,进一步加强农业税政策宣传。三是全面推进"三定"征收办法,加快纳税服务大厅建设。2003年,全区8个乡镇纳税服务大厅全部建成,并投入使用。

【推进两项改革】一是扩大粮食补贴方式改革。严格按照《国务院关于进一步深化粮食流通体制改革的意见》和《安徽省扩大粮食补贴方式改革试点方案》的要求,紧紧围绕"两开放、一调整"目标,认真做好宣传和培训工作。同时,积极深入乡镇、村组调研,认真做好测算,并结合全区实际,制定了郊区粮食补贴改革实施方案。二是农业特产税改征农业税征管改革。以《安徽省人民政府关于开展农业特产税改征农业税试点工作的通知》为指导,以统一税制、减轻税负、规范征管、促进发展为原则,并结合郊区实际制定了实施方案。郊区农民群众情绪稳定,两项改革稳步推进。

【确保工资发放】一是积极反映郊区财政状况,千方百计争取省、市支持。二是立足自身,按照"一要吃饭,二要建设"的原则,优先保证工资发放和机关正常运转,确保不出现新的拖欠工资。三是严格工资专户管理,继续实行工资发放责任制和责任追究制,逐步建立健全工资发放的长效管理机制。

(郊区财政局供稿　祖家国整理)

蚌埠高新开发区财政工作概述

2003年,蚌埠市高新技术产业开发区财政总收入完成9198万元,同比增长8%。其中:地方财政收入3999万元,同比增长12%;上划中央收入5199万元,同比增长5%。全区财政支出4881万元。实现了收支平衡,略有结余。

【组织财政收入】一是开展税源调查。年初财政、税务组成联合调查组,对区内企事业单位经营情况进行调查,制定出切实可行的征收计划。二是加强计划性。把全年的财政收入分解到月,保证财政收入的均衡入库。三是强化征管力度,将纳税人的主动缴纳与税务部门的督促缴纳相结合。对外来的施工企业还采取代征代扣的办法,对隐瞒收入、虚列抵扣的行为一经查实,依法进行处罚。四是财税部门密切配合,每季度召开财税分析会议,提出问题,研究对策。

【支持经济发展】一是积极主动筹措资金,确保3大项目资金的及时到位:全年用于征地资金12168万元,征地4800亩;用于拆迁资金8951万元,拆迁10.5万平米;用于基础设施建设的资金6300万元。二是支持招商引资,对招商人员所需资金,对投资者所承诺的优惠政策全部兑现。全年用于招商经费507万元。三是优化环境,加大对高新区绿化、亮化、美化投资。全年用于优化环境的资金73万元,同比增长30%。四是为吸引人才、留住人才、激励人才,提高工作人员的工资福利待遇,改革工资制度,实行政绩效加风险的工资制度。

【加强资金管理】一是把住立项预算关。凡财政资金,区委机关各部门都要先立项、编制预算,经财政局审核把关,区委主要领导批准后,财政局才予以拨款。二是把住拨款关。对没有立项、没有预算、没有领导批示的开支,不管各部门强调多么重要、多么急需,财政一律杜绝拨款。三是把住决算审计关,各项目完工后编制的决算都要经审计部门审计。四是成立了会计核算中心,凡财政拨款单位都纳入会计核算中心统一核算、统一管理、统一标准。五是实行政府采购,凡动用财政资金购买的设备、办公用品都进行政府采购。六是科学的调度资金,为区委领导当好参谋,使征地、拆迁、基础设施建设、高投集团的资金及时调度到位。

【树立服务意识】一是主动服务,二是上门服务,三是快节奏服务。2003年区财政工作紧紧围绕高新区第二次创业的主题,全局同志齐心协力、拼搏奋进、务实创新、扎扎实实,超额完成了区管委会下达的各项目标任务和区领导交办的其他各项任务,为高新区的快速发展、为第二次创业做出了积极的贡献。

(高新区财政局供稿 祖家国整理)

怀远县财政工作概述

2003年,怀远县财政总收入完成21518万元,为年预算的91.6%。财政总支出完成34716万元,为年预算的127%。

【积极组织收入】一是转变抓收入观念,由重规模转为重质量。将原列入一般预算收入的土地有偿使用收入及年租金收入改列为基金收入;杜绝虚假收入,提高了收入质量。二是落实年度收入计划。把目标任务落实到征收部门,分解到乡镇,明确责任,落实兑现奖励政策。三是加强工商税收征管。推行服务行业有奖发票制,从源头上减少工商税收流失。对高速公路、华润集团、丰源药业等重点税源实行专人跟踪监管,督促税款及时足额入库。四是加强农业税征收工作。以纳税大厅为依托,增强群众自觉纳税意识,全县农业税完成5700万元。五是加强非税收入征管。严格执行"收支两条线"规定,完善"以票管费"制。

【确保工资发放】一是大力调整支出结构,严格预算执行顺序。确保机关事业单位工资正常发放和社会保障资金及时到位,维护了稳定。二是全县投入3203万元确保"非典"防治、抗洪救灾经费的需要。三是争取上级财政支持。共争取省市财政专项补助12643万元。保证了社会保障支出和重点支出,促进了各项事业的发展。

【推进支出改革】一是调整了内设机构,明确工作职责,建立了预算编制、执行、监督的三分离的内部管理体制。二是实现了账户统管,国库统一支付范围逐步扩大。三是完善了资金管理制度,制定了中小学危房改造资金、粮食直补专项资金、灾后重建资金等各种专项资金管理办法。并加强了专项支出的跟踪问效工作。四是提高会计核算中心的规范化运作水平。开展行政事业单位固定资产清查工作,摸清了单位家底。五是完善采购程序,扩大采购范围,引入招标公证制。全年实现政府采购金额1530万元,节约率11.8%。提高了资金使用效益。

【规范税费改革】一是按照"巩固、规范、配套"的要求,规范农村税费征管,切实减轻农民负担。核减农业税及附加591万元。二是全面实行农业税收纳税登记制度和纳税通知制度。全县29个乡镇农税纳税大厅全部建成并投入使用,促进征管方式的转变。三是加快农税征管信息化建设步伐。全面推广使用农税"金穗2000征管软件"系统,实现了农税征管计算机化管理。四是稳步实施粮食补贴方式改革。强化资金兑付,保证补贴资金及时、足额发放到每户农民手中。

【支持农业开发】一是实行专款专用,封闭运行。建立了财政支农项目库。投入资金190万元,重点扶持了石榴、蔬菜、大米、养殖业等优势特色农业发展,支持节水灌溉等农业基础建设,"三增"项目实施顺利。二是加大对项目资金的跟踪问效力度,使项目资金使用更加规范。实行招投标制,引入项目质量监理制,保证了工程质量。2003年项目投资697万元,进行徐圩、兰桥2万亩土地综合治理和安达土产品公司1000吨冷库建设。2000—2001年农发项目整改提高工作全面结束,顺利通过上级验收。

【加强财政监督】一是组建了财政监督检查机构,将财政监督关口前移。开展票据使用和"收支两条线"规定执行情况专项检查,促进了非税收入征缴规范化,遏制了财政资金体外循环。二是加强了基本建设资金、国债项目资金、政府采购资金和其他专项资金的监督,对6个大中型建设项目进行重点监管。

(怀远县财政局供稿 王 雁整理)

五河县财政工作概述

2003年,五河县财政总收入完成11956万元,完成预算的102.3%,财政支出21743万元,占年度预算的118.8%,同比下降2.6%。全县财政工作稳步推进,预算执行基本平衡。

【开展增收节支】一是加强了对组织收入工作的领导。按年初制定的财税收入目标,按月召开财税征收调度会议,协调、解决组织收入中出现的问题,两次开展财税征收会战活动。财税部门狠抓落实,及时分解,明确责任,严格考核。二是严格控制支出预算追加,以保工资为重点,压减一切不必要的开支。

【支持经济发展】一是争取中央国债项目和农

业开发项目资金6608万元，重点支持产业结构调整和农林水等项目建设；争取各类专项资金3800多万元，主要用于支持工业园区、“三酒”等重点项目建设。二是落实税收优惠政策，促进中小企业和三产加快发展。三是争取中央和省补助资金，支持农业科技示范基地、农村改水、退耕还林等项目建设。四是全力支持灾后重建。全年共争取农业税灾减补助716万元，行蓄洪区补偿、移民建房和灾民建房补助等资金1386万元，教育危房改造资金843万元，为恢复生产、促进经济稳定增长提供了有力保障。

【强化支出改革】一是全面推进国库集中支付改革。二是完善政府采购制度，扩大采购制度规模。三是支持农村中小学危房改造。及时拨付农村中小学危房改造资金843万元，改善农村中小学办学条件。四是认真落实国家各项扶持政策。及时拨付灾民建房款1120万元，解决了倒房户的住房问题。

【实施粮补改革】一是成立粮食补贴方式改革工作领导小组。在全省率先开始兑付粮食补贴资金。截至10月底，全县粮食补贴资金1035万元全部兑付到农户手中。二是加快农业税纳税服务厅建设。各农税所全部实行计算机打印纳税通知书、计算机开据税票。三是进一步规范涉农收费管理。全面实行涉农收费许可证制度、公示制度和农民负担监督卡制度，保障农民负担不反弹。

(五河县财政局供稿　王　雁整理)

固镇县财政工作概述

2003年，固镇县实现财政收入9595万元，与上年基本持平；全县财政支出22932万元，同比增长10.8%。实现收支平衡，略有结余。

【强化收入征管】一是强化措施，严格奖惩。对全县重点、难点行业税收实行各部门联合治税；对乡镇实行收入与支出挂钩，调动乡镇组织收入的积极性；对财税部门征管人员实行工资发放与任务完成情况挂钩，严格兑现奖惩。二是健全乡村协税护税网络，减少零散税收的流失。三是加强农业税收征管，努力提高农业税入库率。四是加大税收稽查力度，严肃查处各类涉税案件，维护税法的严肃性。五是继续加强各项非税收入的管理和监督，保证收入及时、足额缴入国库或财政专户。

【深化支出改革】一是提高预算编制的科学性，全面实施部门预算，加强预算论证，细化预算编制；硬化预算约束，坚持先有预算、后有支出，严格按人代会批准的预算执行。二是强化财政专项资金管理，凡申请使用财政性专项资金的，必须报分管县长审核把关后，提交县财政支出管理领导小组集体研究。三是深化财政支出方式改革，全面推行工资统一发放，扩大政府采购范围和规模；进一步清理各种津、补贴发放范围和标准。

【规范税费改革】一是认真开展涉农收费专项清理，取消涉农收费项目66个，降低收费标准34项。严格执行农业税收政策，正确界定农业税计税土地面积。进一步规范农业税收征管，真正做到征收到户、结算到户、开据到户。二是积极落实农业税制改革政策，将农业特产税改征农业税，减少农民负担826.7万元。三是认真组织实施粮食补贴方式改革，按照“准、实、快、细”的要求，采取张榜公布、兑付到户的办法，在全省率先完成粮补资金发放工作。四是千方百计筹集资金，进一步加大对农村义务教育投入，当年财政投入农村中小学危房改造资金710万元，改造危房23600平方米。

【支持经济发展】一是加大对农业的投入，改善农业生产条件，支持农业产业化建设。全年累计完成项目投资1996万元，重点实施了节水灌溉示范项目、优质粮油示范项目、多种经营项目和科技推广综合示范项目；重点扶持了天龙驴业、种羊场等龙头企业发展。二是认真落实招商引资和鼓励个体私营经济发展的各项优惠政策。充分发挥中小企业信用担保中心的作用，帮助个体私营经济拓宽融资渠道，当年为个体私营企业提供贷款担保420万元，促进了个体私营经济的发展。三是积极实施经营城市战略，加大对城市基础设施的投入。

【加强财政监督】一是进一步加强重点支出管理，对社会保障、农村中小学危房改造、救灾救济等实行从项目确立、预算核定、资金拨付到安排使用全过程跟踪问效，积极推行专项资金县级报账制，确保有限资金用在刀刃上。二是认真开展农业税减免资金、粮补资金发放情况专项监督检查，避免挤占、截留和挪用，确保农业税灾歉减免资金和粮补资金及时足额发放到农民手里。三是组织实施会计基础工作规范化和会计财务信用等级达标，切实加强会计监督，加大源头监管力度，提高资金使用效益。

(固镇县财政局供稿　王　雁整理)

阜阳市财政工作概况

阜阳市财政工作综述

2003年,阜阳市由于"非典"及洪涝灾害的影响,财政收入增速放缓,全市实现财政收入179865万元,同比增长4.2%。其中,地方财政收入完成104816万元,同比增长3.6%;上划中央收入75049万元,同比增长5.2%。全市财政支出282239万元,同比增长18.2%,保证了工资发放、机关运转、灾后重建、社会稳定和事业发展的需要。

【强化收入征管】全市各级政府和财税部门积极开展财政工作调研和税源普查,全面摸排税源情况,及时分析和评估"非典"疫情及水灾对经济、财政发展的影响,明确对策,坚定信念,改进作风;始终坚持收工作税、收辛苦税,千方百计堵塞"跑、冒、滴、漏",努力挖掘增收潜力,坚决杜绝虚列收入等弄虚作假和收"过头税"的行为;工商税收基本做到了依率计征,应收尽收。严格执行农业税征收纪律,全面落实农业税纳税登记和纳税通知制度,进一步规范了农业税征管程序,在农业灾欠严重的情况下,最大限度地提高了农业税入库率。不断加强和完善了非税收入征管改革,督促纳入预算管理的行政性收费和罚没收入全额入库,增强了政府的财政实力。落实财政收入的增长激励机制,充分调动纳税者依法纳税和征管部门依法组织收入的积极性,切实加强收入质量考核。若剔除农业税因灾减收因素影响,则增长8.5%,保持了收入的稳定增长。

【深化财政改革】进一步推进公共财政支出改革,扩大部门预算编制范围,市级部门预算编制单位由上年的6个扩展到28个,并报经市人大审查通过,提高了预算编制水平和法律效力;扩大国库集中支付管理范围,市直行政事业单位全部纳入集中支付管理,加强财政资金运行监管,强化了预算执行监督;扩大政府采购范围,全年市本级组织政府采购项目52个,采购金额1412万元,节支率达16.5%,提高了资金使用效率;深化"收支两条线"管理改革,市本级预算外资金政府调控比例提高了5—10个百分点,罚没收入返还比例降低10—20个百分点,增强了政府调控力度,加强了综合财政预算管理。同时,认真实施乡镇财政管理方式改革试点,对乡镇财政实行预算统编、账户统设、集中收付、采购统办、票据统管,将公共支出改革延伸到乡镇基层,强化乡镇财政管理,取得了初步成效。

【加强财政管理】全市各级政府和财政部门着力调整优化支出结构,强化政府宏观调控,加强财政资金调度,有效地保障了重点支出需要。充分发挥财政宏观调控职能,进一步拓宽政府理财领域,提高对预算外资金政府调控比例,降低罚没收入返还比例,加强预算内外资金统筹安排,壮大和提高了政府财政实力和调控能力。加大支出结构调整力度,严格执行各项财政管理制度,大力压缩会议费、差旅费、招待费等一般性财政支出。市本级各单位业务费一律压缩了10%,累计调减一般性支出1500万元,压缩专项经费750万元,为实现公共财政有保有压的职能转变迈出了坚实的步伐。

【支持经济发展】继续夯实农业基础。全市农业方面的支出增长超过总支出的增长,加强以农田水利为重点的农业基础设施建设,提高农业抵御自然灾害的能力,支持农业科技进步,加快农业结构调整步伐,为农业的可持续发展奠定了基础。同时围绕防汛抢险、生产救灾这一中心工作,中央、省、市、县累计拨付行蓄洪区补尝和灾民救助等各类救灾资金3.48亿元,有力地支持灾区群众积极开展生产自救、重建家园,维护了灾区正常的生活和生产秩序。大力推动工业经济发展。全市投入企业挖潜改造资金及科技三项费用3102万元,支持企业技改和新建项目的规划和实施,增强了企业发展后劲。增加招商引资投入,继续实施招商引资激励机制,充分激发了全社会招商引资工作热情。各级财政还支持开发区和工业区等招商载体建设,市财政挤出3500万元支持开发区改善了基础设施条件,优化招商引资环境,增强融资吸引力,推动开发区经济和财税工作取得快速发展。大力促进个私经济发展,多方筹集资金,支持市场建设,开展收费整顿,规范经济秩序,促进个体私营经济快速发展,提高了第三产业和个私经济对财政的贡献率。加快城市基础设施改造。市本级城市维护费支出2890万元，加速阜城重点项目建设步伐，改善了城市环境。

【确保重点支出】为抗击突发“非典”疫情和特大洪涝灾害，各级政府和财政部门及时筹措并保障各项应急支出，全市财政紧急投入7000多万元“非典”防治资金，对稳定人心、防控疫情、夺取全市“非典”胜利作出了重要贡献。各级财政全力保证“两个确保”补助资金和城市居民最低生活保障补助资金投入，解决了部分企业军转干部生活困难问题。同时，积极执行各项再就业财税优惠政策，全市拨付就业补助资金1120万元，推进了再就业工程。各级财政部门提高资金的调度水平，杜绝了工资新欠的发生，偿还省财政消化欠发工资贷款1亿多元，基本满足了工资发放、政府运转和社会事业发展的资金需要。同时，科技、教育、卫生等事业费保持较快增长，推动了经济和社会的协调发展。

【推进粮补改革】认真组织实施粮食补贴方式改革试点工作，对粮食补贴资金实行专户存储，专人管理、专款专用，由乡镇财政所直接兑付到农户；严格落实“五到户”、“六不准”和“先征后补”、“征补分开”规定，杜绝了挪用或挤占补贴资金现象的发生。各级粮补办建立兑付工作进度周报制，加强跟踪督促，将4917万元粮食补贴资金真正落实到农民手中，增加了农民收入，受到农民的衷心拥护。

【巩固税改成果】认真开展农村税费改革规范年活动。顺利实施农业特产税改征农业税工作；全面建立了纳税服务大厅，推行三定征收改革，优化征管服务。深入开展涉农收费检查，堵住了搭车收费的口子。扎实做好2003年灾情核查上报工作，做到情况明、底数清、核查准，争取灾歉减免资金6655万元，并公示到村、核定到户、落实到人，真正体现了党和政府对广大农民群众的关怀。加快农村中小学危房改造和水毁校舍重建进度。在一期危改工程的基础上，争取中央、省继续投入3190万元，新改造D类危房6.24万平方米。同时省、市、县3077万元专项资金全部进入县级危改专户，实施了202个共7.39万平方米的水毁校舍重建项目，保证了广大师生上课安全。

【完善财政监管】各级财政部门切实转变思想作风和工作作风，深入开展财政监督检查工作，重点加强对与人民群众切身利益相关的“三农”资金、社保资金、救灾资金的落实检查，及时查处各种违反财经工作纪律和挤占挪用国家财政资金的行为，大力维护人民群众的根本利益，努力树立素质高、执法严、作风正的财政行业形象。

（阜阳市财政局供稿）

颍泉区财政工作概述

2003年，阜阳市颍泉区财政总收入完成7130万元(所得税按40%计)，占年预算100.5%，同比增长7.8%。其中：地方财政收入完成5411万元，占年预算101.9%，同比增长9.6%；上划中央收入完成1719万元，占年预算96.5%，同比增长2.6%。财政支出完成17636万元，占年预算的91.7%，同比增长21.96%。

【加强收入征管】一是积极开展财税工作调研和税源普查，及时分析和评估“非典”及洪涝灾害对财政经济的影响，坚定信心，改进措施，坚持收工作税、收辛苦税，最大限度堵塞“跑、冒、滴、漏”，努力做到应收尽收。二是坚决杜绝虚列收入和收“过头税”行为，切实加强收入质量考核，努力提高财政收入质量。三是进一步规范农业税征管程序，全面推行农业税“三定征收、计算机管理”新方式，保证农业税及时足额入库。四是不断加强和完善非税收入征管，将应纳入预算管理的非税收入全额纳入预算管理，增强了政府调控能力。

【推进支出改革】一是深化部门预算改革和国库管理制度改革，强化预算资金监管，增加预算执行的约束力和透明度。二是合理确定预算安排顺序，优先保证工资发放，确保重点支出得到保障。三是完善会计集中核算制度，创新支出方式，提高财政支出管理水平。四是严格实行“铁预算”，大力压缩一般性支出。五是全面推行政府采购，资金支出效益逐步提高。六是积极推进乡镇财政管理改革，对乡镇办公经费统一纳入会计核算中心管理，使乡镇财务管理逐步走上规范化。七是不断强化财政监管。认真开展“收支两条线”、社保、救灾和事关“三农”资金的专项检查，保证财政资金使用的安全性和规范性。

【落实涉农政策】一是积极开展农村税费改革规范年活动，规范税费征管，全面推行“三定”征收和计算机征管，促进了农村税费征收规范化。二是扎实做好农业税灾减工作。按照灾歉减免原则，将减免资金公示到村，分解到户，落实到人。三是深入开展涉农收费检查，完善涉农收费管理办法，基本堵住了搭车收费的口子。四是稳步推进粮食补贴方式改革。严格落实“五到户”、“十不准”,及时把粮补资金发放到农民手中。五是加快农村中小学危房改造和水毁校舍建设进度,争取上级资金620万元,改造农村中小学危房1万平方米,实施7个水毁校舍建设项目,保证了广大师生的人身安全。

【支持经济发展】一是加强农业基础建设,提高农业综合开发能力。实施行流、苏屯、闻集土地治理改造和节水农业等项目,推动了农村产业结构优化升级。二是抓好支农项目建设,推动农业结构战略性调整。实施邵营镇波尔山羊养殖、泉颍办双孢菇种植、闻集镇草莓基地等农业发展项目,取得了良好的经济效益。三是全力支持招商引资。通过优化招商环境,增强融资吸引力,推动了工业经济和民营经济的快速发展。四是认真落实国有企业改革政策,支持企业技改和新增项目实施,推动了企业改组、改造进程。五是大力发展个私经济。设立中小企业信用担保资金,有针对性地帮助有产品、有市场的个私企业缓解融资困难。积极开展收费整顿,规范经济秩序,优化经济环境,促进个体私营经济快速发展,提高了三产对财政的贡献率。

(阜阳市财政局供稿)

颍州区财政工作概述

2003年,阜阳市颍州区财政总收入完成6467万元,同比增长17.7%。其中:地方一般预算收入完成4937万元,同比增长21.8%;上划中央收入1530万元,同比增长6%。全区财政支出17340万元,同比增长15.3%。

【实现财政收入目标】一是坚持依法治税,千方百计堵塞“跑、冒、滴、漏”,努力做到应收尽收,工商税收完成较好。二是严格执行农业税征收纪律,推行“三定征收,计算机管理”新方式,保证了农业税及时足额入库。三是强化“收支两条线”管理,当年实现财政专户管理的预算外资金达2790万元,占年度目标任务的103%。四是在狠抓收入的同时,坚决杜绝虚列收入等弄虚作假和收“过头税”的行为,保证了收入质量。全区地方财政收入增幅提高,可用财力有所增加。

【保障各项重点支出】一是进一步优化支出结构,保证了基本工资的正常发放,并兑现了部分增资项目。二是增强应对突发事件财政保障能力。投入“非典”防治经费524万元,拨付灾后重建资金931万元,为夺取抗击“非典”和防汛救灾阶段性胜利奠定了坚实的基础。三是增加社会保障和城镇居民最低生活保障的支出安排。当年投入社会保障资金1553万元(含上级补助),“两个确保”落实较好,低保扩面进展顺利,再就业工作步伐加快,维护了社会稳定。四是增加教育事业投入。加快危改工程实施,当年拨入危改资金371万元,区财政按规定进行了配套。五是落实积极的财政政策,拨付国债资金50万元,退耕还林专项资金110万元,加快了重点项目建设步伐。

【巩固税费改革成果】一是进一步规范农业税收、涉农收费、村级资金使用、“一事一议”等各项管理,确保执行税改政策不走样。二是稳步推进粮食补贴方式改革试点,坚持公平、公正、公开原则,严格操作程序,认真组织实施,粮补资金兑付进展顺利。全区粮补专项资金268万元,当年基本完全兑付,占应发放资金的99%。三是建立涉农收费查处机制,组织开展多次涉农收费项目的检查整改,确保农民负担不反弹。四是认真开展灾情核查,积极争取上级补助,完善资金分配拨付手续,灾减、社减及村级转移支付资金基本落实到位,维持乡村组织的正常运转,巩固了农村基层政权建设。五是严格执行农业税“三定”征收办法,农村税收征纳环境得到改善,确保了农业税基本及时足额征收入库。

【强化财政预算管理】一是推进会计集中核算和政府采购,强化对单位财务收支活动的监督,有效地遏制了私设“小金库”、坐收坐支等违法违纪行为。区会计核算中心进一步健全各项规章制度,提高业务管理水平,顺利通过省、市会计基础规范达标验收。通过严把支出关,共审核各类违规票据110张,拒付资金30多万元。二是加强对政府采购工作的监管,采购范围由通用商品扩大到工程和服务领域,采购规模进一步扩大,公务接待定点管理工作年底开始启动。全年共实施各项政府采购预算514万元,实际支出462万元,节约资金52万元,综合节约率10%。三是继续深化国有资产管理,积极参与企业制度改革,进一步理顺区乡财政分配关系,完善乡级财政体制,确保了乡镇街道办事处财政健康运行。

(阜阳市财政局供稿)

颍东区财政工作概述

2003年,颍东区最大限度地化解“非典”、洪涝、龙卷风等自然灾害带来的不利影响,狠抓收入征管,优化支出结构,取得了显著成效。全年共实现财政收入5035万元,同比增长7.9%。其中,上划中央收入(增值税75%)945万元,增长5.4%;地方收入4090万元,增长8.5%。

【加强收入征管】一是在全区税源调查工作的基础上,层层分解落实税收任务,区政府与各乡、镇(办)及收入征管部门签订了责任书,明确了奖惩规定。二是狠抓征管不放松,努力减少“跑、冒、滴、漏”。三是财税部门采取多种形式,整治税收环境。四是规范农业税的征管工作,促进了农业税及时足额征收。五是密切财、税、库之间的协作关系,有效调动了各方面工作的积极性。

【保障重点需要】一是按照保工资、保运转、保稳定的原则,安排年初预算,突出重点,兼顾一般。二是加强工资统发工作,在财力极为紧张的情况下,优先保障工资发放,按时按规发放全区干部职工的工资,兑现了在职职工的晋职晋级工资。三是在资金调度上,重点保证工资、运转、社保、稳定支出的需要,特别是财政部门积极筹措资金,全力支持防治“非典”和抗洪救灾工作。

【深化财政改革】一是继续完善会计集中核算管理。全年累计退回违规票据820张,金额32万元。二是进一步扩大政府采购的规模和范围。全年累计政府采购108项,采购预算资金1007万元,实际合同金额785万元,节约资金222万元,资金节约率达22%。三是进一步落实“收支两条线”管理规定。全年累计实施收缴分离单位49个,实现财政专户存款1912万元,财政专户上缴率98.6%,增长3.5%。四是规范和巩固农村税改。按照“巩固、规范、完善、配套”要求,进一步加大各项配套改革力度。上级拨付各类救灾及重建资金1430万元,农业税减免资金400万元,较好地解决了全区农村因灾带来的实际困难。五是做好粮食补贴改革工作,直接向农民发放粮补资金364万元。六是对专项资金分配使用公开公示制度,进行“事前考核、事中监督、事后验收”的全过程管理,切实保障财政资金的安全有效。

【化解财政风险】一是大力依法清收财政周转金。全年累计回收48万元,依法起诉2400万元。二是积极配合有关部门清理农村基金会贷款,全年累计回收贷款130万元。三是认真开展并积极参与清理回收行政事业单位职工拖欠公款工作。累计回收拖欠公款16万元。四是精心操作,严格政策,努力化解村级债务。五是积极主动向上级反映财政困难情况,争取财政转移支付资金。全年累计向上级争取各类资金3500多万元,有效缓解了财政紧张状况。

(阜阳市财政局供稿)

界首市财政工作概述

2003年,界首市财政总收入完成10118万元,同比下降5.9%。其中,中央收入2167万元,同比增长17.8%,地方收入7951万元,同比下降10.8% 。财政总支出21190万元,增长5.4% 。实现了保工资、保运转、保稳定目标。

【加强财源建设】一是把强化服务作为招商引资工作的重点,确保财政服务渠道畅通。由于认真落实有关政策,真正从方便企业的角度出发,实实在在减轻企业负担,保证了全市招商引资工作的蓬勃发展,实现了吸收利用外资,培植新兴财源的目标。二是通过财政担保中心,积极协商资金,支持市智能仪表厂、良威塑化公司、宏菱机械有限公司等一批有潜力和发展前途的企业。流动资金的注入,在一定程度上缓解了这些企业资金不足的困难,为财政收入的稳定提高起到了一定作用。三是向上级积极争取项目资金。如安排世行85万元资金的肉牛养殖项目,农业结构调整资金及良种繁育基地项目资金60万元,为农村经济的发展做出了贡献。

【清理供给人员】以贯彻落实阜阳市委《关于清理机关、事业单位财政供给人员的通知》为契机,把清理教育系统及乡镇办事处财政供给人员作为强化监督、健全财政保障机制的一个重要手段,进行全面摸底核实,并取得了阶段性成效。整个清理工作自9月上旬开始动员,9月下旬全面启动,对违规人员全部停止供给经费。此项工作由于组织周密、工作细致,没有出现任何不稳定因素,达到了预期目的,收到了预期效果。一是通过清理核实,进一步规范财政供给人员的流动秩序,理顺关系,提高了工作效率。二是实现对财政供给人员的动态监控,从而减轻了财政负担。三是坚持实事求是的原则,合理界定机关事业单位工作人员的工资供给形式,纠正工资发放中弄虚作假、虚报冒领等不正之风,巩固和扩大了财政统发工资的改革成果。

【推进支出改革】一是狠抓会计核算中心的规范服务和会计基础工作规范化建设。中心相继出台和重新修订了《廉政建设规定》等规章制度,并将服务承诺、工作人员守则、市级青年文明号服务标准置于大厅显著位置,接受社会各界的监督。会计核算中心顺利通过省级会计基础工作规范化考核验收,被评为二类单位。二是狠抓采购中心内部管理,规范操作行为,积极开拓采购领域,共完成采购项目186个,项目预算总金额1016万元,节约资金140万元,资金节约率达13%,有力地推进了全市的经济建设。

【规范税费改革】一是加强硬件设施建设,为全市18个乡镇财政所配备了计算机和打印机,新建农业税纳税大厅7个,真正实现了农业税"三定"征收。二是规范征收程序,做到一户一票,税收公开、透明、合理,极大地调动了广大纳税户的积极性,全年共入库农业税2882万元。三是加强监督检查力度。抽调人员,组成6个检查组,对全市18个乡镇办事处进行税收和粮补改革落实情况大检查。通过检查,基本掌握了全市农村税费改革和粮食补贴改革政策落实情况,纠正了改革中的错误认识和做法,增强了基层组织的政策观念,确保了改革政策落到实处。

【实施粮补改革】一是成立市粮食补贴方式改革协调小组,由市委主要领导任组长,下设3个办公室,抽调15人,集中办公。二是制定了《界首市扩大粮食补贴方式改革试点方案》,得到了上级领导和有关部门的肯定,为全市粮补改革提供了准则和依据。三是规范操作,稳步组织实施。截至12月底,全市粮补资金发放到户率已达98%以上,确保了粮补改革各项政策的落实。

【完善财政管理】一是抓企业财务管理。深入企业调研,并召开企业财务人员经济活动分析座谈会,帮助企业恢复生产,把"非典"造成的损失减少到最低限度。在实施粮食补贴方式改革时,妥善处理好国有粮食企业亏损挂账问题。二是抓基建财务管理。认真做好长江防护林工程和退耕还林工程的资金拨付工作;对全市中小学危房改造项目,逐一进行监督管理、检查验收,该项目资金基本拨付到位。三是抓"收支两条线"管理。市本级预算外资金收入6756万元,预算外资金总支出6304万元,政府净调控202万元。

(界首市财政局供稿)

颍上县财政工作概述

2003年,颍上县在遭受有史以来特大的洪涝灾害的情况下,财政总收入完成15082万元,为预算的79.3%,同比下降11.8%。其中:地方收入完成9699万元,为预算的70.5%;上划中央收入5383万元,同比增长23.5%。财政支出36511万元。

【加强收入征管】一是征收机关坚持"实事求是、竭尽全力"的工作原则,依法治税,改进工作作风,收工作税、收辛苦税,千方百计堵塞"跑、冒、滴、漏",挖掘增收潜力,努力做到应收尽收。二是在农业遭受重大灾害的情况下,严格执行农业税征收政策,保证最大限度的入库率。三是不断规范非税收入管理,将应纳入预算管理的行政性收入和罚没收入,全额纳入预算管理,增强了政府的调控能力。在狠抓收入的同时,坚决杜绝虚列收入等弄虚作假和收"过头税"的行为,努力提高收入质量。

【增强保障能力】一是充分发挥了财政宏观调控职能。进一步拓宽政府理财领域,加强预算内外资金统筹安排,壮大和提高了政府财政实力。二是加大支出结构调整力度。严格执行各项财政管理制度,大力压缩会议费、差旅费、招待费等一般性财政支出,为实现公共财政的职能转变迈出了坚实的步伐。三是全力支持了抗非、抗洪和生产救灾工作。为抗击突发"非典"疫情和特大洪涝灾害,各级政府和财政部门及时筹措资金保障了各项应急支出。四是保证了工资发放、政府运转及社会事业发展的资金需要,杜绝新欠工资的发生。五是推进了社会保障和就业再就业工作。全力保证"两个确保"补助资金和城市居民最低生活保障补助资金投入,解决了部分企业军转干部生活困难问题,同时积极执行各项再就业财税优惠政策,加快推进再就业工程。

【支持经济发展】一是加强了以农田水利为重点和农业基础设施建设,提高了农业抵御自然灾害的能力,支持农业科技进步,加快农业结构调整步伐,为农业的可持续发展奠定了基础。二是认真落实国有企业改革政策,加快企业改组、改造步伐,建立现代企业管理制度。设立中小企业信用担保资金,发挥财政资金的担保和导向作用,有针对性地帮助一部分有产品、有市场的企业缓解了资金困难,改善了企业经营条件。三是增加招商引资投入。县财政挤出500万元支持工业园区基础设施建设,优化招商引资环境,增强了融资吸引力。四是大力促进个私经济发展。多方筹集资金,支持市场建设,开展收费整顿,规范经济秩序,促进个体私营经济快速发展,第三产业和个私经济对财政提供的税收逐年提高。五是加快城市基础设施改造。县本级城市维护费支出近200万元,保障了环卫工人工资按时发放并重新整修了顺河南路、颍城至盛堂路及人民东路,进一步改善了城区环境,提高了颍城城市功能。

【落实涉农政策】一是对粮食补贴资金实行专户存储、专人管理、专款专用,由乡镇财政所直接兑付到农户。二是开展农村税费改革规范年活动。顺利实施农业特产税改征农业税工作,全面建立了纳税服务大厅,推行三定征收改革,优化征管服务。深入开展涉农收费检查,堵住了搭车收费的口子。三是保证农业税收灾减资金退付到户。争取灾歉减免资金1721万元,并公示到村,核定到户,落实到人。四是加快农村中小学危房改造和水毁校舍重建进度。争取中央、省继续投入二期危改资金580万元,水毁资金705万元,新改造D类危房2.6万平方米。新建校舍86所,面积2.69万平方米,支持了教育事业的发展。

【推进财政改革】一是扩大政府采购范围,全年县本级组织采购项目18个,采购719万元,实际采购合同价为614万元,节约资金105万元,节支率达14.6%,提高了资金使用效率。二是加强卫生财务管理和监督,对医院的药品收入实行"收支两条线"管理,实行医药分开,单独核算。三是支持、配合民政、残联等部门,在确保优抚事业单位人员经费全额供给的情况下,确保抚恤救济资金及时足额到位。四是提高资金征缴率,确保职工养老基金按时足额发放。全年共征缴养老基金1113万元。五是加强对失业保险基金实行"收支两条线"管理,共征收失业保险基金224万元,全部纳入专户管理。六是推行医疗保险制度改革,拨付医疗保险基金189万元,保障了医保对象的切身利益。

(颍上县财政局供稿)

太和县财政工作概述

2003年,太和县财政收入完成19989万元,同比增长8%。其中:上划中央收入完成3173万元,增长4.1%;地方收入完成16816万元,增长8.7%。财政支出完成38135万元,增长7.4%。

【财税收入征管】在组织财税收入征管工作中,坚持做到国税、地税、农税并重,大、小税种并举,预算内外兼收,下大力气清理欠税和漏征漏管户,不断加强税收征管,充分挖掘增长潜力,狠抓了均衡入库,实现了财政收入的稳步增长。一是深入抓好税源调查,建立税源档案和纳税户台账。二是集中力量狠抓医药、建设安装和交通等重点税源的征管,实行"以旬保月,以月保季",确保财政收入均衡入库。三是认真抓好清欠工作,使新欠不发生,陈欠有一定比例的清收。四是健全协税护税网络,规范了税收经济秩序,既做到了依法征税、依率计征、应收尽收,又不收过头税,确保税收的真实性。

【财政支出管理】一是硬化了预算的约束机制,严格执行《预算法》,维护《预算法》的权威性。坚持量力而行、量入而出、勤俭节约、从紧安排预算的原则,大力发扬艰苦奋斗的优良传统。二是严格控制人员经费,压缩一般性支出,努力减轻财政负担,确保财政收支平衡。三是加强支出管理,控制一般支出,对机关事业单位的办公费、招待费、会议费、电话费、小汽车维修及燃料费等方面实行严格的支出管理,有效地防止了浪费现象的发生。四是调整支出结构,保证重点支出。在保证按月发放工资和机关正常运转经费的前提下,积极调度资金,保证生产建设性支出和农业、教育、卫生、城建等项投入。

【财政制度改革】一是以公共财政支出改革为重点,实行了会计统一结算。把130个县直机关、事业单位账务全部纳入县会计结算中心管理。10多个统管会计代替了过去130个单位会计人员所办的业务,既提高了工作效率,又有效地遏制了单位"坐收坐支"和私设"小金库"现象,从源头上有效地制止奢侈浪费,乱花滥支行为。二是以公共财政支出改革为重点,稳步推进政府采购制度的实施。制定了《太和县政府采购暂行办法》、《太和县县直党政机关、事业单位公务用车统一保险、定点加油、定点维修暂行办法》、《关于印发太和县县级政府2003年集中采购目录的通知》等一系列规章制度。全年政府集中采购总预算288万元,实际支出245万元,节约资金43万元,节约率15%。三是积极进行综合财政改革,把开辟节支渠道,创新支出方式列入财政工作重点。通过改革支出管理"节"一块、推行综合预算"省"一块、细化支出预算"减"一块、净化支出范围"少"一块、完善零户统管"挤"一块,保证了县乡政府正常运转,维护了社会稳定。

【预算外资金管理】一是认真落实"收支两条线"管理规定,采取有效措施,进一步规范预算外资金管理,全年入库资金7842万元。二是认真贯彻落实国务院281号令、省政府72号令,严肃查处违规违纪行为。三是加强对票据的领用、核销管理工作,规范收缴行为,缩短资金的周转时间,充分发挥了资金的使用效率。

【社保资金管理】一是积极做好养老金、失业金的收缴工作。全年征收养老金1995万元,支出1722万元;失业金征收322万元,支出151万元;医保金收入482万元,支出283万元。二是积极做好低保工作。享受城镇居民最低生活保障线5410人,支出经费214万元,确保民政优抚对象及行政事业单位离退休人员工资的正常发放,维护了全县安定团结的政治局面,促进了各项事业的健康发展。

【国有资产管理】一是扎扎实实地做好国有资产管理基础工作,明确产权关系,维护国有权益。对全县126个行政事业单位和49个国有企业单位进行了产权占用登记和年度检查工作。截至2003年12月31日,全县国有资产总额为9.5亿元。二是积极开展"非转经"占用费的收缴工作,全年国有资产共收益2041万元,为地税部门代扣代缴172万元。三是依法治产,加强管理,严防国有资产流失。与县人民检察院联合办公,加大工作力度,发现流失,认真查处,全年移交案件12起,结案10起,挽回损失80多万元,确保国有资产安全。

(太和县财政局供稿)

阜南县财政工作概述

2003年,阜南县完成财政收入14084万元,同比增长3.2%。其中,地方财政收入12732万元,增长4.4%。上划中央收入1352万元,下降6.4%。全县财政支出34174万元,增长15.5%。

【财政收入征管】一是建立和完善"抓落实、办实事"工作实绩管理机制,围绕财政收入目标任务,制定目标考核办法,进行目标任务分解。实行一月一考核、一月一评比,以月保季,以季保年,确保全年收入任务落到实处。二是强化法制观念,严格执行政策,坚持依法征收。大力挖掘非税收入潜力,做好罚没收入、纳入预算管理的行政性收费收入和政府性基金收入的征管,改进和完善农业税征管方式,坚持依率征收,依法清欠,促进收入增长。

【财政支出改革】一是首次编制部门预算,提高预算编制的完整性、统一性,增强预算执行的约束力和透明度。二是严格预算支出范围和内容,完善财政支出方式,加大会计集中核算力度。三是统一工资发放标准,严格控制财政供给人员。四是扩大政府采购范围和规模,规范操作程序,节约财政开支。五是深化"收支两条线"改革,落实收(罚)缴分离制度,统一预算内外支出标准,统筹安排预算内外财力,实行综合预算管理。

【三项涉农工作】一是按照"农村税费改革规范年"活动的要求,严格执行"三定"征收方式,实行计算机管理,加强对农业税征管的培训、指导和监督,确保农业税及时足额入库。二是贯彻落实粮食补贴方式改革精神,按照让利于民的原则,认真测算,及时足额地直接发放到户。三是对洪涝灾害和蒙洼蓄洪造成的损失进行认真细致的统计,对农业税灾减和蒙洼蓄洪运用补偿及时向上级进行反映申报,保证了全县灾后重建资金落实到位,农业税减免政策落实到位。

【专项资金管理】一是充分利用上级对贫困县项目、资金上的倾斜,2003年在科技扶贫、土地治理、农业综合开发、域镇道路建设、工业农业园区建设等方面争取上级专项资金近3000多万元。二是不断完善和规范专项资金管理办法,创新工作机制,强化对财政资金的跟踪问效,积极推进财政支出绩效评价工作,发挥财政资金作用,支持县域经济发展。

(阜南县财政局供稿)

临泉县财政工作概述

2003年,临泉县财政收入完成19239万元,同比增长3.06%;财政支出39864万元,与上年同期相比增支6851万元,同比增长20.7%。

【加强涉农财政管理】一是认真落实农业税计税土地面积和计税常产有关规定,认真执行农业税灾歉减免政策,坚持农村税费改革的目标不变、任务不减、工作不松。同时,突出工作重点,狠抓了各项改革政策的落实。二是认真开展农村税费改革规范年活动,进一步完善农业税收征收程序,实行涉农收费许可制度和公示制度,各涉农收费部门和单位按照政策规定,将收费的依据、范围、标准张榜公布,接受群众的监督。三是积极做好农业税征收管理工作，全面推进以“三定征收、计算机管理”为主体的征管改革。虽然农业受灾严重，但农业税征收入库仍完成7094万元，占全年农业税征收任务的91.5%。四是认真做好粮食补贴方式改革工作，确保补贴资金及时足额地兑付到农民手中。五是认真开展农村税费改革和粮食补贴方式改革督查工作，组成6个督查组，对乡镇税改和粮补改革进行督查，发现问题及时整改到位。

【加强政府采购管理】一是实行公开招标采购，县林业局植树造林项目的苗木实行招标采购，预算金额为750万元，实际采购金额660万元，资金节约率为12%。二是实行竞争性谈判采购，对县第八次党代会和人大、政协两会的会议预算经费认真审核，严格把关，通过竞争性谈判采购，三会预算金额125万元，实际结算金额为97万元，资金节约率22%。三是实行询价采购，共采购物品、服务类金额89万元，资金节约率为24.4%。四是实行单一来源采购，为公、检、法、司等部门的车辆支付维修费36万元，节约资金9万元，资金节约率20%。全县用于政府采购资金累计达1156万元，节约资金153万元，资金节约率达11.7%。

【加强企业财务管理】一是认真做好2002年度全县企业财务决算工作。及时召开工商、粮食、供销社等行业财务决算会议，明确责任，部署任务，严格审核报表，杜绝了会计信息失真现象。确保全县42户企业财务决算报表按时汇总上报。二是搞好税源调查工作。派员深入企业逐个摸底，按规定程序上计算机，在不到1个月的时间里，圆满完成了7户税源调查任务。三是加强财源建设资金管理，抓好财政信用资金的回收工作，当年收回财源建设资金80万元，回收财政信用资金1万元。四是加大招商引资工作力度，从河南引进资金50万元，用于县印刷厂彩印项目，努力完成了县下达的招商引资任务。

【加强预算外资金管理】一是认真进行三项清理工作，清理不合规定收费项目39个，核定收费项目366个，罚款项目271个；清理回收票据2630本；在金融部门的大力支持下，共清理注销账户26个。二是加强支出管理，严格控制不合理开支，对各单位财政部门核拨的财政性资金(包括预算内外资金)，实行严格管理。建立健全规章制度，严格执行国家规定的开支范围和开支标准，对违反财政纪律和财务制度的开支一律不予支付；对支出管理的薄弱环节，如人员、车辆、会议、电话等项目实行重点管理控制，坚决杜绝铺张浪费行为的发生。三是加大稽查力度，强化对行政事业性收费、罚没收入的监督。通过重点检查和日常检查，督促单位使用财政统一票据，各项收费、罚款全部纳入财政统一管理，切实保障各种非税收入都能按照“收罚款分离”的新机制运行。全年实现预算外收入5894万元，同比增长15%；预算外支出4641万元，同比增长8%。

【加强会计基础管理】一是深入企业和行政事业单位宣传贯彻《会计法》，认真进行《会计法》执行情况检查。二是贯彻实施国家统一的会计基础管理工作，对13个单位的会计基础工作规范化进行了验收。三是加强会计从业资格证管理，新增发会计从业资格证书200多件，组织注册会计师考试的报名工作，报名人数62人。四是举办会计电算化培训班4期，参加培训人员138人，占应培训会计人员90%以上，有力地推动了会计电算化事业的发展。

【加强国有资产管理】一是认真做好决算报表的编制工作，对各单位报表进行严格审核，切实做到报表真实无误，确保了报表的质量，对审核后的报表逐户输入计算机，并按时上报市财政局。二是加强国有企业产权登记工作，对17户国有企业进行产权登记，做到企业不虚报、不漏报、不重报，确保了国有资产的安全与完整。三是制定《临泉县预算单位清产核资工作方案》，全面摸清预算单位“家底”，按时上报清查明细表，从而达到清产核资的目的。

【加强社保资金管理】一是加强三项基金征管工作。2003年全县三项基金征收2003万元，其中：养老金征收1153万元，医保基金征收580万元，失业基金征收270万元。三项基金支出1826万元，其中：养老基金支出1446万元、医保基金支出285万元、失业基金支出94万元。省级转移支付养老补助资金384万元，并按文件规定的补助标准及时下拨到养老保险机构。二是县级预算安排拨付离休干部专项医疗费100万元，使544名离休人员老有所养，安度晚年。三是积极配合劳动保障和民政部门管好用好下岗职工生活费、再就业资金和最低生活保障资金。全县进入再就业中心人数338人，享受低保人员8577人。为保障他们的基本生活费、再就业资金和最低生活保障金，全年共拨付下岗职工生活费及再就业资金62万元，低保费284万元。

(临泉县财政局供稿)

淮南市财政工作概况

淮南市财政工作综述

2003年,淮南市克服“非典”和特大洪涝灾害带来的不利影响,财政收入保持快速增长势头,跨上了20亿元的新台阶。全市财政收入达到20.14亿元,同比增长16.8%。其中,地方财政收入8.95亿元,增长15.8%;上划中央收入11.19亿元,增长26.4%。全市财政支出14.72亿元,增长26%。全市财政健康平稳运行,财政收支平衡,略有结余。

【财政收入增势强劲】一是经济增长拉动财政收入增长。2003年,全市国民经济运行状况良好,GDP完成170.5亿元,增长9.9%;规模以上工业完成增加值62亿元,增长12%;煤炭、电力、化工3大行业生产销售回升,对财政收入起到了明显拉动作用,三行业实现“两税”收入10.54亿元,增收1.65亿元,增长18.5%。二是进一步强化征管措施,为财政收入稳妥快速增长提供了保障。财税部门完善了税收工作责任制,及时将收入目标分解落实到征收单位;加强了税源调查及监控力度,开展税源普查,对重点税源实行跟踪管理、实时监控;坚持依法治税、依率计征,严格以票管税,做到应收尽收。三是财政部门直接征收契税后,在广播电视和《淮南日报》上连续宣传,普及税法,同时使用契税征管计算机网络软件管理,征管效率快速提高。2003年,市本级完成契税收入1350万元,增长47%。

【财政保障能力增强】一是大力组织社保基金收入,多渠道筹集社保资金,确保企业离退休人员养老金的及时发放、企业破产重组资金的拨付和城市困难群体的最低生活保障需要,妥善解决了企业军转干部和企业离休干部生活困难及医疗费拖欠问题。全年完成社会保险基金总收入27560万元,增长9.4%。全年社会保障支出55425万元,同比增长12.3%。社会保障收入任务超额完成,支出得到保证,对维护社会稳定起到了积极作用。二是加强保险基金征收工作,实行分类管理,对部分有缴费能力而拒不缴费的企业采取冻结资产、划转银行账户的办法,提高了征缴率。加强社保资金拨付的审核工作,坚持对一般的社会保障资金实行按程序,按时限拨付,对新增的特困救助和破产重组资产实行实地审核,严格报批制度,有效节约了社保资金支出。三是大力支持再就业,解决了社区劳动保障平台建设的资金问题,为全市152个社居委配备了计算机、打印机等办公设备,为街道和社区劳动保障协管员解决了工资待遇问题。制定下岗失业人员小额担保贷款实施细则,安排小额贷款担保基金100万元,有力地支持了再就业工作。

【经济建设全力支持】一是市财政局会同市城投公司完成了淮南市城市基础设施建设项目评审报告和淮南市信用评级报告,并通过了国家开发银行总行的评审。淮南市政府与国家开发银行签定了30亿元的《信用合作协议》,同时签定了20亿元的《基础设施项目贷款合同》,当年到位资金3.8亿元。二是积极争取更多的国债份额和各项专款资金。共到位各项国债专项资金5377万元。其中:国债补助资金2986万元,国债转贷资金760万元。市财政部门坚持按预算、按投资计划、按基本建设程序和工程进度拨款,严肃用款纪律,提高了资金使用效益。三是加强外贷项目财务管理:收集和完善基础资料,对第二水源项目、东部污水处理厂、污水管网项目的原始资料进行收集整理,建立了《淮南市利用外贷项目档案库》(电子版);加大利用投资的宣传力度,及时把财政部的《外贷信息公告》发到各县区和有关行业,针对项目的特性,帮助指导有关单位研究确定贷款条件、贷款领域、采购比例等资料;利用外贷效率进一步提高,市消防支队利用外国政府贷款购置消防设备、广电信息网络工程2个项目被财政部列入《2003年利用外贷备选项目库》;公共卫生利用日元贷款项目、燃气总公司利用日本协力银行贷款项目等工作都取得了积极进展。

【财政改革全面推进】一是国库集中支付改革工作继续深化:市直120个部门、238家预算单位全部纳入了财政国库集中支付范围;在一般性经费集中支付的基础上,把财政专项资金列入集中支付范围,并且制定了《专项支出拨付暂行办法》,确定专项资金拨付的一般原则,通过市国库支付中心支付的资金全年达到20300万元。市国库支付中心被团省委授予"省级青年文明号"称号。二是粮食补贴方式改革全面推进:成立了市扩大粮食补贴方式改革试点工作协调小组,从市财政、粮食、农委、农发行部门抽调专人集中办公;做到广泛宣传,编发了15期简报,印制了3000份宣传材料,发至各乡镇,将《致全省广大农民朋友的一封信》送到了全市所有的农户手中;认真制定改革方案,严格操作程序、规范操作办法,制订详细的计划,积极稳妥进行实施。截至10月12日,1648万元的粮补资金全部发放到41个乡镇近31万户农户家中,在全省率先完成补贴资金发放工作。三是全市财政部门和两级政府采购中心加强制度建设,规范采购行为,进一步扩大采购范围和规模,全市通过政府采购的金额达到1.1亿元,比上年翻了一番。

【财政管理职能强化】一是开展各项财政监督工作,对"非典"防治资金使用情况、农村中小学危房改造资金使用情况、"收支两条线"管理情况、中央政法补助专款和救灾资金扶贫资金使用情况等进行了专项检查。上述各类检查涉及资金总额26540万元,发现存在问题的资金4493万元,对存在的问题及时进行了处理,收缴违规金额36万元。二是开展会计诚信建设。在全省率先举办了"会计诚信建设"征文活动,共收到征文115篇,共评出优秀论文20篇、集体组织奖15名。市财政局荣获全省组织工作奖。三是清理行政事业单位账户。成立了清理账户工作领导小组,从9月开始至年末,共对1312个账户采取保留、撤销、冻结、归并、没收、移交财务统管等不同方式进行处理,进一步规范了市直行政事业单位银行账户的设置,为建立银行账户管理系统打下了基础。

【防汛救灾特事特办】一是市财政局成立了防汛救灾工作领导小组,制发《关于全力以赴做好防汛救灾工作的紧急通知》,建立了防汛救灾督查和值班制度,局领导实行轮流值班,严格进行督查。二是市财政开辟了资金拨付绿色通道,确保资金以最快速度到达用款单位。专门下发了《关于加强防汛救灾资金拨付和使用管理工作的通知》,规定凡需拨付的资金,在接到市防指的指令后,资金拨付办理时间不超过2小时,做到特事特办。三是建立防汛救灾例会制度,做好灾情上报工作,在有关部门配合下,认真编制灾情日报表,向省财政厅争取资金,确保防汛救灾工作的顺利进行。

(淮南市财政局供稿)

田家庵区财政工作概述

2003年,淮南市田家庵区克服"非典"疫情和洪涝灾害的不利影响,强化征管、开拓创新,财政预算执行情况良好,财政收入完成19191万元,增长15%。财政支出完成8150万元,增长9.4%。财政收支平衡,略有结余。

【财政收入稳定增长】财税部门密切配合,严格税收管理,在挖掘自身潜力、堵漏增收上狠下功夫,强化征管手段,加强对预算执行情况的分析和监管,按月通报财政收入进度情况,切实做到依法治税,依率计征,应收尽收。财政收入稳定上升。一是完善税源监控体系。加强对重点行业、重点企业、重点地区的税源监控,摸清重点税源变化情况,加大了税收清欠和查补力度。二是狠抓有奖发票管理工作。做到以票管税,严格按纳税人所缴纳税款供应发票,有效地堵塞税收漏洞,增加了财政收入。三是开展税收秩序治理整顿工作。认真组织实施"创建标准化示范街"和"诚信纳税一条街"活动,清理整顿漏征管户,为纳税人创造了一个公平竞争的环境。

【重点支出得到保证】一是调整支出结构,压缩一般性开支,严格控制预算追加,采取有效措施,保证"非典"防治和抗洪救灾经费等重点支出需要。二是认真执行增资政策和财政统一发放工资政策,始终把保工资当成重点工作来抓,积极与上级沟通,争取调度资金,保证了工资按时、足额发放。三是扎实做好社会保障工作,加大社会保障支出力度,救助社会弱势群体,全年共发放最低生活保障金1867万元,维护了社会稳定。同时,解决了企业拖欠离休干部、军转干部工资和医药费问题。四是在抗击"非典"和抗洪救灾中,加大了社会救济工作力度,及时拨付资金,保证了抗击"非典"和抗洪救灾工作的顺利进行。

【财政改革步伐加快】一是实行部门预算。选择科委、教委、法院、计生委等8个部门开展部门预算编制工作,细化预算编制项目和内容,逐步把部门预算收入纳入部门预算,并根据合理的支出标准,按照"公平公正、力求规范"的原则,确保其执法和行政职能的正常运转。二是完善政府采购制度。加强政府采购法制化、规范化建设,扩大政府采购资金财政直接拨付范围,推动政府采购公开招标。全年采购大宗项目10个,累计采购金额98万元,节约支出15

万元,节约率15%,提高了财政资金的使用效益。三是进一步深化"收支两条线"管理。按照政策不断推进行政事业性收费和罚没收入"收支两条线"改革。对公安、法院、计生委等执法部门预算外收入全部纳入预算管理,对其他行政事业单位加大了"收支两条线"管理力度,增强了财政宏观调控能力,实现了非税收入的统一管理,提高各部门收支透明度。

【粮改和洪补进展顺利】一是认真做好粮食补贴方式改革试点工作,一方面加强宣传工作,共发放《致农民朋友一封信》1万份,一方面做好资金发放工作。全区直接兑付粮改资金19.6万元,保护了农民利益,增加了农民收入,促进了农村经济健康发展。二是努力做好行蓄洪区运用补偿工作,为保障石姚湾行蓄洪区的正常运用,合理补偿行蓄洪区居民因行洪遭受的损失,根据行蓄洪区运用补偿有关文件规定,坚持公平、公正、公开的原则,确保补偿工作顺利开展。12月底前把补偿资金774万元发放到6530户农民手中,体现了党和政府对受灾群众的关怀。

(田家庵区财政局供稿)

潘集区财政工作概述

2003年,淮南市潘集区努力克服特大洪涝灾害的影响,财政收入完成5243万元,增长4.1%;在上级转移支付补助后,财政支出完成11123万元,增长14.4%,实现了保工资、保运转、保稳定的目标。

【推进农村财政改革】一是巩固农村税费改革成果,切实减轻农民负担,健全和强化了农民负担监督管理机制,坚持发放农民负担监督卡制度,加大对农村"三乱"的查处力度,规范和加强涉农收费的管理,大力推行"三定"的征收办法,认真落实灾减政策。2003年,由于农业严重受灾,农民的实际承受能力大幅下降,对农业税的征收,考虑了农业受灾情况和农民的实际承受能力进行减征、缓征,有利地促进了农村的稳定和农业的发展。二是认真开展粮食补贴改革,共发放粮补款369万元,有力地维护了农村的稳定,增加了农民的收入。

【完善财政支出改革】一是进一步规范支出管理。通过会计核算中心调度资金,防止了不合理的支出,提高了资金的使用效益,已有28个区直单位纳入中心管理。按照省市统一部署,农村中小学教师工资从2003年1月起全部上收到区管理,每月工资额约220万元,每月按时通过银行发放到教师手中,并从2003年10月起兑现了职务补贴,有力地维护了教师队伍的稳定。二是政府采购中心正常运转。政府采购的范围扩大到汽车维修及保险、大宗办公用品的购买、农业开发项目工程招标等。2003年共采购金额571万元,节约资金78万元,资金节约率12%。

【实施行蓄洪区补偿】一是做好申报工作。由于淮河特大洪水,全区有上六坊、下六坊、石姚湾3个行蓄洪区相继行洪,为了保证行蓄洪区补偿政策的正确运用,维护广大行蓄洪区人民的根本利益,合理补偿行蓄洪区居民遭受的损失,财政部门认真开展了行蓄洪区补偿工作,做好登记、汇总、公布等工作。全区共登记上报核损金额2008万元,申请补偿金额1366万元。二是制定了切实可行的资金发放方案,以最快的速度把补偿款发放到群众手中,确保了灾后农村的社会稳定。

(潘集区财政局供稿)

八公山区财政工作概述

2003年,淮南市八公山区在减收因素较多的情况下,财政收入实现了稳定增长。全区财政收入完成4855万元,增长11.2%;财政支出2949万元,增长11.1%。

【培育特色财源】一是集中了一定的资金进行产业结构调整,发展地方特色经济。加大财政支援农业生产投入,积极配合有关部门申请获得省、市土地复垦、农业扶贫开发等资金,开发丰富的农业资源和土特产品,发展农业特色经济,稳定了农业税源,实现农村经济的增长。积极支持旅游部门申请旅游项目资金和申报国家AAAA级八公山旅游区,加快产业结构调整,培育新型财源。二是扶持重点工业企业,帮助企业改制、创新,壮大工业经济的整体实力,培植主体税源。三是帮助个体、私营企业融资、引资,大力发展民营企业,提高第三产业纳税比重,促进了经济发展。

【加强税收征管】一是及时分解落实收入任务,建立考核奖励机制,细化量化各项考核指标,实行待岗制,调动职工工作积极性。二是加强调度,定期通报,分析税源,加强协调。三是强化征管措施。推行纳税人信誉等级管理,开展发票管理和检查,充分利用“金税工程”稽查协查系统,防止了税收的偷、漏流失。四是严格执行税收政策,依率计征、依法减免,严格控制“先征后返”,做到应收尽收。五是加大稽查力度,不定期地对贩煤、运煤等流动户纳税情况进行稽查,打击偷税、抗税等违法行为,确保现有财源及时、足额征收解缴入库。

【规范支出管理】一是强化预算约束。严格按照年初制定的部门预算方案,实行部门经费、人头费包干,对任何单位和部门不开增支口子,强化预算的约束性和严肃性。二是改革专项资金管理方式,发挥专项资金应有的作用。从1月初开始,所有专项资金不拨付至预算单位,一律在财政部门设立该项资金的专户,实行报账制,封闭运行,减少拨付环节,防止被挤占挪用。三是加强支出管理。会计核算中心在处理各单位账务时,履行会计监督职责,对各类收支票据严格把关,减少不合规票据入账,加强了会计基础工作,使财政资金支出的范围和内容得到净化,从而控制了消费性支出的不合理增长。

(八公山区财政局供稿)

谢家集区财政工作概述

2003年,淮南市谢家集区积极组织财政收入,贯彻落实各项改革措施,实现了保工资、保运转、保重点的基本目标,圆满完成了各项目标任务。财政收入完成6341万元,增长14.1%,财政支出完成4370万元,增长18.6%。

【开展部门预算】一是扩大部门预算试点。部门预算试点单位从4户扩大到10户(即:副食办、法院、计生委、劳动局、民政局、统战部、卫生局、物价局、信访局、农林局)。试点单位涵盖了不同业务特点的区直部门,通过试点,较好地达到了部门预算管理的预期目标。二是逐步完善了部门预算的拨款、核算、管理制度。2003年部门预算收入任务154万元,实际完成175万元,超计划收入任务13.2%。

【加强财政监督】一是认真宣传贯彻《预算法》、《会计法》、《安徽省财政监督暂行办法》、《安徽省预算审查监督条例》以及《淮南市财政监督条例》等法律法规,不断强化财政监督职能,严肃财经法纪,加强财政监督制度建设,制定了一系列规章制度,财政监督管理逐步迈上法制化、制度化、规范化的轨道。二是加强对会计统管单位的财经纪律检查,重点检查了预算外资金的管理,政府采购制度的落实,财经制度的执行,有效地实现了事前事中监督,大大减少了会计统管单位的违规现象。

【深化支出改革】一是认真界定公共财政支出范围,改革财政支出方式,在具体操作中,按照公共财政支出改革的基本要求,紧密结合实际,不断完善改革方案。二是会计中心强化服务观念和窗口意识,提高财政服务水平和办事效率,取得了区直各部门的理解和支持。三是政府采购中心完善政府采购制度,加强政府采购监督,制定了政府采购的具体程序和具体操作监督办法,定期对政府采购行为进行了公示,采购人员加强自身业务学习,提高业务能力,快捷高效地完成了区政府和部门安排的采购任务。四是扩大会计委派制的试点范围,对破产企业移交的4所医院顺利实施了会计委派制的管理。

(谢家集区财政局供稿)

大通区财政工作概述

2003年,淮南市大通区财政收入完成6696万元,增长8.3%,财政支出完成5056万元,增长15%。

【努力增加财政收入】一是抓好税法的宣传,严格执行财税政策,减少税收流失。二是定期召开调度会,分析减收原因,找准增收点。三是加强争取政策的力度,借北京—福州高速公路淮南连接线建设之机,争取市对区财税体制政策。四是正确处理与开发区的经济利益关系,保证了收入任务的完成。

【开展税费改革规范年活动】一是完善农业税征收管理程序。进一步核实农业税产量、计税收入和应纳税额等计税要素,完善了农业税纳税登记、编制到户征收清册等程序;认真实行纳税通知制度,确保纳税清册张榜公布到户,纳税通知书发放到户。二是加强税费改革宣传力度,区政府要求镇村利用会议、广播、标语等形式,进一步宣传税费改革精神,做到家喻户晓。三是进一步改进完善服务程序和方式,逐步实现了农民主动缴纳税款。四是规范了农业税征收手续,农民缴税开具了由财政厅统一印制的完税凭证。五是加大依法收税、以德治税、依法护税的力度,对部分农户有纳税能力无正当理由不缴农业税的,通过法律程序申请法院强制执行。六是严格执行农业税减免政策,由于午、秋两季普受涝灾,病虫害非常严重,根据农业税减免政策认真核实灾情,进行灾欠减免,全年共减免农业税 248 万元。

【推进公共财政改革】一是实现了行政事业单位财务会计工作的集中统一管理,规范了行政事业单位会计核算工作,提高了会计信息的质量。二是实行会计集中核算后,变事后监督为事前、事中监督,增强了各部门,单位财务会计工作的透明度,有利于预防和抵制不合理开支,提高财政资金的使用效益。三是单位银行账户由结算中心统一开设,加之预算外资金实行专户管理,有效防止了违反财经纪律现象的发生。

【全面开展资产清查】进一步加强国有资产管理,在区属单位开展了资产清查工作。一是对各预算单位的各项实物资产进行全面清查登记,对债权债务进行认真核实,理清资金来源和支出结构情况,在全面弄清"家底"的基础上做到账账相符、账实相符。二是摸清各预算单位人员编制、实有人数和人员经费支出结构。三是真实报告清产核资结果,对资产清查中发现的资产盘盈盘亏、资产损失等问题,按国家有关规定和清产核资政策,经申报和核实后进行账务处理。

【实施行蓄洪区补偿】2003 年水灾中,该区洛河洼实施了蓄洪,区财政局具体负责全区行洪区补偿的日常工作。在工作中,坚持做到核查农户申报的农作物损失面积是否大于纳税面积、核查农作物损失的品种是否与实际该户种植的品种一致、核查财产损失核查报表是否符合政策规定的秩序、核查财产损失表是否张榜公布、核查表是否有农户签字。经过努力,圆满完成了补偿资金发放工作。

(大通区财政局供稿)

毛集实验区财政工作概述

2003 年,淮南市毛集实验区克服了"非典"和洪涝灾害带来的不利影响,化解了财政风险,财政工作经受住严峻考验。在刚性支出增长过快的前提下,实现了保工资、保运转、保稳定和保重点支出的目标。全区财政收入 1576 万元,下降 10%;财政支出 4254 万元,增长 44.1%。

【依法理财治税】财税部门紧紧围绕中心,服务大局,依法理财治税,加大税收征管力度,严格执行"加强征管、堵塞漏洞、惩治腐败、清缴欠税"工作方针,创新征管手段和方式,严肃查处、惩治各种偷逃骗税行为,坚持依率计征、依法减免、控制先征后返,做到应收尽收,不留死角,及时足额入库。

【规范财政管理】进一步完善部门预算编制方案,提前预算编制时间,提高预算编制质量和效率。建立财政资金拨付"绿色通道",特事特办,确保"防非"、防汛、救灾、粮补等专项资金的及时拨付。按照上级政策规定,提高了农村中小学校教师津贴的发放标准,实行农村中小学校教师同区直单位公务员同等待遇,增加机关事业单位工作人员的收入。在保工资、保运转、保稳定的前提下,深入开展增收节支活动,多方筹措资金,加大对农业、科技、教育、社保、基本建设的投入。

【减轻农民负担】为切实保证减轻农民负担不反弹,进一步巩固农村税费改革成果,按照上级政策规定,对涉农收费进行督查,发现问题及时整改处理到位。农业税征收实现"三定征收,计算机管理",全区已建立农业税征收大厅 3 个,顺利完成了农业税征收任务。并根据"轻灾少减、重灾多减、特重全免"的原则,由财政部门直接操作,将 170 万元农业税灾歉减免资金、152 万元行蓄洪区补偿资金足额兑付到农民手中。积极推进粮食补贴方式改革,大力宣传粮改政策,粮改方案得到充分落实。

(毛集实验区财政局供稿)

淮南经济开发区财政工作概述

2003年,淮南经济技术开发区实现财政收入3294万元,增长86.9%。财政支出2126万元,增长113.9%。在工作中充分发挥财政的宏观调控作用,财政预算执行情况良好,财政对经济社会发展的促进作用进一步增强。

【财政收支管理】加强与税务部门的协调,开展税源调查,落实征收任务,加强税收征管。经市政府同意,开发区境内土地出让金、契税等收入直接缴入开发区金库,财政收入范围和规模进一步扩大。在支出管理上,加强资金调度,严格支出管理,规范拨付程序,合理分配资金,保证重点项目支出。在保证工资按时发放、机关正常运转的基础上,为了加大招商引资的力度,开发区财政首先确保招商引资专项经费的需要;其次是加大基础设施投入;再次是保证企业税收先征后奖支出，对企业享受优惠政策部分，分期分批予以返还，以维护政府的信用，增强企业持续经营信心。

【土地资本运作】为融通开发建设资金，加大基础设施建设投入，优化招商引资环境，开发区财政局积极向管委会建议，注册成立了开发区新城建设投资公司，建立了财政投融资机制，拓宽了建设资金筹措渠道。6月18日，该公司以土地资本做抵押，与省农业银行签订了公开授信1亿元人民币首笔贷款合同，并将到位的5000万元资金全部投入到开发区的基础设施建设和环境改造项目。同时，新城公司正在积极落实国家开发银行已经批准的2.2亿元项目贷款中的7600万元年度用款计划。

【公共财政改革】为了保障各项规章制度的贯彻执行，开发区不断深化公共财政支出改革。一是实施了政府采购，将开发区集中采购业务委托市政府采购中心办理，已经实施了路灯绿化等3宗采购业务。二是是编制部门预算，并把各项预算指标分解落实到各部门。三是推行国库集中支付制度，积极筹备设立开发区会计集中支付核算中心。四是实行工资统发。已经与商业银行就代理工资统发事宜达成了一致。

(淮南经济开发区财政局供稿)

凤台县财政工作概述

2003年，凤台县财政工作克服了"非典"和洪涝灾害等诸多不利因素的影响，推行部门预算管理，坚持依法理财治税，按照"三个确保"的总体要求，不断提高财政运行质量，支持全县经济和各项事业的发展，财政运行态势良好，财政预算执行基本正常。全县财政收入完成45268万元，增长27.5%；全县财政支出36738万元，增长33.5%。

【完善会计集中核算】一是进一步完善配套管理办法，扩大会计集中核算和财政统一发放工资范围。从2003年7月起，实行农村中小学教师和县直单位公务员津补贴统一标准发放。二是继续推进部门预算编制改革，提高预算编制的效率，实现部门预算编制的细化，并进一步完善部门基本支出定额、定员制度，细化基本支出的定额标准。三是建立财政资金拨付的"绿色通道"，确保防非、防汛救灾等专项资金的及时拨付。四是实行了个人待遇货币化改革，着重推行通讯、会议费等货币化和招待费的三单合一核报制度，节支效果明显。同时，会计核算中心按照会计人员岗位设置、人员配备、会计核算、会计监督、档案管理、内部控制等方面进行会计基础工作规范化建设，取得良好成效。

【深化各项财政改革】一是实施粮补方式改革。在粮补改革中，财政部门积极开展宣传、实施方案的测算和上报工作。按照方案规定，认真研究资金补贴办法，加强督察、检查，及时研究、解决存在的矛盾和问题，保障改革的顺利进行。截至2003年10月8日，948万元补贴款足额兑付到农民手中，切实保护了农民利益。二是加强"收支两条线"管理。进一步完善非税收入收缴管理制度，对部门组织的行政性收费和预算外资金收入，在实行"收支两条线"管理的基础上，通过编制部门预算，实现了"预算统编、财务统管、工资统发"的目标。三是积极开展农村税费改革规范年活动。落实"三定"征收办法，建成了15个农税征收服务大厅，推行农业税大厅征收、设点征收的新的征管方式改革。进一步健全农民负担监督管理机制和公示制度，规范村级财务管理，切实防止农民负担反弹。同时，认真做好农业税灾歉减免和社会减免工作，全年减免农业税1693万元。

【推进农业综合开发】一是加强项目工程质量和资金专款专用监管，改革工程、设备购置方式，实行招标的办法，精心组织指导2001—2002年项目的实施。二是加大扶贫和农业综合开发项目的申报力度，积极向上级争取资金，认真做好农田水利、道路及生态环境建设等项目的实施工作。加大科技扶贫力度，积极推广新品种、新技术，认真做好科技培训工作，努力提高贫困人口素质。三是加大农业投入。全年共拨付项目资金552万元、支农资金1150万元和扶贫资金570万元。有力地支持了农业产业结构的调整，改善了农村生产、生活条件和生态环境。

【强化财政监督检查】一是大力宣传《安徽省财政监督暂行办法》、《淮南市财政监督条例》，进一步加强财政监督，严肃财经法纪。二是进行了会计信息质量检查、非税收入征缴情况检查、城市建设资金等专项检查，对基建财务、工程预决算进行了严格的审计，并对医保、社保、扶贫、危改资金及粮食补贴资金兑现等专项资金管理及使用情况进行一系列的监督检查，规范了财政支出管理。三是加大对涉农案件的查处力度，维护了农民的合法权益，巩固了农村税费改革成果。

(凤台县财政局供稿)

滁州市财政工作概况

滁州市财政工作综述

2003年,滁州市财政总收入完成191723万元,超预算2.4%,同比增长12%。其中:中央收入完成86920万元,增长15.5%;地方收入完成100710万元,增长9.2%。全市财政支出完成230141万元,增长21.8%。

【财政收入呈现稳定增长】一是市政府针对“非典”疫情和洪涝灾害给滁州市经济造成的严重影响,及时召开财政工作会议,分析形势,强化调度,提出全年收入“目标不变,任务不减”,要求各级财税部门坚持以组织收入为中心,克服困难,清理欠缴,堵塞漏洞,确保实现的税收及时足额入库。二是在农业税因灾歉收和国家出台税收优惠政策等减收因素较多的情况下,仍然圆满完成了年度预算任务。同时,进一步加强了土地出让收入管理,全市征收土地出让收入近2亿元,同比增长4倍。

【财政支出质量稳步提高】一是市先后出台了《市直公务接待管理暂行规定》、《市直教育事业财务管理办法》等10个财务及专项资金管理办法,建立了项目备选制度,规范项目资金管理。二是进一步完善一般性消费支出管理。在规范会议费、通讯费、招待费等一般性支出管理的基础上,整合教育、科技、文化部门的图书室、阅览室、运动场、群艺馆等资源,着力提高资金使用效益。按照有保有压的原则安排支出,确保工资发放、确保基本运转、确保社会保障和重点支出的需要,财政支出质量明显提高。三是农业方面支出同比增长8.3%;科技方面支出同比增长16.9%;医疗卫生支出同比增长22.8%;抚恤和社会救济支出同比增长40.4%。4项增支近8000万元,占全市财政支出增支额的50.8%。四是政府采购的规模和范围稳步扩大。2003年,全市政府采购金额近6000万元,范围已涵盖货物、工程和服务三大类;已实施公开招标15次,金额达1041万元;落实车辆维修和加油定点管理规定,市直共执行车辆燃修预算资金197万元,节约资金16万元,资金节约率8.2%。

【财政应急机制保障有力】“非典”疫情发生后,滁州市财政局及时制发了《关于切实加强“非典”防治工作,确保经费需要的紧急通知》等一系列文件和规定,要求各级财政部门提高认识,及时调整预算,千方百计筹措资金,保证“非典”防控的急需。全市各级财政共投入“非典”防治经费3700多万元,为控制疫情蔓延、尽快恢复经济发展提供了有力的保障。特大洪涝灾害发生后,各级财政部门积极向上反映灾情,认真贯彻落实省政府《关于做好增收节支工作,加大防汛抗洪救灾经费投入的紧急通知》精神,努力压缩一般性财政支出,共拨付抗洪救灾及灾后重建资金16000多万元,确保抗洪救灾及灾后重建的资金需要。

【公共财政框架初步形成】一是进一步巩固和完善了公共财政支出改革。从2001年起,在市、县两级全面实行了以“预算统编、采购统办、工资统发、国库统付”为主要内容的公共财政支出改革。市直及各县市区均成立了相应的机构、配备了精干力量、购置必需设备、选定合适的场所,制定较为完善的工作制度,采用有效的实施办法。公共财政支出改革对净化支出范围、规范预算管理等方面起到了明显的促进作用。2003年,市直国库集中支付面进一步扩大,县级会计集中核算全面推开。积极推进政府采购制度改革,试编了政府采购预算,政府采购规模达到6000多万元,资金节约率达到12%以上。二是扎实开展农村税费改革规范年活动。开展了以规范农业税征收管理、涉农收费管理、村级财务管理、“一事一议”、筹资筹劳管理等为主要内容的农村税费改革规范年活动。农业特产税改征农业税试点工作顺利实施,减征税额300多万元。三是全面推行粮食补贴方式改革。在天长、来安试点的基础上,2003年全面推行了粮食补贴方式改革。全市农民当年直接获得国家粮食补贴资金13200万元,占全省补贴总额的21.6%,相当于全年农业税的59%,进一步增加了农民收入,深受广大农民欢迎。四是在全椒县开展了“乡财县管”的改革。对乡镇财政实行“预算统编、账户统设、集中支付、采购统办、票据统管”的新的管理方式,进一步强化了乡镇财政收支管理,有效地防范和控制乡镇债务风险。制定了防范和化解村级债务的具体措施,化解村级债务近5000万元。五是推进农村合作医疗试点。天长市、凤阳县共有70多万人口参加新型农村合作医疗,占农业人口80%以上。全年筹集农村合作医疗基金共217万元,其中:农民个人缴费725万元,中央财政补助7255万元,省级财政补助2175万元,市级财政补助资金145万元,县级财政配套资金362万元。改革试点工作进展顺利,受到广大农民的欢迎。

【财政保障能力明显增强】一是加强社会保障资金的使用管理。积极支持企业改组改制,切实帮助困难群体解决生产生活问题,全年共征收社会保障资金33900万元,发放各类社会保障资金29000多万元。市财政从土地出让收入、国有资产运营收入中安排5000多万元,用于改制企业职工安置和企业技术改造投入。中央、省、市和县四级财政共安排资金1450万元,在天长、凤阳推行了新型农村合作医疗改革试点。二是进一步家大对农业和农村义务教育的投入。全市各级财政部门安排农业的支出预算1.1亿元,争取上级财政农业方面的扶持资金1.2亿元,其中农业综合开发3500万元。争取上级财政中小学危房改造3500多万元。三是配合有关部门积极争取国债和国内外金融组织贷款。全市当年共争取国债资金1.1亿元,其中预算内国债资金6900万元,国债转贷资金3940万元,支持农村公路、城市供水、凤阳皇城修复、城市污水处理、疾病预防控制中心、琅琊山森林公元基础设施等项目的建设。积极申报并争取到国家开发银行城市建设项目贷款额度21亿元。新上报外国政府贷款项目4个,申请贷款1360万美元。四是市直财政对各县市区的扶持力度加大。市直财政在自身十分困难的情况下,千方百计筹措资金2000多万元,通过以奖代补、项目配套和专项补助等方式,有力地支持了县市区战胜灾害,加快发展。

【农业基础建设得到加强】一是积极争取并合理安排预算内支农资金,保障支农资金的及时到位。全市支农三类支出预算安排为11319万元,同比增长23.5%,其中市本级农业三类预算达到3705万元,同比增长34.6%。二是抢抓上级财政政策机遇,积极做好项目资金的争取和管理工作。2003年共向省、部重点推荐各类项目32个,项目总投入达到7000万元以上,其中申请财政扶持金额达2500万元,涉及农业、水利和林业多个行业。同时上报生态林保护、农业三大工程等项目362个,申报总金额27760万元,其中上级财政补助9781万元。三是认真做好农业综合开发项目的建设工作。2000—2002年全市农业综合开发项目总投资16035万元,改造中低产田64.7万亩,已全部完成建设任务,并通过省和国家开发办的验收。同时,积极做好世界银行加强灌溉三期项目的申报工作,治理任务51.6万亩,投资总规模23926万元。

【推进社区建设和再就业】一是切实增加再就业补助资金,为落实再就业优惠政策奠定基础。二是加大投入,加快社区建设,完善社会保障体系。三是成立了“滁州市信用担保公司”,市财政及时拨付小额贷款担保基金200万元,并制定了“滁州市下岗失业人员小额担保贷款操作规程”,目前,对下岗失业人员已发放小额担保贷款8万元。同时抽调专人,对企业拖欠的费用进行了认真审核,先后拨付80余万元。兑现了企业拖欠军转干部的工资和医疗费。由于财政资金的及时到位,维护了社会稳定。

(滁州市财政局供稿)

南谯区财政工作概述

2003年,滁州市南谯区完成财政收入7199万元,同比增长9.6%。其中:地方收入完成4712万元,增长11.2%(剔除所得税因素),上划中央收入1759万元,增长8.7%。完成财政支出11685万元,增长12.4%,实现收支平衡。

【支出改革】一是会计核算中心在认真办理会计业务的同时,强化会计监督。对待来报账的同志做到态度热情,有问必答;但又不徇私情,坚持原则,对不符合国家财政制度规定的支出坚决拒付。据不完全统计,全年共纠正和审核出不符合规定的会计业务40多笔,金额50多万元。二是在不影响各单位资金周转和使用的前提下,调借间歇资金485万元,用于保障财政工资正常发放,大大提高了资金的使用效益。三是在做好会计核算工作的同时,还为区行管局代收24个单位的电费业务,帮助税务部门代收代缴医疗保险59万元、失业保险金20万元,为政府代收个人捐资款968万元,代收个人所得税12万元。

【政府采购】一是规范政府采购程序,注意把好“三关”,即质量关、成本关、服务关。邀请专业技术人员参与指导采购环节,采用综合分析、综合评比的询价和竞争性谈判方式确定供应商,做到同等价格比质量,同等质量比服务。二是重点项目采购措施得力,成效显著。通过竞争性谈判小汽车的保费、油价、主要易损件3项费用全区节约资金10万元。三是开设政府采购网,及时发布采购信息,公布采购结果,搜集社会各界对政府采购的意见和建议,真正体现政府采购“公平、公正、公开”的原则,当年共实现政府采购216万元,节约资金34万元,采购节约资金率15.7%。

【会计管理】一是对全区会计人员进行一次继续再教育培训,共有189人参加培训。二是认真做好“会计从业资格”证书的更换,全年共为符合条件的382名会计人员更换了会计从业资格证;对不符合条件的12名会计,均参加全市“从业资格证”考试。其中有8人考试合格,取得了会计从业资格证书,从而保证了全区的会计质量。三是组织全区会计职称考试,会计队伍素质进一步提高。

【粮补改革】一是按照省、市、区粮改办的要求,从通知书的发放、粮补清册的公布上墙,到粮补资金的发放,采取科室包乡、所包村组的原则,层层签订责任状,谁出问题谁负责,确保“粮补改革得民心”工作落实到户。二是从9月3日到9月20日,全区兑付粮补资金1386万元,占兑付总额1397万元的99.2%,基本兑付完毕。

【财政支农】一是通过努力争取的项目有“沙河紫糯玉米”、“农科所菊花推广”、“能源办沼气扩建”、“黄泥优质粮油基地”和“滁菊GAP示范”等项目。其中:“黄泥优质粮油基地”一项就争取项目资金695万元,项目投资基本完成。共改造中低产田2万亩,营造农田防护林网(折片林)1800亩,大大提高了农业综合生产能力和竞争力。二是积极做好退耕还林资金的拨付与管理。全年共拨付退耕还林现金补助92万元,拨付生态公益林各项补助15万元,退耕还林粮食补贴资金315万元。同时,会同林业部门对退耕还林各项资金的使用情况进行了全面检查。

(南谯区财政局供稿)

琅琊区财政工作概述

2003年,滁州市琅琊区积极推进财政管理制度改革,促使财政工作上台阶。全区完成财政总收入6563万元,占预算的102.5%,增长5.3%。其中,地方一般预算收入完成2998万元,占预算107.1%,增长1.4%;财政支出完成7659万元,为年度预算的110.6%,增长15.8%,实现了收支平衡。

【预算编制改革】区财政部门先后深入全区75家行政事业单位,在认真清理人员、编制、收支项目,合理界定支出项目和财政供给范围基础上,全面开展2004年综合财政预算编制工作,按照“五项原则”(即:量入为出,量财办事,厉行节约原则;综合预算原则;零基、定额预算原则;细化预算原则及以收定支,超收分成,短收扣减支出原则),采用“二上二下”程序,规范操作,编制好第二年预算。

【支出结构调整】按照“先吃饭、后建设”的原则,采取有进有退、有保有压的方式,调整财政支出结构、妥善安排和合理调度财政资金,有力保证了党政机关正常运转和科教、社会保障、基础设施建设和农业等重点支出依法增长以及救灾、预防“非典”经费的需要。2003年,全区教育支出1622万元,社会保障支出1067万元。同时,多渠道筹资,用于城市建设、农业、科技三项费、政法等的财政投入857万元。

【社会保障完善】区财政协助有关部门征收各类社保基金1900万元,为全区国有企业下岗职工发放基本生活费160万元,为9100城市居民发放最低生活保障费130万元,3462名离退休人员和2277名下岗职工得以按时足额领到保障金。同时,区财政密切配合相关部门,积极调度资金,筹集65万元用于防治“非典”支出,做好“非典”防治经费保障工作。在防洪救灾期间,拨付灾民建房补助经费45万元,用于帮助灾区解决受灾群众的转移安置、紧急抢救和灾区群众的衣食住医等生活困难,切实做好了救灾款物的发放和灾后重建工作。

【会计集中核算】区会计集中核算制度加强组织机构建设和内部管理,完善了会计核算业务规程,已逐步体现出了良好的经济效益和社会效益。进入中心核算的行政事业单位66个和48个社区服务站,共设立账户114个。同时,不断加强财务监督和服务:全区招待费支出同比下降10%;加大工资统发和个人所得税征缴力度;主动参与单位账面资产清查、资金核实的全过程,通过对核算单位的固定资产清查入账,建立固定资产明细账,有效避免了会计核算和单位财产物资分离,防止了国有固定资产的流失;陆续开展了人员、财政供给情况、单位往来款项(房租收入)、专项专款资金使用核算情况以及全区个人债务情况等多项调查,为政府和各级领导决策提供了可靠的数据材料。

【政府采购管理】近3年来,按照“稳中求进”

的原则,逐步扩大政府采购规模,并坚持落实政府采购程序公开、政府采购信息公开、政府采购招投标活动公开、政府采购结果公开等“四个公开”。严把项目审批和资金落实关口,全区有200多万的采购规模,采购资金全额到位。全区政府采购的范围已涉及到货物、工程、服务3大类,尤其是工程类采购首次实现了零的突破。全年共实现采购70次,金额达220万元,资金节约率达10.1%。

【“收支两条线”管理】强化预算外资金管理,严格执行“收支两条线”规定政府的调控能力进一步增强,乱收乱罚行为得到进一步遏制。全区教育系统9个区属小学、21个行政事业单位的预算外收入已全部缴入专户,预算外收入共实现了447万元,同比增长23%。同时,对区属收费单位票据使用情况进行抽查,对发现问题的单位立即停止票据提供,责其登报申明作废,并督促依照相关规定对责任人作出了行政和经济处罚。

【粮补方式改革】出色完成粮改任务,共发放粮补资金103万元,亩均补贴25.25元,全数完成了发放任务。开展政策宣传活动,大力宣传粮补方式改革的重大意义、主要改革内容和政策。同时,认真组织,细致测算,依照省文件要求,认真拟订区实施方案,并在全市率先开始兑付粮补资金,确保了改革顺利推进,确保了全区8633户农民的切身利益,整个改革工作得到了市财政的充分肯定。

【国有资产管理】积极构建市场经济体制下国有资产运营体系,成立了区国有资产运营公司,出台了《琅琊区国有资产管理实施办法》,转发了《国有资产评估项目核准管理办法》和《国有资产评估项目备案管理办法》,规范了国有资产管理。区属企业改制资金已全部纳入专户管理,实现企业资产变现收入3473万元,支出2180万元。其中,安置职工1043万元,缴纳“三金”398万元、缴纳税费154万元,有效促进了企业改革的顺利推进。

(滁州市财政局供稿)

天长市财政工作概述

2003年,天长市努力克服“非典”和特大洪灾的影响,积极组织收入,深化财政改革,实现财政收入29126万元,同比增长13.4%。其中:上划中央收入13001万元,增长10.2%;地方一般预算收入16124万元,增长16.1%。全市财政支出完成29010万元,增长16.2%;实现收支平衡。

【预算编制改革】一是按照“及时、准确、全面、真实”的原则,顺利完成2002年财政决算编制工作;在编制2003年财政预算工作中,继续试编部门预算,并将试点范围扩大到15个。二是完善2003年预算编制程序,规范预算编制方法,印发了《天长市预算编制规程》,明确支出预算办法和支出预算标准,增强了预算编制的透明度、可操作性,提高了预算编制的科学性、合理性。

【农业税收征管】一是强化农村税费改革的宣传领导,下大力气规范农业税收征管。针对午季连续低温阴雨、防控“非典”、秋季又逢特大洪涝灾害等不利因素影响,采取各种扎实有效措施,立足抓早、抓细、抓实。二是积极开展农业特产税改征农业税工作,有效地减轻了农民负担。三是认真开展契税、耕地占用税清理工作。全市征收耕地占用税616万元、契税250万元。四是扎实做好农业税灾减工作,切实体现党和政府对广大受灾农户关怀和温暖。五是根据有关规定,对2000年以来各乡镇合法占用的计税土地,依法进行了核实、测算,报市政府批准后,调减了19个乡镇的农业税计税土地和征收任务,全市共调减计税面积1519亩,农业税及附加9万元。

【财政支出改革】一是努力做好各项会计基础工作。在日常工作中,严格按照《会计法》和《会计基础工作规范》的要求,从原始凭证到会计报表的编制、报送、反馈等各个环节,都进行了大量细致、扎实的工作。二是规范业务运作,强化监督职能。特别是重点加强了对各单位支出票据合规合法性的审核,较好地维护了财经纪律的严肃性。三是加强业务学习,强化服务意识,提高人员素质。四是认真学习宣传贯彻《采购法》,规范操作,主动服务。共实施各项采购预算562万元,采购金额505万元,节约资金57万元,节约率10%。

【农业综合开发】一是认真做好2003年度选项申报工作,通过调查,选择基础资源条件良好、干群开发热情较高、领导班子凝聚力强的乡镇进行立项,在听取基层群众意见后,充实省项目库。二是工程实行招投标,确保工程质量,加快工程建设进度。对4个项目进行了统一招标、采购,基本完成了项目建设任务。三是认真做好项目验收,在项目建设过程中,严格资金管理,专人专账,专款专用,实行报账制,顺利通过了省局委托的省华安会计师事务所的审计和省验收小组的验收,2000—2002年的开发项目被评为合格项目。四是做好世行加灌三期项目前期准备工作。

【粮补方式改革】一是在总结2002年试点经验基础上,进一步完善了改革实施方案。二是规范操作,严格执行粮改的各项政策,将粮食补贴资金一分不少地发到每个农户手中,全年共发放粮食补贴资金2200多万元,发放率达100%,切实增加了农民收入,得到了全市社会各界和广大农民的高度评价和认可。

(天长市财政局供稿)

来安县财政工作概述

2003年,来安县财政部门凝心聚力,开拓进取,锐意改革,尽职尽责,奋力拼搏,基本完成和实现了年初确定的各项工作任务和目标。全县累计完成财政收入12818万元,同比增长7.2%。其中:地方收入9207万元,增长10.2%;中央收入3611万元,增长0.2%。完成财政支出21562万元,增长19.7%,实现收支平衡。

【规范农村税费改革】一是按照农业税征收"八到户"、"十不准"和推广"三定"征收办法的要求,进一步完善农业税征管程序,改进农业税征收方式,完善农业税征收手续,规范农业税征收行为。二是围绕建立防止农民负担反弹长效机制和涉农收费监管机制的目标,坚持农民负担监管党政主要领导负责制,严格实行农民负担"一票否决制",全面实行涉农收费许可证制度、公示制度和农民负担监督卡制度,进一步规范涉农收费行为,规范收费资金的财务管理。三是严格执行农村税费改革转移支付政策,建立健全农村财务管理体制,合理调整和优化村级集体资金支出结构,严格控制村级开支范围,积极化解村级债务。四是规范"一事一议"筹资筹劳项目、标准、程序和资金使用,保护好农民兴办集体公益事业的积极性。

【实施粮补方式改革】一是广泛宣传。增强了干部群众参与改革的主动性和积极性,为全县推进粮补改革营造了浓厚的舆论氛围。二是把住清册编制关、张榜公示关、通知发放关,规范各项基础工作。三是把握重点,确保资金兑付到户。严格做到"六不准":不准擅自改动粮补通知书上的数额,不准用粮补资金抵扣当年农业税及附加之外的任何款项,不准截留、挤占、挪用粮补资金,不准由村集体代领粮补资金,不准拖延补贴资金兑付时间,不准以任何理由借粮补改革之机加重农民负担。

【促进经济和社会事业发展】一是积极争取各项转移支付和专项补助资金,确保了全县财政供给人员的工资发放和机关运转,增加了基础设施建设的投入。二是争取教育危房改造资金927万元,完成危房改造工程49个,水毁修复工程4个。三是积极落实县委关于"招商引资"的有关规定,引进资金800多万元。四是争取有利政策,使已到期的"黑字还流"世行贷款展期偿还,并豁免部分利息。同时,争取县医院230万美元、华峰公司275万美元的利用世行贷款,为增强企业后劲、培植财源打下了基础。四是大力支持抗洪救灾。加大向上级争取资金力度,积极筹措生产救灾资金;坚持快速高效原则,及时下拨各项救灾资金;采取得力措施,确保生产救灾资金落实到实处。

【推进财政支出改革】一是按照省政府"一年到位、二年完善、三年规范"的总体要求,继续在深化和规范公共财政支出改革上下功夫,重点完善会计集中核算和政府采购制度,提高会计核算中心和政府采购中心管理的规范化和科学化。二是建立"范围清晰、分配科学、支出高效、督查有力"的县级财政体系。开展政府采购29次,项目预算为500万元,采购金额为429万元,节约资金71万元,资金节约率为14.2%。

【增加农业开发投入】一是加强农业财务管理,使有限的农业资金得到最优化配置,努力巩固农业基础产业的地位。积极争取资金,加大对农业的投入,共投入支农资金1801万元,确保了农口各单位的正常运转,退耕还林经费40万元,投入农技推广资金25万元,不断改善全县农业面貌。二是农业综合开发向更高层次发展。完成总投资247万元,水利措施、农业措施、林业措施和科技推广在逐步规范和优化。逐步由单纯的土地治理向效益农业、市场农业和农业产业化过渡。2000—2002年农业综合开发项目总投资1079万元,已通过省级验收。三是江淮分水岭工程有条不紊进行。共投入江淮分水岭工程资金110万元,完成4个乡镇江淮分水岭工程项目。2003年,县财政局被滁州市委、市政府授予"市级文明标兵单位"称号;被县委、县政府授予县级文明单位标兵称号;有11项工作受到市局和县政府表彰,2人被评为省厅先进个人。

(来安县财政局供稿)

全椒县财政工作概述

2003年，全椒县沉着应对各种困难与挑战，奋力拼搏，较好地完成了各项财政工作任务。全县财政总收入完成14758万元，为预算的100.7%，同比增长5.4%。其中，地方预算收入完成9240万元，增长4.7%。财政总支出完成24335万元，实现收支平衡。

【组织财政收入】一是积极转变理财思路，以增加实实在在可用财力为组织收入的指导思想，及时分解落实收入任务，强化措施，依法征管，确保各项收入应收尽收。二是针对“非典”疫情、洪涝灾害和高温热害给县经济造成的严重影响，克服困难，严征细管，清理欠税，堵塞漏洞，圆满完成财政收入预算任务。

【规范税费改革】一是认真做好农业特产税改征农业税试点工作。改征农业税后比2002年减少收入29万元，减幅69.4%。二是规范各项涉农收费政策。全县共取消了涉农部门的28项不合理收费。对建房、婚姻登记、教育、计划生育、供电、水利、小机养路等涉农收费严格执行政策。三是严格执行农业税减免政策。全县共落实社会减免资金128万元，减免农户6114户；安排农业税灾减资金570万元，全部分配落实到202个行政村、2695个村民组，减免农户72304户。

【开展粮方改革】一是加强领导，狠抓政策宣传。二是通过调研，了解和掌握了村、组、户出现的有税无地等10个方面问题，在充分考虑基层干部和农民群众意见的基础上，对照粮补有关政策，逐一进行界定，妥善解决。三是规范操作，狠抓资金兑付。四是严明纪律，狠抓监督检查。确保粮食补贴资金及时、足额落实到每个农户。全县共兑付粮补资金1924万元，占应兑付资金的99.6%，兑付农户75182户，占应兑付农户的99.7%。

【实施乡财县管】2003年，全椒县被省确定为乡财县管10个改革试点县之一，为了确保改革顺利推进，及时制定改革配套措施，狠抓落实，做过细工作。一是狠抓“四清”工作。清理、撤销乡镇银行账户140个，清理清查1997年以来乡镇管理的行政事业性收费(款)票据，清理清退乡镇自聘人员176人，每年减轻财政负担67万元。清理清查乡镇债权4107万元，债务6725万元。二是强化乡镇收支管理。收入方面，统一票据管理，严禁乡镇收入体外循环和公款私存等行为；支出方面，通过实施综合预算，明确乡镇支出范围和支出顺序，统一工资和津补贴发放标准，分类制定乡镇各项支出定额。三是建立健全规章制度，规范管理。

【推进财政改革】一是政府采购规模大幅度增长。全年实现政府集中采购30项，完成采购金额755万元，节约资金87万元，资金药经为10.4%。政府采购范围已涵盖了货物、工程、服务3大类。对行政事业单位小汽车实行统一保险、定点加油。车辆保险费在标准保险费基础上下降40%，实际参加统一保险车辆35辆，应交保险费15万元，实交保险费9万元，节约资金6万元。二是全面推行部门预算。报县人大常委审查的部门预算进一步扩大，同比增加了1倍。三是县会计中心先后制定出台了《会计原始凭证规范化管理暂行规定》等13个文件制度，逐步规范和完善了中心内部管理。按照规范要求，对纳入中心核算单位的支出进行全过程监督，特别是加强报账环节的监督，严格执行《会计原始凭证规范化管理暂行规定》，对不合理的开支、超标准的支出，坚决予以退回。共查出单位不规范和手续不完善的票据208份，金额40万元。四是严格执行国家规定的支出范围和标准，建立单位预算外资金收支计划，严格“票款分离”结报程序。加大稽查力度，强化监督手段，提高“票款分离”运行质量。对全县所有行政事业单位的收费(款)票据进行全面清理检查，督促各单位将使用财政收费(款)票据收取的收入金额纳入财政预算或预算外资金财政专户管理。四是加大收入征管力度。

【完善社会保障】一是加强企业职工养老保险基金管理工作，全年支付养老金2618万元。二是拨付解困资金290万元，用于支付改制企业经济补偿金。三是认真做好城乡居民最低生活保障工作。全县享受最低生活保障人数4891人，全年支付最低生活保障资金141万元；四是继续参与医疗保险制度改革。年末参保人数为11577人，拨付医疗保险基金846万元。五是加强失业保险金管理工作。六是及时发放企业军转干部生活补助，解决了企业军转干部的医疗保险，得到了军转干部的一致好评。七是认真做好专项资金管理监督工作，对防治“非典”和救灾资金确保调度渠道畅通、及时、高效。共支付防“非典”专项经费92万元，救灾资金1093万元，为战胜灾害提供了资金保障。

【推动农业开发】一是顺利通过了国家、省、市对2000—2003年农业综合开发3年竣工项目的验收,受到省市主管部门领导的好评。二是加强项目管理和建设。三是编报2003年土地治理和多种经营项目的扩初设计。四是建立并上报了2003年国家农业综合开发项目库。五是完成了编制世行加灌三期项目建议书,项目建议总规模4667公顷,总投资3245万元。

【支持经济发展】一是本着服务改制、加强管理的原则,参与指导15户国有企业完成清产核资工作,共清查资产31741万元,负债32922万元。二是完成了3户国有企业的资产评估核准工作,共核准资产5629万元。三是规范国有企业出售行为。实行公开整体拍卖国有企业1户,拍卖收入511万元;实行承债式收购的国有企业2户,出售收入1700万元。四是参加国有企业破产清算工作,共申报落实财政资金债权3361万元。为了支持企业改革,县财政还专项安排736万元用于职工安置。

(全椒县财政局供稿)

定远县财政工作概述

2003年,定远县完成财政总入15206万元,占调整预算101%。其中,地方一般预算收入12193万元,占调整预算101.9%。完成财政支出28590万元,占预算的128%,同比增长118%。实现收支平衡。

【确保完成收入任务】一是加强农业税收征管。在遭受特大灾害的情况下,农业税收入库5179万元,占预算99.6%。二是强化预算外资金管理。并适度提高了财政调控比例,切实增强财政宏观调控能力。三是对本级税源认真排查,加强对合徐高速公路淮南连接线及西气东输两大工程的税收征管,努力做到应收尽收。四是努力健全土地资本运营机制,做好城市土地经营,努力培育新的财政收入增长点。五是认真做好农业税灾减工作。积极争取到农业税灾减款863万元,县财政安排灾减配套资金420万元。依据各乡镇受灾情况、成灾面积、损失大小,将1283万元灾减资金全额分配到乡镇。为规范灾减资金发放,财政局与局机关包乡干部和财政所签订了农业税灾减落实责任状,要求做到手续规范,发放到位,严禁截留、挪用,不得抵扣其他款项。

【强化财政支出职能】一是认真贯彻县政府《关于认真做好增收节支工作的通知》要求,调整支出结构,压缩支出规模,特别是一般性支出。二是开展财政供给人员清查,实施财政供给人员动态管理,力争财政供给人员零增长。三是强化会计核算中心的管理职能,规范支出程序,严格支出审查,取消了部分行政事业单位自行制定的津补贴10余种,年节约资金60万元,并拒付不合理支出168万元。四是加强政府采购工作,全年政府采购金额369万元,节约资金32万元,节约率13.3%。

【加强财政监督检查】一是加强预算外资金的监督管理,在全面清查预算外资金账户的基础上,撤并账户138个,推动了预算外资金管理的深入。二是开展乡镇金库混库检查,规范了财税工作秩序。三是对长江防护林、退耕还林等林业专项资金开展检查,保证了项目的顺利实施。四是加强财政工作内部监督力度,开展财政所业务检查,就总预算会计、综合会计、资金会计、农业税征解会计的各项业务进行封闭检查,量化考核。五是对涉及群众切身利益的粮食补贴、农业税灾减、防汛和救灾等经费,实行全程监督,责任到人,确保群众利益不受侵害。

【加大财政管理力度】一是制定了包括学习、工作、财务、接待、电话费、车辆6项内容的管理制度。营造讲学习、比工作、管理规范、厉行节约的良好氛围,促进财政系统政风建设、改进机关作风、规范内部管理,推动中心工作。二是狠抓监督落实。强化领导,加强督查,严格执行制度规定。对违反6项管理制度的现象坚决处理,先后有5个财政所被通报、18人次被予以现金扣罚,2名财政干部擅自离岗被停发工资。三是实行财政干部包乡责任制,就收入任务、粮食补贴、落实灾减、执行6项管理制度等项工作实行量化考核。

【维护社会稳定发展】一是严格国库工资专户管理,确保按时全额发放财政供给人员工资。二是发挥县级财政统筹能力,帮助困难乡镇周转。三是积极支持县城基础设施建设,安排766万元用于开发区新征土地,安排140万元支持县城改造。四是加强社会保障工作,全年共征收养老保险金2257万元,医疗保险费1197万元,纳入低保9983人,支出最低生活保障金486万元。五是积极争取上级财政转移支付,规范项目资金拨款程序。全年共安排农村中小学危房改造资金1586万元、财政扶贫专项资金470万元、林业项目资金369万元、农业综合开发项目资金362万元、村级集体经济发展资金180万元、革命老区转移支付项目资金150万元、江淮分水岭综合治理开发项目资金143万元。

【实施粮补方式改革】一是将20万份《致全省广大农民朋友的一封信》,发送至全县农户及乡镇干部。二是实施粮补资金专户存储,确保粮补资金安全运行。三是规范资金兑付程序,确保手续完备。四是强化监督,明确局机关人员包乡制、财政所长首问制。成立3个监督组,对各乡镇的粮补落实情况,开展逐乡检查。由于该县粮补工作宣传到位、监督到位、兑付到位、程序规范,获得了省粮补检查组的充分肯定。全县2730万元粮补资金落实到位,减轻了农民负担,维护了基层稳定。

(定远县财政局供稿)

明光市财政工作概述

2003年,明光市财政部门一手抓防治"非典"和防汛救灾,一手抓增收节支,圆满完成各项任务。全市财政总收入完成15361万元,同比增长14.6%。其中地方预算收入完成11027万元,增长3.6%;财政支出累计完成28428万元,增长30.1%。

【确保收入稳定增长】针对"非典"疫情和洪涝灾害的严重影响,市委、市政府认真分析形势,提出全年收入"目标不变,任务不减"。市各级财税部门坚持以组织收入为中心,克服困难,严格依法征管,努力清理欠税,确保实现的税收及时足额入库。同时,进一步加强了基金收入管理,不断扩大新的收入增长点。依法扩面征缴,完成社会保障基金收入3337万元;运用经营城市的理念,用足用活国有土地有偿使用政策。全年共拍卖土地8宗、面积达17.76平方米,土地出让收入3500万元,缓解了财政的压力。

【支持经济事业发展】大力支持农业。全市安排农业支出644万元,支持农业基础建设和抗洪救灾。农业综合开发完成投资2166万元。积极支持全市招商引资工作,认真贯彻落实招商引资奖励政策,使一批实力强、有竞争力的企业在该市落户。积极配合有关部门对粮食、供销、外经贸委等35家改制企业进行不良资产的核实核销、破产清算、人员安置补贴等项工作,有力地支持了企业改革工作,为维护企业稳定和发展做出了积极贡献。抓住国家实施积极财政政策的机遇,会同相关部门向上争取国债和基本建设资金1400万元,市本级筹措预算内外资金536万元,支持城市重点工程和基础设施建设,使全市城市基础设施和市容市貌得到了较大改观。

【深化农村税费改革】市财政部门按照"三定"征收的要求全面推行农业税"厅点征收、计算机管理"的新模式,建成了农业税收服务厅27个,设立了14个固定代征点,形成了"以乡镇农税办税大厅常年征收为主、村固定征收点季节性征收为辅、自然村流动点为补充"的三级征收网络。全年共征收农业税3291万元。及时将省财政补助的农业税灾减资金543万元和市集中提取的275万元拨付到乡镇,并按要求兑付到受灾农户手中。农业特产税改革方案得到省税改办的批准后,各地迅速组织实施,进展顺利,成效显著。改革后减少涉农税收110万元,农民负担进一步减轻。

【推行粮补方式改革】市从6月份起,开展了粮食补贴方式改革试点工作,将原来通过流通环节对农民的间接补贴改为对农民的直接补贴。各乡镇共发放《致全省广大农民朋友一封信》14余万份。印制粮补改革问卷调查1.1万份,召开了有3000余名党员干部参加的改革动员大会。财政部门还会同有关部门在深入调研的基础上,结合实际,制定了采取田亩和常产相结合的补助办法,将补贴款分解到各乡镇、办事处。全市共向农民发放粮食补贴款1341万元,亩均16.8元,农民人均26.9元,进一步增加了农民收入,受到广泛欢迎。

【完善公共财政改革】一是扩大部门预算编制试点。市直共有8个部门54个二级单位编制了2004年部门预算,并已获市十三届人民代表大会第二次会议的批准。二是严格执行政府采购预算。全市共组织政府采购活动66次,采购预算资金总规模达1292万元,资金节约率8.46%,得到了采购单位和上级有关部门及领导的充分肯定。三是加强市会计核算中心工作。先后印发了《财务统一结算实施办法》、《财政集中支付制度》、《备用金管理制度》等多项制度。全年拒付不合理不完整原始凭证2000多笔,金额达30余万元。通过规范运作,为严肃财经纪律,堵塞财务漏洞发挥了重要作用。四是严格"收支两条线"管理。市直100家有预算外资金和行政事业性收费的单位全部纳入财政专户管理,财政专户收入4366万元,同比增长4.1%,财政专户支出4183万元,同比增长4.8%,专户存款余额875万元。政府统筹资金426万元,同比增加15.4%,政府调控能力进一步增强。

【加强财政支出管理】一是确保了工资等人员经费需求。坚持每月10日发放工资时间不变,市直、乡镇基本同步。稳步扩大乡镇工资发放范围,增加了误餐补助,做到了城乡同工同酬。落实了省出台的调整职务(岗位)补贴政策。全年纳入银行代发工资人数近万人,代发工资1.15亿元,干部职工收入水平进一步提高。二是确保了预算安排的重点支出需求。拨付了2002、2003年省农业税灾减以及地方配套灾减资金1052万元。拨付了城镇居民最低生活保障补助资金838万元、养老保险基金补助913万元、下岗再就业资金223万元、行政事业单位医疗支出360万元。同时,足额拨付养老、失业、医疗保险基金3337万元。三是支持"非典"预防和抗洪救灾工作。市财政紧急调度13万元用于抗击"非典",安排30万元用于抗洪,及时将上级下拨的防汛抗洪、生产救灾和灾后重建资金1550万元,在最短的工作日内及时下拨,为全市取得"非典"防治和抗洪救灾的胜利提供了坚实的资金保障。

(明光市财政局供稿)

凤阳县财政工作概述

2003年,凤阳县实现财政收入16669万元,占调整预算的100.4%,同比增长6.8%。其中:地方一般预算收入完成13394万元,完成全年预算的101.9%,同比增长8.9%。财政支出实现28662万元,完成年初预算的121.8%,同比增长28.7%,实现收支平衡。

【强化收入征管】面对"非典"疫情和洪涝灾害给财政工作带来极大困难,凤阳县财政局按照县政府的统一部署,一手抓防非抗洪,一手抓财政收入,先后组织召开了全县财税形势分析会、工作协调会。各乡镇也分别与财政、税务、银行等部门排查税源,研究征管对策。由于各部门同心同德,密切配合,全年财政收入达16669万元。

【确保工资发放】一是继续坚持实行乡镇"零户统管"和"工资资金专户"管理,规定凡工资性资金必须专户存储,不准挪作它用。二是根据乡镇收入进度,保证工资按照收入进度发放。三是积极向上汇报,实事求是反映情况,争取资金支持,保证全县工资发放。2003年各乡镇工资均已发至12月底,是近年来工资发放最好的一年。

【加大经济投入】先后争取预算内资金2600万元,用于支持农村公路、明皇陵国家遗址公园、水利基础设施等项目建设;上级财政对农业综合开发项目和扶贫项目专项资金900多万元,重点加强基础农业和产业结构调整投资;安排生产救灾、灾民建房和移民建房资金3800万元;中央、省、市、县财政安排新型农村合作医疗改革试点专项配套资金650万元;投入农村中小学危房改造资金938万元。县财政还筹集城乡道路建设资金350万元。这些都为县域经济和社会事业发展奠定了基础。

【保障社会稳定】县财政部门共向上级争取各种社会保障资金4109万元,同时,还与民政、地税、劳动社保部门密切合作,全年共组织各类社保基金收入3364万元,其中财政代收代缴1120万元,占基金收入总数的33%,较好地完成了全年"两个确保、一个低保"的工作任务。6月特大洪灾发生后,各级财政加大了对灾区的投入,使受灾群众尽快恢复生产,群众生活得到保障,维护了地方稳定。

【深化财政改革】一是深入开展农村税费改革规范年活动。全年农业税收入库3116万元,占年初预算的93%。同时,为认真落实农业税灾歉减免政策,体现党和政府温暖,还积极向上反映灾情,争取灾减资金551万元,加上县财政配套230万元,灾减资金总额为781万元。二是推进公共财政支出改革。会计核算中心、政府采购中心按照"创造一流窗口,提高一流服务"的要求,努力加强文明服务建设,规范工作程序,提高办事效率。目前,已纳入会计中心管理的行政事业单位138个。通过加强财务监督,各类不合理、不合规支出较上年同期减少717万元,全县75个主管部门公务费、业务费、招待费支出分别较上年同期减少285万元、128万元和89万元。政府采购业务不断拓展,全年共承接采购业务105笔,采购规模1585万元,为采购单位节约资金240万元,资金节约率17.35%。进一步加强预算外资金管理,严格执行"收支两条线"和"收(罚)缴分离"规定,强化宏观调控和有效管理,全县纳入财政专户资金7173万元,其中预算外资金3318万元。三是全面实施粮食补贴方式改革。成立了县粮补改革试点工作领导小组,下设办公室,认真加强领导,广泛宣传发动。向群众印发了《致全县农民朋友一封信》,使改革政策深入民心,家喻户晓。安排粮补资金总额1742万元。10月底,各乡镇粮补资金已全部兑付完毕,广大农民从中得到了实惠。

(凤阳县财政局供稿)

六安市财政工作概况

六安市财政工作综述

2003年,六安市组织财政收入145411万元,占确保目标的100.3%,同比增长3.4%。其中:地方级收入103852万元,同比增长3.3%;中央级收入41559万元,同比增长3.7%。全市共完成财政支出265172万元,占年初预算的130.3%,同比增长23.6%。实现了收支平衡,略有结余。

【强化收入征管】一是加强税源调查和预算分析。年初,市局组织开展了县区税源情况调查和摸排,及时提出全年收入目标建议数;在年度执行中,针对"非典"疫情、洪涝灾害和政策性减收等因素的出现,组织专门力量对重点税源进行了调查,建议市政府调整收入目标,并及时分解到县区和市直征管部门。二是加强调度和督促。完善市级财税库协调会议制度,定期对收入进行调度;对县区继续实行月统计、旬调度办法。进入12月份,对全市收入实行5日一调度。市局先后召开2次财政工作会议,专题研究县区收入工作进展情况,并派员予以经常性指导,保证收入及时足额和均衡入库。三是改进征管方式,提高征管效率。加强同土地、房产等部门的协作,建立市本级契税征管部门联络制度和定期会议制度,严格"先征税,后发证"纳税管理程序。出台《六安市本级非税收入管理办法》,全面落实行政性收费、罚没收入"收支两条线"规定,全面推行非税收入计算机票据管理,加强非税收入征管源头控制。四是加大执法力度,强化依法征管。重点对建筑安装、房地产和行政事业单位税收进行集中清理和查补征收,市局通过财政监督检查,追缴税款168万元;审批退付一般增值税200万元,审核不合规退税3万多元,有效地防止了财政收入的流失。

【支持经济建设】一是加大向上争取工作力度。积极配合有关部门,努力向上争取国债等各类项目和资金。据初步统计,全市获得上级财政各类投资和补助资金近10亿多元。二是积极筹措资金,支持市政重点工程和基础设施建设。市财政安排1100万元城市建设资金,并采取贴息、担保等市场化运作方法,筹资1亿多元,支持市政重点工程建设。办理国债转贷资金4930万元,支持了环城路、污水厂、县区道路基础设施等重点工程建设;运用国债专项资金15320万元,涉及城市基础设施、小城镇建设、县乡公路、退耕还林、公检法司设施建设、农村中小学校舍、淠河干渠整治等方面200多个项目。三是继续加大对农业的投入,促进农业增效,农民增收。全年完成农业综合开发项目投资6760万元;申报农业产业化、江淮分水岭综合治理、农业"三增"等项目资金5940万元;办理林业、卫生、种子商业化、淮河流域水污染防治项目报账,拨付资金1600多万元。四是支持企业改组改制。全面参与皖西饭店、造纸厂等9户市属企业改组改制,组织了改制企业财务资产处理培训和改制方案的制定,成功地组织了六安造纸厂的财务清算;加强企业改革有关资金管理,实行财政设立专户集中管理、集中兑付,较好地保证了改组改制企业职工安置费用的兑现。

【调整支出结构】一是保工资、保运转。市本级在2003年预算安排中先将工资基数打足,并进一步完善综合财政预算,打破预算内外资金界线,统筹运用预算内外财力,增强财政保障能力。二是加大对农科教的投入。全市支农支出完成11669万元,同比增长12.5%,达到法定增长幅度。科技、教育、卫生等社会公共事业支出也保持了较高增幅,一期农村中小学危房改造任务基本完成,改造危房25.7万平方米。三是努力保证国有企业下岗职工基本生活费和企业离退休人员基本养老金的按时足额发放,进一步完善失业保险和城市居民最低生活保障制度,全年共支付失业保险基金2830万元、低保资金3141万元,维护了社会的稳定。四是大力压缩公用经费中的一般消费性支出,市本级压缩公用经费150万元。

【推进财政改革】一是实施了市级公共财政改革扩面。先后研究修订了《关于全面推进市本级公共财政改革的意见》等10多个文件、规定和办法,进一步完善了市本级政府采购管理、非税收入管理、工资统一发放和市直单位会议、通用货物、文印等定点采购以及国库资金支付等管理和操作办法,明确了市财政局内部科室的职责范围和工作程序。12月下旬,召开了市本级改革扩面动员大会,组织了对市直所有扩面单位及代理银行有关人员的业务培训,实施了对各单位银行账户的清销和资金划转工作。至年底,市直财政供给的177个行政机关、事业单位全部纳入国库集中收付管理范围。二是加强国库支付中心建设,巩固市级试点成果。市财政国库支付中心正式成立后,市局及时完善了工作运行程序,明确各工作机构、人员职责,制定了内部管理制度,配合人事部门选调(选招)了工作人员。一年来,市国库支付中心共纠正错误支付凭据81份,审核拒付不合理开支90多万元。三是加大政府采购工作力度。组织《政府采购法》系列宣传活动,完善政府采购特邀监督员制度,拓展政府采购范围,采购项目已逐步扩展到修缮、建筑工程领域。市本级实现政府采购金额2159万元,节支297万元,节约率为12.1%。

【规范税费改革】一是扎实开展"农村税费改革规范年"活动。市局着力加强对县区集中整改工作的调度和督查指导,多次深入乡镇村组明查暗访,重点督促基层对计税面税、计税常产、税收征管、涉农收费、村级财务等方面执行政策不到位的问题进行了认真整改,全市共清查出违规问题29类,违规金额9747万元。二是规范农业税收征管。进一步健全纳税网点,全面推行纳税登记和纳税通知制度,在全市189个乡镇全面实行"三定"征收,并推行计算机开票、一户一票,杜绝了户缴村结和上门收税。三是积极稳妥推进农业特产税改征农业税工作。市局立足于早准备、早布置,由局领导带队,分赴农业特产税相对集中的县区和乡镇,对基层征管情况和农民税负情况进行进一步调查了解和核实。改征方案实施后,及时进行跟踪督查,多次组织督查组进村入户,对各地改征政策落实情况进行重点检查。市改征工作得到省财政厅的肯定,在全省农业特产税改征农业税工作会议上作了典型经验交流。同时,积极向省反映情况,争取省财政给专项补助3127万元,弥补了县区财政因农特税改征造成的财力缺口。

【实施粮补改革】各级成立了以政府领导挂帅,财政等有关部门主要负责人参加的粮改协调小组,并抽调专人组成专门办事机构。市局制定了《改革试点宣传意见》,通过在《皖西日报》刊登粮改政策答记者问,印发改革简报等方式多方宣传,并将160万份《给农民朋友的一封信》分发到县区和乡镇。先后集中组织了2期培训班,对全市240多名财政(农税)工作人员进行了政策业务培训。改革方案批复后,加强了对政策落实情况的监督和检查,市对县区提出了对乡镇检查面要达到100%的要求,督促县乡做实方案,落实评议、核实、公示等程序。先后组织督查60多人次,涉及58个乡镇95个行政村120多个农户。至12月底,全市已有183个乡镇发放了粮食补贴资金,发放资金6048万元,占应发放总额的98.3%。其中,有4个县区已全部发放完毕。

【加强财政监督】一是改进财政项目资金管理方式。对国债等基本建设项目资金严格按计划、按预算、按进度、按基本建设程序拨款;对外资、支农、扶贫等项目资金全面实行报账制;调整农业综合开发资金投向,集中扶持大户,并在全省率先实施国内项目工程招投标,打捆招标率达100%,超过省财政厅规定的60%的要求。二是加强财政监督检查。依照《会计法》规定对建筑、房地产类的10户企业进行了会计信息质量检查。通过检查对违法企业追缴了税款,予以了处罚,并及时向省财政厅反映,对部分社会中介机构违法执业行为进行了检查和处理。三是加强会计管理和监督。组织开展国有企业执行《企业会计制度》分析测算,纠正5家企业虚增利润1680万元。加强会计诚信建设,组织开展会计人员职业道德情况调查,收集调查材料166份;组织了会计诚信建设学术研讨活动,获全省组织工作三等奖,并在东南地区会计学术研讨会上交流了经验,部分学术文章也在全省获奖。加强会计人员继续教育和电算化培训,全年举办继续教育培训58期,培训9475人,完成会计电算化培训11647人,新增会计电算化单位6个。

(六安市财政局供稿　何　斌执笔)

金安区财政工作概述

2003年,六安市金安区完成财政收入14448万元,占年度调整预算的100.3%,同比增长1.5%。其中:中央级收入3475万元;地方级收入10973万元。全年完成财政支出29758万元,同比增长23.1%。

【财政资金管理】一是抓好国债资金管理。严格按照《关于加强国债专项资金拨款管理的通知》的规定,严把项目资金审核关。会同计委等部门现场实地查验,采取了事前、事中、事后分阶段、经常性与专项性相结合方式,加强检查、审核,确保资金专款专用。二是做好农村中小学危房改造资金审核拨付工作。截至年底,全区已有240多所中小学校校舍焕然一新。三是加强社会保障资金的支付力度。全年共完成养老金支出3100万元、失业保险支出231万元、医疗保险支出397万元、国有企业下岗职工生活费支出194万元、低保金共发放718万元,缓解了部分城市居民生活困难。四是加大农业产业结构调整,支持林业重点生态工程建设。通过向上争取,获得100多万元农业专项资金,用于发展优势农产品,有力地促进了全区农业发展。配合林业部门抓好国家森林生态效益补助资金试点工作和退耕还林工程建设,共支付资金84万元。

【农税征管规范】一是做好农特税改征农业税调整工作。区财政局组织人员对毛坦厂、东河口、张店和横塘4个乡镇进行了农业特产税改征农业税工作,做到据实测算、据实分解、据实编制、据实征收。二是继续完善农税征管行为,落实三定征收,确保公示、公开,积极发挥纳税大厅作用,实行电子打票,有奖征收,提高广大农民纳税意识和积极性,重点解决好户缴村结、以税抵债等问题。三是抓好粮食补贴支付方式改革试点工作,反复测算,研究补贴方案,保证公平合理。全区1224万元粮补资金全部兑现到村、到户。

【公共财政改革】一是实行综合财政预算,严格预算约束。做到早编、细编预算,推行部门预算;不断完善"收支两条线"管理,促进综合预算编制;严肃预算追加程序,实行预算听证、论证制度。二是进一步完善会计集中核算、资金统一支付制度。扩大核算中心管理单位的范围,有86个单位纳入中心管理;规范资金支付方式,实行工资打卡制度、备用金定额制度、专项资金报账制度;加强报账资料审核,全年共清理不合规单据374份,拒付不合理开支9万元。三是继续加大政府采购力度。实行车辆维修点评级制度,将政府采购延伸到专项资金支出管理中。

(金安区财政局供稿　刘春桃执笔)

裕安区财政工作概述

2003年,六安市裕安区完成财政收入10209万元,占调整预算的100.1%,同比下降4.1%。全区实现财政支出28589万元,同比增长17.2%。全年收支基本平衡。

【收入征管】一是加大宣传力度。区财政部门在乡镇午、秋两季农税征管季节,通过电视台、《皖西日报》等宣传媒体,广泛宣传农税政策,营造依法纳税的舆论氛围,增强广大群众的依法纳税意识。二是全面推行"三定"征收。全区建立农村纳税大厅17个、建立村级纳税网点412个,"三定"征收面达90%以上。三是坚持依法治税。全区发出《农业税收限期纳税通知书》1000多份,涉税数额数10万元。申请法院对27户进行了强制执行,清缴税款1.5万元。四是加强调度,严格奖惩。区政府多次召开收入调度会,及时掌握和解决乡镇征管中存在的困难和问题,并把收入任务完成情况与对乡镇的资金调度和奖励挂钩。对完不成财政收入任务的,当年不评先、不评优,并通报批评。对重点乡镇、重点部门实现单独调度。

【支出保障】一是继续把保工资发放作为财政支出的第一顺序,从严控制其他非生产性支出,净化支出范围,挤出资金用于工资发放。全区筹集工资资金1.5亿元以上,占年度财政总支出的75%。二是努力做好社会保障工作。全年用于下岗再就业支出265万元;用于医疗保险配套430万元,保证了离休干部、革命伤残军人的公费医疗需求和特困企业军转干部医疗参保政策的落实;安排城镇居民最低生活保障资金672万元,保证了全区15.7万人次最低生活保障金的及时发放。三是支持中小学教育基础设施建设,拨付中小学危房改造资金2184万元,消除D级危房70977平方米。

【公共财政】一是扩大集中核算面,先后将城区5个街道和3个乡镇纳入会计核算中心集中核算。至年底,纳入中心核算的户数已达98户,资金运行量达33273万元。二是规范管理。统一核算口径,预算内外收入一律凭缴款单确认收入,防止单位坐收坐支。所有支出统一按预算科目列支范围进行核算。严格执行区委、区政府的规定,对不合规票据予以拒付。全年共拒付不合规票据77张,金额117万元。三是优化服务。每月月末3个工作日向统管单位提供财务会计报告,随时向单位提供财务咨询,协助统管单位建立健全财务管理制度。四是全面推行政府采购制度。对民政救灾粮食,水利、林业、农业综合开发项目等专项资金安排的采购,都实行了政府采购。全年实施政府集中采购项目20个,共实现集中采购金额450万元,较市场价节约资金58万元,节约率11.4%。

【会计管理】一是加强会计基础规范化管理,对照会计基础规范化要求,先后对区农业综合开发办、区会计核算中心进行了自查整改,并颁发了规范化合格证书。二是加强会计信息质量检查,派出检查组,对区市容局2002年度会计报表质量情况进行了检查。三是加强会计人员管理,全年共办理会计从业资格证书1140份,组织6期870人参加会计人员继续教育培训。组织全区205人参加了会计专业资格考试。加强会计函授教育工作,区函授站被市函授分校评为先进办学单位。

【经济投入】一是争取农业开发资金2688万元,完成中低产田改造5.3万亩,开挖疏浚渠道153公里,改良土壤8.2万亩,营造农田防护林174公里。二是投资农业基础设施建设资金827万元,用于基本农田及农水项目、乡村道路建设、人畜饮水工程和江淮分水岭地区综合开发。三是投资260万余元,扶持裕天枣业公司和西河口天麻麻种无性繁殖、石婆店环保家园建设等项目。

(裕安区财政局供稿 胡千里执笔)

寿县财政工作概述

2003年,寿县共完成财政收入16706万元,为调整预算的100%,同比下降3.4%。其中地方级收入13480万元,同比下降5.3%;中央级收入3226万元,同比下降1%。全年共完成财政支出36912万元,较上年同比增长21.6%。

【乡财县管】一是认真开展"乡财县管"改革试点县,从2003年7月1日起全面实施了"乡财县管"改革。改革的主要内容是:遵循"三个不变"(即预算管理权不变、资金所有权和使用权不变、财务审批权不变),实行"账户统设、财务统管、采购统办"。取消乡镇综合会计及其各种账户,由县会计核算中心代理乡镇综合会计各项核算业务。从"乡财县管"实行之月起,撤销乡镇国库,乡镇收入就地缴入国库经收处,并及时划入县国库;县财政将款项直接拨至会计核算中心账户,乡镇对会计核算中心实行报账制。二是"乡财县管"改革取得了效果:保障了乡镇基本工资的正常发放,规范了财经秩序,节减了行政成本,乡镇月均支出较统管前减少89万元。

【财政支出】一是严格招待费管理,凡是违反文件规定,擅自扩大范围招待、提高标准招待、未按规定秩序招待的开支发票,一律不予报销入账。二是严格执行新"十不准"有关规定,对统管单位违反规定发生的会议费、小车费、参观考察费等支出一律不予报销入库。全年共审核出不合理、不合规支出发票803张,纠正不合理开支227万元。全年县直统管单位公用经费开支7586万元,较上年同期减少508万元,下降6.3%。三是强化政府采购。在全县党政机关开展《政府采购法》知识竞赛。完善政府采购制度,规范政府采购操作,尽最大可能选择公开招标和邀标采购方式。强化采购监督,实行规范的政府采购项目审批制度,并开展了政府采购政策执行情况检查。全年实现集中采购资金达960万元,节约资金120万元,资金节约率为13.5%。

【粮补改革】一是开展宣传活动。各乡镇张榜公布粮补测算方法和到户金额,并拍照备案,及时将"一封信"、"明白纸"和粮补通知书发放到户,并实行签字手续,把政策送到了千家万户。二是组织粮补资金发放。各乡镇严格程序,规范操作,群众凭有效的身份证明、农业税纳税通知书,农业税完税证和粮补通知书到农税办税大厅或农税"三定"征收点领取粮补资金。县粮补办加大指导和督查力度,在粮补发放期间专门组织2个督查组深入各乡镇督促检查,确保了粮补改革的顺利进行。全县1504万元粮食补贴资金基本发放到农户手中。

【综合开发】一是认真做好世行加灌二期项目工作,确保了省市验收顺利通过。二是做好众兴镇土地治理项目和瓦埠镇优势农产品项目的实施工作。在广泛宣传赢得项目区群众支持的基础上,动员民工完成高标准治理小区5500多亩,新建5米宽农路29条、长3.95万米;新开挖毛渠24条、长3.24万米;废塘还田36处、老宅还耕8处、迁平坟153座、新增耕地430亩,完成土方206520立方米,治理区的农业基础设施得到了很大改善。三是做好2004年农业综合开发项目即安丰镇土地治理项目、双桥镇和丰庄镇优势农产品项目的申报工作。

【专项资金】一是严格"非典"和防汛救灾资金的管理,坚持急事急办、特事特办、及时拨付、专款专用。二是加强教育危房改造专项资金管理,严格按照省市县要求实行专户管理、封闭运行,改造危房61090平方米,其中D类53847平方米。三是加强社会保险基金管理,建立财政、社保经办机构相互监督制约机制,对社保基金的征收、筹集、管理和使用严格审核把关,确保基金的安全运行。完善筹资机制,做好"两个确保"和低保工作,保证了企业离退休人员基本养老金按时足额发放,全县10026名低保对象基本生活得到保障。四是加强国债资金管理,设立专户,实行专账,并按规定对项目管理单位实施了报账制。

【财政监督】一是开展会计信息质量检查。8月份,对寿县房产开发一公司会计信息质量进行了检查,就该公司在收入分期的确认、原始单据的使用、税收的申报、有关账目设置方面存在的问题,及时下发了检查处理意见。二是开展预算编制和执行情况检查。4月至6月,对文广局、广播电台的2001—2002年的财务收支预算和决算情况进行了检查,通过检查指出了预算编制不实、预算外资金管理不到位、专项资金不能专款专用等方面存在的一些问题。三是加强开展专项资金检查。8月至9月,重点对防汛救灾资金进行了检查,确保专款专用。四是扎实开展会计基础规范化工作。认真开展会计基础工作自查,纠正了记账凭证内容不完整、会计账簿无有关人员签章、会计报表附注不全等问题,提高了会计工作水平,会计基础规范化工作顺利通过市财政局考核验收。

(寿县财政局供稿 赵成凤执笔)

霍邱县财政工作概述

2003年,霍邱县组织财政收入18800万元,占年度预算109.4%,同比下降8.3%。其中:地方级收入完成15426万元,同比下降10.8%;中央级收入完成3374万元,同比下降0.8%。全年共完成支出43944万元,同比增长23.2%。实现了收支平衡。

【收入征管】一是继续实行收入"红线日"和县六个班子领导联系乡镇制度。二是县国税、地税、财政三部门严格依法治税,抓住县内几个重点工程施工和铁矿开采见效的机遇,突出对重点税源、重点企业、重点工程税收的监控。坚持重主税、抓活税、堵漏税、拣小税,完善和强化征管措施,积极拓宽征管领域,挖掘增收潜力。认真开展了房地产、城区建筑安装等专项清理活动,努力做到契税、房产税、营业税等税应收尽收。三是全面开展乡镇非税收入检查,要求及时解缴入库,对坐收坐支、库外循环非税收入行为,一律限期纠正,补缴入库。

【税改整改】一是成立了税改整改工作领导组,实行县六个班子领导每人联系一个乡镇制度。二是从县直部门抽调160多人,成立了由有关职能部门主要负责同志带队的33个督查组和6个巡视组,全面开展督查、巡查工作。县财政局全力以赴参与全县农村税费改革整改纠偏工作,抽调机关人员30多人,分赴33个乡镇开展督查工作。三是积极筹措资金1300万元,帮助乡镇解决退款难问题,并参与起草相关文件。经过3个多月的艰苦努力,全面核实并退还违规资金4222万元,其中现金兑付3045万元。通过整改,纠正了税改政策执行中的违规行为,改变了干部工作作风,解决了一些实际问题,赢得了广大农民的满意。

【财政改革】一是制定出台了《关于严格经费管理从严压缩支出的有关规定》、《霍邱县县直机关事业单位公务接待管理暂行办法》等文件,对人员经费、招待、专项资金管理等都作了明确具体规定。全年核算中心统管资金3.1亿元,共审核出不合规、不合理票据293张,退回不合理及违规金额112万元。二是扩大政府采购规模。强化预算管理,扩大采购范围,采购项目由办公用品拓展到教学仪器、医疗设备、市政工程、水利工程设备、救灾物资等50多种,推行了会议费、接待费统一结算制度。全年实现采购金额2059万元,同比增长8.1%,综合节约率为16.6%。三是积极推进预算编制改革,试行部门预算。在公安局、审计局和教育局3个单位首先推行了部门预算编制试点工作。

【粮补改革】一是成立了以县长为组长,县六个班子主要领导为副组长的粮补改革领导组,从财政、粮食、农发行、农委等部门抽调专门人员集中办公。二是以简报为主要形式,借助县"两台一报"和网站等多种阵地,广泛宣传粮补政策和有关情况。三是精心制定了《实施方案》和《粮补改革实施方案具体操作的若干规定》,使全县粮补试点工作做到了方法统一、程序明确、手续完善、操作规范、责任明确。四是强化对粮补试点工作的监督,多次对各乡镇粮补情况进行巡回督查检查,对发现的问题,及时以书面形式反馈给乡镇,要求限期整改到位。全县应兑付的1496万元粮补资金全部下拨到各乡镇,向农户兑付补贴工作基本完毕。

【支出管理】一是认真核实灾情,积极争取上级资金扶持,全年共争取防汛救灾及灾后重建资金3180万元和行蓄洪区运用补偿资金12172万元。二是加大资金调度力度,尽力简化手续,坚持统筹安排,专款专用,合理使用,优先保证灾后重建资金拨付,杜绝截留挪用。三是积极配套,支出向低收入群体和困难群众倾斜。全年社保支出7557万元,增长118.7%,较好地保障了下岗职工及城镇困难居民的生活。其中:支付国企下岗职工基本生活费690万元;支付城镇居民最低生活保障资金597万元,基本上实现了应保尽保。积极筹措资金127万元,用于解决企业军转干部生活困难问题。安排农业税灾减资金1460万元和社减资金370万元,用于解决困难群众的农业税减免。同时,县财政全额返还国有土地拍卖所得的土地出让金1026万元,用于国有企业改制、破产企业的职工安置和养老保险金缴纳等方面。

【财政监督】一是加强财政监督检查。于10月开始,从纪检监察、财政等部门抽调人员,对所有县直单位和乡镇2002—2003年的预算外资金管理、政府采购、基建财务、专项资金管理、账户管理、票据管理、债务管理,以及财务制度、财经纪律的执行情况等进行了较为详细地检查,对查出的问题切实做到认真梳理,公开通报,及时查处。二是积极开展工程竣工财务决算审查。委托建安造价师事务所对县图书馆综合楼、县黄梅剧团排练厅综合楼、县看守所办公楼进行了竣工财务决算审查,通过财务决算,共节约财政资金106万元,综合审减率达27.5%。三是认真审核报账票据的合理性、合法性,对不合规票据坚决拒收。全年共退回不合规票据100多份,大大提高资金使用率。

(霍邱县财政局供稿　李文卫整理)

舒城县财政工作概述

2003年,舒城县实现财政收入22140万元,同比增长1.2%;实现财政支出37643万元,同比增长22.5%。

【组织收入】一是认真摸排税源,及早落实收入计划,做到全年收入任务早计划、细分解、落实到位、责任到人。二是强化预算执行分析、预测,加强收入工作调度,适时召开收入工作调度会,对收入执行中存在的问题积极寻求解决办法。三是依法强化征管,努力挖掘新的税源,通过加强征管,加大计算机管理力度,清理税收死角死面,实现增收;坚持以票管税,扩大以票控税范围,加大对重点企业和行业的税源监控,大力清理欠税,确保应收尽收;继续大力推进农业税"三定"征收措施,进一步规范农业税征管行为,加快农税入库进度。

【工资发放】一是始终把保证全县干部职工工资的发放放在首要位置,继续强化工资专户管理,实行"专人管理、封闭运行",加强督查,确保工资专户资金安全。二是严格支出范围,坚持执行预算严肃性,对支出预算的追加从严控制,严格界定工资发放范围;调整支出结构,把工资支出放在第一位,每月将可用资金集中起来,确保工资专户的资金需求。通过狠抓增收节支,多方调度资金,保证了全县广大干部职工工资的按时发放,维持了政府机关的正常运转。

【粮补改革】一是加强领导,广泛宣传。成立县粮食补贴方式改革工作协调小组及办公室。出动宣传车,张贴标语,在县电台、电视台、《舒城报》上开辟专栏,将省粮改办的《致全省广大农民朋友的一封信》送到千家万户。二是精心组织,平稳实施,认真编制补贴到户清册,及时发放粮补通知,以村、村民组进行公示,对公示无异议的,利用乡镇纳税大厅和村设立的纳税点,由乡镇财政所工作人员直接向粮补资金发放到农民手中。三是加强督查,严肃纪律,确保政策执行不走样。截至11月底,全县已发放粮补资金708万元,占应补到户的99.4%,因农民举家外出未发放到的4万元,已存入专户。

【专项资金】一是全面启动实施"扶贫资金报账制"管理工作,进一步提高扶贫资金使用效益;着力加强危改资金管理,制定了《舒城县中小学危房改造工程项目资金报账制管理实施办法》,对危改资金实行报账制管理,规范危改资金的管理和使用行为。二是对退耕还林粮补助资金实行"先发粮,后拨款"。对以工代赈项目单位,减少中间环节,便于财政对专项资金的监督管理。三是认真做好农业综合开发项目工作,顺利通过了国家农发办世行项目的总验收;充分重视综合财政业务和外资工作,完成水利建设基金85万元、土地出让金收入155万元,对全县使用外资项目单位进行了业务培训,以管好用世纪行贷款资金,最大限度地发挥项目资金的使用效率,并积极参与项目实施的监督。

【财政监督】一是强化财政监督管理,完善财政监督内部工作程序,研究新形势下财政监督检查工作的内容和方法,严肃财经纪律,保证财政工作的顺利开展。二是开展会计信息质量、粮食补贴资金发放的专项检查。同时,对15个公安派出所的收费情况,有关中学的收费情况和群众举报的有关单位违纪情况进行了重点检查,共查出各种违规、违纪金额93万元,查处应收缴违纪金额及罚款19万元。

(舒城县财政局供稿　张旺执笔)

金寨县财政工作概述

2003年,金寨县完成财政收入10719万元,占调整预算的100.2%,同比增长1.3%。其中:中央级收入3698万元;地方级收入7021万元。全年实现财政支出29435万元,占调整预算的95.6%,同比增长23.8%,实现了财政收支平衡。

【组织财政收入】一是坚持依法治税。加强财政、国税、地税、政法等部门的协调配合,建立税收执法联席会议制度,进一步加大对涉税违法行为的打击力度和涉费违规行为的整治力度。全年共处理涉税案件47件,查补税款及罚金210万元。二是完善税收征管方式。财税部门建立了同征同管机制、定期联系制度,坚持对大宗税源实行重点监控,零散税收实行财税联手,基本消除了漏征漏管户,城镇和农村纳税户计算机征收率分别达100%和90%以上。加强农业税收征管,进一步规范“三定”征收行为,“三定”征收面达100%,征收率达98%以上。三是强化收入调度。建立健全严格的收入目标责任制,对部门和乡镇收入执行情况,每月在《金寨报》和电视上予以通报。将收入征管情况与资金调度、转移支付、各项补助以及财政干部目标管理考评挂钩;继续实行“旬决算、月通报、季调度、年考核”办法,确保收入均衡入库。四是强化非税收入管理。进一步加强“收支两条线”管理,全面实行“罚缴分离”、“收缴分离”,并将触角延伸到乡镇一级。

【推进支出改革】一是严格预算管理。继续完善巩固综合预算、零基预算,全面推行部门预算编制,在细化预算科目的基础上,重点加强对预算单位编制、人员、工资、支出项目等重要指标的定员、定项、定额管理,提高部门预算编制的完整性和准确性。严格预算执行,进一步调整支出结构,本着“保吃饭,保运转”的原则,把工资放在支出首位,努力扩大社会保障,增加社会保障支出。二是继续推进支出方式改革。完善会计中心内部和外部监督制度,县审计局设置驻县会计中心审计室,对176个统管单位资金运作全过程的监督。全年共拒付不合法、不合规开支票据679张,金额119万元。同时,会同纪检、监察部门出台了《金寨县公务接待管理暂行办法》。三是不断拓展政府采购。全年共开展采购活动241次,涉及货物、工程、服务3大类的110多个品目,实现采购支出2451万元,节约资金350多万元,资金节约率为12.5%。四是全面实施专项资金报账制管理。制定了《金寨县财政专项资金报账制管理暂行办法》,对全县所有的财政专项资金全部实行财政统管、分别核算、项目单位报账的管理办法。

【完善税费改革】一是农村税费改革整改工作扎实有效。通过整改,及时纠正各类违规违纪问题60余件,清退违规收费87万元,对5人进行党纪政纪处分,并顺利通过了市级验收。二是农业特产税改征农业税试点工作圆满完成。成立组织,制定方案,编印《农业特产税改征农业税政策问答》下发到乡村干部手中,并对各乡镇财政所长进行业务培训和测试。县财政局组织人员多次分片督查,对督查中存在的问题,下达限期整改通知书,通过电视等媒体进行公开曝光,并专题召开会议进行调度。改征后全县农民人均税负由2002年的57.34元降为38.22元,人均减少19.12元。三是“农村税费改革规范年活动”深入开展。全面实行涉农收费许可证制度、公示制度和农民负担监督卡制度。规范村级资金使用和管理,实行“村有乡管”、民主理财、财务公开制度,积极清理、消化村级债务,规范“一事一议”程序。

【支持经济发展】一是重点支持农业。认真抓好农业综合开发项目建设,完成了天堂寨、古碑、油坊店等项目区建设。筹集资金40万元,加强红石生态村建设,投入40万元用于青山、响洪甸等乡镇有机茶生产及张冲乡农业“三增”项目,及时拨付341万元退耕还林补助资金、种苗和造林费。二是大力支持工业企业。积极转变财政扶持方式,扩充企业担保基金300万元,安排财政贴息资金100万元,优先扶持骨干企业和利税大户,促成了县内国有企业改革改制和茧丝绸领域一体化经营,孕育一批支柱财源。积极参与国有企业改革,制定完善相关制度,帮助和指导企业依法实施破产。三是大力支持基础设施建设。投入资金1200万元,支持县内道路、桥梁和农田水利等基础设施建设;争取国债转贷资金和无偿国债专项资金1905万元重点支持县乡村公路改造、县卫生防疫保健、农村饮水和水毁修复等;筹资1100万元,重点支持大城关建设、工业园区建设、城关道路基础设施建设和旅游开发。四是积极支持各项社会事业发展。投入40万元用于铁冲、张畈等学校建设;拨付教育危改专项资金720万元,改造D类危房83593平方米。同时,安排专项资金支持文化建设、文物保护、计生服务和卫生设备购置等,推进社会事业发展。

(金寨县财政局供稿 张任东执笔)

霍山县财政工作概述

2003年,霍山县完成财政收入20599万元,占年度预算的100%,同比增长13.6%。其中:中央级收入完成9514万元;地方级收入完成11086万元。全县完成财政支出27523万元,同比增长30.6%。连续14年实现财政收支平衡。

【收入征管】一是采取有力措施强化征管,完善征管手段,改善税收环境,挖掘税源潜力,加强对税源情况的分析和重点税源的监控,加大税收稽查力度和清缴欠税工作力度,严厉打击各种违反税收法规的行为,堵塞"跑、冒、滴、漏",做到应收尽收。二是进一步完善农业税收"三定"征收办法,加快农税征管信息化建设,认真落实农业特产税改征农业税实施方案。三是继续实行资金调度与乡镇组织收入进度挂钩的办法,及时掌握乡镇收入进度和存在问题,确保乡镇税收及时入库。四是严格执行"收支两条线"规定,完善征缴、罚缴分离制度,切实抓好罚没收入和行政事业性收费征缴入库工作,规范非税收入征管,努力提高收入质量。

【重点支出】一是强化预算执行分析,加强资金调度,分清轻重缓急,积极调整支出结构,合理安排支出。将支出控制在可用财力范围之内,把有限的财力优先用于"非典"防治、防灾抗灾、工资发放和社会保障等方面的支出,切实做到保工资、保运转、保稳定。二是千方百计增收节支,筹措资金,拨款62万元用于"非典"防治,投入资金约1300万元用于社会保障和灾后重建,对工业园区全年投入资金累计达1392万元,并进一步加大对农业和文化、教育事业的投入以及基本建设支出需要。

【税费整改】一是进一步规范程序,严格操作。规范通知书和税票的填发,明确农税执法和征收主体,实行"三定"征收和计算机开票,严格执行"八到户,十不准"规定,杜绝户交村结和上门征收。建立健全协税、护税制度,提高征管工作质量。加大木、竹农业税的"三定"管理,通过代征代扣代缴,加强源头控制,堵塞税款流失。二是进一步规范涉农收费,防止农村"三乱"反弹。加强对农村中小学收费、计划生育等涉农收费项目的管理,全面实行涉农收费公示制度和农民负担卡监督制度,严格执行"一事一议"的规定,从源头上严格把关,防止农民负担反弹。三是加强整改,巩固税改成果。认真落实乡镇"一把手"负总责制度,严格执行减负"一票否决"制和农民负担重点监控制度。组织多次明查暗访,逐项落实整改措施,及时排除了隐患,纠正了偏差。全面落实农业特产税改征农业税政策,改征后,全县农民人均负担水平下降到了55.13元,比改征前人均减少23元,减幅达到29.4%。

【公共财政】一是完善国库集中支付制度。县级纳入国库集中支付单位达到88个,财政供给的人员工资实行全面统发,统一了农村中小学教师工资发放标准。二是规范政府采购行为,扩大采购规模和范围。全年实现采购金额2542万元,节约资金423万元,资金节约率达14.3%。三是加强预算外资金管理,严格实行"收支两条线",完善了征缴、罚缴分离制度,实现了预算内外的有机结合,推动了综合预算的平衡进行。四是健全资金管理制度,加强财政财务监督。全年共核退各类违规支出票据1100张,违规金额380万元。五是进一步规范开支标准,全面清理各部门、各单位自定项目、巧立名目用预算外收入乱发的津补贴,逐步建立统一的津补贴发放标准及开支渠道。

【粮补改革】一是成立了粮补工作协调小组,从财政、粮食、农发行等部门抽调专人办公。二是对5月底老粮库存数字进行认定,对粮食风险拨付进行认真清算,对乡镇进行充分的调研,草拟了《霍山县扩大粮食补贴方式改革试点实施方案》。三是发放中,严格按照"六个不准、五个到户"的要求,加强监管,严格程序,确保粮补资金安全、足额发放到每一位农户手中,真正把这项利国利民的好事办实。截至11月底,全县共发放粮补资金170万元,全县16个乡镇92000农户因此受益。

【乡财县管】一是在充分论证和调研的基础上,精心制定了改革实施方案并报经县委、政府批准。二是在乡镇财产财务自查清理的基础上,组成8个清理移交小组分赴各乡镇进行财产财务核实清理移交工作。全面清理乡镇各类银行账户、预算外资金、各类票据、财政供给人员编制以及债权债务,指导乡镇按规定开设3个新账户,并分别设立县教育、卫生结算分中心,负责全县教育、卫生系统的财务收支管理,使全县所有财政供给单位均进入了单一账户管理的"笼子"。三是县财政部门将乡镇财政(农税)所上收,实行人、财、物垂直管理。

(霍山县财政局供稿 董开琮整理)

马鞍山市财政工作概况

马鞍山市财政工作综述

2003年,马鞍山市财政部门坚持一手抓防治"非典",一手抓财政工作,全市财政收入突破30亿元大关,实现31.13亿元,超预算5.58亿元,同比增长29%。全市财政支出实现18.07亿元,同比增长26.7%。滚存结余1.78亿元。

【积极支持防治"非典"】市财政部门及时调整支出结构,压缩日常公用经费及会议费、购车费、出国经费、设备购置费等一般性支出,控制新开工非生产性工程建设支出,对防"非典"经费特事特办,紧急筹措资金2560万元保障全市防治"非典"工作。及时研究"非典"对全市财政收支的影响,贯彻落实中央和省出台的扶持受"非典"影响较大行业的优惠政策,减免税收、基金和行政事业性收费,运用各项应对措施确保完成全年财政预算任务。

【强化财政收入征管】加大收入考核力度,年初将收入任务分配到各部门,早抓早主动。按季召开财、税、库协调例会,分析处理税收征管问题。国、地税部门加紧清理欠税和稽查工作,在全市餐饮、住宿等9个行业推行有奖发票制度,堵塞税收征管漏洞。财政部门做好农业税征管,严格执行"收支两条线",保证罚没收入和行政性收费收入及时入库。认真开展税源调查,先后3次对全市纳税20万元以上企业开展大规模税源调查,对马钢、星马等75户抽样单位开展企业所得税税源调查,分级建立完善税源档案,强化监控,掌握组织收入主动权。

【优化财政支出结构】坚持按"保工资、保运转、保稳定、促发展"顺序安排支出,依法加大农、科、教等重点支出投入,加强法定支出、重点支出内部结构调整。确保市重点建设项目、为民办实事项目资金需求。夯实农业基础,组织实施湖阳乡"农业三增"工程、塘南镇"农村饮水工程"、贤进渔业等财政支农工程和农业综合开发项目,投资总额1730万元。顺利通过国家农业综合开发3年总验收,获得高度评价,市本级获得全国优秀荣誉。兑现政策2231万元,支持山鹰纸业可转债发行、马钢公司及玉龙公司产业技术研究与开发,促进国有企业发展;积极参与国企破产清算、资产盘活和改革政策研究,多渠道筹集资金支持国企改制。争取社会保障财政转移支付资金1.4亿元,安排社会保障支出8.2亿元,确保全市离退休人员工资发放。投入1.8亿元使全市29873名下岗职工顺利出"中心",实现下岗生活保障向失业保险并轨。在全省率先试点养老金指纹识别系统,建立健全再就业补助资金专户管理制度,顺利通过中央和省专项督查。加快农村中小学危房改造,改善办学条件,完成石桥中学、丹阳中学等19个危改项目,消除D类危房12553平方米。推动当涂县统一发放3688名农村中小学教师津补贴,确保农村师资队伍稳定。

【稳步推进财政改革】加快财政预算管理制度改革,2003年实现"提前半年编制预算、逐步实行标准周期预算制度"的公共财政支出改革目标,将建委、教育、劳动、卫生4个部门的预算报送市人代会审查,接受人大监督。稳步推行国库集中收付制度改革,在行政单位工资统发基础上,12月份实现市级全额事业单位财政统发工资,按市政府批准方案将51家一级预算单位、79家二级预算单位分批纳入国库集中支付改革范围。加强政府采购工作,从内部梳理,规范政府采购预算管理,使政府采购预算、拨款、实际采购付款相互衔接,进一步提高政府采购预算执行率。开展行政机关事业单位公务接待定点饭店、车辆统一保险、车辆定点维修等公开招标工作,对5家供应商作出行政处罚决定,严肃处理政府采购违规行为。全年政府集中采购规模达3900万元,节约采购金额410万元,节支率11%。建立经济技术开发区分税制财政管理体制,进一步规范财政分配关系,更有利于开发区增收节支、聚集财力,灵活运用财政政策融通资金、招商引资,自我加压,自促发展。该体制从当年起执行,暂定3年。巩固农村税费改革成果,开展"农村税费改革规范年"活动,全面推行农业税"三定征收、计算机管理"征管模式,做好农业特产税改征农业税的工作。2003年6月30日,央视七套以《减负减出新发展,结构调整天地宽》为标题,详细介绍马鞍山市农业特产税改征农业税后,农民负担减轻经验。推行粮食补贴方式改革,市成立粮补改革工作协调小组,财政局成立粮补改革办公室,扎实开展粮补各项工作。11月底,全市31个乡镇全面完成资金发放任务,为18万户农户兑付资金609万元。

【加大财政监管力度】全年开展中小学危房改造专项资金、旅游发展专项资金、土地出让金、国债资金、政府采购、"收支两条线"管理、彩票市场专项整治等11项专项检查;牵头财税专项组,进行会计信息质量抽查,整顿和规范财经秩序;制定加强财政预算拨款管理工作规定,进一步规范预算执行;加强会计和注册会计师行业管理基础工作,换领、颁发会计从业资格证计8300人,开展会计人员职业道德问卷活动,加强会计后续教育培训工作;财政"四五"普法宣传教育与时俱进,通过法律咨询、报纸专栏、法制讲座等形式广泛宣传了财经法规;加强财政行政执法资格管理,及时清理财政行政审批事项、历年规范性文件,财政行政执法责任制不断完善。

【加强机关政风建设】围绕服务优质、作风优良、工作优胜、环境优美,争创"四优"文明机关;广泛开展政治学习、警示教育和"艰苦朴素、廉洁从政"主题教育,进一步增强全体财政干部勤政廉政意识;贯彻党风廉政建设责任制,将市下达党风廉政建设和反腐败工作任务,结合财政实际具体细化为17项任务狠抓落实;深化政务公开,落实首问负责制,实行办事限时制,公布举报监督电话,设置举报箱,接受社会监督;大兴调研之风,引导建立学习型机关。确定15个财政调研课题,并结合十六届三中全会精神和中共中央《关于完善社会主义市场经济体制若干问题的决定》,成立了理论学习组,选择宏观经济研究、农村农业、财政管理体制、投资融资、外经外贸、社会保障等7个课题,细化为22项具体内容进行研究。2003年市财政局在全市政风评议中名列第一、全市目标考核获得"优秀"等次,财政工作和机关建设再迈新台阶。

(马鞍山市财政局供稿)

金家庄区财政工作概述

2003年,马鞍山市金家庄区财政部门围绕经济发展抓收入,支出保障能力明显增强。全区财政收入5560万元,超预算增长90.9%,同比增长79.1%;财政支出4845万元,同比增长13.9%,实现了收支平衡,略有结余。

【实行部门预算改革】按照《省预算审查监督条例》要求,推进部门预算改革。基本支出预算按定员定额标准编制,项目支出预算在论证基础上按轻重缓急排序,财政部门按标准审核和拨付资金,严格按照批准的预算项目执行。

【强化财政职能作用】按照"压缩一般,保障重点"的原则,对工资发放、社会保障以及科教农等领域,保证资金落实到位,政策落实到位,措施落实到位。坚持"一要吃饭,二要建设"的方针,确保工资发放;切实做好"两个确保"和城市"低保"工作,进一步衔接"三条保障线"。依法扩大社会保障的覆盖面,做到应保尽保。全面落实相关税费减免政策,促进就业和再就业。

【做好增收节支工作】针对老城区财力困难状况,在全区广泛开展增收节支活动。树立过紧日子思想,勤俭办事业,艰苦奋斗,厉行节约。制定财税优惠政策,全力抓好招商引资工作,发展民营经济、外向型经济,发展第三产业,盘活区属企业现有存量资产,积极推进工业园建设,加快财源建设。建立健全《金家庄区经费报销及财务审批暂行办法》、《金家庄区公务接待管理规定》等财政支出制度,降低机关运行成本。

(金家庄区财政局供稿)

花山区财政工作概述

2003年,马鞍山市花山区实现财政收入8468万元,同比增长46.9%;财政支出9025万元,同比增长28.8%。省、市财政转移支付和补助收入后,当年财政收支平衡,略有结余。

【全力组织财政收入】财政、税务部门加强协调,针对市属企业下放区级管理和市、区财政体制转变情况,及时抓住经济强劲增长因素,探索采取房地产业企业所得税随征、有奖发票、税控机等一系列措施,保证了财政收入持续稳步增长。

【优化公共财政支出】2003年区财政对科技、教育、社会保障等公共需要保障能力增强,开始向"吃饭建设型"过渡,公共财政支出初步显现。投入100万元建立居民最低生活保障体系;投入720万元社保专项资金支持企业改制;投入1100万元启动旅游园区建设;利用市财政扶持资金改善辖区环境,整治健康路和背街小巷、维修辖区二级道路、加快社区建设;加大沿江防汛抗旱工程杨清水库和杨树庵水库建设、除险加固小型水库、建设葡萄基地、千亩梨园改造、濮塘森林防火体系建设等农业投入,进一步改善农村生产生活条件。

【推进区级财政改革】规范区级会计核算中心管理,纳入集中核算的范围逐步扩大。制订并实施严格执行部门预算、严格财务管理的制度。扩大政府采购的范围,严格执行《政府采购法》。做好农业税收、粮食补贴方式改革、农业综合开发等工作,全面推进税费改革规范年活动,巩固农村税费改革成果。

(花山区财政局供稿)

雨山区财政工作概述

2003年,马鞍山市雨山区财政收入完成8088万元,超预算21.4%,同比增长46.5%;财政支出完成7359万元,同比增长18.3%。当年财政收支平衡,略有结余。

【落实税改和粮补政策】针对所属乡镇较多情况,积极开展"农村税费改革规范年"活动,大力推广"金穗2000"农税征管软件,全面实行计算机开票征税;调整农业特产税政策,实行农业特产税改征农业税;认真落实农业税减免政策,核实社会减免和灾歉减免;规范涉农收费管理,在全区开展涉农收费情况检查,防止农民负担反弹。同时,认真落实粮食直补政策,加强宣传,广泛调研,周到实施,按时将粮补资金兑付到农户。

【推进公共财政支出改革】进一步加强区会计核算中心规范化管理工作,完善内控制度,顺利通过市级基础工作规范化考核验收。在全市率先实现区直行政单位、全额拨款事业单位、乡镇小学工资统一发放。理顺区级政府采购程序,政府采购范围和规模不断扩大。

【强化"收支两条线"管理】首次公示全区行政事业性收费项目目录,接受社会监督,强化了收费项目管理。进一步做细收费票据发放、核销等基础工作,规范和加强财政票据管理。坚持按"以收定支、量财办事"原则核实各行政事业单位预算外收支预算,完善支出审核程序,不断提高预算外资金使用效益。

(雨山区财政局供稿)

当涂县财政工作概述

2003年,当涂县财政总收入完成29334万元,同比增长60.7%,其中地方收入18429万元,同比增长47.1%;财政支出完成33760万元,同比增长45.3%。加上级财政转移支付和专项补助收入,当年收支平衡,略有结余。

【强化财政收入征管】坚持发展不动摇,最大限度地挖掘收入潜力,以增量拉动增长,确保完成预算收入任务。建立征管考核奖惩机制,做到应收尽收。积极探索农业税收征管新模式,着力推进"三定征收、计算机管理",提高农业税征管工作效率,加快农业税收入入库进度。加强执法单位源头管理,建立非税收入项目库,以票据管理为抓手组织预算外收入。开展2001—2003年度全县工商税收和1998年以来契税征管、缴库情况调查,掌握税收组织主动权。

【理顺财政分配机制】继续完善县、乡财政体制,理顺县、乡财政分配关系,重新核定调整乡镇财政预算内收入留解比例体制。建立县工业园区金库,理顺县财政与园区财政关系。提请县政府制定县财政支持乡镇发展经济措施,及时转移支付685万元农业特产税改征农业税给乡镇,扶持乡镇经济发展。在部门综合预算基础上,加大财政调控力度,理顺财政与部门分配关系。

【推进农村税费改革】依据土地变动实际情况,核减农业税计税面积6704亩。将农业税征管与创建"人民满意财政所"活动相结合,推动农税征管和创建工作共同发展,初步形成"三定"征收全面化、协税护税网络化、农业税赋公平化局面。抓好农业特产税改征农业税,减轻农民负担978万元,促进农业种植结构调整。发放粮食直补资金566万元,受到农民欢迎。

【加大财政监督力度】制定当涂县财政监督检查操作规程,进一步规范财政监督检查行为,明确内审工作职责,积极推行预算编制草案先期审查、县乡两级财政收入完成情况督查、财政支出项目预算管理和专项资金管理审查、契税政策执行情况清查,参与全县公务接待用烟、"非典"预防经费等督查,财政监督涵盖事前、事中、事后全过程,监督的外延和内涵进一步扩大。

(当涂县财政局供稿)

巢湖市财政工作概况

巢湖市财政工作综述

2003年,巢湖市财政部门坚持以构建公共财政为目标,立足增收节支,着力财政改革,克服"非典"疫情、自然灾害等困难,圆满地完成了各项工作。全市财政总收入完成137351万元,占预算105.2%,同比增长12.4%。其中,市本级完成30666万元,占预算112.9%,同比增长22.8%,创历史新高。全市财政支出完成194087万元,同比增长17.1%。确保各项重点支出的需求,支持了经济发展,维护了社会稳定。

【大力组织财政收入】 按照"大财政、大财力"的要求,坚持税、非税、基金一起抓。一是年初对预算收入任务早分解、早落实;在组织收入过程中坚持勤协调、勤督促,使全年财政收入比预算超收6651万元,月均收入增幅保持在10%以上。二是大力推进非税收入征管改革。改预算外资金管理局为非税收入管理局;改变收缴方式,坚持票款同行,强化以票管费、以查促收;明确奖惩措施,对超额完成非税收入计划的根据资金性质和组织收入的难度,按一定比例补助征收经费;没有完成收入计划的,按顺序扣减单位专项经费、公用经费直至个人经费。三是会同劳动、地税部门制定相关办法,强化基金征缴,使财政收入"蛋糕"不断做大。2003年市级财政收入规模为53051万元,其中税收收入25668万元,非税收入18969万元(包括预算外收入13971万元,纳入预算的非税收入4998万元),基金收入8414万元。

【深化公共财政改革】 一是实行彻底的综合预算和部门预算。将单位所有预算内、预算外资金全部纳入部门综合预算管理;合理确定定员定额标准,将正常经费由过去的"暗补"变为"明补",专项经费落实到具体项目;严格预算收支的日常监督。二是不断完善会计集中核算管理。全年市直共发生业务收支20830笔,资金流量6.45亿元,无一笔差错。三是不断推进政府采购。政府采购覆盖到工程、物品、服务三大类600多个品目;规模以上货物、机关车辆维修、保险、办公用品供应等实行公开招标;规范采购行为,扩大采购规模;政府采购预算管理和制度建设有了突破性进展,全年政府采购计划21590万元,实际采购金额17761万元,节约资金3829万元,节支率17.7%。

【实施乡财县管改革】 一是制发改革意见。市政府批转了财政局《关于全面推行乡镇财政管理方式改革指导意见》,拉开乡财县管改革序幕。二是按照预算管理权不变、乡镇资金所有权和使用权不变、乡镇财务审批权不变的原则,清理乡镇财政供给人员、乡镇债权债务。三是以乡镇为独立核算主体,全面推行了以"预算共编、账户统设、集中收付、采购统办、票据统管"为主要内容的财政管理方式改革,县区财政直接管理监督乡镇财政收支,乡镇财政所以县区财政局垂直管理为主。乡镇财政管理方式规范了乡镇收支行为,增强了乡镇理财透明度,杜绝了乡镇随意增人、盲目举债等行为,控制乡镇债务的增加。四是结合"金财工程"建设,着力推动乡镇农税纳税大厅向财政服务大厅转变,为所有财政性资金通过大厅结算、运行奠定基础。

【完善农村税费改革】 一是实施农业特产税改征农业税,改征后农民负担比上年减轻380万元。二是全面开展"农村税费改革规范年"活动,规范农业税征管,改进了农业税征收方式,落实农业税减免指标3193万元。三是推行粮食补贴方式改革。严格执行粮改政策,把好五关,即把好公示关,资金分配层层张榜公布,县区公布到乡镇、乡镇公布到村、村公布到组到户;把好宣传关,采取有效措施宣传改革政策,并由财政人员将《致全省农民朋友的一封信》和《粮食补贴通知书》发放到农户;把好设点关,资金兑付实行以纳税服务大厅为主,"三定"征收点为辅,保证资金的安全;把好程序关,完善资金兑付手续,明确岗位职责和业务程序,资金结算和兑付凭证同步;把好检查关,实行不定期督查,发现问题及时纠正。全市粮食直接补贴资金共发放6732万元,占应兑付资金99.6%。

【支持经济和社会发展】 一是多方筹集建设资金。全年争取各类资金112586万元。其中上级财政转移支付和补助76182万元,农业综合开发国内项目资金3730万元,国际金融组织和外国政府贷款12674万元,国家开发银行贷款指标5亿元(当年提款2亿元),有力地支持了水利、交通、农业、教育、医疗、卫生、科技、基础设施等重点工程、项目的建设。二是世行加灌二期项目顺利通过国家和省级验收。累计改造中低产田140万亩,项目区农民人均年收入增加490元。三是利用国家开行贷款和土地拍卖收益完成投资3.2亿元,安排各类建设项目60个,开工建设了金湖大道等10条新城区框架道路,重点工程进展顺利。四是积极支持企业改制工作,筹措资金18652万元(市本级7988万元),其中无偿投入3235万元、核销欠财政周转金8844万元、土地变现返还企业资金3771万元、财政借款2802万元,促进了经济和社会事业的发展。

【维护稳定和保障运转】一是确保财政供给人员工资按时足额发放。全年工资支出91751万元,行政事业单位离退休费21535万元。二是"两个确保"和城市低保做到了应保尽保。年末领取基本养老保险的企业离退休人员41277人,登记失业保险11215人,享受低保66546人,占全市非农业人口8.5%,全年支付基本养老金21610万元,下岗职工生活费2817万元,低保资金支出3694万元,人均月补差标准48.4元;对企业拖欠军转干部养老保险费、养老金、医疗保险费、工资和生活费全部兑现。三是支持再就业。安排再就业资金970万元,小额贷款担保基金450万元,为下岗失业人员再就业提供支持。四是支持防治"非典"和抗洪救灾。建立资金需求保障机制、资金运作快速反应机制、资金使用监督机制,全年拨付防治"非典"经费4818万元,其中市直778万元;及时下拨救灾款,共落实生产救灾资金5850万元。五是保障农、科、教等重点支出,全年实际拨付支农支出9511万元(含上级追加),增长31.8%;科技三项费用1898万元,增长13.6%;教育支出48184万元,增长5%。六是保障办案资金需要。争取中央政法补助专款第二期3年规划项目资金1185万元,增长64.5%,提高了办案能力。

【加强财政日常管理】一是建立预算论证制度和支出追加听证制度,提高预算编制、执行的透明度和合理性。二是加强票据管理,市直全年共发放票据4487本,缴销票据6922本,合计金额58723万元。三是开展专项检查,查补税收4805万元,对建筑企业收费、会计信息质量、社团组织财务管理、扶贫资金报账制、森林生态效益补助资金管护费发放、退耕还林现金补助发放、农业专项资金使用管理情况等开展专项治理。同时,开展政策法规专题宣传活动。四是狠抓政风建设,推行政务公开,坚持首问负责制、办事限时制、服务承诺制;建立与人大代表、政协委员联系制度,广泛征求社会各界的意见和建议,改进财政工作。

(巢湖市财政局供稿　朱文台执笔)

居巢区财政工作概述

2003年,巢湖市居巢区财政工作坚持依法理财治税,深化财政改革,优化支出结构,全区财政运行态势良好,预算执行基本正常,较好地完成各项任务。全区实现财政总收入17117万元,完成预算的105.7%,同比增长10.5%,创近年来最高增幅。其中,地方收入实现11174万元,完成预算的102.3%。全区财政总支出30530万元,完成预算的105%,同比增长11%。保障了人员工资、公务经费、社会保障、"非典"防治、抗洪救灾等支出需要,维护了大灾之年的社会稳定。

【依法组织财政收入】始终坚持狠抓收入不放松,将税收、非税收入和基金一起抓。一是在认真分析税源的基础上,进一步完善了工商税收征管手段,加强了对重点税源的监控,保持了骨干税源和重点税源的稳定增长;开展了税源调查,着力挖潜增收。二是在农业税征收中,推行了"厅点征收、计算机管理、电子开票"新模式,规范了农业税征管,农业税任务得以全面完成。三是对非税收入,坚持做到收缴分离、罚缴分离、票款分离、应收尽收,全年罚没收入和行政性收费581万元,较上年增长15%。四是加强各项基金征收。全区共征收社会保障基金3336万元、水利建设基金93万元。同时,回收财政信贷资金162万元。

【合理安排财政支出】年初在安排预算时,按照保工资、保稳定、保运转、促发展的顺序安排全年支出。一是全年共支付行政事业单位在职人员工资15313万元、公务经费4400万元、离退休费4817万元,基本保证了财政供给人员、农村中小学教师工资正常发放和机关正常运转。二是支付基本养老金3595万元,下岗职工生活费225万元,城市最低生活保障金1225万元,做到了"应保尽保、两个确保"。三是及时兑现了企业拖欠的军转干部养老保险费、养老金、医疗保险费、工资和生活费129万元,并帮助215名企业军转干部参加了基本医疗保险。四是按政策为2090名下岗失业人员再就业减免税费119万元。

【加快财政改革步伐】一是公共财政支出改革进一步完善,编制了综合预算,推行了部门预算;完善了会计集中核算管理,将全区136个行政事业单位和二级机构全部纳入核算中心管理;强化了支出票据管理,全年共退回非规票据2840张,拒付资金156万元,有效维护了财经纪律;完善了政府采购工作,进一步拓展了政府采购范围和规模,全年政府采购资金达702万元,资金节支率达12.8%,较上年增长24%。公共财政支出改革被评为全省三等奖。二是顺利实施“乡财区管乡用”改革,成立机构,开展“四清”,撤销原有银行账户和总预算会计,配备乡镇财政结算员,各项工作运行平稳。三是全面开展了“农村税费改革规范年”活动,取消“两工”,取消农业特产税;规范农业税征管,实行“定点”征收、计算机管理、电子开票;规范“一事一议”收费行为,遏制向农民乱收费行为。落实农业税减免政策,按照“重灾多减、轻灾少减”的原则,已将省财政安排的506万元农业税灾减款退付到位。四是推行粮食补贴方式改革,将原来按保护价敞开收购农民余粮得到的间接补贴,直接补贴给农民。全区936万元粮食补贴资金落实到位,农民亩均增加收入14元。

【积极支持经济发展】一是多方筹集建设资金,支持经济发展。全年共争取各类项目资金4090万元。其中,国债项目资金490万元、无偿资金2785万元。除支持帮助有关部门、单位申报项目外,仅财政部门争取的项目就达30多个,重点支持了农业、水利、道路、城市建设、卫生、计生等项目。二是充分发挥农业综合开发的支农主渠道作用,世行二期加灌项目全年累计完成投资2811万元,顺利通过省级总验收,被评为省级优秀项目;积极主动申报农业项目,全年争取省财政支农项目19个,扶持资金300多万元,弥补了区财政不足。三是财政挤出部分资金支持企业进行技术改造,增强企业的市场竞争力,壮大企业实力,也为财政增收奠定了基础。

【规范财政监督检查】一是严格预算管理,建立预算论证制度和支出追加听证制度,提高预算编制、执行的透明度和合理性,严格项目资金管理。二是加强对农业专项资金的监督管理,严格按照有关项目资金管理办法的规定,实行专户管理、专款专用、跟踪督查。三是加强对农村中小学危房改造资金管理,严格资金拨付制度,规范资金支出行为,确保了1240万元的中央危房改造资金专款专用。四是加强重点工程资金监督检查,全年共检查政府重点工程项目资金6500多万元。五是认真开展内部监督,重点对乡镇预算执行情况和财政资金使用效益情况进行监督,并对财政所内部财务情况实施了检查,进一步规范财政所的财务管理。

【加强乡镇财政建设】一是调整财政所管理体制,2003年11月将乡镇、街道财政所(农税所)现有在编在岗人员185人全部上划至区财政局垂直管理。其中在职152人,离退休32人,提前离岗1人。由区局负责各财政所岗位设置、人事安排、业务管理和文明创建等工作。二是大力推进了乡镇财政所建设,全年共投入近100万元用于乡镇农业税纳税大厅建设,开通了区乡财政农税网络。三是全力搞好政风建设,以“同心同德创业绩,凝心聚力树形象”为要求,在全区财政系统开展政风建设,加强了业务建设、制度建设和“人民满意的财政所”创建活动,实行挂牌上岗、岗位亮牌,做到服务承诺、首问负责、办事限时。机关政风评议为全区第三名,连续两年受到区政府表彰;23个财政所被区政府授予“人民满意基层所”。

(居巢区财政局供稿 尹明执笔)

含山县财政工作概述

2003年,含山县紧紧围绕年初既定的目标,坚持依法理财治税、大力推行财政改革与创新,财政工作取得了新进展。全年一般预算收入完成15288万元,同比增长6.2%。其中工商税收10737万元、农业类税收2679万元。全年一般预算支出实现19583万元,同比增长15.5%。

【千方百计,大力组织财政收入】一是根据年初批准的收入预算,及时将收入计划分解落实到各部门、各乡镇和各有关单位,加强与收入征管部门的联系和配合。二是重新修订财政收入和财政运行质量考核办法,将收入进度与资金调度和征管业务费挂钩,做到按月考核,均衡入库。三是加大依法理财的宣传力度,营造依法理财治税的良好氛围,增加社会方方面面对财政工作的理解和支持。四是规范农业税征管行为,全面推行农业税“三定”征收,坚持计算机开票。五是强化非税收入征管,注重从源头管理入手,限制收费大户每月票据供应量,缩短核销时间,建立收费大户联系制度,督促收入及时足额入户,有效防止逃避财政监控和截留挪用等问题的产生。县级预算外收入3784万元,同比增长9.7%。

【精心组织,全面推进财政改革】一是乡财县管乡用改革顺利实施。在保持现行县乡分税制财政体制不变的前提下,做到“五个不变、四个统管、六个配套”,相继出台了10个配套措施,集中时间组织开展了乡镇票据、账户、人员和债权债务“四清理”工作,共核销1998年以来乡镇领用票据4.5万本;撤销乡镇银行账户226个;上划人员117人;对乡镇会计账务、借款合同、工程建设合同等进行核对确认,改革达到了预期效果。二是部门综合预算管理改革全面启动。结合实际,反复测算,拟定方案,统一要求,明确做法;推行“两上两下”的预算编报和审批程序;改革预算编制方式,细化预算编制,实行项目管理,推行部门预算和零基预算,提高预算编制水平。三是粮食补贴方式改革扎实推进。从6月下旬开始县乡联动,充分利用广播、电视、政府网站、宣传车、标语等各种形式大力宣传,使改革精神家喻户晓;规范操作,严格政策,组织督查组深入行政村和农户进行检查,对少数乡镇存在的问题及时整改,及时将粮补资金全额打入乡镇结算专户,粮补资金由财政所工作人员统一发放到户,确保资金到位,专款专用;明确乡镇财政服务大厅和农业税“三定”征收点为发放载体;简化验证手续,方便群众兑付。当年完成653万元粮补资金发放,占应发放粮补资金100%。

【内外并重,加大依法理财力度】一是加强会计基础工作,推进会计诚信建设,开展会计信息质量检查,做好会计业务培训和考试。办理专业资格考试225人,换发从业资格证书400本。二是加强专项资金监管,确保专款专用。狠抓危房改造资金管理,实行报账和跟踪监督制;狠抓“非典”防治资金的管理监督,使有限的资金真正用到刀刃上;狠抓救灾资金管理,坚持财务公开;对退耕还林补助资金、国债资金等专项资金也都采取相应措施加强监管。三是规范理财行为,扩大统管范围,核算中心统管单位已增加到117个;全面清理县直单位津补贴发放,严肃财经纪律;全面清理县直单位固定资产,防止国有资产流失;严把支出审核和资金支付关,规范报账手续。全年共拒绝统管单位不合规、不合理支出7万元;退回单位重新补充要素的支出票证86张。四是进一步规范采购行为,拓宽采购范围,全年招标采购12次,其他方式采购百余次,采购范围涉及货物、工程、服务三大类,实际采购金额995万元,节约资金236万元,节约率19.2%。五是开展农村税费改革规范年活动,加大对各乡镇农民负担专项治理力度。全年共组织本级督查6次,参与上级督查8次,调查落实群众来信来访7次,完成上级布置交办的信访案件4次;严格农业税征管执法程序,申请法院强制执行60例,行政拘留1人。六是加强财政监督,全年共组织30多人次对16个行政企事业单位开展重点检查,发现问题资金188万元,补缴非税收入50万元,查补历年契税70万元;发现严重违规违纪案件3起,自主查处1起,由纪检、检察机关查处2起,了维护税法的严肃性。加强资金调度,认真落实社会保障政策,“两个确保”得到巩固,全年共发放养老金2400万元,下岗职工基本生活费50万元。

【深化管理,加强乡镇财政建设】一是加强财政业务管理,为乡镇财政所举办了预算、征解、核算和政府采购4期业务培训,选派6名征解会计参加计算机培训。二是深入开展创建活动,广泛开展“人民满意的财政所”创建活动,采取典型引路的办法,促进创建活动深入扎实开展,工作人员爱岗敬业、大局意识明显增强。三是注重完善财政所硬件建设,建成纳税大厅11个,新配计算机28台,县、乡两级实现农税计算机联网一体化。四是强化制度建设,统一制定了财政所8项制度和6个岗位职责,在全系统形成了争创一流佳绩的新局面。

（含山县财政局供稿　杨永州执笔）

和县财政工作概述

2003年,和县先后战胜“非典”疫情、洪涝灾害和高温热灾等自然灾害,夺取了财政工作的全面胜利。全县一般预算收入完成16000万元,为年初预算的104.6%,同比增长11.9%;财政支出完成24190万元,为年初预算的136.7%,同比增长22.2%。实现了当年收支平衡、略有结余。

【确保预算完成】一是各级牢固树立任务观念,及时分解落实收入目标,加强协调、密切配合、强化管理、克服收入征管中各种政策性减收因素和意想不到的困难,坚持依法大力组织财政收入,确保了年度收入预算目标的完成。二是为确保工资、社保等重点支出的需要,县财政一方面妥善调度好自身的资金存量,一方面大力争取上级财政的资金调度支持,有力地缓解了财政资金调度的压力。全年机关和事业单位工资及管理费支出13200万元，同比增长5.1%。在确保全县干部职工和中小学教师正常工资按时足额发放的同时，财政还通过编制综合财政预算，对无收入来源的党政机关部分津补贴给予适当安排，当年预算支出110万元。拨付了含教师在内医疗保险经费340多万元，调度兑现了上年度调资及1个月奖励工资806万元，学生分配、晋级调资及补发离退休人员生活补贴234万元。全年社会保障方面支出2480万元，增长42.1%。三是“三金”(养老、失业、医疗保险)全年共征收3034万元，争取省市转移支付支持687万元，支出3758万元；预算内外共统筹抗击“非典”资金支出497万元；防汛救灾支出103万元。四是多渠道筹集再就业资金251万元，有力地促进了就业和再就业工作。

【支持经济发展】一是县财政投入支农专项资金1935万元，农业综合开发工作连续4年获得省先进，世行加灌二期农业综合开发项目5年国家总验收为优良工程，获得省农业综合开发重点县1000万元项目资金扶持，有力促进了农村经济结构调整和农民增收。二是支持企业发展。县财政当年拨付企业挖潜改造资金1119万元，支持企业改制资金支出501万元，支持公路交通建设资金支出1021万元。三是支持水利基础设施建设资金支出603万元，支持工业园区建设资金支出300万元。由于年初预算安排存在缺口，预算执行中增支又高达2120万元，为加快全面建设小康县的步伐，财政通过调整支出项目，从其他方面调入资金，在承受超财力的支出压力下，保障了各项重点建设的支出。县财政还大力化解历年债务，积极防范财政风险。2003年消化历年政府性债务，当年归还省市各项借款1566万元，全年财政预算内用于消化债务总额达2815万元，有效地防范了财政风险。

【推进财政改革】一是率先开展了全省乡镇财政管理方式改革试点工作。按照“账户统设、票据统管、收入上缴、支出下拨”的乡财县管乡用改革办法，在“挖潜、节支、堵漏、控债、增收”等方面取得了成效。全年乡镇非生产性支出同比下降12%，乡镇地方税收超收480多万元，消化历年乡镇债务773万元。改革受到了各级领导的高度肯定，财政部、省政府领导多次来和县调研，省财政厅、市政府在和县召开了现场会，接待了全国7个省40多个县的考察学习，并得到了省财政厅一次性转移支付补助和资金调度上的大力支持。二是扎实开展了“农村税费改革规范年”活动，开展农业特产税改征农业税，减轻农民负担100万元；进一步加大农村中小学危房改造力度，全年县财政安排危改资金506万元；全面取消了“两工”，进一步规范了“一事一议”筹资筹劳办法和各项涉农收费；村级债务化解工作取得了新成效，全县有56个村转变为无债村。三是稳步推进粮食补贴方式改革，通过开展深入细致的工作，全县1232万元的粮食直补资金全部发放到户，进一步增加了农民收入，受到了广大农民的普遍欢迎。四是公共财政支出改革经过3年不懈努力，已初步构建了县级公共财政支出的基本框架，在全省3年总评中，和县荣获县级一等奖。

【提升理财水平】改革综合预算编制方式，实行“以内补外”，节约财政性资金近300万元；改变非税收入征管办法，实现了非税收入征管税收化管理；改变预算支出的拨付形式，建立了统一管理的国库单一账户体系，全年财政集中支付占资金支付总额的70%以上；继续深入推进会计集中核算，扩大财务统管面，纳入中心管理的单位达92个，有效规范了单位的支出行为；按照统一收支、集中核算、规范管理、全程监督的原则，改革全县教育、卫生系统的财务管理办法；加强政府采购，实行采购管理与采购行为相分离，全年政府采购总金额552万元，实际节约资金61万元，资金节约率11%；进一步加大了对专项资金的管理力度，开展了对教育、水利、移民建镇等专项资金的检查。全县21个乡镇财政所获得人民满意的基层站所称号，党风廉政建设、招商引资工作受到通报表彰，财政局机关被评为省级文明单位。

(和县财政局供稿　孙贤峰执笔)

无为县财政工作概述

2003年，无为县上下一心，克服“非典”疫情对财政经济的影响和严重的自然灾害，各项财政工作在稳定推进的同时，不断取得新的进展。全县共组织一般收入33551万元，增长11.2%，位居全省第五位，其中地方一般预算收入居全省第一位。全年完成基金收入5409万元，同比增长29.8%。支出结构调整迈出重大步伐，重点支出增长较快，基本保障了国家机关正常运转、科技、教育、社会事业发展的需要。

【财政支出构建新机制】一是全面启动部门预算，将所有财政性资金全部纳入预算管理，统一安排使用，统一预算编制标准，不在预算之外留有收支项目,彻底打破谁收费、谁消费、收支挂钩的支出格局。当年统筹预算外600余万元资金,用于弥补预算内各项支出,为平衡收支预算奠定了基础。二是切实保障人员工资的正常发放,保证养老保险、下岗职工最低生活保障等事关社会稳定经费的按时兑现,全年累计支付在职财政供给人员经费20647万元,行政事业单位离退休费5052万元;支付基本养老金3976万元,下岗职工生活费850万元,城市最低生活保障资金959万元;及时兑现了企业以前年度拖欠的军转干部养老保险费、医疗保险费、工资和生活费201万元,安排再就业资金200万元。三是保障了农科教等法定支出和其他重点支出,全年农业支出1433万元(含上级追加),同比增长15.3%;科学方面支出868万元,增长43%;教育方面支出14215万元,同比增长5.3%;筹集危改资金3747万元,建设校舍11.2万平方米,消灭危房8.45万平方米。

【财政改革呈现新成效】一是调整完善了乡镇财政体制,重新划分了收支范围,核定了收支基数;全面推进以"预算共编、账户统设、集中收付、采购统办、票据统管"为核心内容的乡镇财政管理方式改革,将农业税征收、灾歉减免退付、民政定补、社会救济、五保户供养资金、乡镇行政事业性收费管理、粮补资金兑付、退耕还林、森林生态效益林资金、村级资金管理、村干部工资发放以及财政信息咨询服务等均纳入财政服务大厅管理。二是发挥县会计核算中心的"闸门"作用,全年累计拒受单位非规原始票证1327张,金额387万元。三是全面推进政府采购。县本级建立了政府采购预算管理制度,工程、规模以上物品、机关车辆维修、保险等实行招投标,全年实施政府集中采购259批次,节约资金597万元。资金节约率达28%。实行车辆定点维修、定点加油,资金节约40%。四是全面实施粮食补贴改革,累计兑付粮补资金1532万元,占应兑付总数的99.7%。五是继续深化农村税费改革,推广计算机开票、厅点结合、农税自征的农业税征管模式,既规范农民纳税行为,又规范征收行为。实行农业特产税改征农业税,减轻农民负担160万元。

【财政管理拓出新路子】一是积极探索新型的财政融投资方式,成立无为县城市建设投资公司,运用市场经济手段,把城市作为一个企业来经营,实现城市资产从公共财产到可经营性资产的转变。当年成功拍卖4宗100亩土地,获土地出让金1700万元,融资2000万元,对市政重点工程新力大道及其起步区实行市场化运作,收储土地1055亩。积极争取各类建设项目近20个,争取财政建设资金2746万元,逐步搭起多足鼎立的城市建设新平台。二是严格实行"收支两条线"管理,取消二级单位非税收入过渡户,规范了"以票管费、票款同行"的运行机制。加强了财政执法检查,纠正了单位挤占挪用、损失浪费等现象,维护了财经纪律。配合纪检、人事部门集中清理了财政"吃空额"人员。启动"金财工程"建设步伐,为财政改革提供技术支撑,促进财政管理方式的转变和管理水平的提高。三是加强对预算收支情况的监督,特别是税费的解缴、征管、入库、退付全过程的监督,确保财政收入的安全性和完整性。加强对税收征收部门和规费执收部门的监督,有效解决收入征管中的流失、混库等问题。加强对财政重点支出资金的监督检查,对转移支付资金、教育危房改造资金等重点资金逐步建立起支出效益评价指标体系。加强对工资发放、农村税费改革、公共支出改革、乡财县管乡用专项工作的督查。

【农发项目结出新硕果】按期完成农业综合开发建设任务,累计完成投资12200万元。一是落实县乡财政配套资金1264万元全部足额配套到位,乡镇自筹资金累计到位1685万元,占总计划100%。二是落实投劳折资,完成投劳2529万元。三是争取省级财政资金2539万元,占总计划93%。四是认真做好报账提款工作,应提世行资金3930万元,已提3930万元,占总计划100%。

(无为县财政局供稿　陈先荣执笔)

庐江县财政工作概述

2003年,庐江县坚持依法理财治税,大力增收节支,深化财政改革,保证了工资发放和机关运转经费,实现了财政收支平衡。全县财政一般预算收入完成24754万元,同比增长8.3%。全县一般预算支出36642万元,增长10.6%。

【狠抓收入征管】一是及时将收入任务分解落实到各级、各征收部门,明确收入目标。继续实行奖惩措施,强化部门的责任,按季对收入进度进行考核,对完不成季度收入任务的扣罚财力,并与财政资金调度挂钩,促进了均衡入库。二是强化农税征管,全面推行"三定"征收方式。全县共设立集中征收点500多个,到户征缴率达90%以上。加大农业税执法力度,全年共下达《农业税处理决定书》57份,申请法院强制执行58户,收取农业税款3.5万元。开展耕地占用税和契税的专项清理,全年共清理征收耕地占用税24万元,契税42万元。三是加强非税收入征管,对罚没收入、行政事业性收费严格实行"收支两条线"管理,继续推行以票管费、票款同行办法,做到应收尽收。

【保障重点支出】一是加强预算资金调度,坚持先急后缓、有序供给,确保干部职工工资正常发放。县财政共拨付"非典"防治经费164万元,各类抗灾救灾资金708万元,基本保证了"非典"防治和抗灾救灾资金的需要。二是加大社会保障投入,全县社会保障方面支出4651万元,同比增长18%,基本做到了"两个确保"和城市居民最低生活保障应保尽保。认真落实企业军转干部政策,核实并兑现企业311名军转干部以前年度拖欠的养老保险费、医疗保险费、工资和生活费等132万元。三是加大对法定支出的投入,全县农业、教育、科技和卫生经费支出分别比上年增长4.0%、10.2%、11%和4.3%,促进了社会稳定和各项社会事业的发展。

【推进支出改革】一是严格专项资金审批管理,对财政预算内外安排的专项资金,明确规定审批级次、标准和权限,规范财政专项资金审批和管理,对农业专项资金、教育危改资金、财政扶贫资金和农业综合开发资金实行报账制管理,提高了财政资金的安全性、规范性和有效性。二是完善县直零户管理,县会计中心全面实行会计电算化,取消手工账,建立内部网站,实现内部信息适时交换,提高了会计核算水平;全年审核退回各类违规单据4084张,金额634万元,进一步规范了单位财务行为。三是加强政府采购管理。对小额零星建筑工程和县直公务用车维修、保养试行政府集中采购,对全县行政事业单位机动车辆实行统一投保。全年共组织集中采购145次,项目预算金额1224万元,实际结算金额1013万元,同比增长45%,资金节约率为17.2%。

【规范税费改革】一是全面实施农业特产税改征农业税工作,直接减轻农民负担46万元。严格落实农业税政策,对少数地方农业税计税常产偏高和水利、道路建设占地核减农业税81万元。对农业税灾歉减免资金879万元,全面实行"定点、直退、公开",由农税干部直接退款到减免户。二是继续组织实施农村中小学危房改造工程,当年筹集危改资金1532万元,基本完成了3年D级危房改造任务。三是稳步实施粮食补贴方式改革工作。精心制订改革方案,加强资金管理,严格资金兑付程序,确保粮补资金直接兑付到农民手中。全年发放粮食直接补贴资金2332万元,占应兑付补贴资金的99.2%。

【支持经济发展】一是发挥中小企业信用担保公司在企业融资中的桥梁纽带作用,全年共为5户企业提供信用担保项目6个,担保贷款467万元。二是积极调度资金,为县化工集团、安德利公司等6户企业办理到期银行贷款转贷业务3480万元,维护了企业金融信誉。三是认真落实各项税收优惠政策,为企业办理政策性退税625万元,对受"非典"影响较大的行业和企业减免税费330万元。四是加大农业投入,投入农业综合开发项目资金1153万元,用于土地治理、多种经营、科技示范等项目,改造中低产田1.8万亩,续建农业示范园9个,重点支持无公害水稻、虾蟹、肉鹅3大主导产业发展,促进了农村产业结构调整,世行项目顺利通过省市验收。

【强化财政监督】一是成立财政监督检查审理工作组,落实召集人,提高财政监督检查工作质量。按计划开展专项检查,对乡镇教办室和各中小学的收费情况进行了检查,对食品、粮食企业2002年度粮食风险资金的使用情况进行检查。二是开展"收支两条线"重点检查。对8个乡镇近20所农村中小学校及县直11个单位行政事业性收费的收支和管理情况进行了检查,审查收费项目362个,审验出违规收费19项,取消收费项目12个,降低收费标准7项。三是继续对7名乡镇财政所长开展离任审计,对存在的问题下发了审计结论和处理意见,强化了内部管理。

【加强财政管理】一是进一步改进了乡镇分税制财政管理体制,重新核定乡镇财政收支基数,确定交补基数,让利乡镇430万元。二是改革乡镇财政管理方式,由县财政部门管理并监督乡镇财政收支;撤消了乡镇会计核算中心,成立县会计中心乡镇分部,规范乡镇财务行为;对乡镇财政所(农税所)实行县、乡两级双重管理,以县财政局垂直管理为主的体制,加强了乡镇财政干部管理。三是扎实开展创建"人民满意的财政所"活动,加强乡镇财政所内部管理,出台了乡镇财政财务岗位责任制度,促进了乡镇财政工作再上新台阶。

(庐江县财政局供稿 高 勇执笔)

芜湖市财政工作概况

芜湖市财政工作综述

2003年,芜湖市财政总收入完成428710万元,同比增长18.6%。其中,上划中央收入255294万元,增长17.4%;地方收入173416万元,增长20.3%。全市财政支出实现301764万元(含省专项、上年结转支出),增长16.4%,既满足了保工资、保运转、保改革、保稳定的需要,又支持了地方经济发展和社会事业和谐进步。连续11年实现收支平衡。

【完善预算编制】 继续坚持部门综合预算改革方向,在总结以往预算编制成功经验的基础上,进一步提高预算编制的合理性、科学性和完整性。一是健全预算体系。以财力为主线,以财政收支预算为主导,拓展预算领域,编制了采购、社保、偿债和基建等子预算,增强了预算的完整性。二是完善功能分类。将部门支出按功能与特性划分为基本支出和项目支出,分别确定编制原则、方法和供给形式,使预算更加贴近实际、更具操作性。三是延伸预算触角。预算编制到二级单位,细化编制项目,杜绝部门内二次分配和项目间随意调剂,严格了预算分配约束。四是试行人大审查制。选择检察院、交通局、农委和计生委4个部门,预算报市人大财经工委进行审查,提高预算编制和审核的严肃性。

【严格预算执行】 一是政府采购取得新进展。芜湖市招标采购中心于9月30日正式运行,在全省率先确立了政府采购管理与执行职能分离、机构分设的运行机制;为适应这一变化,制定出台了市本级政府采购管理办法和采购目录,规范了运作程序和制度。2004年招标采购规模继续扩大,中标金额4.73亿元,与项目预算相比资金节约率达23.7%。二是集中支付稳步推进。运作规程进一步规范,涉及面和集中支付额度越来越大,纳入财政国库集中支付的单位已达80个,除工资统发外,支付规模为1亿元。三是基本建设动态管理。抓住公共预算和工程预算的龙头,以“三算”审查为重点,对基建工程实施项目招标、结价审核、资产批复、资金拨付的全过程动态监控,使基本建设管理水平真正体现到严格预算执行和提高资金效益的双重目标上来。四是预算追加实施听证制度。在对市计生委、市行政服务中心2个预算追加项目举行听证会并总结经验的基础上,制定出台了《芜湖市本级预算追加听证实施细则》,标志着市本级预算追加工作走向了规范化、制度化轨道,强化了预算的刚性约束。

【加强财政监督】 一是加强制度建设。制定《芜湖市财政局对外监督检查规定》、《市财政局中层干部离任经济责任审计暂行规定》、《芜湖市本级综合预算财政监督办法》,规范监督行为,提高检查效率。二是开展专项检查。重点开展了治理教育乱收费、财政扶贫资金、乡镇代理金库、农业综合开发项目、水费城市附加和水价调节基金、会计信息质量等专项检查和高校教学贷款贴息、老干部医保等专项审核。通过检查和审核,查漏补缺,不断完善管理措施,提高财政运行质量。三是推进监督信息化。财、税、库、行计算机联网工程顺利推进,年底有望建成投入使用,有利于健全税收级次监管手段。适应财政业务系统的发展,适时推出网络监督。

【优化财政体制】 一是以防止市与区之间、区与区之间收入混级混库和相互抢挖税源现象为目标,实施“关口前移”,逐户摸查和掌握了6000户企业的工商注册信息,以此来明确企业的缴税级次;同时,向人行国库派出专人监督企业税收入库情况,组织专项检查组对乡镇代理金库收入报解、入库级次进行检查,从源头上规范了市区财税秩序,也为下一步完善市区财政体制建立了第一手基础资料。二是对开发区实行了模拟一级财政体制的改革,促进开发区建立“融资—建设—还贷”的良性机制,使之在自主理财的基础上实现长期稳定发展。三是改革市区房地产、建安企业税收管理体制,收入范围不再按企业隶属关系划分,而是按项目地划分。新体制有利于促进公平竞争,保护市区各级的积极性。

【强化农税征管】 一是按照“抓两头、促中间”的工作思路,进一步推进“三定征收、计算机管理”为主体的农业税征管改革,扩大了“三定”征收面,提高了征管水平。二是在全省率先实行由原委托房管部门代征契税改为财政部门直接征收,建立了“设点征收、自愿申报、窗口办税、网络化管理"的契税征管新模式。

【**严管非税收入**】一是扩大收支脱钩管理范围,在行政执法部门全面推行罚没收入收支脱钩管理;加强和规范党政机关培训及收费管理,切实解决应罚不罚、乱罚款和应收不收、乱收费现象。二是大力实行银行代收办法,提高上缴专户比率,推行"专户金库化",强化分户核算和相互勾稽,杜绝单位坐收坐支。三是加强非税收入稽查和清理拖欠工作。四是严格执行"票款同行",选择行政服务中心、职业技术学院、中医药职业学院、劳动技校等单位试行计算机票据,强化了"以票控款"的源头治理措施,也为下一步全面推行计算机开票和实现执收单位、代收银行、财政之间联网管理积累了经验,奠定了基础。2003年实现预算外收入3.5亿元,增长11%,上缴财政专户率达98%,严肃了财经纪律,强化了宏观调控。

【**健全社保体系**】一是研究养老保险市区分级运作机制和失业保险属地管理办法;制定出台下岗失业人员社会保险补贴管理、岗位补贴管理和小额贷款担保管理等实施细则,推动就业和再就业工作。二是落实城市最低生活保障,巩固"应保尽保"成果,完善全市社会保障体系。三是制定和实施应急预案,做好"非典"防治经费保障和物资供应工作。优化支出结构,加大社保支出投入比重,多渠道筹措社保资金特别是对上争取近2亿元专项资金,切实保护低收入群体的利益,维护了社会政治稳定。

【**改革粮补方式**】2003年,在全市范围内实施了粮食补贴方式改革,放开粮食收购价格、放开粮食购销市场,将过去通过流通环节按保护价收购间接给予农民的补贴,改变为对农民进行直接补贴。改革按既定安排顺利实施,补贴资金已按每亩10.64元的全市统一标准全部发放到农民手中,农民余粮销售顺畅,增加了农民收入,保护了种粮农民的利益,实现了预期改革目标。

【**创新财政融资**】一是制度融资。以教育预算外收入预期为源头,以预算外资金"收支两条线"制度为保障,整合存量资源,同商业银行建立制度融资平台。用未来预期收益偿还建设贷款,打通了制度融资通道,成功实施了芜湖师范、九中、二十九中、中医高等专科学校、职业技术学院、教育学院等改造及新建工程,开创了增加教育投入的新方式。二是预期平台融资。以政府收入预期作支撑,与上海浦发行首创土地收储拍卖融资平台,将土地拍卖收入和还贷支付置于浦发行实行封闭运行,落实土地拆迁、整理授信年均滚动额度资金1.5亿元;与工行建立培植企业上市改制资金运作平台,落实授信额度资金2亿元;与商行建立下岗失业基金运作平台,落实了社保基金逐年补缺贷款1.4亿元;与中行建立产业基金运行平台,年均滚动筹集发展资金1.5亿元,支持开发区支柱企业的快速发展。三是再转换融资。将短期流动资金贷款置换成中长期项目贷款,变财政担保为项目建成后的资产及权益作保的直接项目融资,为县区工业园区争取3.5亿元中长期项目资金,并成功化解了建投公司或有债务近6亿元。四是金融衍生工具融资。开展票据贴现融资、资信嫁接融资等方式,与深圳发展银行南京分行建立2亿元票据融资平台,争取到较同期人行基准利率再下浮10%的银行贷款;与张恒春制药公司进行资信嫁接,争取了工商银行总行3000万元财政部全贴息贷款;与银行反复磋商,用市场利率化手段保持建投公司存款取得较高的利息收益。

(芜湖市财政局供稿)

镜湖区财政工作概述

2003年,芜湖市镜湖区完成财政总收入15017万元,增长32%。其中地方收入完成8986万元,增长34%。全区财政支出7002万元,增长13%。年度预算执行情况良好,继续保持财政收支平衡。

【**培植有效财源**】一是强化服务意识,加大招商引资力度,积极营造良好的投资环境。全区各种所有制经济齐头并进,经济规模不断壮大,为财政收入增长奠定了良好的基础。二是突出工业主体地位,夯实税源基础,工业发展成为全区财政收入的重要来源。积极实施扶优扶强战略,大力扶持优势企业。通过加快改组改制,嫁接和盘活存量资产,促进企业管理不断优化,部分改制后的民营企业焕发新机,逐步步入"小巨人"企业行列,裕丰纺织、盛力制动、天华塑业、三丸电子、二环石油等企业产销两旺,经济总量进一步扩大,成为全区新的重点税源。个体经济税收也有较大幅度增长。三是推动第三产业快速发展。区内商业网点加快扩展,全区商贸零售业发展迅速。长街小商品批发市场继续保持皖南商品集散地的位置,商之都、肯德基、麦当劳等品牌商店的经营业绩较好,有力地支撑着商贸功能区的发展。

【加强收入征管】一是国税部门加大对重点税源户的监控,完善专业市场税收征缴办法。二是地税部门推行的有奖发票和税控机开票取得明显的成效。进一步整合稽查力量,通过协护税力量的介入,加大了税务稽查力度,全年代征地方税收500万元。三是加强对非税收入的征管,强化“收支两条线”管理,规范罚没和收费收入的管理。

【优化支出结构】一是在确保财政支出重点的前提下,着力支持教育、科技、文化、卫生等社会公共事业的需求;加大对背街背巷建设和公共厕所旱改水工程的投入;统筹用好政府偿债资金,维护政府融资的良好信誉,帮助企业的负债项目加快资金周转;增加安民帮困资金投入,健全促进再就业责任体系,全力保障特困群体的基本生活,全面落实企业军转干部的生活待遇政策,确保社会稳定。二是预算支出加大结构调整力度,合理分配资金,在保证了刚性支出的同时,确保了环西小学教学楼建设、部分校园撤并后改造支出的资金需求和政府公务楼基建还贷,青少年科普基地和社居委办公场所得到进一步改善,基本普及薄弱学校多媒体教学,基层社保工作平台全面实现办公自动化。三是完善区与街道的财力分配制度,加强对街道工作人员的工资性支出区级保障力度,提高街道税收分成比例,鼓励街道发展经济,参与协税护税,壮大街道的财力。四是积极落实职工福利货币化政策,全面实行职工住房公积金制度,推行事业单位职工失业保险制度,对机关工作人员通讯实行定额补助,提高了岗位津贴标准等。

【改革财政体制】一是全面推行部门预算,对部门预算实行人头经费确保,事业费按岗位职能和编制定额补助的办法,硬化预算约束,增强预算透明度。二是完善财政集中支付,全区纳入区财政结算中心实行集中收付、核算的行政事业单位共计68个,集中支付面占全区行政事业单位的95%。规范和加强了部门财务管理,民主理财制度和内部审计制度逐步建立健全。三是深化政府采购制度改革,不断扩大政府采购规模。通过规范政府采购操作规程,在报刊、网络上公布采购信息,充分发挥纪检、监察部门的监督作用等方式,加强政府采购管理。2003年,全区政府采购共接受采购项目10个,已完成项目9个,成交金额33万元,节约资金5万元。四是加快社会诚信体系建设,继续实施会计委派和集中会计核算等有效监管方式,推行社会中介机构对项目资金支出效率和效益评估、审计的试点工作。

(芜湖市财政局供稿)

马塘区财政工作概述

2003年,芜湖市马塘区财政部门紧紧围绕经济和社会发展的奋斗目标,坚持“抓好两头,确保中间”的发展战略,锁定目标不放松,坚定信心不动摇,奋力拼搏,扎实工作。全区财政收入完成16052万元,增长45.4%。全区财政支出完成8907万元,增长18%。

【地方收入创历史新高】2003年,全区地方税收入突破亿元大关,达11570万元,增长41.7%,占全区财政入收入总量的72%。地方税收入高速增长主要得益于:来自城南旧城改造税收约8000万元,占财政总收入近50%;高新区技术开发区建设速度加快,一批企业陆续进驻建成投产,培植了新兴税源;镇办工业园区、招商引资成效显著成为财政收入的新增长点。

【财政支出趋于合理】2003年,财政收入增幅较快,各项支出进度良好,在保证机关正常运转,保证社保、低保资金及时足额发放的同时,运用财政综合财力,保障教育、卫生和公检法的办案支出需要。基本建设支出2086万元,占总支出23.5%。其中:安排高新区建设支出1800万元,增长35%;镇级支出1770万元,增长22.1%。

【财政管理进一步规范】认真做好财政监督工作,依法理财,为政府管好财、用好财,充分发挥财政资金使用效率。完善财政体制,进一步明确区与镇办的预算收支范围和财政管理职权,合理界定区与镇办的分配关系,促进了全区经济社会事业持续发展。

【认真开展清产核资】开展全区预算单位清产核资工作,对全区预算单位基本情况,包括资产、负债,收支状况等进行全面的清理和核实。通过清产核资,为编制部门预算和细化预算提供真实可靠的依据。同时针对清查中暴露的问题进行建章立制,堵塞漏洞,对提高管理水平和国有资产使用效益及资源优化配置都有十分重要的意义。

【全面取消农业税】2003年6月27日,区十四届人大常委会第二次会议正式通过了区政府《关于我区农民免交农业税,切实增加农民收入情况的报告》,从2003年开始,全区农民免交农业税及附加,改由两镇财政承担,粮食补贴部分仍按要求发放给农民。

(芜湖市财政局供稿)

新芜区财政工作概述

2003年,芜湖市新芜区财政以税聚财、依法理财、大力推进和深化财政支出改革,财政工作取得了喜人的成绩。全区完成财政收入18800万元,增长44%。其中:中央收入7038万元,地方收入11762万元。全区完成财政支出8198万元,增长14%。

【发展区域经济】一是以区建投为载体,通过与建设银行的"银政合作"协议,加大投融资力度,为中江园区项目融资6000万元。美食街二期工程项目年底完成了规划设计。二是抓住龙头企业,并做好纳税跟踪服务,百万元以上企业共计16户。其中:金鼎集团、香苑房地产、中天印染纳税都在500万元以上。

【加强税收征管】一是继续落实《个体代征工作管理办法》和"银税一体化",调动各方面积极因素,减小漏洞,使偷税、逃税现象不断减少。二是财政加大服务力度,帮助众多受"非典"影响的企业度过难关,使损失减少到最低程度。三是及时调整政策,针对所得税继续分享和对出口企业实行"免、抵、退"政策以及建安企业下划等情况,及时研究,调整税收重点,制定有效措施,确保收入任务按时完成,使预算目标圆满实现。

【强化预算管理】一是继续推行综合预算管理,增强预算的透明度和计划性,提高预算安排的科学性和可行性,减少预算追加频率,增强预算约束力。二是支出安排有保有压,保障全区各项事业的发展。配合民政、劳动保障部门对低保金、退休金加大监管力度,做好检查督促工作,对低保对象实行动态管理,提高资金使用效率。三是对预算外资金继续实行"罚缴分离、收支两条线"管理,加大政府调控支出。预算外收入达780万元,支出640万元,政府调控支出29万元。

【深化支出改革】一是发挥会计核算中心作用,集中核算单位达112户。落实审批、现金管理、岗位责任等制度。全年共拒付款近3万元,退回纠正报销金额18万元,维护了财政纪律的严肃性。全面实行电算化操作,不断提高工作人员素质和工作效率。二是规范政府采购招投标工作。全年招标60起,预算资金838万元,中标资金683万元,资金节约率达18.4%。

(芜湖市财政局供稿)

鸠江区财政工作概述

2003年,芜湖市鸠江区财政运行情况良好。全年完成财政预算收入21566万元,增长27%。其中:中央收入11187万元,增长32%;地方收入10379万元,增长22%。完成财政支出9524万元,增长26%。

【促进经济发展】一是整合预算内外资金,建立财政、金融良性互动机制,构建银政合作融资平台,保证了工业园区前期基础设施建设资金的需要和重点企业技术改造资金的需求,促进经济可持续发展。二是加大社保基金征收力度,建立和逐步完善社会保障制度,提高农村最低生活保障水平,积极推进城镇居民最低生活保障制度建设。三是落实财政优惠政策,支持就业和再就业工作。四是积极筹措资金加快企业改制进程。五是加强对农村税费改革、粮食改革补贴、扶贫、优抚、救灾等资金使用的监督管理,将政策效益真正体现在农民身上。六是落实好"产业发展基金"、"科技三项费"等专项资金政策,支持骨干企业发展,鼓励企业技术改造,不断培植新的财源。七是根据"非典"防治需要,建立财政应急机制,安排防治资金47万元,全力保证"非典"防治资金支出需求。

【推进财政改革】一是深化预算管理改革。在区本级编制和执行部门综合预算,将预算内外资金收支统管,实行统一编制,统筹安排,综合平衡,提高了政府预算的前瞻性和准确性。二是推行政府采购制度。先后对区机关局域网极其配套设备进行招标采购,对机关行政、事业单位汽车修理和油料等项目实行政府集中采购,降低了政府采购成本。三是实行会计电算化,建立健全会计中心各项制度。通过政府招标采购方式配置了服务软件,实行会计电算化。建立了管理会计核算中心工作的各项制度,做到以健全完善的制度规范管理会计中心。四是依法管理、民主理财,公开办事程序,增强工作透明度。先后出台了《鸠江区财政资金使用管理规定》等规范性文件,建立并逐步完善工程(项目)资金和城市维护费、教育费附加、农业支出等专项资金拨付程序。

【坚持依法理财】一是认真贯彻落实《预算法》,着力构建事前审核、事中监督和事后检查相结合,涵盖预算编制 、预算执行、资金运行全过程的财政监督机制。加强资金使用的审核把关和支出资金的跟踪问效,杜绝挤占、挪用和损失浪费现象。二是继续加强对《会计法》执行、会计信息质量、重大财税政策及政策性补贴资金落实情况等方面的监督检查,坚持依法治税。三是对具有代表性的企业进行一次企业所得税税源抽样调查,优化投资环境,堵塞税收漏洞。

(芜湖市财政局供稿)

芜湖县财政工作概述

2003年,芜湖县依法组织收入,合理安排支出,预算任务完成情况良好。财政总收入完成25448万元,增长25.6%。财政支出完成29628万元,增长17.8%,实现了保工资、保运转、保稳定、保重点项目支出、保乡镇区划调整平稳过渡的目标。

【强化收入征管,保持收入稳定增长】一是年初从分析基础财源、税源入手,认真测算新的经济增长点和收入增长点,积极稳妥地安排收入预算。定期召开收入征管联席会议,加强财税部门协调配合。二是加大增值税、营业税、资源税等主体税种的征管力度,建立重点税源监控体系。增值税、营业税和资源税分别比上年增长20%、23.7%和35.2%,成为财政收入的主要增长点。科学合理征管企业所得税和个人所得税,帮助乡镇解决超所得税收入基数以上部分的财力返还问题。三是全面落实农业特产税改征农业税政策,开展农村税费改革规范年活动,农民负担进一步减轻。加大行政性收费、罚没收入、土地出让收入等非税收入的管理力度。

【推进支出改革,提高重点支出效益】一是深化公共财政支出管理,努力探索日常公用支出货币化改革,实行机关工作人员通信补贴货币化发放。实行工资统一发放制度,县财政全额供给单位的人员工资全部由银行统一发放。二是建立财政应急机制,筹集“非典”防控资金85万元。三是依法保障农业、科技、教育法定支出。四是积极筹措本级社会保障资金2472万元,争取省级社会保障资金补助1427万元,保证了“两个确保”、再就业和最低生活保障资金需要。五是稳步推进粮食补贴资金直接补贴农民改革试点,积极争取上级补贴资金,认真落实改革政策,共拨付农民粮补资金441万元。六是积极运用财政综合财力,加大公检法办案、装备及基础设施等投入,当年新增投入115万元。

【完善预算管理,改进传统理财方式】一是全面实行零基预算,完善部门预算。改革预算编制方法,做到收入预算列实,基本支出打足,内容细化,程序规范。成立预算编制论证委员会和预算追加听证委员会,自觉执行“先有预算,后有支出”规定,硬化预算约束,彻底改变了过去“一年预算,预算一年”的状况。二是国库集中支付制度和会计集中核算制度改革取得新进展,会计核算中心向农村学校延伸,将全县31所农村中学和143所农村小学,调整为59个会计核算单位,统一纳入县会计核算中心集中核算。三是政府采购制度进一步加强,采购范围进一步拓展,从货物、劳务采购逐步向项目工程招标延伸,实施了县农业综合开发三元镇子项目、花桥镇子项目工程公开招标。

【探索经营财政,增强宏观调控能力】一是实质性运营县建设投资有限公司,整合政府现有资源,打造政府融资平台,着力创新筹资方式。初步建立财政、金融良性互动机制,努力放大财政和金融资金效应。制定了《芜湖县金融机构考核奖励暂行办法》,以财政性存款、政府信用为资源,以奖励政策为手段,建立金融与财政“双赢”机制,鼓励金融机构积极融入地方经济发展。二是加大项目资金融资力度,降低财政融资风险。2003年县建投公司积极参与一号地块拆迁开发等各类城市基础设施改造工程,多元化筹集各类建设资金8170万元,有力地保障了芜湖机械工业园、市政道路、旧城改造等基础设施建设和经济发展的资金需要。三是成立债权清收小组,加强财政债权清收。2003年,依法起诉13个欠款企业和个人,采取多种手段收回财政周转金298万元。

(芜湖县财政局供稿　范家仁执笔)

繁昌县财政工作概述

2003年,繁昌县财政总收入完成33144万元,增长23.6%。其中:上划中央收入15479万元,增长27.4%;地方财政收入17665万元,增长20.5%。财政支出完成26814万元,增长12.6%。预算执行平稳,财政改革与发展势头良好。

【加强乡镇财政管理】县对已执行到期的原乡镇财政体制进行了修订。新一轮体制通过合理划分县乡财政收支范围,并将与乡镇经济发展密切相关的增值税地方留成部分由原来县级收入改为县乡共享收入。新体制的运行，极大地调动了乡镇增收的积极性，使乡镇的财力状况得到改善，财政运行质量明显提高。2003年，乡镇财政可用财力总额达到7235万元，增长36%。当年，乡镇一般预算支出实现6766万元，增长28.6%，高于县本级支出的增幅。

【推进财政支出改革】在全面推行行政事业单位会计集中核算的基础上，新设立了国库资金科，将所有财政专户资金进行集中管理，对全县财政预算内、外资金进行统一收付。加强对财政资金的管理与监督，保证了预算的正确执行。会同县纪检监察部门制定了通讯补贴货币化改革的实施方案。逐步建立规范、高效、运转正常的采购程序，将公开招标、询价招标、邀请招标等多种形式有机结合起来。实施政府采购78批次，采购预算资金600万元，实行采购金额526万元，资金节约率为12.43%。

【完善社会保障制度】加快城市居民最低生活保障制度建设步伐，把人均收入低于当地最低生活保障标准的城市居民全部纳入低保范围，做到"应保尽保"。为维护社会的稳定，确保全县离退休人员基本养老金和失业人员救济能够按时足额的发放，加大了社保资金的调度力度。每月都能及时地拨付社保资金，保证了养老金和救济金按时发放到个人手中。

【支持县域经济发展】财政统筹安排产业发展基金1610万元，对安徽双鹤药业、荻港海螺等数家招商引资骨干企业和税源大户进行了扶持。2003年三山工业园入园企业19户，实现利税达5000万元。县财政拨付贴息资金410万元，用于县办工业园区基础设施、部分基本建设项目的贷款贴息。以建投公司为载体，建立财政、金融互动合作机制，通过银政合作争取银行授信资金1.8亿元，其中已取得项目贷款5000万元，初步缓解了工业园区建设资金不足的矛盾。

(繁昌县财政局供稿　陶平繁执笔)

南陵县财政工作概述

2003年，南陵县财政收入17213万元，增长26%。其中：地方收入12366万元，增长22%；中央收入4847万元，增长36%；财政支出完成23759万元，增长12.9%。

【预算管理】一是全面推行部门综合预算，对县直44个一级预算单位编制了综合预算，将部门的所有预算内外收入全部纳入政府预算统一管理，对其支出需求，在综合考虑单位预算内外资金来源后予以安排。实现了"保工资、保运转、保稳定、保发展"要求。二是继续实施"零基预算"，结合各部门性质、人员及业务开展等情况，分类确定各单位财政供给标准，保证机关运转和事业发展的基本需要。三是及时调整了县、乡镇财政国库资金留成比例，确保了乡镇的正常运转。逐步建立科学、合理并具有一定保障能力的一般转移支付制度，指导乡镇财源建设，推进乡镇财政全面、协调、健康发展。

【农业开发】一是积极争取上级财政扶持项目资金。共争取财政支农项目4个，扶持资金140万元。二是完成2002年度东七土地治理项目、峨岭农业生态项目、太丰优质粮油项目建设任务。三是编制上报了2003年度黄墓土地治理、黄墓优势农产品、东河优势农产品项目、东塘磨菇多经项目扩初设计并被批复，已全面开始实施，总投资达870万元。四是编制上报了世行贷款IPM项目，完成世行贷款IPM项目申报所有前期准备工作。

【政府采购】一是通过电视、报纸等新闻媒体宣传政府采购法，提高社会各界对政府采购工作的认识。二是继续完善和规范政府采购程序，对纳入政府采购范围内的项目，严格按照申报确定采购形式、具体实施步骤执行，严格按规定办事，深入市场调查；做好采购文件编制和说明工作；邀请监察、审计和政府采购特邀监督员参与监督。三是对符合公开招标的采购项目一律公开招标采购，通过《芜湖日报》及其南陵版、县电视台等新闻媒体公开发布信息，进一步规范政府采购工作。

【财政监督】一是对全县221个预算单位资产进行了清理，并先后对县粮食、经贸、公安、建委系统的国有资产进行了评估、确认、立项等工作；并通过企业产权年检手段，对全县24户企业国有资产进行监管。二是扩大了公积金的缴存面，提高了其缴存比例。同时，对公积金逾期贷款人员进行清理，采取多次催交、罚息、扣划担保公积金等一系列措施，确保贷款资金的安全回收。三是规范县建投公司运作，积极探索银行与政府间的信贷合作之路，多渠道筹集资金，支持县重点工程项目建设。积极向省、市财政部门争取有关转移支付、补助资金。

(南陵县财政局供稿)

宣城市财政工作概况

宣城市财政工作综述

2003年,宣城市完成财政收入123696万元,同比增长12.5%。其中,地方一般预算收入完成73279万元,同比增长15.3%。全市一般预算支出完成167314万元,同比增长14.5%。加税收返还、转移支付和专项补助收入,当年实现财政收支平衡,略有结余。

【依法加强财政收入征管】 一是各级财税部门加大依法组织收入的力度,建立健全组织收入的岗位目标责任制,年初将财政收入任务分解落实到各征收单位,责任到人。"非典"疫情出现后,各征管部门采取重新分解落实收入任务等针对性措施,减少"非典"对收入造成的不利影响。二是不断改进和强化税收征管手段,提高征管水平和效率。加强同银行、公安等部门的协调配合,完善协税护税网络,建立税收征管保障机制,坚决打击偷、逃、骗、抗税等违法行为。积极挖掘税源潜力,拓宽税基,开拓新的收入增长点。三是全面实行农业税"厅点征收、计算机管理"的征收方式,规范征收行为。四是进一步加强"收支两条线"管理,认真执行"收缴分离、罚缴分离"制度,完善管理办法。

【推进粮食补贴方式改革】 一是市政府及时成立了政府主要领导为组长的粮补改革工作协调小组,各县市区均成立了相应机构。二是全市上下按照"五个到户,六个不准"的要求,采取各种有效形式进行宣传发动。三是在广泛调查研究的基础上,结合各地实际,制定了粮补改革实施方案。经省批准的粮补改革方案由市粮补改革工作协调小组批复到县,再由各县市区批复到乡镇。四是市粮补改革工作协调小组于2003年8月底对各县市区进行了全面督查,确保粮食补贴资金及时、足额兑付到农民手中。截至2003年底,全市向农民兑付粮食补贴资金1763万元,占应兑付资金的99.6%。

【落实农业特产税改征工作】 一是各县市区在认真调查研究的基础上,进一步完善农业特产税改征方案,8月底前将调整方案上报省财政厅。二是依据调整方案按时重新编制了到户的《农业特产税改征农业税征收清册》。三是实行纳税通知和公示制度。四是全面推行"厅点征收、计算机管理"的征收方式。五是认真落实政策。郎溪、广德、宁国、绩溪4个县市取消了农业特产税,也不改征农业税,其他县区只对茶叶、原木、原竹等征收农业税。

【深化公共财政支出改革】 一是根据省政府和省财政厅的统一部署,按照"一年到位,两年完善,三年规范"的总体要求,各级财政部门积极贯彻落实,不断充实和完善改革的配套措施。二是进一步完善行政事业单位工资统一发放、行政事业性收费收缴分离和罚缴分离等改革。三是实行部门预算编制改革,提高预算编制的透明度,增强预算的约束力。从2003年开始,市本级全面实行部门预算编制改革。旌德县、广德县在编制2004年预算时已试编了部门预算,郎溪县、泾县和绩溪县在编制2003年预算时开始试编部门预算,宣州区、宁国市在编制2004年预算时也开始试编部门预算。四是2003年进一步扩大集中支付范围,纳入国库集中支付的单位达96个,占财政供给预算单位数的72%。同时,进一步优化国库集中支付业务流程,采用全省统一的业务软件,实行计算机管理。五是各县市区在进一步规范预算项目备选制度、预算论证管理办法、预算追加听证办法等基础上,积极推进县乡财政管理方式改革。广德县于2003年8月开始进行"乡财县管乡用"的乡镇财政管理方式试点改革。

【确保工资发放和社会保障】 一是进一步规范保障工资正常发放的机制。在预算编制上首先保证人员经费的需要,在预算执行中,进一步完善工资专户和银行代发办法,积极向上争取调度资金,优先保证机关事业单位职工工资的正常发放。二是积极研究解决地方性津补贴的发放,特别是农村中小学教师省定津补贴的发放。大部分县市区以县为单位统一了农村中小学教师和县直单位公务员津补贴的发放标准,并确保按时发放。三是积极做好社会保障资金供给工作。全市各级财政部门通过调整财政支出结构,压缩一般性支出,积极向上级争取社会保障资金转移支付,集中调控部分预算外资金等形式,增加对社会保障资金的投入。2003年社保支出9225万元,同比增长43%。四是继续加强社保资金管理,将社会保障资金全部纳入财政专户管理,严格实行"收支两条线"管理,加强对社会保障资金的监督检查,确保社保资金安全。

【支持经济建设和社会发展】一是拨付企业挖潜改造资金4637万元,促进招商引资工作,支持重点企业的发展。二是拨付基本建设支出12939万元,积极支持社会事业发展。三是争取中央、省农业综合开发和农业生产专项资金9247万元,支持农村经济发展。四是实施外资贷款项目。2003年已下拨到项目单位世行贷款人民币1637万元;申请外国政府贷款项目5个3339万美元(折合人民币约27714万元);实际到位外国政府贷款项目4个1176万美元(折合人民币约9760万元)。五是配合有关部门办理国债转贷和财政贴息项目资金5279万元,用于城乡道路和基础设施等建设。

(宣城市财政局供稿)

宣州区财政工作概述

2003年,宣州区实现财政收入23100万元,占全年财政收入预算的102.6%,同比增长8.4%。财政支出30991万元,同比增长10.6%。加税收返还、转移支付和专项补助收入,当年实现收支平衡,略有结余。

【加强收入征管】一是依法加强税收征管。加大对重点税源的监控力度和代征代扣税收的管理力度,实现税收的动态管理;进一步细化征管,将所有纳税户和纳税企业纳入计算机管理,坚持提高申报率与申报质量相结合;积极清理欠税,对重点欠税企业加大欠税清收力度;加强对改制企业资产转让税收的监管,确保改制过程中资产转让形成的应征税款及时入库。二是加强"收支两条线"管理。与监察、物价、审计等部门协作,对区直48个单位开展专项检查,严格票据管理,坚持"以票管费"。全年组织预算外收入8127万元。三是开展了以"税收规范化"为中心的"财政税收宣传月"活动。深入宣传动员,狠抓各项税收征管。四是抓好水利基金的征收工作。全年共征收水利基金173万元。

【深化支出改革】一是严格支出管理,保证重点支出的需要。针对"非典"疫情发生后财政减收增支的特殊情况,对区直各单位的办公经费、业务费在年初安排预算的基础上压缩10%。同时,合理拨付资金,优先保证区乡两级工资及"非典"防治、社会保障、防汛等方面的支出。二是进一步规范政府会计中心的管理。加强对各单位审核,实行"收支进度反馈制",对日常消费性支出继续实行货币化补贴,出台了固定资产登记管理办法,进一步完善备用金领用制度。三是强化政府采购管理。年初编制政府采购计划,把好采购关口,坚持公开透明、客观公正、按规定操作,不断提高政府采购的成效。2003年政府采购预算资金为933万元,政府采购支出790万元,规模比2002年翻了一番多,节约资金143万元,资金节约率15%。

【巩固税改成果】一是做好农业特产税改征农业税试点工作。制定了《宣州区农业特产税改征农业税试点工作实施方案》,保留烟叶产品对收购部门的征收,原木原竹改征后的农业税委托林业部门代扣代缴,不再核定到户,取消对水产品征收改征后的农业税。二是完善农业税征收方式改革。在已形成的农业税三级纳税网络的基础上,提出了"厅点征收、计算机管理"的新思路,逐步完善了以镇乡纳税大厅为主、各征收点或流动征收点为辅,相互补充的征收体系,实现了纳税农户主动到纳税大厅及征收点缴税的比例达90%以上,计算机开票率达85%以上。三是规范征收,坚持"四个到位",明确"五项规定",做到户交户结。四是规范农业税减免政策,严格减免操作程序,做到公开、公正、公平,确保各项减免资金落实到户。五是强化农税稽查和依法征收工作。

【实施粮补改革】一是深入调研,认真测算,制定了《宣州区粮食补贴方式改革工作实施方案》。二是规范操作,稳步实施,坚持"五到户、六不准",全方位立体式开展粮食补贴方式改革的宣传工作,坚持粮补清册编制到户,张榜公布到户,粮补通知书发放到户。三是设立粮食直补资金专户,采取"厅点发放结合,以厅为主"的兑付方式,确保粮补资金的及时兑付。四是加强督查,确保落实,与纪检、粮食、农发行密切配合,对全区26个镇乡办事处粮补改革工作开展调研和专项督查,确保粮补改革各项政策的落实。

【支持经济发展】一是积极开展"招商引资全面推进年"活动,全年累计拨付外来企业奖励资金567万元,完成招商项目2个,引进资金324万元。二是积极实施农业综合开发。对项目区进行全面检查、验收,做到软、硬件规范,顺利通过省、市农业综合开发3年项目总验收;2003年编制财政支农支出项目标准文本20项,进入市级项目库;争取上级财政资金557万元。三是积极支持企业改制工作。参与纺织厂、硫酸厂、井边水泥厂、向阳建材厂等破产企业的债权申报工作和改制工作,筹措资金支持改制企业对职工身份的置换,发挥了财政职能作用。四是做好会计基础工作。全年举办了10期会计人员继续教育培训班,培训学员1000人,举办了4期会计电算化培训班,培训会计人员167人。五是认真做好国债项目资金的管理工作。对全区国债资金2055万元加强管理,监督使用,保证项目的顺利实施和资金的合理使用。

(宣州区财政局供稿)

郎溪县财政工作概述

2003年,郎溪县财政收入完成7119万元,同比增长11.2%;全县财政支出完成14771万元,同比增长14.7%。加上税收返还、转移支付和专项补助收入,当年实现收支平衡,略有结余。

【加强收入征管】一是建立制度。在认真摸排税源的基础上,制定并实施了《关于下达财政收入考核任务和分月进度的通知》,将任务及时下达给各基层征管单位。二是依法治税。着力于强化税收征管,坚决打击各种偷税、逃税、骗税、抗税行为,并努力克服"非典"疫情和政策性增支减收因素的影响,挖掘税收潜力,为全面完成全年财政收入任务奠定了基础。三是突击午征。在农业税午征工作已有成功经验基础上,大力推行"三定征收,计算机管理"征收方式,扩大"三定"征收范围,逐步实现农民主动到纳税大厅和代征点缴纳税款,全县农业税午征入库796万元,占全年农业税任务47.4%,创历史最好水平。四是继续加强对各项非税收入的征管。加强对执收执法单位的财务管理和检查监督,建立健全预算外收入正常征收的机制,将应纳入预算管理的各项行政事业性收入和罚没收入及时缴入国库。

【确保工资发放】一是合理安排预算。全面推行了部门预算,真正做到了"一个部门、一本预算",坚持过紧日子、过苦日子,严格按照保工资、保运转、保重点、保稳定的原则安排支出预算。二是加强支出管理。由于"非典"疫情发生,增支减收因素增多,加剧了收支矛盾,县财政及时下发了《关于做好当前增收节支工作的紧急通知》,就确保"非典"防治经费,调整支出结构,严格控制非生产性支出,严格控制预算追加,加强资金调度等方面提出了明确的要求。三是确保预算内工资按时发放。将全县保障工资发放范围从"国标"部分扩大到财政预算内负担的全部工资,下发了《关于加强行政事业单位工资发放管理工作的通知》和《关于加强农村中小学教师工资发放管理工作的通知》,就工资申报、工资审核、申报时间和申报程序做了明确规定,并全部实行银行代发,促进了工资支出的规范化。

【推进财政改革】一是深化农村税费改革。制定出台了《郎溪县农业特产税改征农业税实施方案》,取消除烟叶外的农业特产税,完善农业税制,规范农业税征管,减轻了农民负担和乡镇财政压力。二是深化"收支两条线"改革。制订下发了《关于深化"收支两条线"改革进一步加强财政管理的通知》、《关于将部分行政事业性收费纳入预算管理的通知》和《关于将部分政府性基金纳入预算管理的通知》,就纳入预算管理的项目、操作程序等做了具体的规定,进一步规范了财政财务管理。三是稳步推进政府采购制度。2003年共实施政府采购205万元,节约资金7万元。四是稳步推进粮食补贴方式改革。认真做好粮补改革前期各项准备工作,吃透政策、算好细账、周密组织、精心操作,政策宣传做到进村入户。严格执行"五到户,十不准"粮补纪律,粮补资金在规定的时间内全部发放到农户手中。五是积极实施通信货币化改革。全面推行通信货币化改革工作,规范通信补贴管理,严肃了财经纪律。

【完善社会保障】一是加强基金征管,保证基金收支正常运转。采取有效手段,加大基金征收力度,征收覆盖面扩大,征缴率提高。2003年社保基金总收入1804万元,占预算任务的128.9%。同时,进一步加强基金支出管理。一方面,严格审查享受对象,杜绝虚报冒领;另一方面规范拨款程序,实行社会化发放。二是搞好"两条防线",促进社会稳定。依据有关政策,及时给破产、改制企业失业人员办理失业金发放手续,按月足额发放失业金,保障了他们基本生活需求。开展了城乡居民最低生活保障核查建档工作,为保证低保工作的科学合理打下了较好基础。三是加强公费医疗管理,保障"两种人"医疗待遇。实行"两种人"医疗费统筹,使分散在各企事业单位的49名离休干部和16名二等乙级以上伤残军人,与原享受公费医疗的104名离休干部和61名伤残军人享受同等的医疗待遇。四是多方筹措资金,搞好社区平台建设。及时筹建21个社区,并多渠道筹措建设资金,保证社区建设四到位,各项工作顺利运转。

【促进事业发展】一是抓住国家继续实施积极财政政策机遇,积极争取国家基建项目资金用于城市防洪建设、市政建设、城乡道路建设等项目,改善了基础设施条件,提升了城市整体形象。二是加强农业基础设施建设,提高农业综合生产能力。认真组织农业综合开发项目编制申报工作,加强项目实施过程中的监管,使得农业综合生产能力进一步提高。三是加大财政扶贫开发力度,支持农业产业结构调整。积极筹备项目,组织部分农业和扶贫项目向上级申报,想方设法挤进上级项目库。四是依法增加教育和公检法等部门投入,推动社会事业的全面进步。2001—2003年,利用争取中央和省级危房改造专项资金和县配套及其他资金投入,共实施危房改造项目48个,基本消除D类危房。利用争取中央政法装备专款、中央政法维修专款,通过3年规划和项目逐年实施,充实政法部门技术装备,提高了政法部门办公条件和办案能力。

【强化财政监督】一是对行政事业性收费项目、标准、范围及项目批复进行全面清理审核,对符合规定的继续保留,对不符合规定的坚决取消。对社会关注的中小学收费情况进行重点检查,要求坚决按规定标准收费,对提高收费标准的自立项目责令其限期退回,并对责任人进行了处罚,检查取得了预期效果。二是深入开展"收支两条线"专项检查工作。加强"收支两条线"执行情况监督检查,及时形成书面处理意见,对违纪严重的单位进行了处罚。三是加强会计基础工作管理和会计诚信建设。开展了会计信息质量检查,切实履行财政部门的会计监督职责。

(郎溪县财政局供稿)

广德县财政工作概述

2003年,广德县财政工作紧紧围绕"工业兴县、竹业富民"这个大局,以组织收入为中心,以财政改革、招商引资为重点,全年财政收入共完成17117万元,同比增长17.7%;财政支出完成24815万元,同比增长17.8%。

【加强收入征管】一是全面贯彻落实农业税改征政策,在全县特产税停征的情况下,全年共完成农业四税收入2002万元,占调整预算的111.8%,确保了全年收入目标的完成。其中,农业税完成1721万元,占调整后任务的100%;耕地占用税完成25万元,占任务的125.4%;契税完成256万元,是任务的5.1倍。同时,加大了对"钉子户"、"难缠户"尾欠清收的执法力度,全年共上门稽查123户,法院强制执行30户,收到了良好效果。二是狠抓了非税收入的征管。全年共实现非税收入2310万元,占预算任务的126.9%,增长78.4%,增收1015万元,弥补了落实税改政策减收的缺口。三是强化了预算外收入和行政事业性收费的管理,财政专户共实现收入14565万元,增长5.8%,净增796万元。四是努力做好养老、失业和医疗保险基金征收任务的完成。全年共实现"三金"收入1880万元,占任务的126.3%,净增392万元。

【严格预算管理】一是按照"保工资、保运转、保重点、促发展"的原则,确保全县财政供给人员工资按国家规定的标准按时发放,确保企业养老、失业、下岗职工基本生活和城镇居民最低生活保障资金的落实,确保了重点工程的资金需要。二是消化了历年乡镇体制结算债务1381万元和公费医疗历年拖欠款96万元,较好地保证了各项工作的正常运转。

【深化财政改革】一是继续深化公共财政支出改革。进一步规范县直各单位"二上二下"的预算编制程序,此项工作已走在全省前列;继续加强"收支两条线"管理,对各种基金、附加、行政事业收费实行计算机开票、收支脱钩、网络管理。同时,规范了国库集中统一支付办法;政府采购首次突破1000万元大关,节约率达10%,县会计核算中心会计基础工作顺利通过省市验收;县公共财政支出改革获得了全省2000—2003年综合评比一等奖。二是继续深化农村税费改革。全面实施农特税停征工作,使农民负担再次减轻。建立了以乡镇纳税服务厅为主、村流动征收点为辅的"三定"征收网络,"三定"征收和计算机管理面已达60%。三是稳步推进粮食补贴方式改革试点工作。制定了《广德县粮食补贴方式改革实施方案》。严格按照"五到户、六不准"的要求落实资金兑付工作,有效地增加了农民收入。四是积极开展乡镇财政管理方式改革试点工作。柏垫、赵村两试点乡镇的改革,取得了良好成效,为2004年在全县推开打下了坚实的基础。

【促进经济发展】一是完善乡镇财政管理体制,促进乡镇经济发展。年初对现有体制作了进一步完善和补充,重新界定了县、乡税源,明确县、乡任务,制定考核办法,严格收入考核。实现了县、乡收入同步增长,呈现出了县、乡财政健康协调发展的良好局面。二是加强财源建设,突出支持工业经济发展。及时兑现财政扶持政策和招商引资奖励办法,积极筹措资金偿还工业园建设借款,按时拨付各种专项资金,积极服务于全县经济加快发展。三是农业综合开发成效明显。县2000—2002年农业综合开发项目获国家验收全省唯一优良项目县,为县农村经济的发展打下了坚实的基础。四是精心组织,大力开展招商引资工作。通过一系列努力,江苏宜兴铸铜加工企业广德县通源电工材料厂已落户县工业园,项目计划总投资8000万元,3500万元的一期工程已竣工并进入试产阶段。

【强化监督检查】 一是聘请县人大、审计、监察、人行等部门相关人员为财政监督检查员,配合监督工作,拓宽监督领域。二是按照《会计基础工作规范》的要求,对春训基础业务考评中存在的问题及时下达限期整改通知书,并逐一检查整改落实情况,促进了会计基础工作的规范化。三是对乡镇财政所丢失票据事件进行严肃查处,对县财政历年周转金、往来款进行认真的清理和处理,实行集中统一管理,规范了财政性资金的运行行为。同时,按照省市财政部门要求,对会计信息质量、"收支两条线"、煤矿税收、退耕还林落实情况等进行了专项检查,追缴资金129万元。四是积极配合全县"双清"工作;组织开展农业税收政策执行情况和征管工作情况的检查,规范税收征收行为,夯实业务基础,保证了减免政策的落实。

(广德县财政局供稿)

宁国市财政工作概述

2003年,宁国市加快发展步伐,成为安徽省县域经济的排头兵,带动财政收入持续稳定增长,全年完成财政收入36951万元,增长14.4%。其中,地方一般预算收入18896万元,同比增长14.5%。完成财政支出30676万元,同比增长8.7%。加税收返还,转移支付和专项补助收入,当年实现收支平衡,略有结余。

【预算执行】 一是财税部门同心协力,紧密配合,大力推进依法治税,取得成效。国税部门加大收入征管考核力度,加紧清理欠税和稽查工作,积极争取出口生产企业"免、抵、退"指标;地税部门深化信息化支撑下的税收征管改革,推行"刮刮乐"发票奖励方式,有力促进了营业税和个人所得税增收。财政部门紧抓城市发展的机遇,实现契税756万元,增长304%;强化非税收入管理,保证罚没收入和行政性收费收入的及时足额入库。二是妥善安排资金,财政支出有序进行。为使有限的财政资金发挥最大效益,为全市社会经济和各项事业的全面健康发展提供保障,市财政严格按照年初预算有序进行支出,全市一盘棋,不乱开口子,维护预算执行的严肃性;在确保市乡两级工资支出的同时,妥善调度资金,突出重点,大力压缩一般性支出,加大对社会保障和重点建设项目的投入,各类社会保障支出4063万元,占总支出12%;建设性支出7650万元,占财政总支出22.7%。

【财政改革】 一是巩固完善会计中心核算制度,保证财政资金合理合法使用。二是稳步推进部门预算改革,选择五个单位进行试点,按照"零基预算、综合预算"的方法,统筹部门预算内外资金,划分基本支出和项目支出,预算编制做到公开、公正、透明、规范。三是积极探索国库支付制度改革,将所有财政性资金纳入国库单一账户体系,试行国库直接支付,进一步提高了财政资金使用效率。四是深入推进政府采购制度改革,制定了政府采购目录及标准,组建"政府采购咨询评审专家库",规范、科学、透明的采购管理体制正在形成。

【乡镇财政】 一是根据"两放开、一调整"的要求,推进粮食补贴方式改革,及时兑付粮食补贴资金98万元。二是开展"农村税费改革规范年"活动,引导农民发展优质高效特色农业。积极向上争取税改补助资金320万元,保证了基层政权的正常运转。三是积极参与新型农村合作医疗改革试点工作,筹集资金602万元,加强农村合作医疗基金管理,保障农民医疗费用及时兑现。四是增加对农业发展的投入,积极争取各项农业发展资金,支持农业产业化发展。五是加大乡镇财政帮扶力度,在乡镇财政扶持和管理上因势利导,出台《宁国市乡镇工商税收奖励分成实施细则》,对市乡财政分配体制作进一步完善。

【国资管理】 一是加强行政事业单位资产管理,全年共对20多个单位的资产进行了账务调整。二是参与企业改制,服务经济建设。参与52家国有企业改制工作,对5家企业改制评估项目进行了核准,批复2家企业国有资产退出企业运营。三是加强国有股权、债权管理,收取国有股权转让收入15万元,专项用于经济开发区基础设施建设。解决了原林佳公司破产抵偿财政债权土地历史遗留问题。清收财政周转金617万元、物资84万元。

【经济建设】一是按照规定对全市土地出让金实行集中统一核算管理,全年共完成收入13555万元,支出9798万元,调入金库土地出让金净收益1700万元。二是筹集干线公路资金470万元,保证了重点建设项目资金的需要。全面完成上级下达的水利基金征收任务,入库247万元。三是加强外国政府贷款建设项目资金管理。市自来水厂10万M3/d利用奥地利政府493万欧元贷款项目的批文已到位。同时,与有关单位配合对上争取国债补助资金200万元及国债转贷资金200万元,市医院利用芬兰政府270万美元贷款设备采购项目也进入实质性阶段。四是参与国有资产投资运营有限公司项目资金管理,完善公司各项财务管理制度,及时拨付建设资金,保证宁国大道等项目建设的顺利进行。

【会计管理】一是财政部门及时转变观念,改变过去单纯依靠行政命令的做法,以服务为根本、以注重实效为原则,大力开展会计人员继续教育,分别对农村中小学、市直行政事业单位、重点企业财务人员进行了培训。2003年共举办会计人员继续教育培训班7期,培训人数达400多人。举办会计法知识讲座8期,参加人员500余人。举办会计电算化培训班4期,培训学员70人。二是完成珠算等级鉴定50人次,合格率80%,为经济发展培养了一批高素质的会计人才,也为财政改革的推进奠定了人才基础。

【财政监督】一是严格执行《预算法》,坚持市长一支笔审批制度,有效地杜绝了乱拨款、乱借款、乱担保的现象。二是继续发挥会计中心的支出平台作用,按照“三权”不变原则,对统管单位每笔收支业务实施全过程监督,共拒付单位不合理的支出101笔,资金达110万元,提高了财政资金的使用效率。三是加强对会计质量的监督,完成市直7家单位、3个乡镇及部分企业的检查,进一步规范单位和企业财政财务行为。四是组织开展“收支两条线”专项检查,会同有关部门对76个重点单位公改后的财政性资金收支及银行账户管理情况进行了检查,清理银行账户92个,掌握了个别单位的违规情况,并及时下发了“限期整改通知单”,督促单位进行规范,找准公共财政改革存在的薄弱环节,为经济发展和各项改革的推进创造良好的环境。

(宁国市财政局供稿)

泾县财政工作概述

2003年,泾县财政收入完成11566万元,同比增长7.2%。其中:地方一般预算收入6956万元,同比增长6.2%。全县财政支出20163万元,同比增长16.5%。加税收返还、转移支付、专项补助,实现了收支平衡,略有结余。

【收入征管工作进一步强化】一是继续坚持目标考核奖惩责任制,将收入任务分解,并责任到人。二是改进税收征管手段,加强了税收稽查工作,有力地打击了偷、逃、骗、抗税等违法行为。三是按照“分级管理、动态监控”的原则,建立税源台账,按月采集信息,实施税源动态管理。四是积极推行服务、娱乐业有奖发票工作,规范发票使用行为,动员社会监督执行,促进服务娱乐业税收征管工作。五是认真梳理现行各种税收和规费优惠政策,严把政策兑现审查审核关。六是继续推进行政事业性收费和罚没收入收缴分离、罚缴分离制度和征管网络建设,不断完善非税收入征管机制。七是按月进行财政预算执行情况分析,针对预算执行中存在的不足和问题,及时调整征管方式。

【税费改革成果进一步巩固】一是严格按法定税收征管程序收税,依法规范开展农业税征收工作。二是加大农业税服务大厅建设力度。全县有16个乡镇建立了农税服务大厅,占76%。三是采取“定任务、定时间、定地点”方式征收农业税,全部实行计算机管理,计算机开具农业税票率达60%以上。四是推进文明征税。聘请了农业税代征员446人,代征员上农户宣传农税政策,催缴催收,全年无一例强行上门扒粮拿物现象发生。五是开展了农业特产税改征农业税工作。除保留木竹、茶叶两品种改征农业税外,取消了其他农业特产税。改征后,减轻农民负担258万元,人均减负8.7元,改征工作取得了成效。六是积极稳妥地开展了粮食补贴方式改革工作,严格按照‘五到户、六不准”的要求实施粮食补贴方式改革,将粮食补贴资金直接发放到农户。

【财政支出改革进一步深化】一是加强政府采购工作。广泛深入宣传《政府采购法》,实行采购、验收、支付三权分离;不断扩大政府采购的范围和规模;完善政府采购监督机制,聘请人大、政协、监察、审计等部门的同志担任政府采购监察员,并将司法公证引入政府采购工作;全年完成采购项目198个,预算采购资金674万元,节约资金87万元,资金节约率达13%。二是加强会计核算工作。对各岗位会计进行了轮岗,规范运作程序,简化办事手续;完善了《内部管理制度》,公开服务承诺,强化服务意识;加强学习和培训,提高了业务技能;严把了资金领用、报销审核关,累计审核剔除统管单位不合法(规)支出金额167万元。三是将第一次未纳入统管的单位及部分单位保留的专户资金全部纳入会计核算中心管理,统管面达100%;积极配合审计部门开展财务审计24例,配合税务部门稽查32例,有效地堵住了税收的流失。

【财政资金管理进一步加强】一是财政部门严格按指标、按时序进度,结合资金调度情况拨付资金,有预算不超支,无预算不开支;规范了预算编制和追加程序,硬化了预算约束机制,加强了预算外资金管理。二是强化"收支两条线"改革,将收入比较稳定的行政性收费按80%的比例纳入预算;完善综合预算管理,并制定相应的奖励约束机制;严格执行收(罚)缴分离制度,规范预算外资金收费行为,查补入库预算外资金58万元;预算外资金统管面达100%,入专户管理资金9291万元,专户缴存率达99%。三是加大财政专项资金管理力度。全面实行财政专项资金县级报账制度;加强乡镇行政事业单位"零户统管"工作,完善相关制度,强化财政监督,提高了财政资金综合使用效益;加大"工资专户""支出专户"的监督管理力度,确保工资的发放和必要的经费支出,促进了农村社会事业的发展;开展专项资金使用管理情况检查工作,发现并纠正部分单位截留挪用财政资金问题,严肃了财经纪律。

【支持经济成效进一步显现】一是积极参与县企业改制工作,盘活企业存量资产,严防国有资产流失。二是筹建县土地收储中心,通过收储、公开拍卖,经营城市存量土地。全年公开拍卖土地收益及土地出让金收入3413万元,净收益除用于企业改制成本外,全部用于全县的基础设施建设,改善了城市面貌和投资环境。三是积极配合省审计组对县粮食购销企业第三轮的财务挂账审计工作,初步认定挂账资金5526万元,为县财政和粮食企业卸掉了包袱。四是为鼓励招商引资,支持企业发展,返还企业上缴的地方税收392万元,兑现招商引资优惠政策。五是编报财政基本建设项目,争取到上级拨款149万元;积极申报国债项目,争取到国债资金470万元,支持了县域经济建设。

(泾县财政局供稿)

旌德县财政工作概述

2003年,旌德县完成财政收入5006万元,同比增长10.6%。其中,地方一般预算收入完成3403万元,同比增长8.3%。完成财政支出11476万元,同比增长21.3%。

【加强财政收入征管】一是认真落实全年财政收入任务。年初及时召开全县财政工作会议,将全年收入任务分解下达到各乡镇和各征收部门,层层进行落实。二是制定出台了《旌德县县乡(镇)第三轮分税制财政体制实施办法》,合理划分县乡收支范围,进一步增强乡镇组织收入和当家理财的积极性。三是制定了《2003年乡镇财政所岗位责任考核评比办法》,健全收入考核机制。四是依法强化税收征管,做到应收尽收,切实加强零星税收征管,堵塞税收漏洞。五是加大非税收入征缴力度,对有关部门实行行政性收费纳入预算管理,严格收、罚缴分离制度,确保财政资金及时足额缴入国库和财政专户。

【推进粮补方式改革】一是县政府成立了粮食补贴方式改革领导小组,并从各成员单位抽调精干人员具体负责粮食补贴方式改革的日常工作,为顺利推进全县改革提供了强有力的组织保证。二是加强政策宣传,营造广大农民群众积极支持和拥护改革的良好氛围。三是精心制定改革方案。制定了《旌德县粮食补贴方式改革实施方案》,按照省里批复,认真核批乡镇改革方案。及时将138万元粮食补贴资金全部发放到农户手中,受到农民欢迎。

【巩固农村税费改革】一是制定了2003年全县农村税费改革工作意见,明确了全年税改总体工作目标,切实巩固税改成果。二是稳妥推进农业特产税改征农业税工作,取消了部分应税农特产品的农业特产税,进一步减轻了农民负担。三是积极开展农村税费改革规范年活动,全面实施新型农业税征管模式。四是加强农业税执法主体建设,财政农税分局和农税办税服务厅正式挂牌运行。五是重点加强对农村中小学、农民建房、计划生育、婚姻登记、农机、水电费等涉农收费的监督检查力度,完善了涉农收费许可证制度、公示制度和农民负担监督管理制度,切实规范各项涉农收费行为。

【深化财政支出改革】一是进一步调整优化支出结构,合理调度资金,确保全县工资正常发放和社会事业的全面发展。二是进一步完善综合财政预算,积极推行部门预算,深化财政国库制度改革,逐步将预算外资金纳入国库统一支付。三是切实加强会计基础工作规范化管理和会计核算中心制度建设,强化会计监督,进一步提高了会计集中核算水平和为统管单位服务的水平。四是进一步深化"收支两条线"管理改革,扩大政府采购范围,规范政府采购程序。全年实行政府采购54宗,集中采购247万元,节约财政资金21万元。

【加大社会保障投入】一是积极配合卫生部门开展"非典"防治工作,筹措资金,并按照急事急办、特事特办的原则,将"非典"防治资金及时足额拨付到位。二是切实做好"两个确保"和城镇低保工作。三是稳步实施乡镇医疗保险改革。积极配合劳动部门进行调查摸底和认真测算,保证了全县乡镇干部及农村中小学教师医疗保险制度改革从7月份起顺利实施。四是加强社保资金监管。严格实行社会资金"收支两条线"管理,保证社保资金专款专用,有效维护了社会稳定。五是大力支持就业再就业和社区建设工作,加强再就业资金管理和监督,认真落实扶持再就业各项优惠政策,为促进下岗失业人员再就业创造了良好的社会环境。

【促进社会经济发展】一是管好用好国债项目资金,充分发挥国债资金使用效益。二是加大对农业的投入,促进农村经济发展。三是积极推进国企改制,切实加强国有资本金管理。配合县政府完成了振玻集团、黄山台钻厂的破产清算工作,进一步完善了商贸企业改制工作。四是加强各项财政专项资金的使用监管,实行跟踪问效,确保资金专款专用,充分发挥了资金使用效益。五是继续深入宣传《会计法》,开展会计信息质量检查,加强会计基础工作管理,进一步规范了会计执法行为。

(旌德县财政局供稿)

绩溪县财政工作概述

2003年,绩溪县财政总收入完成7114万元,同比增长10.1%。其中地方一般预算收入4277万元,同比增长12.2%。全县财政总支出13374万元,占年度预算的94.7%,同比增长20.3%。财政收支实现既定目标,确保财政工资的按时发放,确保重点支出的需要,确保机关的正常运转。

【经济建设投入加大】一是向上争取农业开发项目7个,项目总投资规模达到1347万元。二是申报财政支农项目28个,财政扶贫发展基金项目74个,争取国债资金610万元,以工代赈资金330万元。这些资金的投入和项目的实施,进一步改善了农业生产条件,加快农村产业结构的调整,促进农村经济的发展。

【财政改革取得进展】一是实施农村税费改革新的配套政策,统一取消了农业特产税及其附加的改革,共减征特产税及附加333万元,从而使农民负担进一步减轻。二是积极稳妥地进行粮食补贴方式的改革,全县共兑付粮补改革资金45.8万元,并做到补贴清册张榜公布到户,补贴通知书发放到户,补贴资金兑付到户。这"一加一减"真正使农民得到了实惠。

【财政监管工作加强】一是逐步规范财政资金的供给范围,坚持做到支出按预算,拨款按时度,提高预算约束力。二是不断扩大政府采购范围和采购规模。2003年政府集中采购575万元,同比增长143%。三是进一步加强"收支两条线"管理,做到"四统一",即统一收费资金立项、统一票据、统一单位财务、统一财政专户管理。四是发挥会计核算中心集中核算优势,加强财政性资金的使用监督,制止不合理开支。五是开展了会计资金质量抽查和财务检查,整顿规范了会计秩序。

【政风建设稳步推进】2003年,以争创人民满意基层站所活动为契机,全体干部紧密联系工作实际,针对思想、作风、制度建设方面存在的问题,深入进行整改,在依法行政上下功夫、在求真务实上下功夫、在转变职能上下功夫、在规范服务上下功夫,建立健全了首问责任制、服务承诺制、效能考评制和责任追究制等各项规章制度,提高了依法行政能力,增强了为民理财的自觉性。

(绩溪县财政局供稿)

铜陵市财政工作概况

铜陵市财政工作综述

2003年,铜陵市克服困难,开拓进取,完成财政总收入108407万元,同比增长15.5%,其中地方收入55254万元,同比增长14.6%;财政支出完成92431万元,同比增长13.2%,有力地支持和促进了全市经济建设和社会各项事业的发展。

【坚持依法理财治税】一是科学合理分解财政收入任务,健全财政运行质量考核机制,制定对县区政府综合考核及对税务部门"以奖代补"办法,积极落实奖励政策,充分调动县区和两税部门增收节支的积极性。二是深入全市重点骨干企业调查了解税源情况,尤其在"非典"时期,深入"非典"影响较大的行业进行重点调研,充分了解"非典"对财政收入的影响,及时采取有效措施,为完成财政目标任务提供可靠依据。三是逐步完善"财税库"联席会议制度。坚持每季度召开一次财税分析例会,解决财政收入中存在的问题,确保财政收入及时足额入库。四是强化契税征管,不断改进和完善契税征管办法。全市完成契税收入1806万元,同比增长177.4%。

【推进财政支出改革】一是全面推行部门预算,初步建立了市直各部门和所属单位的机构编制、人员、交通工具、办公设备、收入和支出等数据信息库。二是全面推行国库集中支付制度。市直各行政事业单位经费及所有财政专项资金全部进入财政国库集中支付范围。三是逐步推行财政预算追加听证制度。于11月12日首次对"铜陵市突发公共卫生事件应急处理物资储备库"预算追加项目举行听证,对民主理财和公开理财起到了积极推动作用。四是扩大工资统发范围,在做好第一批工资统发工作的同时,对第二批纳入工资统发的100多个行政事业单位进行工资统发业务培训工作,并于10月第二批财政工资统发工作胜利完成。五是全面实施政府采购制度。全年共完成行政中心中央空调公开招标及办公设备、车辆采购、印刷等项目,采购资金规模达7000多万元,资金节约率均达10%以上。

【强化社保资金管理】一是继续做好"两个确保",确保国有企业下岗职工基本生活和企业养老金按照标准发放。全年下岗职工基本生活保障金使用1920万元,拨付养老保险金16000万元,失业保险金4512万元。二是加大对城市最低生活保障金投入,做好低保工作,做到应保尽保,全年共拨付低保资金3810万元。三是按照因企制宜、分类处理、有情操作的原则,通过资产转让、签订分期支付协议等多种途径,解决职工经济补偿金和最低生活保障等问题,积极稳妥地推进下岗职工出中心。四是认真做好全市国有企业下岗职工再就业工作,维护全市社会稳定。全年共拨付再就业资金1142万元、特困企业定补资金504万元。同时,提供财政贷款资金和争取上级贴息资金支持鼓励下岗职工自谋职业。五是积极筹措资金,做好全市"非典"防治工作,财政共安排和社会筹集资金380多万元,争取上级资金106万元,有效地支持了全市"非典"防治工作。

【支持地方经济建设】一是充分利用国家的积极财政政策,积极争取中央、省各种专项补贴、国债资金。全年共争取上级转移支付资金17116万元,其中低保金和社会保障补助资金等一般性转移支付资金近亿元,基建补助资金、技改资金、补助中小企业资金、三产引导资金、农业科技推广资金、农业"三增示范园"项目资金等专项资金7000多万元,有力地促进地方经济建设。二是加大企业再投入力度,为财政经济持续发展夯实基础。全年用于企业挖潜改造资金5000多万元,支持和促进了有色、化工、电子、建材、纺织等支柱产业和主导产业的快速发展。利用财政补助、担保、贴息、奖励等措施,促进中小企业发展和劳动密集型行业发展。拓宽就业渠道,缓解就业压力,全市共拨付劳动密集型企业专项资金200万元,补充中小企业担保资本金100万元,拨付下岗失业人员小额贷款担保基金200万元,兑现工业经济运行考核奖励资金37万元。三是不断加大跑部跑省力度。全市已争取世行贷款总投资197万美元的林业持续发展项目和总投资21018万元的天然气利用日元贷款工程项目。四是积极参与企业改革,加快国有资产重组步伐,促进地方经济快速发展。协助有关部门做好铜峰电子(集团)公司国有法人股权转让、铜化集团债转股、安徽省丰原集团收购市医药总公司及铜百集团改制工作。五是做好外商投资企业财务管理、企业联检和高科技产品退税、企业产权登记等工作,促进企业发展。

【促进农村经济发展】一是加强农业专项资金管理,印发了《铜陵市市级财政农业专项资金报账制管理办法(试行)》,使农业财政管理工作更趋规范化、科学化。市本级预算安排支农支出1679万元,同比增长16.2%,有力地促进了农村经济发展。二是加大农业综合开发项目建设。总投资1260万元的2000—2001年项目已全部完工,正在发挥效益;总投资845万元的2002年项目土方任务已全部完成,配套建筑物施工已全面展开;2003年项目已开工建设。这些项目的实施,为全市农业产业结构调整,促进农村经济快速发展创造了良好的条件。三是继续安排水利兴修、集体排灌站技改、水利基础设施建设等支农项目资金。市本级投入296万元,用于水库除险加固、排水干沟清淤整修、当家塘改造、堤防维护等。四是继续开展乡镇企业1500万元贷款的贴息招标工作,市、县(区)共安排贴息资金80万元,有力地促进了乡镇企业发展。

【规范农村税费改革】一是加强农村税费改革政策落实工作。组织参与了全市涉农收费、村级财务、财政转移支付资金等政策执行情况大检查,防止农民负担反弹,巩固农村税费改革成果。二是认真开展农业特产税改征农业税试点工作。经过认真核实、测算,制定了《铜陵市农业特产税改征农业税实施方案》。全市农业特产税改征农业税后,直接减轻了农民负担60万元。三是积极做好粮食补贴方式改革工作,按照省、市粮补方案和工作计划,扎实细致地做好方案制定、数据测定、张榜公布、资金兑付等各环节工作。全市共兑现粮补资金180万元,极大地调动了农民积极性,维护了全市农村稳定。

【加强财政监督检查】一是市政府印发了《关于贯彻安徽省财政监督暂行办法的通知》,要求全市各单位执行。二是对全市部分执行、执罚单位"收支两条线"制度执行情况进行了重点检查,有力地维护了财政经济秩序。三是积极配合有关部门开展整顿规范市场经济秩序活动,推进了全市经济持续、快速、健康发展。四是继续开展会计信息质量检查。根据省厅统一部署,对桂家湖水泥厂等5家企业会计信息质量进行了专项检查,促进了企业会计信息质量的提高。

(铜陵市财政局供稿 陈昌荣执笔)

铜官山区财政工作概述

2003年,铜陵市铜官山区财政收入完成4850万元,同比增长34.80%;财政支出完成5469万元,同比增长26.5%。

【强化收入征管】一是加大税收征管力度,规范征管方法和手段,减少征管漏洞。特别是地税部门实施有奖发票措施,银税系统联网和新的征管软件的运行,对财政收入起到了一定的促进作用,全年个体地方税增收300万元。二是大力开展协税护税工作,全面参与税收的协管,全年区街两协护税增加财政收入100万元。三是大力开展招商引资工作,全区因招商引资增加财政收入400万元。四是开展房产税清查工作,增加财政收入100万元。五是做好协调和服务工作,加强同税务征管机关沟通,加大征收管理力度,仅个体地方税收就较上年增收300万元。

【严格支出管理】一是以零基预算为基本预算编制办法,实行综合部门预算,不断规范各种财政资金的管理,统筹运用,确保机关事业单位正常运转,促进全区各项事业健康发展。二是从4月份起,全区财政全额供给人员全部实行工资统发,保证财政供给人员工资及时足额发放。三是实施党政机关工作人员通信费货币化管理,节约了财政资金。四是坚持"收支两条线"管理。全区预算外资金财政专户率达99%,解决了预算内资金严重不足的矛盾。

【加强社会保障】一是认真做好城市居民最低生活保障"提标扩面"工作与2002年相比:低保标准由人均160元/月提高到人均186元/月;吸纳低保人数由8234人扩大至30905人。低保资金由24万元上升到148万元。二是积极筹措资金,支持企业改革与发展。全年投入资金220万元,用于改制企业的下岗职工出中心工作以及各社区的社会保障平台工作,为企业下岗人员及社会无业人员创造了更多的就业机会,维护了社会稳定。

(铜陵市财政局供稿 丁松林整理)

狮子山区财政工作概述

2003年,铜陵市狮子山区财政收入完成2600万元,同比增长11.8%;财政支出完成2120万元,同比增长25.8%。加税收返还、转移支付和专项补助收入,当年实现收支平衡,略有结余。

【依法理财治税】一是进一步细化目标任务,协调国税、地税部门,分解目标,层层落实征管责任制。二是强化征收管理。充分依托计算机管理系统和协税护税网络,全方位监控企业税收征纳情况,加大税收清欠和稽查力度,有效地促进了税收应收尽收和及时足额入库。三是坚持税负公平,严格执行国家规定的税收减免政策。四是加强对非税收入的征收管理,确保预算收入的完整性。坚持"有所为,有所不为"的原则,调整优化支出结构,妥善安排支出。在保障行政事业单位人员工资正常发放的基础上,高度重视社会弱势群体的解困工作,筹措协调安排资金 961 万元,安置企业下岗职工、保障城镇低保人员的基本生活。努力增加对教育、农村的投入,组织协调资金 220 万元,保证了农村中小学 D 级危房改造工程的实施和办学条件的改善。

【推进支出改革】一是按照预算内外资金统一编制、统一管理、综合平衡的原则,全面推行部门预算编制工作。为充分发挥各部门当家理财、增收节支积极性,进一步强化预算管理、硬化预算约束,出台了《关于区行政事业单位财务收支管理暂行规定》。二是理顺区镇财政体制。以"确保镇级既得财力不受影响的前提下,最大限度调动镇级发展经济的积极性"为原则,在深入调查测算的基础上,确定了区对镇级财政体制,支持镇政府增强财力、加快发展。三是完善政府采购制度。对政府采购资金实行财政集中支付,规范操作程序。全年通过委托采购,邀请招标和公开招标等形式,累计采购金额 78 万元,资金节约率为 8.7%。四是全面推行财政统发工资制度和集中核算制度。在第一批行政事业单位实行财政统一发放和集中会计核算的基础上,全面实行了区级行政事业单位人员工资财政统一发放制度和各单位会计集中核算制度。

【支持经济建设】一是支持中小企业发展,加快产业结构调整优化。通过预算安排挖潜改造资金 150 万元,科技三项费用 11 万元,向上争取贴息及中小企业发展资金 30 万元,引导企业加快技术创新,调整产品结构,增强发展后劲。二是大力支持基础设施建设,改善投资硬环境。认真落实积极财政政策,积极争取省、市专款,加大对基础设施建设的投入,保障了老城区自来水改造工程,狮子山北路打通工程的实施。

(铜陵市财政局供稿　丁松林整理)

郊区财政工作概述

2003 年,铜陵市郊区财政收入完成 4918 万元,同比增长 22.4%;财政支出完成 4945 万元,同比增长 53.5%。加税收返还、转移支付和专项补助收入,当年实现收支平衡,略有结余。

【组织财政收入】一是积极开展财政体制调研,调整完善区对乡镇办财政管理体制,充分调动乡镇办积极性。同时,加强工作指导,督促和帮助乡镇在体制范围内完成财政任务。二是加强税收协调力度,适应税收征管改革和有关政策变化,制定招商引资,以地固税政策,强化各项服务措施,稳定和扩大税源。三是开展个体税收普查、运输车辆普查、全区纳税企业普查、主要纳税企业财政贡献和经济状况普查,协助税务部门完善税收征管手段,加强重点税源的监控力度,做到依法足额征收。

【优化支出结构】一是坚持保证重点、兼顾一般、量入为出、收支平衡的原则。树立勤俭节约、过紧日子的思想,把有限的财力用在刀刃上。二是在支出安排上,确保机关事业单位职工工资和各项津贴补助的及时发放;确保退休人员基本养老金、下岗职工基本生活费和城市居民最低生活保障金等社会保障支出;重点安排农业、科技、教育等支出,支持文化、卫生、体育等各项事业的发展。

【加强财政监督】一是严格实行预算外资金、行政事业收费和罚没收入"收支两条线"的管理工作,加强票据管理,从源头上防止收入流失,加强支出监控,实行预算内外收支统一管理,统一调剂。二是实行财政专项资金跟踪问效制度,特别是对社会保障资金、财政贴息和专项拨款资金严格规范使用范围,杜绝挤占挪用的情况发生。三是继续推行机关事业单位会计集中结算制度,制定出台了区直单位车辆统一保险、定点加油,业务费、差旅费、会议费统一标准等规范性文件,并授权会计核算中心进行统一监管。四是完善政府采购制度。制定区政府集中采购目录,完善采购审批程序,分清采购项目资金来源渠道,有效降低政府采购成本,逐步探索扩大政府采购新领域。五是开展对区直行政事业单位固定资产清查工作,有效防止国有资产流失。六是强化会计监督,严格会计从业人员的管理,切实解决会计信息失真的问题。

(铜陵市财政局供稿　丁松林整理)

铜陵经济开发区财政工作概述

2003年,铜陵市经济技术开发区财政收入完成7077万元,同比增长24.6%;财政支出完成4078万元,同比增长17.3%。

【依法理财治税】一是加大财税法规宣传力度,加强与税务部门的配合,切实依法理财、依法治税,加强对税源的监控和税收的组织、协调,确保财政收入及时足额均衡入库。二是进一步加大清缴清欠力度,全年增值税、企业所得税与个人所得税分别完成3692万元、2165万元、128万元,较上年均有大幅度增长。

【加强支出管理】一是推进部门预算编制工作。按照公共财政发展的要求,试编了部门预算,增强了各部门依法理财的观念,强化了预算的约束力。二是积极实行会计集中核算制度。开发区会计核算中心于6月正式运行,由过去财政资金实行分散管理变为统一账户、统一管理,强化了财政监督管理的调控能力,增强了财政支出的透明度,切实提高了财政资金运行质量。三是大力控制一般性支出,严格按照年初支出预算执行,切实提高财政资金的使用效益。同时,进一步加大对基础设施的投入力度,并采取多渠道融资,为筹集开发区的各项建设资金作出积极努力。

(铜陵市财政局供稿 丁松林整理)

铜陵县财政工作概述

2003年,铜陵县努力增加财政收入,确保重点支出需求,进一步推进各项财政工作,全年实现财政收入14398万元,同比增长4.3%;财政支出19028万元,同比增长21.3%。

【组织财政收入】一是坚持以组织收入作为财政工作的中心,及时细化分解收入任务,制定了保证收入的措施,完善了对征收部门和执收执罚单位的收入考核奖惩办法,不断深化征管改革。二是加大依法治税的力度,有效地防止了税收的跑、冒、滴、漏。三是注重研究税源,挖掘收入潜力,拓宽收入领域,努力做到应收尽收,取得了税收收入和非税收入的双增长。

【推进支出改革】一是继续实施综合财政预算,严格预算执行,控制预算追加。实施了预算外资金征收、管理的新模式,实施了收缴分离改革,并与代收机构联网,全面实行电算化,大大提高了工作效率。二是不断扩大政府采购规模,采购资金节约率达15%。三是继续完善在界定财政支出范围、加强预算管理、改革财政支付方式、加强财政监督管理等方面的改革。

【完善社会保障】一是认真研究社会保障财政政策,强化对养老、医疗、失业基金的征缴工作,加强征管网络建设,清理清缴欠费,不断提高社保基金的自我平衡能力。二是加大对社保资金的投入,加强对社保资金的管理,严格保障范围。三是积极做好全县农村合作医疗试点工作,取得了明显成效。

【支持经济建设】一是多方筹措资金,支持金桥工业园区建设,制定金桥工业园区财政政策实施办法。二是落实县委招商引资财税优惠政策,全力支持引进项目和资金,利用招商引资盘活存量,增加增量,增大现有财源,开辟新的财源。三是支持农业项目开发,积极争取省市财政资金支持,促进农业产业结构调整,帮助农民致富。

【上划教师工资】一是对全县各乡镇的预算内收入规模、收入结构、实际税源情况、支出规模及结构、财政供给的人员基数、预算外收入情况等做详细的调查摸底。二是在测算乡镇的实际财政状况后,将乡镇教师工资全额上划、增加的支出在县乡之间、不同乡镇之间进行合理的分摊,合理调度资金,为兑现教师工资奠定了良好基础。

【加强作风建设】一是加强学习,提高素质。统筹规划、合理安排干部的在职学习和教育工作,不断丰富学习内容,推进了思想观念、工作方式和管理方式的转变。二是改进方法,优化服务。按照县政风办有关改进机关作风评议办法的要求,进一步细化分解工作职责,办事规则,将任务落实到股室,责任到个人,确保各项工作目标的完成。根据省市统一部署,在全县财政系统认真开展创建人民满意的基层财政所活动,进一步转变工作作风,改进工作方法,树立了财政形象。三是勤政廉洁,艰苦奋斗。在日常工作中,坚持不懈地抓好勤政廉政建设,教育广大干部职工牢固树立正确的世界观、人生观和价值观,坚定信念,严格执行党风廉政建设和领导干部廉洁自律的各项规定。健全内部监督制约机制,强化自身监督管理,以身作则,厉行节约,做出表率,为实现各项财政工作目标作出了贡献。

(铜陵县财政局供稿 钱玉林执笔)

池州市财政工作概况

池州市财政工作综述

2003年,池州市围绕“加快发展、富民强市”调整财政工作思路,积极支持经济和社会事业发展,圆满完成各项财政任务。全市完成财政收入66735万元,同比增长23%。其中,地方一般预算收入完成39710万元,增长16.8%。全市累计完成财政支出108889万元,同比增长16.4%。

【依法加强收入征管】一是分解落实预算收入任务,强化目标考核。市财政及时将收入预算任务分解落实到县区和征管部门,明确责任,强化目标管理,加强考核,充分调动各地和各部门征管工作的积极性、主动性,做到一级抓一级,层层抓落实。二是完善国税、地税、财政联席会议制度,形成征收工作的合力。定期组织召开财税形势分析会,加强预算执行情况分析,找准工作着力点。三是开展对重点企业、重点税源、重点税种的调查分析,全面掌握税源分布状况,为征管工作提供信息依据。四是依法强化征管,落实征管工作措施。根据征收任务安排落实好征管力量和措施,探索实施有奖发票征收工作新形式,组织开展收入稽查工作,挖掘增收潜力。严格执行农业税政策,规范农业税收秩序,落实农业税征管规定,推进“三定”征收。加强预算外收入、土地出让金、水利基金等非税收入的征缴,执行好“收支两条线”政策,确保应收尽收。五是加强税收宣传,开展税收宣传月活动,实施“诚信纳税”计划,增强纳税人依法主动纳税意识,营造依法治税环境。

【扎实推进财政改革】一是开展“农村税费改革规范年”活动,加大改革配套措施的落实力度,巩固农村税费改革成果。规范农业税收征管,实行严格的纳税通知制度,全面推行农业税“三定”税收,促进征管工作再上新台阶。二是组织实施农业特产税改征农业税工作。制定上报农业特产税改征农业税实施方案,开展督查,促进农业结构调整和农村经济发展,规范农业税收征收管理,逐步建立统一的农业税收制度。三是稳步推进粮食补贴方式改革。市成立了以市政府主要负责同志任组长的粮食补贴方式改革领导小组,各县区相应成立了组织;并召开了全市粮食补贴方式改革会议,对改革工作作了全面部署和动员;利用电视、广播、报纸、文件汇编、粮改信息等形式加强宣传,及时将《致全省农民朋友的一封信》发放到农户手中;严格执行政策,保证了粮补资金的如期兑现。截至12月底,全市已兑付粮食直补资金1125万元,兑付比率达98%。

【创新支出管理机制】一是改革公务用车管理模式。在市直全面实施党政机关公务用车的配备、使用和更新管理改革。转变公务用车财政统一保险投保方式。在市直机关公务用车财政统保工作中引入竞争机制,以政府采购竞争性谈判方式确定保险服务商,进一步压缩一般消费性支出,节约政府行政成本,提高财政资金的使用效益。一次性投保的203辆公务用车的总保费为46万元,降幅达60%。完善公务用车定点维修管理制度。二是规范公务接待支出管理。以规范审批程序,严格接待标准为重点,采取切实措施,有效地控制了接待费支出规模。与上年相比,新订接待协议价格下降在10%以上。三是压缩会议费支出规模。通过财政对会议支出的供给政策、支出方式的逐步改革,促使各部门本着“精简、务实、节俭、高效”的原则,严格控制会议数量,压缩会议规模,节减会议费支出。四是加强差旅费、出国经费和通信补贴等支出的管理。制定了新的相关规定,强化财政从源头预防和治理措施,有效控制了一般性消费性支出的增长。

【保障重点支出需要】一是及时拨付“非典”预防经费。2003年,全市共拨付“非典”防治经费1566万元,保障了防治工作的有效开展。二是支持扩大政府采购范围和规模。市直及各县(区)开始将公务用车纳入政府采购范围,有的地方正努力将工程纳入政府采购范围作为工作重点,使采购的范围和规模有了新的进展。市本级采购金额1429万元,比预算节约资金304万元。三是加强对重点建设项目资金管理。为保证市直较大投资项目的顺利实施,确保资金使用规范、安全和高效,及时了解工程进展情况,市财政部门推行了严格的会计委派制。2003年,继池州海螺大水泥项目办之后,又向新设立的池州电厂项目办、市城市建设投资有限公司委派了财务会计,依法进行会计核算,实行动态财务监督,增加了项目资金管理的透明度。

【发挥财政调控功能】一是强化社会保障费的征缴管理工作。2003年,积极协助有关部门进一步加大征缴力度,提高征缴率,实现了养老、失业、医疗三项社会保险费全面增长、增收。征收养老保险基金7541万元,失业保险基金994万元,医疗保险基金3916万元,分别增长21.8%、18.6%、47%。二是积极筹措资金,努力解决困难群众的基本生活问题。确保全市1108名国有企业下岗职工基本生活费和13157名企业离退休人员基本养老金全部按时足额发放。三是规范土地出让收益、住房资金征管以及彩票监管。2003年市本级土地出让收入迅速增长,征收土地出让金1.1亿元,是2002年的6倍,征收土地有偿使用金29万元,新增建设用地土地有偿使用费180万元,上缴国库土地出让收益400万元。四是做好下岗失业人员从事微利项目小额担保贷款工作。全市财政部门加强与相关职能部门的配合,全面落实再就业扶持政策,与市人行、经贸委、劳动和社会保障局联合制定了《池州市下岗失业人员小额担保贷款实施细则》,规范了各部门审核环节的工作流程,以确保小额担保贷款的顺利发放。五是强化农业综合开发项目资金管理,全面完成建设任务。2000—2002年农发项目共36个,实际完成投资7141万元。2003年农发项目12个,已全部动工,完成计划投资10%。世行科技项目前期准备工作已完成大半。六是贯彻落实各项农业财政政策,继续加大财政对农业的投入。2003年,市向省财政争取支农资金4100万元,用于农业基础设施投入,农业产业化建设,重点实施了以沼气池建设为核心的生态家园工程。同时,加强市向省争取扶贫资金的管理工作。安排扶贫资金1624万元,扶贫项目66个,促进了农村基础设施建设。七是大力向省争取教科文政法资金。2003年共争取中小学危房改造资金2458万元,教科文专项资金773万元,政法补助专款410万元,较2002年有较大幅度增长。

【提高资金管理质量】一是认真建立和完善"收缴分离"工作。2003年,市级"收缴分离"工作进一步完善,出台了新的票据核销方法以及定期对账制度,并对教育收费实行指定代收银行代收,从而保障了"收缴分离"的贯彻实施。二是进一步强化预算外资金收入征管。2003年,市财政部门将加强预算外资金收入征管作为工作重点。会同监察等有关部门,积极借鉴兄弟市做法,出台了强化预算外资金征管的实施细则,进一步强化监督,组织了土地、建委等收入大户的收入专项检查。三是硬化预算外资金的支出管理。为了加强对预算外资金的支出管理,市财政部门积极探索,调整工作职能,出台了《预算外资金收支管理暂行规定》,实行首问负责制和限时办结制,简化拨款程序,明确财政各职能业务科室的管理职权,强化财政内部协调,本着务实、高效、便捷的原则,保证资金的及时拨付,提高资金的使用效率。四是积极开展"收支两条线"专项整治工作。2003年,全市财政部门积极做好各项治理工作,以查促管。会同物价、林业部门,对全市双林业基金为重点的涉林收费进行全面清理检查;对全市建设项目的行政事业性收费的负费情况进行了专项检查;对全市涉农收费进行了全面清查;对全市乡镇票据使用情况进行全面检查;会同市物价部门对全市教育部门收费进行专项检查。

(池州市财政供稿　雷江升执笔)

贵池区财政工作概述

2003年,池州市贵池区坚持发展是第一要务,大力支持经济发展,依法强化收入征管,全区完成财政收入16622万元,同比增长8.3%;财政支出26198万元,同比增长19.6%。

【组织财政收入】一是健全目标考核责任制。将财政收入任务分解落实到各征收部门和各乡镇处,签订了区政府与各征收部门和街道办事处的收入任务责任书,实行一级抓一级、层层抓落实。二是大力开展尾欠清收。区财政局把清收尾欠作为重点,多次安排人员深入乡镇,督促、配合抓好尾欠清收工作,各乡镇在及时落实农业税减免的同时,采取多种有效措施狠抓尾欠清收。三是狠抓农业税征收入库。大力推行农业税"三定"征收,明确要求各乡镇实行"三定"征收面达到80%,电子票使用率达到40%。全区农业税征收收入合计2806万元,占全年任务的101.3%。四是加大非税收入征管力度。全区共组织预算外资金收入4076万元,占任务的107.2%;行政性收费收入1056万元,占任务的105.6%;罚没收入入库381万元,占年初预算的95.4%。同时,回收到期财政周转金本金206万元,资金占用费29万元。

【**管好危改资金**】2003年,区获得省级以上危房改造资金2096万元,先后安排危房改造项目179个,计划改造面积12.22万平方米,计划投资4614万元,已完成改造项目139个。为切实保证危改资金发挥使用效益,改善农村中小学办学条件,区财政采取了一系列措施:一是完善专户管理,建立危房改造资金会计账簿。将中央、省级安排的危房资金和分级配套资金,全部纳入专户统一管理核算,全面反映危房改造项目资金的使用情况。二是危房改造资金按项目和项目实施进度拨付。每次拨款前,与区教育局根据项目学校申请,深入项目施工现场,实地查看工程进度和质量,经教育、财政核签后,及时将危改资金拨付到施工单位。有力地推动了全区教育事业的发展。

【**健全社会保障**】2003年,全区养老保险基金支出2716万元,失业保险基金支出610万元,基本生活保障及再就业资金支出202万元,最低生活保障支出592万元,医疗保险基金支出519万元,救灾资金支出261万元。使社会和群众较为关注的社保工作发挥出最大效益,有力地维护了全区社会稳定。

【**规范税费改革**】一是明确职责、落实任务。区政府印发了《2003年农村税费改革工作要点》,进一步明确工作目标和职责,细化到有关部门和责任人,保证各项工作任务的落实。二是继续落实农业税收政策。在全区范围内开展农业税计税土地面积调整。三是全面开展农业特产税改征农业税工作。各乡镇采取有效措施,积极推行农业特产税改征农业税工作,全区因改征减少农民负担298万元(不含附加)。四是严格对照政策,认真落实农业税减免。区财政及时分解下达灾减指标,各乡镇(办事处)认真编制上报减免清册,村(组)张榜公布,确保灾减资金于春节前全部发放到受灾户手中。

【**实施粮贴改革**】一是加强领导,明确责任。成立了以区长为组长的粮补改革领导小组,粮补办设在区财政局,各乡镇办事处也成立了相应组织和办事机构。二是深入基层,广泛宣传。切实加大宣传力度,将“致全省广大农民朋友一封信”发放到农户,做到家喻户晓。三是制定了《贵池区粮食补贴方式改革试点实施方案》,认真测算到户粮食补贴基础数据,确保政策落实到每个种粮农户手中。四是认真落实,及时兑付。截至11月30日,全区兑付粮食补贴资金387万元,占补贴资金总额的100%。

【**推进农业开发**】一是项目资金实行报账制管理。把实施财政资金报账提款制度作为项目、资金管理的一项重点工作。减少了资金拨付环节,促进了施工单位加快工作进度。二是继续加大在建项目建设,成功完成2003年项目招投标。在《池州日报》上分次发布了2003年项目《招标公告》,共有22家企业购买标书参加竞标活动。在区纪委监督下召开投标会,严格按规定程序开标,根据评标结果,确定承建单位。三是全区2000—2002年三年项目建设顺利通过省级验收。

【**深化支出改革**】一是会计集中核算工作取得明显成效。进一步规范单位的财务管理,强化了单位的财务监督。加强原始票据管理,中心共退回不合规原始凭证73笔,金额达9万元。二是政府采购工作取得了新的进展。全年共组织实施了96项政府采购项目,签订政府采购合同104个,涉及到26个品目,政府采购预算标的额707万元,实际中标合同金额600万元,资金节约率达15.1%。

(贵池区财政局供稿)

青阳县财政工作概述

2003年,青阳县以做大财政“蛋糕”为中心,以财政改革和体制创新为动力,促进财政工作再上新台阶。财政总收入完成10057万元,同比增长24.8%。其中,地方一般预算收入完成5636万元,增长7.6%;基金预算收入(不含社保基金)完成1455万元,增长121.3%;上划中央收入完成2965万元,增长37%。财政总支出18300万元,同比增长30.8%。

【**做大“蛋糕”,壮大县级财政实力**】一是精心谋划,加强财政收入分析监控。每月月底及时排出当月财政收支进度表,每季度召开一次财政收入运行分析会,有针对性地提出措施办法;不定期地与国税、地税、国土、县金库等部门联合召开财政经济形势分析会,为组织财政收入提供决策指导;经常进行财政收入调研,增强组织收入的预见性和主动性。二是善于整合,统一整合政府既存资源。突出抓非税收入的征缴入库,全面清理各种行政性收费、专项收入和预算外单位过渡户余额,为政府集中财力提供保证。三是狠抓征管,国、地、财同心协力做大“蛋糕”。全年国税部门组织收入3238万元,增长40.1%;地税部门组织收入3108万元,增长13.8%;财政部门组织收入3710万元,增长23%。

【精心理财,促进经济事业发展】一是突出重点,积极转变财政支持经济发展的方式,大力支持关系县域经济的重大项目。利用国债资金640万元重点扶持牛桥水库工程,稳定了库区移民安置,加速了水库建设的前期工作。二是着眼开源,把工作的着眼点放在大力发展新兴财源、后续财源上。运用预算外资金借款1090万元支持经济发展,其中投放工业园区启动建设资金700万元。三是向"三农"倾斜,支持农业基础设施和生态环境建设,改善农村交通条件,促进农业可持续发展。投放支农资金673万元,建设农业综合开发项目5个,总投资额693万元,拨付国债资金210万元用于农村公路建设。四是力促招商引资。经多方协调,落实招商引资107万元。五是积极筹集各种专项基金。共完成养老、失业、医疗三项保险基金1455万元,征收下岗失业人员再就业资金122万元、水利基金53万元,归集住房公积金479万元,收缴售房款92万元,保持了社会稳定。

【创新机制,推进财政支出改革】一是深化预算管理改革。推行部门预算,提前半年编制2004年度部门预算;全面推行通信补贴货币化,列入工资统一发放项目中;制发了《县直单位行政事业性收费收缴分离暂行办法》;重新修订了新一轮乡镇财政体制,进一步理顺和规范了县乡分配关系;将乡镇教师工资上收县管,保证了教师工资的按时足额发放。二是推进会计集中核算。对各单位固定资产重新进行清理登记,保证资产的真实和完整;实行工资统一发放,全县66个县直全供行政事业单位纳入会计集中核算;出台了《关于清理县直行政事业单位行业、部门津补贴项目的通知》,对各行政事业单位政策外补贴进行了全面、认真的统计核实工作。三是扩大政府采购规模。全年采购项目110个,采购资金526万元,资金节约率为12.3%,采购规模同比增长50%。同时,强化了采购监督程序。由纪检监察部门派员参加全过程监督指导,并邀请审计人员深入评审全过程,杜绝了"暗箱操作"。

【深化改革,促进农民减负增收】一是认真落实税改政策,确保农民负担不反弹。及时核实调整农业税计税土地面积和计税常产。全县共核减农业税计税土地面积15423亩,计税常产1396万公斤;积极配合物价等部门开展涉农收费检查工作,消除农民负担反弹因素。二是积极稳妥地做好农业特产税改征农业税工作。全县减收农业特产税306万元,进一步减轻了农民负担,深受广大农民拥护。三是全面启动粮食补贴改革。严格实行"征补两条线",开设粮补资金专户,专款专用,在农税所设立专用兑付窗口;按照"五到户"、"六不准"的原则,透明操作,采取多种发放形式:统一在农税所纳税大厅发放、到村设点发放、对行动不便的农民上门发放等,兑付粮食补贴资金230万元,兑付率达100%,农民人均享受补贴9.92元,得到了农民的高度称赞。

【建立机构,加大财政监督力度】县财政监督局于6月份经县编委批准设立,对服务地方经济、维护财经秩序发挥着重要作用。一是县监督局牵头成立2个检查小组,抽调了业务骨干,分别对"蓉城房屋开发公司"和"安广网络青阳分公司"进行了会计信息质量检查,并对检查中发现的问题提出了整改意见。二是县会计中心加强收支审查监督,退回手续不完备报销20余次,涉及金额85万元,纠正违反"收支两条线"资金10万元,纠正违反"政府采购管理办法"支出3起。三是加强专项资金监管。制定了支农资金管理办法,开展竣工检查验收工作。同时,将竞争机制引入农业综合开发项目,对新河项目区水利设施实行公开招标,并加强项目实施督查,及时了解项目进度,掌握项目建设动态,防止"豆腐渣"工程发生,确保资金使用效益。三是出台了《青阳县财政局内部监督检查暂行办法》,促进内部监督工作的规范化、制度化和日常化。

(青阳县财政局供稿)

石台县财政工作概述

2003年,石台县一手抓财政增收节支,一手抓财政基础管理,财政工作稳步推进。全县财政收入完成2898万元,同比增长11%。其中:地方财政收入完成1708万元,增长11.7%;中央收入完成1189万元,增长10%。全县财政支出完成10491万元,同比增长25.1%。

【税收征管措施不断强化】一是在全县13个乡镇财政所建立纳税服务厅,实行农税征管计算机管理、电子开票,为纳税人主动纳税提供良好的纳税环境。二是加大依法治税工作力度,全年共受理农税案件120起,处理结案120起,其中移送法院强制执行10起。双管齐下的征管措施,改善了农税征管环境,全县茶叶农业税提前32天完成征收任务。

【农村税费改革继续深入】一是认真做农业特产税改征农业税工作。按照"以计税收入核定计征"

的方法,经过认真测算,改征后的茶叶农业税为112万元。二是对全县计税土地退耕还林面积进行核实,共核减农业税计税土地面积1.4万亩,核减税款81万元。三是积极稳妥推进粮食补贴方式改革。确保43万元粮补资金及时足额地发放到每个农户手中。四是围绕涉农价格收费,村级资金管理,农民负担监督等内容,积极开展“农村税费改革规范年”活动。全县13个乡镇全面超额完成县政府下达的财政收入任务。

【财政支出改革深入推进】一是实行综合财政预算和部门预算。将单位各项收入纳入预算统一管理,统筹安排财政预算内外资金,严格执行“收支两条线”管理规定,全面实施“收缴分离”和“罚缴分离”制度,出台了县直单位行政事业性收费收缴分离办法。同时,选择土地局和公安局作为部门预算试点单位。二是对财政供给人员经费实行国库集中支付制度。三是制定了《石台县党政机关工作人员通讯补贴管理实施细则》,对党政机关工作人员的通讯实行货币化改革。四是对全县27辆小车实行财政统保,保险费下降11%。五是县会计核算中心严把单位报销单据审核关,全年退回不合规票据316笔,金额80多万元。六是政府采购工作稳步开展。集中采购项目72个,预算金额324万元,实现合同金额278万元,资金节约率16.4%。

【支农资金管理不断加强】一是农业综合开发项目进展顺利。圆满完成2002年珂田项目区农业综合开发生态治理项目实施工作,总投资为347万元,项目建设质量良好,顺利通过省、市验收,受到上级好评。同时组织实施2003年七都镇生态治理项目和小河镇优势农产品项目。二是扶贫资金管理逐步规范。全年争取省扶贫资金1374万元,其中以工代赈资金600万元,财政发展资金774万元。为加强扶贫资金管理,重新修订了《石台县扶贫资金管理办法》。三是将争取来的森林生态补助资金140万元,退耕还林补助资金531万元,实行“专户储存,封闭运行”的办法,及时将资金划到农户的存折上,确保退耕资金安全。

【财政专项资金监管有力】一是社会保障资金的监管。全年基本养老金收入1058万元,发放养老金739万元;医疗保险基金收入398万元,支出296万元。全年发放低保金98.4万元,发放财政供给离退休人员生活费705万元。及时拨付民政抚恤、社会救济费和“非典”防治资金,确保了救济和“非典”防治工作的正常开展。加强了公费医疗管理,为离休人员的医疗提供了有力的保障,同时消化了县本级历年公费医疗欠账。二是教育危房改造专项资金的管理。争取上级补助危改资金260万元(其中国债资金40万元)。会同县教育局成立了教育专项资金督查组,并出台了督查制度。三是中央政法专项补助资金的管理。会同有关部门对2004年—2006年中央政法补助专项资金403万元的项目进行规划。四是国债资金的管理。按照专项资金的拨付程序和要求,确保了资金跟着项目走。五是粮食风险基金管理。省下拨粮食风险基金46万元,通过对国有粮食购销企业清算,共拨付粮食风险基金32万元。

(石台县财政局供稿)

东至县财政工作概述

2003年,东至县财政收入完成13675万元,为预算的101.3%,同比增长7.7%。全县财政支出完成25650万元,为预算的98%,同比增长19%。加上税收返还、转移支付和专项补助收入,当年实现收支平衡,略有结余。

【收入征管】一是立足抓早。年初开始就将任务层层分解、落实到人,并认真分析各地的税源情况,严格按照进度与时间同步的要求,均衡组织收入入库,彻底扭转了往年“年头松、年中紧、年底突”的被动局面。二是立足抓实。以开展“农村税费改革规范年”活动为契机,结合农业特产税改征工作,进一步完善了农业税收“三定”征收办法,全面贯彻农业税征收的“八到户、十不准”,规范税收征管行为,大力推行常年征收,不失时机地抓好农业税午征工作。三是立足抓关键。在契税征收上,及时地将城区及尧渡镇辖区内的契税划归县农税局直接管辖,并充实征管力量,进一步加强与协征单位的工作联系,逐步建立和完善以证控税的协税护税网络,全年征收契税256万元,是上年征收实绩的3倍。在非税收入征管上,通过调整内设机构,理顺征管关系,强化票据源头控管等措施,大力推进“收支两条线”管理改革,进一步规范非税收入征管,财政收入质量有了明显提高。

【支出管理】一是改革财政支出方式。重点是推进部门预算、会计集中核算和政府采购等改革。通过会计集中核算,避免不合理支出570万元,全年政府采购资金突破700万元,节约率达13%。二是大力压缩一般性支出。对人员经费实行工资统发,统发人数10485人,统发面达100%,通过工资统发,节约津补贴及奖金支出300多万元;对通信费实行货币化改革,节约支出60多万元;对大型会议及节庆活动大砍大削,从严审批。三是大力创新支出管理。对"非典"专项资金、教育费附加、退伍军人安置费等实行财政统一支付。

【财政改革】一是开展"农村税费改革规范年"活动,进一步巩固农村税费改革成果;全面开展农业特产税改征工作,进一步减轻了农民负担,全县农业税收"三定"征收率进一步提高。二是公共财政支出改革步伐加快。初步建立了预算编制、执行、监督相对分离制约的预算管理新机制;会计集中核算工作呈现健康发展态势,在增收节支方面发挥了重要作用;对全县179辆公务用车进行了统一保险,节约了保险费用。2003年县级公共财政支出改革考核再次获得全省一等奖。三是粮食补贴改革成效显著。及时将477万元粮补资金全部按期兑现到农户,调动了广大农民种粮积极性。四是乡镇财政体制不断完善。通过深入开展调查研究,广泛征求乡镇意见,重新划分了县乡收支范围,核定了新的乡镇分税制财政体制的顺利实施,进一步理顺了县乡财政分配关系,有力地促进了全县经济协调发展。

【财源建设】一是积极争取上级支持,并通过强化项目资金和专项资金的管理,有效保证了全县农业综合开发、移民建镇、森林生态效益、农业科技示范园、扶贫等项目的顺利实施,支持了地方经济的发展。全县的农业综合开发顺利通过2000—2002年项目国家总验收;二是积极参与企业改革、改制、解困工作,促进了工商企业发展;三是积极招商引资,为发展县域经济出力。县财政局全年介绍引资额达2200万元(除30万元以下项目),是县委、县政府下达任务的7倍,排名继续居全县介绍引资单位的首位,为发展县域经济作出了应有的努力。

【财政监督】一是认真组织"收支两条线"专项检查,通过"五查五看"对49个重点单位的票据使用、账户开设、资金收缴、内部管理、资金使用情况进行全面清查,发现问题及时整改,既强化了监督管理,又巩固了财政改革成果。二是配合县地税部门对重点水利工程国债资金使用和纳税进行检查,基本上掌握了资金使用情况,查补营业税、资源税近100万元。三是加强对乡镇财政所(分局)财务的监督检查,并对县直部分单位的财务收支进行专项检查。

(东至县财政局供稿)

九华山管理处财政工作概述

2003年,池州市九华山风景区实现财政收入2462万元,增长28.7%。其中:地方收入完成2067万元,增长11.9%;上划中央收入完成395万元。完成财政支出2956万元,增长2.2%。

【完善财政体制】一是出台了《九华山管委会本级预算管理暂行办法》,规范预算编制、预算执行和预算监督,科学合理地细化预算编制。二是建立国库集中支付制度,出台了《九华山风景区管委会财政局专项资金账户统一管理的有关业务流程》。三是对所有应纳入政府采购的项目实行政府采购。全年共实现政府采购资金105万元,节约资金32万元。

【规范税费改革】一是规范农业税收征管。建立了乡镇农业税收办税服务厅,全面推行"定时、定点、定额"的征收方式;建立健全协税、护税体制,充分发挥村级组织作用,构建农业税征管协税、护税网络。全年共完成农业三税征收243万元。二是开展农业特产税改征农业税工作。编制了农业特产税改征农业税实施方案及收入情况测算表,农民减负2万元,减负率48%。三是规范涉农收费管理。对涉农收费项目和收费标准执行情况进行全面清理。对清理后的涉农收费项目,采取公示牌、公示栏、公示墙等形式,公开收费项目、标准和批准机构等内容,让涉农收费政策家喻户晓。

【支持经济发展】一是积极向上级争取资金,在九华乡6个村近1000户实施户建沼气工程,推广"猪—沼—果"等生态模式,取得了明显效果。据测算,建1个6立方米的沼气池,户均节支增收1000元以上。二是加强财政支农项目管理。全区改善灌溉面积1000余亩,新增灌溉面积420亩,增加旱涝保收面积800亩,有效改善防洪抗灾面积450亩,提高了农业抗灾能力。三是加大景区基础设施建设的投入。积极筹措资金,启动柯村新区土地市场,推进柯村新区重点项目建设,改善旅游环境。

【实施粮补改革】一是依据2003年7月底以前应剔除的计税面积和计税常产,精心编制粮食补贴方式改革实施方案。二是及时拨付粮补资金上级财政安排粮补88800元,按村、组、户分解落实,人均补贴7.31元,亩均12.28元,通过金税2000系统方式导入粮补资金管理系统,已全部发放到位。

(九华山风景区财政局供稿 吴建新执笔)

安庆市财政工作概况

安庆市财政工作综述

2003年,安庆市财政收入完成288858万元,同比增长9.2%。其中,地方收入完成161354万元,同比增长8.4%;上划中央收入完成127504万元,同比增长10.3%。全市财政支出完成317471万元,同比增长11%。当年实现收支平衡。

【强化财政收入征管】一是及时分解落实收入任务,严格目标责任考核,加强组织协调,搞好收入调度。二是认真贯彻《税收征管法》及其实施细则,深入开展各种专项整治和重点稽查,依法清缴欠税,严厉打击税收违法行为,确保收入及时足额入库。三是继续改进和完善税收征管手段,加快“金税工程”、“金财工程”建设步伐,提高工作效率。四是认真贯彻“收支两条线”管理规定,严格执行收(罚)缴分离和票款分离制度,将应纳入预算管理的各项行政事业性收费和罚没收入及时缴入国库。五是进一步加大对国有资产转让、出售、“非转经”收益等非税收入的征管力度,切实做到应收尽收。六是强化土地有偿使用收入管理,组织实施《安庆市土地储备资金管理办法》,市本级全年实现土地出让收入9000万元,增长164.7%,上交国库1600万元。

【推进财政支出改革】一是对市直所有部门全面实行了部门预算编制,进一步提高了预算管理水平。二是先后分3批对市直183个基层预算单位实行了国库集中支付改革,使国库集中支付单位数达到204个,覆盖面达77%。三是根据市、区两级管理职能的划分,按照事权与财权、人权与财权相结合原则,改进城区环卫经费管理方式,对由市财政承担的人员、业务费和项目支出,按照部门预算编制要求,以2002年12月底实拨经费为基数,由市财政按照环卫工作目标管理考核结果下划区财政,一定3年不变。四是进一步扩大政府采购范围和规模,市本级纳入政府采购预算4318万元,比2002年增加3800多万元,全年通过采取招标、询价采购等方式实际完成3652万元,节约资金666万元,资金节约率为15.4%。五是选择潜山、宿松两县作为首批“乡财县管乡用”改革试点县,并认真组织实施,取得了较好成效,为2004年在全市范围内全面推开奠定了良好的基础。

【保障重点财政支出】一是严格执行省市政府关于厉行节约、增收节支的文件,坚持勤俭办一切事业的方针,继续坚持有保有压的原则,确保重点支出需要。二是进一步完善工资发放的长效机制,实行工资性资金封闭运行,注意统筹安排预算内外财力,确保了财政供给人员工资特别是农村中小学教师工资的正常足额发放。三是投入“非典”防治经费5106万元,为控制疫情蔓延、恢复经济发展提供了有力保障。四是对国企下岗出中心仍存在困难的企业职工,市财政继续给予发放基本生活费,全年共发放国企下岗职工基本生活费594万元,发放企业离退休人员养老金25800万元。五是安排低保支出934万元,低保覆盖面由上年的7.9%扩大到8.5%,基本实现了“应保尽保”。六是认真落实中央、省、市政府关于再就业方面的一系列优惠政策,多渠道筹措落实再就业基金,市财政投入500万元用于劳动力市场建设,安排500万元小额贷款担保基金,并拿出568万元用于社区平台建设,发挥了财政支持、引导功能,促进了全市下岗失业人员再就业工作,维护了社会的稳定。

【支持地方经济发展】一是支持基础设施建设。紧紧抓住国家继续实施积极财政政策的机遇,积极转贷和拨付基本建设项目国债资金14427万元,支持了花凉亭灌区、望江漳湖二站、桐城镜主庙水库等水利设施以及农村公路、移民建镇、退耕还林等工程的建设。二是支持农业发展。通过贴息等调控手段,积极引导社会资金及民营经济参与农业及农村经济发展,拓宽支农资金筹集渠道,加大对农业的投入;争取农村能源项目、农业产业化项目、农业三增项目等财政支农专项资金4528万元,投资5202万元实施农业综合开发土地治理及多经项目,改善了农业生产条件。三是积极支持企业改革与发展。强化国有资产监管,努力盘活资产,促进经济布局和结构调整;对华茂集团、活塞环厂等13户骨干企业拨付技改贴息和技术创新补助等资金1409万元;对新组建的安庆市城市投资发展国有资产运营公司，授权国有资产总量1.9亿元；争取中央对1994年以前外汇借款项目实行减免税政策资金144万元，对煤气公司等承担公共事业的国有企业补贴535万元；拨付皖西南粮食市场等9户企业"三产"引导资金和其他资金140万元；拨付粮食风险基金4020万元以及粮食促销压库、简易仓建筑、水毁等各项补助资金5952万元，促进了国有粮食企业改革的顺利实施。

【完善农村税费改革】一是全面实行农业特产税改征农业税试点，制订切实可行的实施方案，认真组织实施，全市改征后农业税应征税额861万元，比2002年农业特产税4308万元减少3437万元，改征所涉及的农民因此减少税负70%以上。二是建立健全乡镇农业税纳税服务厅和村组办税服务网点，加大推进"三定"征收力度，扩大"三定"征收面。全市已建成乡镇农税纳税服务厅213个，"三定"征收面达90%以上。三是耐心细致地做好农业税灾歉减免款的分配和发放工作，全年共拨付农业税灾歉减免资金2673万元。四是组织开展全市农村税费改革政策执行情况大检查，通过自查自纠和重点督查，促进了税改试点三年来一些主要矛盾和问题的解决，达到了"全面抓规范，系统抓反弹"的目的。五是建立农村中小学危改项目数据库，对危改项目实行动态管理，全市危改项目开工施工面积达72.8万m^2，完成投资额25397万元，其中已竣工57.8万m^2。全市累计投入危改资金29121万元，其中省市补助13126万元。六是认真制定粮食补贴方式改革方案，及时拨付粮食补贴资金5219万元，确保了粮食补贴方式改革政策落到实处。

【强化财政监督检查】一是组织力量对地税、国税2002年度和2003年一季度市本级税收缴库级次情况进行了专项检查，查出2002年度混库税收960万元，查出2003年一季度混库税收495万元，并及时进行了调库处理，规范了税收征管秩序，维护了分税制财政体制。二是对2002年《会计法》重点检查单位安徽三木特纸有限公司、安徽新源公司等四家企业进行复查回访，帮助整改，巩固重点检查成果。三是抽调人员对市直7家建筑、房地产、公交企业、文化等单位2002年度的会计基础和核算工作、报表编制和报送情况、中介机构审计情况等会计信息情况进行了监督检查，查出资产不实金额763万元，所有者权益不实金额883万元，利润不实金额796万元，私设账外账192万元，以及截留收入、偷漏税收等违规行为，并按照《会计法》作出了处理。四是抽调人员对抽样选取的17户基层企业、行政事业单位的2002年度会计决算报表编制工作质量进行了专项联合稽核。针对稽核中发现的问题，分别下达了财政检查决定书，责令限期整改并将整改结果报市财政局备案。五是抽调人员对全市2000—2002年度扶贫资金进行了检查，查出挪用、截留、擅自改变用途、滞拨等各种违规违纪问题，并进行了严肃处理。六是会同有关部门对公益林、退耕还林资金发放工作进行了专项检查，对检查中发现的违规违纪问题向市政府作了专题汇报，并抓好督促整改，确保了公益林补助资金和退耕还林补助及时、足额发放到农民手中。

【加强财政政风建设】一是加强政治业务学习。聘请市委讲师团专家作专题辅导报告，举办理论骨干培训班，组织党员干部到扶贫点和社区宣讲，举办知识竞赛等，进一步增强了广大干部职工宗旨意识，推动了财政工作的进展。二是在局机关推行"禁酒令"，规定工作日中餐不准饮酒；加大内部监督力度，强化内部审计；在局办公大楼建设过程中坚持公开、公平、公正原则，坚决杜绝工程建设环节中腐败行为的发生。三是强化机关作风建设。发动全局干部职工从思想上、工作上、作风上深入查摆，并邀请市直有关部门财务负责人召开座谈会，对存在的问题认真整改，促进了机关作风的转变；坚持实行政务公开，自觉接受社会和群众监督，进一步规范行政行为；大力推行"首问负责制"和"服务承诺制"以及办文、办事限时制等制度，增强广大干部职工责任意识，提高工作效率；积极做好行政服务中心窗口服务工作，展示财政干部较好的素质和优质服务水平。

（安庆市财政局供稿　叶武乐执笔）

郊区财政工作概述

2003年，安庆市郊区财政收入完成6342万元，增长11.4%。其中，上划中央收入1844万元，增长5.2%；地方收入4498万元，增长14.1%。全区财政支出9176万元，增长10.3%。加税收返还、转移支付和专项补助收入，当年实现收支平衡，略有结余。

【强化收入征管】一是进一步加强同国税、地税部门的联系协调，不断分析研究财政收入形势，挖掘收入潜力，做到应收尽收。二是努力克服"非典"疫情的不利影响，实行财税目标管理和收入进度考核，支持配合税务部门多收辛苦税、工作税、服务税。三是积极争取长江大桥北岸连接线、高压输变电等重点工程税收委托代征,拓展税源。

【优化支出结构】一是按照“保工资、保运转、保稳定”、促进经济和社会事业发展的顺序,合理安排支出预算。二是确保区直财政供给人员工资尤其是教师工资足额发放。三是确保抗击“非典”疫情的资金需求。四是重点支持社会保障制度改革,积极安排下岗职工基本生活保障、城镇贫困居民最低生活保障等。2003年社保和抚恤、社会救济费支出同比增长61.3%。

【深化财政改革】一是取消农业特产税,减轻农民税负56万元。二是开展“农村税费改革规范年”活动,稳步推行“三定征收、计算机开票”的农税征管模式。加强农税宣传力度,组织策划宣传农村税费改革的黄梅戏剧目,在全区各乡镇进行10场次的巡回演出,促进了农民纳税意识的提高,也丰富了农民文化生活。三是实施粮食补贴方式改革。加大政策宣传力度,在《郊区报》开辟专版,宣传粮食补贴方式改革方案,并及时发放《致全省农民朋友一封信》,把政策交给群众。制订并实施郊区粮食补贴方式改革实施方案,兑现粮食补贴资金79万元。

【硬化财政管理】一是加强预算外资金管理,编制综合财政预算。二是加强财政监督检查,重点开展党政机关“两项清理”工作,清理175个单位,清收欠款50万元,占应清收额的93%。三是加强会计管理,认真把好会计从业资格证颁发审查关。四是加强专项资金管理,实行专人管理,专户存储,专款专用。

(郊区财政局供稿)

大观区财政工作概述

2003年,安庆市大观区财政收入完成5221万元,增长23.9%。其中:地方一般预算收入完成3443万元,同比增长26.7%;上划中央收入完成1778万元,增长19.8%。财政支出完成6403万元,增长28.9%。加上税收返还、转移支付和专项补助收入,当年实现收支平衡,略有结余。

【强化收入征管】一是努力抓好收入入库工作,本着抓早、抓紧、抓实的原则,积极与税务部门沟通配合,加强财税部门协作,确保应收尽收。二是定期召开全区财税工作座谈会及国、地、财三家联系会,分析财政收入形势及存在问题,及时研究对策,采取有力措施,确保完成收入任务。三是建立重点服务机制。年初确定40家企业进行重点联系和服务,这40家企业全年共提供税收2280万元,占全区税收收入的46.6%,增长42.5%。四是加强协税护税考核机制。进一步完善办事处协税护税工作考核办法,组织开展了一次较大规模的全区协税护税活动,进一步掌握税源基本情况,对税收征管中出现的问题进行整改,效果较为明显。

【支持经济发展】一是着力构筑工业园区建设作为招商引资大平台。皖河口高科技新材料工业园和集贤北路大观区工业园先后通过项目和控制性详细规划评审论证,工业园建设迈出了实质性步伐。二是积极推动经济发展,努力为民营经济发展营造良好的服务环境,确保骨干财源稳步增长。三是积极支持参与国有资产改革改制,巩固基础财源,依法对破产后国有企业资产管理、清查、清算、评估、处置工作进行跟踪监督,确保改制资金安全和完整。

【优化支出结构】一是合理安排财政支出顺序,优先保证工资性支出,确保全区工资及时足额发放。二是认真贯彻区委区政府《关于进一步加强财政支出管理的意见》文件精神,严格控制各项支出,将有限的资金用在刀刃上,在保机关正常运转的同时,保证检法办案等重点支出。三是逐步完善社会保障体系。全年用于社会保障方面支出256万元,增长247%,保障区属事业单位离退休人员养老金按时足额发放。最低生活保障支出812万元,增长61.9%,做到应保尽保。提高了社居委工作人员生活费补贴标准,进一步调动广大社区工作者发展社区经济、加快社区建设的积极性。四是筹措资金110万元,支持区教育局新办公楼搬迁等教育设施建设,全年教育投入达1470万元,增长30.3%。五是安排专项资金40多万元,支持了“非典”防治工作。

【推进支出改革】一是进一步推进部门预算改革,实行分类分项管理,合理核定公用支出定额标准,细化专项支出预算,统筹安排预算内外资金,实行综合预算和零基预算,严格控制预算追加。二是大力宣传《政府采购法》和现行政府采购制度,制定了2003年区政府集中采购目录。政府采购中心通过公开招标、竞争性谈判等方式,共成功组织了机关公务用车、统一保险等采购13次,采购资金132万元,增长31.1%。三是针对社区居委会内控制度、财务管理等方面存在的问题,印发并实施了《大观区社区居民委员会财务管理暂行办法》,举办了街道办事处和社居委财会人员培训班，提高其业务素质，将社区居委会财务收支和财产管理纳入规范化轨道。

【强化财政监督】一是强化“收支两条线”监督与管理，进一步提高财政资金综合管理水平。二是认真开展会计信息质量检查，举办会计人员职业道德等业务培训，加强会计人员继续教育，强化会计基础工作。三是做好低保金、再就业资金等社会保障资金的管理与监督；加强对基本建设和国债建设资金的监督管理，确保专款专用。四是制定有效的国有资产管理规章制度，建立国有资产管理报告制度，用好有限的经济资源，努力提高国有资产使用效率。

(大观区财政局供稿)

迎江区财政工作概述

2003年，安庆市迎江区财政收入完成5909万元，同比增长10.3%。其中：上划中央收入完成2485万元，增长20%；地方收入完成3424万元，增长14.7%。财政支出完成6830万元，增长28.6%。按现行财政体制结算，当年实现收支平衡，略有结余。

【强化收入征管】一是每月召开财税工作会议，分析收入形势，研究落实措施。二是强化管理手段，改进工作方法，深入开展专项整治和重点稽查，严厉打击税收违法行为，依法清缴欠税。三是加大非税收入征管力度，确保应收尽收。

【优化支出结构】一是确保重点支出需要。及时兑现了机关事业单位正常增资，提高了离退休人员养老金；全力为社会稳定和经济发展保驾护航，保证了法检办案经费的需要；拨付社会保障资金782万元，累计保障14.3万人(次)，保障率达8.3%。二是加大文教科卫事业投入。积极筹措资金，新建、修缮小学教学楼，沿江路小学综合楼竣工并投入使用；现代化校园网建设顺利推进，办学条件不断改善；加大了科普投入，推动科普活动不断深入；积极支持社区文化体育活动，为迎接黄梅戏艺术节，拨付专款修缮了人民剧院；把人民群众的健康放在重要的位置，及时拨付“非典”防控经费。三是积极支持重点项目建设。加大了新型社区建设投入，完善了区社区服务中心服务设施，天后宫、荷花塘、永胜等亮点小区逐步形成，全区三分之二的社居委办公、活动场所得到较大改善，投资环境不断优化。

【深化财政改革】一是借鉴市本级和其他兄弟县区经验，全面编制综合预算，将预算内、外资金统一核算，统一安排。二是完善政府采购制度，严格按照《政府采购法》和《招标投标法》规范政府采购行为，进一步扩大采购范围，从办公用品到机关办公楼维修都实行政府采购，全年采购金额达200多万元，节约率在10%以上。三是对近年来下划到区管理的事业单位的财务收支情况进行普查，为公共财政支出改革打下基础。

【加强财政监督】一是进一步加强行政事业性收费票据和罚没票据管理，实行以票管费，量入为出，加强“收支两条线”管理。二是严厉打击假凭证、假账册等制造虚假会计信息行为，对区属企事业单位的年度会计报表的真实性和合法性进行稽核，规范会计基础工作。三是对专项资金进行审计，平均核减率达20%，提高了财政资金的使用效益。四是对全区行政事业单位用公款购买保险和职工拖欠公款的情况进行清查，严肃财经纪律，维护财经秩序。

【加强国资管理】一是认真开展国有企业年度会计报表审核、汇总和分析，掌握企业的生产经营情况，按照有关标准实施国有资产保值增值效绩评价。二是加强国有资产管理，全过程参与企业改革改制，严格按照规定的程序办理国有资产的变更，在实践中不断总结国有资产管理经验，探索完善国有资产管理的新路子。

(迎江区财政局供稿)

开发区财政工作概述

2003年，安庆市开发区财政收入完成12319万元，同比增长42.2%。其中，上划中央收入3224万元，同比增长19.7%；地方收入完成9095万元，增长52.4%。财政支出完成10898万元，增长61.4%。当年实现收支平衡，略有结余。

【财政收入征管】一是对开发区12.4平方公里管理范围内的税源进行摸底，做到心中有数。同时协调税务部门，要求征管力度到位，不留“空档”，征管深度到位，不能出现(或少出现)漏征漏管户，确保依率、定额应收尽收。二是加强契税征管，在保证兑现优惠政策的前提下，对商品房交易和土地出让应征契税全部纳入征管。全年契税收入完成576万元，增幅居全市之首。三是继续强化征税、协税、护税手段，定期或不定期召开征管征收部门协调会，互通信息，解决工作中的的重、难点问题。

【社会保障管理】按照上级部门统一部署，积极推进社会保障支出改革工作，配合开发区社会保障中心及相关部门做好社保工作，确保社会保障事业的资金需要，增加投入，保障低保资金的发放以及居民生活补助费、下岗职工补助等民政性支出，建立安全网，确保一方稳定。全年支付抚恤社会救济费375万元。按规定程序拨付每一笔资金，确保居民生活费、军转干部资金的及时发放。

【基建资金管理】一是及时筹措、调度资金，保证重点工程建设需要。向各商业银行提供申贷资料，争取授信额度和扩大授信规模；及时筹措资金还本利息，保持与金融部门良好的信贷关系，同时努力开拓其他融资渠道，完善担保方式。二是加强资金管理，提高资金使用效益。参与基建资金计划的制定和工程预决算的审核，加强对资金源头的控制；坚持拨款手续完备和付款及时、准确的原则；跟踪问效，对工程资金的使用实施全过程监督，保证建设资金安全运行，按规定用途使用，防止挤占挪用。全年拨付资金28635万元，审计工程95项，核减22万元。三是努力建立公共财政支出体系，尽力剥离不应由财政负担的支出，把有限的财力用在刀刃上，使财政资金取得"四两拨千斤"的导向效果。

【会计集中核算】按照公共财政改革的要求，成立并运作了开发区会计核算中心，统管区各行政事业单位的财务，建立健康有序的财经秩序，健全各单位财务制度，规范了管理。通过改革，中心实行会计统配，专司行政事业单位经费支出管理，基本做到了规范管理，公平公正，优质服务。同时，各单位只设财务经办员，精简了人员，规范和节约了行政事业性支出。

（开发区财政局供稿）

桐城市财政工作概述

2003年，桐城市财政收入完成26752万元，同比增长7.7%。其中：地方收入完成18836万元，增长7.6%；上划中央收入完成7916万元，增长8%。财政支出完成35479万元，增长13.7%。预算执行结果收支平衡，略有结余。

【推进财源建设】一是充分发挥财政资金引导调节作用。通过财政贴息、财政配套等措施，吸引银行和社会资金扶持企业，市财政全年共拨付高新技术产品退税244万元，有力地支持了高新技术企业改革创新。二是加大基础设施建设投入力度。全年共投入各项建设性资金5790万元，改善了投资环境。随着省级桐城民营经济开发区和乡镇(街道)各类工业园区的相继崛起，民营经济已成为市域经济新的增长点。三是加大农业综合开发和扶贫开发进程。在全面完成世行二期加灌项目工程的基础上，成功组织霞珍集团农业产业化龙头企业等项目扩初设计工作，并建立了新渡镇4000亩两季杂交稻生产基地、孔城镇优质水产品基地。四是加大财政有偿资金的清收力度。坚持依法收贷，聘请法律顾问，对有还款能力而屡催不还的单位和个人依法起诉，全年共回收财政周转金本金及资金占用费820万元，回收农业综合开发有偿资金122万元。

【强化收入征管】一是狠抓农业税收征管。本着"抓早、抓紧、抓实"的原则，及时分解落实农业税任务，加大征管力度，取得了明显成效。市直契税征收再创佳绩，全年共征收266万元，增长101%。二是加大了对非税收入的监管力度。及时下发《关于进一步规范票据管理的通知》，加大以票管费力度，实行按季缴销，混开票据现象得到了有效遏制。

【保障重点支出】一是着眼于稳定、发展的大局，把"保工资、保稳定、保改革、促发展"作为财政工作和预算安排的重点，加强工资专户管理，实现了工资按月正常发放，并及时兑现了市直单位和乡镇中小学教师的两年考核增资。二是着力解决事关人民群众切身利益的热点和难点问题，保证了重点支出和防治"非典"经费的需要。三是牢固树立"节支也是增收"的观念，千方百计挖掘节支潜力，完善了各单位资金结算办法，调动了预算管理单位精打细算、节约财政资金的积极性。

【深化支出改革】一是会计核算中心在认真做好内部规范化管理和统管单位财务核算的同时，继续加大对各统管单位的支出监管，累计拒付各类不合理或不合法支出123万元，全面清理了统管单位违规发放的津补贴。二是政府采购环境逐步改善，政府采购意识明显增强。全年采购项目预算480万元，实际支付合同金额430万元，平均资金节约率达11%。随着小汽车定点保险、定点加油、定点维修的纳入，政府采购领域进一步扩大。

【完善税费改革】一是认真开展"农村税费改革规范年"活动。采取坚决措施，督促个别乡镇将偏高的计税常产调下来。坚持依法征管，全年累计申请法院强制执行案件43起,涉案金额超过15000元,并全部执行到位,取得了良好的社会效果。二是认真做好农业特产税改征农业税试点工作。三是认真做好中小学危房改造工作。全年累计拨付危改资金1200余万元,完成改造D类中小学危房面积11万平方米,保证了正常教学需要。四是实施粮食补贴方式改革。严格按照"五到户"、"六不准"的要求,明确兑付责任,确保了全市27个乡镇(街道)和开发区923万元的粮补资金及时发放到农户手中,增加了农民收入。

【加强财政监督】一是加强预算约束管理。坚持有预算不超支,无预算不开支,按预算进度及时拨付各类经费,加强预算资金的管理,维护了《预算法》的严肃性。二是深入开展乡财政大检查。从4月份开始,历时7个多月,对全市28个财政所(分局)1997年以来的财务状况进行全面检查,纠正了一些违规行为,对7名违纪人员分别给予行政警告和记过处分。三是配合市纪委、监察局认真开展清理党政机关、企事业单位干部职工欠款和用公款为个人购买商业保险的"双清"工作,取得了较好成效,得到了省市督查组的一致好评。

(桐城市财政局供稿)

怀宁县财政工作概述

2003年,怀宁县财政收入完成23061万元,同比增长8.6%。其中:上划中央收入完成5539万元,增长12.4%;地方收入完成17522万元,增长7.4%。财政支出完成31566万元,增长9.7%。按现行财政体制结算,当年实现收支平衡,并略有结余。

【加强财源建设】一是积极巩固招商引资成果,切实加强对重点行业和骨干企业的税源培植,努力扩大税源税基。二是认真落实中央出台的一系列减免税、费及贴息政策,促进了"非典"过后的经济复苏和增长。

【保障重点支出】一是严格按照支出顺序,优先保证人员经费和必不可少的办公办案经费,从紧控制车、会、话、医等专项支出,想方设法多渠道筹措资金,保证了县乡两级基本工资的正常发放。二是争取各类转移支付及专项补助1.6亿元,同时挤出财力对国家调整收入分配政策增资的缺口部分进行补助,加大了对农业、教育、卫生、科技等各项事业的投入,使重点支出得到了有效保障。

【加大支农力度】一是认真开展农村税费改革规范年活动,实行"三定征收、厅点结合、计算机管理"的农业税征管模式,建立了农业税委托征管和协、护税制度。二是粮食补贴方式改革积极推进,累计发放粮食补贴资金1500多万元,落实税费改革转移支付1422万元,争取并安排乡镇农业产业化等项目资金980万元。三是世行加灌项目顺利通过省市验收,形成了一批有特色的农副产品加工企业,进一步提高农业综合效益,加快了农村经济发展。

【推进支出改革】一是乡镇全部实行银行代发工资,有效保障了人员工资兑付。二是县本级部门预算编制程序初步完善,预算约束力增强,非生产性支出得到有效控制。三是会计核算中心累计核算资金近亿元,审核节约资金180多万元,单位账务处理日渐规范,财务信息反馈及时。四是实施政府采购350万元,资金节约率达到14%,大大提高了财政资金的使用效益。

【支持重点建设】一是安排重点工程建设资金2500万元,支持318国道拓宽改造、大水泥、大学等项目建设,加快了重点项目建设速度。二是移民建镇取得积极进展,工程建设带动财政和社会资金投入2650万元,重点项目的顺利实施有力拉动了地方经济增长,财政收入显著增加。三是城镇基础设施建设投入增加,新老县城及公路沿线改貌明显,新县城工业园、招商大道、马庙私营经济园区、石镜海螺工业园等园区基础设施投入达亿元,并出台一些优惠政策,推动了园区经济发展。

【增加社保投入】一是争取省市社会保障补助资金1400万元,支付离退休养老金、下岗职工基本生活费和最低生活保障金等2500万元,保证了下岗职工基本生活费和再就业经费、离退休人员基本养老金等各项经费的兑现。二是抚恤和社会救济支出实现830万元,社保对象基本得到保障。三是县乡两级基本医疗保险制度改革顺序进行。四是投入抗击"非典"经费700多万元,更新了医疗设备设施。

【强化财政监督】一是强化对移民建镇等基本建设资金和其他专项资金的管理,严格实行跟踪问效,强化监督检查,保证了专款专用,提高了资金使用效益。二是认真开展部分单位预算外收入的专项检查和乡镇财务收支检查,规范收支行为,严肃了财经纪律。三是继续组织开展会计人员后续教育,着力提高从业人员素质,会计工作质量进一步提高。

(怀宁县财政局供稿)

太湖县财政工作概述

2003年,太湖县财政收入完成10798万元,同比下降0.3%。其中,地方收入完成8902万元,下降2.8%;上划中央收入完成1896万元,增长13%。财政支出完成23156万元,增长6.8%。按现行财政体制结算,当年实现收支平衡,略有结余。

【促进经济发展】 一是争取各类扶贫资金,重点支持了水利、交通、移民建镇和基础设施建设。二是加大了对教育事业的投入,改善了农村中小学的办学条件。三是继省财政厅2002年在晋熙、刘羊、城西三乡镇开展的“百户扶贫”工作取得显著成效后,2003年又争取省财政厅增加了对玉珠乡等33户贫困户的对口帮扶,使绝大多数贫困户摆脱贫困,逐步走上致富道路,在当地农村取得了较好的示范带头和辐射作用。四是继续实施世行二期加灌项目并顺利通过省级验收,项目区生态效益、社会效益和经济效益得到明显提高。五是组织实施大山乡生态农业工程、玉珠乡优势农产品项目、晋熙镇三黄鸡生产及黄岗乡蚕桑基地等一批新的农业开发项目,农业产业结构进一步优化。

【推进税费改革】 一是在认真开展“农村税费改革规范年”活动的基础上,进一步规范农业税收征管行为,全面推行计算机化管理和规范化管理。二是认真贯彻落实省政府13号文件精神,全面实施农业特产税改征农业税工作,农民负担进一步减轻。三是认真实施粮食补贴方式改革,将粮食差价补贴直接发放到农民手中。

【完善社保制度】 一是围绕社保基金年度收入计划,加强部门之间的沟通与协作,确保收入任务的完成。二是进一步加大基金监管力度,规范基金的支付范围和支付标准,杜绝冒领现象,堵塞支出漏洞。三是加大再就业的支持力度,大力开展再就业技能培训,扩大就业,促进再就业。四是积极调度资金抵抗突如其来的“非典”疫情,认真做好“非典”防控经费保障工作。五是拨付社会保障补助1943万元,确保了企业离退休人员、军转人员和下岗职工基本生活费及时足额发放,低保资金发放面不断扩大,维护了社会稳定。

【深化支出改革】 一是县会计核算中心和政府采购中心通过规范管理、完善服务、强化监督,成效越来越明显。二是“收支两条线”管理工作朝着规范有序的方向发展,制订了相应的管理制度,坚持统一收费立项管理、统一票据管理、统一单位财务管理、统一财政专户结算,建立了合理规范的财政专户资金收支运作机制,经常性地开展各项收入稽查工作。三是加大自收自支事业单位的财务管理工作力度,加强了对世行贷款项目的财务监督和土地出让金的管理。

【强化预算管理】 一是逐步完善分税制财政管理体制,努力提高乡镇组织收入的积极性。认真制订乡镇发展经济的激励政策,进一步优化税收环境,改善征纳关系,节约税收成本,及时与国税、地税部门配合协调,齐抓共管,促进财政收入任务全面完成。二是切实抓好农村中小学教师工资县财政统一发放工作,县财政一方面积极组织资金,优先保证农村中小学教师国家规定工资发放所需资金,另一方面清理教师队伍中在编不在岗、在岗不在编人员。三是建立科学、规范的转移支付制度,确保乡镇可用财力不断增加,维护机关、单位的正常运转和社会稳定。四是实行部门预算、细化预算编制,在实行零基预算和综合财政预算的基础上,启动了部门预算编制工作。

【加强财政监督】 一是组织力量对乡镇财政(分局)所和县直有关单位实施审计监督,重点对财政扶贫资金、支农资金进行专项审计。通过审计监督,违规违纪现象明显减少,滥支、乱支现象得到了有效遏制。二是进一步宣传、贯彻、执行《会计法》,规范会计行为,加强会计监管,维护了社会主义市场经济秩序。

(太湖县财政局供稿)

宿松县财政工作概述

2003年,宿松县财政收入完成12392万元,与上年持平。其中:地方收入完成10016万元,同比下降0.8%;中央收入完成2376万元,增长3.8%。财政支出完成25067万元,增长11.6%。加税收返还、转移支付和专项补助收入,当年基本实现收支平衡。

【依法组织收入】 一是认真履行财政职能,加强与税务部门的配合,及时分解落实收入任务,强化目标管理。二是认真做好预算执行分析工作,认真分析税源,监控重点税源,重点抓好增值税、营业税、所得税的征管。三是认真贯彻《中华人民共和国税收征管法》,依法加强征管,大力改进工作方法,多收辛苦税、工作税、服务税,确保财政收入及时入库。四是全面推行农业税“三定征收,计算机管理”新方式,强化农税征管,全年共征收农业税5059万元;深化国有水面使用权制度改革,当年水面提供财政收入1300万元。五是加大非税收入管理力度,进一步完善行政事业性收费、政府性基金和罚没收入“单位开票、银行代收、财政统管”的征管体制,认真清缴国有资产转让、土地出让收入,全年共征收行政性收费813万元,土地出让金1383万元,切实做到了应收尽收。

【支持经济发展】一是认真落实县委、县政府关于招商引资的各项政策,加大了基础设施和公共领域的投资力度,着力优化个体私营经济发展的财政政策环境,鼓励第三产业发展,促进了经济结构调整,促进县域经济快速发展。二是农业综合开发力度进一步加大,当年世行二期加灌项目完成土地治理项目1.7万亩,总投资365万元,多种经营项目完成投资111万元,并已基本通过省级验收。三是积极争取并用好国债资金。移民建镇全年共拨付资金1300万元,大力实施退耕还林工程,拨付退耕还林资金1065万元,促进了生态环境建设。四是按报账制要求拨付以工代赈和扶贫开发资金2139万元,切实发挥了资金效益。五是累计拨付中小学布局调整和中小学危房改造资金813万元,有力地促进了全县教育事业的快速发展。

【保障重点支出】一是坚持勤俭办事业的方针,坚持“一要吃饭,二要建设”的原则,优化支出结构,大力压缩会议费、招待费、差旅费等一般性财政支出,集中财力保证重点支出需要。二是建立健全工资正常发放的保障机制,对县直68个财政全供单位干部、职工及全体中小学教师工资委托银行直接发放,有效地防止职工工资被挤占和挪用。三是继续加大对社会保障的投入力度,县财政兜底垫付资金500万元,确保了国有企业下岗职工基本生活费和企业离退休人员基本养老金按时足额发放,维护了社会稳定。

【深化财政改革】一是深化农村税费改革。按照“统一税制,减轻税负,规范征管,促进发展”的原则,认真开展农业特产税改征农业税试点工作,全县除水产品外的农业特产税一律取消,对水产企业征收的特产税改征农业税,进一步减轻了农民负担。二是深化县级公共财政支出改革。选择计生、国土、建设、劳动四个部门试编综合预算,经人大批准后,执行良好;提前编制2004年县直单位预算,各部门一律实行零基预算,编制方法更加科学合理;会计核算中心在11月份成功实行转轨,主要职能向国库集中支付转变,县直财政供给单位已基本进入中心,国库单一账户体系逐步建立;政府采购规范化水平进一步提高,范围和规模进一步扩大,合计采购金额142万元,节约额15万元。三是实施粮食补贴方式改革。按照“两放开、一调整”的改革内容,将补贴资金测算到乡镇、到村、到组、到户,对补贴资金实行专户管理,专款专用,487万元补贴资金已发放到户。

【创新乡财管理】一是成立了以县长为组长,财政、编办、人事、劳动和监察、审计、人行等单位负责人为成员的乡镇财政管理方式改革领导小组,下设办公室,由财政部门牵头具体实施,通过文化、广播、电视、报纸等载体广泛宣传,为改革创造良好的舆论氛围。二是在深入调研的基础上,县政府出台了《关于实施乡镇财政管理方式改革的意见》,县财政局制发了《宿松县乡镇财政管理方式改革业务操作规程(试行)》,明确了账户设置和管理权限、票据、收支管理程序、账册管理体系等内容,同时还出台了相关配套性文件。三是重新组建乡镇财政所,撤并乡镇结算采购中心,财政所与农税所实行一个机构两块牌子,县财政局按照预算管理、农业税征管、财政监督管理等要求,对财政所重新定员定岗。四是通过对银行账户、财政供给人员和编制、债权债务、票据的清理,摸清了乡镇的财政状况,建立了规范的人员供给档案,纠正了各乡镇在票据、账户管理等方面存在的问题。五是撤销乡镇原有的账户,新开设“结算专户、支出专户、工资专户、民政专户、财政专项资金账户”等,撤销乡镇总预算会计,由会计核算中心代理,对乡镇原有财务进行整合归并。

(宿松县财政局供稿)

潜山县财政工作概述

2003年,潜山县财政总收入完成15841万元,同比增长8.5%。其中:一般预算收入完成12588万元,增长8%。一般预算收入中,地方一般预算收入完成9284万元,增长8%;财政总支出25551万元,增长6.7%,其中:一般预算支出实现22977万元,增长5.6%。加税收返还、转移支付和专项补助收入,当年实现收支平衡。

【完善征管机制】一是围绕年初下达的收入目标任务,各乡镇、各主管部门都能主动加强联系与衔接,精心谋划,明确责任,严格考核,做到收入工作常抓不懈。二是坚持依法治税,大力规范税收秩序。继续加快"金税工程"建设,加大对重点税源的监控力度。努力挖掘收入潜力,以增收弥补减收,以增量拉动增长,仅黄砂一项就为财政提供收入800万元,增长67%。开展税收专项整治行动,打击偷、逃、抗税行为,全年查补税款425万元。三是建立健全政府非税收入征管机制,强化行政性收费和罚没收入管理。

【保障重点支出】一是继续巩固和完善工资管理新体制,加大力度,强化责任,积极主动做好工资正常发放工作,确保全县全年财政供给人员工资的正常兑现。二是继续巩固和完善社会保障体系,积极主动做好社保基金的收缴和社保经费的发放工作,全年共征收社会养老保险金、失业保险金、医疗保险金等各类保险金1733万元,全年共支付社会保障金2450万元,基本实现了参保企业离退休人员基本养老金、失业保险金、城镇居民最低生活保障金及时足额发放的目标。三是继续扩大医疗保险覆盖面,基本医疗保险制度实现了由县直向乡镇的延伸目标,到2003年底,全县参保单位达139个,参保职工人数达8490人。

【支持经济发展】抓住国家实施积极的财政政策的有利时机,在巩固原有项目的基础上,争取更多的项目立项。共报账提回皖西南农业综合开发项目农发基金贷款等11项项目资金7832万元,共完成项目投资5015万元。世行二期加灌项目在顺利通过省、市验收后,于12月中旬又代表安徽省顺利通过了国家验收。财政厅百户帮扶项目的实施也大见成效,2003年被帮扶户实现总收入73万元,较上年增长205.8%。基本实现脱贫的有76户,占总帮扶人数的69.1%。同时,注重加大对经济建设的投入比重,利用本级财力安排的建设性资金达2500万元,增长28.2%。

【推进财政改革】一是全面推行乡镇财政管理方式改革。2003年,潜山县被省财政厅列为乡镇财政管理方式改革试点县。7月份,全县成立了梅城、源潭、黄铺、黄柏、水吼5个财政管理中心,对所辖乡镇实行"预算共编、会计统配、账户统设、集中收付、采购统办、票据统管"的乡镇财政管理方式,于8月份全面实施,年底顺利通过省市验收。二是推行粮食补贴方式改革。共发放粮食补贴资金346万元。通过改革,促进了农业结构调整和农民收入的增加,推进了国有粮食购销企业的改革,提高了政府资金的使用效率。三是完成了农业特产税改征农业税工作。对农户零星生产的农业特产品不再征税,农民人均减负11元,亩均减免16元。四是推行农业税征管体系改革。乡镇设立农业税征收管理所,直接接受县财政局(农税局)的垂直领导。同时,实行契税自征制。

【强化财政监督】一是进一步完善政府采购制度,扩大采购范围。实现采购合同金额350万元,节约资金45万元,资金节约率11.3%;二是加强县会计核算中心规范化建设,提高运行质量。共审核拒付各种不合理开支40余万元;三是切实加强涉财项目管理。继续实行扶贫资金管理报账制、项目公示制、土建工程招标制、在建工程监理制、项目法人负责制和工程账目年度审核制,使有限的项目资金发挥了较好的效益。

(潜山县财政局供稿)

望江县财政工作概述

2003年,望江县完成财政收入9613万元,同比下降18.6%。其中,中央收入完成2717万元,增长8.5%;地方收入完成6896万元,下降25.9%。财政支出完成19772万元,增长2%。加税收返还、转移支付和专项补助收入,当年实现收支平衡。

【加强收入征管】一是继续坚持"加强征管、堵塞漏洞、惩治腐败、清缴欠税"的工作方针,加强税源调查,加大对拖欠税款的清理力度,推行财税目标管理考核责任制,建立了税收征管部门工作目标和责任的考核体系。二是认真落实行政事业性收费和罚没收入"收支两条线"管理规定,加大土地出让金的清缴管理力度。三是在全县全面推行"定时、定点、定额"为内容的农业税"三定"征收工作,实现了农业税征收方式的转变。

【完善支出改革】一是规范国库支付中心内部管理,面向社会公开4项服务承诺(工资发放、财务报表、经费报销、财务处理),明确中心各岗位职责,规范了国库支付中心、财政局各业务股室、预算单位之间的业务程序,理顺了工作关系。二是强化财务统管,扩大财务统管范围,将财务核算与财务监管结合起来。三是规范个人性支出管理,全面清理县直行政事业单位津补贴,防止部门、单位间的苦乐不均。四是推动政府采购向深层次发展,全年政府采购预算金额为390万元,实际支付350万元,节约资金近40万元,资金节约率达11.4%。

【调整支出结构】一是一般预算支出执行基本到位,有效地发挥了财政基本职能,实现了保工资、保运转、保稳定、促发展的目标。二是财政支出有保有压,全县经常性支出占一般预算支出比重达82.5%,提高了4个百分点。三是统筹调度预算内外资金,确保了国有企业下岗职工基本生活费和离退休人员基本生活养老金按时发放,维护了社会弱势群体和低收入者利益。

【强化财政监督】一是强化会计基础工作,积极做好全县会计人员的会计业务培训和考试,不断提高会计人员业务素质,积极开展会计执法检查工作;二是开展财政收入质量、乡镇财政运行质量和国库运转、机关及财政所年度内部财务审计和政策执行情况等检查,不断提高财政管理水平。

【推进队伍建设】一是狠抓政风建设和行风评议,制定了政风建设实施意见,开展以"望江发展靠什么,我为发展做什么"为主题的优化环境大讨论等活动,着重强化服务意识,树立财政部门的文明形象、公仆形象和廉政形象。二是积极推行政务公开和服务承诺制,实行全员亮牌上岗,推行首问负责制,做到有问必答,有事必办。三是机构改革平稳推进,股室职能得到进一步界定和明晰,推行机关中层干部竞争上岗,大胆启用年轻干部,加快年轻干部的培养步伐。

(望江县财政局供稿)

岳西县财政工作概述

2003年,岳西县财政收入完成8705万元,同比增长5.3%.其中:地方收入完成6087万元,增长0.6%;上划中央收入完成2618万元,增长18.3%。财政支出完成21700万元,增长19.8%。按现行财政体制结算,当年基本实现收支平衡。

【强化收入征管】一是财税部门密切配合,认真摸清税源,及时落实任务,在农业特产税改征农业税政策调整造成减收的情况下,坚持任务不减,加强对重点税源的监管,做到应收尽收。二是克服"非典"不利影响,加大土地出让金和车船税征管力度,与有关部门密切配合,全年征收土地出让金1585万元,同比增长9.2倍,征收车船税108万元,增长2倍以上。三是积极与国、地税及审计部门配合,加大检查力度,认真清理欠税漏税,减少税收跑、冒、滴、漏,保证税收及时足额征收入库。

【保障重点支出】一是积极筹措资金,合理调度资金,确保财政供给人员工资按国家规定标准按时足额发放。二是精心组织,周密安排,实现农村中小学教师工资从5月份起由县统一发放,全县拨付工资性支出1.18亿元,同比增加1900万元,为当年工资正常发放提供保障。三是拨付社会保障资金3500万元,基本实现"两个确保"和城市低保目标。

【实施粮补改革】一是加强组织领导。县成立粮食补贴改革协调小组,各乡镇也相应成立组织,组织指导改革工作。二是制定实施方案。以农业税计税常产为依据确定每户农民粮食补贴金额,张榜公布,接受监督。三是认真兑付粮食补贴资金。严格按照省对农民粮食直接补贴资金管理暂行办法,由县将粮食直补资金一次性划拨到乡镇专户,在财政农税大厅设点直接将粮补资金兑付到农户,对个别乡镇兑付工作缓慢的,派督查组催办。全县共兑现粮食直补资金180.3万元,维护了农民利益。

【完善税费改革】一是认真贯彻省政府关于农业特产税改征农业税政策,制定特产税改征农业税实施方案。二是各乡镇根据实施方案测算到户,编制征收清册。三是适时组织农业税"三定征收",由于改征后的农业税同比减少371万元,全年提前四个月完成农业税征收任务。四是会同县纪委、农委、教育局、物价局等部门,分4个小组对全县28个乡镇、69个行政村、92个基层涉农收费单位、110个村民组、325户农户进行明查暗访,进一步规范了农村税费征收行为,基本实现征管人员专业化,征管程序合法化,征管手段信息化。

【支持经济发展】一是与有关部门紧密配合,积极争取上级支持,一年来共争取各类专项资金达1亿元。二是投入农业扶贫开发资金3700万元,投入退耕还林及生态林建设资金1100万元,投入农村义务教育及岳西中学建设资金1500万元,投入城市交通建设资金1700万元,投入抚恤、社保和生产救灾资金1100万元。三是积极支持国有企业改革改制,拨付企业职工身份置换资金549万元,促进了国有企业改革的步伐,支持了经济的发展。

【加强财政监督】一是大力宣传《预算法》和《安徽省预算监督条例》,促进依法理财。二是完善公共财政支出改革,强化财政监督职能。会计核算中心一年来共退回不合规票据249张,累计金额达89.7万元。采购中心实行政府采购62项,完成采购金额1100万元,节约资金120万元,资金节约率达10%。

三是开展税收混库和项目资金专项检查,查出混库资金 32 万元,取消了个别单位非法开设的银行账户,坚持专项资金专款专用、专户存储、单独设账、单独核算、规范操作,确保资金不被截留、挤占和挪用。

(岳西县财政局供稿)

枞阳县财政工作概述

2003 年,枞阳县财政收入完成 19486 万元,同比增长 21%。其中:地方收入完成 13136 万元,增长 10.6%;上划中央收入完成 6350 万元,增长 50.4%。财政支出完成 29199 万元,增长 9.7%。按现行财政体制结算,当年实现收支平衡。

【加强收入征管】一是坚持收入均衡入库,做到年初紧、年中严、年底清,多收工作税、辛苦税、服务税,勤征细管。二是坚持税费并重,建立社会保险费征收月协调会制度。三是加大了对行政事业单位“非转经”收入和土地出让金的清缴力度。四是加大考核力度,强化目标管理,调动了各乡镇、有关单位和财税干部征收的积极性和主动性。

【保障重点支出】一是投入防治“非典”经费 38 万元和防灾、抗灾及灾后重建资金(含农业税灾减)752 万元,为战胜灾害、恢复经济发展提供了保障。二是支付 19200 万元用于财供人员工资发放,特别是中小学教师工资的按时发放。三是支付社会保障费 3400 万元,保证了企业离退休人员养老金和下岗职工基本生活费以及城镇居民最低生活保障金的按时发放,保证了社会救济和优扶安置政策的落实。

【推进财政改革】一是继续开展农村税费改革规范年活动,推行了“三定”征收,完成了农业特产税改征农业税工作,农民人均减负 2.14 元。二是继续推进公共财政支出改革。国库集中收付制度进一步完善,成立了教育会计核算中心,将完中级学校纳入了中心进行核算;对各统管单位的固定资产进行了一次全面清理;政府采购进一步规范,全年共采购 38 次,资金 736 万元,节约资金 62 万元,资金节约率为 7.7%;深化“收支两条线”管理改革,不断完善预算外资金上缴、拨款、核算等操作程序,实行收费票据的源头管理,严格领、销制度,会同物价部门编制了《枞阳县收费目录》。三是完成了粮食补贴方式改革试点工作,将粮补资金及时兑付到农民手里。

【支持经济发展】一是加大了对基础设施建设的投入,投入资金 1411 万元,用于城区道路和其他市政建设。二是支持重点骨干企业的发展,共安排资金 2711 万元,支持了海螺三期建设。三是积极向省市争取项目资金,支持了种植业、养殖业和加工业的发展;按照参与式扶贫资金管理的要求,管好、用好并发挥好扶贫资金的帮扶效益;加快了农业综合开发进程,全面完成世行二期加灌项目建设任务,并积极做好项目储备和争取立项工作。四是加强中小学危改资金的管理,安排配套资金 1563 万元,峻工危改项目学校 70 所,立项危改学校 90 所,新建校舍 128134 平方米,清除危房 82592 平方米,改善了农村中小学办学条件。五是利用世行贷款卫Ⅷ项目回补资金培训了各层次的医护人员 3000 人次,有力提高了农村基层医疗卫生水平。

【加强财政监督】一是开展了对乡镇财政预算安排及财务收支情况、县直行政事业单位财务收支情况和建筑企业会计信息质量检查,共出具检查报告 77 份,查处违规违纪资金 205 万元,入库 134 万元。二是积极开展了“双清”工作,共清理出拖欠公款 600 余人,收回欠款 270 多万元,清理出办理商业保险 300 余人,收回投保资金 60 余万元。

(枞阳县财政局供稿)

黄山市财政工作概况

黄山市财政工作综述

2003年,黄山市各级财政部门面对减收增支双重压力,坚持以经济发展为中心,一手抓抗击"非典"和抗旱救灾,一手抓收入征管和支出改革,取得了不平凡的工作业绩。全市完成财政收入88023亿元,同比增长11.3%。其中,上划中央收入27827万元,增长15.1%;地方收入60196万元,增长9.7%。财政支出140486万元,同比增长18.5%。

【围绕聚财抓征管,财政增收目标全面实现】 由于受到不可预见的"非典"疫情冲击,全市整体经济发展受到重大影响,特别是以旅游业为主的三产遭受重创,财政因此直接或间接减收超过1.5亿元。特别是市本级减收尤为突出,仅黄山风景区上缴税收就比2002年减少3000万元。全市各级财政部门面对突变的经济形势,明确"任务不减,目标不变"。将强化收入征管、确保任务完成放在首位,采取非常举措组织收入。一是在出台激励旅游相关行业经济复苏的财税减免政策同时,财税三部门密切配合,着重强化任务意识、质量意识、时序意识、法治意识、大局意识,做到逐月召开财税例会,逐月分析财税形势,逐月摸排收入来源,逐步落实收入任务。二是按照"山上缺口山下补,三产损失二产补"的思路,在坚持量质并举的原则下,采取科学调度,鼓励部分区县能超尽超。实行收入动态报告制度,确保收入均衡入库。三是重点做好改制企业和重点工程税收清欠,大力开展非税收入清查工作,全年仅税收清欠就达万元。各级财政全面推行"厅点征收、计算机管理"农业税征管方式,市本级抓住房产升温改契税代征为设点直接征收。由于财税部门措施得力,宣传到位,全年财政收入增收目标基本实现。

【围绕惜财抓调整,重点支出得到切实保障】 面对财政减收增支双重压力,各级财政部门把确保工资发放、确保机关正常运转、确保重点经费支出放在支出首位,大力开展增收节支、节流挖潜,努力将有限资金用在刀刃上。一是市本级全面调整支出预算,要求各部门公用经费压减20%,会议、接待、培训等经费压减30%,同时压减专项支出1000万元。二是严格预算追加管理和审批制度,实行"事先申报审查、集体研究决策、一支笔审批"预算追加报批制度。三是各单位预算外资金使用实行从严控制,挤出更多资金弥补预算内资金不足。四是加大社会保障投入力度,积极落实"两项确保",大力支持"三条保障线"。针对基本养老保险收支缺口,会同有关部门核实各项社会保险征收基数,为地税部门完善征缴措施,保持社会保险基金有效增长提供了依据。重点健全完善城市居民最低生活保障制度,努力做到应保尽保,全年低保支出达1436万元,享受低保人数达23000人。对城市低保、下岗职工补助、粮食直补、救灾资金、村级运转等方面的经费落实情况,各地认真开展了自查,确保这些事关群众利益、事关社会稳定的专项资金严格按规定的用途合理使用。

【围绕理财抓创新,财政管理改革扎实推进】 一是着力在规范农业税征收管理、规范涉农收费、规范村级资金管理、规范一事一议筹资筹劳管理上下功夫,积极稳妥推进规范年活动深入开展。因地制宜推进农村教育管理体制改革,认真开展乡村两级债务核查清理。按照分类指导原则,全面实行农业特产税改征农业税,农民在上年减负的基础上人均再度减负18.3元。二是全面开展粮食补贴方式改革,通过周密调研、精心测算、落实方案,粮食补贴方式改革顺利推开。各级财政严格按照"五到户、六不准"兑付粮食补贴资金,截至10月底,全市共向农民兑付粮补资金415万元,比省政府规定的时间提前20天完成。三是推进国库集中支付目标实现。召开全面实施国库集中支付动员大会,并从9月起,将市本级所有财政供给的行政事业单位共60个主管部门194家预算单位纳入国库集中支付范围,成为全省6个试点面达100%的地级市之一。各区县公共财政支付改革不断完善,并向事业单位和乡镇延伸。祁门县"乡财县管"试点有条不紊展开,初步实现以乡镇为独立核算主体,采取"预算共编、账户统设、收入统缴、支出统拨、票据统管、采购统办"的财政管理新模式。四是政府采购管理改革不断深化,采购范围进一步从货物采购延伸到亮化绿化工程、医疗器械、房屋修缮、会议服务等方面，全年节约采购资金 695 万元，资金节约率达 14.9%。

【围绕育财抓发展，财政经济职能有效拓展】 一是积极适应经营城市的要求，充分发挥城市建设投资公司这一政府信用平台作用，全年累计筹措各类资金 1.5 亿元，加大城市建设投入力度，城市面貌焕然一新。二是各区县财政千方百计挤出引导资金，建立信用担保公司，不仅为解决企业贷款难打下了良好的基础，而且为落实下岗失业人员小额担保、解决下岗失业人员再就业提供了良好的条件，各级担保机构全年累计担保贷款 9000 万元。三是积极向上争取各类专项补助和项目资金，财政部门全年累计争取各类资金 9.89 亿元。农业综合开发、世界银行贷款、国债资金、技改资金相继有新的项目落地，农业扶贫力度逐年加大，初步形成投入主体多元化的农业投入机制。顺利通过省级 2000－2002 年国家农业综合开发项目验收。四是教育科技事业投入力度进一步加大，中小学危房改造步伐加快，已完成中小学危房改造项目 221 个。

【围绕管财抓整顿，财政监督管理取得进展】 一是针对市直少数单位暴露出的预算外资金管理不善、资金支出问题较多的状况，会同监察、审计等部门在市本级全面开展了历时 4 个月的预算外资金整顿和规范工作，对市直 123 个单位 2002 年度落实“收支两条线”规定情况进行了重点检查。共查出各类违纪资金 5973 万元，违规开设银行账户 30 个，收缴罚没金 154 万元。并将单位违规发放津补贴、用公款购买商业保险和个人欠款等问题移交监察、人事部门处理。二是配合市纪检委制定了《关于制止公款大吃大喝，严格控制接待费暂行办法》，实行市直单位统一定点接待，规范接待标准。三是进一步加强《会计法》的宣传贯彻力度，督促会计从业人员和单位负责人依法理财，杜绝假账。

(黄山市财政局供稿)

屯溪区财政工作概述

2003 年，黄山市屯溪区沉着应对“非典”疫情和特大旱灾的影响，逆势而进，扎实工作，保持了财政持续健康发展的势头。财政收入完成 11534 万元，增长16.4%。其中，一般预算收入9482万元，增长14.3%。

【支持经济发展】 一是以争资引资争项目为总抓手，全力抓好项目落实。制定了《争资引资奖励办法》，将争资引资任务分解下达到各科室，明确了奖惩考核。全年累计争取上级各类补助到位资金 1600 万元；引进注资 2000 万元的“德财担保公司”为中小企业贷款、下岗再就业小额贷款担保创造了有利条件，保证了社保兜底等社会稳定的需要。二是确保教育危房改造。全年共完成中小学危房改造项目 10 个，省、市、区配套投入的专项资金达 219 万元。三是大力扶持农业综合开发，加快了项目的投入和开发步伐，组织编制并申报项目 13 个，其中有 2 个总投资 1500 万元的项目已进入 2004 年省级农业综合开发项目库；全区实施的 2001—2002 年国家农业综合开发项目顺利通过了国家验收；为促进农民增收，紧紧围绕“一镇一品”基地建设，共投入资金 70 余万元用于发展块状、效益农业。四是积极参与国有企业改制，妥善做好企业职工的安置工作，积极尝试国有资产的公开拍卖，加强对国有资产的管理，已盘活变现到位资金 1910 万元，并垫付企业改制资金 420 万元，保证了企业改制的顺利进行和维护了全区社会的稳定。

【推进财政改革】 一是推行部门预算，硬化预算约束；深化“收支两条线”改革，强化票据管理；完善采购制度，推行阳光采购。全年完成政府采购金额 591 万元，节约采购资金近 78 万元，综合节约率达 11.8%；严格规范管理车辆保险经费，对区直机关单位汽车进行统一参保维修，保险费节约率达 9.99%。二是在确保补发离退休职工职务补贴、确保财政供给工资的正常足额发放的基础上，承担了养老保险基金社会化发放的巨额财政兜底(包括上级补助)共 1169 万元，还千方百计筹措资金，保证了抗击“非典”支出，社区建设和文明创建等重点支出 460 万元。三是全面推行农业税“三定”征收，大力开展农村税费改革规范年活动。全区聘请了 88 名代征员，充实了农税征管力量；加大农税稽查力度，依法清收农业税收尾欠；全面推行“金穗 2000”征管软件的应用，加快农税征管信息化建设步伐。四是全力抓好粮补改革，严格按照“五到户、六不准”要求，在全市率先于 10 月 26 日保质保量地完成了市、区两级领导要求的粮补资金兑付任务。

【规范财经秩序】 一是认真办理人大代表、政协委员提案、建议；运用网络技术，加强对区直单位预算外资金的监管；联合监察、审计、物价等部门对全区 34 家行政事业单位预算外资金收缴分离及票据使用情况进行了重点检查;积极配合区纪检委加强对全区公务性接招待的规范管理,实行"三单"报账制。二是加大《会计法》的宣传贯彻力度,深入开展会计信息质量检查,对区直单位和企业财务会计人员共190余人进行了职业道德及企业会计制度知识的培训。

(屯溪区财政局供稿)

黄山区财政工作概述

2003年,黄山市黄山区坚持以组织收入为中心,以推动财政改革为主线,以完善制度加强管理为重点,克难而进,真抓实干,财政收支保持良好增长势头。全区财政收入完成10756万元,增长10.3%。其中财政系统组织财政收入3525万元,增长14%。

【强化收入征管】一是及时分解收入任务。通过认真调查税源情况,及时提出任务分解方案,经区政府落实到国、地、财三局,继而又细化落实到各乡镇及各征收分局所。二是制发了《黄山区2003年度财政收入征管奖惩办法》,调动财税部门组织收入的积极性。强化税收征管,优化税收服务,深化征管改革,做到应收尽收。三是规范农业税收征管。全面推行农业税"三定征收、计算机管理",认真做好农业特产税全面改征农业税工作,进一步加大了契税征收力度,契税收入212万元,同比增长32.5%。四是狠抓非税收入征管。全年非税收入2852万元,为全区财政收入持续增长做出了积极贡献。五是全年向上级财政争取各项补助资金6000多万元,支持了经济发展,确保了预算收支平衡。

【优化支出结构】一是全力做好职工工资正常发放工作。在财政预算中,打足工资支出额度,不留"硬缺口";在资金调度上,坚持按"工资第一"的顺序拨款;将农村中小学教师工资全额上划区统一发放。二是全力做好社会保障和促进再就业工作。全区征收社会保障资金1822万元,支出1342万元,国有企业下岗职工基本生活费和企业离退休养老金按时足额发放。同时积极做好城市居民最低生活保障工作,发放最低生活保障资金155万元,享受低保补助2008人,基本做到"两个确保"和城市居民最低生活保障应保尽保。认真落实各项财税优惠政策,加强再就业资金的筹集和管理,全面启动再就业小额贷款担保工作,促进再就业工作的顺利发展。三是全力抓好扶贫和救灾工作。全区财政扶贫资金投入550万元,基础设施建设项目涉及19个乡镇。2003年,全区遭受特大旱灾,财政部门及时拨付抗旱专项资金,支持抗灾自救。同时,减免农业税57万元。

【加大改革力度】一是部门预算稳步实施。在区直单位全面实行了部门预算,对基本支出按定员定额编制,采用综合预算形式,统筹安排预算内外财力,实行零基预算。二是区会计核算中心工作进一步规范。自中心成立以来,共拒付不合法、不合规业务650多笔,涉及金额达230多万元。三是政府采购工作进一步加强。组织政府采购25次,采购金额601万元,资金节约率11.1%。四是农村税费改革更加深化。全面实施农业特产税改征农业税工作,全区农民人均再次减负22万元。全面推行了农业税"三定征收、计算机管理"新模式,农民纳税意识增强。五是实施粮食补贴方式改革。据统计,全区有108万农业人口享受粮食补贴,补贴金额88万元全部发放到户,深受广大农民的普遍欢迎。

【推进农业开发】一是积极争取农业综合开发项目3个,总投资为487万元。全年完成农业综合开发投入887万元(以前年度续建项目),项目区农业基础设施得到改善,农业新技术得到进一步推广。二是精心准备,全区13个项目(总投资1945万元)顺利通过2000—2002年度项目3年总验收,为争取新年度开发项目创造了条件。

【加强财政监督】一是深入开展会计信息质量检查,对全区行政事业单位和企业财务人员共505人进行了会计职业道德培训。二是严格接待标准,实行区直单位包括部分乡镇政府在内的统一定点接待。三是对全区30个行政事业单位进行国有"非转经"资产专项检查。四是积极支持企业改制工作,做到"先审批、后出售,处置收入全额上缴财政",维护了国有资产权益。

【支持乡镇财政】一是实施激励机制,调动乡镇税收征管的积极性,乡镇财政收入同比增长29%。二是继续实施乡镇财政解困工程。三是将乡镇中小学教师全部上划区财政统一发放,不仅减轻了乡镇财政的压力,而且彻底解决了欠发工资问题。四是加大了对乡镇财政转移支付和村级补助资金的力度,确保基层政权组织的运转,促进了基层社会的稳定。

(黄山区财政局供稿)

徽州区财政工作概述

2003年，黄山市徽州区紧紧围绕增收节支主线，突出财政改革热点，服务社会稳定大局，开拓财政工作思路，转变理财观念，采取积极有效措施，较为圆满地完成了各项财政工作任务。全区完成财政收入7348万元，同比增长15.6%，其中国税完成1917万元，增长18%；地税完成1651万元，增长15.8%；财政完成3020万元，增长15.4%；社保基金完成760万元，增长10.1%。全区完成财政支出9354万元，同比增长9.1%。

【积极组织收入】一是依法强化税收征管和稽查，加强组织协调，细化工作措施，力克“非典”和大旱等不利因素，及时分析税源现状，切实抓好税源摸排。二是在对重点行业、重点税种实行专项稽查的同时，工程项目按实施进度入库税收，积极开展欠税清缴工作，做到大小税并重、税费并重，应收尽收，从而保持了年度税收入库进度快于序时进度的良好趋势，取得了提前2个月完成一般预算收入任务，提前40天完成年度目标任务的可喜成绩。

【严格控制支出】一是大力压缩各项共用经费。在主动配合区纪委做好“双清”工作的同时，规范公务接待规定，会计核算中心从严把关，落实定点就餐、控制限额等措施；严格控制外出考察、外出培训和会议支出。二是严格支出预算管理，维护预算的刚性，对重大事项的追加支出，严格按规定程序办理。三是清理整顿各类津补贴，实行审批发放制，对擅自增加补贴项目、扩大补贴范围、提高补贴标准的一律取消。

【推进财政改革】一是完善、规范农村税费改革。认真制定关于开展“农村税费改革规范年”活动实施意见，在顺利完成茶叶特产税改征农业税后，又争取到将茶叶农业税全部退款到农户。同时按政策要求稳妥地推进粮食补贴方式改革，并顺利通过省、市验收。二是完善、改革乡镇财政管理方式。为进一步调动乡镇政府发展经济的积极性，理顺区、乡财政分配机制，在充分调查研究的基础上，合理确定了新一轮乡镇财政体制。三是完善政府采购制度。聘请政府采购监督员，对政府采购全过程实施监督。按照公开、公平、公正的原则，依法组织政府采购，实现政府采购资金300万元，资金节约率9.5%。四是改革工资统发模式。深化公共财政支出改革，为全面实行综合部门预算做好必要准备，对所有涉及单位个人工资及津贴直达个人工资账户，同时完善工资调整审核程序，保证了人员工资按时足额发放。

【维护社会稳定】一是积极参与粮食购销公司、培新厂、皖机厂、农机公司等企业改制，认真履行财政职责，严把财务审计关和资产评估关。二是稳步推进社会保障体系建设，加强国有企业下岗职工基本生活费、城镇居民最低生活保障资金的管理，认真落实下岗人员再就业优惠政策，积极配合有关部门开展下岗再就业政策宣传活动。三是把做好“非典”防治经费保障作为社保工作的一项重要的政治任务，在区级财力十分紧张的情况下，安排和拨付“非典”防治专项经费37万元，为全区的“非典”防控和社会稳定作出了积极贡献。

【夯实农业基础】一是在山区，争取国家级农业科技示范基地项目，即黄山毛峰有机茶基地项目，总投资210万元。其中中央财政补助100万元；森林生态效益补偿资金45万元。二是在畈区，国家农业综合开发项目总投资453万元；续建2002年度农业综合开发项目，并顺利通过2000—2003年国家农业综合开发3年总验收；农业生态工程项目经投标落实开工，并着手实施，已完成水利工程总投资量的50%；完成2004年国家农业综合开发项目库申报项目5个，夯实了全区农业基础。

【强化财政监督】一是认真落实“收支两条线”管理，开展了账户清理工作，撤并银行账户30个，划转会计核算中心资金25万元，没收“小金库”资金2万多元，清退到位违规商业保险费25万元。二是强化会计监督职能，提高规范管理水平。实行会计集中核算，强化了对财政资金的监管，有效遏制了违纪违制问题，会计核算中心的规范化程度不断提高。三是结合年中对乡镇财政所执行考核办法情况督查，重点对乡镇财政所的会计规范化情况进行了检查，延伸了财政监督检查工作范围。对检查中发现的问题，及时按照规范化要求提出整改措施，并限期完成整改，提高乡镇的会计规范化水平。

（徽州区财政局供稿）

休宁县财政工作概述

2003年，休宁县紧扣“加快发展、富民强县”主题，坚持以组织财政收入为中心，攻艰克难，较好地完成了各项工作任务。完成财政收入13704万元,同比增长9.6%。其中:国税完成2593万元,占预算101.7%;地税完成3170万元,占预算101.9%;财政完成6211万元,占预算97.7%;社会保险基金收入完成1730万元,占预算102.9%。完成财政支出20248万元,增长10.2%。确保各项法定支出投入、确保财政收支平衡的既定目标。

【**强化税收征管**】一是规范农业税收征管。大力推行以村组干部协税护税为基础、以财政所为征收主体、以有关部门代扣代缴为辅、以"三定"征收为手段的全方位征管新模式,强化依法治税工作,大力清理税收尾欠,加快了农业税收征收入库进度。二是狠抓契税征管,制定了《休宁县契税暂行规定》和发布了《关于进一步加强契税征收管理的通告》,规范纳税程序,严格减免范围,加强部门协作,堵塞税收漏洞,严明征管纪律。契税收入首次突破200万元,达到259万元,成为农业税收征管工作的新亮点。三是加大非税收入的征管力度,将罚没收入、行政性收费和政府性基金收入全额纳入预算管理,做到应收尽收。四是认真开展税法宣传,优化理财治税环境,促进社会各界对财税工作的理解和支持,增强了依法纳税意识。五是实行"国、地、财"联席会议制度,认真分析、及时解决财政收入征管中存在的问题,确保财政收入的及时足额入库。

【**推进财政改革**】一是继续实施农村税费改革。取消除木竹农业特产税外的其他农业特产税,将原木、原竹改征农业税,任务不直接下达到农户,使得农民人均负担又减轻了17.40元,税改后农民减负幅度达到70%。二是认真落实省扩大粮食补贴方式改革工作。制定印发了《休宁县粮食补贴方式改革乡镇实施方案的制定和审批办法》和《关于对农民粮食直接补贴资金管理暂行办法》,严格落实"五个到户、六个不准"的兑付纪律,规范兑付程序。全县33个乡镇在规定的时间内全面完成了87万元的兑付任务,县粮补办对粮补资金兑付工作进行了跟踪督查和复查,确保所有农户都领到粮补资金。三是进一步完善公共财政支出改革。组织力量对纳入财政统一结算和财务核算的51个一级单位、22个二级单位进行全面清理,重点查处专项资金、单位银行账户、坐收坐支、资金体外循环等违规行为,对清理出来的问题进行了及时整改;完善消费性支出货币化管理改革。处理了5个单位5部"小灵通"与单位办公电话捆绑缴费的违规行为。全面实行通信补贴货币化发放,实行"定额补助、节约留用、超支自理"的管理办法;重新审核65个单位299个政策外津补贴和其他福利待遇项目,建立项目数据库,统一规范项目的发放;进一步强化政府采购管理工作,全年累计完成政府采购301万元,与项目预算价相比,资金节约率14.6%。四是推进全县财政预算编制创新和改革。将单位预算内外资金全面纳入财政统一核算,重新界定财政供给范围和标准;硬化预算编制和管理,实行预算论证听证制度;全面推行部门预算制度,提前编制2004年县直部门预算,推进全县预算编制的改革工作。

【**扶持经济发展**】一是通过财政贴息、新增税收返还、土地出让金专项安排等形式,积极支持工业园区建设和企业发展。二是县财政每年安排近30万元的奖励基金,用于奖励做出突出贡献的企业和个私业主。三是成立中小企业信用担保机构。县财政出资100万元加入黄山丰元信用担保公司,成立休宁分公司,为全县中小企业提供120万元的贷款担保,有效缓解了个私民营企业贷款难、融资难问题。四是狠抓项目资金的落实。通过全县上下的共同努力,共落实源白公路、退耕还林、城区供水设施、法院大楼、教育危房改造等项目资金2100多万元,有力地支持和拉动了全县经济发展。

【**加大社保投入**】一是落实下岗失业人员再就业政策。积极调整财政支出结构,多渠道筹措再就业资金,加大再就业资金的投入,全年累计投入293万元。为解决失业人员创业初期贷款担保的困难,促进再就业和经济发展,目前已有7人办理了小额贷款。二是完善城镇居民低保工作。对原享受低保对象进行重新审批,执行标准也有所提高,低保对象基本上做到了应保尽保,切实保护社会弱势群体的基本权益。三是加大失业保险基金的征缴力度。会同劳动、地税部门开展了失业保险基金稽查活动,取得了一定的成效,共征缴基金89万元,缓解了支出压力。四是完善药品收支管理制度,做好农村卫生体制上划工作。

【**加强财政监督**】一是加强对信用社代理乡镇国库业务的监督管理。会同县人行对县信用联社营业部,五城、溪口、流口、东临溪5个信用社代理业务进行了检查,规范乡镇国库业务,规避国库资金风险,确保国库资金安全。二是严格财政专项资金监督管理。与县民政、农委组成联合检查组,对全县33个乡镇民政事业专项资金和村级资金进行专项检查,检查发现各项违规支出累计达58万元,及时下达了限期整改通知,并对整改情况进行了复查,确保整改措施到位。三是加强危房改造资金管理。全面完成2001年6月底上报的D级危房改造任务。

【搞好农业开发】一是在农业综合开发项目实施过程中,实行"驻村蹲点、分片包干、落实任务"的目标责任管理运行机制。坚持做到加强组织领导,确保项目实施到位;加强宣传发动,确保项目落实到位;加强部门配合,确保科技开发到位;加强项目管理,确保项目质量到位;加强资金管理,确保资金使用到位。二是精心运作,基本实现2000—2002年项目总体目标。并对2000年度项目进行了验收,对项目存在的问题和不足进行了纠正。三是组织了对秀阳、汊口、溪口、蓝田等乡镇进行实地考察、论证,精心编制上报了2004年度农业综合开发项目。

(休宁县财政局供稿)

祁门县财政工作概述

2003年,祁门县一手抓防治"非典",一手抓财政收入,财政工作取得了新的进展,有力地促进全县经济和各项事业健康发展。财政收入完成10759万元,同比增长9.6%。其中:一般预算收入9182万元,增长8.8%;基金收入1577万元,增长25.5%。财政支出完成17820万元,增长17.2%。

【确保财政稳健运行】一是以调动财税部门、重点企业组织收入为目的,进一步完善收入征管考核办法,建立健全收入目标考核责任制,强化各项税收征管措施,努力克服宏观经济偏缓、"非典"影响和政策性减收等不利因素影响。二是坚持依法治税、规范收入征管、强化税收稽查,大力清理欠税取得积极成绩。继第一季度全县财政收入实现开门红后,上半年收入进展达到54.5%的历史好成绩。三是将确保工资发放摆在第一要务来抓,强化工资专户管理,建立健全工资发放保障制度,加强检查督促,积极筹措资金,科学运用、合理调度,有力地确保了全县干部职工工资正常发放。四是对救灾、"非典"防治经费、教育、农业等重点支出及时拨付,保持了社会稳定,促进了全县各项事业发展。

【强化财政支出改革】一是以预算改革为核心,强化预算管理。在预算编制上,实行零基预算,增强预算准确性;在预算资金分配上,将预算内外资金双轨运行机制合二为一,按同一支出标准统一安排预算内外资金,增强预算的平衡性;在预算执行上,严格按预算和收入进度拨款,建立预算追加听证制,增强预算的严肃性;在预算管理上,大力推行部门预算,使预算编制进一步细化、预算透明度进一步增强,预算编制、执行和监督三分离的制约机制进一步巩固。二是以创新支出方式为内容,提高资金使用效益,进一步强化和规范支出管理。加强消费性支出的货币化改革,小汽车全面实行"二定一统"管理;来人接待实行定点就餐、招待费指标实现动态管理,建立重大接待报告制度;清理单位政策外补贴,统一和规范工资福利标准。三是以深化政府采购为手段,建立高效的政府采购体系,强化政府采购管理。全方位地推行政府采购制度,采购范围不断拓宽,采购品目和项目向多样化发展。统一采购总资金达到945万元,节约率达13.6%。四是全面推行乡镇财政管理方式改革。加强领导、广泛宣传、拟定方案,财务清理、财务移交、业务培训、建立制度、完善办法,在乡镇全面实行乡财县管乡用改革。规范了乡镇收费行为和财务核算,增强了资金使用透明度,提高了办事效率。

【完善农村税费改革】一是抓好特产税改征农业税工作。重新统一编制征收清册,进一步公平税赋,切实减轻农民负担。二是加强和规范农业税征管。继续推行"三定"征收方式。全年征收入库农业税收618万元,占年任务的120.7%。三是认真做好粮食补贴方式改革工作。制定了县粮补改革实施方案;大力宣传省粮补改革办公室《致全省广大农民朋友的一封信》;做好粮补兑付工作,25个乡镇共兑付粮补资金54万元。四是稳步推进中小学危房改造工作。共投入危改专项资金1330万元,改造中小学危房面积28619平方米,其中D类危房面积23387平方米。

【认真做好社会保障】一是继续参与各项社会保险制度改革。配合地税、社保等部门做好养老保险、失业保险、医疗保险、公伤、生育基金的扩面征缴工作。积极开展"空壳"企业的清理,进一步规范失业保险金申领、发放程序和促进失业人员再就业。积极稳妥地推进城镇职工基本医疗保险制度改革,逐步制定建立大病救助统筹和城镇职工医疗补助及公务员医疗补助。二是切实做好"非典"防治经费保障。通过调整财政支出结构,紧急拨款近20万元,用于购(添)置部分医疗单位必要的防护、诊断、治疗设备以及隔离病房改造。三是加强救灾资金管理,切实关心困难及弱势群体。分别设立救灾资金收入、支出专户,实行专户管理。对生活困难的居民,实行低保补助,保障最基本的生活水平。四是加大扶贫工作力度。先后申报扶贫和以工代赈项目14个,共落实财政扶贫资金594万元,增长11.5%。同时与县农行共同选项申报了11家经济基础较好、发展前景广阔、信誉良好的企事业单位为扶贫贴息贷款项目单位,落实扶贫贴息贷款500万元,有力地支持了县域经济的快速发展。

【实施农业综合开发】一是做好农财资金预算编制和执行工作,确保资金专款专用。全年共安排支出1180万元。二是抓好村级集体项目的管理,检查及跟踪问效工作。两次对村级办公经费、项目资金的使用情况进行了检查,纠正了部分下派干部乱开支及个别乡镇挪用项目资金的现象。三是抓好2002年农业综合开发项目的实施工作,对部分工程项目进行了扫尾建设和自验。同时做好2003年农业综合开发农业生态工程示范项目和农业综合开发产业化龙头多经项目的计划上报。四是加强调研,找准主导产业,编制了闪里镇、渚口乡和县中药材基地加工项目申请书,确保2004年县国家农业综合开发项目连续实施。

(祁门县财政局供稿)

黟县财政工作概述

2003年,黟县坚持发展主旋律、克难而进、开拓创新,圆满完成了全年各项财政目标任务。全年实现财政收入7049万元,同比增长18.8%。其中:工商税收完成2674万元,增长15.7%;农业四税完成783万元,增长25.5%;其他各类非税性收入完成3592万元,增长19.8%。财政支出完成12195万元,增长15.1%。

【以强化征管为中心,财政收入实现快速增长】一是按照县人代会及市级要求,及时分解落实收入目标计划,继续推行目标考核激励机制,确保财政收入及时、足额、均衡入库。二是面对"非典"疫情和严重旱灾的严峻考验,加大城市基础设施投入、招商引资和项目建设力度,加快企业改制步伐,确保了财政税收的明显增长。三是强化各项非税收入征管,全面实行"收支两条线",扩大财政收入规模和总量。四是调整乡镇财政管理体制,将农业税收确定为各乡镇的收入基数,充分调动了各乡镇抓农业税收入的积极性。五是进一步完善了黟县契税征收管理办法,积极开展代征契税稽查,有力地杜绝了契税的流失,全年完成契税收入368万元,创历史新高。

【以规范落实为主线,农村税费改革成果显现】一是严格按省定政策落实农业特产税改征农业税工作。按照切实让利于农民和确保乡、村正常运转的原则,除保留原木、原竹特产税改征农业税外,取消了毛茶、蚕茧等其他特产税。此项改革,全县较2002年减轻农民负担163万元,农民人均减轻负担21元。二是认真抓好粮食补贴方式改革,积极宣传贯彻粮补政策,严格按省批方案规范运作,在黄山市率先完成粮补资金兑现任务,共兑付粮补资金61万元,全县有11个乡镇、2.31万农户享受了粮食补贴。三是严格规范农业税征管工作,认真落实纳税通知制度,加强硬件建设,大力推行"三定征收、计算机开票"办法,坚持农业税及其附加同步征收,严禁税费不分、搭车收费和委托协税员代征税款。四是严格执行农业税减免政策,确保各项减免资金落实到位。五是会同有关部门积极采取措施,对涉农收费、村级资金使用、农村"一事一议"筹资筹劳等项管理工作进行了规范,同时会同有关部门稳步推进农村税费改革中的各项配套改革。

【以加强管理为手段,财政支出改革不断深入】一是继续扩大财务统管范围,顺利接管了教育、林业两大部门的机关财务,实现了县直机关单位财务全部纳入县会计结算中心统一管理,完成了省政府规定的工作任务。同时,还积极接管了县财政、林业、教育、交通等部门专项资金500万元。二是继续完善综合财政预算管理,及时编制下达年度县直部门预算,在多方调研的基础上实施新一轮乡镇财政管理体制。三是继续实行工资统发,切实采取措施保证财政供给人员工资正常发放,同时强化资金调度,集中财力保障了基层正常运转。四是进一步推行财政窗口单位两个"中心"财务"两公开、一监督"(单位财务制度公开、财务结果公开、接受群众监督)的民主理财制度,有效推动了国库集中统一支付制度。五是认真抓好公共财政支出改革向事业单位和乡镇延伸,对未实行统管的县直事业单位全面推行会计委派制办法,拟定了"乡财县管乡用"办法。六是规范招待费开支行为,严格控制招待费支出,根据上级要求,对财政拨款的县直各单位公务招待定点就餐饭店及其总量限额进行了核定和确认。七是认真抓好政府集中采购工作,实现采购额236万元,资金节约率为11.2%。

【以项目建设为抓手,争取上级资金有新突破】一是细化分解落实向上争项目、争资金任务,进一步完善了向上争项目、争资金考核奖励办法。二是重点抓好农业综合开发项目建设，按规划基本完成了水利、农业、农机、林业、科技等项目工程实施；本县国家农业综合开发2000—2002年度竣工项目在全省考评中被列为合格等级，争取了国家农业综合开发2003年土地治理项目财政资金近200万元。三是会同有关部门积极上报古民居的修复、环境整治及基础设施建设项目，争取到省世界文化遗产项目资金、社会保障、财政扶贫、教育专项资金、国债资金、特改农补助和粮改补助等一大批省级以上重点专项补助资金，专项资金补助数总额达到1900万元，增长31%。四是对财政重点专项资金严格按照省厅的要求，继续坚持实行报账制管理，保证了各项资金专款专用。

【以支持改革为己任，企业国退民进再现成效】一是着力解决全县中小企业融资难问题，积极筹建“黟县诚信担保有限公司”，该公司注册资本金175万元，业已全部到位，公司计划于2004年1月对外开展贷款担保业务。二是积极参与县桃源罐头食品有限公司、县缫丝厂、县轴承厂的企业改制，在做好清产核资的基础上，协助企业按照“公开、公平、公正”的原则而向社会公开拍卖，成功地完成了企业产权制度改革和职工身份置换工作。三是积极配合省粮食审计组完成对全县粮食购销企业“老粮、老账”的审计工作。四是认真做好国有资产的统计评价工作。

【以监管并举为要求，依法理财工作力度加大】一是认真清理全县行政事业单位票据和收费项目，会同物价部门开展收费年审，落实行政事业性收费转经营性收费2个，注销收费许可证2个，出台并完善了黟县票据管理办法。二是进一步推行“收缴分离”和“罚没分离”办法，积极开展“收支两条线”检查，全县共有42个有收费行为的行政事业单位已与银行签订了代收协议，单位“收支两条线”总体执行情况良好。三是积极开展全县会计人员继续教育，先后举办了行政事业单位报账员业务培训班和企业单位主办会计人员培训班，为提高全县会计核算水平与工作质量，保证会计信息真实完整奠定了基础。四是开展了全县农业税收入库质量和农业税减免政策落实情况及村级资金使用管理情况检查，并通报检查结果，提出了整改意见。五是加大对重点专项资金的检查力度，先后会同有关部门开展退耕还林工程钱粮补助兑现情况检查和五保、优待、低保、救灾等民政专项资金使用情况检查，收到了良好的效果。六是强化了内部监管，先后对乡镇财政所和会计结算中心会计基础规范化工作进行了考核，11月份，会计结算中心的此项工作已顺利通过市级验收，确定为合格单位，现已报经省厅认可。

（黟县财政局供稿）

歙县财政工作概述

2003年，歙县努力克服政策性减收增支的尖锐矛盾，经受了“非典”疫情和严重旱灾的严峻考验，圆满完成全年各项财政工作任务。全县实现财政总收入21756万元，同比增长8.7%。财政支出33117万元，基本达到保工资、保稳定、保运转、促发展的工作目标，实现年度预算收支平衡。

【努力提高财政运行质量】2003年，“非典”和政策性因素对县财政减收近2000万元。为此，县财政部门进一步理清思路，加强收入征管。一是年初就对乡镇和重点企业进行税源调查，本着实事求是的原则据实下达乡镇财政收入任务，压减虚量1773万元，调动了乡镇组织收入的积极性。二是进行税源普查，建立重点企业、重点项目税收征管台账，强化日常税收稽查，做到应收尽收。三是停止执行到期的房地产开发企业税收优惠，规范税收优惠政策。加大契税、耕地占用税征管力度，强化非税收入和政府性基金的管理，切实执行“收支两条线”管理规定。四是建立财税和国库联席会议制度，适时分析收入进度和收入结构，确保全年任务完成。全年实现县级可用财力8500多万元，增长27.1%，收入质量相应提高。

【努力提高财政保障能力】一是落实“两个确保”和做好城镇居民最低生活保障资金发放工作。全年征收社保基金3306万元，发放企业离退休养老金2630万元，下岗职工基本生活费28万元，低保资金128万元。确保了企业离退休人员基本养老金和国有企业下岗职工基本生活费100%按时足额发放，城镇居民最低生活保障实现动态管理下的应保尽保。二是启动城镇职工医疗救助，进一步完善城镇职工医疗保险体系。三是做好退役士兵安置保障金征管工作。征收安置保障金70万元，支付安置费46万元。

【努力培植县级后续财源】一是将向上争取项目资金作为财政工作的主要内容，紧紧抓住国家实施积极财政政策的机遇，进一步加大跑省、跑部力度,向上争取项目资金。经过多方努力,全县共向上级财政部门争取各类资金达22899万元,比上年增加6220万元,内容涉及农业、林业、社保、农业综合开发、库区、教育危改、扶贫、以工代赈、国债等诸多领域。同时,加强项目资金管理,加快项目实施。扶贫、以工代赈、农业综合开发、农业专项资金全面实行报账制。教育危房改造等有财政资金投入的项目,严把支出审查关,按项目进度拨款,严格预决算审计,充分发挥财政资金使用效益。这些项目的实施,有力地支持了地方经济建设和社会事业的发展。二是积极参与国有、集体企业改制。安排人员专门参加金马重组,为金马"无振动"改制做了大量工作。配合企业主管部门搞好改制企业清产核资和评估,对20家企业进行整体清产核资,总评估值为10995万元。规范产权转让行为,管好改制资金。经产权交易事务所公开出售资产43宗,成交额2543万元,市金槌拍卖行3宗、成交额1330万元。企业改制资金纳入财政专户,严格执行"收支两条线"管理。三是外出招商引资,从上海、浙江引进两个项目,投资规模达9800万元,实际到位资金212万元,完成了县政府下达的招商引资任务。

【努力维护农民切身利益】一是积极稳妥地推进农业特产税改征农业税试点工作,严格将改征政策不折不扣落实到户。改征后,与2002年相比,全县应征正税减少583万元,附加减少98万元,农民负担减轻681万元,全县农民人均负担已降至19元。二是执行农业税计税土地政策,基本上解决了"有税无地"和过高计税常产的问题。三是落实农业税减免政策。2003年歙县遭遇历史罕见的旱灾,为正确贯彻农业税减免政策,切实减轻受灾农民的负担,按"轻灾少减、重灾多减、特重全免"的原则,共安排落实到户灾歉减免和社会减免资金137万元,减轻了受灾户和贫困户的税收负担。四是规范农业税收征管。严格执行农税征管规定,全面实行纳税登记制度、纳税通知制度和农业税收公示制度。全县41个乡镇全部建立纳税服务厅,有209个村级固定纳税服务点建成投入使用。"三定"征收面和征收率进一步提高,部分乡镇已接近100%。五是开展涉农收费检查,加强税改督查,建立经常性的监督体系。粮食补贴方式改革是继农村税费改革以后,又一次维护农民利益,促进农业结构调整和农村经济发展的重大改革,政策性强,牵涉面广。全县粮补资金仅79万元,补贴额仅1元以下有相当数量农户。为确保粮补资金平稳发放到户,县里专门制定了改革方案,精心组织实施,切实做到"五个到户"、"六个不准",粮补资金全部兑现到农户,切实维护了农民利益。

【努力提高财政管理水平】一是全面推行部门预算,根据《安徽省预算监督条例》规定,进一步细化预算编制,对各部门各单位的收入和支出进行认真审核,经过"二上一下"的程序编制部门预算,并将公安局、政协办、文化局、林业局、示范幼儿园等5个部门的预算报县人大财经工委审查。二是县级行政事业单位财务通过会计核算中心集中核算,会计核算中心在提高服务水平的同时,严把支出审核、报销关,严格执行财务制度和业务操作规程,单位支出更加合理规范。三是清理整顿县直单位各项津补贴和加强领导干部通讯补贴管理。调整津补贴开支标准26项,节省财政开支60余万元。领导干部通讯补贴直达个人账户,管理进一步规范。四是政府采购的范围和规模进一步扩大。全年采购金额880.4万元,增长329万元,综合节约率为15.1%。

(歙县财政局供稿)

市县财政工作经验交流

推动农民“双向创业”促进城乡协调发展

六安市人民政府

近年来,六安市从实际出发,主动顺应市场经济发展的新形势,坚持以工业的理念抓农业,紧紧依靠农村社会中发展生产力的先进分子,大力推进和支持农民“双向创业”,带动农民增收,拉动农业和农村经济,促进城乡经济互补、互动发展。这一举措取得了初步成效,并引起了各界的广泛关注。2004 年 1 月 7 日中宣部新闻局《新闻阅评》第 11 期以《安徽日报突出报道“双向创业”等新理念》为题作了阅评,并报中央宣传思想工作领导小组成员、中宣部领导和省委主要领导同志。《阅评》指出:“‘双向创业’不是一般意义上的‘凤还巢’,而是把先进理念带回农村去。创业者也不是一般的农民工,而是农村先进生产力的代表。把农村工作做到城市去,不是一般的行政手段,而是按照市场经济规律为创业者的活动提供服务,这对于实现中央提出的城乡协调发展很有现实意义。”其主要做法是:

一、开展调查研究,确立“双向创业”理念

六安市是农业大市,尽管改革开放以来农村经济取得了一定发展,但发展的步伐相对缓慢,城乡经济发展差距有逐步拉大的趋势。为此,市政府在加强农村各项工作的同时,组织开展了农村工作调查研究,通过调查发现,制约全市农村经济发展的最根本、最突出原因,仍然是农民增收途径单一、农业生产方式落后。同时,也发现广大农村中已逐步出现了一批通过外出务工和在本地经营逐步发展起来的“农民创业者”,这一群体已成为发展农村生产力的代表。市委、市政府迅速将目光转向这些事业有成的创业者,于 2003 年初全面开展了外出创业者摸底调查。到 2003 年 8 月,调查统计全市外出务工经商创业人员 137 万人、在家乡务农务工经商创业 30 万人。对拥有 50 万元以上资产中的 2000 人进行了登记造册。并对农民创业、发展的过程和已经发挥的带动辐射作用等进行了认真研究。通过调查分析,我们进一步认识到:解决农业问题,必须开发现代农业,以工业的理念抓农业,抓项目农业。开发现代农业必须依靠农村先进生产力,这个农村先进生产力就是农民中的创业者,他们经过市场经济的洗礼,善于开发现代农业,并拥有一定资产,能够带领父老乡亲实现共同富裕的目标。解决农民问题,主要是稳定地增加农民尤其是农村劳动力收入,能否增加收入取决于其能否就业与创业。六安市 550 万农民中,有 230 万农村劳动力,单靠农村或单靠城市都不能从总体上解决全体农村劳动力增加收入的问题,必须引导全体农村劳动力在城市和农村“双向创业”,即引导农村劳动力到城市创业、在家乡农村创业,引导在城市创业有成者到家乡投资创业,引导在农村创业有成者到城市继续创业。只有引导农民他们创业、自立,从简单的“打工”发展为“创业”,才能使农村劳动力收入增长得到有效保障。因此,市委、市政府确立了把农村工作做到城市去,引导支持农民“双向创业”的农村工作思路。2003 年,市政府下发了《关于切实做好农民“双向创业”的通知》,并于 2003 年 12 月 18 日将支持“双向创业”写进市委一届六次全会工作报告和决议。

二、加强政府引导,搭建“双向创业”桥梁

六安市外出创业人员分布全国各地,为找到这些创业者,各地通过在家乡调查摸排,运用其亲友和政府驻外办事机构多方联络,主动与其取得联系,市政府重点与 100 名大中创业者建立固定联系,各县区重点联系 1000 名创业者,各乡镇至少联系 1 万名各类创业者。一是把农村工作做到城市去,由市、县区政府组织进城看望创业者。2003 年,市委、市政府先后在北京、上海召开了“皖西儿女“双向创业”北京座谈会”、“皖西儿女“双向创业”上海座谈会”。在两市的 230 多名创业者代表参加了会议。市委、市政府主要领导都前往看望了创业者代表,表达家乡政府的诚意,建立了市、县区政府同创业者之间的感情与工作联系。二是成立联络机构,巩固与创业者的固定联系。依托市驻京、驻沪办事处,成立了北京、上海“双向创业”服务中心,定期开展皖西外出创业者联谊活动,为外出创业者之间建立加强联系的纽带。同时为外出创业者提供择业信息、政策咨询和维权服务。

三、实施政策鼓励,打造“双向创业”平台

六安市认真落实优惠政策,增强“双向创业”的发展动力。一是在招商引资、个私经济发展等方面,都规定了鼓励和引导农民“双向创业”的优惠政策,如投资农林牧渔业的创业项目,在土地出让优惠、农业税减免等方面,可享受与外来客商同等待遇;对回乡创业者注册经济实体,减免各种证费、登记费和管理费等。二是在政治上对“双向创业”者给予关心。市委、市政府对创业者不仅在政治上给予荣誉、在创业者中发展党员、在党员中培养创业者、把党员创业者培养为村干部,而且注重在创业者中推选各级人大代表、政协委员,使“创业者”成为一个光荣的称号。三是加大宣传力度,营造鼓励“双向创业”的氛围。各级政府利用广播、电视、报刊开辟“双向创业”专栏,宣传“双向创业”的成功典型,刊登专家学者观点和创业者代表的体会和建议,市政府分管领导发表了题为《把农村工作做到城市去》的署名文章。对“六安儿女“双向创业”北京座谈会”,中央电视台、中央人民广播电台均作了专题报道。2003 年 12 月 22 日《安徽日报》作了整版报道。2004 年 1 月 5 日《解放日报》以《百万六安人点燃希望之光》报道了“六安儿女“双向创业”上海座谈会”。通过宣传,使广大创业者切实感受到家乡党委、政府的关心。四是真心诚意为外出创业者搞好服务。市政府专门编印了 2004 年六安市现代农业开发招商项目,供城乡创业者参考。2004 年春节前,市政府发出专题通知,要求市、县区、乡镇政府出面,做好外出创业回乡人员春运服务,开展创业者登记造册工作,市政府主要负责同志向 1000 名在外创业者发送手机贺年信息,表达家乡政府和人民对外出创业者的新春祝福。各级党委、政府利用春节假期举办返乡创业者新春座谈会,开展春节创业招商活动。市委、市政府在新春招待会上设置专席,邀请“双向创业”者代表出席,市委主要领导到会看望代表,重申鼓励回乡创业的政策不变、对争取回乡创业的决心不变。

四、加大扶持力度,做大“双向创业”规模

六安市推动“双向创业”不仅停留在以情感召的层次,而且采取积极措施,充分发挥财政资金的引导作用,坚持把“双向创业”作为财政支农的重点,积极引导、扶持创业者的发展。一是以农业综合开发为创业者提供良好环境。2003 年,采取租赁经营的办法,投入 2800 万元农业综合开发资金,用于改善农业基础设施、建设农业园区,吸引了 40 多名创业者入园开发。二是以财政支农项目缓解创业者投资不足的压力。市委、市政府明确提出把“双向创业”者作为扶持重点,2003 年共向创业者投放各类支农资金 4300 万元。三是以科技推广和技能培训提高创业者的就业创业能力。2003 年,市财政安排技能培训和科技推广资金 600 万元,对 28 万人次开展了一般培训;对 4000 人开展了专业技能培训,经技能培训后的农民就业率达 95%以上,外出打工月收入不低于 800 元。望城岗乡外出创业返乡者陈锡萍参加由市政府出资举办的奶牛“451”工程培训班后,现饲养奶牛 30 多头,年收入 10 多万元,每年仅饲料草一项就带动周边 50 多个农户增收 20 余万元。

通过近年来的不断探索和努力,“双向创业”的推进取得了预期成效。据不完全统计,全市“双向创业”者共回乡创办各类企业 1923 家,年创效益 6 亿元左右,累计解决就业岗位 15 万多个。仅 2003 年,创办各类企业就达 1000 家,投资额达 3 亿元。2003 年,全市农民劳务收入达 41.1 亿元,比上年增长 26.9%,对农民现金收入增长贡献率达 70.6%。同时,农民“双向创业”也推动了全市经济的发展,促进了财政收入的稳定增长。2003年,在遭受特大洪涝灾害的情况下,全市实现GDP208.1亿元,增长 5.6%;实现财政收入 14.5 亿元,增长 3.4%,出口创汇 1.03 亿美元,增长 25%。实践证明,推进“双向创业”,既能够逐步解决农民问题,又能够逐步解决农业问题;既能够逐步解决城市问题,又能够逐步解决农村问题,推进城乡统筹,对我们这样一个农业大市来说,是全面建设小康社会的一条重要而快捷的途径。

(选自 2004 年 2 月全省财政工作会议交流材料)

创新思路　完善体系
不断深化公共财政支出改革

巢湖市财政局

近年来,巢湖市按照构建公共财政框架的总体要求,围绕“收、支、管”全面实施改革,初步建立了以“大收入、大财力”为依托,以明晰财政支出范围、满足社会公共需求为目标,以创新管理方式为手段,以会计集中核算、财政集中支付、政府集中采购、非税收入管理、乡财县管乡用为主要内容的公共财政管理体系。主要做法如下：

一、大力推进非税收入征管改革

长期以来，预算内、外各管一块，不仅分割了财政收入，使地方财力捉襟见肘，而且有些部门单位认为非税收入应该"部门所有"、"谁收谁用"。为改变这种状况，巢湖市牢固树立"大财政、大收入、大财力"意识。大财政建立在大财力基础上，大财力又以大收入为前提，大收入涵盖了税、非税和基金。在坚持过去行之有效的征管办法同时，继续抓好工商税收征管，实行农业税收自征，不断完善收入激励机制，从管理方式入手重点推进非税收入征管改革。一是健全征管职能。撤销预算外资金管理局，设立非税收入管理局，转移工作重心，由管理预算外收支转变为加强非税收入监管，在内部明确了收入征管、票据管理、收入稽核的管理职能。二是纳入部门综合预算。凡依照国家规定收取的行政事业性收费、政府性基金、罚没收入、彩票公益金和发行费、国有资产经营收益、以政府名义接受的捐赠收入、主管部门集中收入等，包括以前纳入预算管理的行政事业性收费、政府性基金、罚没收入和预算外资金，均明确为非税收入，纳入部门综合预算收入范围。三是改变收缴方式。取消单位所有过渡户，采取单位开票、银行收款、财政统管的收(罚)缴分离办法，杜绝单位直接经手，严防坐收坐支。财政建立与代收银行远程联结的局域网，可以掌握任一时点银行代收资金数据，并坚持以票管费、以查促收。四是抓好源头控管。严把票据领用、登记、审核、缴销关，坚持"以票管费、限量领用、以旧换新、票款同行"，把票据管理与资金管理、收费项目管理结合起来，督促单位做到收费、入账、专户三者金额一致，加大票据缴销力度。2003年，市直核销了多年未缴销的票据4846本(缴销金额48166万元)，当年缴销票据6922本(金额58723万元)，从而使以票管费落到实处。五是明确奖惩措施。市政府先后两次明文规定，超收部分按一定比例补助征收经费，包括对个人适当奖励。凡超额完成非税收入计划的，根据资金性质和组织收入的难度，按不同的比例进行奖励：收入源于行政性收费和政府性基金的，证照工本类行政性收费按超收额100%，管理类按15%，资源类和政府性基金按30%奖励；收入源于事业性收费的，按超收额60%(培训收费按90%)奖励；收入源于经营服务性收费和其他收入的，按超收额80%奖励。收费单位有费不收和擅自减免的，责令限期征收，查补收入不作为收费单位收入；凡不是政策性因素影响而没有完成收入计划的，按顺序扣减单位专项经费、公用经费直至个人经费。

二、实施彻底的部门综合预算

巢湖市从管理方式上入手，通过加强非税收入管理，实现了"大收入、大财力"，在必要的财力保障下，将预算内外资金合并使用，统筹安排。目前，市直和无为县已全面实施彻底的部门综合预算。一是重新界定财政供给范围。对满足社会公共需要和社会保障事业的由财政供给；对收取规费的原差额补助单位，在坚持以收定支基础上纳入财政供给范围；有部分经营性收入的单位实行定额或定项补助；收取规费的自收自支单位，按以收定支、"收支两条线"原则，监督其执行政府批准的预算；纯经营性的自收自支单位推向市场。依据上述原则，将市政、园林、环卫等城市管理单位纳入综合预算，将完全利用市场资源进行经营的事业单位退出财政供给。二是改革支出预算编制方法。严格实行零基预算，将部门所有财政性资金全部纳入综合预算，部门收支彻底脱钩，预算外收入全额上缴财政，统一安排使用，部门人员、公用支出和各种事业发展项目支出按科学客观标准核定，在综合预算中合理安排。支出预算的编制，先用预算外资金安排，不足部分再用预算内资金补齐。建立健全基本支出的定员定额制度，细化支出预算定额标准，变"暗补"为"明补"，即变过去"紧预算、频追加"为年初一次性安排到位，逐年提高公务经费支出标准，所有部门和单位执行统一的支出定额标准，市直2002年为2000元/人，2003年为3000元/人，2004年达4000元/人。按区别轻重缓急原则，优先安排市委、市政府确定的重大工作事项和符合社会发展规划、财政调控与产业政策的项目，专项经费落实到具体项目。对学校、医院采取区别对待的办法，加强两部门预算外资金的管理，严格资金使用的审批。其中学校的预算外收入，全额用于教育事业发展；医院带有经营性的特征，一律采取定项补助办法。三是发挥预算编制的导向作用。通过预算编制的导向和调节作用，大力压缩一般性、消费性支出，严控机关随意进人，严控会议费、招待费，严控在编小汽车费用，超编车辆和人员一律不供给经费。在人员编制上，未超编单位按实有人数核定人员经费，按编制数供给公务费，超编的人员经费和公务费一律不供给；在车辆经费供给上，重新审视原来核定的小汽车编制数，按合理标准重新核定后供给保险、修理、燃油三项费用，缺编或不购车的单位，财政按编制数供给三项费用,鼓励不购车和少购车;在使用司机上,单位在人员编制内聘用临时司机的,财政每年补助临时司机一定的经费,鼓励聘用临时司机,节约支出。四是建立预算论证和支出追加听证制度。成立了由计委、国税、地税、审计、人大财工委、政协经济委及有关部门负责人组成的预算论证委员会,对预算编制方案进行论证后,报同级政府和人代会审查批准。成立支出追加听证委员会,凡对经济和社会事业发展有较大影响的项目,专业性、技术性较强的项目和本级政府认为应当组织听证的其他预算追加项目等,都经过组织听证程序,重大预算调整报请人大常委会审查批准。

三、严格规范支出管理方式

一是实行会计集中核算。市、县区成立了会计核算中心,撤销各行政事业单位会计机构、主办会计岗位和所有银行账户,结存资金全部划转,由会计核算中心统一进行资金结算和会计核算。会计核算中心作为执行部门综合预算的平台,把好预算指标、财经纪律和会计质量等审核关,加强对单位财政性资金的源头控管。同时,积极协税护税,代扣代缴有关资金,严格履行服务承诺,提高服务水平。二是大力推进政府采购。结合实际制定了政府采购管理办法,试行了监管和代理分离,从 2003 年起编制政府采购预算,坚持专款专用,预算结余年终收回财政。以公开招标方式为主规范了采购行为,对规模以上货物、机关车辆维修、保险、办公用品供应等公开招标,改进管理水平。扩大采购规模,目前已覆盖到工程、物品、服务 3 大类 600 多个品目。三是严格实行财政集中支付。工资性支出直达个人账户;大额公务性支出经财政审核后直接由会计核算中心办理结算,零星公务性支出通过备用金由财政授权支付;政府采购经费直达物品和服务供应商以及工程承建法人;直接补助农民的"三农"支出(如农业税灾减资金、粮食直接补贴资金等),在乡镇财政服务大厅"集中、统一"拨付。专项支出区别情况分别对待,国债资金设立专户,由会计核算中心按工程进度、资金到位及使用情况,直接支付给项目施工单位或土地提供者;中小学危房改造、政法补助、财政支农等专项资金也根据项目进度直接支付。四是全面改革乡镇财政管理方式。按照预算管理权不变、乡镇资金所有权和使用权不变、乡镇财务审批权不变的原则,在全市全面推行了以乡财县管为主要内容的乡镇财政管理方式改革,由县区财政直接管理监督乡镇财政收支,实行"预算共编、账户统设、集中收付、采购统办、票据统管"。加快乡镇财政服务大厅的标准化、规范化建设,将农税征管、减免退付、资金核算、粮食补贴、社会救济、退耕还林等全部纳入大厅管理或通过大厅办理。

四、调整优化公共财政支出结构

一是保证重点支出需要。增加社会公共领域方面的支出,2003 年全市按时发放工资 91751 万元,支付基本养老金 21610 万元,下岗职工生活费 2817 万元,城市最低生活保障资金 3694 万元,兑现了全市 1384 名企业军转干部各类补助 934 万元,安排再就业资金 1420 万元,促进了社会稳定。农业、科学、教育等支出分别比上年增加 2395 万元、256 万元和 2321 万元。通过调整支出结构直接用于防治"非典"的经费 4818 万元,救灾专项资金 5317 万元,增强了财政应急保障能力。二是财政退出竞争性领域。市成立了城市建设投资有限公司,以"政府行为、市场运作"的方式,综合运用各种融资手段,促进城市框架建设,形成了"财政保吃饭,城投保建设"的格局。三是清理规范津补贴。财政、人事、监察部门联合下发《关于清理各类津补贴的通知》和《关于进一步规范行政事业单位津补贴项目和发放标准的通知》,全面清理了单位津补贴项目和标准。其中行政事业单位采取'逐项清理,统一规范"办法,保留各级党委、政府出台的和财政、人事部门转发的津补贴项目并按规定的标准发放;各类学校津补贴及各项考试、评审费实行"总量控制、项目备案"办法,即合理确定总额,按教育部门向财政、人事部门备案的项目和标准,在限额内发放。四是清理行政事业单位固定资产。出台《行政事业单位固定资产管理办法》,对全市行政机关、事业单位、社会团体和具有行政管理职能的其他机构固定资产进行全面清理和登记,明确财政、单位和会计核算中心的管理职责,全面摸清家底,建立台账,为部门综合预算的编制提供便利。

通过改革取得了初步成效。一是增强了财力,做大了财政收入"蛋糕"。坚持税、非税、基金并重,大力推进非税收入征管改革,其意义不仅在于规范收入管理,更为做大财政收入"蛋糕"提供了新途径。2002 年我市市级一般预算收入 25399 万元,2003 年按照"大收入、大财力"标准确定的财政收入规模为 53051 万元。其中税收收入 25668 万元、非税收入 18969 万元(包括预算外收入 13971 万元,纳入预算的非税收入 4998 万元),基金收入 8414 万元。二是体现了公共财政的公平公正。部门综合预算建立了完整、全面的政府预算收支管理体系,保证了预算编制的透明、分配尺度的公正、执行过程的严肃,为提高财政资金使用效益提供了保障。通过实行部门综合预算以及清理规范津补贴,改变了预算内外脱节、多头管理、支出标准不统一、单位和个人间苦乐不均等现象,充分体现了公平公正性。三是节约了资金,提高了支出效益。通过清理规范津补贴,全市共取消不合理、不合规津补贴 341 项,平均每年减少财政支出 1838 万元。政府采购在节约财政支出、提高资金使用效益等方面效果明显,2003 年全市采购项目预算 21590 万元,实际支付 17761 万元,节约财政资金 3829 万元,节支率 17.7%。这部分资金年终交回财政,用于其他方面或平衡预算,资金效益得到最大限度地体现。四是规范了公共财政支出行为。会计集中核算变过去的事后监督为事前、事中监管,改变了过去部分单位预算执行不力、支出行为和票据管理不规范、会计核算不认真的局面,改变了过去对专项资金事后跟踪问效的方式,有效规范了财务管理行为,3 年来我市累计拒付不符合规定的票据 25881 张,体现了财政部门"闸门"把关的作用。财政集中支付避免了层层转拨、多环节支付,基本杜绝财政资金被截留、挪用问题。乡镇财政管理方式改革后,通过统一预算编制、统一支出标准、统一账务处理,规范了乡镇收支行为,增强了乡镇理财透明度,杜绝了乡镇随意增人、盲目举债等行为。五是增强了部门单位依法理财意识。改革后,部门单位发生财务行为时不再像过去首先考虑自己需要,而是要考虑符不符合财经政策和纪律要求,能不能报销,从而自觉规范财务行为,依法理财意识明显增强。

(选自 2004 年 2 月全省财政工作会议交流材料)

强化管理　创新机制
努力实现农业综合开发工作新突破

蚌埠市财政局

蚌埠市农业综合开发从 1988 年实施以来,省及市县财政不断加大资金投入,累计完成项目投资 49311 万元,治理改造中低产田 181.4 万亩,占全市耕地面积的 41%。覆盖的乡镇为 54 个,占全市乡镇总数的 77%。建成优质粮油基地 13 万亩,节水示范基地 6.5 万亩。实施了 59 个多种经营项目和 2 个科技示范项目。项目区农民人均年纯收入比项目实施前增加 400 元,较非项目区农民同比多增加收入 200 元,有力推动了全市农村经济发展。同时,走出了一条以项目建设带动产业开发、以机制创新促进规范管理的农业综合开发新路子。

一、积极推行项目市场化运作

一是开展项目招商,努力做大农业投资的"蛋糕"。根据农业开发项目的特点,市制订了分类招商计划,采取参股、租赁、贴息和配套基础设施等多种方式对外进行整体招商。定期发布招商信息,吸引企业、种田大户直接参与项目规划、建设和运营管护。2003 年,围绕农业龙头企业的发展需求,规划了 4 万亩土地治理区,投资 1368 万元,支持绿雨集团 5000 亩优质稻麦制种基地建设和兴华生态农业公司 3000 亩优质大豆、小麦良种繁育基地建设,直接吸引企业投资 1000 多万元,不仅解决了长期困扰农业综合开发工作的农民集资投劳、工程质量和管护等一系列问题,拓宽了筹资渠道,还推动了企业改制,促进了资金、人才和科技成果向农业综合开发领域集聚,使农业综合开发项目成为我市新的投资热点和经济增长点。二是对项目区国家存量投资实行资本化运作试点。2002 年,以市郊区农业科技示范园区为载体,将园区国家存量投资和对市、区财政的负债评估作价,以参股的形式与民营资本共同组建了安徽绿雨农业有限责任公司。在绿雨公司中,民营资本占 51%,处于控股地位;市、区政府存量投资折股形成的国有资本占 49%,分别授权市、区国有资产营运机构行使出资者职能。其中市国有资产营运机构蚌埠市城市投资经营有限公司持有 12%,市郊区国有资产营运公司持有 37%。既盘活了国有存量资产,改善了新组建公司的财务状况,分担了投资风险;又以参加公司董事会、监事会的方式确保了对国有投资的合法、有效监控。这是在社会主义市场经济条件下建立国家农业综合开发科学、规范、公开、公平、公正的长效投资管理机制一次有益的探索和尝试。

二、支持龙头企业适度规模经营

为改变传统农业生产的单户种植模式,进一步提高农业效益,市政府在支持龙头企业基地建设的同时,支持其在项目区实施大规模土地流转,实行适度规模经营。按照每亩 300 元左右的价格,先后集中流转土地近万亩,并与农户签订了 10—13 年的土地流转合同,农民不仅获得稳定的土地收益,还转变成为新型的农业工人,收入比过去大幅提高。同时,还推动了农业企业的标准化生产,降低了农业基础设施的投资成本。这种农业生产方式已产生较大影响,周边地区的土地流转速度明显加快,企业和大户要求参与开发的积极性大大提高。

三、加快项目产权制度改革

蚌埠市先后出台了关于规范项目产权制度改革的多个配套办法,加快对项目区农田林网、机井、小型电站等经营性资产进行承包和拍卖试点,鼓励农民一次性买断,收益归个人所有。2003年,全市仅通过拍卖项目资产就筹集资金150多万元。盘活了项目资产,有效解决了长期以来难以解决的项目区管护和持续效益问题,又弥补了配套资金的不足,最大限度地延长了项目效益周期。同时,大力整合项目,突出开发重点。2002年,蚌埠市根据国家和省对农业综合开发工作的总体要求,结合实际,提出了重点开发、集中开发的思路。大力整合各类项目,减少项目区数量,扩大项目区规模,提升项目实施档次。尽可能使每个县将当年项目集中在一个乡镇实施,并选择重点领域、重点项目进行连续投入。先后投资1197万元支持绿雨集团、兴华生态、安徽纯王种业、固镇种羊场等一批农业产业化龙头企业建基地、搞加工、延伸产业链条,并依靠龙头企业带动,加快农民增收致富。另外,我市还结合高标准土地治理示范区的建设,加大对农业基础设施投入,2003年共投资1862万元,建设了4个万亩以上高标准土地治理区,实行高起点规划、高标准实施,综合配套,整体开发,进一步扩大了我市高标准农田面积,建成了一批经济效益好、辐射面广的示范工程,为促进我市优势农产品产业带的形成创造条件。

四、完善项目功能,加快培育主导产业

长期以来,由于农业结构不合理,产业化程度低,制约了市农业乃至县域经济的发展。为此,蚌埠市在加强基础设施建设的同时,把发展高效农业,推进结构调整作为工作重点。根据项目区的实际特点,按照缺什么,补什么的原则,把土地治理、科技推广和多种经营等各类项目进行合理调配,努力完善项目的整体功能,发挥农业开发在产业建设方面的综合优势。几年来,通过大力扶持龙头企业扩大加工规模、完善服务体系,用市场手段引导农民优化种植结构,使农业产业化程度和市场竞争力进一步提高。项目区形成了以郊区反季节蔬菜,固镇优质烟叶、优质花生、优质粮棉,五河和固镇的特种水产、畜禽养殖等高效农业为特色的主导产业。一批农业龙头企业也在项目实施过程中发展壮大。其中,郊区绿雨集团已拥有省内最大的优质水稻制种基地;固镇种羊场和皖北肉驴养殖场采取"场带农户"的养殖方式,波尔山羊和肉驴养殖规模分别达到3000只和4000头。同时,开展农副产品深加工,带动周边农民致富,起到了良好的示范和辐射作用,成为当地经济发展的重要支柱。项目建设的"五个配套"和"五个统一"已初步实现,即基础设施、科技服务、收储加工、信息网络和市场体系全面配套,良种供应、生产标准、技术服务、质量检测和销售品牌五个统一,实现了农业增效和农民增收目标。

五、建立科学规范的项目评估体系和引入竞争机制

在项目规划前,向项目覆盖区农户发放"明白纸",广泛征集当地农民的意见,了解项目区农民的开发意愿和想法,使规划更加贴近实际,增强农民的主体意识和参与意识。在此基础上,制定了《蚌埠市农业综合开发"十五"发展计划和2015年远景规划》,明确了指导思想、开发目标和实施步骤,提出了"先易后难、集中连片、突出优势"的选项思路;建立了项目库制度,市农业综合开发领导小组专门成立了项目考察组,聘请农、林、水等方面专家,对申报项目进行实地考察,严格把关和排定顺序;推行项目论证制度,设立专家库,参与项目评审论证的专家主要从领导小组各成员单位具有中、高级职称的技术骨干、退休专家中择优随机选择,进一步提高了科学规划设计水平。同时,引入竞争机制,推行项目区选择和工程建设招投标制度。为规范项目申报和工程实施,蚌埠先后制定了《蚌埠市农业综合开发土地治理项目承建乡镇招投标办法》和《蚌埠市农业综合开发土地治理项目工程施工招标投标实施办法》。从项目乡镇的筛选到5万元以上的单项土建工程,一律实行公开招标,并把主要设备、材料的采购纳入政府采购范围。在项目立项申报前,由县区农业综合开发领导小组对有开发要求的乡镇集中组织投标、竞标,根据土地是否集中连片、开发的潜力和优势、干部群众对农业综合开发的认知和响应程度、投劳筹资能力、乡村领导班子凝聚力和重视程度等因素综合评定打分,专家评定与实地考察相结合,选出最优的乡镇。在选择施工队伍方面,严格按照招投标程序,审核工程报价、施工资质、技术力量以及施工经验,避免了暗箱操作和人情工程,确保了工程质量,降低了施工成本。2003年全市农业综合开发项目招投标总额为1680万元,占财政投资80%,投资节约率15%。

六、加强项目实施的组织协调、监督检查和严格考核

市农业综合开发领导小组成立了农、林、水、计划、资金、审计六个专业组,明确职责分工,进一步理顺了关系。经常性组织项目实施情况检查,了解项目进展情况、工程质量以及工程招标和采购制度执行情况,及时纠正工作中存在的问题,推动项目建设进程。定期召开全市财政部门负责人和农业综合开发办公室主任会议,通报工程进度,帮助解决项目建设中的实际困难。在项目实施过程中,各级都建立了严格的质量监督、验收、管护制度。一是吸收农民代表参与工程质量监督。每个施工环节都要有农民代表、项目质检员、乡村干部共同签字,否则不予验收和报账。二是市农业综合开发办公室定期组织县区之间对项目工程质量进行抽查和互查,既有利于加快工程进度、提高工程质量,又有利于农发干部交流工作经验,提高业务素质。三是实行农业综合开发项目市、县、乡、村四级公示制度,将投资规模、建设内容、建设地点、投资结构在市级报刊上公告,在项目所在县、乡、村张贴,接受农民和社会监督。四是积极开展工程监理试点。为确保工程质量,防止出现"豆腐渣"工程,我市从2002年起,逐步推行农业综合开发工程建设监理制。工程监理制的实施,为农业综合开发工程全面成为"信得过"工程打下了基础。同时,严格目标考核,落实奖惩责任。为加强对项目全过程管理,提高项目的经济效益,近年来,我市全面推行了项目绩效考核制度。对每个项目从初步设计、工程建设到效益发挥,都订立了具体实施目标,明确了有关责任人,对优秀项目的责任人给予重奖。对未能完成目标任务的项目单位和项目负责人,取消年度先进单位和先进个人评比,削减下一年度投资规模。2003年由各县(区)安排1－2个示范项目区列入考核,2004年开始全部纳入考核范围。市、县农业综合开发办公室分别明确了专人负责项目建设、管理和跟踪问效,经市领导小组验收考核并经省农发局认可后,作为确认奖惩的依据。

七、强化资金监管,坚持安全、及时、有效的保障原则

一是规范项目资金拨付程序。为保证项目资金专款专用,我市制定了严格的项目资金拨款和借款程序,统一印制了《拨借款申请表》和《拨借款协议书》。每次申领项目资金,必须报送上期拨款的去向、存款余额以及本次申请资金的计划用途,并附上银行对账单、付款凭证复印件等相应证明,有效避免了项目资金的截留、挪用现象,实现了按项目、按计划、按合同、按进度拨款。二是全面实行县级"报账制"。从2000年开始进行项目资金县级报账制试点,制定了《蚌埠市农业综合开发项目资金县级报账制办法》。2001年全面推行资金不通过乡镇,直接拨付施工单位和供货商。通过几年来的运行完善,市农业综合开发资金实行县级报账的范围,已经涵盖了各级财政安排的无偿资金、土地治理项目的有偿资金以及乡镇上缴专户的自筹资金。同时,还建立起一套严格的报账审批制度,对一般工程报账做到预付有合同、验收有决算、报账有申请、拨款有手续,对货物和服务采购的报账,还要求有领用物资或提供服务的证明。在报账实施过程中,各县区农发办通过严格审核报账凭证,控制现金支出,确保了项目资金的专款专用。三是坚持项目资金"三专"管理。为落实项目资金"专户管理、专账核算、专款专用"的规定,保证项目顺利实施,我市不断加大对农业综合开发财务工作的考核奖惩力度,实行"三个挂钩"和"一票否决"。"三个挂钩"即指资金管理与投资规模挂钩、与市级配套比例挂钩、与市级专项补助挂钩;"一票否决"指凡出现挪用资金,违反"三专"管理规定的,不管金额大小,一律取消年度评优评先资格。同时,还定期组织各县区农业综合开发办公室主任和财务人员进行工作互查,开展财务专项评比,对管理较好的县区给予表彰奖励,对问题较多、管理薄弱的县区及时进行通报,限期整改。从几年来实际执行情况看,我市各级农业综合开发资金的管理一年比一年规范。

(选自2004年2月全省财政工作会议交流材料)

与时俱进 开拓创新 积极推进财政国库制度改革

铜陵市财政局

铜陵市财政国库管理制度改革按照"统一部署、分步实施、充分试点、稳步推进"的指导原则,从2001年开始酝酿起步,经过两年多的努力,取得了阶段性成效。

一、营造支持国库集中支付制度改革的氛围

一是注重工作汇报,争取领导重视和支持改革。通过多渠道、多途径、多方式,向市委、市人大、市政府、市纪委汇报财政部和财政厅对国库集中支付制度改革的工作要求,以及试点以来所取得的成效,从而赢得市领导对国库集中支付制度改革工作高度重视。为推动国库集中支付制度改革顺利进行,2003年8月28日,市委市政府召开进一步推进全市国库集中支付制度改革动员大会,对财政、银行、各预算单位在推进财政国库集中支付制度改革中的工作都进行了精心安排和布置,有力促进了我市国库集中支付制度改革深入开展。

二是强化培训工作,广泛宣传国库集中支付改革的重要意义。实行国库集中支付,是一项重大财政制度的变革。要做好这项工作不仅各级领导支持,而且需要各预算单位财务人员依靠熟悉国库集中支付流程及操作方法。只有这样,才能提高集中支付过程中的办事效率。财政国库集中支付改革的推广过程,很大程度上也是一个培训过程,只有把培训工作真正做好了,使涉及改革的所有工作人员都能深入了解和掌握新的制度规定和管理办法,改革的推进才有可靠保障。为此,举办了多期培训班。在做好培训工作的同时,还积极开展了形式多样的宣传活动,充分利用《铜陵日报》、市纪检委《铜陵纪检》、市财政局《财政信息》等多种宣传媒介,广泛宣传国库集中支付改革的重要性和必要性,宣传国库集中支付改革的有关政策、知识,把各部门、各单位思想统一到支持国库集中支付制度改革上来。通过强化培训和广泛宣传,使各单位各部门增强了大局意识,提高了把握政策的水平,保证了试点工作按照改革方案确定的规范化目标扎实向前推进。

二、扎扎实实推进财政国库管理制度的改革

一是制定了财政国库管理制度改革的总体方案,确立财政国库管理制度改革的总体目标和实施步骤。2001年8月,省公共财政支出改革领导小组批复了《铜陵市财政国库管理制度改革试点方案》,确立了改革目标、指导思想和原则、改革内容、配套措施及实施步骤。改革方案明确提出,财政国库管理制度改革的目标是建立以国库单一账户体系为基础、资金缴拨以国库集中收付为主要形式的财政国库管理制度。改革的主要内容是:建立国库单一账户体系,所有财政性资金的收入和支出,均纳入国库单一账户体系管理和核算;以国库单一账户体系为基础,改革财政资金收入收缴制度和支出支付管理制度。实施步骤按照先试点、后推开,积极稳妥、分步实施的原则推进改革。为确保改革成功,市政府发布了《关于在全市开展财政国库集中支付工作的通知》(办〔2002〕84号),对全市实施财政国库集中支付管理的进程作了整体部署。

二是制定下发了《铜陵市财政国库管理制度改革试点资金支付管理办法》和一系列配套管理办法,形成统一规范的财政资金支付管理制度。财政国库管理制度改革的重点是改革支出支付管理制度,《铜陵市财政国库管理制度改革试点资金支付管理办法》是根据改革方案的要求,具体规范财政资金支付管理的基本制度。其主要内容有:一是明确了国库单一账户体系的组成和功能、设立程序和管理要求等;二是确立了财政资金支付必须坚持"四按"支付原则,即:按预算、按用款计划、按项目进度、按规定程序办理;三是明确规定使用财政资金必须编制用款计划,规定了用款计划的内容、格式、编制要求、报送和审批程序等,强化了用款计划在预算执行中的控制功能;四是规范了财政直接支付和财政授权支付的范围及操作程序;五是明确了改革过程中的有关部门的职责和权限、管理要求和法律责任等。为了与支出支付管理的基本制度相适应,还制定和下发了《铜陵市财政国库管理制度改革试点会计核算办法》、《铜陵市市直单位财政国库管理制度改革试点资金银行支付清算暂行办法》等相关配套制度,形成了一个统一的、适合所有财政资金的支付管理制度体系,有效地保证了改革的顺利实施。

三是建立财政支付管理系统运行平台,为财政国库管理制度改革提供了技术保障。为适应财政管理改革的要求,加快财政管理的信息化建设步伐,市财政部门先后投入200多万元,初步建设了铜陵市财政国库集中支付管理信息系统,该系统包括财政预算内、外资金预算支出执行系统。财政资金支付信息系统与代理银行前台操作柜面直接连接,财政支付情况实现及时反映。2003年6月,市财政局和代理银行又对财政国库管理支付信息系统作了进一步优化和完善,将财政支付信息系统直接与代理银行5个分支机构连接,扩大代理银行受理财政集中支付业务的网点面,以满足财政国库集中支付改革的进一步扩大实施需要,并于2003年7月初进行了试运行,半年来运行情况良好。财政支付信息系统的建立和运用,为国库集中收付的高效规范运作提供了重要的基础条件和技术支持。

四是设立了财政国库支付管理与执行机构,为财政国库管理制度改革提供了机构组织保障。为适应公共财政支出改革发展需要,根据新的财政国库管理制度改革要求,财政部门设立了与之相适应的预算执行支付机构——财政国库支付中心,具体负责财政直接支付的审核和支付、财政授权支付额度的下达、财政供给人员工资统发、集中支付会计核算、信息系统的运行维护和支出支付业务的监督检查等工作。财政国库集中支付中心的成立和现代化支付系统正常运转,为国库集中支付制度改革的顺利进行提供了重要的组织机构保障。

五是精心周密地做好实施财政国库集中支付其他各项工作,做实、做细每一个环节和每一个细节上的基础工作。根据试点工作要求,通过招标,选择中国银行铜陵分行作为预算单位财政国库集中支付试点的代理银行,选择工商银行铜陵分行、建设银行铜陵分行作为财政供给人员工资统发银行。认真做好国库集中支付正式运行前的财政对账工作,为新旧财政支付方式改革前后的账务衔接、平衡过渡打好坚实的基础。理顺和明确财政国库管理制度改革中财政局内部各业务科室的相关职责,保证财政资金出库前在各管理环节有序进行。设计印制了财政国库集中支付工作所需的各种单据、凭证及报表。先后对全市各行政事业单位财务负责人和其他财务人员开展了5期较大规模的培训工作。

三、因地制宜,创新国库集中支付改革思路

一是讲求谋篇布局,为财政国库集中支付改革起好步,开好头。财政国库管理制度改革是一项系统工程,牵涉到方方面面的财政管理工作,如何才能更充分地体现财政改革和管理成果,进而推动财政各项管理工作更上一层楼。为此,我市在总体方案与省保持一致的基础上,在实施国库集中支付资金范围、试点顺序方面,结合我市以往各项财政改革成果,统一谋划,坚持单位预算内外资金统一进入国库集中支付试点,坚持以财政专项资金统一实行国库集中支付为主线,即一个预算单位进入集中支付管理,则该单位不论预算内外资金均全部进入国库集中支付管理,一项财政专项资金进入国库集中支付管理,则所有涉及有此项资金的预算单位都实行国库集中支付管理。这样一来,起到了巩固我市多年来实行综合财政预算和部门预算编制的改革成果。

二是把好预算编制第一关,为国库集中支付改革实施创造条件。部门预算是实施国库集中支付的基础。因此,我市在狠抓部门预算的科学性、完整性、规范合理性外,还特别在部门预算表格上设计了财政国库集中支付预算安排表。在预算编制时,就界定出预算单位预算安排的各项资金,哪些资金项目属于直接支付,哪些属于授权支付,使预算执行实施国库集中支付时有据可依,杜绝了预算执行的随意性。

三是结合我市实际,探索国库集中支付计划管理和财政集中支付手段管理的最有效方式。近年来,我市有限的财政收入不能满足财政支出刚性增长,财政收支矛盾突出,资金调度十分紧张。为此,我们进一步创新工作思路,在单位用款计划管理上,将单位用款计划,与部门预算相对应,分为基本支出和项目支出两块用款计划申请表,对基本支出用款计划,我们将单位的年度预算分为12个月,按时间进度保证供给,单位不再每月申报,减轻预算单位工作量,直接由国库科向支付中心下达;对项目支出用款计划申请表。预算单位要首先报财政业务管理科室提出是否同意实施或实施进展情况意见后,再转国库科视资金调度情况予以安排。这样,既保证预算单位基本运转需要,又调动了各业务管理科的工作积极性,理顺了局内部预算执行关系,有效地缓解了资金调度的矛盾。在支付手段管理上,强化对大额的专项财政经费的管理,实行财政直接支付。对预算单位日常公用经费的管理,实行授权预算单位自行在财政审批的额度内直接在代理银行办理支付,只对大额提现规定必须申报审核,简化了用款手续,方便预算单位,体现了原则性与灵活性相结合。

四是抓住银行账户管理源头,创新预算单位及财政各专项资金银行账户管理模式。在预算单位改革试点初期,为保证国库集中支付工作平稳推进,在为预算单位开设零余额基本账户的同时,对其原有基本账户暂未销户,而是采取财政不再注入资金的方法让其自然销户。但通过试点发现,有少数单位认识不高,资金未全额纳入零余额账户管理。在第一、二批预算单位顺利进入试点后,市财政局与市人民银行一起按照财政部、中国人民银行对预算单位银行账户管理的相关规定联合下发了《关于对纳入财政国库集中支付管理的预算单位银行账户进行清理的通知》(财库〔2003〕243号),对市直各预算单位银行账户进行清理整顿。经过清理各单位原有账户后,撤销各单位原基本账户。确定单位预算内外的零余额账户为单位的基本账户,对单位的往来资金由财政支付中心统一在代理银行开设往来账户总户,为各单位在总户下开设分账户,核算单位往来款项。对财政局内部各财政专项资金账户的管理,借鉴零余额账户管理经验,由国库管理部门在代理银行开设支付总账户,并为所有经财政部、省财政厅明文要求开设专户核算的专项资金在总账户下开设零余额分账户。

四、国库集中支付改革成效初步显现

从2002年8月开始试点,到2003年10月份全面推开,全市现有的50个一级预算单位和所属154

个基层预算单位，以及各项财政专项资金全部纳入财政国库集中支付管理。2003年，通过财政国库集中支付资金总额为23815万元，其中：预算内资金16869万元、预算外资金5126万元、财政直接支付12067万元、财政授权支付10030万元。2003年末，资金计划总结余1548万元，其中：预算内1069万元、预算外479万元。国库集中支付改革取得阶段性进展。从实施财政国库管理制度改革的情况看，改革成效初步显现，主要表现在：

一是缓解了财政资金调度困难的局面。试点部门实行财政直接支付的资金，通过国库单一账户体系直接支付到商品或劳务供应者；实行财政授权支付的资金通过财政部门为预算单位开设的零余额账户支付到商品或劳务供应者，资金不再沉淀在预算单位。从全市2002年起最初选择的11个部门及所属基层预算单位进入集中支付情况看，正常每个月末平均沉淀资金近300万元，2002年末沉淀在国库的未支付资金达335万元。2003年6月进一步扩大试点单位规模后，到2003年10月末，所有预算单位全部进入支付中心管理，资金额度结余均在1000万元以上。改革前，这些资金都分散沉淀和占压在各部门及所属单位的各个账户上；改革后，这些未支付的资金均保留在国库单一账户，有利于财政资金统一的调度，在一定程度上缓解了财政资金调度困难的局面。

二是有效地提高了财政资金使用的透明度。实行财政单一账户体系管理，财政部门能够运用信息网络系统全过程监管试点单位资金的支付活动，对预算单位每笔资金的支付对象、支付数量、付款科目、付款用途、付款账户、收款人、收款账户、交易时间、付款人账户余额等付款要素，都可以进行实时掌握。一旦发现问题和疑点，能够迅速进行核查。财政资金运行的透明度大大提高、监管力度明显加强，有效地保障了财政资金支付的安全和高效。

三是提高了预算执行的准确性和真实性。改革后，财政资金支出由过去的资金实拨制改革为资金清算制，财政支出体现为预算单位和项目的资金实际支出数，反映了财政支出真实面目。且改革之后预算执行信息的细化程度、全面性、准确性、及时性都大大提高，为全面、准确进行预算执行分析和控制创造了有利条件。

四是提高了资金拨付效率和规范化程度。实行财政集中支付资金，在预算单位完成支付申报程序之后，资金从财政部门国库账户到用款单位或收款人账户可在一天内完成，过去少则要4—5天才能完成。预算单位提出直接支付申请时，必须按规范的程序和要求做好相关工作，克服了以往存在的随意性。预算单位开出的财政授权支付令，财政部门当天就可了解到支付的实际情况，整个支付过程是透明的，记录是完整的，有利于按规定的用途使用资金，减少随意佀用资金现象的发生。这些都大大加快了资金支付的效率和速度，促进了支付过程的规范化管理，方便了用款单位和收款人。

五是促进了预算单位财务管理意识和水平有效提高。试点实施以来，预算单位必须认真按照部门预算编制的资金用途、安排资金使用项目，按照预算指标、按时间和项目实施进度填报用款计划申请表，并按照批准的用款计划使用财政资金，资金使用的计划性、科学性和规范性得到加强。预算单位支出管理更为细致，管理水平也有新的提高。

（选自2004年2月全省财政工作会议交流材料）

扎实推进粮补改革
促进农民收入增长

利辛县财政局

2003年，利辛县扎实推进了粮食补贴方式改革。县、乡两级高度重视、精心组织，把粮改工作作为维护农民利益、减轻农民负担、促进经济发展的大事来抓，采取各种措施，狠抓工作落实，取得了明显的成效。主要做法如下：

一、制定改革方案，精心组织实施

在多次深入到乡镇、村和农户广泛调研和多方征求意见的基础上，县决定以农业税计税土地面积为依据，测算确定每个农户享受补贴的商品粮常量。经过认真测算，制定了《利辛县扩大粮食补贴方式改革试点实施方案》。在改革方案实施过程中，始终坚持公平、公正和透明的原则，切实做到政策宣传到户、清册编制到户、张榜公布到户、通知发放到户、资金兑付到户。

二、加大宣传力度，营造良好社会氛围

将政策宣传工作贯穿于粮补改革工作全过程，粮食补贴方式改革宣传工作扎扎实实，不走过场。县财政局统一印制粮改宣传布告4000张，粮改政策解答手册1000册，制作横幅162条。各乡镇按照“电视有文字,广播有声音,清册、布告、标语要上墙,通知书、一封信要入户,农税人员要宣讲,纳税大厅要计算机早调试、服务设施早到位。”的统一要求,扎实做好宣传工作,为粮补工作奠定了坚实的基础。宣传形式多样化。在粮补宣传工作中,充分利用各种宣传工具,进行大范围、立体式、全方位、高密度的宣传,尽可能使粮食补贴方式改革政策家喻户晓、人人皆知。在全县各交通要道和主要街道张贴宣传标语、悬挂条幅;组织文艺宣传队、出动宣传车到乡村巡回宣传;利用农村逢集日开展政策咨询活动,安排专人编发简报、办好宣传栏;县广播电台、电视台在节目中开辟专栏,及时将县粮补改革的总体情况及粮补资金的分配办法、兑付办法等告知农民,让广大农民群众理解和支持改革,保证改革顺利进行。

三、建章立制,完善操作规程

对各乡镇农业税服务大厅、粮补资金兑付网点提出了具体要求。一是乡镇纳税大厅要“六有”、“七做到”。“六有”,即:有较为宽敞的服务大厅;有醒目的粮补资金兑付窗口标牌;有固定的宣传栏及粮补政策咨询台;有粮补资金分配情况公布栏;有专用电算化设备;有粮补资料档案柜。“七做到”,即:用语文明,服务热情;着装上岗,亮证办税;坚持原则,全额兑付;加班加点,随到随兑;计算机管理,规范操作;兑付情况,定期公开;兑付宣传,同时进行。二是村级兑付网点做到“四要”,即:一要设立固定兑付点;二要悬挂兑付标牌;三要有宣传栏、公开栏、咨询台;四要设立举报箱。三是制定了《利辛县粮食直接补贴资金管理办法》和《利辛县粮补工作考评办法》等,对指导乡镇粮补工作提出了更为具体的要求。同时,各乡镇结合本地实际情况又制定了具体的操作规程和内部管理制度,真正做到有章可循,行之有效。

四、扎扎实实做好补贴资金的管理和兑付工作

一是积极争取金融部门的支持配合,设立粮补资金专户。按规定,粮补资金专户须在县农发行开设。考虑到兑付时现金提取量大,农发行在各乡镇无分支机构,经与县人行、农发行和农行协商后,县农业税务局和各乡镇农业税务所在农行各营业所分别设立了粮补资金兑付专户。县财政局在为各乡镇刻制好粮补专用章的同时,要求各乡镇要搞好各村的预约兑付工作,提前把各村的兑付时间、兑付金额和所需元、角、分币的数额列表报给农行营业所,以利于农行井然有序地安排资金,准备零币。二是简化手续,方便农民兑付。利辛县是个劳务输出大县,留守在家的大多是“老弱妇幼”。为便于农民领取粮补资金、简化了兑付手续,除要求持有粮补通知书外,对农业税完税凭证不作要求,身份证明也采取了灵活便通的方式。即:有本人身份证更好,没有身份证的有本户户口簿即可,两证均不在本地的,经本村干部或村民两人以上指认证明即可。从而简化了验证程序,加快了兑付进度。三是粮补资金全额兑付,不抵扣任何税费。县规定各乡镇农业税纳税大厅是粮补资金的兑付点,集中时间,统一兑付,确保兑付率为100%。

五、积极落实配套措施,全面推进改革

为顺利推进粮食补贴方式改革,县采取了一系列配套措施。一是放开粮食购销市场,拓宽流通渠道。将国有粮食购销企业由原来的3个分为12个,发挥小而灵的优势,贴近农民、农户,在粮食购销方面继续发挥主渠道作用。同时,积极支持和鼓励其他经营者参与粮食购销,活跃了市场。二是加大处理老库存粮食的力度。2003年共销售老粮53849吨,占库存老粮总数的63%。三是加快国有粮食购销企业改革,改革企业内部用人机制,切实做好减员增效工作。2003年我县已依法解除劳动关系1176人,改革成本支出2753万元,通过省财政厅专项经费补助、单位筹集、留岗人员赞助三方面筹集资金,专项用于被分流人员安置补助费用,较好地完成了安置工作,确保了粮食系统的稳定。四是采取多方融资的办法筹集资金,确保粮食收购的需要。2003年午季,县农发行只发放收购贷款450万元,资金缺口比较大。面对这种情况,我县采取融资的办法,与外地粮食加工企业签定合同,引进资金800万元,收购粮食16598吨,从而保证了粮改工作的顺利实施,维护了粮食市场价格的稳定。

通过粮补改革取得明显成效。一是增加了农民收入。2003年,县财政向农民直接发放补贴资金832万元,亩均5元。二是调动了农民种粮积极性。粮食直补不仅给农民带来了惊喜,也带来了信心和希望。农民种粮积极性明显提高,过去的撂荒地,现在农民纷纷恢复耕种。三是激活了粮食购销市场。放开粮食市场后全县没有出现卖粮难情况,没有出现粮价下跌、谷贱伤农的现象。四是促进了国有粮食购销企业改革。全县国有粮食购销企业通过深化改革,减员分流和机制创新,职工人数减少1176人,年节约工资费用支出约700万元。重新上岗的职工思想观念发生了较大变化,竞争、服务意识明显增强。市场放开半年来,已有相当一部分企业实现扭亏为盈。

(选自2004年2月全省财政工作会议交流材料)

狠抓整改　力促规范
不断巩固农村税费改革成果

中共霍邱县委　霍邱县人民政府

霍邱县位于安徽西部,是一个拥有130多万农业人口、187万亩耕地的农业大县。特殊的县情,决定了县财政是典型的农业型财政,农业税收占财政收入的40%左右。针对执行税改政策中存在的问题,县委、县政府从践行"三个代表"重要思想的高度来认识,决定从税改整改入手,扎实推进税改规范年活动的深入开展,取得了群众满意的良好效果。

一、举县而为抓整改

2003年,全县精心组织开展了一场为期3个月的税改整改攻坚战,动员县、乡、村、组万余名干部走进农户家中,按照"乡不漏村、村不漏组、组不漏户、户不漏项"的要求,"零距离"接触群众,真心实意地排查梳理税改问题。在此期间,各级干部进村入户达50多万人次,跟踪发放了35万份税改整改到户结算清单、6万份到户结算清册和每户一张退款通知书。城西湖乡一位干部深有感触地说:"工作十几年来没有这几个月到农户家中去得多。"把退还违规资金作为税改整改能否通过验收的刚性指标,谁违规、谁纠正,谁受益、谁退款,坚决把政策落实到位,以实际行动取信于民。县委、县政府首先把县本级按财政体制集中乡镇应退的330万元资金退还到各乡镇,并想方设法筹措1000万现金,借给乡镇和有关部门,监督兑付到农户,表现出了前所未有的诚心和决心,带动各乡镇出现了"千方百计筹款,千家万户兑现"的动人情景。全县共退还历年违规资金4222万元,其中各级干部集资1176万元。这是在县直干部职工每月平均调减150元工资,大部分乡镇工资不能按时发放的情况下筹集起来的,充分体现了广大干部职工"宁愿自己苦,不让农民怨"的真情实意,保证了税改政策的落实,真正体现出税改整改过程是落实政策的过程,是各级干部深刻认识党的农村政策、自觉转变作风和重新赢得群众信任、重塑亲密干群关系的过程。

二、竭智尽力破难题

农村税费改革事关农民、基层、地方财政以及许多涉农部门的利益,是一项十分复杂的社会系统工程,牵一发而动全身,左顾右盼势必影响政策落实,短期行为必然带来农民负担反弹。结合县情,潜心分析,进行全方位思考,充分认识到困扰改革的主要症结在于基层难运转、利益难取舍、面积难确定、土地难流转、债务难消化等因素。如果不能从根本上破解这些难题,税改工作就不可能标本兼治,长治久安。为此,必须坚持实事求是原则,认真测算财政收入基数,提请县人大常委会重新审议,据实安排财政收入任务;调整县乡财政体制,加大对乡镇的支持力度,乡镇人均可用财力平均比县直多750余元,给农民、乡镇创造休养生息的条件,把困难留在县级。依据政策,完善二轮土地承包,逐村逐户落实核准农业税计税面积,全县农业税计税面积由原来的187万亩核减为131万亩,彻底解决了"有税无地"的问题。按照水务部门提供的行蓄洪区水位高程,统一标准,核实22个乡镇的行蓄洪区耕地面积,全面改征无固定收入土地农业税。将7月至9月定为村级财务清理整顿月,抽调876名专业人员,组成186个清财小组,对2002年以来的村组财务,进行全面清理、核实、登记和公布,查处违纪资金452万元,退赔361万元;并采取挤水分、降停息、债权债务冲抵等多种措施,消化村级债务3515万元,较好地维护了村级集体和农民群众的利益,得到了农民群众的普遍欢迎。

三、配套完善促规范

着力加大了3个方面的工作力度。一是加大依法治税力度、全面推行"三定"征收。县里先后出台了《关于进一步加强农业税征收管理工作的通知》和《关于认真办理农业税收执法案件的通知》等规范性文件,县法院、检察院、公安局、财政局发布了《关于进一步加强农业税征收管理的联合通告》,并从各乡镇在编财政供给人员中培训选聘700多名农业税委托代征人员,建立健全了较为完备的委托代征及协税护税网络。各乡镇全部建立了农业税纳税大厅,在村级设立500多个征收网点,从纳税人信息资料、清册编制、纳税通知书填发到完税证开具,全面实行计算机操作和"三定"征收。很多乡镇形成了轰轰烈烈的纳税场面,既从根本上堵住了强征硬取、增项加码的源头,又提高了农业税征收率。二是加大依法办事力度,切实加强筹资筹劳管理。严格执行《安徽省村内兴办集体公益事业筹资筹劳条例》,按照"有事则议,无事不议"的原则,由县农委和减负办负责审核把关,对程序不到位、手续不规范的坚决取消。全县开展"一事一议"筹资筹劳的村有124个,占总村数的20%,筹资总额为325万元。三是加大配套改革力度,努力降低行政成本。积极开展撤组减员,全县撤并村民小组5126个,减少59.1%;精简村组干部7576人,其中村干507人、组干7069人,分别精简15.3%和74.8%,每年直接减轻农民负担800多万元。稳妥推进乡财县管乡用试点工作,在长集、石店、冯瓴3乡镇进行改革试点,初步建立了"以制度管事,按程序用钱"的财政体制,杜绝了账外账和坐收坐支等违规现象。加快灾后复校和中小学危房改造进度,共新建校舍44678平方米,维修校舍3700平方米,确保实现"五无"目标,基本消除了2001年6月份上报的D类危房。建立五保户补助资金"绿色通道",由县民政局直接发放到户。

实践证明,开展税改规范年活动,贯彻税改政策是农村稳定和发展的根本,转变观念是税费改革深入推进的前提,规范运作是税改政策全面落实的关键,改进作风是税改规范年取得明显成效的保证。

(选自2004年2月全省财政工作会议交流材料)

加强资金管理
确保危改任务完成

无为县财政局

无为县经过3年的努力,顺利完成省政府下达的3年消灭73649平方米的中小学D级危房改造任务。县财政局作为中小学危房改造工程领导组成员单位,认真学习领会上级有关危房改造的文件精神,积极发挥财政职能作用,动脑筋,想办法,为筹好、管好、用好、用实危改资金,确保危改任务完成,主要做了以下几项工作:

一、拓宽来源渠道,筹好危改资金

无为县是国家扶贫工作重点县,基础差、底子薄,面对县级财力严重不足,危改任务又十分繁重的形势,县财政开源节流,多头并举,积极筹措危改资金。一是县财政在财力十分紧张的情况下,通过调整支出结构,压缩一般性支出,预算内每年安排一点。二是在县级预算外资金中安排一点。三是足额征收城市教育费附加和城镇基本建设、广告、旅馆住宿3项地方教育附加费。四是号召干部、职工和社会各界捐款。通过以上措施,仅县级就筹措危改资金1570万元,达到省里要求的省补助危改资金与县配套资金3∶2的配套比例。另外,危改项目所在地农民群众通过"一事一议",在规定的范围内,以提供劳务和资金的方式,3年用于危改的投资投劳折款累计近1000万元。

二、设立县级专户,管好危改资金

一期危改工程,涉及全县35个乡镇,178所学校,点多面广,资金量大。为保证危改资金的安全,只在县财政局设立1个危改资金专户,集中管理全县危改资金,乡镇和项目单位不准设立危改资金账户。上级补助、县配套、社会捐赠等所有用于危房改造的资金全部缴存县财政专户。3年来,县财政专户共归集危改资金3747万元,直接拨付给施工企业的危改资金700多笔,计3400多万元,没有发生任何差错,有效防止了危改配套资金不到位,以及截留、挪用、拖欠现象的发生。

三、实行报账管理,用好危改资金

为配合危改资金县级财政专户管理,实行危改资金县级报账制。具体方法是:项目单位使用危改资金时,由项目所在地的乡镇政府填写危改工程补助资金申请表,报县教育局审核后,施工企业持税务机关开具的建筑业统一发票,到县财政专户办理拨款手续。县财政部门对照危改项目库中的内容逐项进行核对,审核无误后,将资金直接拨付给施工企业。这样做的好处有:一是保证了资金专用性,使危改资金全部用到计划内的危改项目,用到正在施工的危改项目,用到实施危改项目的施工企业;二是规范了危改工程财务管理,票据合法,手续齐全,为危改资产的移交准备了一本明白账;三是促进了工程进度,由于资金有保障,施工单位只要按要求施工,就能及时得到工程款,就会主动加快工程进度,从而有力地推动了危改工作。

四、严格检查监督,用实危改资金

全县危改工程点多面广,给管理和监督工作带来了一定的困难。为克服看到管不到,管到看不到的被动局面,确保危改资金发挥使用效益,县财政部门积极会同县教育、建设等部门对危改项目进行实地督查:一查在建项目,看是否与危改项目库中的项目一致;二查工程进度,看实际工程进度是否与上报工程进度一致;三查工程质量,看施工质量是否与有关标准一致;四查资金,看是否截留、挪用专项资金。通过检查监督,对部分危改工程违背"牢固、实用、够用、方便学生"的原则,片面追求面积大、标准高,不切合当前教学实际,不考虑资金承受能力的做法,及时予以制止;对不符合工程质量要求,拖延危改进度,擅自改变危改资金用途的现象,予以纠正。

(选自2004年2月全省财政工作会议交流材料)

强化监督 推进改革
努力开创财政监督工作新局面

枞阳县财政局

枞阳县按照县政府批准的财政监督工作计划，结合实际，积极探索加强财政监督的新方法、新措施、新途径，进一步拓展财政监督的广度和深度，提升财政监督层次，取得了显著成效。

一、积极探索，构建财政监督工作新机制

2003年，省财政厅确定在枞阳县开展财政监督工作机制和工作方式创新试点。县财政按照省财政厅工作思路，构建适应公共财政框架要求的"事前审核、事中监控、事后检查"的财政监督机制，重点是抓好四个方面的改革：一是构建对财政收入尤其是对国税和地税机关征管情况再监督的机制；二是构建对财政预算编制和决算监督的机制；三是构建对财政资金运行的全过程的监督机制；四是构建对财政内部管理的监督机制。通过改革，实现财政监督的"六大转变"，即：从重分配轻监督向"预算编制、预算执行、预算管理"三位一体转变；从重事后检查向事前审核、事中监控、事后检查相结合的全过程监督转变；从重收入监督向收支并重转变；从职能交叉、重复检查向职责明确、规范有序转变；从注重对外检查向内外监督检查并举转变；从财政监督与管理脱节向强化财政监督管理转变，从而构建起财政监督新机制。这项改革工作在2003年已正式运行。

二、围绕财政热点、难点问题，认真做好财政监督检查

2003年，重点开展了4项监督检查，涉及检查单位112个，共出具检查报告91份，提出检查及处理意见100余条，查处违纪资金3000多万元，依法追还被挤占或挪用的专项资金80多万元，纠正应缴未缴入库财政收入400多万元，处罚收缴入库资金200多万元。一是抓好乡镇2002年度财政运行质量专项检查。重点检查了财政供给、财政预算编制、预算执行及财政财务收支情况，基本上摸清了当前条件下各乡镇的整体财政运行状况和财务管理现状，为县委、县政府对乡镇的宏观决策提供了翔实的依据。二是抓好县直部分行政事业单位2002年度预算编制、预算执行及财务收支情况的监督检查。重点检查预算内外的预算编制和预算执行情况，以及执行财经纪律情况，并适当延伸检查了部分二级预算单位，进一步促进了会计集中核算的规范化、程序化和合法化水平的提高。三是抓好会计信息质量监督检查。对县属7家房地产开发企业和建筑企业2002年度会计信息质量进行了检查。共查出资产不实金额300多万元，所有者权益不实金额200多万元，利润不实金额60多万元，查补各类税收43万元。不仅加大了会计法的执法力度，同时也填补了"三查"取消后对企业实施财务监管的空白，增强了地方财政对企业税收的监控力度。四是抓好全县17所完中2002年1月至2003年7月综合财政预算执行及财务收支情况的监督检查。2003年8月，将17所完中的财务纳入教育核算中心管理。对其财务进行了全面清理和检查，查处违纪资金760多万元(其中查处小金库5个，违纪资金70多万元)，撤销不合法的会议纪要1份，提出检查建议30多条，有效防止国有资产的流失，规范了教育系统的财务管理。

三、扎实做好"双清"工作

"双清"工作是加强党风廉政建设的需要，也是规范国家公职人员廉洁从政行为的需要。抽调了一批精干力量，在全县范围内开展了"清理国家公职人员拖欠公款"和"清理纠正党政机关、事业单位用公款为职工购买商业保险"的"双清"工作。全县累计清理单位125个，清理面达100%；收回职工欠款182万元，还款率达94.6%，收回投保资金20多万元，回收率达67%，得到了市纪委和市财政局的充分肯定。

四、确保财政收入按时足额入库

财政工作的重心是组织财政收入。把财政收入监督作为财政监督工作的重中之重来抓，专门制定了《枞阳县预算收入监督管理办法》。围绕财政收入这个中心，重点是抓好3个方面的督查：一是抓好预算收入的经常性督查。重点是抓好国税、地税收入过渡户及乡镇组织财政收入的督查，确保了预算收入按时、准确、足额入库。二是抓好政府预算外收入的督查。重点是抓好规费收入的入库和预算外资金的政府调控。2002年通过检查增加政府调控资金230多万元，2003年度增加调控100多万元，既增加了政府的可用财力，也保证了财政执行政策的严肃性。三是围绕财政收入抓好重点督查。每年按照县政府的安排，对财政收入难以完成或进度缓慢的乡镇进行驻点督查，以查促管，以查促收，并找出问题，分析原因，帮助乡镇解决征收中的具体问题。

(选自2004年2月全省财政工作会议交流材料)

经济十强县市系列报道

编者按:县域经济发展是振兴安徽财政的基础。加快县域经济发展是省委、省政府的一项重要决策。不久前,省委、省政府再次召开县域经济发展座谈会,提出要用创新的精神培育发展新优势,进一步加快县域经济发展的步伐。近年来,全省县域经济发展取得了可喜的成绩。在2003年的县域经济综合实力考核中,宁国、当涂、繁昌、芜湖、肥西、凤台、天长、无为、肥东、桐城成为十强县(市)。自2004年6月以来,《安徽日报》开辟"十强县巡礼"栏目,记者采写的《风景这边更好》(宁国市)、《长风破浪正当时》(当涂县)、《特色板块托起"百强梦"》(繁昌县)、《"新三段论"筑就强县之道》(芜湖县)、《满园春色关不住》(肥西县)、《"煤山"里飞出金凤凰》(凤台县)、《"二次创业"激活民营资本》(天长市)、《"土企业"长成"小巨人"》(无为县)、《"哑铃"何以变"橄榄"》(肥东县)、《"草根经济"春色满园》(桐城市)等十强县(市)系列报道,介绍他们在发展县域经济上探索出的新路子、取得的新经验。为在全省营造加快步伐、竞相发展的浓厚氛围,努力开创县域财政经济发展的新局面,本卷特予转载。

风景这边更好

——县域经济排头兵宁国发展探秘

《安徽日报》记者　汝　鸣　徐　建

通讯员　唐　芮

大片大片绵延不断的现代化厂房,一处处欲与环城群山比高的脚手架,诠释着一组数据:2003年人口不过38万的小小宁国市,GDP猛增到46.5亿元,财政收入达4亿元,均比1990年翻了3番,连续4年综合经济实力稳居全省十强县市之首;2004年1至5月,全市规模以上工业企业销售总收入17.98亿元,财政收入1.96亿元,同比又分别增长30.2%和57.2%。谁会想到,这个全省县域经济的排头兵十几年前还是个贫困山区小县。这奇迹是怎样发生的?

抢先一步　双向融入苏浙沪

"合资办配套企业,既引了资金,又销了产品、提高了知名度,真是一举三得。"在宁国市山门镇,宁沪钢球有限公司总经理秦本洋乐呵呵地告诉记者。10年前,获悉上海建材集团有投资办配套钢球厂的意向,原为山门农机修造厂驻上海销售员的秦本洋,便邀请对方派人到宁国考察,随后达成协议,由上海建材集团出资100万元,与山门农机修造厂合资创建宁沪钢球有限公司。10年来,公司1/3以上的产品直销上海建材集团,2003年实现销售收入7800万元,利税500多万元,原先的小作坊,一跃成为安徽省明星企业。

与山门农机修造厂不同,中鼎股份集团公司却把触角伸到了"长三角"。2003年,他们投资3260万元,与两家外资公司分别在苏州、上海合资创立分公司。现在,他们在苏浙沪的分公司已发展到6个,2003年销售总收入近2亿元,占当年集团销售总收入的1/3以上,为中鼎成为全国最大的橡胶密封件生产、出口基地发挥了举足轻重的作用。

宁国市大张旗鼓地融入苏浙沪始于2001年。当年,中共宁国市委十届六次全会通过了《关于抢抓机遇加快发展尽快融入江(苏)浙沪经济圈的决定》,这比全省绝大部分县市抢先了至少两年。《决定》从观念接轨、市场衔接、优化环境、活化机制、分工配套、接受辐射等方面,进行了深入的分析和阐述,她无疑吹响了宁国人融入"长三角"的冲锋号。

提起"融入",梅林镇镇长汪军颇有感触。通过创造良好的投资环境,以商引商,2003年以来,该镇已引进苏、浙、沪投资商12个,其中有6家已投产,年销售总收入已达2500万元,产品全部回销"长三角"。该镇原有的20家电子、电器配件厂,2003年销售总收入达1.5亿元,其中一半以上的产品销往苏浙沪。使得这个小山镇2003年GDP猛增到4亿元,财政收入达到700多万元。

2003年,宁国实际利用省外资金7.16亿元,其中来自苏浙沪的资金占78.8%;全市规模以上工业企业实现销售收入35.7亿元,其中为苏浙沪工业配套的部件及销往这一带的产品销售收入占70%。依靠工业兴市,2003年工业增加值占GDP49%的宁国,正是由于抢先了一步,目前已基本融入了长三角。

加快一拍 “乡企”改制唱大风

“要救活企业,必须立即改制!”1997年10月末的一天,面对宁国市委、市政府派来请他重新出山的代表,正在合肥养病的原宁国耐磨材料总厂厂长陈宗明恳切地提出了这一建议。由于乡企产权不明、机制不活,导致干部职工缺乏积极性,企业缺乏生机与活力。全国人大代表、全国著名乡镇企业家陈宗明曾一度心灰意冷,1996年5月,他以病为由忍痛离职,告别了他一手创建、苦心经营了多年的企业。然而就在这短短的18个月里,由于多方面原因,厂里竟亏损3900多万元,濒临险境。陈宗明的建议与市委、市政府的想法不谋而合。他回厂4个月后,宁国耐磨材料总厂4000多万元的净资产折股,全部由该厂干部职工一次买断,改制为安徽省凤形耐磨材料股份有限公司,企业随之焕发出勃勃生机。2003年,凤形公司销售收入猛增到2.7亿元,利税4300万元,产品畅销全国,并出口美、日等30多个国家和地区,迅速发展成亚洲最大、世界第二的耐磨材料专业生产企业。

宁国耐磨材料总厂的改制成功,已成为当时宁国乡企改制的一个典型范例。宁国市委、市政府从中看到了乡企的新出路。1999年,一场声势浩大的乡企改制席卷宁国,股份制、股份合作制、个人独资、兼并、破产等各种改革因企施行。政府开明,守信承担起3亿元的担保乡企债务;银行开明,依法申请呆坏账、核销部分乡企债务;法院开明,提前进入破产乡企,使之破产不停产,尽快获取新生。短短一年间,宁国160多家乡企破产完毕,平均不到2—3天就理结一家,其力度、速度可见一斑。动手较早的宁国市,一年间将全市千余家乡企全部改到位,比全省大部分县市又快了2—3年。这加快的一拍,又增添了宁国经济的领先优势。目前,宁国全市总共1200多家充满生机的民营企业,有近80%是由原来的乡企改制发展而来的。这批乡镇企业的年销售总收入甚至雄居全市工业销售总收入的80%以上。

超前一程 二元结构一元化

近5年间,宁国市委、市政府就有4个“1号文件”是关于加快推进农业、林业产业化的,其中2003年的“1号文件”在全省各县市中首次提出“加快农村经济发展,推进一元化进程”。推进经济二元结构一元化,就是坚持工业化发展战略,坚持工业长入农业,带动农业产业化。

4个“1号文件”,从最初提出实施使农民年人均纯收入达到4000元的“65114”工程,到最近进一步提出经过5年的奋斗,培育一批市场竞争力和带动力强的加工型龙头企业群体,5至8家企业年销售收入达亿元以上,1至2家企业进入国家级龙头企业,产业化农户覆盖率达90%以上,其间出台了几十项含金量很高的扶持优惠政策,促进了加工型龙头企业的迅速发展,大大加速了农业产业化及全市经济二元结构一元化的进程。

“现在不愁卖难了!”见到记者,港口镇山门村养鸡户叶国锁、云梯畲族乡农民徐长春不约而同地这样说。养鸡3年没赚到钱的叶国锁,1999年开始成为五星集团的合同养鸡户,由集团提供优质三黄鸡苗、专用饲料、药品、提供技术服务并负责上门收购成鸡。合同定出保护价,成鸡市场价高则随行就市。近几年来,他每年养鸡纯收入都在1.6万元以上。以前苦于生产的竹笋卖不上好价的徐长春,1999年开始与山里仁公司签订单进行标准化生产,2003年竹笋订单额猛增到15万公斤。徐长春与周围的200多农户签订了二级订单,订单确定了保护价,产品市价高时则随行上浮10%,公司在此基础上为其再上浮几个百分点。2003年,仅此一项徐长春纯收入就达6万元,带动其他农户共增收30多万元。两家企业共带动22000多农户,2003年带动农户共增收5800万元,企业本身也都获得迅速发展,双双跻身省级农业产业化龙头企业50强。

目前,宁国市仅省级农业产业化龙头企业50强就拥有4家,占全省的8%。全市大小“龙头”483家,其中500万元以上规模企业30家,2003年销售总收入10.22亿元。2003年,全市龙头企业带动农户7.1万户,占全市农户总数的81%,农产品加工率达90%以上,农民人均纯收入达2823元,居全省前列。数据告诉我们,如今在宁国,传统意义上的农业正在消失,全市经济的二元结构基本实现了一元化。这超前的一程——县域经济发展最薄弱领域的农村经济向以工业为代表的城市经济的迅速融入和崛起,进一步扩大了宁国经济的领先优势。

在宁国市采访,记者印象最深的是,这里涌现出一批在全省、全国乃至亚洲同行业最大的“顶天立地”型企业。小小的宁国市,目前竟拥有年销售收入超亿元企业10家。2003年,这些超亿元企业共实现产值25.3亿元,占全市规模以上工业企业总产值的70.7%。宁国人是怎样把企业做大做强的呢?

靓女优嫁 “换芯”升级抢先机

在宁国,提起“司尔特”可以说无人不晓,连市政府的星级宾馆都被其买下了,企业可谓财大气粗。然而,了解内情的人都知道,如果没有市委、市政府的靓女优嫁、“换芯”升级政策,就没有司尔特的今天。

司尔特的前身——宁国市供销社下属的农资公司,是一家经济效益较好、颇具发展前景的企业。为了支持其低成本迅速扩张,1993年市里便大胆改革,将经营不景气的国有老企业宁国化肥厂,以优惠价卖给该公司,成立起宁国市复合肥公司。可以说,这次出售成为该公司生产要素优化组合、迅速壮大、最终实现与市外大客商成功合资的一副优厚“嫁妆”。新公司1997年便采取股份制操作,引进中国化工进出口公司1705万元股金,合资成立中化司尔特化工股份有限公司,2001年完成股份制改革。“换芯”升级后的这家企业焕发出勃勃生机,由原来年产3万吨合成氨,猛增到年产32万吨复合肥,在全国各地还迅速发展起50多家分公司,产品畅销14个省市、342个县市,年完成工业产值达6.2亿元、连续5年实现利税2000万元,成为安徽省目前最大的复合肥生产和出口企业。

“我们2003年在宣城市新上的年产40万吨复合肥生产项目,建成投产后公司年产值可再翻一番。”司尔特老总金国清说起这话不无自豪。

“中鼎也有副可观的‘嫁妆’。”有人这样说。全国最大的橡胶密封件生产、出口企业——中鼎股份集团公司的前身宁国密封件厂,由于拥有科技含量高、附加值高的好项目,发展前景极其光明。市里便适应企业与外资嫁接的需要,早在1992年便为企业“换芯”升级,进行彻底的股份制改造,并先后将县属宁国橡塑制品工业公司及中溪镇福利包装厂以优惠价出售给该公司,为该企业迅速做大做强奠定了基础。

靓女优嫁,改革产权给企业“换芯”升级抢先机,是宁国市做大做强企业的一条根本举措。1999年,宁国市委、市政府又较早地将多年来企业改革的试点经验推而广之,在全市强力推行企业产权制度改革,让“工者有其股”,激活企业的内在活力;并坚决实施“国退民进”优惠政策,政府彻底从企业退出,把企业还给企业家去经营。这一年,实实在在成了宁国的“企业改革年”。股份制、民营化、破产兼并、挂靠联合、扶优扶强、组团造舰,一批优势企业随之迅速崛起,年销售额纷纷突破亿元。

栽活“梧桐” 引得凤凰争“高枝”

“没想到这里的投资环境这么好。”这是浙江投资商宁国绿源人造板有限责任公司总经理倪海波发自内心的感叹。倪海波最先看中的是宁国的薪柴资源优势。在建厂的过程中,他发现这里的投资环境更加诱人。特别让他难忘的是,当一位当地民工为公司卸设备不慎身亡时,为预防村民闹丧,公安局一面派人24小时值班为他看护设备,一面派人做死者家属的思想工作,局长甚至让出自己的轿车给他乘坐以防万一,事件很快圆满解决。原来只计划投资3000万元的倪海波感动之下决定追加投资3000万元,还和市林业局合资成立营林公司,年营造工业原料林5000—10000亩,决心长期在宁国兴业。2003年,该公司销售收入已达1.1亿元。

宁国的投资环境好,并不仅仅因为该市在全省最早推进审批制度改革,建立行政服务中心,开创40个有审批权的部门一个大厅办公、“一站式”服务的新制度。更重要的是,他们还建立起行之有效的纪检监察、社会监督员、新闻媒体“三重”监督机制,并开展了大规模的市直机关作风整顿活动,确保新制度能得到落实,并能长期坚持不回潮。

如果说宁国良好的投资环境是一棵栽活了的梧桐树,那么中鼎公司就是这梧桐树上一个粗大茂盛诱人的高枝。率先完成股份制改造的宁国密封件厂,拿出国家经委批准的“七五”技术改造重点项目和自己最好的生产线,对外合作,十几年来先后有日、美、韩、德等国的9家大公司前来宁国,竞相与之合资办项目。其中,经中鼎公司引进的国际知名的美国亚新科公司,逐步加大投资,目前已发展成年产值超2亿元的外商独资企业。十多年来,数亿元资金的引进,使中鼎迅速做大做强。

好环境与好项目相辅相成,相映生辉。如今在宁国,行政服务中心“一站式服务”、经济技术开发区“保姆式全程陪同服务”、招商局“外商投资企业全程代理服务”,加上公安机关着意打造“平安宁国”等,可谓真正栽活了梧桐树;宁国人又舍得拿出自己最好的项目,因而引来大批凤凰争“高枝”。仅近两年来,宁国就累计利用外资2097万美元,引进省外资金12.4亿元,为做大做强企业起到了借力造舰的宝贵作用。目前,在宁国年产值过亿元的企业中,靠引进外商和市外客商独资、合资发展起来的就达8家,占总数的80%。

构筑高地 只只“孔雀”飞宁国

常听一些地方的同志慨叹“孔雀东南飞”、人才留不住。宁国市不仅留住了本地人才,还引来只只孔雀,被当地人风趣地比作“娶进了女婿,又留住了儿子”。近些年来仅授予“宁国荣誉市民”的有突出贡献外籍客商就达37位。这成了宁国人最终赢得市场做大做强企业的法宝。

水往低处流,人往高处走。只只孔雀飞宁国,正是因为这里构筑起了人才高地。多年来,宁国市委、市政府把人才资源作为加快发展的“第一资源”,从不拘一格选人才,到激发活力用人才,再到热忱服务爱人才。对企业家“政治上给荣誉,社会上给地位,经济上给实惠”,市政府每年都拿出70多万元重奖贡献大的企业家,全市先后有93名优秀民营企业家分别当选为全国、省、宣城和宁国市人大代表或政协委员等,这一切像磁石一样紧紧吸引着企业家的心。

20世纪80年代初,从江苏辗转来到宁国的夏鼎湖,因较早在企业实行改革,被扣上莫须有的罪名。当时的县委领导挺身而出,当着夏鼎湖的面烧毁“罪状”,并让他“放手去干!”夏鼎湖从此在宁国扎下了根,随后便有了中鼎集团。同时,保护了一个夏鼎湖,激励了一批企业家。仅东部山沟就涌现出“四大名旦”。

90年代末,当宁国市委、市政府的代表亲顾“茅庐”,动员年事已高、有病在身的陈宗明二度出山。请回一个陈宗明,救活一家骨干厂。凭着他丰富的市场经验和开拓精神,使濒临险境的宁国耐磨材料总厂,迅速完成股份制改造,企业随之焕发出生机,产值、利税逐年上升,一跃成为亚洲同行业的龙头老大。

本地企业家的心被牢牢地拴住了,外地的一只只“孔雀”飞来了。目前,宁国市拥有的企业经营管理人才就达2677名,专业技术人才达6850名。大批人才的凝聚,促进了宁国各类企业的迅速崛起,除了已形成的10家年产值过亿元的企业之外,全市规模以上工业企业已发展到74家,呈现出你追我赶争做大、八仙过海比做强的喜人局面。各家企业竞相上科研、上技改,增后劲,全市企业年科研经费总投入达1.04亿元,占该市全年技工贸总收入的6.5%,科研、名特优新产品开发硕果累累。同时,一个大型企业的崛起,往往带起一批相关产业,小小宁国市汽车密封件、耐磨材料、灯具电容器等产业的产量,分别占全国市场份额的15%、10%和80%。由此可见,宁国经济能连续4年占据全省十强县市之首也就顺理成章、不足为奇了。

(选自2004年7月8日、9日《安徽日报》)

长风破浪正当时

——当涂县快速发展探秘

《安徽日报》记者 宣万明 郝 彧

“两岸青山相对出,孤帆一片日边来。”这是唐朝著名诗人李白在当涂留下的千古佳句。

2003年,当涂县实现GDP35.42亿元,财政收入2.93亿元,以综合指数第二、动态指数第一的实力,开创了10年来经济发展最好业绩。而在2000年,当涂这两项指标在全省排名还仅占第28位和第45位。

是什么力量让这艘曾经迟缓的“帆船”奇迹般地破浪快行?该县县委书记陈鹏认为,三大举措是促进当涂经济发展的强劲东风,这三大举措是:结构大调整、对外大开放、环境大改造。

结构大调整 万紫千红才是春

产业结构太单一,县域经济抗击市场风浪的能力就会十分脆弱。当涂县依据市场导向,果断调整产业结构,改变过去靠冶金压延业一花独放的格局,挖掘新优势,抓龙头建基地,带动县域特色产业发展。

在工业方面,全县已基本形成5大块状:一是以刃模具、机床制造为主体的机械制造业;二是以安徽长江钢铁公司等为主体的冶金压延业;三是以黄池食品公司、安徽雪润公司农业产业化龙头企业为主体的绿色食品加工业;四是以金姿台布、海狮织造等为主体的纺织服装业;五是以当涂工业园区为依托的医药化工业和新材料加工业。目前,块状经济产值占全县工业总产值80%左右,入库税金占全县企业入库税金的70%以上。

在农业结构调整方面,引进工业理念,按照“区域化布局、标准化管理、科学化管理、示范性带动”思路,建立了塘南千亩水产示范园、湖阳万亩国家商品鱼基地、乌溪8000亩蟹苗培育基地、江心万亩生态示范园等,初步形成了优质粮油、水产、畜牧、蔬菜4大主导产业。

如今的当涂,区域特色初见端倪,“一乡一色”、“一村一品”的新格局正在形成。

对外大开放 引来凤凰栖梧桐

当涂地处马芜铜经济带和南京都市圈交汇处,是“长三角”的腹地、皖江开发的前沿,对接受周边大中城市的经济辐射和承接发达地区的产业梯度转移,有着得天独厚的优势。"有了投资者的成功,才有当涂的成功。"县里要求在招商引资中,所有的部门都是服务部门,所有的干部都是服务员。在2004年,县里更是将招商引资提升为"一号工程",任务分解到人。

为了给外来客商搭建理想的投资平台,从2002年5月起,当涂创立了当涂工业园区,按照"一区多园"的发展思路,在园区内规划了电子信息、生物制药、绿色食品、纺织服装、机床制造、节能环保六个工业园。

良好的投资环境,吸引了大批当涂籍外出经济能人"凤还巢"。在外地创业的当涂青年杜少荣,投资13.5亿元在家乡龙山桥镇创办了安徽长江钢铁有限公司,这是全省最大的民营钢铁企业。2003年以来,全县有300多位在外创业的成功人士回乡创办了200多家民营企业。

一凤高歌,引来百鸟朝凤。这些企业如活生生的招商广告,吸引了外资、民资的同步流入,重大项目接踵而来。现在平均每月有一个1000万元以上的项目在洽谈,一个1000万元以上的项目建成投产。2004年,红太阳集团投资10亿元的化工园项目已签约,投资超百亿元的大唐电力项目前期工作正在推进。

环境大改造　山水古都换新装

环境优美是县域经济发展的一个重要标志。行驶在当涂新城区的振兴路上,但见宽敞马路两边绿草如茵,楼房林立。护城河堤,休闲小广场错落有致。县委宣传部副部长祝建华对记者说,这里是"险"点变成"景"点了,从前一遇下雨便积涝成灾,现在人们早晚在此唱歌跳舞,成了一道美丽的风景线。

"以经营的理念建设城市。"县里聘请了许多国内一流专家,综合当涂的历史、人文、地理等因素,对县城建设高起点规划,呼应马鞍山"东扩南进"的城市发展战略,立足建成马鞍山市的副中心,南京市的"后花园"。先后高标准兴建了太白路、振兴路等十多条城市道路,县城面积由4平方公里扩大到10平方公里。与此同时,坚持高水平管理,一方面抓整治,一方面抓提高市民素质。2003年,当涂被评为全省创建文明县城先进县,并成为全省第一个国家级卫生县城。

好环境宛如一张城市的名片,不仅造福于当地居民,也吸引了众多外来客商前来投资。"锦艺家具"原是建在当涂县城的一家民营企业,因合作客商嫌市容太差、交通不便,将工厂迁到芜湖。县城进行环境大改造后,客商又被吸引回来,在振兴路的繁华地段办起了一家大酒店。像这样的事例在当涂还有很多。

"当涂今后的发展方向是,积极融入'长三角',向全国百强县奋力冲击。"展望未来,县委书记陈鹏信心百倍。

(选自2004年6月26日《安徽日报》)

特色板块托起"百强梦"

——繁昌县加快县域经济发展纪实

《安徽日报》记者　方　秀

"省内创一流,全国争百强"——这是繁昌县夸下的"海口"。这个县的目标是否只是"乌托邦"式的梦想?

"板块经济托起了我们的'百强梦'。"县委书记周凯说,特色板块经济的崛起大大提升了繁昌的发展速度,2003年该县完成GDP29.02亿元,财政总收入3.31亿元,同比分别增长14.1%和23.6%,是2003年十强县的三甲之一。"我们有底气吹响进军百强的号角。"

激发活力勾勒板块轮廓 1997年,随着买方市场的形成,繁昌县95%以上的国有、集体企业债台高筑。如何为县域经济把脉问诊?繁昌县将目光投向块状经济极为活跃的浙江省。

所谓块状经济,专家认为,在一个乡镇或园区范围内,生产同类产品或相关产品的企业在10个以上,销售总收入在亿元以上,就形成了块状经济。

"激活民营经济,打造块状经济",繁昌县巧妙地使用了"拿来主义"。他们以产权制度改革为中心,对国有、集体企业进行全面改制。自1998年起,用全县财政收入3年下降的代价,让乡镇休养生息,为企业减轻负担。到2001年底,该县民营经济占据了全县经济总量的90%。

民营经济活力迸发,繁昌县经济结构和产业结构得到调整和优化,由过去较单一的水泥建材和采掘业,发展到服装、化工制药、轴承、机械、五金塑胶等众多产业并举。特色板块正在繁昌县浮出水面。

2001年,依托现有的产业结构模式和资源优势,繁昌县科学果断地勾勒出6大经济板块轮廓,即繁阳镇机械铸造、孙村镇针织服装、荻港镇水泥建材、三山镇绿色食品加工、峨桥镇茶叶贸易、平铺镇无公害蔬菜。

壮大实力 增强板块辐射力

专家指出,只有当某一产业群的年营销收入在亿元以上,块状经济固有的或衍生的作用才能得到较充分的发挥。对于刚刚孕育出板块新生命的繁昌县来说,为新生儿的成长提供最好的营养和服务,才能使其成为带动经济发展的巨人。

2003年,该县将经济结构同构性强的9镇11乡合并成6镇1乡,资源得到优化配置。新设立的乡镇在产业上自成一体,板块产业链进一步延伸,辐射带动大大增强。"江南第一茶市"峨桥镇,是茶叶和其他农副产品的重要集散地,与邻乡浮山、新淮合并后,成为带动两镇农民经营茶叶的龙头。

园区建设,可以避免简单化的企业扎堆集聚,有利于吸引与"块状经济"直接有关的企业入园,使产业集群化。近年来,繁昌先后建成了三山绿色食品工业园、孙村国际服装工业园、繁阳工业园、荻港建材工业园和峨桥茶科技服务区。

孙村工业园已形成织布、成衣、漂染、水洗、绣花、包装等完整的产业链。2003年园内企业实现销售收入1.2亿元,上缴税金500万元,提供就业岗位2000多个。

园区还成为引资的强磁场。近年来,北京双鹤、安徽海螺等12家上市公司和香港、意大利等地的企业集团,相继来繁昌投资兴业。仅2003年各园区共引进企业29家,吸引资金2.89亿元。其中,水泥建材、针织服装、绿色食品、机械铸造等4大园区完成产值15.49亿元,同比增长51.1%。

提升竞争力 实现"百强之梦"

2003年,繁昌县GDP和财政总收入均以两位数的幅度增长。"我们将乘势而上,进一步调整优化经济结构,提升板块经济竞争力,加快迈向全国百强的步伐。"周凯说,繁昌要逐步建成以电力、水泥工业为主要支撑,集绿色食品加工、纺织服装、机械化工、电子为一体的工业强县。

因此,他们运用高新技术改造提升传统产业,大力促进主导产业全面升级。2003年以来,该县完成固定资产投资15亿元,用于企业技术更新改造达5亿元。该县还引导华龙、杨山、富华等民营企业成立研发中心,开发各类新产品200多个。2003年华杨、瑞兴两大民企分别投资1亿多元,开发两条年产75万吨的干法水泥生产。

先进适用技术的应用,使该县工业经济快速发展。2004年1至5月份,该县实现工业增加值3.72亿元,财政收入2.3亿元,分别比2003年同期增长18.9%和118.6%。

目前,总投资200亿元的响水涧抽水蓄能电站、海螺新港三期工程和华电保定热电厂都在进行建设前期的准备工作。这3大项目的竣工投产,为繁昌奔向百强县准备了强大的动力。

(选自2004年6月22日《安徽日报》)

1999年芜湖县经济综合实力居全省第42位,2001年居第16位,2003年跃至第4位。一个基础薄弱、资源匮乏的农业大县为何能频频快速起跳?

请看——

"新三段论"筑就强县之道

《安徽日报》记者 方 秀

"根基打得牢,步子迈得稳,使经济建设积聚的优良效应全面释放,芜湖县经济列车才能呼啸驶入快车道。"县委书记王沧江在日前接受记者采访时说,稳建科学地实施发展"新三段论"——"酵母"工程、构筑载体、提速提质,芜湖县终于迎来跨越式发展的春天。

"经营万般事,战略为第一。"立足于工业基础薄弱、资源贫乏的县情,该县在1998年提出城郊型经济发展战略:一方面通过农业产业化改造传统农业,一方面依托小城镇发展带动经济增长,并通过招商引资加快工业化进程。这就是"新三段论"的实质性内容。

第一段:"酵母"工程富农民

踌躇满志,栉风沐雨,芜湖县人埋首拉动城郊型经济发展的车轮。然而"天有不测风云"。1998年、1999年,芜湖县连遭洪灾。县委宣传部部长张克庚至今语透黯然,"'城春草木深'是灾后芜湖县的真实写照。"

百废待兴,从何抓起?"仓廪实,天下安。"芜湖县果断决策:恢复生产、稳定民心。1999年,一项农业产业化经营的新机制"酵母"工程破土而出。新机制极具生命力,一时间芜湖县"四海无闲田"。到2000年,该县走出了水灾困境。自2002年起,全县农民人均纯收入连续两年居全省第一,而收入的30%来自"酵母"。

新机制还带动了农业结构调整,该县的苗木种植面积由3000亩突破到80000亩,"把清水镇打造成全省最大的苗木生产和集散基地"的目标,已触手可及。

第二段:构筑载体强根基

时间进入新世纪。招商引资、发展工业成为各省强县的第一要义,但此时的芜湖县在这方面似乎少有精彩之作。于是,各种议论风生水起。

"强身健体,栽好梧桐,我们才能拥有发展的话语权。"王沧江说。2000年刚脱困的芜湖县经济基础还相当薄弱,招商引资发展工业的条件并不成熟。因此,他们稳步推进企业改革盘活存量资产,同时着意构筑经济发展载体。

2000年9月,芜湖县在芜宣高速与县城接口处的荒岗地上,倾力打造13.7平方公里的机械工业园。"近水花先发"。巧借区位优势,定位准确的工业园成为该县招商引资的"聚宝盆"。到2003年底,22家入园企业实现产值3.8亿元,创利税4560万元。

建园前后,该县还实施了投资数亿元的移民建镇和城南圩、万春圩堤防达标工程;新建、改造公路265公里,新建大中型桥梁20座,县境内已形成四通八达的道路网络;清水苗木交易市场、六郎水产品批发市场等区域性市场依次建成。

梧桐栽好凤自栖。仅2004年以来,该县就吸引投资5亿元的海螺集团5号窑项目、投资10亿元的奇瑞汽车试验试制基地项目等。

2002年,芜湖县跻身县域经济十甲之列。至此,对经济规律的准确把握、对根基的牢打稳筑、对发展节奏的适度控制,芜湖县以5年忍受寂寞的代价,终于换来进军强县、实现跨越式发展的底气。

第三段:提速提质求跨越

"厚积而薄发",芜湖县工业经济发展首先提速:2004年1至4月,全县40户规模工业企业产值同比增长30.5%,工业经济效益综合指数达187%,实现利税总额同比增加6729万元。

"质量应与速度比翼齐飞。我县已明确提出,加快城乡一体化进程,走城乡协调、跨越式发展的第三段路。"温和的语调,彰显出王沧江一以贯之的稳健风格。

城乡一体化,首先要加快农村城镇化建设。以把湾沚建成芜湖市新城区为目标,该县科学编制县城和7个中心镇的控制性规划。陶辛镇和六郎镇首先加快规划建设步伐,同时完善县城功能,已启动县城市民广场、城南文教园区开发等工程。到2003年底,该县城镇化率已达35.5%。

城乡协调发展,必然要求打破乡镇区域面积小、城镇功能不全的局面。2003年该县将24个乡镇合并成8个中心镇,减少财政供给人员,整合优质资源。湾沚镇与其他3镇合并后,县机械工业园与合并乡镇的工业布点联成一体,充分发挥了龙头和载体作用。

工业经济的强劲增长,城镇化进程的稳步推进,使实现跨越式发展的梦想离芜湖县人越来越近。

(选自2004年6月15日《安徽日报》)

满园春色关不住

——从桃花工业园看肥西的工业强县之路

《安徽日报》记者　何宗军　陈　群

这是一组令人深思的数字:全县83.3%的工业总产值、54%的财政收入、50%的GDP,集中在占全县面积不足2‰的4.17平方公里土地上。

这一奇迹的创造者,是我省首家县级开发区——肥西县桃花工业园。

自上世纪90年代初以来,肥西县大力实施工业强县战略,发展园区经济,拉动了县域经济的跨越式发展。2003年,该县以综合指数第五、动态指数第二提前3年实现跻身全省经济十强县目标。

依势造势　主攻园区经济

工业化水平低是安徽省县域经济发展中诸多问题的症结所在。这一问题不能有效解决,县域经济发展的许多难题就无法破解,增收致富、富民强县就是一句空话。

实现工业发展的新突破,必须开动脑筋,发挥优势,因地制宜,形成特色。"肥西与省会城市合肥紧邻,区位优势独特。"肥西县委书记李工认为,肥西未来的发展必须与"市"俱进。

事实上,肥西县近年来经济社会发展在很大程度上得益于邻近合肥这个得天独厚的优势。肥西县苗木花卉、家禽养殖、瓜果蔬菜等城郊型农业,三河、紫蓬山等地的旅游开发,以三河土菜和肥西老母鸡为特色品牌的餐饮服务业,首先瞄准的就是合肥市场。

借势发展的着力点在哪里?1991年,遭受特大洪灾后的肥西县痛定思痛,达成了无农不稳但无工不富的共识,决定吸取村村冒烟的教训,在紧邻合肥的桃花镇创办工业区。这是安徽省首个县级经济技术开发区。创办工业园,瞅准的是它的区位优势和未来发展潜力。

工业园管委会副主任徐仲明回忆说,当时很多人想不通,此后也遭遇不少困难和挫折,但县领导坚定信心不动摇,一届接着一届干,在资金上倾斜,在政策上放宽,在办事上优先。

举全县之力主攻园区经济终于迎来丰厚回报。2003年,园区实现工业产值39.7亿元,入库税金2亿元;2004年一季度,完成工业产值15亿元,入库税金1.2亿元,同比增长分别为55%和60%。

面对合肥现代化大城市建设加速向肥西整体推进和合肥市实施千亿元规划的重大战略机遇,肥西县委、县政府适时提出,依托合肥高新技术开发区、经济技术开发区,做大做强桃花工业园、长安科技工业园、紫蓬山旅游开发区,壮大园区增长极,加速肥西在安徽率先崛起的重大战略举措。

目前,桃花工业园二期烟墩新区、三期南岗新区全面启动,长安科技工业园拆迁安置、基础建设同步推进,从烟墩到南岗围绕合肥的以园区经济为主的半月型区域雏形初现,一个全县大开放、园区大开发、县域经济大发展的态势正在形成。

以商引商　迎来"桃花"盛开

培育园区经济增长极,必须在招商引资方面领先一步,胜人一筹。

1999年,肥西县几大班子主要领导带队组团到全国改革开放的前沿——深圳去招商,取得了协议引资2.97亿元的良好效果。此举开创了安徽省县一级在南方发达地区单独招商之先河。

然而,就在各地纷纷组团仿效肥西做法时,肥西县却另辟蹊径,走了与众不同的另一条招商路:以商招商,以外引外。

桃花工业园资本扩张的路线有两条:一是实力雄厚的老企业自身扩散,自我投资,发展配套产业;一是入园企业的老总们从外面引进和带来新企业。

简单的路线图背后蕴藏的却是"诚信、感情、专业"的招商新理念。

"政府不轻易对外商承诺,但只要是承诺的,砸锅卖铁都要给。"江汽集团入园后,想利用管委会办公楼发展配套产业。管委会答应后,硬是在外租房办公两年多。

"要让入园企业的老总们有在家的感觉。"每年春节前,园区管委会都要牵头组织入园企业家举行迎春茶话会,并登门拜访慰问。以情招商,不仅留住老朋友,还结交、引来一批新朋友。

"特事特办,常委会都可以停下来。"有一年,县里正在开常委会,得知已达成意向的某企业可能要去外地投资,当即决定停开会议,主要领导分头去做这家企业工作,终于使这家企业留了下来。

"让引来的'凤凰'集中精力下好'蛋'。"园区内部设立招商、建设、财政、社会发展和办公室等二级机构,吸收工商、土地、税务、技术监督等垂直部门入驻,建立"一个窗口"办事和"一条龙"全程服务的运作机制。园区管委会做到在企业需要时,无时不在;不需要时,销声匿迹。

13年始终不渝的发展,终于迎来"桃花"盛开。目前桃花工业园入园企业160余家,其中跨国公司2家、上市集团4家,总引资额达30多亿元,形成了一个以汽车制造业为主导,集机械化工、电工电器、生物制药、食品、建筑安装等产业为一体的外向新型工业园。

"依托省城,抢抓机遇,迎接辐射,做大做强。"肥西县委、县政府负责人在接受记者采访时表示,力争用3—5年的拼搏,努力把工业园区打造成改革开放的先导区、先进生产力的密集区、县级财税的主要支撑区、社会主义现代化的新城区。

(选自2004年6月17日《安徽日报》)

"煤山"里飞出金凤凰

——凤台强县之路探访

《安徽日报》记者　沈小平　项良新

"连续两年,在全省县域财政中独占鳌头。"相传凤凰于此登台的凤台县,一度守着金饭碗,过着穷日子。而今,凤台人借助天地造化之功,让千百年来深藏脚下的"煤山"重放异彩。淮水之畔,一只火红的金凤凰振翅欲飞。

有凤来兮

2003年5月的一天,凤台县关店乡蔡庄村,几百名群众持锹执棒,怒气冲冲地涌向正在建设的丁集矿工地。原来,年产800万吨的丁集煤矿不久前在此开工,附近的后蔡自然村土地全部被征用。听说矿上要修建一条小路,隔断村民们的交通,失地的群众被激怒了。

"一场械斗似乎是不可避免的了。"关店乡党委书记颜炳广回忆说,当时乡党委和政府一班人迅速赶到现场,向群众晓之以理、动之以情,让群众明白失去土地只是暂时的,将来煤矿投产了,村民们会受益无穷。终于,识大体的村民们做出让步,丁集矿建设一天也没有耽误。很快,矿上就用实际行动给当地村民予以"补偿":聘请农民做临时工,租用农民的住房、在农民开的浴池洗澡、在农民开的饭店吃饭……

给煤矿建设创造良好的环境,是凤台县依托煤炭资源优势、提升工业化和城镇化的重要举措。他们成立地矿协调组织,建立每月一次的地矿协调会制度,化解双方的矛盾,全力支持和服务煤矿建设。优越的投资环境,使张集、新集、顾桥、丁集、张集北矿建设工作有条不紊,到"十五"末煤炭产量将超过4000万吨。

矿里淘金

2万多煤矿职工、5万多职工家属,这是一个巨大的消费市场。如何抓住机遇,围绕煤炭企业的消费需求做文章,凤台人动了不少脑筋。

"煤贩子"购买国有企业,曾是凤台的头号新闻。马富贵、秦海等4名长期从事煤炭运输的经营户,靠贩运煤炭发家,资产过亿元。2003年10月,他们通过招标购买县水泥厂,让这家老企业起死回生。

培养更多的"煤贩子"们,让农村剩余劳动力到煤矿去"淘金"。凤台县利用农广校、成人技校等阵地,开展多种形式的农民技能培训和岗前就业培训。目前全县拥有从事煤矿建设的建筑人员2万多人,从事煤炭生产近万人,从事餐饮服务5000多人,从事煤炭短途运输5000多人,建设装卸码头29个,年吞吐能力250万吨,既有效地服务了煤矿生产,又增加了近万个就业岗位。

许多出门务工的农民也打道回府,因为他们发现家门口的钱并不比外面难挣。为让矿里干部职工们"吃得好",凤台县对农业资源重新整合,围绕煤矿的消费需求,加大绿色农产品基地建设力度。10万亩糯米生产基地、5万亩花生基地、5万亩无公害蔬菜基地、5万亩西瓜基地、30万亩优质粮基地等已显露效益。

产业"拔节"

投资5000万元的煤炭刮板运输机项目、投资2600万元的矿用阻燃输送带项目……2003年,凤台县围绕煤炭及相关配套产业,加大招商引资力度,引来了众多的煤炭上下游项目。2004年前4个月,国内外45家客商相中凤台县的煤炭资源,签订投资合同金额7.15亿元,其中包括天津环渤海控股集团投资3.5亿元年产120万吨的煤炭焦化项目。

"煤炭产业链越拉越长。"县长姚多咏如数家珍,"全县已形成围绕矿业的橡胶制品、轴承、探钻、掘井、综采设备、电缆电线等10个行业、30多家企业,2003年产值超过千万元的有12家,实现工业增加值2.3亿元,完成利税3000多万元。"

他山之石,可以攻玉。煤炭产业的迅速发展,加快了凤台县属企业的改制步伐。煤炭企业通过收购、兼并、租赁、合作等方式,先后改制了县化肥厂、县植物油厂、县船厂、顾桥醋厂、县面粉厂等。改制后的县属企业,工业生产和经营形势良好,全部扭亏为赢。县航运总公司第二分公司股份制改造后,迅速发展壮大,兼并了另外两个分公司,直到"吃掉"总公司。目前,该公司利用淮河水道年运输煤炭100多万吨。

(选自2004年6月28日《安徽日报》)

"二次创业"激活民营资本

——天长市快速发展探秘

《安徽日报》记者　周连山　蒋　明

"实施民营经济'二次创业'!"2002年初,民营经济起步较早的天长市响亮地提出了这样一句口号。

"二次创业"创什么?市委书记顾世平说,其核心内容是通过一系列的引导和激励措施,促进民营企业扩张主体,整合行业,提升技术,创新管理。"民营经济经过多年的发展,其自有的内生能量已基本散发殆尽,要想进一步发展壮大民营经济,就必须走'二次创业'之路。"

新理念给民营经济发展带来了质的变化。截至2003年底,该市在工商部门登记注册的个体工商户超过1万户,民营企业上缴税金和出口创税分别占全市50%和90%。民营企业吸收农村剩余劳动力已超过10万人,农民人均纯收入来自民营企业的达40%以上。借助民营经济的强有力支撑,天长市连续5年进入全省经济十强县。

扩张主体　蓄积"二次创业"新优势

早年到上海做生意的秦栏镇人张发玉,由于善经营,赚了一笔钱,2003年,回乡投资创业,当年产值就达2000多万元,生产的电子产品畅销国内外。张发玉只是"凤还巢"大军中的一个缩影。

天长有一万多个个体工商户完成了最初的资金积累,有一万多名营销员长年在外跑市场,有一万多人在外乡当了小老板。"三个一万"展示了天长民间投资创业的巨大潜力。

"二次创业"必须首先激活主体。为吸引在外经商办企业的能人回乡,天长制定了一系列优惠政策,放宽投资领域,降低创业门槛;政府投资建设工业园区,引导家庭企业走出前店后坊,到园区办现代化工厂。创业热情的迸发,还促使企业内部发生裂变,催生一批新的民营企业。2002年以来,该市几家骨干龙头企业中就有30多位高层管理人员先后创办了新企业。

产业集聚　寻求"二次创业"新突破

民营经济要实现新突破,必须形成块状效应和集聚效应。

建设载体,引导产业块状集聚。该市投入5000多万元建设工业园一期工程,目前有30多家企业申请入园,10多家企业开工建设。同时在重点镇建设各具特色的工业小区。秦栏的电子元器件、汊涧的机械和食品加工、杨村的医药和医疗器械,已初步形成块状经济格局。

延伸产业链,吸引上下游加工业集聚。该市对进入园区的企业,有意识地引导它们分工协作,走专、精、特、新的路子,寻求共赢的发展模式。目前,秦栏镇境内集聚了上百家电子元器件生产企业,形成了各厂互为车间、全镇变成大工厂的产业格局,其回扫变压器等产品,已占据国际维修市场的80%。甘当配角,把特色产业做大做强。天大集团以配套加工起家,目前已发展成年产值达11.2亿元的特大型企业。创立仅3年的天长缸盖公司,通过为全国各大柴油机厂配套生产汽缸盖,成为全国同行业老大。

改革创新　培育"二次创业"新动力

"二次创业"必须注重引导民营企业在规模上突破,在管理和科技上创新,提升核心竞争力。

原乡镇企业天长电视元件厂,由于体制等方面的原因濒临破产。后经拍卖,被当地民营企业富华电子公司兼并重组,由于产权归属明确,公司迅速新上3条生产线,生产的彩色、黑白行输出产品产量位居全国同行第一。目前,该市637家乡镇企业,已有217家改制成民营企业,405家通过拍卖直接转制为民营企业,改制面达95.3%。

为使民营经济发展的潜力得到最大限度的释放,该市一改过去只扶持大企业的传统做法,对凡是年销售收入等动态指标符合条件的企业,均列入市级成长型企业,享受市里的一系列扶持政策,使所有中小企业都有机会跻身重点企业行列,同时也让大企业感到竞争的压力。

扶优扶强的差别政策,促使一批企业一改徘徊不前、小步慢走的发展态势,相继跻身亿元企业之列。

天长市委、市政府负责人在接受记者采访时表示,将继续主攻民营经济,全力推进跳跃式发展,不辱"安徽东大门"的称号。

(选自2004年7月12日《安徽日报》)

"土企业"长成"小巨人"

——无为县民营经济快速发展纪实

《安徽日报》记者　邓晓林　项良新　蔡竹青

"希望在民间,活力在民营,发展在民力,稳定靠民富。"县委书记吴晓天的四句话,道出无为县壮大县域经济实力的秘诀:一大批"土里土气"的民营企业,成长为支撑县域经济的"小巨人"。2003年,全县民营经济创造增加值34.38亿元,入库税金2.03亿元,对GDP和财政增长的贡献率分别达64%和68%。

"保姆"回家:劳务经济添新彩

16岁到北京做保姆,19岁去上海当工人,22岁回到家乡创业。这是"小保姆"邓立翠走过的道路,也是无为县一大批民营企业家成长的缩影。

说无为民营经济脱胎于劳务经济,一点也不为过。从上世纪80年代初开始,不甘贫困的无为人,纷纷走出家门,或做保姆,或当泥瓦匠,或跑营销,外出务工大军超过40万人。他们在外面赚了票子,闯了路子,换了脑子。

月是故乡明,水是家乡甜。浓厚的市场意识,强烈的创业愿望,以及资金、技术和知识的积累,让一些出门在外的小老板们,萌生回乡办企业的欲望。1996年,无为县适时提出实施"凤还巢"工程,向散落在全国各地的无为老乡抛出"绣球",吸引他们回乡创业。县里制定多项鼓励政策,在用地、用电、税收、信贷等方面给予优惠,简化审批手续,取消、降低89个收费项目,建立涉企收费登记卡制度,使返乡创业人员返乡顺心、创业安心。2003年,为保证辖区内鑫马和蓝神珠宝公司的原料供应,泥汊镇政府出面协调本地珍珠养殖大户,给双方牵线搭桥,既解决企业生产难题,又增加蚌农的收入。

目前,全县有近万名外出人员回到家乡,兴办企业1100多家,固定资产投资总额6.9亿元。在2003年新注册的民营企业中,有七成是"凤还巢"企业。

搭好"戏台":园区经济显效应

"村村点火、户户冒烟",是过去人们对乡镇企业松散发展的形象比喻。"一加一大于二。"精明的无为人意识到,实现工业兴县的目标,必须依靠民营企业的集聚发展。而这个平台,就是工业园区。

近年来,无为县重点建设二坝、无城和高沟3个工业园区,着力引导民营企业向园区聚集。他们坚持政府主导、市场运作、多元投入,完善园区功能,降低入园企业的投资和生产经营成本。二坝经济开发区累计投资超过3亿元,基本实现"五通一平";高沟工业园区投资3600万元,兴建繁无汽渡、高新大道等基础设施;无城工业园区规划建设1平方公里的核心区,新建一座日处理能力达1万吨的污水处理厂。

栽好梧桐树,引得凤凰来。目前,全县工业园区建设面积达2590万平方米,入驻企业873家,年创营业收入30.53亿元,占全县民营经济营业收入的42%。高沟工业园区还成为闻名全国的特种电缆生产基地。

众多民营投资者挤破"门槛",得益于园区内良好的投资发展环境。据中江公司负责人介绍,公司当初在无城工业区征地建厂时,县领导先后7次帮助协调解决问题,有一次还把正在召开的会议停下来,为企业召开专题协调会,确保企业顺利兴建。

去掉"土气":民营经济强素质

民营企业多数是"土生土长",创业之初难免有些"土里土气"。"要实现民营企业持续健康发展,必须从根本上提升其内在素质。"吴晓天书记如是说。

让民营企业插上科技的翅膀。多年来,无为县积极开展"科技兴企"、"科企联姻"等活动,大力帮助企业引进新技术,采用新工艺,开发新产品。目前,全县民营企业共引进、开发新产品60多项,填补国内空白32项,有7家企业被批准为高新技术企业。众多"土企业"在科技的引领下愈飞愈高。

为给民营企业提供强大的人才支撑,县里定期举办人才招聘、求职供需见面会及人才洽谈专场会。一些企业与相关的大专院校建立密切的技术合作关系,聘请"双休日"工程师指导产品开发和技术创新。华海集团、华星集团等企业还建立自己的技术培训学校。

"老子当厂长,儿子管公章。"家族式管理曾是民营经济发展的一大"顽症"。2003年3月,合工大教授钟永生一堂题为《体制创新与企业发展》的培训课,让100多名民营企业家开了眼界。同时,县里积极引导民营企业家突破陈旧管理模式,帮助民营企业建立现代企业制度。如今,全县103家规模民营企业中,有62家进行规范的公司制改造,完善了法人治理结构,为企业实现"二次腾飞"提供体制保证。

(选自2004年7月2日《安徽日报》)

"哑铃"何以变"橄榄"

——肥东县实施工业富县战略调查

《安徽日报》记者 邓晓林 项良新 方 秀

第三产业在GDP中的比重,是衡量一个地区经济发展程度的重要标志。2003年,农业大县肥东的第二产业占GDP的比重,首次超过一产和三产。2004年第二季度,全县GDP中第三产业比为30.5:39:30.5。从"哑铃"型经济向"橄榄"型经济的转变,意味着肥东县工业经济取得历史性的突破。4年前肥东人提出的工业富县战略,如今已开花结果。

奖经济功臣 优化创业环境

"工业化是县域经济腾飞的翅膀。"总结近年来肥东县域经济跨越式发展的经验,县委书记张进认为,牢固树立工业富县战略不动摇,推动工业经济大发展,才能不断壮大县域经济实力。

2000年初,肥东县提出实施工业富县战略,确立"依市强工、靠大活小、体制创新、技术创新"的工业发展思路。很快,这一战略得到全县上下的广泛赞同,逐渐形成工业富县、立县、强县的浓厚氛围。2003年,全县实现工业增加值12.7亿元,列全省第一,工业对县域经济的贡献率达55.2%。

"铺地毯,拆门槛。"为鼓励发展工业经济,在每年的经济工作会议上,县财政拿出100万元,对发展工业经济成绩突出的乡镇、部门以及优秀厂长经理进行大张旗鼓地表彰。县里成立便民利商行政服务中心,让企业能够"进一家门办成、盖一个章办好、收规定费办完、按承诺的办结"。同时,加大经济发展环境整治力度,对扰乱市场经济秩序、损害投资环境的不法分子,一律从严处理;坚决打击强装强卸、强行承包工程等非法行为,优化企业创业环境,使投资者安心、舒心、称心。"亲商、安商、富商"的良好氛围,使众多客商纷至沓来。2003年全县共引进项目283个,实际到位资金10.9亿元。

强"顶天立地" 壮大园区经济

工业经济的快速发展,必须依靠一批顶天立地式的大企业做支撑,而吸引这些大企业的载体,是建设好工业园区。龙岗开发区、肥东新区和合肥化学工业园是肥东县精心打造的3大亮点。近年来,新长江、美菱、华源等6家上市公司落户开发区,与合肥二电厂一道构成肥东的骨干企业群。

"倾全县之力,举县而为,服从服务于开发区建设和发展。"肥东县县长江洪十分看中开发区对全县经济的带动作用。他介绍说,每年县里都要组织相关部门负责人,到开发区进行集体调研和现场办公,确定年度发展目标,制定主要经济指标考核办法,坚持一月一调研,一季一督查,半年一总结,全年一奖惩。县里坚持把龙岗开发区作为县域经济发展的龙头,按照"基础设施更完善、优惠政策更实惠、服务功能更加强、招商手段更灵活"的宗旨,引进一批高科技产业、大集团落户肥东。2003年,全区引资4.6亿元,实现生产总值16亿元,完成税收7824万元,成为全县最具活力的经济增长极。

肥东新区的建设也如火如荼。一年多来,新区共投入3亿元用于基础设施建设,实现道路、供水、供电、通讯、排水和项目用地"五通一平",起步区4平方公里园区框架初具雏形。2003年新区引进项目45个,内资协议投资额20.64亿元,美菱集团、安徽水利等25家企业已经动工。

抓"铺天盖地" 提升民营经济

县域经济的活力,在很大程度上依赖于民营经济的快速扩张。肥东县乡镇企业曾有过辉煌,但随着时间的推移,体制和机制的弊端暴露无遗。改制是企业发展的唯一出路。县里迅速出台加快国有和乡镇企业改革的意见,一场轰轰烈烈的企业改制工作全面铺开。

截至2003年底,全县乡镇工业企业共出售57家,租赁承包137家,基本完成改制任务;县属70多户国有、集体工业企业也完成"双退"任务。县水泥厂、植物油厂等企业改制后,不仅盘活了存量资产,而且焕发出勃勃生机。

"让民营经济在县域经济中唱主角、挑大梁。"肥东县加大对民营企业的引导和服务,建立和完善信用担保、社会服务和财政支持3大体系,进一步激活民营经济的体制优势。他们全面落实民营经济发展的各项优惠政策,鼓励民营资本进入基础设施和公用事业;引导民营企业通过资产重组和结构调整,向有限公司的组织形式过渡,鼓励民营企业走科技含量高、经济效益好、资源消耗低、环境污染少、人力资源优势得到充分发挥的新型发展之路;引导民营企业摆脱家族式的管理模式,吸收优秀人才充实企业的经营管理层。2003年,全县民营企业突破千户大关,上缴税金6500万元,占财政收入的19.6%。

(选自2004年7月11日《安徽日报》)

"草根经济"春色满园

——记桐城市民营经济发展之路

《安徽日报》记者 方 秀 项良新
本报通讯员 吴茂松

"一有土壤就发芽,给点阳光就灿烂。"把极具生命力的民营经济称为"草根经济",早已得到人们的认同。善于攻书的桐城人却挥舞着经济魔棒,一步步将"草根"变成"草原"直至"森林"。

"日益壮大的民营经济扛起全县经济的大旗。"安庆市委常委、桐城市委书记董宏业说,该市个私企业完成的工商税收占全市总量的75%。2003年该市以GDP47.1亿元、财政收入2.9亿元的好成绩,第五次跨入全省十强县之列。

冲破思想藩篱

谁都不能否认,上世纪70年代桐城的供销员大军为该市民营经济发展立下的汗马功劳。

“两头在外，全靠脑袋。”资源和市场在外，供销员们却将毛笔和制刷行业经营得有声有色。

当时的乡企委没有歧视这些“二道贩子”，还给他们吃“定心丸”，牵头组织成立供销员协会，鼓励他们在外闯市场。

90年代初，冲破姓“资”姓“社”的思想束缚，桐城市出台《个体私营经济激励政策23条》。以此为“尚方宝剑”，私营企业主迈开大步前进，该市个私经济活力迸发。

桐城市乡镇企业曾一度蓬勃发展，但随着市场竞争的加剧，到1997年下半年，集体企业亏损面达80%以上。为此，该市果断决策，确立民营经济的主体地位。他们对105家企业实行整体转让，将企业资产及债务一律转予民营；对598家私挂“公”牌企业还其本来面目。2000年以后，又对一些重点骨干企业成功进行以“股权民营化”为主要内容的产权制度二次改革。

机制一变气象新。改革使民营经济的规模和整体水平迈上新台阶。到2001年底，仅双港镇民企就发展到500多家，现在全市个体工商户和私营企业已达15000余家，从业人员超10万人。

激活生产要素

“不打破融资‘瓶颈’，不攻克技术壁垒，民营企业只能在市场经济大潮中黯然退出。”市长卓晓静说，激活生产要素，对民企实现产品档次由低到高，企业规模由小到大，经济总量由弱到强至关重要。

“融资难”是各地民营企业发展的“掣肘”。桐城市政府牵头组织“银企对接”活动。两年来，各金融机构为近30家企业公开授信4亿多元。安徽鸿润集团通过资金支持，羽绒被出口跃升全国第一，并成功进入上市辅导期。政府还支持组建以民营资本为主体的民生担保公司，为民企融资开辟新渠道。公司自2000年成立以来，累计担保贷款7450万元，没有发生一笔呆坏账。

在科技领域是否领先一步，决定着民营企业能走多远。桐城市采取土地、税收和财政贴息等一系列措施，鼓励企业实施持续高强度的技改投入。2003年全市累计技改投入达2.7亿元，2004年将达7亿元。仅丹凤集团就投入8000万元，新上无碱玻纤短切丝及PVC管材管件生产。

重技术，更重人才。近3年来，全市民营企业引进硕士生5人，大学专科以上专业技术人才近千人，60多家骨干企业建设了职工培训学校，并与省内外上百所高校进行联合培训。

生产要素的激活为民营经济插上腾飞的翅膀。到2003年，全市销售收入超500万元的民企有80多户，15家进入全省200强之列。2004年以来，该市十强企业上缴税收增幅超过50%。此外，机械制造、塑料印刷、羽绒制品、制刷制盖等经济板块积聚了民营经济发展的能量。现在桐城已成为全国最大的羽绒被生产出口基地、玻璃纤维窗纱生产基地和多缸凸轮轴生产基地。

培育优良环境

自20世纪80年代起，桐城市已连续20年用“1号文件”形式鼓励和指导民营企业发展。“这对发展壮大民企功不可没。”市长卓晓静认为，“到位”不“越位”，政府角色的准确定位，为经济发展培育了良好环境。

多年来，该市大力夯实民营经济的发展载体。省级民营经济开发区一期工程1.72平方公里已完工，入园企业达39家。园区已成为该市招商的“强磁场”，至5月份，全市合同利用外资37287万元，涉及境内外项目47个。

优良环境来自于服务。该市对企业登记办照简化手续、放宽条件。2004年4月成立行政服务中心，把涉及28个部门300多项收费集中到政务中心，实行一站式服务。此外，每年的“优秀企业家”评选活动，进一步推动优秀企业家队伍的壮大升级。

（选自2004年7月4日《安徽日报》）

乡镇财政建设篇

底图为黄山风光：猴子观海

乡镇财政管理方式改革试点情况

安徽省人民政府办公厅转发省财政厅关于开展乡镇财政管理方式改革试点意见的通知

(2003年5月11日 皖政办〔2003〕29号)

各市、县人民政府,省政府各部门、各直属机构:

乡镇财政自建立以来,在规范和加强乡镇政府财政收支管理、促进乡镇经济和社会事业发展等方面起到了积极的作用。但由于多种原因,乡镇财政运行和管理也存在一些亟待解决的矛盾及问题。同时,由于农村金融体制、税务管理体制调整,农村中小学教师工资上划等,乡镇财政运行和管理的条件及环境发生了很大变化,现行的乡镇财政管理方式已不能完全适应公共财政管理改革的要求和农村税费改革后新形势的需要。

为着力解决乡镇财政面临的矛盾和困难,进一步规范和加强乡镇财政管理,省委、省政府决定选择部分县开展乡镇财政管理方式改革试点。省财政厅《关于开展乡镇财政管理方式改革试点的意见》,已经省政府同意,现印发给你们,请认真贯彻执行。

开展乡镇财政管理方式改革试点,是深化农村税费改革、巩固农村税费改革成果的一项重要举措,是建立规范的公共财政管理体系的一个重要环节,是促进乡镇财政尽快走上良性发展之路的重要途径。各级人民政府要充分认识开展乡镇财政管理方式改革试点的重要性和复杂性,切实加强领导,精心组织实施,扎实推进试点工作。各试点地区的财政部门要制定具体的实施方案,落实责任单位和责任人,确保试点工作顺利推进。各有关部门和单位要顾全大局,从实践"三个代表"重要思想的高度出发,积极支持和参与试点,做好有关工作。各地在试点过程中遇到新情况和新问题,要积极研究解决的办法,探索乡镇财政管理方式改革的经验。

省财政厅关于开展乡镇财政管理方式改革试点意见

一、改革的指导思想

选择部分县按照建立公共财政体制和巩固农村税费改革成果的要求,开展乡镇财政管理方式改革试点,进一步调整和完善县乡财政管理体制,改革乡镇财政管理方式,试行"乡财县管乡用",规范乡镇财政收支行为,促进乡镇依法组织收入,确保乡镇基本支出需要,缓解乡镇财政困难,防范和化解乡镇债务风险,维护农村基层政权和社会政治稳定,促进县域经济和社会事业健康发展。

二、改革的基本原则

(一)以县为单位,分类指导、全面试点原则。由试点县结合实际情况,对经济欠发达、财政收入规模较小的乡镇和经济较为发达、财政收入规模较大的乡镇,分别制定不同的实施办法,统一按要求进行试点。

(二)预算管理权不变原则。按照《预算法》规定,继续实行一级政府、一级预算。乡镇政府在县级财政主管部门的指导下,编制本级预算、决算草案和本级预算的调整方案,组织本级预算的执行。

(三)资金所有权和使用权不变原则。乡镇财政资金的所有权和使用权归乡镇,资金结余归乡镇所有;乡镇原有的各项债权债务仍由乡镇享有和承担。

(四)财务审批权不变原则。属于乡镇财权和事权范围内的支出,仍由乡镇按规定程序审批。

三、改革的主要内容

(一)以乡镇为独立核算主体,实行"预算共编、账户统设、集中收付、采购统办、票据统管"的财政管理方式,由县级财政主管部门直接管理并监督乡镇财政收支。

1.预算共编。县级财政部门按有关政策,结合财力实际,兼顾需要与可能,明确预算安排顺序和重点,提出乡镇财政预算安排的指导意见,报同级政府批准;乡镇政府根据县级财政部门的指导意见,编制本级预算草案并按程序报批。在年度预算执行中,乡镇政府提出的预算调整方案,需报县级财政部门审核;调整数额较大的,需向县政府报告。

2.账户统设。取消乡镇财政总预算会计,由县财政会计核算中心代理乡镇财政总会计账务,核算乡镇各项会计业务。相应取消乡镇财政在各银行和金融机构的所有账户,由县会计核算中心在各乡镇金融机构统一开设县财政专户分账户。分账户设"结算专户"、"工资专户"、"支出专户"三类。乡镇所有预算内收入、预算外收入、上级部门补助收入等先缴入"结算专户",其中应上解财政收入再通过"结算专户"上缴县级国库。乡镇所有工资性支出通过县级国库或"结算专户"拨到"工资专户",专门用于乡镇人员工资和民政定补人员补助的发放。工资以外的其他支出通过县级国库或"结算专户"拨到"支出专户",由乡镇按规定开支。

3.集中收付。收入管理程序:乡镇财政预算外资金全部纳入预算管理,各项财政收入就地缴入县乡国库,由县财政会计核算中心根据乡镇收入类别和科目,分别进行核算。支出拨付程序:以乡镇年度预算为依据,按照先重点后一般的原则,优先保障人员工资。对工资性支出,根据年度预算每月从县乡国库或"结算专户"直接拨入"工资专户",并委托银行统一发放。对乡镇机关事业单位的公务费支出,先由财政所提出用款计划,经乡镇领导签批后报县会计核算中心,由县会计核算中心根据预算额度从县乡国库或"结算专户"拨付到"支出专户",由乡镇按规定使用。为方便乡镇及时用款,各地可建立公务费支出备用金制度。对村级的财政补助资金,由县乡财政部门拨入村级资金专户。对农业税附加等属于村级收入的资金,进一步推行和完善"村财乡管村用"制度,由乡镇财政部门、经营管理部门负责加强审核监督,确保村级资金专款专用。

4.采购统办。乡镇各项采购支出,由乡镇提出申请和计划,经县会计核算中心按照预算审核后,交县采购中心集中统一办理,采购资金由县会计核算中心直接拨付供应商。

5.票据统管。乡镇使用的行政事业性收费票据、农业税税收凭证等,其管理权全部上收到县级财政部门,实行票款同行、以票管收,严禁坐收坐支,严禁转移和隐匿各项收入。

(二)调整乡镇财政所管理体制和职能。乡镇财政所与农税所实行一个机构、两块牌子,保留少数财政人员管理乡镇预算和报账,其余财政人员主要转向农业税征管,并实行县财政局(农税局)对乡镇农税所的垂直管理。

四、改革的配套措施

(一)完善县乡财政管理体制。按照积极稳妥、简明规范和让利于乡镇的原则,进一步调整和完善县乡财政管理体制,加大对困难乡镇的扶持力度,尽可能增加乡镇可用财力。同时,采取切实可行的激励措施,调动和保护乡镇发展经济和组织收入的积极性,确保基层政权正常运转。

(二)规范乡镇财政支出管理。统一工资和津补贴发放标准。根据乡镇收支规模和实际情况,分类制定公务费定额。明确乡镇支出范围,健全各项开支标准,完善财务审批程序。按照"保工资、保运转、保重点"的原则,优先保证人员工资正常发放,严格控制会议、招待、小车、电话等费用开支,严禁搞劳民伤财的"形象工程"和"政绩工程"。

(三)清理乡镇财政供给人员。严格乡镇人员编制管理,严禁超编进人,严禁在编制外使用人员,属于清理清退范围的各类超编人员、不在编人员和自聘人员财政不得供给经费。对乡镇机构改革分流人员,要单独造册、明确到人,同时要采取各种积极有效措施,确保2003年底基本完成乡镇人员分流和安置工作。

(四)核实乡镇各项债权债务。全面清理乡镇银行账户和票据,摸清乡镇收入家底。认真清理核实乡镇债权债务,并逐一登记造册报县政府备案,严禁新增负债,采取积极有效措施,努力消化现有债务。财力允许的乡镇,在确保人员工资和必要的运转经费的前提下,应安排一定资金用于偿还债务。

五、改革的实施步骤和要求

(一)乡镇财政管理方式改革采取先试点、后推开的办法进行。2003年,选择和县、五河、太和、全椒、潜山、宿松、祁门、霍山、利辛等9个县作为试点县,全面开展乡财县管乡用改革。其他县也可全面或选择部分乡镇进行改革试点。

(二)试点工作由县级人民政府领导,县财政部门负责组织实施,有关部门配合。各试点县要切实加强领导,精心组织,周密安排,完善措施,严明纪律,及时解决试点中出现的问题,完善改革试点办法。各有关市财政部门要加强对试点县改革工作的指导,确保改革试点顺利推进。

(三)各试点县应根据本意见精神,结合本地实际情况,抓紧制定乡镇财政管理方式改革试点的具体实施办法,并报省财政厅备案。

安徽省财政厅关于乡镇财政管理方式改革试点的实施意见

(2003年6月10日 财预〔2003〕392号)

巢湖市、蚌埠市、阜阳市、滁州市、安庆市、黄山市、六安市、亳州市财政局,各试点县财政局:

为贯彻落实《安徽省人民政府办公厅转发省财政厅关于开展乡镇财政管理方式改革试点意见的通知》(皖政办〔2003〕29号,以下简称《试点意见》)精神,确保乡镇财政管理方式改革试点工作规范、有序进行,现提出如下实施意见:

一、提高认识,加强领导

开展乡镇财政管理方式改革试点,是深化农村税费改革、巩固农村税费改革成果的一项重要举措,是深化县级公共财政支出改革、健全公共财政管理体系的一个重要环节,是完善县乡财政管理体制、加强财政收支管理的一个重要途径。这对促进乡镇财政尽快走上良性发展之路,加快农村经济和社会事业的发展都具有十分重要的意义。

各级财政部门要充分认识改革试点工作的重要性,深刻领会改革精神,在党委、政府统一领导下,统筹规划,精心组织,切实做好改革的实施工作。各有关市财政部门要把改革试点作为当前财政工作的一项重要内容,切实加强对试点县的工作指导和督查,帮助解决改革中的问题和困难。各试点县财政部门要会同有关部门组成专门工作班子,集中力量,制订改革方案,完善配套措施,明确目标步骤,积极稳妥地推进各项改革。对实施过程中遇到的情况和问题,要加强研究分析,及时向党委、政府汇报,并积极与乡镇和有关部门沟通,确保改革试点顺利进行。

二、制定方案,规范操作

各试点县要按《试点意见》要求,结合本地实际,制定具体实施方案,切实落实各项改革措施。各项办法和措施要有针对性、可操作性,做到既加强对乡镇财政收支监督管理,又保证乡镇各项工作的正常运转。改革方案的主要内容:

(一)关于预算共编。制定乡镇预算共编办法,明确预算编制的具体内容、方法、程序等;实施综合预算,将乡镇所有收支纳入预算管理;明确乡镇预算支出的范围、顺序和重点,明确财政发放工资人员的范围和统一工资津补贴发放标准;制定乡镇各类公用经费的定额标准;规定乡镇预算调整程序。

(二)关于账户统管。明确乡镇账户清理范围,以及新开设账户的种类、管理权限、账务处理办法;制定乡镇行政事业单位财务会计管理规定,全面反映单位财务收支情况;根据当地实际情况完善教育、卫生系统财务管理办法。

(三)关于集中收付。适应县乡国库管理体制的要求,明确乡镇预算内收入缴入国库、预算外收入等缴入财政专户的程序和核算办法,明确各项支出审批、资金拨付程序和核算办法。

(四)关于采购统办。制定乡镇采购统办实施办法,规定应纳入政府采购的项目目录和金额标准,明确采购资金管理和支付程序等;制定乡镇备用金管理制度,明确备用金开支范围、审批程序等。采购支出与备用金支出的范围互不交叉。

(五)关于票据统管。规定乡镇罚没收入和行政事业性收费等票据管理权限,明确票据领取、使用、核销办法。

(六)关于乡镇财政所(农税所)机构设置。按乡镇设置农税所,与财政所一个机构、两块牌子。实行县以下财政(农业税收征管)垂直管理体制,并对财政所(农税所)的职能、人员配备等作出明确规定。

(七)关于县乡有关部门的职责调整。按照乡镇财政管理方式改革的要求,相应调整县财政局、县会计核算中心、县乡金库、乡镇财政所等部门、单位的职能,明确各方的权利、职责;调整县会计核算中心、乡镇财政所和乡镇行政事业单位会计职责和岗位设置;制定财政、税务、国库、乡镇等部门、单位之间的收支管理工作流程。

三、配套改革,整体推进

各试点县财政部门在制定改革方案的同时,积极会同有关部门认真研究制定改革的配套措施,形成政策合力,提高改革的综合效益。

(一)完善乡镇财政管理体制。按照效率优先、兼顾公平的原则,合理确定各乡镇财政收支范围;乡镇财政体制要体现鼓励加快发展、增收节支的政策导向;对乡镇财政工资发放、社会保障、义务教育等基本支出,县级财政要从体制上予以保证。

(二)清理乡镇财政供给人员。严格财政供给政策,对属于清理清退范围的乡镇各类超编人员、不在编人员和自聘人员不供给经费。严格按照省委、省政府要求,于2003年底以前完成乡镇人员分流和安置工作。对机构改革分流人员要单独造册,落实到人。从2004年起,对所有分流人员,财政停止发放工资。

今后乡镇行政事业单位进人除须符合有关政策外，一律要报县政府审批，否则财政不予供给。同时，要采取有效措施，从严控制乡镇自收自支单位增编进人。

(三)加强村级资金管理。规范农业税附加征收，农业税正税和附加要同时征收，并严格按省政府核定的附加比例，足额划入村级资金专户，县乡财政不得以任何形式截留、挤占。村级的财政补助资金，由县乡财政部门拨入村级资金专户。进一步推行和完善“村财乡管村用”制度，乡镇财政部门和经营管理部门要加强审核监督，确保村级资金按规定用途使用。

(四)加强县财政会计核算中心建设。适应县级公共财政支出改革和乡镇财政管理方式改革的需要，合理调整县会计核算中心的岗位设置和人员配备，加强业务培训，提高业务素质，提升管理水平。

(五)认真清理乡镇债权债务。将乡镇政府所有债权债务的具体情况逐一登记造册，报县政府备案，并制定防止新增负债和消化旧债的措施。

四、明确目标，稳步实施

乡镇财政管理方式改革试点工作分宣传发动、制定方案、清理清查、全面实施、总结完善5个阶段进行，年内要取得阶段性成果。

(一)宣传发动阶段(2003年6月前)。制定宣传计划，充分利用汇报、会议、座谈以及新闻媒体，广泛宣传改革的必要性和重要意义，宣传改革的指导思想、原则和内容，争取各方面的理解和支持，为改革试点创造良好氛围。

(二)制定方案阶段(2003年6月到7月)。各试点县在广泛调研的基础上，按本意见要求，结合当地实际，制定改革试点实施方案，报送省财政厅备案，并抄送有关市财政局。

(三)清理清查阶段(2003年7月到8月)。全面清理乡镇银行账户，清理预算外资金，清理各类票据，清理乡镇财政供给人员和编制，清理乡镇债权债务，为全面实施改革做好准备。

(四)全面实施阶段(2003年8月到10月)。按实施方案规定，调整设置县会计核算中心、乡镇财政所和乡镇行政事业单位的职责和岗位；开设新的银行账户，乡镇所有收支按实施方案的规定管理；实现财政所(农税所)垂直管理；编制乡镇下一年度综合预算。在本阶段内，各项改革全面转入正常运行。

(五)总结完善阶段(2003年11月到12月)。各试点县对改革以来的运行情况进行全面总结，提出巩固完善的意见和建议，报送省财政厅，并抄送有关市财政局。省财政厅将对改革试点情况进行检查考核。各试点县之间要加强经验交流，取长补短，共同提高。

全省乡镇财政管理方式改革试点工作会议综述

(一)

2003年3月28日，全省乡镇财政管理方式改革试点工作会议在合肥召开。参加会议的有五河、太和、和县、全椒、潜山、宿松、祁门、霍山8个试点县分管县长和财政局长，所在市的财政局长、预算科长。省财政厅厅长朱玉明到会讲话，要点如下：

(一)正确认识乡镇财政管理方式改革。乡镇财政管理方式改革是公共财政支出改革的一个重要部分。所谓公共财政，就是要体现财政的公正性和规范性。目前，各地乡镇财政管理上存在一些问题，公共性体现得多些，规范性体现得相对差些。改革的目的就是要规范乡镇预算编制和预算执行，加强执行监督。概括地说，就是进一步规范乡镇财政管理，使乡镇正常支出有基本保障。这项改革重在规范财政管理，乡镇财政的预算编制权和执行权、支出审批权、资金使用权“三不变”。解决乡镇财政困难问题，仅靠财政管理方式改革不行，关键是要发展经济，但发展经济必须走市场经济的路子。

(二)乡镇财政管理方式改革的配套措施。一是要控制乡镇债务。近来，许多地方搞乡镇工业园，有些乡镇债务又在增加，如不加以控制，债务会继续增加，将把乡镇财政拖垮。各县在制定改革的配套措施时，对此要予以充分关注。二是加强收入征解管理。有乡镇金库的地方，财政收入尤其是税收收入一定要缴到金库，从而避免截留、挪用等现象。对坐支、隐匿收入的，该收不收或收过头税的，都要明确规定惩罚措施。预算外收入也要按规定全部缴入金库，这也就同时解决了综合预算问题。三是研究完善乡镇教育、卫生收费收入管理办法。要清楚了解其经费管理和使用情况。四是解决农业税附加等“上清下不清”的问题。这是农村税费改革中的突出问题。考虑结合这次改革，把农业税和农业税附加全部收上来，按一定比例拨给村，以避免“上清下不清”，村级没有钱的问题。五是重新确定县对乡镇的财政体制。这是改革成功与否的核心问题。如果乡镇财政不能保工资、保运转,县级就应通过调整体制,保证乡镇基本支出,县级财政要兜底。六是清理银行账户。要对银行账户和有关票据进行清理,但不一定要清产核资,资产仍是乡镇的资产,债务也仍是乡镇的债务,这次改革不涉及资产和债务的变更。七是进一步清理乡镇财政供给人员。机构改革,分流人员3年到位,今年到期后停止财政供给。要考虑结合这次改革,把该减的人定到人头,可采取如给予一次性补偿的方式,把应该分流的人员分流出去。如果各地能够做到这一点,省财政将给予一定的资金补助。

(三)加强领导,制定方案,积极推进试点。全省乡镇财政管理方式改革试点工作已经作为2003年省政府正式确定的工作任务。为切实将这项工作落到实处,省财政厅根据省委、省政府的要求,草拟了《关于改革乡镇财政管理方式的试点意见》(以下简称《意见》),并选择8个县开展试点,在此基础上,将于2004年在全省全面推行。各试点县要高度重视,加强领导,抓紧调查研究,制定具体实施方案,积极稳妥地推进试点工作。

(二)

2003年6月12日,全省乡镇财政管理方式改革试点工作会议在和县召开。列入省级试点范围的9个县的政府分管领导、财政局长、预算股长及有关市财政局分管领导、预算科负责人等参加了会议。省财政厅预算处处长毕小彬主持会议,省财政厅副厅长周春雨到会讲话,要点如下:

(一)提高认识,领会精神,增强工作的自觉性、主动性。推进乡镇财政管理方式改革意义重大。一是完善县级公共财政支出改革的重要内容。在教师工资上划、乡镇卫生院改为县级供给后,乡镇财政的职能发生了很大的变化,乡镇财政已经不是原来意义上的那种适应乡镇政府职能扩张需要的功能完整的一级财政。县级财政在承担了乡镇原来承担的支出责任的同时,就必须同时要管理乡镇的收入。同时,乡镇财政的客观环境也发生了很大的变化,金融体制的调整、税务体制的调整,特别是农村税费改革以后,乡镇财政面临着新的形势和新的任务。所以,要适应变化发展的新形势,研究探索乡镇财政管理方式改革。二是强化县级财政公共管理职能的需要。中央和省都要求县级财政在义务教育、社会保障、医疗卫生等公共支出方面要承担比现在更重要的责任。与此相适应,县级可强化财政公共管理职能,采取一些必要的管理方式,规范乡镇收支行为,从而规范乡镇的行政行为,进而为将来县乡行政管理体制改革创造条件。三是规范支出管理的需要。从建立公共财政体系来说,一方面要规范收入,另一方面要规范支出。分税制改革、农村税费改革,都是解决规范收入问题。收入规范了,也必须相应规范支出。所以要把财政改革的重点转移到支出管理上来。四是巩固和深化农村税费改革的重要举措。巩固农村税改革成果,仅仅靠规范乡镇收入还是不够的,从另外一个角度说,还要靠规范乡镇财政支出。乡镇支出不规范,支出需求就会无限制地膨胀,就会形成以支促收,导致乡镇乱收,想点子、变着名目去收,进而又回到过去乱收费的老路上去。五是缓解县乡财政困难的重要途径。县乡财政困难最根本的原因,是养人太多,债务太重。所以,不通过乡镇财政管理方式的改革,对乡镇财政供养人员和债务进行清理和控制,乡镇财政困难这个大的窟窿怎么也补不起来。必须抓住"人"和"债"这两个突出问题,乡镇进人必须报县政府审批,乡镇债务要登记造册,并不准再举借新的债务。县财政按照乡镇必保支出、必要支出、一般支出、专项支出的顺序,把乡镇支出规范起来,先保工资、保运转。

(二)精心组织,及早动手,抓紧做好改革试点的实施工作。一是学习借鉴和县经验,制定改革实施方案。各地要按照皖政办〔2003〕29号文件和省财政厅《实施意见》提出的要求,结合当地实际,学习借鉴和县的经验,抓紧制定改革实施方案。二是科学核定乡镇收支,规范乡镇支出范围和顺序。县财政要科学核定乡镇的收支,乡镇收入究竟多少,能不能保证基本支出,县财政要精心测算,尽可能从体制上予以保证。在核定乡镇收入的时候,特别要注重乡镇综合预算的管理,统筹安排预算内外收入。在加强收入管理的同时,要通过乡镇财政管理方式的改革,加强对乡镇支出的管理,规范乡镇的支出范围和顺序,增加预算的约束力。按照必保支出、必要支出、一般支出、专项支出进行排序。三是切实抓好"四项清理",做好改革试点基础工作。即(1)清理银行账户;(2)清理财政供给人员和编制;(3)清理债权债务;(4)清理票据。这些工作不做好,就可能会导致一些资产、资金的流失,就可能会给以后的改革带来后遗症,就达不到乡镇财政管理方式改革的初衷和预期效果。四是规范工作流程,加强制度建设。按照新的管理方式,乡镇的各项收入通过基本结算户全额上解,支出按顺序下拨,工资进入工资专户,一般性支出进入支出专户,村级资金进入村级资金专户,这是资金收支的流程。此外,还要明确支出管理的具体工作流程,即乡镇支出的申报、审批和拨付程序。五是加强县级会计核算中心建设,探索教育、卫生经费管理方式。实施乡镇财政管理方式改革以后,县会计核算中心的职能要相应进行调整。对于乡镇支出的审核,是像蒙城县那样成立乡镇会计核算分中心,还是像和县这样,乡镇设立结算员,由县级会计核算中心审核(将来通过联网来审核),请大家进一步思考和研究。

(三)加强领导,整体推进,确保改革按照既定的目标和要求扎扎实实地开展。一是紧紧依靠党委、政府的领导和支持。财政部门要积极向党委、政府汇报,紧紧依靠党委、政府的领导和支持。同时市财政局要加强指导,督促所属县市(区)开展好这项改革。要向市领导汇报,请市领导给县里提要求,对这项工作进行布置。二是注意把握和坚持改革的正确方向和原则。推进乡财县管,要关注3个问题:第一,乡镇组织收入的积极性会不会下降;第二,乡镇的债务会不会转移到县级;第三,下一步乡镇农税所和财政所实行一个机构、两块牌子并由县垂直管理以后,乡镇会不会就不是一级财政了。对这些问题,要进行正确的引导,最重要的是要坚持和把握改革的正确方向和原则,也就是坚持"三权"不变的原则:预算管理权不变、资金所有权和使用权不变、财务审批权不变。三是增强服务意识,提高管理水平。实行乡镇财政管理方式改革后,县级财政的管理监督职能加强了,服务水平也应当跟上,要注意增强服务意识,主动搞好服务,提高效率,规范操作。管好而不能管死,凡在乡镇预算范围内,符合预算安排、符合支出顺序、符合具体的审核标准的要尽快办理,方便乡镇单位用款。四是注意区分乡村收入,加强村级资金管理。在推进乡镇财政管理方式改革的同时,要进一步加强村级资金管理。要注意严格区分乡、村收入,避免乡镇因收入归县管后,挤占挪用村级收入。村级资金,无论是上级的补助收入,还是农业税附加收入,只要是属于村级的,乡财政所也好,乡农经站也好,只能加强审核监督,不能挤占挪用,必须确保专款专用,必须用于村级。五是适应改革要求,加强乡镇农税机构建设。皖政办〔2003〕29号文件强调了乡镇农税机构建设问题,并把这作为乡镇财政管理方式改革的一条重要的配套和保证措施,就是乡镇财政所和农税所实行一个机构、两块牌子,并由县财政局(农税局)垂直管理,对此,要把它作为改革的一项重要内容予以积极推进。乡镇财政所除保留1—2人,主要履行领用、核销票据;办理收入报解,登记收入明细账;领取备用金,申报支出;协助并参与编制乡镇预决算等职责外,其他人员要转到主要抓农业税征管。这样既解决乡镇农业税征管力量不足问题,又解决乡镇财政所职能调整问题,同时也解决县乡财政管理体制和手段问题。六是不断研究新情况,解决新问题,总结新经验,逐步规范和完善乡镇财政管理方式改革。乡镇财政管理方式改革是一项新生事物,没有多少现成的经验,无论是和县,还是蒙城,应该说都是探索性的。希望大家按照省里确定的改革的基本原则、基本方向和基本要求,积极探索,大胆创新,力求规范,注重完善,顺利完成今年的改革试点任务,并积累经验,为明年在全省全面推开创造条件。有些问题,在改革试点实践中大家要注意研究,比如基本结算户问题、乡金库问题、教育卫生经费管理方式问题等,待成熟后,明年改革在全省全面推开时,力争再提出明确、统一、规范的要求。

(厅预算处供稿　年鉴编辑部整理)

实施乡财县管乡用改革
积极探索乡镇财政管理新模式

和县财政局

和县是一个传统的农业县,经济欠发达、财政规模小,可用财力有限,收支矛盾突出,县级财政运转困难,乡镇财政更是举步维艰。随着乡镇教师工资的上划,要做到"保工资、保运转、保稳定",维护农村社会稳定,必须改革现行的乡镇财政管理模式,进一步强化对乡镇财政的管理和监督。在省市财政部门的指导下,和县尝试推行"乡财县管乡用"改革,取得了初步成效。主要做法如下:

(一)加强领导,统一认识,营造良好的改革氛围。乡财县管乡用改革涉及面广内容丰富、政策性强,必须高度重视,强化领导,统一思想认识。县先后召开了县财经领导小组会议、县委常委会和政府常务会议进行专题研究,首先在领导层统一了认识。此后,县对乡镇和各级财政干部进行培训,在县电视台开设《财政改革之声》专栏,深入宣传改革的必要性和重要性,使各级干部深刻领会改革的指导思想、基本原则和主要内容,打消了部分乡镇的疑虑,牢固树立了全县财政"一盘棋"思想,增强了改革的主动性和自觉性。为了进一步明确责任,县规定乡镇长为改革的第一责任人,全面负责本乡镇的改革工作,为改革的顺利实施建立了组织保证。

(二)广泛调研,精心组织,制定科学的实施方案。改革前,深入各乡镇进行了大量的调查研究和科学分析。在听取各方面意见的基础上,出台了《乡财县管乡用改革实施办法》,坚持在"六个不变"(县乡利益分配不变、乡镇的预算分配权不变、乡镇资金的所有权和使用权不变、财务审批权不变、独立核算主体不变、债权债务关系不变)的前提下,按照现行的财政体制和政策,对乡镇财政采取"账户统设、票据统管、收入上缴、支出下拨"的预算管理方式。取消乡镇财政所银行账户、总预算会计和票据管理权,由县财政国库支付中心乡财部统一管理和核算全县乡镇财政资金。通过预算管理方式的改革,做到乡镇财政资金的所有权、使用权与管理权、核算权相分离。

(三)认真开展四项清理工作,夯实改革基础。方案制定后,依据改革实施办法,从财政局机关和县直有关单位抽调15人组成3个小组,对全县21个乡镇的财政票据、银行账户、债权债务、财政供给人员进行了专项清理。一是清理财政票据。规定在2003年以前领用的票据不管是否使用一律缴销,通过清理,共缴销各种财政票据26764本,其中收款收据1115本,收费收据25649本。二是清理银行账户。撤销乡镇原有的银行账户,重新开设"基本结算户"、"支出专户"、"工资专户"和"村级资金专户"4个账户,乡镇若再有其他账户一律视作小金库处理。全县通过清理,共撤销乡镇各类账户248个。三是清理乡镇债权债务。对乡镇以前的债务,在全面清理核实的基础上,进行分类处理,制定具体的偿债计划。同时规定从2003年起乡镇原则上不得发生新债,确需增加新债的,必须经由乡镇理财小组集体研定,向县政府说明原因并报县财政局备案。此外,建立激励约束机制,对措施得力、成效明显的乡镇,县政府将给予一定的奖励;对化解不力且无正当理由增加新债的乡镇通报批评,并对相关责任人进行处罚。四是清理乡镇财政供给人员。在人员清理过程中,首先核定乡镇的人员基数,对基数内人员,分全额、差额、自收自支等分别登记造册,录入计算机管理;对超基数人员,财政一律停止供给人员经费。通过开展四项清理,为改革的顺利推行奠定了基础。

(四)强化预算,规范收支,进一步深化和完善改革方案。一是强化乡镇财政综合预算编制工作。县印发了《关于加强乡镇财政预算管理工作的通知》,在收入预算上,要求乡镇预算内外收入统一编制;在支出预算上,把乡镇支出分为必保支出、必要支出、一般支出和专项支出4类。为使支出预算做到准确合理,县出台了《关于进一步明确乡财县管乡用改革有关问题的通知》,对乡镇在职人员津补贴、办公费、招待费、会议费、小车费等确定支出定额,对乡镇招商引资、发展地方经济支出实行单独核算。通过加强乡镇综合财政预算的编制,规范了乡镇的收支行为,确保了乡镇财政当年收支平衡。二是各乡镇成立民主理财小组。乡镇党委书记任理财小组组长,乡镇长任副组长,加强乡镇民主理财。进一步规范审批权限,在坚持乡镇长一支笔审批制的前提下,对大额支出必须经理财小组研定审批,使财政管理实现了由事后审计为事前、事中监督。三是规范业务流程。县印发了《和县乡财县管乡用改革业务操作规程》,统一全县乡镇财政的会计核算方式,明确操作程序,规范账务处理。为进一步细化实施方案,适时制定了乡镇银行账户管理办法、票据管理办法、备用金管理办法以及乡镇政府采购管理办法,全面、系统地对实施方案进行细化和完善,使全县乡镇财务管理工作做到手续健全,程序合理,易于操作。

(五)措施配套,上下联动,全面深入推进改革。一是完善乡镇财政管理体制。调整乡镇收支基数,着力解决乡镇财力缺口问题。制定一系列支持乡镇经济发展的财税政策,鼓励乡镇发展经济。强化县直单位综合预算和部门预算编制,调度资金支持工业园区建设、无公害蔬菜生产、农村城镇化建设和旅游业发展。二是改革教育、卫生系统财务管理。县印发了《关于改革全县教育系统财务管理的通知》和《关于改革全县卫生系统财务管理的通知》。按照统一收支、集中结算、规范管理、全程监督的原则,对全县教育、卫生系统岗位设置、银行账户、财务票据和债权债务加强管理。三是改革村级财务管理。实行"村财乡收县管村用"改革,取消所有村级账户,在当地金融部门开设统一的"村级集体资金专户",用于核算村级一切资金,同时规范村级资金审批权限,严格控制村级借债。四是加强了乡镇财政所(农税所)和乡镇双重管理,以县财政局(农税局)管理为主的管理方式。明确县财政局和乡镇党委、政府的管理职责,县财政局(农税局)负责乡镇财政所(农税所)岗位设置、人事安排、业务管理考核和文明所创建等;乡镇党委、政府负责乡镇财政(农税所)干部日常学习教育、工作协调和相关工作考核等。

(六)县乡联网,大厅服务,提高财政工作效率和水平。为切实减少乡镇财政管理方式改革后往来报账的麻烦和资金申请支付的不便,提高乡镇财政管理工作效率,县开发了乡镇总预算会计和政府单位会计软件,实现了县乡联网,大量的财政业务工作通过网络进行处理,减少了资金往来时间,增强了财政资金的使用透明度。并且实行了乡镇财政结算员和乡镇政府单位会计由1人兼任,使乡镇财政资金管理做到了“专人、专机、专账、专线、专户”。此外,为充分发挥乡镇农税纳税大厅的整体功能,县将乡镇财政资金核算,农业税收征收及灾歉减免退付,民政定补、社会救济和五保户供养等资金,乡镇职能部门的行政事业性收费、粮补资金、退耕还林资金、村级资金以及政务信息咨询服务等统一纳入农税纳税大厅管理,既方便群众,也提高了财政管理工作效率和水平。此项工作在2003年试点的基础上,在全县推开。

(七)加强督查,严明纪律,确保改革取得实效。一是严肃纪律。规定各地不得私分集体资产、滥发钱物,一经发现,全部没收上缴县财政,并追究乡镇主要负责人和直接责任人的责任。二是加大监督力度。纪检、监察、财政、审计、人行等部门各司其职,对违反规定使用违规票据、私设账户、私设小金库、收入坐支和体外循环、截留挪用税款、专项资金和其他预算外资金,改变资金使用用途等行为,一经查实,严肃处理,决不姑息迁就。三是狠刹白纸条泛滥的歪风。由县纪委牵头,对乡镇的库存现金进行了全面清理。根据清理结果,县乡镇库存现金余额高达2770万元,其中未结工程款1526万元,个人欠款293万元,储蓄及其他债权949万元,乡均131万元。为此,县要求各乡镇党委或民主理财小组具体负责库存现金管理工作,县财政部门对清理工作进行具体部署和指导,采用先清理登记,后审核处理的方式,加大清收力度,在规定的时间内将库存现金清理到合理的限额之内,并以此作为县调度资金的重要依据。通过开展督查整改,严明了财经纪律,确保了各项改革政策落到实处,并取得实效。

通过实施乡财县管乡用改革,已取得了初步成效:一是深化了公共财政支出改革。改革后,不仅广大干部职工工资能按时领取,而且乡镇民政定补、社会救济等支出实行银行代发,都能按时发放。二是巩固了农村税费改革成果。2003年全县的农业税款没有发生一起截留挪用现象。三是规范了财政资金管理。乡镇财政资金得到有效节约,2003年全县乡镇招待费、小车费同比下降6.1%,非生产性支出同比下降12%,有效地控制了乡镇盲目投资和政绩工程。四是控制和化解了乡镇不良债务。2003年全县化解乡镇债务773万元。五是促进乡镇财政增收和经济发展。2003年全县乡镇地方税收超收500万元,增幅达20%。为支持工业园区建设,县财政筹集资金300万元,专项支持3大县级工业园区的基础建设,进一步完善了工业园区各项基础设施,为全县的招商引资提供了一个良好的平台。

(选自2004年2月全省财政工作会议交流材料)

积极探索 稳步实施
全面推进乡镇财政管理方式改革

安徽省财政厅

2003年,继推行农村税费改革、公共财政支出改革后,为适应乡镇政府职能转变的要求以及加强乡镇财政管理的需要,我省选择和县、祁门等9个县开展以乡财县管为核心内容的乡镇财政管理方式改革试点。在财政部的大力支持和直接指导下,改革试点工作取得了明显的成效。

一、改革的动因

乡镇财政是我国最基层的一级财政。自20世纪80年代中期我省建立乡镇财政以来,在加强财政收支管理、促进乡镇经济和社会事业发展等方面起到了积极作用。但随着形势的发展变化以及多种因素影响,乡镇财政遇到了前所未有的困难,运行和管理中存在一些亟待解决的矛盾和问题。党中央、国务院非常重视当前乡镇财政面临的困难和问题,国务院批转财政部《关于完善省以下财政管理体制有关问题意见的通知》(国发〔2002〕26号)明确提出“要进一步加强对乡财政的管理,约束乡政府行为”,“对经济欠发达、财政收入规模较小的乡,其财政支出可由县财政统筹安排,以保障其合理的财政支出需要”。按照国务院的要求,为加强乡镇财政管理,规范乡镇收支行为,控制乡镇财政供给人员的过快增长,遏制乡镇债务,从而缓解乡镇财政困难,并为最终解决乡镇财政困难创造必要条件,我省实施了乡财县管改革。这主要是基于以下考虑:

(一)适应乡镇政府职能转变的需要。我省大部分乡镇经济规模偏小,经济发展水平较低,财政收入一般在500万元以下,财政自求平衡、自我发展的基础和能力都比较弱。在建立和完善社会主义市场经济体制过程中,安徽省农业和农村经济发展进入了新阶段,广大农民面向市场,自主决定和组织农业生产,乡镇政府职能逐渐弱化。特别是2000年以来,随着我省农村税费改革和公共财政支出改革的全面推进,加之农村金融体制和税务管理体制的调整、农村中小学教师工资上划和乡镇卫生院改为县级供给等,乡镇事权范围和财政支出规模缩小,原有的乡镇财政管理方式已不适应新形势的需要,迫切要求改革,使之与乡镇政府职能转变和经济社会事业发展水平相适应。

(二)巩固农村税费改革成果的需要。自2000年开展农村税费改革试点以来,经过3—4年的努力,农业税基本实现了"定时间、定地点、定税额"征收,乡镇财政收入的征收已比较规范,不合理的摊派和涉农收费被取消。在乡镇收入规范以后,乡镇原来一些靠收费维持的开支不得不转由财政负担,使乡镇财政支出管理方面的问题更加突出,一些深层次的矛盾逐步显现。如何规范乡镇财政支出管理,成为乡镇财政面临的主要矛盾,成为事关巩固农村税费改革成果的一个重要问题。乡镇财政支出管理不进一步加强,支出需求就会继续膨胀,就会形成以支定收、导致乱收,进而可能回到过去"三乱"老路上去。因此,要真正巩固农村税费改革成果,彻底减轻农民负担,仅仅靠规范乡镇的收入还是不够的,还必须釜底抽薪,从根本上规范和约束乡镇支出行为,对乡镇的支出需求加以控制和约束。

(三)深化全省公共财政改革的需要。我省公共财政改革从2001年开始,按照"一年到位,两年完善,三年规范"的目标要求,经过3年多的努力,省、市、县三级在规范预算编制、推进部门预算改革、实行国库集中收付、创新支出方式、加强财政监督等方面,取得了明显的效果。但乡镇公共财政改革明显滞后,迫切需要向乡镇延伸。同时,通过实行乡财县管改革,可以督促乡镇依法组织预算内外收入,防止收入体外循环,确保乡镇按照"保工资、保运转、保重点"的顺序合理安排支出,保障乡镇工资正常发放,保证基本公共支出需要。

(四)完善县乡财政体制改革的需要。县乡财政体制是地方财政体制的基础性环节。近年来,县级财政支出范围逐步扩大,在义务教育、计划生育、公共卫生、社会保障等方面要统一承担县域范围内的支出责任,原来由乡镇承担的部分支出职能、责任和压力转移到县级,与此相适应,必须进一步赋予县级财政相应的管理手段,以加强对乡镇财政支出行为的管理和监督。

(五)逐步解决乡镇财政困难的需要。我省各级财政都比较困难,但乡镇财政困难最为突出。乡镇财政困难的重要原因。一个是"人"、一个是"债",就是养人过多、债务过重,乡镇财政支出中有一部分用在超编养人上,借债很多,干了一些超越自身能力的事。只有把"人"和"债"的口子扎住并逐步消化,乡镇财政走出困境才有希望,否则再多的补助和转移支付都难以解决问题。实行乡财县管,就是抓住"人"和"债"这两个突出问题,通过全面加强乡镇财政收支管理和监督,控制乡镇进人和借债,严格控制不合理支出,将有限的财力用在保基本支出这个刀刃上,保障乡镇合理的支出需要,逐步解决乡镇财政困难。

二、改革的主要内容

为确保改革试点工作规范有序、稳步推进,2003年初,省政府办公厅专门下发了《关于开展乡镇财政管理方式改革试点的通知》,省财政厅制定了《关于乡镇财政管理方式改革试点的实施意见》,对改革试点工作进行了全面部署,对改革的指导思想、基本原则、主要内容、配套措施以及实施步骤和时间都作了明确规定和具体要求。2004年,在总结改革试点工作的基础上,省政府又制发了《关于全面推行乡镇财政管理体制改革的通知》,对全面推行乡镇财政管理方式改革做出部署。

(一)指导思想。适应市场经济条件下乡镇政府职能转变的需要,按照巩固农村税费改革成果、建立公共财政体制的要求,改革乡镇财政管理方式,规范乡镇财政收支行为,促进乡镇依法组织收入,合理安排预算支出,控制财政供养人员的不合理增长,防范和化解乡镇债务风险,缓解乡镇财政困难,维护农村基层政权和社会政治稳定,促进县域经济和社会事业健康发展。

(二)基本原则。坚持"三权"不变。第一,乡镇预算管理权不变。按照《预算法》规定,继续实行一级政府、一级预算,县乡财政之间的收入范围和支出责任仍按县乡财政体制划分。在此基础上,乡镇政府在县财政部门的直接指导和监督下,编制本级预算、决算草案和本级预算的调整方案,组织本级预算的执行。第二,乡镇资金所有权和使用权不变。乡镇财政资金的所有权和使用权归乡镇,资金结余归乡镇所有,乡镇原有的各项债权债务仍由乡镇享有和承担。第三,财务审批权不变。属于乡镇财权和事权范围内的支出,仍由乡镇按规定程序审批。

(三)主要内容。以乡镇为独立核算主体,实行

"预算共编、账户统设、集中收付、采购统办、票据统管"的财政管理方式，由县财政部门直接管理并监督乡镇财政收支。同时，调整乡镇财政所管理体制和职能，实现县财政局(农税局)对财政所(农税所)的垂直管理。

1.预算共编。即县财政部门按有关政策提出乡镇财政预算安排的指导意见，乡镇政府根据县级财政部门具体指导意见编制本级预算草案并按程序报批。在年度预算执行中，乡镇政府提出的预算调整方案，需报县财政部门审核，调整数额较大的需向县政府报告。

2.账户统设。即取消乡镇财政总预算会计，由县财政会计核算中心代理乡镇财政总会计账务，核算乡镇各项会计业务。相应取消乡镇财政在各银行和金融机构的所有账户，由县会计核算中心在各乡镇金融机构统一开设县财政专户分账户。分账户设"结算专户"、"工资专户"和"支出专户"3类。乡镇所有预算内收入、预算外收入、上级补助收入等先缴入结算专户，其中应上解财政收入再通过"结算专户"上缴县级国库。乡镇所有工资性支出通过县级国库或"结算专户"拨到"工资专户"，专门用于乡镇人员工资和民政定补人员补助的发放。工资以外的其他支出通过县级国库或"结算专户"拨到"支出专户"，由乡镇按规定开支。

3.集中收付。即乡镇财政预算内外资金全部纳入预算管理，就地缴入结算专户，由县财政会计核算中心根据乡镇收入类别和科目，分别进行核算。支出拨付以乡镇年度预算为依据，按照先重点后一般的原则，优先保障人员工资。对工资性支出，根据年度预算每月从县国库或"结算专户"直接拨入"工资专户"，并委托银行统一发放。对乡镇机关事业单位的公务费支出，先由财政所提出用款计划，经乡镇领导签批后报县会计核算中心，由县会计核算中心根据预算额度从县国库或"结算专户"拨付到"支出专户"，由乡镇按规定使用。为方便乡镇及时用款，各地可建立公务费支出备用金制度。对村级的财政补助资金，专门设置村级资金专户，确保村级资金专款专用。

4.采购统办。即乡镇各项采购支出，由乡镇提出申请和计划，经县会计核算中心按照预算审核后，交县采购中心集中统一办理，采购资金由县会计核算中心直接拨付供应商。

5.票据统管。即乡镇使用的行政事业性收费票据、农业税税收凭证等，其管理权全部上收到县级财政部门，实行票款同行、以票管收，严禁坐收坐支，严禁转移和隐匿各项收入。

调整乡镇财政所管理体制和职能。乡镇财政所与农税所实行一个机构、两块牌子，保留少数人员管理乡镇预算和报账，其余人员主要转向农业税征管，并实行县财政局(农税局)对乡镇农税所的垂直管理。

三、改革的配套措施

乡财县管改革是乡镇财政管理方式的重大变革，是一项牵一发动全身的改革，必须制定相应的改革配套措施，形成政策合力，提高改革的综合效应。

(一)清理乡镇账户、票据、财政供给人员和债权债务。"四项清理"是实施乡镇财政管理方式改革的重要基础工作，关系到改革的成败，如工作不扎实，就可能导致资产和资金流失，造成人员和债权债务不实，给以后的改革留下后遗症。为了指导各县做好这项工作，我们对各县提出明确要求，规定县乡财政部门必须全面清理乡镇银行账户、各类票据、财政供给人员和编制、债权债务关系，对清理情况要逐一登记造册，并报县级财政部门审核备案。通过"四项清理"，摸清乡镇家底，变过去的糊涂账为现在的明白账，为全面实施改革做好准备。

(二)调整完善县乡财政管理体制。要求各县在实施改革过程中，根据本地实际，按照积极稳妥、简明规范和让利于乡镇的原则，进一步调整和完善县乡财政体制，加大对困难乡镇的扶持力度，充分考虑乡镇财力的实际情况，尽可能从体制上保证乡镇工资发放和正常运转等基本支出需要。同时，要正确处理好加强乡镇财政管理与调动乡镇发展经济积极性的关系，采取切实可行的激励措施，保证乡镇多收多得。对一些财政收入规模较大、支出管理比较规范、能够保证自身支出需要的乡镇，可由县级人民政府批准，不纳入改革范围。

(三)切实强化乡镇财政支出管理。县级财政部门根据乡镇收支规模和实际情况，统一规定和明确乡镇财政支出范围和审批程序，分类制定乡镇支出标准。按照"保工资、保运转、保重点"的原则，优先保证人员工资正常发放。分类制定公用经费定额，严格控制会议、招待、小车、电话等费用开支，严禁搞"形象工程"和"政绩工程"。对发展较快、财力较好的乡镇在基本支出审批权限上赋予较大的自主权。

(四)严格控制乡镇财政供给人员和债务的不合理增长。在清理清退乡镇各类超编人员、不在编人员和自聘人员，净化财政供给范围的基础上，为进一步加强乡镇财政供给人员管理，省委、省政府办公厅在下发的《关于加强机构编制管理严格控制财政供给人员增长的通知》中规定，县乡新增财政供给人员要一律报经省人事厅、省编办、省财政厅审批，否则财政不予供给。同时，为保证乡镇机构改革事业单位人员分流到位，2004年年初省委、省政府决定，向乡镇机构改革事业单位分流人员较多的市、县派驻督查工作组，督促各县做好机构改革人员分流及安置工作，并规定乡镇机构改革事业单位分流人员从2004年6月起财政停止供给。严格控制新增债务，对县乡债务进行详细统计，要求各县都要制定防止新增债务和消化旧债的具体措施，财力较好的乡镇在保证基本支出后安排一定资金用于偿还合理债务。

(五)运用信息技术实现县乡财政联网。适应乡镇财政管理方式改革的需要，合理调整县财政会计核算中心岗位设置，开发应用乡财县管核算软件，实现县财政会计核算中心与乡镇联网，乡镇支出网上申请和审核，提高财政管理水平和工作效率。省财政对各县实行县乡联网所需经费通过“以奖代补”的方式给予支持，保障改革顺利推进。

四、改革的初步成效

我省乡财县管改革，是在现行的行政体制框架下，为适应乡镇政府职能转变的要求以及加强乡镇财政管理的需要，而进行的乡镇财政管理方式改革，坚持乡镇预算管理权、资金所有权和财务审批权三权不变，保持债权债务关系不变，注重调动和保护乡镇发展经济、增收节支的积极性。从改革试点情况看，成效是比较明显的。总体成效，可以用“挖潜、节支、堵漏、控债”来概括，即最大程度地挖掘了乡镇预算内外收入潜力，规范和节约了乡镇支出，堵塞了乡镇乱收费、乱进人、乱举债的漏洞，严格控制了乡镇债务，这些为从根本上解决乡镇财政困难奠定了基础，创造了条件。具体来说，成效直接体现在以下四个方面：

(一)规范了收入征管，挖掘了收入潜力。实行乡财县管，不仅规范了农村税费改革后的农业税收征管，而且有效遏制了乡镇财政支出需求的膨胀，明显减少了乡镇不合理、不合规的支出。改革后，乡镇财政收支管理的大部分工作转移到县财政会计核算中心，乡镇财政所(农税所)的主要精力转为从事农业税征管，加强了农业税征管力量，加大了依法征管力度，规范了农业税征管，使农业税“三定”征收更有保证。2003年实行改革试点的蒙城、利辛、太和、五河县，都是沿淮农业大县，农业税征管任务重，从2003年农业税征收情况看，虽然是大灾之年，但农民在受灾前，午季征收时就主动一次性缴清了全年的农业税，农业税征收进度明显好于改革前(灾后按政策规定对农业税进行了灾歉减免)。同时，通过加强账户、票据的管理，将“票款同行”、“以票管税(费)”、“收支两条线”管理落到实处，既从源头上杜绝了乱收费现象的发生，又有效防止了乡镇截留挪用、坐收坐支和滥收滥支。在此基础上，通过实施综合预算，统筹安排乡镇预算内外财力，有效保证了乡镇的基本支出需要。如改革试点的和县，当年全县乡镇财政收入增长20%，同时乡镇用预算外资金安排的财政支出，占到乡镇财政支出的35%左右，很大程度上弥补了乡镇预算内财力的不足。

(二)加强了支出管理，确保了工资发放。通过实行乡财县管，使公共财政支出改革进一步延伸到乡镇。县财政通过制定统一的支出范围、统一的支出顺序、统一的定额标准、统一的核算制度等，加强了对乡镇的支出管理，规范了乡镇的支出行为，乡镇支出有据可依，财务核算规范透明，审批制度约束有力。如全椒县对乡镇业务招待费、办公费、会议费、小车费、电话费均制定了具体的定额标准，并实行了支出限额审批制度。实施改革的乡镇按照“保工资、保运转、保重点”的顺序合理安排支出，优先保障工资正常发放，改革县没有出现拖欠工资的现象。实行乡财县管后，在加强支出管理的同时，严格控制乡镇财政供给人员，乡镇不仅不能随意进人，还对原有的不在编人员进行了清理清退，清退人员财政一律不再供给，减轻了乡镇财政负担。

(三)有效遏制了乡镇债务，缓解了乡镇财政困难。实行乡财县管后，乡镇不能随意举债，有效扎住了乡镇“债务”的口子。改革后，通过彻底清理乡镇债务，对乡镇债务“先刹车、后消肿”，初步遏制了债务膨胀。如改革前，和县平均每年新增乡镇负债700多万元，现在已得到遏制，并消化了一些历史债务，据统计，2003年全县化解乡镇债务773万元。潜山县以乡财县管改革为契机，积极化解乡镇债务，通过“发展经济偿一块、清理清收减一块、拍卖资产活一块、债务剥离转一块、压缩支出节一块、转移支付帮一块”等多种途径，制定了消化乡镇债务的计划，准备用3—5年时间全部消化乡镇历年债务，彻底甩掉乡镇债务包袱。试点县的同志普遍深有感触地说，早几年实行乡财县管，乡镇就不会有这么多债务，也不会有这么困难。

(四)堵塞了管理漏洞，提高了管理水平。实行乡财县管改革,在坚持乡镇“三权”不变的前提下,实现了“四个管住”,即管住了乡镇乱收费、管住了乡镇乱花钱、管住了乡镇乱进人、管住了乡镇乱举债,从根本上堵塞了收入截留、流失和支出挪用、浪费的漏洞,扎住了乡镇进人和举债的口子,极大地提高了乡财政管理水平。试点县普遍反映,改革前,乡镇财政管理水平比较低,收入无预算,支出无标准,票据不合规,账户不规范,财务不透明,特别是乡村财务管理尤为混乱,群众对此意见很大。实行乡财县管后,不仅加强了乡镇财政管理,还规范了村级的财务管理,节约了财政资金,收到了良好的社会效益。如全椒县通过乡财县管改革,在清理历年白条的基础上,刹住了“白条报销、白条借款、白条抵库”的现象,规范了乡村财务管理。

五、下一步打算

2004 年,我省全面推行乡财县管改革。目前,各市县正在紧锣密鼓地进行各项准备工作,进展顺利。省政府要求,上半年要全面完成各项准备工作,下半年改革进入全面实施、正常运转阶段。我们将密切跟踪改革的运行情况,及时研究改革中出现的新情况、新问题,认真总结改革经验,不断完善改革措施。对 2003 年已先行改革的县,重点抓配套、完善和提高,巩固改革成果。

(一)加强对改革工作的指导和督促。一是明确市、县政府和财政部门在乡财县管改革中的职责,保证各项工作落到实处。二是制定全省改革时间表,统筹安排,稳步实施,确保有计划、按步骤推进。三是开展督促检查工作,要求省直管县联络员对照改革的各项内容、要求,督促检查各县的工作,确保改革的顺利实施。

(二)探索加强人员和债务管理的具体措施。一是落实加强乡镇财政供给人员管理的措施。建立全省县乡财政供给人员基础信息库,将财政供给人员变动置于省财政的直接监控下,严格控制乡镇新增财政供给人员。二是研究制定加强乡镇债务管理的措施。在认真清理乡镇债权债务的基础上,结合乡镇财务清查工作,探索研究加强乡镇债务管理、有效控制和化解乡镇债务的具体办法和措施。

(三)研究取消农业税后转变乡镇财政职能和乡镇财政干部去向问题。随着农村税费改革的不断深化,尤其是 2004 年中央出台了 1 号文件,中央和省制定了一系列发展农村经济、促进农民增收的政策措施,乡镇财政的基本职能正在发生重大变化,最明显的是组织农业税收入任务这一主要职能将逐步消失。特别是我省实行乡财县管改革后,乡镇财政管理的大部分工作转移到县财政,乡镇日常财政管理只需 1—2 人即可。为适应形势发展变化,乡镇财政所现有职能和人员必须进行调整。对此,我们将组织专题调研,研究制定转变乡镇财政职能、调整乡镇财政人员队伍的措施和意见。

(四)进一步加强对村级专项补助资金的管理。我省 2004 年已全面取消农业税附加。取消农业税附加后,村组干部误工补贴、五保户生活补助和村办公经费由省财政安排补助。我们要求各地将村级专项补助资金严格与乡镇财政资金分开,单设账户、单独管理、单独核算,确保村级补助资金专款专用,确保村级组织正常运转。

我省乡财县管改革,虽然取得了一定成效,但总体上只是初步缓解了因管理不善形成的乡镇财政困难,从管理上、制度上为解决乡镇财政困难创造了条件。要彻底解决乡镇财政困难,还要靠综合治理,尤其要发展农村经济,增强财政实力。我们将以这次座谈会为契机,认真学习借鉴兄弟省、区的先进经验,在财政部的关心和指导下,积极完善各项改革政策和配套措施,不断创新,扎实工作,促使我省县乡财政早日走出困境。

(摘自 2004 年 4 月全国中西部地区财政厅长座谈会交流材料)

乡镇财政建设指导文件

中共安徽省委办公厅 安徽省人民政府办公厅关于做好全省乡镇区划调整工作的通知

(2003年6月4日　皖办发〔2003〕10号)

各市、县委,各市、县人民政府,省直各单位,各大学:

为进一步深化农村税费改革,巩固和扩大改革成果,根据《中共安徽省委、安徽省人民政府关于做好2003年全省农村税费改革工作的意见》(皖发〔2003〕7号)精神,经省委、省政府同意,现就做好全省乡镇区划调整工作通知如下。

一、指导思想和基本原则

(一)指导思想:以党的十六大精神为指导,认真贯彻中央关于加强农业、农村工作的部署和要求,坚持从实际出发,尊重大多数干部群众的意愿,积极稳妥地开展乡镇区划调整工作。通过科学合理地调整乡镇区划,加强基层政权建设,提高行政管理效率,促进农村经济和社会的全面发展。

(二)基本原则:1.因地制宜,科学合理。调整全省乡镇区划应立足实际,着眼长远,科学规划,合理布局。对山区、库区、湖区等特殊地理条件的乡镇和民族乡镇,应区别对待,不搞一刀切,以利于行政管理和方便群众的生产生活。在搞好乡镇区划调整的同时,积极稳妥地做好行政村调整撤并工作。2.突出重点,加强城镇。以县城和200个中心镇为基础,撤并规模较小的乡镇,调大调强县城、中心镇和部分基础条件好、发展潜力大的建制镇,增强其聚集和辐射效应,推进城镇化的快速发展。3.尊重历史,平稳操作。充分考虑历史沿革、自然地理、风俗习惯、行政管理等客观因素,尽可能做到整建制撤并,以减少资源、资产、水系及债权债务等引发的矛盾。4.优化布局,促进发展。有利于发展区域经济、特色经济、乡镇企业和农村服务业,加大产业、产品结构调整力度,深化农村税费改革,减轻农民负担;有利于政治和社会稳定、人民群众安居乐业;有利于经济社会全面发展。

二、调整目标和标准

根据我省地理环境、人口密度和乡、村现状,通过撤并规模较小、发展乏力的乡镇,扩大和强化县城和中心建制镇,形成规模适度、布局合理的乡镇区划格局。

(一)关于乡、村人口规模。平原地区乡镇在50000人左右,行政村在4000人左右;丘陵地区乡镇在30000人左右,行政村在3000人左右;山区乡镇在15000人左右,行政村在1500人左右。平原、丘陵、山区的县城人口应分别达到10万、8万和5万人以上;中心镇的人口应分别达到7万、5万和2万人以上。现有乡、村规模超过上述标准的不得划小规模。

(二)关于乡镇政府驻地选址。调整后乡镇政府驻地,应方便人民群众办事,充分利用条件较好的原乡镇政府驻地,并加强完善基础设施建设。被撤并的乡镇政府房舍等设施,可开发用于教育、养老、文化等公益事业。

(三)关于乡镇建制。调整后属“撤乡并镇”的以“镇”的建制确定;“撤镇并乡”的以“乡”的建制确定。城区规模较大、人口密集且基本具备小城市功能的县城,可进行撤镇设立街道办事处的试点,其人口规模不得小于当地乡镇的规模。调整后的乡镇不得设立管理片之类的中间层次。

三、工作步骤和要求

全省乡镇区划和村的调整撤并工作于2003年年底前基本完成。各级党委、政府要高度重视,加强领导,充分准备,科学制定方案,精心组织实施。

(一)建立组织机构。各市、县要成立乡镇区划调整工作领导及办事机构。在党委、政府的统一领导下,组织、人事、民政、公安、计划、财政、建设、农业、水利、国土资源、金融、文化、教育、卫生等部门要各司其职,各负其责,协调运作,整体推动。

(二)科学制定方案。乡镇区划调整方案由县(市、区,下同)人民政府拟定;村调整撤并方案由乡镇人民政府提出,经村民会议讨论同意。在拟定方案时,要认真调研、充分论证,并做到上下沟通,充分征求广大干部群众意见。工作要严谨细致，防止引发不稳定因素。

(三)严格报批手续。乡镇区划调整方案经市人民政府审核后，报省人民政府审批；村调整撤并方案由县人民政府审批。

(四)严密组织实施。乡镇区划和村调整撤并方案确定后，由县、乡人民政府有计划、有步骤地组织实施。在调整过程中，要做好思想政治工作，取得广大干部群众的理解和支持，确保工作不断，秩序不乱，人心不散，社会稳定。要严肃政治纪律和组织、财经纪律，严禁突击提干、进人、私分公共财产等。要做好调整前的资产审核、审计工作，以防国有资产流失。

中共安徽省委办公厅
安徽省人民政府办公厅关于
进一步做好乡镇事业单位机构
改革分流人员安置工作的意见

(2003 年 12 月 17 日 皖办发〔2003〕28 号)

根据《中共安徽省委、安徽省人民政府关于乡镇事业单位机构改革的意见》(皖发〔2000〕16 号)、《中共安徽省委、安徽省人民政府关于做好 2003 年全省农村税费改革工作的意见》(皖发〔2003〕7 号)，现就进一步做好乡镇事业单位机构改革分流人员安置工作提出如下意见。

一、严格界限，推动分流人员安置工作顺利开展

(一)严格界定分流人员安置对象。各地要严格按照《中共安徽省委办公厅、安徽省人民政府办公厅关于乡镇事业单位机构改革中未聘人员安置问题的意见》(皖办发〔2001〕8 号)规定的范围和对象，对乡镇事业单位机构改革未聘人员进行一次认真清理。凡不属于财政供给的、不在编的、乡镇自聘的人员，均不得作为分流人员安置对象，也不得享受本意见规定的分流人员安置优惠政策。凡弄虚作假进入乡镇财政供给事业单位的人员，坚决予以清退。

(二)认真做好人员定岗与分流工作。目前少数地方人员定岗与分流工作尚未完全到位，要进行“补课”，按照省人事厅《关于做好乡镇机构改革人员定岗分流工作的通知》(皖人发〔2000〕115 号)要求，首先做好人员定岗工作。凡上岗人员均要按照省委办公厅、省政府办公厅《关于转发〈省委组织部、省人事厅、省编办、省财政厅关于加强乡镇机关事业单位人员管理工作的意见〉的通知》(皖办发〔2001〕22 号)办理聘用合同手续。被确定为分流的人员要单独造册统计。所有上岗和分流人员名单，必须在乡镇张榜公布，接受群众监督。

(三)按期完成分流人员安置任务。到 2004 年 3 月底，各地必须完成乡镇事业单位机构改革分流人员安置任务，分流人员要与所在单位解除劳动人事关系，人事档案全部交由县人事部门人才服务中心保管，财政部门同时取消其工资供给关系。

二、加大力度，促进分流人员安置工作落到实处

(一)继续执行皖发〔2000〕16 号和皖办发〔2001〕8 号文件规定，妥善安置分流人员。支持鼓励分流人员创办或领办经济实体，包括兴办各类农业科技示范基地和生产经营企业，领办乡镇或村级经济实体，创办、领办农民股份合作组织、社区服务实体、社会中介组织等；鼓励分流人员自谋职业；支持分流人员在学习培训后参加国家公务员招考或事业单位招聘；对具有中师以上学历、年龄在 45 周岁以下并符合教师条件的，可择优充实到缺编的中、小学任教。(1)凡在 2004 年 3 月 31 日前辞职且与原单位解除劳动人事关系、同时财政部门取消其工资供给关系的人员，可以一次性发给退职金。退职金的具体标准由县级人民政府根据本地实际，结合当地职工收入水平、以前年度分流人员实发的基本工资、工龄等因素确定。(2)截至 2004 年 3 月底，分流人员中工龄满 30 年，或男满 55 周岁、女满 50 周岁且工龄满 20 年的，可办理提前退休手续。(3)中小学核编之后编制员额未满，需新进教师的，应当优先安排符合教师条件的分流人员到中小学任教。原为农村中小学教师后改行到其他事业单位的分流人员，应优先安排。(4)分流人员参加国家公务员招考或事业单位招聘，在同等条件下应优先录(聘)用。被录(聘)用后，3 年分流期可视作工龄或专业年限合并计算。(5)分流人员在办理解除劳动人事关系手续之后，人事档案交由县级人事部门所属人才服务机构保管，免收保管费。

(二)参照《中共安徽省委、安徽省人民政府关于大力做好下岗失业人员再就业工作的通知》(皖发〔2002〕18 号)有关规定。加大对乡镇事业单位分流人员实现再就业的政策扶持力度。(1)为支持鼓励分流人员自谋职业和自主创业，凡分流人员从事个体经营,可比照省政府办公厅《关于下岗失业人员从事个体经营有关收费优惠政策的通知》(皖政办〔2002〕76号)规定,领取《再就业优惠证》,享受有关优惠政策。《再就业优惠证》经县人事、编制部门核定后,由县劳动保障部门核发。(2)乡镇事业单位分流人员自谋职业和自主创业,可比照皖发〔2002〕18号文件有关规定申请小额贷款。申请小额贷款的具体手续和要求,按《中国人民银行南京分行、省财政厅、省经贸委、省劳动和社会保障厅关于转发〈中国人民银行、财政部、国家经贸委、劳动和社会保障部关于印发下岗失业人员小额担保贷款管理办法的通知〉的通知》(南银发〔2003〕53号)有关规定执行。(3)乡镇事业单位分流人员从事个体经营(国家限制的行业除外)的,可按皖发〔2002〕18号文件规定,凭《再就业优惠证》,3年内免征营业税、城市维护建设税、教育费附加和所得税,并免收属于管理类、登记类和证照类的所有各项行政事业性费用。各类中介机构对乡镇事业单位分流人员从事个体经营涉及的各种服务性收费,只能按照最低标准收取,严禁强制服务和强行收费。(4)乡镇事业单位分流人员兴办经济实体,经税务部门审核批准,可从开业之日起,3年内免征企业应交的营业税、城市维护建设税、教育费附加和企业所得税。乡镇事业单位分流人员开发荒山、荒水、荒地、荒滩,发展养殖业、种植业,3年内可免征农业税以及有关行政性收费。(5)服务型企业(国家限制的行业除外)招用乡镇事业单位分流人员,比照皖发〔2002〕18号文件规定招用国有企业下岗失业人员减免税费办法享受优惠政策。(6)乡镇事业单位分流人员,凡符合低保条件的,按照《安徽省城市居民最低生活保障实施办法》有关规定,纳入当地城市居民最低生活保障范围。

(三)加大财政扶持力度。采取"省里贴一点、市里补一点、县里拿一点"的办法,保证安置资金的落实。根据各地分流安置任务的情况,省政府将安排适当资金下拨各县(市),市、县政府也要视情相应配套。省级资金的分配额度以及使用管理办法,由省财政厅、省编办、省人事厅另文下达。

三、加强领导,确保分流人员安置任务顺利完成

(一)各级党委、政府要从实践"三个代表"重要思想的高度出发,进一步提高做好乡镇事业单位机构改革分流人员安置工作重要性、紧迫性、艰巨性的认识,增强做好这项工作的自觉性和责任感,把这项工作摆上议事日程。要加强调查研究,制定切合实际的分流人员安置方案;要周密安排,抓好工作的整体推进;要建立健全责任制和责任追究制,保证按时完成乡镇事业单位机构改革分流人员安置任务。

(二)各地要采取有效措施,切实做好乡镇事业单位机构改革分流人员安置工作中的稳定工作。要加强思想政治工作和政策宣传力度,教育分流人员树立改革意识,增强参与改革、支持改革的责任感,顾全大局,自觉维护稳定。要转变工作作风,加大工作落实力度,坚持做过细的工作,切实解决好分流人员生活、生产中遇到的实际困难,尽量为他们创造一个良好的自主创业环境,鼓励、支持分流人员实现再就业。乡镇机构改革前三权在县的乡镇事业单位的县直主管部门,要积极配合乡镇党委、政府做好原管理的乡镇事业单位分流人员的思想政治工作,并承担一定的工作责任。各地在工作中,要注意工作方法,对涉及到的一些敏感问题和突出矛盾,要坚持原则,及时化解,确保稳定。

(三)为确保分流人员安置任务的完成,省委、省政府决定,从省、市、县抽调人员,组成工作组,深入到乡镇督促检查。省编办、省人事厅、省财政厅等有关部门也要组织专门力量进行巡查,随时掌握工作动态,发现问题及时处理,并督促整改。从2004年1月起,各地要以市为单位按月上报分流安置工作进度,并由省编办汇总,以工作简报形式通报全省。

安徽省人民政府办公厅关于确定肥西县三河镇等63个镇为全省重点中心建制镇的通知

(2003年6月13日　皖政办〔2003〕43号)

各市、县人民政府,省政府各部门、各直属机构:

1999年以来,省政府先后在全省确定了200个中心建制镇。经过全省上下共同努力,我省中心建制镇建设和发展已初见成效,带动了全省小城镇建设,促进了农村经济发展和社会进步。为进一步推进全省小城镇建设,提高全省城镇化水平,加快县域经济发展,经各市推荐和省直有关部门审核,省政府确定肥西县三河镇等63个镇为全省重点中心建制镇(名单附后),作为发展重点,扶优扶强,以点带面,加快小城镇建设步伐。

加快小城镇建设是我省实施城镇化战略的重要

内容,也是我省农村全面建设小康社会的重 要途径。各级政府、各有关部门对小城镇建设工作,要高度重视,齐心协力,通力合作,切实抓紧抓好;对重点中心建制镇建设,要认真搞好并不断完善规划,注重运用市场机制,按照经济规律办事,多形式多渠道吸引社会资金和外资,集中力量,加快发展,扩大规模,提高建设水平,带动本区域小城镇建设。对重点中心建制镇,要实行动态管理,对发展缓慢的,将取消资格;对一般中心建制镇中发展快的,可适时增补为重点中心建制镇,以鼓励先进,加快全省小城镇发展。

附:全省63个重点中心建制镇名单

合肥市 肥西县三河镇、长丰县双墩镇、肥东县撮镇镇

淮南市 毛集镇、凤台县朱马店镇

蚌埠市 固镇县王庄镇、怀远县常坟镇、五河县沫河口镇

芜湖市 芜湖县清水镇、繁昌县三山镇、南陵县弋江镇

淮北市 濉溪县百善镇

马鞍山市 当涂县博望镇

安庆市 枞阳县横埠镇、潜山县源潭镇、怀宁县石牌镇、太湖县徐桥镇、宿松县复兴镇、桐城市新渡镇、岳西县店前镇

黄山市 祁门县闪里镇、黟县西递镇、歙县深渡镇

铜陵市 铜陵县顺安镇

滁州市 天长市秦栏镇、南谯区乌衣镇、全椒县古河镇、凤阳县武店镇、定远县炉桥镇

宿州市 砀山县李庄镇、泗县大庄镇、埇桥区符离镇、灵璧县渔沟镇、萧县张庄寨镇

阜阳市 临泉县杨桥镇、太和县三堂镇、界首市光武镇、颍上县南照镇、阜南县田集镇

亳州市 涡阳县义门镇、谯城区古井镇、蒙城县板桥镇、利辛县阚疃镇

巢湖市 和县沈巷镇、庐江县汤池镇、居巢区柘皋镇、无为县二坝镇、含山县林头镇

六安市 叶集镇、舒城县杭埠镇、霍山县诸佛庵镇、寿县正阳镇、裕安区苏埠镇、霍邱县姚李镇

宣城市 泾县茂林镇、宁国市港口镇、宣州区水东镇、广德县新杭镇、旌德县白地镇、绩溪县上庄镇

池州市 贵池区殷汇镇、东至县东流镇、青阳县木镇镇

2003年全省财政系统创建“人民满意的财政所”活动方案

(安徽省财政厅2003年8月19日印发 财人〔2003〕633号)

为全面贯彻党的十六大精神和“三个代表”重要思想,适应建设“信用安徽”的需要,把创建“人民满意的财政所”活动,作为加强基层政风建设和优化经济发展环境的重要举措长期坚持下去,根据省人事厅、省总工会、省监察厅工作部署,现就2003年全省创建“人民满意的财政所”活动提出如下方案:

一、指导思想

坚持以邓小平理论和“三个代表”重要思想为指导,认真学习贯彻党的十六大精神,以“创建诚信财政所、做诚信财政干部”为主题,以诚实守信为重点,大力加强基层财政所思想建设、作风建设和制度建设,增强服务意识,提高服务效率,有效解决群众反映的实际问题,把财政所建成廉洁、勤政、务实、高效政府的窗口,为加快发展、富民强省,全面建设小康社会作出新贡献。

二、创建内容

坚持与时俱进,开拓创新,务求实效的原则,重点抓好以下工作:

(一)开展学教活动,树立诚信理念。深入学习党的十六大精神和“三个代表”重要思想;认真学习《公民道德建设实施纲要》和《国家公务员行为规范》;努力学习与本职工作相关的经济、法律、科技和财政业务知识等。通过学习教育,着力提高财政所工作人员的政治思想素质和职业道德水平,树立诚信为民的理念,形成诚信为本、操守为重的良好风尚,使诚实守信成为价值取向和行为规范,增强为人民服务、为经济发展服务的自觉性。

(二)规范执法服务,创新诚信载体。各财政所要紧紧围绕“增强服务意识,提高办事效率,规范执法服务”的总体要求,重点开展“服务效率年”活动,不断充实完善创建活动的内容。要进一步完善优质规范服务标准,着重在规范财政所执法行为和提高服务上下功夫。财政所开展的“服务效率年”活动应包括:一是开展“马上就办”活动,实行“办事限时制”,努力转变工作作风,提高办事效率。二是继续开展“持证上岗、挂牌服务和政务公开”活动,公开服务标

准和办事程序,规范执法和服务行为。三是全面推行“首问责任制”、“办事承诺制”、“行政执法责任制和责任追究制”活动,加强财政所制度建设。

(三)解决实际问题,注重诚信实效。各财政所要坚持“开门创建”的原则,深入开展调查研究,倾听群众的反映和呼声,努力为群众办好事、办实事,每年解决若干个群众反映强烈的难点和热点问题。今年重点工作:一是要积极推进乡镇财政管理方式改革试点工作,完善乡镇财政管理体制,清理乡镇财政供给人员,加强村级资金管理,认真清理乡镇债权债务;二是要严格执行农村税费改革的有关政策规定,规范农业税征管,让农民交明白税、放心税;三是要积极配合有关部门做好减轻和稳定农民负担工作,加强对涉农收费的管理和监督,严禁巧立名目向农民乱收费,保证农民负担保持稳定不反弹;四是要协助有关部门积极推进治理农村中小学乱收费工作;五是要积极做好粮食流通体制改革,做好粮食补贴方式改革工作,确保广大农民在改革中受益。

三、总体要求

(一)提高认识,加强领导。开展创建人民满意的财政所活动,是加强财政系统政风建设的重要举措。各级财政部门要从实践“三个代表”重要思想的高度,从加快发展、富民强省的大局,充分认识开展创建“人民满意的财政所”活动的重要意义。要把创建“人民满意的财政所”作为建设“信用安徽”的重要工作抓紧、抓好。财政所要进一步强化宗旨意识,树立诚信理念,把更好地为人民服务作为一切工作的出发点和行为准则。各级财政部门要相应成立创建活动领导小组,实行一把手负责制,切实加强领导,认真履行职责,要紧密联系财政工作实际,突出诚信主题,强化创建重点,进一步调整和完善创建方案,及时研究解决创建工作中存在的实际问题,把创建工作不断推向深入。

(二)加强宣传,营造氛围。各级财政部门要充分发挥舆论导向作用,对创建活动中涌现出的先进财政所、典型事迹,要及时加以报道,推广先进经验,树立诚信典型,努力营造浓厚的创建氛围。对群众不满意的财政所,尤其是群众反映强烈的财政所,要及时予以曝光。各财政所要采取多种形式,公开创建方案和创建进展情况,使创建活动置于广大群众的监督之下,做到取信于民。

(三)强化监督,注重实效。各级财政部门都要强化对创建“人民满意的财政所”活动的监督检查,定期组织明察暗访,了解创建进展情况和存在的突出问题,及时进行指导,确保创建活动扎实有效地开展。各县财政部门要根据全省财政系统开展创建“人民满意的财政所”活动的方案,制定具体的实施细则,切实抓好创建工作的落实,创建工作开展情况请及时函报厅人教处。为加强对创建工作的监督,省财政厅将适时组成检查组,对市、县、乡镇财政部门的创建工作情况进行督察。

乡镇财经发展经验介绍

编者按:发展乡镇民营经济是振兴乡镇财政的重要途径。2003年,全省涌现出财政收入4000万元以上的镇达3个。2004年5月至8月,《安徽日报》记者采写的《电缆织就新天地》、《史河桥头好风光》、《东风催开花千树》3篇报道,介绍了无为县高沟镇、六安市叶集镇、天长市秦栏镇发展民营经济,促进财政增收的经验。本卷予以转载,让乡镇党政领导和财政工作者从中得到启迪,与时俱进、开拓创新,积极探索乡镇财经发展之路。

电缆织就新天地

——无为"高沟现象"透视

《安徽日报》记者 蔡竹青

这里本是一片贫瘠的土地,如今却厂房林立、机声隆隆,成了名闻全国的电线电缆工业基地;这里本是一个偏僻的江北小镇,却连续6年荣获省乡镇企业"十强"称号。其发展民营工业经济的经验和成绩,被有关人士誉为"高沟现象"。2003年,该镇创造出19.2亿元的工业产值,上缴入库税金1.1亿元,经济发展综合指数排名全省乡镇第三。

坚信无工不富

走进无为县高沟镇,首先感受到的就是高沟人对于发展工业经济的执着和痴迷。

华电线缆有限公司董事长卢根茂说起往事记忆犹新。1969年,长江大水,高沟全乡被淹,庄稼颗粒无收,乡里仅有的一家磨具厂拿出利润,按人头每人发了20元,帮助群众渡过了难关。受过饥饿的人最珍爱馒头的香甜,独特的体验和感受,使高沟人对发展工业经济情有独钟。于是,从一家一户、小打小敲,到独资集资、联户办厂,从手工制作磨具磨料,到加工电热电器,再到批量生产电线电缆,高沟的民营工业企业如滚雪球般越办越多、越办越大。

"坚信无工不富可以说是高沟人的共同理念。尽管他们为此经受过政治风浪,但始终不渝地坚持走工业致富的道路,一直走到了今天。"镇党委书记吴德炳告诉记者。由于这种理念,改革开放以来,高沟的工业经济获得长足发展。目前,镇上共有286家民营工业企业,规模以上的就有65家,有6家企业年销售收入超亿元,4家入库税金逾千万元,名列全省民营企业20强,生产的电线电缆产品品种和规格达到14大类1000多个,覆盖全国所有的省份和城市,有的产品还远销新加坡和加拿大等国家和地区。

建立灵活机制

高沟的工业经济一开始走的就是个私民营之路,经过多年市场风雨的吹打,企业已逐步建立和完善了一套灵活而高效的运行机制,成为他们驰骋市场的利器。

"关键在于成功地推行了完全买卖制。"镇长吴昌梅对记者说。高沟工业经济的发展得益于销售员打天下,全镇共有4000多名销售员走南闯北推销产品。上世纪80年代中期,销售员在企业拿固定工资,干多干少一个样,有的业务员一年出去一趟,拿不到一份订货单,却到车站拣车票回来报销。这样一来,厂长们急了,开始实行销售承包责任制,按绩付酬,从而调动起销售员的积极性,企业的整体效益迅速好转。其后,尝到甜头的厂长们将这一机制逐步完善,并推而广之应用到营运的各个环节。如今,销售员与买方市场、销售员与生产厂家以及销售员与销售员之间,是当然的买卖关系,而企业内部从原材料采购、生产车间上下道工序之间,直到成品出厂,实行的也都是买卖制。这种买卖制加强了企业与市场的联系,实现了产供销"零距离"。同时实现了利益的合理分配并造就了均等的发展机会,调动起经济运行各个环节的积极性。

据了解,在高沟,最先富起来的是那些脑筋灵活、营销有术的销售员们,他们赚了钱又拓开了市场后,带着信息、技术和资金回来办厂,而且大都走上了成功之路。高沟现有电线电缆企业,60%以上的厂长经理都曾经干过推销员,他们懂市场、会经营,并凭借着灵活而高效的营运机制,使得企业在一次又一次的市场风浪中立于不败之地。

打造发展平台

如果说民营企业的活力是高沟工业经济发展的

内在动因,那么,多年来,高沟镇干部们殚精竭虑,为民营企业打造良好发展平台,则是高沟工业经济发展的外部条件。

"厂里的事厂长管,厂外的事政府管,党委、政府的首要任务就是为企业做好服务工作。"高沟镇领导这样告诉记者。由于这种认识,高沟的干部们很少到企业去指手画脚,而是踏踏实实做好自己份内的事。1999年,镇政府从省里请来专家,根据产业化建设的要求,统一对原有的5个工业小区进行高标准设计,园区总体规划面积15.4平方公里,5年来共筹资4000多万元,在园区中全部实现"五通一平",构建起一个现代工业产业的发展平台,从而使原先东一家西一家散乱建立的企业集中起来,形成了规模。同时修建长江汽渡码头,为工业产品和原料运输开辟了黄金水道;铺设8公里长的高新水泥大道和60余公里的村级道路,彻底解决了工业园与全镇18个村庄的交通问题;与有关部门配合,架设了4座讯息接受塔,保障全镇通讯以及与外部的联络畅通无阻;投资500万元,建起了一座3.5万伏变电所,基本上解决了工业用电困难。2004年,又积极争取加入了全县的高压联网,为全镇的工业生产及群众生活用电提供双保险。

"份外的事不插手,份内的事不撒手。我们把厂外的事情做好了,厂长们就有更多的精力来抓经营。"吴昌梅镇长说。2003年春,华星电缆集团要从襄安变电所架设一条高压输电线到厂里,线路长逾4公里,途经龙庵、骆套和新沟3个行政村,建塔、竖杆、架线等涉及近400家农户。镇政府知道后,立刻成立了专项领导组,组织10多名镇村干部挨家挨户地做工作,确保输电线路如期建成,而企业自始至终没有遇到一点麻烦。此外,为了提高民营企业家的管理能力和技术水平,镇上与省内外的多家大专院校、科研院所建立了常年合作关系,请专家教授前来举办财会、企业管理、税收税法等专业知识讲座。

追求更高目标

高沟变了,高沟富了。然而,难能可贵的是高沟的民营企业家们并不固步自封,而是普遍具有一种强烈的发展意识和永不满足的创业精神。这些农民出身的厂长经理们的思想观念早已跳出了这片土地,融入到市场经济的时代大潮中。

"发展工业经济必须牢牢把握市场的脉搏,瞄准市场需求及时调整结构,努力把企业做大做强,才能在市场风浪中立于不败之地。"华星集团有限公司董事长兼总经理曹中年对记者说。华星是高沟规模最大的电缆企业,现有净资产8000多万元,2003年实现产值3.5亿元,完成入库税金1500万元,但曹中年并不满足,他投资3000多万元,新上了一条1万吨铜杆生产线,并在企业内部实现了财务电算化和生产管理全程电视监控。环宇电缆集团董事长巫和宽2004年已经59岁,但心中依然时刻谋划着企业的发展蓝图,2003年投资200多万元新上了一条生产线,生产油田输油监控专用电缆。2004年又投资5000万元新上一个大项目,目前已进入征地动工阶段。诸如此类的例子,在高沟不胜枚举。

"在我们这里,发展没有休止符。"镇党委书记吴德炳深有感触地说。他告诉记者,在市场风浪的磨炼下,高沟的乡土企业家们身上,已很少有暴发户的浮夸奢侈作风,也没有"小富即安"的自满自足观念,而是时刻感受着逆水行舟、时不我待的危机感,因而共同表现出一种可贵的拼搏进取精神,这也正是高沟工业经济繁荣的动力之所在。

(摘自2004年5月25日《安徽日报》)

史河桥头好风光

——六安市叶集改革发展试验区采访记

《安徽日报》记者 刘选武

盛夏时节,记者来到叶集改革发展试验区史河边,见一座4车道大桥正在兴建中。此桥跨豫皖两省,桥东端连着叶集的一条街,桥西端与河南固始县陈淋镇的主街道对接。

记者有些不解:"右有两省刚建的新312国道大桥,左有宁西铁路大桥,在两桥中间咋又建座桥?"经了解得知,原来这里是河南通向华东的咽喉,两座大桥他们还嫌不够,就把这儿原老312国道大桥一炮炸掉,独家兴建这座桥。由此可见河南省要挺进华东,并占领要地与叶集竞争的急切心情。

由于地理、历史原因,河两岸的人民早就结下既合作又竞争的不解之缘。在陈淋镇,一个店主对记者说:"你看,你们河那边的不少货跑到我这货架上来了,我们这里不少姑娘嫁到河那边去了!"

在上世纪80年代,叶集和陈淋不相上下。那时的叶集只有一条破旧的老街,一个市场,连个电影院都没有。晚上,成群的人都到陈淋镇看电影。现在这里,9条大街宽敞靓丽,店铺林立;15个大市场熙熙攘攘,皖西、豫东、鄂北的货物到这里集散;经济技术开发区、工业园区内坐落着香港、上海、浙江、河南和本省投资商办的大企业。

叶集之所以能快速发展,成为皖西明珠,重要原因是它在改革方面占了先机。人流、物流、资金流、信息流都往这里"流",还不发吗?

叶集有以区工委书记周益先为首的团结而又长期稳定的领导班子,叶集是"省改革发展试验区",有进行改革试验的自主权。这是其成功的重要因素。从1993年起,叶集就下大力气进行所有制、行政体制、运行机制的"三制改革",并使三方面的改革配套成龙,互相呼应,取得成功。改革使政府职能实现根本转变,机关人员减去2/3,政府效能却倍增;改革使权力向有为者集中,私营经济上升到经济总量的80%,大批民间资本投向建设领域,3万多农民从工经商,城镇面积扩大到5.5平方公里;改革使全区GDP由1993年的2.6亿元上升到2003年的6.24亿元,财政收入由1993年的529万元上升到2003年的4243万元。同时,改革激发和引导了人的潜能,激发人们的创业热情。

周益先告诉记者:"现在对岸成立由陈淋等4个乡镇组成的'史河湾综合改革实验区',为副县级单位,发展势头强劲;现在有3座大桥对向我方,我们丝毫不敢懈怠。"从这位有"拓荒牛"之称、已在这里拼搏12年的老书记眼神里,记者看到的是自信、坚定,看到他继续带领叶集人民再展身手的决心。

(摘自2004年7月26日《安徽日报》)

东风催开花千树

——秦栏镇个私经济发展纪实

《安徽日报》记者　吴晓征

在安徽东大门,秦栏镇宛如一颗璀璨的明珠,在全省经济版图上放射出迷人的光亮。2003年,全镇工业产值16.5亿元,财政收入5000万元,出口创汇2500万美元,农民人均收入4000元,城镇居民人均可支配收入8000元。

7月,记者走进安徽个私经济发展第一镇,探寻这里块状个私经济异军突起之谜。

"秦栏现象"　个私经济"爆炸"发展

如果说天长市像安徽伸入江苏腹地的一个拳头,秦栏镇就在拳头的最前端。一条潺潺的小河绕镇而过,河对岸就是淮左名都扬州。相传这里水草肥美,秦始皇在此围栏养马,故名秦栏。自秦而下,这里历代都是商贸繁华之地,贾客往返,贸易不绝。

抖落历史的烟尘,秦栏镇最引人注目的景观,无疑是个私经济"爆炸式"发展。

"秦栏速度"令人咋舌,全民创业氛围无处不在。一家个私企业申办、征地、建厂、生产,只要几个月时间;兄弟夫妻之间分头创业,相互比拼;一人办厂,周围人纷纷跟进,一家企业,催生一串企业。

个私经济一柱擎天。只有5万多城乡居民的弹丸小镇,拥有大大小小个私企业1532家,平均每9户有个"小老板"。产值在500万元以上的企业近百个。个私企业数量占全镇工商企业总数的99%以上。2003年全镇工农业总产值18亿元,个私工业总产值所占份额超过98%。

秦栏电子产业群驰名海内外。一大批电子企业共生共荣,分工协作,"霸气"十足。秦栏谚云:"高压包包揽天下,遥控器遥控东西。"秦栏生产的遥控器在国际市场三分天下有其一;高压包的下游产品回扫变压器在国内维修市场雄霸90%以上的份额,国际市场占有率也高达60%。

10年生聚,秦栏个私经济发展步入良性循环。丰厚的民间资本投入新一轮创业,带动产业扩张,技术升级。本地一间间小作坊"脱胎换骨",嬗变成现代化企业集团。外来资本、技术、人才纷至沓来,加入秦栏产业大军。个私经济如同滚雪球般越滚越大。

"秦栏有一流的政务环境,想干事,你就能干成事;秦栏有一流的产业环境,地方虽小,产业能量却波及全球;秦栏有你追我赶的竞争氛围,企业家不进则退。"这是秦栏镇党委书记盛必龙总结秦栏镇的魅力所在。

艰难创业,民营经济制造传奇,漫步秦栏镇寿昌路、沿河路、万元街,鳞次栉比的电子企业生产经营热力四射。回扫变压器、遥控器、通讯线缆……秦栏输往四海的电子产品化作巨大财富。"中国电子名镇"桂冠每天都在增添新光彩。

"小产品,大产业,小资本,大集聚,小企业,大分工。"这是秦栏电子企业特色的最好概括。秦栏100多个厂家生产回扫变压器,回扫变压器和秦栏另一个主打产品遥控器主导了国际市场价格。秦栏凭什么能把成本控制如此之低?2002 年和 2003 年,美国商务代表团专程来秦栏考察,很想解开这一谜团。

“谜底其实很简单,秦栏电子产业链长,专业化分工细。一批核心企业生产电子产品,一大批外围企业提供电子材料和原材料配套,街道就是流水线,小作坊组成大舰队。”秦栏镇镇长吴振文这样告诉记者。

电子产业在秦栏崛起,纯属偶然。秦栏镇有过一家集体企业——秦栏电子器材厂,被称为秦栏的“黄埔军校”。厂里的技术员、推销员、管理人员纷纷下海创业,“黄埔军校”一连派生出 30 多个电子企业,逐渐在秦栏形成气候。

“二次创业” 产业插上腾飞双翼

2002 年,在镇党委安排下,秦栏所有上规模企业的老总组团远赴浙江温州、义乌等地考察学习。次年又组团到马钢、芜湖奇瑞等观摩现代化大企业管理模式。

镇党委、政府“跳出安徽看发展,敢与江浙比高低”的响亮口号,将他们的目光引向更广阔的发展天地。镇里专门开办“素质教育学校”,大批民营企业家经历春风化雨的价值观教育,“正确运用财富,创造新的辉煌”,成为秦栏企业家的普遍意识。

对“二次创业”的企业,秦栏镇在项目扶持、土地使用、资金支持上给予“优先权”。政府选取全镇最好的土地,兴建配套设施齐全的第一、第二工业园区,为企业低成本扩张提供更大舞台。在镇党委、政府积极争取下,省农行在全省率先对秦栏镇民营企业进行授信贷款,秦栏 50 多家企业得到授信贷款支持达 1.5 亿元。

企业家“二次创业”的激情被点燃。秦栏企业纷纷建厂房,上设备,扩大生产规模,实现技术升级。2003 年,秦栏年产值在 500 万元的企业增加 56 家,产值超 5000 万元的企业增加 3 家。尚在建设中的第二工业园区,就已有 48 家企业入园征地,11 家企业拉开建设帷幕。

“企业上规模,企业家必须学会现代经营管理。”镇领导引领发展的思路细致、缜密,他们每年都请来专家教授,为老总们在经营管理上“充电”,还有意识地带领一个个企业家走进“同行”“领地”,取长补短。在镇党委、政府大力推动下,“小作坊”纷纷走向股份制,全镇诞生多个企业集团。镇政府还花大工夫专门注册“秦栏卤鹅”等一批地方特色食品品牌,给秦栏企业家上了一堂生动的“品牌”课。

镇党委、政府吹响二次创业的嘹亮号角,秦栏个私经济插上更强健的翅膀,飞得更高,更远。

“借脑生财” 科技创新浴火重生

2004 年 5 月,美国电工集团两名博士来到秦栏兴业集团参观考察,面对中国小镇上一个不起眼的民营企业家、兴业集团董事长俞启茂,两名美国博士开始神情傲慢,居高临下,随着双方在技术领域交谈的深入,两名博士的表情凝重起来,掏出笔来不断记录。当俞启茂谈到兴业集团自主开发的“家庭智能化控制系统”时,两名博士的钦佩之情溢于言表。事后,美国电工集团表示了与俞启茂合作的强烈愿望。

“秦栏的土专家折服了洋博士。”目睹全过程的镇长吴振文满怀感慨,“像俞启茂这样的企业家在秦栏比比皆是,自身学历不高,但通过刻苦学习获得知识积累,成为电子领域高手,科技创新的领头羊。”

电子产业是一门技术细活,成百上千的秦栏小老板却能充分驾驭,游弋自如,秘诀之一在自身学习。走进任何一个秦栏电子企业老总的办公室,国内电子类杂志刊物应有尽有。高薪聘请的工程师除了企业日常的技术工作,往往还有一份额外“义务”——为老板上课。秘诀之二是“借脑生财”。小学、中学学历的企业老板,手下却不乏硕士、博士之类精英人才。全镇个私企业聘用大中专毕业生达 1000 多名,专家教授、高级工程师等高级人才有 40 多名。

赵士明只有一张初中毕业证书,而他的天富电子有限公司里,却有南京理工大学、安徽大学等高校的几十名高材生。2002 年,他自费到中央党校“充电”,学习现代企业管理。他告诉记者:“每一个秦栏企业家都认识到,随着产业升级,科技、人才和管理已成为企业生命线。”

天南海北的大批技术精英汇聚秦栏,托起一片电子产业“高地”,田野中走出来的秦栏民营企业有了科技制高点,在更广阔的市场海洋劈波斩浪。作为安徽首家民营科技示范区,秦栏目前有 40 多家企业与全国 20 多个大专院校和科研院所建立合作关系,全镇每年有 10—15 个新产品问世。24 个企业加入省科技厅命名的民营科技企业阵营。秦栏电子产业,在科技创新的一波波热潮中浴火重生。

(摘自 2004 年 8 月 10 日《安徽日报》)

乡镇财政统计资料

2003年全省63个重点中心建制镇财经综合统计表(一)

镇　　名	年末总人口(人)	生产总值		财政总收入		人均财政总收入(元)	财政总支出		财政供给人数
		万元	增长%	万元	增长%		万元	增长%	
肥西县三河镇	26313	20600	23	2010	23	764	2007	25	465
长丰县双墩镇	46000	31800	6	1523	8.6	331	1495	30.8	161
肥东县撮镇镇	44000	23500	18	1770	40	402	1770	30	127
淮南市毛集镇	50600	30000	3	800	－10	158	3000	44	210
凤台县朱马店镇	42000	37800		280	－19.7	67	357	40.4	95
固镇县王庄镇	36835	30281	－18.5	408	－11.9	111	295	－22.6	330
怀远县常坟镇	43992	52000	－7.1	252	39.2	57	230	8.8	110
五河县沫河口镇	67968	41560	8	656	－11	97	429	12	180
芜湖县清水镇	81319	32100	14.1	1961	8.8	241	1301	18	339
繁昌县三山镇	29554	12000	5	764	4.5	259	937	4.8	137
南陵县弋江镇	108825	41024		1486	6	137	1757	－7	755
濉溪县百善镇	68547	26000	6.3	1178	6	172	1101	7.8	891
当涂县博望镇	78223	132800	31	3310	34.2	423	1454	27.3	780
枞阳县横埠镇	37812	21922	7.9	1276	6.2	337	1241	4.5	893
潜山县源潭镇	31606	38700	6.7	895	11	283	790	8	362
怀宁县石牌镇	63200	33244	4.2	787	10.8	125	884	10	359
太湖县徐桥镇	52710	59000	8	396	5	75	829	12.6	682
宿松县复兴镇	54000	12443	8.9	905	6.8	168	648	9	207
桐城市新渡镇	54651	29664	11.3	1358	4.9	248	1279	8.5	199
岳西县店前镇	19966	2400	6.8	169	－7.6	85	430	－1.1	254
祁门县闪里镇	9295	2920	3.7	288	20.1	310	78	5.4	39
黟县西递镇	6487	7510	13.5	1010	72.1	1557	240	14.5	42
歙县深渡镇	17289	22435	4.9	723	－10.4	418	176	－73.3	62
铜陵县顺安镇	23734	17000	13.3	543	18.3	229	437	41.4	320
天长市秦栏镇	40263	150000	35	5000	15.3	1242	3970	18.6	1500
南谯区乌衣镇	28332	67616	12.5	1105	10.3	390	447	8	54
全椒县古河镇	42000	130000	3.8	955	－1.5	227	1136	5.8	560
凤阳县武店镇	62000	35800	11.9	476	－3.3	77	241	－34.5	105
定远县炉桥镇	53100	22500	7	856	4	161	850	6	159
砀山县李庄镇	51968	30352	－4.2	551	62.6	106	240	26	126

2003年全省63个重点中心建制镇财经综合统计表(二)

镇名	年末总人口(人)	生产总值		财政总收入		人均财政总收入(元)	财政总支出		财政供给人数
		万元	增长%	万元	增长%		万元	增长%	
泗县大庄镇	62767	25716	-3.1	500	-9.3	80	278	21.5	191
埇桥区符离镇	93450	93000		1074	3.3	115	1073		224
灵璧县渔沟镇	62876	16924	-10.5	530	-8	84	661	-19.4	742
萧县张庄寨镇	72624	11600	5	996	10	137	1084	28	168
临泉县杨桥镇	63060	14653	-6.7	431	6.6	68	372	16.3	210
太和县三堂镇	53500	16076	8	356	9.2	67	338	-1.7	181
界首市光武镇	56580	21300	1.5	314	0.6	55	228	1	771
颍上县南照镇	50000	7296	-27.8	768	-30.2	154	722	-19.5	247
阜南县田集镇	51602	8374	4	282	8	55	265	4	163
涡阳县义门镇	59557	2200	-8.3	370	-11.8	62	473	17.4	269
谯城区古井镇	25100	19725	10.1	795	13.9	317	470	-2	168
蒙城县板桥镇	68828	18832	1	746	16.9	108	297	-56.1	151
利辛县阚疃镇	85426	16891	-5	527	-6	62	498	29.4	290
和县沈巷镇	51919	25224	10.7	2533	14.5	488	2756	17.5	595
庐江县汤池镇	37738	7215	4.9	449	-0.7	119	812	2.8	549
居巢区柘皋镇	61248	36300	8.5	989	8.1	161	1153	5.7	674
无为县二坝镇	35913	28663	7.5	421	-3.6	117	261	3.6	345
含山县林头镇	52705	72970	10.5	1158	22.7	220	327	1.9	176
六安市叶集镇	153000	62404	13.6	4243	4	277	6501	17.1	2969
舒城县杭埠镇	56627	19412	8.2	530	-2.8	94	342	0.4	271
霍山县诸佛庵镇	34361	29000	8.8	380	39.2	111	362	11.9	158
寿县正阳镇	15190	15000	0.3	180	5	118	128	16.4	171
裕安区苏埠镇	79084	25100	4.6	443		56	673		297
霍邱县姚李镇	52395	1246	-15.7	588	-42	112	1191	26	516
泾县茂林镇	24401	52200	8	630	14.5	258	280	-6.4	142
宁国市港口镇	37533	16500	23	1361	-8.5	363	1089	-7.5	434
宣州区水东镇	32635	45156	12.7	912	5.2	279	225	2.1	392
广德县新杭镇	32948	115894	15	1108	19	336	689	9	512
旌德县白地镇	14680	7418	5	205	2	140	273	-4	202
绩溪县上庄镇	16200	12600	12	351	22.8	217	220	26.7	108
贵池区殷汇镇	48928	25000	8	702	11.4	143	423	-1	472
东至县东流镇	37600	41000	15	539	28	143	263	-28	101
青阳县木镇镇	15046	5100	8.5	297	3.1	197	180	-6.9	71

2003 年安徽省乡镇财政基本情况表

编制单位:厅国库处　　　　单位:个/人/万元

项　　目	合　计	项　　目	合　计
一、本年乡镇数	1753	十一、乡镇财政一般预算收支平衡	
二、乡镇财政机构数	1649	收入总计	827110
其中:财税所数	254	本年本级收入	484104
三、体制形式和类型		其中:税收收入	461558
实行分税制体制的乡镇数	1689	上级补助收入	310558
实行原体制的乡镇数	64	其他收入	6896
上解乡镇数	960	上年结余收入	25552
补助乡镇数	698	支出总计	824588
自收自支乡镇数	95	本年本级支出	473038
四、已建立乡镇国库的乡镇数	1262	上解上级支出	330619
五、税务所机构数	1425	其他支出	20931
国家税务所数	615	年终结余	2522
地方税务所数	810	净结余	−18146
其中:一乡(镇)一所数	291	十二、乡镇财政基金预算收支平衡	
六、乡镇财政所总人数	13839	收入总计	13628
1.行政编制实有人数	2328	本年本级收入	7093
2.事业编制实有人数	10952	上级补助收入	4832
3.以工代干人数	499	其他收入	21
4.集体财务人员人数	60	上年结余收入	1682
七、乡镇财政供养人口	263827	支出总计	13057
1.财政预算拨款开支人数	87021	本年本级支出	10485
2.财政补助开支人数	176806	其他支出	2572
其中:教师	55610	年终结余	571
八、赤字乡镇个数	339	十三、预算外收支情况	
九、乡镇经济有关指标统计		收入总计	98273
1.年末总人口	52596986	本年本级收入	101367
其中:农村人口	45605058	1.行政事业单位收入	42690
2.乡镇总产值	29547346	2.乡镇自筹统筹收入	33583
其中:工业总产值	16225593	3.其他收入	25094
农业总产值	10999532	上年结余收入	−3094
十、乡镇财政一般预算收入分档		支出总计	108231
100 万元以下的乡镇数	296	本年本级支出	107000
100 万元—500 万元的乡镇数	1234	其中:行政事业支出	64442
500 万元—1000 万元的乡镇数	163	基本建设支出	9632
1000 万元以上的乡镇数	60	调出资金	1231
		年终结余	−9958

财经统计资料篇

底图为黄山风光：猴子观海

全省财经统计资料

2003年安徽省国民经济和社会发展统计公报

安徽省统计局(2004年2月18日)

2003年,在省委、省政府的坚强领导下,全省人民坚持以“三个代表”重要思想为指导,认真贯彻执行党中央、国务院的各项方针政策,一手抓抗击“非典”和抗洪救灾,一手抓促进经济社会协调发展,开拓奋进,扎实工作,保持了国民经济较快增长的良好势头,主要经济指标增幅创近年来最好水平,经济运行质量持续提高,城乡人民生活不断改善,科技、教育等各项社会事业全面进步。

一、综合

国民经济持续较快增长。初步核算,全年生产总值3973.2亿元,按可比价格计算,比上年增长9.2%,增幅较上年提高0.3个百分点,是1998年以来增长最快的一年。其中,第一产业因受灾有所下降,全年实现增加值749.1亿元,下降3%;第二产业增加值1780.6亿元,增长14%;第三产业增加值1443.5亿元,增长10.2%。三次产业比例为18.9∶44.8∶36.3。按常住人口计算,人均生产总值为6457元,比上年增加640元。全社会劳动生产率11278元/人,按可比价格计算,增长7.8%。

物价总水平小幅上涨。全年居民消费价格总水平比上年上涨1.7%,其中城市上涨1.8%、农村上涨1.7%。分类别看,食品类价格上涨6.0%,其中鲜菜及油脂分别上涨28.7%和16.8%;娱乐教育文化用品及居住类价格微升;烟酒及用品、衣着、家庭设备用品、医疗保健用品、交通和通讯等类价格仍为下降趋势。原材料购进价格上涨6.7%,工业品出厂价格上涨3.5%,固定资产投资价格上涨3.5%。

就业规模继续扩大。年末全省从业人员3544.9万人,同比增加44.4万人。其中,第一产业1875.2万人,减少71.1万人;第二产业68..4万人,增加59.2万人;第三产业989.3万人,增加56.3万人。年末全省在岗职工342万人,比上年减少16.7万人。城乡私营企业从业人员和个体劳动者405.1万人,减少17.7万人。全省城镇新增就业岗位38万个。年末城镇人口登记失业率为4.1%。

改革开放迈出新步伐。国有企业改革取得积极进展,企业上市融资又有新成绩。城市公用事业改革进一步深入,土地市场治理整顿工作成效明显。农村税费改革规范年活动扎实开展,农业特产税改征农业税,粮食补贴方式改革试点在全省推开。新型农村合作医疗制度试点启动实施。户籍制度改革继续深化,全省城镇化水平达到32%,比上年提高1.3个百分点。

国民经济和社会发展中存在的主要问题是,经济持续快速增长的基础不够稳固,发展速度横向比还不够快;农民增收困难,城乡发展差距有所扩大;制约经济发展的体制性障碍比较突出;就业压力仍然较大等。

二、农业

2003年,我省淮河、滁河流域发生的特大洪涝灾害和部分地区持续高温干旱,使全省种植业生产遭受严重影响,主要农产品减产。

粮食产量大幅回落。全年粮食总产量2214.8万吨,比上年减产55.2万吨,下降19.9%。其中,夏粮产量707.6万吨,下降6.6%;早稻120万吨,下降7.7%;秋粮1387.2万吨,下降26.1%。

经济作物除个别品种外,多数减产。全年油料产量231.5万吨,比上年下降18%。棉花产量29.5万吨,下降16.4%。茶叶产量5.1万吨,增长5%。水果产量609.1万吨,下降25.7%。烤烟产量2.1万吨,下降3..6%。蔬菜产量1513.5万吨,同比下降6.5%。

林业生产取得新进展,养殖业平稳发展。全年完成造林面积364.7千公顷,幼林抚育作业面积960千公顷次。全年肉类总产量358.2万吨,比上年增长4.8%;水产品产量163.4万吨,与上年基本持平。

种植业结构继续调整,农产品优质化水平进一步提高。棉花种植面积达442千公顷,比上年扩大77.7千公顷;蔬菜种植面积654.9千公顷,扩大54.7千公顷。全省稻、麦、油三大农作物综合优质率达46.2%。

农业现代化和农村基础设施建设继续得到加强。全省农业机械总动力3544.7万千瓦,比上年增长5.1%。全年化肥施用量(折纯)281.3万吨,增长4.1%。农村用电量57.5亿千瓦小时,增长11%。全省有效灌溉面积达3285千公顷,新增21.2千公顷。

三、工业和建筑业

工业增长进一步加快。全年全部工业增加值1445.6亿元,比上年增长12.2%。其中,全部国有及年产品销售收入500万元以上的非国有工业(以下简称规模以上工业)实现增加值834.7亿元,增长19.8%,增幅比上年提高4.5个百分点,为1997年以来最高增幅。在规模以上工业中,国有及国有控股企业增加值476.8亿元,增长14.3%。集体企业44.3亿元,增长6.1%;股份制企业430.5亿元,增长21.4%;外商及港澳台投资企业141.2亿元,增长31.5%。重工业增加值557.4亿元,增长20.3%;轻工业增加值277.3亿元,增长19.2%。

工业结构调整成效显著。全省规模以上工业实现新产品产值355.7亿元,增长22.7%,新产品产值率为13.9%。支柱行业带动作用明显,电气机械及器材制造业增长50.9%,交通运输设备制造业增长35.2%,化学原料及化学制品制造业增长21.6%,三行业对全省工业增加值的贡献率达到49.3%。化学纤维制造业、橡胶制品业等继续保持较快增长,增速分别为37.6%和19.1%。主要工业产品产量中,能源原材料类产品继续保持较快增长,原煤、钢、成品钢材分别增长9.1%、8.4%和8%;发电量增长17.9%,水泥增长21.6%;日用电器类产品中电冰箱、洗衣机和房间空调器均增长较快,其中空调器增长达1.14倍。

工业企业效益继续改善。全省规模以上工业经济效益综合指数为127.9,比上年提高16.3个百分点,再创历史新高。工业企业产品销售率为98.7%,比上年提高0.2个百分点;实现销售收入2638.6亿元,增长25.5%;实现利税323.8亿元,增长30.6%,其中实现利润135.6亿元,增长59.4%。

建筑业快速增长。全年全社会建筑业完成增加值335亿元,比上年增长23.4%。四级及以上建筑企业实现利税总额28亿元,增长1.7%。施工工程个数4.9万个,房屋建筑施工面积7417万平方米,比上年增加1073万平方米;房屋竣工面积4087万平方米,增加240万平方米。

地质勘查取得新进展。全省共开展各类地质勘查项目413项,其中油气勘查项目21项,完成机械岩芯钻探工作量18万米(不含油气勘查),完成1:25万国土资源大调查11000平方公里,新发现矿产地8处,新增探明储量矿种6个。完成地质勘查货币工作量约2.45亿元。

四、固定资产投资

固定资产投资增速加快。全年全社会固定资产投资1477.6亿元,比上年增长30.4%。其中,国有及其他单位投资1178.5亿元,增长42.7%;城乡集体和居民个人投资299.1亿元,下降0.8%。基本建设投资552.8亿元,增长30.3%;更新改造投资355.2亿元,增长53.4%;房地产开发投资240.7亿元,增长64.3%。

投资结构继续改善。全年第一产业投资11.1亿元,比上年增长16..4%;第二产业投资476.5亿元,增长52.7%,其中制造业投资增长79.5%;第三产业投资690.9亿元,增长35.5%。交通运输业投资继续保持快速增长,全年完成投资128.2亿元,增长29.6%;教育投入加大,完成投资41.8亿元,增长44.8%。

重点项目建设成效显著。全年共安排省重点建设项目69项,总投资规模973亿元,当年完成投资211亿元。其中重点基本建设项目55项,当年完成投资147亿元;技术改造项目14个,完成投资64亿元。在69个重点建设项目中,合肥软件产业基地、宁西铁路合肥—西安段、合徐高速公路北段、马鞍山星马汽车、江淮瑞风商务车等14个项目已竣工投产。

小城镇建设继续得到加强。到2003年底,全省小城镇数量2939个,其中建制镇939个,农村集镇2000个。当年全省小城镇建设总投入达94亿元。全省小城镇规划编制调整完善比率为94.4%。省政府确定的200个中心镇规划编制调整完善比率达100%,镇区道路铺装率76%,总投入54亿元。

五、国内贸易

消费品市场销售较快增长。2003年,全省消费品市场运行情况良好,消费结构升级加快,消费热点比较突出。全年社会消费品零售总额实现1331.2亿元,比上年增长9.8%。其中,城市消费品零售额666.6亿元,增长12.8%;县及县以下消费品零售额664.6亿元,增长7%。分行业看,批发零售贸易业消费品零售额1143.7亿元,增长9.9%;餐饮业零售额159.4亿元,增长12.1%;其他行业零售额28.2亿元,下降3.8%。从商品类别看,全省限额以上批发零售贸易企业吃、穿、用类商品零售额全面增长,食品、饮料、烟酒类比上年增长20.7%,中西药类增长16%。通讯、汽车及其相关商品继续保持旺销势头,其中通讯类增长189.3%、汽车类增长130%。城乡集市贸易平稳发展,全年商品成交额1042亿元,比上年增长3%。

限额以上批发零售贸易企业经济效益持续好转。全省限额以上批发零售贸易企业实现商品销售收入净额753.2亿元,比上年增长23%;实现利润总额16.7亿元,增长36.5%;毛利率8.25%,下降0.27个百分点;费用率3.21%,下降0.31个百分点。

六、对外经济和旅游业

进出口快速增长。全年进出口总额59.4亿美元,比上年增长42.1%。其中,出口总额30.6亿美元,增长24.9%;进口总额28.8亿美元,增长66.6%。分贸易方式看,一般贸易出口完成26.1亿美元,增长26.8%,占全部出口总额的比重由上年的83.9%提高到85.2%;加工贸易出口完成4.4亿美元,增长14.6%。分地区看,对非洲、欧洲、大洋洲的出口增长迅速,分别增长37.4%、35.4%和33.5%,对亚洲、北美洲和拉丁美洲的出口分别增长21.7%、18.7%和8.5%。外商投资企业全年进出口额15.3亿美元,比上年增长35.8%。

利用外资增长较快。2003年,全省各地不断优化投资环境,拓宽引资渠道,发挥开发区的聚集和示范带动作用,引进外资取得新成绩。全年实际利用外资达10.95亿美元,比上年增长47.8%。其中,实际利用外商直接投资3.91亿美元,增长4.1%。当年全省新批外商投资企业431家,比上年增加93家。

对外承包工程和劳务合作稳步发展。全年共签订对外承包工程和劳务合作合同183份,新签合同金额2.1亿美元,比上年增长0.1%;完成营业额1.62亿美元,增长46.9%;当年外派劳务人员3881人,增长1.1%,年末在外人数8760人。

旅游经济受"非典"影响出现下降。全年旅游总收入196.5亿元,比上年下降9.1%。其中,旅游外汇收入1.1亿美元,下降29.7%;国内旅游收入187.1亿元,下降7.8%。接待海外游客28.1万人次,下降38.8%;接待国内游客3337.8万人次,下降14.1%。

七、交通和邮电

交通运输和邮电通信业继续保持较快增长。全年运输邮电业实现增加值253.8亿元,比上年增长11.7%。

各种运输方式完成货物运输周转量1355.9亿吨公里,比上年增长..5%。其中,铁路807.8亿吨公里,增长7.9%;公路318.4亿吨公里,增长6.3%;水运229.4亿吨公里,增长13.9%;民航0.3亿吨公里,增长14.5%。完成旅客运输周转量635.8亿人公里,比上年增长3%。其中,铁路224.5亿人公里,下降2.6%;公路396.7亿人公里,增长6.9%;水运0.4亿人公里,下降40.4%;民航14.2亿人公里,下降4.1%。

邮电部门全年完成邮电业务总量157.3亿元,比上年增长9.7%。其中,电信业务总量138.5亿元,增长9.6%;邮政业务总量18.8亿元,增长9.9%。年末本地城市电话用户381.5万户,农村电话用户517万户,移动电话用户697万户,分别比上年增长1.4%、24.3%和28.7%。电话普及率27.3%,比上年提高5.9个百分点。年末电信数据通信用户150.5万户,其中计算机互联网用户达148.6万户。

八、财政、金融和保险业

财政收入快速增长。全年实现财政收入412.3亿元,比上年增长1.9%。与经济增长密切相关的主体税种增值税、营业税增收较多,分别增长13.7%和18.1%。全年财政支出506亿元,增长10.8%。其中医疗卫生支出增长19.1%,抚恤和社会福利救济费增长50.3%。

金融机构存贷款增加较多。年末全省金融机构人民币存款余额4190.2亿元,比上年末增长21.3%。其中,企业存款1234.2亿元,增长2.2%;城乡居民储蓄存款2475.8亿元,增长20.9%。金融机构人民币贷款余额为3374.6亿元,比上年末增长14.7%。其中,短期贷款2078.2亿元,增长7.8%;中长期贷款975.2亿元,增长32.6%。

企业上市工作继续加强。全年在上海、深圳证券交易所发行新股3只(A股),增发1只(H股),可转换公司债券3只,共筹集资金30.9亿元。到2003年底全省上市公司已达36家。

保险业发展加快。全省保险系统保费收入103.9亿元,比上年增长51%,其中财产险保费收入20.5亿元,人身险保费收入83.4亿元。赔款和给付20.9亿元,增长31.5%,其中财产险业务赔款支出13.9亿元,人身险业务赔款和给付支出7亿元。

九、科学技术和教育

科技队伍稳定发展。年末全省共有各类专业技术人员107.7万人,比上年末增长3%。县以上独立研究开发机构166个,高等院校办研究与发展机构

86个,大中型工业企业办技术开发机构266个。从事科技活动人员9万人,其中科学家和工程师6万人。全省民营科技企业5141家,从业人员18万人,技工贸总收入400亿元。

科技经费投入增加。当年全省科技机构、高等院校、大中型工业企业等单位用于科技活动的经费支出为65.6亿元,比上年增长24.4%。其中用于研究与发展经费29.2亿元,增长22%。

科学研究和技术开发取得新成果。全年共取得省部级以上重大科技成果436项。主要科技成果有:空气质量一氧化碳自动监测仪、中国道路交通事故防治工程技术研究及应用、复杂化学体系中重要非线性问题的研究、江淮丘陵地区棉花节本高效综合栽培技术体系研究等。当年全省安排省优秀青年科技基金26项,二期科技攻关及专项计划30项,国际科技合作计划8项,软科学计划27项,年度重点计划55项。争取国家星火、火炬、成果推广计划项目75项,总投资23.2亿元。有国家重点实验室2个,省级重点试验室16个,省部共建实验室5个,部属实验室10个。

专利申请稳定发展,技术监督与质量服务工作进一步加强。全年共受理专利申请2676件,授权专利1610件。共签订各类技术合同4082项,金额8.79亿元;其中流向本省的技术1874项,金额4.25亿元。年末全省共有县以上产品质量监督检验机构41个。

测绘事业进一步发展。全年省测绘资料档案馆为社会各界提供了各种比例尺地形图12322张,大地控制点成果3875个(含GPS点),利用档案资料268卷(盒),航空摄影底片1631张,航空航天影像数据光盘528盘。省测绘总院所属单位完成测绘服务总值1894万元。

各级各类教育全面发展。2003年末,全省共有普通高校73所,当年招生14.2万人,较上年增加2万人,在校生41万人。研究生培养单位17个,当年招收研究生5883人,在学研究生13535人。各类中等职业技术学校521所,在校生41.3万人。普通中学3820所,在校生428.3万人,其中高中在校生90万人,初中在校生338.3万人。普通小学22328所,在校生661.2万人。初中阶段适龄人口入学率为96.44%,小学学龄儿童入学率为99.09%;普通初中和小学学生辍学率分别为2.01%和0.78%。成人中等专业学校招生1.1万人,在校生2.6万人;成人技术培训学校培训学员160.7万人次。全年共扫除文盲13.6万人。

十、文化、卫生和体育

文化事业发展健康有序。2003年末,全省共有艺术表演团体93个,文化馆100个,公共图书馆84个,博物馆39个。全省各级国家档案馆124个,档案馆馆藏档案资料545万卷(件、册),库馆总建筑面积13.6万平方米。广播电台15座,中波发射台和转播台23座,电视台17座。全省有线电视用户265万户。广播人口覆盖率95.5%,比上年增加0.1个百分点;电视人口覆盖率94.96%,比上年增加0.11个百分点。全年出版报纸101种,总印数80284万份;期刊(杂志)179种,总印数5060万册;图书3361种,总印数27091万册;电子、音像出版物1106种,出版数量941.6万盒。

卫生事业不断进步。年末全省共有卫生机构(含诊所、卫生所室、个体开业)7532个,比上年增加443个。其中医院、卫生院2947个,卫生防疫防治机构229个,妇幼卫生机构118个。医院、卫生院床位12.1万张。专业卫生技术人员16.9万人,其中医院、卫生院14万人,卫生防疫防治机构0.7万人,妇幼保健机构0.4万人。在医院、卫生院专业卫生技术人员中,有医生6.1万人,护师(士)4.3万人。农村有医疗点的村占总村数的94.5%,乡村医生和卫生员6.9万人。

体育事业取得较好成绩。全年我省运动员在国际和国内的重大比赛中共获得40枚金牌、28枚银牌和42枚铜牌。国际运动健将发展数为4人,运动健将发展数为24人,一级运动员发展数为43人;国家级裁判员发展数为19人,一级裁判员发展数为78人;社会体育指导员发展数为1658人。新建标准体育场地67个,其中体育馆4个,标准体育场12个;新建全民健身路径131条。全年共举办万人以上的体育健身活动58次,参加活动人数70多万人次。残疾人运动也取得较好成绩,残疾人运动员在国内外重大比赛中共获得16枚金牌、9枚银牌和9枚铜牌。全年在通过销售中国体育彩票筹集的资金中,有6863万元用于体育事业发展。

十一、环境保护

环境质量保持稳定。2003年末,全省环境保护系统共有职工4769人,省、市、县级环境监测站71个。空气环境质量有所改善,城市声环境质量基本稳定,已在全省17个城市中建成162个烟尘控制区,面积达761.9平方公里;在17个城市中建成了94个环境噪声达标区,面积达337.4平方公里。淮河干、支流水质有所好转，长江和新安江流域水质总体良好，巢湖流域水质出现下降。合肥、芜湖、马鞍山积极创建国家环境保护模范城市，实施了一批重点工程。环保“十五”计划实施取得进展，截至2003年底，建成和在建项目累计达到88个，完成投资90.3亿元，全省主要污染物排放总量实现了年度削减任务。

生态省建设正式启动，编制了《安徽生态省建设总体规划纲要》，并通过国家环保总局和省政府的联合评审。当年全省新增8个国家级生态示范区建设试点，总数累计已达30个。已建成自然保护区31个，其中国家级5个、省级25个、县级1个。

全年全省发生火灾事故7287起，发生交通事故21791起。

十二、人口与人民生活

人口增长得到有效控制。2003年全省人口出生率为11.15‰，比上年降低0.05个千分点；死亡率为5.20‰，比上年上升0.03个千分点；自然增长率5.95‰，比上年降低0.08个千分点。年末全省户籍人口6410万人，常住人口6163万人。

城乡居民收入继续增加。全年城镇居民人均可支配收入6778元，比上年增长12.4%，考虑价格因素，实际增长10.4%。人均消费性支出5064元，增长8.5%。城镇居民家庭恩格尔系数为44.2%，比上年上升1个百分点。全年农村居民人均纯收入2127元，比上年增长0.4%。农村居民人均生活消费支出1596.3元，增长8.2%。农村居民家庭恩格尔系数为46%，比上年下降1.5个百分点。

社会保障事业进一步加强。年末全省参加基本养老保险人数为45..4万人。其中，职工342.2万人，企业离退休人员109.2万人。参加失业保险人数为380.8万人，领取失业保险金人数为23.4万人，比上年增加5.9万人。全省参加基本医疗保险人数为323.5万人，增加50.1万人。全年有3.91万名国有企业下岗职工出中心，其中2.27万人通过各种途径实现再就业。年末全省共有104.3万城镇居民得到政府最低生活保障救济。

社会福利事业继续发展。年末全省有各类社会福利院床位5.1万张，收养各类人员4.1万人。全省已有62.5%的乡镇建立了农村社会保障网络。城镇建立各种社区服务设施10177处，其中综合性社区服务中心505个。全年销售社会福利彩票2.74亿元，筹集社会福利资金0.96亿元，直接接收社会捐赠款0.81亿元。

注：1.公报中数字均为初步统计数。2.全省生产总值和各产业增加值按当年价格计算，增长幅度按可比价格计算。

附表：　2003年主要工农业产品产量

产品名称	计量单位	绝对数	比上年增减(%)
一、农产品产量			
粮食	万吨	2214.8	－19.9
油料	万吨	231.5	－18.0
其中：油菜籽	万吨	152.9	0.4
花生	万吨	69.5	－38.5
棉花	万吨	29.5	－16.4
黄红麻	万吨	1.6	－53.3
甘蔗	万吨	26.0	－16.1
烤烟	万吨	2.1	－32.6
蚕茧	万吨	2.6	－7.4
茶叶	万吨	5.1	5.0
水果	万吨	609.1	－25.7
肉类	万吨	358.2	4.8
牛奶	万吨	9.0	22.2
禽蛋	万吨	119.8	3.9
绵羊毛	吨	126	－3.8
水产品	万吨	163.4	持平
二、工业产品产量			
纱	万吨	32.2	0.9
布	亿米	6.1	－1.5
化学纤维	万吨	14.2	17.7
卷烟	万箱	180.1	4.0
白酒	万吨	24.8	－6.9
啤酒	万吨	122.0	－5.5
家用洗衣机	万台	188.2	27.2
家用电冰箱	万台	274.9	33.6
彩色电视机	万部	265.3	2.7
房间空调器	万台	296.7	113.7
能源生产总量	万吨(标准煤)	4817.9	8.1
原煤	万吨	6726.4	9.1
发电量	亿千瓦时	547.8	17.9
柴油	万吨	146.3	8.5
生铁	万吨	693.6	7.9
钢	万吨	692.2	8.4
成品钢材	万吨	710.0	8.0
十种有色金属	万吨	40.9	26.7
水泥	万吨	2940.8	21.6
平板玻璃	万重量箱	400.8	117.5
化肥	万吨	187.1	2.1
化学农药	万吨	2.2	23.9
合成氨	万吨	196.1	2.3
浓硝酸	万吨	26.3	72.4
汽车	万辆	26.4	25.8
轮胎外胎	万条	873.0	17.0
微型电子计算机	万部	15.8	－17.1

2003年安徽省财政一般预算收支决算总表

编制单位:厅国库处　　　　单位:万元

收入		支出	
预算科目	决算数	预算科目	决算数
一、增值税	369517	一、基本建设支出	474481
二、营业税	459731	二、企业挖潜改造资金	148824
三、企业所得税	190470	三、地质勘探费	35359
四、企业所得税退税	—29	四、科技三项费用	27109
五、个人所得税	82408	五、流动资金	
六、资源税	26472	六、农业支出	169118
七、固定资产投资方向调节税	12	七、林业支出	34848
八、城市维护建设税	133121	八、水利和气象支出	122420
九、房产税	59682	九、工业交通等部门的事业费	34324
十、印花税	16674	十、流通部门事业费	5677
十一、城镇土地使用税	33547	十一、文体广播事业费	118748
十二、土地增值税	11088	十二、教育支出	845575
十三、车船使用和牌照税	7091	十三、科学支出	18204
十四、屠宰税		十四、医疗卫生支出	170815
十五、筵席税		十五、其他部门的事业费	178608
十六、农业税	266789	十六、抚恤和社会福利救济	208102
十七、农业特产税	166	十七、行政事业单位离退休支出	322677
十八、牧业税		十八、社会保障补助支出	491158
十九、耕地占用税	39974	十九、国防支出	7250
二十、契税	71027	二十、行政管理费	512911
二十一、国有资产经营收益	24154	二十一、外交外事支出	3372
二十二、国有企业计划亏损补贴	—22920	二十二、武装警察部队支出	3901
二十三、行政性收费收入	229728	二十三、公检法司支出	304227
二十四、罚没收入	103739	二十四、城市维护费	141734
二十五、海域场地矿区使用费收入		二十五、政策性补贴支出	216787
二十六、专项收入	76418	二十六、支援不发达地区支出	48315
二十七、其他收入	28628	二十七、海域开发建设和场地使用费支出	252
		二十八、债务利息支出	1027
		二十九、专项支出	69203
		三十、其他支出	359372
		三十一、总预备费	
本年收入合计	2207487	本年支出合计	5074398

2003 年安徽省省级财政一般预算收支决算总表

编制单位:厅国库处　　　　单位:万元

收入		支出	
预算科目	决算数	预算科目	决算数
一、增值税	107	一、基本建设支出	231887
二、营业税	15533	二、企业挖潜改造资金	54281
三、企业所得税	100466	三、地质勘探费	35359
四、企业所得税退税		四、科技三项费用	6793
五、个人所得税	25902	五、流动资金	
六、资源税		六、农业支出	48692
七、固定资产投资方向调节税		七、林业支出	13670
八、城市维护建设税	1468	八、水利和气象支出	82356
九、房产税	57	九、工业交通等部门的事业费	14576
十、印花税	31	十、流通部门事业费	505
十一、城镇土地使用税	22	十一、文体广播事业费	18921
十二、土地增值税	4	十二、教育支出	101193
十三、车船使用和牌照税		十三、科学支出	11259
十四、屠宰税		十四、医疗卫生支出	20488
十五、筵席税		十五、其他部门的事业费	68399
十六、农业税		十六、抚恤和社会福利救济	4442
十七、农业特产税		十七、行政事业单位离退休支出	56330
十八、牧业税		十八、社会保障补助支出	237469
十九、耕地占用税	19550	十九、国防支出	5968
二十、契税		二十、行政管理费	104689
二十一、国有资产经营收益	10403	二十一、外交外事支出	1703
二十二、国有企业计划亏损补贴	-2341	二十二、武装警察部队支出	1979
二十三、行政性收费收入	105087	二十三、公检法司支出	103206
二十四、罚没收入	20861	二十四、城市维护费	181
二十五、海域场地矿区使用费收入		二十五、政策性补贴支出	213741
二十六、专项收入	7432	二十六、支援不发达地区支出	47555
二十七、其他收入	6426	二十七、海域开发建设和场地使用费支出	
		二十八、债务利息支出	
		二十九、专项支出	2837
		三十、其他支出	82549
		三十一、总预备费	
本年收入合计	311008	本年支出合计	1571028

全省财经主要指标5年滚动统计表

项　　目	单位	1999年	2000年	2001年	2002年	2003年
(一)财政总收入	亿元	280.85	290.4	309.5	346.7	412.58
同比增长	%	7.2	8	6.6	12	18.9
其中:上划中央收入	亿元	106.56	111.7	117.3	135.3	191.83
同比增长	%	3.6	4.8	5.1	15.3	41.8
地方收入	亿元	174.29	178.72	192.2	211.4	220.75
同比增长	%	9.5	10.2	7.5	10	4.3
(二)财政总支出	亿元	288.6	323.47	403.8	456.86	507.44
同比增长	%	19.2	12.1	24.8	13.8	11.1
(三)生产总值	亿元	2910	3030	3290.1	3569	3973.2
可比增长	%	8.4	8.3	8.6	8.9	9.2
其中:第一产业增加值	亿元	757	732	754.2	773.1	749.1
可比增长	%	8.5	1.2	3.3	3.9	—3
第二产业增加值	亿元	1275	1297	1415.2	1552.2	1780.6
可比增长	%	7	9.9	10.4	10.8	14
第三产业增加值	亿元	878	1001	1120.7	1243.7	1443.5
可比增长	%	10	10.3	10.1	9.8	10.2
(四)全社会固定资产投资总额	亿元	800	866.7	962.6	1133.3	1477.6
同比增长	%	9.7	12	11	17.6	30.4
(五)进出口总额	亿元	26.5	33.3	36.2	41.8	59.4
同比增长	%	16.9	25.7	8.7	15.7	42.1
(六)社会消费品零售总额	亿元	979.1	1054.3	1142.8	1228.7	1331.2
同比增长	%	5.9	7.7	8.4	7.5	9.8
(七)城乡居民人均消费支出	亿元	3901.8	4233	4517	4736	5064
同比增长	%	3.3	8.5	6.7	10.5	8.5
(八)全省农民人均纯收入	亿元	1900.3	1934.57	2020	2118	2127
同比增长	%	2	1.8	4.4	4.8	0.4
(九)年末全省总人口	亿元	6237	6278	6325	6369	6410
同比增长	%	0.85	1.17	0.74	0.69	0.65

说明:1.同比是指跟上年同期相比;
　　2.可比是指按可比价格计算。

全省财政地方收入5年滚动统计表

单位:万元

科　　目	1999年	2000年	2001年	2002年	2003年
增值税	245176	262559	282788	325082	369517
营业税	293954	319719	326479	389374	459731
企业所得税	169767	233524	382527	207236	190470
企业所得税退税	－32794	－4865	－1602	－233	－29
个人所得税	96737	94675	113132	94318	82408
资源税	22673	18343	19327	21824	26472
固定资产投资方向调节税	145177	3274	546	33	12
城市维护建设税	87593	88339	98111	118212	133121
房产税	45407	46044	48121	55054	59682
印花税	8887	9275	10267	13404	16674
城镇土地使用税	30970	33532	30709	33390	33547
土地增值税	3010	3529	3779	6476	11088
车船使用和牌照税	7772	7683	7456	7812	7091
屠宰税	17555	5186	－17		
农业税	112445	260827	256903	272288	266789
农业特产税	75223	30003	28703	21087	166
牧业税	1895				
耕地占用税	16848	10621	8764	17510	39974
契　税	17543	23493	25655	37152	71027
国有资产经营收益	13010	13026	8666	20866	24154
国有企业计划亏损补贴	－36145	－26703	－68275	－21486	－22920
行政性收费收入	161695	179404	180850	200403	229728
罚没收入	73817	69858	76109	86510	103739
土地和海域有偿使用收入	60301	222			
专项收入	48650	48925	55147	62785	76418
其他收入	55751	56694	27668	33057	28628
本年收入合计	1742917	1787187	1921813	2002154	2207487

全省财政总支出5年滚动统计表

单位:万元

科　　目	1999年	2000年	2001年	2002年	2003年
基本建设支出	350633	410893	435524	538225	474481
企业挖潜改造资金	132375	137764	233515	145269	148824
地质勘探费	5213	20709	27104	30454	35359
科技三项费用	23192	21049	20769	24998	27108
流动资金	3168		34		
农业支出	114787	106375	108724	101731	169118
其中:农业综合开发支出	47217	40684	44339	47268	45821
林业、水利和气象支出	98499	99562	116685	181142	157268
工业交通等部门事业费	17215	22626	24240	31362	34324
流通部门事业费	3144	3549	4140	4359	5677
文体广播事业费	70807	79151	94125	110044	118748
教育支出	463349	539913	666783	769113	845575
科学支出	14462	13907	16136	17324	18204
医疗卫生支出	114139	117124	127771	143009	170815
其他部门事业费	94805	116467	151343	152310	178608
抚恤和社会福利救济	71878	79268	98785	133955	208102
行政事业单位离退休支出	146004	181575	239604	291463	322677
社会保障补助支出	105641	192444	318657	470823	491158
国防支出	1860	3704	3818	4111	7250
行政管理费	299491	347527	424417	485954	512911
外交外事支出	2968	3498	3610	3588	3372
武装警察部队支出	1664	2632	2675	2453	3901
公检法司支出	171673	189001	220834	255454	304227
城市维护费	104764	105081	123004	130501	141734
政策性补贴支出	199275	155154	242335	199157	216787
支援不发达地区支出	44072	53346	41793	45905	48315
海域开发建设和场地使用费支出	39061	43	23	32	252
债务利息支出					1027
专项支出	45261	44881	48434	56769	69203
其他支出	146631	187485	243106	239074	359372
本年支出合计	2886031	3234728	4037988	4568579	5074398

说明:1.1999—2002年农业综合开发支出合并到农业支出科目;

2.2003年林业支出34848万元合并到林业、水利和气象支出科目。

各市县区财经统计资料

2003年各市财经综合统计表

市	年末人口(万人)	生产总值		财政收入		财政支出		财政供养人口(人)	财政收入占GDP%	人均财政收入(元)
		亿元	增长	万元	增长	万元	增长			
合肥市	456.60	484.96	13.7	793792	22.9	464275	27.3	104916	16.4	1738
淮北市	203.94	132.47	8.5	166991	19.6	114254	13.3	43497	12.6	819
亳州市	539.23	183.42	2.3	106572	5.9	162039	14	105122	5.8	198
宿州市	593.08	219.93	1.8	121591	8.9	194985	14.6	122019	5.5	205
蚌埠市	344.93	208.14	6.3	279264	12.3	192535	16.4	78050	13.4	810
阜阳市	904.14	216.86	1	179865	4.2	282239	18.2	175236	8.8	211
淮南市	211.84	170.50	9.9	201365	16.8	147276	26	47811	11.8	951
滁州市	432.94	299.37	3.7	191723	23.2	231905	21.5	107537	6.4	443
六安市	669.50	209.07	5.6	149985	6.7	274660	23	148236	7.2	224
马鞍山市	124.09	192.52	14.3	304891	37.8	172903	28.7	30608	15.8	2457
巢湖市	453.32	248.27	9.5	140732	13.3	194087	17.1	91138	5.7	310
芜湖市	223.82	284.85	14	428710	18.6	247201	15.2	57566	15.1	1915
宣城市	274.83	203.18	8.3	123696	12.5	167314	14.5	76881	6.1	450
铜陵市	70.91	104.46	14.8	108407	15.5	92431	13.2	24147	10.4	1529
池州市	154.91	75.50	9.8	64020	1.2	107309	17.7	44832	8.5	413
安庆市	605.24	320.43	9.1	295266	11.6	317471	11	171890	9.2	488
黄山市	146.91	108.42	9.6	90637	25.9	140486	18.5	54747	8.4	617

说明:1.生产总值增长按可比价格计算;2.财政收入含上划收入,财政收支增长比上年同期。

2003年各市财政总收入、地方收入、总支出及位次表

市	财政总收入			地方财政收入			财政总支出		
	位次	万元	增长%	位次	万元	增长%	位次	万元	增长%
合肥市	1	793792	22.9	1	358694	23.2	1	464275	27.3
芜湖市	2	428710	18.6	2	173416	20.3	5	247201	15.2
马鞍山市	3	304891	37.8	4	148933	35.3	10	172903	28.7
安庆市	4	295266	11.6	3	161354	8.4	2	317471	11
蚌埠市	5	279264	12.3	5	105496	2.5	9	192535	16.4
淮南市	6	201365	16.8	10	89554	15.8	13	147276	26
滁州市	7	191723	23.2	8	100710	6.6	6	231905	21.5
阜阳市	8	179865	4.2	6	104816	3.6	3	282239	18.2
淮北市	9	166991	19.6	12	76528	9.5	15	114254	13.3
六安市	10	149985	6.7	7	103852	1.8	4	274660	23
巢湖市	11	140732	13.3	9	91770	11.5	8	194087	17.1
宣城市	12	123696	12.5	13	73279	12.7	11	167314	14.5
宿州市	13	121591	8.9	11	81054	4.4	7	194985	14.6
铜陵市	14	108407	15.5	16	55254	14.6	17	92431	13.2
亳州市	15	106572	5.9	14	71864	6	12	162039	14
黄山市	16	90637	25.9	15	60196	9.7	14	140486	18.5
池州市	17	64020	1.2	17	39710	1.1	16	107309	17.7

2003年各市财政收支平衡明细表(一)

编制单位:厅国库处　　单位:万元

科　目	合肥市	淮北市	亳州市	宿州市	蚌埠市	阜阳市
收入总计	651374	137012	200755	229752	309208	351582
本年收入	358694	76528	71864	81054	105496	104816
消费税和增值税税收返还	82880	17885	14271	11423	66011	32622
所得税基数返还	30852	5180	7242	5228	7588	6043
原体制补助	30166	7398	32964	50400	21402	70083
专项补助	62809	18154	30412	38416	42937	44750
一般性转移支付补助	1930	737	3532	3270	2015	10092
调整工资转移支付补助	2638	1028	2388	2775	2032	4316
结算补助	743	100	300	154	63	133
农业税灾歉减免等	1984	754	4034	4535	3064	6655
其他补助	8573	367	3203	6229	4495	4672
上年结余收入	57223	4017	22804	16811	35661	51836
调入资金	4090	657	1384	2570	3327	935
国债转贷收入、上年结余及转补助数	8792	4207	6357	6887	15117	14629
支出总计	595335	134039	172485	201754	275671	299621
本年支出	464275	114254	162039	194985	192535	282239
原体制上解	109173	15578	3860	—1085	68019	2753
专项上解	3095	0	229	967	0	0
增设预算周转金	10000	0	0	0	0	0
调出资金	0	0	0	0	0	0
国债转贷拨付数及年末结余	8792	4207	6357	6887	15117	14629
年终结余	56039	2973	28270	27998	33537	51961
其中:净结余	28995	—2009	1602	944	5428	257

2003 年各市财政收支平衡明细表(二)

编制单位:厅国库处 单位:万元

科　目	淮南市	滁州市	六安市	马鞍山市	巢湖市	芜湖市
收入总计	86458	259740	288736	264991	215143	354660
本年收入	89554	100710	103852	148933	91770	173416
消费税和增值税税收返还	17035	31878	13164	34480	15436	72236
所得税基数返还	5400	13763	8313	9219	9140	26830
原体制补助	13812	31402	64991	15664	32549	16173
专项补助	30020	49024	60986	21810	34744	34034
一般性转移支付补助	980	3833	6154	300	1694	924
调整工资转移支付补助	1214	2720	3369	825	2321	1558
结算补助	100	108	136	203	49	123
农业税灾歉减免等	1238	3258	4873	368	3196	805
其他补助	7467	2011	3934	230	1629	—472
上年结余收入	10878	12153	7580	12751	12286	24659
调入资金	7750	4347	5604	14588	3780	516
国债转贷收入、上年结余及转补助数	1010	4533	5780	5620	6549	3858
支出总计	177658	244374	280110	249924	201925	332719
本年支出	147276	231905	274660	172903	194087	247201
原体制上解	27808	7022	—330	71401	1169	73512
专项上解	0	0	0	0	120	6184
增设预算周转金	289	914	0	0	0	0
调出资金	1275	0	0	0	0	1964
国债转贷拨付数及年末结余	1010	4533	5780	5620	6549	3858
年终结余	8800	15366	8626	15067	13218	21941
其中:净结余	352	70	730	2659	189	6750

2003年各市财政收支平衡明细表(三)

编制单位:厅国库处　　　　单位:万元

科　　目	宣城市	铜陵市	池州市	安庆市	黄山市	17市合计
收入总计	206393	115369	115961	369557	154785	4411476
本年收入	73279	55253	39710	161354	60196	1896479
消费税和增值税税收返还	17818	9926	5324	36425	8088	486902
所得税基数返还	8821	9455	4012	13656	8727	179469
原体制补助	29741	3918	22679	63195	26345	532882
专项补助	32303	17074	24243	49637	27848	619201
一般性转移支付补助	3632	300	3010	6616	3089	52108
调整工资转移支付补助	2061	588	1246	3821	1515	36415
结算补助	65	35	43	93	106	2554
农业税灾歉减免等	1075	124	718	2673	281	39635
其他补助	2974	241	4276	4416	2349	56594
上年结余收入	27934	8994	7927	19828	9538	342880
调入资金	2563	5751	1113	2961	1399	63335
国债转贷收入、上年结余及转补助数	4127	3710	1660	4882	5304	103022
支出总计	169135	104027	108821	347272	146388	4041258
本年支出	167314	92431	107309	317471	140486	3503370
原体制上解	−2306	7868	−148	24919	598	409811
专项上解	0	0	0	0	0	10595
增设预算周转金	0	18	0	0	0	11221
调出资金	0	0	0	0	0	3239
国债转贷拨付数及年末结余	4127	3710	1660	4882	5304	103022
年终结余	37258	11342	7140	22285	8397	370218
其中:净结余	16	268	400	1243	21	47915

2003年合肥市财政一般预算收支决算总表

编制单位:厅国库处 单位:万元

收入		支出	
预算科目	决算数	预算科目	决算数
一、增值税	77231	一、基本建设支出	68144
二、营业税	119467	二、企业挖潜改造资金	24763
三、企业所得税	14013	三、地质勘探费	
四、企业所得税退税		四、科技三项费用	2810
五、个人所得税	14661	五、流动资金	
六、资源税	238	六、农业支出	20912
七、固定资产投资方向调节税		七、林业支出	1988
八、城市维护建设税	26769	八、水利和气象支出	4913
九、房产税	17226	九、工业交通等部门的事业费	817
十、印花税	5376	十、流通部门事业费	675
十一、城镇土地使用税	3716	十一、文体广播事业费	10444
十二、土地增值税	1077	十二、教育支出	73598
十三、车船使用和牌照税	1181	十三、科学支出	1109
十四、屠宰税		十四、医疗卫生支出	17186
十五、筵席税		十五、其他部门的事业费	12016
十六、农业税	15818	十六、抚恤和社会福利救济	19561
十七、农业特产税		十七、行政事业单位离退休支出	399
十八、牧业税		十八、社会保障补助支出	42095
十九、耕地占用税	4718	十九、国防支出	208
二十、契税	28032	二十、行政管理费	40676
二十一、国有资产经营收益	425	二十一、外交外事支出	617
二十二、国有企业计划亏损补贴	−9921	二十二、武装警察部队支出	189
二十三、行政性收费收入	17346	二十三、公检法司支出	31476
二十四、罚没收入	7448	二十四、城市维护费	33974
二十五、海域场地矿区使用费收入		二十五、政策性补贴支出	20
二十六、专项收入	12581	二十六、支援不发达地区支出	350
二十七、其他收入	1292	二十七、海域开发建设和场地使用费支出	19
		二十八、债务利息支出	
		二十九、专项支出	13137
		三十、其他支出	42179
		三十一、总预备费	
本年收入合计	358694	本年支出合计	464275

2003年淮北市财政一般预算收支决算总表

编制单位:厅国库处　　单位:万元

收入		支出	
预算科目	决算数	预算科目	决算数
一、增值税	23927	一、基本建设支出	3634
二、营业税	12233	二、企业挖潜改造资金	2166
三、企业所得税	2813	三、地质勘探费	
四、企业所得税退税		四、科技三项费用	725
五、个人所得税	2306	五、流动资金	
六、资源税	2771	六、农业支出	3531
七、固定资产投资方向调节税		七、林业支出	343
八、城市维护建设税	6759	八、水利和气象支出	807
九、房产税	3121	九、工业交通等部门的事业费	529
十、印花税	482	十、流通部门事业费	136
十一、城镇土地使用税	3341	十一、文体广播事业费	3518
十二、土地增值税	70	十二、教育支出	21992
十三、车船使用和牌照税	104	十三、科学支出	257
十四、屠宰税		十四、医疗卫生支出	5643
十五、筵席税		十五、其他部门的事业费	5191
十六、农业税	7322	十六、抚恤和社会福利救济	7385
十七、农业特产税		十七、行政事业单位离退休支出	11078
十八、牧业税		十八、社会保障补助支出	7783
十九、耕地占用税	573	十九、国防支出	44
二十、契税	1318	二十、行政管理费	14069
二十一、国有资产经营收益	63	二十一、外交外事支出	
二十二、国有企业计划亏损补贴	−979	二十二、武装警察部队支出	
二十三、行政性收费收入	1921	二十三、公检法司支出	7806
二十四、罚没收入	3182	二十四、城市维护费	6283
二十五、海域场地矿区使用费收入		二十五、政策性补贴支出	72
二十六、专项收入	5057	二十六、支援不发达地区支出	3
二十七、其他收入	144	二十七、海域开发建设和场地使用费支出	10
		二十八、债务利息支出	
		二十九、专项支出	5134
		三十、其他支出	6115
		三十一、总预备费	
本年收入合计	76528	本年支出合计	114254

2003年亳州市财政一般预算收支决算总表

编制单位:厅国库处　　　　单位:万元

收入		支出	
预算科目	决算数	预算科目	决算数
一、增值税	6707	一、基本建设支出	5996
二、营业税	11005	二、企业挖潜改造资金	330
三、企业所得税	1652	三、地质勘探费	
四、企业所得税退税		四、科技三项费用	660
五、个人所得税	1766	五、流动资金	
六、资源税	198	六、农业支出	6634
七、固定资产投资方向调节税		七、林业支出	775
八、城市维护建设税	2379	八、水利和气象支出	1727
九、房产税	1635	九、工业交通等部门的事业费	511
十、印花税	248	十、流通部门事业费	72
十一、城镇土地使用税	958	十一、文体广播事业费	6232
十二、土地增值税	279	十二、教育支出	43013
十三、车船使用和牌照税	233	十三、科学支出	248
十四、屠宰税		十四、医疗卫生支出	4952
十五、筵席税		十五、其他部门的事业费	4479
十六、农业税	30287	十六、抚恤和社会福利救济	11510
十七、农业特产税		十七、行政事业单位离退休支出	25971
十八、牧业税		十八、社会保障补助支出	6826
十九、耕地占用税	693	十九、国防支出	23
二十、契税	548	二十、行政管理费	16724
二十一、国有资产经营收益	202	二十一、外交外事支出	65
二十二、国有企业计划亏损补贴		二十二、武装警察部队支出	34
二十三、行政性收费收入	4611	二十三、公检法司支出	10344
二十四、罚没收入	6229	二十四、城市维护费	4356
二十五、海域场地矿区使用费收入		二十五、政策性补贴支出	47
二十六、专项收入	1558	二十六、支援不发达地区支出	16
二十七、其他收入	676	二十七、海域开发建设和场地使用费支出	12
		二十八、债务利息支出	
		二十九、专项支出	1229
		三十、其他支出	9253
		三十一、总预备费	
本年收入合计	71864	本年支出合计	162039

2003年宿州市财政一般预算收支决算总表

编制单位:厅国库处　　单位:万元

收入		支出	
预算科目	决算数	预算科目	决算数
一、增值税	10153	一、基本建设支出	8349
二、营业税	12874	二、企业挖潜改造资金	980
三、企业所得税	818	三、地质勘探费	
四、企业所得税退税		四、科技三项费用	514
五、个人所得税	2040	五、流动资金	
六、资源税	1220	六、农业支出	6090
七、固定资产投资方向调节税		七、林业支出	1120
八、城市维护建设税	3079	八、水利和气象支出	1771
九、房产税	1612	九、工业交通等部门的事业费	2663
十、印花税	287	十、流通部门事业费	294
十一、城镇土地使用税	1131	十一、文体广播事业费	6179
十二、土地增值税	12	十二、教育支出	57692
十三、车船使用和牌照税	331	十三、科学支出	371
十四、屠宰税		十四、医疗卫生支出	5905
十五、筵席税		十五、其他部门的事业费	8812
十六、农业税	30124	十六、抚恤和社会福利救济	13394
十七、农业特产税		十七、行政事业单位离退休支出	26763
十八、牧业税		十八、社会保障补助支出	9433
十九、耕地占用税	1191	十九、国防支出	
二十、契税	992	二十、行政管理费	19261
二十一、国有资产经营收益	92	二十一、外交外事支出	2
二十二、国有企业计划亏损补贴		二十二、武装警察部队支出	313
二十三、行政性收费收入	5584	二十三、公检法司支出	10817
二十四、罚没收入	7447	二十四、城市维护费	3188
二十五、海域场地矿区使用费收入		二十五、政策性补贴支出	162
二十六、专项收入	1804	二十六、支援不发达地区支出	7
二十七、其他收入	333	二十七、海域开发建设和场地使用费支出	
		二十八、债务利息支出	
		二十九、专项支出	1817
		三十、其他支出	9088
		三十一、总预备费	
本年收入合计	81054	本年支出合计	194985

2003年蚌埠市财政一般预算收支决算总表

编制单位:厅国库处　　　　单位:万元

收入		支出	
预算科目	决算数	预算科目	决算数
一、增值税	21174	一、基本建设支出	10929
二、营业税	25381	二、企业挖潜改造资金	2474
三、企业所得税	3748	三、地质勘探费	
四、企业所得税退税	—16	四、科技三项费用	867
五、个人所得税	2720	五、流动资金	
六、资源税	176	六、农业支出	4530
七、固定资产投资方向调节税		七、林业支出	699
八、城市维护建设税	13863	八、水利和气象支出	1950
九、房产税	2989	九、工业交通等部门的事业费	862
十、印花税	904	十、流通部门事业费	378
十一、城镇土地使用税	1592	十一、文体广播事业费	5775
十二、土地增值税	182	十二、教育支出	44042
十三、车船使用和牌照税	416	十三、科学支出	380
十四、屠宰税		十四、医疗卫生支出	8109
十五、筵席税		十五、其他部门的事业费	6302
十六、农业税	13632	十六、抚恤和社会福利救济	15056
十七、农业特产税		十七、行政事业单位离退休支出	14431
十八、牧业税		十八、社会保障补助支出	20419
十九、耕地占用税	529	十九、国防支出	50
二十、契税	2912	二十、行政管理费	18272
二十一、国有资产经营收益	187	二十一、外交外事支出	33
二十二、国有企业计划亏损补贴		二十二、武装警察部队支出	10
二十三、行政性收费收入	3858	二十三、公检法司支出	10886
二十四、罚没收入	4784	二十四、城市维护费	8972
二十五、海域场地矿区使用费收入		二十五、政策性补贴支出	81
二十六、专项收入	4957	二十六、支援不发达地区支出	32
二十七、其他收入	1508	二十七、海域开发建设和场地使用费支出	9
		二十八、债务利息支出	
		二十九、专项支出	4839
		三十、其他支出	12148
		三十一、总预备费	
本年收入合计	105496	本年支出合计	192535

2003年阜阳市财政一般预算收支决算总表

编制单位:厅国库处　　　　单位:万元

收入		支出	
预算科目	决算数	预算科目	决算数
一、增值税	12564	一、基本建设支出	12341
二、营业税	17079	二、企业挖潜改造资金	1624
三、企业所得税	1461	三、地质勘探费	
四、企业所得税退税		四、科技三项费用	582
五、个人所得税	2465	五、流动资金	
六、资源税	265	六、农业支出	9950
七、固定资产投资方向调节税		七、林业支出	1189
八、城市维护建设税	6563	八、水利和气象支出	4354
九、房产税	2087	九、工业交通等部门的事业费	3131
十、印花税	483	十、流通部门事业费	512
十一、城镇土地使用税	1471	十一、文体广播事业费	10311
十二、土地增值税	111	十二、教育支出	62290
十三、车船使用和牌照税	246	十三、科学支出	518
十四、屠宰税		十四、医疗卫生支出	10492
十五、筵席税		十五、其他部门的事业费	7237
十六、农业税	35029	十六、抚恤和社会福利救济	22635
十七、农业特产税	1	十七、行政事业单位离退休支出	38783
十八、牧业税		十八、社会保障补助支出	13302
十九、耕地占用税	1383	十九、国防支出	69
二十、契税	1785	二十、行政管理费	34994
二十一、国有资产经营收益	1730	二十一、外交外事支出	
二十二、国有企业计划亏损补贴	−224	二十二、武装警察部队支出	402
二十三、行政性收费收入	6067	二十三、公检法司支出	15065
二十四、罚没收入	10033	二十四、城市维护费	10206
二十五、海域场地矿区使用费收入		二十五、政策性补贴支出	277
二十六、专项收入	2772	二十六、支援不发达地区支出	28
二十七、其他收入	1445	二十七、海域开发建设和场地使用费支出	7
		二十八、债务利息支出	836
		二十九、专项支出	1369
		三十、其他支出	19735
		三十一、总预备费	
本年收入合计	104816	本年支出合计	282239

2003年淮南市财政一般预算收支决算总表

编制单位:厅国库处 单位:万元

收入		支出	
预算科目	决算数	预算科目	决算数
一、增值税	32209	一、基本建设支出	3717
二、营业税	17567	二、企业挖潜改造资金	5200
三、企业所得税	3566	三、地质勘探费	
四、企业所得税退税		四、科技三项费用	1011
五、个人所得税	2282	五、流动资金	
六、资源税	2794	六、农业支出	2510
七、固定资产投资方向调节税		七、林业支出	471
八、城市维护建设税	8503	八、水利和气象支出	1196
九、房产税	3996	九、工业交通等部门的事业费	596
十、印花税	727	十、流通部门事业费	36
十一、城镇土地使用税	4324	十一、文体广播事业费	3153
十二、土地增值税	401	十二、教育支出	23790
十三、车船使用和牌照税	292	十三、科学支出	210
十四、屠宰税		十四、医疗卫生支出	8364
十五、筵席税		十五、其他部门的事业费	4172
十六、农业税	4431	十六、抚恤和社会福利救济	12410
十七、农业特产税		十七、行政事业单位离退休支出	14625
十八、牧业税		十八、社会保障补助支出	20236
十九、耕地占用税	222	十九、国防支出	80
二十、契税	1286	二十、行政管理费	17359
二十一、国有资产经营收益	226	二十一、外交外事支出	
二十二、国有企业计划亏损补贴	-2742	二十二、武装警察部队支出	24
二十三、行政性收费收入	1438	二十三、公检法司支出	10857
二十四、罚没收入	3590	二十四、城市维护费	6053
二十五、海域场地矿区使用费收入		二十五、政策性补贴支出	135
二十六、专项收入	4315	二十六、支援不发达地区支出	15
二十七、其他收入	127	二十七、海域开发建设和场地使用费支出	4
		二十八、债务利息支出	
		二十九、专项支出	4804
		三十、其他支出	6248
		三十一、总预备费	
本年收入合计	89554	本年支出合计	147276

2003年滁州市财政一般预算收支决算总表

编制单位:厅国库处　　　　单位:万元

收入		支出	
预算科目	决算数	预算科目	决算数
一、增值税	15192	一、基本建设支出	13030
二、营业税	19625	二、企业挖潜改造资金	9056
三、企业所得税	6401	三、地质勘探费	
四、企业所得税退税		四、科技三项费用	1342
五、个人所得税	2981	五、流动资金	
六、资源税	1703	六、农业支出	10046
七、固定资产投资方向调节税		七、林业支出	2075
八、城市维护建设税	5847	八、水利和气象支出	3720
九、房产税	3001	九、工业交通等部门的事业费	721
十、印花税	701	十、流通部门事业费	94
十一、城镇土地使用税	1986	十一、文体广播事业费	7278
十二、土地增值税	327	十二、教育支出	59803
十三、车船使用和牌照税	299	十三、科学支出	809
十四、屠宰税		十四、医疗卫生支出	10163
十五、筵席税		十五、其他部门的事业费	8101
十六、农业税	21512	十六、抚恤和社会福利救济	17625
十七、农业特产税	1	十七、行政事业单位离退休支出	10944
十八、牧业税		十八、社会保障补助支出	11044
十九、耕地占用税	1078	十九、国防支出	98
二十、契税	1733	二十、行政管理费	29516
二十一、国有资产经营收益	410	二十一、外交外事支出	
二十二、国有企业计划亏损补贴		二十二、武装警察部队支出	23
二十三、行政性收费收入	8959	二十三、公检法司支出	13939
二十四、罚没收入	4706	二十四、城市维护费	6241
二十五、海域场地矿区使用费收入		二十五、政策性补贴支出	70
二十六、专项收入	2575	二十六、支援不发达地区支出	16
二十七、其他收入	1673	二十七、海域开发建设和场地使用费支出	4
		二十八、债务利息支出	
		二十九、专项支出	2368
		三十、其他支出	13779
		三十一、总预备费	
本年收入合计	100710	本年支出合计	231905

2003 年六安市财政一般预算收支决算总表

编制单位:厅国库处　　单位:万元

收入		支出	
预算科目	决算数	预算科目	决算数
一、增值税	9339	一、基本建设支出	13421
二、营业税	19475	二、企业挖潜改造资金	1004
三、企业所得税	2540	三、地质勘探费	
四、企业所得税退税		四、科技三项费用	1090
五、个人所得税	3960	五、流动资金	
六、资源税	723	六、农业支出	14411
七、固定资产投资方向调节税		七、林业支出	2587
八、城市维护建设税	3434	八、水利和气象支出	2615
九、房产税	2167	九、工业交通等部门的事业费	1667
十、印花税	411	十、流通部门事业费	900
十一、城镇土地使用税	1292	十一、文体广播事业费	8410
十二、土地增值税	140	十二、教育支出	77401
十三、车船使用和牌照税	497	十三、科学支出	679
十四、屠宰税		十四、医疗卫生支出	12582
十五、筵席税		十五、其他部门的事业费	8504
十六、农业税	25246	十六、抚恤和社会福利救济	23676
十七、农业特产税	16	十七、行政事业单位离退休支出	15344
十八、牧业税		十八、社会保障补助支出	18787
十九、耕地占用税	1730	十九、国防支出	
二十、契税	1203	二十、行政管理费	34483
二十一、国有资产经营收益	9	二十一、外交外事支出	
二十二、国有企业计划亏损补贴		二十二、武装警察部队支出	184
二十三、行政性收费收入	20096	二十三、公检法司支出	14655
二十四、罚没收入	5652	二十四、城市维护费	4234
二十五、海域场地矿区使用费收入		二十五、政策性补贴支出	431
二十六、专项收入	2027	二十六、支援不发达地区支出	60
二十七、其他收入	3895	二十七、海域开发建设和场地使用费支出	28
		二十八、债务利息支出	158
		二十九、专项支出	2203
		三十、其他支出	15146
		三十一、总预备费	
本年收入合计	103852	本年支出合计	274660

2003年马鞍山市财政一般预算收支决算总表

编制单位:厅国库处　　　　单位:万元

收入		支出	
预算科目	决算数	预算科目	决算数
一、增值税	43776	一、基本建设支出	15053
二、营业税	30895	二、企业挖潜改造资金	9880
三、企业所得税	10541	三、地质勘探费	
四、企业所得税退税	−13	四、科技三项费用	2040
五、个人所得税	3320	五、流动资金	
六、资源税	3869	六、农业支出	4651
七、固定资产投资方向调节税		七、林业支出	549
八、城市维护建设税	13036	八、水利和气象支出	3504
九、房产税	5538	九、工业交通等部门的事业费	238
十、印花税	1616	十、流通部门事业费	121
十一、城镇土地使用税	3678	十一、文体广播事业费	2674
十二、土地增值税	1348	十二、教育支出	17209
十三、车船使用和牌照税	499	十三、科学支出	248
十四、屠宰税		十四、医疗卫生支出	6263
十五、筵席税		十五、其他部门的事业费	5413
十六、农业税	3602	十六、抚恤和社会福利救济	5763
十七、农业特产税		十七、行政事业单位离退休支出	12005
十八、牧业税		十八、社会保障补助支出	20335
十九、耕地占用税	2850	十九、国防支出	224
二十、契税	8015	二十、行政管理费	18805
二十一、国有资产经营收益	1567	二十一、外交外事支出	
二十二、国有企业计划亏损补贴	−1599	二十二、武装警察部队支出	
二十三、行政性收费收入	4543	二十三、公检法司支出	10400
二十四、罚没收入	3979	二十四、城市维护费	12981
二十五、海域场地矿区使用费收入		二十五、政策性补贴支出	15
二十六、专项收入	7772	二十六、支援不发达地区支出	21
二十七、其他收入	101	二十七、海域开发建设和场地使用费支出	8
		二十八、债务利息支出	
		二十九、专项支出	6884
		三十、其他支出	17619
		三十一、总预备费	
本年收入合计	148933	本年支出合计	172903

2003年巢湖市财政一般预算收支决算总表

编制单位:厅国库处　　单位:万元

收入		支出	
预算科目	决算数	预算科目	决算数
一、增值税	11683	一、基本建设支出	14314
二、营业税	18937	二、企业挖潜改造资金	4215
三、企业所得税	3093	三、地质勘探费	
四、企业所得税退税		四、科技三项费用	1898
五、个人所得税	3396	五、流动资金	
六、资源税	1507	六、农业支出	6074
七、固定资产投资方向调节税		七、林业支出	929
八、城市维护建设税	3640	八、水利和气象支出	3225
九、房产税	2028	九、工业交通等部门的事业费	1969
十、印花税	475	十、流通部门事业费	182
十一、城镇土地使用税	1524	十一、文体广播事业费	6184
十二、土地增值税	189	十二、教育支出	48181
十三、车船使用和牌照税	325	十三、科学支出	304
十四、屠宰税		十四、医疗卫生支出	8895
十五、筵席税		十五、其他部门的事业费	8184
十六、农业税	24343	十六、抚恤和社会福利救济	11540
十七、农业特产税	12	十七、行政事业单位离退休支出	21535
十八、牧业税		十八、社会保障补助支出	10007
十九、耕地占用税	1059	十九、国防支出	80
二十、契税	3032	二十、行政管理费	22265
二十一、国有资产经营收益	190	二十一、外交外事支出	1
二十二、国有企业计划亏损补贴		二十二、武装警察部队支出	128
二十三、行政性收费收入	9153	二十三、公检法司支出	10057
二十四、罚没收入	4403	二十四、城市维护费	3412
二十五、海域场地矿区使用费收入		二十五、政策性补贴支出	102
二十六、专项收入	2676	二十六、支援不发达地区支出	15
二十七、其他收入	105	二十七、海域开发建设和场地使用费支出	20
		二十八、债务利息支出	
		二十九、专项支出	2766
		三十、其他支出	7605
		三十一、总预备费	
本年收入合计	91770	本年支出合计	194087

2003年芜湖市财政一般预算收支决算总表

编制单位:厅国库处

单位:万元

收入		支出	
预算科目	决算数	预算科目	决算数
一、增值税	40242	一、基本建设支出	15236
二、营业税	45927	二、企业挖潜改造资金	3575
三、企业所得税	18477	三、地质勘探费	
四、企业所得税退税		四、科技三项费用	1767
五、个人所得税	4085	五、流动资金	
六、资源税	4171	六、农业支出	4321
七、固定资产投资方向调节税	12	七、林业支出	460
八、城市维护建设税	17254	八、水利和气象支出	2088
九、房产税	4565	九、工业交通等部门的事业费	874
十、印花税	2384	十、流通部门事业费	204
十一、城镇土地使用税	2166	十一、文体广播事业费	3384
十二、土地增值税	1458	十二、教育支出	30635
十三、车船使用和牌照税	469	十三、科学支出	158
十四、屠宰税		十四、医疗卫生支出	6811
十五、筵席税		十五、其他部门的事业费	3057
十六、农业税	7360	十六、抚恤和社会福利救济	8077
十七、农业特产税		十七、行政事业单位离退休支出	22731
十八、牧业税		十八、社会保障补助支出	20591
十九、耕地占用税	339	十九、国防支出	112
二十、契税	9398	二十、行政管理费	24881
二十一、国有资产经营收益	306	二十一、外交外事支出	123
二十二、国有企业计划亏损补贴	−2634	二十二、武装警察部队支出	33
二十三、行政性收费收入	5970	二十三、公检法司支出	11257
二十四、罚没收入	3315	二十四、城市维护费	15519
二十五、海域场地矿区使用费收入		二十五、政策性补贴支出	10
二十六、专项收入	7550	二十六、支援不发达地区支出	3
二十七、其他收入	602	二十七、海域开发建设和场地使用费支出	10
		二十八、债务利息支出	33
		二十九、专项支出	7437
		三十、其他支出	63814
		三十一、总预备费	
本年收入合计	173416	本年支出合计	247201

2003年宣城市财政一般预算收支决算总表

编制单位:厅国库处　　　　单位:万元

收入		支出	
预算科目	决算数	预算科目	决算数
一、增值税	13107	一、基本建设支出	12976
二、营业税	17419	二、企业挖潜改造资金	4519
三、企业所得税	4171	三、地质勘探费	
四、企业所得税退税		四、科技三项费用	1247
五、个人所得税	2387	五、流动资金	
六、资源税	2011	六、农业支出	6462
七、固定资产投资方向调节税		七、林业支出	2046
八、城市维护建设税	3247	八、水利和气象支出	1830
九、房产税	1552	九、工业交通等部门的事业费	560
十、印花税	528	十、流通部门事业费	119
十一、城镇土地使用税	1088	十一、文体广播事业费	5632
十二、土地增值税	1088	十二、教育支出	41990
十三、车船使用和牌照税	599	十三、科学支出	290
十四、屠宰税		十四、医疗卫生支出	10150
十五、筵席税		十五、其他部门的事业费	7642
十六、农业税	10681	十六、抚恤和社会福利救济	7629
十七、农业特产税		十七、行政事业单位离退休支出	7609
十八、牧业税		十八、社会保障补助支出	9279
十九、耕地占用税	759	十九、国防支出	59
二十、契税	2154	二十、行政管理费	26673
二十一、国有资产经营收益	509	二十一、外交外事支出	77
二十二、国有企业计划亏损补贴	-2	二十二、武装警察部队支出	
二十三、行政性收费收入	2631	二十三、公检法司支出	8626
二十四、罚没收入	5188	二十四、城市维护费	2096
二十五、海域场地矿区使用费收入		二十五、政策性补贴支出	425
二十六、专项收入	2079	二十六、支援不发达地区支出	152
二十七、其他收入	2083	二十七、海域开发建设和场地使用费支出	19
		二十八、债务利息支出	
		二十九、专项支出	1611
		三十、其他支出	7596
		三十一、总预备费	
本年收入合计	73279	本年支出合计	167314

2003年铜陵市财政一般预算收支决算总表

编制单位:厅国库处　　　　单位:万元

收入		支出	
预算科目	决算数	预算科目	决算数
一、增值税	13899	一、基本建设支出	7490
二、营业税	15620	二、企业挖潜改造资金	6545
三、企业所得税	4831	三、地质勘探费	
四、企业所得税退税		四、科技三项费用	825
五、个人所得税	1728	五、流动资金	
六、资源税	1287	六、农业支出	1554
七、固定资产投资方向调节税		七、林业支出	171
八、城市维护建设税	4406	八、水利和气象支出	483
九、房产税	1771	九、工业交通等部门的事业费	297
十、印花税	342	十、流通部门事业费	164
十一、城镇土地使用税	1634	十一、文体广播事业费	2459
十二、土地增值税	67	十二、教育支出	11849
十三、车船使用和牌照税	254	十三、科学支出	318
十四、屠宰税		十四、医疗卫生支出	5641
十五、筵席税		十五、其他部门的事业费	1719
十六、农业税	1091	十六、抚恤和社会福利救济	6047
十七、农业特产税		十七、行政事业单位离退休支出	3921
十八、牧业税		十八、社会保障补助支出	10018
十九、耕地占用税	123	十九、国防支出	
二十、契税	2058	二十、行政管理费	11835
二十一、国有资产经营收益	58	二十一、外交外事支出	685
二十二、国有企业计划亏损补贴	−546	二十二、武装警察部队支出	288
二十三、行政性收费收入	805	二十三、公检法司支出	5909
二十四、罚没收入	1907	二十四、城市维护费	3681
二十五、海域场地矿区使用费收入		二十五、政策性补贴支出	222
二十六、专项收入	3710	二十六、支援不发达地区支出	
二十七、其他收入	208	二十七、海域开发建设和场地使用费支出	18
		二十八、债务利息支出	
		二十九、专项支出	3532
		三十、其他支出	6760
		三十一、总预备费	
本年收入合计	55253	本年支出合计	92431

2003年池州市财政一般预算收支决算总表

编制单位:厅国库处　　　　单位:万元

收入		支出	
预算科目	决算数	预算科目	决算数
一、增值税	5877	一、基本建设支出	11514
二、营业税	9884	二、企业挖潜改造资金	3465
三、企业所得税	1521	三、地质勘探费	
四、企业所得税退税		四、科技三项费用	278
五、个人所得税	1216	五、流动资金	
六、资源税	1826	六、农业支出	3921
七、固定资产投资方向调节税		七、林业支出	1551
八、城市维护建设税	1201	八、水利和气象支出	1707
九、房产税	826	九、工业交通等部门的事业费	645
十、印花税	589	十、流通部门事业费	248
十一、城镇土地使用税	380	十一、文体广播事业费	2852
十二、土地增值税	75	十二、教育支出	26049
十三、车船使用和牌照税	173	十三、科学支出	48
十四、屠宰税		十四、医疗卫生支出	5684
十五、筵席税		十五、其他部门的事业费	4990
十六、农业税	6882	十六、抚恤和社会福利救济	4442
十七、农业特产税	136	十七、行政事业单位离退休支出	24
十八、牧业税		十八、社会保障补助支出	5029
十九、耕地占用税	888	十九、国防支出	144
二十、契税	1060	二十、行政管理费	21050
二十一、国有资产经营收益		二十一、外交外事支出	4
二十二、国有企业计划亏损补贴	-14	二十二、武装警察部队支出	268
二十三、行政性收费收入	3824	二十三、公检法司支出	5998
二十四、罚没收入	2286	二十四、城市维护费	1880
二十五、海域场地矿区使用费收入		二十五、政策性补贴支出	112
二十六、专项收入	1171	二十六、支援不发达地区支出	18
二十七、其他收入	209	二十七、海域开发建设和场地使用费支出	30
		二十八、债务利息支出	
		二十九、专项支出	1118
		三十、其他支出	4240
		三十一、总预备费	
本年收入合计	39710	本年支出合计	107309

2003 年安庆市财政一般预算收支决算总表

编制单位:厅国库处　　　　单位:万元

收入		支出	
预算科目	决算数	预算科目	决算数
一、增值税	26259	一、基本建设支出	17171
二、营业税	33647	二、企业挖潜改造资金	8291
三、企业所得税	5866	三、地质勘探费	
四、企业所得税退税		四、科技三项费用	1206
五、个人所得税	3521	五、流动资金	
六、资源税	1316	六、农业支出	10371
七、固定资产投资方向调节税		七、林业支出	2233
八、城市维护建设税	9802	八、水利和气象支出	3248
九、房产税	3552	九、工业交通等部门的事业费	3288
十、印花税	1022	十、流通部门事业费	694
十一、城镇土地使用税	2692	十一、文体广播事业费	11048
十二、土地增值税	3250	十二、教育支出	82549
十三、车船使用和牌照税	931	十三、科学支出	701
十四、屠宰税		十四、医疗卫生支出	16692
十五、筵席税		十五、其他部门的事业费	9517
十六、农业税	26286	十六、抚恤和社会福利救济	12172
十七、农业特产税		十七、行政事业单位离退休支出	21238
十八、牧业税		十八、社会保障补助支出	20157
十九、耕地占用税	1576	十九、国防支出	21
二十、契税	3237	二十、行政管理费	41116
二十一、国有资产经营收益	1977	二十一、外交外事支出	47
二十二、国有企业计划亏损补贴	−1918	二十二、武装警察部队支出	10
二十三、行政性收费收入	21737	二十三、公检法司支出	15867
二十四、罚没收入	6328	二十四、城市维护费	12060
二十五、海域场地矿区使用费收入		二十五、政策性补贴支出	357
二十六、专项收入	5051	二十六、支援不发达地区支出	11
二十七、其他收入	5222	二十七、海域开发建设和场地使用费支出	44
		二十八、债务利息支出	
		二十九、专项支出	4554
		三十、其他支出	22808
		三十一、总预备费	
本年收入合计	161354	本年支出合计	317471

2003 年黄山市财政一般预算收支决算总表

编制单位:厅国库处　　单位:万元

收入		支出	
预算科目	决算数	预算科目	决算数
一、增值税	6071	一、基本建设支出	9279
二、营业税	17163	二、企业挖潜改造资金	6456
三、企业所得税	4492	三、地质勘探费	
四、企业所得税退税		四、科技三项费用	1454
五、个人所得税	1672	五、流动资金	
六、资源税	397	六、农业支出	4458
七、固定资产投资方向调节税		七、林业支出	1992
八、城市维护建设税	1871	八、水利和气象支出	926
九、房产税	1959	九、工业交通等部门的事业费	380
十、印花税	368	十、流通部门事业费	343
十一、城镇土地使用税	552	十一、文体广播事业费	4294
十二、土地增值税	1010	十二、教育支出	22299
十三、车船使用和牌照税	242	十三、科学支出	297
十四、屠宰税		十四、医疗卫生支出	6795
十五、筵席税		十五、其他部门的事业费	4873
十六、农业税	3143	十六、抚恤和社会福利救济	4738
十七、农业特产税		十七、行政事业单位离退休支出	18946
十八、牧业税		十八、社会保障补助支出	8348
十九、耕地占用税	713	十九、国防支出	70
二十、契税	2334	二十、行政管理费	16243
二十一、国有资产经营收益	5800	二十一、外交外事支出	15
二十二、国有企业计划亏损补贴		二十二、武装警察部队支出	16
二十三、行政性收费收入	6098	二十三、公检法司支出	7062
二十四、罚没收入	2401	二十四、城市维护费	6417
二十五、海域场地矿区使用费收入		二十五、政策性补贴支出	508
二十六、专项收入	1331	二十六、支援不发达地区支出	13
二十七、其他收入	2579	二十七、海域开发建设和场地使用费支出	10
		二十八、债务利息支出	
		二十九、专项支出	1564
		三十、其他支出	12690
		三十一、总预备费	
本年收入合计	60196	本年支出合计	140486

2003 年各县市财经综合统计表(一)

县市	年末人口(万人)	生产总值		财政收入		财政支出		财政供养人口(人)	财政收入占 GDP%	人均财政收入(元)
		亿元	增长	万元	增长	万元	增长			
肥东县	106.60	43.87	11.2	34163	17.5	37985	12.6	21480	7.8	320
肥西县	96.46	36.13	32	41157	52.7	40350	35.8	18292	11.4	427
长丰县	97.68	25.41	7.5	18062	21.3	37415	39.5	16906	7.1	185
濉溪县	121.15	36.27	—1.3	25516	5.8	35485	—0.9	23524	7	211
涡阳县	138.78	40.71	1.4	24210	8.1	35181	13.9	24908	6	174
蒙城县	119.03	39.24	2	19212	4	31809	12.4	24878	4.9	161
利辛县	140.26	28.99	0.2	13925	4.5	35398	25.6	24686	4.8	99
萧　县	130.21	35.93	—5.2	18087	6.5	32718	8.4	25402	5	139
砀山县	91.15	29.42	—5.2	11235	—3.8	28209	13	13927	3.8	123
灵璧县	114.60	39.32	1.5	14151	—5.2	28637	6.3	20330	3.6	123
泗　县	85.26	28.93	0.6	11477	5.6	24838	19.7	14966	4	135
怀远县	130.50	43.25	—2.4	21651	—4.5	33903	11.4	22133	5	166
五河县	70.37	27.85	—2.8	12202	—10.9	21743	9.7	12627	4.4	173
固镇县	64.58	28.33	—0.1	9834	5.9	22932	10.8	13087	3.5	152
界首市	74.12	28.85	—1.1	10118	—5.9	21190	5.4	18062	3.8	148
颍上县	151.09	25.84	—14.2	15082	—11.8	36511	30.5	25947	6.2	106
太和县	154.95	37.23	0.3	19989	8	38135	7.4	26013	5.8	138
阜南县	149.18	27.68	—2.8	14084	3.2	34174	15.6	26707	5.4	100
临泉县	191.53	35.32	0.6	19239	3	39864	20.8	25887	5.9	108
凤台县	69.83	38.11	6	45268	27.5	36738	33.5	13708	11.9	648
天长市	61.70	47.60	3.3	29836	25.1	29010	16.2	14895	6.3	484

2003年各县市财经综合统计表(二)

县市	年末人口(万人)	生产总值		财政收入		财政支出		财政供养人口(人)	财政收入占GDP%	人均财政收入(元)
		亿元	增长	万元	增长	万元	增长			
来安县	48.62	29.95	-1.4	12906	16.8	21562	19.7	13230	4.3	265
全椒县	45.38	34.28	2.6	14728	26.4	24335	24.9	12988	4.3	325
定远县	90.86	38.29	-7.9	15583	6.8	28590	18.3	17148	4.1	172
明光市	64.07	39.05	-2.7	15361	14.6	28428	30.1	11507	3.9	240
凤阳县	71.93	34.75	-0.6	17009	18.8	30430	36.7	14461	4.9	236
寿　县	128.34	31.66	3.3	17355	0.4	36912	21.6	23880	5.5	135
霍邱县	164.59	34.10	2.7	19388	-5.4	43944	23.2	26386	5.7	118
舒城县	98.93	30.53	6	22917	4.7	37643	22.5	21933	7.5	232
金寨县	64.16	19.61	7	11055	4.4	29435	23.9	15941	5.6	172
霍山县	36.58	21.57	10	20913	15.3	27523	30.6	13803	9.7	572
当涂县	66.93	35.29	13.2	29334	60.7	33760	45.3	11453	8.3	438
含山县	44.11	22.92	9.4	15678	7	19584	15.5	10630	6.8	355
和　县	65.08	26.14	9.2	16535	12.8	24190	22.2	12831	6.3	254
无为县	139.33	52.59	9.6	33551	11.2	48975	20.3	24394	6.4	241
庐江县	118.90	33.67	10.1	25272	9	36642	13.1	20046	7.5	213
芜湖县	53.92	26.34	10.7	23311	28.3	27564	19.2	11470	8.9	432
繁昌县	46.28	29.02	14.1	31756	21.7	25520	10.3	10390	10.9	686
南陵县	54.56	22.36	11.6	17213	25.6	23759	13.9	10032	7.7	315
郎溪县	33.56	15.32	8.8	7119	112	14771	14.7	8502	4.6	212
广德县	51.08	32.94	9.7	17717	17.7	24815	17.8	15018	5.2	335
宁国市	37.94	46.54	15.2	36951	14.4	30676	8.7	11527	7.9	974

2003 年各县市财经综合统计表(三)

县市	年末人口(万人)	生产总值		财政收入		财政支出		财政供养人口(人)	财政收入占 GDP%	人均财政收入(元)
		亿元	增长	万元	增长	万元	增长			
泾　县	35.82	22.23	8.1	11566	7.2	20164	16.5	9726	5.2	323
旌德县	15.09	7.56	7.4	5006	10.6	11476	21.3	4819	6.6	332
绩溪县	17.95	11.43	8.1	7114	10.1	13374	20.3	6444	6.2	396
铜陵县	31.89	16.21	8.5	11781	9.4	19084	17.9	10064	7.3	369
青阳县	28.04	11.82	8.1	8739	1.2	16843	27.5	9096	7.4	312
石台县	11.02	3.05	9	2952	1.1	10454	25.3	5069	9.7	268
东至县	53.28	22.76	8.3	12737	1.1	24632	21.7	11722	5.6	239
桐城市	77.72	47.10	12	27611	11.2	35479	13.7	23760	5.9	355
怀宁县	78.70	37.85	10.5	23559	10.9	31566	9.7	24244	6.2	299
太湖县	56.15	21.18	7	11075	2.2	23156	6.8	14816	5.2	197
宿松县	80.01	26.55	8.3	12894	4.1	25067	11.6	15298	4.9	161
潜山县	57.28	24.23	6.2	13025	5.2	22977	5.6	15766	5.4	227
望江县	60.19	17.90	3.6	9858	−16.5	19772	2	15977	5.5	164
岳西县	39.96	13.30	5.8	8929	8	21700	19.8	13019	6.7	223
枞阳县	95.65	31.98	7.2	20303	26.1	29199	9.7	17591	6.3	212
休宁县	27.36	15.21	9.6	10054	19.5	16618	11.3	8392	6.6	367
祁门县	18.64	11.75	9.3	9355	18.9	16308	17.5	6897	8	502
黟　县	9.67	5.15	10	4890	19.5	9834	9.5	4348	9.5	506
歙　县	49.80	29.04	9.5	17052	18.5	29338	11.4	14440	5.9	342

说明:1.生产总值增长按可比价格计算;

2.财政收入含上划收入,财政收支增长比上年同期。

2003年各县市财政总收入排序表

编制单位:厅国库处　　　　单位:万元

序号	县　市	年财政总收入	增长(%)	序号	县　市	年财政总收入	增长(%)
	县(市)小计	1084822					
1	凤台县	45268	27.5	32	含山县	15678	7.0
2	肥西县	41157	52.7	33	定远县	15583	6.8
3	宁国市	37357	25.5	34	明光市	15361	14.6
4	肥东县	34163	17.5	35	阜南县	14918	4.6
5	无为县	33551	11.2	36	全椒县	14728	26.4
6	繁昌县	31756	21.7	37	灵璧县	14151	－0.9
7	天长市	29836	25.1	38	利辛县	13925	4.5
8	当涂县	29334	60.7	39	潜山县	13025	5.2
9	桐城市	27611	11.2	40	来安县	12906	16.8
10	濉溪县	25514	5.8	41	宿松县	12894	4.1
11	庐江县	25272	9.0	42	东至县	12737	1.1
12	涡阳县	24210	8.1	43	五河县	12202	－10.9
13	怀宁县	23559	10.9	44	泾　县	11793	17.7
14	芜湖县	23311	28.3	45	铜陵县	11781	9.4
15	舒城县	22917	4.7	46	泗　县	11477	10.5
16	怀远县	21651	－4.5	47	砀山县	11235	－2.7
17	太和县	21423	8.3	48	太湖县	11075	2.2
18	霍山县	20913	15.3	49	金寨县	11055	4.4
19	临泉县	20707	4.6	50	界首市	10975	－6.1
20	枞阳县	20303	26.1	51	休宁县	10054	19.5
21	霍邱县	19388	－5.4	52	望江县	9858	－16.5
22	蒙城县	19212	4.0	53	固镇县	9834	5.9
23	萧　县	18087	10.4	54	祁门县	9355	18.9
24	长丰县	18062	21.3	55	岳西县	8929	8.0
25	广德县	17364	27.8	56	青阳县	8739	1.2
26	寿　县	17355	0.4	57	绩溪县	7276	19.8
27	南陵县	17213	25.6	58	郎溪县	7254	20.3
28	歙　县	17052	18.5	59	旌德县	5134	21.5
29	凤阳县	17009	18.8	60	黟　县	4890	19.5
30	和　县	16535	12.8	61	石台县	2952	1.1
31	颍上县	15958	－10.2				

注:由于存在所得税改革因素因此财政收入增长存在不可比因素。

2003年各县市区财政一般预算收支及收入位次表(一)

编制单位:厅国库处　　　　单位:万元

收入位序	1	2	3	4	5	6	7
科目＼县市区	埇桥区	庐阳区	无为县	肥东县	肥西区	宁国市	桐城市
收入合计	28715	24404	21610	20777	19647	18896	18836
增值税	4864	2843	3055	3750	3531	4833	1954
营业税	5485	10446	4532	4589	3811	3844	3481
企业收入	225	755	501	417	624	1766	833
其中:企业所得税	225	755	501	421	624	1766	860
个人所得税	813	1454	779	430	504	600	507
城市维护建设税	1511		1109	514	668	1087	605
农业五税	9341	177	7974	6670	5949	1499	4310
其他各项收入	6476	8729	3660	4407	4560	5267	7146
支出合计	49524	27377	48975	37985	40350	30676	35479
基本建设支出	123	5009	2746	960	794	1832	828
农业支出	1618	1193	1434	2333	2194	1594	2016
林业支出	215	48	177	232	198	624	208
水利和气象支出	412	7	577	589	330	393	538
教育支出	15725	6270	14216	13370	12248	7593	13706
科学支出	40		23	75	2		127
医疗卫生支出	682	630	2579	2043	2054	2342	1724
社会保障补助支出	3499	627	2233	1388	1430	1177	748
行政管理费	4247	2330	5645	5297	4795	5266	4552
公检法司支出	2340	780	2094	2257	2635	1784	1605
其他各项支出	20623	10483	17251	9441	13670	8071	9427

2003年各县市区财政一般预算收支及收入位次表(二)

编制单位:厅国库处 单位:万元

收入位序	8	9	10	11	12	13	14
科目 \ 县市区	凤台县	当涂县	包河区	怀宁县	庐江县	涡阳县	太和县
收入合计	18729	18428	17577	17522	17511	17385	16816
营业税	7518	2720	3553	1506	1632	1400	1057
企业收入	2220	4703	5684	2910	3101	1787	1854
企业收入	167	492	555	277	488	447	2027
其中:企业所得税	167	492	355	277	488	447	297
个人所得税	315	447	1031	403	822	342	304
城市维护建设税	1456	444		433	387	422	257
农业五税	2455	6417	1633	4995	6969	8233	7327
其他各项收入	4598	3205	5121	6998	4112	4754	3990
支出合计	36738	33760	22608	31566	36642	35181	38135
基本建设支出	769	3905	5600	700	539	269	619
农业支出	1067	2693	1632	813	1285	813	1514
林业支出	150	121	262	165	238	184	189
水利和气象支出	349	945	309	153	422	293	507
教育支出	8232	7169	3481	10140	12665	10747	10346
科学支出	60	35	24	40	8	18	52
医疗卫生支出	1892	955	747	1618	1610	1089	1214
社会保障补助支出	1399	1374	338	1140	1090	1004	640
行政管理费	4463	3726	2402	4057	3722	2767	4647
公检法司支出	1554	1702	681	929	1916	2911	1698
其他各项支出	16803	11135	7132	11811	13147	15086	16709

2003年各县市区财政一般预算收支及收入位次表(三)

编制单位:厅国库处　　　　单位:万元

收入位序	15	16	17	18	19	20	21
县市区 科目	濉溪县	芜湖县	繁昌县	舒城县	天长市	宣州区	霍邱县
收入合计	16538	16340	16277	16201	16125	15793	15426
增值税	1503	1892	4065	1158	3453	1916	723
营业税	2519	3534	3010	3201	2645	4360	2557
企业收入	589	736	1129	191	1014	509	198
其中:企业所得税	526	436	1129	191	1014	509	198
个人所得税	343	273	528	623	443	404	598
城市维护建设税	624	539	881	715	989	574	239
农业五税	6852	3004	1832	3836	4491	5026	6247
其他各项收入	4108	6362	4832	6477	3090	3004	4864
支出合计	35485	27564	25520	37643	29010	30991	43944
基本建设支出		1298	624	2346	623	1696	1684
农业支出	1207	1061	1113	1315	996	1268	2106
林业支出	101	123	118	278	111	333	316
水利和气象支出	374	501	592	420	349	391	298
教育支出	10238	6147	6014	12063	10851	11171	16627
科学支出	8	11	29	50	46	49	101
医疗卫生支出	1053	1133	1206	1430	2468	1083	1349
社会保障补助支出	879	819	741	2192	1164	1860	2015
行政管理费	3719	3708	3701	4410	3504	5173	4543
公检法司支出	2312	1600	1412	1581	2110	497	2286
其他各项支出	15594	11163	9970	11558	6788	7470	12619

2003年各县市区财政一般预算收支及收入位次表(四)

编制单位:厅国库处　　　　单位:万元

收入位序	22	23	24	25	26	27	28
县市区 科目	蒙城县	长丰县	临泉县	怀远县	谯城区	寿　县	枞阳县
收入合计	15259	14472	13792	13767	13662	13480	13136
增值税	822	878	1124	1158	1778	644	1935
营业税	2622	5011	1443	3617	2012	2276	2438
企业收入	198	189	246	220	303	279	214
其中:企业所得税	100	179	246	220	212	279	104
个人所得税	330	176	226	213	525	581	259
城市维护建设税	325	282	446	251	365	234	185
农业五税	7612	5145	7082	5687	7281	5548	3895
其他各项收入	3350	2791	3225	2621	1398	3918	4210
支出合计	31809	37415	39864	33903	37556	36912	29199
基本建设支出	489	3838	657	25	361	1220	959
农业支出	1506	1797	1563	928	2266	1452	603
林业支出	117	99	133	74	228	105	178
水利和气象支出	323	181	592	352	425	241	216
教育支出	9726	10654	11488	10717	11191	10439	8911
科学支出	29	24	40	13	69	35	30
医疗卫生支出	430	951	808	1174	1524	1853	1476
社会保障补助支出	1374	823	1003	920	1509	1662	1010
行政管理费	3021	3484	4349	3344	4248	3328	3877
公检法司支出	1688	2320	2245	1363	937	1783	1058
其他各项支出	13106	13244	16986	14993	14798	14794	10881

2003年各县市区财政一般预算收支及收入位次表(五)

编制单位:厅国库处

单位:万元

收入位序	29	30	31	32	33	34	35
县市区 科目	萧　县	阜南县	南陵县	和　县	定远县	利辛县	歙　县
收入合计	13023	12732	12366	12294	12193	11922	11902
增值税	1157	437	1116	898	817	424	987
营业税	1691	1422	2673	2482	1979	1549	3046
企业收入	166	10	529	279	198	24	969
其中:企业所得税	166	10	523	279	182	24	865
个人所得税	263	254	284	386	262	194	331
城市维护建设税	302	129	232	252	196	135	253
农业五税	6548	7079	3279	4653	5294	7621	1470
其他各项收入	2896	3401	4253	3344	3447	1975	4846
支出合计	32718	34174	23759	24190	28590	35398	29338
基本建设支出	295	896	1882	1146	698	106	162
农业支出	1234	1061	704	951	1774	1615	1165
林业支出	168	230	131	87	181	215	442
水利和气象支出	223	762	338	897	268	552	137
教育支出	13041	9271	6323	6130	9817	10159	6540
科学支出	46	80	8	81	41	57	16
医疗卫生支出	601	777	846	1018	577	1081	1709
社会保障补助支出	1482	742	595	859	654	1033	1016
行政管理费	2973	3544	3381	2137	5726	3697	2595
公检法司支出	1672	1835	1343	1543	1439	1869	1202
其他各项支出	10983	14976	8208	9341	7415	15014	14354

2003年各县市区财政一般预算收支及收入位次表(六)

编制单位:厅国库处

单位:万元

收入位序	36	37	38	39	40	41	42
科目 \ 县市区	凤阳县	新芜区	马塘区	灵璧县	瑶海区	居巢区	霍山县
收入合计	11878	11762	11570	11313	11237	11174	11086
增值税	1068	1560	831	534	3538	1500	1963
营业税	1908	5750	5950	1193	4103	2425	1808
企业收入	734	575	939	147	347	365	886
其中:企业所得税	734	575	939	147	347	365	886
个人所得税	276	582	285	214	277	587	433
城市维护建设税	243	588	555	136		355	749
农业五税	3117	1266	2026	7046	233	4319	1584
其他各项收入	4532	1441	984	2043	2739	1623	3663
支出合计	30430	8636	8907	28637	13941	27332	27523
基本建设支出	2500	350	2476	462	1530	28	1929
农业支出	839		112	1014	553	878	2344
林业支出	174			181	27	196	507
水利和气象支出	132		27	298	23	269	347
教育支出	7842	1414	897	9736	3056	8673	8221
科学支出	60			12		16	37
医疗卫生支出	1262	301	317	1143	685	1079	929
社会保障补助支出	746	626	584	939	279	1220	1064
行政管理费	2766	1571	1456	2578	2089	3272	3464
公检法司支出	1366	395	348	1420	527	1055	1252
其他各项支出	12743	3979	2690	10854	5172	10646	7429

2003年各县市区财政一般预算收支及收入位次表(七)

编制单位:厅国库处　　　　单位:万元

收入位序	43	44	45	46	47	48	49
县市区 / 科目	明光市	金安区	广德县	田家庵区	蜀山区	宿松县	贵池区
收入合计	11027	10973	10888	10534	10376	10016	9821
增值税	818	809	1681	2473	2840	586	1195
营业税	1509	2598	3111	4740	3528	1525	2053
企业收入	355	193	298	357	321	124	567
其中:企业所得税	355	193	298	357	321	124	567
个人所得税	365	503	475	466	613	258	375
城市维护建设税	396	303	299	866		120	82
农业五税	3415	3129	2003	101	19	5250	2807
其他各项收入	4169	3438	3021	1531	3055	2153	2742
支出合计	28428	29758	24815	8150	18361	25067	25704
基本建设支出	2131	46	1896		2875	200	961
农业支出	1074	2792	1003	44	785	1051	964
林业支出	186	353	310		131	174	363
水利和气象支出	604	241	400	8	11	278	490
教育支出	6513	8379	6845	2155	2285	9988	9591
科学支出	29	61	96			38	5
医疗卫生支出	875	2149	1725	182	694	1738	1396
社会保障补助支出	1277	971	774	38	1528	572	1617
行政管理费	3540	5495	4293	1490	1659	5319	4528
公检法司支出	1104	1693	1363	1454	498	1286	687
其他各项支出	11095	7578	6110	2779	7895	4423	5102

2003年各县市区财政一般预算收支及收入位次表(八)

编制单位:厅国库处　　　　单位:万元

收入位序	50	51	52	53	54	55	56
科目＼县市区	含山县	颍上县	鸠江区	泗　县	潜山县	来安县	镜湖区
收入合计	9790	9699	9502	9321	9284	9151	8986
增值税	1499	1793	2598	416	880	849	1567
营业税	1823	1409	3371	1098	1809	1708	3996
企业收入	229	12	1048	18	278	582	418
其中:企业所得税	198	12	1119	18	278	255	418
个人所得税	213	198	226	254	161	222	410
城市维护建设税	410	420	800	115	216	217	564
农业五税	2678	4501	255	4754	2156	2747	854
其他各项收入	2938	1366	1204	2666	3784	2826	1177
支出合计	19584	36511	9868	24838	22977	21562	7002
基本建设支出	699	2036	1550	119	130	765	300
农业支出	845	1390	299	1008	789	1270	
林业支出	191	157	9	180	235	182	
水利和气象支出	216	440	24	399	105	349	
教育支出	4506	8886	1464	7563	7536	6846	1279
科学支出	13	33	6	10	9	32	4
医疗卫生支出	494	534	313	739	1032	831	171
社会保障补助支出	1369	915	384	826	644	1193	1018
行政管理费	2571	4009	1598	2699	2934	3157	927
公检法司支出	1097	1212	303	1611	943	1687	300
其他各项支出	7583	16899	3918	9684	8620	5250	3003

2003年各县市区财政一般预算收支及收入位次表(九)

编制单位:厅国库处 单位:万元

收入位序	57	58	59	60	61	62	63
科目 \ 县市区	五河县	太湖县	全椒县	东至县	固镇县	铜陵县	砀山县
收入合计	8961	8902	8809	8778	8274	8041	7998
增值税	443	486	900	924	313	1007	714
营业税	1374	1478	1745	1584	1501	3230	1026
企业收入	205	66	1549	268	113	347	23
其中:企业所得税	120	66	1482	268	113	292	23
个人所得税	164	226	396	372	127	187	193
城市维护建设税	216	124	293	194	132	313	150
农业五税	3479	2254	2147	3014	4257	1141	3610
其他各项收入	3080	4268	1779	2422	1831	1816	2282
支出合计	21743	23156	24335	24632	22932	19084	28209
基本建设支出	0	876	1578	2569	31	44	11
农业支出	847	1223	993	1184	1269	535	640
林业支出	148	276	296	320	292	117	163
水利和气象支出	424	263	494	370	802	240	172
教育支出	8733	7516	7499	7159	8307	5454	8872
科学支出	44	17	67	10	12	46	5
医疗卫生支出	794	781	1088	1496	938	1482	987
社会保障补助支出	398	1271	1368	783	601	999	996
行政管理费	3030	3359	2627	3889	3365	4013	2694
公检法司支出	1288	1150	1177	1166	1226	1105	1303
其他各项支出	6037	6424	7148	5686	6089	5049	12366

2003年各县市区财政一般预算收支及收入位次表(十)

编制单位:厅国库处 单位:万元

收入位序	64	65	66	67	68	69	70
科目 \ 县市区	裕安区	界首市	休宁县	金寨县	泾 县	祁门县	望江县
收入合计	7982	7951	7096	7021	6956	6948	6896
增值税	505	643	588	934	1215	511	750
营业税	1190	1405	1071	1175	1401	873	1031
企业收入	85	108	1647	317	696	3296	85
其中:企业所得税	85	108	388	317	396	285	85
个人所得税	381	232	122	281	222	180	225
城市维护建设税	155	233	143	192	296	97	135
农业五税	2883	2928	1129	1862	1589	618	3888
其他各项收入	2783	2402	2396	2260	1537	1373	782
支出合计	28589	21190	16618	29435	20164	16308	19772
基本建设支出	839	133	105	1936	701	50	433
农业支出	1256	658	563	1097	670	725	518
林业支出	218	68	311	522	223	176	100
水利和气象支出	137	193	129	137	123	104	152
教育支出	9566	5020	2951	8327	5006	2794	5242
科学支出	36	28	15	50	11	49	7
医疗卫生支出	1735	864	596	1107	1025	1005	1468
社会保障补助支出	1419	551	1683	2839	1170	693	827
行政管理费	4567	2698	1754	3200	2255	1736	2161
公检法司支出	1387	1393	810	1538	661	652	773
其他各项支出	7429	9584	7701	8682	8319	8324	8091

2003年各县市区财政一般预算收支及收入位次表(十一)

编制单位:厅国库处　　　　单位:万元

收入位序	71	72	73	74	75	76	77
县市区 / 科目	屯溪区	相山区	黄山区	岳西县	蚌埠东区	蚌埠郊区	青阳县
收入合计	6771	6398	6204	6087	5961	5961	5637
增值税	671	1603	834	682	1100	937	810
营业税	3094	3174	2024	1060	2956	2714	1150
企业收入	188	251	1102	322	170	133	177
其中:企业所得税	188	251	302	289	170	133	177
个人所得税	272	414	198	90	402	123	181
城市维护建设税	320		226	91	374	345	179
农业五税	253	85	673	1380	2	922	1313
其他各项收入	1973	871	1147	2462	957	787	1827
支出合计	11043	7354	13823	21700	4996	8280	16843
基本建设支出	157			1553			1768
农业支出	389	145	641	573		648	613
林业支出	78		176	302		25	381
水利和气象支出	71		168	79		145	129
教育支出	1204	2130	3059	6938	1998	3057	4709
科学支出	36	12	14	21		55	6
医疗卫生支出	563	402	897	915	97	463	874
社会保障补助支出	978	1	390	873	14	18	541
行政管理费	1601	1354	1908	2890	998	1522	3245
公检法司支出	353	364	836	1263	234	336	842
其他各项支出	5613	2946	5734	6293	1655	2011	3735

2003年各县市区财政一般预算收支及收入位次表(十二)

编制单位:厅国库处　　单位:万元

收入位序	78	79	80	81	82	83	84
县市区 / 科目	花山区	颍泉区	蚌埠中区	郎溪县	颍州区	雨山区	南谯区
收入合计	5471	5411	5095	4949	4937	4937	4712
增值税	793	553	766	570	510	867	584
营业税	2797	1026	2895	1060	1736	2308	1261
企业收入	273	37	125	99	24	188	340
其中:企业所得税	273	37	126	99	24	188	340
个人所得税	140	229	418	198	113	179	146
城市维护建设税	415	189	324	165	149	424	148
农业五税	93	2559		1730	1808	104	1566
其他各项收入	960	818	567	1127	597	867	667
支出合计	9025	17636	5049	14771	17340	7359	11685
基本建设支出	27	607		1393	7	1009	269
农业支出	181	491	5	664	762	314	681
林业支出	49	47		105	51	10	144
水利和气象支出	431	264		135	168	43	324
教育支出	1922	4785	2148	4594	4440	1140	3938
科学支出		28	5	15	31	10	52
医疗卫生支出	399	709	259	1002	841	481	585
社会保障补助支出	810	607	52	456	750	140	128
行政管理费	1590	2222	626	2383	2444	1440	1353
公检法司支出	364	428	238	796	594	462	260
其他各项支出	3252	7448	1716	3228	7252	2310	3951

2003 年各县市区财政一般预算收支及收入位次表(十三)

编制单位:厅国库处　　单位:万元

收入位序	85	86	87	88	89	90	91
科目 \ 县市区	安庆郊区	绩溪县	颍东区	蚌埠西区	杜集区	黟　县	潘集区
收入合计	4498	4277	4090	4048	3741	3663	3534
增值税	576	779	315	1142	1445	274	480
营业税	2006	838	700	1575	970	681	856
企业收入	12	151	16	171	124	148	75
其中:企业所得税	12	153	23	180	124	140	75
个人所得税	64	157	112	197	170	71	104
城市维护建设税	192	173	89	418		85	152
农业五税	513	571	2371	6	373	783	1523
其他各项收入	1135	1608	487	539	659	1621	344
支出合计	9176	13374	16392	4726	8238	9834	11123
基本建设支出	90	1008	356		9		14
农业支出	542	377	570	6	265	312	283
林业支出	89	280	75		23	557	41
水利和气象支出	327	78	176		58	90	205
教育支出	3488	3630	4566	1802	3096	1701	3729
科学支出		15	25		11	3	
医疗卫生支出	523	988	1223	107	274	510	411
社会保障补助支出	61	804	339	103	40	387	8
行政管理费	1847	2546	1564	449	1219	1524	1473
公检法司支出	260	681	761	201	345	443	640
其他各项支出	1949	2967	6737	2058	2898	4307	4319

2003年各县市区财政一般预算收支及收入位次表(十四)

编制单位:厅国库处　单位:万元

收入位序	92	93	94	95	96	97	98
科目＼县市区	大观区	迎江区	旌德县	金家庄区	徽州区	铜陵郊区	烈山区
收入合计	3443	3423	3403	3215	3200	3199	3131
增值税	560	726	409	690	458	470	1158
营业税	2170	1766	652	1372	672	2024	858
企业收入	28	101	98	118	742	85	201
其中:企业所得税	13	57	98	118	165	85	201
个人所得税	52	149	152	65	94	120	140
城市维护建设税	180	217	78	279	123		
农业五税			768	28	291	63	88
其他各项收入	453	464	1246	663	820	437	686
支出合计	6403	6830	11476	4845	6823	4945	3796
基本建设支出	40	200	1661		0	780	
农业支出			555	107	264	168	115
林业支出			131	6	111	22	2
水利和气象支出			150	12	49	15	
教育支出	1325	1302	1996	664	1335	510	1023
科学支出		11	4	2	6	1	5
医疗卫生支出	469	94	635	215	221	102	48
社会保障补助支出	256	153	407	99	300	49	97
行政管理费	1043	1798	1668	1219	961	1337	929
公检法司支出	397	685	559	355	405	184	283
其他各项支出	2873	2587	3710	2166	3171	1777	1294

2003年各县市区财政一般预算收支及收入位次表(十五)

编制单位:厅国库处　　　　单位:万元

收入位序	99	100	101	102	103	104	105
县市区 / 科目	谢家集区	琅琊区	大通区	铜官山区	八公山区	狮子山区	石台县
收入合计	2999	2998	2942	2751	1997	1750	1678
增值税	991	818	1097	520	880	337	320
营业税	704	830	755	1536	305	849	322
企业收入	117	322	254	97	103	205	76
其中:企业所得税	117	322	254	97	103	202	90
个人所得税	128	87	57	274	42	118	63
城市维护建设税	272	114	177		234	34	48
农业五税	146	195	224	2	67	61	561
其他各项收入	641	632	378	322	366	146	288
支出合计	4370	7659	5056	5358	2949	2133	10454
基本建设支出	9	6	140	300	26	30	1187
农业支出	22	93	60	18		24	523
林业支出	1	22			14	7	266
水利和气象支出	19	43	38		6	8	201
教育支出	1246	1622	1057	1877	840	261	2744
科学支出		1					2
医疗卫生支出	100	302	141	115	66	74	829
社会保障补助支出	179	1067	51	51	57	184	464
行政管理费	540	1572	769	932	661	796	1719
公检法司支出	597	606	640	384	481	176	642
其他各项支出	1657	2325	2160	1699	780	573	1877

2003年各县市区财政收支平衡明细表(一)

编制单位:厅国库处　　　　单位:万元

科　　目	肥东县	长丰县	肥西县	瑶海区	庐阳区	蜀山区	包河区
收入总计	42700	44845	45622	23988	42430	26879	32177
本年收入	20777	14472	19647	11237	24404	10376	17577
消费税和增值税税收返还	2149	990	2730	1851	2816	1012	1588
所得税基数返还	1251	531	924	643	2382	787	1231
原体制补助	7063	8465	7325	562	749	1056	1186
专项补助	6760	10240	6865	6428	5557	12087	6044
一般性转移支付补助	602	1028	300				
调整工资转移支付补助	529	475	476	116	143	71	117
结算补助		4	6				
农业税灾歉减免等	555	805	594	10	5		15
其他补助	147	527	127			340	
上年结余收入	2197	5680	6000	3141	6328	1150	4419
调入资金		868	378		46		
国债转贷收入、上年结余及转补助数	670	760	250				
支出总计	38657	38175	40613	18347	37453	24979	27481
本年支出	37985	37415	40350	13941	27377	18361	22608
原体制上解				4398	9287	6307	4773
专项上解	2		13	8	789	311	100
增设预算周转金							
调出资金							
国债转贷拨付数及年末结余	670	760	250				
年终结余	4043	6670	5009	5641	4977	1900	4696
其中:净结余	1382	58	183	5133	4838	1213	3809

2003年各县市区财政收支平衡明细表(二)

编制单位:厅国库处　　单位:万元

科　　目	濉溪县	相山区	杜集区	烈山区	涡阳县	蒙城县	利辛县
收入总计	33989	10175	10013	4948	42727	35411	38526
本年收入	16538	6398	3741	3131	17385	15259	11922
消费税和增值税税收返还	4160				2320	2612	639
所得税基数返还	831				1704	848	379
原体制补助	5530				6935	4911	12119
专项补助					4293	6316	7233
一般性转移支付补助	737				1226	664	1342
调整工资转移支付补助	524				594	523	594
结算补助	16						
农业税灾歉减免等	673				820	1180	931
其他补助	4621	3336	5751	1547	279	320	487
上年结余收入	188		507	239	5639	2235	2423
调入资金	171	441	14	31	702		
国债转贷收入、上年结余及转补助数					830	543	457
支出总计	35485	10313	9414	4786	36011	32352	35855
本年支出	35485	7354	8238	3796	35181	31809	35398
原体制上解		2959	1176	990			
专项上解							
增设预算周转金							
调出资金							
国债转贷拨付数及年末结余					830	543	457
年终结余	－1496	－138	599	162	6716	3059	2671
其中:净结余	－3176	－138	0	－15	790	260	333

2003年各县市区财政收支平衡明细表(三)

编制单位:厅国库处　　单位:万元

科　　目	谯城区	砀山县	萧　县	灵璧县	泗　县	埇桥区	怀远县
收入总计	44367	32951	36726	31968	27654	55138	39126
本年收入	13662	7998	13023	11313	9321	28715	13767
消费税和增值税税收返还	767	1485	1511	1187	827	4809	3064
所得税基数返还	1102	216	644	542	348	1143	649
原体制补助	7728	12209	10600	7939	6597	7977	7145
专项补助	4972	5370	5872	5363	4653	7279	5324
一般性转移支付补助	300	300	838	836	916	380	1337
调整工资转移支付补助	527	418	554	499	401	668	576
结算补助		15	1				
农业税灾歉减免等	1103	760	750	1040	760	1225	1448
其他补助	7704	780	284	464	405	160	428
上年结余收入	5688	1000	1249	2185	2776	2632	4798
调入资金	214	2070	500				
国债转贷收入、上年结余及转补助数	600	330	900	600	650	150	590
支出总计	38156	28539	33618	29538	25488	50840	34493
本年支出	37556	28209	32718	28637	24838	49524	33903
原体制上解							
专项上解				301		1166	
增设预算周转金							
调出资金							
国债转贷拨付数及年末结余	600	330	900	600	650	150	590
年终结余	6211	4412	3108	2430	2166	4298	4633
其中:净结余	158	269	191				1381

2003 年各县市区财政收支平衡明细表(四)

编制单位:厅国库处　　　　单位:万元

科　　目	固镇县	五河县	蚌埠东区	蚌埠中区	蚌埠西区	蚌埠郊区	临泉县
收入总计	25771	24219	7133	6818	5275	8157	43377
本年收入	8274	8961	5961	5095	4048	5961	13792
消费税和增值税税收返还	1113	1680					1560
所得税基数返还	306	412	560	613	356	360	690
原体制补助	5111	5525					13560
专项补助	4421	4094	47	42	181	698	5084
一般性转移支付补助	351	327					2460
调整工资转移支付补助	334	359	61	53	62	93	774
结算补助	4						
农业税灾歉减免等	689	716	1	1	3	206	1307
其他补助	581	492	592	957	1237	1334	358
上年结余收入	470	1153	—89	—33	—612	—615	3792
调入资金	3117			90		120	
国债转贷收入、上年结余及转补助数	1000	500					
支出总计	23932	22243	6936	6735	5612	8683	39864
本年支出	22932	21743	4996	5049	4726	8280	39864
原体制上解							
专项上解			1940	1686	886	403	
增设预算周转金							
调出资金							
国债转贷拨付数及年末结余	1000	500					
年终结余	1839	1976	197	83	—337	—526	3513
其中:净结余	10	376	197	—277	—337	—894	

2003年各县市区财政收支平衡明细表(五)

编制单位:厅国库处　　单位:万元

科　目	太和县	颍上县	阜南县	界首市	颍州区	颍泉区	颍东区
收入总计	47939	46780	48559	24961	18631	19234	17974
本年收入	16816	9699	12732	7951	4937	5411	4090
消费税和增值税税收返还	1661	1011	1594	3281	757	978	261
所得税基数返还	980	302	274	80	146	388	136
原体制补助	12461	12245	11414	4933	7916	6875	7069
专项补助	3915	7397	7623	2098	1369	1825	2424
一般性转移支付补助	1067	1672	1960	300	879	873	881
调整工资转移支付补助	654	645	637	363	298	295	266
结算补助	40	20	8				
农业税灾歉减免等	780	1721	1648	324	199	272	400
其他补助	218	318	358	498	336	324	522
上年结余收入	9206	11600	10311	3715	1794	1993	1881
调入资金	141						44
国债转贷收入、上年结余及转补助数		150		1418			
支出总计	38135	36661	34174	22608	17340	17636	16392
本年支出	38135	36511	34174	21190	17340	17636	16392
原体制上解							
专项上解							
增设预算周转金							
调出资金							
国债转贷拨付数及年末结余		150		1418			
年终结余	9804	10119	14385	2353	1291	1598	1582
其中:净结余	239						

2003年各县市区财政收支平衡明细表(六)

编制单位:厅国库处　　　　单位:万元

科　　目	凤台县	田家庵区	大通区	谢家集区	八公山区	潘集区	天长市
收入总计	38881	11316	5240	5286	3218	11538	33056
本年收入	18729	10534	2942	2999	1997	3534	16125
消费税和增值税税收返还	1780	1277	718	1137	567	289	3420
所得税基数返还	717	563	176	188	112	235	2148
原体制补助	5773	570	388	432	276	2677	2931
专项补助							4870
一般性转移支付补助	530					450	300
调整工资转移支付补助	350	73	53	66	38	142	356
结算补助							
农业税灾歉减免等	478	53	84	30	12	408	423
其他补助	5391	—1806	135	337	191	2872	96
上年结余收入	2223	32	330	97	25	428	1237
调入资金	2290	20	284			353	620
国债转贷收入、上年结余及转补助数	620		130			150	530
支出总计	37865	11284	5212	5133	3218	11296	30454
本年支出	36738	8150	5056	4370	2949	11123	29010
原体制上解		3004		722	234		
专项上解							
增设预算周转金	289						914
调出资金	218	130	26	41	35	23	
国债转贷拨付数及年末结余	620		130			150	530
年终结余	1016	32	28	153		242	2602
其中:净结余	180	32	28				

2003 年各县市区财政收支平衡明细表(七)

编制单位:厅国库处　　单位:万元

科　目	来安县	全椒县	定远县	凤阳县	明光市	琅琊区	南谯区
收入总计	23719	25441	30672	32840	30455	7709	13351
本年收入	9151	8809	12193	11878	11027	2998	4712
消费税和增值税税收返还	1982	1961	1546	1972	4472	1436	627
所得税基数返还	713	2817	646	1514	1051	615	620
原体制补助	4901	3561	6847	5371	3196	338	1925
专项补助	3776	5540	5966	7429	6851	1752	1873
一般性转移支付补助	300	300	881	1152	300	300	300
调整工资转移支付补助	285	271	474	381	356	63	141
结算补助			1	3			
农业税灾歉减免等	259	431	853	551	543	20	176
其他补助	96	176	396	236	176	80	1547
上年结余收入	2256	635	99	2203	1317	107	1280
调入资金		430			656		150
国债转贷收入、上年结余及转补助数		510	770	150	510		
支出总计	21562	24845	29360	30580	28938	7659	11685
本年支出	21562	24335	28590	30430	28428	7659	11685
原体制上解							
专项上解							
增设预算周转金							
调出资金							
国债转贷拨付数及年末结余		510	770	150	510		
年终结余	2157	596	1312	2260	1517	50	1666
其中:净结余	6	6			8	50	

2003 年各县市区财政收支平衡明细表(八)

编制单位:厅国库处　　　　单位:万元

科　　目	寿　县	霍邱县	舒城县	金寨县	霍山县	金安区	裕安区
收入总计	39664	44447	38401	31486	28080	30258	29422
本年收入	13480	15426	16201	7021	11086	10973	7982
消费税和增值税税收返还	1222	1289	2610	1725	1721	975	655
所得税基数返还	1290	1194	866	894	1101	991	661
原体制补助	9206	11492	8314	10421	6567	5547	6695
专项补助	9238	9889	6389	8543	5863	5600	7128
一般性转移支付补助	1440	1260	428	932	420	422	1102
调整工资转移支付补助	579	645	480	407	278	338	381
结算补助		86					
农业税灾歉减免等	1205	1460	344	182	142	642	775
其他补助	597	1202	108	380	164	292	3218
上年结余收入	957	4	42	215	7	0	15
调入资金			1369	76	181	3978	
国债转贷收入、上年结余及转补助数	450	500	750	690	550	500	810
支出总计	37362	44444	38393	30125	28073	30258	29399
本年支出	36912	43944	37643	29435	27523	29758	28589
原体制上解							
专项上解							
增设预算周转金							
调出资金							
国债转贷拨付数及年末结余	450	500	750	690	550	500	810
年终结余	2302	3	8	1361	7		23
其中:净结余	296	3	8	20	7		23

2003 年各县市区财政收支平衡明细表(九)

编制单位:厅国库处　　　　单位:万元

科　　目	当涂县	花山区	雨山区	金家庄区	庐江县	含山县	和　县
收入总计	37141	11325	8832	6934	40244	21473	25974
本年收入	18428	5471	4937	3215	17511	9790	12294
消费税和增值税税收返还	2772	1592	1848	943	2057	2418	1454
所得税基数返还	1212	332	424	235	1965	614	995
原体制补助	4443	937	357	1428	8303	2841	3914
专项补助	5655	992	1015	499	4250	3046	3788
一般性转移支付补助	300				300	300	379
调整工资转移支付补助	363				548	259	347
结算补助					127	46	73
农业税灾歉减免等	343	12	11	2	1185	260	410
其他补助	129				600	195	346
上年结余收入	3496				2853	1574	875
调入资金		1989	240	612	280		999
国债转贷收入、上年结余及转补助数					265	130	100
支出总计	33760	9911	8479	5370	36917	19724	24300
本年支出	33760	9025	7359	4845	36642	19584	24190
原体制上解		886	1120	525			
专项上解					10	10	10
增设预算周转金							
调出资金							
国债转贷拨付数及年末结余					265	130	100
年终结余	3381	1414	353	1564	3327	1749	1674
其中:净结余		1177	353	970	18	9	74

2003年各县市区财政收支平衡明细表(十)

编制单位:厅国库处　　　　单位:万元

科　　目	无为县	居巢区	繁昌县	南陵县	芜湖县	新芜区	镜湖区
收入总计	50757	28554	27528	25399	28315	11718	10811
本年收入	21610	11174	16277	12366	16340	11762	8986
消费税和增值税税收返还	2953	2262	2549	860	2194	488	688
所得税基数返还	1907	1435	1793	985	1064	798	620
原体制补助	9687	5186	3096	5889	5143	197	232
专项补助	7383	3058	1916	2632	2466	616	728
一般性转移支付补助	415	300	300	324	300		
调整工资转移支付补助	623	347	282	310	318	45	58
结算补助	58	2053					
农业税灾歉减免等	833	506	240	265	280		
其他补助	657	403	108	114	150	—3313	—1496
上年结余收入	1184	1530	967	1138	60	1125	995
调入资金	1912	250		516			
国债转贷收入、上年结余及转补助数	1535	50					
支出总计	50576	27392	25520	23759	27564	10380	9460
本年支出	48975	27332	25520	23759	27564	8636	7002
原体制上解						1744	2458
专项上解	66	10					
增设预算周转金							
调出资金							
国债转贷拨付数及年末结余	1535	50					
年终结余	181	1162	2008	1640	751	1338	1351
其中:净结余	51		128	54	61	1338	351

2003年各县市区财政收支平衡明细表(十一)

编制单位:厅国库处　　　　单位:万元

科　　目	马塘区	鸠江区	郎溪县	广德县	宁国市	泾　县	旌德县
收入总计	10015	15356	16383	27055	44794	24429	13901
本年收入	11570	9502	4949	10888	18896	6956	3403
消费税和增值税税收返还	362	1029	1322	2140	5933	2468	575
所得税基数返还	520	932	443	1137	2581	928	363
原体制补助	233	391	4309	5959	1494	4235	3351
专项补助	446	272	3792	4281	4221	3829	3421
一般性转移支付补助			725	408	320	693	515
调整工资转移支付补助	33	52	234	346	292	293	149
结算补助				6			1
农业税灾歉减免等		20	178	192	80	120	80
其他补助	—3594	—726	264	104	101	340	151
上年结余收入	445	3884	—213	944	9446	3463	1592
调入资金					800	824	
国债转贷收入、上年结余及转补助数			380	650	630	280	300
支出总计	9168	10832	15151	25465	31306	20444	11776
本年支出	8907	9868	14771	24815	30676	20164	11476
原体制上解	261	964					
专项上解							
增设预算周转金							
调出资金							
国债转贷拨付数及年末结余			380	650	630	280	300
年终结余	847	4524	1232	1590	13488	3985	2125
其中:净结余	758	3701	—900	118	30		

2003年各县市区财政收支平衡明细表(十二)

编制单位:厅国库处　　　　单位:万元

科　　目	绩溪县	宣州区	铜陵县	铜官山区	狮子山区	铜陵郊区	贵池区
收入总计	15518	39144	23010	6133	3270	5505	27044
本年收入	4277	15793	8041	2751	1750	3199	9821
消费税和增值税税收返还	1268	2768	1729	200	341	454	1905
所得税基数返还	464	1357	376	463	449	425	1378
原体制补助	3096	4677	3367	62	15	80	5634
专项补助	3355	5360	2211	550	140	148	4572
一般性转移支付补助	671	300	300				706
调整工资转移支付补助	177	419	233				347
结算补助	12	8					
农业税灾歉减免等	40	384					263
其他补助	293	1430	997	1573	94	261	267
上年结余收入	1200	6188	3276	534	421	938	1951
调入资金	145		2180		60		200
国债转贷收入、上年结余及转补助数	520	460					
支出总计	13894	31451	19179	5544	2429	5170	26018
本年支出	13374	30991	19084	5358	2133	4945	25704
原体制上解				170	86	143	314
专项上解			77	16	210	82	
增设预算周转金			18				
调出资金							
国债转贷拨付数及年末结余	520	460					
年终结余	1624	7693	3831	589	841	335	1026
其中:净结余		358	27	19	73	25	90

2003 年各县市区财政收支平衡明细表(十三)

编制单位:厅国库处　　　　单位:万元

科目	石台县	青阳县	东至县	怀宁县	枞阳县	桐城市	潜山县
收入总计	11412	17171	25250	33334	31009	37035	25033
本年收入	1678	5637	8778	17522	13136	18836	9284
消费税和增值税税收返还	414	646	1227	2624	1352	2917	1089
所得税基数返还	229	516	940	927	539	2050	659
原体制补助	3428	4633	6358	6643	8290	6553	7721
专项补助	3253	4151	5932	3152	3183	3577	3943
一般性转移支付补助	1382	569	353	300	1145	300	808
调整工资转移支付补助	140	210	365	400	457	396	371
结算补助			4		4		
农业税灾歉减免等	55	134	253	400	399	420	220
其他补助	265	389	341	95	1405	109	333
上年结余收入	568	181	699	1271	1099	1677	605
调入资金		105				200	
国债转贷收入、上年结余及转补助数							
支出总计	10454	16843	24632	31566	29199	35479	22977
本年支出	10454	16843	24632	31566	29199	35479	22977
原体制上解							
专项上解							
增设预算周转金							
调出资金							
国债转贷拨付数及年末结余							
年终结余	958	328	618	1768	1810	1556	2056
其中:净结余		231	68	30	81	20	2

2003年各县市区财政收支平衡明细表(十四)

编制单位:厅国库处　　　　单位:万元

科　目	太湖县	宿松县	望江县	岳西县	迎江区	大观区	安庆郊区
收入总计	23501	27013	19879	21735	6928	6704	10712
本年收入	8902	10016	6896	6087	3423	3443	4498
消费税和增值税税收返还	871	804	1078	688	745	498	1137
所得税基数返还	436	462	401	568	232	97	104
原体制补助	7758	8203	6143	7517	472	905	1218
专项补助	3159	2842	2214	4586	1402	1369	536
一般性转移支付补助	956	1014	384	1509	0	0	200
调整工资转移支付补助	369	393	329	311	42	61	589
结算补助							
农业税灾歉减免等	210	410	412	140			60
其他补助	236	200	1032	281			
上年结余收入	604	2669	595	48	612	331	1615
调入资金			395				755
国债转贷收入、上年结余及转补助数							
支出总计	23156	25067	19772	21700	6830	6403	9176
本年支出	23156	25067	19772	21700	6830	6403	9176
原体制上解							
专项上解							
增设预算周转金							
调出资金							
国债转贷拨付数及年末结余							
年终结余	345	1946	107	35	98	301	1536
其中:净结余			22	35	74	91	18

2003 年各县市区财政收支平衡明细表(十五)

编制单位:厅国库处 单位:万元

科　　目	祁门县	黟　县	休宁县	歙　县	屯溪区	黄山区	徽州区
收入总计	17051	10305	16849	29638	11741	15074	6823
本年收入	6948	3663	7096	11902	6771	6204	3200
消费税和增值税税收返还	925	457	1234	1793	937	753	359
所得税基数返还	683	247	757	1786	440	719	335
原体制补助	3826	2542	4426	7995	758	3291	1430
专项补助	1998	1766	1757	3782	1619	1837	909
一般性转移支付补助	580	567	566	420	300	356	300
调整工资转移支付补助	198	115	269	403	91	154	75
结算补助				3		3	
农业税灾歉减免等	36	39	58	68	15	38	27
其他补助	189	304	384	903	197	777	176
上年结余收入	1089	605	302	26	362	942	
调入资金	579			557	251		12
国债转贷收入、上年结余及转补助数							
支出总计	16308	9834	16618	29338	11043	13823	6823
本年支出	16308	9834	16618	29338	11043	13823	6823
原体制上解							
专项上解							
增设预算周转金							
调出资金							
国债转贷拨付数及年末结余							
年终结余	743	471	231	300	698	1251	
其中:净结余					15		

重要财经规章篇

底图为黄山风光：猴子观海

“三农”政策和农业财政管理规章

中共中央　国务院关于促进农民增加收入若干政策的意见

（2003 年 12 月 31 日）

在党的十六大精神指引下，2003 年各地区各部门按照中央的要求，加大了解决“三农”问题的力度，抵御住了突如其来“非典”疫情的严重冲击，克服了多种自然灾害频繁发生的严重影响，实现了农业结构稳步调整，农村经济稳步发展，农村改革稳步推进，农民收入稳步增加，农村社会继续保持稳定。同时，应当清醒地看到，当前农业和农村发展中还存在着许多矛盾和问题，突出的是农民增收困难。全国农民人均纯收入连续多年增长缓慢，粮食主产区农民收入增长幅度低于全国平均水平，许多纯农户的收入持续徘徊甚至下降，城乡居民收入差距仍在不断扩大。农民收入长期上不去，不仅影响农民生活水平提高，而且影响粮食生产和农产品供给；不仅制约农村经济发展，而且制约整个国民经济增长；不仅关系农村社会进步，而且关系全面建设小康社会目标的实现；不仅是重大的经济问题，而且是重大的政治问题。全党必须从贯彻“三个代表”重要思想，实现好、维护好、发展好广大农民群众根本利益的高度，进一步增强做好农民增收工作的紧迫感和主动性。现阶段农民增收困难，是农业和农村内外部环境发生深刻变化的现实反映，也是城乡二元结构长期积累的各种深层次矛盾的集中反映。在农产品市场约束日益增强、农民收入来源日趋多元化的背景下，促进农民增收必须有新思路、采取综合性措施，在发展战略、经济体制、政策措施和工作机制上有一个大的转变。当前和今后一个时期，做好农民增收工作的总体要求是：各级党委和政府要认真贯彻十六大和十六届三中全会精神，牢固树立科学发展观，按照统筹城乡经济社会发展的要求，坚持“多予、少取、放活”的方针，调整农业结构，扩大农民就业，加快科技进步，深化农村改革，增加农业投入，强化对农业支持保护，力争实现农民收入较快增长，尽快扭转城乡居民收入差距不断扩大的趋势。

一、集中力量支持粮食主产区发展粮食产业，促进种粮农民增加收入

（一）加强主产区粮食生产能力建设。当前，种粮效益低、主产区农民增收困难的问题尤为突出，必须采取切实有力的措施，尽快加以解决。抓住了种粮农民的增收问题，就抓住了农民增收的重点；调动了农民的种粮积极性，就抓住了粮食生产的根本；保护和提高了主产区的粮食生产能力，就稳住了全国粮食的大局。从 2004 年起，国家将实施优质粮食产业工程，选择一部分有基础、有潜力的粮食大县和国有农场，集中力量建设一批国家优质专用粮食基地。要着力支持主产区特别是中部粮食产区，重点建设旱涝保收、稳产高产基本农田。扩大沃土工程实施规模，不断提高耕地质量。加强大宗粮食作物良种繁育、病虫害防治工程建设，强化技术集成能力，优先支持主产区推广一批有重大影响的优良品种和先进适用技术。围绕农田基本建设，加快中小型水利设施建设，扩大农田有效灌溉面积，提高排涝和抗旱能力。提高农业机械化水平，对农民个人、农场职工、农机专业户和直接从事农业生产的农机服务组织购置和更新大型农机具给予一定补贴。

（二）支持主产区进行粮食转化和加工。主产区要立足粮食优势促进农民增加收入、发展区域经济，并按照市场需求，把粮食产业做大做强。充分利用主产区丰富的饲料资源，积极发展农区畜牧业，通过小额贷款、贴息补助、提供保险服务等形式，支持农民和企业购买优良畜禽、繁育良种，通过发展养殖业带动粮食增值。按照国家产业政策要求，引导农产品加工业合理布局，扶持主产区发展以粮食为主要原料的农产品加工业，重点是发展精深加工。国家通过技改贷款贴息、投资参股、税收政策等措施，支持主产区建立和改造一批大型农产品加工、种子营销和农业科技型企业。

（三）增加对粮食主产区的投入。现有农业固定资产投资、农业综合开发资金、土地复垦基金等要相对集中使用，向主产区倾斜。继续增加农业综合开发资金，新增部分主要用于主产区。为切实支持粮食主产区振兴经济、促进农民增收，要开辟新的资金来源渠道。从2004年起,确定一定比例的国有土地出让金,用于支持农业土地开发,建设高标准基本农田,提高粮食综合生产能力。主销区和产销平衡区也要加强粮食生产能力建设,进一步密切产销区的关系。粮食销区的经营主体到产区建立粮食生产基地、仓储设施和加工企业,应享受国家对主产区的有关扶持政策。产区粮食企业到销区建立仓储、加工等设施,开拓粮食市场,销区政府应予以支持并实行必要的优惠政策。

二、继续推进农业结构调整,挖掘农业内部增收潜力

(四)全面提高农产品质量安全水平。近几年,农业结构调整迈出较大步伐,方向正确,成效明显,要坚定不移地继续推进。要在保护和提高粮食综合生产能力的前提下,按照高产、优质、高效、生态、安全的要求,走精细化、集约化、产业化的道路,向农业发展的广度和深度进军,不断开拓农业增效增收的空间。要加快实施优势农产品区域布局规划,充分发挥各地的比较优势,继续调整农业区域布局。农产品市场和加工布局、技术推广和质量安全检验等服务体系的建设,都要着眼和有利于促进优势产业带的形成。2004年要增加资金规模,在小麦、大豆等粮食优势产区扩大良种补贴范围。进一步加强农业标准化工作,深入开展农业标准化示范区建设。要进一步完善农产品的检验检测、安全监测及质量认证体系,推行农产品原产地标记制度,开展农业投入品强制性产品认证试点,扩大无公害食品、绿色食品、有机食品等优质农产品的生产和供应。加强动物防疫体系建设,实施重点区域动物疫病应急防治工程,鼓励乡村建立畜禽养殖小区,2004年要启动兽医管理体制改革试点。加快实行法定检验和商业检验分开的制度,对法定检验要减少项目并给予财政补贴,对商业检验要控制收费标准并加强监管。

(五)加快发展农业产业化经营。各级财政要安排支持农业产业化发展的专项资金,较大幅度地增加对龙头企业的投入。对符合条件的龙头企业的技改贷款,可给予财政贴息。对龙头企业为农户提供培训、营销服务,以及研发引进新品种新技术、开展基地建设和污染治理等,可给予财政补助。创造条件,完善农产品加工的增值税政策。对新办的中小型农副产品加工企业,要加强创业扶持和服务。不管哪种所有制和经营形式的龙头企业,只要能带动农户,与农民建立起合理的利益联结机制,给农民带来实惠,都要在财政、税收、金融等方面一视同仁地给予支持。

(六)加强农业科研和技术推广。要围绕增强我国农业科技的创新能力、储备能力和转化能力,改革农业科技体制,较大幅度地增加预算内农业科研投入。继续安排引进国外先进农业科技成果的资金,增加农业科技成果转化资金,支持已有科研成果的中试和大面积示范推广。引导和推动企业成为农业技术创新主体,允许各类农业企业和民营农业科技组织申请使用国家有关农业科技的研发、引进和推广等资金。深化农业科技推广体制改革,加快形成国家推广机构和其他所有制推广组织共同发展、优势互补的农业技术推广体系。积极发挥农业科技示范场、科技园区、龙头企业和农民专业合作组织在农业科技推广中的作用。建立与农业产业带相适应的跨区域、专业性的新型农业科技推广服务组织。支持农业大中专院校参与农业技术的研究、推广。

三、发展农村二、三产业,拓宽农民增收渠道

(七)推进乡镇企业改革和调整。发展乡镇企业是充分利用农村各种资源和生产要素,全面发展农村经济、拓展农村内部就业空间的重要途径。要适应市场需求变化、产业结构升级和增长方式转变的要求,调整乡镇企业发展战略和发展模式,加快技术进步,加快体制和机制创新,重点发展农产品加工业、服务业和劳动密集型企业。加大对规模以上乡镇企业技术改造的支持力度,促进产品更新换代和产业优化升级。引导农村集体企业改制成股份制和股份合作制等混合所有制企业,鼓励有条件的乡镇企业建立现代企业制度。农村中小企业对增加农民就业作用明显,只要符合安全生产标准和环境保护要求,有利于资源的合理利用,都应当允许其存在和发展。有关部门要根据乡镇企业发展的新形势、新情况,加强调查研究,尽快制定促进乡镇企业改革和发展的指导性意见。

(八)大力发展农村个体私营等非公有制经济。法律法规未禁入的基础设施、公用事业及其他行业和领域,农村个体工商户和私营企业都可以进入。要在税收、投融资、资源使用、人才政策等方面,对农村个体工商户和私营企业给予支持。对合法经营的农村流动性小商小贩,除国家另有规定外,免于工商登记和收取有关税费。

(九)繁荣小城镇经济。小城镇建设要同壮大县域经济、发展乡镇企业、推进农业产业化经营、移民搬迁结合起来,引导更多的农民进入小城镇,逐步形成产业发展、人口聚集、市场扩大的良性互动机制,增强小城镇吸纳农村人口、带动农村发展的能力。国家固定资产投资要继续支持小城镇建设,引导金融机构按市场经济规律支持小城镇发展。重点渔区渔港、林区和垦区场部建设要与小城镇发展结合起来。有条件的地方,要加快推进村庄建设与环境整治。

四、改善农民进城就业环境,增加外出务工收入

(十)保障进城就业农民的合法权益。进一步清理和取消针对农民进城就业的歧视性规定和不合理收费,简化农民跨地区就业和进城务工的各种手续,防止变换手法向进城就业农民及用工单位乱收费。进城就业的农民工已经成为产业工人的重要组成部分,为城市创造了财富、提供了税收。城市政府要切实把对进城农民工的职业培训、子女教育、劳动保障及其他服务和管理经费,纳入正常的财政预算,已经落实的要完善政策,没有落实的要加快落实。对及时兑现进城就业农民工资、改善劳动条件、解决子女入学等问题,国家已有明确政策,各地区和有关部门要采取更得力的措施,明确牵头部门,落实管理责任,加强督促检查。健全有关法律法规,依法保障进城就业农民的各项权益。推进大中城市户籍制度改革,放宽农民进城就业和定居的条件。

(十一)加强对农村劳动力的职业技能培训。这是提高农民就业能力、增强我国产业竞争力的一项重要的基础性工作,各地区和有关部门要作为一件大事抓紧抓好。要根据市场和企业的需求,按照不同行业、不同工种对从业人员基本技能的要求,安排培训内容,实行定向培训,提高培训的针对性和适用性。要调动社会各方面参与农民职业技能培训的积极性,鼓励各类教育培训机构、用人单位开展对农民的职业技能培训。各级财政都要安排专门用于农民职业技能培训的资金。为提高培训资金的使用效率和培训效果,应由农民自主选择培训机构、培训内容和培训时间,政府对接受培训的农民给予一定的补贴和资助。要防止和纠正各种强制农民参加有偿培训和职业资格鉴定的错误做法。

五、发挥市场机制作用,搞活农产品流通

(十二)培育农产品营销主体。鼓励发展各类农产品专业合作组织、购销大户和农民经纪人。积极推进有关农民专业合作组织的立法工作。从2004年起,中央和地方要安排专门资金,支持农民专业合作组织开展信息、技术、培训、质量标准与认证、市场营销等服务。有关金融机构支持农民专业合作组织建设标准化生产基地、兴办仓储设施和加工企业、购置农产品运销设备,财政可适当给予贴息。深化供销社改革,发挥其带动农民进入市场的作用。加快发展农产品连锁、超市、配送经营,鼓励有条件的地方将城市农贸市场改建成超市,支持农业龙头企业到城市开办农产品超市,逐步把网络延伸到城市社区。进一步加强产地和销地批发市场建设,创造条件发展现代物流业。加强农业生产资料市场管理,有关部门要保证货源充足、价格基本稳定,严厉打击制售假冒伪劣农资等坑农伤农行为。支持鲜活农产品运销,在全国建立高效率的绿色通道,各地要从实际出发进一步改善农产品的流通环境。

(一三)扩大优势农产品出口。要进一步完善促进我国优势农产品出口的政策措施。外贸发展基金要向促进农产品出口倾斜,主要用于支持企业研发新产品新技术、开拓国际市场、参与国际认证等,扶持出口生产基地。鼓励和引导农产品出口加工企业进入出口加工贸易区。抓紧启动园艺产品非疫区建设。完善农产品出口政策性信用保险制度。有关部门要密切跟踪监测和及时通报国内外市场供需、政策法规和疫病疫情、检验检疫标准等动态,为农产品出口企业提供信息服务。加强对外谈判交涉,签订我国与重点市场国家和地区的双边检验检疫和优惠贸易协定,为我国农产品出口创造有利环境。适应农产品国际贸易的新形势,加快建立健全禽肉、蔬菜、水果等重点出口农产品的行业和商品协会。

六、加强农村基础设施建设,为农民增收创造条件

(十四)继续增加财政对农业和农村发展的投入。加强农业基础建设、解决"三农"问题,必须进一步调整国民收入分配结构和财政支出结构。各级政府要依法安排并落实对农业和农村的预算支出,严格执行预算,建立健全财政支农资金的稳定增长机制。按照统一规划、明确分工、统筹安排的要求,整合现有各项支农投资,集中财力,突出重点,提高资金使用效率。积极运用税收、贴息、补助等多种经济杠杆,鼓励和引导各种社会资本投向农业和农村。各地区和有关部门要切实把发展农村社会事业作为工作重点,落实好新增教育、卫生、文化等事业经费主要用于农村的政策规定,今后每年要对执行情况进行专项检查。

(十五)进一步加强农业和农村基础设施建设。国家固定资产投资用于农业和农村的比例要保持稳定,并逐步提高。适当调整对农业和农村的投资结构,增加支持农业结构调整和农村中小型基础设施建设的投入。节水灌溉、人畜饮水、乡村道路、农村沼气、农村水电、草场围栏等"六小工程",对改善农民生产生活条件、带动农民就业、增加农民收入发挥着积极作用,要进一步增加投资规模,充实建设内容,扩大建设范围。各地要从实际出发,因地制宜地开展雨水集蓄、河渠整治、牧区水利、小流域治理、改水改厕和秸秆气化等各种小型设施建设。创新和完善农村基础设施建设的管理体制和运营机制。继续搞好生态建设,对天然林保护、退耕还林还草和湿地保护等生态工程,要统筹安排,因地制宜,巩固成果,注重实效。

七、深化农村改革,为农民增收减负提供体制保障

(十六)加快土地征用制度改革。各级政府要切实落实最严格的耕地保护制度,按照保障农民权益、控制征地规模的原则,严格遵守对非农占地的审批权限和审批程序,严格执行土地利用总体规划。要严格区分公益性用地和经营性用地,明确界定政府土地征用权和征用范围。完善土地征用程序和补偿机制,提高补偿标准,改进分配办法,妥善安置失地农民,并为他们提供社会保障。积极探索集体非农建设用地进入市场的途径和办法。

(十七)深化粮食流通体制改革。从 2004 年开始,国家将全面放开粮食收购和销售市场,实行购销多渠道经营。有关部门要抓紧清理和修改不利于粮食自由流通的政策法规。加快国有粮食购销企业改革步伐,转变企业经营机制,完善粮食现货和期货市场,严禁地区封锁,搞好产销区协作,优化储备布局,加强粮食市场管理和宏观调控。当前,粮食主产区要注意发挥国有及国有控股粮食购销企业的主渠道作用。为保护种粮农民利益,要建立对农民的直接补贴制度。2004 年,国家从粮食风险基金中拿出部分资金,用于主产区种粮农民的直接补贴。其他地区也要对本省(区、市)粮食主产县(市)的种粮农民实行直接补贴。要本着调动农民种粮积极性的原则,制定便于操作和监督的实施办法,确保补贴资金真正落实到农民手中。

(十八)继续推进农村税费改革。要巩固和发展税费改革的成果,进一步减轻农民的税费负担,为最终实现城乡税制的统一创造条件。逐步降低农业税税率,2004 年农业税税率总体上降低 1 个百分点,同时取消除烟叶外的农业特产税。降低税率后减少的地方财政收入,沿海发达地区原则上由自己消化,粮食主产区和中西部地区由中央财政通过转移支付解决。有条件的地方,可以进一步降低农业税税率或免征农业税。各地要严格按照减税比例调减到户,真正让农民得到实惠;确保各级转移支付资金专款专用,及时足额下拨到位。要据实核减合法征占耕地而减少的计税面积。要加快推进配套改革,继续加强农民负担监督管理,防止农民负担反弹,巩固农村税费改革成果。进一步精简乡镇机构和财政供养人员,积极稳妥地调整乡镇建制,有条件的可实行并村,提倡干部交叉任职。优化农村学校布局和教师队伍。进一步清理和规范涉农行政事业性收费。巩固治理利用职权发行报刊的成果。积极探索化解乡村债务的有效途径。尽快制定农业税的征管办法。

(十九)改革和创新农村金融体制。要从农村实际和农民需要出发,按照有利于增加农户和企业贷款,有利于改善农村金融服务的要求,加快改革和创新农村金融体制。建立金融机构对农村社区服务的机制,明确县域内各金融机构为"三农"服务的义务。扩大农村贷款利率浮动幅度。进一步完善邮政储蓄的有关政策,加大农村信用社改革的力度,缓解农村资金外流。农业银行等商业银行要创新金融产品和服务方式,拓宽信贷资金支农渠道。农业发展银行等政策性银行要调整职能,合理分工,扩大对农业、农村的服务范围。要总结农村信用社改革试点经验,创造条件,在全国逐步推开。继续扩大农户小额信用贷款和农户联保贷款。鼓励有条件的地方,在严格监管、有效防范金融风险的前提下,通过吸引社会资本和外资,积极兴办直接为"三农"服务的多种所有制的金融组织。有关部门要针对农户和农村中小企业的实际情况,研究提出多种担保办法,探索实行动产抵押、仓单质押、权益质押等担保形式。鼓励政府出资的各类信用担保机构积极拓展符合农村特点的担保业务,有条件的地方可设立农业担保机构,鼓励现有商业性担保机构开展农村担保业务。加快建立政策性农业保险制度,选择部分产品和部分地区率先试点,有条件的地方可对参加种养业保险的农户给予一定的保费补贴。

八、继续做好扶贫开发工作,解决农村贫困人口和受灾群众的生产生活困难

(二十)完善扶贫开发机制。各级党委和政府要进一步加大扶贫开发力度,强化扶贫工作责任制,提高扶贫成效。2004 年国家继续增加扶贫资金投入。要在认真总结经验、切实摸清底数的基础上,对尚未解决温饱的贫困人口,进一步采取更有针对性的扶贫措施,切实做到扶贫到村到户。对丧失劳动能力的特困人口,要实行社会救济,适当提高救济标准。对缺乏基本生存条件地区的贫困人口,要积极稳妥地进行生态移民和易地扶贫。对低收入贫困人口,要着力帮助改善生产生活条件,发展特色产业,开辟增收渠道,减少和防止返贫。健全扶贫投入机制,加强资金管理,提高使用效益,所有扶贫资金的使用都要实行公示、公告和报账制度,严格监督和审计,确保资金及时足额到位,真正使贫困户受益。

(二十一)认真安排好灾区和困难农户的生产生活。2003年不少地方遭受了严重的自然灾害,一些农民生产生活遇到严重困难。各级党委和政府要切实负起责任,组织干部深入灾区和贫困地区,摸底排查,核实灾情,及时把救济款物发放到户,按规定减免有关税费,组织和引导灾区群众开展生产自救。有条件的地方要探索建立农民最低生活保障制度。落实好农垦企业参加企业职工基本养老保险的政策。

九、加强党对促进农民增收工作的领导,确保各项增收政策落到实处

(二十二)要把解决好农业、农村、农民问题作为全党工作的重中之重。全党同志特别是各级领导干部要始终重视农业的基础地位,始终重视严格保护耕地和保护、提高粮食综合生产能力,始终重视维护粮食主产区和种粮农民的利益,始终重视增加农民特别是种粮农民的收入。对"三农"问题,不仅分管领导要直接抓,而且党政一把手要亲自抓,地、县两级领导要把主要精力放在农业和农村工作上。要树立科学发展观和正确的政绩观,把增加农民收入作为事关全局的大事,放在更加突出的位置。要切实转变工作作风,深入基层,深入群众,落实各项增收措施,为农民增收出主意、想办法、办实事、多服务,力戒浮夸和做表面文章,把增加农民收入作为衡量工作成效的一个重要标准。要加强对农村基层干部的培训,增强宗旨意识和法制、政策观念,增进与农民群众的感情,提高他们带领农民增收致富的自觉性和本领。各行各业都要树立全局观念,为农民增收贡献力量,在全社会形成有利于农民增收的良好氛围。要激发广大农民群众艰苦创业的积极性,发扬自强不息的精神,通过辛勤劳动走上富裕之路。同时,要按照中央的部署和要求,加强农村基层组织建设、精神文明建设和民主法制建设,做好农村其他各项工作,为农民增收提供有力的组织保障、智力支持和安定的社会环境。做好新阶段的农业和农村工作,努力增加农民收入,意义重大,任重道远。我们要紧密团结在以胡锦涛同志为总书记的党中央周围,高举邓小平理论伟大旗帜,认真实践"三个代表"重要思想,坚定信心,奋力开拓,扎实工作,为全面建设小康社会作出新的贡献。

财政部关于印发《关于改革和完善农业综合开发若干政策措施的意见》的通知

(2003年12月10日 财发〔2003〕93号)

各省、自治区、直辖市、计划单列市财政厅(局)、农业综合开发办公室,新疆生产建设兵团财务局、农业综合开发办公室,水利部、农业部、国土资源部、国家林业局农业综合开发办公室:

农业综合开发是党中央、国务院加强农业的一项重大决策,是国家支持和保护农业的重要举措,是发展农村生产力的有效途径,是提高农业综合生产能力的关键措施。进一步深化改革,完善政策,创新机制,加强管理,不断提高农业综合开发的工作水平和成效,对于解决好"三农"问题,加快农村小康建设步伐,具有十分重要的意义。现将《关于改革和完善农业综合开发若干政策措施的意见》印发给你们,请结合实际认真贯彻落实,并将贯彻落实情况于2004年2月底之前报我部国家农业综合开发办公室。

关于改革和完善农业综合开发若干政策措施的意见

为贯彻落实新一届政府国家农业综合开发第一次联席会议精神,进一步深化改革,完善政策,创新机制,加强管理,不断提高农业综合开发工作水平,现对改革和完善农业综合开发若干政策问题提出以下意见:

一、改革和完善农业综合开发若干政策的指导思想和基本原则

改革和完善农业综合开发若干政策的指导思想和基本原则是:以"三个代表"重要思想和党的十六大精神为指导,紧紧围绕全面建设小康社会的目标,以农业主产区特别是粮食主产区为重点,着力加强农业基础设施和生态建设,提高农业综合生产能力,保证国家粮食安全;着力推进农业和农村经济结构的战略性调整,积极推进农业产业化经营,提高农业综合效益,增加农民收入。适应社会主义市场经济、公共财政管理体制和农村改革要求,适应新阶段农业和农村经济发展需要,完善投资政策,加强科学管理,创新运行机制,不断提高农业综合开发工作水平。

二、严格控制开发范围,突出开发重点

(一)以农业主产区特别是粮食主产区为重点。农业主产区是指农业生产在全国占有重要地位,能够提供较多粮、棉、油、肉、糖等关系国计民生的大宗农产品的集中产区。我国农业发展和粮食安全主要靠农业主产区支撑。农业综合开发以农业主产区特别是粮食主产区为重点,有利于提高全国农业综合生产能力,保证主要农产品的有效供给,增加农业主产区农民的收入。1.进一步界定农业主产区及粮食主产区的范围。依据各地主要农产品的产量等主要指标,并参考有关部门的界定办法与范围,确定黑龙江(含省农垦总局)、吉林、辽宁(不含大连)、内蒙古、河北、河南、山东(不含青岛)、江苏、安徽、四川、湖南、湖北、江西、新疆、广西、云南、新疆生产建设兵团等17个省级单位作为农业综合开发的农业主产区,其中前13个省级单位为粮食主产区,新疆、新疆生产建设兵团为棉花主产区,广西、云南为糖料主产区。各省(区、市)要根据本地实际情况,研究确定重点开发的市、县。2.进一步明确农业主产区特别是粮食主产区农业综合开发的任务。农业综合开发以中低产田改造为重点,特别是要加强基本农田保护区范围内的中低产田改造,着力加强农业基础设施建设,改善农业生产条件和生态环境,建设优质、高产、稳产、节水、高效农田,增强农业抗御自然灾害的能力,坚定不移地提高农业综合生产能力特别是粮食生产能力,保证国家粮食安全。以市场为导向,发挥农业区域比较优势,积极培育和壮大优势特色产业,大力扶持辐射带动作用强的产业化龙头企业和与农民建立起紧密的利益联结机制的专业合作经济组织,积极推进产业化经营,促进农业和农村经济结构的战略性调整,提高农业的综合效益,不断增加主产区农民特别是种粮农民的收入。

(二)以农产品优势产区为重点,积极支持优势农产品产业带建设。1.优势区域的农业综合开发项目县,要参照《优势农产品区域布局规划》确定本地的优势农产品和产业,紧紧围绕优势农产品产业带建设统筹安排农业综合开发项目。重点扶持优势区域内农业基础设施建设,为发展优势农产品生产提供条件。对位于优势区域内项目县申报的农业综合开发项目,在同等情况下给予优先扶持。2.《优势农产品区域布局规划》以外的地区,也要围绕扶持具有地方特色的主导产品和产业安排项目。

(三)整合项目。1.根据农业综合开发的主要任务,将农业综合开发项目整合为土地治理项目和产业化经营项目两类。从2004年开始,不再单独设立专项科技示范和农业现代化示范项目。同时,整合现有中央农口部门项目,原则上一个部门内只保留1—2类项目,分别纳入土地治理和产业化经营项目范畴。2.在两类项目中,以土地治理项目为重点,下设中低产田改造、生态综合治理、中型灌区节水配套改造3小类项目。土地治理项目必须适应优势农产品生产的要求,根据“统筹规划,集中投入、连片开发”的原则,按灌区、流域或某一相对完整连片的耕地进行全面规划,其整体建设任务可分年连续实施。项目建设要突出解决制约当地农业生产的关键障碍因素,在此基础上进行山水田林路的综合治理。严格控制项目个数,每个项目县每年原则上只安排1—2个项目。3.将多种经营项目更名为产业化经营项目,下设产业化龙头和多种经营两小类项目。产业化龙头项目扶持的重点是国家级、省级产业化龙头企业和农民专业合作经济组织,包括农产品加工、产地批发市场及储藏保鲜项目。多种经营项目扶持的重点是经济林及设施农业种植基地、畜牧水产养殖基地项目。

(四)严格项目县的管理。1.对现有的项目县(含农场,下同)实行总量控制,原则上不再新增项目县。除对农业主产区少数开发潜力比较大而至今未纳入开发范围的农业大县,可作为特例予以考虑以外,今后原则上不再新增项目县。2.对因项目和资金管理中存在违纪违规问题,造成工作损失或恶劣影响的项目县,要视情节暂停或取消其项目县资格,并且不准因此新增项目县。3.允许各省(区、市)在保持项目县总数不变的前提下,采取“末位暂停”等办法,对少量项目县调进或调出,实现奖优罚劣,动态管理。4.建立项目县“退出”机制。对已基本没有开发潜力的项目县,要退出开发范围。

三、改革和完善资金投入政策

(一)加大对农业主产区特别是粮食主产区的投入力度。从2004年起,每年将中央财政新增农业综合开发资金的80%以上,集中用于农业主产区特别是粮食主产区。但对列入农业主产区的省份,要根据其管理情况和财力状况区别对待。同时,中央农口部门农业综合开发项目资金也适当向农业主产区倾斜。各省(区、市)在财政资金安排上,要向重点开发市、县倾斜。

(二)调整地方财政配套政策。1.针对不同地区的经济实力,科学合理地确定各地区地方财政配套比例。进一步降低农业主产区和西部地区的地方财政资金配套比例,并根据各省(区、市)的财力状况区别对待。2.在总体调低地方财政资金配套比例的前提下,突出解决地、县两级财政困难,减轻其配套压力。取消国家扶贫工作重点县的配套任务。3.从2004年起,选择部分省(区)进行财政资金"倒配制"试点,即:根据试点省(区)已经安排落实的地方财政配套资金,结合贯彻落实政策制度和项目实施情况、当年项目准备情况等,确定中央财政资金投入规模。

(三)改革和完善财政有偿资金政策。1.调整确定各类项目的财政资金有无偿比例。土地治理项目进行的是农业基础设施和生态环境建设,提供的是公共产品或准公共产品,公益性较强,适应公共财政管理的要求,取消土地治理项目现行10%的有偿资金投入,实行全部无偿投入。中央财政有偿资金集中用于产业化经营项目,但对不同类型的产业化经营项目,也要分类确定中央财政资金的有无偿比例。适当降低种养业项目的有偿资金比例。2.逐步化解财政有偿资金债务风险。完善财政有偿资金呆坏账核销机制,每年根据实际发生额核销一部分呆坏账。今后不再实行延期还款,以防债务风险的积累加剧。摸清地方各级财政用垫付、抵顶等方式偿还有偿资金的实际情况,通过部分核销方式挤出已回收有偿资金中的水分,真正做到"上清下也清"。

(四)制定和完善财政贴息政策。在农业综合开发中央财政资金中单独设立贴息资金,对产业化龙头企业利用银行贷款,给予贴息,凭利息单报账。

(五)因地制宜制定项目建设标准,逐步提高单位面积投资标准。项目建设标准要体现南北方差异,平原、丘陵、山区的差异,不同产业发展需要的差异。逐步提高单位面积投资标准,将项目区建成适应主导产业发展需要、较高标准的优势农产品生产基地。允许在已建项目区的基础上重新立项,进一步重点建设适应优势农产品生产要求的基础设施。

(六)完善农业综合开发农民筹资投劳政策。继续督促各地认真贯彻执行《国务院关于全面推进农村税费改革试点工作的意见》(国发〔2003〕12号)和《国家农业综合开发农民筹资投劳管理暂行规定》,及时了解政策执行情况,并进一步完善农业综合开发农民筹资投劳政策。

四、制定和完善扶持产业化龙头企业、农民专业合作经济组织政策

(一)完善对产业化龙头企业的扶持政策。1.采取灵活多样的扶持方式。按照龙头企业发展的实际需要、农民直接受益程度等因素,分别采取贴息、补贴、投资参股、借给有偿资金等灵活多样的扶持方式。同时,土地治理项目也要紧密围绕龙头企业进行优势农产品基地建设。2.明确申报条件。坚持扶大扶优扶强的原则,申报农业综合开发产业化龙头项目的企业,必须是国家级和省级产业化龙头企业。同时还需具备:有独立的法人资格;经营期2年以上,有一定的经营规模和经济实力,有较强的自筹资金能力;资产负债率小于70%,银行信用等级A级以上;开发产品市场潜力大,竞争优势明显;带动能力强,与农户建立了合理的、紧密的利益分配机制;企业建立了符合市场经济要求的经营管理机制。项目申报须附有社会中介机构出具的财务审计报告。3.完善监管机制。把对龙头企业的积极扶持与严格监管结合起来,加强项目立项评审工作和项目执行过程中的监管工作,防止企业多头申报项目,严防资不抵债、经营业绩不良和不能有效带动农民增收的企业,骗取国家财政资金。

(二)制定和完善农民专业合作经济组织和农产品专业办会的扶持政策。1.坚持民办、民管、民受益的原则,重点扶持以产品或产业为纽带组织起来的农民专业合作经济组织。允许具有法人资格的农民专业合作经济组织作为项目主体申报农业综合开发项目,对符合立项条件的项目,要一视同仁乃至优先予以扶持。扶持的条件是:优势产业明显;具有法人资格;经营管理规范;与会员建立起紧密型的利益联结机制。2.对农产品专业协会,重点扶持其开展科技推广、技术培训、营销服务等;对其承担某个农业综合开发项目的技术培训、科技推广任务,允许用该项目的科技推广费给予相应补贴。

五、加强科学管理

(一)明确各级农发办事机构工作职责。按照权责统一、分级管理、分级负责的原则,进一步明确各级农发办事机构的工作职责。国家农发办要与有关部门紧密配合,以宏观管理为主,负责农业综合开发方针政策及规章制度的制订及监督检查,组织开展重大问题调研等。地方各级农发办事机构要贯彻落实国家农业综合开发各项政策制度,具体负责加强项目和资金的管理。

(二)发布项目立项(招商)指南。从2004年起,国家农发办于每年上半年,向各省(区、市)发布下一年度项目立项指南,明确项目申报的指导思想、重点建设内容及其他相关要求,以利于各地组织申报项目。其中对产业化龙头项目,要通过新闻媒体向社会公布招商指南,以利于在全国范围内实现择优立项。

(三)改革下达投资控制指标的方式。国家农发办每年分别下达土地治理项目和产业化经营项目的投资控制指标。同时,将产业化经营项目投资控制指标由指令性变为指导性,根据项目准备及评审情况,确定各地产业化经营项目投资规模。一省(区、市)指导性指标如有结余,大部分指标可在全国范围内调剂使用,少部分指标留在本省(区、市)转用于土地治理项目。

(四)改进项目评审工作。合理划分国家、省两级项目评审权限。国家农发办负责少数重点项目的评审,其他项目均由省级农发办和中央有关部门农发办负责评审。坚持专家评审和实地考察相结合,探索项目申报单位答辩的评审新模式。按照谁评审、谁负责的原则,建立严格的评审责任制。产业化经营项目的部分评估审定权限下放到省级农发办后,必须相应完善制约监督机制。

(五)改进项目计划审批方式。1.国家农发办继续审批各省(区、市)土地治理项目计划,但要进一步简化审批内容。国家农发办审批少数重点产业化经营项目计划,其他产业化经营项目计划由省级农发办审批并报国家农发办备案。2.规范项目计划的调整事项。各级农发办事机构要切实加强项目可行性研究和评估论证工作,避免项目的调整、变更和终止等事项。如在建设期内确需调整项目计划,须按规定报经批准,由国家农发办评审的或项目财政资金超过规定额度的项目计划调整,需报国家农发办批准;由省级评审的需报省级批准并报国家农发办备案。确需调整的项目计划,最晚应在项目立项的次年6月底之前,报国家农发办审批或备案。严禁随意或无限期地调整项目计划。

(六)完善项目监管。制定并推行项目招投标制、工程监理制、项目和资金公示制、法人负责制,加强项目效益监测,利用社会中介机构(如会计师事务所)参与项目检查、验收。完善建后工程管护制度,明确产权主体和利益主体,确保工程长期发挥效益。

(七)规范资金管理。进一步完善财政资金分配的综合因素法。各级农发办都要加强对下一级农发办工作绩效的考核,将财政资金的投入与工作绩效考核情况挂钩,向工作先进地区倾斜。严格对农业综合开发资金实行专人管理、专账核算、专款专用。严格推行规范的县级报账制。从2004年起,对不实行县级报账制的项目县,取消其项目县资格。总结部分省(区、市)委托银行放款试点的经验,改进和完善委托放款的办法,进一步扩大试点范围。建立农业综合开发资金违纪违规处罚制度。

六、创新农业综合开发机制

适应社会主义市场经济和公共财政管理体制的要求,按照"国家引导、配套投入、民办公助、滚动开发"的原则,引入市场机制,利用市场手段,充分调动广大农民及社会各界参与农业综合开发的积极性,真正建立以农民为主体、政府辅助和引导、社会各方参与的运行机制。

(一)完善以农民为主体的机制。土地治理项目的确立,要以"农民要办"为前提,充分尊重农民的意愿,采用民主的办法,多与农民商量,努力把一家一户农民想办但办不了、办不好的事情办实办好,让农民得到看得见、摸得着的利益。产业化经营项目的确立,要以能带动农民增收为前提,让更多的农民从中受益。农业综合开发项目建设,要更多地吸收农民工参与,增加农民的就业机会。项目和资金的管理,要实行公示制,自觉接受项目区农民群众的监督。

(二)完善自我积累、滚动开发机制。1.用于土地治理项目的财政资金,总体上视为国家对农民的补助,但对有一定经济效益的机电井、苗圃及其他单项工程,要通过移交、拍卖、租赁、承包等方式,及时明晰产权,并将资产收益用于工程运行管护或继续用于滚动开发,确保项目工程长期发挥效益。2.产业化经营项目要积极探索经营性开发方式,即将农业综合开发财政资金以参股形式投入产业化经营项目,逐步形成用国有资产运营收益继续用于开发的自我积累、滚动开发机制。拟从2004年开始进行试点,今后要根据投资参股试点情况,逐步扩大参股试点的范围和比重。

(三)完善财政资金的引导机制。充分利用市场机制,发挥财政资金"四两拨千斤"的作用,通过扩大贴息规模等方式,吸引金融资金;凡民间资本、工商资本和外资等投入农业综合开发,兴建具有公益性和社会效益,并能带动农民致富项目的,可通过补贴、贴息等方式引导和鼓励,逐步形成全方位、多渠道、多途径的农业综合开发投入格局。

(四)形成资金配合机制。积极探索农发资金、扶贫开发资金、农业生态建设、农村中小型基础设施建设等资金相互配合、统筹安排的投资机制。

七、切实加强作风建设

(一)实事求是地开展工作。各级农发办事机构要重实际、说实话、办实事、求实效,不作表面文章,坚决杜绝形象工程,要从项目区广大群众的根本利益出发,为老百姓真正办点实实在在的事。

(二)自觉接受社会监督。各级农发办事机构要采取多种行之有效的方式,如设立举报电话、举报信箱等,建立起社会各界及项目区农民群众对农业综合开发工作的监督渠道。对群众举报的问题,要高度重视,及时调查,秉公处理,并将处理结果在一定范围内公开,让群众满意。

(三)全心全意为农民服务。各级农发办事机构要努力践行"三个代表",想群众之所想,急群众之所难,办群众之所盼,与民亲,分民忧,帮助群众解决生产当中的实际困难,让项目区广大群众切实享受到农业综合开发的成果,感受到党和政府的温暖,感受到公共财政的阳光。靠实实在在的工作在老百姓的心中树立丰碑。

中共安徽省委　安徽省人民政府关于做好农业和农村工作的实施意见

(2003年6月19日　皖发〔2003〕10号)

为认真贯彻落实《中共中央、国务院关于做好农业和农村工作的意见》(中发〔2003〕3号),现结合我省实际提出以下实施意见。

一、大力推进农业产业化经营,创新农村经营体制

1.做大做强龙头企业。要不折不扣地落实中央和省扶持农业产业化龙头企业的一系列政策。继续培育壮大省级龙头企业,3—5年内重点建设1—2个年营销收入超20亿元、10个左右年营销收入超10亿元的骨干龙头企业。省财政安排的农业产业化专项资金,重点支持国家级和省级骨干龙头企业。继续加大对龙头企业的信贷支持,对符合贷款条件的龙头企业要保证资金供应,扩大银行授信面,在用水、用电等方面实行更加优惠的政策。直接从事种养业的龙头企业用地按农业用地政策执行。加快龙头企业招商引资和改制步伐,鼓励和引导各类工商资本、民间资本和境外资本参与农业产业化经营,对符合条件的龙头企业,优先推荐上市。支持龙头企业开拓国际市场,对外向型龙头企业给予人民币中长期贷款、周转外汇贷款贴息,用好中小企业国际市场开拓资金及出口信用保险等政策。

2.调整农业区域布局。抓紧制定和实施优势农产品区域布局规划,围绕优质专用小麦、优质水稻、优质棉花、"双低"油菜、畜禽产品、水产品、蜂产品、优质茧、茶叶、花生、蔬菜、小药材、林特产品等优势农产品,争取用3—5年时间,初步建成一批优势农产品产业带。农业基本建设投入、农业综合开发资金等优先向优势农产品产区集中。

3.加强农村市场建设,搞活农产品流通。围绕优势农产品产业带,进一步抓好批发市场建设,近期重点建设一批蔬菜、水产品、棉花批发市场。鼓励基层供销社采取多种形式领办专业合作社,培育壮大农村经纪人队伍。积极支持、大力发展连锁超市、电子商务等现代流通方式,推进流通现代化。加快培育、开发优质名牌农产品,发展农产品注册商标,加强宣传推介,继续办好各类展示展销活动。积极开拓我省周边大中城市农产品市场,主攻上海市场。对运输鲜活、鲜食农产品的车辆要保证快速通行,确保货畅其流。建成一批高起点、高水平的优势农产品出口基地,抓紧组建重点出口农产品行业协会。加强农村市场信息体系建设,促进"安徽农网"向行政村、中介组织、农村致富带头人和企业延伸,逐步建立覆盖全省的农副产品产、供、销相链接的商务网络。

4.积极发展农产品行业协会和农民专业合作组织。抓紧制定农产品行业协会登记、管理办法,明确其独立的社团法人地位。赋予农产品行业协会一定的职能和手段,发挥其在行业管理、信息服务、贸易纠纷调处和内部利益关系协调等方面的作用。引导农民按照民办、民管、民受益的原则,发展各种新型农民专业合作组织。各级政府要加大政策支持力度,培育一批示范性农民合作经济组织。农产品行业协会和农民专业合作组织享受国家和省相关优惠政策,对其通过技术服务或劳务取得的收入,暂免征所得税。

5.加快培育农村致富带头人。农村致富带头人享受国家在税收、信贷、农业科技示范项目安排等方面的优惠政策。要按照"适用、实效"的原则,抓好致富带头人的分级培训。省农业部门要对省表彰的致富头人建立专家联系制度,定期指导,为他们提供信息和技术服务。

二、大力促进农村富余劳动力向非农产业和城镇转移,加快农村劳务输出步伐

6.取消对农民进城务工的各种不合理限制。清理各种对农民进城务工的不合理收费,取消企业使用农村劳动力的行政审批及对农民工的工种限制等歧视性政策,简化农民进城务工就业手续,逐步推行外出务工人员暂住证一证管理。加大对进城务工人员劳动合同管理、工资支付、劳动安全保护、参加社会保险的监督检查力度。尽快放开省辖市及县(市)城区和县以下小城镇户籍管理制度。

7.做好农村劳务输出工作。充分利用农业广播电视学校、职业高中、成人技校等阵地,多形式开展农村外出务工人员职业技能培训和岗前就业培训,建立健全劳务输出培训工作机制。贫困地区和江淮分水岭地区要从扶贫开发资金中适当安排外出务工人员技能培训经费。农民工参加培训后,有关部门要积极为其开展职业技能鉴定,鉴定合格的,要及时颁发职业资格证书。大力发展劳务中介组织,培育劳务经纪人队伍,广泛开展省外、境外劳务推介活动。劳动保障部门要在省外劳务输出人员集中的地方建立服务机构,协助输入地政府处理各种劳动纠纷、工伤事故等,依法维护我省劳务输出人员的合法权益。计生部门要加强对流动人口计划生育工作的管理和服务。教育部门要采取措施,帮助解决外出务工人员子女义务教育问题。各地要依法维护好外出务工经商人员的土地承包经营权,为外出务工经商人员解除后顾之忧。实施优惠政策,鼓励并扶持外出务工人员回乡创业。

8.加快小城镇建设步伐,提高乡镇企业发展水平。加快发展小城镇主导产业,集中力量建设好县城和中心镇。各地要积极调动社会力量参与小城镇基础设施建设,凡能够商业化经营的,要实行有偿使用和企业化运营。通过集体建设用地流转、土地置换、分期缴纳土地出让金等形式,合理解决乡镇企业和农业产业化龙头企业进镇用地问题。小城镇收取的集贸市场管理费,要按一定的比例投资用于当地的市场建设。大力推进乡镇企业结构调整和体制改革,引导乡镇企业走新型工业化道路,大力发展农副产品加工业和农村第三产业。继续实施"星火计划",加大对规模以上乡镇企业的技改支持力度。

三、着力抓好农产品质量安全工作,增强农产品市场竞争力

9.建立健全农业标准体系,推进农业标准化生产。加快采用国际标准的步伐,全面推行安全优质农产品生产基地认可制度,重点围绕优势农产品产业带和农业产业化龙头企业,做好农产品质量安全认证工作。规范动植物疫病防治和农业投入品使用,建立安全优势农产品生产、经营记录追溯和认证、认可承诺制。加强市场准入监管,实施统一标识管理,尽快提高主要农产品生产、加工、销售等环节的质量安全管理水平。

10.加快农产品质量安全检验检测体系建设,全面实施"无公害食品行动计划"。各级政府要加强对农产品质量安全工作的领导和协调,统筹规划,整合质量技术监督和农业部门现有资源,按照优势农产品区域布局规划,加快建设省级农产品检测中心和区域农产品检测分中心。鼓励和支持社会力量建立检验、速测设施。技术监督部门要抓紧做好农产品质量安全检测体系的资质认证工作,加快形成便捷、高效的农产品质量安全检测体系。农业等部门要加强农业生产产地环境和投入品监测,实行源头控制。力争在3年内,实现鲜食农产品无公害生产,省内大中城市的鲜活农产品质量安全市场抽检合格率达95%以上,主要出口农产品质量安全指标符合国际市场要求。

11.加快农产品质量安全执法监督体系建设。建立产地环境和重点龙头企业出口农产品质量安全例行监测制度,实行定期抽查和定点监测。年内开展农产品质量安全专项整治活动,加强农业生产资料市场检查和监督。

四、落实好党的农村政策,深化农村经济体制改革

12.认真落实农村土地政策,维护农民合法权益。要切实做好《农村土地承包法》的宣传和贯彻实施工作,依法处理和解决土地承包中存在的问题,切实保护农民的生产经营自主权。坚持依法、自愿、有偿的原则,积极推进土地承包经营权流转。要加强土地利用总体规划和城镇建设规划的管制,合理确定征用农村土地补偿标准,制定妥善安置农民的办法,逐步建立和完善土地征用制度。

13.深化农村税费改革,进一步减轻农民负担。认真开展"农村税费改革规范年"活动。在全省范围实施农业特产税改征农业税试点工作,落实退耕还林土地农业税减免政策。积极稳妥地开展乡镇区划调整工作,切实精简乡镇财政供给人员。加大农村生产性水电费等涉农收费专项治理力度。认真落实涉农价格和收费公示制度。强化农民负担监管机制,暂停向农民收缴农村税费改革前的历年税费尾欠,坚持不懈地做好减轻农民负担工作。高度重视村级债务的化解工作,坚决杜绝发生新的债务。

14.深化粮食流通体制改革。扩大粮食补贴方式改革试点,完善配套政策,狠抓各项政策措施的贯彻落实。深化国有粮食企业改革,积极培育多种粮食市场主体参与粮食购销。充分发挥国有粮食购销企业的收购主渠道作用,鼓励国有粮食企业大力发展订单农业和产业化经营。

15.加快农村金融体制改革。进一步深化农村信用社改革,组建省级农村信用合作联社,扩大农村信用社以县为单位合并法人试点和利率改革试点,探索建立农村民间信用担保机构,进一步扩大农村信用贷款额度和范围,加大农村小额贷款投放力度,增强农村信用社为农服务功能。在有条件的城市开展组建农村商业银行的试点,鼓励城市商业银行到县城设立分支机构,探索建立省、市、县农业产业化龙头企业担保机构,拓展龙头企业融资空间。

五、加强领导,确保农村小康建设各项政策落到实处

16.坚持把"三农"工作作为全局工作的重中之重。市、县两级要把主要精力和工作重心放在农业和农村工作上。从2003年起,省里建立"三农"工作目标管理责任制。各地、各部门要对工作任务进行细化,一级抓一级,实行年度工作目标考核责任制。加强农村基层组织建设,抓好农村基层民主政治建设,依法完善村民自治,推进村务公开,加强民主管理。

17.加快农村社会事业发展。按照统筹城乡经济社会发展的要求和公共财政的原则,明确政府在农村社会事业发展方面的责任,把农村社会事业建设纳入财政支持范围,逐步提高投入比重。省、市、县今后每年新增教育、卫生、文化等事业经费,主要用于农村。教育部门要进一步完善农村义务教育管理体制,不断改善农村办学条件。卫生部门要进一步推进农村卫生服务体系建设,建立新型农村合作医疗制度和医疗救助制度。文化、广电部门要加强乡镇文化设施建设,实施好农村广播电视"村村通"、农业节目进村入户工程。广泛开展群众性精神文明创建活动,搞好村容村貌治理,提高社会文明程度。

18.加强农村基础设施建设和生态环境建设。切实加强农村节水灌溉、人畜饮水、乡村道路、农村沼气、小水电工程等"六小工程"建设。近期农村道路建设的重点是改造县乡公路,实现3年内县到乡通油路。加大防洪保安工程建设力度,抓好治淮工程和长江支流治理项目建设。积极实施淠史杭等大型灌区续建配套,着力解决江淮分水岭干旱治理问题。按照谁投资、谁受益的原则,鼓励个人、集体和各类经济主体多渠道投资建设农村中小型基础设施,有条件的地方要采取承包、租赁、拍卖等形式,实行企业化管理和商业化运行,实现有效维护和运营。林业部门要做好大别山区、皖南山区、库区、江淮分水岭重点地区退耕还林工作,继续建设好万里绿色长廊和长江、淮河防护林等林业重点工程。农业部门要抓好以沼气为纽带的农村生态家园富民计划的实施,努力改善农村生态环境。加大扶贫开发工作力度,加快贫困地区脱贫致富进程。

19.加强对农业的支持和保护。各地要切实增加支农投入,确保财政对农业的投入符合法定增长的要求。要建立和完善资金到位保障制度,依法保障农业投入。各级政府要整合各项支农专项资金,进一步提高各方面支农资金的使用效率。财政部门要进一步完善财政支农资金的管理制度和监督约束机制,继续推行农业项目招投标制。要积极争取国家投资,同时放宽政策,大力吸引工商资本和外资投入农业开发。管好用好现有的世界银行贷款和外国政府贷款项目资金。深化农业科研、教育、技术推广体制改革,建立农业科技创新体系,加强农业科技成果转化。加强农技推广体系建设,强化以农技推广为主的农业社会化服务工作,为农业和农村经济发展提供有力支撑。

20.切实加强对"三农"工作的指导和服务。各地、各部门要紧紧围绕加快发展、富民强省,全面建设小康社会的战略目标、任务,更多地关注农村,关心农民,支持农业,以工业的理念抓农业,自觉增强改革意识、市场意识、开放意识和服务意识,积极创新"三农"工作思路。各涉农部门要深入开展"为农民服务,让农民满意"活动,不断完善扶持农业发展的具体措施。加强农村法制建设,进一步抓好农村社会治安综合治理,依法严厉打击各种违法犯罪活动,维护农村社会稳定。

安徽省人民政府关于进一步加快发展农业产业化经营的实施意见

(2003年8月15日 皖政〔2003〕52号)

各市、县人民政府,省政府各部门、各直属机构:

为深入贯彻落实党的十六大和中央农村工作会议精神，进一步推进农业产业化经营，特提出如下实施意见：

一、农业产业化经营的指导思想和发展目标

“十五”期间，我省农业产业化经营的指导思想是：以党的十六大精神为指导，以扩大农民就业和增加农民收入为核心，以工业理念抓农业，引导工商资本、民间资本和外资进入农业领域，实行企业化经营、标准化生产、行业化管理，推动我省农业产业化经营再上新台阶，全面提高农业的整体素质和综合效益，切实推进加快发展、富民强省、全面建设小康社会的进程。农业产业化经营发展目标是：按照国家优势农产品区域布局，根据我省农业产业化发展基础和市场前景，确立水果、畜牧、优质粮、优质油、水产、茶叶、蔬菜、棉花、中药材、茧丝绸等10大主导产业，建设区域化、优质化、标准化生产基地，形成优势农产品产业带。围绕上述10大主导产业，培育一批以国家重点龙头企业为支柱，以省级龙头企业为主体，以中小龙头企业为依托的产业关联度大、技术装备水平高、具有较强竞争力的龙头企业群。着力提高农产品加工转化率，发展农产品精深加工，实现农产品多重增值。主要农产品加工转化率(粗加工以上)由目前的20%左右提高到50%以上，其中，粮食由目前的30%左右提高到60%；水果由5%提高到10%；蔬菜由8%提高到15%；肉类由5%左右提高到8%；水产品由1%提高到5%。龙头企业直接带动农户数达到585万户，户年均来自主导产业收入达到1270元左右。建立健全以生产要素市场、农产品专业批发市场为重点的各种类型、不同层次的市场体系和现代电子信息网络。培育和发展农产品行业协会和农民专业合作经济组织，建立健全农业产业化经营的社会化服务体系、政策保障体系、工作指导和协调体系。

二、突出重点，着力抓好农业产业化经营的四个中心环节

(一)培育大市场。面对农业发展进入新阶段和加入世贸组织后的新形势，坚持国内、国际两个市场一起抓，建好有形市场，用活无形市场。本着大中小市场结合，产地销地市场结合，网上交易、会展经济、合同销售、代理、连锁、配送等营销方式相结合的原则，加快农产品市场体系建设。重点建设亳州中药材交易中心、亳州蔬菜批发市场、蒙城柳林黄牛批发市场、临泉山羊交易市场、颍上南照粮食批发市场、砀山皖北水果批发市场、霍山黄芽茶叶批发市场、六安白鹅及羽绒批发交易市场、淮南夏集大米批发市场、蚌埠王庄花生批发市场、合肥周谷堆农产品批发市场、和县蔬菜批发市场、繁昌娥桥茶叶批发市场、芜湖米市、池州水产品批发市场、芜湖水产品批发市场、巢湖水产品批发市场、宣州家禽批发市场、黄山茶叶批发市场等一批农产品专业批发市场。尽快培育一批了解国际市场、善于从事国际贸易的龙头企业，实施市场多元化战略，瞄准欧、美以及亚洲、南美、独联体等一些国家的市场，扩大我省具有比较优势的农产品出口。鼓励省内具有竞争优势、生产能力较强的龙头企业到境外投资办企业，开展农产品加工贸易。加快农村信息网络建设，使信息“进村、入户、到企业”，将政府服务部门、行业管理部门、龙头企业、生产基地、批发市场、中介组织、经营大户等连接起来，为农业产业化经营组织和农户提供供求价格、市场动态、新品种、新技术、政策法规等信息服务。以开拓上海农产品市场为中心，架起我省农产品与长江三角洲各大城市及国际市场的桥梁。发展会展经济，重点办好以“皖优农产品、绿色食品(上海)展示展销会”为主的各种农产品展示展销活动。发展以农民为主体的营销组织，搞活农产品流通。针对我省农产品的重要目标市场，开辟若干条农产品运销“绿色通道”。

(二)扶持大龙头。采取外引内联、重组、兼并、收购、股份合作等多种方式，培育一批大规模、高起点、外向型、具有较强牵动力的龙头企业。重点扶持国家重点龙头企业和省级龙头企业集团。在3—5年内，形成1—2个年销售收入20亿元以上、10个左右年销售收入10亿元以上的大型龙头企业；各市县要结合地方经济特色和县域经济规划，重点扶持3—5个带动力强的龙头企业；对发展势头好、成长快、效益好、机制活、外向度高的中小民营企业，在财政、信贷、税收政策等方面予以扶持，在兼并、重组过程中给予引导和支持。

(三)建设大基地。基地建设要按照“优势产品区域化、大宗产品优质化、基地建设标准化”的原则，结合农业综合开发、以工代赈、扶贫开发等项目，突出区域特色，兼顾规模连片，避免产业趋同。依靠龙头企业带动，建设稳定的大型农产品生产、加工、供应基地，形成专业化、优质化、标准化和规模化的农业产业带和高效农业开发体系。重点围绕主导产业，以龙头企业为主体，搞好区域发展规划。淮北地区重点建设畜牧、蔬菜、水果、棉花、中药材生产基地；皖南、皖西重点建设林特产品、蚕茧生产基地；沿江、沿淮地区重点建设水产品、蔬菜、棉花、家禽养殖生产基地;江淮之间重点发展优质粮油生产基地。鼓励龙头企业根据市场需求和自身加工销售能力,通过定向投入、定向服务、定向收购等形式,兴办农产品原料基地,发展订单农业。大力推行农业标准化,从源头抓起,加强农产品质量检测和监督,健全农产品质量安全保障体系。大力发展特色农业、生态农业,建设一批无公害农产品和绿色、有机食品生产、加工和出口基地。

(四)搞好大服务。各级政府要坚持"积极扶持、分类指导、完善机制、强化服务"的方针,从信息、科技、政策、金融等方面为农业产业化经营提供优质高效服务。加快培育一批龙头企业家队伍和农村致富带头人。实施"绿色证书"计划、"跨世纪培训"工程,开展形式多样的教育培训,培育一批企业经营管理人才、农民专业大户和科技示范户,提高龙头企业家和农民的综合素质。鼓励和支持农户、龙头企业、供销社以及其他各类经营实体兴办农民专业合作经济组织、农产品行业协会等民间组织,逐步形成综合性服务和专业性服务相结合,政府、集体服务组织和民间服务组织相结合的农业产业化服务体系。农业主管部门要尽快制定农产品市场信息采集标准,完善信息发布制度,建立及时、准确、系统、权威的农业信息体系,为农户调整农业结构、为龙头企业开拓国内外市场提供及时、高效的信息服务;科技部门要围绕农业产业化经营,选择推广一批重大科技成果和先进实用技术,鼓励和提倡龙头企业自主开发或以多种形式与科研院所、技术推广部门合作开发和推广新产品、新技术,发展农产品精深加工业;金融部门要将省级龙头企业特别是国家重点龙头企业和省级龙头企业集团作为主要信贷对象,优先发放贷款,对信誉好的龙头企业给予授信,核定授信额度,简化贷款审批手续,及时发放贷款。各有关部门要认真贯彻落实国家八部委《关于扶持农业产业化经营重点龙头企业的意见》(农经发〔2000〕8号)、省政府转发十部门《关于扶持农业产业化经营重点龙头企业的意见》(皖政〔2001〕56号)等文件精神,确保各项扶持政策落实到位。各地要结合当地实际,制定具体有效的配套政策措施。

三、加快发展农业产业化经营的保障措施

(一)制订规划。根据《安徽省农业产业化"十五"规划纲要》精神,省农业产业化主管部门要会同有关部门,制订农业产业化各主导产业发展规划和产业政策。各级政府和主管部门要在充分调研、论证的基础上,对区域性优势产业和产品的基地建设(包括专用原料基地)、龙头企业布局和市场建设等方面制订具体的规划,指导农业产业化规范有序发展。

(二)加强领导。各级政府要进一步统一思想,提高认识,加强领导,把发展农业产业化经营作为新阶段农业和农村经济工作的一件大事来抓,实行目标管理责任制。各主导产业要按"一个产业、一批龙头企业、一片(或几片)生产基地、一个配套政策、一套工作班子"的办法,建立健全组织实施体系。各产业牵头责任单位分工如下:优质水果开发由省财政厅牵头,宿州、淮北市政府负责实施;畜牧系列开发由省计委牵头,宿州、阜阳、亳州、宣城、六安、滁州、蚌埠、巢湖、淮北、淮南、安庆市政府负责实施;优质粮开发由省粮食局牵头,阜阳、亳州、宿州、蚌埠、滁州、安庆、宣城、芜湖、巢湖、池州市政府负责实施;优质油开发由省粮食局牵头,合肥、巢湖、滁州、安庆、马鞍山、芜湖、蚌埠、宿州、宣城、六安市政府负责实施;水产开发由省农委牵头,安庆、马鞍山、巢湖、淮南、池州、蚌埠、滁州、宣城市政府负责实施;茶叶开发由省供销社牵头,黄山、六安、宣城、池州市政府负责实施;蔬菜系列开发由省农委牵头,巢湖、芜湖、阜阳、亳州、合肥、宣城市政府负责实施;优质专用棉花开发由省供销社牵头,安庆、巢湖、池州、宣城、铜陵、芜湖、亳州、淮北、宿州、阜阳、蚌埠市政府负责实施;中药材开发由省药品监督管理局牵头,亳州、六安、黄山市政府负责实施;茧丝绸系列开发由省经贸委牵头,六安、宣城、黄山、池州、安庆市政府负责实施。

(三)增加投入。要加大对农业产业化经营的扶持力度,使农业产业化专项资金随财政收入的增长逐年有所增加。在现有省级农业投入资金的基础上,对资金使用结构进行调整,增加农业产业化专项资金的比重,重点扶持国家级和省级龙头企业,关键是扶持市场前景好的大项目。按照渠道不变的原则,将农业扶持资金"捆绑"起来,集中扶持优势产业、优势产品、优势龙头企业。财政、计委、农业、经贸等部门用于农业的投资开发资金和项目资金要与龙头企业的培育、基地建设、市场开拓等结合起来,统筹安排,集中使用。建立多元化的投资机制,鼓励工商资本、民间资本和外资进入农业领域,发展农业产业化经营。做好农业产业化项目储备,建好项目库,以利抓住机遇,争取国家更多的项目资金。加大招商引资力度,制定优惠政策,降低门槛,吸引外商和外省大型龙头企业来我省投资建基地、办企业,或与我省龙头企业合作,充分利用其资金、技术、管理、品牌等优势，提高我省龙头企业的竞争力。

（四）优化环境。要适应农业产业化发展的需要，积极探索和建立有利于农业生产、加工、流通一体化管理的农业管理体制。各有关部门要站在全局的高度，转变职能，树立服务意识，为农业产业化经营创造良好的发展环境。在资金投向、税收、计划审批、工商登记、征用土地、聘用人才、物资供应、产品购销等方面，对龙头企业、农产品行业协会、农民专业合作经济组织和农村致富带头人实行优先、优惠。对龙头企业家和农村致富带头人要在政治上给地位、给荣誉，为农业产业化发展创造良好的政策环境。加强农田水利、土地整治、道路交通、流通设施、通信信息、动植物防疫检疫、农产品质量安全检测、农业标准化等基础设施建设，为农业产业化发展创造良好的基础条件。建立健全农业产业化法律保障体系，为农业产业化发展创造良好的法律环境，使农业产业化走上法制化、规范化轨道。

（五）完善机制。鼓励龙头企业通过合同订单、建立风险基金、保护价收购、吸收基地农户参股等形式，保护农民利益，提高农民收益。引导农民在自愿的前提下，发展股份制和股份合作制经营，加强龙头企业、基地、农户等利益主体的有机联系，逐步形成目标一致、风险共担、利益均沾、合力参与市场竞争的经济利益共同体，提高主导产业的一体化经营水平。

安徽省人民政府办公厅关于切实保护粮食生产能力加快农业结构调整的意见

（2003年8月20日　皖政办〔2003〕57号）

各市、县人民政府，省政府有关部门：

经省委、省政府同意，现就切实保护粮食综合生产能力，加快农业结构调整提出如下意见。

一、切实保护粮食综合生产能力

粮食是特殊商品，是重要的战略物资，确保粮食安全是保持国民经济持续、快速、健康发展和维护社会稳定的基础。我省是农业大省，具有发展粮食生产的区位优势和有利条件，在国家粮食产业布局中占有重要地位，同时粮食生产收入又是我省农民收入的主要来源之一。因此，在实施扩大粮食补贴方式改革试点中采取有效措施，切实保护粮食综合生产能力意义重大。保护粮食综合生产能力，一是保护好耕地。认真实施基本农田保护区规划，严格控制非农用地，绝不允许违反政策法规，擅自将基本农田改为非农用地。二是加强农田水利建设，加快中低产田改造步伐。在认真抓好大型水利工程建设的同时，把农田水利配套、农田整治摆上重要位置，大力实施“沃土工程”，加强地力建设，培肥地力，努力提高粮田的抗灾能力和综合生产能力。三是强化科技对粮食生产的保障作用。加快良种的选育、引进、繁殖和推广应用，加强农业科技服务体系建设，改善服务手段，提高服务水平。建立农作物良种和技术应急储备机制，确保在粮食紧缺时，具备快速恢复粮食生产的应变能力。四是加大对粮食主产区的支持力度，积极争取国家商品粮综合开发等重点建设项目向粮食主产区倾斜，努力提高粮食综合生产效益。

二、加快农业结构调整

近几年，我省农业结构调整取得了明显成效。但是，仍难以适应市场需求，结构性矛盾仍很突出，与实现农业增效和农民增收的要求相比，存在着较大的差距。这次粮食补贴方式改革试点，为促进农业结构调整提供了难得的机遇。各地要以此为契机，进一步理清思路，明确重点，找准突破口，在切实保护好粮食生产能力的基础上，加快农业结构调整步伐，尽快闯出一条发展优质、高产、安全、生态、高效农业的新路子。一是调整粮经结构，大力发展高效经济作物。根据市场导向和本地的资源条件，积极发展棉花、油料、蔬菜、瓜果、茶叶、蚕桑、苗木、花卉、中药材等，努力扩大经济作物生产。二是调整品种品质结构，大力发展优质专用粮食生产，提高粮食产品的市场竞争力。重点发展强筋、弱筋专用小麦、高档优质稻米、高蛋白及高油大豆、专用型（淀粉加工型、饲用型、鲜食型）玉米、专用型（淀粉加工和鲜食）脱毒山芋以及名特优小杂粮等。三是调整区域布局，加快建设优势农产品产业带。重点建设淮北砂姜黑土地区强筋小麦、沿淮地区弱筋小麦、长江流域优质籼稻、淮河流域优质粳稻、淮北地区高蛋白、高油大豆以及专用型玉米、专用型山芋等优势农产品产业带。四是调整种养结构，不断改善生态环境。江淮丘陵易旱地区、沿淮行蓄洪区以及低产粮田要大力推广种草养畜（禽），扩大畜牧业比重。沿江圩区及沿湖洼地要大力推广稻田养殖，积极示范推广稻鸭、稻鱼、稻蟹、稻虾共生技术，提高稻田效益。山区及沿江、沿淮地区要抓住国家生态环境建设的机遇,大力实施退耕还林,为建设生态安徽作出贡献。

三、加强领导,强化服务,确保各项措施落实到位

切实保护粮食生产能力,加快调整农业结构,是省委、省政府的重大战略决策,是保证扩大粮食补贴方式改革试点成功的重要配套措施。各地、各有关部门要高度重视,加强领导,精心组织,认真履行职责,确保各项措施落实到位,努力提高我省农业生产效益,促进农民增收和农业、农村经济发展。各地要根据本地实际制定具体方案,明确目标,抓住重点,突出特色,扎实推进。农业部门要加强技术、信息服务,抓好试点示范,加强引导,搞好产销衔接服务。要尊重农民意愿,防止盲目的行政干预。各级政府要加大财政支农力度,改进财政补贴方式,充分发挥财政支农对农业结构调整的示范引导作用。

安徽省财政厅转发《财政部关于切实加强农业财政资金管理监督的意见》的通知

(2003年9月21日转发 财农〔2003〕751号)

各市、县(市、区)财政局,省直农口部门:

加强农业财政资金管理,提高农业财政资金分配使用的安全性、规范性、有效性,是贯彻落实党和政府各项农业农村政策、提高政府支持保护农业效率的重要措施,也是做好农业财政工作的基本要求。为进一步加强农业财政资金管理,最近,财政部印发了《关于切实加强农业财政资金管理监督的意见》(财农〔2003〕90号),对提高农业财政管理水平提出了明确的要求,现转发给你们,并结合我省实际提出补充规定,请一并贯彻执行。

一、进一步规范农业财政项目和资金申报工作。为发挥市财政部门在申请项目和资金方面的审核把关作用,今后,各地要求省财政农业资金扶持,按照省财政厅《关于印发安徽省财政农业专项资金管理办法》(财农〔2002〕2号)规定,按预算级次逐级申报,由财政部门正式行文。市财政部门要对所属县(市、区)要求省财政扶持资金的申请报告进行必要的审核,或组织人员对项目进行可行性研究论证,然后正式行文并附项目申请标准文本上报省财政。按照部门预算的要求,各地要求省财政扶持的资金,如属省财政安排给省直农口部门的专项资金,在逐级申报过程中,必须由财政和农口部门共同正式行文,分别对口上报。

二、狠抓支农支出预算执行不放松。加快支农支出预算执行,提高支农资金到位率,不仅是支农的需要,也是拉动经济、保证经济增长目标实现的需要,又是执行法律法规、维护财政形象和预算严肃性的需要。各地必须进一步提高认识,增强完成支农支出预算的紧迫感和责任感,进一步强化有助于保证支农资金及时、足额到位的措施,加快支农支出进度。财政部门要密切配合并督促农口部门抓紧支农项目实施。财政部门内部职能科(股)要增进沟通和协作,千方百计地做好资金筹措和调度工作,确保支农支出需要。对省补助各地的农业财政专项资金,市、县(市、区)财政要切实保障兑现。市财政要加快将省财政补助的农业财政专项资金追加到所属县(市、区)的进度,并加强对所属县(市、区)项目实施和资金拨付的督促和检查。

三、加强农业财政资金使用管理的监督检查。为规范农业财政资金使用管理秩序,严肃财经纪律,提高农业财政资金的安全性和使用效益,各级财政部门要加强对农业财政资金使用管理的监督检查。按照财政部的统一部署,省财政厅决定,2003年10月份,在全省范围内组织一次农业财政资金使用管理的重点检查。检查的内容包括:(1)2002—2003年农业财政资金的预算安排和执行情况;(2)2002—2003年中央财政安排的农业专项资金使用管理情况。

各市、县(市、区)要围绕上述检查内容先行开展自查,并填写《农业专项资金使用管理情况检查表》。对查出的问题,各市、县(市、区)要切实自纠。各市将自查、自纠结果汇总,于10月31日前上报省财政厅。省财政厅拟于10月底前组织人员赴各地进行复核检查。

财政部关于切实加强农业财政资金管理监督的意见

(2003年7月28日 财农〔2003〕90号)

中央农口各部门,各省、自治区、直辖市、计划单列市

财政厅(局):

党中央、国务院反复强调,解决"三农"问题是今后一段时期内全党、全国工作的重中之重,是全面建设小康社会的重要任务。农业财政资金是贯彻落实党和政府各项农业农村政策的重要手段,加强农业财政资金管理,提高农业财政资金使用效益,对于提高政府支持保护农业效率,推进全面建设农村小康社会具有非常重要的意义。近年来,为了提高农业财政资金使用效益,各地区和有关部门在加强农业财政资金管理方面做了大量的工作,管理制度不断完善,资金整合和支出管理改革稳步推进,资金分配管理办法逐步改进,监督检查力度不断加强,农业财政资金使用的安全性、规范性、有效性有了一定的提高。但在一些地区,农业财政资金分配使用管理中也存在一些突出问题,如农业财政资金预算不落实,农业专项资金被挤占挪用,农业财政预算执行进度慢、结转数额大等,已经严重影响了农业财政资金的使用效益,影响了政策的执行效果。为了切实加强农业财政资金管理,进一步提高农业财政资金分配使用管理的安全性、规范性、有效性,提出如下意见:

一、进一步加强农业财政资金管理工作的领导。各级财政部门和中央农口各部门财务管理机构,要从实践"三个代表"重要思想的高度充分认识加强农业财政资金管理工作的重要性,将加强农业财政资金管理作为农业财政工作实践"三个代表"重要思想、推动全面建设小康社会,促进城乡协调发展、经济社会协调发展的一项重要举措抓紧抓好。要重视和加强对农业财政资金管理工作的领导,结合本地区、本部门实际情况,认真研究加强农业财政资金管理的有效途径,进一步提高农业财政资金管理水平。

二、认真落实农业财政资金预算,严格农业财政预算执行。按照《中华人民共和国预算法》和《中华人民共和国农业法》规定要求,对各级人民代表大会通过的农业财政预算要认真落实,不准留有缺口,不准虚列支出。各级财政部门和农口各有关部门要密切配合,加强农业财政支出预算执行,及时发现预算执行中存在的问题,及时采取措施解决。对本级财政预算安排的农业专项资金要认真落实,对上级财政部门支持安排的项目要优先调度资金,及时拨付到项目。

三、严格执行农业财政资金管理制度。依法行政、依法管理是加强农业财政资金管理的一项重要原则。经过多年的制度建设,目前已经初步形成了覆盖农业财政资金管理全过程的管理制度体系,各级财政部门和农口主管部门必须严格执行,从制度上严格规范农业财政资金管理行为。严禁挤占、挪用农业财政资金,任何单位和部门不准截留农业财政资金,特别是地(市)、县(市)、乡(镇)财政部门不准利用任何借口滞拨、挪用农业财政资金。

四、采取各种有效措施,提高农业财政资金的安全性、规范性和有效性。第一,深化支出管理改革。要积极总结部门预算编制、国库集中支付和政府采购等工作中的经验教训,进一步深化和完善各项改革措施。第二,推行项目管理。所有农业专项资金项目都要进行可行性研究和评估论证,有条件的地方和部门要逐步推行标准文本和专家评审管理办法,要加强资金运行和项目实施的跟踪问效,要按照项目管理程序的要求做好项目竣工验收和项目后续管理工作。第三,明确农业财政资金管理责任。各级财政部门和主管部门的领导要重视对农业财政资金管理工作的组织领导,具体管理部门和机构必须确定专人负责农业财政专项资金的管理工作,农业财政资金项目承担主体也要明确管理使用的责任。

五、加强农业财政资金使用管理的监督检查。各级财政部门要根据实际条件,选择一部分农业财政专项资金和项目,利用相关媒体或乡村公共场所进行公示,并逐步推开公示制度,提高农业财政资金的公开性和透明度,接受社会公众和广大群众的监督。要充分利用系统内监督检查机构和审计部门的力量,把农业财政资金运行的事前事中事后监控、日常检查和重点检查有机地结合起来,按照《中华人民共和国预算法》及其实施条例、《国务院有关违反财政法规处罚的规定》等法律法规要求,加大对违规违纪事件的查处力度,逐步形成有效的农业财政资金监督检查机制。2003年,各省(自治区、直辖市、计划单列市)财政厅(局)要在全省(区、市)范围内组织一次农业财政资金使用管理的重点检查,范围包括2003年农业财政资金的预算安排和执行情况,2002—2003年安排的农业专项资金的使用管理情况。中央农口各部门也要组织一次检查,范围包括2002—2003年的预算执行情况,重点是项目支出的执行情况和资金使用情况。已经经过审计或专项检查的资金可以不再安排重点检查。但要对审计和检查中发现的问题进行分析,查找原因,提出解决的措施,并将审计、检查的情况和处理结果于2003年11月底报财政部农业司。

企业改革和企业财务管理规章

企业国有资产监督管理暂行条例

(2003年5月27日 中华人民共和国国务院令第378号)

第一章 总 则

第一条 为建立适应社会主义市场经济需要的国有资产监督管理体制,进一步搞好国有企业,推动国有经济布局和结构的战略性调整,发展和壮大国有经济,实现国有资产保值增值,制定本条例。

第二条 国有及国有控股企业、国有参股企业中的国有资产的监督管理,适用本条例。金融机构中的国有资产的监督管理,不适用本条例。

第三条 本条例所称企业国有资产,是指国家对企业各种形式的投资和投资所形成的权益,以及依法认定为国家所有的其他权益。

第四条 企业国有资产属于国家所有。国家实行由国务院和地方人民政府分别代表国家履行出资人职责,享有所有者权益,权利、义务和责任相统一,管资产和管人、管事相结合的国有资产管理体制。

第五条 国务院代表国家对关系国民经济命脉和国家安全的大型国有及国有控股、国有参股企业,重要基础设施和重要自然资源等领域的国有及国有控股、国有参股企业,履行出资人职责。国务院履行出资人职责的企业,由国务院确定、公布。省、自治区、直辖市人民政府和设区的市、自治州级人民政府分别代表国家对由国务院履行出资人职责以外的国有及国有控股、国有参股企业,履行出资人职责。其中,省、自治区、直辖市人民政府履行出资人职责的国有及国有控股、国有参股企业,由省、自治区、直辖市人民政府确定、公布,并报国务院国有资产监督管理机构备案;其他由设区的市、自治州级人民政府履行出资人职责的国有及国有控股、国有参股企业,由设区的市、自治州级人民政府确定、公布,并报省、自治区、直辖市人民政府国有资产监督管理机构备案。国务院,省、自治区、直辖市人民政府,设区的市、自治州级人民政府履行出资人职责的企业,以下统称所出资企业。

第六条 国务院,省、自治区、直辖市人民政府,设区的市、自治州级人民政府,分别设立国有资产监督管理机构。国有资产监督管理机构根据授权,依法履行出资人职责,依法对企业国有资产进行监督管理。企业国有资产较少的设区的市、自治州,经省、自治区、直辖市人民政府批准,可以不单独设立国有资产监督管理机构。

第七条 各级人民政府应当严格执行国有资产管理法律、法规,坚持政府的社会公共管理职能与国有资产出资人职能分开,坚持政企分开,实行所有权与经营权分离。国有资产监督管理机构不行使政府的社会公共管理职能,政府其他机构、部门不履行企业国有资产出资人职责。

第八条 国有资产监督管理机构应当依照本条例和其他有关法律、行政法规的规定,建立健全内部监督制度,严格执行法律、行政法规。

第九条 发生战争、严重自然灾害或者其他重大、紧急情况时,国家可以依法统一调用、处置企业国有资产。

第十条 所出资企业及其投资设立的企业,享有有关法律、行政法规规定的企业经营自主权。国有资产监督管理机构应当支持企业依法自主经营,除履行出资人职责以外,不得干预企业的生产经营活动。

第十一条 所出资企业应当努力提高经济效益,对其经营管理的企业国有资产承担保值增值责任。所出资企业应当接受国有资产监督管理机构依法实施的监督管理,不得损害企业国有资产所有者和其他出资人的合法权益。

第二章 国有资产监督管理机构

第十二条 国务院国有资产监督管理机构是代表国务院履行出资人职责、负责监督管理企业国有资产的直属特设机构。省、自治区、直辖市人民政府国有资产监督管理机构,设区的市、自治州级人民政府国有资产监督管理机构是代表本级政府履行出资人职责、负责监督管理企业国有资产的直属特设机构。上级政府国有资产监督管理机构依法对下级政府的国有资产监督管理工作进行指导和监督。

第十三条　国有资产监督管理机构的主要职责是:(一)依照《中华人 民共和国公司法》等法律、法规,对所出资企业履行出资人职责,维护所有者权益;(二)指导推进国有及国有控股企业的改革和重组;(三)依照规定向所出资企业派出监事会;(四)依照法定程序对所出资企业的企业负责人进行任免、考核,并根据考核结果对其进行奖惩;(五)通过统计、稽核等方式对企业国有资产的保值增值情况进行监管;(六)履行出资人的其他职责和承办本级政府交办的其他事项。国务院国有资产监督管理机构除前款规定职责外,可以制定企业国有资产监督管理的规章、制度。

第十四条　国有资产监督管理机构的主要义务是:(一)推进国有资产合理流动和优化配置,推动国有经济布局和结构的调整;(二)保持和提高关系国民经济命脉和国家安全领域国有经济的控制力和竞争力,提高国有经济的整体素质;(三)探索有效的企业国有资产经营体制和方式,加强企业国有资产监督管理工作,促进企业国有资产保值增值,防止企业国有资产流失;(四)指导和促进国有及国有控股企业建立现代企业制度,完善法人治理结构,推进管理现代化;(五)尊重、维护国有及国有控股企业经营自主权,依法维护企业合法权益,促进企业依法经营管理,增强企业竞争力;(六)指导和协调解决国有及国有控股企业改革与发展中的困难和问题。

第十五条　国有资产监督管理机构应当向本级政府报告企业国有资产监督管理工作、国有资产保值增值状况和其他重大事项。

第三章　企业负责人管理

第十六条　国有资产监督管理机构应当建立健全适应现代企业制度要求的企业负责人的选用机制和激励约束机制。

第十七条　国有资产监督管理机构依照有关规定,任免或者建议任免所出资企业的企业负责人:(一)任免国有独资企业的总经理、副总经理、总会计师及其他企业负责人:(二)任免国有独资公司的董事长、副董事长、董事,并向其提出总经理、副总经理、总会计师等的任免建议;(三)依照公司章程,提出向国有控股的公司派出的董事、监事人选,推荐国有控股的公司的董事长、副董事长和监事会主席人选,并向其提出总经理、副总经理、总会计师人选的建议;(四)依照公司章程,提出向国有参股的公司派出的董事、监事人选。国务院,省、自治区、直辖市人民政府,设区的市、自治州级人民政府,对所出资企业的企业负责人的任免另有规定的,按照有关规定执行。

第十八条　国有资产监督管理机构应当建立企业负责人经营业绩考核制度,与其任命的企业负责人签订业绩合同,根据业绩合同对企业负责人进行年度考核和任期考核。

第十九条　国有资产监督管理机构应当依照有关规定,确定所出资企业中的国有独资企业、国有独资公司的企业负责人的薪酬;依据考核结果,决定其向所出资企业派出的企业负责人的奖惩。

第四章　企业重大事项管理

第二十条　国有资产监督管理机构负责指导国有及国有控股企业建立现代企业制度,审核批准其所出资企业中的国有独资企业、国有独资公司的重组、股份制改造方案和所出资企业中的国有独资公司的章程。

第二十一条　国有资产监督管理机构依照法定程序决定其所出资企业中的国有独资企业、国有独资公司的分立、合并、破产、解散、增减资本、发行公司债券等重大事项。其中,重要的国有独资企业、国有独资公司分立、合并、破产、解散的,应当由国有资产监督管理机构审核后,报本级人民政府批准。国有资产监督管理机构依照法定程序审核、决定国防科技工业领域其所出资企业中的国有独资企业、国有独资公司的有关重大事项时,按照国家有关法律、规定执行。

第二十二条　国有资产监督管理机构依照公司法的规定,派出股东代表、董事,参加国有控股的公司、国有参股的公司的股东会、董事会。国有控股的公司、国有参股的公司的股东会、董事会决定公司的分立、合并、破产、解散、增减资本、发行公司债券、任免企业负责人等重大事项时,国有资产监督管理机构派出的股东代表、董事,应当按照国有资产监督管理机构的指示发表意见、行使表决权。国有资产监督管理机构派出的股东代表、董事,应当将其履行职责的有关情况及时向国有资产监督管理机构报告。

第二十三条　国有资产监督管理机构决定其所出资企业的国有股权转让。其中,转让全部国有股权或者转让部分国有股权致使国家不再拥有控股地位的,报本级人民政府批准。

第二十四条　所出资企业投资设立的重要子企业的重大事项,需由所出资企业报国有资产监督管理机构批准的,管理办法由国务院国有资产监督管理机构另行制定，报国务院批准。

第二十五条　国有资产监督管理机构依照国家有关规定组织协调所出资企业中的国有独资企业、国有独资公司的兼并破产工作，并配合有关部门做好企业下岗职工安置等工作。

第二十六条　国有资产监督管理机构依照国家有关规定拟订所出资企业收入分配制度改革的指导意见，调控所出资企业工资分配的总体水平。

第二十七条　所出资企业中的国有独资企业、国有独资公司经国务院批准，可以作为国务院规定的投资公司、控股公司，享有公司法第十二条规定的权利；可以作为国家授权投资的机构，享有公司法第二十条规定的权利。

第二十八条　国有资产监督管理机构可以对所出资企业中具备条件的国有独资企业、国有独资公司进行国有资产授权经营。被授权的国有独资企业、国有独资公司对其全资、控股、参股企业中国家投资形成的国有资产依法进行经营、管理和监督。

第二十九条　被授权的国有独资企业、国有独资公司应当建立和完善规范的现代企业制度，并承担企业国有资产的保值增值责任。

第五章　企业国有资产管理

第三十条　国有资产监督管理机构依照国家有关规定，负责企业国有资产的产权界定、产权登记、资产评估监管、清产核资、资产统计、综合评价等基础管理工作。国有资产监督管理机构协调其所出资企业之间的企业国有资产产权纠纷。

第三十一条　国有资产监督管理机构应当建立企业国有资产产权交易监督管理制度，加强企业国有资产产权交易的监督管理，促进企业国有资产的合理流动，防止企业国有资产流失。

第三十二条　国有资产监督管理机构对其所出资企业的企业国有资产收益依法履行出资人职责；对其所出资企业的重大投融资规划、发展战略和规划，依照国家发展规划和产业政策履行出资人职责。

第三十三条　所出资企业中的国有独资企业、国有独资公司的重大资产处置，需由国有资产监督管理机构批准的，依照有关规定执行。

第六章　企业国有资产监督

第三十四条　国务院国有资产监督管理机构代表国务院向其所出资企业中的国有独资企业、国有独资公司派出监事会。监事会的组成、职权、行为规范等，依照《国有企业监事会暂行条例》的规定执行。地方人民政府国有资产监督管理机构代表本级人民政府向其所出资企业中的国有独资企业、国有独资公司派出监事会，参照《国有企业监事会暂行条例》的规定执行。

第三十五条　国有资产监督管理机构依法对所出资企业财务进行监督，建立和完善国有资产保值增值指标体系，维护国有资产出资人的权益。

第三十六条　国有及国有控股企业应当加强内部监督和风险控制，依照国家有关规定建立健全财务、审计、企业法律顾问和职工民主监督等制度。

第三十七条　所出资企业中的国有独资企业、国有独资公司应当按照规定定期向国有资产监督管理机构报告财务状况、生产经营状况和国有资产保值增值状况。

第七章　法律责任

第三十八条　国有资产监督管理机构不按规定任免或者建议任免所出资企业的企业负责人，或者违法干预所出资企业的生产经营活动，侵犯其合法权益，造成企业国有资产损失或者其他严重后果的，对直接负责的主管人员和其他直接责任人员依法给予行政处分；构成犯罪的，依法追究刑事责任。

第三十九条　所出资企业中的国有独资企业、国有独资公司未按照规定向国有资产监督管理机构报告财务状况、生产经营状况和国有资产保值增值状况的，予以警告；情节严重的，对直接负责的主管人员和其他直接责任人员依法给予纪律处分。

第四十条　国有及国有控股企业的企业负责人滥用职权、玩忽职守，造成企业国有资产损失的，应负赔偿责任，并对其依法给予纪律处分；构成犯罪的，依法追究刑事责任。

第四十一条　对企业国有资产损失负有责任受到撤职以上纪律处分的国有及国有控股企业的企业负责人，5年内不得担任任何国有及国有控股企业的企业负责人；造成企业国有资产重大损失或者被判处刑罚的，终身不得担任任何国有及国有控股企业的企业负责人。

第八章　附　则

第四十二条　国有及国有控股企业、国有参股企业的组织形式、组织机构、权利和义务等，依照《中华人民共和国公司法》等法律、行政法规和本条例的规定执行。

第四十三条　国有及国有控股企业、国有参股企业中中国共产党基层组织建设、社会主义精神文明建设和党风廉政建设，依照《中国共产党章程》和有关规定执行。国有及国有控股企业、国有参股企业中工会组织依照《中华人民共和国工会法》和《中国工会章程》的有关规定执行。

第四十四条　国务院国有资产监督管理机构，省、自治区、直辖市人民政府可以依据本条例制定实施办法。

第四十五条　本条例施行前制定的有关企业国有资产监督管理的行政法规与本条例不一致的，依照本条例的规定执行。

第四十六条　政企尚未分开的单位，应当按照国务院的规定，加快改革，实现政企分开。政企分开后的企业，由国有资产监督管理机构依法履行出资人职责，依法对企业国有资产进行监督管理。

第四十七条　本条例自公布之日起施行。

2003—2007年安徽省国有企业改革规划纲要

（安徽省人民政府2003年12月29日印发　皖政〔2003〕90号）

一、我省国有经济的战略性调整和国有企业的战略性改组基本情况

近年来，我省经济保持持续快速健康发展的良好势头，多项指标创出了历史最好水平。这一成绩的取得，得益于深化国有企业改革，得益于大力推进国有经济战略性调整和国有企业战略性改组。到2002年底，全省292户国有大中型企业进行了公司制改革，1009户国有中小工业企业退出了国有序列；实施了22个债转股项目，转股额133.8亿元，企业资产负债率平均下降25个百分点，年减少财务费用支出8亿元左右；列入全国企业兼并破产和职工再就业工作计划项目91个，涉及资产总额93亿元，核销银行呆坏账55.7亿元，安置职工24.1万人，一批劣势企业退出了市场，职工得到了妥善安置；组织实施企业兼并联合重组，盘活存量资产近90亿元；36户企业通过规范改制，实现上市融资、募集资金280亿元；全省技术改造投资总额由1998年的115亿元增加到2002年的231.6亿元，年均递增19.1%，建成了一批具有国际、国内一流技术水平的标志性生产线。通过对国有企业全方位的改革调整，国有经济的控制力、带动力、竞争力明显增强，有力地促进了全省工业经济快速健康发展。

（一）工业经济快速增长，经济效益大幅度提高。全省全社会工业增加值由1998年的1034亿元增加到2002年的1290.5亿元，年均增长8.7%。其中：全省规模以上工业增加值由445亿元增加到690.6亿元，年均增长11.2%；实现利税由1998年的106.8亿元增加到2002年的259.2亿元，增加1.4倍，其中实现利润由1998年的净亏损5.8亿元转为2002年的盈利97.3亿元，净增103.1亿元；工业经济效益综合指数由1998年的72.89提高到2002年的111.62。

（二）技术改造投资成倍增加，产业技术结构明显升级。1998年到2002年5年间，全省累计完成工业技术改造投资804亿元，是“八五”期间的2.7倍，其中，建成投产了167个3000万元以上的标志性项目，新增生产能力870亿元。5年累计实施技术创新项目1761个，开发新产品11129个，高新技术产业增加值占工业增加值的比重由1998年的9.6%上升到2002年的13.2%。在上述项目中，技术装备达到国内领先水平的占90%以上，其中达到国际先进水平的占23.3%。这些具有国内外领先技术水平的标志性生产线投产使用，从整体上带动了产业技术升级。

（三）支柱产业和骨干企业初步形成，支撑带动作用明显增强。2002年，全省装备业、优质材料产业、能源产业、高新技术产业、农副产品深加工等5大支柱产业工业增加值占全省规模以上工业增加值的比重达63%。2002年省50户重要骨干工业企业和20户省外投资重要骨干工业企业实现销售收入1179亿元、利税178.4亿元、利润63亿元，分别占全省规模以上工业企业的55.4%、72.4%和74.7%。上述企业实现销售收入超10亿元的有30户，比1998年增加18户；实现销售收入超50亿元的有7户，比1998年增加5户，其中马钢集团超过100亿元。

（四）资源综合利用效率大幅提高，企业生产环境显著改善。5年来，累计实施资源综合利用和清洁生产示范项目2700个，总投资132亿元；固体废物综合利用量由1998年的1780万吨上升到2002年的2607万吨，年均增长9.3%。环保产业产值由1998年的30亿元上升到2002年的52.5亿元，年均增长18.7%；生产总值综合能耗由1998年的2.56吨标煤下降到2002年的2.24吨标煤，年均下降3.1%。清洁生产试点示范全面推进。工业企业通过实施清洁生产和加强环境治理，企业面貌发生明

显变化。

(五)对外开放进一步扩大,经济外向度有所提高。1998年以来,全省企业直接利用外资17.13亿美元;新增外资企业1252户;工业制成品出口由1999年的14.17亿美元提高到2002年的22.75亿美元。5年累计引进先进工艺、技术、设备和生产线用汇20亿美元。同时,大力发展会展经济,拓展了我省产品市场份额,起到了招商引资和扩大开放的重要作用。实践证明,改革是国有企业发展的根本动力,推进国有经济的战略性调整和国有企业的战略性改组,是从整体上搞活国有经济、推动经济结构调整的根本措施。在改革的实践中,形成了"五个必须坚持"的工作思路,即必须坚持做大做强一批重要骨干企业,培植经济增长点和核心竞争力;必须坚持以结构调整为主线,用高新技术改造传统产业,淘汰落后,推动产业升级;必须坚持市场取向的股权多元化改革,规范推进以股份有限公司和有限责任公司为主要形式的公司制改革,突出制度创新和机制转换;必须坚持以信息化建设为切入点,大力推进企业管理上台阶;必须坚持以转变政府职能为行政改革的核心,积极探索政府管理经济的有效手段和工作方式,以企业为中心,把提高企业素质和竞争力作为为企业服务的出发点和落脚点,把工作的着力点转移到经济调节、市场监督、社会管理和公共服务上来。尽管我省经济发展与国有企业改革取得了重大成就,但与全国及周边经济发达省份相比,差距仍然较大,经济总量偏小,工业化程度低,工业企业数量少,大企业更少,国有经济比重高,国有企业历史包袱沉重,改革的难度大,改革成本难以筹措。这些问题表明,要使我省经济再上新台阶,必须继续以"调整、改革、管理、后劲"为主题,以"三改一加强"为手段,强力推进国有企业改革,从而带动全省国有经济的战略性调整和产业升级。国际国内形势的发展变化,要求国有企业改革必须进一步加大力度、加快步伐。本世纪头20年所面临的经济形势正在发生着前所未有的变化。一是新技术革命突飞猛进,尤其是信息技术的快速发展和广泛应用,产品生命周期大大缩短,新产品开发周期成倍加快,新技术成为生产力迅速发展的火车头。二是经济全球化趋势明显加快,入世使国际大型集团凭借资本、技术、人才、信息等优势参与国内竞争,使竞争更加剧烈。三是区域和企业间竞争日趋激烈。沿海发达地区将凭借其已建立起来的优势,进一步抢占我省资源;西部地区和东北地区将利用国家优惠政策,进一步挤压我省企业市场空间;省外大企业利用其主导产品在全国市场上的优势,掀起了兼并、联合、重组的高潮,对我省国有企业构成强大压力;同时,沿海及周边省份民营企业异军突起,凭借其机制灵活的优势,积极扩大市场份额。与此同时,也应看到,在推进国有企业改革和工业经济发展过程中我省仍具有一些比较优势。我省矿产资源、农业资源、水资源和劳动力资源丰富,科研开发能力较强,区位优势明显,容易受到国内外大企业的青睐,可成为国家产业梯度转移的承载地和国外企业集团的加工制造基地。特别是这些年来,我省初步形成一批拥有自主知识产权、主导产品突出、核心竞争力强、在国内外有较大影响的支柱产业和优势企业。这些得天独厚的自然环境和社会条件,有利于发展农副产品加工业和能源、基础原材料工业、加工制造业和高新技术产业。

综上所述,在推进国有企业改革和工业经济发展进程中,既存在着有利于加快发展的现实条件,又面临着市场残酷竞争的严峻挑战。总体判断,对于我省来说是机遇与挑战并存。只要我们面对困难和现实,与时俱进,抢抓机遇,发挥优势,积极应对,就可以在新一轮经济发展中争取主动。按照2020年人均GDP达到3000美元的目标,我省在未来18年内GDP年均增速必须达到9.2%左右,考虑到在发展的后期基数较高,持续较高增长难度很大,在前一阶段发展速度应该更快些,即前5—10年力争达到9.5%左右。按照工业对国民经济的贡献率,工业增速应在10.5%左右。国有经济在我省经济发展中举足轻重,在我省全面建设小康社会的进程中承担着重要历史使命,要赶超全国平均水平,缩小与先进省份的差距,就必须抢抓机遇,只争朝夕地抓好国有企业改革,奋力攻坚。

二、国有企业改革的指导思想

总的指导思想是:以邓小平理论和"三个代表"重要思想为指导,深入贯彻党的十六大精神和十六届三中全会精神,从实际出发,尊重市场规律,充分发挥市场机制在资源配置中的基础性作用;坚持走群众路线,尊重企业和职工意愿,充分发挥企业和职工的积极性,正确处理改革、发展和稳定的关系;全面推进现代企业制度建设,深化产权制度改革,加大国有资产优化重组力度,坚持以信息化带动工业化,以工业化促进信息化,努力提升工业化水平,走出一条科技含量高、经济效益好、资源消耗低、环境污染少、人力资源优势得到充分发挥的新的经济发展路子,带动全省经济质量的提升和综合实力的增强,实现加快发展、富民强省、全面建设小康社会目标。具体体现在以下几个方面：

(一)以建立现代企业制度为目标,按照"产权清晰、权责明确、政企分开、管理科学"的要求,以有限责任公司和股份有限责任公司为主要形式,全面推进全省国有企业的公司制改革,建立公司股东会、董事会、监事会和经营管理者权责明确、有效制衡的法人治理结构,深化企业内部三项制度改革,完善企业领导人员聘任制度。通过制度创新,全面增强国有经济的内在活力。

(二)以建立归属清晰、产权明确、保护严格、流转顺畅的现代产权制度为核心,积极推行公有制的多种有效实行形式,加快调整国有经济布局和结构,大力发展国有资本、集体资本和非公有制资本等参股的混合所有制经济,实现投资主体多元化,使股份制成为公有制的主要实现形式。完善国有资本有进有退、合理流动的机制,通过产权制度改制一批、国有资产转让一批、企业破产退出一批、主业辅业分离一批,拓展发展空间,全面提升国有经济整体素质。

(三)以增强国有经济核心竞争力和带动力为方向,突出市场的导向功能和资本的积聚效应,强力推进国有企业建设技术起点高、市场竞争力强的投资项目,加大国有大中型企业面向国内外的兼并、联合、重组,促其做大做强。通过协作、配套等方式,培育和发展专、精、特、新的中小企业群体,形成农副产品深加工、优质材料工业、汽车及零部件、精细化工、生物工程、电子信息、煤电能源、纺织等八大支柱产业,全面提高我省工业经济整体实力。

(四)以营造企业公平竞争的外部环境为重要保证,转变政府职能,强化服务功能,发展要素市场,健全中介服务体系,强化法制建设,完善社会保障体系,分离国有企业办社会职能,实现政企分开,为国有企业轻装上阵、参与公平竞争创造条件。

三、国有企业改革的主要目标

(一)宏观目标:1.加大以产权制度为核心的国有企业改革力度,精干国有经济主体,收缩国有经济战线,增强核心竞争力和控制力。5年内,国有及国有控股工业企业增加值占规模以上工业增加值的比重由2002年的62.2%下降到40%左右;2.着力提高国有资本运行质量,增强国有资本获利能力。力争5年内国有及国有控股工业企业资产负债率由58.54%下降到55%左右;国有及国有控股工业企业资产利税率达到10%;3.大力实施"大公司、大集团"发展战略。到2007年,力争销售收入10—50亿元企业达到30户,销售收入50—100亿元企业达到10户,销售收入100—200亿元企业达到5户,其中,销售收入200亿元以上企业达到2户;4.切实加快国有企业职工身份转变步伐。力争5年内全部国有企业职工实现身份转换,建立企业与职工的新型劳动关系。

(二)工作目标:1.公司制改革:到2004年底,全省尚未改制的39户国有大中型企业完成公司制改革;2.国有股转让:到2007年底,23户省属工商类国有大中型企业国有股权平均降到50%以下,上市公司国有股权平均降至40%以下;3.培植上市资源:5年内全省新增上市公司20户,全省首发、增发、配股、发行可转换债券共募集资金150亿元;4.主辅分离:到2005年底,完成76户国有大中型企业的主辅分离、辅业改制工作;5.分离企业办社会职能:到2005年底前,全面完成企业自办学校、医院、公安的分离移交和企业生活区水、电、气的分离工作;6.关闭破产:完成70户资不抵债、扭亏无望的国有企业和资源枯竭矿山政策性关闭破产工作;7.中小企业改革:通过产权制度改革,到2004年,全省国有中小企业全部退出国有企业序列;8.脱钩改革:到2005年底,完成114户省级党政机关与所办的经济实体、直接管理企业的脱钩改革工作。

四、国有企业改革的工作重点

(一)大力推进企业重组、联合和技术进步,实施大企业战略。1.大力推进企业的并购重组。今后5年将围绕70户重要骨干企业继续大力实施企业重组联合,重点实施20户重要骨干企业的并购重组。企业的并购重组,采取灵活多样的方式,既可以整体转让,也可以部分出售产权;既可以转让产权、股权、债权,也可以增资扩股;既可以是国有企业参与,也可以是民营企业和外资企业;既可以是本省企业,也可以是省外、国外企业;既可以是强强联合,也可以强势企业托管、租赁劣势企业或收购重组破产企业的有效资产。为此,一是充分发挥上市公司在资产重组中的作用,大力推进国有法人股转让,同时做好上市公司配股、增发、发行可转换债券工作,用足用活用好上市公司壳资源。二是加快利用外资改组国有企业的步伐。通过招商引资,实现企业制度创新、管理创新、机制创新和技术创新,推进企业产品结构的调整,拓展市场空间,培养和凝聚人才,提高企业核心竞争力。具体方式上,要因企制宜,区别对待,灵活多样。(1)对核心竞争力强、带动力明显的大企业、大集团,不能只是简单地以减持国有股来引进外资,更重要的是通过利用外资这个平台,引进技术、管理、资金、人才等,实现做大做强,进一步增强带动力。对这类企业,利用外资的形式,既可以进行增资扩股,增加企业资本金,也可以中外双方共同出资设立新的企业,培育新的经济增长点。(2)对基础产业、竞争行业和第三产业中的企业,可以通过向外商转让国有股权等方式,实现国有资本整体或部分退出。(3)对资产质量优良、管理规范的国有骨干企业,积极争取境外上市,发行H股、N股和S股等,实现制度创新,提高国际化运作水平。(4)加大工作力度,吸引跨国公司对一些行业或区域的国有企业实行“一揽子”并购重组,推进行业结构和区域经济结构的调整和优化。2.着力实施“小巨人”战略。以扶持100户“专、精、特、新”中小企业为抓手,培育有特色的“小巨人”企业群。到2007年,重点扶持的100户“专、精、特、新”中小企业实施100个投资3000万元以上技改项目,拥有100个著名品牌和著名商标的主导产品,100项技术在省内领先,有10户企业进入全省大企业、大公司行列。从企业技改资金中安排部分技改贴息资金,经过专家评审,对扶持项目的贷款给予贴息支持。3.大力实施企业技术改造。2003年至2007年,完成技改投资1880亿元,占全省固定资产投资的23.5%左右,年均增长约17%。计划实施投资1亿元以上的重点技改项目316项,总投资1138亿元;投资5—10亿元的项目73项,总投资759亿元;投资10亿元以上项目20项,总投资425亿元。为加快能源、冶金、化工、机械、轻纺、建材等行业的改造步伐,重点围绕70户重要骨干企业,组织实施一批链条长、辐射面广、对结构调整带动作用大的大项目。按照“系统改造、整体规划、分步实施”的要求和建成一批、开工一批、论证一批、调研一批的工作步骤,积极推进重要骨干企业的技术改造,保证重要骨干企业的投资规模每年都有增长。优先支持重要骨干企业技术改造项目列入国家重点技术改造项目计划,并优先安排技术改造贴息资金。4.进一步培植上市资源。50户已进入辅导期的企业,要进一步优化股权结构,完善法人治理,实现早日上市,并培植更多的企业进入辅导期。70户省重要骨干企业都要规范改制重组,引进战略投资者,争取在国内或到境外上市融资。同时,大力培育和扶持有条件的高科技企业、成长性好的中小民营企业,到国内主板或香港创业板上市。

(二)继续推进规范化的公司制改革,加快建立现代企业制度。1.全面完成国有工厂制企业的公司制改革。全省尚未进行公司制改革的39户工厂制国有大中型企业,2004年底前要全部实现股权多元化的公司制改革。2.进一步规范公司运作。一是完善公司法人治理结构,以《公司法》等法律法规为依据,建立股东会、董事会、监事会,明确股东会、董事会、监事会和经理层的职责,形成各负其责、协调运转、有效制衡的运行机制。充分发挥董事会对重大问题统一决策、选聘经营者的作用,建立集体决策及可追溯个人责任的董事会议制度。上市公司要建立董事会领导下的决策咨询、审计、提名、薪酬与考核等机构,到2003年底,独立董事的比例要占1/3以上。理顺董事会与经理层的关系。解决董事会与经理层的人员高度重合的问题,公司的董事长与总经理2004年底前实现分设。加强监事会建设,国有或国有控股企业都要实行外派监事会制度,强化监事会的监督作用,落实监事会的监督权。二是规范母子公司体制。集团公司依法行使出资人权利。集团公司和所属子公司在2004年底前实现人员、资产、财务、机构、业务方面“五分开”,确保子公司规范运作。三是加快市场化选聘董事、监事、经理人员的步伐,推进经理人员职业制,建立和完善高级管理人员的激励和约束机制。

(三)大力推进国有股权转让工作,实现投资主体多元化。通过向法人、自然人、外商转让国有股权等多种方式,推进23户省属工商类国有独资公司及上市公司的国有股转让工作。省政府将制定有关国有股权转让配套政策,并组织企业到省外、境外招商,实现市场供求的对接。各地要加强对国有股权转让工作的领导,明确责任部门,调查了解本地企业情况,制定国有股权转让工作方案,将国有股权转让工作与当地招商引资和产业、产品结构调整结合起来,促进地方经济发展。

(四)大力推进国有大中型企业主辅分离、辅业改制工作。2005年底前,基本完成76户国有大中型企业的主辅分离辅业改制工作。其中,省属国有大中型企业要在2004年上半年以前完成主辅分离辅业改制方案的审定工作。各市、各部门要认真贯彻落实国家经贸委等八部门下发的《关于国有大中型企业主辅分离辅业改制分流安置富余人员的实施办法》(国经贸企改〔2002〕859号)和省经贸委等9部门《转发国家经贸委等八部门关于国有大中型企业主辅分离辅业改制分流安置富余人员实施办法的通知》,国有大中型企业利用非主业资产、闲置资产和关闭破产企业的有效资产,改制创办多元产权结构的法人经济实体,吸纳原企业富余人员达到30%的,可享受免征所得税政策。各地、各有关部门要指导帮助76户企业抓住政策机遇,用足用活政策,制定实施方案,推动国有大中型企业实施主辅分离工作。各大中型企业要以此为突破口,精干主体,做强主业,同时,推动企业内部产权关系、劳动关系等深层次问题的解决。

(五)全面完成分离企业办社会职能工作,减轻企业负担。各市、各部门要认真贯彻落实国家经贸委等六部门《关于进一步推进国有企业分离办社会职能工作的意见》(国经贸企改〔2002〕267号)和省政府办公厅《转发省经贸委、省教育厅、省财政厅关于分离国有企业自办中小学校指导意见的通知》(皖政办〔2002〕9号)等文件精神,按照属地管理、属地移交的原则,加大工作力度,加快工作进度。其中,城区内企业办社会职能于2004年底前完成分离移交;独立工矿区、农场和监狱企业,2005年底前完成分离移交;分离任务重的马鞍山、淮南、淮北、铜陵等市要在2003年底前制定出具体实施意见。省政府改革发展联席会议定期听取分离企业办社会职能情况汇报,研究解决突出问题。对省属企业较集中的市,因分离企业办学使当地财政难以承受的,由省财政给予适当补贴,或从国有股转让资金中安排部分资金予以支持。2004年底前完成企业生活区的水、电、气分离,切实减轻企业办社会的负担。

(六)坚持多种形式,全面深化国有中小企业改革。据不完全统计,目前全省工业、商业、建筑业未改制国有和集体中小企业1718户,其中国有企业699户。省委、省政府在全省中小企业改革工作会议上提出的目标是,在2003年基本完成国有集体中小企业改革任务。为此,要从实际出发,坚持多种形式,一企一策,宜股则股 、宜租则租、宜售则售、宜破则破,积极推进,稳步实施。要根据企业实际制定改革方案,广泛征求广大职工的意见;规范资产处置,对国有资产进行严格的财务审计和资产评估、确认,按国家有关政策规定明晰国有产权;妥善安置职工,切实保障职工的合法权益;操作公开,建立健全企业、工会、指导组和政府四位一体的保障机制。改革工作中,坚持"一月一调度,两月一汇报"的工作制度,加大督查力度,定期通报工作进展情况,及时协调解决改革中存在的矛盾和问题,确保按质按量完成改革任务。

(七)加大破产工作力度,积极稳妥地推动劣势企业退出市场。目前,全省有19户企业正在实施政策性关闭破产,涉及资产31.2亿元,职工10万人,拟核呆17.5亿元。据调查统计,全省还有70户企业需实施关闭破产,涉及资产85.3亿元,职工11.8万人,拟核呆64.5亿元。为此,按照确保重点、掌握节奏、稳步推进的原则,周密计划,分步实施,力争在5年时间内,逐步使这些困难企业退出市场,并通过重组等途径盘活其有效资产。1.充分利用国家政策,积极争取列入政策性破产项目计划。优先安排矛盾突出、长期亏损、严重资不抵债的大中型困难企业及资源枯竭矿山,特别是中央下放的煤炭、有色、军工等重点行业企业及下属企业,申报国家计划实施政策性破产,争取中央财政补助资金支持。2003年拟重点申报3户中央下放企业、4户中央军工企业和6户地方军工企业列入国家计划。对其他57户困难企业,按照国家关闭破产重点行业政策,分年、分批申报政策性关闭破产项目计划。2.积极稳妥地组织实施19户已列入国家计划的关闭破产项目,争取在2004年全部实施终结,同时继续组织实施新增项目的关闭破产工作。在具体实施过程中,建立项目实施三级工作保障体系,加强对企业关闭破产工作的组织领导,明确项目实施稳定工作责任制,认真制定企业破产实施方案,抓好职工安置、资产重组等重点环节,积极筹措资金解决企业关闭破产费用,做到破产费用不落实和职工安置、资产重组方案不落实的企业,不得进入破产操作程序。同时做好职工思想政治工作,切实维护职工合法权益,妥善安置职工,确保稳妥实施。3.认真做好依法破产工作。对资不抵债、扭亏无望、产品无市场需要退出,但不能列入政策性关闭破产计划的企业,依据《破产法》等法律法规实施依法破产。

(八)加强企业管理,建立适应市场竞争要求的内部运行机制。1.继续深化国有大中型企业内部劳动、人事和分配制度改革。按照经营管理人员能上能下、职工能进能出、收入能升能降的要求,依照《劳动法》全面实行劳动合同制,建立起企业与职工双向选择,符合市场竞争需要的新型劳动关系;大力推进经营管理人员聘用制,研究和建立科学的业绩评价体系,实行企业经营管理人员的动态考核和任用办法;根据企业生产经营特点和竞争需要,实行多种形式的工资分配制度,使职工的收入与劳动成果紧密挂钩。同时,引导和鼓励企业探索管理、技术等要素参与分配的改革办法;推进年薪制等形式的企业经营者薪酬制度改革,充分调动企业经营者的积极性。2.加大对企业信息化的政策扶持。充分发挥信息技术在重要骨干企业管理创新中的推动作用,围绕企业竞争战略,大力推进企业资源计划(ERP)、客户关系管理(CRM)、供应链管理(SCM)系统软件的应用,努力在市场营销、生产制造、产品研发和物流配送等方面,实现内外部资源有效融合和协同运作;鼓励企业对生产线和关键设备进行信息化改造,提高企业产品研发和制造水平,增强企业对市场竞争新形势的适应能力。3. 企业重大投资项目实行招投标制,物资采购实行比质比价管理。认真贯彻落实《中华人民共和国招标投标法》,对企业基建、技改项目建设全面实行招投标制,积极发展招标代理机构和规范招标投标市场,加强对基建工程、设备和物资采购招标管理的检查与监督。进一步贯彻《国有企业物资采购管理暂行规定》,深入推进企业物资采购比质比价管理,进一步堵塞管理漏洞,并将招投标制和比质比价采购作为企业厂务公开和领导干部廉洁自律工作的重要内容,纳入薪酬制考核。4. 加强企业战略管理,努力培育核心竞争力。引导企业加强与高校和科研机构的战略合作,积极建立企业高层的智囊组织;进一步加强发展战略的研究,认真制定切合实际的战略规划,准确把握市场竞争的趋势,明确企业产业发展方向和市场定位;积极支持企业加强资本运营,推进战略联盟,努力扩大经营规模和竞争实力;强化企业质量意识、品牌意识和诚信意识,加强客户关系管理;引导企业实行业务外包、柔性制造和供应链管理等现代管理方式;大力调整企业内部组织结构,实现扁平化管理,努力减少管理层次,提高管理效率和效益。5. 强化基础管理。按照科学化、规范化和信息化的要求,实现购销管理合同化、营销管理网络化、财务管理预算化、质量管理标准化、采标贯标国际化。

(九)加强企业人才队伍建设,为国有企业改革和发展提供人才和智力支持。1. 全面培养企业家队伍。立足现有企业经营管理者队伍,通过送出去、引进来,利用学历教育、培训教育等多种形式,整体提高企业家职业化、现代化、国际化水平。同时,大力培养一批政治素质好、具有现代管理知识和创新能力的年轻企业家队伍。2. 加强企业技术、管理人才的建设。鼓励企业与高等院校、科研部门合作培养技术创新人才,建立人才创新激励机制,积极探索知识、技术、管理等生产要素参与分配的实现形式;建立与现代企业制度相适应的企业经营管理人员薪酬制度,构建以经营业绩为核心的多元分配体系;对企业经营者和科技骨干实行年薪制和股权、期权制,对有突出贡献的科技人员和高层管理人员实行重奖。3. 培养一批适应企业技术进步需要的高素质劳动者。加快建立与市场需求、劳动就业紧密结合的现代职业教育体系,加强对企业员工新技术、新知识、新工艺的培训,不断提高广大职工的创新能力、实践能力和岗位竞争能力。企业员工年培训率应达到40%,各类企业应按职工工资总额的1.5%足额提取教育培训经费;从业人员技术素质要求高、培训任务重、经济效益好的企业可按2.5%提取,列入成本开支。

(十)推进省级党政机关与所办经济实体、直接管理企业的脱钩改革工作。据调查,全省省级党政机关所办的经济实体和直接管理的企业有189户,目前已完成脱钩改制75户,占40%,其余114户要在2005年底前完成脱钩改革工作。1. 落实部门责任制。由各部门根据所属企业的实际情况,以建立现代企业制度为目标,以产权制度改革为突破口,以做大做强组建企业集团一批、放小搞活改制退位一批、关闭破产销号一批为主要形式,研究制定脱钩改革实施方案。对资产规模较大、发展前景较好的企业改制后移交国有资产管理部门管理,其他企业退出国有序列改制为民营企业或关闭破产退出市场。2. 认真清理企业的债权债务。根据企业情况,以部门为单位认真清理银行贷款,拟定债务重组方案,争取银行支持,核销部分债务,减轻企业债务负担。3. 妥善安置职工,确保企业和社会稳定。改制企业职工必须与原企业解除劳动合同,转变职工的全民身份,并按规定给予经济补偿。改制退位和关闭破产企业职工党的关系按中央要求,进行属地管理,职工的人事档案关系交人才交流中心管理。在脱钩改革过程中,做好职工的思想政治工作,根据政策操作,按照程序办理,积极稳妥推进。

五、促进国有企业改革的政策措施

(一)深化国有资产管理体制改革。严格执行国务院颁发的《企业国有资产监督管理暂行条例》,加快建立完善国有资产管理、监督和营运体系,解决国有企业"所有者缺位"和"内部人控制"问题,实现我省国有企业改革的新突破。按照中央政府设立国有资产管理机构的思路和方案,构建我省国有资产管理和经营体制框架:一是省、市政府分别设立国有资产管理机构,将原来由不同部门分割行使的国有资产管理职能,集中统一行使。二是明确国有资产经营主体。省、市政府国有资产管理机构,根据企业的规模和国有资本营运需要,授权确立国有资产营运主体。国有资产营运主体既可以是国有资产经营公司、投资公司,也可以是直接授权经营的国有或国有控股集团公司。国有资产营运主体不直接从事生产经营活动等职能,其职能是通过持有和买卖国有股权或产权,从事国有资本的经营。三是国有资本投资的企业,包括独资、控股和参股企业成为自主经营、自负盈亏的独立法人和市场经营主体。

(二)培育和发展产权交易市场。产权交易市场是市场经济条件下企业产权交易的平台。通过产权市场交易活动,有利于实现资源的优化配置,提高资源配置效率,实现交易行为的公开、公平、公正。为此,必须加快建立我省产权交易市场的步伐,制定产权市场管理办法和交易行为规则,规范各类产权交易行为。加强网络建设,实现我省产权市场与外省市联网,增强市场功能。产权市场建立后,国有企业股权转让、资产买卖等方面交易活动必须通过产权交易市场来完成。

(三)健全完善社会保障体系。要实现国有企业改革的目标,必须健全和完善社会保障体系,确保职工利益和社会稳定。一是多渠道筹措资金,将省属国有企业国有股转让收入中安排部分资金用于社会保障,补充社保资金来源。二是继续抓好"两个确保"和再就业工作,积极扩大就业渠道,为国有企业下岗职工提供转岗培训、小额担保贷款、税费减免等各项扶持政策,确保主辅分离、分离企业办社会职能和减员增效、下岗分流工作的顺利推进。三是完善基本养老保险制度、失业保险和医疗保险制度。国有大中型企业员工必须全部参加社会保险,鼓励国有大中型企业建立补充养老保险。

(四)多渠道筹措国有企业改革专项资金。我省国有企业改革正处在攻坚阶段和关键时期,主要难点已非单纯的观念陈旧,而是改革成本严重不足。必须通过国有资产经营收益、股权转让、资产变现和中央财政补助资金等多种方式,筹集国有企业改革发展专项资金,纳入财政管理,实行"收支两条线",专款专用。其中,省属国有企业国有股权转让收入主要用于补助省属困难企业实施关闭破产、减员增效、分离办学校的资金缺口。

(五)加强对国有企业改革的组织领导。国有企业改革是一项复杂的系统工程,需要全社会的通力协作。各级政府要把国有企业改革作为经济工作的重中之重抓紧抓好,切实加强领导,对国有企业改革和发展的重大问题及时做出决策和部署。一是坚持省国有企业改革发展联席会议制度,定期听取国有企业改革的情况汇报,研究解决重大问题,制定政策措施。二是指导上市公司进行资产重组,合理配置上市资源,支持上市公司做大做强。三是研究大企业的重组方案,推进企业结构的调整和产业结构的优化升级,提高大企业的核心竞争力。各市要根据当地的实际情况,突出重点,因地制宜,因企制宜,研究制定国有企业改革的总体方案和扶持国有企业改革发展的具体政策措施,主要负责人要亲自挂帅,切实履行好第一指导责任人的职责。省各有关部门要按照省委、省政府关于国有企业改革的决策部署,制定落实各项支持国有企业改革发展的政策措施。

附件:1—5(略)

安徽省股份制企业财务审计暂行规定

(安徽省人民政府2003年6月23日印发 皖政〔2003〕40号)

第一条 为了规范股份制企业财务审计工作,维护市场经济秩序,促进经济健康发展,根据《中华人民共和国审计法》(以下简称《审计法》)、《中华人民共和国审计法实施条例》(以下简称《实施条例》)和有关法律、法规,结合本省实际,制定本规定 。

第二条 本规定所称股份制企业财务审计,包括:(一)审计机关依法对国有资产占控股地位或者主导地位的股份制企业的资产、负债、损益进行的审计;(二)审计机关根据本级人民政府的授权交办,对国有资产虽不占控股地位或者主导地位,但是与国计民生有重大关系的股份制企业与国家财政收支有关的特定事项进行的审计。

第三条 本规定所称股份制企业,是指依法设立的有限责任公司、股份有限公司和股份合作制企业。本规定所称国有资产占控股地位或者主导地位的股份制企业,是指国有资本占企业资本总额的50%以上,或者国有资本占企业资本总额的比例不足50%,但是国有资产投资者实质上拥有控制权的股份制企业。

第四条 审计机关根据股份制企业的财政、财务隶属关系或者国有资产监督管理关系,确定审计管辖范围。两个以上国有资产投资者投资的股份制企业,由对主要投资者有审计管辖权的审计机关进行审计。审计机关之间对审计管辖范围有争议的,由其共同的上级审计机关确定。上级审计机关可以将其审计管辖范围内的审计事项,授权下级审计机关进行审计;上级审计机关对下级审计机关审计管辖范围内的重大审计事项,可以直接进行审计。

第五条 审计机关对国有资产占控股地位或者主导地位的股份制企业资产、负债、损益进行审计的主要内容是:(一)企业财务会计核算遵循国家有关规定和会计处理惯例情况;(二)企业依法缴纳税、费和国有资产收益情况;(三)企业资产、负债、所有者权益形成的真实、合法情况;(四)企业收入、成本、费用、损益形成的真实、合法情况;(五)企业利润分配、资本结构变动的真实、合法情况;(六)需要审计的其他事项。

第六条 审计机关对国有资产占控股地位或者主导地位的股份制企业资产、负债、损益进行审计时,可以要求企业提供与其财务收支有关的下列材料:(一)企业设立批准文件、改制方案、招股说明书、资产评估报告、验资报告、公司章程等材料;(二)企业组织结构、资本构成、资产结构、经营范围的重大调整和变更事项证明材料;(三)企业会计凭证、会计账簿、会计报表等有关会计资料;(四)企业在金融机构设立账户情况;(五)企业内部控制制度及企业执行的有关财政、税收政策和法规;(六)法律、法规规定的其他材料。

第七条 审计机关对国有资产占控股地位或者主导地位的股份制企业资产、负债、损益进行审计后,按照下列规定办理:(一)对没有违反国家规定的财务收支行为的,应当对审计事项作出评价,出具审计意见书;对有违反国家规定的财务收支行为,情节显著轻微的,应当予以指明并责令自行纠正,对审计事项作出评价、出具审计意见书。(二)对有违反国家规定的财务收支行为,需要依法给予处理、处罚的,除应当对审计事项作出评价,出具审计意见书外,还应当对违反国家规定的财务收支行为,在法定职权范围内作出处理、处罚的审计决定。(三)对违反国家规定的财务收支行为,审计机关认为应当由有关主管机关处理、处罚的,应当作出审计建议书,向有关主管机关提出处理、处罚意见。

第八条 审计机关根据本级人民政府的授权交办,对国有资产虽不占控股地位或者主导地位,但是与国计民生有重大关系的股份制企业与国家财政收支有关的特定事项进行审计后,应当向本级人民政府提交专题审计报告,提出处理、处罚意见或者建议。

第九条 审计机关出具的审计意见书、作出的审计决定,应当抄送财政、工商、税务等部门。财政、工商、税务等部门应当将其作为年度检查、登记和换证的参考依据。

第十条 审计机关及其审计人员办理审计事项,应当坚持依法审计,遵守《审计法》、《实施条例》规定的审计程序,做到客观公正、实事求是、廉洁奉公、保守秘密。

第十一条 股份制企业应当按照有关规定,建立健全内部审计制度,加强内部审计监督。审计机关应当对审计管辖范围内的股份制企业内部审计进行业务指导和监督,在实施审计时,可以利用企业内部审计的工作成果。

第十二条 股份制企业违反《审计法》、《实施条例》和本规定,拒绝、阻碍审计机关依法进行审计的,或者拒绝、拖延提供与审计事项有关材料的,由审计机关责令改正,可以通报批评,给予警告;拒不改正的,依照《审计法》、《实施条例》等有关法律、法规处理。股份制企业的财务收支违反法律、法规的规定,构成犯罪的,依法追究有关人员的刑事责任。

第十三条 股份制企业对审计机关作出的审计决定不服的,应当先向上一级审计机关或者本级人民政府申请行政复议;对行政复议决定不服的,可以向人民法院提起行政诉讼。

第十四条 审计人员在办理股份制企业财务审计时,滥用职权、徇私舞弊、玩忽职守,构成犯罪的,依法追究刑事责任;尚不构成犯罪的,依法给予行政处分。审计人员违法、违纪取得的财物,依法予以追缴、没收或者责令退赔。

第十五条 本规定自2003年9月1日起施行。

安徽省人民政府关于进一步做好我省上市公司国有股权转让管理工作的通知

(2003年9月3日 皖政〔2003〕61号)

各市、县人民政府,省政府各部门、各直属机构:

近年来,我省企业上市工作保持良好的发展势头,股票发行数量和融资额不断增加,上市公司对地区经济发展的辐射带动作用进一步显现,同时上市公司国有股权转让也日趋活跃。为规范和加强我省上市公司国有股权转让工作,现就有关事项通知如下：

一、进一步加强对上市公司国有股权转让工作的指导和协调。由于多种原因，我省上市公司经营业绩出现分化，大部分上市公司运营平稳、业绩良好，少数上市公司举步维艰甚至出现亏损。加大力度推动上市公司资产重组，已成当务之急。但由于缺乏有序的组织和综合协调指导，上市公司资产重组包括国有股权转让等出现多头操作、缺少专业审核把关等问题，影响了我省上市公司资产重组应有效益的发挥。为最大限度地优化配置上市公司资源，合理调整全省生产力布局，各地、各有关部门必须加强对上市公司国有股权尤其是控股权转让的指导和协调，依据有关法律法规，按照市场规则，帮助上市公司通过置换、剥离不良资产等方式，增强其盈利能力，激活其再融资功能，促进上市公司寻找新的利润增长点，拓展新的发展领域，为实现加快发展、富民强省、全面建设小康社会作出新贡献。

二、完善程序，规范审核，确保上市公司国有股权转让工作有序操作。上市公司国有股权转让，主要指上市公司国有股持股单位直接向受让方转让其所持有的上市公司国有股权，或上市公司国有股持股单位因产权变动造成上市公司国有股权的间接转让。全省上市公司的资产重组和国有股权转让工作，由省上指办牵头做好协调服务工作，各相关主管部门原有职责分工不变，按国有资产权属关系由产权主管单位具体负责。在国家有关国有资产监督管理办法出台以前，我省上市公司国有股权转让审核工作包括受让对象资质的审核，继续按照省财政厅《转发财政部关于国有股持股单位产权涉及上市公司国有股权性质变化有关问题的通知》(财企〔2002〕947号)和外经贸部、国家税务总局、国家工商行政管理总局、国家外汇管理局《外国投资者并购境内企业暂行规定》(国家外经贸部2003年第3号令)以及《上市公司收购管理办法》(中国证监会第19号令)等有关规定执行。

为进一步利用好我省上市公司的“壳资源”，继续发挥上市公司对地区经济的辐射带动作用，我省上市公司在选择国有股权特别是国有控股权受让对象时，应遵循“同等条件下，省内企业优先，符合地区产业发展方向和资源优化配置的优先，综合实力强、竞争优势明显的企业优先”的原则。上市公司国有股权已初步确定受让对象的，须事先主动与省上指办等省直有关部门通气协商。上市公司国有股权持股单位与受让方签署有关股权转让、股权托管等协议文本前，应提前15天将有关协议草案等材料报省政府，由省政府委派省上指办组织有关部门和专家进行论证。省上指办要切实担负起协调指导责任，牵头做好协调服务工作，对战略投资者的引进、受让方的资质、资产重组方案等进行研究和论证，并充分征求各有关方面(包括上市公司所在地政府、有关中介机构等)的意见，提出处理意见报省政府批准后，有关上市公司方可与受让方签署有关股权转让协议。

在上市公司国有股权转让过程中，各有关方面应大力支持，加强配合。既要遵循市场规则，不搞地方保护主义，又要珍惜来之不易的“壳资源”，切实做好上市公司国有股权转让工作。

安徽省企业负担监督管理条例

(2003年8月23日　安徽省第十届人民代表大会常务委员会第四次会议通过)

第一章　总　则

第一条　为了加强对企业负担的监督管理，优化企业的生产经营环境，维护企业的合法权益，促进经济发展，根据有关法律、行政法规，结合本省实际，制定本条例。

第二条　县级以上地方人民政府应当加强对企业负担监督管理工作的领导，组织、协调和督促有关部门依法做好企业负担的监督管理工作。

第三条　县级以上地方人民政府主管企业负担监督管理工作的部门(以下简称企业负担监督管理部门)负责本行政区域内企业负担监督管理工作。县级以上地方人民政府监察、审计、财政、价格、法制等有关部门应当按照各自职责，做好企业负担监督管理工作。

第四条　任何单位和个人有权对违法增加企业负担的行为进行举报、投诉。

第五条　新闻媒体应当对违法增加企业负担的行为进行舆论监督。

第二章　企业负担监督管理

第六条　各级人民政府及其他国家机关、组织制定规范性文件，应当以法律法规为依据，不得作出损害企业合法权益的规定。

第七条　涉及企业的行政事业性收费项目及收费标准，应当以法律、法规、国务院及其财政、价格行政主管部门以及省人民政府的规定为依据。没有依据的,不得向企业收取行政事业性费用。

第八条 向企业收取政府性基金(含附加,下同),应当以法律、行政法规、国务院及其财政行政主管部门的规定为依据。没有依据的,不得向企业收取政府性基金。

第九条 向企业集资,应当以法律、行政法规或者国务院的有关规定为依据。没有依据的,不得向企业集资。

第十条 对企业实施行政处罚,应当以法律、法规或者规章为依据。没有依据的,不得对企业实施行政处罚。

第十一条 涉及对企业的行政审批事项,应当以法律、法规或者依法可以设定行政审批的政府规章为依据。没有依据的,不得对企业实施行政审批。

第十二条 除法律、法规或者国务院、省人民政府规定外,任何单位不得对企业进行考核、评比、达标、升级等活动。依法进行考核、评比、达标、升级的,应当在开展活动前报同级人民政府企业负担监督管理部门备案。

第十三条 行政机关对企业进行执法检查应当以法律、法规或者规章为依据。行政机关依法对企业进行执法检查,应当于检查前一个月将检查计划报同级人民政府企业负担监督管理部门和法制机构备案。企业负担监督管理部门应当对检查计划进行协调,可以联合检查的,应当联合检查,避免多头检查。实行垂直管理体制的行政机关对企业进行执法检查,应当于检查前一个月将检查计划报上一级行政机关备案。上一级行政机关应当对下一级行政机关的检查计划进行研究协调,避免重复检查。同一行政机关对同一企业的执法检查一般每年不得超过一次。因企业涉嫌违法需要调查的,由县级以上人民政府行政主管部门负责人批准。法律、法规或者规章另有规定的除外。执法检查、调查时,执法人员应当出具检查通知书或者批准文书,并出示相关执法证件。

第十四条 邮政、电信、民航、铁路、公路、供电、供水、供气、广播电视等公用事业企业,不得擅自提高政府定价或者超出政府指导价规定的幅度制定价格,不得变相收取公共事业项目建设费用。

第十五条 禁止下列增加企业负担的行为:(一)无偿占有、使用企业的房产、汽车等财物和劳务;(二)要求企业为其他单位或者个人的债务提供担保;(三)要求企业购买指定商品或者接受指定服务,向企业索要或者强行低价购买产品、物资;(四)要求企业报销差旅费、旅游费、通讯费、交通费、餐饮娱乐费、会议费、医疗费、购物费等费用;(五)强制企业提供赞助、资助或者捐献财物;(六)强制企业刊登广告或者订购报刊、图书、音像制品,出资编写名录、年鉴、画册等图书资料;(七)强制企业参加学术研讨、学会、协会、研究会等;(八)强制企业参加展览会、新闻发布会;(九)强制企业接受咨询、信息、商业保险等服务;(十)违法要求企业参加培训、接受检测、提供办案经费;(十一)违法增加企业负担的其他行为。

第十六条 省人民政府应当督促政府财政、价格行政主管部门,对涉及企业的行政事业性收费、政府性基金的项目和标准进行清理,并编制目录,于每年3月份向社会公布。对未列入目录的行政事业性收费、政府性基金项目,企业有权拒绝缴纳。

第十七条 有收费权限的部门和单位实施行政事业性收费时,应当出示收费许可证,并使用省以上财政部门统一印制或者监制的行政事业性收费票据。有行政处罚权的机关实施罚款时,应当使用省财政部门统一印制的罚款收据。对违反前两款规定收费或者实施处罚的,企业有权拒绝。

第十八条 在发生严重自然灾害、意外事件等紧急情况下,县级以上地方人民政府依法或者按有关规定可以向企业调用物资和劳务,事后应当归还或者给予适当补偿。法律法规另有规定的,从其规定。

第三章 投诉与处理

第十九条 企业认为人民政府及其他国家机关、组织制定的规范性文件侵犯企业合法权益的,可以要求有关机关对规范性文件予以审查处理。

第二十条 企业认为具体行政行为违法增加其负担的,可以依法申请行政复议或者提起行政诉讼;造成损害的,可以依法要求赔偿。

第二十一条 县级以上人民政府企业负担监督管理部门应当设立举报、投诉电话。

第二十二条 对违法增加企业负担的行为,企业可以向县级以上地方人民政府企业负担监督管理部门或者监察、审计、财政、价格等部门举报、投诉。有关行政主管部门应当为举报、投诉者保密,并在30日内依法处理,书面答复举报、投诉者;有关行政主管部门认为举报、投诉事项不属于本部门职责的,应当先行受理,并自接到举报、投诉之日起5日内移送其他有关部门。前款规定的期限,法律、法规有规定的,从其规定。

第二十三条　举报、投诉者对举报、投诉事项的处理决定不服的,可以自接到书面答复之日起10日内向上一级行政主管部门申请复查。复查机关应当自接到复查申请之日起15日内作出复查决定。上级行政主管部门发现下级行政主管部门对举报、投诉事项的处理确有错误的,可以直接处理或者责令下级行政主管部门重新处理。

第二十四条　被举报、投诉的单位及其工作人员,应当接受有关部门的调查,如实反映情况,不得拒绝或者阻挠调查工作,不得打击报复举报、投诉者。

第四章　法律责任

第二十五条　违反本条例规定,有下列行为之一的,由县级以上地方人民政府企业负担监督管理部门责令停止违法行为,并由所在单位或者监察机关对直接负责的主管人员和其他直接责任人员依法给予行政处分;给企业造成损失的,应当依法赔偿;构成犯罪的,依法追究刑事责任:(一)擅自设立、扩大或者提高行政事业性收费、政府性基金或者集资的项目、范围、标准的;(二)擅自实施行政处罚的;(三)擅自设立行政审批事项的;(四)擅自实施或者违反法定程序进行执法检查、调查的;(五)违法进行考核、评比、达标、升级等活动的。

第二十六条　违反本条例第十四条规定,经营者不执行政府定价或者政府指导价的,由价格行政主管部门依据《中华人民共和国价格法》的有关规定进行处罚。

第二十七条　违反本条例第十五条规定增加企业负担的,由县级以上地方人民政府企业负担监督管理部门责令停止违法行为,限期退还全部财物,并由所在单位或者监察机关对直接负责的主管人员和其他直接责任人员依法给予行政处分;给企业造成损失的,应当依法赔偿;构成犯罪的,依法追究刑事责任。

第二十八条　对违法增加企业负担的举报、投诉者打击报复的,或者阻碍有关行政主管部门依法调查处理举报、投诉事项的,由所在单位或者监察机关依法给予行政处分;违反《中华人民共和国治安管理处罚条例》的,由公安机关依法处罚;构成犯罪的,依法追究刑事责任。

第二十九条　县级以上地方人民政府企业负担监督管理部门和监察、审计、财政、价格、法制等有关部门及其工作人员有下列行为之一的,由所在单位或者监察机关对直接负责的主管人员和其他直接责任人员依法给予行政处分;构成犯罪的,依法追究刑事责任:(一)从企业负担监督管理工作中获取非法利益的;(二)包庇或者纵容违法增加企业负担行为的;(三)对承办的举报、投诉事项拖延、推诿或者不依法处理的;(四)不为举报、投诉者保密,致使举报、投诉者受到打击报复的;(五)违反监督管理职责的其他行为。

第五章　附　则

第三十条　本条例所称企业,是指依法登记注册的各类企业。

第三十一条　对违法增加个体工商户负担的,参照本条例处理。

第三十二条　本条例自2003年10月1日起施行。《安徽省减轻企业负担若干规定》同时废止。

企业资产损失财务处理暂行办法

(财政部2003年9月3日印发　财企〔2003〕233号)

第一条　为了建立、健全企业内部控制制度,规范企业资产损失财务管理行为,加强企业财务管理,根据《企业财务通则》的规定,制定本办法。

第二条　资产损失是指企业实际发生的各项资产的灭失,包括坏账损失、存货损失、固定资产及在建工程损失、担保损失、股权投资或者债权投资损失以及经营证券、期货、外汇交易损失等。

第三条　坏账损失是指企业确实不能收回的各种应收款项。企业坏账损失根据《财政部关于建立健全企业应收款项管理制度的通知》(财企〔2002〕513号)的规定确认。

第四条　存货、固定资产及在建工程等实物资产盘盈、盘亏净损失,依据完整、有效的清查盘点明细资料和企业内部有关责任部门审定结果确认。存货、固定资产及在建工程等实物资产毁损、报废、霉烂变质、超过保质期且无转让价值,经过专业的质量检测或者技术鉴定的,扣除残值、保险赔偿和责任人员赔偿后的余额,根据质量检测结果、保险理赔资料等确认为资产损失。车辆、船舶、锅炉、电梯等资产毁损、报废,国家另有规定的,从其规定。

第五条　企业发生的股权投资损失,分别以下情况确认:(一)对不具有控制权的股权投资,投资期限届满或者投资期限已超过10年,且被投资单位因连续3年经营亏损导致资不抵债的,企业根据被投资单位经注册会计师审计的资产负债表、损益表确认投资损失;被投资单位破产、注销工商登记或者县级以上人民政府决定关闭等,企业根据取得的相关法律文件、资料确认投资损失。(二)对具有控制权的股权投资,被投资企业由于经营亏损的,企业应当按照权益法核算投资损失;被投资企业由于违法经营或其他原因导致终止的,企业依据被投资企业注销工商登记或者被依法关闭、宣告破产等法律文件及其清算报告确认投资损失;如果转让股权投资,企业依据生效的股权转让协议、被投资企业董事会决议确认投资损益。

第六条　企业发生的债权投资损失,属于债券投资的,按照本办法第九条的规定确认;属于债券以外的其他债权投资的,区别以下情形确认:(一)被投资方已经终止的,根据被投资方清算报告确认。(二)被投资方尚未终止的,可以根据与有关当事方签定的债权转让或者清偿协议确认,但投资期限未满的,有关协议应当进行公证;如果涉诉,应当根据有关法律文件、资料确认。

第七条　由于自然灾害或者其他意外事故等不可抗力因素造成的资产损失,扣除残值、保险赔偿或者其他责任赔偿后的余额,企业应当根据自然灾害或者意外事故的证据、保险理赔资料,确认为资产损失。由于刑事犯罪造成的资产损失,企业应当根据司法机关结案材料,扣除残值、保险赔款或者其他责任赔偿后,将余额确认为资产损失。

第八条　企业对外担保承担连带责任导致资产损失,应当依法行使追索权,落实内部追债责任。对无法追回的债权,按照本办法第三条的规定确认坏账损失。

第九条　企业经营期货、证券、外汇交易发生的损失,根据企业内部业务授权资料,依据有关交易结算机构提供的合法的交易资金结算单据逐笔确认。超出内部业务授权范围的交易损失,企业应当追究业务人员的经济责任。

第十条　企业发生资产损失,应当按照以下内部程序处理:(一)企业内部有关责任部门经过取证,提出报告,阐明资产损失的原因和事实;(二)企业内部审计(监察)部门经过追查责任,提出结案意见;(三)涉及诉讼的资产损失,企业应当委托律师出具法律意见书;(四)企业财务管理部门经过审核后,对确认的资产损失提出财务处理意见,按照企业内部管理制度提交董事会或者经理(厂长)办公会审定。

第十一条　企业对属于违法违纪行为造成的资产损失,应当按照有关法律法规以及党纪政纪和企业内部管理规章的规定,对负有直接责任的主管人员和其他直接责任人员予以处理;涉嫌犯罪的,应当移交司法机关追究其法律责任。

第十二条　企业在生产经营期间发生的资产损失,应当及时清查核实,作为本期损益处理,按照会计制度规定的方法进行核算。企业处理的资产损失,注册会计师在审计企业财务报告时予以重点关注,并在财务会计报告中予以披露。

第十三条　企业由于以下情形而清查全部资产的,清查的资产损失可以核销所有者权益:(一)企业合并或者分立;(二)实施公司制改建;(三)非公司制企业整体出售;(四)根据有关规定清产核资;(五)依法清理整顿或者变更管理关系;(六)其他依法改变企业组织形式行为。

第十四条　国有企业涉及本办法第十三条规定可以核销所有者权益的资产损失,应当根据企业董事会或者经理(厂长)办公会审定的意见,上报企业国有资本持有单位按《企业国有资产监督管理条例》有关规定处理。国有资产监督管理机构对由其履行出资人职责的国有企业审批核销国有权益,应当抄送企业的主管财政机关,其中审批处理的资产损失涉及企业损益的,应当事先征求主管财政机关的意见。

第十五条　依法宣告破产的企业,进入破产程序以后,不得自行核销资产损失。在人民法院受理破产案件前6个月至破产宣告之日的期间内,破产企业以下行为无效,由此造成损失的资产应当由清算机构依法追回:(一)隐匿、私分或者无偿转让资产;(二)非正常压价出售资产;(三)对原来没有资产担保的债务提供资产担保;(四)提前清偿未到期债务;(五)放弃自己的债权。

第十六条　各省、自治区、直辖市、计划单列市财政厅(局)可以根据本办法,结合本地区具体情况制定实施细则。

第十七条　本办法自2003年10月5日起执行。

安徽省企业财务会计信用等级管理办法(试行)

(安徽省财政厅2003年6月11日印发
财企〔2003〕400号)

第一章　总　则

第一条　为进一步整顿和规范企业财务会计行为,保证会计资料真实、完整,促进信用安徽建设,维护社会主义市场经济秩序,根据《中华人民共和国会计法》、《安徽省会计工作管理办法》等法律、法规的规定,制定本办法。

第二条　本办法主要适用于本省公司、企业(以下统称“企业”)。

第三条　企业财务会计信用等级管理,遵循以下原则:(一)公开、公平、公正原则。评定标准、程序、结果予以公开;各单位一律平等;评定依据、评定方法运用准确。(二)统一原则。对企业财务会计信用等级评定实行统一标准、统一程序、统一公告。(三)激励原则。对财务会计信用优良的企业,予以表彰;对财务会计信用较差的企业,依法采取必要的监管措施,促进其提高财务会计管理水平。

第四条　企业财务会计信用等级从高到低依次分为A、B、C、D四类,并相应实施分类管理。

第五条　企业财务会计信用等级由县级以上财政部门通过对企业执行财务会计法律、法规和制度,提供会计信息的真实性和完整性,遵守其他财经法律、法规情况的评价,客观公正地评定企业财务会计信用等级,并实行分类管理。财务会计信用等级A类单位由企业自行申报,主管财政部门考核评定。

第六条　企业财务会计信用等级管理实行定期年检制度,年检工作原则上每两年进行一次。各级财政部门对已评定财务会计信用等级的企业,根据其依法从事财务会计活动及违法、违纪的情况,按照本办法有关规定,对其财务会计信用等级进行年检确认或调整。

第二章　评定机构

第七条　省财政厅设立安徽省企业财务会计信用等级管理领导小组,指导、监督全省企业财务会计信用等级管理工作。领导小组下设办公室,负责企业财务会计信用等级评定及管理日常工作。省财政厅负责考核评定和管理省属企业财务会计信用等级。

第八条　各市、县财政部门根据财政管理职责,设立相应的组织机构,负责组织实施本地区企业财务会计信用等级的考核评定和管理。

第九条　各市财政部门应将考核评定结果报省财政厅备案。省财政厅建立全省企业财务会计信用等级管理信息库,开展查询、评价等工作。

第十条　各级财政部门在开展企业财务会计信用等级评定过程中,应当充分听取税务、审计等部门对单位纳税、审计等情况的意见。

第三章　评定内容

第十一条　企业财务会计信用等级评定的主要内容包括:(一)单位负责人重视、支持财务会计工作的情况;(二)会计机构的设置、会计人员的配备和履行职责情况;(三)建立和实施内部会计控制制度的情况;(四)会计信息的真实性和完整性情况;(五)会计基础工作规范化考核情况;(六)年度财务会计报告依法实施注册会计师审计情况;(七)有关财税法规、财经纪律专项检查情况。

第四章　评定标准

第十二条　企业财务会计信用等级评定考核实行百分制,按照《安徽省企业财务会计信用等级评定标准及评分表》(见附件1)进行考核。经考核得分高于90分(含90分)且无本办法第十三条规定情形的,为财务会计信用等级A类单位;考核得分高于75分(含75分)低于90分的,为财务会计信用等级B类单位;考核得分高于60分(含60分)低于75分的,为财务会计信用等级C类单位;考核得分低于60分或存在本办法第十四条规定情形之一的,为财务会计信用等级D类单位。

第十三条　企业有下列情形之一的,不得评定为财务会计信用等级A类单位:(一)单位负责人未采取有效措施重视、支持财务会计工作,未依法承担对本单位财务会计工作和会计资料真实性和完整性责任的;(二)未设置独立的会计机构,或虽设置独立的会计机构,但大型企业配备的具备会计师任职资格以上的专业人员不足两名、中小型企业配备的具备会计师任职资格以上的专业人员不足一名的;(三)按规定应当设置而未设置总会计师的;(四)会计机构负责人不具备任职资格的;(五)会计人员有无证上岗,或会计从业资格年检有不合格的;(六)未建立健全或未认真执行单位内部财务会计控制制度的;(七)年度财务会计报告未依法实施注册会计师审计,或未能在最近两年内被出具无保留意见报告的;(八)在最近两年的有关财税法规、财经纪律专项检查中发现有违法、违纪行为的。

第十四条 企业有下列情形之一的,直接列为财务会计信用等级D类单位:(一)单位负责人未能依法履行组织和领导本单位财务会计工作的职责,未建立或未有效实施内部财务会计控制制度,单位内部管理混乱并造成资产流失的;(二)单位负责人存在打击、报复会计人员行为的;(三)单位负责人、会计机构负责人因违反财经法律法规被司法机关依法追究刑事责任的;(四)未按照财务会计制度的规定进行会计核算,造成会计账目混乱、会计信息失真的;(五)账外设账,情节严重的;(六)提供不真实、不完整的财务会计报告,或向不同财务会计信息使用者提供编制依据不同的财务会计报告的;(七)年度财务会计报告被注册会计师出具否定意见或拒绝发表意见报告的;(八)一年内在有关财税法规、财经纪律专项检查中,发现存在严重违法、违纪行为的。

第五章 评定程序

第十五条 各级财政部门在考核评定企业财务会计信用等级时,应根据本办法的规定,要求企业提供下列文件、资料:(一)税务登记证、工商营业执照复印件,外商投资企业的财政登记证复印件;(二)财务会计机构负责人任职资格的有效证明、具备会计专业技术资格人员的任职资格证书复印件以及本单位所有会计人员的会计从业资格证书复印件;(三)近两个年度的年度报告及审计报告复印件;(四)会计基础工作规范化证书复印件;(五)依法制定的内部财务会计管理规章制度(包括内部财务会计控制制度);(六)《安徽省企业财务会计信用等级评定标准及评分表》(见附件1);(七)财政部门规定的其他有关资料。申报财务会计信用等级A类单位的企业,除提供上述文件、资料外,还应提供《安徽省企业财务会计信用等级(A类)申报表》(见附件2)。

第十六条 评定机构根据评定内容和评定标准,对被评定企业财务会计信用状况进行逐项考核、综合评价,提出初步评定意见,由主管财政机关审定。

第十七条 各级财政部门考核评定企业适用的财务会计信用等级,应自评定之日起30日内将评定结果以书面形式通知有关企业(《安徽省企业财务会计信用等级评定通知书》见附件3)。

第十八条 各级财政部门应将各企业财务会计信用等级评定及日常分类管理的有关原始资料,按有关规定归档并妥善保管。

第六章 管理措施

第十九条 对企业财务会计信用等级评定结果实行公告制度。对财务会计信用等级A类单位,由省财政厅统一通过有关媒体予以公告。

第二十条 对财务会计信用等级A类单位实行以下管理措施:(一)在两年内免除财务会计日常检查和专项检查(财政部及省政府布置的专项检查除外);(二)作为评选财务会计工作先进单位和先进个人的重要条件;(三)作为会计人员申报认定财务总监任职资格和申报高级会计师任职资格的重要依据;(四)中、小企业需申请由政府出资设立的中小企业贷款信用担保基金提供贷款担保的,可优先办理。

第二十一条 对财务会计信用等级D类单位实行以下管理措施:(一)定期或不定期由财政部门实施对单位财务会计的日常检查和专项检查,根据检查情况,督促其限期整改,并将整改情况报主管财政机关;(二)除法律、法规规定的财务会计业务学习和培训外,单位负责人、会计机构负责人和会计人员每年至少增加10小时学习财务会计法律、法规;(三)报送的有关财政、财务会计方面申请审批事项资料的真实性、完整性,须经注册会计师审计;(四)按照有关法律、法规的规定,依法处罚有关责任人(包括对会计人员吊销会计从业资格证书;建议有关部门对单位负责人依法给予行政处分等)。

第二十二条 对财务会计信用等级B类单位,按照有关法律、法规的规定,在财务管理、会计核算、内部财务会计控制制度、财务会计机构、财务会计人员管理、法律责任等方面,实行常规财务会计管理。

第二十三条 对财务会计信用等级C类单位除采取常规财务会计管理措施外,还实行以下管理措施:(一)定期或不定期由财政部门实施对单位财务会计的日常检查和专项检查;(二)根据检查和评定情况,由主管财政机关督促单位限期整改,并将整改情况报主管财政机关。

第七章 升降级管理

第二十四条 各级财政部门根据财务会计信用等级年检情况,调整有关企业财务会计信用等级,并按本办法第十六条要求通知有关企业(《安徽省企业财务会计信用等级调整通知书》见附件4)。各市财政部门应将调整结果报省财政厅备案。

第二十五条 企业财务会计信用等级评定后,非经年检不得向上调整。但根据财务会计日常和专项检查情况,并依据企业在有关经济活动中的违法违纪记录,主管财政机关可按本办法规定向下调整单位财务会计信用等级。

省人民政府常务会议研究决定。200万元以上追加支出的审批工作,每半年研究一次,并逐步过渡到每年集中研究一次。

第十七条　省财政厅在办理追加支出的审批中,对于对全省经济和社会事业发展有较大影响的项目以及专业性和技术性较强、预算追加数额不易确定的项目等,应当按照省政府办公厅《安徽省预算追加听证办法(试行)》(皖政办〔1999〕42号)中有关规定,组织实施预算追加听证。

第十八条　省直各部门、各单位应当加强对本部门、本单位财务收支的管理,依法组织收入,严格按照预算安排支出,并采取有效措施节约资金,提高资金的使用效益。

第十九条　省财政厅建立预算支出的效益考核评价制度,对省直各部门、各单位的年度预算支出实行考评,并将考评结果作为以后年度预算安排的参考依据,逐步健全和强化预算执行的约束机制。

第二十条　省财政厅要加强对省级预算执行的监督,保证省级财政资金安全、规范和有效运转,对监督中发现的问题要依法予以处理。监督中如果发现严重违反财政法规和财经纪律的行为,要及时报告省人民政府,并向有关主管部门通报。

第二十一条　省审计厅要依法加强对省级预算执行情况的审计监督。省监察厅等有关部门要按照各自职责,加强与省财政厅的配合与协作,共同做好省级预算执行的监督工作。

第二十二条　省直各部门、各单位违反本办法规定的,按照有关财政法规予以处理。

第二十三条　本办法应用中的具体问题,由省财政厅负责解释。

第二十四条　本办法自发布之日起施行。1998年7月3日省政府办公厅发布的《安徽省省级预算管理暂行办法》(皖政办〔1998〕26号)同时废止。

关于环保部门实行“收支两条线”管理后经费安排的实施办法

(财政部、国家环境保护总局2003年4月8日印发　财建〔2003〕64号

为保障各级环保部门及其所属机构(以下简称“环保机构”)开展工作的经费需要,促进环保机构依法行政,确保国家环境保护战略任务的顺利实施,根据《排污费征收使用管理条例》(国务院令第369号)、《排污费资金收缴使用管理办法》(财政部、国家环境保护总局令第17号)、《国务院办公厅转发财政部关于深化“收支两条线”改革,进一步加强财政管理意见的通知》(国办发〔2001〕93号)、《财政部、中国人民银行关于公安等部门收费收入纳入预算管理的通知》(财预〔2002〕9号)以及其他相关文件精神,现就环保部门实行“收支两条线”管理后财政经费安排的有关问题规定如下:

一、实施经费安排的基本原则及要求:(一)各级财政部门应当本着实事求是、有利于环保事业健康发展的原则,根据环保机构开展工作的实际需要和各级财政的财力状况安排经费。(二)环保机构按规定应当上缴的各项收费要及时足额上缴国库,支出纳入同级财政年度预算,实行“收支两条线”管理。各级环保机构应当对超编的人员逐步进行清退,对超编人员,财政部门不予核拨经费。严禁将环保机构年度经费预算与其征收的行政事业性收费挂钩。(三)各级财政部门、环保机构应当充分利用已有环境管理和服务能力资源,避免重复投入,集中财力优先保证政府对环境状况行使管理和监督职责所需经费。

二、纳入财政预算的环保机构包括:行政、监督执法、监测、信息、科研、宣传教育、放射性与危险废物管理以及自然保护区管理等环保机构。

三、实施经费安排工作的具体要求:各级财政部门应当根据财力状况和环保机构的工作需要,将人员经费、公用经费、监督执法经费、仪器设备购置经费以及基础设施经费等纳入同级财政预算予以保障。(一)各级政府环保行政机构及监督执法机构履行环境管理和监督职责所需经费由同级财政预算安排。其中,人员经费按照编制内实有人数和国家规定的工资、津贴补助标准核定;日常公用经费按照同级财政预算定额核定;专项业务费按照工作需要予以重点安排。(二)向政府环境管理和社会公众提供环境技术服务的环境监测机构、信息机构、放射性及危险废物管理机构所需的经费,由同级财政预算资金和本单位经营服务性收入统筹安排。人员经费按照政府有关部门核定的编制内实有人数和国家规定的工资、津贴补贴标准核定;日常公用经费比照同级财政预算定额核定;专项业务费按专项工作的实际需要,单独予以核定。财政部门、环境保护行政主管部门应当根据环境监测、监督执法工作的实际需要,制定有关仪器设备配备标准,逐步配备到位。对各种仪

器设备所需的维护、维修和消耗费用予以充分保障,保证其正常运转。(三)环境科研机构的经费按照社会公益类科研院所经费供给制度和办法安排,并逐步实行课题制。(四)各级政府设置的环境宣传教育、自然保护区管理等机构经费以定额补助和定项补助相结合的办法纳入同级财政预算。人员经费、日常公用经费按照同级财政预算定额核定。对其承担的环境保护宣传教育及自然保护区管理专项工作,按照具体工作内容,给予定项补助。

四、环保机构的基础设施建设应纳入本地区的社会发展计划,实行统一规划和管理。应当有计划地安排基础设施经费,逐步解决环保机构基础设施条件简陋、设备陈旧等问题。

五、环保机构经费安排的具体过渡措施。(一)排污费不得用于环保机构自身建设的规定在东部地区(北京市、上海市、天津市、辽宁省、山东省、浙江省、江苏省、福建省、广东省)应当一步到位,中西部地区可以3年到位。具体要求是:从2003年起,东部地区的环保机构经费全额纳入同级财政预算,不得再从排污费中列支,排污费收入全部用于环境污染防治;中西部地区,以2000年各级环保机构在排污费收入中列支的环保机构经费为基数,2003至2005年每年用于补助环保机构的经费最多可以分别照列基数的75%、50%和25%,排污费其余部分全部用于环境污染防治;从2006年开始,有关环保机构经费全部纳入同级财政预算,不得再从排污费中列支,排污费收入全部用于环境污染防治。(二)2004年前,允许将结存在各级财政和环保部门的排污费(含有偿使用资金)纳入部门预算,用于弥补环保机构行政、事业经费不足。(三)各级财政部门对排污费中安排的环保机构补助经费要严格审核,从紧安排,纳入部门预算统一管理。(四)中央财政视财力状况对中西部财政困难省份的环境保护执法工作给予适当补助。

六、加强管理,严格监督,确保政策贯彻落实。(一)各级财政部门应当切实加强环保机构的预算管理、财务监督,并根据《国务院办公厅转发财政部关于深化"收支两条线"改革,进一步加强财政管理意见的通知》(国办发〔2001〕93号)、《财政部、中国人民银行关于公安等部门收费收入纳入预算管理的通知》(财预〔2002〕9号)以及《行政单位财务规则》、《事业单位财务规则》等有关文件精神,结合本地实际情况,制定具体的管理办法。(二)各级财政部门、环保部门应当密切配合,认真执行《国务院关于加强预算外资金管理的决定》(国发〔1996〕29号),采取切实有效的措施,加强对环保机构的行政事业性收费收缴的监督管理,共同做好各项行政事业性收费收入及罚没收入的上缴工作,做到应收尽收,应缴尽缴。(三)各级财政部门应当督促环保机构做好增收节支工作,优化支出结构,保证重点需要,压缩一般性开支,提高资金使用效益。(四)各级财政部门应当进一步增强服务意识,提高工作效率,将环保机构的各项经费按照有关规定及工作进度,及时、足额拨付到位。(五)各级环保机构应当严格执行国家有关法律、法规和规章,应缴国库的各项行政事业性收费,依照有关规定足额征收,及时缴入国库,不得少收或不收,严禁截留、挤占和挪用。(六)各级环保机构应当严格执行国家有关经费开支范围和标准等财务规定以及有关政府采购和工程招投标的规定,不得违反财经纪律和财务制度。

七、本办法自2003年7月1日起实施。

安徽省质量技术监督部门经费保障实施办法

(安徽省财政厅2003年12月15日印发
财预〔2003〕1145号)

为保障各级质量技术监督部门(以下简称质监部门)及其所属执法机构开展工作的经费需要,促进其进一步做好整顿和规范市场经济秩序工作,根据国务院办公厅《关于进一步做好工商行政管理和质量技术监督部门经费保障工作的通知》(国办发〔2002〕55号)等有关文件精神,制定本办法。

一、经费保障实施范围:全省质监系统行政机关及其执法机构。

二、经费保障基本原则:(一)坚持工作需要与财力可能相结合的原则,实事求是、积极稳妥地安排质量技术监督系统经费。(二)坚持"收支两条线"原则,质监部门的各项行政事业性收费、罚没收入均要及时足额上缴国库,对其年度经费预算,按照统筹使用的原则核定。

三、经费保障办法:(一)对质监部门及其执法机构编制内人员的工资、津贴等经费,按照国家和省有关规定安排,按时、足额拨付。质监稽查队伍编制未核定前,按上述要求保证现有稽查队伍人员所需经费。(二)对质监部门及其执法机构开展工作所需正常公用经费,分别按照高于当地同级一般行政机关的标准予以安排。(三)对质监部门及其执法机构打假办案、执法检查等业务所需经费重点支持,统筹安排,专款专用。(四)质监部门及其执法机构基本医疗保险和住房改革经费,按照省财政厅财预字〔1999〕1388号文件规定,仍实行属地管理。(五)质监部门及其执法机构和质监部门所属技术机构的基础设施建设,应纳入本地区的社会发展计划,实行统一规划和管理,逐步改善质监部门基础设施条件。

四、经费保障有关要求:(一)省财政部门根据质监部门履行职责的需要,妥善安排经费,努力为质监部门开展综合管理和行政执法工作提供财力保障,并随财力的增长,逐步加大对质监部门经费保障的力度。(二)各级质监部门在核编后应当对超编人员逐步进行清退,超编人员财政不予核拨经费。质监部门及其执法机构年度预算安排不得与其行政事业性收费和罚没收入挂钩。(三)省财政部门和质监部门应进一步加强对行政事业性收费和罚没收入的管理,按照财政综合预算的原则,加强收入的计划和执行管理;将行政执法和收费管理紧密结合起来,坚持依法收费、依法罚款,既要防止乱收费、乱罚款,又要做到严格执法,应收尽收。(四)省质监部门应统筹使用好各项资金,对贫困落后地区给予适当的倾斜,以保证这些地区质量技术监督工作的正常开展。(五)省财政、质监部门应积极争取国家对我省质监部门执法、技术装备的购置、更新和信息化建设资金支持。

五、其他:(一)全省质量技术监督系统所属技术机构仍按原经费供给办法执行。(二)本办法于2004年1月1日起开始实施。(三)本办法由省财政厅负责解释。

安徽省财政厅关于对省直行政单位租赁费实行定额供给的通知

(2003年4月26日 财编〔2003〕259号)

省直各部门:

为进一步规范省直行政单位(含比照行政管理单位,下同)办公用房、宿舍租赁费的供给行为,按照细化预算、逐步建立和完善支出定额标准体系的要求,结合省直行政单位实际情况,决定对省直行政单位租赁费实行定额供给。现就有关问题通知如下:

一、定额供给范围和供给办法。租赁费定额供给范围包括办公用房租赁和宿舍租赁。办公用房租赁实行租用面积和租金标准双重定额供给的办法,宿舍租赁实行费用定额供给的办法。

二、办公用房租赁。(一)租赁条件。省直行政单位办公用房租赁分为临时性机构租用办公用房和新成立机构租用办公用房两种形式。需要租赁办公用房的省直行政单位,应本着既满足基本需要又经济实用的原则租用。除省委、省政府有明确要求外,不得租用宾馆、招待所、饭店的客房办公。1.临时性机构租用办公用房。临时性机构是指经省委、省政府批准成立的临时性的办事机构或工作机构。临时性机构工作人员从本单位内部抽调的,不得租用办公用房。由多个单位抽调人员组成且需要集中办公的,原则上由挂靠(牵头)单位调剂解决,挂靠(牵头)单位确实无法调剂的,可申请租用办公用房。临时性机构工作任务完成后,应及时将租用的办公用房退出,不得将租用的办公用房转做他用,或转移给其他临时性机构和新成立的临时性机构续租。确需转移续租且需省财政解决租赁费的,应按本通知有关规定程序重新申报。2.新成立机构租用办公用房。经省编制管理部门批准成立,财务上实行独立核算的新组建单位,确实需要租用办公用房的,按机构级别、人员编制和规定的办公用房人均建筑面积标准租用。其他新成立机构确实需要租用办公用房的,比照临时性机构租用标准执行。由多个部门合并组建的新机构和部门新组建的内设机构,原则上不得租用办公用房,所需办公用房从组建单位原办公用房中调整解决。租用办公用房的单位新建或由其他渠道解决办公用房后,租用的办公用房应全部退出,财政部门不再安排租赁费。(二)面积标准和综合定额。面积标准:临时性机构租用办公用房按人均使用面积不超过8平方米的标准租用;财务上实行独立核算的新成立机构租用办公用房,包括会议室、档案室、卫生间等公共部分,厅级单位按人均建筑面积不超过24平方米、处级单位按人均建筑面积不超过20平方米的标准租用。定额标准:办公用房包括租金、物业管理费等,每平方米每月最高不超过45元。

三、宿舍租赁。宿舍租赁是指从外地调入驻肥省直行政单位工作,且在合肥没有住房的在职厅级干部临时租用住房。宿舍租赁实行费用定额包干的办法,包括租金、物业管理费、水电费等,暂定为每人每天不超过120元。租住宿舍的省直行政单位在职厅级干部在合肥解决住房后,从解决住房后第四个月起,省财政停止支付租赁费;调离省直行政单位的,从调离的下个月起,省财政停止支付租赁费;退休后,从文件规定退休之日的下个月起,省财政停止支付租赁费。

四、租赁费申报程序。按上述条件需要租用办公用房、宿舍并要求省财政安排经费的省直行政单位,在签订租赁合同之前,应填写《省直行政单位租用办公用房申请表》、《省直行政单位在职厅级干部租用宿舍申请表》(式样附后),经省行管局审核签署意见后,向省财政厅申报,同时附申请租用办公用房(宿舍)的报告、批准成立机构的文件、批准任职的文件等材料,说明需要租赁办公用房和宿舍的原因、人数、租住宿舍的厅级干部个人现有住房情况等,经省财政厅审核同意后,方可办理租赁事宜。在申请经费时,应向省财政厅提供租赁合同等材料,作为财政部门核定经费的依据。

五、经费供给。办公用房租赁费由省财政根据单位编制或实际需要租用办公用房的人数,在规定的面积和定额标准范围内核定,并直接支付到房屋供给单位;在职厅级干部租住宿舍的租赁费,由省财政厅根据实际租住宿舍的人数和每人每天120元的标准核定,由单位包干使用。

六、其他。1.省直行政单位在本《通知》下发前已经租用办公用房的,在租赁合同到期后按本《通知》规定执行。2.需有服务大厅、实行集中办公的窗口单位租用办公用房,按有关规定执行。3.省直事业单位办公用房租赁和在职厅级干部临时租住宿舍可比照本通知规定执行,所需经费由单位预算外资金和其他资金解决。

安徽省省直部门预算编制工作考核评比办法(试行)

(安徽省财政厅2003年4月10日印发
财编〔2003〕216号)

为促进省直部门及时、准确、完整地编制部门预算,提高部门预算编制质量和水平,特制定本办法。

一、考评对象:省级一级预算部门。

二、考评内容:1.部门预算基础信息(包括报表和说明)。2.预算建议草案(包括报表、说明和项目申报书)。3.报送省人大的部门预算草案。4.其他与预算编制有关的工作。

三、考评及计分方法:考评工作由省财政厅统一组织,采用平时逐项记录,年终集中、民主打分的办法进行。计分采取基本分加附加分的办法,按考评内容和计分标准评出基本分,加上附加分后为最后得分,基本分100分,附加分6分。基本分包括部门预算基础信息35分,部门预算建议草案50分,报送省人大的部门预算10分,其他与预算编制有关的工作5分。附加分:向省人大报送部门预算草案的部门加3分,所属二级预算单位20个以上(含20个)的部门加3分。

四、考评计分标准:(一)部门预算基础信息(35分)。1.在规定时间内报送部门预算基础信息(5分)。迟报1天扣2分,迟报2天的本项不得分。2.报送材料齐全(包括软盘、纸质报表、文字说明、文件依据和其他相关材料),纸质报表和文字说明打印报送,连同有关材料装订成册,并在封面加盖部门、单位的公章(3分)。有一项不符合要求的扣1分,直至扣完3分。3.报表中要求填列的内容填写完整(4分)。少填一项扣0.5分,直至扣完4分。4.填报数据真实、准确,包括各类人员情况、交通工具情况、办公设施及办公设备情况等(6分)。有一处不符合要求的扣0.5分,直至扣完6分。5.填报的机构性质、编制类型、编制数等与批准的文件规定一致,填报表格类型与部门、单位性质相一致,提供的预算基础信息软盘数据与报送的纸质报表数据相一致(3分)。有一处不符合要求的扣1分,直至扣完3分。6.各类人员的基本工资(离退休费)及津补贴标准与有关工资和津补贴政策规定相符合(6分)。错一处扣0.5分,直至扣完6分。7.文字说明内容全面、完整(8分)。文字说明应当包括部门和单位的概况,与上年相比主要预算基础信息项目增减变化情况和原因,部门预算基础信息库管理软件(单位版)审核中出现的提示信息的逐项说明以及其他需要说明的情况。有一处不符合要求的扣0.5分,直至扣完8分。(二)部门预算建议草案(50分)。1.在规定时间内报送部门预算建议草案(5分)。迟报1天扣2分,迟报2天本项不得分。2.报送材料齐全(包括软盘、纸质报表、文字说明、文件依据和其他相关材料),纸质报表和文字说明打印报送,连同有关材料装订成册,并在封面加盖部门、单位的公章(3分)。有一项不符合要求的扣1分,直至扣完3分。3.报表中应填报的内容填写完整、准确、规范（12分）。其中：（1）依据省财政厅《关于编制省级部门预算试行基本支出与项目支出分类的通知》（财编〔2002〕685号）的要求，对基本支出与项目支出进行规范分类（2分）；（2）预算收支科目列报准确（2分）；（3）预算内外收支划分准确（2分）；（4）部门组织收入按规范的收入名称逐项填列（2分）；（5）报送的部门专项公用支出和项目支出，按轻重缓急进行排序（2分）；（6）按照政府采购目录，应实行政府采购的项目全部列入政府采购预算（2分）。以上各项有一处不符合要求的扣0.5分，直至扣完本项分值。4.申报项目支出的部门，按照省财政厅《安徽省省级部门项目支出预算管理暂行办法》（财预〔2001〕942号）有关要求填报《项目申报书》（3分）。有一处不符合要求的扣1分，直至扣完3分。5.细化预算编制（11分）。所有专项公用支出和项目支出，属于本级的支出应细化到具体支出项目和具体使用单位，属于补助市县的支出细化到具体市县；基本建设资金、企业挖改资金和科技三项费用支出，按要求落实到具体项目；政府基金应列入部门预算并细化到具体收支项目。有一处不符合要求扣0.5分，直至扣完11分。6.文字说明条理清楚、内容全面、依据充分（16分）。报送的文字说明应当包括部门、单位的概况，预算收支总体情况，主要预算收支项目与上年相比的增减变化情况和原因，以及对专项公用支出和项目支出的逐项说明（包括安排依据、具体用途、资金构成、预期目标、申报预算数额的测算依据及测算过程等）。有一处不符合要求的扣0.5分，直至扣完16分。（三）报送省人大的部门预算草案（10分）。1.在规定的时间内报送部门预算文本（3分）。迟报1天扣1分，迟报2天的不得分。2.部门预算文本说明的事项内容准确、全面，条理清楚，依据充分，重点突出（6分）。有一处不符合要求的扣1分，直至扣完6分。3.报送的纸质报表和文字说明，按照要求打印并装订成册，在封面加盖部门公章（1分）。有一处不符合要求的扣0.5分，直至扣完1分。（四）与预算编制有关的其他各项工作（5分）。按照有关要求，积极建立本部门的备选项目库，组织本部门项目支出的评审论证，加强对所属单位预算编制工作的指导，参加预算编制的相关业务培训，及时提供有关材料，配合做好预算编制的有关工作。

五、考评表彰办法：根据以上考核评比办法，按得分高低，评选出年度部门预算编制工作先进单位，由省财政厅予以通报表彰。

本办法由省财政厅负责解释。

省直机关事业单位招待费管理暂行办法

（安徽省财政厅2003年6月26日印发
财行〔2003〕438号）

一、为切实强化省直单位经费管理，规范招待费开支行为，严格控制招待费支出，促进党风廉政建设，特制定本办法。

二、本办法所称招待费，是指省直单位因公务接待需要而合理开支的用餐费用。

三、适用范围：本办法适用于省直党政机关、人大机关、政协机关、审判机关、检察机关、人民团体、事业单位。

四、开支标准：1.接待厅局级领导及随行工作人员，在合肥及黄山、九华山工作餐不超过80元/人.天（早10元、中、晚各35元。黄山山上不超过110元/人.天，早20元、中、晚各45元）。在合肥之外的16个省辖市活动，工作餐按40—70元/人.天掌握；宴请一般只限迎来或送往时安排一次。合肥及黄山、九华山宴请标准每人每餐80元（含陪餐人员）。合肥之外的16个省辖市，宴请标准每人每餐40—70元。2.接待厅局级以下人员，在合肥及黄山、九华山工作餐不超过70元/人.天，（早10元、中、晚各30元。黄山山上不超过100元/人.天，早20元、中、晚各40元）。在合肥之外的16个省辖市活动，工作餐按30—60元/人.天掌握，宴请一般只限迎来或送往时安排一次。合肥及黄山、九华山宴请标准每人每餐70元（含陪餐人员）。合肥之外的16个省辖市，宴请标准每人每餐30—60元。3.陪餐人数一般控制在2—3人，确因工作需要最多不超过4人。4.省直单位之间工作交往和市、县来人，原则上不安排招待、宴请。如确因工作需要，一律安排工作餐，工作餐标准为每人每餐不超过30元。5.公务接待原则上饮用本省产酒水，酒水费用按接待标准的1/3掌握。

五、审批程序：1.公务接待由承办部门逐项填写《公务接待呈批单》和《公务接待通知单》，经本单位财务部门审核后，报单位分管财务的负责人审批。2.承办部门凭《公务接待通知单》（加盖单位财务部门公章）到接待饭店安排接待。3.承办部门凭《公务接待呈批单》、原始菜单、接待饭店餐饮发票（简称“三单”）到财务部门办理结算手续。

六、列支及监督管理:1.招待费应按财政部制定的《政府预算收支科目》,在“招待费”科目中单独列支。不得将招待经费列入其他费用支出项目,也不得将其他费用支出项目列入“招待费”科目。严禁将招待经费列入单位自有宾馆、招待所、食堂的成本。2.凡接待超标准、“三单”不齐全,单位财务部门一律不予报销。3.各单位应加强招待经费管理,并结合行政事业单位财务“两公开一监督”制度,定期公布招待经费开支情况,自觉接受单位民主理财小组及内部干部职工的评议、监督。4.公务招待一律在各单位自有的宾馆、招待所、食堂和定点饭店进行。鉴于省直机关具有特殊性,定点饭店原则上由省直各单位自行选择(2—3家),一年一定,并报省财政厅、省纪委、省监察厅备案。5.省财政厅配合有关部门,定期、不定期地组织开展公务招待监督检查。对违反本办法的,一经查实,将按《关于严禁用公款大吃大喝、严格招待费管理的实施意见》有关规定严肃处理。

七、附则:1.副部级以上领导公务接待按有关规定执行。2.省直各单位要根据本办法,结合实际情况制定具体实施意见,报省财政厅、省纪委、省监察厅备案。3.本办法如与国家今后出台的有关规定标准不一致,以国家规定标准为准。4.本办法自2003年7月1日起执行。

关于调整粮食风险基金补贴政策的通知

(安徽省财政厅　安徽省粮食局
中国农业发展银行安徽省分行
2003年5月30日印发　财建〔2003〕363号)

各市、县(市、区)财政局、粮食局、农业发展银行:

根据《中共安徽省委、安徽省人民政府关于扩大粮食补贴方式改革试点的通知》(皖发〔2003〕9号)和《安徽省人民政府关于印发〈安徽省扩大粮食补贴方式改革试点方案〉的通知》(皖政〔2003〕28号)有关精神,经省政府同意,从2003年6月1日起,对粮食风险基金补贴政策作如下调整:

一、停止实行粮食风险基金包干办法。从2003年6月1日起,停止实行省对市的粮食风险基金包干办法,粮食风险基金由省统筹安排使用。对2003年1月至5月份应拨各市的粮食风险基金包干资金,省财政厅将会同省粮食局根据平均时间进度予以清算补拨。各地财政部门要严格按照原粮食风险基金补贴政策的规定,对2003年5月末以前国有粮食购销企业应补、已补和欠补的粮食风险基金进行清算,并在6月底以前将清算情况报省财政厅、粮食局和农发行。粮食风险基金包干如有结余,必须继续用于国有粮食购销企业粮食方面的支出。

二、对农民直接补贴资金的管理。对农民直接补贴资金由省财政厅通过农发行拨付给各地财政部门,各地财政部门要在当地农发行另设专户管理,专款专用。具体管理办法另行制定。

三、重新审定老粮食库存利息、费用补贴。对2003年5月31日国有粮食购销企业库存中按保护价收购的老粮食,经审计后锁定库存数量和成本,并根据销售计划的平均进度计算平均库存,继续给予利息、费用补贴,利息补贴据实计算,费用补贴标准全年为每百斤1.5元。

四、妥善处理国有粮食购销企业各项政策性亏损和挂账。从2003年起,各地尚未消化的1991年粮食年度末政策性粮食财务挂账、中央和地方共同贴息的至1998年5月末新增粮食财务挂账的利息,由省用粮食风险基金直接支付给有关银行。挂账本金按国家有关政策规定积极消化。1998年6月至2003年5月末国有粮食购销企业新发生的财务挂账、1999年以来已处理陈化粮的差价亏损,由财政、审计、粮食部门和农发行共同进行审计认定。对审计认定的政策性经营亏损挂账和处理陈化粮差价亏损占用的农发行贷款,实行挂账,利息由省用粮食风险基金支付。挂账的消化工作按国家有关政策进行。对国有粮食购销企业销售处理老粮食库存发生的差价亏损,先实行挂账,挂账利息由省用粮食风险基金支付。挂账本金先由省政府承诺,原则上3年逐步消化。国家如出台相关政策,再按有关政策规定处理。销售处理老粮食库存的具体办法另行制定。国有粮食购销企业按政府要求赊借给受灾农户的粮食,截至2003年5月末仍未收回的,在清查核实的基础上,从老粮食库存中分离出来单独反映,其占用的农发行贷款,用粮食风险基金支付利息,但不给予费用补贴。粮食由当地政府督促农民归还。对农民归还的粮食要重新纳入老粮食库存,再按有关规定销售处理,并享受利息、费用和压库补贴。

五、安排好省级储备粮油补贴。省级储备粮油的利息补贴据实计算,费用补贴标准全年为每百斤4元。粮食市场和粮食价格放开后,省级储备粮油按市场化机制管理。省级储备粮油的具体管理办法另行制定。

六、继续实行老粮食库存压库补贴。对锁定的国有粮食购销企业老粮食库存，根据各市、县每年按有关规定实行销售处理数量，按每百斤2元的标准一次性给予压库补贴，用于企业发展生产。

七、其他粮食补贴的处理。根据国家和省有关规定，用于其他方面的粮食支出暂仍维持现定的范围和规模。

根据上述调整后的粮食风险基金补贴政策，省财政厅将会同省粮食局、省农发行制定粮食风险基金管理暂行办法。

安徽省旅游发展专项资金管理暂行办法

(安徽省财政厅、安徽省旅游局
2003年5月12日印发　财行〔2003〕291号)

第一条　为促进全省旅游业的发展，规范旅游发展专项资金(以下简称发展资金)管理，充分发挥财政资金的引导作用，提高资金的使用效益，根据省政府《关于进一步加快旅游业发展的意见》(皖政〔2002〕3号)及财政预算管理的有关规定，特制定本暂行办法。

第二条　发展资金的来源为省财政预算拨款。

第三条　发展资金的分配原则：(一)符合全省旅游发展总体规划和产业政策；(二)坚持经济效益、社会效益和生态效益并重；(三)统筹安排，突出重点，扶优扶强；(四)发挥财政资金的引导作用，吸引社会投资。

第四条　发展资金的使用范围：(一)旅游规划编制补助经费，主要用于补助全省及重点旅游区域旅游发展规划的编制、修订等；(二)旅游建设项目补助经费，主要用于补助重点旅游景区基础设施建设和景区景点开发等；(三)旅游宣传促销补助经费，主要用于为开拓国内外旅游市场而进行的全省重大宣传促销活动等；(四)全省性旅游人才培训开发补助经费；(五)省政府确定的其他项目的补助开支。

第五条　申请发展资金的项目单位，以书面形式向同级财政、旅游部门提出申请，由各市财政局、旅游局共同审核、遴选，于每年的5月底前汇总上报省财政厅、省旅游局。省属单位、企业申请的项目由主管部门径报省财政厅、省旅游局。

第六条　申请报告需分别附以下材料：(一)旅游规划编制(修订)项目，需附经论证或有关部门审批的旅游规划文本及详细经费预算；(二)旅游宣传促销项目，需附具体活动方案及详细经费预算等；(三)旅游建设项目需附项目建议书或可行性研究报告，详细说明项目的基本情况、实施方案、投资预算、效益分析等；(四)旅游人才培训开发项目需附人才培训、引进等具体情况及经费开支预算。

第七条　各市、县(市、区)及有关单位应按规定报送申请材料。对申请材料内容不完整、申报程序不规范的，省财政厅、省旅游局不予受理。

第八条　省旅游局会同省财政厅对申报项目进行审核、考察，对重大项目组织有关部门、专家进行论证，在此基础上研究确定发展资金分配方案(重大项目报省政府审定)，由省财政厅、省旅游局联合下达批复文件。

第九条　发展资金由省财政厅通过追加预算指标下达各市财政部门。项目资金的拨付实行国库集中支付，由财政部门按项目实施进度直接支付到项目单位。

第十条　省、市旅游部门分级建立旅游项目库。对各地、各部门上报的符合条件的旅游项目，如因财力等原因当年未能安排的，一律进入项目库，在以后年度滚动安排。

第十一条　各有关市财政、旅游局应于项目实施结束后一个月内，向省财政厅、省旅游局书面报告项目实施及发展资金使用情况。未按有关规定报送的，省财政厅、省旅游局暂缓受理该市新的项目申请报告。

第十二条　各级、各有关单位要严格按照批准的项目使用发展资金，做到专款专用，严禁截留、挪用。各级财政、旅游部门要加强对发展资金使用情况的监督、检查，实行跟踪问效，提高资金使用效益。对资金使用过程中存在的问题，及时予以纠正。

第十三条　省财政厅、省旅游局每年对发展资金使用情况进行专项检查、考核，对违反资金管理、项目实施违规且有关部门查处不力的地方和单位，依照《安徽省财政监督暂行办法》等有关规定进行处理。

第十四条　有条件的地区(特别是旅游重点地区)要建立旅游发展专项资金，并制定相应的管理办法。对建立旅游发展专项资金的地区，在同等条件下省里在项目资金安排时予以优先考虑。

第十五条 本办法由省财政厅负责解释。

第十六条 本办法自发文之日起施行。

安徽省财政发展资金管理办法

(安徽省财政厅2003年5月28日印发
财综〔2003〕354号)

第一章 总 则

第一条 为加强对财政发展资金的管理,提高资金使用效益,促进我省经济发展,特制定本办法。

第二条 财政发展资金是为扶持我省财政经济和社会事业发展而设立、有偿使用的财政性资金,由安徽省财政厅经济开发处负责管理。

第三条 财政发展资金主要用于支持符合国家或省经济、产业、技术政策,有一定科技含量,发展潜力较大,具有法人资格的中小企业和急需发展并有偿还能力的事业单位。

第四条 财政发展资金的使用原则:(一)效益原则。贯彻"加快发展,富民强省"的经济发展战略及各项政策,重点投放,在规避风险的基础上实现投资价值和经济效益的最大化。(二)安全原则。专款专用,按期足额收回,确保资金的安全、完整。(三)有偿使用原则。使用财政发展资金应当缴纳占用费。

第二章 资金来源和使用

第五条 资金的来源:(一)回收的省本级企事业单位财政周转金借款和省市县专项资金借款;(二)使用费收入;(三)投资收益;(四)利息收入;(五)财政拨款;(六)其他。

第六条 资金使用:(一)借款;(二)投资;(三)事业管理费。

第三章 借款和投资

第七条 借款单位必须满足以下条件:(一)工商行政管理机关核准登记注册、具有法人资格的企业单位,且实行独立核算、自负盈亏;经批准的具有法人资格的事业单位,且实行独立核算,有稳定的收入来源;(二)遵守国家的政策法规,在国家政策允许的范围内生产、经营;(三)经营管理制度健全,财务状况良好;(四)生产经营效益较好,恪守信用,具有按期偿还借款本息的能力;(五)有具有资质的单位担保,或有相当借款数额的资产(有价证券)进行抵押。

第八条 借款单位提出借款申请时,应当提供以下材料:(一)借款申请报告;(二)借款单位和担保人的基本情况;(三)会计师事务所出具的上年度财务报告及申请借款前一期的财务报告;(四)项目建议书和可行性报告:包括资金运用情况、市场状况、效益分析、借款额、用款时间、还款方式及保证措施等;(五)抵押、质押物清单,有处置权人同意抵押、质押的证明及保证人;(六)借出方认为需要提供的其他资料。

第九条 借出方收到借款申请和有关资料后,对借款单位的合法性、财务状况的真实性、借款用途、效益、偿还能力、信誉等情况进行考察、论证,核实借款单位的偿还能力。

第十条 借出方同意借款后,与借款单位签订借款合同。借款合同应当约定借款种类,借款用途、金额、占用费、借款期限,还款方式,借贷双方的权利、义务,违约责任和双方认为需要约定的其他事项。抵(质)押借款应当以书面的形式由抵(质)押人与借款人(抵〔质〕押权人)签订抵(质)押合同。

第十一条 借用财政发展资金,必须缴纳财政发展资金占用费。占用费按略低于中国人民银行规定的同期人民币商业贷款利率收取。对借款人逾期不能归还借款的,从逾期之日起按日加收1‰的逾期占用金。投资所产生的利润按双方的协议或合同分配。

第十二条 财政发展资金应当按期归还。财政发展资金借用期限一般不超过1年。特殊情况经批准后可适当延长,但最长不得超过2年。

第十三条 财政发展资金可对具有法人资格的企事单位及其兴办的独立核算的生产经营单位、市场前景和经济效益好的经营项目,在可行性论证的基础上直接或间接进行投资。

第十四条 暂时闲置的财政发展资金可用于进行债券投资,优先购买国家债券。

第四章 财务管理和监督

第十五条 财政发展资金实行专户存储,专人管理。

第十六条 财政发展资金的借出必须严格按程序审批,按规定签订合同,明确责任。

第十七条 经济开发处按自收自支事业单位会计制度核算,事业管理费必须按省财政厅审定的标准执行。

第十八条 经济开发处负责对财政发展资金的

使用进行监督检查回收,责任到人,建立追踪反馈制度,定期检查资金的使用情况。一经发现违反合同和财经纪律的行为,按有关规定及时纠正和处理。

第十九条　财政发展资金的使用、回收及收益分配受省财政厅的监督检查。

安徽省义务教育工程专项资金使用管理办法

(安徽省财政厅、安徽省教育厅2003年6月19日印发　财教〔2003〕445号)

第一条　为加强对我省"国家贫困地区义务教育工程"资金的管理,提高资金使用效益,根据国家财政部、教育部《第二期"国家贫困地区义务教育工程"中央专款使用管理办法》,结合我省实际,制定本办法。

第二条　中央和省专项资金的使用原则是:根据国家和地方各级人民政府普及义务教育的实施规则和步骤,突出重点,分类指导,集中投入,限期完成,保证效益。

第三条　中央和省专项资金的主要投向是:到2000年底尚未通过"普九"验收的县(简称项目县)。

第四条　中央和省专项资金的使用范围:(一)用于项目县农村小学、初级中学校舍的危房改造、改扩建和新建,占专款总量的70%;(二)用于项目学校配置信息技术教育设备,占专款总量的10%;(三)用于项目学校添置课桌椅、教学仪器设备、图书资料,占专款总量的10%;(四)用于项目县教师和项目学校校长培训,占专款总量的10%;(五)此外,用于对属于国家扶贫开发工作重点县的项目县部分贫困家庭的中小学试行免费提供教科书的经费,纳入工程专项资金管理,此项经费每年单独下达,具体办法另行制定。结合"中小学危房改造工程"的实施,2001至2002年度资金总额的80%用于项目县农村小学和初级中学的危房改造。另20%资金,按相应比例用于信息技术教育设备配置,课桌椅、教学仪器设备、图书资料购置和师资培训。2003至2005年,按本办法第四条规定的资金使用范围的对应项目应占的比例,予以安排。

第五条　中央和省专项资金实行项目管理,项目执行期为2001年至2005年。

第六条　中央和省专项资金管理实行分级负责制。各级政府部门的责任是:省级教育、财政部门负责在汇总项目县项目规划方案的基础上,制定全省项目规划方案,并经省级人民政府批准后报教育部、财政部审批;确定中央和省专款的分县额度;协调、评估和检查项目县的工作;向教育部、财政部报告项目实施进展情况。项目县人民政府负责制定本县项目规划方案,并报省级教育、财政部门审批;负责组织项目的实施和日常管理;向上级主管部门报告工程实施和项目执行情况。各级教育、财政部门要通力合作,密切配合。在制定中小学布局调整规划、确定项目规划等重大问题上,要充分论证,协商确定。项目执行过程中,教育、财政部门共同负责项目的实施和管理,按批准的项目规划和审定的额度下达资金,并对资金使用情况进行监督检查。

第七条　省财政设立专户,集中管理中央和省专项资金。

第八条　省财政厅、省教育厅根据审定的项目规划和项目申请报告,按照进度分期分批下达专款。凡未按规划实施或项目建设存在问题的,不予下达。

第九条　严禁挤占、挪用中央和省专项资金,严禁用中央和省专项资金偿还"普九"等欠债。一经发现前述情况,经核实,将停拨项目资金。

第十条　本办法由财政厅、教育厅负责解释。

安徽省县域重点工业园区财政贴息资金管理办法

(安徽省财政厅、安徽省发展计划委员会2003年8月18日印发　财建〔2003〕629号)

第一章　总　则

第一条　为加快县域经济发展,支持县域重点工业园区建设,规范县域重点工业园区基础设施建设贷款财政贴息资金管理,根据有关规定,结合本省实际,制定本办法。

第二条　本办法所称县域重点工业园区,是指按规定程序认定的县(含县级市,农业比例较大的市辖区,下同)办工业园区和县办省级开发区。

第三条　本办法所称财政贴息资金,是指省人民政府财政部门安排的、专项用于县域重点工业园区基础设施建设贷款的贴息资金。贴息期限一年(上年9月21日至本年9月20日),当年贴息额度原则上每个园区控制在100万元以内。

第四条　本办法所称基础设施项目包括:(一)道路、桥涵、隧道等项目;(二)供电、供热、煤气、自来水、及通讯网络建设等项目;(三)污水处理系统及排放系统、城市生活垃圾处理项目;(四)其他基础设施建设项目。

第五条　享受财政贴息的县域重点工业园区应当具备以下条件:(一)已经合法程序批准设立;(二)业主为依法登记注册的独立法人;(三)园区建成面积不少于0.5平方公里,有一定数量的入园企业,当年有通过金融部门贷款进行基础设施建设的项目;(四)园区上年工业企业销售收入(或总产值)、园区财政收入增长幅度达到15%以上。

第二章　贴息单位的申报与认定

第六条　县人民政府计划部门会同县人民政府财政部门,3月1日前,向市人民政府计划、财政部门报送申请财政贴息工业园区材料:(一)园区简介,园区内企业名录;(二)园区上年主要经济指标考评表(附表一)。

第七条　市人民政府计划部门会同市人民政府财政部门对县申报材料进行初审、汇总,4月1日前以正式文件形式上报省人民政府计划、财政部门。

第八条　省人民政府计划部门会同省人民政府财政部门,组织有关专家,本着科学、公正、透明原则,对市报送的材料进行审核,共同确定财政贴息的重点工业园区名单,并于5月1日前联合通知市人民政府计划、财政部门。

第三章　贴息资金的申报、确定与拨付

第九条　县人民政府财政部门会同县人民政府计划部门,将已确定给予财政贴息扶持的重点工业园区中拟贴息项目的有关材料,于10月20日前报送市人民政府财政、计划部门:(一)基础设施建设项目贷款情况表(附表二);(二)基础设施建设项目相关批准文件;(三)基础设施建设项目上年9月21日至本年9月20日间银行贷款凭证和利息支付凭证。

第十条　市人民政府财政部门会同市人民政府计划部门对县上报材料进行初审、汇总,11月1日前以正式文件形式报送省人民政府财政、计划部门。

第十一条　省人民政府财政部门会同省人民政府计划部门对市报送的材料进行审核,本着公开、公正、公平的原则,共同确定每个园区的贴息资金额度,11月30日前联合下达贴息资金预算指标。

第十二条　市、县人民政府财政部门应当根据省下达的贴息资金预算指标文件,核拨贴息资金,确保资金及时到位。

第四章　贴息资金的管理与监督

第十三条　各级人民政府财政部门和计划部门,要切实加强贴息资金的管理与监督,严禁截留挪用。已列入财政贴息的县域重点工业园区,应当建立责任制,确保贴息资金专款专用。

第十四条　省人民政府财政、计划部门要对财政贴息资金使用情况进行监督检查,发现有弄虚作假的,停拨或收回财政贴息资金,并对有关单位和责任人予以通报批评;拒不改正的,取消该县下一年度财政贴息资金申报资格。

第五章　附　则

第十五条　本办法具体执行中的问题,由省人民政府财政、计划部门负责解释。

第十六条　本办法自发布之日起施行。

附表(略)。

安徽省小城镇建设专项资金管理办法

(安徽省财政厅、安徽省建设厅
2003年10月16日印发　财建〔2003〕866号)

第一章　总　则

第一条　为贯彻落实《中共安徽省委、安徽省人民政府关于进一步加快我省小城镇发展的若干意见》(皖发〔1999〕11号),省财政设立小城镇建设专项资金(以下简称专项资金),支持我省小城镇建设和发展。为加强专项资金使用管理,特制定本办法。

第二章　专项资金的使用范围

第二条　专项资金主要用于省政府确定的省重点中心镇和省中心建制镇。

第三条　专项资金补助的范围主要包括:(一)小城镇供排水、镇区道路、镇区绿化、公共照明、污水和垃圾处理及其他基础设施建设;(二)小城镇建设规划编制和镇区地形图测绘。

第三章　项目的申报、确定和专项资金拨付

第四条　县(含县级市、区,下同)建设部门会同财政部门根据本县小城镇建设规划和镇区建设实际情况,将申请补助的小城镇基础设施项目有关材料,于每年3月31前联合报送市建设、财政部门:(一)

项目法人情况(包括项目法人简介、营业执照复印件、资本金证明等);(二)建设项目相关批准文件(项目建议书及批文、较大规模项目的可研报告或初步设计文件、项目实施方案等);(三)规划、测绘完成情况、成果证明、审查批准情况等;(四)吸引社会投资、招商引资项目的合同或协议等;(五)小城镇基础设施项目申报表(表样附后)。

第五条 市建设部门会同财政部门对所辖县材料进行初审后,于当年4月30日前,联合报送省建设厅和财政厅。

第六条 省建设、财政部门,对申报项目进行审核,确定当年小城镇建设专项资金补助项目及额度,并于6月30日前联合发文下达。

第七条 市、县财政部门根据省下达的文件和预算指标,按照财政专项资金管理有关规定,及时核拨资金,确保资金及时到位。

第四章 专项资金的管理与监督

第八条 各级财政和建设部门,要切实加强对专项资金的管理与监督,严禁弄虚作假、截留挪用,确保资金专款专用。

第九条 省财政、建设部门要对上年专项资金使用情况、工程进度、工程质量进行检查,并提出综合评估报告。

第五章 附 则

第十条 本办法由省财政、建设部门负责解释。

第十一条 本办法自2004年起执行。

安徽省行蓄洪区移民建房补助资金管理办法

(安徽省财政厅、安徽省水利厅
2003年11月14日印发 财建〔2003〕987号)

为加强行蓄洪区移民建房补助资金管理,确保专项资金及时、足额地用于移民建房工程,保证移民建房工作顺利实施,根据《安徽省人民政府办公厅关于切实做好灾区建房工作的通知》(皖政办〔2003〕58号)、《安徽省人民政府办公厅关于印发安徽省行蓄洪区移民建房工作方案的通知》(皖政办〔2003〕70号),制定本办法。

一、本办法所称移民建房补助资金,系指中央财政安排的预算内专项资金(国债资金)。

二、移民建房补助资金标准为户均1.7万元,其中直接补助到户1.5万元,公用设施建设费0.2万元。

三、移民建房补助资金开支范围。属于补助给移民建房的资金,按标准全部补助到移民户;公用设施建设资金,集中用于移民建房区的生产及生活道路、供水、供电、卫生等公用设施建设,并按基本建设程序进行管理。

四、移民建房财务机构设置。县(含县级市、区,下同)移民建房办要按规定设置财务管理机构,配备会计人员,负责移民建房补助资金的拨付、核算和管理工作,不得将资金拨付到乡镇核算和管理。县移民建房办开设移民建房资金专户,并选择移民就近的国有银行网点,为移民户分别开设储蓄存款户。

五、移民建房补助资金的申报和审批。移民建房资金由移民户提出申请、村民代表大会评议并张榜公布,乡镇核实、县移民建房办审核后,以市为单位向省行蓄洪区移民建房工作领导小组上报移民建房工作计划。省移民建房办批复文件下达后,由县级政府负责与每户移民签订移民建房协议并公证,明确补助对象、标准和双方的责任,做到公开、公平、公正。

六、移民建房补助资金的拨付。省移民建房办根据建房工作进度提出用款计划,经省财政厅审核后将建房资金通过省财政基建专户直接拨到有关县移民建房办专户。县移民建房办根据移民户与政府签订的协议、县移民建房办制发的建房卡和乡镇提供的建房进度证明,将补助到户的资金分期划入移民储蓄存款户。分期支付的比例,由县移民建房办制定,但必须保留20%的资金,待移民户在行蓄洪区内的老房按规定时间拆除后5日内付清。移民户在规划区外自主建房、购房的,须经县移民建房办批准,在签订协议、落实建房点或签订购房合同后拨付50%的建房补助资金,其余50%资金待老房拆除后7日内付清。对领取建房补助资金但不履行协议的移民户,依法全额追回补助资金。公用设施由县移民建房办统一组织实施,其资金按工程进度及时结算。

七、县移民建房办具体负责移民建房补助资金的核算和管理,编报相关基建财务报表;市移民建房办负责对移民建房补助资金的使用和管理情况进行监督检查,发现问题及时督促整改,并负责所辖县移民建房补助资金基建财务报表的审核、汇总和上报;省移民建房办负责对各市移民建房补助资金基建财务报表的审核、汇总,对资金的使用管理情况进行监督检查,对查出的违纪问题,依据有关法律法规进行处理。

八、移民建房补助资金是国债资金,要严格执行国家有关国债专项资金的管理办法和规定。对违反基本建设程序,擅自改变公用设施项目的建设内容,降低建设标准,截留、挤占和挪用专项资金,造成资金不能及时、足额到位,影响移民建房工作的,要追究有关领导和当事人的责任,对贪污、私分和虚报、谎报、冒领移民建房资金,要依据有关法律法规严肃查处;构成犯罪的,要依法追究其刑事责任。

九、本办法由省财政厅、省水利厅负责解释。

十、本办法自 2003 年 10 月 1 日起施行。

安徽省财政国库存款利息使用管理暂行办法

(安徽省财政厅 2003 年 10 月 30 日印发
财库〔2003〕899 号)

第一条　为加强国库存款利息收入的管理和使用,根据财政部、中国人民银行印发的《国库存款计付利息管理暂行办法》有关规定,制定本办法。

第二条　本办法适用于各级财政部门在中国人民银行及中国人民银行委托代理国库业务的商业银行、信用社开设的人民币国库存款账户资金所取得的利息收入(以下简称国库存款利息收入)的安排使用活动。

第三条　国库存款利息收入的支配使用权属于同级财政部门。

第四条　国库存款利息收入应纳入各级财政预算,按照一般预算收入统筹安排使用,不得转为账外收入。

第五条　国库存款利息收入的使用范围:(一)财政国库管理制度改革宣传及培训经费;(二)财政国库管理制度改革考核评比以奖代补经费;(三)国库系统信息管理及设备购置经费。(四)财政国库管理制度改革其他业务费。

第六条　财政国库存款利息收入的使用范围仅限于以上与财政国库管理制度改革有关的必须支出,不得变相转作财政机关经费,严禁用作机关福利和奖金、津贴支出。

第七条　各级财政部门用国库存款利息收入安排的国库管理制度改革费用支出,按《2003 年政府预算收支科目》中"一般预算支出科目"第 16 类"其他部门事业费"第 1603 款"财政事业费"科目列报。

第八条　国库存款利息收入要先收后支,全额纳入预算管理,严格按批准的预算专款专用,不得挪作他用。

第九条　各级财政部门要根据预算安排的项目内容,以财政直接支付或授权支付的方式拨付资金。

第十条　各级财政部门要规范和加强国库资金调度管理,按照正常的预算收支进度调度和使用资金。

第十一条　各级财政和审计部门要对国库存款利息收入的使用情况进行监督检查,及时纠正国库存款利息使用管理中出现的问题,杜绝各种违纪行为,保证资金使用效益。对违反国家有关法律、法规和财务制度的,要按有关规定进行处理。

第十二条　本暂行办法自 2003 年起施行,由省财政厅负责解释。

税费征管和外贷管理规章

安徽省社会抚养费征收管理实施办法

(2003年11月19日
安徽省人民政府令第161号)

第一条 为了贯彻计划生育基本国策,规范社会抚养费征收管理,保护公民的合法权益,根据国务院《社会抚养费征收管理办法》和《安徽省人口与计划生育条例》(以下简称条例),制定本办法。

第二条 对有下列行为之一的公民征收社会抚养费:(一)未依法取得夫妻关系生育的;(二)不符合条例第二十条规定再生育的;(三)符合条例第二十条规定,但有条例第二十一条规定情形再生育的;(四)不符合条例第二十三条规定的生育间隔期再生育的;(五)符合条例规定可以再生育,但未申领生育证生育的。

第三条 社会抚养费的征收标准:(一)未依法取得夫妻关系生育第一个子女的,征收2000元以上5000元以下的社会抚养费;(二)违反条例规定生育第二个子女的,按生育双方上一年度总收入的3至4倍征收社会抚养费;每再多生育一个子女,依次增加2倍征收社会抚养费;(三)符合条例规定可以再生育,但前一个子女不满3周岁且女方不满26周岁生育的,征收1000元以上2000元以下的社会抚养费;(四)符合条例规定可以再生育,但未申领生育证生育的,征收200元以上500元以下的社会抚养费。前款第二项中的总收入按生育双方实际收入计算;难以计算的,农村以所在乡镇上一年度农民人均纯收入为基数计算,城市以本县(市、区)上一年度城镇居民可支配收入计算。

第四条 任何单位和个人不得违反法律、法规的规定,擅自扩大社会抚养费征收范围,提高社会抚养费征收标准。

第五条 对有关公民征收社会抚养费的决定,由县级计划生育行政部门书面作出,或者由其委托的乡镇人民政府、街道办事处书面作出。受委托的乡镇人民政府、街道办事处决定征收社会抚养费的,应自作出决定之日起10日内,将征收决定书副本送县级计划生育行政部门。

第六条 流动人口的社会抚养费征收,按照下列规定办理:(一)当事人的生育行为发生在现居住地的,由现居住地县级计划生育行政部门或者受委托的乡镇人民政府、街道办事处作出征收决定;(二)当事人的生育行为发生在户籍所在地的,由户籍所在地县级计划生育行政部门或者受委托的乡镇人民政府、街道办事处作出征收决定;(三)当事人的生育行为发生时,其现居住地或者户籍所在地均未发现的,此后由首先发现其生育行为的县级计划生育行政部门或者受委托的乡镇人民政府、街道办事处作出征收决定。当事人在一地已经被征收社会抚养费的,在另一地不得因同一事实再次被征收社会抚养费。

第七条 县级计划生育行政部门或者受委托的乡镇人民政府、街道办事处(以下简称征收决定单位)发现公民有本办法第二条规定情形的,应当予以调查,全面、客观、公正地收集有关证据。调查结束后,征收决定单位负责人应当对调查结果进行审查,对确有本办法第二条规定情形的公民,按照本办法第三条规定的标准作出社会抚养费征收决定,制作征收决定书。征收决定书盖县级计划生育行政部门印章。征收决定书应当在宣告后当场交付当事人;当事人不在场的,应当在7日内依照民事诉讼法的有关规定送达当事人。征收决定书自送达当事人之日起生效。

第八条 当事人应当自收到征收决定书之日起30日内一次性缴纳社会抚养费。当事人一次性缴纳社会抚养费确有实际困难的,可以申请分期缴纳。要求分期缴纳社会抚养费的,应当自收到征收决定书之日起30日内向征收决定单位提出书面申请,并提供所在村民委员会、居民委员会或单位出具的证明其确有实际困难的书面材料。征收决定单位应当自收到申请之日起15日内作出批准或者不予批准分期缴纳的决定,并书面通知当事人。分期缴纳期限一般不超过3年;特别困难的,由征收决定单位将其困难情况在其所在的村民委员会、居民委员会或者单位公示,10日内无人提出异议的,由征收决定单位批准适当延长分期缴纳的期限。

第九条 当事人未在征收决定单位规定的期限内缴纳社会抚养费的,自欠缴之日起每月加收欠缴社会抚养费的2‰的滞纳金;仍不缴纳的,由县级计划生育行政部门依法申请人民法院强制执行。

第十条 当事人对社会抚养费征收决定不服的,可以依法申请行政复议或者提起行政诉讼。行政复议或者行政诉讼期间,征收决定不停止执行,但法律另有规定的除外。

第十一条 征收社会抚养费可以采取以下方式:(一)由当事人直接到县级计划生育行政部门和财政部门共同指定的代收机构缴纳;(二)由征收决定单位直接收取;(三)由征收决定单位委托当事人所在单位代收。直接收取和委托代收的社会抚养费,应当在收取后7日内缴付前款第一项规定的代收机构。

第十二条 征收社会抚养费,应当向当事人出具省财政部门统一印制的社会抚养费收据;不出具省财政部门统一印制的社会抚养费收据的,当事人有权拒绝缴纳。社会抚养费收据免费发至县级财政部门,由县级计划生育行政部门到县级财政部门统一领取,加盖社会抚养费管理专用章。社会抚养费代收机构、乡镇人民政府、街道办事处、受委托代收社会抚养费的单位到县级计划生育行政部门领取社会抚养费收据。

第十三条 征收决定单位、社会抚养费代收机构、受委托代收社会抚养费的单位应当建立社会抚养费征收明细账目,按照专用票据管理规定定期缴销使用完毕的社会抚养费收据。

第十四条 社会抚养费代收机构应当自收到社会抚养费、社会抚养费滞纳金之日起3日内,将征收的社会抚养费、社会抚养费滞纳金缴入县级集中汇缴户,再按月集中缴入县级国库。社会抚养费、社会抚养费滞纳金纳入县级财政预算管理,任何单位和个人不得截留、挪用、贪污、私分。

第十五条 县级人民政府应当将社会抚养费征收管理工作纳入人口与计划生育工作管理目标进行考核,对社会抚养费征收管理工作成绩突出的乡镇人民政府、街道办事处,给予表彰和奖励。

第十六条 县级以上人民政府计划生育、财政、物价、审计、监察等部门,应当加强对社会抚养费征收管理工作的监督、检查。

第十七条 有下列情形之一的,对直接负责的主管人员和其他责任人员,依照国务院《违反行政事业性收费和罚没收入"收支两条线"管理规定行政处分暂行规定》处理:(一)擅自扩大社会抚养费征收范围;(二)擅自提高社会抚养费征收标准;(三)下达或变相下达社会抚养费征收指标;(四)不依照本办法规定出具社会抚养费收据;(五)不依照本办法规定履行社会抚养费征收职责。

第十八条 截留、挪用、贪污、私分社会抚养费的,依法追究刑事责任;尚不够刑事处罚的,对直接负责的主管人员和其他直接责任人员依法给予降级、撤职或开除的行政处分。

第十九条 本办法自2004年1月1日起施行。

安徽省散装水泥专项资金征收和使用管理实施办法

(安徽省人民政府2003年10月23日印发 皖政〔2003〕80号)

第一章 总 则

第一条 为贯彻落实《国务院对进一步加快发展散装水泥意见的批复》(国函〔1997〕8号)和《财政部、国家经贸委关于发布〈散装水泥专项资金征收和使用管理办法〉的通知》(财综〔2002〕23号)等有关规定,结合我省实际,特制定本办法。

第二条 散装水泥专项资金(以下简称"专项资金")是国家为支持散装水泥事业发展而设立的具有专门用途的政府性基金,收入全额缴入地方国库,纳入地方财政预算,实行"收支两条线"管理。任何单位不得截留、坐支、挤占、挪用。

第三条 专项资金征收、使用和管理按照财政部、国家经贸委财综〔2002〕23号有关规定执行;省级财政部门和省级经贸行政主管部门负责制定实施办法;各级财政部门和散装水泥行政管理部门(指散装水泥办公室,以下简称"散办")负责组织实施。

第四条 专项资金实行预、决算审批制度。各级散办应按照同级财政部门的规定,编制专项资金预、决算,经散装水泥行政主管部门审核同意后,报同级财政部门审批和上级散办备案。

第五条 专项资金征收、使用和管理应当接受同级财政、审计部门和上级散办的监督检查。

第二章　征　收

第六条　凡在我省行政区域内生产袋装水泥的企业(包括水泥粉磨站,下同)、使用袋装水泥的单位,应按照本办法规定缴纳专项资金。

第七条　专项资金征收标准:(一)水泥生产企业每销售1吨袋装水泥(包括纸袋、复膜塑编袋、复合袋等,下同)缴纳1元专项资金。(二)袋装水泥使用单位每使用1吨袋装水泥缴纳3元专项资金。工程建设使用袋装水泥应缴纳的专项资金,不得向施工单位重复征收。禁止对使用本行政区域内和本行政区域外生产的袋装水泥征收不同标准的专项资金。

第八条　专项资金由各级散办负责征收,也可由其委托有关单位代征。未成立散办的县(市)应征收的专项资金,由市散办负责征收,或由其委托有关部门代征。

第九条　中央在皖和省属水泥生产企业、中央在皖和省直有关单位的建设工程项目等水泥使用单位应缴纳的专项资金,由省散办负责征收。

第十条　专项资金征收办法:(一)水泥生产企业应于每月10日前缴纳上月销售袋装水泥的专项资金。(二)水泥制品、预拌混凝土和预拌砂浆企业应于每月10日前,根据上月实际使用袋装水泥量缴纳专项资金。(三)建设单位在建设工程项目开工前,以建筑面积计算的建设工程,按每平方米1.5元标准缴纳专项资金;其他建设工程,按工程概算预计水泥使用量每吨3元的标准预缴专项资金。建设项目竣工之日起30日内,建设单位凭有关部门批准的工程决算以及购买散装水泥(或预拌混凝土)发票等凭证,向原预收专项资金的主管散办办理资金结算;主管散办对建设单位报送材料进行审核,根据散装水泥(或预拌混凝土)实际使用量,提出结算意见,经同级财政部门审批后,办理清算手续,实行多退少补。凡建设工程项目使用散装水泥(或预拌混凝土)达不到70%的,预缴的专项资金不予退还;使用散装水泥(或预拌混凝土)达到70%以上的,预缴的专项资金据实退还。建设单位弄虚作假,一经查实不予返退专项资金;预缴专项资金不足的,按本办法予以追缴。

第十一条　除国务院、财政部规定外,任何地方、部门、单位和个人不得减免专项资金,不得改变专项资金征收对象、扩大征收范围、提高征收标准。

第十二条　预收建设单位专项资金,须统一使用省财政厅监制的“安徽省散装水泥专项资金预收票据”;征收、结算专项资金须统一使用省财政厅监制的“安徽省散装水泥专项资金征收票据”。专用票据的印制、发放和使用管理,按《安徽省行政事业性票据管理办法》(省政府令第104号)及其实施细则规定执行。

第十三条　专项资金代征手续费按实际代征缴入国库资金的2‰比例,由同级财政部门按规定计提和拨付,从专项资金中列支,纳入财政预算管理。

第十四条　专项资金实行省、市、县(区,下同)分成制度,其中:省级集中市级收取专项资金的8%、县(市)级收取专项资金的4%,市级集中县(市)级收取专项资金的8%。

第十五条　各级散办及其委托代征单位征收的专项资金,全额缴入地方国库(其中省、市分成的专项资金,分别就地缴入省级、市级国库),纳入各级财政预算管理。具体缴库办法由省财政厅根据有关规定另行制定。对于不按规定比例解缴专项资金的,上级财政部门可通过年终结算直接扣缴入库。

第十六条　水泥生产企业、水泥制品企业、预拌混凝土和预拌砂浆企业缴纳的专项资金在管理费用中列支,建设单位缴纳的专项资金计入建安工程成本。

第十七条　各级散办应当根据本办法中有关规定,对水泥生产企业和使用水泥的单位专项资金缴纳情况进行检查。对未按规定缴纳专项资金的单位,各级散办应按照本办法第二十三、二十四、二十六条规定处理。

第三章　使　用

第十八条　专项资金必须专款专用,年终结余结转下年安排使用。专项资金使用范围包括:(一)散装水泥、预拌混凝土、预拌砂浆建设项目贷款贴息。(二)新建、改建和扩建散装水泥、预拌混凝土、预拌砂浆专用设施。(三)购置和维修散装水泥、预拌混凝土、预拌砂浆专用设备。(四)散装水泥、预拌混凝土、预拌砂浆科研、新技术开发、示范与推广。(五)发展散装水泥工作的宣传、培训、信息交流、表彰奖励。(六)代征手续费。(七)经同级财政部门批准与发展散装水泥有关的其他开支。其中(一)至(四)项开支合计,不得少于当年专项资金支出总额的90%。各地在安排专项资金使用时,可适当向第(一)项倾斜。

第十九条　专项资金用于前款(一)至(四)项的,按照下列程序办理:(一)由使用单位向主管散办提出书面申请及项目建设可行性报告。(二)由主管散办组织专家组对项目可行性报告进行审查。(三)

经主管散办审核、散装水泥行政主管部门同意后，报同级财政部门审批，纳入专项资金年度预算。(四)财政部门根据专项资金年度预算拨付资金给主管散办。主管散办根据使用单位提供的项目建设、设备购置等合同以及与银行签订的贷款协议将资金直接拨付建设、供货等单位。(五)使用专项资金的建设单位在项目建成后，应及时向主管散办申请验收。(六)基本建设、技术改造和科研开发项目在按上述程序办理前，应按国家规定的审批程序和管理权限办理有关手续。

第二十条 专项资金用于固定资产投资和更新改造投资的，作为增加国家资本金，按有关财务规定处理。

第二十一条 市、县散办作为行政机关或预算拨款事业单位的，其管理经费由同级财政部门按照编制从正常预算经费中核拨；仍作为经费自理事业单位的，其管理经费由同级财政部门严格按照基本支出预算和项目支出预算管理规定，暂从专项资金中拨付，今后应逐步纳入财政预算内管理，从正常预算经费中核拨。

第二十二条 各级散办应加强专项资金核算，健全内部规章制度，严格单位财务管理，定期向同级财政部门、散装水泥行政主管部门和上级散办报送财务报告。

第四章 法律责任

第二十三条 凡袋装水泥生产企业、使用单位不按规定及时足额缴纳(或预缴)专项资金的，由主管散办及其委托代征单位责令限期补缴，并从滞纳之日起，按日加收应缴未缴专项资金万分之五的滞纳金。对逾期且屡催不缴的，主管散办可申请人民法院强制执行。

第二十四条 凡袋装水泥生产企业、使用单位隐瞒、虚报袋装水泥量，或拖欠、拒缴专项资金的，由主管散办及其委托代征单位责令改正。

第二十五条 各级散办及其委托代征单位不按本办法规定征收专项资金，不按规定使用省财政厅统一印制的“安徽省散装水泥专项资金预收票据”和“安徽省散装水泥专项资金征收票据”，截留、挤占、挪用专项资金的，由同级财政部门责令其改正，并根据《国务院关于贯彻实施〈中华人民共和国行政处罚法〉的通知》(国发〔1996〕13号)的有关规定处罚。各级散办不按本办法规定控制比例使用专项资金的，由上级财政部门和散办责令其改正。

第二十六条 对不履行职责，应征不征、坐收坐支专项资金，以及违反本办法第二十三条至第二十五条规定行为的散办、企业或单位主要责任人及直接责任人员，依照《违反行政事业性收费和罚没收入“收支两条线”管理规定行政处分暂行规定》(国务院令第281号)以及国家其他有关法律法规的规定，给予行政处分或处罚；触犯刑律、构成犯罪的，移交司法机关依法处理。

第五章 附 则

第二十七条 本办法由省财政厅会同省散装水泥行政主管部门负责解释。

第二十八条 本办法自发布之日起施行。安徽省人民政府《关于印发〈安徽省发展散装水泥专项资金管理办法〉的通知》(皖政〔1999〕32号)即行废止。其他有关规定与本办法不一致的，一律以本办法为准。

关于营业税若干政策问题的通知

(财政部、国家税务总局2003年1月15日印发
财税〔2003〕16号)

各省、自治区、直辖市、计划单列市财政厅(局)、地方税务局，新疆生产建设兵团财务局：

经研究，现对营业税若干业务问题明确如下：

一、关于征收范围问题。(一)燃气公司和生产、销售货物或提供增值税应税劳务的单位，在销售货物或提供增值税应税劳务时，代有关部门向购买方收取的集资费(包括管道煤气集资款〈初装费〉)、手续费、代收款等，属于增值税价外收费，应征收增值税，不征收营业税。(二)保险企业取得的追偿款不征收营业税。以上所称追偿款，是指发生保险事故后，保险公司按照保险合同的约定向被保险人支付赔款，并从被保险人处取得对保险标的价款进行追偿的权利而追回的价款。(三)《财政部、国家税务总局关于福利彩票有关税收问题的通知》(财税〔2002〕59号)规定，“福利彩票机构发行销售福利彩票取得的收入不征收营业税”，其中的“福利彩票机构”包括福利彩票销售管理机构和与销售管理机构签有计算机福利彩票投注站代理销售协议书，并直接接受福利彩票销售管理机构的监督、管理的计算机福利彩票投注点。(四)《财政部、国家税务总局关于对中国出口信用保险公司办理的出口信用保险业务不征收营

业税的通知》(财税〔2002〕157号)规定,“对中国出口信用保险公司办理的出口信用保险业务不征收营业税”,这里的“出口信用保险业务”,包括出口信用保险业务和出口信用担保业务。以上所称出口信用担保业务,是指与出口信用保险相关的信用担保业务,包括融资担保(如设计融资担保、项目融资担保、贸易融资担保等)和非融资担保(如投标担保、履约担保、预付款担保等)。(五)随汽车销售提供的汽车按揭服务和代办服务业务征收增值税,单独提供按揭、代办服务业务,并不销售汽车的,应征收营业税。

二、关于适用税目问题。(一)电影发行单位以出租电影拷贝形式将电影拷贝播映权在一定限期内转让给电影放映单位的行为按“转让无形资产”税目征收营业税。(二)单位和个人从事快递业务按“邮电通信业”税目征收营业税。(三)单位和个人在旅游景点经营索道取得的收入按“服务业”税目“旅游业”项目征收营业税。(四)单位和个人开办“网吧”取得的收入,按“娱乐业”税目征收营业税。(五)电信单位(指电信企业和经电信行政管理部门批准从事电信业务的单位,下同)提供的电信业务(包括基础电信业务和增值电信业务,下同)按“邮电通信业”税目征收营业税。以上所称基础电信业务是指提供公司网络基础设施、公共数据传送和基本语音通信服务的业务,具体包括固定网国内长途及本地电话业务、移动通信业务、卫星通信业务、因特网及其他数据传送业务、网络元素出租出售业务、电信设备及电路的出租业务、网络接入及网络托管业务,国际通信基础设施国际电信业务、无线寻呼业务和转售的基础电信业务。以上所称增值电信业务是指利用公共网络基础设施提供的电信与信息服务的业务,具体包括固定电话网增值电信业务、移动电话网增值电信业务、卫星网增值电信业务、因特网增值电信业务、其他数据传送网络增值电信业务等服务。(六)双方签订承包、租赁合同(协议,下同),将企业或企业部分资产出包、租赁,出包、出租者向承包、承租方收取的承包费、租赁费(承租费,下同)按“服务业”税目征收营业税。出包方收取的承包费凡同时符合以下3个条件的,属于企业内部分配行为不征收营业税:1.承包方以出包方名义对外经营,由出包方承担相关的法律责任;2.承包方的经营收支全部纳入出包方的财务会计核算;3.出包方与承包方的利益分配是以出包方的利润为基础。(七)单位和个人转让在建项目时,不管是否办理立项人和土地使用人的更名手续,其实质是发生了转让不动产所有权或土地使用权的行为。对于转让在建项目行为应按以下办法征收营业税:1.转让已完成土地前期开发或正在进行土地前期开发,但尚未进入施工阶段的在建项目,按“转让无形资产”税目中“转让土地使用权”项目征收营业税;2.转让已进入建筑物施工阶段的在建项目,按“销售不动产”税目征收营业税。在建项目是指立项建设但尚未完工的房地产项目或其他建设项目。(八)土地整理储备供应中心(包括土地交易中心)转让土地使用权取得的收入按“转让无形资产”税目中“转让土地使用权”项目征收营业税。

三、关于营业额问题。(一)单位和个人提供营业税应税劳务、转让无形资产和销售不动产发生退款,凡该项退款已征收过营业税的,允许退还已征税款,也可以从纳税人以后的营业额中减除。(二)单位和个人在提供营业税应税劳务、转让无形资产、销售不动产时,如果将价款与折扣额在同一张发票上注明的,以折扣后的价款为营业额;如果将折扣额另开发票的,不论其在财务上如何处理,均不得从营业额中减除。电信单位销售的各种有价电话卡,由于其计费系统只能按有价电话卡面值出账并按有价电话卡面值确认收入,不能直接在销售发票上注明折扣折让额,以按面值确认的收入减去当期财务会计上体现的销售折扣折让后的余额为营业额。(三)单位和个人提供应税劳务、转让无形资产和销售不动产时,因受让方违约而从受让方取得的赔偿金收入,应并入营业额中征收营业税。(四)单位和个人因财务会计核算办法改变将已缴纳过营业税的预收性质的价款逐期转为营业收入时,允许从营业额中减除。(五)保险企业已征收过营业税的应收未收保费,凡在财务会计制度规定的核算期限内未收回的,允许从营业额中减除。在会计核算期限以后收回的已冲减的应收未收保费,再并入当期营业额中。(六)保险企业开展无赔偿奖励业务的,以向投保人实际收取的保费为营业额。(七)中华人民共和国境内的保险人将其承保的以境内标的物为保险标的的保险业务向境外再保险人办理分保的,以全部保费收入减去分保保费后的余额为营业额。境外再保险人应就其分保收入承担营业税纳税义务,并由境内保险人扣缴境外再保险人应缴纳的营业税税款。(八)金融企业(包括银行和非银行金融机构,下同)从事股票、债券买卖业务以股票、债券的卖出价减去买入价后的余额为营业额。买入价依照财务会计制度规定,以股票、债券的购入价减去股票、债券持有期间取得的股票、债券红利收入的余额确定。(九)金融企业买卖金融商品(包括股票、债券、外汇及其他金融商品,下同),可在同一会计年度末,将不同纳税期出现的正差和负差按同一会计年度汇总的方式计算并缴纳营业税,如果汇总计算应缴的营业税税额小于本年已缴纳的营业税税额,可以向税务机关申请办理退税,但不得将一个会计年度内汇总后仍为负差的部分结转下一会计年度。(十)金融企业从事受托收款业务,如代收电话费、水电煤气费、信息费、学杂费、寻呼费、社保统筹费、交通违章罚款、税款等,以全部收入减去支付给委托方价款后的余额为营业额。(十一)经中国人民银行、外经贸部和国家经贸委批准经营融资租赁业务的单位从事融资租赁业务的,以其向承租者收取的全部价款和价外费用(包括残值)减除出租方承担的出租货物的实际成本后的余额为营业额。以上所称出租货物的实际成本,包括由出租方承担的货物的购入价、关税、增值税、消费税、运杂费、安装费、保险费和贷款的利息(包括外汇借款和人民币借款利息)。(十二)劳务公司接受用工单位的委托,为其安排劳动力,凡用工单位将其应支付给劳动力的工资和为劳动力上交的社会保险(包括养老保险金、医疗保险、失业保险、工伤保险等,下同)以及住房公积金统一交给劳务公司代为发放或办理的,以劳务公司从用工单位收取的全部价款减去代收转付给劳动力的工资和为劳动力办理社会保险及住房公积金后的余额为营业额。(十三)通信线路工程和输送管道工程所使用的电缆、光缆和构成管道工程主体的防腐管段、管件(弯头、三通、冷弯管、绝缘接头)、清管器、收发球筒、机泵、加热炉、金属容器等物品均属于设备,其价值不包括在工程的计税营业额中。其他建筑安装工程的计税营业额也不应包括设备价值,具体设备名单可由省级地方税务机关根据各自实际情况列举。(十四)邮政电信单位与其他单位合作,共同为用户提供邮政电信业务及其他服务并由邮政电信单位统一收取价款的,以全部收入减去支付给合作方价款后的余额为营业额。(十五)中国移动通信集团公司通过手机短信公益特服号"8858"为中国儿童少年基金会接受捐款业务,以全部收入减去支付给中国儿童少年基金会的价款后的余额为营业额。(十六)经地方税务机关批准使用运输企业发票,按"交通运输业"税目征收营业税的单位将承担的运输业务分给其他运输企业并由其统一收取价款的,以其取得的全部收入减去支付给其他运输企业的运费后的余额为营业额。(十七)旅游企业组织旅游团在中国境内旅游的,以收取的全部旅游费减去替旅游者支付给其他单位的房费、餐费、交通、门票或支付给其他接团旅游企业的旅游费后的余额为营业额。(十八)从事广告代理业务的,以其全部收入减去支付给其他广告公司或广告发布者(包括媒体、载体)的广告发布费后的余额为营业额。(十九)从事物业管理的单位,以与物业管理有关的全部收入减去代业主支付的水、电、燃气以及代承租者支付的水、电、燃气、房屋租金的价款后的余额为营业额。(二十)单位和个人销售或转让其购置的不动产或受让的土地使用权,以全部收入减去不动产或土地使用权的购置或受让原价后的余额为营业额。单位和个人销售或转让抵债所得的不动产、土地使用权的,以全部收入减去抵债时该项不动产或土地使用权作价后的余额为营业额。

四、关于营业额减除项目凭证管理问题。营业额减除项目支付款项发生在境内的,该减除项目支付款项凭证必须是发票或合法有效凭证;支付给境外的,该减除项目支付款项凭证必须是外汇付汇凭证、外方公司的签收单据或出具的公证证明。

五、关于纳税义务发生时间问题。单位和个人提供应税劳务、转让专利权、非专利技术、商标权、著作权和商誉时,向对方收取的预收性质的价款(包括预收款、预付款、预存费用、预收定金等,下同),其营业税纳税义务发生时间以按照财务会计制度的规定,该项预收性质的价款被确认为收入的时间为准。

六、关于纳税地点问题。(一)单位和个人出租土地使用权、不动产的营业税纳税地点为土地、不动产所在地;单位和个人出租物品、设备等动产的营业税纳税地点为出租单位机构所在地或个人居住地。(二)在中华人民共和国境内的电信单位提供电信业务的营业税纳税地点为电信单位机构所在地。(三)在中华人民共和国境内的单位提供的设计(包括在开展设计时进行的勘探、测量等业务,下同)、工程监理、调试和咨询等应税劳务的,其营业税纳税地点为单位机构所在地。(四)在中华人民共和国境内的单位通过网络为其他单位和个人提供培训、信息和远程调试、检测等服务的,其营业税纳税地点为单位机构所在地。

本通知自2003年1月1日起执行。凡在此之前的规定与本通知不一致的,一律以本通知为准。此前因与本通知规定不一致而已征的税款不再退还,未征税款不再补征。

安徽省人民政府办公厅关于加强企业所得税征收管理工作的通知

(2003年6月6日 皖政办〔2003〕35号)

各市、县人民政府,省财政厅、省国税局、省地税局,中国人民银行合肥中心支行:

我省所得税收入分享改革以来,各级财政、国税、地税、人民银行等部门共同努力,密切配合,在依法加强企业所得税征管,严格按预算收入级次入库方面做了大量工作,进一步规范了税收秩序,促进了所得税收入稳定增长,增强了各级政府的财政实力和宏观调控能力。但随着改革的深入,所得税收入征管中也出现了一些问题,特别是收入混库问题比较突出。为确保我省所得税收入分享改革顺利实施,经省政府同意,现就有关事项通知如下:

一、进一步规范企业所得税分享范围和缴库级次。各地、各有关征收单位要严格按照《安徽省人民政府关于印发安徽省所得税收入分享改革实施方案的通知》(皖政〔2002〕70号)和《财政部、中国人民银行、国家税务总局关于中央与地方分享所得税收入的预算级次和预算科目的补充通知》(财预明电〔2002〕3号)规定的分享范围、分享比例征收企业所得税,并按规定缴库级次缴库。(一)对财政部规定的经国家税务总局批准实行跨地区经营集中缴纳的企业所得税,在企业总机构所在地全额缴入中央国库。经批准分支机构可以预缴部分企业所得税的,预缴税款就地缴入中央国库。上述企业缴纳的企业所得税税款滞纳金、罚款不实行跨地区分享,按企业所得税收入分享比例分别就地缴入中央国库。(二)对中央、省投资参股的省内跨市、县经营的企业集中缴纳的企业所得税地方分享部分,就地缴入省级国库;对总机构和分支机构均实行独立核算、分别取得法人营业执照的跨市、县经营的企业所得税地方分享部分,分享办法比照中央和省投资参股企业办理。(三)对2002年1月1日前设立的中央、省投资参股企业所得税地方分享部分,就地全部缴入省级国库。市县按投资比例应分享的所得税,年终由省财政结算返还。对2002年1月1日后中央、省投资新建企业所得税地方分享部分,省与市或县按5∶5比例分享,分别就地缴入省级与市、县国库。企业分立、合并以及资产重组等改组改制的企业,不作为新建企业参与分享。(四)对中央下划企业所得税,不论企业的投资性质和所有制形式,均由中央与省按比例分享,分别就地缴入中央和省级国库。根据财政部规定和我省的所得税收入分享改革方案,安徽移动通信有限责任公司企业所得税由中央与省分享,按中央与省分享比例分别就地缴入中央和省级国库,不再纳入中国移动集团的合并纳税范围。(五)对中央和省投资兴建、所有权归中央和省的高速公路及省高速公路总公司所属企事业单位(包括联营和股份制,有文件规定的除外),其企业所得税地方分享部分,就地全部缴入省级国库。

二、进一步规范和加强企业所得税征管。财政、国税、地税和人民银行要进一步明确职责、相互配合、加强培训、规范操作,切实加强企业所得税征管,防止收入混库。如出现企业隶属关系、投资比例界定不清等情况,由省财政厅负责界定地方分享办法和入库级次,并会同税务部门发文明确,税务部门严格执行。税务部门要进一步规范企业所得税收入征管,认真填写税收缴款书,对预算科目代码和名称、税款入库级次、各级次分享比例,必须分栏填写,不得省略。对实行跨地区分享的企业所得税收入,其缴款书的预算科目代码和名称有“项”级科目的,必须填写“项”级科目的代码和名称。人民银行要进一步完善国库会计核算软件,严格按规定的分享比例、缴库级次办理税款入库手续。认真审核税收缴款书上的各栏内容,按照预算科目、缴款级次划分各级的企业所得税收入。对中央国库按照企业所得税分享系数分配的跨地区经营集中缴纳的所得税,省国库在收到税款后,要及时按企业所得税的相应款、项科目办理省级收入入库,并通知省财政厅。各级财政部门要加强与税务、人民银行等部门的联系,密切关注所得税收入分享改革运行情况,认真研究解决企业所得税征收、缴库中出现的问题,进一步加大监督检查力度。

三、明确职责,强化责任,确保企业所得税分享政策落实。各级政府要提高认识,顾全大局,认真贯彻落实企业所得税收入分享改革方案。财政、国税、地税和人民银行国库等部门要进一步强化责任,确保企业所得税征管工作依法规范进行,做到税款按时缴纳,分级准确无误。自本通知下发之日起,各地和各有关部门要对企业所得税征管情况进行检查,凡与本通知精神不符的,一律按规定进行纠正,其中对2003年已入库的企业所得税,要抓紧办理调库。今后,省财政厅要会同省国税局、省地税局、人民银行国库等部门，不定期对企业所得税征管情况进行专项检查，对违反规定的，要通报批评，并通过财政结算扣回混库资金。

安徽省地方教育附加征收和使用管理暂行办法

（安徽省财政厅、安徽省地方税务局、安徽省教育厅 2003年11月20日印发 财综〔2003〕1066号）

第一条 为多渠道筹集教育经费、改善中小学办学条件，加快我省基础教育发展，根据《中华人民共和国教育法》、《中国教育改革和发展纲要》和《财政部关于安徽省淠史杭灌区大型水库库区经济发展扶持资金等政府性基金有关问题的复函》（财综函〔2003〕9号）等有关规定，特制定本办法。

第二条 凡我省行政区域内缴纳增值税、营业税、消费税的单位和个人，除按国家规定缴纳教育费附加外，应当依照本办法规定缴纳地方教育附加。

第三条 地方教育附加以各单位和个人实际缴纳的增值税、营业税、消费税税额为计征依据，计征比率为1%。从事生产卷烟单位减半征收地方教育附加；中外合资企业、中外合作企业、外商独资企业暂不征收地方教育附加。

第四条 合肥市按照在职职工年度月平均工资额10%征收地方教育附加，纳入地方教育附加统一管理、统一使用。其他市、县暂不比照执行。

第五条 地方教育附加属于政府性基金，收入就地全额缴入财政国库，纳入财政预算管理。对省辖市行政区域范围内征收的地方教育附加（不包括合肥市按在职职工年度月平均工资额10%征收的地方教育附加），省与市实行1∶9分成，并由征收机关就地缴入省级和市级国库。对在县（市、区）行政区域范围内征收的地方教育附加，由征收机关就地缴入同级国库。

第六条 地方教育附加由各级地方税务机关负责征收。其中，1999年7月1日以后在各地新设立的省属企事业单位，以及原在省地税局直属分局缴纳教育费附加和广告、旅客住宿地方教育附加费的企事业单位，其应缴纳的地方教育附加由省地税局直属分局负责征收；其他企事业单位和个人的地方教育附加，由其所在地的市、县地方税务机关负责征收。

第七条 地方教育附加缴入国库，填列“基金预算收入”科目第82类“文教部门基金收入”第8203款“地方教育附加收入”；财政部门拨付地方教育附加，填列“基金预算支出”科目第82类“文教部门基金支出”第8203款“地方教育附加支出”。

第八条 地方教育附加的适用票证、征管业务费及其他征收管理政策，按照教育费附加的有关规定执行。

第九条 单位缴纳的地方教育附加，企业在管理费用中列支，事业单位在经营支出中列支。

第十条 地方教育附加实行专款专用。任何单位不得挤占、截留、挪用。地方教育附加专项用于改善义务教育阶段中小学办学条件和弥补剥离企业自办中小学经费不足。

第十一条 各级税务、教育部门应按照同级财政部门规定编制年度地方教育附加预、决算，报同级财政部门审批。

第十二条 地方税务机关要强化地方教育附加征管，及时、足额征收入库；教育部门要加强地方教育费附加支出管理，确保资金专款专用，提高资金使用效率；财政、审计和监察部门要加强地方教育附加征收和使用管理的监督检查。

第十三条 本办法从2004年1月1日起施行。原省地税局、省教委、省财政厅《关于印发〈安徽省征收地方教育附加费实施办法〉的通知》（皖地税政三字〔1995〕045号）和省建设厅、省地税局、省教委、省财政厅《关于印发〈安徽省开征城镇基建教育附加费实施办法〉的通知》（建计字〔1995〕221号）同时废止。从2004年1月1日起，我省城镇基本建设教育附加费、广告教育附加费、旅客住宿教育附加费，以及其他用于教育的附加费，一律停止征收。除法律、国家行政法规规定外，今后各地不得开征其他教育附加或基金。

第十四条 本办法由省财政厅、省地税局负责解释。

地方财政部门参与国际金融组织贷款项目前期准备工作的实施办法

(财政部2003年5月27日印发　财际函〔2003〕17号)

一、国际金融组织贷款项目的前期准备工作直接关系到项目的质量和效益。财政部《国际金融组织和日本国际协力银行贷款管理暂行规定》(财际字〔2000〕1号,以下简称"暂行规定")规定了地方财政部门应积极参与本地利用国际金融组织贷款项目的筛选、计划制定和申报工作。本办法是对该暂行规定有关要求的具体化。

二、本办法所指的项目前期准备工作包括从贷款项目的概念设计到与国际金融组织正式谈判签约阶段的工作。

三、本办法所指的地方财政部门主要指省级财政部门。对于层层向下转贷的项目,省级财政部门可比照本办法的规定,要求下级财政部门参与相关的前期准备工作。

四、本办法所指的地方性项目包括由地方政府承担债务或者由地方政府提供担保的国际金融组织贷款项目。由国务院行业主管部门牵头提出的跨地区贷款项目,需要地方承担债务或提供担保的部分,也属于上述地方性项目的范畴。

五、地方财政参与地方性项目的前期准备工作,要以资金、财务、债务为主线,重点把握贷款投向、转贷安排、债务落实、风险分析、配套资金落实等方面。

六、在项目概念设计阶段,地方财政部门要重点把握地方性项目的投向是否符合公共财政的支持范围,并就项目的转贷安排、债务落实、风险分析、配套资金落实等问题作初步的分析。分析结果形成《对申请列入贷款规划的地方性项目审核意见书》,报送财政部,抄送国家发展改革委员会。对于未报送《审核意见书》的地方性项目申请,财政部将不予列入有关贷款规划清单。

七、对于列入贷款规划清单的项目,财政部将在国务院批准后1个月之内通知地方财政。要求地方财政详细落实项目的转贷安排、债务偿还、风险分析、配套资金安排等问题。

八、落实项目的转贷安排包括以下内容:明确转贷环节和转贷条件,确定最终债务人。层层转贷的项目要确定树状转贷关系图,明确各个环节的转贷条件,直至最终债务人。

九、落实贷款债务是指要根据最终债务人的性质,评估其偿债能力和偿债资金来源。对于最终债务人是政府的,要评估该级政府的债务总规模、年均偿债支出、可支配财力以及截至评估当时的国际金融组织贷款逾期率。对于最终债务人是企业的,要评估企业的资产负债情况、过去3年的盈利情况及对拟上项目的盈利测算。对于最终债务人是农民的,要测算农民的负担能力、偿债方式和预期收益。

十、进行贷款风险分析是指要根据国际市场走势合理测算贷款面临的汇率和利率风险,根据贷款条件详细计算每一转贷环节的还本付息金额及汇率利率风险,让每一级借款人在借款之前充分意识到所面临的风险和偿债负担。对于最终债务人是农民的项目,严禁将农业项目的汇率风险层层转贷给农民或农户,对农民或农户的转贷期限原则上不应超过10年。

十一、落实配套资金是指要明确配套资金的出资部门及资金来源,需要财政部门以外的部门提供配套资金的,还要评估这些部门的出资能力。

十二、地方财政部门应正确分析地方性项目的转贷安排、债务偿还、风险分析和配套资金落实情况,对于经过分析认为可行的项目,向财政部提出《项目财务可行性审核意见》,抄送国家发展改革委员会。对于没有地方财政部门《项目财务可行性审核意见》的,财政部不安排对外谈判磋商。

十三、本办法自颁布之日起执行。

十四、本办法由财政部国际司负责解释。

安徽省财政厅关于进一步加强国际金融组织贷款管理工作的通知

(2003年8月18日　财际〔2003〕632号)

各市财政局:

为切实加强我省国际金融组织贷款管理工作,进一步提高我省利用国际金融组织贷款项目执行能力,现就有关事项通知如下:

一、增强诚信意识,严格按协议办事。国际金融组织贷款协议和项目协定是以中国政府名义对外签署的,具有法律效力,各级、各项目单位必须严格遵守,不得随意违反。各级、各项目单位要结合当前全省上下正在开展的建设"信用安徽"活动,进一步增强诚信意识,认真对照有关协议和规定,找出项目执行过程中存在的问题和不足,并认真加以改进。

二、加强项目前期评估论证,认真做好项目申报工作。近年来一些地方和单位在项目执行过程中要求退贷甚至单方面中止协议的现象时有发生,这不仅使这些地方和单位在信誉上受到影响,而且在经济上也受到损失。今后各地在确定和申报国际金融组织贷款项目前,一定要在对国际金融组织贷款有关规定和项目有比较充分了解的基础上,根据需要和可能,认真进行评估论证后慎重申报。各级不得以行政干预的方式要求下级单位申报项目,更不能为完成地方招商引资任务的需要,弄虚作假,强令下级单位申报。

三、加强项目财务可行性分析,合理确定贷款规模。按照目前的国际金融组织贷款条件,贷款协议签字生效后,借款人就需支付贷款总额1%的先征费,并就未支付贷款余额每年支付0.75%的承诺费。即使借款人事后退贷或注销贷款,对已发生的上述费用仍然要支付。如再加上项目前期评估准备发生的费用,借款人将承担较大的损失。因此,各地、各单位在申报贷款和进行项目评估准备时,一定要本着实事求是的原则,精打细算,认真进行项目财务可行性分析和风险分析,合理确定贷款规模,确保贷款资金的有效使用,避免发生不必要的损失。

四、落实配套资金,保证项目顺利实施。国际金融组织贷款项目一般都要求借款人安排总投资50%左右的配套资金。由于我省一些地方和项目单位的配套资金不落实,使得项目实施进度普遍缓慢,这不仅造成项目不能及时发挥效益,而且还因此增加了贷款息费支出,加大了项目成本。因此,各地和项目单位要千方百计地多方筹措已承诺的配套资金,保证已开工项目的顺利实施。对新上项目,要在申报时就明确配套资金的出资部门和出资比例,并认真评估这些部门的出资能力,确保资金来源和渠道的真正落实,防止虚列配套或以报大项目概算的方式套取贷款抵顶配套的行为和现象的发生。

五、加快项目实施进度,确保项目按时发挥效益。从近几年我省国际金融组织贷款项目的执行情况看,一些地方和单位普遍存在着重项目争取、轻项目实施的现象。项目不能按时开工、实施进度缓慢、实施期一延再延等问题较为突出。有的甚至临近贷款宽限期结束,项目进度才刚刚完成一半。对不能在宽限期内完工的项目,世行、亚行都将按协议规定关闭贷款账户并停止支付贷款,同时要求借款人开始按期偿还贷款。这样,一方面会造成项目迟迟不能完工发挥效益,另一方面又使得项目在实施之中就面临着还贷的压力,使项目难以实施。各地、各单位一定要高度重视项目实施工作,努力提高项目执行能力。一旦贷款生效,就必须保证项目按时开工建设,努力加快实施进度,防止工期拖延造成的损失,确保贷款的有效使用和项目效益的及时发挥。

六、及时偿还到期债务,维护我省的信誉和形象。国际金融组织贷款的借入和使用是以国家和地方各级财政的信誉为基础,并通过各级财政转贷或担保的,对不能按时还款的地方,中央财政将通过预算扣款的方式收回欠款,同时还对逾期贷款加收高额的滞纳金,不仅在信誉上和经济上受损,还会影响地方上新的项目。对按时还款的地方,中央财政将给予一定的奖励。省财政也将比照上述方式,采取相应的处罚和奖励措施。各地和项目单位一定要从维护我省信誉和形象的大局出发,积极采取有效措施,及时偿还到期债务,避免发生中央财政可能采取的处罚措施。

请各地接此通知后,认真组织有关部门对本地区项目的管理、实施和偿债情况进行一次检查,找出存在的问题,切实采取有效措施改进工作,将项目管理工作提高到一个新的水平。省财政厅继续努力配合各地做好项目管理的各项工作,将加强对各地项目执行情况的监督检查工作,对贷款工作做得好的地方,将通过一定形式给予奖励并优先安排新的项目;对不讲信誉、进度缓慢和违反规定的地方,将进行通报批评并采取相应的处罚措施,直至停止新项目的转贷和担保,以保证国际金融组织贷款在我省的经济和社会发展中发挥更好的作用。

再就业和社会保障规章

安徽省人民政府关于进一步落实下岗失业人员再就业政策的通知

(2003 年 5 月 6 日 皖政明电〔2003〕10 号)

各市、县人民政府,省政府各部门、各直属机构:

2002 年以来,各地各部门认真贯彻全国、全省再就业工作会议精神和《中共中央、国务院关于进一步做好下岗失业人员再就业工作的通知》(中发〔2002〕12 号)、省委、省政府《关于大力做好下岗失业人员再就业工作的通知》(皖发〔2002〕18 号),积极采取措施,落实相关政策,优化发展环境,推动了就业和再就业工作的深入开展。但同时也应看到,一些地方和部门工作进度不快,力度不大,落实下岗失业人员再就业优惠政策的效果不明显。为进一步贯彻落实中发〔2002〕12 号和皖发〔2002〕18 号文件精神,切实做好就业特别是下岗失业人员再就业工作,现就有关问题通知如下:

*一、进一步提高认识,加强领导。*就业是民生之本。做好就业和再就业工作,关系到人民群众安居乐业和经济社会持续发展,各级政府一定要把这项工作摆上重要位置,主要领导亲自抓、负总责,分管领导集中精力、具体抓。为加强对再就业工作的协调和领导,省政府成立全省就业和再就业工作领导小组,由主要负责同志担任组长,办公室设在省劳动保障厅,并从省直有关部门抽调人员,集中办公。各市、县政府也要成立相应的领导机构。要在领导组的领导下,充分发挥各职能部门的作用。劳动保障部门要进一步加强对再就业工作的组织协调,加大工作力度,加快工作进度;财政、税务、工商、城建等各有关部门要切实负起本部门在促进再就业中的职责,形成齐抓共管的再就业工作责任体系和工作机制,形成全社会都来关心、支持就业和再就业工作的环境氛围。

*二、进一步明确任务,层层分解落实。*省政府确定,2003 年就业和再就业工作的主要目标是:全省城镇新增就业岗位 35 万个,年末城镇登记失业率控制在 4.5%以内。省就业和再就业工作领导小组办公室已将这个目标分解下达到各市,同时将净增就业岗位、落实再就业政策、强化再就业服务、加大再就业资金投入和帮助困难群体等作为考核目标。各地要抓紧开展工作,细化任务,落实责任,严格奖惩,确保本地区各项就业和再就业目标任务全面完成。

三、突出重点,抓好再就业优惠政策的落实。(一)加快《再就业优惠证》发放进度。5 月底以前,所有的市都要启动《再就业优惠证》发放工作,已启动的要加快发放进度。7 月底,各地要将《再就业优惠证》发放到所有符合条件的下岗失业人员手中。(二)尽快开展小额贷款担保。各市要尽快确定小额贷款担保机构,抓紧落实再就业小额贷款担保基金,5 月底以前,至少到位担保资金 200 万元,并开始启动下岗失业人员再就业小额贷款工作。(三)加强街道社区劳动保障工作平台建设。6 月底以前,各市要实现街道、社区劳动保障机构、人员、经费、场地、制度和工作“六到位”,切实做到“有人干事、有钱办事、有场所做事、有制度理事”。(四)切实落实再就业资金。各市都要坚决按照中央和省有关规定,调整财政支出结构,根据本地下岗失业人员的数量,落实再就业资金,并列入预算。已安排的再就业资金,必须真正用于社会保险补贴、岗位补贴、小额贷款担保和贴息、再就业培训补贴、职业介绍补贴等专项支出,不得列而不支、挪作它用。

*四、大力加强再就业宣传工作。*各地要按照省委宣传部、省劳动保障厅《关于转发中央宣传部、劳动和社会保障部〈关于进一步做好下岗失业人员再就业工作宣传提纲〉的通知》(皖宣字〔2002〕41 号)要求,结合当地实际,利用各种新闻媒体,通过多种形式,大力宣传中央关于再就业工作的方针政策,宣传各级政府、各有关部门出台的再就业扶持政策,宣传各地、各部门促进就业的好经验、好做法,宣传下岗失业人员自强不息、自主创业的好典型。通过宣传,把全社会的思想和行动统一到中央的精神上来,为下岗失业人员再就业营造良好的舆论氛围。

*五、加大对再就业工作的督促检查力度。*从 2003 年 6 月开始,各市要于每月 10 日前将上个月的再就业工作进展情况书面报告省就业和再就业工

作领导小组办公室,省政府对各市再就业工作进展和政策落实情况按季进行通报。各市近期要对再就业政策落实情况进行一次自查,及时发现问题,查找薄弱环节,采取有效措施,切实加以解决。省就业和再就业工作领导小组将组织有关部门对各市再就业工作情况进行专项督查。

六、关于再就业政策执行中的几个具体问题。(一)关于供销社系统下岗失业人员享受再就业政策问题。当前供销社系统下岗失业人员较多,一部分职工生活比较困难,各地要从维护改革发展稳定大局出发,将供销社系统下岗失业人员纳入当地再就业政策享受范围,帮助他们实现再就业。(二)关于持有《再就业优惠证》下岗失业人员异地再就业问题。持有《再就业优惠证》到异地再就业的下岗失业人员,凭证享受就业地有关再就业税费减免政策,其他再就业扶持政策仍由《再就业优惠证》发放地按有关规定负责落实。

安徽省就业再就业工作目标责任制及责任追究暂行规定

(中共安徽省委办公厅、安徽省人民政府办公厅
2003年12月17日印发 皖办发〔2003〕27号)

第一条 为贯彻《中共中央、国务院关于进一步做好下岗失业人员再就业工作的通知》(中发〔2002〕12号)和中共安徽省委、安徽省人民政府《关于大力做好下岗失业人员再就业工作的通知》(皖发〔2002〕18号)精神,保证就业再就业工作目标任务落到实处,根据《中华人民共和国行政监察法》、《中国共产党纪律处分条例(试行)》等法规、规定,制定本规定。

第二条 就业再就业工作实行党委、政府负责制。各级党委、政府主要负责人负总责,分管负责人具体负责。各级党委、政府要把控制失业率和增加就业岗位作为宏观调控的重要指标,纳入国民经济和社会发展计划,千方百计扩大就业。

第三条 省、市、县(市、区)政府要积极调整财政支出结构,将促进就业再就业工作的资金列入财政预算。每年就业再就业资金的增长幅度不低于同期财政支出的增长幅度。同时多渠道筹集资金,逐步加大对就业再就业工作的资金投入。就业再就业资金实行专户管理,专款专用。

第四条 就业再就业工作实行部门分工负责制。县级以上劳动保障部门负责本行政区域内就业再就业的统筹协调工作,财政部门按规定落实各项就业再就业资金并加强监督管理,税务、工商部门负责落实各项就业再就业税费减免政策,计划、经贸、教育、民政、人事、建设、统计、物价、宣传等相关部门及有关金融机构按职责做好就业再就业相关工作,纪检机关和监察、审计部门负责监督检查。

第五条 建立就业再就业工作情况定期报告和通报制度。各级党委、政府每半年向上一级党委、政府报告一次就业再就业工作情况。省政府对各市就业再就业工作进展和政策落实情况按季度进行通报。建立就业再就业投诉举报制度,各级党委、政府的有关部门要公布举报电话,接受社会监督。

第六条 各级党委、政府要严格实行目标管理考核,把控制失业率、新增就业岗位、落实再就业政策、强化再就业服务、加大再就业资金投入和帮助困难群体再就业作为对领导班子和领导干部考核的重要内容。

第七条 省委、省政府每年对就业再就业工作情况进行督查和全面考核,对就业再就业工作成绩突出的市、县(市、区)党委、政府予以表彰;对没有完成目标任务的市、县(市、区),责成党委、政府主要负责人说明情况,并提出限期整改措施。省直有关部门每年对本系统落实就业再就业工作的情况进行专项检查,对存在的问题要及时整改。

第八条 市、县(市、区)党委、政府,有下列情形之一的,上级党委、政府予以通报批评,并责令改正。不及时改正的,给予其主要负责人、分管负责人和直接责任人党内警告、严重警告,行政记过至降级处分:(一)没有将就业再就业工作纳入国民经济和社会发展计划,或纳入国民经济和社会发展计划但没有认真执行的;(二)不认真贯彻国家和省就业再就业政策,致使就业再就业政策不落实的;(三)对就业再就业工作组织领导不力,对存在的突出问题不及时研究解决,造成严重后果的;(四)不按规定向上一级党委、政府报告就业再就业工作情况的。

第九条 各级党委、政府的有关部门和其他单位,有下列情形之一的,由本级党委、政府予以通报批评,并责令改正。不及时改正的,给予其主要负责人、分管负责人和直接责任人党内警告、严重警告,行政记过至降级处分;情节严重的,给予撤销党内职务、行政撤职处分:(一)不认真贯彻执行国家和省就业再就业政策,群众反映强烈的;(二)不按规定筹集

就业再就业资金的;(三)弄虚作假、骗取享受就业再就业优惠扶持政策的;(四)有其他违反就业再就业政策规定的行为,造成恶劣影响的。

第十条　各级党委、政府的有关部门和其他单位截留、挪用、私分就业再就业资金,给予其主要负责人、分管负责人和直接责任人党内严重警告,行政记大过或降级处分;情节严重的,给予撤销党内职务至开除党籍,行政撤职或开除处分。涉嫌犯罪的,移送司法机关依法处理。

第十一条　就业再就业相关部门和单位的党员及国家工作人员,有下列情形之一的,给予党内严重警告,行政记大过或降级处分;情节严重的,给予撤销党内职务至开除党籍,行政撤职或开除处分。涉嫌犯罪的,移送司法机关依法处理:(一)贪污、挪用就业再就业资金的;(二)玩忽职守、徇私舞弊的;(三)有其他违反就业再就业政策的行为,造成恶劣影响的。

第十二条　依照本规定给予有关责任人党纪政纪处分,由党的纪律检查机关、行政监察部门或任免机关按照管理权限和规定程序办理。

第十三条　本规定自发布之日起施行。

关于全面推进企业退休人员社会化管理服务工作的通知

(中共安徽省委办公厅、安徽省人民政府办公厅
2003年8月9日印发　皖办发〔2003〕15号)

各市、县委,各市、县人民政府,省直各单位,各大学:

根据《中共中央办公厅、国务院办公厅关于转发劳动和社会保障部等部门〈关于积极推进企业退休人员社会化管理服务工作的意见〉的通知》(中办发〔2003〕16号)精神,结合我省实际,现就全面推进企业退休人员社会化管理服务工作通知如下。

一、高度重视做好企业退休人员社会化管理服务工作。企业退休人员实行社会化管理服务,是建立独立于企事业单位之外的社会保障体系的重要内容,是深化国有企业改革、解决企业办社会问题的重要措施,也是党中央、国务院为完善社会保障制度提出的一项重要任务。广大企业退休人员长期以来为我国经济、社会发展做出了重要贡献,他们的晚年生活应当通过实行社会化管理服务得到更加充分的保障。各级党委、政府要从实践"三个代表"重要思想的高度出发,充分认识做好这项工作的重要性,增强责任感和紧迫感,以深化企业改革、维护社会稳定和不断提高企业退休人员生活质量为宗旨,积极探索推进企业退休人员社会化管理服务工作的有效途径和方法,使广大企业退休人员能够共享经济和社会发展的成果。各地、各有关部门要结合实际抓紧研究工作规划和实施方案,在当地党委、政府的统一领导下认真组织实施,在3年内基本实现全省企业退休人员全部纳入社会化管理的目标。到2003年底,合肥、芜湖和铜陵3市纳入社会化管理服务的企业退休人员要达到全部企业退休人员的80%以上,其他各市要达到75%以上。

二、不断完善企业退休人员社会化管理服务的内容。企业退休人员社会化管理服务是指企业职工办理退休手续后,其管理服务工作与该企业分离,养老金实现社会化发放,人员移交城市街道和社区实行属地管理,由社区服务组织提供相应的管理服务。各地要在确保企业退休人员基本养老金按时足额发放的前提下,逐步充实管理服务内容。街道和社区要在当地社会保险经办机构的指导下,及时建立本社区内企业退休人员基本情况信息库,向进入社区管理服务的企业退休人员发放社会化管理服务联系卡。企业退休人员的人事档案要从企业向街道、社区移交,对街道、社区暂不具备管理企业退休人员档案条件的,可以由市、县(市、区,下同)统一集中管理。由县以上各级党委管理的企业退休领导干部,先纳入社区管理,人事档案暂不移交。要积极组织开展为企业退休人员提供社会保险政策咨询和各项查询服务,协助社会保险经办机构进行社会保险金申领资格认定工作,组织企业退休人员中的党员经常开展组织活动,组织企业退休人员开展有益于身心健康的文体活动。

三、逐步规范企业退休人员社会化管理服务的形式。将企业退休人员直接纳入街道、社区进行管理和服务,是社会化管理服务的基本形式。社区建设比较规范的市、县都要采用这种形式。目前,社区组织不够健全的地区,在一定时期内可以采取过渡性的管理服务形式。在远离城市的独立工矿区和企业退休人员居住比较集中的企业生活区,可以委托企业主管单位或企业,设立退休人员管理服务中心,为退休人员提供管理服务。企业中原有的退休人员管理机构和工作人员可以并入退休人员管理服务中心,待社区建设条件具备时,再将机构、人员和设施一并

移交当地政府,统一纳入社区管理服务范围。在社区组织不够健全、企业退休人员居住比较分散的县,可以由当地社会保险经办机构直接对企业退休人员进行管理服务。随着企业办社会职能的逐步移交和当地社区建设的发展,以上两种管理服务形式都要逐步过渡到由街道和社区进行管理服务的基本形式。中央直属企业和省属企业的退休人员,原则上纳入所在地的街道、社区管理,原行业统筹养老保险的企业退休人员纳入社区管理后,其养老保险关系管理和基本养老金的社会化发放工作,仍由省级社会保险经办机构负责。

四、加强党组织建设和思想政治工作。在推进企业退休人员社会化管理服务的工作进程中,要切实加强党组织建设。要做好企业退休人员中的党员组织关系转接工作。省属、市属企业退休人员中的党员,由省直、市直各有关党(工)委将组织关系转至居住地的县委组织部,由县委组织部统一转至所在街道、社区党组织。企业退休人员中的党员,其居住地与户口所在地分离的,组织关系转入居住地党组织;被原单位返聘的,组织关系继续留在原单位;受聘于其他单位或外出务工经商半年以上的,组织关系转入所去地区或单位的党组织。要根据转入党员人数及时调整社区党组织设置,保证每一个社区都有一个党支部(总支、党委)。要适应退休人员中的党员的特点,组织退休人员中的党员过好组织生活,学习党的路线方针政策和国家的法律法规,加强对党员的教育管理。对于转到街道和社区管理的企业退休领导干部,街道党(工)委和上级党组织应保证他们按原来的职务级别阅读文件,参加相关的会议和活动,确保他们的政治待遇不受影响。要认真做好企业退休人员的思想政治工作。各地、各有关部门和街道、社区、企业要通过多种形式积极向广大企业退休人员宣传讲解推行社会化管理服务的重要意义和有关政策、措施,创造良好的社会舆论环境。要把解决思想问题与解决实际困难结合起来,增强思想政治工作的实效,不断提高管理服务水平,消除企业和退休人员的顾虑,争取社会各方面的充分理解和广泛支持。

五、积极创造社会化管理服务的工作条件。各地要认真落实省委、省政府《关于大力做好下岗失业人员再就业工作的通知》(皖发〔2002〕18号)精神,加强街道、社区的劳动和社会保障工作。在抓好城市街道、社区劳动保障机构建设的基础上,推进县城关镇、就业及社会保障工作任务较重乡镇的劳动保障机构建设,配备专人负责就业及社会保障工作,所需人员从乡镇事业编制总数内调剂解决。社区接收企业退休人员超过1000人的,可在皖发〔2002〕18号文件规定的基础上增聘1名劳动保障专管员。各级政府要为开展社会化管理服务工作创造基本条件。企业向社区移交退休人员时应一次性缴纳管理服务费用,具体标准由省劳动保障厅会同省财政厅确定。企业移交退休人员的同时,原有退休人员活动场所和管理服务设施一并交给社区,继续用于企业退休人员管理服务。

六、进一步落实企业在一定时期内应承担的责任。企业应加强与退休人员所在街道、社区劳动保障机构的联系,密切配合做好退休人员的移交和社会化管理服务工作,移交的人事档案要做到材料齐全、完好。企业退休人员的统筹项目外养老金,由企业继续按有关政策发放。尚未参加基本养老保险和基本医疗保险的企业退休人员的养老金和医疗费,继续由原渠道支付。退休人员居住的企业住房,尚未实行房改的,管理和维修工作仍由企业负责。退休人员移交社区管理后,企业要继续关心他们的生活,帮助解决生活困难,定期组织开展走访慰问活动,对家庭生活有特殊困难的退休人员,继续给予必要的帮助。

七、加强领导,全面建立企业退休人员社会化管理服务工作责任制。企业退休人员社会化管理服务工作内容多,涉及面广,各级党委、政府要加强领导,建立健全工作责任制和领导协调机制,相关部门要各司其职,齐心协力,共同做好这项工作。劳动保障部门及其社会保险经办机构要牵头制定详细的社会化管理服务工作计划,制定统一的工作内容和规章制度,加强对街道(乡镇)、社区和企业退休人员管理服务机构的工作指导,对工作人员组织培训。组织部门要加强街道和社区党建工作,指导街道和社区党组织开展经常性的组织活动,加强对企业退休人员中党员的教育管理。发展计划部门要将企业退休人员社会化管理服务作为社区公共服务体系建设的重要内容,纳入当地国民经济和社会发展计划。民政部门要统筹规划,加快社区老年设施和服务网络建设,将有特殊生活困难的企业退休人员纳入社会扶助范围,向符合享受低保条件的企业退休人员家庭提供最低生活保障。财政部门在编制预算时,要统筹考虑企业退休人员社会化管理服务工作所需经费。卫生部门要加快社区卫生服务网络建设,为企业退休人员就近医疗提供方便。文化、体育部门要加快社区文体设施建设,组织企业退休人员开展丰富多彩的文化体育健身活动。工会、共青团、妇联、老龄委等组织和机构要充分发挥自身优势,积极组织和指导社会志愿者队伍和其他社会公益组织,为进入社区的企业退休人员提供义务服务。各有关部门要根据职责,研究制定推进企业退休人员社会化管理服务的具体措施,认真抓好落实。

关于建立新型农村合作医疗制度的意见

(安徽省人民政府办公厅2003年5月11日转发皖政办〔2003〕31号)

建立新型农村合作医疗制度是新时期农村卫生工作的重要内容,是实践“三个代表”重要思想的具体体现,对提高我省农民健康水平,促进农村经济发展,维护社会稳定,促进社会公平具有重大意义。根据《中共中央、国务院关于进一步加强农村卫生工作的决定》(中发〔2002〕13号)、《国务院办公厅转发卫生部等部门关于建立新型合作医疗制度意见的通知》(国办发〔2003〕3号)和《中共安徽省委、安徽省人民政府关于贯彻中共中央、国务院关于进一步加强农村卫生工作决定的实施意见》(皖发〔2003〕6号)的要求,现就我省建立新型农村合作医疗制度,提出如下意见。

一、目标和原则

新型农村合作医疗制度是由政府组织、引导、支持,农民自愿参加,个人、集体和政府多方筹资,以大病统筹为主的农民医疗互助共济制度。2003年,在全省范围内选择8—10个县(市)先行试点,取得经验后逐步推广。到2007年,合作医疗覆盖50%的农村居民;到2010年,基本覆盖全体农村居民。

建立新型农村合作医疗制度要遵循以下原则:(一)自愿参加,多方筹资。农民以家庭为单位自愿参加新型农村合作医疗,遵守有关规章制度,按时足额缴纳合作医疗经费;除中央财政专项资金支持外,省、市、县财政每年要安排一定的专项资金予以支持;有条件的乡(镇)和村集体要对合作医疗给予支持。(二)以收定支,收支平衡,保障适度。既保证这项制度持续有效运行,又使农民能够享有基本的医疗服务。(三)先行试点,总结经验,逐步推广,稳步发展。要随着农村经济社会的发展和农民收入的增加,逐步提高新型农村合作医疗制度的社会化程度和抗风险能力。

二、管理体制

省、市人民政府成立由卫生、财政、农业、民政、审计、扶贫等部门组成的农村合作医疗协调小组。各级卫生行政部门内部应明确农村合作医疗管理机构。

新型农村合作医疗制度以县(市)为单位进行统筹。县(市)成立由有关部门和参加合作医疗的农民代表组成的农村合作医疗管理委员会,负责合作医疗的组织、协调、管理和指导工作。委员会下设经办机构,负责具体业务工作,人员由县级人民政府调剂解决。根据需要在乡(镇)可设立派出机构(人员)或委托有关机构管理。经办机构的人员和工作经费列入同级财政预算,不得从农村合作医疗基金中提取。

三、筹资标准

新型农村合作医疗制度实行个人缴费、集体扶持和政府资助相结合的筹资机制。(一)农民个人每年的缴费标准不应低于10元,经济条件好的地区可相应提高缴费标准。乡镇企业职工(不含以农民家庭为单位参加新型农村合作医疗的人员)是否参加新型农村合作医疗,由县级人民政府确定。(二)有条件的乡村集体经济组织应对本地新型农村合作医疗制度给予适当支持,其组织类型、出资标准由县级人民政府确定,但集体出资部分不得向农民摊派。鼓励社会团体和个人资助新型农村合作医疗制度。(三)省、市、县财政每年对参加新型农村合作医疗农民的资助合计不低于人均10元,试点期间,三级财政总体分担比例暂定为3∶2∶5(具体补助办法另行制定)。今后随着财政收入的增加,可适当提高财政资助水平。(四)中央财政每年通过专项转移支付,对我省除市区以外的参加新型农村合作医疗的农民按人均10元安排补助资金。

四、资金管理

农村合作医疗基金是由农民自愿缴纳、集体扶持、政府资助的民办公助社会性资金,要按照以收定支、收支平衡和公开、公平、公正的原则进行管理,必须专款专用,专户储存,不得挤占挪用。(一)农村合作医疗基金由农村合作医疗管理委员会及其经办机构进行管理。农村合作医疗经办机构应在管理委员会认定的国有商业银行设立农村合作医疗基金专用账户,确保基金的安全和完整,并建立健全相应的规章制度,按照规定合理筹集、及时审核支付农村合作医疗基金。(二)农村合作医疗基金中农民个人缴费及乡村集体经济组织的扶持资金,原则上按年由农村合作医疗经办机构在乡镇设立的派出机构(人员)或委托有关机构收缴,存入农村合作医疗基金专用账户;省、市、县财政支持资金,由各级财政部门根据参加新型农村合作医疗的实际人数,划拨到农村合作医疗基金专用账户;中央财政补助我省新型农村合作医疗的专项资金,由省财政转拨。各级财政要确保补助资金及时、全额拨付到农村合作医疗基金专用账户,并通过新型农村合作医疗试点逐步完善补助资金的划拨办法,尽可能简化程序,方便操作。要根据财政国库管理制度改革和完善情况,逐步实现财政直接支付。(三)农村合作医疗基金主要用于补助参加新型农村合作医疗农民的大额医疗费用或住院医疗费用。有条件的地方,可实行大额医疗费用补助与小额医疗费用补助相结合的办法,既提高抗风险能力又兼顾农民受益面。对参加新型农村合作医疗的农民,当年没有动用农村合作医疗基金的,要安排进行一次常规性体检。各试点县(市)要根据筹款总额,结合实际,科学合理地确定农村合作医疗基金的支付范围、支付标准和额度,防止农村合作医疗基金超支或过多结余。(四)加强对农村合作医疗基金的监管。农村合作医疗经办机构要定期向农村合作医疗管理委员会汇报农村合作医疗基金的收支、使用情况,并定期向社会公布,保证参加合作医疗农民的参与、知情和监督的权利。各县(市)可根据本地实际,成立由相关政府部门和参加合作医疗的农民代表共同组成的农村合作医疗监督委员会,定期检查、监督农村合作医疗基金使用和管理情况。农村合作医疗管理委员会要定期向监督委员会和同级人民代表大会汇报工作,主动接受监督。审计部门要定期对农村合作医疗基金收支和管理情况进行审计。

五、医疗服务管理

各地要加强农村卫生服务网络建设,强化对农村医疗卫生机构的行业管理,积极推进农村医疗卫生体制改革,不断提高医疗卫生服务能力和水平,使农民得到较好的医疗服务。要在农村卫生机构中择优确定农村合作医疗的服务机构,并加强监管力度,实行动态管理。要完善并落实各种诊疗规范和管理制度,保证服务质量,提高服务效率。省有关部门要制定《新型农村合作医疗报销基本药物目录》,控制医疗费用。

六、组织实施

(一)选择农民参保积极性较高、财政承受能力较强、管理基础较好的县(市)开展新型农村合作医疗试点,试点工作的重点是探索新型农村合作医疗管理体制、筹资机制和运行机制。省有关部门要制定农村合作医疗指导方案,试点县(市)要制定具体实施方案,并负责组织实施。(二)采取多种形式向农民宣传新型农村合作医疗的重要意义和当地的具体做法,引导农民不断增强自我保健和互助共济意识,动员广大农民自愿、积极参加新型农村合作医疗。农民参加合作医疗所履行的缴费义务,不能视为增加农民负担。

建立新型农村合作医疗制度是帮助农民抵御重大疾病风险的有效途径,是推进农村卫生改革与发展的重要举措,政策性强、任务艰巨。各地、各有关部门要高度重视,切实加强领导,认真落实有关政策措施,搞好试点,总结经验,积极稳妥地做好这项工作。

安徽省人民政府办公厅关于切实做好农村特困群众救济工作的通知

(2003年12月7日 皖政办〔2003〕88号)

各市、县人民政府,省政府各部门、各直属机构:

为贯彻落实党中央、国务院关于切实保障农村困难群众基本生活的指示精神,切实做好农村特困群众救济工作,经省政府同意,现就有关问题通知如下:

一、提高认识,加强领导,以高度的工作责任心做好农村特困群众救济工作。农村特困群众是农村群众中最困难的群体,致困原因多、自救能力弱,切实搞好救济工作,保障他们的基本生活,事关人民群众的基本生活权益和改革发展稳定的大局,是贯彻落实党的十六大和十六届三中全会精神、践行“三个代表”重要思想的具体体现。各级政府和有关部门要从讲政治的高度,进一步增强责任感和使命感,采取有效措施,运用多种手段,扎实做好对农村特困群众的救济工作。要以“依托土地、政府救济、社会互助、子女赡养”为原则,以规范程序、完善措施、建章立制为重点,充分利用对农村特困群众排查的成果,大力整合农村特困群众生活救济政策和资源,抓紧制定切实可行的特困群众救济实施方案,公平、公开、公正地做好农村特困群众救济工作,为建立农村居民最低生活保障制度,实现城乡一体化奠定基础。

二、明确重点,健全制度,及时将农村特困群众纳入救济范围。农村特困群众救济分为定期救济对象和临时救济对象。定期救济对象主要指年人均收入在625元以下的农村特困家庭,即无劳动能力、无生活来源、无法定赡养人或抚养人的老年人、残疾人和未成年人;因病、因伤、因灾家庭丧失主要劳动力,难以维持日常基本生活的特困家庭。临时救济对象主要指因灾、因病造成临时生活困难,通过自身努力在短期内难以保障基本生活的农村特困家庭。农村特困救济对象确定的程序是:本人申请或村民小组提名,填写《农村特困群众生活救济申请审批表》,经村民小组核实后报村民委员会;村民委员会召开村民代表会议评议初定救济对象及救济类别,张榜公布并广泛听取群众意见,报乡镇人民政府审核;乡镇人民政府将调查、核定的定期救济和临时救济对象张榜公布后,报县级民政部门批准。县级民政部门对批准享受定期和临时救济的对象分别发给省民政厅统一制式、县民政局统一印制的《农村特困群众定期救济证》、《农村特困群众临时救济卡》,由救济对象持证或持卡按规定领取政府和社会救济的款物。农村特困救济对象实行动态管理,每年按照有关程序审查一次,做到实事求是、客观公正、有进有出,真正把符合条件的农村特困群众纳入救济范围。

三、低标准起步,规范化管理,及时发放救济款物。农村特困群众规范化救济工作从2004年上半年全面启动。各地要按照实事求是、量力而行的原则,采取低标准起步、科学划分、逐步提高的办法,合理确定特困群众定期和临时救济标准。救济标准由县级民政部门会同财政、农业、统计、物价等部门根据当地农民基本生活水平提出,报县级人民政府批准后,向社会公布。要及时发放救济款物。对定期救济对象,要按照确定的救济标准,由乡镇按月或按季度发放救济资金或物资;有条件的地方,要尽量通过当地信用社或其他金融服务机构发放。对临时救济对象,可按冬令、春荒阶段或视困难情况由乡镇集中、公开、直接发放救济资金或物资。要建立农村救济对象档案,健全花名册。对领取农村特困群众救济证、临时救济卡人员,包括户主姓名、家庭人口、救济资金、通信地址等要逐一填写清楚,汇总上报至县级民政部门,做到网络化管理。各地农村救济情况统计表要按月逐级上报省民政厅。

四、综合运用多种救济手段开展救济工作,提高农村救济的整体效益。农村救济有多种渠道和方式,要认真加以整合。对定期救济对象的救济应当与五保供养、救灾救济和农村社会救助相互衔接,相互补充,确保农村特困群众的基本生活保障无政策空档和漏洞。要认真落实国务院《农村五保供养工作条例》,继续推进农村五保供养工作,及时将符合条件的对象纳入五保供养范围,确保供养标准不低于当地村民一般生活水平。受灾地区要认真落实国家救灾救济各项政策规定,将农村特困群众作为救灾救济的重点纳入救灾救济范围。要切实搞好灾民救济工作,切实保障他们的基本生活不出问题。已建立农村最低生活保障制度的地方,县级民政部门要根据当地实际继续完善和规范;条件确不成熟的,应当积极稳妥地转为农村特困群众定期救济。

五、加大投入、精心组织,扎实推进农村特困群众救济工作。农村定期特困救济对象所需资金由其所在地的市、县、乡(镇)政府共同负担,具体分担比例由各市人民政府研究确定。省财政在转移支付和扶贫资金中,将把农村特困群众救济作为一个因素适当安排。各级民政部门要根据本年度农村定期特困群众救济对象情况,向同级财政部门提出年度用款计划,经同级财政部门审核并按确定的分担比例纳入预算,据实拨付,保证使用。农村五保供养资金不得与农村定期特困救济对象资金混合使用。各类救济资金纳入专户管理,专款专用,接受财政和审计部门的检查、审计及社会监督。要充分调动社会各方面的积极性,多方筹措资金,开展社会救助,对特困救济对象进行医疗、子女就学等救助。农业、教育、卫生、税务、工商、土地、建设、扶贫等部门,要制定农村特困群众社会救助的相关优惠扶持政策。农村特困群众救济工作必需的工作经费,由各级财政予以安排。农村特困群众救济工作涉及面广、任务重、情况复杂,各地要在调查研究的基础上,抓紧制定符合本地实际的救济农村特困群众的政策和实施办法,做到工作措施到位、资金到位、配套政策到位,确保全省农村特困群众救济工作全面顺利开展。

安徽省下岗失业人员再就业资金使用管理办法

(安徽省财政厅、安徽省劳动和社会保障厅
2003年1月6日印发 财社〔2003〕42号)

第一条 为规范再就业补助资金的使用和管理,促进市场导向的就业机制形成,鼓励多渠道开发就业岗位,改善就业环境,支持劳动者自谋职业和自主创业,引导企业更多地吸纳下岗失业人员就业,帮助困难群体就业,根据中共中央、国务院《关于进一步做好下岗失业人员再就业工作的通知》(中发〔2002〕12号)和省委、省政府《关于大力做好下岗失业人员再就业工作的通知》(皖发〔2002〕18号)精神和《财政部、劳动保障部关于促进下岗失业人员再就业资金管理有关问题的通知》(财社〔2002〕107号)文件规定,制定本办法。

第二条 本办法所指的"再就业资金"是各级财政安排用于促进下岗失业人员再就业的社会保险补贴、公益性岗位补贴、小额贷款担保基金和从事微利项目的小额贷款贴息、再就业培训和职业介绍补贴、劳动力市场建设等项支出以及经省级财政、劳动保障部门共同批准的其他支出。

第三条 再就业资金的扶持对象是有劳动能力和就业愿望的下列人员:国有企业的下岗职工;国有企业的失业人员;国有企业关闭破产需要安置的人员;享受最低生活保障且失业一年以上的其他城镇失业人员。

第四条 再就业资金的使用应坚持有利于促进下岗失业人员再就业、有利于建立市场导向的就业机制和有利于充分发挥资金使用效益的原则。

第五条 各级财政部门要调整财政支出结构,加大再就业资金投入,从本办法下发之日起,要将促进再就业资金列入财政预算,在《政府预算收支科目》新增设的"再就业补助"款级科目中反映。

第六条 再就业资金主要来源于:(一)上级财政补助;(二)本级财政安排;(三)资金的利息收入;(四)其他多渠道筹措的资金。

第七条 各级财政原安排用于国有企业下岗职工基本生活保障的资金规模不得减少,在确保在中心下岗职工基本生活的前提下,各地可根据当地再就业工作需要,调整部分资金用于再就业补助。失业保险基金用于促进再就业的支出,按照《失业保险条例》和中发〔1998〕10号文件的有关规定执行。

第八条 中央和省财政安排的再就业补助资金重点用于各地的小额贷款贴息的全部资金、社会保险补贴的部分资金、职业介绍和职业培训补贴的部分资金。省财政对地方国有企业下岗职工基本生活保障补助资金和再就业补助资金,采取专项转移支付的分配方式,补助时与地方财政实际投入和再就业工作实绩等因素挂钩。

第九条 社会保险补贴是对各类服务业(包括商贸、餐饮、服务业企业,国家限制的行业除外)新增岗位新招用并与之签订3年以上期限劳动合同的企业,按其为符合规定条件的国有企业下岗失业人员实际缴纳的基本养老保险费和失业保险费给予社会保险补贴,不包括下岗失业人员个人应缴纳的基本养老保险费和失业保险费以及企业(单位)和个人应缴纳的其他社会保险费。对符合规定条件的各类服务型企业按招用人数提供为期3年的社会保险费补贴。养老保险和失业保险的缴费率按当地现行的标准执行,缴费基数按本人实际工资额计算,本人实际工资低于全省上年度职工平均工资60%,按60%计算。男50岁以上、女40岁以上的国有企业下岗失业人员,在社区开发的公益性岗位就业的,也享受3年的养老保险和失业保险补贴。其缴费率按城镇个体参保费率确定,费基按当地平均工资的60%确定。已享受"协保"且政府已给予"协保"补助的大龄下岗失业人员不再享受此项政策。

第十条 社会保险补贴实行先缴后补的办法。企业(单位)必须按规定及时足额缴纳基本养老保险费和失业保险费,在申报缴费时应将企业招用下岗失业人员的缴费情况单独列出,季度终了后,按规定向当地劳动保障部门申请对上季度已缴纳的社会保险费给予补贴。企业(单位)提交的社会保险补贴资金申请报告,要附符合享受社会保险补贴条件的下岗失业人员名单及《再就业优惠证》复印件、经劳动保险部门鉴定的劳动合同副本、地税部门出具的上季度企业为招用下岗失业人员缴费的明细账(单)、企业(单位)在银行开立的基本账户等凭证材料,由同级劳动保障部门审核汇总后转同级财政部门,由财政部门核定后30日内直接划入企业在银行开立的基本账户。对未参保和未按规定履行社会保险费缴纳义务的企业(单位),不得给予社会保险补贴。对申请手续不全和相关凭证不齐的企业(单位),不得给予社会保险补贴。

第十一条　岗位补贴是指对在社区公益性岗位就业的男50岁以上、女40岁以上,原属国有企业下岗失业人员给予的适当比例的生活补助。各地对在社区公益性岗位就业的大龄就业困难对象,要确保其工资收入不低于当地企业最低工资标准。同时,可根据实际情况为其提供适当比例的岗位补贴,具体补贴标准由当地人民政府确定,资金由同级财政负责解决。补助时,由安排此类人员的社区申报,经劳动保障部门审核后,转同级财政部门核定。资金由同级财政直接拨付到社区,由社区统一发放。

第十二条　小额贷款担保是指为下岗失业人员自谋职业和自主创业由政府提供的担保,担保基金由同级财政筹集,运作由同级政府担保中心承担。担保按照个人申请、社区推荐、劳动保障服务机构审查、担保机构承诺担保、商业银行核贷的程序进行。贷款额度不超过2万元,期限最长不超过2年;到期确需延长的,可申请展期1次。贷款利息按同期中国人民银行公布的贷款利率确定,对从事微利项目的,由中央财政据实贴息,展期不贴息。微利项目是指下岗失业人员在社区、街道、工矿区从事商业、餐饮和修理等个体经营项目,具体包括:家庭手工业、修理修配、图书借阅、旅社服务、小饭桌、小商品零售、搬家、钟点工、家政服务、初级卫生保健服务、老幼残病教育和看护、洗染缝补、复印打字等。

第十三条　再就业培训和职业介绍补贴是指对城镇登记失业人员和国有企业下岗职工提供免费职业介绍和再就业培训的补贴。享受失业保险待遇的失业人员,其再就业培训和职业介绍费用从失业保险基金中支出,国有企业下岗职工的再就业培训和职业介绍从再就业补助资金中列支。失业人员在领取失业保险金期间,国有企业下岗职工在本办法下发后的3年内,都可享受一次再就业培训和职业介绍补贴。失业人员在享受失业保险金期间,其培训补贴和职业介绍补贴标准按《安徽省职业培训、职业介绍补贴使用管理试行办法》执行;国有企业下岗职工的再就业培训和职业介绍费的补贴标准:省辖市原则上不超过400元/人和100元/人;县(市、区)原则上不超过300元/人和80元/人。具有资质条件的各类职业培训、职业介绍机构,可按经其就业服务后的实际就业人数,向当地劳动保障部门申请就业服务补贴(职业培训和职业介绍补贴)。就业服务补贴资金申请报告要附经其就业服务的下岗失业人员名单及《下岗证》或《失业证》等证明复印件、劳动合同复印件等相关就业证明、上月工资发放及社会保险费缴纳凭证、职业培训和职业介绍机构在银行开立的基本账户等材料,由劳动保障部门审核后转同级财政部门,由财政部门核定后直接划入职业培训和介绍机构在银行开立的基本账户。享受就业服务补贴费的同时,失业保险经办机构应认同其就业,停发失业保险金。通过以上各种形式实现就业的国有企业下岗职工,不再享受下岗职工基本生活保障。原享受城市居民最低生活保障的,有关部门应重新核定其家庭收入,重新审定是否享受最低生活保障。

第十四条　各级财政部门在安排好再就业资金的同时,应根据实际情况,适当安排劳动力市场信息网络建设费。各地应加快就业服务信息化建设,健全劳动力市场信息网及其公开发布系统,提供及时、便捷的就业信息服务。

第十五条　各级财政部门要在国有企业下岗职工基本生活保障资金专户下设立"再就业补助"分户,专账管理,专款专用。原《政府预算收支科目》中涉及1901款、1902款、1903款、1904款中的部分资金将并入"再就业补助"款级科目统一核算,各级财政部门要尽快按照要求调整预算收支科目。

第十六条　各级财政、劳动保障部门要按照专项资金管理的有关规定,切实加强再就业资金预、决算管理。各级劳动保障部门要根据财政部门规定的预算编制要求,申报再就业资金预算,经同级财政部门审核并报同级人大批准后列入年度预算。每年年度终了,财政和劳动保障部门要认真做好再就业资金的对账和清理工作,劳动保障部门要按要求及时报送再就业资金年度决算和说明,再就业资金决算资料要做到格式统一、内容完整、数据真实。地方各级财政部门要将审核汇总后的再就业资金年度决算报上级财政部门。再就业资金年度终了如有结余,需详细说明原因,并经批准后,按规定结转下年度使用。

第十七条　各地财政部门要将财政预算安排的再就业资金及时转入"财政社会保障补助专户",并将预算内外各种资金渠道筹措的再就业资金全部纳入"社会保障基金财政专户"管理,按具体用途进行分账核算。

第十八条　中央和省属企业下岗失业人员的再就业工作要按照属地管理的原则纳入企业所在地政府的再就业工作规划,所需资金由当地政府统筹安排落实,省财政在对各地再就业资金进行补助时一并考虑,不再单独安排资金。各地不得因隶属关系等原因将中央和省属企业下岗失业人员排除在再就业优惠政策之外。

第十九条 "再就业资金"是政府设立的专项补助资金,财政部门要加强资金监管,严禁擅自扩大享受范围和提高享受标准,要全面建立跟踪问效制度。同时,财政部门应主动地配合有关部门对再就业扶持政策的落实情况进行专项检查,对发现的问题要及时向同级政府和上级财政部门反映。

第二十条 各级财政部门要建立再就业工作信息月报制度,要及时将再就业进展情况和资金使用监管情况上报省财政厅。

第二十一条 各市财政、劳动保障部门可根据本办法,结合本地实际制定具体的实施细则,并报省财政厅、省劳动保障厅备案。

第二十二条 本办法由省财政厅会同省劳动保障厅负责解释和修订。

安徽省下岗失业人员社会保险补贴管理暂行办法

(安徽省财政厅、安徽省劳动和社会保障厅 2003年7月1日印发 财社〔2003〕457号)

第一条 根据中共中央、国务院《关于进一步做好下岗失业人员再就业工作的通知》(中发〔2002〕12号)、中共安徽省委、安徽省人民政府《关于大力做好下岗失业人员再就业工作的通知》(皖发〔2002〕18号)和省财政厅、省劳动保障厅《关于印发〈安徽省促进下岗失业人员再就业资金管理办法〉的通知》(财社〔2003〕42号)规定,为鼓励各类服务型企业(单位)安置、吸纳下岗失业人员就业,制定本办法。

第二条 社会保险补贴的范围和对象:(一)新增岗位新招用持《再就业优惠证》的国有企业下岗失业人员,并与其签定3年以上劳动合同,为其建立或接续了社会保险关系,按规定缴纳社会保险费的各类服务型企业(包括商贸、餐饮、服务业企业,国家限制的行业除外);(二)持《再就业优惠证》男50周岁以上、女40周岁以上国有企业下岗失业人员在社区公益性岗位安置的人员。已享受"协保"政策的大龄下岗失业人员不再享受社会保险补贴政策。

第三条 社会保险补贴的标准按企业(单位)为招用符合规定条件人员实际缴纳的基本养老保险和失业保险费之和计算。但不包括个人应缴纳的基本养老保险费和失业保险费,以及企业(单位)和个人缴纳的其他社会保险费。对符合规定条件的各类服务型企业按招用下岗失业人员人数享受社会保险费补贴的政策暂定执行到2005年底。服务型企业的养老保险和失业保险的缴费率按当地企业现行的费率执行,缴费基数按本人实际工资额计算,本人实际工资低于全省上年度职工平均工资60%,按60%计算。在社区公益性岗位就业且符合享受社会保险补贴的人员,以上年度全省在岗职工月平均工资的60%为缴费基数,按20%的缴费费率缴费,其中个人缴纳7%,用人单位缴纳13%,用人单位缴纳的部分列入社会保险补贴范围。

第四条 补贴资金来源:(一)地方财政安排;(二)上级财政补助;(三)资金的利息收入;(四)其他多渠道筹措的资金。

第五条 社会保险补贴实行先缴后补的办法。企业(单位)必须按规定及时足额为招用的下岗失业人员缴纳基本养老保险费和失业保险费。企业(单位)应于季度后5日内,按社会保险缴费隶属关系向同级财政和劳动保障部门出具以下材料,申请上季度社会保险补贴:(一)企业(单位)提交的社会保险补贴资金申请报告;(二)享受社会保险补贴的下岗失业人员名单及其《再就业优惠证》原件和复印件;(三)经劳动保障部门鉴证(认定)的劳动合同(劳务协议)复印件;(四)地税部门出具的上季度企业(单位)为招用下岗失业人员缴费的明细账单复印件;(五)企业(单位)在银行开立的基本账户;(六)当地财政和劳动保障部门规定的其他材料。

第六条 利用公益性岗位安排大龄下岗失业人员就业的单位,可以委托劳动保障事务代理机构或街道社区劳动保障工作机构代缴社会保险费,并按上述程序办理申领社会保险补贴手续。

第七条 劳动保障部门接到企业(单位)申报材料,应及时按照有关规定进行审核、汇总,并转同级财政部门审定。

第八条 财政部门审批后,应按照批准的补助数额及时将社会保险补贴资金从再就业资金专户拨付至企业(单位)在银行开设的基本账户。

第九条 各级财政和劳动保障部门要加强对社会保险补贴工作的管理与监督,严禁任何部门和个人擅自扩大社会保险补贴范围。对弄虚作假、冒领、挪用、骗取资金的,除追缴全部资金外,要依照有关规定追究主要负责人的责任;构成犯罪的,依法追究其刑事责任。

第十条　本办法自颁布之日起执行。市级财政和劳动保障部门可根据本办法制定具体实施细则。

省级下岗失业人员再就业小额贷款担保基金管理办法

(安徽省财政厅、安徽省劳动和社会保障厅
2003年8月1日印发　财金〔2003〕606号)

第一章　总　　则

第一条　为贯彻落实《中共中央、国务院关于进一步做好下岗失业人员再就业工作通知》(中发〔2002〕12号)精神,推动我省再就业工程的开展,鼓励支持下岗人员自谋职业与自主创业,根据中国人民银行、财政部、国家经贸委、劳动和社会保障部联合下发的《下岗失业人员小额担保贷款管理办法》(银发〔2002〕394号)精神,设立省级下岗失业人员再就业小额贷款担保基金(以下简称再就业担保基金),并制定本办法。

第二条　再就业担保基金业务运作的宗旨:不以营利为目的,通过对再就业及自主创业融资的支持,增加就业机会,提高社会效益。

第三条　再就业担保基金委托具有独立法人资格的省中小企业信用担保中心管理,实行市场化运作。省中小企业信用担保中心(以下简称省担保中心)建立再就业担保基金专门账户,再就业担保基金及其业务与省中小企业信用担保基金及其业务必须分开,单独核算,再就业担保基金只能专项用于下岗失业人员小额贷款担保,不得挪作他用。

第四条　本办法所称担保为对下岗失业人员小额担保贷款的保证,即省担保中心与债权人约定,当债务人不能履行主合同约定债务时,省担保中心用再就业担保基金按约定履行相应债务或承担相应保证责任的行为。担保责任履行的范围仅限于再就业小额担保贷款本金,不包括利息、逾期利息及罚息。

第二章　担保基金来源及规模

第五条　再就业担保基金的来源:(一)上级财政补助;(二)省级财政预算安排;(三)省级再就业资金;(四)国内外机构、团体、个人的捐赠;(五)再就业担保基金的银行存款利息收入;(六)其他。再就业担保基金专户储存于省财政厅指定的商业银行,封闭运行。

第六条　省担保中心与商业银行签订担保协议,按再就业担保基金的1—5倍配置贷款规模。本办法所提担保贷款专项用于支持下岗失业人员自谋职业、自主创业或合伙经营和组织起来就业所需资金,即开办经费和流动资金。

第三章　担保对象、条件、程序

第七条　担保对象为年龄在60岁以内,身体健康、诚实信用,具备有一定劳动技能的驻肥省属企业下岗失业人员。

第八条　贷款担保申请条件:(一)申请人应提供工商行政管理部门核准登记注册的营业执照和税务部门办理发给的税务登记证;(二)申请人应提供市级劳动保障服务机构出具的审查意见和核发的《再就业优惠证》;(三)申请人应出具可行性创业计划书;(四)申请人具备有一定的经营素质和创业能力,并无不良信用记录或其他经济违法行为;(五)有固定的经营场所;(六)贷款项目符合国家法律法规、市场前景看好,具有一定的赢利能力和偿债能力。

第九条　担保贷款程序按照自愿申请、社区推荐、劳动保障服务机构审查、担保机构承诺担保、商业银行核贷的原则进行。省担保中心应制定省级下岗失业人员再就业小额贷款担保业务操作规程,报省财政厅备案。并根据担保条件按规程进行风险评审,自主决定是否担保、担保金额及期限,签定担保合同。

第四章　担保额度、期限和费用

第十条　担保限额:单笔担保贷款额度不得超出2万元;对下岗失业人员合伙经营和组织起来就业的项目,可根据人数和经营规模适当扩大贷款数额,但不得超过8万元。

第十一条　担保期限:原则上一般为6—12个月,最长不超过2年;到期确需延长的,经省担保中心审核同意后,可申请展期一次,展期期限不得超过一年。

第十二条　再就业担保基金收取的担保费不超过担保贷款本金的1%,由省财政全额向省担保中心支付。省担保中心不得再向被担保人收取任何费用。

第五章　风险控制与责任分担

第十三条　建立担保业务动态监控和风险控制责任制度。省担保中心要加强对担保业务的监管,建立担保业务分类动态监控责任人制度,以评估被担保人的还款能力为核心,定期对再就业担保基金所承保贷款进行风险分类,采取相应措施规避和化解风险,实行责任到人并建立相应的奖惩制度。

第十四条　根据《担保法》的有关规定,申请人应用其合法、有效、可变现资产或票据、债券向省担保中心提供质押,也可以由有偿付能力的单位、民营企业、私营企业、个体工商户以及个人(公务员、银行和保险公司的职员)提供反担保。当省担保中心以再就业担保基金承担相应代偿责任时,反担保人负有连带赔偿责任。

第十五条　再就业担保基金承担代偿责任后,省担保中心作为主债权人可以依法采取以下措施,进行债务追偿,保护自身合法权益:(一)要求反担保人清偿债务;(二)要求被担保人制定切实措施,尽快清偿债务;(三)依法处理抵押物和质押物;(四)依法提起诉讼。追偿所得用于补偿再就业担保基金的损失。

第十六条　省担保中心应建立申办小额担保贷款的再就业人员信用登记制度,与银行、工商、税务等部门合作,对故意不履行约定债务及恶意逃废债务的借款人进行联合制裁。

第十七条　再就业担保基金年度代偿率最高限额为20%,达到20%时,经办的商业银行要暂停担保贷款业务,省担保中心应与经办商业银行协商,采取进一步风险控制措施后,报经省财政厅商省劳动保障部门批准后,再恢复担保业务。代偿率在最高限额以内,担保基金自身无法承担的代偿损失,由省财政厅审核后,视情况予以弥补。各市再就业担保基金的损失,原则上由各市本级财政承担,对财政确有困难的市,省再就业担保基金可以适当分担。具体比例由省财政厅商省劳动保障厅确定。

第十八条　贷款银行应积极履行作为主债权人的贷款管理责任,包括定期了解贷款人的生产经营情况,提供必要的财务指导,并定期向省担保中心提供贷款人的风险分类情况。

第六章　代偿条件

第十九条　再就业担保基金所担保的债务在出现下列情况之一时,可以按约定对贷款银行承担代偿责任:(一)被担保自然人死亡且合法继承人无力履行偿债责任的;(二)被担保人依法宣告破产的;(三)对于展期后又逾期6个月仍无法收回的贷款,贷款银行应向省担保中心提出《要求代偿通知书》,省担保中心在1个月内查实后承担代偿责任。

第二十条　再就业担保基金所担保的债务有下列情况之一时,不承担担保责任:(一)贷款银行在贷款逾期15天内未将逾期情况书面通知省担保中心的;(二)贷款银行与被担保人在未经省担保中心书面同意时,协议变更主合同的;(三)未经省担保中心书面同意,贷款银行允许被担保人转让债务的;(四)未经省担保中心书面同意,贷款银行擅自同意被担保人延长贷款期限或擅自同意贷款展期的;(五)依据《担保法》有关条款规定担保人不须承担保证责任的。

第七章　监督与管理

第二十一条　由省财政厅、省劳动和社会保障厅和人行合肥中心支行共同组建再就业担保基金审查考核委员会(以下简称审查考核委员会),每年对再就业担保基金的年度计划及担保代偿金计划进行审查批准,对上一年度工作业绩进行考核并将结果报告省政府。

第二十二条　省担保中心负责省级再就业担保基金的职责是:(一)制定并向审查考核委员会报告年度工作计划;(二)组织实施审查考核委员会批准的年度工作计划;(三)每年的第一季度向审查考核委员会报告上年度工作执行情况;(四)制定担保项目的评估、审查标准;(五)负责基金的日常管理和运作,对申请人进行资信评估,开展担保业务,实施债务追偿;(六)负责按季向省财政厅报送再就业担保基金担保业务统计表(须注明微利项目和非微利项目);(七)负责再就业担保基金的财务核算,并按期向省财政厅报送财务会计报表和年度财务决算报表。

第二十三条　省财政、劳动保障、审计、税务、工商、监察部门要互相配合,加强对再就业担保基金的管理与监督,对违反本办法的,要给予警告,限期整改,并要追究有关人员的责任。

第二十四条　担保机构出现扰乱金融秩序、套取信贷资金挪作他用、为国家法律禁止的事项提供融资担保和故意刁难担保对象等违反有关法律、法规行为,财政部门应会同有关部门立即终止其业务,指定有关机构接管,并依法追究其法律责任。

第八章　附　　则

第二十五条　再就业担保基金管理办法在实际运用中,可根据需要和情况变更,作相应修改和调整,并报审查考核委员会批准后执行。

第二十六条　本办法由省财政厅负责解释。

第二十七条　本办法自发布之日起执行。

会计教育和财政政务建设规章

安徽省财政厅转发财政部《关于开展会计职业道德宣传教育工作》的通知

(2003年3月31日 财会〔2003〕187号)

各市财政局、省直、中央驻皖各单位:

现将《财政部关于开展会计职业道德宣传教育工作的通知》(财会〔2003〕5号)转发给你们,并提出以下要求,请一并遵照执行。

一、要充分认识开展会计职业道德宣传教育工作的重要意义。会计职业道德建设是新时期会计管理工作的一项十分重要的内容。会计行为是否规范,会计信息是否真实、完整,直接影响着经营者、投资人和社会公众的利益,进而影响整个社会经济秩序。积极开展会计职业道德宣传教育,对于树立良好的会计职业道德风尚,提高会计职业道德水平,维护社会经济秩序具有重要的意义。

二、要大力开展会计职业道德的宣传教育活动。为了扩大社会影响,增强宣传效果,各地、各部门要采取多种形式,充分利用广播、电视、网络、报刊、杂志等媒体,广泛宣传会计职业道德先进典型,通过座谈会、研讨会、演讲会、论坛、知识竞赛、有奖征文等活动,研讨和宣传加强会计职业道德建设的必要性和具体措施。宣传教育活动既要做到生动活泼、形式多样,又要深入人心、注重实效。

三、要把会计职业道德教育纳入会计人员教育的一项重要内容。加强会计职业道德建设是提高公信力和维护市场经济秩序的客观要求,各地在开展会计人员继续教育过程中,要把会计职业道德作为一项重要内容,纳入培训学时,并结合会计从业资格证书年检加以考核。

四、各地、各部门、各单位应当高度重视这项工作,结合本地实际情况,开展会计职业道德宣传教育活动,制定切实可行的宣传教育方案和规划,掀起会计职业道德宣传教育的新高潮。

财政部关于开展会计职业道德宣传教育工作的通知

(2003年3月5日 财会〔2003〕5号)

各省、自治区、直辖市、计划单列市财政厅(局),新疆生产建设兵团财务局,中共中央直属机关事务管理局财务处,国务院机关事务管理局财务司,中国人民解放军总后勤部财务部,武警总部后勤部财务部,铁道部财务司:

为了贯彻江泽民同志提出的依法治国与以德治国相结合的重要思想,落实朱镕基同志对会计工作提出的"诚信为本,操守为重,坚持准则,不做假账"的要求,加强会计职业道德建设,在全社会营造会计诚信的氛围,现将开展会计职业道德宣传培训工作有关事项通知如下:

一、各级财政部门和中央会计从业资格管理部门要把会计职业道德建设作为一项重要工作来抓。会计行业作为市场经济活动中的一项重要职业,主要提供会计信息或鉴证服务,其服务质量如何直接影响着经营者、投资人和社会公众的利益,进而影响整个社会经济秩序。各级财政部门会计管理机构和中央会计从业资格管理部门要充分认识新形势下加强会计职业道德建设的重要意义,把会计职业道德建设作为新时期会计管理工作一项十分重要内容,真正担当起组织和推动本地区、本部门会计职业道德建设的重任。要在全社会营造"爱岗敬业、诚实守信、廉洁自律、客观公正、坚持准则、提高技能、参与管理、强化服务"等会计职业道德意识和观念,树立良好的会计职业道德风尚,提高会计职业道德水平。

二、采取多种形式开展会计职业道德宣传教育工作。各级财政部门会计管理机构和中央会计从业资格管理部门应当结合本地区的实际情况,有计划、有步骤地开展会计职业道德宣传教育工作,要制定切实可行的宣传教育方案和规划,明确任务,落实责任;要采取灵活多样的宣传形式,充分利用广播、电视、网络、报刊、杂志等媒体,广泛宣传会计职业道德先进典型,弘扬正气,树立诚实守信等会计新风尚;要通过座谈会、研讨会、演讲会、论坛、知识竞赛、有奖征文等活动,研讨和宣传加强会计职业道德建设的必要性和具体措施,引导广大会计人员积极参与会计职业道德建设,同时发挥思想文化阵地在职业道德建设中的作用,营造会计职业道德建设的氛围。

三、将会计职业道德培训纳入会计人员继续教育体系。各级财政部门会计管理机构和中央会计从业资格管理部门要将会计职业道德作为年度会计人员继续教育的主要内容,纳入培训学时,力争做到使在岗会计人员都参加一次培训。为配合会计职业道德教育工作的开展,财政部项怀诚部长主持编写了《会计职业道德》一书,作为各级财政部门会计管理机构和中央会计从业资格管理部门组织会计职业道德继续教育的辅助教材。

四、积极探索和建立将会计职业道德建设与会计从业人员管理相结合的机制。各级财政部门会计管理机构和中央会计从业资格管理部门要进一步完善会计从业人员资格准入、考核、奖惩、培训、退出等办法,研究完善将会计职业道德纳入会计从业资格考试范畴,同时结合会计从业资格发证、注册等工作,研究建立和实施会计人员诚信档案管理制度,制定会计人员职业道德规范体系,推动和完善会计职业道德的规范化、法制化。

加强会计职业道德建设是提高会计公信力的现实要求,有利于发挥会计工作在社会主义市场经济中的基础性作用。各级财政部门会计管理机构和中央会计从业资格管理部门要积极开展会计职业道德建设,采取切实可行的措施和方法,把本地区、本部门会计职业道德建设提高到一个新的水平。

安徽省会计人员继续教育实施办法(试行)

(安徽省财政厅2003年7月29日印发　财会〔2003〕559)

第一章　总　　则

第一条　为了建立和完善与社会主义市场经济发展相适应的会计人员继续教育制度,规范会计人员继续教育工作,促进安徽省会计工作水平的提高,根据《中华人民共和国会计法》和财政部《会计人员继续教育暂行规定》等有关规定,结合安徽省实际,制定本办法。

第二条　会计人员继续教育的对象为持有会计从业资格证书的人员,具体包括我省境内在国家机关、社会团体、企业、事业单位和其他组织从事会计工作的会计人员及不在会计岗位但持有会计从业资格证书的人员。

第三条　会计人员继续教育以建设有中国特色的社会主义理论为指导,从社会主义市场经济建设的实际需要出发,并服务于社会主义市场经济建设。会计人员继续教育是会计管理工作的一个组成部分,是会计队伍建设的重要内容。

第四条　会计人员继续教育的主要任务是提高会计人员政治素质、业务能力、职业道德水平,使其知识和技能不断得到更新、补充、拓展和提高。

第五条　会计人员继续教育分为3个级别:(一)高级会计人员继续教育的对象包括,已取得或受聘高级会计专业技术资格(职称)及具备相当水平的会计人员;(二)中级会计人员继续教育的对象包括,已取得或受聘中级会计专业技术资格(职称)及具备相当水平的会计人员;(三)初级会计人员继续教育的对象包括,已取得或受聘初级会计专业技术资格(职称)及具备相当水平的会计人员。

第二章　继续教育的内容和形式

第六条　会计人员继续教育内容应坚持联系实际、讲求实效、学以致用的原则。会计人员继续教育主要内容包括:(一)财经法规;(二)会计理论与实务;(三)会计职业道德;(四)会计电算化;(五)其他相关知识。

第七条　会计人员继续教育包括接受培训和自学两种形式。(一)接受培训形式包括:1.财政部门会计管理机构组织的培训;2.财政部门会计管理机构认定设立的会计人员继续教育培训点举办的培训;3.正在普通院校或成人院校接受国家承认的会计专业学历教育;4.财政部门会计管理机构认可的其他形式。(二)自学形式包括:1.主管部门举办的业务培训;2.单位自行组织的业务学习、岗位培训;3.承担会计专业课题研究,并取得研究成果;4.参加上一级别会计专业技术资格考试;5.撰写并发表会计论文;6.其他自学形式。

第八条　高级会计人员继续教育和中级会计人员继续教育的时间每年累计不少于68小时,其中接受培训时间每年累计不少于20小时,自学时间每年累计不少于48小时。初级会计人员继续教育的时间每年累计不少于72小时,其中接受培训时间每年累计不少于24小时,自学时间每年累计不少于48小时。当年承担一个会计专业课题研究、参加上一级别会计专业技术资格考试、撰写并发表一篇论文,均可以折算为自学48小时。

第九条 有下列情况之一的会计人员,其继续教育时间可以顺延,在下一年度一并完成规定的继续教育时间:(一)年度内在境外工作超过六个月的;(二)年度内病假超过6个月的;(三)生育;(四)其他情况。有上述情况的会计人员由个人提出书面申请,单位证明,经财政部门会计管理机构审核后确认。

第三章 继续教育的组织与实施

第十条 会计人员继续教育实行统一规划、分级管理的原则。

第十一条 省财政厅负责全省会计人员继续教育的组织管理工作。(一)制定全省会计人员继续教育实施办法、规划,并组织实施;(二)组织开展省直及中央单位在肥的会计人员继续教育活动;(三)组织开展全省高级会计人员继续教育活动;(四)指定、编写全省会计人员继续教育教材,建立全省会计人员继续教育考试题库;(五)认定高级会计人员继续教育和省直及中央单位会计人员继续教育培训单位;(六)指导、检查全省会计人员继续教育工作。

第十二条 各市财政局负责本地区会计人员继续教育的组织管理工作。(一)制定本地区会计人员继续教育规划,并组织实施;(二)组织开展本地区中级、初级会计人员继续教育活动;(三)认定本地区中级、初级会计人员继续教育培训单位;(四)指导、检查本地区会计人员继续教育工作。

第十三条 财政部门应充分发挥高等院校、科研院所和会计学术组织等社会教育资源在会计人员继续教育中的作用,鼓励、支持其开展和参与会计人员继续教育工作,逐步建立与本地区会计人员继续教育任务相适应的会计人员继续教育网络。

第十四条 会计人员继续教育培训工作实行认定制度。凡从事会计人员继续教育培训的单位均须提出申请,财政部门会计管理机构负责认定。经认定从事会计人员继续教育培训的单位在有效期内承担相应的培训任务,履行相应的责任,并接受财政部门的指导、监督和检查。财政部门会计管理机构应将认定的培训单位定期向社会公布。

第十五条 会计人员继续教育培训单位是会计人员接受继续教育的重要场所。(一)培训单位应具备以下条件:1.具备承担培训工作相适应的教学场所和设施;2.拥有与承担培训工作相适应的师资队伍和管理力量;3.能够完成所承担培训任务,保证培训质量。(二)设立培训点的单位应报送以下材料:1.会计人员继续教育申请报告;2.培训机构的基本情况;3.从业人员及专职教学人员的基本情况;4.认定机关要求的其他材料。

第十六条 从事会计人员继续教育培训的教学人员,应具备较高的专业知识和技能。(一)承担高级会计人员继续教育培训任务的教学人员,一般应具备教授职称或高级专业技术职称(资格)以及相应水平的政府公务员;(二)承担中级会计人员继续教育培训任务的教学人员,一般应具备副教授以上(含副教授)职称或高级专业技术职称(资格)以及相应水平的政府公务员;(三)承担初级会计人员继续教育培训任务的教学人员,一般应具备讲师以上(含讲师)职称或中级以上(含中级)专业技术职称(资格)以及相应水平的政府公务员。

第十七条 各地应根据国家有关规定和本地区的实际情况制定收费标准,自觉接受价格、财政、审计部门的监督检查。

第十八条 各部门和单位应鼓励和支持会计人员按规定接受继续教育培训,保证会计人员参加继续教育的时间和其他必要条件,并根据有关规定确定继续教育内容,开展业务学习和岗位培训。

第十九条 会计人员应遵守继续教育的有关规定,积极参加继续教育活动,按规定完成年度学习任务。

第四章 继续教育的检查与考核

第二十条 按照教育、考核、使用相结合的原则,建立会计人员继续教育检查与考核制度。

第二十一条 财政部门会计管理机构应定期对认定的会计人员继续教育培训单位的工作进行检查、考核和评估。对不遵守有关制度规定、擅自提高收费标准、教学质量低下、教学管理混乱的培训单位,取消其从事会计人员继续教育培训资格。

第二十二条 财政部门会计管理机构应逐步建立高级、中级、初级会计人员继续教育档案,登记所在地区会计人员接受继续教育的情况,并对当地会计人员接受继续教育的情况进行确认。(一)会计人员接受培训情况由培训单位出具《会计人员继续教育合格证书》,包括培训内容、培训日期、累计培训小时、考核成绩等进行记录,并报财政部门会计管理机构进行审核,经财政部门会计管理机构确认后加盖印章。(二)会计人员自学情况由会计人员所在单位以及有关单位证明,经财政部门会计管理机构审核后确认,有的自学形式需按有关规定折算自学小时后确认。(三)会计从业资格证书年检时,应出具《会计人员继续教育合格证书》,对按期完成规定继续教育学习的会计人员,经财政部门会计管理机构审验后,在其会计从业资格证书中予以登记。

第二十三条 按规定应参加而未参加继续教育的会计人员,除第九条所列示的情况外,财政部门会计管理机构及会计人员所在单位应督促其接受继续教育。(一)年度内未接受继续教育或未按有关规定完成继续教育时间的会计人员,如无正当理由的,予以警告。(二)连续两年未接受继续教育或连续两年未按有关规定完成继续教育时间的会计人员,不予办理会计从业资格证年检,不得参加上一档次会计专业技术资格考试或高级会计师资格评审,不得参加先进会计工作者评选,财政部门不予颁发会计人员荣誉证书;会计人员所在单位负有责任的,其单位不得申请会计基础工作规范化资格,企业不得参加A类财务会计信用等级的评定。(三)连续3年未接受继续教育或连续3年未按有关规定完成继续教育时间的会计人员,由财政部门作出取消其会计从业资格证、会计人员所在单位会计基础规范化证书的决定。(四)被取消会计从业资格证、会计基础工作规范化证书的会计人员和单位,两年内(含两年)不得重新参加会计从业资格证考试、申请会计基础工作规范化资格、企业不得参加A类财务会计信用等级的评定。如在两年后想重新获得会计从业资格证、会计基础工作规范化证书,企业A类财务信用等级的评定,须经省财政厅批准后才能重新获得会计从业资格证或申请会计基础工作规范化资格,及企业A类财务会计信用等级的评定。

第五章 附 则

第二十四条 本办法由省财政厅负责解释。

第二十五条 本办法自发布之日起执行。

安徽省财政厅关于加强全省财政信息化工作的意见

(2003年4月8日 财办〔2003〕195号)

各市、县、区财政局:

财政信息化建设,就是把信息技术和现代化管理手段运用到财政管理、运行机制、业务流程和工作方式中去,从而全面实现财政管理的信息化和现代化。目前,全省各级财政部门办公局域网和省、市、县(区)三级财政广域网已经全面建成开通,国库集中支付和会计核算信息系统陆续投入使用,省到各市的财政电视会议系统开始启动建设。计算机网络和信息系统已成为推进财政改革不可替代的技术手段,成为实现财政管理现代化的基本途径,成为提高办公效率的有效工具。为了深入推进“金财工程”建设,努力服务全省财政改革发展,经研究,就进一步加强全省财政信息化工作提出如下意见。

一、全面落实财政信息化工作责任制

全省各级财政部门要充分认识财政信息化建设的迫切性和重要性,将其列入财政改革的重要议事日程,摆上重要位置。加强对财政信息化工作的组织领导,全面落实财政信息化工作责任制。

1.各级财政部门主要负责人是财政信息化工作的第一责任人。各市、县(区)财政部门承担对下级财政部门在信息化建设和管理方面的督导与培训责任。各级财政部门的“金财工程”建设领导小组办公室要加强对本级和下级信息网络和信息系统应用情况的督查、指导和评比工作。各级财政部门的主要负责同志要切实提高对信息化工作的重视程度,提高认识,加强领导,科学规划,带头学习运用计算机和信息网络技术,加强信息化网络建设、应用开发和日常管理,并积极做好跨部门、跨地域的网络应用协调与配合工作。

2.各级财政办公室全面承担本级财政信息化工作的管理职能。各级财政部门的办公室应在承担政务公开、办公自动化和安全保密等管理职能的同时,承担起信息化建设、网络和电视会议系统的应用与管理职能,特别要注重加强信息化制度建设、信息资源开发和网络应用方面的工作协调和统一管理。

3.各级财政国库管理部门承担国库支付网络和信息系统的行政管理与应用指导职能。各级财政国库支付网络和信息系统是财政支出管理业务的核心,各级财政国库管理部门和国库支付中心必须确保国库支付网络和信息系统的安全、正常运转。

4.各级财政会计管理部门承担县(区)会计核算网络和信息系统的行政管理与应用指导职能。各级财政会计管理部门应加强对会计核算中心电算化业务的监管,促进其会计电算化工作达到规范化的要求,并积极指导会计核算中心进行会计电算化系统建设。各级财政会计管理部门和会计核算中心必须确保会计集中核算网络和信息系统的安全、正常运转。

5.各级财政信息中心(计算中心)承担网络和信息系统的管理维护、技术保障职能。各级财政部门的信息中心(计算中心)要努力为财政改革和财政中心工作提供技术支撑,认真做好网络和信息系统的技术管理与技术服务。省财税信息计算中心承担全省财政广域网的管理维护、技术督导与培训职责。

6.健全完善财政信息化工作的各项制度。财政信息化建设除了要严格遵守国家的信息法规、国际和国家标准外,为了保证信息系统稳定运行,内部网络安全保密,出现故障或黑客、病毒干扰时系统能恢复,必须制定设备管理、数据管理、人员管理、运行管理、安全管理、保密管理等一系列科学严谨和行之有效的制度。

二、加大财政信息化建设投入

财政信息化系统是财政管理的基本工具和技术手段,其效益往往以间接形式来体现,信息化建设具有资金投入量大、技术更新快的特点,为不断完善全省财政信息化网络系统,保证信息系统的高效运行,必须不断加大对财政信息化建设的投入。

7.努力增加"金财工程"建设经费。省财政将继续积极争取中央财政给予安徽倾斜和支持。各级财政部门也应在年度预算上专门安排一定的建设和维护经费,解决联网专线租用、网络日常维护和业务数据库建设与软件开发方面所需的费用。

8.保证网络和信息系统的正常运行维护经费。各级财政部门应根据财政改革的推进和信息系统的推广应用情况,安排年度专项预算,用于解决联网专线租用、日常维护、数据备份介质、有偿技术服务、聘用技术人员、人员培训、信息技术岗位津贴,以及网络系统和计算机软、硬件升级等方面的开支。

三、切实加强财政信息化机构和队伍建设

推进财政信息化工作,必须建立健全专司信息化工作的机构,培养充实一批信息化专业人才队伍,逐步建立和完善技术服务与保障体系。

9.各市财政部门应尽快组建信息中心(计算中心)。选配既熟悉财政业务,又掌握信息技术的干部负责信息中心的管理工作。要通过选调、招聘和定向培养等渠道,尽快解决信息技术人员匮乏问题,保证各市级财政部门拥有合格、称职的网络管理员。各市国库支付中心要设置1到2个信息技术岗位,配备技术人员从事支付系统的日常维护和管理工作。

10.各县(市、区)财政部门应配备专职信息技术人员。采取选调、招聘和定向培养方式,配备1到2名信息技术人员,解决办公网络和会计核算信息系统的日常维护问题。

11.组建一支服务全省的信息化专业人才队伍。要依托省城的地域和人才优势,组建一支精干稳定、响应快速、熟悉财政情况、服务全省的信息化专业人才队伍,开展有偿服务和规范服务。由于信息系统的应用和管理工作事关财政资金安全和政府部门的正常工作秩序,因此,要加强专业人员队伍的管理,采取严密的组织纪律约束和聘用、市场激励机制相结合的方式,充分调动信息技术人员的工作积极性和主观能动性。

四、高度重视财政信息化网络的应用工作

推进财政信息化工作的目的在于应用。网络化财政信息系统的开发和应用,不仅可以跨越地域障碍、共享信息资源,而且能够减少重复劳动,提高工作效率,提高财政干部队伍的整体素质。各级财政部门要加强财政信息资源的开发、应用的组织管理工作,逐步完善和硬化信息化工作的量化评价考核指标和体系。

12.稳步推进公文运转电子化。各级财政部门要提高对公文和各类文字材料的电子化报送和交换的要求,尽快实现以电子载体为主的网络化传输和共享,尽量减少纸质载体的交换和重复录入劳动。积极探索财政公文网上运转的方式方法,提高办文办事效率。

13.不断扩大信息共享范围。要按照省财政厅《关于利用财政广域网交换信息的通知》(财算函〔2002〕56号)的要求,扩大交换信息的应用部门和交换材料范围,并对下级财政部门提出相应要求,尽快发挥财政广域网的基本作用和应用效益。在业务资源共享方面,要加强业务部门的数据库建设,努力实现跨部门的网络共享应用。

14.积极开展财政网上宣传。各级财政部门要结合政风建设、政务公开工作,重视利用网络资源(办公网、党政网、互联网)开辟新的宣传阵地,宣传财政改革和财税政策,为其他部门和社会公众提供政策和政务信息查询,为财政改革提供良好的社会环境。

五、加快推进全省"金财工程"建设

根据财政部关于"金财工程"建设的整体部署和我省实际,全省各级财政部门要按照省财政厅《关于加快安徽省"金财工程"建设有关事项的通知》(财办〔2002〕1080号)和省"金财工程"建设座谈会的要求,加快推进全省"金财工程"建设。"金财工程"建设必须坚持四个原则,即:坚持为财政业务服务的原则,坚持“五统一”(统一领导、统一规划、统一技术标准、统一系统平台和统一组织实施)原则,坚持先进性与实用性相结合的原则,坚持建设与应用并举的原则。要科学合理地制定建设目标与实施方案,切实做到网络拓建与业务推进的协调与同步,既不能因网络过于超前建设导致闲置浪费,也不能因对改革推进势头估计不足造成建设标准过低。

15.加快财政电视会议系统建设。建成连通各市财政局的小型会议室型的财政电视会议系统,可以借助信息化手段方便省与市、市与市之间的业务联系,节省会议开支,提高工作效率。同时,利用电视会议专线开辟新的快速数据传输通道,可以提升省与市之间网络通讯带宽。各市财政部门要努力创造条件,加快工程建设,力争年内开通财政电视会议系统。

16.整合全省财政广域网系统,提高应用能力。由于系统建设不同步和部分市网络管理员不落实的原因,当前全省财政系统内部电子邮件系统存在着平台和软件的不统一问题,直接影响了广域网系统功能的发挥和统一管理。省与市之间网络拓宽后,将着手开展电子邮件系统的整合与重建,力争为各市、县(区)财政部门的每位财政干部开设一个内部电子信箱。为充分发挥财政广域网的不间断连通功能,减少不必要的开支,省厅除保留少量电话拨入线路作应急备用外,各业务部门和单位早期使用的长途电话拨号访问网络方式将逐步停止使用。各市异地办公的国库支付中心要尽快解决支付业务局域网与本级财政办公网的联通问题,实现与国库总预算会计系统账务处理的网络化衔接。

17.加强财政信息化的培训与考核。各级财政部门要加强对网络管理员、支付中心(核算中心)负责人和办公室主任的信息技术知识和技术管理知识的培训与分类指导,积极开展工作交流与研讨活动。各级“金财工程”建设领导小组办公室要加强对本级和下级财政部门信息化建设和网络系统应用情况的督查指导,并实行严格的评比考核。

加快完善安徽公共财政新体制,实现财政管理现代化,是当前和今后一段时期全省财政工作的主旋律。全省各级财政部门必须充分认识财政信息化工作对加快财政改革进程的重要意义,增强推进信息化工作的主动性和自觉性,积极进取、扎实工作,加快推进“金财工程”建设,全面提高我省财政管理工作现代化水平。

财政电视会议系统应用管理暂行办法

(安徽省财政厅 2003 年 11 月 21 日印发 财办〔2003〕1028)

第一章 总 则

第一条 电视会议(亦称视讯会议、远程会议)是综合应用电视技术与网络技术召开远程会议的一种现代会议方式。有效利用已开通的财政电视会议系统,既能提高工作效率,也能节省时间和会议费用。使用和发挥电视会议系统的应用效能,需要省市两级财政部门的密切配合,为了规范和加强财政电视会议系统的应用和管理,特制定本办法。

第二条 省市两级财政部门应在精简传统会议的同时,充分利用电视会议系统来布置、交流和汇报工作,逐步做到省内每年召开的各类会议,至少半数是以电视会议方式召开的。

第三条 为推进和适应财政信息化发展的需要,要将电视会议系统和其他现代化办公手段应用于财政日常管理工作及其效果评价,逐步纳入省市两级财政部门先进文明单位的评价指标体系进行考核。

第二章 电视会议规模与应用

第四条 电视会议系统可用于召开各种规模的远程会议、多方洽谈、举办业务讲座和常规培训。(一)大型会议,适于以省政府或财政厅名义召开、具有相当规模的大会。主会场设在省财政厅五楼会议室,分会场分布在各市财政局的大会议室。(二)中型会议,适于以分管厅长和厅机关处室(局)、厅属各单位名义召开的业务会议。主会场设在省财政厅四楼会议室,分会场分布在各市财政局的小会议室。(三)电视交流会议,适于厅机关处室与部分市、市与市财政部门之间临时进行的小型研讨与交流。不设主会场,省财政厅分会场分别设在厅 9 楼或 10 楼会议室。

第三章 大中型电视会议申办

第五条 大中型电视会议的承办部门应在拟办会议通知前,向省财税信息中心通报会议召开时间,以便联系主干网络运行管理单位,保障会议网络畅通。

第六条 各市财政部门在收到召开电视会议通

知后，应按照会议规模和参加人数确定分会场位置，并及时安排管理员检测会议终端与网络状况，排除设备与网络连接问题。

第七条　大中型电视会议召开前半小时，主会场和分会场会议终端设备管理人员进行测试准备，各分会场设备管理人员应及时打开会议终端，呼叫并连通省主会场，确保会议顺利召开。

第八条　电视会议召开前5分钟，主会场会议主持人对各分会场进行点名，主会场的设备管理人员应配合点名顺序，及时切换显示各分会场画面，分会场负责人在听到主会场的点名声后，应及时应答“我是某某分会场”。

第九条　电视会议期间，参会人员应将手机置于振动状态，会议设备管理人员应注意接听会场间的联系电话，以保证通讯畅通。

第十条　当主会场主持人宣布会议结束后，由主会场设备管理人员统一结束会议设备连接，各分会场再按操作流程关闭各自电视会议设备。

第四章　电视交流会议预约

第十一条　电视交流会议无需履行申办手续，但要预约会议设备管理员、避开电视会议室被其他用途的占用时段。参加远程交流的双方或多方，事先通过网络、电话或传真约定时间后，即可在各自分会场进行远程交流。

第十二条　会议设备管理员具有为参会单位调通会议连接、传授会议终端遥控器操作方法的义务。

第五章　电视会议系统及设备管理

第十三条　省市两级财政部门办公室承担财政电视会议系统的应用管理工作，省市两级信息中心负责电视会议设备及网络系统的技术管理与维护工作，为电视会议提供技术服务。

第十四条　省财税信息中心负责保障全省财政电视会议网络的畅通、会议中心设备(MCU)的管理维护和日常开通，培训和指导各市财政部门的管理人员操作和维护会议终端，为布置全省大中型电视会议主会场提供技术服务和技术保障。

第十五条　各市财政部门办公室(或信息中心)负责会议终端设备的使用与管理，指派专人负责设备管理和使用指导。会议终端使用人员不得随意变更终端设备参数，或将终端设备挪做他用。要保管好电视会议终端及遥控器，防止丢失或损毁。

第十六条　各市财政部门如需自行建设向下延伸的电视会议系统或横向接入其他部门的电视会议系统，因涉及财政电视会议系统核心设备级联、主要技术参数变更等技术问题，应事先向省财税信息中心咨询和通报，并经技术论证和模拟测试后方可实施，以免因网络带宽不够、设备配置冲突或线路信号窜扰而导致财政电视会议系统不能正常使用。

第六章　附　　则

第十七条　本办法由省财税信息中心负责解释。

第十八条　本办法自2003年12月1日起试行。

财政部门大事记篇

底图为黄山风光：猴子观海

省财政工作大事记

2003年全省财政工作10件大事

1.全省财政总收入突破400亿元。2003年,全省各级财政部门坚持以改革创新统揽工作全局,依法强化收入征管,努力化解各种减收增支不利因素影响,全省财政收入保持良好增长势头,全年财政总收入突破400亿元,完成412亿元,增长18.9%,继2001年跨上300亿元台阶之后,迈上400亿元的新台阶。

2.稳步推进粮食补贴方式改革。2003年,在总结来安县、天长市粮改试点经验基础上,从6月1日起在全省扩大粮食补贴方式改革试点,将原来通过流通环节对农民的间接补贴改为对农民的直接补贴。省财政会同有关部门精心制订并实施改革方案,向农民发放粮食补贴款6.27亿元,惠及4600多万农民,受到了广大农民的普遍欢迎。

3.全力支持"非典"防治。2003年,面对突如其来的"非典"疫情,省财政迅速建立了全天候值班、经费统计日报、情况反映快报等制度,大力争取中央财政支持,确保"非典"防治资金及时到位,全省财政共安排"非典"防治支出4.75亿元,为全省取得"非典"防治阶段性重大胜利作出了重要贡献。省财政厅被省委省政府授予"全省抗击'非典'先进集体"光荣称号。

4.大力支持抗洪救灾和灾后恢复重建。2003年,淮河流域发生了1954年以来的最大洪涝灾害,省财政全力争取中央支持,积极调整支出结构,迅速调度资金,大力支持抗洪救灾和灾后恢复重建,扎实做好农业税灾歉减免和行蓄洪区运用补偿工作,全省财政相继安排专项资金近30亿元,为夺取抗洪救灾重大胜利作出了重要贡献。省财政厅被省委省政府授予"全省抗洪抢险先进集体"光荣称号。

5.圆满完成公共财政支出改革3年目标任务。2001年以来,全省县级公共财政支出改革稳步推进,完成了省政府确定的"一年到位、二年完善、三年规范"的3年改革目标任务:省市两级公共财政支出改革不断深化,省级基本建立起规范化、程序化的预算编制模式,省直所有部门及所属基层预算单位全部实行了国库集中支付制度,呈现省市县联动、整体推进的良好态势。

6.积极推进新型农村合作医疗制度建设。2003年,省财政厅在铜陵、宁国等10县(市)进行首批新型农村合作医疗试点,参保农民达365万人,全省财政共补助参保农民合作医疗资金3650万元。截至12月底,10县(市)共有3486名农民领取了合作医疗补助金,补助总额为199万元,深受农民群众的欢迎。

7.扎实开展"乡财县管"改革。2003年,省财政厅在和县、五河等9个县推行了乡财县管乡用改革试点,较好地理顺了县乡财政体制,规范了乡镇财政收支行为,确保了乡镇工资正常发放,堵塞了乡镇乱收费、乱支出和乱进人、乱举债的漏洞,严格控制了乡镇债务,为从根本上解决乡镇财政困难创造了条件。

8.全面开展农业特产税改征农业税试点。2003年,省委省政府决定,从4月1日起,在全省开展农业特产税改征农业税试点工作,全面取消征收农业特产税,对部分农业特产品改征农业税。各级财政部门精心操作,确保改征政策落实到位,直接减轻农民负担1.7亿元。规范了农业税制,促进了农村经济发展。

9.完成农村中小学危房改造3年目标任务。2003年,全省安排农村中小学危房改造资金6亿多元。近3年共投入专项资金20亿元,其中省财政下拨13亿元,累计改造农村中小学危房560万平方米(其中D级危房458万平方米),完成了省政府确定的3年改造完2001年前的438万平方米D级危房目标任务。

10.认真组织"农村税费改革规范年"活动。2003年,组织开展了"农村税费改革规范年"活动,取得了显著成效:农村税费改革各项政策进一步落实,涉农税费征收行为进一步规范,农民负担保持稳定并继续有所减轻,农村税费改革成果继续得到巩固。全省农民人均负担64.4元,比改革前下降41.1%。

(厅办公室供稿　编辑部整理)

厅长办公会议纪要

(2003年度)

(一)

2月11日,朱玉明厅长主持召开厅长办公会议。项仕安、汪建国、戴克柱、周春雨、楚建平、刘钢同志参加会议,邓寿安、陈永年、季必英同志列席会议。

1.会议听取陈永年同志关于2003年省财政厅机关部门经费预算安排情况的汇报。会议原则同意厅办公室的具体安排。对少数特殊问题,在现有的基础上进行微调,厅省直预算编制办公室、厅国库支付中心、厅监督检查局等单位经费预算要给予适当增加。对有的专项公用经费项目进行相应的合并。会议同意给予省农业综合开发局、省财政经济开发处一定数额的开办费;对省政府采购中心办公租房费用在批复预算时解决,并列入明年的部门预算;对"金财工程"、农村税费改革需要的专项经费,待省政府研究上半年预算追加时,通盘考虑。

2.会议原则同意制定《财政厅机关财务包干暂行办法》,要求厅办公室在进一步征求处室意见后,对部分项目的定额标准进行修改,特别是业务处室与非业务处室要有区别,更加完善、科学、合理。要求厅办公室要针对不同的支出项目制定具体的管理控制办法,真正把机关财务管好管住。

(二)

2月27日,朱玉明厅长主持召开厅长办公会议。项仕安、汪建国、戴克柱、周春雨、楚建平、刘钢同志参加会议,江永泓同志列席会议,迟本能、李森林、虞明哲、李景鹏、解立卫、李朝友、孟照红、陈欢同志分别列席了会议的相关议题。

1.会议审定了省注协行政管理职能收归厅机关的问题。会议决定,要按照财政部《关于进一步加强注册会计师行业管理的意见》(财会〔2002〕19号)要求,收回省注协行使的行政管理职能,由厅人教处负责具体落实工作。职能调整后,厅会计处在审批新成立的会计师事务所时征求省注协的意见;省注协人员编制维持现状;厅监督检查局新增职能后所需开展工作的经费按工作需要申请追加。为做好职能划转的移交工作,由周春雨、楚建平、刘钢同志组成移交工作领导小组,周春雨同志任组长,负责协调。移交工作要限时完成。

2.会议听取了李森林同志关于全省财政广域网建设和财政电视会议系统建设情况的汇报。会议对近年来全省"金财工程"建设取得的成绩给予充分肯定。原则同意厅预算处、省财税信息计算中心对加强广域网建设提出的建议。会议决定:(1)全省财政系统广域网建成后,由厅办公室负责日常管理,省财税信息计算中心负责维护和技术支持。厅办公室和财税信息计算中心要根据业务需要制定相应的管理办法。(2)财政电视会议系统目前先开通到市级,建设经费按实际工作需要进行申报。要本着少花钱、多办事的原则,加强资金使用管理,把钱花在刀刃上。对今后"金财工程"建设需要的资金,计算中心要会同厅预算处、办公室统一规划,统一安排。(3)厅监督检查局上半年完成对财政广域网建设二期工程内部审计工作,并形成书面审计报告,报厅党组会审定。

3.会议听取了虞明哲同志关于清理整顿财政周转金情况的汇报。省财政经济开发处自成立以来,在清理财政周转金方面做了大量工作,取得了一定的成绩。会议对省财政经济开发处工作提出明确要求:一是办理好与原省信托投资公司的资产移交工作,对其答应给经济开发处的100万元开办费要加紧催要。二是利用多种手段继续抓紧催收,加大清欠力度,对已破产单位陈欠的实在无法收回的债权,要按程序进行清理核销。三是对2003年确定的回收目标任务,要分解落实到人,可适当采取激励措施,调动大家做好回收工作的积极性。对已明确的周转金欠款,要抓紧与厅国库处或相关业务处办理移交手续。四是积极开展资金运作,在保证资金安全的情况下,实现资金的保值增值。五是建立和完善内部各项管理制度及财政发展资金的使用管理制度。

4.会议听取了解立卫同志关于厅机关联系困难户工作情况的汇报。会议认为,2002年由机关党委负责的联系300户困难户的帮扶工作,在厅农业处、教科文处、省财政经济开发处等处室单位的大力支持配合下,取得了突出成绩,达到和超过了预期的目标。原则同意厅机关党委对帮扶工作所提出的建议。会议要求厅机关党委把支持个体私营经济发展放在重要位置,帮扶的重点放在抓指导和联系上,逐步从抓具体工作中解脱出来;要立足于工作抓实,开拓创新,多做实事,宣传有度。在抓好现有300户困难户的基础上,可适当拓展帮扶面。

(三)

4月25日,朱玉明厅长主持召开厅长办公会议。项仕安、汪建国、戴克柱、周春雨、楚建平、刘钢、汪晓琴同志参加会议，迟本能、解立卫、虞明哲同志列席会议，李森林同志列席会议的相关议题。

1.会议听取了李森林同志关于安徽爱普科技公司改制方案的汇报。会议认为，安徽爱普科技公司自创建以来，在促进全省财政系统计算机应用和财政管理信息化方面做了大量工作，取得了一定成绩，并实现了国有资产的保值增值。会议原则同意公司改制及对公司净资产的处置意见。会议要求厅企业处积极支持计算中心做好安徽科技爱普公司改制工作，制定具体的改制方案报下次会议研究。

2.会议听取了虞明哲同志关于人民来信反映某厅机关干部经商办企业调查情况及处理建议的汇报。会议要求厅监察室会同厅人教处将人民来信所反映该同志经商办企业的调查情况向省人事厅汇报，听取人事厅的意见，并做出定性。会议要求戴克柱副厅长负责，厅人教处、监察室负责人参与共同对其本人进行严肃的批评教育谈话，并责令其写出深刻的书面检查，视其认识情况另行处理。

3.会议研究了2003年厅机关招商引资有关情况。会议决定成立厅招商引资领导小组，由戴克柱副厅长任组长，厅经建处、企业处、金融处、国际债务处负责同志为成员，负责完成省政府下达省财政厅的招商引资任务。

4.朱玉明同志还对全省“非典”防治工作情况进行了通报。要求厅机关进一步加强领导，精心组织，狠抓落实，采取措施，做好“非典”的预防工作。

（四）

7月7日，朱玉明厅长主持召开厅长办公会议。汪建国、楚建平、迟本能、汪晓琴、张广寿同志参加会议，邓寿安、周名桨、毕小彬、曹哨兵、王玲、陈传文、张永祥、罗建国、吴天宏、王茂胜、王建培、盛普田、范成法、陈江吼、黄诗柱、黄克来同志列席会议。

1.会议听取了朱玉明同志关于全省总的汛情和回良玉副总理来安徽省视察防汛情况的通报。入梅以来，发生全省性降雨，江湖水库水位全面上涨，随着雨区北移，淮河汛情迅速发展。7月4日淮河流域进入紧急防汛状态，防汛形势十分严峻，淮河水情严重程度已和1954年、1991年相当。目前，已起用5个国家级行洪区行洪蓄水。根据气象部门预测，淮河流域防汛形势十分严峻。

回良玉副总理受胡锦涛总书记和温家宝总理的委托，在国务院副秘书长汪洋及国务院有关部门负责人的陪同下，于7月5日至6日来安徽省慰问广大抗洪抢险的干部、群众和武警部队、解放军官兵，并视察了安徽省淮河流域的抗洪救灾工作。回良玉副总理在视察灾情后，对安徽省在前一阶段的抗洪救灾工作中取得的成绩给予充分肯定，对抗洪救灾采取的各项准备工作和措施表示满意，并对下一步的抗洪救灾工作提出要求。他要求各级领导要冷静分析淮河流域的抗洪形势，继续发挥1998年、1999年抗洪救灾的精神，做好防大汛、抗大灾、长期作战的思想准备，进一步坚定信心，全面夺取抗洪抢险的胜利；安徽广大军民要强化危机意识、责任意识，各项工作要狠抓落实，强化措施，工作到位；强化领导，落实到人；统筹兼顾，全面展开，既要抓防汛、救灾，也要抓生产建设。要确保沿淮人民生命财产安全、确保淮河不破堤、确保城市安全、确保把损失降到最低限度、确保不发生疫情。

2.会议听取了朱玉明同志传达省防汛抗旱总指挥部7月6日召开的紧急会议精神。7月6日下午，王金山省长主持召开省防汛抗旱总指挥部成员单位紧急会议，王金山省长对下一步防汛救灾的组织建设提出具体要求，省政府各部门组成对外联络、交通运输保障、抗灾自救等10个组，负责抗洪救灾工作。会议确定全省抗洪救灾的总体目标：要实现中央领导提出的“五个确保”，各职能部门实现运转高效。各级政府、各部门要严守纪律，恪尽职守，严防死守，确保渡汛。当前，一要做好灾情的各项统计工作，做到天天有数、天天有表，手中有稿；二要及时上报汛情，不能虚报、谎报，不能有情况不报。会上，任海深副省长对抗洪救灾工作提出四点要求：一是各单位要高度重视，严肃对待，把抗洪救灾作为当前头等大事来抓；二是明确任务，各负其责；三是工作协调，忙而不乱；四是高度重视信息工作，做到准确、及时，按程序批准上报。

3.会议研究了省财政厅如何贯彻中央领导指示和省防总会议精神。会议确定：一是由厅办公室牵头，起草进一步开展增收节支、支持抗洪救灾文稿，报任海深副省长批准后，建议以省政府名义下发。二是关于中央补助的资金分配问题。厅农业处、社保处要主动与省水利厅、卫生厅协调，在预留部分资金后，尽快把资金的大部分分配下去。三是厅预算处牵头负责做好抗洪救灾支出的统计工作。四是厅社保处牵头负责各地灾情损失资料的统计和收集工作，并报财政部社保司；厅农业处负责每天的汛情、灾情等资料的统计和收集工作，并每天报财政部廖晓军副部长及农业司。五是进一步做好争取中央财政资金补助工作。除争取中央财政特大防汛、民政救灾、卫生防疫等资金补助外，还要及时做好水毁公路、农村校舍、农村广播网、农村文化设施等损失统计工作，及时掌握损失情况并向财政部反映，争取中央补助。六是厅各处室要高度重视，加强教育，进行动员，提高认识，除抓好正常工作外，凡是与防汛救灾工作有关的都要积极参与；凡是与防汛抗洪有关的都要特事特办，对一些特殊情况要及时向省防总、分管省长和财政部报告；凡是与抗洪救灾工作有关的处室，要深入灾区第一线，调查研究掌握情况，帮助解决问题。

（五）

7 月 14 日，朱玉明厅长主持召开厅长办公会议。项仕安、汪建国、周春雨、迟本能、汪晓琴同志参加会议，厅机关各处室(局)负责人和部分厅属单位负责人列席会议。

1.会议听取了朱玉明同志关于温家宝总理来安徽省视察防汛救灾情况的通报。7 月 12 日，温家宝总理在回良玉副总理和国务院有关部门负责人的陪同下，来安徽视察防汛救灾工作。当晚在蚌埠市召开会议，并发表重要讲话。温家宝总理首先转达了中共中央总书记、国家主席胡锦涛和中共军委主席江泽民对灾区人民的关心和对坚持在抗洪救灾第一线的军民的问候。温总理充分肯定了在党中央、国务院的坚强领导下，在国家防总和沿淮各地党委和政府的正确指挥下，通过科学防控，紧张有序地精心调度、安排，安徽防汛救灾工作取得了没有一处堤岸发生缺口，没有一处工程发生问题，没有一人因洪涝死亡这样来之不易的成绩。他要求各级领导要真正按照“三个代表”重要思想的要求，把人民的安全和利益摆在第一位，靠前指挥，科学调度，思想不麻痹，工作不放松，保证新的洪峰能够安然入海。他强调，当前防汛抢险的重点是搞好救灾和灾后重建工作。救灾工作的重点是要保证群众有饭吃、有衣穿、有医疗保障。要突出抓好卫生防疫和解决好受灾群众住的问题两件大事。灾后重建工作的重点：一是坚持两手抓，一手抓抗洪抢险，一手抓恢复生产；二是解决住房问题。在统一、科学规划基础上，发挥国家、集体、个人各方面力量，优先解决行蓄洪区的水毁工程建设。

2.会议布置了厅机关开展灾情调查和防汛救灾经费检查督查工作。为准确掌握灾情和防汛、救灾经费的使用情况，会议决定分面上和点上开展灾情调查及经费使用情况的检查工作。点上调查和检查主要由厅农业处、农税局和社保处负责；面上调查和检查分 9 个市 18 个组进行。会议确定这次调查检查的指导思想是：贯彻实践“三个代表”重要思想，机关领导干部深入灾区一线，深入群众，体察群众疾苦，了解灾情，便于指导灾区生产自救、恢复生产、重建家园工作，帮助灾区及受灾群众解决实际困难。

3.会议要求各检查组：(1)要搞清楚被查地方总体灾情、汛情；(2)要深入基层，一定要到灾情最严重的地方实地查看，到群众转移安置的现场查看吃、穿、住、医情况，把存在的问题带回来；(3)不在基层吃饭，在县、市就餐不摆酒宴，能吃自助餐的尽量吃自助餐；(4)调查、检查结束后，要尽快形成书面材料交各组带队人，由各组带队人汇总并形成简明汇报材料，交厅预算处统一汇总。

4.为保证检查工作的顺利开展，会议对这次调查、检查工作还提出了纪律要求：(1)厅各处室(局)要从大局出发，无条件服从组织安排；(2)厅机关服务中心统筹安排车辆，各检查组不准找下面要车或向外单位派车；(3)各组要尽快完成工作任务，到市的 2—3 天完成，到县区的 2 天完成。

5.会议明确农业税的核灾、报灾，蓄滞洪区农民财产损失补助申报工作由项仕安同志负责，厅农业处、农税局着手抓。民政救灾、卫生防疫资金的申报、追加工作由汪建国同志负责，厅社保处与省民政厅、省卫生厅商办。

6.项仕安、汪建国同志分别就特大防汛资金、救灾资金、卫生防疫资金如何开展检查提出具体要求。

（六）

7 月 24 日，朱玉明厅长主持召开厅长办公会议。汪建国、周春雨、楚建平、迟本能、刘钢、汪晓琴同志参加会议，解立卫、宋宝泉、李朝友、毕小彬同志分别列席会议的相关议题。

1.会议审定了《省财政厅机关处级干部选拔任用工作程序暂行办法》(讨论稿)。会议认为，这是厅机关认真贯彻落实《党政领导干部选拔任用工作条例》的具体体现，既方便广大干部职工进一步了解干部任命的程序，也便于大家对厅机关的干部任用工作进行监督。会议原则通过《省财政厅机关处级干部选拔任用工作程序暂行办法》(讨论稿)，同意以厅党组文件下发执行。

2.会议审定了《关于对厅机关单项工作获奖进行奖励的暂行办法》。会议认为，该办法对规范厅机关目标管理，激励各处室(局)争先创优，进一步调动机关职工工作积极性很有好处。会议原则通过《关于对厅机关单项工作获奖进行奖励的暂行办法》，由厅人教处下文执行。

3.会议听取了解立卫同志关于安徽爱普科技公司改制方案及国有资产处置有关问题处理意见的汇报。会议认为,安徽爱普科技公司改制是深化改革和适应建立现代企业制度的需要,对充分调动广大职工的积极性和创造性,促进其发展将起到积极作用。会议原则同意厅企业处起草的关于对安徽爱普科技公司整体改制中国有资产处置的方案。由厅企业处代表厅下文执行。新公司按《公司法》规定设立股东会、董事会、监事会以及董事长人选,新公司的经营活动,计算中心收益分配等事宜由厅人教处代表厅下文明确。会议强调省财税信息计算中心继续承担为财政信息化服务的职能,不得转嫁或变相转嫁给安徽爱普科技公司提供有偿服务;省财税信息计算中心为财政信息化服务提供的软件开发、工程施工等,如确实需要外协完成的,应通过招投标活动,不得定向委托给安徽爱普科技公司。

4.会议研究了特岗通讯补贴问题。会议研究决定,同意分配给厅办公室3个特岗通讯补贴名额用于信访、接待、机要岗位,分配给纪检监察室2个特岗通讯补贴名额用于纪检监察岗位。剩余5个特岗通讯补贴名额暂作保留。

5.会议听取了毕小彬同志关于省级2002年度结转指标使用情况及处理意见的汇报。会议同意厅预算处提出的对2002年度结转指标的处理意见。

为了进一步加强省级结转管理,从2004年起,对厅各处室(局)2002年12月31日前仍未使用完毕的预算指标,一律收回重新安排。同时,为保证预算的顺利执行,建议编制2004年预算时,对有关支出处室适当安排必要的机动经费,用于解决当年内归口部门的一些零星经费申请。以上意见由厅预算处下文执行。会议要求,各支出处要积极主动与分管部门商量落实,提出结余指标的使用计划,要加快支出进度,提高预算的执行率。

(七)

8月1日,朱玉明厅长主持召开厅长办公会议。项仕安、汪建国、周春雨、楚建平、迟本能、刘钢、汪晓琴同志参加会议,解立卫、邵勋、董照军、叶翠青同志列席会议。

1.会议听取了朱玉明同志关于贯彻落实中共中央办公厅、国务院办公厅关于治理报刊散滥情况的通报。会议认为,这次报刊整顿工作,中央决心很大,决策英明,厅党组要认真贯彻落实中央文件精神和省里的要求。根据省治理党政部门报刊散滥和利用职权发行工作领导小组成员单位的工作职责,厅有关业务处室要积极行动,代省委、省政府制定一些具体配套实施办法。会议要求省财政科研所、安徽财会杂志社,要按照有关会议的要求,进一步了解有关政策,根据这次会议研究的倾向性意见,确定报送《安徽财会》的整治方案。

2.会议研究了《安徽财会》整治初步方案。会议认为,《安徽财会》杂志自创刊20年来,不断提高刊物质量,扩大发行规模,在财政宣传、理论研究方面做出了积极贡献,不能轻而易举丢掉这个品牌。会议初步确定按照"管办分开,独立办刊"的建议制订方案。会议要求省财政科研所、安徽财会杂志社立即召开全体干部职工会议,认真传达中央和省有关文件、会议精神,积极做好思想工作,保持稳定。要通过思想工作动员和鼓励个人分流办杂志,在办公场所、资金、政策上给予适当倾斜,解决分流人员的后顾之忧。如果此方案不可行,再按照停办《安徽财会》,改成内部资料性刊物的方案进一步研究。

(八)

9月2日,朱玉明厅长主持召开厅长办公会议。汪建国、周春雨、迟本能、刘钢、汪晓琴同志参加会议,陈永年、季必英、黎学东同志列席会议。

1.会议研究了争取财政部支持安徽省灾后重建资金任务分解。会议要求厅机关要进一步加大"跑部"工作力度,尽量多争取财政部对安徽省灾后重建工作的支持,分管厅领导和相关处室(局)要狠抓落实。会议确定了下列争取支持项目的负责人和责任单位:(1)争取一般转移支付和财政结算财力补助重点支持(目标:比上年有较大增加)。负责人:周春雨;责任单位:厅预算处。(2)农业税灾歉减免占全国最大份额。负责人:项仕安;责任单位:厅农税局。(3)落实上限标准对安徽省行滞洪区财产损失给予较大补偿。负责人:项仕安;责任单位:厅农业处。(4)落实危改资金补助承诺,争取一定数额的水毁校舍修复及教材补助资金。负责人:汪建国;责任单位:厅教科文处。(5)落实灾民倒房重建及冬令前口粮补助资金。负责人:汪建国;责任单位:厅社保处。(6)落实排涝修复资金和恢复农业生产秋种补助种子资金。负责人:项仕安;责任单位:厅农业处。(7)落实水毁公路修复资金补助,以及建设用地使用费补助。负责人:朱玉明;责任单位:厅经建处。(8)争取对政法部门水毁修复给予一定资金补助。负责人:楚建平;责任单位:厅政法处。会议要求,对此项工作任务,厅办公室下文予以明确,并将执行结果与厅机关文明处室评比挂钩,对完成任务的实行加分,完不成任务的相应减分,有突出贡献的给予适当奖励。具体奖惩标准待定。

2.会议审定了《安徽省财政厅机关公用报刊杂志订阅管理试行办法》(讨论稿)、《安徽省财政厅机关图书资料购置费及宣传经费管理暂行规定》(讨论稿)、《关于安徽省财政厅机关编印业务书籍有关问题的通知》(讨论稿)等办法。会议认为,这是完善厅机关财务管理制度的重要举措,对加强和规范厅机关财务管理、减少资源浪费、节约开支有积极的作用。会议原则同意制定上述3个办法,要求厅办公室进一步修改后,下文执行。

3.会议听取了陈永年同志关于厅机关专项经费管理情况和建议的汇报。会议认为,由于厅机关目前专项经费管理存在支出规模难以控制、年初安排预算争专项、各处室之间存在苦乐不均现象等问题,给规范财务管理带来较大难度,同时也造成许多不必要的浪费,因此加强对专项经费管理很有必要。会议同意由办公室按照“统一管理、统筹使用、集中支付、保证需要”的原则,制定具体的专项经费管理办法。

4.会议听取了黎学东同志关于统一省直机关工作人员津补贴及福利待遇意见的汇报。会议认为,规范省直机关工作人员津补贴及福利待遇是一项难度大、情况复杂的工作,规范津补贴及福利待遇管理,对促进公务员合理流动、反腐倡廉、减小不同单位收入差距有积极作用。但考虑到安徽省的实际情况,要开展这项工作,必须建立公开透明的发放机制,纳入工资统发,实行先申报审核,后发放;必须有坚强的组织纪律保证推动此项工作开展。实行统一发放标准后,擅自违反规定的要给予单位主要负责人党纪政纪处分。会议要求综合处对该意见要作进一步修改并做好相关数据的测算工作后,报省政府审定,自2004年开始实行,并建议由省纪检委下文执行,以便从制度、纪律上予以保障。

(九)

9月30日,朱玉明厅长主持召开厅长办公会议。项仕安、汪建国、迟本能、毕小彬、汪晓琴同志参加会议,邓寿安同志列席会议,李朝友、张力同志列席会议的相关议题。

1.会议研究了厅机关宿舍供暖问题。会议认为,城市生活小区实行集中统一供暖是大势所趋。会议研究同意淮河路宿舍区实行集中统一供暖。厅机关服务中心尽快负责落实。杏花小区供暖情况,视淮河路宿舍使用情况明年另行研究。2003年杏花小区暖气费用收取仍比照往年执行,对外单位的住户,要求厅机关服务中心动员有关住户的相关单位交费助费,以解决资金困难。

2.会议听取了张力同志关于所得税分享改革运行情况及下一步改革建议的汇报。会议认为,自2002年全省实施所得税分享改革以来,总体运行情况是好的,但各市反响不一,执行中还存在隶属关系难以确定、征管体制不明晰、相关部门配合不够、省级财力增量来源单一风险较大等问题。因此,有必要在原有的基础上对2004年所得税分享方案进行修改。会议原则同意按照以各市2002年收入为基数,中央跨地区经营集中纳税企业所得税、高速公路所得税、彩票个人所得税由中央和省分享,其余所得税收入全部由中央、省、市县三级分享,省级分享比例15%的方案报省政府研究审核。

(十)

10月3日下午,朱玉明厅长主持召开厅长办公会议。项仕安、汪建国、楚建平、迟本能、汪晓琴同志参加会议,汪学越、王建培、宋宝泉、陈永年、张力、李良、徐文卿、鲍习生同志列席会议。

1.会议传达了温家宝总理、回良玉副总理率领国务院有关部门负责同志于10月1日至2日深入安徽省阜阳亲切慰问灾区群众,视察指导救灾工作的有关情况。并对厅机关如何贯彻落实10月3日上午省政府专题会议精神进行了部署。

2.会议认为,厅机关在前一阶段的抗洪救灾工作中,能积极争取中央支持,统筹调度和拨付财政资金,为抗洪救灾提供了资金支持和物资保障;能深入灾区一线,体察民情,进一步增强了工作的责任感和责任心。会议要求厅机关要认真贯彻温家宝总理、回良玉副总理在安徽省视察时的重要指示精神,认真学习国务院领导心系群众、亲民务实的工作作风,以“三个代表”的重要思想统揽财政工作,筹好钱、管好钱,用好钱、为生产救灾尽职尽责。

3.会议研究决定了下列事项:(1)由办公室牵头,相关业务处室配合,做好财政厅与重点受灾县政府签订责任状的准备工作;(2)由厅预算处牵头汇总,相关业务处室配合,编报生产救灾资金使用进度报表,并按时报省生产救灾办公室;(3)凡中央已明确补助的资金,厅各处室负责落实,预算、国库保证及时拨付;(4)厅农税局、农业处、税改处分别要提前做好农业税灾歉减免、行蓄洪区补偿工作的分配方案,以及农业特产税改征农业税的转移支付测算工作;(5)厅机关党委要牵头切实抓好长丰县孔店乡对口支援工作。

（十一）

10 月 30 日晚，朱玉明厅长主持召开厅长办公会议。项仕安、汪建国、楚建平、迟本能、毕小彬、刘钢、汪晓琴、张广寿同志参加会议，邓寿安、曹哨兵、解立卫、徐文卿、王茂胜、胡德林同志列席会议。

1. 会议听取了朱玉明同志传达全国粮食和农民增收会议精神，毕小彬同志传达全国治淮工作会议精神。会议研究了贯彻落实全国两个会议精神的措施，要求厅办公室牵头，相关处室、单位配合，按省政府的要求上报提出贯彻落实全国两个会议精神的书面材料。

2. 会议研究决定下列事项：(1)关于农村税费改革问题。2004 年要进一步深化农村税费改革，根据中央的有关政策，积极建议省政府取消农业税附加。省财政要积极争取财政部支持，多方筹措资金，保证改革后村级组织正常运转和村级干部待遇。(2)关于粮食改革问题。2004 年要重点完善粮食补贴办法，加快老粮销售，促进深化国有粮食企业改制，研究建立全省各级粮食储备工作。(3)关于农业投入问题。2004 年要集中财力，突出重点，支持优质粮生产基地和粮食加工企业基地建设，积极扶持农业产业化和引导农村专业合作组织发展。省农业综合开发局要集中资金加大对提高增加粮食产量有潜力项目的投入。(4)关于治淮问题。要加强治淮资金的管理，对地方配套资金，按照实行统借统还，集中管理的原则，研究制定相应的管理办法。

（十二）

11 月 20 日晚，朱玉明厅长主持召开厅长办公会议。项仕安、汪建国、楚建平、毕小彬同志参加会议，邓寿安、曹哨兵、李友兰、孟照红、段焕松同志列席会议。

1. 会议听取了曹哨兵同志关于 2004 年省级预算安排情况的汇报。会议确定 2004 年省级预算编制的指导思想是：以“三个代表”重要思想为指导，全面贯彻党的十六大和十六届三中全会精神，继续落实积极财政政策，促进经济社会协调发展；深化农村税费改革和粮食流通体制市场化改革，减轻农民负担，促进农民增收；依法加强征管，确保财政收入稳定增长；优化财政支出结构，加大对重点支出保障力度；继续深化部门预算和“收支两条线”改革，强化综合预算管理，编制全口径预算，加快公共财政体制建设步伐。会议原则同意 2004 年全省财政总收入预算按 10%左右增长比例编制，省级全口径可用财力按 910768 万元安排，省级预算支出总盘子按 910729 万元安排。

2. 会议听取了李友兰同志关于 2003 年省级预算编制工作及 2004 年省级部门预算建议草案初步安排情况的汇报。会议充分肯定了省直预算编制办公室在 2003 年省级部门预算编制工作中，在规范预算编制程序，建立标准预算周期制度；完善省级部门预算基础信息库，实现了人员支出预算直接由财政部门编制；逐步建立定员定额标准，努力促进部门之间基本支出大体公平；改进项目支出预算编审方式，提高项目支出预算安排的科学性和前瞻性等方面取得的成绩。会议要求 2004 年省级预算编制，要优先保工资、保运转、保重点项目支出，基本支出核实打足，必需安排的重点支出项目尽可能列入预算。对部门一般性、经常性的专项公用支出和项目支出，按照轻重缓急，通过调整支出结构予以调整安排；对农业、科技、教育等法定增长部门新增加已明确需安排的项目，在预算中统筹安排，不留硬缺口。会议原则同意按 910729 万元安排 2004 年省级预算支出。

3. 会议要求预算处和省直预算编制办公室，省直预算编制办公室和各支出处之间要进一步协调、配合，做好 2004 年预算编制和执行工作。要调整好预算编报口径，严格部门预算执行，进一步规范预算追加。对一些具体支出项目安排，进一步征求相关支出处室意见进行微调，待实行“二下”后，形成书面材料报省政府领导审定。

（摘自 1—12 期《厅长办公会议纪要》 尹祥领整理）

省财政分项工作大事记

2003 年省财政机构变革大事记

△2 月 27 日,省财政厅下发通知(财人〔2003〕90 号)决定:终止委托省注册会计师协会行使的行政管理职能。将原省注协行使的批准成立会计师事务所(含资产评估机构)的行政职能收归厅会计处负责;将对会计师事务所、注册会计师的监督检查和行政处罚职能收归厅监督检查局负责;对注册会计师和会计师事务所进行行政处罚事项的听证、行政复议等职能,继续由税政条法处负责。

△4 月 2 日,省财政厅下发《关于撤销安徽世益经营开发公司的通知》(财人〔2003〕184 号)。

△4 月 3 日,省人事厅下发《关于同意安徽省农业综合开发局依照国家公务员制度管理的复函》(皖人复〔2003〕48 号)。

△4 月 22 日,省编办下发《关于同意撤销省职工大学财会分校的批复》(皖编办〔2003〕48 号)。

△6 月 3 日,省编办下发《关于同意省财政厅农村税费改革领导小组办公室挂农村税费改革处牌子的批复》(皖编办〔2003〕68 号)。

△7 月 8 日,省编办下发《关于调整"安徽省政府采购中心"隶属关系的通知》(皖编办〔2003〕92 号)。

(厅人教处供稿)

2003 年省财政政务工作大事记

△1 月 18 日,安徽省第十届人民代表大会第一次会议在合肥召开。省财政厅厅长朱玉明向大会作《关于安徽省 2002 年预算执行情况和 2003 年预算草案的报告》。

△2 月 28 日,新一届省政府在合肥市召开全省财政工作会议,省长王金山、常务副省长张平到会讲话,省财政厅厅长朱玉明作工作报告。各市分管市长和各市县财政局局长出席了会议。会议总结了前 5 年财政工作基本经验,研究部署了 2003 年和今后 5 年的财政工作,确立了新一届省政府财政工作的基本方略。

△2 月 25 日,新当选的省人大常委会副主任周本立率省人大常委会财经工委同志到财政厅调研指导工作。在听取朱玉明厅长关于财政工作汇报后,周本立副主任对近几年财政厅工作给予充分肯定:一是财政改革取得重大进展;二是争取国家支持取得巨大成效;三是在保运转、保重点、保稳定支出的同时,千方百计挤出资金支持经济发展。

△5 月 13 日,省财政厅机关召开财政经济形势分析会,分析财政经济运行情况,以及"非典"疫情对全省经济和财政收支的影响,研究部署做好"非典"防治和财政工作的对策措施。朱玉明厅长到会讲话。

△6 月 17 日,省委常委、常务副省长任海深到省财政厅调研,并看望了处以上干部。在听取朱玉明厅长的工作汇报后,任海深副省长指出:安徽财政这几年干了许多大事,也取得了很大成效。要再接再厉,开拓进取,继续保持财政改革发展的良好势头:第一,要坚持"一要吃饭,二要建设"的原则;第二,要千方百计增加有效财力;第三,要特别重视加强预算支出的科学管理。

△7 月 2 日,项仕安副厅长主持召开厅机关部分处室负责人会议,传达省防汛指挥部淮河流域防汛工作会议精神,项副厅长对财政支持防汛工作作出部署:一要做好防汛资金的保障,搞好资金调度工作,管好用好防汛资金;二要做好察灾、救灾工作;三要确保信息畅通,做好文件、信息的及时传递工作。

△8 月 7 日,省财政厅召开厅机关政风建设动员大会。厅纪检组长迟本能传达了《省政府办公厅关于开展 2003 年度省政府机关政风评议工作的通知》精神,朱玉明厅长对进一步加强厅机关政风建设、迎接政风评议进行了动员和部署。

△12 月 5 日,国家档案局通知:安徽省财政厅被评为 1998—2002 年度全国档案工作优秀集体。

△12 月 18 日,国家保密局通知:授予安徽省财政厅"全国保密工作先进集体"荣誉称号。

△12 月 18 日,安徽财政政务网正式开通。

(厅办公室供稿)

2003 年省财政综合工作大事记

△1 月 29 日,省财政厅成立了安徽省 2004—2006 年财政发展滚动计划编制工作领导小组,指导和协调 3 年滚动计划编制工作。领导小组办公室设在综合处,具体负责研究、编制 3 年滚动计划工作。

△5 月至 6 月,省财政厅先后下发了《关于对受"非典"疫情影响比较严重的行业减免部分政府性基金的通知》、《关于对受"非典"疫情影响比较严重的行业减免部分政府性基金的补充通知》,并会同有关部门代省政府起草了《努力降低"非典"型肺炎对部分行业影响和若干政策措施》,减免部分政府性基金和收费项目,减轻"非典"对经济运行的影响,支持受"非典"影响较重的行业尽快恢复正常的生产秩序。

△10 月,《安徽省行政区划与区域经济研究》专题研究报告刊登在第 77 期《经济研究参考》上,引起社会各届关注,国务院发展研究中心国研网进行了全文转载。

△12 月 19 日,财政部下发《关于表彰〈2004—2006 年财政发展滚动计划〉编制工作先进单位的通知》,安徽省财政厅荣获二等奖。

△12 月 24 日至 25 日,全省财政综合工作座谈会在淮南市召开。全省 17 个市财政局综合科长、预算外资金管理机构(收费管理机构)负责人出席会议。汪建国副厅长到会讲话。会议总结了工作,交流了经验,分析预测了全省财政经济形势,研究了财政综合工作新举措。

△2003 年,全省彩票发行 72672 万元,同比增长 26.1%。其中,福利彩票发行 27414 万元,同比增长 18.1%;体育彩票发行 45258 万元,增长 31.5%。2003 年全省共筹集彩票公益金 25435 亿元,有力地支持了社会事业的发展。

(厅综合处供稿)

2003 年省财政税政条法工作大事记

△1 月至 10 月,配合有关部门为芜湖、合肥两市争取设立出口贸易加工区的申报工作。3 月,芜湖出口贸易加工区已正式封关挂牌运行;合肥出口贸易加工区已通过财政部等部委审查,上报国务院。

△4 月至 8 月,全省开展企业所得税税源调查工作,共调查样本企业 1488 户,超额完成户数 288 户,占规定有效户数的 20.4%。省财政厅被财政部评为"2002 年企业所得税税源调查工作优秀单位",李斌同志、滁州市财政局黄群同志荣获财政部"2002 年企业所得税税源调查工作先进个人"荣誉称号。

△6 月 12 日至 8 月中旬,对部分省属企业的所得税缴库情况进行了检查。将省级收入混入市县金库的 300 多万元进行了调账。为省所得税收入分享改革提供了相关资料。

△7 月,为企业争取关税优惠政策,使马钢公司 H 型钢享受了合理的关税减免优惠。对部分进出口产品关税税率进行了调查并上报,为企业和产品争取了优惠政策。

△8 月至 12 月底,办理 3 起行政诉讼案件、2 起行政复议案件,有效地维护了财政资金安全和当事各方利益。

(厅税政条法处供稿)

2003 年省财政预算管理工作大事记

△2 月 17 日至 22 日,财政部预算司地方处赵永旺处长来皖调研,了解乡镇财政状况、职能调整和乡镇财政管理方式改革等有关情况。楚建平副厅长陪同调研。

△3 月 10 日至 4 月 15 日,省审计厅对省财政厅 2002 年度省级预算执行和其他财政收支进行了同级审计。

△5 月 28 日,周春雨副厅长主持召开所得税征收管理财税库协调会议。据此起草了《关于加强企业所得税征收管理工作的通知》,省政府办公厅以皖政办〔2003〕35 号文印发。

△5 月,组织开展"所得税收入分享改革运行情况专题调研"和"加快县域经济发展财政政策贯彻落实情况专项检查"。

△6 月 12 日,省财政厅在和县召开全省乡镇财政管理方式改革试点工作会议,学习借鉴和县改革试点经验,对全省改革试点进行动员和布置。周春雨副厅长到会讲话。

△6 月 24 日至 25 日,省财政厅在安庆市召开全省上半年预算执行情况分析会。周春雨副厅长到

会讲话。

△6月,周春雨副厅长率厅预算处有关人员赴北京与财政部办理2002年度中央与地方财政结算,经过争取,中央财政给予安徽财政较大的支持。

△7月7日至9日,周春雨副厅长带领厅预算处有关人员到亳州调研乡镇事业单位分流人员安置工作。调研期间,周春雨副厅长对该项工作提出了重要指导意见。

△9月14日至18日,厅举办了市级部门预算软件应用培训班,对17个市从事预算编制的人员进行了系统培训。

△10月10日至12月2日,审计署济南特派办对安徽省2002年和2003年1月至6月中央补助资金等情况进行专项审计。

△11月27日,省政府在合肥召开全省乡镇事业单位机构改革分流人员安置工作会议,省财政厅朱玉明厅长到会讲话。

△12月5日,周春雨副厅长率厅预算处负责人向省政府领导汇报所得税收入分享改革、省直管县财政体制改革、乡财县管改革方案。

△12月8日和10日,周春雨副厅长带领厅预算处有关同志赴省国税局、省地税局,就完成2003年省国税、地税部门收入目标问题与两部门深入分析情况,反复磋商和沟通,从而为圆满完成全省2003年预算收入目标任务提供了必要保证。

△12月10日,朱玉明厅长、周春雨副厅长率厅预算处负责同志向省政府领导汇报2004年省级预算安排情况。

△12月12日至14日,全省预算执行情况分析会在淮南市召开。周春雨副厅长到会讲话,财政部预算司地方处李文平副处长到会指导。

△12月15日,周春雨副厅长主持召开出口退税机制改革座谈会,有关出口企业负责人参加。

△12月18日,朱玉明厅长、周春雨副厅长主持召开所得税收入分享改革协调会,省国税局、省地税局、人民银行三部门有关人员参会,讨论所得税收入分享改革具体操作等问题。

△12月21日至23日,省财政厅邀请部分市县财政局及厅有关处室负责人座谈讨论省直管县财政体制改革问题,朱玉明厅长、周春雨副厅长到会讲话。

△12月18日,周春雨副厅长率厅预算处有关人员赴省人大财经工委汇报2003年省级预计超收安排有关情况。

△12月30日,省财政厅在合肥市召开全省出口退税机制改革工作座谈会,传达全国出口退税机制改革精神,布置全省贯彻落实工作。周春雨副厅长到会讲话。

(厅预算处供稿)

2003年省直预算编制工作大事记

△3月14日,省财政厅、省人事厅和省编办共同召开省直单位第三次财政统一发放工资布置会,省财政厅周春雨副厅长和省人事厅罗昌平副厅长到会讲话。

△3月20日,省直部门2004年预算编制工作布置会在合肥市召开。省直部门有关负责人参加了会议。朱玉明厅长到会讲话。

△3月26日至28日,省直预算编制办组织省直119个部门200多名财务人员就做好2004年度省级部门预算基础信息更新、补充工作,分4期进行了培训和布置。

△11月5日,省财政厅召开“优质油菜种子异地繁育和鉴定”项目支出预算评审论证会,评审组由有关单位领导及专家组成,毕小彬副厅长任组长,刘钢助理巡视员任副组长。

△11月21日,省财政厅召开省级62个部门财务负责人会议,布置向省人大报送部门预算有关工作,朱玉明厅长到会讲话。

△11月21日,省直预算编制办在巢湖市举办培训班,就部门预算的编制及审查监督等相关内容,向全省各级人大有关人员和省直部门财务处长进行了宣讲培训。

△12月12日,省直预算编制办向省人大报送62个省直部门预算建议草案。

(厅省直预算编制办供稿)

2003年省财政国库工作大事记

△4月14日,福建省国库支付中心一行6人来皖,就国库管理制度改革方面的有关问题进行考察。厅助理巡视员汪晓琴向客人介绍了情况。客人们观看了投影演示,还实地参观了各部门具体的业务操作情况。

△7 月 15 日,山西省人民政府为支援安徽省抗洪救灾,捐款 100 万元。此后,新疆、广东、重庆、浙江等省市又陆续捐款。捐款金额共计 1230 万元。

△7 月 15 日,厅国库处处长王玲等人分别与厅人教处、政法处有关同志前往淮南市、金寨县核查灾情。

△7 月 16 日,省财政厅对尚未纳入国库集中支付范围的省直部门进行了国库集中支付业务培训。参加培训的有省直 70 多个部门、单位的财务负责人和经办人员近 200 人。省财政厅印发了《安徽省财政国库管理制度改革培训材料》。

△8 月,省财政厅将省直 39 个部门、130 个基层预算单位纳入国库集中支付改革范围。

△9 月 11 日,财政部国库司胡敏杰副处长一行来皖调研国库建设电算化及国库管理制度改革情况。

△10 月,省财政厅又将省直 32 个部门及所属基层预算单位实行国库集中支付。至此,省直所有预算部门和单位全部实行了财政国库集中支付。

△10 月,省财政厅选择了省政府办公厅等 7 个省直部门实行网上审批、支付财政资金的试点。

△10 月 14 日至 15 日,省财政厅对首批纳入试点的预算部门及其所属基层预算单位财务人员进行了业务培训。

△11 月 13 日至 14 日,全省财政国库管理制度改革座谈会在合肥市召开。各市财政局国库科科长及相关人员共 50 多人参加会议,厅助理巡视员汪晓琴到会讲话。

(厅国库处供稿)

2003 年省财政行政工作大事记

△1 月 11 日,省委统战部、省财政厅、省各民主党派、工商联举行迎春联谊活动,共叙友情,共迎新春佳节。省财政厅朱玉明厅长、楚建平副厅长参加了联谊会。朱玉明厅长在会上发表了热情洋溢的致辞,并代表省财政厅向关心、理解、支持财政工作的省各民主党派、工商联表示衷心的感谢。

△7 月 16 日至 18 日,财政部行政政法司领导冯秀华等 3 人来皖开展专题调研,楚建平副厅长全程陪同调研。

(厅行政处供稿)

2003 年省财政政法工作大事记

△1 月 15 日,省财政厅和省公安厅有关负责同志一起召开会议,就省政法信息专网一期建设有关问题达成共识。

△2 月至 4 月,省财政厅会同省直有关部门派人就执收执罚收入、公检法司专款专用、交警管理体制改革等问题进行调研,提出了一些建设性意见。

△3 月 12 日,省财政厅召开政法部门信息专网共建实施评审讨论会。会议审定通过了《政法专网广域、城域网电路招标需求》。

△5 月 6 日,楚建平副厅长等赴省交警总队就全省交警系统经费管理体制改革方案听取主管部门意见。

△5 月 9 日,省财政厅召开省公安厅、省法院、省工商局、省地税局、省交警总队等部门的财务装备处负责同志会议,分析“非典”对收入的影响,共同研究抓好收入管理工作的具体措施。

△6 月 4 日,省政府决定,从 2003 年起,省财政连续 4 年每年安排 1500 万元专项补助资金,采取各市建设投入为主,省里适当补助的办法,加强全省公安消防特勤装备建设。

△6 月 27 日,中央政法委员会、中央社会治安综合治理委员会召开电视电话会议,总结表彰全国“严打”整治工作。省财政厅政法处获“全国严打整治斗争先进集体”称号。

△7 月 2 日,省财政厅与省安全厅联合召集黄山市、马鞍山市、阜阳市、安庆市财政局和安全局负责同志,商谈解决安全局基建经费缺口问题。

△8 月 29 日,朱玉明厅长就省直政法系统组织的省级财政收入进度情况作出批示:政法口行政性收费是省级收入的一大部分,望督促抓紧入库,确保完成年度收入任务。

△9 月 2 日至 3 日,全省中央政法补助专款项目管理工作会议在巢湖市召开。朱玉明厅长、楚建平副厅长到会讲话。

△9 月 9 日,省财政厅召开省直有关部门财务装备处负责同志会议,分析收入情况,研究加快收入进度的措施,确保全年预算收入任务的完成。

△9 月 10 日,政法信息专网一期设备集中采购招标会开标。

△9 月 26 日,中央政法补助装备集中采购招标

会开标,采购金额达4000多万元。

△10月24日,省财政厅举办中央政法补助装备集中招标采购合同签字仪式。

△11月8日,省财政厅与省公安厅消防总队联合召开全省消防特勤装备建设工作会议,楚建平副厅长到会讲话。

△12月8日至10日,楚建平副厅长带队会同省政法委对池州市综合治理工作进行检查考核。

△12月12日,朱玉明厅长就政法处提前完成全年收入任务作出批示:政法处提前超额完成行政罚没收入,是重视抓收入的表现,请预算处发信息表扬。

△12月12日,财政部印发《关于2002年中央政法补助专款项目管理工作考核情况的通报》,对安徽省第一期中央政法补助专款项目规划编报、实施工作给予通报表彰。

△12月18日,全省消防特勤器材采购项目在省政府采购中心进行公开招标。

△2003年底,全省政法部门信息专网电路租赁和试点单位网络建设工作全部完工。省级中心站与省直政法部门之间的线路已全部连接开通,实现数据、语音、图像的快速传输。

(厅政法处供稿)

2003年省财政教科文工作大事记

△2月,朱玉明厅长出席全省文化工作会议,并作了题为《发挥财政职能作用推动文化事业发展》的讲话。

△3月29日至30日,全省教科文财政工作会议在安庆市召开。朱玉明厅长作书面讲话,汪建国副厅长作工作报告。省直有关部门、各市及部分县市区财政局负责人参加了会议。会议对全省教科文财政工作进行了总结、分析,提出了基本思路和工作目标。

△4月,省政府办公厅下发《安徽省人民政府关于以县单位统一中小学教师津补贴发放标准的通知》。至年底,全省近60个县做到以县为单位统一地方津贴发放标准,进一步提升了农村中小学教师工资的保障水平。

△4月20日至23日,汪建国副厅长率员赴淮北煤炭师范学院、安徽财贸学院等中央与地方共建高校进行了实地调研,对共建申报项目进行了实地考察论证。通过积极争取和扎实工作,当年获得财政部专项资金支持2300万元,有效地缓解了共建院校的实际困难。

△7月30日、8月21日,省财政两次下拨中小学校舍水毁重建资金8000万元,加上市级配套3429万元,共11429万元。主要用于水毁校舍恢复建设,基本解决了倒塌校舍恢复建设,确保了9月1日开学。

△8月23日,全省中小学灾后水毁校舍建设工作会议在合肥市召开。9个市24个重灾县区政府及财政、教育部门负责人参加会议。汪建国副厅长到会讲话。9月份,省财政厅、省教育厅联合与24个重点受灾县市区及所在市政府签定责任状,落实市县在中小学水毁恢复建设项目上的管理任务。

△10月18日,省图书馆新馆顺利开馆,社会反响很好。省财政在先期通过企业税前列支赞助完成省图书馆扩建改造后,又投资5000多万元对新馆、老馆进行装修改造。

△10月,省财政厅会同省国税局、省地税局开展了文化产业的调研工作,形成了《加大文化事业和文化产业财政投入和税收扶持的政策建议》的课题报告,为省委、省政府决策提供了参考。

△11月,省财政支持排练的《孔雀东南飞》剧目在"中国第八届戏剧节"上获得六项大奖:优秀导演奖、优秀作品奖、两个优秀演员奖、剧目奖和演员奖,提升了安徽作为文化大省的形象。

△12月,省财政厅会同省教育厅制定农村中小学公用经费支出基本标准。确定农村初中、小学生均公用经费分别为:小学150元/年,初中为205元/年。并制定生均预算内拨款基本标准,明确县级财政按照农村小学10元/年,农村初中15元/年的标准安排学校运转经费,确保农村中小学基本运转。

△12月,全省3年专项投入农村中小学危房改造资金20多亿资金,其中,省财政拨付12亿元。市、县已经多渠道配套安排危改资金8亿多元,消除D级危房458万平方米,完成了省政府确定的3年目标任务。

△2003年,安徽大学顺利通过"十五"期间的"211工程"建设项目立项专家组审核,"211工程"二期建设项目全面启动。"十五"期间,在中央专项资金之外,省财政将投入专项建设经费2.5亿元,用于"211工程"建设。

(厅教科文处供稿)

2003 年省财政经济建设工作大事记

△3 月 11 日至 14 日,国务院粮改调研组由财政部经济建设司虞列贵司长带队,来皖进行粮食流通体制改革情况调研。戴克柱副厅长陪同调研。

△4 月 25 日,为抗击"非典",厅经济建设处积极筹措资金,紧急预拨 2003 年省级医药储备贷款财政贴息资金以及购买防治"非典"的药品及设备专项资金,支持抗击"非典"。

△9 月 24 日,财政部经济建设司副司长胡静林一行来皖对煤矿安全投入问题进行调研。

△9 月上旬,对全省 6 户企业,拨付从财政部争取的产业技术成果转化项目、产业技术研究与开发资金 960 万元,有力地促进了企业进步与产业升级。

△9 月 22 日至 27 日,朱玉明厅长参加省党政代表团,赴沪、苏考察学习,与两省市领导交流经济和社会发展情况,磋商进一步加强经济技术合作等问题,取得了丰硕成果。

△10 月 28 日至 30 日,省财政及时安排专项资金,保证了第三届中国·合肥高新技术项目——资本对接会暨 WTA 科技大市场在安徽国际会展中心成功举办。来自美国、加拿大、澳大利亚等 12 个国家和地区的 18 个城市的商家参加展示、交易和洽谈;省内外参展商约 450 家,参展项目 1200 余个。共签订合同、协议 93 项,总投资折合人民币 41.83 亿元、合同项目 48 个。

△12 月下旬,为加快县域经济发展,支持县域重点工业园区建设,省财政拨付资金 2000 万元,专项用于支持工业园区基础设施贴息。

△12 月下旬,为支持皖北地区发展,拨付资金 3000 万元专项用于支持皖北地区经济发展和财源建设资金。在支持的 69 个项目中,带动银行贷款 12.2 亿元,从而加快项目进程,培植了财源,增强了皖北地区的经济实力。

△12 月 24 日至 25 日,省财政厅召开全省经济建设管理工作座谈会,毕小彬副厅长到会讲话。

△12 月底,改革改制省属脱困企业 20 户,省财政拨付"脱困"资金 1500 万元。

△12 月底,省财政厅引进内资 5042 万元、外资 1206 万元美元,超额完成了省政府下达的招商引资任务。

(厅经济建设处供稿)

2003 年省财政农业工作大事记

△3 月 20 日,全省农业财政工作座谈会在合肥市召开,项仕安副厅长结合学习中共十六大精神和全国农村工作会议精神,就今后一个时期农业财政工作重点做了讲话。

△5 月 8 日,省防汛指挥部召开长江流域总指挥部指挥长电视电话会议,全面部署 2003 年长江防汛工作。项仕安副厅长出席了会议。

△5 月 13 至 14 日,根据赵树丛副省长的指示,项仕安副厅长率省防汛办公室和厅农业处有关人员对省财政厅防汛责任段——同马大堤防汛工作进行了检查,并就检查情况与安庆市及有关县领导交换了意见。

△5 月 26 日,受朱玉明厅长委托,项仕安副厅长主持召开厅近期防汛工作布置会。厅有关处室局负责人参加了会议。项副厅长传达了省领导对防汛工作的一系列重要指示,部署了厅近期的防汛工作。

△截至 7 月 11 日,省财政分 4 批安排阜阳、六安等 10 个市特大防汛资金 7000 万元。其中,中央安排 4000 万元,动用省长预备费 1000 万元,省财政调剂安排 2000 万元,主要用于防洪救灾及应急抢险。

△7 月 22 日,省行蓄洪区运用补偿工作领导小组召开第一次全体成员会议,项仕安副厅长参加会议。会议的召开,标志着省行蓄洪区运用补偿工作正式启动。

△7 月 23 日,项仕安副厅长率厅农业处、农发局负责人赴省农垦所属寿西湖农场和正阳关农场察看灾情,指导救灾和恢复生产工作。

△7 月 25 日,省行蓄洪区运用补偿工作会议在合肥市召开。赵树丛副省长作重要讲话,省政府副秘书长王首萌主持会议,项仕安副厅长对行蓄洪区运用补偿工作做了全面安排。领导小组成员单位和 12 个行蓄洪区的有关市县领导等出席了会议。

△8 月 5 日至 8 日,项仕安副厅长率农业处一行到和县、桐城市就财政支持农民专业合作组织发展进行专题调研。

△8 月 11 日至 12 日,全省行蓄洪区运用补偿工作培训班在合肥市举办。项仕安副厅长就下一步行蓄洪区运用补偿工作提出了要求。

△8 月 18 日至 25 日,省行蓄洪区运用补偿工作领导小组办公室成员,深入蒙洼、城东湖、邱家湖、

唐垛湖、上六方堤、下六坊堤、石姚段、洛河洼、荆山湖等9个行蓄洪区察看灾情。

△9月3日至6日，省行蓄洪区运用补偿工作领导小组有关成员单位再次派人深入行蓄洪区进行督查。

△9月18日，赵树丛副省长主持召开省扶贫开发领导小组工作会议，并作了重要讲话。会议宣读了调整后的领导小组成员名单，通报了全省扶贫工作情况。项仕安副厅长出席会议并发言。

△9月20日至26日，淮河水利委员会防汛办夏成宁副主任一行3人，先后对安徽省汛期9个国家行蓄洪区运用补偿工作进行实地核查。核查组对安徽省淮河行蓄洪区运用补偿工作给予充分肯定。

△9月21日至24日，财政部、水利部联合调研组一行4人来皖对沿淮9个国家级行蓄洪区运用补偿工作进行了实地调研。调研组一行认为，安徽运用补偿工作政策执行较好，工作进展顺利，取得了阶段性成果。

△10月12日至15日，赵树丛副省长率省财政厅项仕安副厅长、水利厅江兆航副厅长及相关人员，先后到财政部、水利部和国家税务总局汇报行蓄洪区运用补偿工作和农业税灾减工作。

△10月20日至25日，财政部、水利部联合调研组一行4人来皖，对省汛期运用的沿淮国家级行洪蓄区运用补偿工作进行了实地调研。调研组一行对省行蓄洪区运用补偿工作给予充分肯定。

△11月5日至7日，周春雨副厅长率农业处、预算处一行4人，专程到财政部预算司汇报行蓄洪区运用补偿工作。张弘力司长认真听取了汇报，要求司综合处认真研究，予以支持，从速办理。

△11月19日，温家宝总理对安徽、湖南两省蓄滞洪区运行补偿工作作出重要批示："补偿要落实，各级分配方案要公开，补偿资金要真正落到受灾群众手里，并接受群众和社会监督"。

△11月24日，财政部正式行文批复省政府《关于要求解决我省行蓄洪区运用补偿资金的请示》和《关于对我省行蓄洪区砂压耕地和公共财产损失给予补助的请示》。中央财政共补助安徽省41012万元。

△12月1日，王金山省长对省行蓄洪区运用补偿工作作出重要批示："一定要管好用好，用在当处，用在明处，加强监督，提高效率"。

△12月2日，全省行蓄洪区运用补偿资金发放工作会议在合肥市召开。会议由省政府副秘书长、省行蓄洪区运用补偿工作领导小组组长王首萌主持。会上，项仕安副厅长代表省行蓄洪区运用补偿工作领导小组办公室，作了题为《统一思想，认真负责，全力做好全省行蓄洪区补偿资金发放工作》的讲话。

△12月2日，全省农业财政工作座谈会在合肥市召开。各市财政局农业科科长、省直农口部门财务处处长参加了会议。会议期间，赵树丛副省长看望了与会代表，并对农业财政工作提出要求。项仕安副厅长出席会议并就当前农业财政工作面临的新形势、新任务作了发言。

（厅农业处供稿）

2003年省财政社保工作大事记

△6月18日，全省新型农村合作医疗试点启动会议在合肥市召开，省政府副秘书长王坦及省直有关部门和望江等10个首批新型农村合作医疗试点县(市)的负责同志参加了会议。汪建国副厅长到会讲话。

△9月8日至13日，省委副书记杨多良带领省督查组在黄山、宣城、芜湖3市督查就业和再就业工作时强调，以"三个代表"重要思想为统领，确保完成2003年再就业目标任务。

△12月9日，财政部在北京召开全国社会保障财政工作电视电话会议，省财政厅社保处处长王建培应邀前往北京电视电话会议主会场参加了会议，并作大会发言，介绍了安徽省加强和改进社会保障财政财务管理的新思路、新做法。

（厅社会保障处供稿）

2003年省财政企业工作大事记

△2月25日至26日，全省外商投资企业财务决算布置暨财政登记软件培训会议在合肥市召开，戴克柱副厅长到会讲话。会上讲解了外商投资企业会计报表编制说明和注意事项，并对外商投资企业财政登记软件进行了培训。

△5月，省财政厅组织对全省的产权交易情况进行了调研。

△7月24日和8月4日，财政部分别批准铜陵有色金属集团公司的铜官山铜矿等4个项目享受中

央财政企业关闭破产补助资金12.06亿元，核销银行呆坏账2.42亿元，安置了21765名企业职工，较好地解决了铜陵有色金属集团公司和中国有色金属安徽分公司关闭破产资金不足的难题，为安徽省企业实施政策性破产创造了有利条件。

△8月至9月，全省各级财政部门共抽调130人，组成43个检查组对96户外商投资企业进行了核查，核查面为14.4%（2002年度报送报表企业665户）。从被查的96户企业中财务总体情况来看好于往年，违纪面比上年下降了15个百分点。

△9月，根据省政府《关于安徽海螺集团有限责任公司改制方案有关问题的批复》（皖政秘〔2003〕40号）的要求，安徽海螺集团有限公司国有股转让收益上缴省财政专户，作为省属企业改革和社会保障专项资金。

△11月6至8日，全省外贸财政工作座谈会及业务培训会在巢湖市召开，毕小彬副厅长到会讲话。会议总结了2000—2002年全省外贸财政工作，对下一步工作提出了建议，介绍了国家及省外贸促进政策，对国际贸易基本知识及WTO相关知识进行了培训。

△10月，对15户股份有限公司涉及的国有股权问题、2户上市公司的国有股配股方案和10户股份有限公司的国有股转让行为以及1户上市公司国有股质押进行了批复、审核或备案。参与论证了3户拟上市企业的核准材料，为其提供了有益的意见和建议。全年共首发A股3只、发行可转换债券3只，增发H股1只，共募集资金30.83亿元人民币。

△12月8日，财政部、国家税务总局批准安徽省12个外汇借款以税还贷项目在2003年享受退税优惠政策，退税金额为5503万元，减轻了企业负担，加快了企业归还外汇借款的步伐。

△12月，完成安能热电、合肥四方化工、安徽军工等组建为股份有限公司，省外贸13户企业为组建企业集团、黄山金马、国风塑业等上市公司为进行资产置换涉及的资产评估项目核准工作共26项，核准评估项目净资产账面值合计283020万元，调整后账面值合计294270万元，评估值合计323742万元，增值额29471万元，增值率10.02%。

△12月，按照财政部统一部署，完成了安徽省2002年度产权登记年检工作。通过精心组织和安排，利用网络资源，逐户审核，及时地完成了上报任务。通过汇总，4405户企业办理了年检，共占有、使用资产总额3508.85亿元、负债总额2251.42亿元、所有者权益1257.43亿元，其中国有资产1062亿元。通过产权登记年检工作，为进一步做好资产与财务管理工作打下了坚实的基础。

（厅企业处供稿）

2003年省财政金融财务监管和外国政府贷款管理工作大事记

△3月26日至29日，德国复兴银行专家Norah Becerra在财政部金融司领导陪同下，来皖就利用中德财政合作资金建立“中小企业担保机制”事项进行工作考察和项目评估。省政府副秘书长马元飞、省财政厅厅长朱玉明和中国人民银行合肥中心支行副行长陶诚会见了Norah女士一行。

△7月21日，中国进出口银行在人民大会堂浙江厅举行了2002年度部分省市日元贷款转贷协议签字仪式。省财政厅副厅长汪建国在《安徽城市天然气管网工程利用日本政府贷款转贷协议》和《安徽省人才培养项目利用日本政府贷款转贷协议》上签字。这标志着安徽省正式获得日方1.87亿美元的低息长期贷款。

△7月31至8月1日，省财政厅与省教育厅在合肥市高校后勤接待中心联合召开日元贷款安徽人才培养项目启动会及再转贷协议签字仪式。汪建国副厅长与10所项目院校的法人代表签署了再转贷协议。

△8月22日，省财政厅与省计委在合肥市召开安徽省城市天然气管网项目利用日元贷款启动工作会，来自8个市政府的分管市长以及财政、计委和项目单位的主要负责人参加了会议。汪建国副厅长与各项目市财政局长在再转贷协议上签字。

△9月15日至20日，德国KFW银行和GTZ公司组成的评估团一行7人对合肥印刷中心职业培训项目进行评估。15日，省财政厅副厅长汪建国、金融处处长范成法会见并宴请了评估团一行，双方就安徽省中德财政合作项目及安徽省职业教育培训方面的发展进行了友好的会谈。评估团经过几天的实地考察和评估，对合肥中德印刷培训中心项目给予了充分肯定，并由省财政厅、省新闻出版局、合肥中德印刷培训中心和评估团共同签署了项目评估备忘录。

（厅金融处供稿）

2003 年省财政国际债务管理工作大事记

△1 月 8 日至 10 日，全省国际金融组织贷款工作会议在巢湖市召开。各市财政局分管局长、分管科长和经办同志出席了会议，省直有关项目主管部门及省审计厅也应邀派代表出席了会议。会议传达了上级会议精神，系统地总结了 20 年工作，部署了今后一个时期工作。朱玉明厅长到会讲话。

△5 月，原定 4 月中旬赴华盛顿世界银行总部就安徽省申报的 2.5 亿美元贷款修建的铜陵—汤口高速公路项目进行最后谈判。由于受到突如其来的“非典”疫情的影响，谈判无法按计划进行。省财政厅会同省交通厅，在财政部的指导下，从 5 月 12 日起，用了一周的时间，通过互联网与远在大洋彼岸的世界银行成功地进行了一次越洋网上谈判，开创了安徽省财政对外交往的新模式。这种高效、节俭、新颖的谈判方式，得到了社会各界的广泛赞誉。

△6 月，应德国乌尔姆斯市德中友好协会的邀请，省财政厅监察室主任虞明哲率领的省财政厅审计监督考察团赴德国等 5 国进行了考察学习。考察期间，代表团与德国财政部门进行了广泛的交流，取得了丰硕成果。

△6 月 4 日至 7 日，项仕安副厅长(省淮河流域水污染防治世行贷款项目办常务副主任)率省项目办有关人员赴阜阳、淮北、蚌埠、淮南 4 市进行了现场督导。

△11 月 11 日，经省财政多年努力，财政部下文将安徽省的世行贷款加强灌溉农业一期项目的转贷利率由原来的 5%调整为 2%，并核减已上缴的利息 727 万美元。

△12 月，省财政厅被财政部国际司评为 2003 年度国际金融组织贷款综合管理一等奖。

(厅国际债务处供稿)

2003 年省财政农税工作大事记

△1 月，省财政厅农税局与新华网安徽频道联合开办的《安徽农税》专栏开通，内设《法规政策》、《农税动态》、《热点关注》和《纳税指南》等专题。

△3 月 5 日至 6 日，全省农业税收决算汇编暨工作总结评比会议在合肥市召开，项仕安副厅长到会讲话。

△3 月至 5 月，安徽省在全国率先实施农业特产税改征农业税试点工作。省人民政府印发《关于开展农业特产税改征农业税试点工作的通知》；省财政厅印发《关于农业特产税改征农业税有关问题的通知》、《关于对农业特产税改征农业税实施方案审核意见的函》。

△5 月 12 日，省财政厅印发《关于表彰 2002 年度全省契税征管先进单位的通报》，评选合肥市财政局等 7 个市财政局为“2002 年度全省契税征管先进单位”。

△6 月 11 日，省财政厅印发《关于农业税征收人员换装工作的通知》，布置 2003 年全省农税征收人员夏装换发工作。

△8 月 13 日，省财政厅印发《转发中共和县县委办公室关于乡镇财政所(农税所)上划管理工作的通知》，确定和县、五河、太和、全椒、潜山、宿松、祁门、霍山和利辛 9 个县作为试点县，实行县财政(农税)局对乡镇农税所的垂直管理。

△8 月 4 日，省财政厅印发《关于表彰 2002 年度农业税收征管工作先进单位的通报》，授予淮北市农业税务局等 38 个市县区农税局为“2002 年度全省农业税收征管工作先进单位”荣誉称号。

△8 月 5 日至 9 日，国家税务总局农税局徐嘉彤局长一行在厅领导的陪同下，先后到滁州、蚌埠和阜阳市等沿淮受灾较重的 6 个县察看灾情，了解农业受灾和农业税减收情况。

△8 月至 11 月，省财政厅制发新版《中华人民共和国农业税收检查证》，至 11 月底换发工作结束。

△10 月 11 日至 14 日，财政部农业司魏维副处长一行来皖核查核实农业受灾情况，到凤阳和怀远县了解灾区生产自救、灾后重建等情况。

△11 月 26 日至 27 日，全省农业税收工作会议在亳州市召开，研究全省 2003 年农业税灾歉减免资金分配方案，布置灾减资金落实工作。项仕安副厅长到会讲话。

△12 月 3 日，省财政厅印发了《关于下达 2003 年农业税灾歉减免指标及省财政补助资金的通知》，核减全省 2003 年农业税任务 69600 万元，省财政相应下达补助资金 39462 万元(其中中央补助资金 31000 万元)。

△12 月 13 日至 17 日，在肥举办两期全省农业税收决算报表软件应用培训班，各市县区财政局从

事决算编制工作的人员近140人参加了培训。

(厅农业税务局供稿)

2003年省财政会计管理工作大事记

△2月27日,省财政厅印发《关于终止委托注册会计师协会行使的行政管理职能的通知》,决定将省注册会计师协会行使的批准成立会计师事务所(含资产评估机构)的行政职能收归省财政厅会计处。

△3月3日,省财政厅注册会计师行政职能划转工作领导小组召开会议,专题研究省财政厅注册会计师行政管理职能划转的具体措施。厅领导周春雨、楚建平、刘钢参加了会议。

△3月6日,省财政厅会计处与省注协办理了注册会计师行政管理职能交接手续。

△4月17日,全省会计管理工作会议在蚌埠市召开,各市财政局分管局长、会计科长及省直主管部门的财务负责人共100余人参加了会议。会议总结和部署了会计管理工作,表彰了会计管理工作先进单位。楚建平副厅长到会讲话。

△6月11日,省财政厅印发《安徽省企业财务会计信用等级管理办法(试行)》,决定开展企业财务会计信用等级评定试点,全省近300家单位参加了首次评定试点。

△7月至11月,省财政厅在全省范围内组织开展了"会计诚信建设有奖征文"活动,并成立了由楚建平副厅长为主任的评委会。共收到应征稿件466篇,经过初评和复评,有16篇论文获奖。

△7月11日至13日,全国注册会计师行业行政管理工作调研座谈会在芜湖市召开,来自华东、中南地区13个省市自治区及4个计划单列市的80名代表参加了会议。财政部会计司副司长高一斌、省财政厅副厅长楚建平出席会议并讲话。

△8月23日,全省会计从业资格统一考试在全省17个考区、22个考点、419个考场同时举行。全省共有12596人报名参加考试,实际参考人数为9493人,合格人数为3213人,合格率为33.5%。

△9月6日至7日,全国会计专业技术资格统一考试在全省17个考区、74个考点、1640个考场同时举行。全省共有22131名考生报名参加初级资格考试,3374人获得了初级资格,合格率为30.3%;14049名考生报名参加中级资格全科考试,2899人获得了中级资格,合格率为10.4%。

△9月至12月,省财政厅对全省各县(市、区)会计核算中心开展了会计基础工作规范化考核验收。经考核确认达到规范化标准的,颁发财政部统一制订的《会计基础工作规范化证书》。

△10月23日至26日,2003年度全省高级会计人才继续教育培训班在合肥市举办,全省共有136人参加了培训。

△12月25日至26日,2003年度申报高级会计师任职资格专业知识测试和论文论著答辩会在合肥市举行。93名申报人员中有78人取得了测试和答辩双合格,准予提交省高级会计师评审委员会评审。

△12月29日至30日,2003年度全省高级会计师任职资格评审会在合肥召开。经评审会严格评审和投票表决,65人获得了高级会计师任职资格。至2003年底,全省累计已有1244人通过评审取得了高级会计师任职资格。

(厅会计处供稿)

2003年省财政统计评价工作大事记

△6月13日,财政部通报表彰"2002年度会计决算报表工作先进单位",安徽省荣获第五名。

△5月,制定《安徽省财政支出效益评价工作方案》,对财政支出效益评价的原则、内容、方法、评价指标体系等进行积极探索。

△7月,组织对453户国有企业进行了2002年度国有资本保值增值考核。结果是:增值194户,保值43户,减值216户。国有资产保值增值率居前三位的有:安徽省达丰国际贸易公司、马鞍山市华联商厦和安徽星马汽车股份有限公司。

△8月10日至30日,组织5个稽核小组对20户行政、企事业单位开展会计决算报表质量稽核工作。共查出资产不实6701万元,净资产不实5705万元,利润不实462万元。对各被稽核单位下发了检查结论,要求及时整改。

(厅统计评价处供稿)

2003省财政监督检查工作大事记

△1月,省财政厅组织4个检查组,分赴15个市,对26所省属高校建设性贷款财政贴息及12所安排有扩容建设项目的省属高校进行了专项检查。

△3月5日至15日,省财政厅组织4个检查组,分赴全省17个市和14个县区,开展了《安徽省财政监督暂行办法》和财政部《财政部门内部监督检查暂行办法》贯彻落实情况检查。

△4月15日,省财政厅制发《关于进一步加强财政监督检查工作的通知》,从加强领导、依法实施财政监督、强化内部监督检查、继续加大对财经违法违纪行为的处理力度等方面对财政监督工作提出了具体要求。

△5月,省财政厅对财政广域网二期工程建设以及省中小企业担保中心成立以来的财务管理、财务收支和资金使用等情况进行了专项检查。

△5月至12月,省财政厅在蚌埠市和枞阳县开展了适应国库集中支付改革需要的监督机制试点工作,就公共财政体制下财政监督检查机制创建工作展开积极探索。

△5月至11月,省财政厅举办首次财政监督理论研讨活动。100多名财政干部参加,共提交调研论文43篇。

△6月至11月,省财政厅会同省有关部门,组织开展了省直行政事业单位银行账户清理工作。共对省直1404个基本预算单位的近6000个银行账户进行了清理登记,撤销了541个不符合规定的银行账户。同时,对30个省直部门共计491个基本预算单位及相关金融机构银行账户自查阶段的清理整顿情况开展了重点核查,并向厅领导和省政府提交了汇报材料。

△6月12日至8月中旬,省财政厅对安徽省烟草公司、安徽电力供电有限责任公司等7家单位企业所得税缴库情况开展了检查,使数百万元被混入市、县库的省级收入及时得到了调整。

△6月上旬至7月底,开展了对厅机关及厅属单位13位处级以上领导干部任职期间的经济责任离任审计工作。厅党组于9月5日召开专题会议听取了离任审计情况汇报。

△7月下旬至10月上旬,省财政厅对省直17户企事业单位开展了会计信息质量检查。选择了3户民营企业,对违规违纪实施了处罚,罚款16.65万元。

△11月26日至12月20日,省财政厅对繁昌、凤台、颍上3县及其所辖8个乡镇1998年至2002年5年间的县乡财政状况开展了专项调查。

△12月,省财政厅对全省35家会计师事务所的执业质量开展了监督检查。通过督查,对全省注册会计师行业执业状况有了较全面的了解,为进一步完善财政监管措施提供了依据。

(厅监督检查局供稿)

2003年省财政政府采购工作大事记

△1月1日至3日,省财政厅连续3日在安徽卫视播出宣传《政府采购法》的标语片。

△1月15日,省财政厅召开省级政府采购特邀监察员座谈会,进一步听取意见和建议。

△3月11日至16日,西藏自治区财政厅一行6人来皖考察政府采购工作。

△3月29日,省财政厅向财政部上报5家采购代理机构,获批准4家。

△7月1日至3日,财政部国库司周成跃副司长一行5人来皖开展县级政府采购工作调研。分别在巢湖、池州、黄山市召开了3次县级政府采购工作座谈会,并进行了实地考察。

△7月10日,省财政厅举行《首届全省政府采购产品展示交易会》新闻发布会。

△7月30日,河南省财政厅政府采购处一行来皖考察。

△8月6日,省财政厅派员参加由财政部和美国大使馆北京美国文化交流中心举办的“政府采购问题电视电话交流会”。

△8月18日,“中国政府采购网”安徽市级“政府采购网站”开通。

△9月25日至27日,首届“安徽省政府采购产品展示交易会”在安徽国际会展中心举行。省领导、省直有关部门,市、县财政部门以及山东、江苏、福建、大连等地代表参观了交易会。

△11月22日至27日,省政府采购3个专项检查组对省广电厅、卫生厅等9个省直单位政府采购

开展及预算执行情况进行专项检查。

△12月8日至9日,省财政厅举办市县政府采购信息统计软件及市级政府采购网站信息加载培训班。

△12月23日,省人民政府印发《关于政府采购中违法行为的行政处分规定》。

(厅政府采购处供稿)

2003年省财政厅机关党建工作大事记

△1月3日,省财政厅副厅长项仕安、周春雨分别带领机关干部到岳西、潜山、太湖3县,看望、慰问厅机关干部联系的300户困难户,并捐赠6万元慰问金。1月6日,省财政厅与省直6个单位联合组织对太湖县对口扶持乡镇慰问活动,并捐赠慰问金6.6万元、衣被802件。

△2月8日至9日,省财政厅召开2002年度文明创建工作总结评比会。评选出机关党委、人教处、离退休处、监督检查局、会计处为“2002年度文明创建先进处室”;厅机关服务中心、科研所为“2002年度文明创建先进单位”。

△3月1日,为纪念学习雷锋活动40周年和中国青年志愿者行动10周年,省财政厅直属机关团委开展了“会计专业技术资格考试”、“会计从业资格管理”、“注册会计师考试”、“申请执业注册会计师”等内容的咨询服务。

△5月29日,省财政厅积极响应省少儿妇工委“继续开展与农村和贫困地区儿童的挂钩慰问活动”的号召,向金寨县洪冲乡中心小学开展慰问捐赠活动,并捐赠了3台计算机和2000册图书捐赠到金寨县洪冲乡小学。洪冲乡政府代表全校240多名师生回赠了“真情系教育,爱心铸丰碑”的匾牌。

△6月23日,省财政厅在潜山县召开帮扶困难户工作座谈会。省财政厅、安庆市及有关县乡负责人参加了座谈会。

△6月30日,省财政厅召开全体党员大会,隆重庆祝中国共产党建党82周年。会上,对厅直属机关6个先进党支部和38名优秀共产党员进行了表彰,并举行了新党员入党宣誓仪式。厅党组书记、厅长朱玉明主持庆祝大会并讲话。

△7月初,省财政厅“春蕾计划”顺利实施,厅直机关集体和个人自愿捐款5200元和近500元的文具用品,资助了凤阳、利辛两县的13名失(辍)学女童。

△7月23日,在省委宣传部部长臧世凯带领下,省委宣传部、省财政厅等8个省直单位前往霍邱县灾区进行慰问,并捐款81.5万元,其中,省财政厅捐赠30万元。

△7月22日,省财政厅党组成员、纪检组长、厅政风建设领导小组办公室主任迟本能率厅政风办成员单位负责人,到金寨县财政局调研政风建设工作。

△8月1日,省财政厅与省公安厅联合举办第二届“财政·前卫”杯棋牌球邀请赛,60余名干部职工参加了中国象棋、围棋、桥牌、扑克牌、乒乓球等项目的角逐,比赛结束时,双方单位领导为获奖选手颁奖。

△8月5日至11月底,省财政厅抽调20人组成检查组,先后11次深入岳西、太湖、潜山3县11个乡镇的267户困难户进行走访,详细了解帮扶项目进展和收益情况、帮扶资金到户及使用情况、助学金发放和部分困难户危改工作等情况。

△9月,由共青团省直机关工作委员会和省直机关青年联合会联合主办的“学习十六大,感受新变化”第四届省直机关青年摄影比赛结束,由财政厅直属机关团委推荐的机关服务中心刘小兵作品《山西民居》、办公室江永泓作品《花朵》分获三等奖和优秀奖,厅团委荣获优秀组织奖。

△10月28日,省财政厅开展对口支援长丰县孔店乡工作。党组成员、纪检组长迟本能率队赴孔店乡开展慰问活动,并捐赠5.26万元现金、1199件(套)衣服和516床棉被、床罩。

△11月4日至6日,财政部在成都市召开全国财政党建工作研讨会,交流研讨财政系统党建工作经验和成效。省财政厅直属机关党委专职副书记宋宝泉在会上作了《以联系困难户工作为抓手,努力实现财政机关党建工作的拓展和延伸》的发言。

△12月27日,省委副书记王明方对省财政厅学习贯彻“三个代表”重要思想活动作出重要批示:省财政厅“三个代表”重要思想学习活动开展得认真扎实,希望明年在组织干部学习“三个代表”重要思想,开展培训上取得更大的成效!

(厅机关党委供稿)

2003年省财政厅直属机关受上级部门表彰工作大事记

△2月，省财政厅党组中心学习组被省直属机关工委评为“厅局党组中心组理论学习先进单位”。

△4月，省直属机关精神文明建设指导委员会再次确认省财政厅、省财税信息计算中心、省财政厅机关服务中心和省中小企业信用担保中心为2002年度省直“三优”文明机关和文明单位；省财政投资评审中心和省国库支付中心首次被评为文明单位；李霞、张汉东、汪小俊被授予“人民优秀公仆”称号。

△4月，省国库集中支付中心荣膺共青团安徽省直属机关工作委员会表彰的省直机关“青年文明号”；省国库支付中心团支部陈军、张涛分别被表彰为省直机关“优秀团干部”和“优秀团员”。

△5月，省财政厅直属机关团委被共青团安徽省委员会授予省级“五四红旗团委”先进集体。

△5月，省政府采购中心被安徽省创建青年文明号活动组委会表彰为2002年度省级“青年文明号”。

△6月，省财政厅王定友、杜志明被省直属机关工作委员会表彰为省直机关“优秀共产党员”。林晓明被表彰为省直机关“防治‘非典’工作先进个人”。

△8月，安徽省总工会召开表彰大会，省财政厅张承倩被表彰为“全省优秀工会积极分子”。

△11月，省财政厅代表队在安徽省直属机关全民健身活动竞赛中，获得趣味射击项目男、女团体冠军，登山项目男子团体冠军、女子团体亚军，保龄球项目女子团体第7名。

△12月，省财政厅直属机关工会获得安徽省直属机关工会表彰的2003年度省直机关“工会目标责任制优秀奖”。

（厅机关党委供稿）

2003年省财政纪检监察工作大事记

△2003年，受省纪委委托，对3名副厅级干部进行廉政谈话。同时，对4名正处级、7名副处级干部进行了廉政谈话。

△2003年，牵头协调开展了财政政风建设工作，省财政厅在省直机关政风评议中取得了较好的成绩。

△11月3日至5日，全省财政系统纪检监察干部培训班在合肥市举办。全省各市财政局纪检组长、监察室主任和部分县财政局的纪检监察干部参加了培训。省纪委领导讲授了纪检监察知识；厅党组成员、纪检组长迟本能在培训结束时作了小结。

（厅纪检监察室供稿）

2003年省财政厅机关老干部工作大事记

△1月24日，厅机关离退休老干部迎春茶话会在百花宾馆举行，全体厅领导、有关处室负责人和78位离退休老干部参加了茶话会。朱玉明厅长向老干部们通报了全省财政工作情况，并向老干部们致以亲切的节日问候。

△10月23日至25日，省体育局、省体育总会、省老龄委联合举办“体育彩票杯安徽省第一届老年人运动会”，经过激烈的角逐，厅代表队获“优秀组织奖”，省直组桥牌“团体冠军”，太极拳(剑)“团体第2名”、个人第1名、第3名，以及健身走个人第六名的好成绩。

（厅离退休处供稿）

省财政事业工作大事记

2003 年省农业综合开发局工作大事记

△7 月 4 日,召开全省农业综合开发项目竣工验收工作电视电话会议。省农业综合开发领导小组成员单位负责人,各市县农业综合开发领导小组组长、财政局分管局长和农业开发办主任和省直有关部门领导参加会议。朱玉明厅长到会讲话,项仕安副厅长对验收工作进行布置。

△12 月 11 日至 18 日,国家验收组通过对舒城县、潜山县及巢湖市世行加灌二期项目的规划设计、建设内容、项目管理、工程质量、招标采购、SIDD 实施、工程运行维护以及报账提款、债务落实和财务管理等内容进行全面检查。国家验收组认为,安徽省项目建设符合国家验收标准,验收通过。

△7 月 5 日,全省农业综合开发项目和资金大检查布置会在合肥市召开。各市财政局分管局长、农业开发办主任参加会议。会议传达了全国农业综合开发办公室主任会议精神,对开展大检查工作做了具体布置。项仕安副厅长到会讲话。

△8 月 17 日,中共中央政治局常委、国家副主席曾庆红率国家有关部委负责同志,在省领导陪同下,来到金寨革命老区,视察了国家农业综合开发项目——金寨茅坪茶叶科技示范园。曾庆红副主席对科技干部领头创办科技示范园给予了充分肯定。

△安徽省 2000—2002 年度农业综合开发项目国家总验收工作于 9 月 4 日开始,历时 20 天,国家农业开发办共抽验了 9 个单位,分别是芜湖市、芜湖县、繁昌县、马鞍山市、当涂县、广德县、固镇县、埇桥区。经过实地检查,国家农业开发办认为,安徽省项目建设达到国家合格标准,验收通过。

△8 月 11 日,全省世行加灌三期项目前期工作布置会议在合肥市召开,合肥、蚌埠、淮南、滁州 4 市及 16 个项目县(市、区)财政局分管局长、农发办主任,项目管理人员共 60 余人参加了会议。省财政厅副厅长项仕安到会讲话。

△12 月,安徽省在全国 2002 年度农业综合开发资金决算报表评比获得一等奖。这是安徽省自开展农业综合开发工作以来首次获此殊荣。

(省农业开发局供稿)

2003 年省财政科学研究所工作大事记

△1 月 15 日,《安徽财会》全新改版,改版后的《安徽财会》在内容和形式上更加贴近财政财务工作,更加贴近广大读者和作者,更符合当今办刊的潮流和理念。

△11 月 22 日,著名经济学家、财政学家许毅教授在皖调研期间,给省财政科研所全体同志作学术报告,省财政厅副厅长毕小彬主持学术报告会。

(省财政科研所供稿)

2003 年省财税信息计算中心工作大事记

△1 月 16 日,省财政厅召开"安徽财政广域网工程验收暨'金财工程'建设座谈会",全面启动和部署安徽省"金财工程"建设。

△1 月 16 日,财政部"金财工程"建设领导小组办公室组织专家在合肥对安徽省的省、市、县(区)三级财政广域网建设工程作出了验收合格的评价。

△3 月 28 日,随着宣城市国库支付信息系统实施完成,安徽省在市级财政部门推广应用的国库支付信息系统全部投入运行使用。

△10 月 14 日,"国库集中支付网上查询、申报、审核系统"投入试点应用,成功实现了国库集中支付网上受理业务无纸化。

△11 月 19 日,连接省市两级财政部门的电视会议系统建设工程竣工,通过了专家验收。

(省财税信息计算中心供稿)

2003 年省政府采购中心工作大事记

△7 月,财政部采购处杨晋明处长等一行来皖调研,深入省政府采购中心检查指导工作,对省级政府采购工作给予了充分肯定。

△7 月,中心被共青团安徽省委员会授予"青年文明号"荣誉称号。

△9 月,中心制定《安徽省政府采购中心服务承诺制度》,向单位用户、广大供应商及全社会公开承诺:努力提高采购质量、工作效率,做好服务工作。

△10 月至 12 月,中心进一步加强内部管理,陆续制定《安徽省政府采购中心公共财物管理制度》等 4 项制度。

△12 月,朱玉明厅长来中心检查指导工作,鼓舞了中心人员的工作热情。

△截至 12 月底,中心完成采购项目 298 个,采购预算资金 4 亿多元,双创历史新高。

(省政府采购中心供稿)

2003 年省财政投资评审中心工作大事记

△4 月,省财政投资评审中心被评为 2002 年度"省直三优文明单位"。

△12 月 18 日,财政部经建司在肥召开财政投资项目后评价课题研讨座谈会(评审中心牵头参与了财政部 2003 年重点课题"财政投资项目后评价研究"),在充分讨论修改完善后,2003 年底《财政投资项目后评价研究》课题研究成果通过专家鉴定会和财政部的最后审定。

△2003 年,省财政投资评审中心共评审各类财政投资项目 89 个,累计审查项目投资(含专项资金核查)230.55 亿元,创近年来新高。其中省财政投资的 16 个基本建设项目送审投资 3.95 亿元,审定投资 3.66 亿元,净审减投资 2876 万元,审减率达到 7.3%。

(省财政投资评审中心供稿)

2003 年省财政厅国库支付中心工作大事记

△2 月 14 日,省财政厅国库支付中心邀请了第二、三批试点的 29 个部门,就国库集中支付试点工作召开了座谈会。助理巡视员汪晓琴参加座谈会。

△3 月 31 日,省直文明委一行 6 人在省人大办公厅主任董介林、省农委纪检组长陈进的率领下来支付中心检查指导工作,项仕安副厅长陪同。

△4 月,姚本虎同志任厅国库支付中心主任。

△5 月,中心获得省直"三优文明单位"的光荣称号。省直团工委授予中心"青年文明号"的称号。

△8 月,第四批 39 个省直部门及所属预算单位进入支付中心实行了国库集中支付。

△9 月 12 日,财政部国库司、国库支付中心和中国人民银行国库局一行 5 人,来支付中心考察。

△10 月 15 日,常务副省长任海深在省委副秘书长杨春光、陪同下到支付中心考察。

△10 月 21 日,省民委副主任马美红、省直妇工委主任唐乃玲等一行 4 人来中心检查指导"巾帼文明示范岗"创建工作。

△10 月,随着第五批 32 个部门及所属预算单位进入支付中心,省直 117 个部门及所属 1000 多个单位全部纳入了国库集中支付,提前实现了省政府提出的到 2003 年底省直部门全面实行国库集中支付的目标。

△10 月,对首批 7 个部门 55 个基层预算单位开始实施网上支付试点。

(厅国库支付中心供稿)

2003 年省注册会计师协会工作大事记

△2 月,省注协根据省财政厅《关于终止委托省注册会计师协会行使的行政管理职能的通知》精神,积极配合,顺利完成相关工作的移交事宜。并尝试与厅会计处、监督局建立相关工作协调机制。

△5 月,省注协成功接入 10M 宽带网。为网上年检、会员注册、诚信档案和业务报备等行业管理工作网络化提供了良好的基础。

△6月26日,安徽省注册会计师协会第四次会员代表大会暨第四届理事会在合肥市召开。省政府副秘书长马元飞到会祝贺,省财政厅厅长朱玉明到会讲话。会议审议通过了修订后的《安徽省注册会计师协会章程》,选举产生了新一届理事会和常务理事会。

△8月26日至28日,中国注册会计师协会秘书长、博士生导师、中国中青年财务成本研究会会长、会计学界的著名专家陈毓圭专程来皖考察。27日,陈秘书长在省财政厅机关作了"注册会计师行业发展思路"专题学术报告。300多人参加了报告会。

△9月6日,2004年全国CPV考试大纲、辅导教材修订研讨会在合肥市举行,中注协刘萍副秘书长、中注协及省注协有关负责同志和全国相关院校及执业机构的专家学者出席会议。省财政厅纪检组长迟本能到会并致词。会议期间,刘萍副秘书长听取了省注协杨春秘书长工作汇报,并给予充分肯定。

△9月26日,省注协举行专家聘任仪式,聘请省内审计、会计、评估、基建和法律等有关方面的专家,组成省注协专家咨询小组,及时为广大会员提供专业建议和技术支持。

△10月31日至11月2日,2003年度注册会计师全国统一考试在全省17个市的21个考点同时举行。报考人数为20420人,比上年增加951人,创注考11年来的新高。

△11月28日,省注册会计师行业(合肥地区)诚信演讲比赛在省财政厅举行,来自合肥地区16家执业机构的18名选手参加比赛,合肥地区28家执业机构以及厅机关200多人观看了比赛。

△12月29日,在省注协牵头召开的合肥地区第二次所长联谊会上,合肥地区32家会计师事务所和资产评估机构,共同签订了《公平竞争自律公约》。

△2003年,省注协共举办各类培训班15期;选派部门经理以上人员参加中注协在北京国家会计学院、上海国家会计学院举办的各类培训班32期,参训人员达280人次。全年培训各类人员2100人次,执业机构从业人员参训率近100%。

(省注册会计师协会供稿)

2003年省财政经济开发处工作大事记

△2003年,清欠工作取得显著成果,共清理回收欠款3268万元,超额完成了省财政厅确定的800万元清欠任务。

△2003年,有效使用和管理财政发展资金,全年共投放资金5500万元,收到了较好的经济效益和社会效益。

△2003年,经济开发处作为国有出资人代表,将1945万元国债专项资金注入3户农产品深加工企业,对其中2户民营企业以出资参股方式进行管理。保证了国债资金的保值增值,探索了国债资金管理的新路子。

(省财政经济开发处供稿)

2003年省财政厅机关服务中心工作大事记

△6月,厅机关服务中心努力做好"非典"预防、宣传、消毒等工作,成效显著。全厅干部职工无一例疑似病人,无一家属子女受感染。中心党支部被厅机关党委授予"抗击非典型肺炎先进基层党支部"称号。

△9月,在省行管局组织的省直单位后勤工作"六项竞赛"活动中,厅机关宿舍杏花小区、食堂、车队、百花宾馆分别被评为"花园式单位"、"十佳食堂"、"十佳车队"和"宾馆先进单位"。

△2003年,百花宾馆实施"二次创业"。在硬件建设上,对客房和餐饮包厢进行改造,新增9个餐饮包厢,使餐饮月营业额增长67%,百花宾馆的建设迈上了新台阶。

△2003年,厅印刷厂在完成新建厂房1000平方米和新增一条计算机票据印刷机后,生产能力成倍增加,全年产值首次突破1000万元大关,实现销售收入780万元,利润220万元。

(厅机关服务中心供稿)

各市财政工作大事记

2003年合肥市财政工作大事记

△1月6日,市财政局局长朱宁在合肥市十三届人大一次会议上作《关于合肥市2002年财政预算执行情况和2003年预算草案的报告》。

△2月10至15日,市财政局举办为期5天的财政干部春训班。

△2月27日,郭万清市长在市财政局党组民主生活会上对全市财政工作提出新要求。

△3月26日,市政府召开全市财政工作会议,对2003年全市财政工作进行总结和部署。

△3月26日,市政府召开全市财政国库管理制度改革工作会议,对全市国库集中支付制度改革工作进行动员和部署。

△3月27日,常务副市长王林建、副市长陈树隆主持召开全市国有股权集中挂牌交易工作动员会。

△4月,市财政局被市委、市政府、市文明委授予“合肥市文明单位”荣誉称号。

△4月23日,省委常委、市委书记车俊主持召开合肥市农村税费改革领导小组会议,对3年来全市农村税费改革工作进行全面总结,部署下一阶段工作。

△5月27日,市财政局召开2003年度政风建设和政风评议工作动员会,对2003年度全局政风建设和评议工作进行动员和部署。

△6月1日,市财政局(国资办)积极推进美菱与格林柯尔强强联合,促成双方达成了战略合作协议,受让美菱股份公司20.03%的国有股权,成为美菱股份公司的第一大股东。

△6月5日,市人大副主任杨振坦率人大财经委一行到市财政局调研财政预算执行情况。

△6月11日,市政府召开全市粮食补贴方式改革工作动员会。

△6月18日,市委常委、常务副市长王林建主持召开市政府采购联席会议,研究政府采购工作。

△6月20日,市财政局印发《合肥市财务会计信用等级管理试行办法》、《合肥市会计人员诚信档案管理试行办法》,在全市开展会计信用体系建设。

△7月1日,市财政局在3县分别选择3个乡镇进行“乡财县管乡用”改革试点。

△7月,市财政局被省委、省政府评为“安徽省优化民营经济发展”先进单位。

△8月20日,市财政局召开与人大代表、政协委员联系制度会议。

△10月23日至25日,市财政局举办全市财政系统第二届职工运动会。

△11月28日,市财政局召开党组中心组(扩大)学习会,集中学习中共十六届三中全会精神,讨论贯彻《决定》事宜,研究全市财政工作新思路。

△12月26日,市政协主席周富如、常务副主席盛志刚一行22人,到合肥市财政局政府采购中心、国库支付中心、产权交易中心调研。

△12月30日,市财政局通过ISO9001质量管理体系认证。

(合肥市财政局供稿)

2003年淮北市财政工作大事记

△1月3日,市财政局局长戎培阜向市第十三届人民代表大会一次会议作《关于淮北市2002年财政预算预计执行情况和2003年财政预算草案的报告》,会议同意了该报告,并批准了市级2003年预算。

△2月14日,《淮北市财政局内部监督检查暂行办法》印发实行,为建立财政内部控制机制,规范财政监督检查行为,严肃财经纪律,促进廉政建设奠定了基础。

△4月10日,市财政局在暂未设定政府采购机构的相山区、烈山区、杜集区、开发区实行政府采购联络员制度,负责所在地政府采购日常工作。

△4月25日,市财政局成立防治“非典”工作领导小组,赵瑞平局长担任组长,为预防“非典”提供了

组织保证。

△6月6日,《淮北市预算单位清产核资资金核实办法》印发执行,为预算单位清产核资工作顺利开展提供了保证。

△6月16日,《淮北市本级部门基本支出预算编审试行办法》和《淮北市本级项目支出预算编审论证试行办法》印发执行,规范和加强了市直行政事业单位基本支出预算、项目支出预算管理,进一步推进了部门预算管理改革。

△6月25日,《淮北市下岗失业人员再就业资金管理实施办法》印发执行,规范了再就业资金管理,促进了下岗失业人员再就业。

△7月23日,赵瑞平局长向市第十三届人大常委会第五次会议报告了2003年上半年财政预算执行情况:各级政府努力克服"非典"和"5.13矿难"(2003年5月13日皖北矿务局芦岭煤矿发生瓦斯爆炸事故)对财政经济发展的冲击,财政预算执行比较平稳,实现了时间过半、任务过半的目标。

△10月20日,市财政印发《关于加强政风建设的实施意见》,促进了机关工作作风的转变,提高了工作效率。

△12月4日,市财政局选派梅庆保同志到濉溪县钟楼乡小集村任党支部书记。

(淮北市财政局供稿)

2003年亳州市财政工作大事记

△1月4日,在市一届人大四次会议上,王玉玺副局长受市政府委托,作《关于亳州市2002年预算执行情况和2003年预算草案的报告》。

△2月15日,市编委下发《关于亳州市会计核算中心更名等问题的通知》将亳州市会计核算中心更名为亳州市国库支付中心。

△3月27日,省财政厅副厅长楚建平等来亳州,对全国重点文物保护单位——花戏楼和尉迟寺进行调研。

△4月1日,全市财政工作会议召开,市委副书记、市长邵国荷到会讲话,市财政局局长凌云作工作报告。会上市政府还表彰了2002年度财政工作及农村税费改革中的先进集体和个人。

△4月中旬,全市各级财政部门积极做好"非典"防治工作,积极调度资金,确保防治经费,截至7月1日,全市各级财政共投入"非典"防治资金556万元。

△4月中旬至7月,市财政局配合市纪委、监察局,在全市开展清理国家公职人员拖欠公款和公款为个人购买商业保险的"双清"工作,取得成效。

△5月中旬至6月底,市财政局开展"牢记两个务必,学习郑培民,争做人民满意的公务员"教育活动,以加强作风建设。

△6月5日,市召开粮食补贴方式改革动员会,市委副书记、市长刘健,副市长吴贞堂到会讲话。市财政局局长凌云布置了工作。

△6月22日至23日,全省夏粮主产区粮食补贴方式改革工作现场汇报会在亳州市召开。副省长赵树丛,省财政厅长朱玉明到会讲话。皖北9市领导参加会议。与会人员赴涡阳县、谯城区察看农业税征收及粮食收购情况。

△7月上旬至9月上旬,市财政局组织开展会计信息质量检查,抽调20多人,组成5个检查组,依法对建筑、建材、房地产,交通及文化等行业10个单位会计信息的真实性、完整性进行检查。

△7月24日至29日,市财政局对3县1区财政信息化状况进行专项检查,提出了推进财政信息化建设的意见。

△9月8日至10日,中国财经报社社长兼总编秦晓鹰一行来涡阳县调研农村税费和粮贴改革,省财政厅纪检组长迟本能等领导陪同调研。

△10月8日,市政府下发《批转亳州市财政国库管理制度改革方案的通知》(亳政〔2003〕102号),市国库管理制度改革正式启动。

△10月中旬,市财政局正式委托谯城区中小企业信用担保中心办理市直企业下岗失业人员再就业小额贷款担保工作,市本级企业下岗失业职工再就业小额贷款担保工作正式实施。

△11月18日,在市人大一届五次会议上,市财政局局长凌云当选市人民政府副市长。

△11月26日至27日,全省农业税收工作会议在亳州市召开,省财政厅副厅长项仕安到会讲话,省农税局局长黄诗柱布置年内工作,市委常委、常务副市长许家贵,副市长、市财政局局长凌云参加会议。

△12月5日,市委常委、常务副市长许家贵来市财政局调研,听取财政工作汇报,副市长、市财政局局长凌云参加调研。

(亳州市财政局供稿)

2003年宿州市财政工作大事记

△2月15日,市财政系统埇桥区杨庄财政所、萧县龙城财政分局、砀山县刘暗楼财政所、泗县大庄财政所、灵璧县渔沟财政所被市政府命名为“人民满意基层站所”。

△2月26日,市政府(宿政人字〔2003〕5号)通知陈立新任农业综合开发项目办公室主任。

△3月7日至9日,农业部政策研究室主任关锐捷在省农业开发局局长周名桨陪同下来宿州市调研农业综合开发工作。

△3月,市税改办被省委、省政府评为“全省农村税费改革试点工作先进单位”。

△3月29日,省财政厅副厅长项仕安赴砀山县调研农业产业化工作。

△4月2日,市财政局被市委、市政府继续命名为“宿州市文明单位”称号。

△4月16日,市机构编制委员会(宿编字〔2003〕12号)文件批复,同意宿州市政府采购中心由正科级升为副县级。

△5月22日起,全市粮食补贴方式改革试点工作启动,至年底共兑付粮补资金5505万元。

△8月22日至24日,市财政局党总支组织局机关及下属单位全体党员前往连云港、淮安“爱国教育”基地开展革命传统教育。

△9月17日至19日,宿州市2000年至2002年国家农业综合开发项目通过国家级验收。

△9月,市财政局被市委、市政府授予“抗击非典”先进集体。

△9月,市财政局国库支付中心设立“政府采购资金”专户,市直政府采购资金全部纳入国库支付中心实行集中支付。

△11月12日,市政府召开全市财政工作会议,市委常委、常务副市长武正宜到会讲话,要求确保全年收入任务的完成。

△11月,市财政局被市委、市政府授予“抗洪抢险先进集体”。

△12月3日至5日,武正宜副市长率财政局、国税局、地税局局长到县区督查财税工作。

△12月30日,市财政局档案工作目标管理通过省档案局考评,被授予档案工作为省一级单位。

(宿州市财政局供稿)

2003年蚌埠市财政工作大事记

△1月1日,市财政局被国家财政部、人事部授予“全国财政系统先进集体”荣誉称号。

△2月8日,市财政局领导班子成员分别慰问结对帮扶对象,送去了米面油等生活品和慰问金。

△2月28日,市财政局团员青年开展“学雷锋志愿者服务日”活动。

△3月13日,市召开整顿彩票市场秩序工作座谈会。

△3月11日至14日,全省2002年度农业综合开发资金决算会议在蚌埠市召开。

△3月16日,市召开2002年度外商投资企业财务报告汇编布置会议。

△3月30日,市农业综合开发会计电算化工作全面启动。

△4月3日,市财政局召开文明诚信建设动员大会。

△5月9日,财政部门全力做好防治“非典”经费保障工作。

△6月2日,市召开扩大粮食补贴方式改革试点工作会议。

△6月17日至18日,市财政局领导周刚民、胡传友、吴延利带领有关科室,深入3县了解农业税征收和粮食补贴改革试点情况。

△6月25日,市召开财务会计信用等级管理试点工作动员会议。

△7月1日,市财政局在会议厅举办以“文明诚信”为主题的演讲比赛。

△7月7日,市财政局党组书记、局长周刚民带领有关人员深入郊区秦集镇察看灾情,慰问受灾群众。

△7月8日至9日,省财政厅农税局局长黄诗柱在市财政局负责人陪同下,察看了蚌埠市“3县1郊”水情灾情,新华社驻安徽记者站记者也一同进行采访。

△7月10日,市财政部门全力做好抗洪救灾资金保障工作。

△7月12日,省财政厅副厅长汪建国等来蚌查看灾情,慰问灾区群众,检查抗洪救灾政策资金落实情况。

△7月15日至16日,省财政厅防汛救灾检查

组来蚌,看望慰问守卫在抗洪第一线的广大财政干部和受灾地区的群众,检查防汛救灾经费落实情况。

△7月24日,市粮改办督查组对怀远县粮补改革和资金发放准备工作进行了检查。

△7月30日,市财政局领导班子一行带着慰问品,来到武警蚌埠支队驻地,看望慰问部队官兵。

△8月8日,国家税务总局农税局局长徐嘉彤、省财政厅农税局局长黄诗柱来蚌查看灾情。

△8月14日,副省长赵树丛率领省财政厅、省粮食局、省农发行等部门负责同志,深入固镇县部分乡镇,实地考察粮食补贴方式改革工作。

△8月23日,蚌埠市举行会计从业资格考试,共有680人参加考试。

△8月29日,市财政局召开私营企业代表和政协委员座谈会,开门纳谏,虚心听取各方意见。

△9月6至7日,蚌埠市举行2003年度会计专业技术资格考试,共有3153人在4个考点的98个考场参加了考试。

△9月22日,市财政局召开全市财政系统政风建设再动员大会。

△9月29日,市委书记、市人大常委会主任方平在全省农村税费改革电视电话会议蚌埠分会场会上强调,要做好、做实农村税改各项工作。

△10月22日,市财政局邀请市委党校理论教研室主任、副教授欧振宝给全体干部职工作《发展是执政兴国的第一要务》的辅导报告。

△12月3日,市财政支付中心被团市委授予"青年文明号"。

(蚌埠市财政局供稿)

2003年阜阳市财政工作大事记

△1月,阜阳市行政事业单位支出全部纳入市会计核算中心(或国库支付中心)管理,全面加强了财政资金运行的监管,有效地规范了财经秩序。

△1月,阜阳市被确定为全省财政电视会议系统工程建设试点。4月,市财政局电视电话会议系统投入运行使用。

△2月,实行中央地方共同负担的出口退税新机制,积极支持外贸系统大力调整出口产品结构,促进外贸出口由收购制向代理制转化,降低外购产品出口比重,实现出口效益与财政利益的统一。

△3月,阜阳市农村税费改革办公室等15个单位被省委、省政府授予"全省农村税费改革试点工作先进单位",张守俊等19名同志被授予"全省农村税费改革试点工作先进个人"。

△4月,阜阳市遭遇突发"非典"疫情,各级财政部门多方筹措资金,全力支持抗击"非典"。在短期内,全市紧急投入1亿多元用于"非典"防治,其中各级财政自筹7000多万元,市本级利用国家农业开发银行"非典"贷款3000万元,对防控疫情传播、稳定人心发挥了重要作用。

△5月,全市实施粮补改革,争取到省财政粮补资金4894万元,兑付4813万元,兑付率97.9%。

△6月,市财政局对农业综合开发项目和资金实行统管,市黄淮海农业综合开发办与资金管理办合署办公。

△8月,阜阳市遭到特大洪涝灾害侵袭,各级财政及时合理分配和拨付防汛抗洪、行蓄洪区补助、灾民救助等各类救灾资金3.48亿元,支持灾区群众开展生产自救。

△12月,阜阳市本级预算内外城市维护费支出7000多万元,加速了阜城"碧水、蓝天、安静"工程、"畅通工程"、文峰公园扩建工程等重点项目建设。

△12月,全市投入小额担保基金570万元,发放贷款68户,167万元。支持了下岗失业人员实现再就业。

(阜阳市财政局供稿)

2003年淮南市财政工作大事记

△1月25日,市财政局局长周维敏等前往贫困村田集乡南圩村进行慰问,送去了过冬用品,并捐款3万元。

△2月19日,市财政局召开2002年工作表彰暨2003年工作动员会,表彰了9个先进科室和13名先进个人。周维敏局长作动员报告。

△2月21日至22日,省财政厅厅长朱玉明等来淮南调研,在陈世礼、姜典法、魏耀民等市领导陪同下考察了市财政国库支付中心、经济技术开发区和八公山国家地质公园。

△4月16日,市政府召开全市财政工作会议,魏耀民副市长到会讲话;市财政局局长周维敏做工作报告。

△4月28日,市财政局成立以周维敏局长为组长的防治"非典"工作领导小组。市本级共安排资金1365万元,确保了防治"非典"斗争的胜利。市财政局被市委、市政府评为防治"非典"工作先进单位。

△5月20日,市财政国库支付中心被团省委授予"青年文明号"称号。

△6月4日,省扩大粮食补贴方式改革办公室在淮南市举办培训班。省财政厅副厅长、省粮补办副主任戴克柱到会讲话。

△6月26日,召开全市扩大粮食补贴方式改革试点工作会议,朱季历市长、魏耀民副市长等出席。

△7月上旬,淮河暴发特大洪水,市财政局立即调整工作重心,成立防汛救灾领导小组,局长周维敏任组长,全力以赴防汛救灾。

△7月10日,朱季历市长委托市长助理左俊召开灾情及水毁情况统计紧急会议,要求有关部门认真统计报送,争取上级资金支援。

△7月14日至15日,省财政厅灾情核查组分赴凤台、潘集、毛集等重灾区察看灾情和灾民安置及救灾资金使用情况。市长助理左俊陪同检查。

△8月25日,市政府与国家开发银行签署协议,国家开发银行向淮南市提供信用额度30亿元,用于城市基础设施建设。

△9月15日,团省委书记方春明到市财政国库支付中心检查"青年文明号"创建工作。

△9月24日,召开市直部门预算编制及行政事业单位银行账户清理工作会议。市政府成立清户工作领导小组,魏耀民副市长任组长。

△9月26日,魏耀民副市长等赴凤台县检查粮补资金发放情况。

△9月27日,市财政局召开2003年度政风评议工作会议。

△11月6日,市财政局召开会议,谋划2004年财政工作。

△12月18日,市财政局领导为全市"会计诚信建设"活动征文优秀单位和作者颁奖。市财政局在此活动中获得全省组织工作一等奖。

(淮南市财政局供稿)

2003年滁州市财政工作大事记

△2月11日,市委书记、市人大主任汪国才在市委常委、常务副市长沈维骥的陪同下,到市财政局调研财政情况,并发表了《用发展的思维干事业,财政工作要着眼于发展,有利于发展》的讲话。

△2月18日,市财政局组织干部认真学习胡锦涛同志的重要讲话精神,开展艰苦奋斗教育活动。

△3月12日,由财政部、国家发改委、国家粮食局、农发行、劳动与社会保障部共同组成的粮食流通体制改革调研组在财政部虞列贵司长带领下一行8人,专程来滁州市开展调研。

△3月17日,市政府正式批转市财政局《关于滁州市蔬菜副食品基地建设专项资金项目管理办法》,标志着市农业财政专项资金设立与资金监管向规范化、制度化、法制化建设迈进。

△3月25日,市政府召开全市财政工作会议。贯彻全省财政工作会议精神、总结表彰2002年全市财税工作、研究部署2003年的财税工作。

△3月25日,市人民政府颁布嘉奖令,对市财政局、地税局、国税局的2002年工作进行通令嘉奖。

△4月3日,市委书记、市农村税费改革领导小组组长汪国才在参加全国农村税费改革工作电视电话会后,要求把全市农村税费改革工作引向深入。

△4月3日晚,市委常委、常务副市长沈维骥发表了题为"全面贯彻落实《政府采购法》进一步做好我市政府采购工作"的电视讲话。

△4月14日,市财政监督局、社会保障科会同琅琊和南谯区财政、民政部门有关人员对全市低保对象进行了摸底调查。

△4月24日,市财政局预防"非典"型性肺炎领导小组召开会议,研究出台了市财政局预防"非典"型性肺炎的5项措施。

△5月29日,市召开全市扩大粮食补贴方式改革试点工作会议,传达全省扩大粮补改革试点工作精神,研究部署全市扩大粮补改革试点工作。

△6月9日,市政府召开全市上半年财税形势分析会,对全市上半年财税形势作了详细分析,对今后一段时期的财税工作作了具体部署。

△6月,市本级开展落实"收支两条线"规定工作专项检查。

△6月17日,市召开粮补改革工作汇报会,各县市区汇报了粮改进展情况,讨论了滁州市粮补改革实施意见及实施方案两个文件。

△6月22日,市税改办召开农村税费改革宣传月会议,市财政局副局长、税改办常务副主任陈泽全主持会议,并就农村税费改革宣传月活动提出要求。

△7月2日,市委、市政府研究决定,出台《市直公务接待管理暂行规定》,严格公务接待审批手续,实行实名登记、定点接待。

△7月7日至11日,市农业综合开发系统开展了2000—2002农业综合开发项目和资金管理大检查工作。

△7月12日,省财政厅副厅长汪建国到凤阳县、明光市检查指导抗洪救灾工作。

△7月18日,市财政局全面开展"艰苦奋斗,廉洁从政"主题教育活动。

△7月25日,召开全市农税工作座谈会,会议传达了全省农税工作会议精神和全省农业特产税改征农业税工作会议精神。

△7月,市财政局认真做好防汛抗灾期间各项财政保障工作。

△7月30日,市粮补方式改革领导小组副组长、副市长何希勇深入明光市、凤阳县、全椒县、琅琊区、南谯区、定远县部分乡镇进行粮补调研。

△9月27日,市政府召开2004年市级部门预算编制会。

△10月24日,市领导江俊、沈维骥等一行到市财政局检查指导"收支两条线"工作。

△10月15日至10月24日,市监察局、财政局和民政局对全市救灾资金及捐赠款物的发放和使用情况进行了专项监督检查。

△11月8日,市政府召开全市财税形势分析会,要求确保全年工作的圆满完成。

△11月20日,市财政局邀请市直单位小汽车管理人员,就小汽车定点维修实行政府采购的执行情况进行了座谈。

(滁州市财政局供稿)

2003年六安市财政工作大事记

△1月6日至18日,市财政局举办全市农村财务管理师资培训班,对全市189个乡镇的农经站长和财政所长等400余人进行了培训。

△3月12日,市政府召开全市中小学危房改造工作会议,对中小学危房改造工作进行全面部署。

△3月20日至28日,市财政局组成4个暗访组,对部分乡镇税改整改情况进行了抽查暗访。

△4月1日,市财政局召开各县区财政局长会议,贯彻全省财政工作会议精神,部署财政工作任务。

△6月10日至11日,省财政厅副厅长汪建国一行来霍山县开展农业特产税改征农业税检查工作。

△6月25日,市政府召开全市财政工作会议,各县区长、分管县区长、财政局长参加会议,市长叶文成、常务副市长方西屏到会讲话。

△7月3日,全市农业特产税改征农业税会议召开,市委常委、常务副市长方西屏出席会议并讲话,要求确保改征工作落到实处。

△7月12日,省财政厅农税局局长黄诗柱一行到寿县、裕安区10个乡镇实地查看灾情。

△7月22日,省财政厅纪检组长迟本能到金寨县检查指导政风建设工作。

△8月20日至27日,省财政厅副厅长汪建国带队来市就企业军转干部生活困难问题进行督查。

△9月3日至4日,省财政厅副厅长项仕安率省财政厅农税局一行来市督查行蓄洪区财产损失登记工作。

△9月3日至15日,市局组成8个组赴各县区开展财政工作调研督查活动。

△9月5日,王琢同志被任命为市财政局副局长。

△9月14日,省财政厅副厅长汪建国等一行6人赴金寨县就中小学危房改造进行检查调研。

△10月22日,市政府召开全市财税工作会议,市委常委、常务副市长方西屏出席会议并讲话,要求确保调整后财税目标的圆满完成。

△11月12日至14日,全市财政系统政风建设现场会在金寨县召开,各县区分管局长、监察室主任、办公室主任、机关党组织负责人和局属单位主要负责人等50余人参加了会议。

△12月2日,省纪委一行5人来市财政局开展公务接待检查工作。

△12月10日,财政部农业司领导在省财政厅副厅长项仕安、市政府副市长朱文根陪同下,深入行蓄洪区督查灾民损失补偿资金发放情况。

△12月15日,市政府召开市本级公共财政改革扩面动员大会,对市本级改革扩面工作进行动员和部署。市长叶文成、常务副市长方西屏到会讲话。

△12月26日,市财政局荣获省2002年度企业所得税税源调查工作一等奖。

(六安市财政局供稿)

2003年马鞍山市财政工作大事记

△1月8日,市十三届人大一次会议通过《关于马鞍山市2002年财政预算执行情况和2003年财政预算草案的报告》。

△1月27日,市财政在向山、霍里、濮塘设立退耕还林补助粮发放点,将14万公斤退耕还林补助粮在春节前发放到退耕农户手中。

△4月25日,市财政局成立"非典"防治指挥组,保障全市防治"非典"资金需求。

△5月13日,市长姚玉舟专题听取财政工作汇报。

△6月3日,市政府成立市粮食补贴方式改革协调小组及粮补改革领导小组办公室,推进粮食直补改革工作。

△6月23日,市财政局邀请12名市人大代表召开"开门办案会",对财政部门承办的市十三届人大一次会议建议,公开政策依据、公开办理结果,取得人大代表的支持与理解。

△7月1日,市提前半年编制2004年预算,初步实现标准周期预算制度,将建委、教育、劳动、卫生4个部门预算报送市人代会审查,接受人大监督。

△9月8日起,市财政局在市国土局服务中心设立契税征收窗口,"一窗式"直接征收土地契税。

△9月12日至15日,国家农业综合开发验收组对市2000—2002年农业综合开发项目进行验收,市级农业综合开发项目获得优秀称号。

△9月18日,市财政向18万农户兑付608万元粮食直补资金。

△9月30日,市人民政府决定建立经济技术开发区分税制财政管理体制,一定3年不变。

△10月15日,省粮食企业新增财务挂账异地审计组进驻马鞍山市开展审计工作。

△10月28日,市委常委会议专题听取财政部门汇报全市农村税费改革情况。

△11月28日,市委书记丁海中、市纪委书记靳林春来市财政局调研财政工作,督察市国库集中支付和政府采购工作。

△12月1日,全市全额拨款事业单位全面实行财政统一发放工资改革。

△12月3日至4日,中国珠算协会会长迟海滨在省珠协领导张书箱陪同下,来马鞍山市考察小学生珠心算技能推广情况。

△12月10日,市政府采购中心召开聘任第二届政府采购特邀监察员会议,市纪委、市委统战部、市财政局有关领导和9位政府采购特邀监察员出席了会议。

△12月14日,市局财政预算执行分析在全省评比中荣获第一名,市局已连续4次获此殊荣。

△12月末,在全市2003年政风评议中,市财政局获得第一名。

(马鞍山市财政局供稿)

2003年巢湖市财政工作大事记

△自1月1日起,市直契税、耕地占用税全部由财政农税部门自行征收,7月份,各县区实现自征。

△3月,市直2003年度部门综合预算完成论证等工作,经市一届五次人代会批准执行。

△3月,开始编制政府采购预算,7月和10月,进一步对政府采购提出要求,规定政府采购专项资金年终结余交回财政。

△3月21日,市财政、建设、国土、房产、公安、人民银行等部门联合印发《关于加强契税协税护税工作的通知》,实行齐抓共管。

△4月22日,巢湖市粮食补贴方式改革开始启动,全年发放粮食直补资金6732万元,占应补总额99.6%。

△4月至5月,市财政紧急调度资金,建立"非典"防治经费保障机制,并坚持一手抓"非典"防治,一手抓组织收入,确保财政收入"时间过半、任务过半"。

△5月,巢湖市城市建设打捆项目获国家开发银行审查通过,贷款额度5亿元。

△7月4日,市委转发市税改办《关于开展"农村税费改革规范年"活动的实施意见》,全面开展农村税费改革规范年活动。

△7月,省财政厅在和县召开乡镇财政管理方式改革工作会议。8月,市政府印发《批转市财政局关于全面推行乡镇财政管理方式改革指导意见的通知》,巢湖市全面推行乡镇财政管理方式改革。

△7月,居巢区、含山县"双低"油菜良种补贴试点工作正式实施。

△8月,中央财政支持农民专业合作组织试点

工作在巢湖市开展。

△8月,“巢湖农税数据”网络和FTP数据库建设开始实施,农业税秋季征收前全部完成,实现了农税征管数据远程传输。

△8月,采取招标采购的办法,对市直单位办公用品实行定点供应。

△9月,全省中央政法专款管理工作会议在巢召开,巢湖市获“全省中央政法专款管理一等奖”。

△10月,巢湖市世行加灌二期项目通过省验收,12月通过国家验收,被评为优秀项目。

△12月19日,巢湖市预算外资金管理局正式更名为巢湖市非税收入管理局。

(巢湖市财政局供稿)

2003年芜湖市财政工作大事记

△1月1日起,对市区建安房地产税收管理体制进行改革,理顺了市和各区之间的分配关系。

△1月,市财政局连续3年获得省公共支出改革一等奖。

△3月,市政府办公室印发了《关于全面推行行政执法部门罚没收入收支脱钩管理的通知》,对市直行政执法部门的罚没收入全面推行收支脱钩管理,规定市直行政执法部门的罚没收入一律纳入国库单一账户管理,与其支出脱钩。

△3月,市财政局与芜湖中燃城市天然气发展有限公司签定《芜湖大气环境改善利用日元贷款项目转贷协议》。预计2004年5月底首批居民将使用天然气。

△3月,市财政局、市国税局、市地税局和市人民银行四部门联合启动芜湖市财、税、库、行横向电子联网工程。12月,联网系统通过省项目验收组的测试验收。

△4月,对3县2000—2002年度财政扶贫资金进行专项检查,检查涉及财政扶贫资金378万元。发现了一些问题,提出了整改意见,3县进行了整改,收到了较好效果。

△4月,着手调整芜湖经济技术开发区财政管理体制。理顺了市与开发区的财政分配关系,促进了开发区的持续、快速、健康发展。

△6月1日,市政府成立了粮食补贴方式改革试点工作协调小组,实行市长负责制。全市向农民粮食发放直接补贴1294万元,10月底全面完成粮食补贴发放工作。

△6月和9月,对3县4区中小学危房改造工作进行检查,建立了危房项目数据库。

△8月份起,契税征管改代征为直接征收,建立了以纳税人自行申报为基础、计算机网络为依托、财政部门直接派人征收的新模式;实现了与房管部门资源共享、集中办税的契税征管新格局。

△9月30日,芜湖市招标采购交易中心挂牌。省委副书记、省纪委书记杨多良和市委书记詹夏来为“芜湖市招标采购交易中心”揭牌。

△9月,市正式被省财政厅确定为全省惟一的政法专网试点城市(包括芜湖县)。实现了省、市、县三级的数据、语音和视频连接。

△12月,市一期(2001—2003年)中央政法补助专款项目全面完成,共争取上级补助资金364万元,市辖3县政法部门的办案条件得到明显改善,装备得到进一步加强。

△2003年,全局开展以“严于约束力,具有凝聚力,富于创造力,充满战斗力”为内容的机关作风和文化建设。大力开展“五个一”(一张笑脸迎人、一番热情暖人、一腔真诚待人、一颗公心感人、一片爱意助人),争创合格公务员竞赛活动,增强机关凝聚力。

(芜湖市财政局供稿)

2003年宣城市财政工作大事记

△1月6日,市财政局局长谢发之向市一届人大三次会议作《宣城市2002年预算执行情况和2003年预算草案的报告》。1月9日,大会通过了《报告》。

△3月10日,市财政局召开全市农税局长会议,正式启动农业特产税改征农业税工作。改征工作进展顺利,郎溪、广德、宁国、绩溪4个县市取消了农业特产税,也不改征农业税,其他县区只对茶叶、原木、原竹等征收农业税。

△4月,旌德县副县长何孝乐调任市财政局副局长。

△4月18日,市财政局出台《关于开展财政监督检查工作有关规定的通知》,规定监督检查局统一组织、协调对外监督检查工作。

△5月,原由市房改办(市公积金管理中心)管

理的市直单位公有住房出售收入资金,全部交由市财政管理。

△6月10日,市财政局布置市本级各单位编制2004年预算,且全部实行部门预算,按“两上两下”程序编制。

△6月13日,市政府成立粮食补贴方式改革工作协调小组,下设办公室。市财政局谢发之局长兼任粮补办主任。全市粮补改革工作全面展开。截至2003年底,向农民兑付粮食补贴资金1763万元,占应兑付资金的99.6%。

△6月,市财政国库支付中心计算机网络基础建设和软件调试工程完工并投入使用。

△6月至8月,市财政局对市直所有有预算外收入的行政事业单位2002年度预算外资金收支情况进行专项检查。

△7月,市本级扩大国库集中支付范围,对市直96个单位实行国库集中支付,占财供单位的72%。

△7月至8月,市财政局组织全市2002年度企业所得税税源调查。

△10月,全市各级财政部门对2002年、2003年农业财政资金的预算安排和执行情况进行专项检查。

△11月,市财政局会议电视系统安装调试完成,与省财政厅连接测试正常。

(宣城市财政局供稿)

2003铜陵市财政工作大事记

△2月6日,市十三届人大一次会议审议通过了《关于铜陵市2002年财政预算执行情况及2003年市本级财政预算草案的报告》。

△2月14日,市政府下发《铜陵市城市基础设施配套费征收使用管理办法》。

△4月5日,市政府授予市财政局“2002年度公共财政支出改革工作单项目标优胜奖”。

△5月14日,市政府下发《关于进一步加强契税征管工作的通知》。

△6月27日,市政府下发《铜陵市市级财政预算追加听证暂行办法》。

△7月11日,市政府下发《铜陵市下岗失业人员小额担保贷款管理实施细则(试行)》,为财政支持下岗失业人员再就业和创业活动提供了可靠的保证。

△9月,市政府下发《铜陵市城市建设项目及资金管理办法》(试行)。

△9月11日,市人事局复函:同意市财政局所属事业单位市非税收入管理局和市国库集中支付中心依照国家公务员制度管理。

△10月,市财政局被铜陵市党风廉政建设责任制领导小组评为“全市党风廉政建设责任制工作先进单位”。

△11月12日,铜陵市预算追加听证委员会首次对“铜陵市突发公共卫生事件应急处理物资储备库”预算追加项目举行听证,对市民主理财和公开理财起到了积极推动作用。

△12月,市财政局获“2003年度全省公共财政支出改革考核一等奖”。

△12月25日,市政府任命吴德卿为市财政局副局长。

△12月,市财政局被铜陵市评为“2003年度全市党政机关目标管理先进单位”。

(铜陵市财政局供稿)

2003年池州市财政工作大事记

△3月27日,全市农业综合开发会议在石台县召开。

△3月,世行官员考察池州市世行科技项目。

△4月,谢德新市长来市财政局考察。

△6月,省委副书记王昭耀来池州市考察农业综合开发项目——皖南土种鸡原种场。

△6月,市财政局荣获池州市“非典”防治工作先进单位。

△6月,市财政局新办公大楼改造完工。

△7月1日,市政府印发《池州市社会保险费捆绑征收暂行办法》。

△12月31日,市财政局荣获“池州市文明行业目标考核第一名”。

△12月31日,市财政局荣获“池州市政风评议第二名”。

△12月31日,市财政局荣获“省级文明单位”。

△12月31日,市会计核算中心及东流财政分局获“省级文明窗口”。

(池州市财政局供稿)

2003年安庆市财政工作大事记

△1月,市财政局对市直所有部门全面实行部门预算编制。

△1月,市选择潜山、宿松两县实行乡镇财政管理方式改革试点。

△1月,市财政局对迎江、大观两区市政、城建、城管监察等6单位经费下划辖区管理。

△3月3日,全省农业综合开发考评会议在安庆市召开。

△3月25日,全市财政工作暨财政国库集中支付改革动员大会召开。

△3月29日,全省教科文财政工作会议在安庆市召开。

△4月1日,市财政局对企业设立国有资产占有产权登记试行告知承诺制。

△4月,安庆市财政局机关党委正式成立。

△4月,市政府印发《关于进一步加强市直行政事业单位国有资产管理的意见》。

△4月9日,副市长方川林和市财政局副局长吴功立代表市政府在合肥与省财政厅签署了利用世界银行贷款实施“林业持续发展项目”的《转贷协议》,标志着该项目在安庆市正式启动。

△4月至7月,市财政投入“非典”防治经费300万元,为抗击“非典”提供了资金保障。

△4月至11月,市财政局分3批对市直183个预算单位实行国库集中支付,市本级国库集中支付范围达77%。

△4月至12月,全面实行农业特产税改征农业税试点,全市改征后农业特产税应征税额861万元,比2002年减少3437万元,改征所涉及的农民减少税收负担70%以上。

△5月,全面实施粮食补贴方式改革,全市共向农民发放粮食直补资金5220万元。

△5月,市财政局举办市直250余家中小企业法人代表会计法规知识培训班。

△5月,市财政局颁布“禁酒令”,规定局机关干部在工作日中餐一律不准饮酒。

△6月24日,全省上半年预算执行情况分析会在本市召开。

△8月,市财政局制发《安庆市市直机关事业单位招待费管理暂行办法》。

△9月,市财政局对安庆玻璃有限责任公司等8家企业开展新企业会计制度模拟执行分析测算,为下一步在全市实施新企业会计制度奠定了基础。

△9月29日,市财政局新办公大楼奠基。

△10月,市对桐城市、望江县、岳西县实施新型农村合作医疗试点。

△10月28日,全市乡镇财政管理方式改革工作会议在潜山县召开。

△11月,全市世行加灌二期项目顺利通过省级验收。

△11月,市政府印发《安庆市城区环卫体制改革方案》。

△11月,市财政局党组书记、局长丁一轩被省委组织部任命为安庆经济技术开发区管委会主任(副厅级)。

(安庆市财政局供稿)

2003年黄山市财政工作大事记

△1月,世行贷款“林业持续发展项目”启动。项目总投资额4965万元人民币,其中利用世行贷款资金300万美元,国内配套资金2470万元人民币。项目分布在祁门县、休宁县和徽州区的各个乡镇。

△1月6日,市人大公告,任命汪理文为市财政局局长。

△2月至3月,在全市组织开展了《安徽省财政监督暂行办法》和《财政部门内部监督检查暂行办法》贯彻落实情况的检查。

△3月,对局机关2002年度财务收支情况进行了内部审计。

△4月至7月,市财政局从资金、政策、管理等方面认真做好防治“非典”的财政保障工作,多方筹集资金100多万元,为全市无“非典”病例和疑似病例做出了积极的贡献。

△5月至11月,开展财政监督理论研讨活动,提交论文5篇。

△5月14日,从市纪检委、财政局、审计局、人民银行抽9人分成4组,历时近3个月,对市直123个单位2002年度落实“收支两条线”规定情况进行了专项检查,效果明显。

△5月14日,市财政拨款60万元建立了离休干部医疗补助基金。

△6月,歙县被列入全省新型农村合作医疗试点县。至10月底,市财政配套资金54.7万元拨付到位,新型农村合作医疗制度在歙县基本建立。

△7月3日,财政部国库司副司长周成路等在省财政厅副厅长楚建平陪同下来黄山市召开《政府采购法》实施工作调研座谈会。

△7月11日,市国债服务部脱钩改制成功,组建国元证券黄山服务部。

△7月,安徽财贸学院黄山市财政干校研究生进修点首届(2000级)研究生35人全部毕业;安徽财贸学院黄山函授站首届(2000级)会计学专业66名大专学员和铜陵学院黄山函授站109名会计大专学员全部毕业,另招收新生202人。

△8月,黄山毛峰有机茶被列入中央农业科技推广示范基地建设项目予以扶持,扶持资金100万元。

△8月,祁门县率先推行乡财县管试点,全县25个乡镇全部纳入县会计核算中心。

△8月18日,歙县被评为农业综合开发优良项目县,其他区县均为合格项目县,全市2000—2002年农发项目顺利通过省级验收。

△8月下旬,省农发局聘请的华安会计事务所来黄山市对市级及各区县的农业综合开发项目资金进行全面审计。审计认定符合国家农发资金管理基本要求。

△9月,市农业特产税改征农业税试点成功,农民减负2186万元,人均减负18.3元。

△9月,市直率先实行契税自征,通过自征,收入增长较快。

△9月,圆满地完成了区县会计核算中心基础工作规范化考核验收,均符合达标要求。

△9月12日至27日,市财政局推行内部机构改革,全员进行竞岗,90%人员调整了岗位或轮岗。通过改革,理顺了关系,调动了全局职工积极性。

△9月22日,召开全市财税工作会议,副市长倪玉平深刻分析了因"非典"疫情和历史罕见干旱给全市财税工作带来的不利影响,提出"咬定目标、大战100天,确保全年财税各项目标任务的完成"的口号;市长李宏鸣就做好后4个月财税工作提出了明确要求。

△10月,成立副县级二级机构"黄山市农业综合开发办公室"并参照公务员管理。

△10月,推行部门预算编制方法,选择市农委、市科技局等6部门综合预算报送市人大预算审查委员会审议。

△10月,利用3个月时间对市直改制企业专项资金进行检查,资金检查总额达到1亿元,涉及市直各行业改制企业近20户。

△10月下旬,市财政局在全市开展政风评议活动中荣获市直机关第四名。

△10月至11月,市财政局认真组织开展"主动融入浙江经济带和长三角经济圈,掀起黄山新一轮发展新高潮"大讨论。进一步解放思想,理清了财政发展思路。

△10月31日,全市提前1个月全面完成粮补资金兑付工作,兑付粮补资金415万元,得到省粮补办和市领导的肯定。

△11月份,经各地财政部门的艰苦不懈的努力,中国政府与荷兰政府正式签定黄山市人民医院利用荷兰政府贷款引进医疗设备项目的赠款协议。该项目贷款额498万欧元、赠款额为174万欧元。

△11月12日,黄山市成功举办了首次"四权"(公用事业类企业股权、旅游景区经营权、矿藏开采权、国有土地和山场使用权)专场拍卖会,竞价拍卖的5项标的物,以1821万元总成交价成功拍出。

△11月24至27日,市财政局举办了全市乡镇财政所长培训班。72个乡镇财政所长参加了培训。

△12月,认真做好新安江库区资金专项管理及项目跟踪问效,全年共分两次对新安江库区移民项目进行了专项调查,确保专项资金的正确合规使用。

△12月,全市共投入危改资金9878万元,历时3年改造各类中小学危房273683平方米,极大地改善了农村中小学办学条件。

△12月,新建26个纳税服务大厅通过省级验收。至此,全市142个乡镇全部建立了标准化的农税服务厅,实现了"定点征收,计算机管理"。

△12月,市农发办荣获"全省农发项目统计工作二等奖";歙县、休宁县、徽州区农发办"获全省县级农业综合开发办公室综合考评先进单位"。

△12月25日,市财政局举办区县政府采购员人员(2003版)软件培训班。

(黄山市财政局供稿)

财政机构人员篇

底图为黄山风光：猴子观海

省财政厅机构人员

省财政厅及各处室(局)单位领导名单

(2003年12月31日)

省财政厅

党组书记、厅长:朱玉明

副厅长:项仕安　汪建国　周春雨　楚建平

迟本能(纪检组长)　毕小彬

助理巡视员:刘　钢　汪晓琴

厅领导成员任免情况:

△4月18日,省人民政府任免通知(皖政人字〔2003〕21号):汪晓琴同志任省财政厅助理巡视员。

△4月21日,省纪律检查委员会任免通知(皖纪干〔2003〕23号):迟本能同志任省纪律检查委员会派驻省财政厅纪律检查组组长。

△6月24日,省人民政府任免通知(皖政人字〔2003〕3号):戴克柱同志任省审计厅副厅长,免去省财政厅副厅长职务。

△9月14日,省人民政府任免通知(皖政人字〔2003〕46号):毕小彬同志任省财政厅副厅长。

厅机关各处室(局)

办公室

主　任:邓寿安

副主任:陈永年　江永泓

助理调研员:季必英

综合处

处　长:周名桨

副处长:黎学东

税政条法处

处　长:毛立明

副处长:方旭华

助理调研员:杨玉林

预算处

处　长:曹哨兵

副处长:张　力　孟照红

省直预算编制办公室

主　任:李友兰

副主任:段焕松

助理调研员:刘志毅

国库处

处　长:王　玲

副处长:廖晓虹　张　玲

助理调研员:王永力

行政处

处　长:陈传文

副处长:朱长才　左磊明

助理调研员:宋　频　洪　军

政法处

处　长:张永祥

副处长:孙荣春

调研员:刘建平

助理调研员:汪小俊

教科文处

处　长:罗建国

副处长:李　良　焦玲仪

经济建设处

处　长:吴天宏

副处长:于华伟　徐文卿

调研员:唐志英　侯宇翔

助理调研员:张恒景　吴建辉

农业处

处　长:汪学越

副处长:王茂胜　李　霞

调研员:邵　军

助理调研员:储　敏

社会保障处

处　长:王建培

副处长:林晓明

助理调研员:解亚平

企业处

处　长:盛普田

副处长:经本良　杨前炉

调研员:王克俭　周晓丽

金融处

处　长:范成法
副处长:张　黎
助理调研员:姚　伟

国际债务管理处

处　长:陈江吼
副处长:余　禹
调研员:刘　华

农业税收征管局

局　长:黄诗柱
副局长:鲍习生　连发玉

会计处

处　长:汪代启
助理调研员:何昌春

统计评价处

处　长:杨宏春
副处长:李运孝
调研员:殷路滨

监督检查局

局　长:黄克来
副局长:杨延彬　丁　俊
调研员:林　中　徐中洋

政府采购处

处　长:孙学鹏
副处长:何沁沅

人事教育处

处　长:解立卫
副处长:彭高俊
助理调研员:方习利

机关党委

专职副书记:宋宝泉
调研员:张承倩

纪检监察室

主　任:虞明哲
助理调研员:杨　刚

离退休工作处

处　长:张维东

农村税费改革处

处　长:朱维新
副处长:胡德林
助理调研员:徐向前

厅属单位

省农业综合开发局

局　长:张广寿
副局长:孔少林　吴行一(正处级)

省财政科学研究所

副所长:邵　勋　董照军(正处级)
专职副主编:叶翠青

省财税信息计算中心

主　任:李森林
副主任:陈　刚

省政府采购中心

主　任:姜　毅
副主任:张文超
主任助理:宋　杰(副处级)

省财政投资评审中心

主　任:朱旭初
副主任:张　进

省财政厅国库支付中心

主　任:姚本虎
副主任:许先才

省注册会计师协会

秘书长:杨　春
副秘书长:张德法　孙业奎　殷家明　叶德刚

省中小企业信用担保中心

主　任:钱　正(副厅级)
副主任:叶　斌　王忠道
主任助理:王　兵(副处级)

省财政经济开发处

处　长:忻信华
副处长:李景鹏(正处级)

厅机关服务中心

主　任:李朝友
副主任:刘小兵(正处级)　陈东川　韩宪平

(厅人事教育处供稿)

各市财政系统机构人员

合肥市财政系统领导名单

(2003年12月31日)

合肥市财政局

党组书记、局长:朱　宁

副局长:林晓炼　吴利林　孙余洲

纪检组长:杨积超

总会计师:朱　荣

国资办副主任:王金生

庐阳区财政局

局　长:马扣珍

副局长:陈世荣　郝　军

瑶海区财政局

局　长:沈训平

副局长:王利萍

蜀山区财政局

局　长:耿学梅

副局长:方　玲、梁　波

包河区财政局

局　长:彭永峰

副局长:李雨龙　高光胜

高新技术开发区财政局

局　长:王　浩

副局长:于小文

经济技术开发区财政局:

局　长:方世文

局长助理:李命山

新站综合开发试验区财政局:

局　长:侯扬满

副局长:董黎明

肥东县财政局

局　长:干文宏

副局长:宋有璞　张东兵　王　磊

纪检组长:王　远

肥西县财政局

局　长:姚金荣

副局长:陈文轩　张立新　洪从贵　夏智新

长丰县财政局

局　长:程　林

副局长:陈　凯　叶良传　荣　之

纪检组长:余长龙

肥东县

六家畈镇财政所　所　长:朱邦胜

复兴乡财政所　所　长:葛胜荣

长乐乡财政所　所　长:张永践

龙塘镇财政所　所　长:张　文

龙岗镇财政所　所　长:龚英钊

龙岗开发区分局　局　长:姜　铭

众兴乡财政所　所　长:金开宝

路口乡财政所　所　长:张玉贵

草庙乡财政所　所　长:张贤文

张集乡财政所　所　长:胡长明

护城乡财政所　所　长:夏朝长

高亮乡财政所　所　长:闻春木

民族乡财政所　所　长:沈永刚

王铁乡财政所　所　长:赵一文

解集乡财政所　所　长:阚家钊

富旺乡财政所　所　长:吴文思

杨店乡财政所　所　长:丁必银

响导乡财政所　所　长:赵成功

王城乡财政所　所　长:丁腾渊

马湖乡财政所　所　长:赵夕如

杨塘乡财政所　所　长:杨　波

龙山乡财政所　副所长:陈长松

陈集乡财政所　所　长:关先荣

广兴乡财政所　所　长:陈　熇

费集乡财政所　所　长:谢长发

青龙乡财政所　所　长:张彩保

长临河镇财政所　副所长:范红玲

桥头集镇财政所　所　长:宋　革

撮镇镇财政所　所　长:罗国强

店埠镇财政所　所　长:王仕根

西山驿镇财政所　所　长:梁英江

石塘镇财政所　所　长:王　兵

梁园镇财政所　所　长:杨圣林
白龙镇财政所　所　长:王建华
元疃镇财政所　所　长:李功文
八斗镇财政所　所　长:袁圣平
古城镇财政所　所　长:陈长胜

肥西县

上派镇财政所　所　长:李　祥
三河镇财政所　所　长:吴秀斌
桃花镇财政所　所　长:王恒传
北张乡财政所　所　长:高光能
烟墩乡财政所　所　长:贺洪武
农兴乡财政所　所　长:解启德
丰乐镇财政所　所　长:程增朝
严店乡财政所　所　长:张　波
刘河乡财政所　所　长:张维金
清平乡财政所　所　长:张永南
花岗镇财政所　所　长:王寅生
董岗乡财政所　所　长:郭　伟
新仓镇财政所　所　长:蔡丹元
四合乡财政所　所　长:董万福
孙集乡财政所　所　长:张向阳
山南镇财政所　所　长:何本荣
柿树岗乡财政所　所　长:郭少奇
袁店乡财政所　所　长:孟令斌
洪桥乡财政所　所　长:吴　兵
金牛乡财政所　所　长:刘传东
官亭镇财政所　所　长:潘学军
聚星乡财政所　所　长:何永胜
南分路乡财政所　所　长:汤　杰
金桥乡财政所　所　长:邵正年
江夏店乡财政所　所　长:夏守成
小庙镇财政所　所　长:余　岗
大柏乡财政所　所　长:杨伟民
南岗镇财政所　所　长:李欣馥
长岗乡财政所　所　长:李诚然
高店乡财政所　所　长:窦长城
高刘镇财政所　所　长:方新江
桃花工业园财政分局局长:孙明柱
紫蓬山财政分局　局　长:吴善彬

长丰县

水湖镇财政所　所　长:王世德
孔店乡财政所　所　长:闫其贝
张祠乡财政所　所　长:曹光林
徐庙乡财政所　副所长:邵宏霞
罗塘乡财政所　所　长:胡宏森
朱巷镇财政所　所　长:梁廷平
左店乡财政所　所　长:杨良基
造甲乡财政所　副所长:崔贤龙
杜集乡财政所　所　长:李继国
沛河乡财政所　所　长:陆士贵
下塘镇财政所　所　长:李广春
陶湖乡财政所　所　长:安广成
罗集乡财政所　所　长:周守群
埠里乡财政所　所　长:尹学宽
陶楼乡财政所　所　长:韩　必
双墩镇财政所　所　长:沈　良
夏店乡财政所　所　长:孙传道
卅头乡财政所　所　长:王　刚
土山乡财政所　所　长:徐世山
岗集镇财政所　所　长:沈模玉
杨庙镇财政所　所　长:任英成
吴山镇财政所　所　长:杨家维
义井乡财政所　所　长:秦传静
庄墓镇财政所　副所长:张云英
杨公镇财政所　所　长:孙业新
曹庵镇财政所　所　长:吴庆周
史院乡财政所　所　长:杨吉生
三和乡财政所　所　长:徐　勇
孙庙乡财政所　副所长:王长志
孤堆回族乡财政所　所长:孙自友
双凤工业区财税局　局长:刘　伟
金岭工业区财税局　局长:庞良辰

庐阳区

杏花镇财政所　所　长:刘爱民
卅岗镇财政所　副所长:俞秀建
大杨镇财政所　所　长:王金定

瑶海区

磨店乡财政所　所　长:韩开贤
城东乡财政所　所　长:吴世宏
大兴镇财政所　所　长:费文杰

蜀山区

井岗镇财政所　所　长:李志华

包河区

常青镇财政所　所　长:沈业泉
大圩镇财政所　所　长:牛忠传
骆岗镇财政所　所　长:彭大金
义兴镇财政所　所　长:梁金华
义城镇财政所　所　长:刘　强

淮北市财政系统领导名单

(2003年12月31日)

淮北市财政局

局　长:赵瑞平
副局长:王俊敏　张殿坤　李令安
纪检组长:朱学川

杜集区财政局

局　长:郝学堂
副局长:王　可　李　静

烈山区财政局

局　长:曹崇君

相山区财政局

局　长:任士新
副局长:刘学玲

濉溪县财政局

局　长:任启锋
副局长:周志坚　关春燕　李拥军
纪检组长:吴连彬

杜集区

高岳镇财政所　所　长:王吉聪
朔里镇财政所　所　长:刘仁忠
石台镇财政所　所　长:徐维德
段园镇财政所　所　长:黄昌喜
矿山集镇财政所　所　长:赵百玲

相山区

任圩镇财政所　所　长:丁允锋
渠沟镇财政所　所　长:邢　浩

烈山区

烈山镇财政所　所　长:朱　梅
宋町镇财政所　所　长:王芝东

濉溪县

开发区财政分局　局　长:冯建秋
濉溪镇财政所　所　长:高昌学
百善镇财政所　所　长:祝俊忠
刘桥镇财政所　所　长:张少华
新蔡镇财政所　所　长:王光才
徐楼镇财政所　所　长:杨学森
临涣镇财政分局　所　长:李怀红
韩村镇财政所　所　长:王相中
五沟镇财政所　所　长:周建华
孙町镇财政所　所　长:郭清海
任集镇财政所　所　长:刘洪斌
南平镇财政所　所　长:葛兆兰
双堆集镇财政所　所　长:马　冲
古饶镇财政所　所　长:张　伟
祁集镇财政所　所　长:樊丹雪
钟楼乡财政所　所　长:孙善武
铁佛乡财政所　所　长:余从敏
岳集乡财政所　所　长:马洪源
马桥乡财政所　所　长:潘德哲
赵集乡财政所　所　长:王大军
四铺乡财政所　所　长:蔡认真
五铺乡财政所　所　长:黄夫建
杨柳乡财政所　所　长:闫　标
陈集乡财政所　所　长:杨化新
白沙乡财政所　所　长:周　超

亳州市财政系统领导名单

(2003年12月31日)

亳州市财政局

局　长:凌　云
副局长:王玉玺　袁士民

谯城区财政局

局　长:王　伟
副局长:闻国芬　李龙禹
纪检组长:孙同才

蒙城县财政局

局　长:丁琪祥
党组书记:方文国
副局长:熊景夏　张　军　焦云轩　李明华
党组成员:卢红生　杨润亚

涡阳县财政局

局　长:牛　森
党组书记、副局长:张长喜
副局长:王　瑞　李书颂
纪检组长:张　杰

利辛县财政局

局　长:童　捷
副局长:马　静　刘富修　李晓光
党组成员:张继平　都蔚来

总会计师:张晓风

谯城区

十八里镇财政所　所　长:支效林
十河镇财政所　所　长:韩朝民
赵桥乡财政所　所　长:李　鹤
双沟镇财政所　所　长:魏　峰
淝河镇财政所　所　长:武廷凯
古城镇财政所　所　长:刘　芳
立德乡财政所　所　长:王如玲
龙杨镇财政所　所　长:王从云
大杨镇财政所　所　长:张　冲
城父镇财政所　所　长:张从良
十九里镇财政所　所　长:吕旭之
华佗镇财政所　所　长:黄　涛
大寺镇财政所　所　长:桑朝华
谯东镇财政所　所　长:孙　奇
观堂镇财政所　所　长:闫家迎
沙土镇财政所　所　长:马德龙
五马镇财政所　所　长:张玉奇
张店乡财政所　所　长:张延端
颜集镇财政所　所　长:支颜风
张集镇财政所　所　长:王　忠
魏岗镇财政所　所　长:怀济田
牛集镇财政所　所　长:王玉龙
安溜镇财政所　所　长:田玉奇
三官镇财政所　所　长:孔祥久
古井镇财政所　所　长:王玉泉
芦庙镇财政所　所　长:杨森林
汤陵财政分局　局　长:蒋新宇
花戏楼财政分局　局　长:刘保良
薛阁财政分局　局　长:武海庭

蒙城县

城关镇财政所　所　长:常忠华
庄周乡财政所　所　长:侯保先
漆园镇财政所　所　长:方兴旺
小辛集乡财政所　所　长:杨海涛
乐土镇财政所　所　长:沈培元
三义镇财政所　所　长:孟献孔
楚村镇财政所　所　长:郑元飞
常兴镇财政所　所　长:赵冠才
柳林镇财政所　所　长:梁怀周
篱笆镇财政所　所　长:何永善
移村乡财政所　所　长:杨　鹏
王集乡财政所　所　长:代芳忠
白杨林场财政所　所　长:曹树明
双涧镇财政所　副所长:宁春军
立仓镇财政所　所　长:徐恒华
罗集乡财政所　所　长:曹　军
坛城镇财政所　所　长:崔华合
范集镇财政所　所　长:李文峰
小涧镇财政所　所　长:刘振德
岳坊镇财政所　所　长:王丙龄
马集镇财政所　副所长:贾子东
田桥镇财政所　所　长:于　刚
板桥镇财政所　所　长:吴玉民
许疃镇财政所　所　长:王文彩
吕望乡财政所　所　长:张利民

涡阳县

城关镇财政所　所　长:李　伟
城西镇财政所　所　长:罗　涛
闸北镇财政所　所　长:袁　辉
城东镇财政所　所　长:李继芳
西阳镇财政所　所　长:郭维勤
双庙镇财政所　所　长:李良晨
楚店镇财政所　所　长:翟文福
高公镇财政所　所　长:姚　艺
义门镇财政所　所　长:赵良德
新兴镇财政所　所　长:燕友信
龙山镇财政所　所　长:侯　坤
青町镇财政所　所　长:陆　良
石弓镇财政所　所　长:张本云
曹市镇财政所　所　长:徐　超
高炉镇财政所　所　长:葛显平
公吉寺镇财政所　所　长:王全成
店集镇财政所　所　长:王贵云
临湖镇财政所　所　长:王　涛
标里乡财政所　所　长:张　涛
花沟镇财政所　所　长:葛友峰
陈大镇财政所　所　长:李　奇
张老家乡财政所　所　长:刘　斌
牌坊镇财政所　所　长:李名华
耿皇乡财政所　所　长:燕永波
马店集镇财政所　所　长:曹　健
丹城镇财政所　所　长:董　超
单集林场财政所　所　长:柴继云

利辛县

城关镇财政所　所　长:姜　涛
春店乡财政所　所　长:王　龙

双桥乡财政所　所　长:陆超华
马店孜镇财政所　所　长:解　辉
永兴镇财政所　所　长:臧松涛
王人镇财政所　所　长:韩　敏
巩店镇财政所　所　长:王继中
汝集镇财政所　所　长:于立军
张村镇财政所　所　长:何鹏飞
纪王场乡财政所　所　长:孙秀南
孙集镇财政所　所　长:关　键
旧城镇财政所　所　长:聂　奎
西潘楼镇财政所　所　长:苏永光
刘家集乡财政所　所　长:关　军
王市镇财政所　所　长:邵拥军
孙庙乡财政所　所　长:刘晓强
阚疃镇财政所　所　长:杨　勇
程家集镇财政所　所　长:宣桂萍
新张集乡财政所　所　长:王　健
展沟镇财政所　所　长:王文芳
胡集镇财政所　所　长:姜之俭
大李集镇财政所　所　长:叶少成
望疃镇财政所　所　长:孙明堂
中疃镇财政所　所　长:李　涛
丹凤乡财政所　所　长:李　鹏
江集镇财政所　所　长:宫　琦

宿州市财政系统领导名单

(2003年12月31日)

宿州市财政局

党组书记、局长:王超英
副局长:王　辉　刘文英　欧亚东
纪检组长:张建新

埇桥区财政局

党组书记:潘家旺
党组副书记、局长:黄昌平
副局长:赵德新　苏　航　黄庆健
　　赵丙利(项目办主任)
纪检组长:陈新京
党组成员、总会计师:王　军
党组成员、会计中心主任:王　敏

灵璧县财政局

党组书记、局长:陈存胜
副局长:王秀德　朱　松　王从效
纪检组长:程跃武
党组成员:赵　卡

砀山县财政局

党组书记、局长:董传武
副局长:赵俊领　刘汝琴　周效连
　　黄瑞奎
纪检组长:赵体引
党组成员、工会主席:王华光

泗县财政局

党组书记、局长:刘中平
党组副书记:尤祥芳
副局长:苏怀洲　朱长军　刘立春
纪检组长:朱亚东
农发办主任:姚玉刚

萧县财政局

党组书记:胡会忠
党组副书记、局长:王　奎
副局长:刘善安　刘春晓　李天真
　　陈文慧
纪检组长:徐卫东

埇桥区

城东乡财政所　所　长:腾团结
三八乡财政所　所　长:陈　坤
二铺乡财政所　所　长:李　勇
三里湾办财政所　所　长:郭晓龙
北关办财政所　所　长:任启峰
道东办财政所　所　长:刘　勇
东关办财政所　所　长:靳怀启
南关办财政所　所　长:秦德君
西关办财政所　所　长:魏　强
埇桥办财政所　所　长:马跃武
沱河办财政所　所　长:王成宏
褚兰镇财政所　所　长:刘广辉
杨庄乡财政所　所　长:付向阳
曹村镇财政所　所　长:耿　勇
夹沟镇财政所　所　长:蒋守志
支河乡财政所　所　长:陈　亮
栏杆镇财政所　所　长:马　亮
解集乡财政所　所　长:周步敬
时村镇财政分局　局　长:潘中华
桃沟乡财政所　所　长:张　建
永安镇财政所　所　长:孙礼会

顺河乡财政所　所　长:
汴河镇财政所　所　长:蔡世平
灰古镇财政所　所　长:陈树直
蒿沟乡财政所　所　长:尹传杰
苗安乡财政所　所　长:尹明堂
大店镇财政所　所　长:黄　伟
芦岭镇财政分局　局　长:陶庭山
龙王庙乡财政所　所　长:金正宇
西寺坡镇财政所　所　长:丁效亭
北杨寨乡财政分局局　长:王建军
桃园镇财政所　所　长:潘启超
祁县镇财政分局　局　长:李成合
大营镇财政所　所　长:孙　勇
永镇乡财政所　所　长:韩效品
符离镇财政分局　局　长:张华春
朱仙庄镇财政分局局　长:丁家龙

灵璧县

韦集镇财政所　所　长:王现理
向阳乡财政所　所　长:王从山
黄湾镇财政所　所　长:侯　君
长集乡财政所　所　长:林香华
娄庄镇财政所　所　长:张　超
杨疃镇财政所　所　长:赵运书
尹集镇财政所　所　长:尤金武
朱集乡财政所　所　长:傅廷宽
尤集镇财政所　所　长:陈益尚
浍沟镇财政所　所　长:程仲超
下楼镇财政所　所　长:张池凤
朝阳镇财政所　所　长:许　岩
渔沟镇财政所　所　长:王宗迎
大路乡财政所　所　长:高存玫
高楼镇财政所　所　长:李玉白
大庙乡财政所　所　长:任公民
冯庙镇财政所　所　长:闫兴跃
禅堂乡财政所　所　长:付振明
虞姬乡财政所　所　长:武金山
灵西乡财政所　所　长:张　曦
灵城镇财政分局　副局长:陈　浮

泗　县

泗城镇财政分局　局　长:沈　飞
大路口乡财政所　所　长:彭海璋
墩集镇财政所　所　长:黄培忠
草庙镇财政所　所　长:周长波
徐贺乡财政所　所　长:许正华
瓦坊乡财政所　所　长:张礼北
小梁乡财政所　所　长:刘传贤
黑塔镇财政所　所　长:沈广忠
刘圩镇财政所　所　长:倪大山
山头镇财政所　所　长:刘道胜
黄圩镇财政所　所　长:于庆标
大庄镇财政所　所　长:尤墩跃
屏山镇财政所　所　长:黄　浩
大杨乡财政所　所　长:李庆春
瓦韩乡财政所　所　长:时侠超
长沟镇财政所　所　长:杨以平
草沟镇财政所　所　长:胡利军
丁湖镇财政所　所　长:王颖杨

砀山县

城关镇财政所　副所长:冯卫华
李庄镇财政所　副所长:杜　辉
唐寨镇财政所　副所长:汪　鹏
西南门镇财政所　所　长:张　震
周寨镇财政所　所　长:唐怀堂
刘暗楼乡财政所　所　长:薛继秋
曹庄镇财政所　所　长:黄清志
关帝庙镇财政所　所　长:范恩祥
黄楼乡财政所　所　长:汪长勇
程庄镇财政所　副所长:邵延强
陇海乡财政所　所　长:鲁如强
文庄镇财政所　所　长:徐长文
良梨镇财政所　所　长:黄书启
葛集镇财政所　所　长:毛传道
玄庙镇财政所　所　长:董学坤
官庄坝镇财政所　所　长:王　伟
赵屯乡财政所　所　长:宋巨光
权集乡财政所　所　长:吴继瑞
朱楼镇财政所　所　长:戚冠学

萧　县

龙城镇财政分局　局　长:历营军
黄口镇财政分局　局　长:王云贤
杨楼镇财政分局　局　长:刘振东
新庄镇财政所　所　长:高全军
闫集镇财政所　所　长:王振超
刘套镇财政所　所　长:王忠民
圣泉乡财政所　所　长:胡　均
马井镇财政所　副所长:郝允峰
酒店乡财政所　所　长:黄继明
大屯镇财政所　所　长:申正昌

赵庄镇财政所　所　长:杨兴民
张庄寨镇财政所　所　长:吴信瑞
青龙镇财政所　所　长:刘　超
祖楼镇财政所　所　长:徐士信
孙圩子乡财政所　所　长:朱孝民
王寨镇财政所　所　长:颛孙毅
杜楼镇财政所　所　长:王信权
丁里镇财政所　所　长:许　磊
庄里乡财政所　所　长:吴　普
白土镇财政所　所　长:盛　凯
官桥镇财政所　所　长:安孝民
永堌镇财政所　所　长:韩　华
石林乡财政所　所　长:孙东平

蚌埠市财政系统领导名单

(2003年12月31日)

蚌埠市财政局

党组书记、局长:周刚民
党组副书记、纪检组长:罗高云
副局长:王莉敏　肖　超　吴延利　叶　斌
国资办副主任:张京生
党组成员、支付中心书记:王爱林

东市区财政局

局　长:陈传奇

中市区财政局

党组书记:孙立平
副局长:冯基仪(主持工作)

西市区财政局

局　长:陈淮洁
副局长:王　梅

郊　区财政局

局　长:冯中原
副局长:刘　伟　朱丽霞

高新区财政局

局　长:牛士瑞
副局长:胡乃群　王联邦

蚌埠新城综合开发区财经局

局　长:吕家雨
副局长:施　华

怀远县财政局

局　长:赵一心
党组书记:顾银玲
党组副书记、纪检组长:陈家礼
副局长:王守本　石富勤

固镇县财政局

局　长:戴怀业
副局长:陈太平　崔怀贵　李　飞

五河县财政局

党组书记、副局长:陈跃章
副局长:张耀武　荣小波

郊　区

长淮卫镇财政所　所　长:郭凤江
小蚌埠镇财政所　所　长:徐　杰
长青乡财政所　所　长:王秀珠
雪华乡财政所　所　长:曹锦莉
秦集乡财政所　所　长:沈明德
吴小街乡财政所　所　长:王守松
燕山乡财政所　所　长:张夕云
李楼乡财政所　所　长:刘　磊

怀远县

城关镇财政所　所　长:宋士乐
包集镇财政所　所　长:陈　伟
龙亢镇财政所　所　长:杨怀群
河溜镇财政所　所　长:王　琼
常坟镇财政所　所　长:常　飞
马城镇财政所　所　长:胡守陆
双桥集镇财政所　所　长:魏守杭
魏庄镇财政所　所　长:孙维国
五岔镇财政所　所　长:孙敦忠
万福镇财政所　所　长:葛少兵
唐集镇财政所　所　长:宋　勇
淝河乡财政所　所　长:年福启
梅桥乡财政所　所　长:姚启新
姚山乡财政所　所　长:常先周
褚集乡财政所　所　长:荣克轩
看町乡财政所　所　长:赵　勇
陈集乡财政所　所　长:张绍兴
高庄乡财政所　所　长:崔海华
古城乡财政所　所　长:李良柱
东庙乡财政所　所　长:赵秀峰
项桥乡财政所　所　长:魏广林
徐圩乡财政所　所　长:王之东
双沟乡财政所　所　长:姚玉春
兰桥乡财政所　所　长:陈长春

荆芡乡财政所　所　长:张根祥
朱疃乡财政所　所　长:赵炳卫
找郢乡财政所　所　长:年四全
燕集乡财政所　所　长:许元超
孝仪乡财政所　所　长:李同新
工业园区财政所　所　长:韩利清

固镇县

曹老集镇财政所　所　长:洪登飞
王庄镇财政所　所　长:孙玉胜
磨盘张乡财政所　所　长:任广廷
新马桥镇财政所　所　长:陈宝亮
连站乡财政所　所　长:强恒银
九湾乡财政所　所　长:吴中林
刘集镇财政所　所　长:王业鹏
濠城镇财政所　所　长:李敬志
石湖乡财政所　所　长:李成业
宋店乡财政所　所　长:李　军
唐南乡财政所　所　长:许道杰
仲兴乡财政所　所　长:欧阳瑞
任桥镇财政所　所　长:谢　晋
湖沟镇财政所　所　长:李晓青
瓦疃乡财政所　所　长:王道永
杨庙乡财政所　所　长:王跃飞
何集乡财政所　所　长:张少民
城关镇财政所　所　长:陈福柱

五河县

城关财政分所　所　长:赵　璧
沱湖乡财政所　所　长:黄保举
双忠庙镇财政所　所　长:吴明海
武桥镇财政所　所　长:朱怀杰
小圩镇财政所　所　长:庄思耀
申集镇财政所　所　长:蒋有虎
东刘集镇财政所　所　长:傅保成
朱顶镇财政所　所　长:陈全意
小溪镇财政所　所　长:任　伟
头铺镇财政所　所　长:朱厚谋
新集镇财政所　所　长:胡丛跃
临北乡财政所　所　长:陈先桥
大新镇财政所　所　长:张茂绪
浍南镇财政所　所　长:彭思洋
沫河口镇财政所　所　长:张贤明

阜阳市财政系统领导名单

（2003 年 12 月 31 日）

阜阳市财政局

党组书记、局长:姜西民
调研员:杨传文
副局长:孙景辉　马军山
纪检组长:史万美

颍东区财政局

党组书记、局长:余亚萍
副局长:赵红星　刘　方　任俊喜
纪检组长:锁　玲
党组副书记:蒋祥翠

颍泉区财政局

局　长:宫孟坤
副局长:冯广忠　刘向光　宁国梁
纪检组长:笪乘胜

颍州区财政局

局　长:李传文
副局长:刘建斌　许　勇　张金军
王　苏　郭道光
纪检组长:王华国
党组成员、工会主席:高　英

界首市财政局

局　长:李顺民
副局长:李尊峰　李　岩　李　云
田颍民　马建华
党组副书记:张立宪
纪检组长:刘丽真

阜南县财政局

党组书记:骆桂成
局　长:李德刚
副局长:谢法先
纪检组长:崔　林
党组成员:吕　玲　张开雷　王子超

太和县财政局

党组书记、局长:尚卫东
党组副书记:史良生
副局长:王少珍　王　进　赵　伟
于　海
纪检组长:邢　俊

颍上县财政局

局　长:绳　允

副局长:赵国强　王　耀　邓　颍　唐瑞坤

纪检组长:李池生

党组成员:张振亚　傅文友

临泉县财政局

局　长:李　晖

党组书记:律长友

副局长:王　伟　马学礼　张庆荣　李静森

纪检组长:李素敏

颍泉区

中市办财政所　所　长:任　海

泉北办财政所　所　长:刘子良

泉颍办财政所　所　长:王信良

周棚办财政所　所　长:谭　震

伍明镇财政所　所　长:王玉生

行流镇财政所　所　长:魏灿峰

宁老庄镇财政所　所　长:唐　伟

闻集镇财政所　所　长:宁光启

苏集乡财政所　所　长:齐　伟

邵营乡财政所　所　长:彭　磊

姜堂镇财政所　所　长:吕景付

苏屯乡财政所　所　长:冯　军

颍州区

文峰办财政所　所　长:王华志

鼓楼办财政所　所　长:付　涛

清河办财政所　所　长:胡向明

颍西办财政所　所　长:郭艳芳

王店镇财政所　所　长:郝秀彬

西湖镇财政所　所　长:刘庆宇

程集镇财政所　所　长:刘松礼

九龙镇财政所　所　长:张士奎

马寨乡财政所　所　长:屈金伟

卅里铺乡财政所　所　长:方　亮

三合镇财政所　负责人:魏　岩

颍东区

向阳办财政所　所　长:闫俊启

河东办财政所　所　长:訾振华

新华办财政所　所　长:王全杰

老庙镇财政所　所　长:鹿彬儒

冉庙乡财政所　所　长:徐月林

插花镇财政所　所　长:何建华

枣庄镇财政所　所　长:陈庆文

正午乡财政所　所　长:高兰义

口孜镇财政所　所　长:李金才

袁寨镇财政所　所　长:武学成

乌江乡财政所　所　长:白怀玉

界首市

西城办财政所　所　长:王德超

东城办财政所　所　长:刘喜荣

颍南办财政所　所　长:陈学斌

光武镇财政分局　局　长:于海涡

泉阳镇财政所　所　长:刘允田

陶庙镇财政所　所　长:牛　俊

砖集镇财政所　所　长:陈志华

王集镇财政所　所　长:王士民

芦村镇财政所　所　长:谢　炯

大黄镇财政所　所　长:郭登山

田营镇财政所　所　长:彭新华

代桥乡财政所　所　长:张　涛

舒庄乡财政所　所　长:陈西才

顾集镇财政所　所　长:程国勤

邴集乡财政所　所　长:李　斌

新马集镇财政所　所　长:陈　忠

靳寨乡财政所　所　长:吕广阔

任寨乡财政所　所　长:岳玉玺

太和县

关集镇财政所　所　长:王　凯

大新镇财政所　所　长:李新聚

双浮镇财政所　所　长:付金生

蔡庙镇财政所　所　长:唐田英

洪山镇财政所　所　长:王云辉

赵庙镇财政所　所　长:闫兴广

三堂镇财政所　所　长:李　旭

宫集镇财政所　所　长:刘业任

坟台镇财政所　所　长:陶克敏

倪邱镇财政所　所　长:崔　铭

李兴镇财政所　所　长:李　林

城关镇财政所　所　长:任从先

旧县镇财政所　所　长:常　洲

原墙镇财政所　所　长:张　鹏

皮条孙镇财政所　所　长:张华凤

税镇镇财政所　所　长:徐国林

肖口镇财政所　所　长:刘树军

清浅镇财政所　所　长:孙光明

苗集镇财政所　所　长:王　勇

高庙乡财政所　所　长:张秉如

三塔镇财政所　所　长:韩纯东

五星乡财政所　所　长:郭喜彬
马集乡财政所　所　长:刘建林
桑营乡财政所　所　长:黄永达
大庙乡财政所　所　长:范兆生
双庙乡财政所　所　长:王　伟
阮桥乡财政所　所　长:陶廷俊
郭庙乡财政所　所　长:高　健
二郎乡财政所　所　长:杨继华
赵集乡财政所　所　长:余洪鸣
胡总乡财政所　所　长:王丙玺

阜南县

洪河桥镇财政所　所　长:乔印腾
王堰镇财政所　所　长:李　亚
焦坡镇财政所　所　长:卢　峰
张寨镇财政所　所　长:王修杰
田集镇财政所　所　长:赵复林
朱寨镇财政所　所　长:孟庆功
三塔镇财政所　副所长:孙玉昌
城关镇财政所　所　长:李　平
袁集镇财政所　所　长:杨一贤
黄岗镇财政所　所　长:马永群
苗集镇财政所　副所长:李淑君
新村镇财政所　所　长:薛洪新
赵集镇财政所　所　长:郝俊杰
中岗镇财政所　所　长:张子芳
曹集镇财政所　所　长:张厚起
王化镇财政所　所　长:王道侠
柴集镇财政所　所　长:倪泽珍
王家坝镇财政所　所　长:王恒广
方集镇财政所　所　长:张道华
地城镇财政所　所　长:郑培华
于集乡财政所　所　长:王广新
柳沟乡财政所　所　长:王恩仲
会龙乡财政所　所　长:赵建涛
公桥乡财政所　所　长:董文礼
许堂乡财政所　所　长:韩同山
王店孜乡财政所　所　长:陶夫彦
段郢乡财政所　所　长:李朝绪
老观乡财政所　所　长:徐　刚
龙王乡财政所　所　长:杨俊清
城郊乡财政所　所　长:马诗峰
郜台乡财政所　副所长:刘维建

颍上县

城关镇财政所　所　长:朱　奎
颍河乡财政所　所　长:徐　颖
王岗镇财政所　所　长:李树刚
十八里铺乡财政所　所　长:王佩刚
新集镇财政所　所　长:吴天贵
三十铺镇财政所　所　长:韩　俊
建颍乡财政所　所　长:王　峰
六十铺镇财政所　所　长:刘树俭
五十铺乡财政所　所　长:李少义
耿棚镇财政所　所　长:吴立身
润河镇财政所　所　长:程继亮
盛堂乡财政所　所　长:李　森
半岗镇财政所　所　长:兰洪波
垂岗乡财政所　所　长:杜学成
八里河镇财政所　所　长:邵道才
南照镇财政所　所　长:杨　明
红星乡财政所　所　长:高　勇
杨湖镇财政所　所　长:刘保方
刘集乡财政所　所　长:吴　彬
江店孜镇财政所　所　长:蒋家骥
黄坝乡财政所　所　长:刘　习
夏桥镇财政所　所　长:汤　飞
黄桥镇财政所　所　长:姜之友
关屯乡财政所　所　长:林以富
赛涧乡财政所　所　长:罗晓华
鲁口乡财政所　所　长:尚立川
江口镇财政所　所　长:夏广良
古城乡财政所　所　长:张传军
陈桥镇财政所　所　长:关喜良
汤店乡财政所　所　长:侯学成
谢桥镇财政所　所　长:毕兰富

临泉县

城关镇财政所　所　长:韩越峰
于寨镇财政所　所　长:刘庆文
邢塘镇财政所　所　长:王　恩
牛庄乡财政所　所　长:陈　玲
杨桥镇财政所　所　长:陈子尧
谭棚镇财政所　副所长:曹建民
高塘乡财政所　所　长:孙国联
老集镇财政所　所　长:梁有生
范集乡财政所　所　长:姚　勇
土陂乡财政所　所　长:李永涛
吕寨镇财政所　所　长:李元峰
滑集镇财政所　所　长:高　峰
谢集乡财政所　所　长:陈宜荣

单桥镇财政所 所 长:张开广
长官镇财政所 所 长:刘 伟
杨小乡镇财政所 所 长:邢新年
宋集镇财政所 所 长:刘成年
张新镇财政所 所 长:陶泽喜
陈集镇财政所 所 长:崔世辉
艾亭镇财政所 所 长:李仰德
陶老乡财政所 所 长:陶守恒
田桥乡财政所 所 长:王建军
韦寨镇财政所 所 长:常登科
迎仙镇财政所 所 长:杨正云
瓦店镇财政所 所 长:洪庆中
姜寨镇财政所 所 长:张大飞
庙岔镇财政所 所 长:韩万德
张营乡财政所 所 长:吴广森
黄岭镇财政所 所 长:王俊平
白庙镇财政所 所 长:赵 磊
庞营乡财政所 所 长:谷俊宝
同城镇财政所 所 长:张振生
关庙镇财政所 所 长:韩宪专

淮南市财政系统领导名单

(2003年12月31日)

淮南市财政局

局 长:周维敏
党组副书记、纪检组长:鲍传华
副局长:左家凤 姜功建 王文典
国资办副主任:陈 寅
总会计师:张瑞昌

凤台县财政局

局 长:李忻洲
副局长:张云峰 姬玉扬 李克玲
纪检组长:朱德宽

田家庵区财政局

局 长:徐 进
副局长:胡滕昌

潘集区财政局

局 长:丁玉辉
副局长:尹忠今

八公山区财政局

局 长:陈运昌
副局长:桑瑞怀 王桂芝

谢家集区财政局

副局长:余良珍

大通区财政局

局 长:许锦淮
副局长:孙家德

毛集社会发展综合实验区财政局

局 长:朱克谦
副局长:朱克云 梁仁毅

经济开发区财政局

负责人:常 江
副局长:柏 云

凤台县

城关镇财政分局 局 长:郑克辉
大山镇财政所 所 长:宋道淑
城北乡财政所 所 长:梁 涛
丁集乡财政所 所 长:邱金阔
关店乡财政所 所 长:吴永谱
尚塘乡财政所 所 长:刘子厚
杨村乡财政所 所 长:康殿成
钱庙乡财政所 所 长:孟献全
古店乡财政所 所 长:张 琴
顾桥乡财政所 所 长:王俊轩
桂集乡财政所 所 长:胡宗荣
刘集乡财政所 所 长:谢家亮
新集镇财政所 所 长:胡 云
大兴集乡财政所 所 长:樊春良
朱马店镇财政所 所 长:苏应广
岳张集镇财政所 所 长:吕文林
李冲回族乡财政所 所 长:杨 渊

田家庵区

舜耕镇财政所 所 长:连西坦
安成镇财政所 所 长:王国庆

谢家集区

望峰岗镇财政所 所 长:应 娟
唐山镇财政所 所 长:邱文士
李郢孜镇财政所 所 长:胡 霞

潘集区

田集乡财政所 所 长:冯 莉
芦集镇财政所 所 长:李炳军
贺町乡财政所 所 长:任印清
潘集镇财政所 所 长:魏金社
泥河镇财政所 所 长:赵云四

古沟回族乡财政所所　长:陈海波
平圩镇财政所　所　长:曹多军
架河乡财政所　所　长:吕永红
高皇镇财政所　所　长:陈道喜
夹沟乡财政所　所　长:许瑞武
祁集乡财政所　所　长:许瑞昌

八公山区

八公山镇财政所　所　长:哈方礼
山王镇财政所　所　长:孔德野

大通区

九龙岗镇财政所　所　长:徐友海
洛河镇财政所　所　长:方道奉
上窑镇财政所　所　长:宗升贵

毛集实验区

毛集镇财政所　所　长:朱克谦
焦岗乡财政所　所　长:张传祥
夏集乡财政所　所　长:盛绍明

滁州市财政系统领导名单

(2003年12月31日)

滁州市财政局

局　长:杨家良
副局长:陈泽全　刁天石　陈素云
纪检组长:张贵龙

琅琊区财政局

局　长:钟来斌
副局长:赵玉贵　聂　丽　吴　彬

南谯区财政局

局　长:徐胜利
副局长:汪明显　朱弟森
党组成员:李乃彬

来安县财政局

局　长:朱峰松
副局长:张长兴　秦　陶　詹晓平
纪检组长:夏　军

全椒县财政局

局　长:郑其武
副局长:李　强　张　雷
纪检组长:张道富

天长市财政局

局　长:查建勋
党组书记:李永桃
副局长:朱玉琪　伯光志　潘中勇
党组副书记:华文禹
纪检组长:赵建中
党组成员:黄　奎　胡　宏

定远县财政局

局　长:陈家远
党组书记:李法周
副局长:周　坚　倪正才　詹克英
纪检组长:袁　斌
党组成员:葛　明

凤阳县财政局

局　长:洪　杨
党组书记:张连忠
副局长:顾同荣　叶洪胜

明光市财政局

局　长:王立炯
副局长:王根友
党组成员:殷立成　赵英会　周利修

琅琊区

扬子办财政所　副所长:谢永国
清流办财政所　所　长:汤立志

南谯区

乌衣镇财政所　所　长:白桂梅
沙河镇财政所　所　长:任道军
三官集乡财政所　所　长:徐玉彬
章广镇财政所　所　长:江尚萍
花山乡财政所　所　长:汪　军
大王镇财政所　所　长:沈庆国
汪郢乡财政所　所　长:朱永兰
南谯办财政所　所　长:葛文明
黄泥岗镇财政所　所　长:仰孝文
黄圩乡财政所　所　长:王功龙
珠龙镇财政所　所　长:王正龙
施集乡财政所　所　长:江厚英
大柳镇财政所　所　长:邵传友
常山乡财政所　所　长:詹道平
城郊乡财政所　所　长:李应胜
腰铺镇财政所　所　长:张茂功
皇甫乡财政所　所　长:张明良
担子管理区财政所所　长:郭成柱

来安县

新安镇财政所　所　长:章宏斌

双塘乡财政所　所　长:杨　波
舜山乡财政所　所　长:罗龙海
兴隆乡财政所　副所长:谈家宝
三城乡财政所　所　长:许玉伟
武集乡财政所　副所长:杜康波
汊河镇财政所　副所长:余学山
独山乡财政所　所　长:朱　贵
施官镇财政所　副所长:蔡金林
龙山乡财政所　所　长:时永前
半塔镇财政所　所　长:孙有才
邵集乡财政所　副所长:王义春
张山乡财政所　所　长:吕万生
相官镇财政所　所　长:沈宝昌
雷官镇财政所　所　长:蔡臣左
杨郢乡财政所　所　长:张永广
水口镇财政所　所　长:高　翔
大英镇财政所　副所长:王爱峰

全椒县

襄河镇财政所　所　长:潘振林
古河镇财政所　所　长:袁　健
章辉镇财政所　所　长:黄开维
马厂镇财政所　所　长:黄顺虎
二郎口镇财政所　所　长:孙永秀
六镇镇财政所　所　长:朱道奇
复兴乡财政所　所　长:吴长军
石沛镇财政所　所　长:狄爱勤
武岗镇财政所　所　长:王中前
程家市乡财政所　所　长:鲁仁水
十字乡财政所　所　长:应吉平
西王镇财政所　所　长:徐本春
管坝乡财政所　所　长:万树春
草安乡财政所　所　长:蔡兴民
大墅镇财政所　所　长:明楼平
陈浅乡财政所　所　长:邢建良
周岗乡财政所　所　长:李义龙

定远县

藕塘镇财政所　所　长:张可翠
仁和乡财政所　所　长:王德翠
界牌镇财政所　所　长:范铭和
朱马乡财政所　所　长:梅维杰
仓镇财政所　所　长:韩献伦
大桥乡财政所　所　长:诸宗权
池河镇财政所　所　长:费广仁
桑涧镇财政所　所　长:桑文如
岱山镇财政所　所　长:范祥平
拂晓乡财政所　所　长:徐景辉
天河乡财政所　所　长:赵顶升
练铺乡财政所　所　长:樊正江
三河镇财政所　所　长:卞成云
定城镇财政所　所　长:刘宏周
程桥乡财政所　所　长:许茂玉
西卅店镇财政所　所　长:程　烨
东兴乡财政所　所　长:呼　军
严桥乡财政所　所　长:杨家忠
范岗乡财政所　所　长:胡成义
斋朗乡财政所　所　长:王正萍
永康镇财政所　所　长:郭士强
青山乡财政所　所　长:刘德富
青洛乡财政所　所　长:李　翔
炉桥镇财政所　所　长:刘广萍
能仁乡财政所　副所长:陈学陆
靠山乡财政所　所　长:陈庆海
年家岗镇财政所　所　长:张作银
七里塘乡财政所　所　长:陆学常
张桥镇财政所　所　长:李如秀
高塘乡财政所　所　长:倪　刚
连江镇财政所　所　长:周　闻
二龙乡财政所　副所长:彭　珺
吴圩镇财政所　所　长:王兰元
站岗乡财政所　所　长:章守虎
蒋集乡财政所　副所长:齐　娴
朱湾镇财政所　所　长:王大庆
九梓乡财政所　所　长:张本群

凤阳县

武店镇财政所　所　长:代之兰
官塘乡财政所　所　长:王　琨
西泉镇财政所　所　长:孙天雷
官沟乡财政所　所　长:王保勤
亮岗乡财政所　所　长:王冬生
二铺乡财政所　所　长:汤文琪
殷涧镇财政所　所　长:陆世军
红心镇财政所　所　长:徐正维
板桥镇财政所　所　长:郭茂庭
枣巷乡财政所　所　长:朱道哲
大溪河镇财政所　所　长:程文九
梅市乡财政所　所　长:张广利
石门山镇财税所　所　长:郑家会
城西乡财政所　所　长:王荣莉

周圩乡财政所 所 长:张家胜
府城镇财政所 所 长:朱学忠
临淮镇财政所 所 长:赵传胜
门台子镇财政所 所 长:王新芳
黄泥铺镇财政所 所 长:徐 军
刘府镇财政所 所 长:刘文乐
曹店乡财政所 所 长:叶 俊
大庙镇财政所 所 长:孙世礼
总铺镇财政所 所 长:代 伟
黄湾乡财政所 所 长:代勇亮
小溪河镇财政所 所 长:程夕勇
燃灯乡财政所 所 长:张从波

明光市

紫阳乡财政所 副所长:吴启颂
柳巷乡财政所 副所长:吴 超
城西街办财政分局局 长:田 猛
泊岗乡财政所 所 长:王耀新
桥头镇财政所 所 长:申维西
三界镇财政所 副所长:曹正华
三关乡财政所 副所长:赵光友
横山乡财政所 副所长:梁新海
苏巷镇财政所 所 长:李泽和
古沛镇财政所 所 长:黄家斌
涧溪镇财政分局 局 长:蒋 峰
女山湖镇财政所 所 长:王元良
管店镇财政分局 局 长:王广忠
张八岭镇财政所 所 长:刘廷富
马岗乡财政所 所 长:张贵宝
明东乡财政所 所 长:金胜利
石坝镇财政所 所 长:锁立志
招信镇财政所 所 长:徐怀斌
嘉山集乡财政所 所 长:张守贵
自来桥乡财政所 所 长:杨基山
鲁山乡财政所 所 长:马德秀
涝口乡财政所 副所长:戴乔汝
津里镇财政所 副所长:尤文奎
邵岗乡财政所 副所长:牛绍东
潘村镇财政所 所 长:孙传芳
太平乡财政所 所 长:王 强
司巷乡财政所 副所长:阚绪照

天长市

天长办财政所 所 长:王学田
城南办财政所 所 长:朱承勇
城东新区财政所 所 长:姜学武
永丰办财政所 所 长:姚宪平
桥湾办财政所 所 长:沈学官
杨村镇财政所 所 长:胡明余
冶山镇财政所 所 长:焦有升
关塘乡财政所 所 长:王德华
郑集镇财政所 所 长:崇 櫟
铜城镇财政所 所 长:纪诗勤
安乐镇财政所 所 长:齐新华
龙集乡财政所 所 长:王国林
大通镇财政所 所 长:倪祖文
便益乡财政所 所 长:王恰珠
秦栏镇财政所 所 长:叶开伟
仁和镇财政所 所 长:王德徐
芦龙乡财政所 所 长:张殿卿
界牌镇财政所 所 长:陈云海
万寿乡财政所 所 长:薛宝亮
金集镇财政所 所 长:李 晔
谕兴乡财政所 所 长:金友武
汊涧镇财政所 所 长:周春和
石梁镇财政所 所 长:徐善祥
十八集乡财政所 所 长:唐传月
新街乡财政所 所 长:汪锦忠
釜山乡财政所 所 长:谭万平
张铺镇财政所 所 长:谢以赵
平安镇财政所 所 长:姜序忠
高庙集镇财政所 所 长:李华庭

六安市财政系统领导名单

(2003 年 12 月 31 日)

六安市财政局

局 长:徐应宏
副局长:王维安 宗克炳 王 琢
纪检组长:徐维武

霍山县财政局

局 长:周基潮
副局长:金崇国 葛荣清 盛 龙

霍邱县财政局

局 长:李 峰
副局长:李学贵 李 春

寿县财政局

局　长:张成龙
副局长:江　洪　陈学理

舒城县财政局

局　长:郑贤培
党组副书记:石逢业
副局长:钟玉红　姚燕平

金寨县财政局

局　长:孙学龙
党组书记:黄　刚
副局长:廖家钟　易成林

金安区财政局

局　长:胡春亮
党组副书记、纪检组长:杨秀棠
副局长:汪国庆　朱建萍

裕安区财政局

局　长:梁　钢
党组书记:周殿如
党组副书记、纪检组长:刘太平
副局长:王化峰　宋效荣

叶集区财政局

局　长:孙开旺
党组书记:徐道富
副局长:赵先林　任长虹　赵真武

霍山县

衡山镇财政所　所　长:杜兴如
下符桥镇财政所　所　长:彭　钧
但家庙乡财政所　所　长:张建中
与儿街镇财政所　所　长:刘玉石
佛子岭镇财政所　所　长:叶纯言
诸佛庵镇财政所　所　长:魏明友
黑石渡乡财政所　所　长:谢福文
落儿岭镇财政所　所　长:刘长松
磨子潭镇财政所　所　长:金先明
东西溪乡财政所　所　长:奚维成
单龙寺乡财政所　所　长:陈家林
大化坪镇财政所　所　长:孙　辉
漫水河镇财政所　所　长:秦大平
上土市镇财政所　所　长:黎　琼
太平畈乡财政所　所　长:何祥田
太阳乡财政所　所　长:汪辉群

寿　县

寿春镇财政所　所　长:岳卫勇
九龙乡财政所　所　长:邸云超
窑口乡财政所　所　长:袁绪江
保义镇财政所　所　长:张永祥
小甸镇财政所　所　长:唐德传
双庙镇财政所　所　长:李孝春
瓦埠镇财政所　所　长:方心淦
刘岗镇财政所　所　长:王运辉
三觉镇财政所　所　长:段同胜
瓦房乡财政所　所　长:李正明
板桥镇财政所　所　长:田国洲
张李乡财政所　所　长:孙应时
安丰镇财政所　所　长:方良友
隐贤镇财政所　所　长:赵　生
双桥镇财政所　所　长:罗宏连
涧沟镇财政所　所　长:赵　奎
八公山乡财政所　所　长:朱公新
堰口镇财政所　所　长:包克龙
陶店乡财政所　所　长:杨秀根
开荒乡财政所　所　长:常传灿
李山乡财政所　所　长:刘华传
大顺乡财政所　所　长:马道龙
炎刘镇财政所　所　长:宋　瑾
广岩乡财政所　所　长:王运铁
茶庵乡财政所　所　长:刘庆友
迎河镇财政所　所　长:龙良友
建设乡财政所　所　长:李福成
安丰塘乡财政所　所　长:丁传格
杨仙镇财政所　所　长:孙长荣
众兴镇财政所　所　长:许光开
丰庄乡财政所　所　长:吴宝山
正阳镇财政所　所　长:赵宗远

舒城县

桃溪镇财政所　所　长:丁阳圣
孔集镇财政所　所　长:华兴圣
千人桥镇财政所　所　长:韦久富
杭埠镇财政所　所　长:孔令贵
百神庙镇财政所　所　长:孔令其
南港镇财政所　所　长:张功稳
舒茶镇财政所　所　长:史广玉
汤池镇财政所　所　长:汪　云
河棚镇财政所　所　长:谭永红
晓天镇财政所　所　长:储德元
山七镇财政所　所　长:储照春
龙河镇财政所　所　长:刘万奇
五显镇财政所　所　长:洪晓秀
张母桥镇财政所　所　长:谈儒文

干汉河镇财政所　所　长:马祥稳
城关镇财政所　所　长:夏纪政
马河口镇财政所　所　长:张　育
西巷乡财政所　所　长:陈友文
春秋乡财政所　所　长:程从越
庐镇乡财政所　所　长:陈少俊
洪庙乡财政所　所　长:汪昌育
城冲乡财政所　所　长:常太平
平田乡财政所　所　长:胡竞成
查湾乡财政所　所　长:汪家春
燕春乡财政所　所　长:江吉富
五桥乡财政所　所　长:付世韵
高峰乡财政所　所　长:朱学胜
阙店乡财政所　所　长:葛贵余
棠树乡财政所　所　长:荣发聪
柏林乡财政所　所　长:周　敏

霍邱县

城关镇财政分局　局　长:刘绍荣
河口镇财政所　所　长:李祖堂
姚李镇财政分局　局　长:窦德山
长集镇财政所　所　长:李炳广
户胡镇财政所　所　长:张玉合
石店镇财政所　所　长:王贤贵
马店镇财政所　所　长:唐兰英
周集镇财政所　所　长:李绍明
临水镇财政所　所　长:张习之
孟集镇财政所　所　长:卜春华
洪集镇财政所　所　长:孙家安
新店镇财政所　所　长:吴成贵
曹庙乡财政所　所　长:黄应旭
众兴乡财政所　所　长:冯浩然
夏店乡财政所　所　长:陈福海
岔路乡财政所　所　长:刘开平
乌龙镇财政所　所　长:沈明乐
龙潭乡财政所　所　长:洪宝明
高塘镇财政所　所　长:戈同国
白莲乡财政所　所　长:程学云
邵岗乡财政所　所　长:郭凤云
冯井乡财政所　所　长:李友军
范桥乡财政所　所　长:傅　祥
朱港乡财政所　所　长:魏克彬
王截流乡财政所　所　长:李立成
城西湖乡财政所　所　长:王永江
姜家湖镇财政所　所　长:储明庚
宋店乡财政所　所　长:何承光
三流乡财政所　所　长:张士林
潘集乡财政所　所　长:戴士宏
冯瓴乡财政所　所　长:郭本胜
彭塔乡财政所　所　长:谢　亮
花园镇财政所　所　长:宗克诚

金寨县

梅山镇财政所　所　长:熊　伟
江店镇财政所　所　长:徐俊峰
双河镇财政所　所　长:祝学俊
南溪镇财政局　局　长:彭明周
古碑镇财政所　所　长:闻业新
青山镇财政所　所　长:许　涛
洪冲乡财政所　所　长:潘国东
桃岭乡财政所　所　长:汪金河
全军乡财政所　所　长:张福海
铁冲乡财政所　所　长:张利民
沙河乡财政所　所　长:漆仲甫
关庙乡财政所　所　长:余正良
花石乡财政所　所　长:占　锋
张冲乡财政所　所　长:吴德清
长岭乡财政所　所　长:刘丛彬
张畈乡财政所　所　长:江涛声
斑竹园镇财政所　所　长:漆家琦
燕子河镇财政所　所　长:陈绍先
汤家汇镇财政所　所　长:张家祥
响洪甸镇财政所　所　长:郑凤鸣
白塔畈乡财政所　所　长:李贤悦
银山畈乡财政所　所　长:吴为中
果子园乡财政所　所　长:姜新云
吴家店乡财政所　所　长:郑晓晟
水竹坪乡财政所　所　长:桂先辑
槐树湾乡财政所　所　长:程鹏飞
油坊店乡财政所　所　长:杨连清
天堂寨镇财政所　所　长:熊兴明
响齐办财政所　所　长:郑家富

金安区

横塘乡财政所　所　长:黄大宝
中店乡财政所　所　长:张涛元
张店镇财政所　所　长:谢　应
东河口镇财政所　所　长:孙玉林
毛坦厂镇财政所　所　长:汪德炳
三十铺镇财政所　所　长:李国辉
先生店乡财政所　所　长:杨兴发

双河镇财政所　所　长:聂道平
椿树镇财政所　所　长:李修明
孙岗镇财政所　所　长:周传庆
施桥镇财政所　所　长:宋先和
城北乡财政所　所　长:史　彬
木厂镇财政所　所　长:张修勤
翁墩乡财政所　所　长:夏立峻
淠东乡财政所　所　长:吴克文
马头镇财政所　所　长:王　骏
东桥镇财政所　所　长:林仕军
九里沟乡财政所　所　长:陈　超
望城岗乡财政所　所　长:蔡　磊
三里桥街道财政所所　长:侯仁永
东市街道财政所　所　长:陈先美
中市街道财政所　所　长:毕肖勇

裕安区

新安镇财政所　所　长:赵以见
顺河镇财政所　所　长:殷福斌
单王乡财政所　所　长:张　晖
丁集镇财政所　所　长:陈　兵
固镇镇财政所　所　长:魏启凤
罗集乡财政所　所　长:刘家刚
徐集镇财政所　所　长:王学军
江家店镇财政所　所　长:郎道才
分路口乡财政所　所　长:马如邵
独山镇财政所　所　长:赵本雨
狮子岗乡财政所　所　长:方　浩
石婆店乡财政所　所　长:王修宏
西河口乡财政所　所　长:刘为义
苏埠镇财政分局　局　长:郑昌盛
韩摆渡镇财政所　所　长:张之权
城南镇财政所　所　长:邬宗敏
青山乡财政所　所　长:管应发
平桥乡财政所　所　长:吴　辉
石板冲乡财政所　所　长:朱家忠
西市街道财政所　所　长:胡华应
南市街道财政所　所　长:熊祖虎
北市街道财政所　所　长:赵永峰
鼓楼街道财政所　所　长:程克平
小华山街道财政所所　长:李敦品

叶集区

三元乡财政所　所　长:台德炜
孙岗乡财政所　所　长:李　宏

马鞍山市财政系统领导名单

(2003年12月31日)

马鞍山市财政局

局　长:魏正平
副局长:程宏旺　孙惠珍　徐道才

雨山区财政局

局　长:陶　金
副局长:邓兰云
银塘镇财政所　所　长:陈振家
佳山乡财政所　所　长:杨　斌
向山镇财政所　所　长:李晓斌

金家庄区财政局

局　长:郭学珍
慈湖乡财政所　所　长:王良平

花山区财政局

局　长:王　斌
霍里镇财政所　所　长:胡　杰

当涂县财政局

局　长:蒋星升
副局长:江　华
黄池镇财政所　所　长:汪红兵
乌溪镇财政所　所　长:姜跃进
石桥镇财政所　所　长:汤晓方
塘南镇财政所　所　长:杨晓玉
大陇乡财政所　所　长:汤复金
护河镇财政所　所　长:尹成鑫
太白镇财政所　所　长:黄玉宝
湖阳镇财政所　所　长:徐卫红
丹阳镇财政所　所　长:吴小兵
博望镇财政所　所　长:关　峰
年陡乡财政所　所　长:周忠华
江心乡财政所　所　长:江家文
姑孰镇财政所　所　长:涂德荣
新市镇财政所　所　长:李亚东

巢湖市财政系统领导名单

(2003年12月31日)

巢湖市财政局

局　长:章淮龙

副局长:田　野　陈　明　方建明　李德银

居巢区财政局

局　长:刘必高

副局长:邓本宝　花业庚　倪　青　汪美仕

含山县财政局

局　长:佘耀辉

副局长:方　琼　杨　武　刁明山　金全发

无为县财政局

局　长:程　松

副局长:钱广胜　赵前程　李作果

和县财政局

局　长:周维汉

副局长:张德胜　朱文宏　伋兴卫

庐江县财政局

局　长:周久福

副局长:袁建民　郭　莉　卢英根
陈永久

居巢区

栏杆集镇财政所　所　长:王诗松
赵柳镇财政所　所　长:胡学忠
司集镇财政所　所　长:王修林
苏湾镇财政所　所　长:许瑞宏
庙岗乡财政所　所　长:方泽芒
板桥乡财政所　所　长:韩惠敏
夏阁镇财政所　所　长:周光斌
散兵镇财政所　所　长:艾青松
花集乡财政所　所　长:花业金
中垾镇财政所　所　长:孙荣海
烔炀镇财政所　副所长:王晓林
黄麓镇财政所　所　长:朱永胜
忠庙镇财政所　所　长:张更生
槐林镇财政所　所　长:魏守稳
沐集镇财政所　所　长:吴旭东
高林镇财政所　所　长:方先春
坝镇财政所　所　长:孙时中
环城镇财政所　所　长:花传尧
亚父乡财政所　所　长:张正亚
半汤镇财政所　所　长:刁杰富
城北办财政所　所　长:温　燕
卧牛办财政所　所　长:陈万明
朝阳办财政所　所　长:童新生
城南办财政所　副所长:靳明梅
西峰乡财政所　副所长:欧定龙
银屏镇财政所　所　长:高树宏
钓鱼乡财政所　所　长:汪国平
柘皋镇财政所　所　长:钱泽民

无为县

二坝镇财政所　所　长:方　勇
雍南乡财政所　所　长:张春耕
汤沟镇财政所　所　长:张礼庆
河坝镇财政所　所　长:王惠国
陡沟镇财政所　所　长:叶正亮
百胜乡财政所　所　长:朱同和
太平乡财政所　所　长:张亚林
仓头镇财政所　所　长:夏绿松
石涧镇财政所　所　长:彭曙明
红庙乡财政所　所　长:汪红兵
严桥镇财政所　所　长:袁学华
六店乡财政所　所　长:丁以平
开城镇财政所　所　长:刘启志
赫店乡财政所　所　长:芮双林
泉塘乡财政所　所　长:王忠敏
蜀山镇财政所　所　长:钟珍双
鹤毛乡财政所　所　长:徐源明
土桥镇财政所　所　长:程广玖
牛埠镇财政所　所　长:张志生
凤凰桥乡财政所　所　长:倪受平
福渡镇财政所　所　长:倪作英
建国乡财政所　所　长:焦　衡
尚礼乡财政所　所　长:张　君
洪巷乡财政所　所　长:李登宏
刘渡镇财政所　所　长:周根发
襄安镇财政所　所　长:马圣才
十里墩乡财政所　所　长:肖俊生
姚沟镇财政所　所　长:程永会
泥汊镇财政所　所　长:伍纪年
白茆镇财政所　所　长:陈冰峰
黑沙洲乡财政所　所　长:倪合洲
无城镇财政所　所　长:丁　军
高沟乡财政所　所　长:闵义根

三汊河乡财政所　所　长:朱代明
昆山乡财政所　所　长:杨宣华

庐江县

城关镇财政所　所　长:方志平
冶父山镇财政所　所　长:黄国勋
罗埠乡财政所　所　长:徐济春
汤池镇财政所　所　长:徐　贺
金牛镇财政所　所　长:束晓明
郭河乡财政所　所　长:韩　松
福元乡财政所　所　长:高瑞林
石头镇财政所　所　长:钱金龙
白山镇财政所　所　长:黄　淳
同大镇财政所　所　长:张永善
新渡乡财政所　所　长:夏士方
代桥乡财政所　所　长:孔垂应
盛桥镇财政所　所　长:龙立保
石山乡财政所　所　长:邓英枝
许桥乡财政所　所　长:丁祖原
泥河镇财政所　所　长:苏建醒
沙溪乡财政所　所　长:朱正洲
罗河镇财政所　所　长:张和平
乐桥镇财政所　所　长:汪新虎
柯坦镇财政所　所　长:钱明华
陈埠乡财政所　所　长:杨邦元
缺口镇财政所　所　长:卢华东
杨柳乡财政所　所　长:伍明能
白湖镇财政所　所　长:刘保才
砖桥乡财政所　所　长:张业仙
矾山镇财政所　所　长:刘胜利
万山镇财政所　所　长:张立华
长岗乡财政所　所　长:王宏国
顺港乡财政所　所　长:陈和平
黄屯乡财政所　所　长:邓英权
店桥乡财政所　所　长:贾本胜
大化乡财政所　所　长:汪佐富

含山县

环峰镇财政所　所　长:严国鸿
仙踪镇财政所　所　长:吴华东
谢集乡财政所　所　长:丁善春
河刘镇财政所　所　长:许高明
张公乡财政所　所　长:冯庆兰
巨兴乡财政所　所　长:王朝仓
清溪镇财政所　所　长:张家明
林头镇财政所　所　长:贾光友
东关镇财政所　副所长:刘国华
运漕镇财政所　所　长:奚德兰
铜闸镇财政所　副所长:曹玉军
陶厂镇财政所　所　长:贾斯文
姚庙乡财政所　所　长:潘　勇
东山乡财政所　所　长:马　胜

和　县

雍镇乡财政所　所　长:杨宏祥
沈巷镇财政所　所　长:万鲜勇
螺百乡财政所　所　长:何忠贵
西梁山镇财政所　所　长:张　骏
白桥镇财政所　所　长:陈时埂
姥桥镇财政所　所　长:许晓明
联合乡财政所　所　长:陈开义
功桥乡财政所　所　长:何龙俊
南义乡财政所　所　长:戴献华
城南乡财政所　所　长:朱有龙
历阳镇财政所　所　长:刘知亮
腰埠乡财政所　所　长:陈云江
西埠镇财政所　所　长:乔中华
香泉乡财政所　所　长:吴祚明
乌江镇财政所　所　长:张广前
卜集乡财政所　所　长:沈守彪
善厚乡财政所　所　长:王勤松
石杨镇财政所　所　长:翁国飞
绰庙乡财政所　所　长:刘有权
五显乡财政所　所　长:管大俊
张集乡财政所　副所长:卜研科

芜湖市财政系统领导名单

(2003年12月31日)

芜湖市财政局

局　长:肖本如
副局长:张业根　徐茂环　汪　斌
助理调研员:徐　坚

新芜区财政局

局　长:夏　峰
副局长:王成芝　陈红琴　严　杰

镜湖区财政局

局　长:王志鹏

副局长:戴　鸣

马塘区财政局

局　长:刘　杨

副局长:陶树林

鸠江区财政局

局　长:宋其毅

副局长:周春霞

芜湖县财政局

局　长:王干劲

副局长:王光誉　汪鉴如　潘昌彪

纪检组长:崔珍田

繁昌县财政局

局　长:李会民

副局长:宋进和　叶四清　包晓明　黄新民

南陵县财政局

局　长:丁志平

副局长:程晋华　王卫东

纪检组长:朱大秀

马塘区

马塘镇财税所　所　长:谢金凤

鲁港镇财税所　所　长:奚晓琴

鸠江区

大桥镇财政所　所　长:李　娟

湾里镇财政所　所　长:杨　俊

官陡镇财政所　所　长:戈桂香

繁昌县

繁阳镇财政所　所　长:赵仕民

荻港镇财政所　所　长:王远进

新港办事处财政所所　长:方序保

三山镇财政所　所　长:艾和远

孙村镇财政所　所　长:潘向前

峨桥镇财政所　所　长:吴　克

峨山乡财政所　所　长:吴玉香

平铺镇财政所　所　长:王爱民

芜湖县

火龙岗镇财政所　所　长:杨世传

方村镇财政所　所　长:周志和

陶辛镇财政所　所　长:舒晓斌

六郎镇财政所　所　长:苏德敏

清水镇财政所　所　长:王庭玉

花桥镇财政所　所　长:周荣庆

湾沚镇财政所　所　长:王艳梅

红杨镇财政所　所　长:朱培人

南陵县

籍山镇财政所　所　长:蒋玲华

弋江镇财政所　所　长:杨洁楷

许镇镇财政所　所　长:蔡少勇

家发镇财政所　所　长:孙中华

工山镇财政所　所　长:刘友和

三里镇财政所　所　长:程家宏

烟敦镇财政所　所　长:刘忠民

何湾镇财政所　所　长:秦贤科

宣城市财政系统领导名单

（2003 年 12 月 31 日）

宣城市财政局

局　长:谢发之

副局长:陈先平　王　华　何孝乐

预算外局长:郑学文

宣州区财政局

局　长:江国平

副局长:姚志祥　吴小明　袁　军

郎溪县财政局

局　长:赵国安

副局长:张本博　李　萍

纪检组长:孙宝昌

党组成员:余贵林

广德县财政局

局　长:周凤月

党组副书记:陈传礼

副局长:熊建平　任　平　李忠宝

泾县财政局

局　长:赵家田

党组副书记:卜世平

副局长:曹秋萍　刘　辉

宁国市财政局

局　长:曹诚跃

党组副书记:吴光明

副局长:胡琳娟　于　锐　张永强

总会计师:李三六

纪检组长:王忠斌

绩溪县财政局

局　长:雷德田

副局长:黄诚木　叶剑华　周振翼

旌德县财政局

局　长:段君良
党组书记:汪仲贤
副局长:程建华　倪彩文　牛善武
纪检组长:汪兴友

宣州区

鳌峰办财政所　所　长:杨贵清
敬亭山办财政所　所　长:王声龙
西林办财政所　所　长:陈　建
济川办财政所　所　长:张建农
澄江办财政所　所　长:张启智
双桥办事处财政所所　长:任晓辉
沈村镇财政所　所　长:胡青松
洪林镇财政所　所　长:翟　勇
五星乡财政所　所　长:贡海军
朱桥乡财政所　所　长:陈尚武
养贤乡财政所　所　长:张玉定
寒亭镇财政所　所　长:熊双陆
文昌镇财政所　所　长:赵青山
金坝乡财政所　所　长:仇贵鹏
古泉镇财政所　所　长:冯正标
狸桥镇财政所　所　长:赵万青
黄渡乡财政所　所　长:孙秀平
新田镇财政所　所　长:孙木松
杨柳镇财政所　所　长:胡德宝
溪口镇财政所　所　长:胡怀金
水东镇财政所　所　长:杨庆民
周王镇财政所　所　长:郑敏毅
水阳镇财政所　副所长:刘朝红
孙埠镇财政所　所　长:苏正明
向阳镇财政所　所　长:温仁和

郎溪县

梅渚镇财政所　所　长:李定齐
凌笪乡财政所　所　长:岑国庆
涛城镇财政所　所　长:杨维银
南丰镇财政所　所　长:潘学斌
十字镇财政所　所　长:曹　锐
姚村乡财政所　所　长:赵业梅
毕桥镇财政所　所　长:陈福生
飞里乡财政所　所　长:李大平
幸福乡财政所　所　长:余孝顺
东下镇财政所　所　长:王元成
新发镇财政所　所　长:钟世庆
建平镇财政所　所　长:董建安

广德县

桃州镇财政所　所　长:王庆福
卢村乡财政所　所　长:陈　林
东亭乡财政所　所　长:侯华胜
风桥乡财政所　所　长:岳维成
柏垫镇财政所　所　长:王家骏
四合乡财政所　所　长:赵永华
杨滩乡财政所　所　长:徐明生
月湾乡财政所　所　长:刘惠生
誓节镇财政所　所　长:蒋　伟
花鼓乡财政所　所　长:栾庆贵
邱村镇财政所　所　长:朱宏吉
赵村乡财政所　所　长:石传宏
下寺乡财政所　所　长:吴全平
流洞镇财政所　所　长:刘泉洁
祠山岗乡财政所　所　长:卢　群
新杭镇财政所　所　长:李光义

泾　县

茂林镇财政所　所　长:章　宏
汀溪乡财政所　副所长:吴兆年
泾川镇财政所　所　长:姚迎春
孤峰乡财政所　副所长:汪开新
桃花潭镇财政所　所　长:丁智勇
榔桥镇财政所　所　长:江荣福
章渡镇财政所　所　长:汤正虎
厚岸乡财政所　所　长:查爱国
中村乡财政所　所　长:徐志林
黄村镇财政所　副所长:段春浩
丁家桥镇财政所　所　长:曹新成
琴溪镇财政所　副所长:冯阳生
西阳乡财政所　副所长:曹雪松
晏公镇财政所　所　长:李佳民
包合乡财政所　所　长:包怀军
童疃乡财政所　所　长:叶建平
云岭镇财政所　所　长:朱　明
蔡村镇财政所　所　长:周国祥
苏红乡财政所　所　长:胡道顺
北贡乡财政所　所　长:董先敏
昌桥乡财政所　副所长:陈四喜

宁国市

竹峰乡财政所　所　长:肖辉明
梅林镇财政所　所　长:张翼云
胡乐镇财政所　所　长:周仁林
宁墩镇财政所　所　长:朱德宝

南极乡财政所　所　长:朱成敖
云梯畲族乡财政所所　长:胡汉全
河沥办事处财政所所　长:王　跃
港口镇财政所　所　长:吴念鲁
霞西镇财政所　所　长:童卫兴
青龙乡财政所　所　长:朱成元
方塘乡财政所　所　长:周保权
甲路镇财政所　所　长:陈绪斌
南山办事处　所　长:刘国华
西津办事处　所　长:陈　闽
天湖镇财政所　所　长:汪时明
汪溪镇财政所　所　长:何　平
万家乡财政所　所　长:钟朝阳
中溪镇财政所　所　长:欧阳美文
仙霞镇财政所　所　长:王荣林

绩溪县

华阳镇财政所　所　长:周家华
临溪镇财政所　所　长:程新光
瀛洲乡财政所　所　长:姚成云
长安镇财政所　所　长:胡润初
杨溪镇财政所　所　长:陈卫国
板桥头乡财政所　所　长:叶正光
金沙镇财政所　所　长:汪光明
伏岭镇财政所　所　长:曹向明
家朋乡财政所　所　长:许守华
荆州乡财政所　所　长:黄定界
上庄镇财政所　所　长:胡建兵

旌德县

旌阳镇财政所　所　长:吕有水
版书乡财政所　所　长:方家喜
俞村乡财政所　所　长:汪慧萍
蔡家桥镇财政所　所　长:汤亚倩
三溪镇财政所　所　长:查国清
兴隆乡财政所　所　长:王家学
庙首镇财政所　所　长:赵　福
孙村乡财政所　所　长:冯铜友
白地镇财政所　副所长:刘　峰
云乐乡财政所　所　长:黄德林

铜陵市财政系统领导名单

(2003 年 12 月 31 日)

铜陵市财政局

党组书记、局长:陈锦满
副局长:戴先平　黄学龙　吴德卿　黄宝林
助理调研员:邹　勇、刘文甫　胡满元　李桂珍
非税收入管理局局长(副县级):周效平
注册会计师管理办公室主任(副县级):蔡英男
国库集中支付中心主任(副县级):汪庆辉

铜官山区财政局

局　长:蒯正军

狮子山区财政局

局　长:崔后继

郊　区财政局

局　长:汪继宏

开发区财政局

局　长:彭海生

铜陵县财政局

局　长:王世清
党组副书记:徐步新
副局长:汪明主　方旺德　陈锦云　姚学东
　何跃进
纪检组长:王友道

郊　区

铜山镇财政所　所　长:吴传鹏
安铜办财政所　所　长:康英涛
桥南办财政所　所　长:周凤焦
东郊办财政所　所　长:徐建新
灰河乡财政所　所　长:夏付兵

铜陵县

城关镇财政经济管理所所长:鲍其祥
大通镇财政经济管理所所长:戴金荣
顺安镇财政经济管理所所长:陈正富
钟鸣镇财政经济管理所所长:章潮发
董店镇财政经济管理所所长:欧阳平
朱村镇财政经济管理所所长:戴恒友
新桥镇财政经济管理所所长:部原明
新建乡财政经济管理所所长:佘铲修
钟仓乡财政经济管理所所长:唐新会
永丰乡财政经济管理所所长:丁佩中

安平乡财政经济管理所所长:查煦生
流潭乡财政经济管理所所长:董宁波
胥坝乡财政经济管理所所长:仰良武
和平乡财政经济管理所所长:孙　奇
老洲乡财政经济管理所所长:李玉娥
太平乡财政经济管理所所长:徐宗文
金榔乡财政经济管理所所长:阮成俊

池州市财政系统领导名单

(2003年12月31日)

池州市财政局

党组书记、局长:汪方应
党组副书记、副局长:张泽民
副局长:徐树生　张龙妹　胡以民
总会计师:杨庆安

贵池区财政局

局　长:章丹心
党组书记、副局长:张　明
副局长:许孝怀　何　杰(兼纪检组长)

青阳县财政局

局　长:甘心传
副局长:严茂森　赵皖生　李涂志
纪检组长:章正学

东至县财政局

局　长:张宗发
党组书记:饶凤洲
党组副书记、副局长:方亚斌
副局长:周胜良　张增玲　汪正长
纪检组长:汪　洋

石台县财政局

局　长:李　林
书　记:钱利民
副局长:邬开政　方福生　黄学真
纪检组长:王诗祥

九华山风景区财政局

副局长:江兴来　陶能昌

开发区管委会财政局

局　长:傅东亚
副局长:方石玉

贵池区

秋浦办财政所　所　长:纪光新
涓桥镇财政所　所　长:周桃四
池阳办财政所　所　长:钱跃文
牛头山镇财政所　副所长:包满发
江口办财政所　副所长:江　继
牌楼镇财政所　副所长:王来宝
乌沙镇财政所　副所长:李国祥
阮桥乡财政所　副所长:王必高
观前镇财政所　副所长:汪曙华
茅坦乡财政所　所　长:田昌毛
梅街镇财政所　所　长:章礼德
棠溪乡财政所　副所长:喻　松
木闸乡财政所　所　长:方锦辉
高坦乡财政所　副所长:汪　利
唐田乡财政所　副所长:汪志强
高岭乡财政所　副所长:钱立华
晏塘镇财政所　所　长:方正模
梅村镇财政所　所　长:刘向明
殷汇镇财政所　所　长:杨志波
里山办财政所　所　长:方继安
解放乡财政所　副所长:方　涛
刘街乡财政所　副所长:胡秀清
墩上镇财政所　所　长:章理生
马牙镇财政所　副所长:刘冬青
梅龙镇财政所　所　长:包启友

青阳县

蓉城镇财政所　所　长:章国平
杨田乡财政所　所　长:程　兵
陵阳镇财政所　所　长:杨大洪
沙济镇财政所　所　长:谢光荣
酉阳乡财政所　所　长:黄超龙
庙前镇财政所　所　长:陈相银
杜村乡财政所　所　长:宁跃武
朱备镇财政所　所　长:江卫国
新河乡财政所　所　长:姚永长
木镇镇财政所　所　长:刘美娣
丁桥镇财政所　所　长:吴玉才
竹阳乡财政所　所　长:钱叶彬
乔木乡财政所　副所长:方　勇
酉华乡财政所　副所长:汪福义
五溪镇财政所　所　长:施文秀

东至县

尧渡镇财政分局　局　长:王长福
东流镇财政分局　局　长:胡景平

大渡口镇财政分局局　长:吴德启
香隅镇财政所　所　长:王洪权
官港镇财政所　所　长:李爱国
胜利镇财政所　所　长:檀曙明
瓦垅乡财政所　所　长:章建国
张溪镇财政所　所　长:刘国清
白笏乡财政所　所　长:赵根松
坦埠乡财政所　副所长:刘先宁
建新乡财政所　所　长:王世科
洪方乡财政所　所　长:钱　勇
木塔乡财政所　所　长:马彬彬
利安乡财政所　副所长:郑金龙
花园里乡财政所　所　长:王志松
马坑乡财政所　所　长:汪根旺
泥溪乡财政所　所　长:潘国建
西湾乡财政所　所　长:冯富华
昭潭镇财政所　所　长:钟贵珍
龙泉镇财政所　所　长:刘仁贵
铁炉乡财政所　所　长:邱艳林
青山乡财政所　所　长:徐国进
石城乡财政所　副所长:陈的保
查桥乡财政所　所　长:王朋云
汪坡乡财政所　所　长:危加福
洋湖镇财政所　所　长:许怀祥
高山乡财政所　所　长:吴维军
葛公镇财政所　所　长:王亦斌
七里湖乡财政所　所　长:黄文华

石台县

小河镇财政所　所　长:徐华久
莘田乡财政所　所　长:张圣德
丁香镇财政所　副所长:洪流明
矶滩乡财政所　所　长:徐义贵
七里镇财政所　所　长:徐华海
大演乡财政所　所　长:舒晓斌
占大镇财政所　所　长:陈发根
珂田乡财政所　所　长:严纲文
贡溪乡财政所　副所长:查朝平
横渡乡财政所　所　长:许立新
七井乡财政所　副所长:谢永葆
七都镇财政所　所　长:李贵高
六都乡财政所　所　长:雷文纪

九华山风景区财政局

九华镇财政所　负责人:吴晓刚
九华乡财政所　所　长:孙华峰

安庆市财政系统领导名单

(2003年12月31日)

安庆市财政局

局　长:丁一轩
副局长:吴功立　杨瑞银　何家虎
纪检组长:程华秀
国资办副主任:汪恭良

枞阳县财政局

局　长:王中朝
副局长:吴兆和　郭　峰　马满华

怀宁县财政局

局　长:黄　青
党组书记:蒋昌玉
副局长:郎长青　柴绍来　丁丽华

潜山县财政局

局　长:汪光列
副局长:鲍根法　朱徐林　聂玉兰

宿松县财政局

局　长:陈　平
副局长:徐　侃　余锡刚　高福荣

太湖县财政局

局　长:王旺来
党组书记:石庆华
副局长:程林森　吴立新　朱和平

望江县财政局

局　长:周正国
副局长:储卫民　王　进
纪检组长:宋德根

桐城市财政局

局　长:王靖华
副局长:倪小玲　刘胜保
纪检组长:吴亚平

岳西县财政局

局　长:桂爱生
副局长:储昭发　储　卫　汪可盈
纪检组长:王学全

郊区财政局

局　长:何江玉
副局长:吴育华　查结根　王贵明
纪检组长:卢声席

大观区财政局

局　长:吴跃玲

副局长:袁　玲　何卫东

迎江区财政局

局　长:丁爱华

副局长:吴　军

开发区财政局

局　长:刘克胜

副局长:丁庆雁　程皖生

枞阳县

枞阳镇财政所　所　长:汪晓华

铁铜乡财政所　所　长:冯　可

石矶镇财政所　所　长:钱双喜

岱山镇财政所　所　长:高翔彪

仪山乡财政所　所　长:唐义长

汤沟镇财政所　所　长:汪必生

老洲镇财政所　所　长:刘东苟

老湾乡财政所　所　长:汪桂林

陈瑶湖镇财政所　所　长:周雄正

周潭镇财政所　所　长:周柯云

横埠镇财政所　所　长:文景荣

钱铺乡财政所　所　长:周志学

后方乡财政所　所　长:戴金城

金社乡财政所　所　长:查国元

白梅乡财政所　所　长:刘建平

项铺镇财政所　副所长:胡江春

会宫乡财政所　所　长:董松美

官埠桥镇财政所　所　长:汪辉俊

义津镇财政所　所　长:李必发

其林镇财政所　副所长:吴福胜

钱桥镇财政所　所　长:吴其龙

杨湾乡财政所　所　长:何志胜

浮山镇财政所　所　长:姚佐平

长沙乡财政所　所　长:方习中

凤仪乡财政所　所　长:程先锋

白湖乡财政所　所　长:杨典政

雨坛乡财政所　所　长:孙文义

怀宁县

石牌镇财政所　所　长:何宏亮

皖河乡财政所　所　长:陈方维

雷埠乡财政所　所　长:丁士彬

腊树镇财政所　所　长:潘结和

黄龙镇财政所　所　长:张宏斌

大洼乡财政所　所　长:叶昌盛

清河乡财政所　所　长:陈夏节

三桥镇财政所　所　长:何　侃

小市镇财政所　所　长:李志阳

黄墩镇财政所　所　长:王黄送

公岭镇财政所　所　长:丁旭东

秀山乡财政所　所　长:崔　奎

枫林乡财政所　所　长:陈　进

高河镇财政分局　局　长:齐振香

马庙镇财政所　所　长:汪璨玉

金拱镇财政所　所　长:洪　志

茶岭镇财政所　所　长:吴建民

月山镇财政所　所　长:方世国

大龙山镇财政所　所　长:刘华阳

石境乡财政所　所　长:杨爱平

凉亭乡财政所　所　长:李　明

五横乡财政所　所　长:查长生

洪铺镇财政所　所　长:徐　瑛

江镇镇财政所　所　长:余庆华

山口乡财政所　所　长:陈宝进

海口镇财政所　所　长:丁高云

潜山县

梅城镇财政所　所　长:张金南

王河镇财政所　所　长:金旺根

黄泥镇财政所　所　长:张新生

黄铺镇财政所　所　长:彭杨生

古井乡财政所　所　长:姚皖东

牌楼乡财政所　所　长:贾华旭

痘姆乡财政所　所　长:储永新

余井镇财政所　所　长:操龙友

岭头乡财政所　所　长:徐和平

青楼乡财政所　所　长:李飞跃

油坝乡财政所　所　长:汪金炉

源潭镇财政所　所　长:储焰根

棋盘镇财政所　所　长:吴礼功

三妙乡财政所　所　长:何良赴

黄柏镇财政所　所　长:凌江来

官主镇财政所　所　长:刘江春

水吼乡财政所　所　长:华　中

后中乡财政所　副所长:余本江

塔畈乡财政所　所　长:施玉来

彭河乡财政所　副所长:操龙坤

槎水镇财政所　所　长:肖骈臻

逆水乡财政所　副所长:杜云龙

龙关乡财政所　所　长:徐　斌

龙潭乡财政所　所　长:章兴振
杜埠乡财政所　所　长:徐义刚
水吼镇财政所　所　长:徐礼节
割肚乡财政所　副所长:程　晟
横中乡财政所　所　长:郝其林
五庙乡财政所　所　长:余成林
天柱山镇财政所　所　长:李有中
鼓岭工业区财政所　所　长:汪　萍

太湖县

晋熙镇财政分局　局　长:程元法
徐桥镇财政所　所　长:吴先华
城西乡财政所　所　长:邱开明
新仓镇财政所　所　长:阳护群
寺前镇财政所　副所长:徐立嘉
黄镇镇财政所　所　长:张达良
北中镇财政所　所　长:舒百平
望天乡财政所　所　长:吴立新
九田乡财政所　所　长:吴武林
刘畈乡财政所　所　长:余世平
赵河乡财政所　所　长:殷延华
罗溪乡财政所　所　长:马章德
李杜乡财政所　副所长:舒齐红
花元乡财政所　所　长:周和开
江塘乡财政所　所　长:王德义
小池镇财政所　所　长:张华庚
牛镇镇财政所　所　长:王治宇
弥陀镇财政所　所　长:占安仁
玉珠乡财政所　所　长:王新华
百里镇财政所　所　长:方济源
河口乡财政所　所　长:李阳春
天桥乡财政所　所　长:胡龙江
黄岗乡财政所　所　长:何小平
大山乡财政所　所　长:周哲海
刘羊乡财政所　所　长:吴文兵
大石乡财政所　所　长:张旭东

岳西县

天堂镇财政所　所　长:徐爱民
响肠镇财政所　所　长:陈庆怀
毛尖山乡财政所　所　长:崔岳松
和平乡财政所　所　长:刘会斌
包家乡财政所　所　长:朱显光
冶溪镇财政所　所　长:陈华基
西坪乡财政所　所　长:徐声林
河图镇财政所　所　长:刘文高
五河镇财政所　所　长:刘同元
茅山乡财政所　所　长:蒋贻中
岩河乡财政所　所　长:储昭胜
主簿镇财政所　所　长:朱成玉
石关乡财政所　所　长:胡　东
头陀镇财政所　所　长:储琼武
温泉镇财政所　所　长:王庆东
莲云乡财政所　所　长:王诗金
来榜镇财政所　所　长:汪英俊
青天乡财政所　所　长:秦启明
店前镇财政所　所　长:徐自安
前河乡财政所　所　长:李敬东
白帽镇财政所　所　长:刘德述
古坊乡财政所　所　长:刘建华
中关乡财政所　所　长:王根苗
菖蒲镇财政所　所　长:柳东久
田头乡财政所　副所长:王　宏
姚河乡财政所　所　长:胡仲林
巍岭乡财政所　所　长:朱灿东
黄尾乡财政所　所　长:宛敏春

宿松县

孚玉镇财政所　所　长:余国春
复兴镇财政所　所　长:朱来春
洲头乡财政所　所　长:戴建文
汇口镇财政所　所　长:郭东亮
许岭镇财政所　所　长:黄泉映
二郎镇财政所　所　长:邓志海
破凉镇财政所　所　长:董　平
凉亭镇财政所　所　长:王坤福
佐坝乡财政所　所　长:汪波涛
长铺镇财政所　所　长:项　敏
千岭乡财政所　所　长:黎德鑫
陈汉乡财政所　所　长:贺行槐
下仓镇财政所　所　长:杨严生
五里乡财政所　所　长:熊兆平
高岭乡财政所　所　长:叶春泉
程岭乡财政所　所　长:齐长贵
九姑乡财政所　所　长:石先武
河塌乡财政所　所　长:徐文明
北浴乡财政所　所　长:黎承林
柳坪乡财政所　所　长:胡颂保
隘口乡财政所　所　长:梅兴祥
趾凤乡财政所　所　长:杨　卫

望江县

华阳镇财政所　所　长:赵红霞
杨湾镇财政所　所　长:王胜中
雷池乡财政所　所　长:方夕来
太慈镇财政所　所　长:徐先秉
凉泉乡财政所　所　长:龙　彬
长岭镇财政所　所　长:万玉芬
杨林乡财政所　所　长:林加桂
新桥乡财政所　所　长:金松水
泊湖乡财政所　所　长:汪精明
鸦滩镇财政所　所　长:何又松
麦元乡财政所　所　长:郝结南
古炉乡财政所　所　长:方　平
赛口镇财政所　所　长:游　勋
高士镇财政所　所　长:胡绪灿
毛安乡财政所　所　长:刘　纯
新坝乡财政所　所　长:赵家武
金堤乡财政所　所　长:方乾坤
漳湖镇财政所　所　长:陈结旺
莲洲乡财政所　所　长:丁仁贵
雷阳镇财政所　所　长:徐树桃
沈冲乡财政所　所　长:童长林

桐城市

直属征收稽查所　所　长:王绪文
南演办事处财政所所　长:倪晋流
太平办事处财政所所　长:郭世平
文昌办事处财政所所　长:许建国
碧峰办事处财政所所　长:高胜俊
大关镇财政所　所　长:汤传龙
卅铺镇财政所　所　长:王建国
兴店镇财政所　所　长:倪胜旺
吕亭镇财政所　所　长:丁贤培
白马乡财政所　所　长:江建平
龙眠乡财政所　所　长:程胜利
高桥镇财政所　所　长:肖幸福
孔城镇财政所　所　长:张卫东
金神镇财政所　所　长:钟普查
香铺乡财政所　所　长:孙行礼
嬉子湖镇财政所　所　长:胡来胜
范岗镇财政所　所　长:胡家旺
老梅镇财政所　所　长:张　俊
挂车河镇财政所　所　长:陈五九
陶冲镇财政所　所　长:张大军
鲟鱼镇财政所　副所长:张　军
罗岭镇财政所　所　长:严旭日
中义乡财政所　所　长:林　伟
黄铺乡财政所　所　长:周正健
唐湾镇财政所　所　长:高进生
大塘乡财政所　所　长:施祥满
新渡财政分局　局　长:张国刚
双港镇财政所　所　长:吕张根
青草镇财政所　所　长:江元苗

郊　区

大桥开发区财政分局局长:王贵明
十里铺乡财政所　所　长:叶　苗
杨桥镇财政所　所　长:阮宜庆
白泽湖乡财政所　所　长:方占喜
龙狮桥乡财政所　所　长:齐永明
老峰镇财政所　副所长:陈春生
长风乡财政所　所　长:程云长
新洲乡财政所　所　长:汪芳志

黄山市财政系统领导名单

(2003年12月31日)

黄山市财政局

局　长:汪理文
副局长:刘浪彬　徐立秋
纪检组长:许秋善

祁门县财政局

局　长:王　震
党组书记、副局长:程庆华
副局长:李超先
纪检组长:汪文济

黟县财政局

局　长:程志祥
党组书记:汪松九
副局长:汪国清　叶　龙　汪继祖

休宁县财政局

局　长:邵接后
党组书记、副局长:吴清德
副局长:贾维光　汪钧宝
纪检组长:黄国宁

歙县财政局

局　长:谢建平
副局长:胡寅辉　程根银

纪检组长:张平辉

屯溪区财政局

局　长:汪德宝

副局长:邓　伟　吴新民

纪检组长:李艳芳

黄山区财政局

局　长:范茂盛

党组书记:王慧萍

副局长:张志武　何孔龙

徽州区财政局

局　长:洪绍球

党组书记、副局长:李四喜

副局长:彭文萍　龙秋缨

纪检组长:郑良录

祁门县

祁山镇财政所　所　长:曹和平

大坦乡财政所　所　长:张接军

胥岭乡财政所　所　长:谢选献

乔山乡财政所　所　长:叶松木

小路口镇财政所　所　长:李祁安

灯塔乡财政所　所　长:胡锡如

金字牌镇财政所　所　长:刘接根

柏溪乡财政所　所　长:胡国胜

横联乡财政所　所　长:胡永丰

凫峰乡财政所　所　长:陈松开

平里镇财政所　所　长:胡伯进

溶口乡财政所　所　长:桂云辉

芦溪乡财政所　所　长:康明辉

祁红乡财政所　所　长:黄永强

塔坊乡财政所　所　长:朱接飞

历口镇财政所　所　长:吴仙莲

渚口乡财政所　所　长:康杜忠

彭龙乡财政所　所　长:汪新峰

古溪乡财政所　所　长:谢民兴

闪里镇财政所　所　长:倪国振

新安乡财政所　所　长:王燕舞

箬坑乡财政所　所　长:周亚宁

安凌镇财政所　所　长:林龙和

雷湖乡财政所　所　长:汪继华

赤岭乡财政所　所　长:倪启跃

黟　县

碧阳镇财政所　所　长:丁捌斤

龙江乡财政所　所　长:汪剑峰

宏村镇财政所　所　长:谢中平

泗溪乡财政所　所　长:何志国

碧山乡财政所　所　长:王誉辉

西武乡财政所　所　长:程春辉

西递镇财政所　所　长:韩礼斌

渔亭镇财政所　所　长:胡和荪

柯村乡财政所　所　长:柯光明

美溪乡财政所　所　长:钱明宝

洪星乡财政所　所　长:林培信

宏潭乡财政所　所　长:胡建平

休宁县

海阳镇财政所　所　长:汪建平

齐云山镇财政所　所　长:姚荣英

万安镇财政所　所　长:余　敏

五城镇财政所　所　长:汪正有

东临溪镇财政所　所　长:卢建国

蓝田镇财政所　所　长:金光荣

溪口镇财政所　所　长:汪仁杰

流口镇财政所　所　长:汪爱萍

汪村镇财政所　所　长:方林平

秀阳乡财政所　所　长:陈建军

洪里乡财政所　所　长:王玉明

商山乡财政所　所　长:占礼辉

西田乡财政所　所　长:程新亮

岭南乡财政所　所　长:韩顺宝

龙田乡财政所　所　长:程年生

璜尖乡财政所　所　长:汪社文

白际乡财政所　所　长:项振声

汊口乡财政所　所　长:胡有根

榆村乡财政所　所　长:何成立

渭桥乡财政所　所　长:程松发

陈霞乡财政所　所　长:包松林

板桥乡财政所　所　长:宋夏福

江潭乡财政所　所　长:江文辉

山后乡财政所　所　长:黄继志

山斗乡财政所　所　长:占光辉

南塘乡财政所　所　长:查民生

鹤城乡财政所　所　长:方金根

源芳乡财政所　所　长:杨有华

郑湾乡财政所　所　长:杨　凌

渠口乡财政所　所　长:查显才

回溪乡财政所　所　长:汪顺富

冰潭乡财政所　所　长:汪春华

兰渡乡财政所　所　长:胡祖德

歙　县

城关财政分局　局　长:王金明
杞梓里财政分局　局　长:方光来
深渡财政分局　局　长:江卫东
街口财政分局　局　长:王胜祖
王村财政分局　局　长:汪　康
徽城财政分局　局　长:吴华明
桂林镇财政所　所　长:曹志慧
富堨镇财政所　所　长:周　密
郑村镇财政所　所　长:吴来宾
许村镇财政所　所　长:郑毅华
溪头镇财政所　所　长:叶尚忠
杞梓里镇财政所　所　长:方润日
霞坑镇财政所　所　长:方锦卫
岔口镇财政所　所　长:鲍　坚
北岸镇财政所　所　长:孙勇明
街口镇财政所　所　长:潘利群
王村镇财政所　所　长:方国炎
雄村乡财政所　所　长:张伟正
南源口乡财政所　所　长:鲍明高
坑口乡财政所　所　长:汪惠来
上丰乡财政所　所　长:潘四清
大谷运乡财政所　所　长:江利伟
黄村乡财政所　所　长:许德龙
苏村乡财政所　所　长:王仁虎
唐里乡财政所　所　长:吴社民
三阳乡财政所　所　长:方佳华
竹铺乡财政所　所　长:程黎明
金川乡财政所　所　长:潘政兆
武阳乡财政所　所　长:吴云学
周家村乡财政所　所　长:王孝国
漳潭乡财政所　所　长:严建军
昌溪乡财政所　所　长:吴新洪
呈村降乡财政所　所　长:吴　潜
长陔乡财政所　所　长:毕正利
长标乡财政所　所　长:徐道文
璜田乡财政所　所　长:邓玉坤
璜蔚乡财政所　所　长:江岳年
新溪口乡财政所　所　长:汪鹤年
小川乡财政所　所　长:余永忠
小洲乡财政所　副所长:凌朝晖
横关乡财政所　所　长:王敏华
石门乡财政所　所　长:章明忠
绍濂乡财政所　所　长:毕灶寿
森村乡财政所　所　长:盛顺钱
狮石乡财政所　所　长:鲍永忠

屯溪区

屯光镇财政所　所　长:刘心文
黎阳镇财政所　所　长:熊梦华
新潭乡财政所　所　长:孙小勤
奕棋乡财政所　所　长:程敏行
阳湖镇财政所　所　长:孙义贵

黄山区

汤口镇财政所　所　长:陈启龙
谭家桥镇财政所　所　长:王贵金
三口镇财政所　所　长:许四九
仙源镇财政所　所　长:丁金平
新明乡财政所　所　长:杜五四
甘棠镇财政所　所　长:周信革
龙门乡财政所　所　长:汪　剑
耿城镇财政所　所　长:张　宏
焦村镇财政所　所　长:程建新
郭村乡财政所　所　长:郑高森
贤村乡财政所　所　长:苏俊颖
桃源乡财政所　所　长:方贞良
清溪乡财政所　所　长:陈志龙
乌石乡财政所　所　长:王贤盛
太平湖镇财政所　所　长:夏拥军
广阳乡财政所　所　长:白绍勇
永丰乡财政所　所　长:黄君辉
新丰乡财政所　所　长:宁三九
新华乡财政所　所　长:陈建华

徽州区

岩寺镇财政分局　局　长:吴丽红
潜口镇财政所　所　长:王　鑫
富溪乡财政所　所　长:谢莉莉
呈坎镇财政所　所　长:蒋龙波
洽舍乡财政所　所　长:章龙德
西溪南镇财政所　所　长:郑立和
杨村乡财政所　所　长:曹海波

2003 年全省财政系统职工统计表

编制单位:厅人事教育处　　　　单位:人

项目		总计	性别		文化程度					
			男	女	研究生	本科	专科	中专	高中	初中
总计	合计	21710	15238	6472	155	4006	10610	5288	1327	324
	厅(局)级	11	9	2	2	7	2			
	地市局(处)级	309	254	55	38	177	86	5	3	
	县局(科)级	2138	1619	519	68	1084	838	113	30	5
	一般干部	17281	11926	5355	41	2653	9037	4550	837	163
	工勤人员	1971	1430	541	6	85	647	620	457	156
省厅局	合计	404	287	117	51	228	84	12	24	5
	厅(局)级	11	9	2	2	7	2			
	处(局)级	120	93	27	19	71	29	1		
	科级	142	101	41	26	94	20	2		
	一般干部	68	36	32	3	47	14	3	1	
	工勤人员	63	48	15	1	9	19	6	23	5
地市局	合计	2211	1442	769	49	1071	842	131	79	39
	局级	189	161	28	19	106	57	4	3	
	科级	1008	685	323	19	629	314	36	8	2
	一般干部	803	440	363	9	326	393	61	9	5
	工勤人员	211	156	55	2	10	78	30	59	32
县市局	合计	5862	3899	1963	45	1418	3172	885	262	80
	局级	988	833	155	23	361	504	75	22	3
	股级	1561	1181	380	12	471	865	167	43	3
	一般干部	2835	1554	1281	7	567	1634	522	86	19
	工勤人员	478	331	147	3	19	169	121	111	55
区乡所	合计	13233	9610	3623	10	1289	6512	4260	962	200
	所级	3093	2814	279	7	564	1723	584	176	39
	一般干部	8921	5901	3020	3	678	4408	3213	522	97
	工勤人员	1219	895	324		47	381	463	264	64

财政调研报告篇

底图为黄山风光：猴子观海

安徽财政发展研究

突出发展主题　创造新的业绩

安徽省财政厅厅长　朱玉明

安徽省委、省政府提出,今后5年全省经济财政发展的目标是:GDP年均增长9.5%左右,财政收入年均增长9%。要实现这一目标,财政工作必须贯彻党的十六大精神,按照“三个代表”重要思想的要求,坚持发展第一要务,突出发展主题,做大财政“蛋糕”,创造新的业绩。

一、实现三个转变,把财政“蛋糕”做大。财政部门作为综合经济管理部门,在支持经济发展、培植壮大财源方面肩负着不可推卸的责任。当前,财政部门必须克服“公共财政是吃饭财政”的片面认识,防止把公共财政与支持经济发展对立起的错误倾向。进一步完善和丰富财政调控机制,实现财政支持经济发展的新转变。一是转变思路。财政支持经济发展要突破传统思路的局限,突破单一财政资金投入模式,坚持政策引导、资金支持、体制激励、优化环境的有机结合。要充分发挥财政政策的引导和带动作用,综合运用财政贴息、税收政策、国有资本运营、转移支付以及建立中小企业担保基金等多种财税手段,带动银行和社会资金投资。要创新财政体制,充分调动县级发展经济、培植财源的积极性、创造性。要进一步整顿和规范财经秩序,优化经济发展环境。二是转变方式。要转变财政支持经济发展的方式方法,由财政直接投入向间接投入转变,由对单位企业的扶持向改善总体发展环境转变。当前,要着力改变财政资金投入分散的格局,由分散投入向集中投入转变,整合现行财政资金,包括跨类资金、跨部门资金的整合,集中财力办大事。同时,改变政府非经营性资产分散使用的格局,由分散使用向共同使用转变。加强政府非经营性资产统筹安排,共建、共享、共用,提高资源配置效率,发挥更大的社会效益。三是转变投向。适应加入WTO和建立公共财政的要求,财政资金要逐步从竞争性领域退出,转变投向,明确重点,抓住关键。要着力支持解决“三农”问题,建立稳定增长的农业投入机制,加大对农业的投入,逐步实现由“农村支持城市、农业支持工业”向“城市反哺农村、工业反哺农业”转变;进一步推进农村税费改革,全面实施粮食补贴方式改革,稳定和减轻农民负担;提高对农村医疗保障水平;加大对农村小城镇基础设施建设投入,推进农村城镇化进程。要大力支持新型工业化和城镇化建设,继续支持和实施一批关系国民经济和社会发展全局的重大工程,积极推进国有资产管理体制改革,促进全省经济的新跨越。

二、理顺三个关系,规范财政分配,把财政“蛋糕”切好。改革和完善财政体制,调整省与市县、县与乡镇、财政与部门的分配关系,均衡纵向、横向之间的支出水平。一是进一步理顺省与市县的财政关系。2002年,结合所得税分享改革,按照让利于县的原则,安徽省制定了8条措施,确保在3—5年内,县级增长财力全部留给县,支持县域经济发展。今后将根据经济社会发展情况,进一步合理划分省与市县政府间的财权与事权,合理划分各级财政收入。同时,加大对市县转移支付力度,切实将财力向市县倾斜,壮大市县财政实力。二是进一步理顺县乡财政关系。近几年来,乡镇管理的一些机构纷纷上划,作为县级有关部门的分支机构,不仅包括教育、医疗等公共服务部门,而且还扩展到包括工商、司法、税务、土地等主要的执法部门。从财政上看,由于金融、税务体制的调整,特别是占乡镇财政支出大头的乡镇教师工资上划,以及乡镇卫生院改为县级供给后,乡镇财政的职能发生了很大的变化。必须从改革乡镇财政管理体制入手,积极研究乡镇财政管理的新体制。三是进一步理顺财政与部门的关系。全面推行部门预算,强化部门在预算编制和预算执行中的责任,增强部门预算管理的积极性,改进和规范财政与预算单位分配关系。加大综合预算管理力度,均衡各部门之间财力水平。同时,按照公共财政的要求,加大支出结构调整力度,进一步清理、界定和规范财政供给范围。将提供非公共产品和非公共服务的社会中介机构、经营性单位逐步推向市场;对提供半公共产品和服务的部门单位,实行综合财政预算管理,根据财力和单位自身情况,实行定额或定项补助。

三、创新三个机制,进一步强化和规范财政管理,把财政"蛋糕"吃好。一是创新预算管理机制。扎实推进预算编制改革,在进一步完善部门预算和综合预算的基础上,全面推行标准周期预算制度,从年初开始编制下一年度预算。严格预算执行,硬化预算约束,增强预算的严肃性。进一步深化"收支两条线"管理改革,加大综合预算管理力度。全面推行国库集中支付,进一步扩大财政集中支付的范围,有效规范财政支出行为。完善政府采购制度,扩大政府采购规模,提高政府采购支出占财政总支出的比重,逐步建立科学的政府采购管理体制和统一的政府采购市场体系。加快"金财工程"建设步伐,提高预算管理的科学化水平。二是创新财政监督机制。积极构建事前审核、事中监控、事后检查相结合,涵盖预算编制、预算执行、资金运行的全过程的财政监督制约机制,强化财政监督手段,探索监督与管理相结合的新途径。三是创新支出绩效评价机制。加强支出绩效评价,积极推进绩效考核制度,逐步建立起一套科学的财政支出效益评价指标体系,加强对财政资金使用效率的分析和管理,增强政府部门的效益观念,促进财政资金使用效益的提高。

(选自 2003 年 9 月 6 日《中国财经报》)

用六个协调落实"五个统筹"

安徽省财政厅厅长　朱玉明

安徽省财政作为地方政府宏观调控的重要部门,要认真学习、深刻领会十六届三中全会精神,围绕"五个统筹",树立和落实科学发展观,充分发挥财政政策在促进经济增长、优化结构和调节收入方面的重要功能,继续推进财政改革和体制创新,健全公共财政体制,严格财政监督管理,加大重点支出保障力度,促进财政与经济社会全面、协调、可持续发展,为全面建设小康社会做出新的贡献。

一、完善和丰富财政调控机制,做大经济和财政收入"蛋糕",促进财政与经济相协调。近几年,安徽省财政实力不断增强,但与经济发展相比,财政收入规模仍然偏小,财政收入占 GDP 比重明显偏低。因此,要充分运用财税政策、经济杠杆等间接手段,积极转变财政支持经济发展的方式,大力支持治淮工程等一批关系国民经济和社会发展全局的重大项目;大力支持新型工业化,积极推进国有资产管理体制改革,全面提升全省经济综合竞争力,不断做大经济发展这块"蛋糕"。

二、调整和优化财政支出结构,确保各项社会事业支出的需要,促进经济与社会发展相协调。按照公共财政的要求,进一步规范财政供给范围,调整支出结构,加大教育、科技、文化、公共卫生等重点支出的投入。健全国家和社会资助家庭经济困难学生的制度,建立农村中小学危房改造新机制,巩固以县级政府管理为主的农村义务教育管理体制。

三、调整和完善财政体制,进一步理顺省以下财政分配关系,促进地区之间协调发展。按照"让利于市县、有利于促进区域经济协调发展"的原则,进一步完善省以下所得税收入分享改革,规范政府与企业、省与市县之间的财政分配关系,建立科学合理的收入分配机制,充分调动各地发展经济、培植财源的积极性。完善转移支付制度,积极探索对经济发展强县实行省管县财政新体制,建立对财政困难县确保工资等基本支出需要的约束机制。在全省范围推行乡镇财政管理方式改革,建立乡财县管乡用财政管理新模式。

四、高度重视"三农"问题,全面深化农村各项改革,促进城乡协调发展。继续深化农村税费改革,完善涉农价格和收费监督体系,逐步降低农业税率,积极探索建立城乡统一的新型农业税制,从体制上稳定和减轻农民负担。继续深化粮食补贴方式改革,改革国家对农民的补贴方式,进一步扩大把流通环节的间接补贴改为对农民的直接补贴。调整现行单纯开发型扶贫方式,实行开发型与救济型相结合的扶贫方式,建立与财政能力和当地农民基本生活水平相适应的农村社会保障制度,逐步实行农民国民待遇。整合和优化农业财政资金结构,集中财力,大力支持农村教育、卫生、文化、基础设施等公共事业,加快农村公益事业建设。建立新型农村合作医疗制度,支持发展农民专业合作组织,推进农业和农村经济结构调整,逐步改善农村公共服务水平和农民生产生活条件。

五、整顿和规范收入分配,完善社会保障体系,促进不同利益群体之间和谐协调。大力规范部门政策外补贴,全面清理自定项目、巧立名目乱发的津补贴,完善和规范公务员工资福利待遇制度,建立公开、透明的行政机关福利制度。推进事业单位分配制度改革,进一步提高行政事业单位职工工资水平。积极探索机关后勤服务社会化改革。完善企业职工基本养老保险制度、失业保险制度、城市居民最低生活保障制度、优抚和救灾救济制度,建立健全弱势和困难群体的社会保障机制。

六、继续深化公共财政改革,加强财政收支监督,促进财政监督与管理相协调。继续推进各项财政改革,积极适应财政管理制度改革的变化,建立起新型的与财政管理同步协调的财政监督制约机制,积极推进财政资金使用绩效评估工作,逐步建立一整套科学有效的评价体系和机制,加快"金财工程"建设,强化财政法制建设,建立健全财政部门内部监督约束机制,提升财政监督管理水平。

(选自 2003 年 11 月 11 日《中国财经报》)

安徽财政发展三年滚动计划研究

省财政厅课题组

2004—2006 年,是安徽省加快发展、富民强省、缩小与发达省份差距的关键时期。为加强财政中长期计划管理与年度预算的有机结合,确保"财政十五计划纲要"目标的如期实现,根据财政部统一部署,结合省委、省政府提出的《安徽省全面建设小康社会的战略目标、战略步骤及起步阶段的重点任务》,省财政厅组织力量就《安徽省 2004—2006 年财政发展滚动计划》进行专题研究。通过对"财政十五计划纲要"前 3 年执行情况的总结评价,客观分析了未来几年国内外经济走势,科学预测全省财政收支主要指标,围绕支持和促进经济社会发展、做大财政收入"蛋糕"这一主题,提出 2004—2006 年财政改革发展的相关政策建议,以及 2004 年度财政预算编制的指导意见。

一、"财政十五计划纲要"前 3 年执行情况

2001—2003 年,全省各级财政部门按照省委、省政府的统一部署,坚持解放思想,开拓创新,以改革统揽财政工作全局,紧紧围绕"财政十五计划纲要"提出的关于构建公共财政基本框架这条主线,全面推进各项财政改革,强化财政调控职能,不断提高财政运行质量,继续保持了财政改革与发展的良好势头。

(一)加强财政收入征管,保持收入稳步增长

各级财政部门坚持依法理财治税,健全征管体系,改进收入计划方式,完善财政运行质量考核办法,开展财政收入质量专项检查,加强财、税、库的协调配合,保持了财政收入持续稳定增长。2002 年,全省财政总收入达到 346.7 亿元,跨过了 300 亿元新台阶,与 2000 年相比,年均增长 9.3%。财政收入结构进一步改善。2002 年全省税收收入占财政总收入的比重为 89%,比 2000 年提高了 1 个百分点。与经济增长密切相关的主体税种呈稳定增长态势,2002 年,全省增值税、消费税、营业税比上年分别增长 15%、16%、19.3%,3 税合计增收 28.4 亿元,占财政增收总额的 76.6%,成为拉动财政收入增长的主导税源。2003 年 1—9 月份,全省完成财政总收入 313 亿元,增长 26%,预计全年完成财政总收入 400 亿元。

(二)调整财政支出结构,确保重点资金需要

按照公共财政的要求,不断加大财政支出结构调整力度,确保了各项重点支出的需要。2002 年,全省财政支出 456.9 亿元,连续跨过 300 亿元、400 亿元两个台阶,与 2000 年相比,年均增长 19%。其中,全省财政支农支出 32.9 亿元,增长 12.6%,基建支出 53.8 亿元,增长 15.8%,推动了全省经济持续快速健康发展;全省工资方面支出 258.6 亿元,增长 19.9%,做到了财政供给人员国家规定工资正常发放,并于 2002 年 8 月底基本消化了全省最后 20 个县历年拖欠的国家规定工资。

(三)深化农村税费改革,切实做到"三个确保"

2001—2002 年,是安徽省农村税费改革全面试点的关键两年。在省委、省政府的坚强领导下,全省各级财政部门积极采取宣传发动、制定方案、层层审核、配套改革、加强督查等一系列强有力的措施,狠抓政策落实,严格规范征管,保证了农村税费改革稳步推进,并取得显著成效。2002 年,全省农民人均政策性负担 68.4 元,比改革前 1999 年的 109.4 元下降 37.5%,实现了中央确定的 3 年改革试点的基本目标:新的农村税费制度框架基本建立,确保了农民负担大幅度减轻不反弹,确保了基层组织基本正常运转,确保了农村义务教育的正常需要,受到了广大农民群众的衷心拥护和基层干部的广泛支持,也得到了中央的充分肯定。

(四)推进财政支出改革,构建公共财政框架

2001—2003 年,全省财政支出改革由点到面、全面推进,逐步深入。在预算管理上,建立了综合财政预算,对预算外资金实行"收支两条线"管理,相继推行收罚缴分离改革、收支脱钩管理;部门预算全面推进,部门各项收支统一纳入了财政管理;预算追加

听证制度基本建立,预算追加程序和权限不断规范,初步形成了预算编制、执行、监督相互分离和相互制约的财政运行机制。在资金运行上,实行了国库集中支付制度,省市县三级分别成立了国库支付中心或会计核算中心,改变了财政资金分散支付的方式,规范了财政支出行为,增强了财政支出透明度。在支出方式上,政府采购制度体系基本建立;财政统发工资稳步推进;全省农村中小学教师工资全部上收到县统一发放;通信工具货币化改革全面实施。在制度建设上,积极适应WTO规则的要求,对55份涉及财政的地方性法规和有关文件进行了清理,健全和完善了财政法规制度,财政管理日益规范。

(五)发挥财政调控职能,支持全省经济发展

2001—2002年,各级财政部门抓住国家实施积极财政政策的机遇,与有关部门一起,两年争取国债资金76亿元,支持一大批农林、生态、水利、交通等重大项目建设,有力地拉动了全省经济增长。省财政通过设立农业3项工程、经济技术升级、三产引导、中小企业发展、小城镇建设贴息等专项资金形式,采取拨款、贴息等方式,支持全省经济结构调整和优化。通过省中小企业担保中心,为937户中小企业担保再担保筹措资金5.2亿元。积极争取中央财政煤炭资源枯竭矿山关闭破产、纺织压锭压絮补贴资金23.7亿元,落实债转股资金133.8亿元,支持28户企业成功上市、配股和增发,共募集资金115亿元。贯彻执行国家调整有关税收政策,企业年获得政策性支持近20亿元。近3年,全省取消行政事业性收费3200项,降低了63项收费标准,平均降幅约为35%,进一步减轻了企业和农民的负担。积极支持开发区经济发展。2002年,全省省级以上开发区企业经营收入788.26亿元,比上年增长37.3%,投资回报率376.9%。同时,积极争取外国政府贷款和国际金融组织贷款,实际利用7.9亿美元,支持了合(肥)安(庆)高速公路、西气东输管网、农村卫生医疗设施、淮河流域城市污水处理、工业污染防治以及长江流域酸雨治理项目建设。

(六)实施税收分享改革,完善地方财政体制

近年来,省财政在不断加大转移支付力度的同时,本着最大限度让利于基层的原则,进一步调整和完善省对市县财政体制。2001年以来,共调减各市财政体制上解2亿元,用以增加县乡财政保工资正常发放的财力。2002年,按照中央的部署,稳步实施安徽省所得税收入分享改革:原中央企业所得税和储蓄存款利息个人所得税、省级企业所得税和个人所得税,由中央与省按比例分享;原市县企业所得税和个人所得税,由中央与市县按比例分享。同时,结合所得税收入分享改革,出台了8项政策,理顺了省以下财政分配关系,县级由此每年获政策性支持8亿元。一是取消县级财政原体制递增上交5%;二是2001年—2003年减少县级财政体制上解1亿元,专项用于农村义务教育投入的政策在2003年以后继续执行;三是对农村税费改革减收给予补助;四是对县级调整机关、事业单位工作人员及离退休人员职务(岗位)补贴给予补助;五是改革粮食风险基金筹集办法,取消向县级财政筹集粮食风险基金任务,改为主要由省级承担;六是民兵训练经费全部由省级财政承担,取消县级配套;七是原由县级财政承担的淠史杭—巢湖项目、华北平原项目的债务余额,从2002年起改由省级财政承担;八是取消部分省辖市从所属县(市、区)集中财力的政策,因此而影响的市级财力,省财政予以80%补助。

当前,安徽省财政工作仍存在一些比较突出的矛盾和问题。归结起来主要有:一是财政收入规模不大,人均财政收支水平偏低,收支矛盾十分突出。从人均收支水平看,2001年,全省人均地方财政收入和人均支出水平分别为304元和638元,比全国平均水平低323元和417元,在全国31个省市区中居倒数第5位和倒数第2位。二是县乡财政困难,政府性债务沉重,财政风险压力加大。目前平均每个乡镇负债300多万元,有5%—10%的乡镇负债达1000万元以上,化解难度大,对乡村正常运转造成了很大压力。随着还债高峰期的到来,财政风险逐步加大,对财政的平衡、稳定发展构成了严重威胁。三是财政职能转变滞后,财政改革压力加大,财政资金使用效益有待进一步提高。特别是随着经济体制改革的不断深入,社会经济生活中长期积累的各种深层次矛盾和问题大多数集中反映在财政上,全省财政改革由此进入了一个新的历史时期和攻坚阶段,财政改革面临的阻力、压力、难度也越来越大。

二、国内外经济走势对安徽财政发展的影响

(一)国际经济走势展望

未来几年,国际局势将会不断发生深刻变化,但和平与发展仍是时代主题,世界呈现多极化和经济全球化趋势,国际经济合作与竞争正以前所未有的广度和深度迅速发展,全球产业结构调整步伐加快,综合国力竞争日益激烈。以信息技术为主要代表的科技革命迅猛发展,并越来越成为推动经济社会发展的决定性因素。世界经济将在美国经济回升带动

下整体复苏，欧盟、日本等主要经济体也将出现不同程度的回暖。但是，国际贸易保护主义、国际恐怖主义和局部政治军事冲突等在所难免，这些都将给世界经济的发展带来诸多不确定性因素。

（二）国内经济走势展望

反观国内经济，在进一步完善社会主义市场经济体制、全面建设小康社会进程中，国民经济仍将继续保持较快增长的势头，GDP年增长率约在7%—8%之间。国有企业改革步伐进一步加快，民营经济加速发展，市场主体自我发展能力不断增强。"买方市场"的格局和低通涨率状况持续存在。市场竞争日趋国际化。产业结构调整步伐加快。多元化投资体制继续推进，投资总额将有较大增长。国家继续实施积极的财政政策和稳健的货币政策，积极财政政策内容将发生结构性变化，政府财政将进一步从生产经营性领域退出；人民币继续保持币值稳定。中国仍会成为全球最具投资吸引力的地区之一，利用外资、进出口贸易总额都将保持较快增长。长江三角洲、珠江三角洲、京津唐环渤海湾地区将继续保持我国经济增长火车头地位；沿海开放城市、内地中心城市将继续扮演经济增长的主力军。为保持区域经济协调发展，国家作出加快西部大开发和振兴东北老工业基地的决策，将给这些地区在政策、投资、项目、财政等方面给予很大的支持和倾斜，这些地区经济发展将保持较快甚至是跨越式的发展势头。

（三）国际国内经济走势对安徽财政经济的影响

世界经济的整体复苏和我国经济发展进入新一轮增长周期，将为经济增长和实现小康社会阶段目标提供了良好的外部环境。改革开放以来安徽省取得的巨大成就，尤其是近年来大规模的基础设施建设，为安徽省加快发展奠定了坚实的物质基础；安徽省拥有丰富的自然、科教、人力资源和独特的区位优势，在东部加速产业升级、西部实施大开发的宏观背景下，将迎来难得的发展机遇；特别是在党的十六大精神鼓舞下，全省上下解放思想、更新观念，加快发展、富民强省的强大合力正在形成；经济社会加速发展的良好势头已经显现，经济增长速度有可能保持与全国同步或者略高于全国平均水平。但是，必须清醒地看到，由于历史、地理、自然、社会、经济等诸多因素影响，安徽省经济发展在以下几个方面所存在的一些突出问题，将会制约全省财政经济发展。

1. 在经济增长方面。安徽省将面临更加激烈竞争的发展环境。在沿海发达地区已经跨越经济起飞阶段而进入发展快车道，西部、东北又有国家的重点支持的情况下，安徽省经济发展不仅缺乏政策支持，还表现为先天不足。安徽经济总量小、人均水平低、产业结构不合理、城市化水平不高，且易受自然灾害的影响，这将减缓经济发展速度，使得保持与全国同步发展并快速缩小差距压力增大，全省财政收入规模大幅度跨跃式发展也存在诸多困难。

2. 在产业结构方面。农业结构调整的步子继续加快，但实际效果将有一个很长的时滞效应；工业发展仍然依靠少数骨干企业支撑，但企业的创新能力、发展能力仍显不足，产业带、产业链还没有真正形成，全省工业发展将很难有大的提速；服务业整体发展水平较低，在日趋激烈的竞争中，全省服务业将处于比较弱势的地位。因此，运用财政政策加快产业结构调整、促进经济发展的任务将更加艰巨。

3. 在外资外贸方面。外贸将保持较快增长，但由于基数太小，无法形成较大的发展拉动力；由于经济发展水平、发展环境等问题，除极少数城市外，安徽省大部分地区和全省整体在引进外资上处于劣势。

4. 在投资方面。投资额将保持较快增长，但是投资分散、投资效益低下仍是困扰经济发展的大问题。政府投资主要用于基础设施建设、生态环境保护等方面，投资周期长，社会效益好，但短期经济效益并不显见。民间资本投资所占份额较小、融资手段落后、融资限制较多的问题将继续存在，整体金融运行环境仍不宽松。

5. 在区域经济发展方面。与华东地区各省乃至于全国相比，安徽省各市区域版块小，市均经济总量和地方财政收入较低，国土面积偏小，不利于区域经济的资源整合和结构升级；市级行政中心经济功能不强，城市经济总量小、辐射力弱，难以在区域经济发展中发挥先导作用。同时，市、县、乡行政体制不合理，不仅降低了政府管理效率，增加了行政成本，还容易引发各区域经济之间的摩擦，弱化了安徽省经济的整体实力。据测算，如果将现行17个市、63个县精简到11个市、40个县左右，并撤销乡镇建制，将给安徽省区域经济发展释放更大的体制空间，并对安徽省财政收支运行产生深远的影响。

6. 在收入分配方面。安徽省城镇职工收入水平与全国平均水平及周边省份差距较大，且呈继续加大的趋势。2002年，全省在岗职工平均工资由1998年相当于全国平均水平的81.8%下降到74.8%，从全国第25位下降到第29位。城镇居民人均可支配收入由1998年低于全国平均水平645元增加到1671元。同时，省内城镇职工收入不平衡性加剧。收入最高的市与最低的市平均收入差距由1992年的304元扩大到2002年的6319元。较低的收入水平，抑制了投资和消费，降低了吸引要素流入的竞争力，将使经济发展陷入低水平发展困境，影响经济发展。因此，发挥财政再分配功能，缓解收入差距不断扩大的矛盾，将是财政的一项重要任务。

三、2004—2006年财政收支目标预测

按照未来5年全省经济和社会发展的总体要求，结合财政改革发展的实际，2004—2006年全省财政工作的指导思想是：以邓小平理论和“三个代表”重要思想为指导，认真贯彻党的十六大精神，紧紧围绕构建公共财政体制这条主线，坚持依法理财治税，大力推进财政改革和体制创新，进一步健全财政收入增长机制、财政调控机制、财政监督制约机制和地方财政风险规避机制，努力做大经济发展和财政收入“蛋糕”，为加快发展、富民强省、全面建设小康社会，促进全省物质文明、政治文明和精神文明协调发展做出新的贡献。

(一)财政收入预测

未来几年，安徽财政收入增长面临着较好的宏观经济环境，积聚着较强的内在动能。但各种不利因素、不确定因素和减收因素也不容忽视，尤其是各类收入增长差异不一。从农业税来看，由于安徽省是农业大省，农业税收入所占比重比全国平均水平偏高，加之农村税费改革后农业税实行稳定税负的政策，农业税将基本维持现有水平。非税收入经过近几年的强化管理，增长潜力也十分有限。惟有工商税收与经济发展保持一定的正相关。因此，确定财政收入增长时，应分类确定收入增幅，然后进行汇总测算。其中，工商税收按不同弹性系数测算，农业税收保持2003年水平，非税收入按5%比例递增，“十五”中后期GDP增幅为9.5%。为此，做以下3种估计：

1. 乐观估计。估计工商税收增长弹性系数为1.5，这样工商税收增幅为14%，财政总收入年均增幅为12.1%。

2. 基准估计。估计工商税收增长弹性系数为1.2，这样工商税收增幅为11%，财政总收入年均增幅为9.6%。略高于GDP增幅。据此估计，2007年收入也将高于向省十届人代会报告的目标。

3. 保守估计。估计工商税收增长弹性系数为1，这样工商税收增幅为9.5%，财政总收入年均增幅为8.4%。

以上3种估计，2007年财政收入都将高于向省十届人代会报告的本届政府任期550亿元收入目标(具体见下表)。

2003—2006年全省财政收入目标预测表

单位：亿元

项目＼年份	2003年	2004年	2005年	2006年	递增%
总收入1	400.0	447.9	502.2	564.0	12.1
总收入2	400.0	438.4	480.5	526.6	9.6
总收入3	400.0	433.1	469.3	508.8	8.4
工商税收1	327.5	373.4	425.6	485.2	14
工商税收2	327.5	363.9	403.9	447.8	11
工商税收3	327.5	358.6	392.7	430.0	9.5
农业四税	32.4	32.4	32.4	32.4	
非税收入	40.1	42.1	44.2	46.4	5

上述收入目标预测考虑的主要因素有：

1. 历史经验。1994年中央实行分税制财政体制，进一步划分了各级政府财政收入范围，规范了中央与地方财政分配关系，从而调动了各地理财的积极性。同全国形势相仿，分税制以后，安徽省财政收入经历了一个高速增长的阶段，曾一度高于全国平均水平。但亚洲金融危机以后，外因上受国际国内经济环境的影响，内因上受全省产业层次低、结构不合理的制约，财政收入增长呈现出回落态势，增长幅度开始低于全国水平。近年来，随着国家积极财政政策作用显现，通过不断消化不利因素和夯实基础，财政收入增长逐步有盘出底部的趋势。这是“十五”中后期财政收入增长的前提条件和基础。

2. 经济因素。经济决定财政。未来经济发展水平的高低，直接关系到财政收入状况。为确保全面建设小康社会目标的实现，省委省政府制定了《全面建设小康社会的战略目标、战略步骤及起步阶段的重点任务》，提出安徽省全面建设小康社会分3步走，2003—2007年为起步阶段，全省GDP年均增长9.5%左右，到2007年全省GDP达到5620亿元，人均达到1000美元以上；工业化率达到40%左右，城镇化率达到37%左右，城镇居民人均可支配收入和农民人均纯收入分别达到8800元和2700元左右。这将为财政收入的稳定增长奠定坚实的基础。

3. 政策影响。除费改税或预算外收入纳入预算内管理政策性增收外，减税政策仍将占据主导。这虽然有助于刺激经济的增长，但也会不可避免地在短期和局部对组织收入带来不利影响。从国税看，主要有：根据财政部、国家税务总局关于下岗失业人员再就业有关税收政策问题的有关规定，自2003年1月1日起，增值税起征点上调，全年由此减少个体纳税户约15万户，占全省个体纳税户39万户的38.5%，预计每年减少增值税1.6亿元；根据财政部、国家税务总局的规定,安徽省奇瑞牌轿车可按应纳税额减征30%的消费税,每年约减收消费税1.5亿元;2003年起生产企业经营、委托出口货物全面实行“免、抵、退”税政策力度将逐步加大,预计免抵税额将出现高增长。从地税看,主要有:营业税起征点提高,每年将影响全省营业税、城建税和教育费附加1亿元。根据省政府有关文件规定,对未办理道路运输经营许可证的农用车辆免征营业税、城建税、车船使用税和教育费附加等,对乡村农民自建房屋不征营业税,对年经营额在9600元以下的农村个体工商户不征个人所得税等,每年各项涉农税收减免影响地方收入约1亿元;根据国家税务总局有关规定,对金融企业2000年底以前已纳营业税的应收未收利息,原则上在5年内逐步冲减。据测算,全省年均冲减当期应纳营业税等地方税约6000万元。从农税看,农业税长期实行稳定税负的政策,同时,从2003年起,农业特产税全部改征农业税,税负进一步降低,预计每年约减收1.5亿元。另外2004年农业税计税价格一定5年不变政策将到期,计税价格高于市场粮食价格问题有待解决,如果农业税计税价格每公斤调减0.1元,农业税将减收约3亿元。

(二)财政支出预计

1998年以来,全省公共财政支出改革的力度较大、支出控制得较严、节支的潜力很小,今后几年在财政支出管理上重在规范完善目前已实施的改革措施和做法。确保机关事业单位职工工资和企业离退休人员基本养老金按时正常发放,调整工资等政策,农村税费改革、社会保障、国家安全以及农业、科技、教育等法定支出和各项重点建设项目都需要增加大量支出。因此,支出总量将呈现较大幅度的增长态势。收支缺口较大,对中央转移支付的依存性增强。总体上,预计财政支出增幅将高于同期财政收入增幅,同时也将略低于“九五”以来的平均水平,支出结构将有较大的调整。具体见下表:

2003—2006年全省财政支出结构分析表

单位:亿元

项目＼年份	2003年	2004年	2005年	2006年	递增%
财政支出	511.7	573.1	641.9	718.9	12
一、建设性支出	111.9	120.8	130.5	140.9	8
二、公共性支出	355.0	404.3	459.8	522.3	14
三、政策性补贴支出	18	18	18	18	
四、其他支出	26.8	30.0	33.6	37.6	12

以上支出目标的预测主要考虑以下几个因素:

1.历史因素。“九五”以来安徽省财政支出规模不断扩大,逐步跨越200亿元、300亿元、400亿元大关,2002年达到456.9亿元。财政支出规模扩大呈加速态势。

2.中央政策因素。1998年以来,中央实施积极财政政策,发行特种国债,加快基础设施建设步伐,增加对地方的专款补助,同时不断加大对地方的转移支付力度。因此,地方财政支出增长呈现高于财政收入增长的态势。“十五”中后期,中央将继续采取较为积极的财政政策,但政策的力度和结构将会有所调整和变化。这将对地方财政支出产生较大影响。

3.法定支出增长因素。从教育支出需求看,依据《教育法》和安徽省有关法规规定,财政教育拨款的增长高于财政经常性收入的增长。今后几年,全省各级财政要重点保证农村教育支出、贫困地区义务教育二期计划、安大“211”二期工程、高校扩容贴息等项支出。从科学支出需求看,依据《科学技术进步法》等规定,财政用于科学技术经费的增幅高于财政经常性收入增幅。科学事业费增幅达到或高于总支出增幅。从农业支出需求看,依据《农业法》等规定,财政对农业投入的增幅要高于财政经常性收入的增幅。安徽省是农业大省,为实现农业大省向农业强省的转变,同时为适应加入WTO后保护农民利益和促进农业发展的实际需要,对农业的投入将会进一步增加。

4.重点项目支出因素。为加快全面建设小康社会的步伐,省委、省政府制定了一系列战略目标、战略步骤和重点任务,其中要着力构筑6大基础工程:(1)防洪保安工程。继续完善长江治理的同时,重点加强淮河治理,消除安徽的“心腹之患”。(2)通达工程。加大交通建设力度,完善高速公路网,改善农村交通条件。(3)信息工程。围绕信息技术开发和应用,加快形成“数字安徽”的基本框架。(4)生态工程。全面启动“生态安徽”建设,初步建立生态环保效益型经济基本框架和生态省建设科技支撑体系框架。(5)信用工程。围绕政府、企业和个人3大信用主体的建设,健全信用法制,培育信用需求,加强诚信教育,建立联合征信体系。(6)人才工程。抓住培养、吸引、使用3个环节,着力建设党政人才、企业经营管理人才和专业技术人才3支队伍。对于这6大工程建设资金来源,虽然可以采取多渠道筹集,并通过建立投融资体系等解决,但对于具有“公共性质”的建设项目投入,财政还需发挥主渠道作用和引导作用。其中,仅防洪保安工程一项,“十五”期间,省级财政每年要通过预算安排、水利基金安排等筹集6.5亿元,用于防洪保安设施建设。

5.促进改革,保持稳定,提高人民生活水平方面支出因素。“十五”中后期是全面建设小康社会的起步时期,也是各项改革向纵深推进的攻坚时期,改革、发展与稳定的任务很重。一是社会保障支出。考虑人口老龄化、失业压力增大、扩大城市居民最低生活保障对象范围、提高社会保障标准以及社会保障改革等因素,社会保障支出将会呈现持续高增长态势。二是粮食方面支出。安徽省是粮食大省,粮食问题涉及粮食安全和农民切身利益。2003年全省推行了粮食补贴方式改革试点,将原对企业的亏损补贴改为对农民的补贴,改暗补为明补,支出结构和方式有所变化。这将有利于促进粮食企业改革、走向市场,也有利于减轻农民负担、增加收入。三是保证工资方面的支出。全省县乡财政保证工资正常发放的任务仍然很艰巨,各地由于财力差异工资水平也不统一。今后中央和省出台调资政策将会给各地带来一定的压力。在县域范围内统一农村中小学教师津补贴标准,也将在一定程度上增加县级财政的支出压力。四是加大卫生投入。2003年突如其来的“非典”疫情给国民经济造成了较大的影响,对人民的生命安全造成了严重的威胁,同时也向社会敲响了警钟,对公共卫生事业发展、疾病应急能力提出了更高的要求。“十五”中后期各级财政将进一步加大对公共卫生的投入,省级财政还将通过加大投入调整结构等挤出一部分资金向农村倾斜,以改善农村和农民的卫生条件。

(三)财政“十五”计划完成情况的基本判断

按照《安徽省“十五”计划和2010年远景规划纲要》,至2002年全省财政总收入达到340亿元,至2005年全省财政总收入达到446亿元,财政总收入年均递增9%;财政支出(不含中央追加专款)年均递增7.3%。从“十五”计划执行情况看,收入计划的预见性较强,2002年执行的结果较计划略有增加。由于宏观经济环境好转等原因,预测“十五”中后期财政总收入增幅将达到9.6%,2005年财政总收入预计可完成455亿元,较原计划增加9亿元。考虑到地方财政支出对中央补助的依存度加大,财政支出中应包含中央专款因素,“十五”中后期财政支出增幅预计达到12%。

四、2004—2006年财政发展若干政策建议

(一)坚持第一要务,发挥财政调控功能

根据安徽省全面建设小康社会起步阶段的重点建设任务,在遵循市场经济法则的前提下,综合运用财政政策、财政资金、国债资金、财政贴息、担保等各种财政手段,着力在以下4个方面发挥财政的中观调控功能。

1.以支持农业和农村经济结构调整为着力点,增加农民收入。千方百计加大对农业的投入,推进长江、淮河等大江大河的治理和农业基础设施的建设,改善农业生产条件。大力支持生态农业、科技农业、效益农业、市场农业,推进农业产业化经营,切实推动农业结构调整。加快农产品质量标准体系、认证体系和检测体系建设,提高农产品市场竞争力。进一步完善粮食补贴方式改革扩大试点工作,初步建立起农业补助体系,确保农民收入年均递增5%以上。

2.以实施产权制度改革为核心,加速工业化进程。遵循产业结构演进的基本规律,继续实行扶优扶强政策,积极推进国有企业改革和国有经济的战略性调整,培育大企业、大集团,带动配套产业和中小企业发展。在此基础上,全力打造8大基地,构筑6大基础工程,力争到2006年将安徽省工业化水平提高到38%左右。

3.以支持城镇化建设为突破口,推进城乡协调发展。积极支持合肥现代化大城市建设,快速推进“芜(湖)马(鞍山)铜(陵)产业带”发展,促进形成全省重要的两大经济增长极。加快其他市以及县城和中心建制镇的建设步伐,将安徽省城镇化水平提高到35%左右,在全省形成较为合理的城镇化体系,促进形成若干个层级的区域增长极,增强对周边地区的带动能力和对农村剩余劳动力的吸纳能力。进一步革除城乡体制差别,扩大农村劳动力向城镇转移、向二、三产业转移,推动城乡共同发展。

4.以支持民营经济为抓手,加快县域经济发展。实行平等的财税政策,为民营经济发展创造更加公平、宽松、开放的政策环境。进一步加强中小企业信用担保体系建设,着力缓解为民营企业等中小企业融资难的问题,使民营经济成为县域经济的主体,成为县级财政的支柱。按照管理上放权、改革上放手、政策上放活、发展上扶持的要求,进一步从政策、资金、体制等综合配套上支持县域经济发展,真正把县级财政收入“蛋糕”做大,推动县级财政经济走上良性互动发展之路。

(二)完善征管机制,确保收入稳步增长

1.坚持依法理财治税。继续遵循“加强征管、堵塞漏洞、惩治腐败、清缴欠税”的方针,开展税源普查,强化税收征管基础工作,严格执行税收法规,突出抓好主体税种和调节个人收入分配税种的征管,切实做到应收尽收。严格企业财务制度和会计监督,

大力清缴企业欠税。加强对重点税源的监控，防止和纠正有税不收、收过头税以及税收征管简单化行为，提高税收收入质量。依法查处各种偷税、骗税和逃税行为，严厉打击各种涉税犯罪，维护税法权威。

2.深化税收征管体制和征管方式改革。加强财、税、库协调，建立完善的财、税、库联系与合作机制。改革农业税征管体制，将乡镇农业税征收机构全部上划到县，由县财政农业税征收机构直接进行农税征管。强化公民纳税意识，完善税收征管手段，全面推行办税大厅集中交纳，并大力推进税务代理和网络化管理，切实降低征税成本，提高征税效率，堵塞税收漏洞。进一步做好协税护税工作，完善税收执法保障体系，确保征管工作顺利开展，促进税收收入稳定增长。

3.切实强化非税收入征管。改革财政收入统计方法，将现行的预算收入统计口径改为政府收入统计口径，扩大政府财政收入范围。分步将国有资产经营收益、国有资产转让(出租)收入、国有土地收益和彩票公益金等国有资本经营性收入纳入财政预算管理。继续推行行政性收费和罚没收入收缴分离、票款分离工作，改革非税收入收缴管理制度。

(三)深化税费改革，规范财政分配关系

1.深化农村税费改革。按照“减轻、规范、稳定”的方针，进一步深化改革，完善和严格规范各项农村税费改革政策，加大查处力度，确保各项改革政策切实得到贯彻执行。加快调整乡、村规模，扎实推进乡镇机构改革，积极开展村级改革。大力清理乡、村债务，妥善化解不良债务，严格防止新债的产生，争取在2—3年内使乡村债务化解工作取得明显成效。继续深化农村税制改革，清理涉农收费，规范村内公益事业筹资筹劳，切实将农民负担再降低1—2个百分点。规范村级财务管理，推进村民自治，促进农村社会稳定和经济发展。

2.积极推进工商税制和农业税制改革。根据中央税制改革总体部署，积极推进内外资企业税制并轨，加快实行生产型增值税向消费型增值税的转型，为企业发展创造公平的税收环境。进一步完善个人所得税，逐步开征社会保障税、财产及赠与税，根据城乡税制一体化进程和公平税负原则以及加入WTO的现实需要，逐步改革农业税制，建立多层次的税收调节体系，规范收入分配关系，促进城乡经济协调发展。

3.进一步清理规范行政事业性收费。加快推进行政审批制度改革步伐，切实减少收费项目，降低收费标准，简化收费程序，公开收费目录，切实减轻企业和个人非税负担。

(四)深化支出改革，完善公共财政体系

1.合理确定公共财政支出范围。根据公共财政的要求和“一是吃饭，二要建设”的原则，财政支出要优先满足宏观调控和履行公共管理、公共服务等方面的财力需要，做到保工资、保运转、保稳定、保改革、促发展。进一步深化事业单位体制改革，加快事业单位布局调整，合理划分事业单位财政供给类型。对于经营性的事业单位，逐步停止财政供给；对于准经营性的事业单位，实行财政补助制；继续推行机关后勤社会化改革步伐，剥离财政非义务负担。

2.深化部门预算改革。推进财政供给人员和机构信息资料库建设，从源头上严格控制新增机构和财政供给人员。规范预算编制程序，初步建立标准周期预算制度，实现早编预算和相对固定预算编制程序。建立健全基本支出定额标准体系，公平和规范预算分配。改进项目支出预算编制方式，强化项目支出预算评审论证工作，继续完善项目被选制度，推行项目支出滚动计划，提高项目支出效益。逐步将基本建设资金、企业挖改资金、科技三项费用安排的项目纳入部门预算，提高预算的完整性。加强对市、县的指导，全面推行市、县两级部门预算。

3.深化财政国库管理制度改革。进一步完善省直部门国库集中支付制度，全面实行网上申报和支付方式；全面实行市级国库集中支付制度，对已经实行会计核算的市完成向国库集中支付制度的转轨；在完善县级会计集中核算制度的同时，一些财政收支规模较大的县也可根据当地实际，实行会计集中核算向国库集中制度的转轨。规范国库支付程序，严格国库支付制度。加强“金财工程”建设，搞好技术保障。

4.创新公共财政支出方式。对于政府购买性支出，全面推行政府采购制度，进一步完善政府采购制度体系建设，规范政府采购运作，实施“阳光”采购；对于工资等转移性支出，严格工资专户管理，继续推行集中统一发放的办法，实行严格的工资发放责任制和责任追究制，切实防止工资前清后欠，初步建立起工资正常发放的长效机制；对于政府公务用车、会议费、招待费等集团性和经常性消费支出，稳步推进货币化改革，降低行政成本，提高行政效率。

5.提高财政支出使用效益。强化预算执行监督，严格控制预算追加，进一步实施预算听证制度，规范预算管理，增强预算执行的控制力和约束力。建立健全财政支出效益评价指标体系,实施财政支出跟踪问效制度,切实提高财政资金使用效益。

(五)深化管理改革,全面实行综合预算

1.全面实行综合预算。按照"取之合法、规模适当、收缴分离、纳入预算、收支脱钩"的管理要求,逐步将非税收入实行收支脱钩管理;对部门人员经费、公用支出和各种事业发展项目支出,科学核定分配标准,由财政统一安排,彻底打破"谁收费谁支配、谁有钱谁消费"的预算外资金分配格局。

2.统一规范机关单位津补贴福利待遇。全面清理各部门、各单位的银行账户以及自定项目、巧立名目用预算外收入乱发的津补贴,研究建立统一、规范、完善的工资福利待遇制度,消除部门、单位之间收入差距过大、分配不公的现象。

(六)深化体制改革,推动财政良性发展

1.科学划分政府间的事权与财权。按照深化经济体制改革的要求,加快政府职能转变,合理界定省以下各级政府的事权范围,逐步解决政府职能间"事权界定不清"的问题。在此基础上,合理确定各级政府财政的支出范围、支出标准和收入范围、收入标准,切实强化收支责任,真正实现事权与财权的对等。

2.推行省管县财政管理体制。借鉴兄弟省市的经验,选择3—5个县(市)开展省管县财政体制试点,取消市对县财政管理体制,相应调整省与市、省与县的体制上解和转移支付,重新理顺省、市、县财政分配关系。

3.全面推行乡镇财政管理方式改革。认真总结乡镇财政管理方式改革试点经验,切实抓好乡镇银行账户、财政供给人员、债权债务和票据的清理,进一步调整县乡有关部门的机构设置、部门职责和人员编制,科学核定乡镇收支,完善乡镇财政管理体制,规范乡镇支出范围和顺序,加强相关制度建设和县级会计核算中心建设,全面推行"乡财县管乡用"改革。

(七)强化社会保障,提高人民生活水平

1.建立统一、规范、稳步增长的社会保障筹资机制。加大社会保障投入力度,逐步提高社会保障支出占财政支出的比重。实行社会保险费征缴工作目标责任制和日常稽核制度,强化社会保险费征缴和清欠工作,扩面提高基金征缴率,增加基金收入。进一步提高社会保险统筹级次,实现社会保险省级统筹。努力拓宽社会保障筹资渠道,积极探索从破产、改制企业的财产变现收入中提留一块、从土地使用权转让中划转一块、从社会保障彩票发行增加一块、从预算外收入统筹切一块等办法,充实社会保障基金,缓解社会保障支出压力,确保企业离退休人员基本养老金、国有企业下岗职工基本生活费和城市居民最低生活保障费的正常发放。

2.扎实推进社区建设和社区就业。按照"以社区建设发展为契机,逐步实现社保重心下移并带动社区就业"的工作方针,加快社区服务、餐饮、商贸、流通等各类服务型行业发展,努力增加就业岗位。通过政府直接购买或补助方式,创造社区公益性岗位、提供即时岗位援助等方式,安置"4050"大龄下岗失业人员就业。进一步减免相关税费,认真落实小额贷款担保基金和贴息政策,鼓励下岗失业人员自谋职业和自主创业。全面推进企业退休人员社会化管理服务工作,在3年内基本实现全省企业退休人员的管理服务工作与原企业分离,由社区服务组织提供相应的管理服务。加大社会保险补贴、岗位补贴、再就业培训补贴、职业介绍补贴、社区劳动和社会保障工作补贴等项支出,提高下岗失业人员再就业机会和技能,增加就业率,切实减轻社会就业压力。

3.建立健全卫生医疗保障机制。全面建立从省到村的疫情信息网络,健全县乡村3级相结合、以村为基础的疫情检测体系,全面推动疫情网络机制、救治机构保障机制和救治队伍保障机制建设。把建立健全农村卫生医疗保障机制作为工作重点,按照"自愿参加、多方筹资,以收定支、保障适度,先行试点、逐步推广"的原则,进一步提高广大农民群众参与新型农村合作医疗的积极性和自觉性,合理选择新型农村合作医疗模式,研究制定农村合作医疗基金管理办法,科学确定合作医疗补偿机制。同时,进一步完善城镇职工基本医疗保障机制,建立健全社会救助和工伤保险制度等其他社会保障制度。

(八)强化财政监督,推进财政法制建设

1.建立健全财政法律制度体系。着力开展财政立法调研,强化立法内容,提高立法层次,增强立法的权威性和可操作性。继续清理、调整、完善现行财政法律制度,增强财政法律制度的科学性。进一步搞好财政法律制度与其他法律制度的衔接和协调,消除对财政收支不合理的硬性要求,为安徽财政改革与发展创造一个良好的法制环境。

2.加强会计工作监管,提高会计信息质量。加强会计诚信教育和会计职业道德建设,实行企业财务会计信用等级管理。进一步强化会计基础工作管理,整顿和规范会计工作秩序,加强会计工作监管,指导和督促各单位依法建账及提供真实、完整的会计信息。积极贯彻实施《企业会计制度》,切实加强会计法规制度管理,不断提高会计信息质量。改革会计人员管理模式,继续推行会计委派制和会计集中核算制。完善会计从业人员入门、评价和后续教育机制,努力提高会计从业人员职业道德水平和业务素质。

3.硬化财政执法监督机制。适应公共财政建设和管理的需要,积极调整财政执法监督方式和内容,探索执法监督与管理相结合的新途径,构建事前审核、事中监控、事后检查相结合,涵盖预算编制、预算执行、资金运行的全过程财政执法监督制约机制。严格执法监督纪律,硬化执法监督行为,加大违规违纪查处力度,促进依法行政、依法理财。

(九)强化队伍建设,提高财政工作水平

进一步加强机关作风建设,树立财政机关与时俱进、开拓创新的良好形象。进一步提高财政干部政治和业务修养,促进广大财政干部牢固树立服务意识、大局意识、责任意识、协作意识和廉洁意识,改进工作方式方法,提高工作效率和质量,切实提高服务水平。加强和改进财政干部队伍管理,建立健全干部考核机制,努力造就一支政治过硬、业务娴熟、作风优良、廉洁高效、勇于创新的财政干部队伍。

五、对2004年预算安排的建议

(一)对2004年全省财政收支形势的基本估计

根据对近期宏观经济走势的分析和判断,2004年国家将继续实行积极的财政政策和稳健的货币政策,扩大内需、深化改革、推进开放,宏观经济环境进一步改善,安徽省宏观经济走势继续向好的方面发展,国民经济将继续保持稳定增长的态势,为财政收入的持续稳定增长奠定坚实的基础。2004年全省财政收支规模将进一步扩大,但收支矛盾仍十分突出。从收入看,由于减税政策的进一步落实,财政收入很难有大幅度的增长。从支出看,保证机关事业单位人员工资和企业离退休人员养老金正常发放,以及公共卫生、社会保障和农科教等重点项目仍需要财政增加大量支出。根据对2003年全省预算安排情况和2004年全省财政形势分分,初步估算,全省财政总收入为438.4亿元,增长9.6%,全省财政支出573亿元,比上年递增12%。

(二)2004年预算安排的指导思想和原则

2004年全省预算安排的指导思想是:全面贯彻"三个代表"重要思想和党的十六大精神,坚持依法积极组织收入,健全非税收入征管机制,确保财政收入稳定增长;努力调整和优化财政支出结构,进一步加大重点支出保障力度;深化部门预算改革,强化综合预算管理,完善预算决策机制;严格预算约束,强化财政支出管理,切实提高财政资金使用的有效性。按照上述指导思想,2004年全省预算安排应坚持以下基本原则:

1.公共财政的原则。按照公共财政体制的要求,调整财政支出结构,优化财政资源配置,优先保证机关事业单位职工和离退休人员工资正常发放,适当提高公用经费定额,合理安排部门专项公用支出和项目支出,保证重点支出需要。牢固树立过紧日子的思想,勤俭办一切事业,为全省经济和社会事业发展提供财力支持。

2.综合预算的原则。继续深化"收支两条线"管理改革,进一步加大综合预算管理力度。部门和单位组织的纳入预算管理的行政事业性收费、罚没收入和预算外资金收入,要全部缴入国库和财政专户。部门和单位所需支出由财政按规定统筹安排,逐步实现收支脱钩管理。单位组织的各项收入以及安排的各项支出,要全面、完整地纳入部门预算统一管理,不得在预算之外留有收支项目。预算内外资金的安排要统筹兼顾,综合平衡。

3.科学规范的原则。逐步建立健全基本支出定员定额管理体系,公平财政资金在部门之间的分配。依据部门职能和任务要求以及现有公共资源的配置情况,加强项目支出预算审核论证,合理确定各项支出的需求和安排顺序,分别轻重缓急,坚持有保有压,统筹安排,确保重点,提高财政资金的整体使用效益。

4.公开透明的原则。贯彻实施《预算法》、《安徽省预算审查监督条例》,进一步完善预算编制程序,细化预算编制,扩大部门预算报送范围,提高预算决策的透明度,增强预算执行的约束力。

(三)2004年财政预算安排的主要政策建议

1.依法加强收入征管,确保财政收入稳定增长。进一步做大经济发展和财政收入的"蛋糕",是今后一段时期财政工作的重中之重,是实践"三个代表"重要思想、促进全面建设小康社会的内在要求。切实抓紧抓好组织收入工作,继续清理各种不规范的税收优惠政策,严禁任何地方和部门擅自出台或变相出台税收优惠政策,把该收的钱坚决收上来。加强对重点税源的监控,大力清理各种欠税。加强对非税收入的征收管理,严格执行"收支两条线"管理的各项规定,强化行政性收费和罚没收入的收(罚)缴分离工作。深入研究农业税征管中的新情况、新问题,及时采取措施,确保农业税收入及时、足额缴入国库。

2.进一步调整和优化支出结构,确保工资发放和重点支出的需要。贯彻“一要吃饭、二要建设”的方针,确保机关事业单位工资的正常发放。国家和省统一规定的工资和津补贴,要按政策规定兑现落实。保证农业、科技、教育支出达到法定增长的要求,加大对公共卫生方面的投入,特别是农村卫生设施的投入,确保全省各级财政文、卫、教方面的支出增量部分重点投向农村。省级财力的增长,重点用于解决县乡困难以及涉及“三农”的重大问题。加大对就业和再就业的支持力度,抓紧抓实企业离退休人员基本养老金、国有企业下岗职工基本生活费发放、城镇居民最低生活保障等方面工作。切实做好粮食补贴方式改革和农村税费改革工作。

3.严格财政支出管理,大力压缩一般性财政支出。2004年,一般性支出继续实行零增长。部门新增的一般性支出以及因实行财税优惠政策而减少的收入,原则上由各级财政通过调整自身支出结构予以消化。认真贯彻“两个务必”的要求,坚持勤俭办事业,反对铺张浪费。加大对财政支出管理力度,严格控制不切实际的“形象工程”、“政绩工程”和一些无实际效果的培训费、活动费、出国考察费等支出。

4.强化预算约束,切实提高资金使用效益。严格执行《预算法》、《安徽省预算审查监督条例》,坚持“先有预算、后有支出”的原则,从严控制预算追加。加快国库集中支付改革的实施步伐,扩大国库集中支付的实施范围。严格执行《政府采购法》,扩大政府采购预算的规模和范围。加强项目支出预算的评审论证,实现对项目支出预算的事前控制。加强预算执行情况的监督检查,努力提高财政资金的使用效益。

5.深化“收支两条线”改革,完善综合财政预算。2004年,对省级工商、技术监督系统实行综合预算管理,统筹安排预算内外资金,逐步实现经费“打通”。继续推进省政府确定的16个部门实行收支脱钩管理。各市县也要加大综合预算管理力度,按照基本支出大体公平、项目支出体现效率的原则,兼顾调动部门单位依法组织收入的积极性,制定比较科学、规范的综合预算管理办法。

6.强化预算基础工作,严格财政供给政策。建立部门预算基础信息库,实现对部门编制、人员、资产、工资等信息的动态管理,切实解决基层一些部门编制混乱、人员不清、财政供给政策不明的问题。在此基础上,由财政部门根据审核的部门预算基础信息,直接测算部门人员和定额公用支出,规范、统一财政供给政策。严格控制部门新增人员,未经规定的程序新增的人员,财政一律不予供给。

7.改革预算编制方法,建立新型预算编制管理机制。按照公共财政支出改革的要求,建立预算编制、执行与监督相互分离、相互监督、相互协调的新型运行机制,实行集中、独立的编制预算。逐步清理直至基本取消部门的专项公用支出,有计划、有步骤地建立健全基本支出定额标准体系,实现部门之间基本支出的大体平衡。实行科学、规范的预算编制方法,提高项目支出预算编制的科学性、准确性。细化预算编制,完善预算细化工作机制,硬化预算约束,提高预算分配的效率和完整性。改革基本建设支出、科技三项费用、企业挖改资金以及教育、科技、卫生、环保等部门专项支出的预算分配方式,逐步提高一次性预算分配到位率。按照《政府采购法》和集中采购目录,完整和准确地编制政府采购预算。

附表(略)。

课题组长:朱玉明

副 组 长:汪建国 周春雨

成　　员:周名桨 邓寿安 曹哨兵 王 玲 陈传文 李友兰 邵 勋

课题组办公室主任:周名桨

副 主 任:黎学东 张 力 江永泓

成　　员:李 燕 徐光耀 王召远 王永力 程巍东 鲍文前

农业财政课题调研报告

让公共财政的阳光普照“三农”

朱玉明　项仕安

编者按:2004 年 1 月 7 日,由省财政厅厅长朱玉明、副厅长项仕安主持的《让公共财政的阳光普照三农》课题,分别上报省委、省政府和财政部,得到了省委、省政府及财政部领导的高度评价,并作出重要批示。

省委副书记王昭耀批示:读了省财政厅的调研报告,心里感到很宽慰。多年来,省财政坚持改革,致力于建立公共财政,把公共财政与“三农”紧密结合起来,促进农业、农村经济发展,这是城乡统筹发展思想的体现,是对新时期财政运行模式的定位,也是全面建设小康社会的重要举措。一个方针,两个转变,三个关系,这个基本思路很好,是一个创新。《报告》中的 6 条建议,请有关部门积极配合,共同研究,逐步解决。

财政部副部长廖晓军批示:这是一份很好的调研报告,请农业司认真阅研。

现将全文刊登如下,供学习参考。

让公共财政阳光普照“三农”,是统筹城乡经济社会发展,加强农村小康社会建设的一个重要举措,也是对建立我国财政运行新模式的一个重要定位。这一新的制度安排,把公共财政和“三农”更紧密地联系起来,对解决“三农”问题和财政改革,都将产生十分深远的影响。

一、如何让公共财政阳光普照“三农”

(一)让公共财政阳光普照“三农”是加强农村小康社会建设的客观要求。党的十六大确立了全面建设小康社会的战略目标,明确提出到 2020 年要在我国全面建成惠及十几亿人口的更高水平的小康社会。进行这一伟大工程的难点主要在农村,因为全面小康与上世纪末的总体小康相比,难点主要集中在如何解决好“三农”问题上。目前,“三农”问题突出表现在 4 个方面:一是农民收入增长缓慢,城乡居民收入差距呈扩大的趋势;二是农业中小型基础设施条件差,制约农业综合生产能力增长;三是教育、医疗条件落后和农村社会保障水平低,城乡差别过大;四是农村生态环境恶化,不利于可持续发展。从公共经济角度看,这些问题都与农村公共产品供给不足有很大关系。这些年的事实证明,增加农村公共产品,单纯依靠农民自身的力量,或依靠市场机制的力量是不解决问题的,必须进一步扩大政府对“三农”的支持规模和保护水平,增加各级财政对“三农”的投入。公共财政不是万能的,但没有公共财政是万万不能的。党中央明确要求把解决好“三农”问题作为全党工作的重中之重,财政作为国家职能的重要组成部分,必须服从于全面建设小康社会的目标,以公共财政建设推动农村小康社会建设,这是新阶段财政工作义不容辞的重大任务。

(二)让公共财政阳光普照“三农”是统筹城乡经济社会发展的重大举措。统筹城乡经济社会发展,是党的十六大深刻总结几十年来我们党在处理城乡关系问题上的实践经验而提出的一个大思路、大举措,是解决“三农”问题的重大创新。统筹城乡经济社会发展,意味着必须改变城乡分治格局,必须改变城乡公共产品供给的“二元体系”,因而这对新阶段财政工作提出了很高的要求。一方面,按照世界贸易组织的标准,我国对农业的保护水平实际上是很低的,需要调整财政支出结构,加大对农业的支持和保护力度,加大对农村工业化和城镇化的扶持力度;另一方面,我国农村社会公共事业滞后于城市的状况比经济上的滞后更为明显,需要建立促进农村教育、文化、卫生、社会保障等各项社会事业发展的公共财政体制,加大对农村社会发展的转移支付力度,最终实现城乡经济社会一体化发展。把公共财政覆盖到“三农”,无疑是当前统筹城乡经济社会发展最直接、最有力的举措。

(三)让公共财政阳光普照“三农”是深化财政改革和发展的必然选择。1998 年,党中央、国务院明确提出建设适应社会主义市场经济的公共财政的目标,现在提出让公共财政阳光普照“三农”,则是推进中国财政改革和发展的必然结果。5 年多来,财政改革推出了税制改革、农村税费改革、预算编制改革、国库集中支付改革、预算外“收支两条线”管理改革以及依法治税、从严治队、财税信息化建设等一系列改革举措,这些都可以纳入公共财政框架,都是以公共财政的建设为取向的。随着改革的日益深化,城乡公共产品供给结构失衡问题很自然地“浮出水面”,主要存在3大问题:其一,用于公共产品和服务的资金,在城市主要由政府负责,在农村主要依靠向农民筹集,其负担超过农民承受能力;其二,县乡政府财政大多陷入困境,对农村公共产品供应系统投入太少,农村公共产品极度匮乏;其三,财政支农支出结构不尽合理,一些农民急需的基础设施、基础教育、公共卫生医疗、就业培训等公共需求得不到满足。显而易见,把公共财政覆盖到“三农”,从根本上解决农村公共产品供给问题,是下一步完善社会主义公共财政体制,无论如何必须迈出的重要一步。

二、公共财政覆盖“三农”的基本思路

把公共财政覆盖到“三农”,不单单是向农村多花几个钱的问题,也不仅仅是传统财政支农工作的范畴,而是整个财政工作的重大创新。无论是理财观念、理财思路、财政职能,还是分配关系、财政体制、管理方式等,都要适应公共财政覆盖到“三农”的要求,逐步做到由“农村支持城市、农业支持工业”向“城市反哺农村、工业反哺农业”转变,使农村公共产品的供给,由依靠农民自身旧机制向以国家为主的新机制过渡,让农业经营单位、农民群体和乡村地区,能够逐步地普遍享受到与城市单位、职工群体和区域平等的社会公共服务。现阶段把公共财政覆盖到“三农”,必须遵循一个方针,实现两个转变,理顺3个关系。

(一)遵循一个方针:即遵循积极稳妥、循序渐进的方针。

(二)实现两个转变:1.转变理财思想。支持农村社会经济协调发展,推进农村小康建设,从财政角度看,关键是要加快农村公共财政建设。各级政府和财政部门要按照“多予、少取、放活”要求,牢固树立全面协调可持续的发展观,树立公共财政和城乡协调发展的理财思想,从注重经济发展转向注重经济和社会协调发展,改变长期以来形成的城乡二元经济结构,逐步缩小城乡差距。要跳出传统财政支农思想,将财政支农从主要支持农业发展,转向全面支持“三农”,全面支持农村小康建设。2.转变支农方式。把公共财政覆盖到“三农”,要按照市场经济的要求改革现行财政对“三农”的投入和使用方式,着力提高公共财政资金使用的效益,实现公共产品效益最大化。传统的财政支农方式存在的问题,主要表现为“四重四轻”:投入对象上重农业轻农民和农村;投入领域上重流通领域轻直接投向农民;资金用途上重工程项目轻科技推广、农业保险、农民保障和农民合作;资金管理上重分配轻监管。改革财政支农方式,要整合现行财政支农资金,按照归并项目,预算安排,转移支付,资金直达的思路,加强“三农”资金统筹协调和统一安排,防止重复投资或投资过于分散,防止资金层层截留和挪用。要调整和优化财政支农结构,支持完善农业社会化服务体系,调整农产品补贴,加大对农村环境保护、农业科技开发研究、医疗卫生、教育等公共产品的投入,大力支持农村社会保障制度建设。要重视运用财税政策支持“三农”发展,充分发挥财政资金导向作用,引导更多资金投入“三农”。要改革财政“三农”资金方式,更多地对农村公共产品供给实行政府采购制。

(三)理顺三个关系:1.理顺城乡分配关系,建立国家对“三农”投入稳定增长机制。长期以来,由于体制方面的原因,公共财政资源配置主要向城市倾斜,加剧了本来处在弱势地位的农村发展相对滞后,城乡差距拉大。必须进一步理顺城乡分配关系,调整公共财政资源配置格局,逐步在政策和投入上实现公共财政覆盖农村。要采取有效措施加大财政“三农”总量投入,确保财政支农支出法定增长,确保国债资金分配主要用于农业。国家和省今后每年新增教育、卫生、文化等事业经费,主要用于农村,力争在“十一五”时期,将财政支农支出比重由现在的8%左右提高到15%以上。中央财政应进一步加大对农业大省的转移支付力度,省市财政也要相应加大对贫困县乡的转移支付,以平衡各地农村公共产品供给。要切实发挥财政政策对社会投资的导向功能。对涉及农民基本权利与利益的纯公共产品,由政府负责供给;对基础设施建设、科技示范园等准公共产品供给,则可以采取投资主体多元化的方式拓宽供给渠道,政府通过特许经营、签约外包、服务购买契约、财政补贴或价格补贴等手段,鼓励社会资本、私营机构参与准公共产品的供给。要重构农业投入机制,完善土地流转机制,强化农户对土地投入的制度动因,重构信贷农业投入机制,拓宽农业融资渠道。要建立健全农业保险机制,保障农业农村发展,促进各方加大对农业农村的投入。2.理顺农村分配关系,取消那些不应该由农民承担的公共产品资金筹集责任。在很长一个时期,我国农民在交纳了国家税收之后,还要为享受一般性公共产品和服务而追加付费,这实际上是对他们进行双重征税。安徽乃至全国正在进行的农村税费改革初步解决了这个问题,按照党的十六届三中全会精神,今后还要继续向统一城乡税制方向努力。应当尽快在全国全面取消农业特产税,将农业特产税改征农业税;根据国家财力状况,近几年要把农业税负担率下调到3%左右,并取消农业税附加;再下一步可以将现行农业税、牧业税、耕地占用税改为按照实际使用农用土地面积和土地等级征收农村土地使用税。将农产品纳入增值税的征收范围,并实行免税政策。将农业生产经营所得纳入个人所得税的征收范围。最终将农村土地使用税和城镇土地使用税以及涉及房地产的税种(包括契税)归并为全国范围的不动产税。通过这些措施,逐步让农民在税收政策上享受到最基本的国民待遇,进而为建立农村公共产品供给新体制奠定基础。3.理顺各级政府职能关系,合理界定各级政府财政对"三农"投资的职能范围。从市场经济国家的经验看,不同政府级次的财政对"三农"投资应该有所侧重。可以根据不同政府级次承担的农业生产建设与事业发展项目的受益范围大小、外部效果的有无,来划分各级财政投资范围,充分体现"谁受益、谁负责"原则。从农业建设性、事业性投资权的划分看,中央财政应主要承担关系国家经济发展全局、属于全国范围或跨地区、地方无力承担或不适宜由地方承担的支出,如大江大河治理、大型生态农业保护工程、带有全局性方向性的重点农业科研开发及大型粮棉基地建设等;地方财政主要承担地方性的水利工程建设、农林水利事业发展项目、重大科技成果推广应用等。

三、公共财政覆盖"三农"的政策建议

(一)把间接补贴改为直接补贴。其一,建立农业补贴稳定增长机制。大幅度提高预算内支出用于农业补贴的水平,切实增加补贴额度。力争在3-5年内将财政农业补贴支出的比重在现有基础上再提高5-10个百分点。其二,遴选绿箱补贴重点。增加对农业基础设施建设、农业技术推广培训、农产品检验和检测服务的资金补贴额度,推进农业产业化、区域化、专业化和现代化的进程。加大环保支付补贴力度,鼓励退耕还林、还草,支持农村能源和生态农业示范工程建设。加大农业灾害补助力度,组建政府补贴的政策性农业保险公司,建立农民收入保障体系,推动农业可持续发展。其三,调整黄箱补贴政策内容。逐步实施良种推广补贴制度,对关系国计民生的大宗农产品进行重点补贴。其四,把间接补贴改为直接补贴。将特定农产品价格补贴与化肥、农药、农膜和种子等非特定农产品补贴实行捆绑作业,按农民出售农产品数量直接发放补贴。进一步深化粮食补贴方式改革,逐步建立固定的不挂钩直接支付制度,将现行的核定差价补贴标准逐步改为与粮价无关的固定补贴标准。

(二)积极支持农民专业合作组织。新形势下,丰富财政支持对象,积极推行"财政扶持—合作组织—带动农户"模式,加强财政对农村合作组织的支持,是农村公共财政建设一项重要创新。以往财政支农直接到村到户的做法,其"交易成本"太高,而支持国有和事业单位的做法,中间"跑、冒、滴、漏"太多。通过扶持合作组织带动农户,对发挥政府在农村和农业领域的公共服务作用,能够起到"事半功倍"的效果。同时,也有利于提高财政资金的有效性。当前,财政支持农民合作组织应突出6个重点:一是技术培训和信息服务;二是品牌培育、整合和营销服务;三是制定农产品标准和组织标准化生产;四是新品种、新技术的引进和推广;五是农产品的整理、储存、保鲜和加工;六是聘请专家和技术人员。

(三)积极支持农村工业化、城镇化发展。一是支持建立多渠道筹集农村工业化、城镇化建设资金的机制和体系。下放省市发行小城镇建设公债的权利,运用财政贴息、补贴和担保方式,引导信贷资金和社会资金参与农村工业化、城镇化发展。二是加大财政对农村工业化、城镇化的直接投入。改革现行小城镇财政体制,建立和规范县(市)对小城镇的转移支付制度,强化小城镇的财政预算和小城镇建设资金管理,增强小城镇财政的生财、聚财和用财的功能。按照公共财政要求,加大对基础设施、农村义务教育、农村社会保障等公共产品的投入力度,为民间资本参与农村企业和小城镇发展营造良好环境。三是实行优惠财税政策,加大对农村工业化、城镇化的间接投入。对于民间资本投资基础设施建设,可以比照外资企业享受所得税"五免五减"的优惠政策。对农村企业所使用的土地,在一定时期内,应当允许免征企业所得税和土地使用税。对小城镇居民购买自用住房,应当允许免征契税。

(四)建立健全农村社会保障体系。将社会保障体系向农村延伸,正处在从无到有的起步阶段。目前应以保障农民基本生活为目的,以制度建设为核心,分地区(先发达地区,后偏远贫困地区)、分项目(先农村最低生活保障和农村合作医疗,后农村养老保险)、分重点(先保障农村中的弱势群体,后一般群众)、分阶段(先试点,后推广)进行。就农村最低生活

保障制度建设来说，可以在试点地区试行以下办法，即按基本生活费支出占农民人均收入的一定比例科学确定保障线标准，由各级财政和村集体合理分担保障资金，并吸收部分社会捐赠和社会互助。强化工作机制，正确界定最低生活保障对象，规范农村低保对象的申报、审批程序，建立农村低保户日常管理网络。就新型农村合作医疗制度建设来说，要加大财政部门的责任，重点做好合作医疗资助经费的保障、审核和监管工作。就农村养老保险制度建设来说，应当对农村不同阶层群体采取分类指导的办法。对在农村靠种植业和养殖业为生的农民，应主要靠基金的稳定增值和优质服务来吸引农民参保；对进入城市务工经商的“农民工”，可建立社会统筹与个人账户相结合的养老保险制度；对失地农民采取以土地换保障的办法。

（五）把农村义务教育纳入公共财政。在我国财力分配格局中，中央和省级政府掌握了主要财力，但基本摆脱了负担义务教育经费的责任；市承担本级义务教育经费部分职责；县乡政府财力薄弱，却承担了绝大部分农村义务教育经费。农村义务教育现状表明，这种局面已经到了非改不可的地步了。根据安徽改革经验，把农村义务教育纳入公共财政，应当重点抓好以下4个方面：一是增强县级财政对农村义务教育保障能力。建议修改和完善《义务教育法》，将基础教育总投入中政府公共经费所占的比例由当前的77%提高到85%以上的国际一般水平。强化中央和省级政府的投入责任和比例，将农村义务教育投入体制的重心上移。二是增加教育专项资金的新渠道。在中小学教育事业发展中，加大力度引入民间和社会力量，进一步推动社会力量办学和承办学校后勤服务，加强学校资产管理和利用，盘活布局调整学校资产，引入市场机制变现资金，专项用于农村义务教育。三是杜绝乡、村、校新增教育负债。按照“收支两条线”要求，规范农村中小学教育经费管理，对中小学杂费实行“校收、县管、校用”的办法，学校所有基本建设项目，都要做到统筹规划，统一管理，从源头堵住教育负债。四是完善农村中小学校舍建设、维修管理机制。由县级负责中小学危房改造项目实施和资金管理，中央和省财政对农村中小学校舍维修给予补助，中央和省级应承担60%以上的危房改造资金。在中小学公用经费中，要明确一定比例的经费用于正常校舍的维修维护。

（六）调整现行扶贫思路和方式。新时期扶贫思路和方式应当转变：一是要将贫困标准以县为单位改变为以乡镇为单位，贫困县有经济上比较好的乡镇，比较发达的县也有贫困乡镇。显然，以县为标准决定是否贫困是极不合理的。二是将现行单纯开发型扶贫，转变为开发型与基本保障型两种方式。基本保障型主要将那些弱智和家庭丧失劳动力的农户纳入农村社会保障。开发型扶贫，首先对边远山区户稀人少的实施“下山工程”，其次要实行参与式扶贫。

（选自省财政厅关于报送《让公共财政的阳光普照“三农”》的报告，财办〔2004〕7号）

完善农业综合开发财政资金引导机制问题研究

省财政厅课题组

农业综合开发财政资金的筹措、使用和管理在很大程度上决定着农业综合开发的成效。一方面，财政资金通过其聚集和吸附功能，引导其他资金进入农业综合开发领域，集中投入；另一方面，财政资金利用其导向功能，根据不同时期的形势和任务，引导其他资金投入到农业综合开发的重点领域。经过16年的探索、总结和完善，逐步形成了“国家引导、配套投入、民办公助、滚动开发”财政资金引导机制。毋庸置疑，这一引导机制对保障农业综合开发事业的健康发展，推动我国农业和农村经济繁荣起到了重要作用。目前，我国已进入全面建设小康社会的历史新阶段，农业综合开发也必须挑起农村小康建设的重任。这就要求农业综合开发要不断地解放思想，更新观念，创新方法，做足农业综合开发财政资金这篇文章，做大农业综合开发资金的“蛋糕”，加快农业开发步伐。通过机制创新，形成国家引导、地方匹配、多方投入、合力开发、保障有力的农业综合开发财政资金引导新机制。为此，本课题立足于粮食主产区的实际，着眼于新形势下农业综合开发事业发展的大局，在对农业综合开发财政资金引导机制产生的时代背景、发展过程、运行成效及其形势变化等方面进行具体分析的基础上，提出完善农业综合开发财政资金引导机制的基本思路和具体政策建议。

一、完善农业综合开发财政资金引导机制面临的新形势

新形势下完善农业综合开发财政资金引导机制，就是要与时俱进，改革创新，建立适应社会主义

市场经济、公共财政体制和农村改革要求的新型财政资金引导机制，切实发挥财政资金“四两拨千斤”的功能，为农业综合开发事业的发展提供坚实的财力保障。当前，农业综合开发财政资金引导机制面临的形势变化。

(一)市场基础发生了重大变化。农产品市场由卖方市场转变为买方市场后，我国农产品供给的增长在受到资源约束的同时，越来越受到市场需求的约束。农业结构问题凸显，工农产品比价不尽合理，农业难以增效，农民难以增收。农业综合开发财政资金如何顺应市场基础的变化、调整引导方向和引导目标迫在眉睫。

(二)国际经济环境发生了重大变化。加入世贸组织，既为我国农业发展带来了机遇，也使我国农业发展更加直接地面临来自国际市场、国外产品和技术的严峻挑战。国际环境的变化，既拓展了农业综合开发财政资金引导的范围和对象，也需要农业综合开发财政资金调整引导方向。

(三)市场主体背景发生了重大变化。随着农业和农村经济结构调整步伐的加快、工业化的推进和城镇化的提速，城乡二元经济结构开始改变，我国工农关系已经从计划经济体制下的城乡分割、以农补工，开始向统筹城乡发展、以工补农转变。一方面，一部分农村劳动力加快由种植业向养殖业转移，由农业向非农产业流动，由农村向城镇集聚。另一方面，一家一户封闭的传统农业生产方式开始解体，农业土地出现流转，农业生产逐渐向规模化、集约化、市场化方向转变。不仅在农村出现了一些农业生产大户、农民合作组织，还出现了一些城市企业向农村进军，并成为农业生产、加工、流通的“龙头”，引领农民致富。这就拓展了农业综合开发财政资金的引导对象，也拓宽了农业综合开发的作用范围。

(四)生产要素背景发生了重大变化。随着农业生产主体多元化的出现和农业生产方式的变革，农业生产不再是传统的单纯靠资金、靠劳力的投入，而是转向靠资金、管理、技术、劳动等多种要素的投入，注重发挥多种要素的综合生产率。特别是在一些市场农业、科技农业、现代农业生产、经营和流通领域，技术和管理要素已经成为农业生产和经营的决定性的力量。农业生产要素的这一重大变化，为农业综合开发财政资金提供了新的引导范畴。

(五)任务背景发生了重大变化。按照“五个统筹”，坚持科学的发展观，全面建设小康社会，对农业和农村发展提供了新的机遇，也提出了新的更高的要求。农业和农村发展，不仅要保持数量增长，而且要注重改善结构、提高质量、增加效益；不仅要开发利用资源，而且要重视保护资源和生态环境；不仅要繁荣经济，而且要加快社会事业发展。这就意味着新阶段农业综合开发被赋予了新的历史任务。顺应新的历史任务，迫切需要加大农业综合财政资金引导力度，为农业综合开发提供更大的资金支持。

(六)宏观体制背景发生了重大变化。近几年来，为完善农村社会主义市场经济体制，国家先后在农村实施了农村税费改革、农村公共财政体制改革、粮食流通体制改革、农村土地流转制度改革以及农村户籍制度改革、农村基层政府职能转换等，规范了农村分配关系，减轻了农民负担，增加了农民收入，维护了农村稳定。这一系列重大体制改革，使得作为政府行为的农业综合开发财政资金引导机制必须在运作方式、法规制度等方面进行调整和完善，以适应新体制的需要。

总之，新阶段我国农业综合开发财政资金引导机制面临的重大形势变化，既赋予了新阶段农业综合开发财政资金引导机制新的内涵、新的任务，也对完善农业综合开发财政资金引导机制提出了新的要求。只有顺应这一新的形势要求，完善引导思路，强化农业综合开发财政资金引导力度，才能使农业综合开发财政资金引导更加有效，切实增强农业综合开发财政资金的引导功能，推动农业综合开发事业取得更大的发展。

二、完善农业综合开发财政资金引导机制的基本思路

根据农业综合开发财政资金引导机制面临的形势变化，完善农业综合开发财政资金引导机制的总体思路是：充分运用市场机制，拓展对象，创新方式，调整导向，形成“国家和地方财政共同引导，社会多方参与，多要素投入，综合使用、良性运行、持续开发”的格局，切实强化财政资金的引导力度，为农业综合开发事业的可持续发展提供坚实的物质保障。

(一)要顺应农业发展的规律，提高国家财政资金的引导能力。财政资金引导社会要素，引导得好不好，既取决与引导的方式和方向，也取决与财政资金自身引导的能力。按照农业发展的一般规律，早期农业主要以政府投资为主、以吸纳市场资金为辅；农业发展步入中期后，农业发展以吸纳市场资金为主、以政府投资为辅；在农业发展成熟阶段，则以农业部门和农户自我积累、自筹资金为主，以政府投资为辅。但是，基于农业生产的特殊性及其在国民经济和社会发展中的地位,各国政府始终加强对农业的支持和保护,这也为世贸组织《农业协定》所认可。在现代农业高度发达的西方国家,政府均采取高额的财政直接投资政策,用于支持农业基础设施建设和农村地区开发以及支持土地集中、促进农业规模经营等。我国是农业大国,虽然现代农业初见端倪,但总体上我国农业仍处于传统农业阶段。以政府投资为主,实施农业综合开发,是由我国农业发展的阶段性特征所决定的。当然,为了实现我国农业的跳跃式发展,全面建设农村小康社会,尽快缩小与发达国家的差距,鉴于国家财力的制约,迫切需要引入社会资本等要素注入农业发展。这也就从另一个层面说明更加需要强化国家财政资金的引导力,力求用于农业综合开发的财政资金增长高于财政收入增长幅度,确保财政资金以更大的力度、更有效的手段引导社会要素。

(二)要顺应分税制财政体制的需要,调动地方财政资金的引导激情。农业是弱质产业,比较效益低下。在分税制财政体制约束下,农业主产区受产业结构制约,经济发展相对滞后,财政较为困难。在承受能力和投入回报不对等的情况下,要农业主产区承担更多的财政资金配套任务,加大农业综合开发力度,难以激发地方的工作热情,也超越了地方的承受能力,导致许多地方农业综合开发财政资金配套难以落实,影响了农业综合开发作用的发挥。实际上,作为政府支持、保护农业发展的战略性政策措施,农业综合开发是农业主产区的职责,也是中央政府和非农业主产区地方政府的共同责任。不仅农业主产区财政要承担引导任务,中央政府和非农业主产区地方政府也要承担更大的引导职责。为此,为避免出现农业综合开发财政资金引导相互推诿和不顾各地实际一刀切的做法,国家要按照受益原则和量能负担原则,在中央政府和所有地方政府之间,建立起科学合理的农业综合开发财政资金引导分担机制。在要求地方承担职责的同时,也要激发地方财政的激情,增加地方财政资金引导能力。

(三)要顺应农业生产多元化的需要,拓展财政资金的引导对象。随着农业生产新型组织的不断产生以及工业反哺农业、工农一体化发展的趋势,农业生产不仅出现了生产主体多元化,还出现了生产要素的多元化。由于受各自功能的局限,各主体、各要素在农业生产和经营中所起的功能各有差异。这就需要财政资金根据每个对象的差异分门别类加以引导。对于农民,鉴于当前农民增收缓慢、自我积累能力低下和农村税费改革让农民休养生息政策的实施,引导要求农民进行投资既不可能,也不现实,但可以引导农民适度投入劳力,发展劳动密集性农业。对于民间资本、工商资本、金融资本和外商资本投入,要尽快形成"一资带四资"的共同投入格局。同时,财政资金也要推动产学研的有机结合,并引进先进的管理理念,推动科技、管理直接转化为农业生产力。

(四)要顺应市场经济体制的需要,创新财政资金的引导方式。市场经济是效益经济。市场经济体制则是市场在资源配置中起基础性作用的经济体制。财政资金能否成功引导社会诸多要素注入农业综合开发领域,最根本的是看社会要素能否获得较高的收益回报。这就要求,财政资金引导社会要素必须取消下指标行政配套的做法,采取市场经济下通行的贴息、补贴、税收优惠等间接方式,并且这种间接补贴式的方式必须使社会要素获得必要的投资回报。鉴于当前我国农业比较效益和财政资金总量有限的实际,在充分运用市场手段,引导社会诸多要素投入的同时,必须注意财政资金引导的经济效益和规模效应,防止财政引导资金的分散使用、低标准使用。力求用较高的补贴、较大的规模,提高社会要素投入农业综合开发的收益水平,引导出更大、更多的经济主体和生产要素投入农业综合开发。

(五)要顺应公共财政体制的需要,找准财政资金的引导方向。作为我国财政支农的重要手段,农业综合开发要按照公共财政体制的要求。凡是市场办不了和办不好的公共事业,农业综合开发就要参与;凡是市场办得了和办得好的私人领域,农业综合开发就不要参与。根据这一要求,农业综合开发财政资金在引导社会要素投入时要找准引导方向,为社会要素投入提供一个良好的公共环境。也就是说,要将社会要素着重引导到那些具有竞争优势、赢利优势的农业产业化龙头企业。财政资金则要围绕社会要素进入农业综合开发的项目,搞好中低产田改造、生态综合治理、大中型灌区节水配套改造、农业科技推广、基础设施建设等公共性项目领域,尽力将社会要素进入农业生产领域的公共服务支出成本降低到最低限度。

(六)要顺应农业综合开发新任务的需要,提高财政资金的引导效能。与新阶段农业综合开发任务相比,农业综合开发投入无论是财政资金投入还是引导社会资金投入,资金总量十分有限,必须遵循"有所为、有所不为"的原则,集中财力办大事,突出重点抓关键,将财政资金无偿项目和财政资金补贴、贴息等项目有机整合,实现财政引导资金和社会资金的有机对接,切实提高资金使用的经济效益、社会效益和生态效益。强化农业综合开发财政引导资金使用的全程监管,确保资金运行安全高效、良性运行,推动农业综合开发事业持续发展。

三、完善农业综合开发财政资金引导机制的对策和建议

*(一)构建农业综合开发财政资金稳步增长机制,增加财政资金总量,增强其引导能力。*农业综合开发财政资金总量的多少决定了其引导力度的大小。因此,必须构建农业综合开发财政资金稳步增长机制,通过加大增量、整合存量、开辟新的资金渠道等措施,实现农业综合开发财政资金总量不断增加,其引导力度进一步增强。具体要进一步调整和完善以下政策措施:

1.加大财政资金增量。首先,要增加中央财政预算内用于农业综合开发的资金总量。进一步提高中央级财政资金占农业综合开发财政资金的比例和中央财政用于农业综合开发的资金占中央财政支出的比重。虽然中央财政用于农业综合开发的专项资金一直在快速增加,2004年累计总量已达89亿元,但随着全国农业综合开发的面不断扩大,与过去比,用于农业主产区的农业综合开发的中央财政资金相对量却在下降,引导的力度也在相对下降。中央财政资金投入的增长与农业综合开发的高起点、高标准、高质量、高效益的建设要求尚有一定差距,财政的引导扶持力度与农业综合开发要求其功能实现不同步,引导的力量还是相对不足,因此要进一步增加总量。其次,要增加地方财政预算内用于农业综合开发的资金总量。继续调整地方财政配套资金的比例,保持其与地方财力相一致的水平。重点是提高省级财政用于农业综合开发配套比例,省财政配套要占地方配套财政资金总量的90%以上。减轻市县财政的配套压力,贫困县和财政困难县可以不配套。

2.整合财政存量资金,壮大财政资金引导力。对现有财政支农资金的有机整合,是增加农业综合开发财政资金总量的有效办法。目前,国家财政支农资金总量比较大、项目类型很多,由于分属各部门管理,资金使用效益低下。有的项目重复建设,主攻方向不明确,国家应将这一类的财政支农资金和项目(如商品粮基地项目、农业产业化、土地整理项目等)捆绑起来,统一规划,集中投入,通过农业综合开发这一主渠道进行规模开发,发挥综合开发优势。

3.恢复和开辟农业综合开发财政资金来源新渠道。当前重点要做好"取之于地,用之于地"的资金转化工作。随着城市化的发展,农业用地转为工业和城市用地的量呈不断增加趋势,出让农业用地,国家取得的税收收入和出让金收入均在不断增长。为了保证我国粮食安全,在农业用地不断减少的情况下,应增加投入,稳步提高农业用地的质量是保证我国粮食安全的根本。建议国家进一步明确相关政策,将国家从土地出让取得的税收收入和出让金收入全部或部分用于农业综合开发,开辟农业综合开发财政资金新的来源。具体内容是:要恢复各级征收的耕地占用税专项使用政策,全部用于农业综合开发,使之成为农业综合开发的专款;地方财政应将国有土地出让金的一部分,不低于30%,由省一级财政统一征收,专项用于农业综合开发。

4.力争国家安排部分长期建设国债资金,用于农业综合开发的项目建设。定期、定向发行国债用于扶持和农业基础设施建设,是国际上通行的做法。要继续争取国家安排部分长期国债资金用于农业综合开发,增加国家农业综合开发财政资金的总量。

5.继续引进国际金融组织和外国政府资金用于农业综合开发。改革开放以来,国家引进国际金融组织和外国政府的贷款资金越来越多地进入了我国经济建设的各个领域,农业也是其投资的重点行业之一。近年来,我国引进世界银行贷款用于农业综合开发已经取得了良好效果,这部分贷款虽不属财政资金,但实行财政统一管理和"统贷统还"政策已使其具有财政资金的属性,它同样是农业综合开发财政资金中不可忽视的中坚力量。其规模大、周期长的优点,对其他资金投入农业综合开发具有很强的引导动能。因此,要继续加大引进国际金融组织和外国政府资金的力度。

*(二)紧紧围绕农业综合开发的任务目标,进一步明确农业综合开发财政资金引导的方向和重点。*新时期农业综合开发的根本任务和目标,是确保国家粮食安全和促进农民增收。为了保证这两大任务和目标的实现,就必须进一步优化农业综合开发财政资金引导的方向和重点。

1.农业综合开发财政资金引导方向。根据新时期农业综合开发的任务和目标,农业综合开发财政资金重点要向3个方向引导:一是突出农业基础设施和生态建设,着力改善农业生产条件,提高农业综合生产能力,这是农业综合开发财政资金引导的最基本的方向。这是由我国的基本国情和社会主义市场经济体制以及公共财政体制的要求决定的。强化农业综合开发基础设施建设,努力改善农业生产环境,提高农业综合生产能力,为粮食增产、农业增效、农民增收,为加快农村小康社会建设的步伐打下坚实的物质基础。二是积极推进农业产业化经营,着力提高农业经济效益,增加农民收入。这是农业综合开发财政资金引导的突破方向。这是由我国农业和农村基本现状决定的,农业是弱势产业,农民是弱势群体,农村是相对落后的区域,为缩小城乡差距,促进农民增收,统筹城乡协调发展,就必须推进农业产业化经营,通过农业产业化推进农业现代化,实现城乡一体化。三是促进科技及社会服务体系建设。科技及农业社会化服务体系建设,对农业的作用及影响力很大,具有“乘数”效应。因此,要引导社会资金投向科技及社会服务体系建设,实现农村社会、经济的协调发展。

2.农业综合开发财政资金引导的重点:一是以农业主产区特别是粮食主产区为引导重点。农业主产区是粮、棉、油、糖等关系国计民生的大宗农产品的集中产区,这是保证国家粮食安全的根本。这些地方农业综合开发的潜力大、开发的成本低、开发的任务重、承担的责任大、社会贡献率高,要成为农业综合开发财政资金引导的重点区域。国家农业综合开发财政资金总量的80%以上要向这些地区引导,具体说中央财政资金重点要向17个粮、棉、油、糖等农产品主产区省引导,并且要进一步向这些地区的重点县引导。二是以农业产业化龙头企业引导为重点。龙头企业是农业产业化的中坚,是农民走向市场的桥梁和纽带。引导龙头企业就是引导农民,壮大龙头企业就是致富农民。进一步集中农业综合开发产业化资金,采取有偿与无偿相结合、贴息、保险等多种方式,引导各方面资金投向龙头企业,促进其发展和壮大。三是促进重大农业科技成果转化。重点引导农业院校和科技人员将农业的新技术和新成果投向农业和农村,发挥科技的第一生产力作用。

(三)针对不同的引导对象,调整财政资金政策。建立与之适应的多元化的财政资金引导方式和形式,随着社会主义市场经济的发展,财政资金引导的对象发生了变化,除了金融部门、农民群众,还有工商企业、民营企业和外资企业,引导对象呈现出多元化的趋势;引导的内容也发生了变化,除了资金外,还有技术、专利、人才等。因此,原有在计划经济体制下形成的以行政手段为主的引导方式已经不完全适用,农业综合开发财政资金引导方式和形式必须随之进行调整和完善。为提高财政资金的引导能力,拓宽财政资金引导的渠道,丰富财政资金引导的内容,应针对不同的引导对象和不同的引导内容,建立与之相匹配的多元化的财政资金引导方式和模式。对农业综合开发基础设施建设以无偿投入为主,同时要积极引导项目区群众在“一事一议”的范围内,按“谁受益、谁负担”的原则投物、投劳。特别是公益性的基础设施建设项目(如桥梁、农路等项目),实行财政全额无偿投入;对产业化项目及私人产品,财政资金以有偿投放为主,贷款贴息、直接补贴为辅的办法鼓励社会资本投入农业综合开发。逐步推动农业综合开发财政资金引导机制由单一的强迫命令式的方式向多元化的方式发展。

1.无偿投入。农业综合开发的基础设施建设是以社会效益为主,这些基础设施一家一户无能力投入,社会资本又不愿投入,作为农村经济发展特别是粮食生产的基础,这些公益的、基础的投入只能由财政无偿资金承担。财政资金直接以无偿投入方式,投资于这类基础设施建设,目的是通过加强基础建设,改善投资环境,为引导社会资本(金融、工商资本等各项非财政资金)投入农业综合开发项目区创造条件。用财政无偿资金搭好基础设施建设这个“台”,才能有效地引导其他资金去“唱戏”(投资经营)。

2.财政补贴。财政对农业综合开发项目进行适量补助,引导资金投向为基地建设(规模种植、规模养殖等)、私人产品购置(良种、农机具、树苗等)、科技培训及推广等方面,目的是通过财政补贴,引导工商资本、民间资本等社会资本向农业综合开发项目区投入。具体方式:一是通过财政补贴,引导工商资本、金融资本和农户的闲散资金向经济效益较好、资金需求量较大的产业化经营项目投入。产业化经营项目要依托资源优势,实行规模经营。重点发展有市场、有效益的种 、养、加项目,积极引导投资企业建立一批与其主营业务相关联的种植、养殖、加工基地(如中药材加工企业建立中药材种植基地、肉类加工企业建立养殖基地等),逐步建立和完善“公司+基地+农户”的运行机制,使之形成“产业链”。同时,要注重培育市场,强化体系建设,促进生产与市场的有效对接。二是财政资金以适量补助方式,采取“自筹为主、补助为辅”的办法,引导农户和农村其他经济组织在自己的承包地内进行结构调整,以及农机具、树苗等方面的购置,发展优质、高效农业,提高财政资金的效益。

3.贷款贴息。财政资金贴息引资方式,应加快发展。过去曾实行过农业综合开发贷款贴息,是在项目资金中安排,随项目使用的,且不能对流动资金贷款贴息,也限制了贴息资金的使用。为鼓励金融资本投向农业综合开发,建议国家专项安排一部分财政无偿资金用于贷款贴息,单独申报贷款贴息资金项目;可对符合农发扶持范围的贷款进行贴息。不仅对固定资产投资可实行贷款贴息,也允许对流动资金实行贷款贴息。调动项目业主农户或其他经济组织向农业综合开发投资,实现金融资本及其他资金向农业综合开发转移。

4.财政资金“反配套”。不论是本地的社会资金,还是来自外地的社会资金,只要投入农业综合开发领域,则由财政资金匹配一定的扶持资金,降低农业开发门槛,辅助内资、外资参与农业综合开发。

5.继续实行有偿扶持。财政资金以有偿借出的方式,重点扶持壮大一批起点高、规模大、带动力强的大型龙头企业,充分发挥龙头企业在开拓市场、加工增值、科技创新等方面的拉动作用。对有偿资金的投放,要建立完善的评估论证考核体系,适当提高立项门槛,明确立项范围(必须是对农业发展有带动作用的项目)、投放的条件(信誉状况、生产经营情况、资产负债状况等方面的要求)、抵押(担保)方式等,逐步建立健全效益回访、跟踪问效机制,最大限度地降低投资风险。

6.政策性保险。通过财政补贴,引导保险机构为农业承担保险,降低农业投资风险,间接地增强财政资金的引导能力。政府对农业保险的补贴是许多国家支持保护农业的重要措施。由于农业保险风险过大、成本过高,商业性保险公司人力、才力有限,无力经营或不能持续经营。目前,我国农业保险基本是一片空白,在很大程度上影响着其他资金向农业投入,同样,也限制了农业综合开发财政资金的引导功能。政策性保险拟委托保险机构开办(最好独立于商业保险之外),运行模式可参照社会保险机制进行,资金来源采取财政补一点(基金),农户及其他受益主体缴一点(保险费),从各项救济款中提一点,实现国家、集体(社会)、个人共同负担,经营亏损财政补贴的保险机制。

四、深化农业综合开发项目管理机制改革,为完善财政资金引导机制提供良好的环境

完善农业综合开发财政资金引导机制,必须要有一个良好的环境。资金的引导机制和项目管理机制既是相互促进的,又是相互反作用的,因此农业综合开发项目管理机制必须实行同步配套改革。从充分发挥财政资金引导机制的作用方面考察,项目管理机制重点要进行以下方面改革和创新。

(一)推进项目招商。近几年来,江苏等沿海一些发达地区实行了项目招商的试点,已取得了一定成效。实践证明,农业综合开发实行项目招商,可以在更大的范围内选项,以做到优中选优,提高选项的准确性,并能增强农业综合开发的凝聚力,增强吸引民间资本、工商资本和外商资本参与农业综合开发。编制项目招商指南,明确项目招商的范围和立项的条件,并通过新闻媒体和社会公布。同时,坚持专家评审制度,进一步规范项目评审,严格项目立项条件。

(二)实行参股经营。财政资金以参股经营方式,直接投入农业产业化龙头企业,与其他资金共同经营,风险共担、利益分享。按公共财政管理要求,财政应退出竞争领域,不应参股经营,但农业作为一个特殊行业,它的基础和弱势地位决定着对它必须实现特殊的优惠扶持政策。财政资金参股经营,首先要选准项目(优势强、科技含量高、带动效能好、经济效益明显)、选好企业(信誉好、负债率低、管理水平高、发展前景广阔)。其次是规范运行机制:可委托国资管理公司按《公司法》规定,对国有资产实行运行管理。企业壮大后,国资管理公司可按国有资产评估价转让国有股权,退出项目企业,收回资金,继续用于新的产业化项目建设。这种方式既可以化解运行风险,减轻基层财政包袱,较好地解决了过去“项目业主用钱、基层财政还钱”的不合理的借贷机制,又可以实现国有资产的保值增值。四川省从2000年起,用省级财政农发资金率先进行了参股试点,涉及16个国家级和省级龙头企业,累计投入资金1.5亿元。所扶持的16个龙头企业目前经营状况良好,已经收回投入资金5500多万元。

(三)深化产权制度改革。将财政无偿资金形成的项目工程(如机井等)进行拍卖、租赁,这样既可建立开发基金,又可促进其他资金向农业综合开发流入。如临泉县小型水利设施一律实行业主负责制向农民公开拍卖机井产权,走的就是这样一条路子。同时,还可借鉴工业园区建设思路,通过搞活要素流转和产权制度改革,多渠道、多形式吸引各方面社会资本参与建设农业综合开发项目区。如怀宁县利用农业综合开发资金,治理平整1万亩田地后,吸引上市公司隆平高科前来投资兴办良种场,收到很好效果。

(四)引进技术。依托资源优势,创造有利条件,通过引进科研单位的科技项目,实现资金、技术向项目区的双向转移。农业综合开发项目区要依靠其项目优势,创造有利条件,制定优惠政策,登门攀亲,以合股、租赁、承包等形式,吸引一批科研部门、高等院校到项目区内“安家落户”,创办实体,地方政府可以采取“放水养鱼”的政策,以鼓励依托单位进行大规模生产经营,大范围开展新品种、新技术的示范和推广工作,逐步把农业综合开发项目区建成科技依托单位的实践基地,把科技依托单位建成项目区农民的科技“加油站”。

五、建立财政资金引导机制的监管体系,强化财政资金监管,提高资金使用效益

要保证农业综合开发财政资金引导机制发挥较好的作用和效益,就必须加大对财政资金——引导主体和引导方式的监管,确保财政资金引导机制的有效和安全运行。

(一)完善管理制度。一是深入推行报账制。现行的报账是会计核算上的报账制,实际上是“乡账县管”制,这并不是完全意义上的报账制。虽然在一定程度上保证了项目资金的合理使用,但仍然存在不完善的地方。今后要大力推行项目报账制,实际上是以奖代补制,但又不是简单的补助。项目仍然要按照农业综合开发的立项审批程序,建立标准和规划设计要求进行管理。但项目先由业主单位自行投资建设,待工程全部完成,并经过市县严格验收后,按项目具体工程的投资补助标准予以一次性拨款补助。这种项目报账制,实际上是开发的补助制,也是一种奖励制,把真正需要开发,也想投入开发的农业经营者的积极性调动起来,合力开发,以充分发挥国家资金的引导作用。二是实行项目资金公示制。严格执行项目资金公示办法,对所有农业综合开发项目财政资金的使用范围、投向、目的、管理责任,在不同的范围内实行公示,接受社会监督。

(二)强化监督检查。农业综合开发财政资金的专户存储、专账核算、专款专用制度,为强化监督提供了有利条件。监督要实行三结合:一是监督实行内外结合。内部监督,重点要抓好资金项目的中期检查和验收检查制度,以及竣工决算制度。推行竣工项目工程决算制度,可以实行工程决算制来代替验收制,只有通过竣工工程决算审计,才能办理工程竣工手续。外部监督,就是借助社会中介及审计和专员办力量来进行审计检查,同时还要发动社会监督,实行项目资金公示制,加大新闻舆论的监督力度。二是实行事前、事后、事中相结合。事前监督,就是从项目的立项抓起,做到竞争立项、择优开发,民主决策。不管是土地治理项目,还是多种经营项目,项目建设前首先要引入竞争机制,进行民主决策。事中监管:加强中期检查,发现问题及时整改。对在验收中发现存有重大问题的要坚决暂停立项或取消立项资格。事后监管包括对工程管护使用的监管和效益发挥的监管、建立项目回访制度、克服重建轻管现象,真正做到为用而建,发挥工程效益。三是项目监管和资金监管相结合。项目的建设和资金的管理是农业综合开发管理工作中两个重要组成部分,它们相对独立又相互影响、相互作用、相互制约,只有将对两者的监督有机地结合起来,才能保证将农业综合开发各项科学合理的管理制度落到实处。对项目建设的监管要全面推行施工管理的招投标、质量管理的监理制、物资采购的过程的政府采购制、工程管理的项目业主负责制及项目管理的法人责任制。对项目资金的监管:要严格执行资金管理的各项制度办法,逐步推行项目资金中央、省、县三级管理,减少管理层次,提高体制效率。

六、完善农业综合开发财政资金引导机制的绩效评价体系

为全面、客观、公正的衡量和评判农业综合开发财政资金引导的效果,不断提高财政资金引导的水平,客观上有必要建立一套科学、合理并行之有效绩效评价体系。现行的绩效评价体系并没有全面真实地反映农业综合开发财政资金的引导成效,需要对统计评价的方式进行改进,对现行的统计评价指标进行充实。主要有:一是改进现行统计评价的方法,在现行统计数据的基础上,进行抽样修正,对现行的统计结果进行调整,力争能与农业综合开发的实际成果相接近。二是要设计增加能反映农业综合开发财政资金引导效果的统计指标,如反映项目招商引资、贴息引资、补助引资等方面的指标。三是对原效益考核指标本着目标性、精简性和可操作性的原则进行调整,使之目标明确、含义清晰、操作简便,同时也能保证对农业综合开发项目的经济效益、社会效益和生态效益进行定性和定量分析。

课题顾问:项仕安
课题组长:孔少林　吴行一
执　　笔:王定友　鲍文前　胡大庆　宋常安
赵东洲

积极支持农民实行新的联合与合作

——安徽农民专业合作组织调研报告

省财政厅课题组

一、安徽农民专业合作组织发展情况

实行家庭承包责任制以后,安徽早在1982年就出现了农民专业合作经济组织(以下简称农民合作组织或合作组织)。当时,天长县界牌镇17户农民联合创办了改革后安徽第一个农民合作组织——水产研究会。20多年来,安徽合作组织稳步发展,逐步壮大,据有关部门最新统计,目前全省有农民合作组织3845个,其中专业协会2851个,合作社755个,总入会人数89.48万人。

(一)当前安徽已有合作组织正处在初创阶段。过去20多年是安徽农民专业合作组织初创时期,广大干部群众为适应生产经营中联合与合作的需要,进行了卓有成效的探索,凡是建立了合作组织的地方,都为农业增产、农民增收发挥了积极作用,这为今后合作组织的进一步发展奠定了基础。(1)从组建方式看,大多从"强弱联合"开始起步。全省3800多个农民合作组织,多数是依托已有力量创办。依托强势力量联合弱势农户闯市场,是安徽现在十分普遍的合作形式,这在初创阶段有一定必然性。如砀山县唐寨镇果业能人孙宗华所属的华利果业公司,是该县的外贸出口大户,2000年由孙宗华牵头创建了一个果业协会,建会当年就出口水果1800万公斤,创汇近10万美元,这两年每年外销水果也都在3000万公斤以上。类似协会在安徽有很多。(2)从运作方式看,大多以"松散合作"为主。专业协会主要向会员提供技术、信息和营销服务,产权关系比较松散,多数是非实体性的,农民一般不交纳会费,目前这类合作组织在数量上占到74.1%。合作社在性质上属于劳动的联合,产权关系较为清晰,但数量上仅占19.6%。股份合作社实行劳动联合与资本联合相结合,按劳分配与按股分红相结合,而且资金在合作和分配中占主导地位,产权关系十分紧密,属实体型,目前在数量上只占6.3%。相比于后两种组织形式,专业协会对农民的组织是"松散型"的,但许多地方反映,现阶段建立紧密型合作组织不容易成功,倒是"松散型"合作虽然对单个农户组织化程度不高,但对面上广大农户的动员组织能力较强。(3)从分配方式看,大多以"订单农业"落实农民收益。合作组织内部一般有3种分配方式:一是采用契约制度,以相对稳定的价格或保护价格,在合作组织与农户之间建立稳定的购销关系;二是合作组织与农户在建立稳定购销关系的同时,从加工销售所获得的利润中按交售量返还一部分给农户;三是合作各方以土地、资金、劳动力和技术等共同参股,融合成经济共同体,实行按股分配。目前,安徽各地多数是以"订单农业"方式落实农民收益,很少有按交易量分配和按股分配的情况,农民能够从加工销售环节获利的情况也很少。

(二)农民合作组织在全省农业农村经济发展中尚未成为主导力量。迄今为止,在安徽多数地方,农业经济的主导力量是乡村行政组织,有些地方龙头企业开始发挥较大作用,真正代表农民利益的农民自己的合作组织还没有形成气候,其影响力十分有限。首先,相对于庞大的农民队伍来说,合作组织数量太少。全省合作组织带动约42万户农民,仅占全省1380万农户2%多一点。相对于全省近3万个行政村,3800多个合作组织也显得微不足道。可以说,全省大多数农户没有入社,大多数村还是合作空白村。其次,相对于农民日益增长的合作需求来说,合作组织所起的作用太弱。多数合作组织分布在附加值较高的种养业,加工方面的合作偏少,大宗农作物经营方面的合作偏少,农田水利基础设施建设方面的合作更少。再次,相对于其他各类市场主体,合作组织的实力十分薄弱。全省有57.82%的合作组织未经任何部门登记,市场开拓能力十分有限,对农民带动规模小,服务水平低。据统计,全省农民专业合作组织现有资产总额19.85亿元,平均每个仅51.6万元;年经营服务收入69.94亿元,平均每个仅181.9万元。

(三)农民合作组织前进道路上存在的诸多障碍。安徽从第一个农民合作组织产生到现在已经有20多年了,之所以没有在全省形成全面发展之势,至少包括以下几方面原因:(1)有认识误区。我国农业合作化曾经走过弯路,部分干部群众至今对农民合作存在疑虑,有的认为可有可无,有的认为是"归大堆、走回头路",分析起来,"恐合症"主要源于3个"搞不清":对合作组织在市场经济体系中的地位和作用搞不清;与50年代合作社的区别搞不清;与社区合作组织的关系搞不清。(2)缺乏有合作能力的人才。由于人员流动加快、人才流失,现在农村有合作

能力的组织者严重缺失,既使群众有合作的愿望和需求,往往也难以从基层干部群众中选出合适的合作带头人。(3)干部缺乏指导经验。这些年基层政府普遍年轻化,许多县乡干部对如何搞好市场经济条件下的农村合作,既缺乏经验,也缺乏研究,自己都讲不清楚,更谈不上对农民进行有效指导了。(4)存在体制和机制障碍。由于这些年农村市场化改革还没有完全到位,农产品市场不够规范,资金、土地、劳动力等要素市场发育不完善,这都在一定程度上制约着合作组织的发育成长。一些部门对合作组织也很陌生,服务态度和服务水平都不能令农民满意,无形中抬高了合作组织进入"门槛"。许多合作组织不登记、不注册,就是因为手续繁杂,而且注册登记了也并不能改善处境。(5)法律地位不够明确。尽管合作经济搞了50多年,但合作社的立法问题一直没有解决,企业法人注册类型中也没有合作经济的位置。由于法律主体地位的缺失,合作组织在发展过程中经常碰到无法可依的情况。(6)理论准备不足。对合作经济理论虽然一直有人研究,但其中对国外理论研究介绍得多,对中国特色社会主义合作经济理论的研究不足,对新形势下各地发展新型合作组织从理论上支持不够。

二、进一步发展农民专业合作组织的重要意义

这些年各地涌现出来的农民合作组织,虽然数量不够多、实力不够强,但它们的发展态势已清楚地昭示着:在农村和农业领域组建合作组织是一种历史必然,在实行家庭承包经营20多年后的今天,进一步支持农民实行新的联合与合作具有非常重要的意义。

(一)目前由小规模分散经营农户与大市场直接对接的制度安排,已很不适应农业市场化、产业化、现代化的要求,迫切需要进行改革和制度创新。制度创新的目标就是通过培育各类农民合作组织,提高农民组织化程度,在分散农户与大市场之间建立起一种比较协调的关系,以有利于农户防范市场风险,获取生产经营的规模效益。特别是近些年我国农产品市场竞争加剧,分散农户的弱势地位问题更加突出。"公司+农户"虽然能够解决一部分问题,但在安徽这样欠发达省份,由于现代企业发展不快,虽经多年努力,"公司+农户"模式终究没有形成大气候,在"公司"作用不到的地方,广大农民仍在"各自为战",进入市场十分困难。即使"公司"能够作用到的地方,农民利益也不一定能够得到保障。因此,广大农民迫切希望通过建立自己的合作组织,联合起来抗御市场风险,改善自己进入农产品市场的能力。霍山县从2000年起开始实行中荷(兰)扶贫项目,在项目办的引导帮助下,农民群众参加互助合作组织的积极性非常高,3年多来全县涌现出上百家农民合作组织,在帮助农民脱贫致富中发挥了重要作用。以盛产毛竹的桃源河乡大岭村为例,在项目办的支持下,全村20%的农户踊跃加入竹加工合作社,虽然每户要交纳100元的股金,但许多社员反映入社最大的收获是产品销路有了保障,产品价格上去了,大家的收入也有了提高。

(二)继续单纯依靠原有国家经济技术部门提供的服务,已远远不能适应新阶段农业发展的需要,迫切需要进行改革和组织创新。长期以来,我国农业社会化服务体系是以农业经济技术部门为主,但在市场经济条件下,这些部门从服务手段、方法到内容都已很不适应,许多乡镇"七站八所"服务功能萎缩,广大农民迫切希望有新的组织载体为他们提供技术、信息、加工、运储、融资等社会化服务。这无疑为农村各类农民合作组织提供了发展机遇和空间,其中有些比较好的已开始在社会化服务中发挥着重要作用。绩溪县农村过去就有养蜂传统,但前些年蜂业社会化服务滞后制约了发展。1997年,以周观跃为首的蜂农联合组建了蜂农自己的养蜂协会,协会成立以后积极为蜂农排忧解难,向蜂农提供技术指导和信息、法律服务,填补了当地养蜂业社会化服务的空白,全县养蜂从业人员迅速上升到1300多人,有力地推动了绩溪县养蜂业的发展。

(三)随着我国政治体制改革向纵深推进,农村基层组织制度创新正在迅速展开,迫切需要社区性合作组织将生产经营职能逐步转交给农民合作组织。多年来,社区性合作组织虽十分健全,但总体上存在着服务功能不强、积累功能弱化、封闭性强、合作属性较弱,以及很难以独立市场主体身份参与经济活动等弊端。特别是近些年农村管理体制开始由控制型向民主型转变,社区性合作组织退出生产经营领域势在必行,在这种情况下,如果新的组织形式不能及时补充进来,农村家庭经营"各自为战"的局面在一些地方将会更趋严重。安徽开展农村税费改革及配套改革近4年,凡是合作组织发展较快的地方,由于有合作组织的介入,加快了这些地方社区性组织向社区管理、社会协调和共同服务职能的转换;凡是合作组织发展缓慢的地方,社区性组织普遍感到生产经营职能无处转让,从农民角度看,许多地方基层组织事实上已不再过问他们的生产经营了。所以,对农民联合与合作的支持,也就是对农村基层组织制度创新的支持。

(四)从世界各国经验看,组建各类合作组织是各国农民长期实践选择的共同道路,我国不可能超越这一阶段。农民合作组织在世界各国十分普及,比较有代表性的是三种模式:第一种是美国模式。美国农民合作组织是农民在农业商品化过程中,为了抵制农产品加工和贸易过程中的中间商剥削,保护自身经济利益,加强价格谈判地位,自发建立起来的一种生产者联合从事购买、仓储、加工、运销业务的组织,所以美国合作组织是一种实用主义、商业化倾向较强的模式。第二种是欧洲模式。欧洲农民合作组织比较重视执行罗虚代尔合作原则,较多地侧重发展金融、流通领域的合作,很少进行生产领域的合作。第三种是日本模式。日本农民合作组织一般不是农民自行组织起来的,而是在政府倡导、扶持下发展起来的,早期日本民间也自办一些专业性较强的农民合作组织,但后来被政府创办的综合农协所排挤。二战以后,随着国际市场一体化程度的提高和农产品市场竞争加剧,欧美农民合作组织率先出现了大规模合并和纵向一体化发展的趋势,公司化倾向日益增强。尽管各国合作道路有所不同,发展趋势也有新的变化,但主要效果是一样的,也就是把农民与大市场有机地连结起来了,有力地维护了农民经济利益,提高了农民的市场竞争能力。"他山之石,可以攻玉。"合作组织体现的是生产要素的组合方式,不是特定的所有制形式。所以,农民合作组织不仅在西方国家能够发展,而且在我们社会主义国家也同样能够发展。

三、新阶段农民合作组织发展的新思路

党中央、国务院十分重视发展农民合作组织,在今年中央农村工作会议上,胡锦涛总书记和温家宝总理都强调了这个问题,中央新出台的农村工作文件专门制定了相关政策,全国人大新修订颁布的《农业法》也做出了相应规定。安徽省委、省政府对这项工作也十分重视,最近省委书记王太华就农村合作工作亲自制定了64字要求:"适应市场,互助合作。多种形式,不拘一格。农民为主,致富为本。加入自愿,退出自由。民主决策,一人一票。规范管理,建章立制。政府推动,各方支持。贵在坚持,重在提高。"

按照上述要求,我们设想未来农民合作组织发展的目标可以分"三步走":近期目标是扩大"强弱联合"、"松散合作"范围,在本世纪头10年内把大多数农户初步组织起来,彻底扭转农户经营"一盘散沙"的局面;中期目标是初步建立农业合作社和农产品行业协会体系,在实现全面建设小康社会目标之时,把广大农民的组织化程度提高到较高水平;远期目标是在实现农业现代化之时,把家庭经营普遍都纳入到规范的合作社体系中来,进而在全省全国真正建立起组织有序、竞争有力、持续发展的现代农业产业体系。

要实现上述发展目标,我们认为在目前试点阶段应当重点抓好创建、规范、扶持3个关节点。

(一)多元化创建农民专业合作组织。在社会主义初级阶段搞合作,东部发达地区有条件一开始就创建比较规范的合作组织;对广大中西部地区来说,有鉴于农民日益增长的合作需求与农民合作能力不足、经济实力不强的矛盾,最好利用农村已有组织资源,走多元化培育农民合作组织的路子,进而争取把更多的农民先行组织起来。一般可选择以下4种创建方式:(1)经济技术部门牵头领办。科协、供销社、"七站八所"等可以利用本部门的技术、资产、营销网络等优势把农民组织起来,随着农民入社入股规模的扩大,通过改制将一般市场中介服务组织逐步过渡到以农民为主体的合作组织。(2)能人大户带头兴办。能人大户之间可以建立互惠互利的合作关系,能人大户与一般农户之间也可以从松散合作逐步向紧密合作发展。(3)农民群众自愿联合。在缺乏带动力量的地方,可以鼓励农民开展互助合作,自行解决生产经营中的困难。(4)各类工商企业创办。要引导更多的有实力的工商企业进入农业领域,将扶植合作组织与建设产品基地结合起来,主动找农民联合,创办企业与农户两利的合作组织。这类组织在条件成熟时也可以逐步过渡为独立经营的农民合作组织。此外,在组织形式上和产业类型上也要强调多样性,既可以按照协会原则创办农产品行业协会,也可以在条件成熟的地方,按照国际公认的合作制原则试办产权关系紧密的合作社,也可以创办股份制或股份合作制经济组织;既要发展种植业、养殖业合作组织,也要发展流通运输业、加工业等不同产业类型的合作组织。

(二)引导农民合作组织规范发展。现阶段对农民合作组织应实行先发展后规范、边发展边规范的方针,不搞统一模式,农民需要什么样的合作就发展什么样的合作,合作程度能够达到什么程度就达到什么程度,但组织一旦建立起来,要使其逐步走向规范。目前抓规范应抓4个方面内容:(1)规范政府行为。规范合作组织发展首先要规范政府行为。经过初期一段直接扶持之后，政府对合作组织的工作应转向以指导和引导为主，逐步强化农民在合作组织中的主体地位，绝不能随意干预甚至包办。(2)培育合作组织市场竞争力。以前搞合作化强调合作精神，对市场竞争能力要求不高。在市场经济条件下搞合作，要求合作骨干分子不仅具有合作知识和合作精神，而且要懂市场运作，能够搞活经营。固镇县于1999年成立棉花合作社，社员已发展到12万多人，但由于市场营销经验不足，2002年受市场波动的影响，差点造成合作社的解体。这个教训十分深刻，要搞好新阶段农村合作，既要帮助农民学会合作，又要帮助农民学会市场经营；既要为合作组织提供合作事务方面的服务，又要为合作组织提供开拓市场方面的服务，力求合作组织在市场竞争中能够站稳脚跟，不断壮大经济实力，为成员谋取更多福利。(3)规范合作组织内部管理。要加强民主管理，在理事会、监事会和管理层中应以农民成员为主体，增加农民成员的发言权，同时也要适应市场经济和现代企业制度的新要求，注意引入有管理经验的行家参与治理工作，进一步提高合作组织经营管理水平。对介于社团法人与经济组织之间的“四不像”组织，也要引导其逐步走向规范。(4)完善利益分配机制。刚开始起步可以订单农业等契约合作方式保证农民利益，在发展壮大起来以后，应逐步使合作组织与农户结成紧密的利益共同体，其中按照合作制运行的合作组织，应逐步建立盈余按社员交易额比例返还的分配机制。

(三)扶持农民合作组织发展壮大。各级政府要正确处理好放手发展与积极引导的关系，千方百计把农民的合作积极性调动起来，把蕴藏在农村的各类合作力量激活，从舆论上、组织上、政策上支持农民实行新的联合与合作。具体措施包括4个方面：(1)提供有效服务。对待农民合作组织要如同对待龙头企业一样。帮助农民合作组织协调好与其他组织的关系，解决其在生产经营和运行管理中遇到的困难。可以采取政府搭台、合作组织唱戏方式，通过自办会展、外出参加会展、引进专家等形式，为合作组织发展壮大创造条件。(2)加强对干部群众合作能力的培养。单干不需要指导，合作需要培养教育。首先要加强合作知识和合作能力的培养。让广大干群知道合作的游戏规则是什么，怎么合作才有效率。其次要加强市场知识和市场开拓能力的培训。再次要教育广大干群端正政治方向，坚持守法经营，不搞非法活动，不超越经济活动界限。(3)加强政策指导。各级政府要因势利导，积极帮助农民走上合作之路。要帮助合作组织完善章程、健全管理制度。对刚起步的合作组织，各级财政应当给予力所能及的支持。税务部门要按照国家财政部有关规定，对专业合作组织继续实施减免所得税、增值税的优惠政策。宣传部门要大力宣传优秀合作带头人，大力宣传先进合作组织，营造合作组织发展良好的舆论环境。(4)明确法律地位。在国家合作法规没有出台之前，可以让各类初办合作组织先到农业部门注册备案，符合法人登记条件的到工商部门按合作制企业法人给予登记，符合社团法人登记条件的可以到民政部门登记，从法律上确立农民合作组织为独立的市场主体或社团法人，以支持农民合作组织对外开展正常经营活动。(5)督促有关部门积极参与。农业、民政、工商等相关部门要结合推进本部门改革，积极为合作组织试点提供服务，特事特办，完善政策，为本部门全面支持农民合作组织发展做好政策储备，为农民合作组织发展营造良好的外部环境。

四、农民合作组织发展中的财政政策

在农民合作组织发展中，政府如何行为是一个新课题。“老办法”不管用了，“新办法”必须尽快跟上。“新办法”之一就是加大财政对农民合作组织的扶持力度，积极支持农民实行新的联合与合作，为农村发育农民合作组织营造一个良好的财政政策环境。

(一)实行支持合作组织的财政政策是深化农村经济体制改革的必然要求。新形势下，积极推行“财政<u>扶持</u>合作组织<u>带动</u>农户”模式。加强财政对合作组织的支持，是完善财政体制的一项重要内容。(1)财政支持合作组织是国际通行做法。社会组织是政府管理社会一个非常重要的中介和有效途径，是政府管理社会的有力杠杆，政府可以通过这个杠杆放大管理的效应。在国外许多市场经济国家，数量众多、功能发达、覆盖面广、渗透性强的中介服务组织，已成为其成熟的市场经济机制的重要组成部分。这类组织的存在，不仅可以增强社会自我管理和自主管理的能力，更重要的意义在于架起了政府与市场主体之间相互沟通的桥梁。因而，国外许多国家都十分重视支持以农民合作组织为主要形式的中介服务组织的发展，而且实践证明这种支持对发挥政府在农村和农业领域的公共服务作用，确能起到“事半功倍”的效果。(2)财政支持合作组织是应对农业国际化挑战的需要。我国千家万户分散经营的局面，在我国加入WTO后，无论是在规模、效率，还是在竞争能力上,都不能适应国际竞争日趋激烈的挑战。农民组织化程度之低,不仅在于大企业、大龙头缺失,而且在于农户与市场之间中介组织发育不良,国外中介组织进入中国往往找不到相应的谈判对手。可以说,现在“三农”发展最缺乏的是能够参与市场竞争的经营主体。我国市场经济体制正在建立完善中,农民合作组织还没有成为农村市场经济机制的组成部分。为了应对农业国际化的挑战,我们应当借鉴国外经验,进一步加快政府职能转换步伐,发挥公共财政作用,积极支持农民合作组织发展,尽快在政府与广大农户之间把合作组织这座“桥梁”建好。从这一意义上来讲,发展农民合作组织也就是深化农业改革、扩大农业开放,支持农民合作组织也就是支持农业改革、扩大农业开放。(3)财政支持合作组织有利于提高财政支农资金的有效性。现实情况是,我国农村以小规模农户为主的经营主体,数量之庞大为世界少有,加入WTO后我国要加大“绿箱政策”实施力度,如果由政府直接面对一家一户进行扶持,其“交易成本”太大。近些年来,国家对农业实行“多予”方针取得了很好的效果,但对农业结构调整方面的支持,也暴露出部分财政投入效果不理想、难以让多数农户受益的弊端。

(二)努力探索财政支持农民合作组织的有效途径和方法。对合作组织应该实行什么样的财政政策,也就是支持谁、支持什么、支持多少,怎样支持效率高、效益好、成本低,还有待于通过试点试验才能提出较为完善的制度设计方案。一般而言,财政支持农民专业合作组织的重点和方式的选择,应当与政府在农民合作组织发展中的角色定位相一致,体现我国加入WTO后完善农业支持政策的精神,符合公共财政的要求。当前,财政支持农民合作组织发展要突出6个重点:(1)人员技术培训和信息服务。支持开展各类政策理论、科技文化知识和新技术引进推广的培训,提高农民合作组织成员的综合素质和技术技能;以农业信息网络体系建设为重点,支持完善农业信息服务体系,强化信息化技术在农业生产经营管理领域的推广应用,全方位地为农民合作组织提供信息服务。(2)品牌培育和营销服务。支持农民合作组织培育有自主产权的品牌,或对现有品牌的整合;支持农民合作组织产品营销服务网络建设和产品推介,促进生产与市场有效对接。(3)制定农产品标准和组织标准化生产。支持农民合作组织在制定区域性生产技术规范、组织标准化生产和组织农产品生产标准化综合示范等方面发挥积极作用。(4)新品种新技术的引进推广。支持农民合作组织积极引进新品种和新技术,使富有科技含量的新品种和新技术得以迅速转化为生产力,逐步改善技术装备条件,完善服务功能。(5)农产品的加工、整理、储存和保鲜。对农民合作组织兴办的有一定基础的农产品加工、整理、储存、保鲜的经济实体,财政给予扶持,让其迅速扩大生产,带动千家万户,形成商品竞争力。支持农民合作组织与大专院校、科研机构合作,系列开发农产品,提高加工深度和产品档次,增加附加值,从而迅速拉动农民收入增长。支持实施有利于农民合作组织巩固、发展、提高的设施性项目,推动农民合作组织有效扩张,提高服务能力。(6)聘请专家和技术人员。为规范、发展和提高农民合作组织而聘请的专家和技术人员,财政可在一定时期内给予必要支持。

(三)财政支持农民合作组织发展的途径和方法也必须有所创新:(1)对农民合作组织的必要投入,要灵活运用资金、智力、技术、物资投入多种方式。区别不同情况,对农民合作组织的支持,既可直接补助资金,也可通过支持开展培训活动增加对农民合作组织的智力投资,还可通过政府采购为农民合作组织引进技术和物资。(2)要协调多种扶持手段的关系,形成合力。支持农民合作组织,必须综合运用经济、行政、法律等多种手段,多部门协作。财政对农民合作组织的补助性投入固然重要,但更重要的是要与政府推动、税收优惠、信贷支持、法律保障等多种措施协调发挥作用。财政支持农民合作组织,要改变单一注入资金的方式,灵活运用政策引导、资金补助、贷款贴息、项目资金匹配等多种形式,协调、引导各相关部门和农民共同关注、支持、参与农民合作组织,做到扶持不包揽,引导不干预,推动不替代。(3)扶持对象的选择,既要重视对新型合作组织的培育,更要重视对传统集体经济组织的改造利用。为促进传统组织资源与新型组织资源的对接和融合,推动农村经济组织制度创新和发展,在积极支持培育各类新型合作组织的同时,要按健全农业社会化服务体系的要求,大力支持已有的乡村集体经济组织和供销、信用等传统合作经济组织的改造,推动其深化以产权制度为核心的改革,通过管理制度和运行机制的创新,增强为农服务功能,提高为农服务水平。

三、正确处理农民合作组织发展中的重大关系

农民合作组织是我国农业生产领域一种崭新产业组织形式,同时也是我国农村生产关系的一种崭新实现形式。发展农民合作组织决不是像发展龙头

企业、建立生产基地那样是一个单纯生产问题,而是一个涉及到农村方方面面关系的重大问题,其中所涉及到的一些重大关系,对农民合作组织今后能否走上一条快速健康发展的道路至关重要。

(一)要正确处理农民合作组织与家庭经营的关系。对这两者关系,一些地方存在两种误区,要么只讲分不讲合,不能正视家庭经营的局限性,不愿积极引导农民实行有助于家庭经营的农民合作;要么主张以合代替分,超越客观条件发展合作经营。少数干部名义上在讲合作,实质上是想圈地,这在很大程度上侵害了农户家庭经营自主权。家庭经营是我国农村必须长期坚持的一项基本经济制度,同时,合作经营也是克服家庭经营局限性的一项有效制度安排。正确处理两者关系,一方面要在家庭经营基础上积极引导农民进行必要的合作,另一方面也要在推进农村合作中,确保家庭经营自主权不受侵犯,并进而把家庭经营的优越性充分发挥出来。

(二)要正确处理核心成员与普通成员的关系。合作组织多数实行"强弱联合",这就带来一个问题,即核心成员(主要是企业成员、单位成员)处于主导地位,普通成员(中小农户)处于附属地位,广大普通农户的利益不一定能够得到切实保障。处理好他们之间的关系,各级政府和乡村集体组织需要发挥协调作用。国际合作社原则提出"一人一票"管理机制,"资本报酬有限"、"合作社盈余分配按社员与合作社之间的交易额比例返还社员"的分配机制。这些机制,既体现了公平原则,又不吃"大锅饭";既有利于农民增收,又有利于合作组织发展。在今后合作组织发展中,应当把这些作为引导合作组织规范管理、规范发展的一项重要内容。

(三)要正确处理合作组织与龙头企业的关系。合作组织与龙头企业都是农民组织化的重要依靠力量,但两者毕竟运作方式不一样,有时甚至会发生一些竞争。各级政府应注意协调好两者关系,本着求同存异的原则,把两方面力量凝聚成组织农民的合力。在既有龙头企业又有合作组织的地方,要鼓励两方面实行联合和协作,推行"公司+合作组织+农户"的经营模式。在龙头企业单独发挥作用的地方,要引导企业牵头创办合作组织;在合作组织单独发挥作用的地方,要引导他们主动迎接龙头企业的辐射。

(四)要正确处理合作组织与行业协会的关系。农民合作组织和农产品行业协会都是农民与市场之间的桥梁和纽带,但两者又是两类不同性质的组织。按照最新修订的《农业法》规定,农民专业合作组织应当坚持为成员服务的宗旨,按照加入自愿、退出自由、民主管理、盈余返还的原则,依法在其章程规定的范围内开展农业生产经营和服务活动。农产品行业协会为成员提供生产、营销、信息、技术、培训等服务,发挥协调和自律作用,提出农产品贸易救济措施的申请,维护成员和行业的利益。现在将两者混为一谈的情况比较普遍,许多农民合作组织以协会的面目出现,许多行业协会事实上兼有农民合作组织的性质。出现这种情况与"强弱联合"特征有很大关系,本来一些农户可以先组成合作组织,再以合作组织名义加入行业协会,但由于真正农民自己的合作组织发展太滞后,农民只能直接加入行业协会。解决这个问题,在起步阶段应当允许建立"混合"组织,但在发展中要逐步引导其走向规范,特别是已建立行业协会的地方,要积极引导农民发展自己的合作组织,以合作组织的身份在行业协会中发挥作用。

(五)要正确处理合作组织与基层组织的关系。发展合作组织,丰富了农村组织资源,但行政组织与经济组织的分立在实际运行中也有一些矛盾。处理好这一对矛盾,关键是要使两方面力量形成良性互动关系。农民专业合作组织发展壮大起来,在一定程度上替代了乡村基层组织的职能,这是市场化改革的必然趋势。乡村党政组织要顺应改革潮流,加快职能转换,积极支持农民开展专业合作。以前由乡村集体组织开展的调整结构、推广技术、实行无公害标准生产等工作,可以逐步交给合作组织来办。只要办得好,合作组织完全可以成为基层组织发展农村经济的得力助手。同时,基层组织也要在法律、政策及村民自治范围内,加强对合作组织的领导和指导,必要时可以在合作组织中建立党团组织,从政治上把握好合作组织的发展方向。

课题组组长:项仕安

课题组成员:汪学越　聂　苏　王茂胜　李　霞

经济发展课题调研报告

安徽省行政区划与区域经济发展研究

省财政厅课题组

近几年来，安徽大力实施的科教兴皖、大开放、城镇化和可持续发展等四大战略，有力地提高了全省综合经济实力，省委、省政府相继实施的合肥现代化大城市建设、“两山一湖”旅游开发、皖江地区开发开放、加快皖北地区经济发展等也取得了积极的进展，“马芜铜经济带”的规划，为安徽经济发展奠定了基础。但是，也要看到，与区域经济发展相比，现行行政区划显得过于分治，影响了社会资源综合要素效应的发挥，引发两者冲撞不断发生。社会各界要求调整行政区划的呼声较高。为此，本课题着重从促进区域经济发展的角度，对全省行政区划调整提出设想和相关政策建议，以利在探寻加快发展、富民强省、全面建设小康社会上找到新的切入点。

一、行政区划与区域经济发展的内在关系

行政区划指的是国家根据政权建设、经济建设和行政管理需要，遵循有关法律规定，充分考虑政治、经济、历史、地理、人口、民族、文化、风俗等客观因素，按照一定原则，将国土划分成若干层次、大小不同的行政区域，并在各级行政区域设置相关的地方国家机关，实施行政管理，具体包括地域空间、行政中心、行政等级和行政区名称等要素。而区域经济指的是一种以专业化地区经济为特色，以各级中心城市为依托，在生产、分配、流通方面紧密联系、互相协作、内部具有很强积聚性或同质性的地域经济综合体，具体包括经济中心、经济网络、经济腹地等要素。前者是国家为实施有效行政管理而对行政区域进行的划分，是国家一种有意识的政治行为，带有明显的政治色彩，属于上层建筑范畴。后者是社会生产力发展到一定阶段的产物，是在社会生产地域分工协作基础上形成的，不以人的主观意志为转移的客观存在，属于经济基础范畴。行政区划与区域经济体现了上层建筑与经济基础的关系。

(一)区域经济发展是推动行政区划调整和变更的动力。区域经济发展首先是从某一地区内部开始，形成经济中心即城镇，继而随着分工和交易的发展，各经济区域又以其异质性产生不同的比较成本利益和区际间贸易往来，从而形成辐射面更大的区域经济中心，进而形成不同的大中小城市体系。这种通过中心城镇不断发展带动的区域经济，直接影响着地方行政建制、政区类型、区划规模的变化；其中心城市的吸引范围和联系走向，在一定程度上影响行政区范围的划分；特定区域的经济中心往往成为相应行政区的行政中心，不同等级的区域经济中心一般也是相应行政区的不同等级的行政中心。

(二)行政区划的设置和变化影响区域经济发展。一切经济活动都是在特定的行政区域内进行的。作为上层建筑的一部分，行政区划根据政治体制和行政管理等方面的需要，通过行政建制、行政区范围以及行政中心，反作用于区域经济，影响着经济活动，影响着区域经济的培育和发展，影响着资源开发、工业布局、城市规划等方面，成为促进或阻碍区域经济发展的重要因素。一是政府纵向权力结构确定的中央与地方关系、集权或分权程度，直接关系到中央政府的宏观经济决策与调控能力，影响着地方政府发展区域经济的积极性、能动性和创造性。二是政府产业、财税、金融、投融资等政策，反映政府在一定时期的经济意图，体现政府基本政策倾向，直接介入经济活动并对经济运行进行有效干预，对国家宏观经济运行和区域经济发展，都将产生很强的导向乃至直接的决定性作用。三是地方政府为履行政府职能，在贯彻落实国家宏观经济政策、制定区域经济发展战略，规划区域生产力布局，实施产业政策等计划、组织、管理、调控区域经济的具体政府行为，都直接或间接地介入区域经济活动，作用于区域资源配置，对区域优势发挥和区域经济发展产生更为直接、突出、独特而深刻的影响。同时，在中央与地方分权体制下，受制于施政范围限制和经济利益驱动的地方政府，在对涉及到跨行政区、涉及区际利益关系的一些矛盾与问题处理上，能否着眼于长远利益和全局利益，采取相互合作、因势利导的理性行为方式，

将会对跨行政区的区域经济成长、发育、发展产生十分深刻的影响。

(三)区域经济发展与行政区划具有一定的内在关联性。一方面,行政区划划分应以一定的经济区划为基础,使行政区划与发挥地区优势相结合,与依托中心城市、组织合理的经济网络相结合,与实现区域经济发展战略相结合;另一方面,经济区划要适当考虑保持一定层次行政区的完整性,使区域经济发展有一定的行政区依托,便于加强经济管理和经济调控,最终使行政区划与经济区划相协调、行政区域与经济区域相适应,促进区域经济与区域行政良性互动发展。但是,由于行政区划与区域经济各自运作机制的差异,造就了行政区划具有相对稳定性、区域经济发展具有持续变化性,行政区划往往滞后于区域经济发展。因此,为顺应区域经济发展态势,尤其是在现阶段区域经济发展还需要依托政府大力引导和强力推进的情况下,积极创造条件,适时调整行政区划,则显得尤为必要和迫切。

二、安徽行政区划历史演变及其特征

建国以来,安徽行政区划调整幅度较大。为便于分析,这里按照地域空间、行政建制、区域称谓以及管理体制的变更情况,将其划分为3个阶段:

(一)建国后至"文革"前。1949年4月,皖北全境解放,设立皖北行署,驻合肥市,辖合肥、蚌埠两个专级市和淮南矿区办事处,以及阜阳、宿县、滁县、六安、巢湖、安庆6个专区、48个县、4个县级市。5月皖南解放,又设皖南行署,驻屯溪,后迁芜湖,辖芜当、池州、宣城、徽州4个专区、芜湖1个专级市、22个县、4个县级市。1951年皖南行署迁入合肥,与皖北行署合署办公,1952年撤销两行署,成立安徽省人民政府,省会定在合肥市,辖5个专级市、7个专区、67个县、3个县级市、17个市辖区。到"文革"前,安徽行政区划为5个省辖市(合肥、蚌埠、淮南、马鞍山、濉溪),1个特区(铜陵),9个专区(阜阳、宿县、滁县、六安、安庆、巢湖、芜湖、徽州、池州),辖70个县。由于经济建设的需要,也因为管理经验不够成熟,这一时期安徽地方的行政建制变更频繁。以屯溪为例,1953年屯溪升为省辖市,1958年降为专辖市,1959年将之划入休宁县,1961年改为屯溪镇,不久又升为专辖市,1962年又升其为省辖市,1963年又撤销其省辖市资格,并入休宁县。

(二)"文革"至改革开放前。1968年,安徽省革命委员会成立,各专、市、县也相继成立革委会。1971年全省专区改为地区。同年,濉溪市改为淮北市,铜陵特区改为铜陵市,1972年芜湖升为省辖市,1975年又恢复屯溪市,增设阜阳市,均为地辖市。这一时期的区划调整,主要是以区划的名称变化为主,地域的变化不大。

(三)改革开放以来。党的十一届三中全会以来,安徽行政区划又有较大变动。一是实行市带县新体制。从1983年开始,8个省辖市带了14个县,部分经济较发达的县先后改称为县级市。二是实行地改市。从1986年开始到2000年结束,8个地区全部实行地改市。三是撤区并乡和撤乡并村。1991年,实行的撤区并乡工作,将全省463个区公所和3383个乡镇改并成1767个乡镇。2000年全省实行农村税费改革全面试点后,撤乡并村工作开始启动,基层政府级次和规模得到了很大精简。2003年,又启动了新一轮撤乡并镇工作。四是城市郊区改革拉开序幕。1990年,芜湖率先进行了城市郊区改革,打破了城郊界限,按照地理区位将郊区与市区进行整合和再分。合肥市也于2002年完成了城市郊区改革工作。此外,这一时期还对局部行政区域进行了调整。如,1980年撤销池州地区,将所属县分别划入宣城、安庆、徽州3个地区。1988年安庆地区地市合并,设地级安庆市,下辖8县,同一年,又恢复池州地区,辖贵池市、东至县、青阳县、石台县和九华山管理处。2000年,将原阜阳市一分为二,另成立亳州市。到2002年底,全省共有17个地级市、5个县级市、56个县、44个市辖区、220个街道办事处、1786个乡镇。

纵观安徽省行政区划的发展过程,在不同时期呈现出不同的特征。第一阶段行政区划的调整是以地理区位的"重要性"及开展工作的"适应性"展开的。第二阶段则是以政治需要为主展开的。如将专区改名为地区等,而地域变动不大,资料显示,只在1972年对芜湖市、1975年对屯溪市和阜阳市进行恢复和升格。第三阶段则是以减少层次、提高政府运行效率、促进区域经济发展为主展开的。如1983年开始的"市带县"体制、撤区并乡以及地改市、地市合并等,均体现了行政区划调整的经济原则。这也就说明画地为牢式的"行政圈地"硬调整,逐渐被适应经济发展需要的体制调整所替代。这是安徽省行政区划变迁给我们的历史启示。

三、安徽行政区划与区域经济发展的非协同性

近年来,安徽区域经济保持了良好的发展态势。各区域经济结构调整步伐加快,经济增长自主能力增强,经济运行质量明显提高,对外开放逐步扩大,区域间横向联合逐步加强。特别是省委、省政府相继

实施的合肥现代化大城市建设、皖江地区开放开发、“两山一湖”旅游开发、加快皖北地区经济发展等，造就了合肥、黄山、芜湖、蚌埠等区域经济新一轮起飞，也使得4市的发展成为安徽省经济发展的新亮点。当前，面对全国各地竞相发展的态势，尤其是周边发达的省纷纷打造经济圈，掀起经济发展新一轮增长制高地的挑战。安徽虽然也在积极调整经济发展布局，构造符合安徽经济发展的经济圈、经济带，但与这种区域经济发展走势相比，现行行政区划难以顺应开放性、扩张性和一体化的区域经济发展内在要求，两者的非协同性尤为突出。主要表现在以下几个方面：

(一)行政管理幅度过小，不利于区域经济的资源整合和结构升级。发挥比较优势，是区域经济发展的根本原则。资源是安徽区域经济发展最大的潜力、最大的优势。安徽拥有富集的矿产资源，独特的自然、人文资源，丰富的劳动力资源，便捷的水陆交通资源，较强的科教资源。在全省现行17个市中，基本上都形成了各具特色的区域资源经济格局。如以六安、阜阳、亳州、宿州、滁州、巢湖、宣城为主体形成的农业经济区域，以淮北、淮南、马鞍山、铜陵为主体的矿产经济区域，以黄山、池州为主体的人文、旅游经济区域，以合肥为主体的科技经济区域、以蚌埠为主体的交通商贸经济区域，以芜湖、安庆为主体的沿江经济区域。但是，受行政区划幅度过小的影响，安徽经济区域行政分割现象较为突出，各地资源很难在更大的范围内流动、配置和整合，资源互补性不强，产业关联性和升级性较差，资源综合要素效应未得到充分发挥，最终也影响了各市经济发展速度。这从2001年度华东6省市级行政区划与经济相关指标的一般比较就可看出。

表1： 2001年度华东六省市级行政区划与经济发展相关指标对比表

省份	全省GDP(亿元)	省辖市(个)	市均国土面积(平方公里)	市均GDP(亿元)	市均地方财政收入(亿元)
江苏	9514.6	13	7890	732	44.0
浙江	6700.0	11	9280	609	45.5
安徽	3290.1	17	8200	193	11.3
福建	4258.4	9	13490	473	30.5
江西	2176.0	11	15170	198	12.0
山东	9438.0	17	9220	555	33.7

从表1可以看出，安徽的省辖市数量最多，但市均GDP和地方财政收入最低，市均国土面积也偏小。也就是说，安徽行政区域尤其是市级行政区域管理幅度很小，这在一定意义上制约了市域经济的发展。因此，如何顺应经济区域一体化需要，推动行政区域一体化，将安徽资源比较优势转化为产业竞争优势，将潜在优势转化为现实优势，则是安徽区域经济发展中需要解决的首位问题。

(二)市级行政中心经济功能不强，难以在区域经济发展中发挥先导作用。城市是国民经济的重心，也是区域经济的中心。城市化则是经济发展水平的主要标志。但是，安徽现行17个市中，六安、阜阳、亳州、滁州、巢湖、宣城等市是近10年来从原来的“地区”改制而来的，城市基础设施相当薄弱，工业化水平很低；合肥、芜湖、蚌埠、马鞍山、安庆、铜陵、淮南、淮北等城市，尽管经过几十年建设，城市得到了很大发展，但由于经济转轨进程缓慢，城市经济总量小、功能不全、辐射力弱、带动力不强，起不到应有的先导作用。从横向比较来看，安徽与华东6省的市级行政中心经济功能差距明显(具体见表2)。

2001年度华东6省前4位城市相关指标

城市		GDP(亿元)	地方财政收入(亿元)	4市平均GDP(亿元)	4市GDP占全省比重(%)	4市平均地方财政收入(亿元)	4市地方财政收入占全省比重(%)	4市平均国土面积(平方公里)	4市平均人口(万人)
江苏	南京	982	101.6	680	28.6	56.2	39.3	1564	199
	无锡	801	50.2						
	苏州	619	49.9						
	徐州	319	14.5						
浙江	杭州	1195	88.5	611	36.3	50.4	40.3	1114	128
	宁波	581	60.5						
	温州	388	35.5						
	台州	283	17.2						
安徽	合肥	269	23.0	153	18.6	11.6	24.1	516	99
	芜湖	132	8.6						
	马鞍山	110	8.8						
	淮南	101	5.9						
福建	福州	507	48.6	349	32.8	34.6	50.4	885	109
	厦门	558	65.3						
	泉州	226	15.2						
	漳州	106	9.2						
江西	南昌	344	17.3	143	26.3	7.3	22.0	1048	95
	九江	100	4.9						
	萍乡	79	3.6						
	新余	59	3.2						
山东	济南	820	49.0	626	26.5	40.6	28.3	2784	221
	青岛	701	73.8						
	淄博	580	26.5						
	东营	401	13.1						

注：市统计数据不包含所辖的县(市)。

从表中数据可以看出,安徽前4位城市与江苏、浙江、山东等经济发达省的前4位城市经济发展差距惊人。江苏、浙江、山东等经济发达省的前4位城市不仅经济总量大、经济主导地位高(约占全省经济的1/3)、对地方财政收入贡献大(约占全省经济的2/5),城市发展空间也很大。相反,安徽省的前4位城市经济总量只有江苏、浙江、山东等经济发达省份前4位城市的1/4,地方财政收入只有他们的1/5,国土面积不及他们的1/2,城市人口差距也很大。安徽省的中心城市的带动力显然不强。根据有关人员的估计,合肥市经济辐射力仅有10公里范围。因而,大力发展中心城市,增强城市经济中心的先导功能,就成为安徽区域经济发展的目标取向之一。

(三)市管县体制不尽合理,容易引发市域经济与县域经济间的摩擦。安徽实行市管县体制的初衷是为了克服原来城乡之间相互分割的弊端,通过加强城乡之间的统筹规划,合理配置城乡生产力要素,统一组织生产和流通,调整城乡产业结构,从而加速城乡一体化进程。按照这种设想,市管县体制的实行,应该是符合市县经济发展的共同利益。但是,从安徽省实践结果看,市管县体制并未受到所辖县的普遍欢迎。实行市管县体制以后,由于城市自身发展处于极化状态,城市发展不仅不能对所属县经济发展产生有效的扩散,推动城乡经济的耦合;相反,还需要县为城市发展输送资源、并承担城市发展所转嫁的城市发展成本。这为县所不满。更为重要的是,市县作为相对独立的两个行政主体,都有各自的利益归属,而市为了打造中心城市,往往片面地把县当作自己的附属单位,人为地把市域经济与县域经济混为一谈,要求县的经济发展从属于市域经济发展的需要。这就容易造成市管县不是市帮县,而是"市吃县"、"市卡县"、"市刮县"、"市挤县"和"市压县",更为县不满。其结果导致市县在经济发展中必然竞争多于合作,市域经济与县域经济摩擦也在所难免。

(四)乡镇建制不合理,降低了政府管理效率,增加了行政管理成本。尽管《宪法》规定将县、乡作为我国五级政权体系的两级基层组织,但是社会主义市场经济体制的确立和政府职能的转换,县、乡政府的职能也主要局限在提供一些诸如维护农村公用设施、开展便民服务、办理公共事务、保障农村安全等公共服务方面。也就是说,完全可以由县一级政府独自完成的事务现在却分成县、乡两级政府去完成,导致政府运作效率低下、成本较高。近年来,为了解决这一问题而又能起到回避乡镇行政建制这个敏感的话题,国家和省级主要采取了两大措施。一是将原放在乡镇管理的一些机构纷纷上划,作为县级有关部门的分支机构。据初步调查,目前已经上划到县以上管理的机构不仅包括教育、医疗等公共服务部门,还扩展到包括质量监督、工商、司法、税务、土地等最主要的执法部门。2003年和县等9个县实施"乡财县管"改革试点,再次把乡镇财政所(农税所)上划到县财政管理。由此可见,作为基层一级政府最基本、最主要的公共事权和财权已经脱离了乡镇政府的管理范围,乡镇政府已经成为一个"空壳"。二是大力压缩乡镇规模。针对乡镇机构臃肿、人浮于事、财政供给负担加重等情况,1999年以来,在开展乡镇财政解困工程和农村税费改革过程中,大力精简乡镇机构和财政供给人员,开展新一轮撤乡并村工作。这两方面的措施虽然没有触及乡镇行政建制问题,但却把乡镇行政建制问题暴露得更加引人关注。

当然,在上述几个普遍性的问题外,还存在一些个性问题。一是个别行政网络与经济网络错位。如凤阳县离蚌埠市仅23公里,离滁州市却有127公里。蚌埠市城市发展已扩散到了凤阳边界,离凤阳县城仅10公里,但凤阳县属于滁州市管辖,使得凤阳与蚌埠的经济一体化被嵌入了一道无形的屏障,阻碍了两地经济发展。再如,萧县、砀山,处于淮北市的正北边,属于淮北市的经济腹地,但两县不归淮北市管辖。二是个别行政区边界犬牙交错。如八公山分属淮南、六安管理就是市际边界上最明显的例子。三是飞地插花问题。如黄山区与黄山市区不连片,中间隔着休宁、歙县,两者相距100多公里;怀宁铜矿所在地则属铜陵市管辖。

四、安徽行政区划调整总体思路和具体构想

行政区划改革是一项战略性、复杂性的系统工程。根据国内外经验和模式,安徽在进行具体行政区划改革时应遵循以下基本原则:一是要坚持积极改革和相对稳定相结合。要正确处理好改革、发展与稳定的关系,大胆创新,慎重决策,尽量把改革方案做实、做细,最大限度地减少改革的震荡。二是要坚持实施科学管理与提高政府效能相结合。要根据层次——幅度关系理论,制定出一个科学的管理层次和幅度的政区结构体系,切实提高行政效能。三是要坚持行政区与经济区相协调。一方面,行政区的设置与调整必须尽可能地与经济区相协调,以便于组织经济运行。另一方面,经济区域的培育和划分也应该与一定层次行政区相对应,以便于实施经济区的规划,实现行政区与经济区两者的统一。四是要坚持合理开发与保护自然——生态资源相结合。安徽省地形地貌多样,各地自然条件、国土资源、生态环境差异很大。行政区域的划分应尽可能地考虑与国土自然——生态区域保持一致,实现社会经济可持续发展。五是要坚持科学规划和稳步推进相结合。要在广泛、深入开展调查研究、尊重历史、顺应民意的基础上,科学论证、周密谋划、合理布局、分步实施、整体推进,保证行政区划调整工作取得实效。

根据上述原则,安徽行政区划调整的总体思路是:减少层次,扩大幅度,强化中心,合理布局,形成层次合理、结构优化、功能完善的行政区划体系,带动加快发展、富民强省、全面建设小康社会的进程。在具体步骤上,考虑到经济发展战略目标的阶段性和行政区划改革的复杂性,行政区划调整拟分近期和远期来构想。

(一)行政区划调整的近期构想。加快发展、富民强省、全面建设小康社会,是安徽区域经济发展的最大任务。面对新形势、新任务,近期行政区划调整就是要服从和服务于区域经济发展战略的总体要求,抓好中心、扩大空间,为区域经济发展营造良好的体制环境和地域环境,激发区域经济发展新活力。具体来说,就是要根据区域经济发展的非均衡性和梯度推移性,结合安徽省城市区位、经济差异,重点抓好合肥、蚌埠、芜湖、黄山4大中心的行政区划调整工作:

1.调整蚌埠行政区划,打造皖北区域经济中心新亮点。皖北6市是安徽最大的人口聚集地,其人口总量约占全省的43%。这几年来,合肥崛起、皖江开发成为安徽经济发展的主旋律,而皖北却一直游离于发展的主战场之外,使得皖北在全省经济所占的份额不高。2001年,皖北6市GDP占全省的比重不到30%。造成皖北经济发展缓慢的重要因素之一,就是皖北发展缺少中心城市。也就是说皖北的振兴需要中心城市的带动。综合比较,蚌埠则是皖北惟一能够承担中心功能的城市。蚌埠滨临淮河,京沪、淮南铁路,正在建设中的宁西铁路、京沪高速铁路,合徐、界阜高速公路等在此交汇,是目前安徽省北方最大的交通枢纽,在近代历史上也是皖北的商贸中心。近年来蚌埠经济发展相对滞后,影响力减弱,但其区位优势和综合经济实力仍是皖北其他城市无法替代的。目前,蚌埠经济发展已经从城区向外扩散,新城区开发、高新技术区已分别往东、西拓展至凤阳、怀远县界。但是城郊分割型的城市结构不仅阻碍了城区发展,而且也使蚌埠的整个空间发展受阻。从城区看,蚌埠市是全国为数不多的、所谓“蛋白”包“蛋黄”的“同心圆”式的传统城区行政区划结构。目前,蚌埠市中心3个城区的总人口为77.2万人,但土地面积仅为71.9平方公里。从蚌埠的整个空间发展看,淮河北岸为河流冲击沙质地貌,不宜进行大规模城市基础设施建设,因此,蚌埠惟有向东、西扩张,将凤阳县、怀远县纳入整体发展规划。实际上,凤阳县与蚌埠已经在经济、社会、文化等方面融为一体,但凤阳却归滁州市管辖。怀远县虽为蚌埠管辖,但其作为独立的行政建制,发展规划难以与全市统一协调。因此,调整蚌埠行政区划,要在实现城郊合一的基础上,将市区面积向外延伸,把凤阳县直接划归蚌埠管辖,并将凤阳县、怀远县同蚌埠相邻部分直接划为市辖区,才能为做大做强蚌埠市域经济创造条件。

2.再造新合肥,加速现代化大城市建设。作为安徽的省会,合肥肩负着自身发展和带动全省发展的双重任务。现代化大城市的提出和打造“4大基地”(即国内外重要的制造加工业基地、国内重要的高新技术研究和产业化基地、国内重要的旅游文化和教育产业化基地、全省城郊型农业示范基地),进一步明确了合肥发展的定位和目标取向。按照新的定位和发展目标,近年来,合肥利用省会城市特有的优势,争取交通线的建设,汇集城市建设资金,改善城市综合发展条件,设立国家级开发区,极大地提高了城市的综合经济实力,使合肥在现代化大城市建设上迈出了可喜的一步,也使合肥成为全省综合实力最大、竞争力最强的城市。但是,合肥经济发展尚处于欠发达阶段,与现代化大城市建设的要求差距较大。2001年,合肥GDP在全国27个省会城市仅位居第18位。无论是在对外交通联系、区位、吸引外资,还是在以科技等为主体的经济综合竞争力等方面,合肥经济发展的后发优势并不明显。为切实体现现代化大城市的内涵,加快合肥建设步伐,必须有大思维、大手笔,拓宽发展视野,寻求发展空间,再造新合肥。一方面,要引湖入城,营造合肥区位优势。也就是将现属巢湖市管辖的一部分划归合肥,建立合肥港,打通合肥对外交通新脉络。这样也有利于合肥统筹规划沿湖经济,把合肥建设成为现代化的滨湖园林城市。另一方面,要发挥科教优势,提升合肥核心竞争力。也就是要以建立中国科学城为契机,将处于合肥西、南面的属于长丰、肥西的一部分乡镇划为合肥,再造合肥新市区,并推动中国科学城与两大开发区的技术合作与嫁接,将比较优势转化竞争优势,真正把合肥打造成国内外重要的制造加工业基地、国内重要的高新技术研究和产业化基地和教育产业化基地，为合肥经济发展增添新的增长点。再者，还可以进一步将巢湖、三河、紫蓬山、万佛湖纳入合肥管辖范围，与市区的包公祠、逍遥津、李鸿章故居遥相呼应，提升合肥旅游品位，以大旅游带动大经济，并把合肥打造成为国内重要的旅游文化基地。

3.实施东扩西进，将芜湖培育成皖江经济带的“龙头”。皖江地区因其独特的地理优势，成为安徽经济接受长江三角洲经济辐射和产业转移最强的区位。按照区域经济发展中心理论，综合马鞍山、芜湖、铜陵、池州、安庆等市在地理、交通、经济基础、对外开放度等因素，芜湖具备成为皖江经济带“龙头”的必要条件。近几年来，芜湖自身的发展也充分证明了这一点。据资料分析，“九五”期间，芜湖GDP年均增长14%，财政收入和固定资产投资年均增长19%，不仅在5市中增速第一，而且在全省位居首位。芜湖经济发展已经实现了新的起跳，向外发展尤其是向西的内生性扩张十分强劲。就其区位优势而言，应以西进为主、东扩为辅。东扩就是将芜湖县的一部分划为市辖区，以扩大发展空间，开发新市区；西进就是借鉴重庆、武汉、南京等地跨江而治的成功经验，最大限度利用江北岸线资源，建设物流中转基地，发展大排水、重化工等沿江工业经济。经省政府批准，芜湖市政府在“九五”规划中，就已在长江北岸规划了约40平方公里沿江工业园区，但由于长江北岸的无为县、和县归巢湖管辖，致使规划无法实施。从现实状况看，一方面，开发长江北岸需要很大投入，巢湖市没有资金实力；长江岸线资源不归属巢湖，巢湖市不能利用长江北岸的区位优势。另一方面，芜湖市不仅拥有长江岸线资源，而且可以充分利用芜湖市现有供水、供电等经济发展平台，加之芜湖长江大桥、合巢芜高速公路的修建，使其有资金、有能力、有条件开发长江北岸。近两年，中石油等一些特大型企业已与有关方面洽谈在长江北岸投资发展意向，但皆因行政区划制约，使得计划迟迟不能落实。因此，应抓住东部有关产业向中西部转移的历史机遇，尽快调整行政区划，将无为县、和县划归芜湖管辖，并将其沿江一部分乡镇划为芜湖市辖区，连同二坝成立芜湖北区，以便有利于芜湖市统一规划、统一管理，开发皖江。

4.恢复黄山原有建制，打响“徽”字和“黄山”两张牌。皖南是安徽省人文、旅游资源积聚地，既有以黄山、齐云山、太平湖、九华山等为主体的自然风景旅游资源，以及牯牛降、清凉峰两个自然保护区，又有旌德、绩溪、歙县、屯溪、休宁等博大精深的徽文化资源。丰富的旅游资源不仅使皖南成为我国旅游观光休闲基地和国际性风景与文化旅游胜地，也成为皖南经济的重要支柱。旅游资源开发应是山水与文化的交融发展，实现休闲游、观光游、文化游；才能丰富旅游的内涵，提高旅游品味，进而形成产业链条，带动相关产业更大的发展。先前，为了打黄山牌，将徽州地区改成黄山市，将旌德、绩溪划归宣城管辖，将小黄山市改成黄山区，不仅导致黄山旅游“早来晚归”现象，弱化了旅游综合效应，还导致了顾此失彼，抹杀了徽韵。近来，为进一步振兴和重构长三角旅游业，国家有关部门和相关地区已开始着手研究将长三角打造成世界级著名旅游目的地，形成长三角旅游经济圈，并将黄山市纳入其中，初步形成“15＋1”长三角旅游城市协作机制，并提出要利用空间上的整体性、文化上的同源性、资源上的互补性，打造旅游“金三角”，推进经济一体化。为适应形势要求，抓住发展机遇，挖掘发展潜力，真正实现徽文化与黄山的融合，打响“徽”字和“黄山”两张牌，从根本上提升旅游品位，跃开旅游经济，必须对现行黄山市区划进行重新调整，取消现行黄山市建制，恢复原有建制，设立徽州市，相应调整区、县管辖范围。

在构造上述“4大中心”时，需要对现行行政区划中存在的个别问题加以解决。一是将砀山县和萧县划归淮北市。淮北建市历史较早，经过多年的发展，城市辐射能力强。但淮北目前仅带一个濉溪县。由于受到地域空间的限制，淮北城市的发展在空间上受阻。将砀山县和萧县划归淮北市，既符合经济地理的原则、有利于淮北发展壮大，也有利于砀山、萧县更好地接受淮北市的经济辐射，加快自身发展。二是将寿县和长丰县北部划归淮南市，推进淮南城市产业多元化。淮南是新兴的能源城市。煤电产业一直是经济的主导产业。但是能源的不可再生性和价格的低迷，导致淮南城市经济在徘徊中前进。近几年来，淮南依靠八公山豆腐品牌，开展文化搭台、经济唱戏，塑造城市形象，推动城市产业多元化。而寿县县城距淮南八公山区仅几公里，长丰县县城距淮南大通区也仅十余公里。将寿县、长丰县北部一部分并入淮南市后，有利于淮南统一规划，开发历史名山八公山；更有利于淮南打出更大的旅游牌，开发古寿州，以旅游带动淮南新一轮产业结构调整，推进产业多元化，促进区域经济发展。

（二）行政区划调整的远期构想。按照全面建设小康社会的战略部署，到2020年安徽基本实现工业化，建成完善的社会主义市场经济体制和更具活力、更加开放的经济体系，形成行为规范、运转协调、公正透明、廉洁高效的行政管理体制。同时，合肥、马芜铜等地区率先实现现代化。按照这一总体要求，从现在开始，在着手对行政区划进行近期调整的同时，还要顺应形势，着眼长远，遵循行政区划演变的发展规律，减少级次，扩大幅度，谋求安徽行政区划新的布局。

1. 整合市县规模。减少数量、扩大幅度是市场经济体制下行政区划发展演变的一般规律。考虑到安徽各区域经济版块在功能、区位、资源、环境等方面的差异，有选择地加大中心城市的建设力度，形成若干个区域经济增长极，发挥其在全省经济发展中的扩张效应，显得尤为必要和迫切。根据行政区与经济区相适应的原则，对现有的行政区进行整合也实属必然。从省辖市来看，可将安徽省现有17个省辖市整合成11个左右，如撤消巢湖市，一部分并入合肥、一部分划归芜湖，将芜湖市与马鞍山市合并、铜陵市与池州市合并、淮北市与宿州市合并等。从县级来看，一方面可根据中心城市发展的需要，将中心城市的周边县改为市辖区，力争11个中心城市城区面积和人口成倍增长；另一方面，再根据规模适度原则，对一部分县进行整合，力争将现有61个县(市)整合成40个县(市)左右。

2. 取消市管县体制。为加快县域经济发展步伐，适时取消市管县体制，真正体现管理上放权、改革上放手、政策上放活、发展上扶持的要求，赋予县级在发展县域经济上的更大自主权。取消市管县体制后，市、县两者在法律上平等，但在行政上实行分等。具体考虑，可以根据各自人口、经济规模等的差异而分成若干等级，各等级的机构设置和人员编制乃至干部待遇均有所不同，以强化市、县政府在发展区域经济中的责任。

3. 取消乡镇建制。在做好全省乡镇区划调整的同时，以现行县级行政中心和200个中心镇为基础，对现有乡镇进行适度合并，将乡镇再次精简到1000个左右，并将其改为市、县派驻机构，承担诸如财贸经济、公共事务管理、科学文化、社会治安综合治理等职能。按照“小政府、大社会”的发展趋势，培育乡镇社会自主管理机构，提高乡镇社会自我管理能力，实行乡镇政府管理与社会自主管理相结合。

(三)行政区划调整的预期效果。一是拓展中心城市发展空间，带动全省经济快速增长。实施行政区划调整近期构想，调整市管县范围，增加4大中心市区面积。一方面，可实现安徽行政区与经济区基本耦合，在一定程度上解决目前制约安徽经济整体发展的行政区与经济区非协同性矛盾；另一方面，扩大了城市用地与功能重组的空间，使4大中心城市行政区划与城市总体规划趋势基本相一致，为实施城市总体规划清除了空间上的障碍。其将增加投资、扩大消费，增强经济实力，提高综合竞争力，释放中心城市的物资流、信息流、人才流、资金流等有效载体作用，施展其经济、文化、商贸、交通的中心功能；其将成为安徽经济发展的增长级，辐射周边、拉动全省，掀起安徽经济发展新一轮高潮，加快实现全省经济跨越式发展。这里，以4大中心行政区划调整前后相关指标对比(具体情况见表3)。

表3： **4大中心城市行政区划调整前后对比**

城市	城市面积(平方公里)		市区人口(万人)		GDP(亿元)		GDP占全省比重(%)	
	调整前	调整后	调整前	调整后	调整前	调整后	调整前	调整后
蚌埠	445	800	77	180	82	400	2.5	5.4
合肥	458	1000	138	300	269	1100	8.2	14.9
芜湖	230	700	66	200	132	800	4.0	10.8
黄山	2267	2300	41	50	39	150	1.2	2.1
合计	3400	4800	322	630	522	2450	15.9	33.2

注：调整前的指标值为2001年的统计数据，调整后的指标测算年份为2010年。其中，2001年全省GDP指标值参照了小康战略目标，4市GDP指标值参照了各市“十五”经济发展规划。

从表3可以看出，实现4大中心行政区划调整目标，将使城市面积扩大4成，市区人口增加一倍，GDP翻两番，约占全省GDP的1/3。

二是减少政府管理级次，提高政府管理效能。按照上述方案，将现行的4级制的行政区划、4级制的地方行政管理层次改为省、市或县两级制的行政区划。省、市或县两级制的地方行政管理层次，减少了两个行攻管理层次，进一步理顺了省、市、县3者纵向行政管理关系，有利于加强省委、省政府与市县相互沟通，加大省委、省政府战略决策和宏观调控政策贯彻力度，减少决策执行过程中的偏差，推动安徽省区域经济发展。市、县分等和整合后，各自的功能定位更加明确，使市、县政府管理的自主性和能动性大大增强，减少了相互扯皮、相互推诿的现象，行政管理效能将得到进一步发挥。

三是精简政府机构，降低行政管理成本。如果按照现行市、县、乡镇政府规模和支出标准，上述调整将使行政管理成本大大降低。以2001年有关统计资料分析测算，省辖市、县及县级市、乡镇行政区划调整后，将降低行政管理费支出40%，节约财政资金累计达30.44亿元（具体见表4），约占全省地方财政收入16%。

表4：　**行政区划调整对行政管理费支出的影响**

行政级次	行政建制			行政管理费		
	现行行政建制数（个）	调整后行政建制数（个）	行政建制调减数（个）	现行行政管理费支出总额（亿元）	行政管理费支出平均数（万元）	行政管理费节约数（亿元）
省辖市	17	11	6	14.90	8765	5.26
县级	61	40	21	32.43	5316	11.16
乡镇	1853	1000	853	30.46	164	14.02
合计	1931	1051	880	77.79	———	30.44

注：行政管理费支出测算口径：(1)省辖市、县（县级市）行政管理部门按2001年财政预算内人员经费、公用经费实际支出数计算；(2)农林水气等其他部门按财政预算内人员经费拨款数计算；(3)乡镇按2001年财政预算内行政管理费、各项事业费实际支出之和，再扣除按每人每月800元标准测算的教师人员经费支出后的余额计算。

四是加速农村劳动力转移，推进安徽城镇化进程。调整中心城市行政区划，整合市县规模，适度撤并乡镇，取消乡镇建制，进一步扩大了大中城市空间规模，集聚了人、财、物等生产要素，加快了大中城市和小城镇发展，必然促进产业非农化，加速农村剩余劳动力转移，增加大中城市和小城镇人口，有利于提高城镇人口占全省人口的比重，加快实现安徽省城镇化发展战略和全面建设小康社会目标。

五、调整行政区划的配套措施及政策建议

（一）创新模式，加强协调。加快区域经济发展，不仅要做适当的行政区划调整，而且还要依据市场经济和区域经济发展内在规律的要求，创新管理模式，加强区域协调和城市间的协调。就安徽区域经济发展而言，一些战略规划、计划和政策得不到全面贯彻落实，往往是缺乏一套协调、运作、监督的机制和机构。因此，借鉴国内外成功经验，建议成立由省领导挂帅、省直有关部门、有关市政府主要负责人为成员的经济区协调议事机构，在组织调研论证的基础上，决策、制定、协调相关的经济政策，并监督贯彻落实，为区域经济发展创造良好的外部环境。

（二）调整体制，完善政策。在市域经济仍处于积聚发展时期，市管县体制改革，必须从行政管理体制改革入手，逐步把地级市行政和经济管理权分别实行上收和下放，为取消市管县体制，实现省直管市县做好必要铺垫和体制准备。一是要调整市、县体制。要借鉴浙江“财政省直管县”的经验，将市对县组织、人事、财政、计划、投资等方面的管理体制分步调整为省对县管理体制，扩大县在加快县域经济发展中的自主权。二是改革政府考核办法。采取“一强一弱”的办法，即强化区域经济开放度、合作度以及公共服务均等化等方面的考核指标，弱化追求区域经济发展数量扩张等的考核力度，促进政府职能转变。

（三）强化规划，狠抓落实。城市规划是城市发展和建设中的龙头，在城市各类资源保护和空间管制上起着重要的作用。但安徽一些城市尤其是一些中心城市，在城市规划方面，存在着领导重视不够、投入不足、起点较低、规划不尽合理、约束力不强等问题，与省外一些中心城市相比差距较大，严重影响了城市生产力布局和资源配置效率，在一定程度上制约了区域经济健康持续发展。因此，建议有关市政府一方面要高度重视城市规划工作，加大投入，科学论证，整体规划，合理布局；另一方面，城市规划一经人代会通过后，应按照规划组织实施。在适应市场经济发展要求，具有一定应变性、灵活性、包容性的同时，保证城市规划的刚性，管住该管的，减少调整的随意性，减少利益集团对群众长远利益和根本利益的侵害，为城市可持续发展提供有利条件。

（四）健全法规，完善法制。行政区划调整必须在法律法规的框架内进行。当前我国行政区划方面的法律依据主要有《宪法》、《组织法》及《国务院关于设置市、镇管理的决定》（1955年）、《中共中央、国务院关于调整市镇建制、缩小城市郊区的指示》（1963年）、《国务院关于行政区划管理的决定》（1986年）等。这些法律法规基本上都是在计划经济体制下制定的，不仅法律法规的某些条款规定严重滞后，而且法律法规之间也存在矛盾，如我国政区实行5级管理、市管县（市）等。这些问题如不解决，省级行政区划调整工作将很难开展。因此，呼吁全国人大适时修订《宪法》、制定《中华人民共和国行政区法》，为地方行政区划调整提供法律依据。

课 题 组 长：朱玉明
课题副组长：汪建国
课题组成员：黎学东　邵　勋　孟照红　江永泓　鲍文前　朱正余　金　沙　徐光耀　杜志明

安徽开发区经济发展战略研究

省财政厅课题组

开发区的建设和发展,既是改革开放的产物,又是改革开放和经济发展的重要标志及经济发展的火车头。面对安徽新一轮经济发展,开发区不仅迎来了自己加速发展的机遇,而且负有带动全省经济快速发展的重任。因此,如何发挥财政的调控作用,抓住机遇,促进安徽开发区经济快速健康发展,是值得研究和探索的重要工作。

一、安徽开发区经济发展情况

1993年批准的芜湖经济技术开发区,是安徽的第一个国家级经济技术开发区,随后又陆续批准成立了合肥经济技术开发区和合肥高新技术开发区。可见,安徽的开发区经济发展比沿海省的晚起步近10年。1998年以前,安徽的开发区经济发展较慢,省级以下开发区很少,即使国家级开发区,也因观念、政策、体制等方面原因,起步艰难,发展缓慢。但近年来,安徽加快了开发区经济的发展步伐。安徽的开发区经济经过10多年的艰苦磨砺,有了很大发展,在对外开放和经济建设中发挥了重要作用。其发展和成就主要体现在以下几方面:

(一)数量快速增长。10多年来,安徽开发区的数量不断增加,特别近年来,各级开发区雨后春笋般涌现,呈现出蓬勃发展的态势。目前,全省有3个已形成较大规模的国家级开发区,29个省级开发区,以及53个市级以下开发区和工业园区。另外,在许多乡镇还建立了具有一定规模和效益的工业园区。在省级以下开发区中,大多是1998年以后批准设立的。1998年后,平均每年新增省级以下开发区16个。

(二)规模迅速扩大。近年来,开发区规模迅速扩大。从1998年到2002年,全省开发区共开发土地面积从84.65平方公里增加到1375.51平方公里,年均增长54.9%;开发区实现生产总值,从86.3亿元迅速增加到325.12亿元,年均增长39.3%。其中,2002年当年开发土地面积802.1平方公里,比上年增长139.9%;当年实现生产总值139.46亿元,比2001年增长75.1%,占全省生产总值的9.1%。从1998年到2002年,省级开发区的开发面积从55.26平方公里增加到1331.11平方公里,年均增长121.6%;实现GDP从11.66亿元增加到51.88亿元,年均增长45 24%。省级以下开发区,开发面积从8.39平方公里增加到404.57平方公里,年均增长163.5%;实现GDP从25.27亿元增加到120.94亿元,年均增长47.9%。近年来,不少开发区出现了超常规的发展。如始建于2000年8月的南陵县经济技术开发区,短短的2年多时间,就引进内、外资项目15个,实现工业总产值1.2亿元,实现财政收入1200多万元。2003年1—4月,完成产值4435万元,上缴税金564元,分别比2002年同期增长351%和10倍。开发区经济已成为安徽经济增长的亮点。

(三)设施逐步完善。开发区多渠道筹措发展资金,加快基础设施建设。从1998年到2002年,全省开发区累计固定资产投资从260.04亿元增加到719.51亿元,年均增长28.9%。2002年累计固定资产投资186.32亿元,比2001年增长34.9%,占年全省社会固定资产投资总额的63.5%。投资增长最快的是省级以下开发区。从1998年到2002年,省级开发区累计固定资产投资从50.36亿元增加到171.24亿元,年均增长35.8%。省级以下开发区累计固定资产投资从5.08亿元增长到106.46亿元,年均增长113.9%。大量的资金投入,促进了开发区的基础设施建设。

(四)功能逐步增强。开发区的建设和发展,使开发区的开发、集聚、辐射等功能逐步增强。从开发区的吸引力看,到2002年底,全省先后有7970多家企业入驻开发区,其中外资企业878家,高新技术企业481家。累计利用外资近93亿美元。仅2002年全省省级以上开发区就引进项目751个,其中外商投资项目114个,实际利用外资2.03亿美元,占全省利用外资约27.4%;引进内资项目637个,投资总额82.4亿元,占全省投资总额的7.3%。芜湖经济技术开发区现已吸纳企业895家,其中有世界500强中的企业参股或经营的企业9家。目前初步形成了汽车及零部件、新型建材、电子电器等3大支柱产业。到2002年底,芜湖开发区有汽车配套企业39家,空调配套企业21家,园区的产业群逐步形成。从特色产业发展看,突出特色和促进产业协调配套发展的园区不断增加。如合肥经济技术开发区建成了海尔电器工业园、史坦百氏库尔兹德国工业园等10多个特色园区。

(五)贡献逐年增大。开发区的快速发展,为经济发展、出口创汇、增加收入、扩大就业等都发挥了重要作用。从1998年到2002年,全省开发区实现财政收入从9.41亿元增加到35.12亿元,年均增长38.9%。其中2002年实现财政收入占全省财政收入的10%左右。开发区从业人数从14.37万人增加到37.51万人,年均增长27.11%。芜湖经济技术开发区的贡献非常突出。其实现的工业总产值占全市的比重,从1998年的16.1%上升到2002年的53%,2003年达到60%;2002年实现财政收入11.6亿元,占全市的32%。芜湖开发区的面积达50多平方公里,已接近老城区的面积。开发区经济的发展,推动了区域经济结构的升级,促进了高新技术产业的发展,加快了工业化和城镇化步伐。同时,为安徽企业走向世界,提升企业国际竞争力等发挥了重要作用。许多地方在开发区快速发展的过程中,树立了“以区兴市、以区扩市、以区建市”的新发展理念。安徽开发区经济虽起步晚,但发展快,后劲足,贡献越来越大。

(六)效益不断提高。随着开发区的发展和招商引资规模的扩大,开发区的开发效益和区内经济效益逐年攀升。2002年,全省省级以上开发区企业经营收入788.26亿元,比2001年增长37.3%;投资回报率为376.9%,平均每平方公里(建成面积)土地实现GDP3.9亿元;财政收入占GDP的比重为12%,高于全省2.3个百分点。合肥经济技术开发区每平方公里实现的GDP,从1998年的1.13亿元增加到2002年的3.16亿元;财政收入占GDP的比重,从1998年的16.7%增加到2002年的19.6%。

二、加速安徽开发区经济发展的必要性

近年来安徽的经济发展,无论与沿海较发达省份相比,还是与全国平均水平相比,都存在一定的差距。安徽与华东省市相比差距更大。2002年人均GDP安徽是5722元,仅是上海的1/7,浙江、江苏、福建的近1/3,山东的近1/2,比江西还低68元。和安徽省一直比较相似的江西省,发展势头强劲,形势逼人。随着东部崛起和西部的开发,中部地区却面临经济“塌陷”的尴尬局面。安徽处在塌陷区的边缘地带,与东部地区的落差非常明显。因此,今后20年安徽必须有新的发展思路和赶超措施,必须大力加快开发区经济的发展。其必要性表现在:

(一)适应经济赶超型发展和大力推进工业化发展的需要。安徽临江近海,无论地理位置,还是资源条件,甚至人们的聪慧才智,都有利于经济发展。但改革开放以来,尤其近年来,安徽的发展落后于沿海省份,甚至还不如全国的平均水平,究其原因,与安徽是一个农业大省,农业在国民经济中所占比重过大,经济结构的层次较低等不无关系。随着企业的增加和经济的发展,开发区的集聚优势、协作优势、配套优势、服务优势、创新优势等逐渐形成,为工业的成长创造了十分有利的环境。可以说,现在的开发区是工业成长的“乐园”。随着我国工业经济的发展和工业结构的升级换代,开发区又把建立和形成创新机制(如建立创业基地和创业基金,建立高新技术孵化中心和共享的研发中心,包括目前提出的新“九通一平”即信息通、准入通、配套通、物流通、融资通、人才通、市场通、核算通、人脉通的综合平台,等等),作为新的条件下加快开发区经济发展的重要手段,又使开发区成了高新产业和新型工业发展的摇篮。

(二)适应农村新阶段发展,全面推进城镇化建设的需要。当前,我国农村经济的发展出现了两个重要特征,一是农业产业化的兴起,将推动农业现代化发展;二是农村剩余劳动力的转移,将推动城镇化发展。但在这两个发展过程中,都离不开工业化的伴随甚至超前发展。农业产业化发展的关键,是延长产业链、扩大附加值的从事农产品深加工的龙头企业的发展,即与农产品加工相关联的工业的发展。因而,农业产业化的发展,也需要开发区的超前建设和发展。今后,农村剩余劳动力能否有序地向城镇转移,将是决定农村经济甚至整个社会经济健康持续发展的重要因素。这就需要各类城镇的快速发展,城镇就业容量的迅速扩大。

(三)适应经济可持续发展和着力建设优美城市和环境的需要。实现人口、资源、环境的协调发展,是全面建设小康社会的重要内容,也是经济能否长期保持健康持续发展的重要条件。要实现经济的可持续发展,必须把发展经济和保护环境放在同等重要的位置,一并建设和发展。建设开发区,把工业企业集中到开发区内,不仅避免了企业到处布点的弊端,也有利于集中力量对企业的废弃物进行综合治理,降低环境保护成本,增加企业的竞争力。同时,建设好开发区,也有利于完善城市功能和建设优美城市。

总之,加快开发区经济发展,是安徽抓住机遇,全面推进工业化、城镇化和建设小康社会的必由之路。

三、安徽开发区经济发展的战略构想

安徽开发区经济发展战略目标的确定,既要体现全国经济发展和产业结构调整的长远走势,以及经济全球化发展的要求,又要符合安徽经济发展的优势和特色,以充分发挥开发区经济在安徽经济发展中的主导作用。

(一)开发区发展的战略目标。1.总量目标。测算分析表明(利用课题组对全省1998—2002年开发区经济发展统计数据),今后,开发区经济是国民经济发展的主要增长点。(1)到2010年,全省开发区实现GDP将达4609亿元,占全省GDP的75.85%。从1998—2002年,安徽开发区的GDP从86.33亿元增加到325.12亿元,平均增速达39.3%,如果继续保持这一增长速度,到2010年开发区的GDP是4609亿元。如果安徽全省的GDP到2010年比2000年翻一番,即是6076亿元,那么,开发区对全省GDP的贡献将超过75.85%。(2)到2010年,全省开发区实现财政收入489亿元,占全省财政收入的57%。1998—2002年,开发区财政收入从9.41亿元增加到35.12亿元,年均增长38.99%。如果继续保持这一增速,到2010年开发区财政收入是489亿元。如果全省财政收入继续保持12%的增速,到2010年全省财政收入是858亿元。也就是说,到2010年有近57%的财政收入是开发区提供的。(3)到2010年,开发区增加城镇人口达1276万人,占2000万农村转移人口的63.8%。从1998年到2002年,开发区从业人员从14.37万人增加到37.51万人,年均增长27.1%。如果继续保持这一增长,到2010年将新增企业就业人员255万人。如果1人就业可以增加城镇人口容量为5人,那么到2010年,开发区的发展将为城镇扩大人口容量达1276万人。2.块状目标。安徽省在发展战略上,要以“入世”为契机,以开发区建设为载体,以大开放和招商引资为突破口,力争用5—8年时间,初步形成各具特色、优势明显的几大经济发展带,成为安徽经济发展的重心。(1)以滁州、马鞍山、芜湖、铜陵、安庆为重点的沿江工业经济走廊。(2)以合肥为中心的包括安庆、六安、淮南、巢湖等部分地区的高新技术产业发展块。(3)以黄山、池州等地区为重点的旅游经济发展圈。(4)以蚌埠、宿州、阜阳、六安等为重点的以农产品深加工为主的食品、服装工业经济带。3.集团目标。以扩大产业链为纽带,以开发区建设为动力,以向社会融资包括上市融资为主渠道,逐步形成跨地区、跨行政级次并为特定产业服务的几大开发集团公司,使之成为安徽发展的主力军。(1)以服务于汽车工业研发、生产和配套服务为主的汽车工业开发集团公司。(2)以服务于微电子包括计算机、通讯等为主的电子信息开发集团公司。(3)以服务于生物工程和新型医药等为主的医药医疗开发集团公司。(4)以服务于新材料包括新型建材等为主的新材料开发集团公司。(5)以服务于农业产业化发展等为主的食品工业开发集团公司。(6)以服务于旅游经营和旅游产品开发的旅游开发集团公司。(7)以服务于现代物流业发展为主的现代物流开发集团公司。到2010年时,争取各开发集团公司实现的GDP达到600亿元以上,形成安徽经济发展的几大航母。

(二)开发区发展的总体规划。结合安徽开发区经济发展的战略构想,制定安徽开发区经济发展的总体规划。1.以芜湖经济技术开发区为核心,以滁州、马鞍山、巢湖、铜陵、安庆等市级开发区为重点,以这些市的县级开发区为补充,全面推进沿江开发区建设,逐步形成沿江工业经济走廊。同时,在交通、电力、通讯等方面,积极配合沿江工业经济走廊的发展。在产业发展方面,沿江经济走廊要积极迎接国际、国内制造业向内地的转移,把沿江经济带建成全省甚至全国制造业加工基地。2.以合肥高新技术开发区和合肥经济技术开发区为核心,以合肥3县及安庆、六安、淮南、巢湖等部分县为区域,大力发展新兴产业,逐步形成高新技术产业发展块。在这一块状地区,要加快开发集团的成长,通过开发集团将这一地区的经济发展连接起来,通过开发集团的广泛融资和招商引资来加速这一地区高新技术产业的发展。要加快产、学、研的结合,充分发挥合肥的科技、教育和人才优势,加速科研成果向生产的转化,重点发展具有自主知识产权的高新技术产业。要制定完善的支持高新技术产业发展的政策,用创新的体制和机制来促进高新技术产业的发展,使这一地区成为全省乃至全国重要的高新技术研发基地和高新技术产业孵化基地。3.重点支持蚌埠、宿州、阜阳、亳州、六安等市的开发区建设,为这一地区经济带的形成奠定基础。加大扶持这一地区的农业产业化龙头项目,促进农业产业化快速发展。4.建立以黄山、九华山为主要载体的大旅游开发区,成立大旅游开发集团公司。在重点开发皖南旅游资源的同时,兼顾全省旅游资源的开发,创新旅游营运方式。通过旅游资源和旅游产品的开发,形成安徽旅游品牌,做大做强旅游产业,使旅游业成为安徽重要的经济增长源。另外,在黄山、池州地区要限制工业的发展,尤其要禁止有较大污染和影响环境的工业发展。5.建立以合肥、芜湖、蚌埠、安庆等地重要的铁路、港口、机场和相关开发区为主体的全省现代物流产业开发集团;培育集商流、物流、信息流于一体的现代物流体系,加快通关、配送、连锁、仓储、商务代理业的发展。使之分别成为全省南、中、北部的重要物资和商品集散中心。6.对全省非重点地区的开发区建设,要慎重审批,加以限制。对非重点地区的开发区,要鼓励几大开发集团对其实行兼并,避免开发区全省遍地开花的局面。

(三)实现开发区发展战略目标的步骤。依据安徽开发区经济的战略目标和总体规划,实施开发区经济发展战略可分为3个基本步骤进行:第一步,完善点状开发。用2—3年时间,以3个国家开发区为龙头,29个省级开发区为重点,并以53个市级开发区为配套,在总体规划的基础上实施分层开发和点状发展。加大投入,改善环境,积聚人才,开发项目,引导各类开发区有序发展。第二步,建立块状结构。再用3—5年时间形成块状结构,即以国家级开发区为核心园区、省级开发区为中心园区、市级以下开发区为卫星园区,并以放射状的交通、网络信息、电力相配套,形成由核心园区向中心园区和卫星园区辐射,由卫星园区向中心园区和核心园区循环的块状结构,使开发区连成一体,逐步形成有规模、有品牌、有特色的不同经济发展块或发展带。第三步,全面提升水平。发挥开发区经济的吸引和辐射功能。一方面以极具活力的体制、独具特色的资源和良好的环境与条件,吸引东部资金转移,参与国际分工,提升开发区产业化和国际化水平,融入长江三角洲经济圈,为安徽经济发展拓展广阔空间;另一方面要以专业化的开发区为基地,通过区域分工和大规模的产业集聚,强化开发区经济的辐射和带动功能,实现工业化和城市化同步发展。

四、安徽开发区经济发展的政策建议

加快开发区经济发展,必须充分发挥政府扶持和市场引导的双重作用。

(一)开展全面宣传,营造社会氛围。加快开发区建设,是安徽积极迎接经济梯度转移和经济腾飞的战略举措,是推进工业化和城镇化的主要出路,是今后20年全面建设小康社会再也不能错过的重要发展机遇。要发展,就要克服当前认识不统一、行动畏首畏足的"小脚女人"习气。下一步,开发区的规划和发展要有大的气势,大的手笔,大的发展。因此,当前必须加大宣传,全面宣传开发区经济发展的重大意义和作用,宣传开发区的管理创新和制度创新,宣传全国各地开发区的改革发展和成功经验,以提高全社会对开发区在安徽经济发展中的重要地位和作用的认识,统一思想,形成共识,排除干扰,积极营造全社会"亲商、关商、支商、护商、富商"的氛围,形成全面推动开发区大发展的良好局面。

(二)完善法规制度,依法促进发展。加快开发区经济发展,要尽快为开发区经济发展提供一个法制环境。首先,要对各部门涉及开发区工作的各项法规、政策、办法和制度等进行清理和修改完善,避免政策制度之间的碰撞和冲突。其次,要依据市场经济规则,完善开发区开发、建设和管理的制度。当前,尤其需要尽快对1998年安徽省人大制定的《安徽省开发区管理条例》进行修改和完善。在《管理条理》中,要明确开发区的地位、职责、权限和体制,明确开发区与各政府职能部门的协调机制,明确开发总公司的职责、经营机制和管理体制。再次,今后对开发区经济发展中形成的政策、建议、措施,以及开发区开发、建设、管理中遇到的重大问题,应尽量通过人大制定专项法规,依法加强对开发区的管理。同时,要明确开发区优惠政策制定的主体属中央、省和依法授权的较大市,取缔一些市、县、乡制定的与法定优惠政策相抵触的规定,维护政策的统一性。

(三)成立领导组织,强化服务管理。为加强全省开发区工作的规划、管理、交流和服务,建议成立安徽省开发区经济发展工作领导组。开发工作领导组由省政府主要领导任组长,计委、科委、城建委、经贸厅、财政厅、农业厅、国土资源厅、人民银行和税务局等有关部门为成员。领导组下设办公室和专家组。办公室设在计委,办公室主任由省计委主任担任。专家组设在省政府政研室,并接受领导组办公室的领导。全省开发区经济发展工作领导组的主要职责是,研究制定全省开发区经济发展战略、目标、规划,研究解决开发区发展中的重大政策和体制,协调解决行政部门间有关开发区发展的问题,使领导组成为具有决策、管理、服务等职能为一体的领导机构。领导组办公室的主要职责是,具体负责开发区的审批工作,指导全省开发区的开发、建设、管理和发展工作,提供开发区规划、设计和政策等方面的咨询,组织开发区之间的经验交流和相互学习。领导组下设的专家组的职责是,根据国内外经济发展趋势和国家方针政策,研究安徽省开发区经济发展战略、规划和目标,研究开发区经济发展中的体制、政策和其他一些重大问题,为开发区发展和项目开发提供研究咨询,为领导组的决策提供参考。当前,开发区工作领导组的一项紧迫任务是,尽快制定指导全省开发区经济发展的长远规划,制定科学、合理、严密的开发区建设的审批制度。

(四)创新管理体制,增强开发功能。根据政企分离、政事分离的原则,为增强开发区开发的动力和功能,建议开发区实行企业化经营的开发模式,将开发区内的行政管理职能,交当地政府管理,而开发区的开发、服务、管理等功能全部交给开发总公司。安徽开发区基本实行的是政企合一的体制,即开发区管委会与开发总公司两块牌子、一套人马,领导由一人兼任,机构合署办公,且具有独立的财政、税收机构。这是符合开发区初期发展需要的。开发区的起步阶段,必须借助政府的强力推动,否则很难顺利发展。但发展一两年后,必须根据政企分开的原则,切实发挥开发总公司的作用,构建开发区的持久动力机制。目前,对已经具有相当规模,开发面积大,区内的行政职责较多的开发区,如3个国家级开发区和少数省级开发区,可在开发区建立一级政府或政府派出机构,健全各职能部门,全面加强行政管理。但开发区内属于开发经营方面的职责,应全部交给开发总公司进行运作和管理。对于全省其他开发区,由于区内行政职责较少,不应成立一级政府机构,应将区内行政管理职责交给当地政府管理,同时使开发总公司从目前的行政体制中分离出来,充分发挥开发总公司的功能和作用,增强开发区的发展动力。实行企业化管理的开发总公司,要完善内部公司治理结构,即实行董事会负责制。由政府机构人员和投资人担任董事,董事会下设经理部,全面负责公司的经营,使开发公司真正成为独立自主、自负盈亏的市场投资主体,在实践中探索有别于政府管理模式、与国际惯例接轨和与市场机制相适应的企业化开发运作体制。开发总公司要按市场规则来运营,利用现代资本市场进行融资(如发行开发区建设债券和上市融资等),促进生产、科研和金融资本之间融合,扩大开发区资金的来源渠道,加快开发区的开发建设。开发总公司应以扩大产业链为纽带,以发展产业群为手段,在竞争中通过扩张、兼并、重组等方式,逐步发展壮大成特色突出、力量雄厚、创新力强、服务一流、覆盖全省,走向世界的开发集团公司。

*(五)增加财政扶持,加快发展进程。*开发区内的基础设施建设,是提供满足开发区内企业共同需要的公共产品。因此,财政加大对开发区内基础设施建设的投入,不仅是在公共财政框架下财政向满足公共支出需要转移的一个重要方面,而且是财政支持和调控地方经济发展的主要手段。1.在财政管理上,省级以上设有政府机构的开发区应设立独立的财政机构;对暂不具备设置财政机构条件的,财政由当地政府财政部门代管,按开发区体制单独核算。为支持开发区建设,在财政管理体制上,起步阶段应实行财政收入全部返还的体制,即使开发区具有相当的规模和财政实力,也应实行四六分成的体制,把财政收入的大头留给开发区,全部注入开发总公司,以确保开发区持续发展。2.在税收政策上,实行优惠。一是实行增值税、所得税返还政策。第一年实行100%返还,以后返还比例逐年减少10%,直至零返还。二是其他税收一律先征后返,全部补助给企业。三是对符合技术进步方向的高新技术企业给予更加优惠的税收政策。允许用于高新技术研究、实验、推广和培训的费用在税前列支,对科研项目获得的奖励、科技发明及专利性收入实行所得税减免政策,从税收上支持高新技术产业的发展。四是抓住入世过渡期的机遇,完善工业用地优惠和税收优惠政策。通过税前抵扣、减免、折旧、奖励、返还等手断,探索税式支出的新途径,保护和促进民族工业的发展。3.在财政支持经济发展上,要集中资金投向开发区。各级财政每年要在预算上安排支持开发区发展资金,支持开发区建设。另外,积极争取国债资金和中央转移支付资金,并对其他专项资金实行捆绑使用,加大对开发区建设的投入。财政支持开发区发展的所有资金,都要以国有资本金的形式注入开发总公司,增强开发总公司的实力,由开发总公司实施开发建设。4.在资金投放上,要突出重点,加大对有发展潜力和符合全省经济发展规划的开发区的支持。一是要安排资金专项支持3个国家级开发区,发挥国家级开发区的龙头作用。二是对批准成立的省级开发区,要一次性地给予相当规模的启动资金,使开发区尽快形成规模,产生效益。三是要建立开发区发展的奖励资金,在对开发区经济发展考评的基础上,实行以奖代补的方式扶优扶强,鼓励开发区展开合理竞争。四是要安排专项资金,支持开发区建立新技术、新产品开发基金、企业创业基金和企业融资担保基金,以支持高新技术产业的发展。

*(六)完善政策体系,增强发展潜能。*开发区要实现持续快速发展,必须创建促进科技成果转化和加快产业升级的新机制,把开发区建成产业技术升级和科技创新的重要基地,形成自己的产业优势和发展模式,突出功能特色,增强开发区的发展潜能。1.完善土地使用政策,降低开发经营成本。依据开发区的发展规划,放宽开发区土地的审批规模,便于开发区进行长远、科学、合理的布局规划。在土地审批收费方面,实行一次审批、滚动收费的办法,减轻开发区前期开发的支出压力。制定《安徽省开发区土地使用优惠政策指导参数》,依据指导参数,确定各地开发区统一的土地出让和出租基准价格,从而避免各

地竞相压价、盲目竞争的不良现象。实行不同产业的土地使用政策,促进新型产业加快发展。鼓励有实力的开发区对其他开发长期闲置的土地或发展比较困难的开发公司进行整合兼并;政府优先审批因战略整合而需要增加的土地,并简化整合手续,减免土地相关费用。2.实行优惠政策,加大科技投入。制定开发区高新技术产业发展和产业结构升级的优惠政策,以及吸引人才、使用人才和留住人才的优惠政策,创造扶持新型产业发展和特色产业成长的环境。政府要加大对科技创新的投入,设立科技创新启动基金,降低科技开发创新的成本和风险。设立科技成果向生产转化的基金,对科研成果的转化给予补助和奖励,使科学技术尽快地转化为生产力,为高科技产业和核心技术的开发与保护提供良好的环境。3.构建创新环境,满足企业创新需求。鼓励政府、银行、外商、企业和社会等共同投资,创办风险投资公司,建立多渠道融资的风险投资体制,分散投资风险,为高投入、高风险、高收益的高新技术产业起步提供支持。建立投资创业中心和孵化中心,为产业创新和企业的新产品开发提供平台。吸引资金实力雄厚、管理经验丰富、技术含量高的大公司到开发区投资兴业,扩展产业链条,形成"联合舰队",增强开发区经济的集聚功能。4.在开发区探索实行"零费制"和"无干扰制"。在开发区内,取消一切收费,除税收外,任何单位和个人一律不允许以任何理由到开发区向企业收费。到开发区办理任何事情,必须经过当地政府的许可,并由开发区管委会或开发总公司派人陪同办理,能由管委会或开发总公司代办的一律由其代办,杜绝对企业经营的不应有的干扰。

(七)建立考评机制,促进合理竞争。在开发区建设的初期,为保障开发区经济健康快速发展,需要建立一套科学、完整的开发区经济发展的考评指标体系,由政府对开发区工作进行考核评价。在考评指标体系的建设中,要有开发规模、投资规模、工业总产值、GDP、企业个数、从业人员等体现数量规模的指标,也要有劳动生产率、土地产出率、政府投资汇报率(包括财政收入占GDP比重)、产业结构、企业结构(内、外资企业比例、大中小企业比例、高技术企业所占比例等)、经济外向度、设施先进性、管理规范化、服务高质量、环境优美度等体现质量效益和持续发展能力的指标。将数量指标和质量指标有机结合起来,建立一个有利于开发区经济持续快速发展的外部推动机制。在考评奖励上,应制定科学的奖励办法。一是实行上级政府对下级政府的奖励。对开发区经济发展好的地方,上级政府要给予下级政府主要领导同志以精神和物质的双重奖励。对在开发区工作中表现出有特殊的才干和做出突出贡献的,要破格提拔使用,营造高度重视开发区工作的氛围。上级财政部门对发展较快的开发区,可采取以奖代补的政策,大力支持开发区发展。二是实行政府对开发区的奖励。对发展较快、质量效益又好的开发区,政府不仅对开发区负责同志给予物质和精神的奖励,还要运用财政手段,采取以奖代补的办法,加大对开发区的扶持。三是建立竞争机制。对开发力度大、经济效益好、社会带动力强的开发区要及时升格,并加大扶持。对项目少、效益低、环境差的开发区实行淘汰制,鼓励其他开发区对其进行兼并和重组,从而形成千帆竞发、百舸争流的竞争局面。

课 题 组 长:戴克柱
课题副组长:陈传文　邵　勋
课题组成员:鲍习生　叶翠青　林晓炼　汪　斌
李　平　宣　扬　王恩奉　马再兴
施用斌　崔晓木

教科文财政系列研究报告

安徽省农村义务教育投入现状及对策建议

省财政厅课题组

编者按:教科文财政是公共财政的重要组成部分。为推进安徽教育、科技、文化事业发展,省财政厅课题组就农村义务教育、高等教育、科技、文化、人口和计生等财政投入与管理现状进行系列研究。该系列研究报告从2003年12月16日起,在省政府研究室《研究与咨询》内刊上分5期发表,受到有关部门的好评。课题组成员有:朱玉明(课题顾问)、汪建国(课题指导)、罗建国(课题组长)、李良、焦玲仪、张汉东、潘琦、韩剑辉、方虹慧、刘明刚。

2000年实行农村税费改革以来,在省委、省政府的正确领导下,各级政府进一步加强对农村义务教育工作的领导,各级财政部门把增加农村义务教育投入作为重要目标之一,加大资金投入,强化工作措施,有效解决了拖欠教师工资多、学校危房多、乱收费多等问题,走出了农村义务教育投入以向农民收费集资为主,以及投入不稳定、不规范、随意性大的困境。我省农村中小学教师工资基本做到了正常发放,校舍面貌和办学条件得到较大改善,农民对学校安全、教育收费等问题满意程度上升,教师上访大幅度减少,以政府为主的农村义务教育投入管理新机制基本确立,农村义务教育改革和发展呈现良好的局面,有力地促进了农村社会的稳定和发展,必将对今后农村社会产生积极而深远的影响。但是,由于我省属于农业大省,客观上造成农村义务教育任务较重。据统计,截至2002年底,我省共有农村初中2619所、农村小学21122所;农村中小学学生832万人,其中初中239万人、小学593万人;农村中小学教职工约44万人,各项指标都占全部义务教育的80%以上。我省农村义务教育,无论办学规模上、办学层次上以及资金投入都与城市义务教育存在较大差距,特别是办学管理体制、教师队伍建设、贫困生助学和校舍正常维护机制等方面,与社会的发展要求还存在一定差距。因此,必须充分认识农村义务教育投入工作的历史连续性,解决其问题的长期性、复杂性、艰巨性,正确分析农村义务教育工作面临的新形势,准确判断财政投入情况,进一步完善投入管理机制,促进农村义务教育的发展。

一、农村义务教育投入管理的基本情况

(一)农村义务教育投入持续增长。根据省财政、教育部门联合统计,自2000年实行农村税费改革以来,3年农村义务教育投入总量(包括财政拨款、教育费附加、捐资集资、杂费收入等)达150亿元,比税改前3年(1997—1999年)这一历史较高阶段的119亿元净增31亿元。与农村税费改革前相比,投入来源结构上有增有减,预算内拨款、基本建设拨款和杂费收入增加了46.5亿元。其中:(1)预算内拨款112亿元,比税改前3年的73亿元增加39亿元,增长54%;(2)基本建设拨款4.1亿元,比税改前3年的0.9亿元增加3.1亿元,增长3.5倍;(3)杂费收入23亿元,比税改前3年的20亿元增加3亿元,增长15%。同时,农村义务教育附加拨款、捐资、集资等农村义务教育投入减少了15.4亿元,具体渠道为:(1)农村教育附加拨款5609万元,比税改前3年的14.2亿元减少13.6亿元;(2)社会捐资、集资用于农村义务教育的收入1.8亿元,比税改前3年的2.4亿元减少0.6亿元;(3)校办产业等其他收入1.7亿元,比税改前3年的3.6亿元减少1.9亿元。增减相抵,净增加31.1亿元,农村义务教育投入年均增加10亿元以上。

(二)以政府为主的投入机制初步建立。农村税费改革后,虽然取消了农村教育费附加和教育集资,但农村义务教育经费总量仍保持增长,主要是通过增加财政预算内拨款实现的。根据财政、教育部门统计,农村税费改革前的1999年,全省农村义务教育预算内经费投入为24.5亿元,占整个农村义务教育投入的比重为61%;2002年预算内经费投入达到48.1亿元,占整个农村义务教育投入的比重为77%。1999—2002年,预算内经费投入占整个农村义务教育投入的比重,分别为61%、69%、75%、77%。从1997—1999年与2000—2002年比较看,农

村税费改革后3年的预算内事业性拨款高达75%，比较改革前的预算内事业性拨款与教育附加拨款之和(74%)，还要多出1个百分点。这表明，从相对结构上，农村义务教育投入已由向农民收费、集资和举债为主转向以政府投入为主。

(三)农村初中、小学教师工资做到按时发放，并消化了2000年以前欠发的工资，大部分地区做到以县为单位统一津补贴发放标准。实行农村税费改革前，全省80%以上的县区不同程度地欠发教师工资，截至2000年6月，欠发工资总额达到15.6亿元，教师的教学积极性受到很大影响。2000年7月，为保障教师工资的正常发放，全省各市县和大部分乡镇都建立了工资专户，明确工资发放"先教师、后干部"。第一步，2001年全省106个县(市、区)都将农村初中、小学教师工资上收到县管理，做到国家统一标准教师工资全省按时发放，不发生新的欠账。第二步，2002年初按照省政府要求，省财政厅集中力量重点解决仍欠发以前年度工资的20个县(市、区)，并抽调40人对消化欠发工资全过程进行督查，截至2002年8月，全省已经基本补发历年欠发教师的国标工资。第三步，以县为单位统一中小学教师地方津补贴发放标准。2003年初，省政府办公厅下发了《关于以县为单位统一农村中小学津补贴发放标准的通知》，明确要求以县为单位统一中小学教师工资地方津补贴发放标准，全省有近60个县区按照要求，做到城乡中小学教师与县直公务员地方津补贴发放标准相一致。目前，广大教师的待遇与本地区公务员待遇基本一致，不少农村地区教师的实际收入水平还高于本地区公务员。从教育经费统计结果看，2002年全省农村初中、小学工资性支出45亿元，比1999年的26亿元增加19亿元，农村中小学教职工人均工资性收入从1999年的6555元增加到10144元，增长55%。

(四)省财政提前8个月完成农村中小学危房改造资金筹集任务，基本改造完2001年前的438万平方米危险校舍。2000年以来，各级政府投入专项资金20亿元。其中，省财政在2003年5月底前拨付原计划的12亿元危改资金，2003年又增加灾后水毁校舍资金8000万元，下拨国债专项2195万元，累计下拨农村中小学危改专项资金达到13亿元，已改造校舍面积560万平方米，完工面积395万平方米。农村中小学危房改造工程，基本做到了"五统一"，即在县级实行统一规划、统一设计、统一招标监理、统一竣工验收和统一资金管理，基本杜绝了多年来以乡、村、校为主建设，工程无规划、建筑队无资质、施工无监理的"三无"工程现象，部分新建校舍经受2003年的洪涝考验，没有出现危改后校舍倒塌等质量问题。特别是各级财政部门，按照公共财政的要求，将危改资金集中在县级专户管理，直接支付到建筑单位，进一步发挥了财政监督作用，确保资金支付到有资质的建筑单位，确保资金支付到项目监理合格的项目，确保资金拨付进度与项目建设同步，确保了资金不被挪用。中小学危房改造工程实施以来，农村中小学学生受教育环境较大幅度得到根本改善，逐步缩小了农村中小学之间办学条件的差别，提高了农村学生在享受义务教育上的公平性。

(五)规范"三项标准"，提高教育支出效益。一是规范学校收费标准。省政府为确保农民教育负担的稳定合理，2001年专门下发文件，明确了农村义务教育的收费项目和标准，其中杂费的最高限额为：初中每生每学期70元、小学50元，3年来一直稳定在这一水平上。各级财政部门加大对学校收费的管理，严格实行预算外"收支两条线"，确保杂费收入全部用于学校基本运转。二是规范农村初中、小学的公用经费标准。为保障农村中小学的基本运转，改善农村办学的基本条件，省财政从2001年起，对学生分散的山区和贫困地区，确定了补助定额标准，按照学生数和每生10元/年的标准给予公用经费专项补助2078多万元。近期，省财政厅会同省教育厅出台专门文件，要求按照农村初中预算内生均公用经费拨款标准不低于15元、农村小学不低于10元的标准，将农村中小学公用经费纳入年度财政预算，逐步建立保障农村学校基本运转的新机制。2002年，全省农村初中、小学公用经费达11.4亿元，比改革前的最高支出年度1998年净增1.7亿元，增长17%，有力地保障了学校的基本运转。三是规范农村中小学教职工编制标准。为从源头控制教育支出，2002年，省政府转发了省编办、教育厅、财政厅文件，规定了我省中小学教职工与学生的比例。各级财政部门按照省政府的要求，配合有关部门已完成对60个县区的编制审核工作，初步统计将精简教职工1.8万人。尤为重要的是，通过此次编制核定工作，重新启动了学校定员定岗工作，解决了一些地方长期存在的缺编、超编以及其他占用教师编制的现象。同时，撤销乡镇教办室，精简教育行政人员，目前有13个县区撤销了全部教办室，向教学一线充实了1000多名教师。

(六)初步遏止了乡、村、校大量举债的做法。农村税费改革前，一些经济困难的地方为加快“普九”进程，通过强行集资、扩大收费、任意举债，并瞒报、少报危房数量等办法实现达标，特别是大量举债达标，造成了严重的困难局面。据教育部门统计，全省各地都不同程度地出现教育举债，到1999年底全省教育负债高达20多亿元。按照1999年征收用于学校的教育附加金额测算，即使全部用于归还债务，也需要近4年的时间。这也表明，过去的农村义务教育投入机制和“普九”达标是十分脆弱的，是以降低农民生活水平为代价的。教育负债如果得不到控制，必定要影响基础教育的正常发展，甚至影响全社会特别是广大农村社会的稳定。农村税费改革后，我省在统一各项税费的同时，把乡村不得举债作为一项纪律，从机制上杜绝教育建设项目留下资金缺口，而引发教育负债的做法。特别在实施危房改造工程过程中，明确要求各地不得要求乡、村和学校配套，严禁乡、村和学校举债。

二、保障农村义务教育投入的主要措施

(一)近几年保障农村义务教育投入的主要措施。一是加大农村义务教育的投入。农村税费改革后，针对县级财政减收问题，省财政在及时将中央财政转移支付分解到地方的同时，安排农村中小学教师工资上收转移支付3.1亿元，每年补助公用经费2078万元，3年来省财政还专项下达危房改造资金13亿元。据不完全统计，省财政增加的农村义务教育专项资金平均每年达到8.6亿元(不包括省对地方增加工资和职务补贴等转移支付)，并在2001—2003年，每年调减市财政体制上解数1亿元(约占2001年各市体制上解省增量的60%)，各市因此增加的可用财力，全部用于农村义务教育投入，县级财政全部做到农村中小学教师工资足额预算安排。二是逐步建立省和市、县共同保障农村义务教育投入制度。为确保对教育的投入，2000年农村税费改革之初，省委、省政府以皖办发〔2000〕11号文件明确规定：原在乡统筹开支的乡村两级九年制义务教育支出，纳入乡镇财政预算统一管理和安排。2001年、2002年又先后制定并下发了《关于进行农村中小学教育管理体制改革试点的通知》、《关于保障农村义务教育投入和教师工资发放的通知》、《安徽省中小学危房改造专项资金管理办法》、《关于将农村初中、小学教师工资上收到县管理的通知》等一系列文件法规，对农村义务教育投入、教师工资发放、教职工编制管理、危房改造等提出严格要求。三是结合公共财政支出改革，强化教育资金的专户管理。建立“工资专户”和“危改专户”管理农村义务教育资金，对学校收费实行财政预算外“收支两条线”管理，确保了农村义务教育支出的及时、足额到位，发挥了资金的应有效益。

(二)目前农村义务教育投入与管理上存在的主要问题。由于历史原因和不同时期的政策导向，导致农村义务教育的师资队伍、校舍建设和资金管理等方面都积累了一些矛盾和问题。实行农村税费改革后，农村义务教育逐步向以政府为主的新模式转变。当前，需要解决以下几个方面问题：一是农村义务教育支出责任，特别是政府之间的责任划分还不够清晰。中央规定农村义务教育实行“地方政府负责、分级管理、以县为主”的体制，但在事权与财权的具体划分上，省、市、县和乡四级政府间并没有明确的划分，特别是县级财政，在农村义务教育支出安排上有较大差别，一些地方在教师工资上收后，将教师津贴问题与县直分开，继续执行两个标准；在危房改造上，将资金筹集责任下放到乡村；在学校的经费管理上，继续放在乡镇财政，少数乡村和学校仍然出现新的教育负债，一些地方还保留乡镇教育办公室，从学校收取的杂费中提取收入，等等。尽管省级加大补助，强化调控，近几年全省农村义务教育投入年均增长达10亿元以上，其中省财政专项转移支付补助年均达8.5亿元。可以看出，农村义务教育支出的增长主要是省级财政增加拨款，由于我省省级财政十分困难，为实施危房改造预拨挂账就有4.5亿元，急需消化，省级财政进一步对农村义务教育增加投入的难度大。二是农村义务教育投入不足特别是学校运转经费相对不足。从我省的实际投入看，由于农村税费改革后，保工资支出任务重，特别是消化以前欠发工资数额多的地方，农村义务教育投入的80%以上是人员支出，农村中小学校舍正常维护资金投入渠道还没有建立，特别是学校运转实际支出增加少，一些规模小的学校运转还十分困难。三是教育支出效益不高的问题。截至2001年底，我省农村普通中小学教职工达49万人，这些教师中有近14万人是1994年以来由民办转正的教师，近万名为顶岗代课教师，大部分县区还保留了乡镇教育办公室(或教委)机构以及1万多名教办工作人员。农村中小学人员数量多、组成复杂，缺编与超编、优秀合格教师与不合格教师并存，教师队伍精简和人员流动的难度较大。因此，如何建设一支合格的教师队伍，不仅是财政供给问题，也是事关农村教学质量、保证农村义务教育健康稳定发展的重要问题。

三、完善农村义务教育投入的对策建议

(一)进一步明确政府职责,继续增加对农村义务教育的投入。农村义务教育具有突出的公益性,是政府的基本职能,是公共财政保障的重点。各级政府都要继续加大对农村义务教育的投入,各级财政要将农村义务教育支出作为财力分配的重点,保障正常增长。实施县级管理农村义务教育后,逐步缩小了县内的办学条件和教师待遇差别。但是,由于县级财力状况、教育资源以及教育质量存在较大差异,不同县之间接受教育的条件仍存在较大差别。按照现行的财政体制,省以下地方政府负责农村义务教育,不能做到全国范围的公平教育,严重地影响了政府职能的发挥,损害了贫困地区少年儿童接受义务教育的基本权益,必须建立中央到地方各级政府合理分担农村义务教育投入保障机制。当前,中央财政要将农村义务教育作为对地方转移支付的重要因素,进一步调节和平衡各地农村义务教育条件上的差异,重点解决县级之间农村义务教育投入不平衡问题。对财力不足以发放全县教师工资的县,增加工资转移支付,同时继续设立稳定的校舍建设专项资金。

(二)政府对农村义务教育投入要坚持实事求是、因地制宜,近期要突出“两个重点”。一是重点抓好对“弱势群体”和“弱智青少年”的支持。实施9年义务教育,意味着每个孩子都拥有平等接受教育的权力。目前,农村大部分适龄儿童能够接受义务教育,但是,对一些贫困家庭的子女和弱智儿童的保障还十分脆弱。《义务教育法》第十条规定:“国家对接受义务教育的学生免收学费。国家设立助学金,帮助贫困学生就学。”政府的义务教育支出重点要体现对“两弱”的支持。早在1975年,美国国会通过残障儿童教育法案,规定必须为3—21岁的残障儿童或青少年提供免费教育,并为特殊教育提供额外拨款。目前,美国的教育经费有38%用于教育有缺陷的儿童。我国正处于经济转型期间,规范的社会保障体系尚未建立,困难家庭和学生数量不少,迫切需要建立贫困学生助学金制度。省里和市、县将多渠道组织资金,特别是省财政可承担对“两弱”的主要责任,将省级财政对农村义务教育支出的重点放在公平教育上,重点补助家庭经济困难,无力负担杂费、书本费、寄宿制生活费而未入学和可能辍学的学生以及弱智青少年。二是重点培育和挖掘优质教育资源,促进农村义务教育的发展。要根据不同地区、不同规模学校的实际,实事求是、因地制宜地确定本地区义务教育发展规划,合理调整农村中小学布局,实现规模办学,逐步解决农村中小学校普遍规模小、布点散、效益低的现象。要充分利用教育资源,在新增农村义务教育支出安排上以及教育支出结构调整时,都要重点提升一部分规模学校的办学特色和水平,满足不同的教育需求,进而促进我省农村义务教育的发展。另外,政府有关部门在实施教育评估和达标验收工作中,特别是硬件达标投入上,要做到实事求是、区别对待,针对不同地区、不同学校制定相应标准,严禁脱离实际,不搞“一刀切”。

(三)改变教育支出方式,推动教育单位用人和分配制度改革。按照党的十六届三中全会的要求,适应社会主义市场经济发展的需要,市、县特别是县级要结合公共财政支出改革,不断改进教育支出方式,进一步扩大学校的办学自主权,将教职工活工资的分配权放在学校,由学校根据教学情况自主决定内部员工的分配额度后,由财政直接支付。要把教育支出安排与教职工编制核定紧密结合,让农村中小学在宏观指导下自主录用具有教师资格的员工,实行“老人老办法、新人新政策”。对原有教职工,符合教学需要的,继续按照事业单位用人办法管理;对编制内不足人员,一律采取聘用制,从源头控制人员支出,把好教职工队伍的进人关;对分流的教职工,要适当安排教职工培训经费,按照谁培训、谁出钱的原则,组织开展人员培训后再次上岗,或采取适当安排社会养老保险资金等办法妥善安置。

(四)创新农村义务教育发展思路,拓宽教育专项资金的筹资渠道。在农村中小学教育事业发展上,要加大力度引入民间和社会力量。从体制上打破国家独办中小学事业单位、相关民办机构不属于“事业单位”的界限;在注册管理上,要采取与事业单位相同的模式和准入制度,尤其是在税收、用人机制等方面要做到公平对待。要在加强教师资格认证、教育评估,保证义务教育有序发展的过程中,积极鼓励并大力扶持民办和联办中小学,激活教育办学机制。要进一步推动学校后勤服务的社会化、市场化,逐步把一些过去由政府统揽的学校事务交给市场承办,对城市和中心镇的有规模学校,尽可能地发挥市场的资源配置功能。加强学校资产管理和利用,特别是要盘活布局,调整学校资产,通过引入市场机制变现资金,增加教育专项收入,专项用于农村义务教育。

(五)规范农村中小学财务管理,杜绝乡、村、校新增教育负债。进一步加强学校的综合预算管理,对学校的基本建设项目支出,实行项目预算管理,严格预算执行。学校所有基本建设项目,都要做到统筹规

划，统一管理，从源头堵住教育负债。学校和乡、村对校舍建设的投资，都必须坚持量力而行、量入为出的原则，有多少钱办多少事，不允许无规划自行搞建设，更不允许举债搞建设。农村中小学危房改造资金的筹集，主要是省与市、县共同承担，不得要求乡、村、校筹集配套资金，严禁挤占教学运转资金。

（六）完善农村中小学校舍建设和维修管理机制。农村中小学危房改造工作，要继续坚持由县级负责项目实施和资金管理，各级财政在预算中设立专项。鉴于市、县财政的实际困难，中央和省财政有必要保留中小学危改专项资金预算，继续对农村中小学校舍维修和危房改造进行补助，其中中央和省级财政承担60%以上。同时，尽快建立农村中小学校舍日常维护机制，在公用经费中明确一定比例的经费，用于正常校舍的维修维护，减缓危房产生的速度，避免出现农村中小学危房“突击改造，集中出现，再突击改造”的不良循环。

（执笔：张汉东）

安徽省高等教育投入与发展的思考

省财政厅课题组

“九五”以来特别是2000年以来，在省委、省政府高度重视和正确领导下，我省积极调整战略，抢抓机遇，加大投入，加快发展高等教育事业，坚持“以改革促发展，以管理求效益，注重内涵，提高质量”的方针，作出了一系列发展高等教育事业的重大决策。尤其在高等教育投入方面，制定了连续3年省财政对教育投入比重增加一个百分点、专项安排扩容经费和建设性贷款财政贴息专项资金、积极争取中央财政专项支持以及集中财力重点建设安徽大学“211工程”等政策措施，对我省高等教育实现跨越式发展起到了重要的推动作用，使我省高等教育步入持续、快速的发展时期。

经过连续5年来的建设与发展，我省高校办学规模迅速扩大，办学资源翻番增长，办学实力大为增强。省属普通本专科高校由1997的27所发展到2003年的71所，高校校数翻了一番；招生人数由2.14万人，增加到13.41万人，6年间翻了两番多；在校生规模由6.25万人增加到37.95万人，是6年前的6倍；高考录取率由26.3%上升到59.8%。目前省属普通高校本、专科在校生达36.7万人，高等教育毛入学率达14%，我省高等教育向着大众化的目标迈进了一大步。我省高校办学条件得到明显改善，培养人才能力得到提高，教育科类结构得到优化。高等学校办学层次和办学规格大幅提升。省属高校有9所高校由专科升格为本科或由学院升格为大学；有2所高校突破博士学位授予权单位，有2所高校突破硕士学位授予权单位。2003年共新增博士点8个，新增硕士点90个。目前，省属高校有5所高校具有博士学位授予权，10所高校具有硕士学位授予权，博士点达到22个，硕士点达到273个。安徽大学“211工程”顺利通过国家统一部署的整体项目验收，工程建设投入取得了显著成效。高等教育的发展不仅为我省经济社会发展提供了人才和智力保障，而且对于满足教育消费、缓解社会就业压力、拉动经济增长，都发挥了重要的推动作用。

在改革与发展的过程中，省财政始终贯彻落实省委、省政府加快发展高等教育的指导方针，积极筹措资金，努力加大投入，创新机制，规范管理，为我省高等教育快速发展提供了必要物质条件和基础。

一、建立多元化的高教经费筹措机制

（一）发挥财政投入主导作用，切实加大财政对高等教育经费投入。省级财政在收支矛盾突出、财力十分紧张的情况下，努力调整支出结构，确保高等教育经费稳步增长。2000年以来，省级教育事业费预算占省级财政支出预算比重每年增加一个百分点。1999—2002年省级财政预算安排教育事业费分别为46746万元、54865万元、62285万元和69843万元（不包括中央下划院校经费），占省级财政支出比重由1999年的13.74%上升到2002年的16.74%，每年增加1个百分点，年均增加7000万元。另一方面，省财政积极调度资金，千方百计扩大对高等教育投入规模。考虑到高校扩容幅度较大，高校现有的教学、生活条件以及后勤社会保障全面吃紧，省财政在1999－2000年从教育事业费预算之外安排高校扩容专项经费7000万元；2000—2003年共安排地方教育附加费5000多万元，用于支持省属高校图书馆和专业实验室建设。

（二）努力保障重点支出，积极争取中央财政支持。积极支持安徽大学“211工程”建设，在一期投入1.4亿元的基础上，经国家验收评估批准，决定实施二期工程项目，省政府决定累计投入2.5亿元，省财政在2002年和2003年已按计划投入专项建设资金

8000万元,目前已累计投入2.2亿元。在支持省属高校重点支出方面,主要加大对学科建设、人才培养和教育科研网络等专项投入,专项经费由1998年不足1000万元增加到2003年1亿多元。在争取中央财政支持方面,2001—2003年财政部支持我省中央与地方共建高校专项资金计5000万元,有力地支持了4所中央下划高校的建设与发展,同时省财政考虑到中央下划高校的实际困难,每年在预算之外安排专项经费500万元予以补助。

(三)充分利用财政金融手段,拓展高校建设和发展空间,增强高校的融资能力。从2001年起,每年(将连续8年)省财政在省级教育经费预算之外安排高校建设性贷款贴息资金5000万元,尽最大财力可能满足高校扩容建设的需求。这项工程实施以来,省财政已共投入贴息资金12272万元,形成高校贷款规模20多亿元,产生了办学资源的"翻番"效应,为实现跨越式发展提供了重要的物质基础。

(四)积极利用外资和社会投资,进一步扩大高等教育资金来源。2003年,经过省政府和有关部门的共同努力,共为我省10所高校争取了日本国际协力银行贷款3600万美元,国债资金1.04亿元,这些资金主要用于高校教学基础设施建设和购置实验仪器设备。同时,积极调动市级政府举办高等教育的积极性,通过提供资金、减免税费、无偿划拨土地等多种形式,投入高等教育资金近9亿元,吸纳社会力量和公民个人等资金6亿元。

上述数据表明,近几年我省高等教育取得持续快速发展,财政增加的投入发挥了重要的主渠道作用。同时,积极利用银行贷款、外国政府贷款、扩充优质教育资源和吸纳社会资金,进一步拓宽了高校的融资渠道。以财政投入为主,辅之以多渠道的多元化筹资机制,为高等教育持续健康快速发展提供了有力的资金保障。1999—2002年,全省高等教育经费财政拨款累计支出26.18亿元,年均增长28.3%,是前4年累计支出的2.7倍。

二、完善高等教育经费管理体制

(一)适应高校发展需求,不断完善部门预算改革。1999年,省财政厅制定了《关于改革省级教育拨款制度的实施意见》,采取积极有效的措施,切实将省属高校年度预算资金与教育体制改革、与减员增效、与培养优秀人才、与教学科研评价、与经费使用效益等相结合。2000—2001年,省财政厅进一步规范省级教育经费预算管理,一方面在年初将预算细化分解到大学。另一方面将省级教育经费预算中二次分配的专项资金由41项减少到19项,进一步提高了预算的到位率,加快了预算执行进度,规范了预算分配。为适应高校加快发展的要求,2002年省财政对高校预算分配制度改革进一步深化,拟发了《关于改革省属部分高校预算分配制度的通知》,决定从2003年预算年度起,对省属10所高校的经费实行按生均定额支出加项目支出的财政供给方式,通过高校拨款制度、预算分配制度的改革,不仅进一步提高了财政资金分配的科学合理、规范公平,而且为推动高校突出教学中心地位、促进产学研结合、培养创新人才以及促进高校后勤社会化改革,加快高校的体制改革和发展起到了积极作用。

(二)调整支出结构,保障重点支出。省财政在年度安排预算时,努力克服财力困难,调整支出结构,压缩一般支出,保障农科教等重点的需要,并保障经费增长不低于省级可用财力的增长。2000—2002年省级教育经费预算执行"增加一个百分点"的政策,2003年,省级教育经费预算的增加幅度仍是同期省级财力增幅的一倍。在预算外资金调剂政策方面,突出了教育的重要地位,在对其他事业单位预算收入调剂10%的同时,全省所有高校和中小学预算外资金不仅不予调剂,而且还从其他部门调剂出来的资金中安排专项资金用于高等教育和基础教育的建设,体现了政府对教育的重视。在支出的投向上,重点支持安徽大学"211工程"建设、省属重点大学以及省属高校的重点学科、重点专业、重点课程、重点实验室、博硕士点、人才培养、高校信息化网络等建设。

(三)积极争取中央对下划高校共建资金。1998年以来,中央先后将安徽理工大学、安徽工业大学、淮北煤师院、安徽财贸学院等4所高校下划我省管理,由于当时下划基数小,加之因扩招学生剧增,使得这4所高校在发展过程中困难重重。对此,2000年以来省财政厅多次深入下划高校实地调研,与学校共同研究发展规划,帮助遴选重点建设项目,积极向财政部呼吁和反映下划院校的实际困难,获得财政部的大力支持。2001—2003年,下划院校共获得财政部专项支持5000万元,为下划院校改善办学条件、缓解经费紧张的压力发挥了重要作用。

(四)全面启动省属高校建设性贷款,为高校扩容提供有效的财力支持。近几年高校的快速发展,离不开财政投入的支持,但如果单靠政府的财政拨款,则无法达到高校现已实现的发展水平,多元化投资是高校快速发展的必然选择,其中财政贴息贷款是财政、金融与高校发展的最有效的结合。为了规范建设性贷款的管理,充分发挥资金的使用效益,2000年省财政厅会同省教育、计划部门进行了充分论证,并印发了《安徽省省属高校建设性贷款及财政贴息资金管理办法》,对贷款对象、期限、申报论证、审批贴息、管理检查等作了规定。同时,要求高校建立项目管理责任制度、基建和采购项目招投标制度、健全财务核算制度和完善学校内部控制制度等"四项"制度。2003年初,省财政厅又组织了4个检查组对实施建设性贷款的所有高校进行了专项检查,从检查情况看,财政贴息贷款为高校的发展起到巨大的作用,效益十分明显。

(五)规范财务管理,强化绩效考评。几年来,省财政厅会同省教育厅狠抓高校财务的规范管理,强化效益意识。首先是建立"统一领导、集中管理"的财务管理体制,健全完善各项财务管理制度,建立健全高校经济责任制,加强内部管理和监督。其次是转变财务管理观念,从注重人、财、物数量上的规模扩张转变为投入产出比,来考核办学效益的高校理财观念,形成按教育市场的需求来管理、来发展的观念,增强成本意识、效益意识和风险意识。其三是注重建设项目的资金管理,这也是当前高校提高资金使用效益的重要方面。在管理环节尤其要注重发展规划的论证和投资风险的控制,省财政厅下发的《安徽省教育部门省本级专项经费管理办法》,对专项经费的申报、立项、分配、使用、检查监督、效益反馈以及奖惩作出了规定。在绩效考评方面,2003年省财政厅又下发了《关于报送省属高校财政贴息贷款绩效考评报告的通知》,年度内对省属高校建设性贷款的实施情况进行较为全面的小结和考评。

三、进一步激发高等教育的发展活力

推动我省经济增长和社会进步,全面实现建设小康社会的奋斗目标,在很大程度上取决于高等教育发展的速度和质量。加快高等教育的改革和发展,是实施科教兴皖战略,振兴我省经济,全面建设小康社会的重大战略决策。为进一步加快我省高等教育的发展,必须牢固树立"兴皖之要,惟在人才;育才之本,重在教育"的思想,进一步解放思想,深化改革,创新机制,加大投入,推动我省高等教育事业持续、快速、健康发展。为此,在确保省本级财政教育投入不减的前提下,应着重考虑以下几个方面问题:

(一)实事求是,与时俱进,创新高校发展思路。高等教育在社会经济发展中的先导性,决定了高等教育的重要地位。高等教育的发展水平直接影响社会经济发展水平,同时高等教育随着社会经济的发展而发展,它必须要与地方经济发展水平相适应。所以,在当前实施人才兴国的形势下,加快高等教育的发展尤为重要。首先要树立正确的发展观,要进一步解放思想,打破陈规,树立改革和创新意识,创造优良环境,积极探索高等教育发展的新思路。其次是树立可持续发展的观念,要克服急功近利的思想,尊重教育发展的客观规律,科学规划,慎重决策。只有高等教育自身的可持续发展得到有效保证,高等教育对社会可持续发展的作用才能得到更好地实现。再次要因地制宜,实事求是,克服"一刀切"之风,积极利用地方的经济条件、地域优势和人才需求,发展具有地方特色的高等教育,不能人为求大、求全,要结合高校的实际,慎重决定发展建设和投资规模。

(二)坚持以政府投入为主,构建市场化、多元化的投入体制。随着社会主义市场经济体制的建立和完善,加快高等教育发展,必须在发挥政府主导作用的同时,充分利用市场机制,积极吸纳社会资源和民间资本。制定优惠政策,鼓励和吸引社会力量投资、捐资,引导民间资金投向教育产业。建立合理的教育成本分担机制,允许非政府投资高校逐步过渡到按标准培养成本收费。应当考虑不同学校、不同专业的办学水平和供求关系,在一定范围内适当放开收费标准,实行优质优价,形成增加投入与提高办学质量的良性循环。

(三)进一步完善和改革现行财政对高校的预算管理。积极引入绩效预算的管理理念,将财政预算经费的供给与高校在校生规模和办学绩效结合起来,真正实现按学生综合定额供给经费,并建立对高校绩效考评制度,形成一套较为完整的高校人才培养投入产出绩效机制。做到预算分配密切与学位点、学科建设以及实验室建设相结合,加大科研投入,鼓励高校的科研成果转化。推选现代化教育理念,积极利用远程教育、电化教学等和现代化教学手段,提高办学效益和教学质量,克服计划经济体制下的办学障碍。要进一步深化预算管理改革,硬化预算约束,要将预算细化到项目、细化到单位,避免二次分配,减少中间环节。

(四)坚持优化的原则,慎重决策高职院校的体制调整。合理配置教育资源有利于高校的发展,按照优化的原则,应慎重考虑高职院校的体制问题。对重组原有中专或技工学校教育资源组建职业技术学院,要进行充分论证,评估设立高职的必要性和可行性以及基本办学条件,保证高等职业技术学院健康有序地发展。在并校过程中,要运用市场机制和观念,使教育资源得到最佳组合。不能热衷于升格、提干,出现盲目并校,对无招生市场的学校、不宜合并升格的学校,可采取停办或转作他用,该淘汰的要淘汰,坚决克服盲目并校进而造成盲目投资。职业技术学院要坚持分级办学、分级管理的原则,注重分类分层次培养人才相结合,原则上省本级只供给本科院校和个别重点建设的省级示范职业技术学院,其余职业学院和中专学校都要下划到所在市举办,以发挥多渠道投入的作用,充分体现各校的办学特色。

(五)进一步突出重点,加强对高校的宏观指导。以安大"211工程"二期建设为龙头,重点建设一批省属骨干高校、示范性职业技术学院建设,加大对重点学科、重点专业、重点实验室、博硕士点、高校信息网络和教育信息资源等重点项目的建设。按照经济社会发展对各类人才的需求,依据各校的不同特点和优势,运用政策进行分类指导,力争使部分高校和一批优势学科专业率先取得国内外科技前沿的领先地位。注重高校的内涵发展,深化高校的教学科研改革,切实提高高等教育质量,逐步形成由总体实力较强的综合性大学、学科优势明显的多科性大学、专业特色突出的单科性大学及与岗位要求紧密结合的职业技术学院构成的全省高等教育体系。同时鼓励支持普通高校整合民间教育资源,创办一批"国有民办"二级学院,实行"一校两制"。

(六)突出人才培养,创新自主办学机制。要加大师资引进力度,吸引各行业优秀人才加入教师队伍或者兼任教学工作,切实抓好高等学校师资培训工作,继续举办同等学力申请硕士学位进修班。大力实施高层次创造性人才工程,造就一批学术带头人和骨干教师。进一步完善激励和约束机制,深化人事制度和分配制度改革。积极推进高校学科专业的结构调整、办学体制改革和人才培养模式改革,采取以市场为主、按办学成本收取学费等多渠道筹集发展资金的办学模式和产、学、研一体的人才培养模式,形成"资金渠道多元、应对市场灵活、人才培养高效、成本补偿合理"的自主办学机制。释放高校办学的活力和效率,在机构编制部门只核定高校编制总数,二级机构和人数由高校自主确定、高校自主用人、自主评聘符合条件的职称、自主设置专业、自主确定招生和计划,支持高校大胆探索,依法逐步扩大高校办学自主权。

(执笔:潘　琦)

发挥财政职能
促进省科技事业健康发展

省财政厅课题组

财政是配置科技资源,保障科技事业发展的重要手段。近年来,特别是2000年来,为贯彻省委、省政府"科教兴皖"战略,大力增强我省科技实力,我省各级财政充分发挥财政职能,通过加大投入,促进改革,创新管理方式,推动了我省科技事业较快的发展。省财政在资金十分紧张、收支矛盾突出的情况下,努力构建稳定的财政科技投入机制,确保科技经费达到法定增长比例。1998—2002年全省累计投入科学事业费74565万元,其中省级为48414万元;科技三项费用106139万元,其中省级为33844万元。2002年全省科技三项费比上年增长20.4%,科学事业费比上年增长7.4%。科技经费投入的增加有力地保证了我省科技事业的健康发展。

一、财政支持科技事业发展的现状与成效

(一)积极支持壮大科研力量。科研机构和科研队伍是科技事业发展的主体,是财政支持科技事业发展的主要着力点。经过多年的改革与发展,我省科研机构不断壮大,科研队伍实力增强。目前,我省归口科技厅管理的科研机构50个,省化工研究院、省冶金所、省生物所等19个院所为技术开发类科研机构,是实行差额拨款的财政补助事业单位;省水利院、省林科所、省医科所等31个院所为社会公益类科研机构,是财政拨款事业单位。2002年在职职工2147人、离退休人员1850人,其中75%为科技人员,高、中级专业技术人员占在职职工52%。科研机构国有资产总值4亿元,其中1亿元为仪器、设备等技术装备。近年来,由于财政增加了对科学事业费的投入,科研机构增强了市场竞争能力,创新能力和活力进一步提高。2002年实现本级技工贸收入为1.32亿元,比上年增长10%。其中横向收入1.08亿元,上缴税收700万元,出口创汇近1000万美元。2002年当年获奖成果39项,其中国家级3项、省部级30项,地市级6项。在研课题369个,取得科研成果62个,应用成果65个。

(二)积极支持和推进科研院所管理体制改革。根据中央和省委省政府关于深化科技体制改革的精神,适应社会主义市场经济体制下科技事业发展的

需要,财政部门积极支持和推动科技体制改革,制定了一系列的优惠政策,优化了结构,活化了科研运行机制,科技资源配置更加合理。一是明确开发类科研机构转制为科技型企业,支持转制单位从实际出发,自主选择转制为企业的途径和方式,可以转变成企业、或者进入企业、或者转制为科技服务中介机构等。二是转制单位依法进行资产评估、产权界定,对现有资产中的国有资产应转为国家资本金或股本金,其处置和管理参照我省国有企业改革的有关规定从宽、从优执行。三是切实支持做好富余人员安置和社会保障工作。省财政在这方面给予了很大支持,从转制过渡期起,转制单位和个人按规定的比例缴纳基本养老保险费,建立基本养老保险个人账户。转制单位的职工转制前的连续工龄视同缴费年限,单位和个人不再补缴养老保险费。转制单位 2002 年 1 月 1 日前按国家规定已经退休的人员,原退休待遇标准不变,即"老人老办法";转制单位原有的正常事业费(含离退休人员经费)以转制当年预算为基数维持不变,继续由财政拨付,主要用于解决转制单位的社会保障问题。首先支付离退休人员养老金差额、在职人员应缴社会保险费用等,如有结余仍用于转制单位发展科研事业;同时在国家和省规定的政策范围内鼓励提前退休,凡享受提前退休政策的人员,其退休费标准和供给渠道不变。省财政厅是省属科研机构体制改革重要的参与部门,在制定和完善改革优惠政策的基础上,主要做了 3 个方面的工作:一是完善宏观改革政策。在配合省科技厅广泛认真调研的基础上,对省政府有关科研机构改革的政策进行细化,参照国家科研机构转企及企业改制的有关规定,同时学习江苏省经验,明确了我省科研机构改革工作与转制改制相结合,加快了改制的进程。二是对资产评估确认。与省科技厅联合委托有评估资质的中介机构对科研院所进行产权界定、清产核资和资产评估工作,按照国家和省里有关规定,对非经营性资产进行认定和剥离,核销不良资产,提取坏账准备金,对净资产进行合理调整,明确了科研单位资产的数量、构成和性质,提高了院所资产的质量,为资产处置和股权设置奠定了良好的基础。三是进行资产处置。省财政厅与省科技厅多次调研、协商,共同商议制定了资产处置中首先必须处置的项目,如经济补偿金、预提离退休职工医药费、预提离退休职工地方津补贴等改革的基本成本支出及转制后科研机构需要负担的一些支出,从而保证了转制单位能够轻装上阵,提高其科研实力。由于政策支持,措施得力,科研机构的体制改革工作进展顺利。到目前为止,19 家转制科研单位中,省财政已批复 14 家的资产处置方案,其中有 1 家已完成工商企业登记注册,13 家正在进行股权设置。

(三)优化科技三项费用的投向,推进科技创新与可持续发展。改革开放以来,根据国家科技计划体系和全省科技发展的客观要求,在省财政的支持下,我省各类科技计划从无到有,先后设立和实施了 14 大类,对于全省科技的发展起到了积极的作用。1998—2002 年,我省列入各类科技计划的项目共计 1600 项,省级财政科技三项费共投入 33844 万元,并吸引了相关企业数十亿的科技投入。全省围绕重点产业和领域,集中力量,组织攻关,解决了一批长期制约我省国民经济和社会发展的关键技术难题,取得了一批重大科技成果,推广应用一批共性关键技术,推动了科技与经济的互动发展,增强了企业的创新意识和能力。一是加强了创新与产业化建设,培育了一批重大科技产业化项目。省财政集中了过半数的投入 6700 万元,将有限的资源,发挥最大的效益。通过对一批重点创新与产业化项目的扶持,进一步推进了新的农业科技革命,加快了高新技术及其产业的发展,初步形成了新材料、电子信息、生物医药、光机电一体化等一批具有特色的高新技术产业。二是加强创新基地与环境建设,为科技进步创造良好环境。近几年来,省财政厅重点围绕创新基地与环境建设,投入经费 4300 万元,使科技三项费用由传统的单纯投向项目,逐步开始投向科技创新环境与能力建设上。加大了对科技信息网的建设,首先投入资金对现有的科技网络进行改造和加强,并着手在全省各市全面规划科技信息网地市分中心的建设。以省中心站为主的科技信息网络,通过优势互补、资源共享,真正实现既集中、又统一,既高效、又全面服务的整体目标。加大了科技企业孵化器建设的支持力度,科技企业孵化器是面向科技创业者和科技型中小企业的科技产业化服务机构,其中心任务是转化科技成果,培育科技企业,培育科技企业家。科技企业孵化器在将科技资源迅速、高效地转变为社会生产力,促进科技型中小企业成功创业和快速成长,加快高新技术产业发展和传统产业升级改造等方面已经显现出独特的功能和作用。加大了农业示范园区的建设,安徽省作为一个农业大省,农业在全省国民经济行业中占有重要的地位。农业示范园区的建设,促进了我省农业结构的调整,形成了产业结构与资源环境相适应的生产格局,走上了良性循环的可持续发展道路。自1998年开展农业示范园区建设以来,共建立了不同区域、不同类型、不同层次的各类农业科技示范园区600多个,建园面积近4万公顷,辐射面积49万公顷,较好地发挥了示范辐射作用,加快了现代农业科技的推广应用。三是加强应用基础研究,增强我省科技的可持续发展能力。基础研究是人类文明进步的动力、技术创新和经济发展的源头与先导。将科技三项费用投入其中,虽然短期内的成效不十分显著,但对于增强我省科技可持续发展能力具有特别重要的意义。结合安徽省情,投入经费2000万元,确立了以应用基础研究为主的方针,并通过安徽省自然科学基金计划和优秀青年科技基金计划的实施,增强我省科技、经济发展的动力。

*(四)充分发挥财政职能,支持高新技术产业发展。*1998—2002年,安徽省高新技术产业进入新的发展阶段,取得了显著成效,为全省科技进步及经济结构调整作出了重大贡献。5年来,省财政共投入专项经费4335万元,支持我省高新技术产业发展。其中,攻关项目投入2975万元、大学科技园和芜湖国家工程中心各投入500万元、孵化器投入170万元。在财政的支持下,高新技术产业获得了较快发展。全省高新技术产业总产值1365.8亿元,技工贸总收入1212.63亿元,利税158.99亿元,出口额12.6亿美元。2002年,全省高新技术产业实现产值570.15亿元,同比增长21.3%;技工贸总收入542.72亿元,同比增长25.9%;利税74.64亿元,同比增长20%;出口额4.31亿美元,占全省出口总额的19%,同比增长24%。2002年,合肥、芜湖、蚌埠3个高新技术产业开发区实现技工贸总收入283.97亿元,占全省高新技术产业技工贸总收入的68%;工业总产值229.52亿元,占全省高新技术产业总产值的48.8%。为支持高新技术产业的发展,省财政投入和支持的重点放在两个方面。一是推动科技企业孵化器建设,扶持高新技术企业发展。为贯彻省委、省政府"发展高科技、实现产业化"方针,我省把科技企业孵化器建设作为发展高新技术产业的突破口,不断加大工作和投入力度,使孵化器服务质量和水平都有较大提高,总体数量迅速增多。全省现有科技企业孵化器21家,其中国家级5家,创业孵化面积达20万平方米,在孵企业572家。在这些科技企业孵化器中,既有综合性的高新技术创业服务中心,又有面向特定技术领域、特定创业对象的专业孵化器。二是加大重大高新技术产业化项目、重点科技专项和攻关项目的支持与实施力度。根据省里发展高新技术产业发展的规划和要求,在立足现状和优势的基础上,以重点企业为主体,依托高等学校和科研机构的力量,组织实施制造业信息化、计算机软件、电子材料及元器件、纳米材料及应用、生物医药等8个重大科技专项。"十五"前3年,在电子信息、先进制造、新材料及节能技术领域共组织科技攻关计划项目50项,投入科技三项费515万元。

*(五)大力加强科研平台建设,为科技发展奠定坚实基础。*科研条件是科学技术事业发展的重要支撑,它为我国原始性科技创新、高新技术成果转化和产业化及社会可持续发展发挥着基础性支撑作用,对科学技术的发展起着重要的促进和推动作用,是一项重要的科技基础性工作。近年来,省财政顺应科技和经济发展的要求,积极探索当前形势下支持和推动科技事业发展的途径,并取得了一定成效。一是加强省级重点实验室建设,为创新研究和人才培养提供平台。重点实验室建设作为创新基地建设的一部分和科研条件的重要内容,对开展创新研究、引进培养人才、进行学术交流起着非常重要的基础平台作用。目前全省共有重点实验室23个,其中国家实验室1个,国家重点实验室1个,国家重点实验室专业点1个;部属重点实验室16个(其中省部共建实验室4个),省级重点实验室4个。为加强重点实验室建设,省财政每年在年初预算中都安排经费220万元,专项用于重点实验室建设,5年来共投入980万元。1998年以来,为加快省级创新体系建设,促进高新技术产业发展,省财政厅、省科技厅联合制定了《安徽省"十五"重点实验室发展意见》和《安徽省重点实验室管理暂行办法》,面向高等院校、科研院所、大中型科技企业投入855万元,采用"公开申报、专家评审、公平竞争"的方式,围绕我省高新技术领域,突出"经济社会发展需求和科研优势相结合",2002年选择部分优势领域新建了13个省级重点实验室,投入了565万元财政资金。通过建设一批省级重点实验室,构筑了我省科技创新体系,使之成为我省科技创新的平台、人才引进培养的基地和科技合作交流的中心,为我省经济建设和社会发展提供基础性的支撑作用。二是依法管理实验动物,为提高实验动物科学水平创造优质平台。实验动物是生命科学研究和医药发展的重要基础材料和支撑条件。为加强实验动物管理,提高我省实验动物科学水平,在科技部门调研的基础上,参与制定了《安徽省"十五"实验动物发展若干意见》,明确指导思想、目标任务和工作重点。协助科技部门认真宣传贯彻落实国家《实验

动物管理条件》等政策法规精神，制定了我省《实验动物许可证管理办法实施细则》，推动许可证制度的实施，成立了由省科技厅牵头、卫生厅、教育厅等部门参加的实验动物管理委员会和实验动物专家组，加强实验动物的协调管理和技术培训、咨询服务。省财政在省级财力十分困难的情况下，每年在预算中安排一定数额的专项经费，5年来共投入126万元。三是推动科学仪器协作共用，为科技发展打造更加广阔的平台。近年来，根据国家对科技资源整合的总体要求，省财政首先在经费投入上给予支持，5年来共投入150万元，同时积极支持与配合省科技厅做好大型精密仪器协作网扩网工作，利用在皖高校、大中企业和中国科学院合肥物质研究院拥有较多高精尖仪器的优势，扩大我省大型仪器的协作共用。主要通过开展大型精密仪器调研，对高等院校、科研机构、大型厂矿企业、检测机构拥有的大型科学仪器进行普查，修订汇编《大型精密仪器协作共用手册》，同时建立大型精密仪器的维修队伍。

（六）认真贯彻《科普法》，积极支持科普事业发展。在推进全面建设小康社会的进程中，我省各级科协在1998—2002年5年中，以经济建设为中心，围绕我省经济建设中的重大问题，发挥人才、智力、组织优势，以多种形式促进科技与经济的结合，促进科技成果转化为现实生产力，取得了较好的经济和社会效益。5年来，省财政共投入专项经费3000万元，重点支持了学术活动、科学普及活动、青少年科技活动和科技馆建设等项目。一是省财政共投入了454万元，支持举办安徽科技论坛和首届安徽省自然科学学术年会。2000—2002年，省科协连续3年围绕我省经济、社会、科技发展及应对入世中的重大科技问题，先后组织举办了两届安徽科技论坛和首届安徽自然科学学术年会，两届论坛均被中国科协评为重点学术活动一等奖。二是发挥科普工作主力军作用，开展多层次的科普活动。受中国科协委托，我省承担的全国科普大篷车研制任务已圆满完成并获得专利，现已生产Ⅰ、Ⅱ、Ⅲ型大篷车16辆。两年来，我省科协的科普大篷车行程25000多公里，跑遍了全省17个市、80个县(区)、100多个乡镇、社区、学校，深受各级领导重视和广大群众欢迎。“科普大篷车下乡万里行”活动为科技下乡活动注入了新的活力，扩大了科协在社会上的影响，省财政先后投入了1500万元，支持该活动的开展。三是面向青少年，开展科学素质培养活动。几年来，全省有30多万中小学生参加了青少年科技创新大赛、青少年科学论坛、科技传播行动、五学科奥林匹克竞赛、科技夏(冬)令营、计算机机器人等活动。5年来，在全国青少年生物和环境科学实践活动及全国青少年科技创新大赛中，我省共获得一等奖12个、二等奖25个、三等奖39个，展示了我省青少年的风采。5年来，省财政积极参与支持青少年科技活动共投入经费489万元。四是积极支持公益性科普教育场所的建设。安徽省科学技术馆是安徽省政府投资兴建的大型公益性科普教育场所，是安徽省向国庆五十周年献礼的重点工程之一，它占地7950平方米，建筑面积11700平方米，其中展厅面积近4000平方米，总投资5200多万元。目前展品已达160件(套)，展品涵盖了基础科学、现代科技成果、高新科技发展趋势以及安徽科技发展等等，其中富有创造性的亮点展品有16件，其创意、设计、制作均为同类科技馆之最。自开馆以来，已接待国内外观众45万余人次，主要为大中小学生、军人、城镇居民，更有来自美国、日本、韩国等国家的国外参观考察团，取得了明显的社会效益和经济效益，已成为全国科技馆建设的示范场馆。省财政除在建馆初期给予投入外，还向财政部积极争取资金在展品添置和维修上给予扶持，近几年来，安排给科技馆展品维修、维护、添置经费约475万元。

二、促进科技事业发展的体会与思考

（一）要进一步强化科技意识，更加重视和支持科技事业发展。我省科技事业在机构队伍建设、基础研究和应用研究、科技平台建设、支撑高新技术产业化、促进经济发展等多方面取得了重大成就。多年的工作实践使我们深深体会到，我省科技事业发展成就的取得主要是全省上下形成了尊重科学、重视科技事业发展的共识；省委省政府把“科教兴皖”提高到战略高度，作为全省重大的战略，各级财政部门始终把支持科技事业的发展作为一项重要任务，这是科技事业发展的有力保证。但是，也要看到一些地方科技意识不强，对科技在经济社会发展中的地位和作用认识还不到位，认为只有上项目、投资企业才是发展经济，对增加科技投入，执行国家和省里为发展科技型企业而制定的优惠政策积极性不高。因此，要加快我省科技事业的发展，发挥科学技术第一生产力的作用，必须进一步解放思想，转变观念，充分认识科技在加快发展、富民强省中的作用，正确认识科技发展与经济发展的关系，正确处理好科技投入与经济建设投入的关系，加速把科技第一生产力培育成经济发展第一增长点。

（二）要适应市场经济体制的要求，更加积极推进科技事业改革。在社会主义市场经济体制下,加快科技事业发展必须加快改革步伐,走出一条既符合科技发展规律又适应市场经济发展要求的新路子。非公益性的科研机构要加速走向市场,公益性的科研机构也要创新运行机制,这是我省科技发展的重要经验。省财政十分重视支持科技体制改革,积极支持开发类机构转制,目前19家开发类机构正在转制。其中一些科研机构很早就走向了市场,如省生物所面向市场,开发新产品和新技术,并成功地裂变出了2003年"非典"期间声誉卓著的安科生物工程公司。不可讳言,科技体制改革还滞后于经济体制改革,仍然有相当多的科研部门宁愿躺在财政的怀抱里而不肯走向市场,改革和改制较为被动。因此,要按照中共十六届三中全会的要求,加快科技体制改革步伐,根据公共财政的要求,政府主要保障公益性的科技事业发展,非公益性的科技产业要尽早走向市场,财政要进一步创造必要的条件,在人员安置、社会保障、改善科技条件等多方面大力支持。

(三)要进一步创新管理方式,提高财政资金使用效益。管理创新是财政促进科技事业发展、合理配置科技资源的重要途径。科技机构分类管理是适应市场经济发展的要求、合理配置科技资源的重要举措。省财政较早实行了公益性科研机构与非公益性科研机构分类管理的工作,对前者实行全额拨款,财政保障供给;对后者实行差额拨款,鼓励其走向市场。近年来开发类科研机构正在转制,公益类科研机构改革即将试点。创新资金管理方式,以项目为投入对象,采取"公开申报、专家评审、公平竞争"的方式确定资金投入,也是财政在近年探索出的一条行之有效的措施,在实践中取得了显著效益。这些改革措施已经和必将在实际中产生较好的作用,使科研机构能更加有效地利用社会资源,更加有效地提高资金使用效益,更加有效地使科技与经济紧密地结合在一起,解决长期存在的科技和经济"两张皮"的问题。

(四)要集中有限资源,从优选择有限目标,实现重点突破。这些年来,在财力有限的条件下,我省科技事业取得了显著成效,其中一条宝贵经验是突出重点,从优选择有限目标突破。如我省选择了基础较好、有条件发展、对经济发展产生重大牵动力的8个科技专项实行攻关,省财政积极支持和配合这一攻关项目的实施。但是,在一些领域,仍存在重点不突出、平均用力的状况,资金分散使用的现象较为突出。如2003年我省归口省科技厅的科技三项费用3200多万元,用于249个项目,平均每个项目仅12万多元,最小的项目仅0.5万元,资金强度过低,难以跟踪问效。因此,在财力还不充裕、各行业都对财政资金十分渴求的情况下,必须选择重点领域率先突破。当前应紧密围绕省委、省政府关于起步阶段我省全面建设小康社会的战略部署,围绕建设八大产业基地和六大基础建设工程来安排我省科技资源的战略投向,充分发挥科技第一生产力的作用,加速全面建设小康社会的进程。

三、支持科技事业发展的对策建议

党的十六大报告,把科技进步与创新体现在新世纪经济建设、政治建设、文化建设的各个方面,号召全党坚持实施科教兴国战略,促进科技创新与产业化,对科技工作提出了更新更高的要求。这对发展中的我省来说,意味着促进科技创新与产业化的任务更加艰巨,责任更大,对各级财政部门的要求就更高。结合当前财政支出改革的要求,我省科技事业财政支出存在着科技投入严重不足,与发达省份相比差距很大,与欠发达省份相比优势不明显,与相当规模省份相比呈落后态势,在全国的位次依然靠后。

(一)继续发挥财政科技投入主渠道作用,建立财政科技投入稳定增长的保障机制。随着我国市场经济体系的逐步完善,多元化的科技投入格局正在形成,但与我国经济发展阶段相适应,政府在科技投入中仍居于主导地位。因此,必须认真研究制定操作性强、科学合理的财政科技投入保障机制,制定突出我省特点和优势的财政科技投入宏观战略。按照"支持重点、兼顾一般"的原则,集中资金保证重点科技领域和重点项目的投入。以公共财政理论为指导,进一步规范财政科技投入范围,对确需政府支持的公益科研机构,要加大财政资金的投入力度,积极推进科研机构面向经济建设的主战场。结合我省科技特点和优势,制定财政科技投入与GDP、财政收入、财政支出等经济指标的标准化衡量体系,加强财政对科技经费总量的调控力度,在公共支出安排上切实将财政科技投入置于优先的位置。

(二)充分发挥市场机制作用,深化科技管理体制改革,促进科技事业发展。按照党的十六届三中全会精神,改革科技管理体制,加快国家创新体系建设,促进全社会科技资源高效配置和综合集成,提高科技创新能力,实现科技和经济社会发展紧密结合。根据我省经济和社会发展的新形势和新要求,通过深化科技管理体制改革,在政府宏观调控和引导作用下,充分发挥市场机制作用,推进科技机构面向经济建设的主战场,加速企业化转制的步伐,以技术创新为核心、以科技产业化为目标,促进各种创新要素紧密互动、优势互补,相互促进,把技术创新与建立现代企业制度有机结合起来,推进企业成为技术进步和创新的主体,为提升我省的科技实力和增加我省的GDP作贡献。当前和今后一个时期,一是深化科研院所体制改革,鼓励和支持开发类院所与企业联合,采取多种形式,进一步激活院所资源和机制,推动其健康发展;另一方面是积极探索公益类院所改革,增强市场观念,运用市场的办法,改革人财物的管理,建立既适用公益性要求,又适应市场要求的新机制。二是充分发挥市场导向,多渠道、多元化地筹集科技发展资金,特别是积极运用市场机制,扩大科研成果转化,促进高新技术产业化的发展。

(三)探索科技资源管理运行模式,形成以共建共享为核心的制度体系,提高科技资源的利用率。按照"健全法制,保障共享、强化服务、兼顾利益"的要求,规范政府、科技资源建设单位和使用者的责任、义务和权利,以共享为核心带动科技资源的建设、保护和开放。统一整合、优化和协调各部门的科技资源。进一步打破部门、地区和行业界限,彻底改变条块分割的状况。要改变"部门所有"和"单位所有"的管理观念,建立起不分中央与地方,部门与单位的科技设施、设备、数据、成果共用共享机制。推进管理方式创新,建立适当集中与适度分散相结合的新型管理体制,建立和完善增量激励机制和开放机制。同时要通过财政手段鼓励高等院校与科研机构形成相互开放、分工合理的结构布局,充分发挥高校的创新能力,提高科技资源的利用率。

(四)强化科技计划项目的管理,重点支持我省高新技术产业发展。科技三项费用作为政府的引导资金,对我省科技发展尤其是促进高新技术发展起到了积极的作用。管好和用好科技三项费用,最大限度地发挥效益,是我们需要认真落实的工作任务。首先,要引进竞争机制,在科研项目的立项过程中引入竞争机制,择优支持科技项目;在科技计划中充分体现政府的意志。其次,要健全评价机制,加强对科技三项费用的过程管理,采用书面和现场答辩等多种形式,对科技三项费用的使用有一个科学、客观的评价,保证其使用绩效有一个正确的评价机制。第三,要完善监督机制,科技三项费用的使用过程涉及到管理部门、承担单位、科技人员等多个主体,建立一种相互监督和制约的机制,可以保证科技计划项目的顺利实施和经费使用效率的最大化。第四要健全项目的跟踪管理机制,由于技术和市场变化的节奏加快,计划执行中会出现一些新情况和问题,需要及时调整计划,使有限的经费能发挥最大的效益。

(五)建立财政科技投入经费使用绩效考评体系。改变过去存在的重投入、轻管理,重项目立项、轻项目效果的现象。逐步建立起财政科技投入经费使用绩效考评体系:一是制定规范的科技经费绩效考评办法;二是制定体现科研业务特点的科技经费绩效考评指标体系;三是制定财政科技投入经费绩效考评工作规程;四是最终建立起一套完善的绩效考评制度,以促进财政科技投入经费管理水平和使用效益的提高。

(执笔:韩剑辉)

安徽省文化财政投入现状及对策建议

省财政厅课题组

"一五"以来,在各级党委、政府的关心重视下,各级财政部门认真贯彻"三个代表"重要思想,突出文化事业的重要地位,积极落实省委、省政府关于"打好徽字牌、唱响黄梅戏,建设文化强省"的战略决策,克服收支矛盾突出的困难,坚持将文化事业的发展作为财政支出的重要方面,按照突出重点、整体推进的思路,不断加大投入,确保了文化经费增长的速度高于财政收入的增长速度,有力地促进了我省文化事业的繁荣与发展。但是,由于我省文化基础设施薄弱,再加上长期以来在计划经济体制下形成的管理体制、布局结构、发展模式等方面与市场经济的要求还有较大的差距,存在着诸多的问题和矛盾。党的十六大给文化事业和文化产业发展带来新的历史机遇,也提出了新的要求。十六大报告首次对文化产业的地位、作用、发展目标以及文化产业与文化事业的关系作了全面论述,明确提出积极发展文化产业的要求。文化事业、文化产业更加受到各级党委和政府的高度关注和广泛重视。目前,不少省市都在积极制定规划,采取措施,大力发展文化事业和文化产业。因此必须充分认识发展文化事业和文化产业的重要性和艰巨性,正确分析新形势,认真总结经验,研究切实有效的对策和措施,用经营文化的观念来发展文化事业和产业,以便在竞争激烈的市场经济条件下,取得文化事业和文化产业并进、社会效益和经济效益齐驱的共赢局面。

一、持续加大对文化事业的投入

(一)财政对文化事业的经费投入持续增长。1998—2002年,全省累计投入文化事业费79253万元,年均递增12.71%;文物事业费11176万元,年均递增17.43%。省级文化经费财政预算拨款年均递增26.37%,其中,2002年省级文化经费投入1.35亿元,较2001年增长32%,远远超出同期财政收入的增长幅度。除此之外,1998—2002年,省财政还安排省级宣传文化发展专项资金近1.5亿元、文化事业建设费8600万元,争取国家补助我省文化经费3000多万元,有力地支持了我省文化事业的发展。截至2002年底,我省共有各级各类文化事业机构2255个,从业人员达35284人;各类群众艺术馆、文化馆站1893个;各类公共图书馆84个,总藏量791.8万册;各类博物馆、文物机构136个,藏品85820件。省、市、县、乡四级文化机构已具规模,形成体系。

(二)强化对文化重点项目的扶持,集中财力完善图书馆、博物馆、艺术馆等重点文化基础设施建设。省财政专项投入3700多万元的安徽大剧院维修改造工程已经完工,发挥了较大的社会效益和经济效益。省财政在先期通过企业税前列支赞助完成省图书馆扩建改造后,为了充分发挥省级图书馆应承担的职能,又投入5000多万元对新馆(2.404万平方米)、老馆(1.286万平方米)进行了装修改造。目前,第一期经费2000万元所购置的内部设施、设备已全部到位,初步满足了新馆开馆的需要。2003年10月18日,省图书馆顺利开馆,社会反响很好;二期经费投入改造完成后,新馆可满足藏书420万册、电子文献8000件、视听文献10万件,充分发挥前期投资效应。投入1000多万元,建筑面积2100平方米的省黄梅戏艺术馆竣工后,为充分发挥该馆的设计功能,省财政又专项补助内部装饰及配套设备配置经费500多万元。黄梅戏艺术馆的建成使用,不仅给省会合肥增添了一座展示文化形象和文化品位的建筑,也成为我省实施建设文化强省的发展战略,展示黄梅戏艺术的重要舞台。为进一步宣传黄梅戏,2002年省财政又给予专项补助,成功建立开通了“中国黄梅戏网”,成为我国目前最大的单一剧种综合性专业戏曲网站。该网站采取财政补助+市场运作的方式,改变了财政包揽的传统做法,不仅节约了财政资金,而且实现了资源的优化配置和最大限度内的共享。省财政在会同文化厅、文物局等有关部门对省博物馆新馆选址和建设进行论证的同时,积极支持老馆的改造和维修,重点实施了建馆以来的库房基础设施改造维修和防虫防蛀工程,从而改善了库藏约23万件珍贵文物的保护条件。已建成使用的精品库房和古生物馆,不仅为我省展示文物精品和内外宾接待提供了较好的环境,也使省博成为我省考古研究和青少年科普教育的基地。财政补助2000多万元,为省文联提供了全新的办公场所,并为文联的10个协会配置了计算机,实现了办公自动化,大大改善了文联的办公条件。在省财政500多万元启动建设资金的支持帮助下,总建筑面积2万多平方米的文化厅高知楼于2000年竣工交付使用,缓解了文化厅系统高级知识分子住房紧张的问题。合肥市通过经营土地资本,利用土地出让金及融资等方式筹集资金8亿元,在经济技术开发区建设了明珠广场、徽园、欧洲风情街、安徽会展中心等文化、旅游基础设施,既提高了城市品位又繁荣了文化。芜湖市兴建了一批具有标志性意义的体育场馆和其他文化设施,马鞍山新建了新的图书馆,其他市县也都兴建了一批重大的文化基础设施。

(三)积极扶持文化艺术多出精品力作。支持黄梅戏的系列展示活动,其中新编黄梅戏《回民湾》在全国少数民族文艺会演中获得了演出、创作两项金奖和组织奖,实现了黄梅戏“梅开三度”的新辉煌。支持省杂技团参加国内外比赛,在2002年由文化部主办的全国第四届青少年杂技大赛中,参赛的两个节目均取得了最高奖“金狮奖”,受到了省政府的表彰和嘉奖;代表中国参加2003年10月份意大利拉帝那国际马戏节杂技比赛的《空中秋千》和《抖杠》两个节目分获金奖和银奖。支持《孔雀东南飞》剧目的排练,该剧在“中国第八届戏剧节”上获得6项大奖:优秀导演奖、优秀作品奖、两个优秀演员奖、剧目奖和演员奖,极大地提升了我省作为文化大省的形象。

(四)保证重大文化活动的顺利进行。为进一步繁荣我省书画艺术创作,突出徽文化的特色,省财政设置了“书画创作展览活动”专项,支持省文联成功举办“2002年第十六届全国版画展”,更好地弘扬了徽派版画的优秀传统,促进了新世纪安徽版画再展风采。支持省画院成功举办“黄山风”书画展,在全国美术界引起较好反响。设立了“图书古籍缮本出版”专项,用于整理和出版我省鲜为人知的珍贵史料及缮本,这对于深入研究和探讨徽文化内涵,充分发挥我省传统文化资源,有着极为重要的意义。目前,已完成了《红楼梦图咏》和《省图书馆馆藏历史人物手札选》的复制，取得了较好的效果。支持省电视台和中央电视台投资拍摄大型电视连续剧《新四军》，目前该剧已在中央台一套播出，取得了良好的社会效益和经济效益。在省财力极为紧张的情况下，拨出专款，支持我省文联代表团赴京出席全国文代会和作代会；支持文联顺利召开第四届代表大会，各专业协会成功换届，调动了各专业协会的积极性，促进了全省文艺事业的发展。

(五)加强对世界文化遗产、国保、省保文物的保护。5年来，省财政累计投入文物保护专项经费近1900万元，同时积极争取中央财政和国家有关部门对我省的关心和支持，有力地支持了文物保护工作并取得了显著成效。截至2002年底，全省文物国保单位由15处增加到36处，省保单位由200处增加到331处，县保单位达到2000多处，全面完成了省政府关于文物保护工作的任期目标。为提高资金使用效益，省财政厅会同文化厅制定下发了《安徽省文物保护专项补助经费使用管理办法》，对文物保护资金进行规范管理。省财政厅会同省文化厅和省文物局对全省文物的分布、保护、开发、利用和管理情况进行了系统的调查和研究，拟在此基础上，制定关于对我省文物进行保护、开发和利用的综合规划，进一步发挥我省作为文物大省的优势。

二、推进文化事业发展的主要措施

(一)切实加强基层文化建设。为加强基层文化建设，省财政厅先后会同和配合有关部门制定了《关于进一步加强全省基层文化建设的意见》、《关于实施全省文化信息资源共享工程的通知》、《安徽省农村电影16mm拷贝补贴暂行办法》等一系列文件，从政策上引导和鼓励文化事业的健康发展。设立了“杜鹃花工程”专项资金，用于基层文化建设，并以此为调控手段，扎实推进县(市)、乡的基层文化工作。目前，全省已建成“杜鹃花工程”省级示范点140个，省、市、县3级500个，对于巩固我省农村基层文化阵地、繁荣基层群众文化生活起到了显著作用。对农村16毫米电影拷贝实行专项补贴，3年累计补贴100多万元，推动全省“2131”工程建设取得了初步的成效，全省农村电影放映队发展到3000个、乡镇影剧院发展到620个，初步缓解了农民看电影难的状况。支持全省各地积极开展创建文化先进县和优秀乡镇文化站工作，目前，全省建成全国文化先进县(市、区)13个，省政府命名的全省文化先进县16个。安排宣传文化资金2700万元，重点支持了“双百工程”的建设，并以点带面，有力地促进了基层文化的发展。

(二)积极扶持文化产业发展。按照省委、省政府的部署，由省财政厅牵头，会同省国税局、省地税局积极开展了文化产业的调研工作，形成了“加大财政税收支持力度，促进我省文化事业和文化产业发展”的课题报告。在各级党委、政府的重视下，各级财政部门通过挖掘各种潜力，千方百计地增加对文化产业的投入和扶持，目前我省文化产业发展迅速，总量不断增加。以2002年为例，全省文化产业增加值达到137亿元，按可比价计算，比上年同期增长16.9%，比同期生产总值增长近8个百分点，占GDP比重为3.8%；比上年提高了0.2个百分点，接近发达省份水平。文化产业基础设施初具规模，积聚了进一步拓展的条件。文化产业从业人员数量可观，全省将近百万人；发展势头较猛的文化娱乐机构2001年已发展到5141个，从业人员2万多人。文化产业生产能力初具规模，2002年，国有和集体剧团全年演出1.26万场，国内观众达到1160.8万人次。各类艺术馆、文化馆举办展览2959个，组织文艺活动5586次，举办培训班2158次，各类博物馆参观人数34.2万次。文化产业积累了相当的物质基础。2001年末，全省文化演艺业资产总额达到10.66亿元，固定资产净值为8.8亿元。门类齐全、初具规模的文化产业，在我省国民经济中的地位日渐重要，已成为我省经济新的增长点。

(三)深入调查研究，积极推进省直艺术表演团体改革。艺术表演市场化是大势所趋，近年来我省各级财政和文化部门都为此做了不少积极有益的探索和尝试。但是，由于演出市场不景气、艺术表演团体的在职和离退休老同志工资及医疗费很难得到保障等因素的制约和影响，使得艺术表演团体的改革难以有实质性的突破和进展。为了贯彻省政府关于省直艺术表演团体改革的部署，省财政厅会同省文化部门在对省直5个艺术表演团体在职和离退休老同志人员经费以及单位财务状况进行专题调研的基础上，形成了《安徽省深化艺术表演团体改革的意见》上报省政府，决定从2003年起，对省直艺术表演团体离退休人员的工资由省财政全额供给，对在职人员将供给标准由60%提高到80%。2003年初，省政府下达了《安徽省人民政府办公厅关于印发进一步深化省直六家艺术表演团体改革若干意见的通知》(皖政办〔2003〕6号)。此举解决了艺术表演团体的后顾之忧，有力地推动了艺术表演团体改革。2003

年9月,省文化厅召开深化省直艺术表演团体改革动员大会,张平、臧世凯、蒋作君等省领导到会讲话,省直6家剧团负责人当场签订了《任期目标责任书》,标志着我省艺术表演团体深化改革正式拉开了序幕。目前,省直剧团改革正在实施,省财政积极支持、据实补齐省直剧团2003年在职和离退休经费缺口260多万元,并在2004年预算中进行了足额安排。

三、支持文化事业发展的政策建议

党的十六大提出要坚持先进文化的前进方向,大力发展文化事业和文化产业,这是促进我省文化事业繁荣和发展的绝好机遇,对此,提出以下建议:

(一)加强政策研究,努力增加文化经费的投入。文化投入应采取多元化渠道,不仅要有资金上的投入,还要有政策上的引导;不仅要以财政投入为主体,还要有多渠道的资金筹措。一是进一步加强调研,结合我省情况,制定积极的文化经济政策,充分发挥文化经济政策的宏观调控作用,统筹安排,保证重点,鼓励和引导文化事业健康发展。对文化事业建设做到"五纳入",即纳入本地经济和社会发展的总体规划、纳入城乡建设规划、纳入财政预算、纳入体制改革、纳入领导责任制。二是继续坚持财政投入主渠道,努力形成财政投入为主、其他渠道为辅的多元化文化经费投入保障机制。除要继续争取中央财力的支持外,省级财政与市县各级财政都要随着社会经济的发展和财力状况的好转,逐步加大对文化的投入。同时继续完善文化事业建设费、宣传文化发展专项资金的募集与管理。三是充分利用财政、税收等经济杠杆,引导资金投向,调整文化布局,支持文化建设。省财政将继续发挥资金投入的导向和示范作用,增强对文化事业发展的宏观调控能力,带动市县财政将有限的资金投到文化事业发展的重点项目上来。四是加快文化事业单位投入和管理体制改革,促进文化事业投入主体多元化,所有制形式多样化。要积极引进市场化的商业运作方式,通过冠名权有偿转让等文企联姻的方式,努力吸纳社会闲散的民间资金和商业资金,鼓励社会力量对文化事业进行公益性捐赠,争取形成我省文化事业全民共建的良好局面。

(二)引入市场机制,积极推进文化体制改革。我省文化事业改革从总体上来说已取得初步成效,如黄梅戏剧院和省歌舞团作为剧团改革的试点,重点实施演出补贴和聘用合同制两项改革措施,使剧团焕发了生机与活力,为现在正在深入的艺术表演团体改革提供了很好的经验。但从全国总的改革形势来看,我省文化事业改革由于受诸多因素和环节的制约,改革的步伐迈得还不大,现行的文化事业管理体制和运行机制还不适应市场经济发展的要求。党的十六届三中全会明确提出要重视文化发展,深化文化体制改革。我省文化体制改革要从计划经济体制下形成的传统文化发展观中解放出来,树立与社会主义市场经济体制相适应的新的文化发展观,以增加投入、转换机制、增强活力、改善服务为重点,抓好公益性文化事业的改革和发展;以创新体制、转换机制、面向市场为重点,抓好经营性文化产业的改革和发展,推动我省文化事业和文化产业走上良性循环、健康发展的轨道。要严格界定支出范围,引入市场机制,强化市场意识,大力推进文化体制改革。按照社会主义市场经济和公共财政支出的要求,财政对文化的投入主要是用于保障公益性文化事业单位,如政府投资建设的图书馆、博物馆、纪念馆、文化馆(站)和文化文物科研机构等。对于此类单位,要充分挖掘和利用文化资源优势,加快内部管理体制和运行机制的改革,精简富余人员,使财政投入更多地用于事业的发展。而对政府投入面向全社会提供公共文化产品或服务的,虽具公益性但又可以实行市场经营运作、具有自我发展能力的,如文化宫、展览馆、文物商店等,政府设立的标志地方、民族水平与特色的各类艺术表演团体、群众艺术场馆、各类文化剧场(院)等文化事业单位,财政应结合单位的具体情况区别对待:对经扶持能走向市场实现自给的应大力培育和扶持,加强市场研究,积极开拓市场,采取多种方式,促进文化艺术产品及服务的社会效益和经济效益的最佳结合,提高其市场竞争能力;对走向市场确有困难的,应继续予以适当的资助,实现财政和市场两个杠杆的作用,最终将主要由财政投入建设的非盈利性文化行业,逐步引导形成由财政投入和社会捐赠相结合的多元化资金筹措机制;放开一般竞争性的文化产业的资本准入制度,降低进入门槛,文化娱乐、演出、会展、音像等行业,都允许包括集体、民营、外资和自然人等在内的各种投资主体投资经营,充分发挥市场机制的调节作用。文物保护也要探索市场机制,在国家文物保护法允许的范围内,实行所有权不变,经营权转让的探索和尝试。

(三)优化整合文化资源,实现资源共享。各级财政在文化事业投入上已尽了很大努力,但仍然不能适应文化事业发展的需要。这一方面虽有因经济发展水平不高所造成的财力不足问题,另一方面也与文化事业资源布局不合理、规模效益不高、损失浪费严重有关。因此必须改变过去我省文化事业单位设置零散、低水平交叉重复、规模过小、服务单一的现象,对我省文化资源进行优化组合、重新配置,实现资源共享,提高资金使用效益。要鼓励文化单位之间优势互补,形成以优秀人才、高新技术、名牌产品、高效经营单位为龙头,以资产为纽带的大型文化产业集团。同时,要打破现行固有的各种不合理限制,实行跨所有制、跨地区、跨部门、跨行业的多元化经营。要引导艺术表演团体进行资源优化整合。通过定期对艺术表演团体评估,根据艺术生产和演出市场需求状况,重新配置资源,调整结构,合理布局,分级扶持。对没有特色、影响效益的团体,可通过重组、合并、买断等各种形式进行优胜劣汰,确定一批具有代表地方性、示范性、保护性的艺术团体,区别不同情况给予政策和经费扶持。如黄梅戏是我省具有代表性的优秀戏曲剧种,在全国戏剧艺术中占有重要地位,并已成为我省标志性的文化形象。我省应树立精品意识,实施精品战略,对黄梅戏进行重点扶持。要盘活现有文化资源,打破行政区划和僵化的用人机制,集合全省文化资源和优秀演职员打造文化精品工程,实行全省上下密切协作,资源共享,以利于形成规模和精品效应,增强市场竞争力。

(四)改革投入方式,努力提高文化资金的使用效益。针对文化经费供需紧张的矛盾难以短期解决的状况,财政在加大对文化事业扶持力度、保证其必要支出同时,应适时改革投入方式,调整支出结构,逐步提高具有激励性质的经费投入比例,建立和完善激励机制,拓宽投资渠道,在促进文化单位在生产出更多优秀文化产品、为人民群众提供更好的文化服务的同时,实现自身收入的增长,提高社会效益和经济效益。对表演艺术团体,要根据演出场次给予投入补贴,实行"以奖代拨"或"以投代拨",建立和完善激励约束机制。在文化项目的实施上要引进政府采购和招投标管理,如对于各级政府指定的政策性业务和活动,可以打破地区界限,向社会招标,给予专项拨款或补贴。在加大文化投入和落实优惠政策的同时,要强化文化财政财务管理,向管理要效益,制定文化资产有偿收入的管理办法以及向社会募集资金的管理办法,努力提高各项资金的使用效率。要充分发挥财政宏观调控作用,统筹安排、保证重点、集中力量办大事。要加强协调、鼓励共建、资源共享、提高使用效率,防止重复建设。要加强财务监管和跟踪问效。要围绕资金从分配、拨付到使用整个过程的各个环节,建立和完善资金支出绩效考评体系。财政、审计和监察部门要加强对各项文化建设资金使用的监督管理。

(五)制定产业规划,全面提升文化产业竞争力。随着社会主义市场经济体制的建立和完善,文化产业在经济结构中的地位越来越重要。我省文化产业目前虽然已具备了一定规模,也具备了进一步发展的基础,但还存在着规模总量偏小、结构不合理、整体投入不足、市场发育不良、优势产业不明显、缺少有竞争力的大型企业集团等许多问题。最近我省已将文化产业列为全面建设小康社会起步阶段的八大重点产业之一,并制订了产业规划。各市县也应根据当地社会发展情况,相对应地制定出切实可行文化产业发展规划,引导产业发展和资金投入的方向,力争做到政策上支持、措施上落实、投入上倾斜、管理上完善、服务上加强,为文化产业的发展创造良好的社会环境。财政更应从培育新的经济增长点的高度来支持文化产业的发展,破除文化是纯事业、"福利型"文化的旧观念,树立文化服务不仅能创造精神财富,而且能创造物质财富,还能为社会提供积累的产业化观念。一方面,各级财政部门要大力支持重大文化基础设施的建设和文化旅游资源的保护与开发,重点保障一批在全省乃至全国都具有一定影响的传统项目和优势项目,如黄梅戏、徽剧等,加快培育一批高水平的文化项目、精品剧本和优秀的音像制品,积极支持文化的对外交流。要充分利用好我省丰富的历史文化资源,打破部门分割和区域分割,形成集约化经营,变资源优势为经济优势。另一方面,财政部门要主动会同和配合文化部门深入调查,积极研究有利于我省文化产业发展的财务、税费、分配等各项优惠政策,努力为其创造一个宽松的环境。要在政策许可的前提下,鼓励和支持文化资源有序流动和有偿利用,盘活盘盈存量资源,推动文化资产重组配置,做大做活文化实体,建成几家在省内外具有重要影响的集创作、表演、竞赛、展示、交易、娱乐等于一体的大型文化中心和大型文化企业。在此基础上,逐步培育和扶持一批符合市场需求、辐射面广、带动性强的文化产业,如演出娱乐业、影视音像业、文化旅游业等。

(六)向基层和农村倾斜,促进基层和农村文化事业发展。切实落实省政府办公厅《关于进一步加强全省基层文化建设的意见》精神,增加对欠发达地区、对基层的财政支持力度。各级政府每年应安排一定经费用于扶持经济欠发达、财政较困难的地区的文化基础设施建设和改造;也应在省级扶贫专款中安排一定比例用于文化扶贫,支持老区、欠发达地区和社区基层文化设施建设。继续安排宣传文化专项资金,加大对“杜鹃花工程”的投入,并以点带面,推动全省基础文化建设。认真落实“2131”工程配套资金,改革农村电影的补贴办法,积极鼓励将电影真正送到农村乡镇,从而丰富广大人民群众的文化生活,繁荣基层文化市场。同时,抓住契机,配合国家“文化信息资源共享工程”,继续投入,实施我省“文化信息资源共享工程”,扩大文化信息资源共享工程覆盖面,并向基层和社区延伸。

(执笔:方虹慧)

大力支持人口和计划生育事业 促进安徽省可持续发展

省财政厅课题组

人口问题始终是制约中国可持续发展的的首要问题,是影响经济和社会发展的关键因素。改革开放以来,党中央、国务院一直高度重视人口和计划生育工作,作出了一系列重大决策。党的十六大报告将实现经济发展和人口、资源、环境相协调写入了党领导人民建设中国特色社会主义必须坚持的基本经验,并强调在全面建设小康社会的进程中,必须坚持计划生育基本国策,稳定低生育水平,促进人的全面发展,促进人与自然的和谐,使整个社会走上生产发展、生活富裕、生态良好的发展之路。特别是对于我省这样一个目前经济总量还不大的发展中省份来说,在全面建设小康社会的进程中,有两个因素至关重要:一是经济发展;二是人口控制。只有一方面加快经济发展,增加经济总量;一方面控制人口数量,提高人口素质,实现经济与人口的协调发展,才能顺利实现全面建设小康社会的奋斗目标。在这种形势下,如何进一步支持人口和计划生育事业,促进我省的可持续发展日益显得十分迫切和重要。

一、财政支持人口和计划生育事业发展情况

在省委、省政府的正确领导下,我省各级财政部门始终突出人口和计划生育的基本国策地位,坚持将其放在关系我省可持续发展的战略高度,不断从加大经费投入和完善政策机制两个方面,加强对人口和计划生育工作的财政保障力度,积极支持人口与计划生育工作的开展。

(一)逐步加大对人口和计划生育工作的投入力度。我省各级财政在收支矛盾突出、财力十分紧张的情况下,努力调整支出结构,使财政计划生育经费持续稳步增长。一是在年初预算中优先安排。各级财政将计划生育的基本经费纳入同级预算优先安排,基本保证了各级计生工作的运转。同时,省级进一步加大投入,专项安排4项手术补助,改善计生装备,使全省基层计生网络服务条件和能力不断改善和提高。2000—2003年,省财政年初预算分别安排计划生育事业费1682万元、1756万元、1919万元、2464万元,分别比上年增长22%、4.4%、9.3%和28.4%,远远高出省级同期财政收入的增长幅度。根据省领导的意见,省财政厅已决定在2003年先追加计划生育事业费500万元的基础上,2004、2005年再分别增加计生事业费预算1000万元和500万元,以使省级投入率先取得较大突破,并在全省起到带动示范作用。二是确保计生重点项目的投入。省财政根据国家人口和计划生育政策及工作形势的发展变化,适时调整经费结构,设立不同的专项资金,以保障人口和计划生育工作的需要。自1990年以来,省财政先后设立了“4项手术”补助经费、基层计生服务站装备经费,从1999年起对省级计划生育宣传教育、干部培训、“三为主”考核等都积极安排了专项补助经费。2002年起又增设了人口和计划生育信息网络建设专项补助资金,力争用3年时间建立起较为完善的人口和计划生育信息网络。省财政在十分困难的情况下,除零星追加之外,还于1998—2003年连续6年分别追加300、300、80、396、300和500万元专项经费用于宣传教育、干部培训、基层网络建设和“4项手术”补助开支,从而有力地支持了我省人口和计划生育工作的顺利开展。在努力保障计划生育事业支出的基础上,省财政还安排专项资金用于装备省计生委新办公大楼,使省计生委长期以来办公条件的窘况得以改善。三是切实保障基层计生经费。1998—2002年,各级财政累计拨付基层计划生育避孕节育技术服务支出20945万元,计划生育服务网设络建设支出35589万元,共建成了县级计生服务站106个、乡级计生服务所1811个、村计生服务室3万多个,初步形成了覆盖全省的人口与计划生育服务网络。我省基层计生经费除财政安排的资金外,另一重要来源是过去乡统筹中的计划生育开支部分和计划外生育费。据不完全统计,“九五”期间,我省共提取计划生育统筹费29657万元,征收计

划外生育费43256万元,有力地支持了基层计生工作的顺利开展。

(二)积极完善人口和计划生育的投入政策。建立稳固完善的财政投入体制,是从根本上保障人口和计划生育事业长远健康发展的关键问题。近年来,特别是自实行农村税费改革试点伊始,我省各级财政就始终将其放到优先发展的战略位置来考虑,主动参与人口和计划生育投入政策的研究与制定。一是将计生经费纳入乡镇财政预算管理。2000年5月省委办公厅、省政府办公厅出台了《关于印发安徽省农村税费改革有关配套文件的通知》(皖办发〔2000〕11号),明确提出把原由乡统筹费开支的包括计划生育费在内的五项事业支出纳入乡镇财政预算管理,同时也对其预算管理形式和使用范围作出了如下具体规定:"计划生育费,列入乡镇财政一般预算支出中的'计划生育事业费'项目,主要用于农民施行计划生育手术以及计划生育方面的管理、宣传教育、干部培训、计划生育对象的奖励以及计划生育专干的报酬等各项支出。"二是抓好免费提供农村避孕节育技术服务政策的落实。2001年国家出台的《计划生育技术服务管理条例》明确规定:"国家向农村实行计划生育的育龄夫妻免费提供避孕、节育技术服务,所需经费由地方财政予以保障,中央财政对西部困难地区给予适当补助。"国家计生委、财政部、卫生部、国家发展计划委于2001年11月联合下发了《关于落实向农村实行计划生育的育龄夫妻免费提供避孕节育技术服务的通知》(国计生发〔2001〕127号)。为使这一规定得到全面贯彻执行,我省及时转发了国家四部委的文件,同时提出了一系列的具体要求,进一步明确了免费提供的技术服务项目的范围。在此基础上,又于2002年12月份转发了国家计生委、财政部《关于对农村免费避孕、节育技术服务落实情况进行调查的通知》,在全省范围内组织了一次全面的调查,同时明确此项经费由县级财政负责落实,统一结算,省市予以适当补助,从而有效地促进了向农村免费提供避孕节育技术服务政策的落实。三是制定了计生经费由省市县3级财政按比例投入的规范性文件。根据中共中央、国务院以及省政府关于"十五"期间计划生育经费人均投入的有关规定和要求,结合我省实际,特别是针对过去计划生育主要依赖乡镇投入(增加农民负担)和省级适当补助的状况,2001年11—12月,省财政厅会同省计生委历时40多天对我省江南、江淮之间和淮北地区的6个市及其辖区内的7个县、8个乡(镇)、8个村的计生投入情况进行了广泛深入的调查研究,对人口和计生工作的经费需求进行了认真的测算,草拟了《关于进一步加大"十五"时期人口与计划生育事业投入的意见》。然后又两次组织省直有关部门和各市县财政、计生部门在一起讨论座谈,广泛征求意见,数易其稿。在此基础上,报经省政府同意,省财政厅会同省计生委于2002年4月联合下发了《关于进一步加大"十五"时期人口与计划生育事业投入的意见》(财教〔2002〕295号),明确了省(含中央)、市、县(含乡)3级财政的投入比例为20%、10%—20%、60%—70%,同时提出了加强计生经费管理、严格考核奖惩的具体要求和措施。从而,突出和强化了市县两级的投入责任,初步建立了"十五"时期我省人口与计划生育事业经费分级投入的保障机制,有利于从根本上解决长期以来,特别是农村税费改革以后我省基层计划生育事业经费严重不足的困难局面。此外,在农村中小学教师工资上收到县管理工作中,明确要求各地在调整县乡财政体制时,要确保各乡镇的基本运转开支特别是计划生育开支,不得留有缺口。

各地按照省里的统一要求,一方面积极加大投入,另一方面纷纷开展调研,着手制定适合本地的计生投入办法。目前,除少数市县(区)外,全省各地基本上都已制定了适合本地的切实可行的投入政策。据统计,2000—2002年,我省计划生育事业费实际投入(财政决算数)分别为25486、33023和41190万元,分别比上年增长22.4%、29.6%和24.7%。从全省人均投入来看,3年分别为4.26、5.22和6.47元。从全省计划生育事业费投入占全省财政收入的比重来看,3年分别为1.43%、1.72%和2.05%。从省本级投入来看,2000—2002年我省省本级计划生育事业费投入分别为3530、4314和4830万元,人均投入分别为0.59、0.68和0.76元。因此,不管是从全省来看,还是从省本级来看,我省各级财政,特别是省财政对人口和计划生育事业是高度重视的,对人口和计生事业投入总量及其占全省财力的份额是稳步增长的,年人均投入也是逐年持续提高的。在最近几年的国家人口资源环境工作会议以及国家计生委召开的全国性工作会议上,我省多次被安排在会上就我省实施农村税费改革以后,在保障人口与计划生育工作投入上所采取的政策措施作典型经验介绍,并被国家计生委肯定为"是对全国人口与计划生育事业所作出的贡献"。

二、安徽人口和计划生育工作的主要成效

近几年来,特别是农村税费改革后,在各级党

委、政府的正确领导下，在各级计生部门的努力和财政部门的支持下，计划生育经费投入财政主渠道和各级财政分级投入体制基本确立，在计生经费投入渠道发生改变，即基本上完全依靠单一的财政渠道的情况下，不仅仍然保持了逐年稳步增长，且支出效益不断提高。虽然我省计生经费投入与国家要求的人均投入水平还有一定的差距，但已满足了人口与计划生育事业的基本需求，大大增强了人口和计划生育事业的保障与发展能力，也使我省人口和计划生育工作取得了显著的成绩。

(一)人口控制成效显著。全省人口出生率由1997年的15.8‰下降至2002年的11.2‰。沿淮淮北地区出生人口政策符合率由1997年的75%上升至2002年的85%以上。“五普”结果表明，2000年末全省总人口比计划目标少124万人。若以1990年出生水平计算，过去5年全省少生了300万人。

(二)基层管理进入规范化轨道。基层计划生育机构设置、人员编制、乡村管理、执法行为、技术服务、孕情监测等得到了全面规范。实现了由孕后突击向孕前服务的重大转变。“村为主”机制不断完善，经常性工作得到落实。全省所有县(市、区)基本实现了“三为主”。

(三)工作水平明显提高。“七个不准”规定得到有效落实，乱收费问题总体上得到解决，以“三查一治”为主要内容的生殖保健服务普遍开展。全省已连续3年未发生因行政行为而引发的计划生育恶性案件，信访量持续下降、群众满意度逐年上升、后进转化成效显著，南北地区性差异明显缩小，城市及流动人口计划生育工作得到加强，计划生育综合治理不断推进。

(四)系统建设得到加强。基层计划生育队伍基本实现了年轻化、知识化、专业化，整体素质有较大提高。基层技术服务网络建设、人口和计划生育管理信息网络建设得到加强，计生设施装备普遍改善，人口管理信息化进程明显加快。

(五)生育观念有较大转变。党员干部带头执行计划生育政策，广大群众实行计划生育的积极性和主动性不断增强，晚婚晚育、少生优生、男女平等渐成风尚。全省已有200多万户家庭领取了独生子女光荣证，一大批育龄群众主动放弃了二孩生育指标或推迟生育。

三、推进人口和计划生育事业发展的政策建议

(一)进一步健全完善计划生育投入保障机制。2002年，省财政厅与省计生委经省政府同意后联合下发的《关于进一步加大“十五”时期人口与计划生育工作投入的意见》(以下简称《投入意见》)所提出的省市县三级投入比例，一方面是对中央8号文件和省委4号文件的贯彻，另一方面也是突出和强化了市县两级的投入责任，确实有利于从根本上建立我省人口与计划生育的投入保障机制。但是，鉴于我省是发展中省份，财力比较紧张，短期内大幅度增加投入对于各级来说都不太可能。同时，由于我省南北情况差异较大，南部地区计生工作相对先进，但因地广人稀，特别是山区计生工作成本大，现在部分地方(如黄山市)人均投入已超过10元，而北部地区由于人口稠密，需要投入更多。因此，为了使《投入意见》能落到实处，除要进一步加大省级投入外，还必须从以下两个方面着手：1.加强督查和考核。考核应遵循以下原则：一是各级投入要逐年增加，不能减少；二是要确保计划生育的基本运转；三是要落实本级配套资金，即完成本级投入比例；四是要注重效益。考核由财政、计生部门共同实施，考核的结果一方面由计生部门纳入人口与计生目标责任制考核体系；另一方面由财政部门作为下次经费分配应考虑的重要因素。惟有如此，方能使《投入意见》落到实处，以逐步达到中央和省委、省政府要求的关于“十五”期间计划生育事业费的人均投入目标以及两届省领导要求的“省本级投入争取两年内达到中西部省份的平均水平”。2.继续争取中央支持。近年来，我们会同省计生委深入调研，加强项目论证，并通过各种渠道多次向中央申报项目支持、反映实际情况，特别是农村税费改革以后我省在计划生育方面所做的工作和面临的困难，得到了财政部和国家计生委的关注、理解和经费上的大力支持。2000—2002年分别获得国家计划生育事业费专项补助1747万元、2158万元和2468万元，有效地缓解了我省人口与计划生育经费的供求矛盾。今后，我们还要继续加大对中央的争取力度，力争使中央考虑到我省农村税费改革的特殊情况，对我省继续实施倾斜性投入政策。

(二)进一步改进人口与计划生育工作。我省计生经费紧张的压力除财政投入本身的因素之外，与计划生育工作管理思路与手段改革的滞后也不无关系。比如，不少地方反映，计生宣传教育不能根据农村、农民的实际情况以及计生形势的需要适时转变内容和形式，宣传教育资料印刷、发放等环节的管理不完善，不仅加大了宣传教育的成本，还难以使宣传教育在基层取得实际效果。计生干部的培训在培训渠道上，不仅培训主体混乱、各个职能处室都要培训,而且培训环节过多,层层培训、越级培训,省里要培训到县级,市里要培训到乡级;在培训跨度上,不仅年年培训,而且一年要培训几期,培训还要收费。而上述这些又进一步加剧了经费紧缺的矛盾。因此,在要求加大投入的同时,计生部门还应积极拓宽工作思路,创新管理手段。1.改革调整宣传教育的手段和方式。对于宣传教育,可以探讨改变以往宣教资料进村入户的办法,如果通过在广播电视报刊等新闻媒体上开辟专栏进行,这样既可节省财力,亦可增强效果。2.合理划分事权,明确计生干部培训的责任主体。对于计生干部培训,应按照"一级保一级"的原则,省级原则上培训到市、县党政分管领导、计生委主任和市、县各类师资人员;市级培训县(市、区)业务骨干;县级培训乡镇分管领导和乡(镇)、村计生专干(由市级加强指导和监督),避免重复培训。同时,培训要有针对性,要有新内容,要注重实际效果。3.健全完善人口与计划生育目标考核机制。对于考核,应注重实效,实事求是。计生工作的考核应着重于在人口与计划生育工作的效果上,而并非工作过程上。因为任何一项工作的本身都有一个工作方法的问题,况且作为基层计生工作最终责任主体的县、乡,还有一个在目前财力困难的情况下如何有效统筹有限资源,使其最大限度发挥效益,来发展包括计生在内的等其他各项社会事业的问题。因此,不应将前面所述的包括是否将宣传资料发放到每一户、要发放多少以及一年培训几次等项目纳入到考核的硬性指标。

(三)加强计划生育相关政策的研究、制定和完善。我省自1984年颁步《人口与计划生育条例》以来,就相应规定了实行计划生育的夫妇享受独生子女保健费、农村二女户结扎保障、独女户放弃二孩生育指标一次性奖励、减免义务工、积累工和照顾宅基地、承包地等奖励优惠政策。所有这些,尽管从其制定的宗旨上来说是好的,是控制人口的一种激励措施,但由于缺乏财力支撑,实际上成为一句空话。从理论上来讲,据不完全测算,如果将上述政策全部兑现,我省每年至少需拿出3亿元,依我省的经济和财力,不仅目前不可能做到,就是今后5年也难以做到。从实际来看,目前我省除南方少部分地区已完全兑现外,绝大多数地区都未兑现。农村税费改革后,义务工、积累工陆续取消,以田亩征收农业税使农民对照顾宅基地、承包地没有吸引力。这样,不仅不能达到诱导和激励的预期目的,相反,却给基层计生工作带来了一定的阻力,严重挫伤了农民实行计划生育的积极性。现在,已经出现有部分地区的农民以要求兑现独生女子保健费为由拒交或抵扣农业税的情况,使得基层农业税征收难度加大,有的群众甚至已就此向人民法院提起行政诉讼。为此,一方面要取消和调整现行的不切实际的政策,另一方面要积极研究和制定新的政策。1.重新修订计划生育的奖励优惠政策。在我省目前财力无法兑现计划生育户奖励优惠政策的情况下,制定相关配套政策,如减免独生子女义务教育学杂费,为计划生育户提供小额贷款、优先提供扶贫资金等。这就要加强部门间的协调和配合,要努力形成各部门齐抓共管的局面,从而从经济、技术两方面增强奖励优惠政策的可行性和可操作性。2.积极探索资源共享的新途径。目前计生、卫生两部门各自为政、条条分割、自成体系,造成了大量的资源浪费,表现在乡镇尤为明显,现在社会上特别是县乡基层反映比较多。据我们工作中所掌握的情况,尽管两部门都不赞成资源共享的问题,而且从总体上来看资源共享也几乎没有什么作为,但事实上仍有少数地方的计生与卫生部门在设备、设施、技术、人力等方面实现了两者的有效结合,如九华山管理区的计生站与卫生院就实现了同楼办公,并共同使用B超机等设备,而怀远县则将乡镇卫生院的分娩业务放到乡镇计生站,在乡镇计生站实行定点分娩,与此业务有关的卫生人员在人事管理和工资关系不变的前提下到计生站上班,在一定程度上实现了人力、设备共享。这说明,计生与卫生两部门在基层存在资源共享的愿望,在实践中有实现资源共享的可能。为此,我们呼吁计生与卫生部门不要作硬性的统一要求,要放权给乡镇,鼓励乡镇根据各自的实际情况,按照公共卫生的建设要求,积极探索资源共享的新途径。譬如,是否可以比照某些单位的管理体制,将乡镇卫生院和计生服务站合并后的人事管理权和财物管理权分别交给卫生和计生两家。总之一句话,只要能够完成计生工作和卫生工作的任务,能够满足二作的需要,都应予以支持。切实加强基层计生干部队伍管理基础工作。人员编制管理是对计生干部队伍管理的龙头和基础,而目前由于财政部门不参与计生干部的编制管理,使得不少地方,特别是北部地区队伍庞杂,并导致有限的计划生育事业费变成了计生干部的人头费。为此,当前尤其要加强基层计生干部队伍的管理,要像教师编制管理一样,财政部门也要参与到基层计生干部的编制管理中来,切实减员增效。

(执笔:刘明刚)

安徽财政年鉴

（2004年卷版权）

图书在版编目(CIP)数据

安徽财政年鉴(2004)/安徽省财政厅　编

——北京:中国财政经济出版社　2004·9

ISBN　7—5005—7605—6

Ⅰ·安…　Ⅱ·安…Ⅲ·地方财政—安徽省—年鉴

Ⅳ·F812·754—54

中国版本图书馆CIP数据核字(2004)第096528号

出版发行:中国财政经济出版社

社　址:北京市海淀区阜成路甲28号　邮编:100036

责任编辑:吕小军　彩版设计:黄晓峰

印　刷:合肥迅达印务有限责任公司　开本:889×1194毫米 1/16

印　张:39.75　插页:148　字数:220万　印数:1—3800

版　本:2004年11月第一版　2004年11月第一次印刷

经　销:新华书店　定价:120元

标准书号:ISBN7—5005—7605—6/F.6661

（图书出现印装问题，可向承印厂调换）